PSICOLOGIA

PSICOLOGIA

Diane E. Papalia
University of Wisconsin-Madison

Sally Wendkos Olds

Traductores
ANNE MARIE HOLM NIELSEN
Dpto. Filosofía
PERE CASTELLVI MASJUAN
Dpto. Ciencias de la Educación
MARIA ESTELLA CABESTANY
Dpto. Filosofía
Escuela Universitaria de Formación del Profesorado de EGB «Blanquerna»

Supervisor técnico:
FRANCISCO MARTOS PERALES
Dpto. Psicología Experimental y Fisiología del Comportamiento
Facultad de Filosofía y Letras
Universidad de Granada

Revisor técnico:
FRANCISCO VAZQUEZ
Dpto. Psicología
Universidad de Puerto Rico

McGRAW-HILL

MÉXICO • BUENOS AIRES • CARACAS • GUATEMALA • LISBOA • MADRID • NUEVA YORK
SAN JUAN • SANTAFÉ DE BOGOTÁ • SANTIAGO • SÃO PAULO • AUCKLAND
LONDRES • MILÁN • MONTREAL • NUEVA DELHI • SAN FRANCISCO • SINGAPUR
ST. LOUIS • SIDNEY • TORONTO

PSICOLOGÍA

DERECHOS RESERVADOS © 1988, respecto a la Primera edición en español por
McGRAW-HILL/INTERAMERICANA DE MÉXICO, S. A. DE C. V.
   Atlacomulco 499-501, Fracc. Ind. San Andrés Atoto
   53500 Naucalpan de Juárez, Edo. de México
   Miembro de la Cámara Nacional de la Industria Editorial, Reg. Núm. 1890

ISBN 968-422-194-0

Traducido de la Primera edición en inglés de
PSYCHOLOGY

Copyright © MCMLXXXV, by McGraw-Hill, Inc., U.S.A.

ISBN 0-07-048401-5

1902345678   09876532104

Impreso en México   Printed in Mexico

Esta obra se terminó de
Imprimir en Agosto del 2004 en
Programas Educativos S.A.de C.V.
Calz. Chabacano No.65-A
Col. Asturias C.P.06850 Méx. D.F.
Empresa certificada por el Instituto Mexicano
de Normalización y Certificado A.C.Bajo la
Norma ISO-9002, 1994/NMX-CC-04 1995 con
él núm. De registro RSC-048 y bajo la Norma
ISO-14001:1996/SAA-1998, con el Núm;
ae Registro RSAA-003

A NUESTRA FAMILIA

Jonathan L. Finlay
Madeline y Edward Papalia
Edward, Jr., Daphne, Marie y Edward Papalia III

David Mark Olds
Nancy y Dorri Olds
Jennifer, Manfred y Stefan Moebus

cuyo interés, inspiración,
confianza y amor
hicieron posible esta obra.

CONTENIDO RESUMIDO

CONTENIDO

PROLOGO

¿Cuál es la razón de seguir un curso de introducción a la psicología, además de ser una exigencia en un curso de ciencias sociales? Nosotras, las autoras de este libro, creemos que la psicología es la base del aprendizaje más importante del que somos capaces: saber más sobre nosotros mismos y sobre la gente cuyas vidas se entrecruzan con las nuestras. Mientras no tengamos algunos conocimientos básicos sobre nosotros mismos y los demás, no podremos utilizar eficazmente el resto de nuestros conocimientos. Nosotras opinamos que toda persona culta debería seguir por lo menos un curso de psicología. Con esta firme convicción intentamos pensar en la manera más eficaz de presentar los conceptos psicológicos, tanto para aquellos estudiantes que no harán ningún otro curso de psicología, como para los que harán de la psicología la base del trabajo de su vida. Teniendo en cuenta esto, vamos a ver cuáles son los elementos de este libro que consideramos más importantes.

OBJETIVOS DE ESTE LIBRO

Resulta difícil creer que alguien pueda aburrirse al estudiar lo que somos. Sin embargo, los hechos y las teorías básicas pueden ser presentados de una forma árida, alejados de la ilusión de los nuevos descubrimientos sobre la forma en que vivimos, de qué manera aprendemos y cómo amamos. Es difícil imaginarse a alguien que no amplíe sus horizontes a través del estudio de la psicología. Por otro lado, resulta tentador exponer estos tópicos a modo de «psicología popular» que endulza la información y que no cumple con la obligación de situarla en un contexto significativo. En este libro hemos intentado evitar ambos escollos, en un esfuerzo por facilitarle al estudiante el aprendizaje y al profesor la enseñanza.

Ante todo, consideramos la psicología como una ciencia, y a lo largo de este libro la trataremos como tal. Profundizamos en los informes de investigaciones para evaluar sus descubrimientos y respetamos aquellas teorías que reúnen las rigurosas condiciones establecidas por los científicos que buscan la verdad.

Nuestros objetivos son presentar los fundamentos de la psicología —las áreas de estudio, sus métodos, los descubrimientos y sus implicaciones— en forma tan clara como nos sea posible, prestando gran atención hacia su valor práctico, y con la constante intención de motivar a los alumnos para que piensen por ellos mismos mientras leen. No queremos que acepten nuestras palabras a ciegas, sino que aprendan a evaluar nuestros sesgos, igual que otros que encontrarán a lo largo de su vida.

¿Cuáles son nuestros sesgos? Primero: estamos incuestionablemente predispuestas hacia el hombre. Cuando presentamos información sobre los estudios hechos con animales, lo hacemos únicamente para subrayar sus implicaciones a la hora de enseñarnos algo sobre nuestra propia especie. (Lo que la biología animal nos puede enseñar sobre la memoria humana.) Segundo: estamos orientadas hacia el aquí —y ahora—. Cuando nos referimos a los descubrimientos de una investigación básica, siempre tenemos presentes las aplicaciones prácticas de la investigación que citamos. (Cómo los estudiantes pueden aplicar lo que han aprendido sobre la memoria para mejorar su rendimiento escolar.) Y tercero: considerando el gran número de investigaciones que se desarrollan hoy en día, nuestra atención se dirige plenamente al momento actual. Si bien hacemos referencia a las investigaciones y teorías clásicas que constituyen la base de la psicología, hemos realizado un esfuerzo especial para estar al corriente de las investigaciones más recientes, incluso aquellas que se estaban desarrollando mientras el libro se imprimía. (Cómo la tecnología más moderna puede diagnosticar problemas en lo más profundo del cerebro o desde el seno materno, que no se podían detectar hace unos años.)

Por nuestro respeto hacia el individuo y en nuestro humilde reconocimiento de la falibilidad humana (incluso la nuestra propia) no pretendemos conocer las respuestas a todas las preguntas. Aunque damos a conocer nuestras propias opiniones sobre la ética y sobre numerosas conclusiones polémicas, dejamos que el estudiante busque en su propia conciencia para determinar la moralidad de diversos proyectos de investigación y que compare los argumentos opuestos de los resultados polémicos y llegue a sus propias conclusiones. Incluso fomentamos este tipo de pensamiento crítico en la creencia de que le servirá cuando en los medios de comunicación vea u oiga historias sobre descubrimientos «revolucionarios» en psicología o cuando esté conversando animadamente con otras personas que pretenden proclamar sus propias teorías como «hechos científicos».

ORGANIZACION DE LA OBRA

El libro consta de siete partes principales. En la primera, «La psicología como ciencia», damos a conocer al estudiante los objetivos, la historia y los métodos de la psicología. La segunda parte, «Bases biológicas del comportamiento», comprende tres capítulos: el capítulo 2 sobre la estructura biológica del cerebro y el sistema nervioso, el capítulo 3 sobre los mecanismos de la sensación y la percepción, y el capítulo 4 sobre los estados de conciencia. En la tercera parte, «Aprendizaje, memoria y procesos cognitivos», incluimos cuatro capítulos: el capítulo 5 trata del aprendizaje, el 6 de la memoria, el 7 de la inteligencia y el 8 del lenguaje y el pensamiento. La cuarta parte, «Motivación, emoción y estrés», contiene el capítulo 9 sobre la motivación y la emoción, y el capítulo 10, que examina la manera en que el estrés afecta a la motivación, a la emoción y al comportamiento, y cómo la gente se sobrepone al mismo. Los tres capítulos de la quinta parte tratan del desarrollo a lo largo del ciclo vital, desde la concepción hasta la vejez. El capítulo 11 examina las influencias de la herencia y el ambiente, el proceso de concepción, el desarrollo prenatal y varios problemas relacionados con el parto. El capítulo 12 explora el desarrollo físico, intelectual y socioemocional en la infancia, y el capítulo 13 trata estos aspectos de desarrollo desde la adolescencia hasta la vejez. La sexta parte, «La personalidad y anormalidad» consta de tres capítulos. El capítulo 14 examina las teorías de la personalidad y los métodos de medirla, el 15 trata la psicología anormal y el 16 describe varias maneras de tratar a las personas con problemas psicológicos. En los dos últimos capítulos del libro, en la séptima parte, «Psicología social», estudiamos cómo influimos en otras personas y cómo ellas influyen en nosotros, tanto en situaciones de grupo como en las relaciones íntimas.

Dada la forma en que el libro está estructurado, ofrecemos varias opciones a los profesores del curso. Tal como muestra la lista anterior, este libro tiene todos los capítulos típicos de casi todos los libros de texto de psicología, tales como: biología y comportamiento, sensación y percepción, aprendizaje, memoria, motivación y emoción, desarrollo del niño, personalidad, psicología anormal, terapia e influencias sociales. Se habrán fijado en que también hemos tratado en capítulos completos temas de gran interés e importancia, que a menudo sólo se mencionan brevemente o no se mencionan siquiera, tales como estrés y afrontamiento, inteligencia, lenguaje y pensamiento, el principio de la vida, el desarrollo del adolescente y el adulto y las relaciones íntimas.

Aunque hayamos tratado estos temas de la manera que nos parece más lógica, comprendemos que algunos profesores prefieren organizar su curso de otra forma, sea por preferencia personal o por exigencias del programa. Todos los capítulos son autónomos y por tanto se pueden presentar en distinto orden. Un profesor que prefiera hacer hincapié en los aspectos del desarrollo social y de la personalidad puede utilizar los capítulos 1, 5, 6 y 7 de forma opcional, luego el 8 y después del 10 al 18. El profesor que tenga un enfoque fisiológico experimental puede utilizar los capítulos del 1 al 9, luego el 12, después el 13 de manera opcional y más tarde los capítulos 14, 15 y 17. Cualquiera de estos arreglos proporcionará un curso de 13 o 14 capítulos, en vez de los 18 que contiene el libro.

RASGOS ESPECIALES DEL LIBRO TAL COMO LO VEN LOS CRITICOS

Una de las mayores ventajas de este libro, según los especialistas que revisaron el manuscrito antes de su publicación, es su integración efectiva de teoría, investigación y aplicación, tal como se describe anteriormente en la sección de «Objetivos de este libro». En resumen, los especialistas consultados estaban de acuerdo en que integramos estos aspectos con más consistencia que en muchos otros libros. Otros elementos que han considerado especialmente los que han revisado este libro son la atención que prestamos a temas actuales y de gran interés, como las referencias a estudios muy recientes, tanto como a temas clásicos, y nuestro acercamiento a las cuestiones éticas. Una y otra vez nos sentimos halagadas por las alabanzas sobre el estilo del libro, que fue recomendado por su claridad, su habilidad para mantener el interés del lector y su atractivo, todos ellos elementos en los que nos hemos esforzado, para hacer que tanto la enseñanza como el aprendizaje de la psicología sea una actividad más fácil y más gratificante.

AYUDAS PARA EL APRENDIZAJE

Encontrarán en este libro una serie de ayudas para la enseñanza cuyo valor nos ha sido demostrado por la experiencia, al igual que por la investigación. Incluyen:

- *Una visión de conjunto de cada parte:* Al principio de cada parte, una visión de conjunto proporciona una exposición de los capítulos que siguen.
- *Enfasis:* Al inicio de cada capítulo se destacan las diversas cuestiones clave.
- *Visión de conjunto de cada capítulo:* Al principio de cada capítulo se presenta un esquema que indica los temas de mayor interés incluidos en él.
- *Resumen del capítulo:* Al final de cada capítulo existe un resumen claro de los puntos más importantes.
- *Gran cantidad de ilustraciones:* Ya que una imagen a menudo «vale más que mil palabras», muchos de los puntos del texto se subrayan a través de una cuidadosa selección de dibujos, gráficos y fotografías (muchas de ellas en color, para ilustrar mejor los puntos importantes y para aumentar el placer estético del lector).
- *Epígrafes pedagógicos:* Los epígrafes para estas ilustraciones también tienen un propósito pedagógico al enfatizar los puntos importantes del texto, sugiriendo preguntas que invitan a los alumnos a pensar, o aportando nueva información de interés.
- *Se han resaltado los términos clave:* Cuando se introduce un nuevo término importante en el texto, se resalta con letras azules y se define. Estos términos también aparecen en el glosario.
- *Glosario:* El extenso glosario al final del libro define claramente los términos clave. Estos se resaltan en letras azules en el índice, junto al número de página en que aparecen por primera vez.
- *Bibliografía:* Una lista completa de referencias permite al alumno evaluar las fuentes para mayor información de los hechos y teorías.
- *Lista de lecturas recomendadas:* Las listas comentadas de lecturas recomendadas (obras clásicas o tratados contemporáneos amenos) al final de cada capítulo sirven para los que quieran examinar alguna publicación con mayor profundidad de la que es posible en este texto.
- *Apartados:* Cada capítulo contiene en diferentes apartados discusiones sobre temas de especial interés.

MATERIAL SUPLEMENTARIO

Un extenso paquete de material suplementario añade valor a este libro como herramienta de enseñanza y aprendizaje.

La guía de estudio, de Virginia Nichols Quinn de Northern Virginia Community College y Jolyne S. Daughtry, de la Universidad de Richmond, incluye lecturas de revistas científicas y de fuentes no especializadas, ejercicios prácticos e ideas para el estudio, así como ejercicios escritos. También incluye elementos tradicionales como resúmenes esquemáticos, objetivos, términos y conceptos clave y 800 preguntas con sus correspondientes respuestas. Las preguntas de la guía de estudio también están disponibles en *disquetes de estudio*™, programas interactivos de microordenador diseñados para el uso de los estudiantes.

Un banco de pruebas, diseñado también por Quinn y Daughty para asegurar una correspondencia con la guía de estudio respecto al nivel y tipo de preguntas, contiene 2.000 preguntas ligadas a los objetivos del aprendizaje en la guía de estudio y el manual del profesor. El banco de pruebas puede ser utilizado con el sistema de pruebas por ordenador (examinador y microexaminador). Para todas las preguntas se incluyen las respuestas correctas y las referencias a la página del texto. Existe, además, un banco de pruebas alternativo.

El manual del profesor, por James J. Johnson, de la Illinois State University, incluye resúmenes esquemáticos de los capítulos, objetivos del aprendizaje, términos y conceptos clave, breves conferencias, demostraciones, respuestas breves, títulos de trabajos y una guía general. También tiene una sección específica de «Cómo enseñar el capítulo», para cada uno de los capítulos, que integra todos los elementos con el fin de ayudar al profesor.

Psicomundo, por John C. Hay, de la Universidad de Wisconsin, en Milwaukee, es un programa de computadora muy elaborado, vivo e intrigante, que contiene 15 simulaciones de experimentos clásicos del mundo de la psicología. Los profesores pueden usarlos en la clase y los estudiantes en el laboratorio. Permite al que lo utiliza realizar actividades, tales como identificar diferentes secciones del cerebro y variar los programas de reforzamiento de una paloma que está picoteando su comida.

Diapositivas y transparencias, un nuevo paquete de McGraw-Hill, incluye 100 diapositivas genéricas, 100 transparencias genéricas y 50 transparencias ligadas específicamente a este libro, con un librito de instrucciones que describe cada una de las diapositivas y transparencias.

Películas McGraw-Hill/CRM también estarán disponibles.

Esperamos haber sido capaces de comunicar la ilusión que sentimos hacia el estudio de la psicología. Queremos compartirla con ustedes, así como cualquier dato, imagen o filosofía contenidos en estas páginas. Porque si logramos este propósito, habremos enriquecido sus vidas, igual que el estudio de la psicología ha enriquecido las nuestras.

AGRADECIMIENTOS

Estamos en deuda con muchos colegas y amigos, cuya ayuda fue inestimable durante la gestación y nacimiento de este libro. Por haber contribuido con sus profundos conocimientos en campos específicos de la psicología, manifestamos nuestra gratitud a Jason Brandt y Howard Egeth, ambos de la Johns Hopkins University; a Robert Franken, de la University of Calgary, y a Howard Hughes, del Dartmouth College. También apreciamos la contribución de Virginia Nichols Quinn, del Northern Virginia Community College, que escribió el apéndice de estadística.

Por su ayuda en la revisión de algunas partes del manuscrito, cada uno dentro de su área de especialidad, nos gustaría agradecer a John Altrocchi, de la University of Nevada; a Allen E. Bergin, de la Brigham Young University; a Ellen S. Berscheid, de la University of Minnesota; a Philip Costanzo, de la Duke University; a Helen Joan Crawford, de la University of Wyoming; a James T. Lamiell, de la Georgetown University; a John M. Neale, de la State University of New York en Stony Brook; a Neil J. Salkind, de la University of Kansas, y a Robert Sternberg, de la Yale University.

Por su lectura de todo o partes del manuscrito en distintas etapas del desarrollo del mismo y por los provechosos comentarios que nos ofrecieron, estamos agradecidos a Mary Bayless, del Brevard Community College; a David Berg, del Community College of Philadelphia; a Stephen F. Davis, de la Emporia State University; a David C. Edwards, de la Iowa State University; a Jim Eison, del Roane State Community College; a George Goedel, de la Northern Kentucky University; a Lyllian B. Hix, del Houston Community College; a Thomas Jackson, de la Fort Hay State University; a James J. Johnson, de la Illinois State University; a Stanley Kary, del St. Louis

Community College; a John M. Knight, de la Central State University; a Linda Lamwers, de la St. Cloud State University; a Richard M. Levy, de la Indiana State University; a Walter A. Pioper, de la Georgia State University; a Daniel W. Richards, III, del Houston Community College System; a Barbara Robinson, del Portland Community College; a Rebecca M., de la University of New Hampshire, y a Stephen Weissman, del Plymouth State College.

Apreciamos profundamente el fuerte apoyo que hemos recibido de nuestro editor. Rhona Robbin, nuestra redactora de la edición, que no solamente ha ganado la amistad de ambas autoras, sino también de los lectores de este libro, que se beneficiarán de su cuidadosa atención por los detalles, de su dedicación a la claridad y de sus preguntas perspicaces, que continuamente nos forzaron a reevaluar nuestra presentación. James R. Belser ha prestado a este proyecto la misma esmerada atención durante el proceso de producción que ya mostró en las cinco ediciones de nuestros libros anteriores. Inge King encontró fotografías preciosas y pedagógicamente perfectas. Elsa Peterson buscó y consiguió los permisos necesarios. Otras personas en McGraw-Hill nos ayudaron en mayor o menor medida.

Nos gustaría expresar nuestro agradecimiento especial a Betsey Eidinoff, que buscó informes difíciles de encontrar, mecanografió complicadas tablas y nos asistió de tantas maneras que no se pueden ni siquiera enumerar; a Louise M. Frye, investigadora *extraordinaria* de la Universidad de Wisconsin; a la estudiante de la Universidad de Stanford, Ann Marie Boss, por su ayuda en la investigación; a Thomas Rabak, de la Universidad de Wisconsin, por su ayuda con la bibliografía, y a Jane A. Weier, que mecanografió todas las definiciones del glosario.

Esta lista no estaría completa si no agradeciéramos el ánimo constante de nuestros maridos, Jonathan Finlay y David Mark Olds, que por respeto a los límites de tiempo de nuestro trabajo pospusieron cosas que les hubiera gustado hacer y dejaron otras que eran necesarias. En apoyo de nuestros objetivos hicieron las preguntas adecuadas y nos forzaron a contestarlas. Supieron cuándo había que coger nuestras manos y cuándo hacernos reír. Siempre estaban cuando les necesitábamos y el libro se ha beneficiado de ello.

Gracias a todos y a cada uno. ¡No lo hubiéramos podido hacer sin vosotros!

Diane E. Papalia   Sally Wendkos Olds

SOBRE LAS AUTORAS

DIANE E. PAPALIA es una profesora que ha enseñado a miles de estudiantes en la Universidad de Wisconsin. Se licenció en psicología en el Vassar College, y tanto su grado de «master» (maestría en algunas universidades latinoamericanas) sobre el desarrollo del niño y relaciones familiares, como el doctorado en psicología del desarrollo, los obtuvo en la West Virginia University. Ha publicado numerosos artículos en revistas especializadas, en su mayor parte dedicadas a su tema principal de investigación, el desarrollo cognitivo a lo largo de la vida, desde la infancia hasta la vejez. Está especialmente interesada en la inteligencia en la vejez y en los factores que contribuyen a mantener el funcionamiento intelectual en la senectud. Pertenece a la Sociedad Gerontológica de América.

SALLY WENDKOS OLDS es una autora profesional muy premiada, que ha escrito más de 200 artículos en las más importantes revistas y es autora o coautora de seis libros dirigidos a los lectores en general, además de los tres libros de texto que ha escrito conjuntamente con la doctora Papalia. Se licenció en la Universidad de Pennsylvania, donde se especializó en literatura inglesa, e hizo también psicología. Fue elegida para el Phi Beta Kappa en sus años jóvenes y se graduó con *summa cum laude*. Su obra *El libro completo de la lactancia materna* ha sido un clásico desde su publicación en 1972, y su libro más reciente, publicado en 1983, es *Guía de supervivencia para los padres que trabajan*.

DIANE E. PAPALIA y SALLY WENDKOS OLDS son coautoras de los muy apreciados libros de texto *La psicología del niño* (ahora en su tercera edición) y *El desarrollo humano*.

PARTE

1

LA PSICOLOGIA COMO CIENCIA

El estudio de por qué la gente hace lo que hace ha sido durante mucho tiempo el tema preferido de filósofos, poetas, historiadores, novelistas y de otros muchos, incluso los/as chismosos/as del barrio.

La psicología es el estudio científico del comportamiento y de los procesos mentales. Aunque en gran parte de las investigaciones psicológicas se utilizan animales (como ratas, perros y monos) como sujetos experimentales, en este libro se pone especial énfasis en aquello que la psicología nos puede decir acerca del que es el animal más elevado en la escala filogenética, el ser humano.

En el capítulo 1, «Introducción a la psicología», se presentan algunas de las cuestiones y descubrimientos que discutiremos en el resto del libro, y se dan a conocer las raíces de esta ciencia relativamente joven, descendiente de dos antiguas disciplinas: la filosofía y la fisiología.

Estudiaremos diferentes escuelas de pensamiento dentro de la psicología y las formas en que los distintos puntos de vista influencian la naturaleza de los proyectos de investigación. Examinaremos las diferentes técnicas empleadas por los investigadores en psicología. Y también ofreceremos una visión de conjunto contemporánea, mostrando las diferentes áreas en las que trabajan los psicólogos y las diferentes facetas de su trabajo.

CAPITULO 1

INTRODUCCION A LA PSICOLOGIA

CUESTIONES CLAVE

Cómo la psicología se separó de la filosofía y de la fisiología, y se convirtió en una ciencia independiente hace poco más de 100 años.

Cómo las controversias que rodearon a las primeras escuelas de psicología dieron forma a la disciplina.

Qué hacen los psicólogos hoy en día.

Perspectivas de la carrera de psicología.

Cómo estudian el comportamiento los psicólogos.

Principios éticos que guían la investigación psicológica.

Si usted es como la mayoría de la gente, su vida discurre todo lo bien que quisiera en algunos aspectos y no tan bien como desearía en otros. Es muy probable que algunos de los problemas que le preocupan interesen también a los psicólogos.

Por poner un ejemplo: Usted pesa más de lo que desearía. En sus estudios sobre la motivación los psicólogos han encontrado ciertas diferencias entre la gente obesa y los que tienen un peso normal, lo que les ha llevado a la creación de programas para ayudar a la gente a perder peso. Quizá tenga usted un problema de sueño: puede que duerma nueve o diez horas y esto le preocupe, considerando que es anormal (no lo es). O tiene problemas a la hora de dormirse y se pregunta si habría manera de solucionar su insomnio (la hay). A lo mejor está abrumado por la cantidad de trabajo escolar que ha de recordar. En sus investigaciones sobre la memoria los psicólogos han descubierto diversos métodos que le pueden ayudar a recordar mejor. O quizá su mayor problema en este momento es un problema amoroso. Incluso en este misterioso dominio los psicólogos han ahondado y han llegado a tener unos profundos conocimientos que nos pueden ayudar a entender mejor nuestras relaciones personales.

En este libro encontrará estudios psicológicos relacionados con todos estos problemas y las implicaciones prácticas que generan tanto en la investigación como a nivel teórico. Encontrará también muchas otras cosas que son relevantes para su vida, dado que la esencia misma de este campo es el estudio de usted mismo. Cuando los psicólogos estudian el cerebro humano, aprenden algo sobre *su* cerebro. Cuando estudian cómo aprende la gente, descubren cómo aprende *usted*. Cuando estudian las influencias sobre la inteligencia humana, conocen qué es lo que afecta a *su* inteligencia. Ningún campo de investigación tiene más relevancia para su vida que la psicología.

En este capítulo hablaremos de la forma en que se desarrolló la psicología y cuál es su estado en la actualidad. Hablaremos sobre los métodos de estudio empleados por los psicólogos y de los criterios que usted mismo puede utilizar para determinar hasta qué punto estos métodos son científicos y hasta qué punto son válidos los informes que lee en los periódicos, los semanarios y las revistas especializadas. También consideraremos las importantes preguntas éticas que son pertinentes con la investigación psicológica y las normas que puede usar para juzgar la moralidad de cualquier estudio específico. Finalmente, trataremos de varias subespecialidades psicológicas y el tipo de trabajo que puede realizar en este campo, si decide hacer de la psicología su vocación.

¿QUE ES LA PSICOLOGIA?

La psicología es el estudio científico del comportamiento y de los procesos mentales. Vamos a considerar esta definición palabra por palabra. El término «psicología» proviene de las palabras griegas *psyche* (alma) y *logos* (estudio), y revela que la definición, en sus orígenes, se refería al estudio del alma (más tarde, de la mente). Un *estudio científico* implica el uso de herramientas tales como: la observación, la descripción y la investigación experimental para reunir información y posteriormente organizarla. *El comportamiento* incluye, en su más amplia definición, aquellas acciones que se pueden observar con facilidad, tales como la actividad física y la expresión oral, así como otros «procesos mentales», que no pueden ser observados directamente, tales como: la percepción, el pensamiento, el recuerdo y los sentimientos.

Los psicólogos no se contentan con la descripción del comportamiento. Van más allá: intentan explicarlo, predecirlo y, por último, modificarlo para mejorar la vida de la gente y de la sociedad en general.

Al presentar una visión general del campo de la psicología, nosotras, las autoras, lo hacemos según nuestros propios puntos de vista. Uno de estos sesgos consiste en tener siempre presente al ser humano. Aunque muchos de los experimentos más importantes de la psicología han sido llevados a cabo con animales no humanos —principalmente con ratas, palomas y monos—, nosotras haremos hincapié en lo que estas investigaciones y teorías psicológicas aportan al conocimiento de los seres humanos. Cuando comentamos investigaciones con animales, lo hacemos con la intención de conocer mejor la condición humana.

Otro sesgo que encontrará en este libro es el continuo énfasis en la aplicación práctica de los logros de la investigación para la solución de problemas concretos. Aunque *daremos a conocer* aquellas investigaciones básicas que se llevaron a cabo para satisfacer la curiosidad intelectual y el tipo de preguntas que los psicólogos se hacen mientras exploran el universo de la mente, siempre que sea posible traduciremos los resultados de estos estudios en conocimientos que se puedan aplicar en la mejora de la condición humana.

El alcance de este libro es amplio. Por conveniencia, lo hemos dividido en siete partes fundamentales. En la primera trataremos los aspectos científicos e históricos; más tarde consideraremos la constitución biológica del ser humano y cómo la biología influye en el comportamiento. Estudiaremos nuestros procesos intelectuales —cómo aprendemos, recordamos, pensamos y usamos el lenguaje— y también qué es la inteligencia. Veremos cómo nos motivamos, qué papel juegan las emociones en nuestra vida, cómo nos afecta el estrés y de qué manera lo afrontamos. Estudiaremos nuestro desarrollo físico, cognitivo y de la personalidad a lo largo de la vida. Exploraremos los problemas de la personalidad, los trastornos psicológicos y cómo hay que tratarlos, y, finalmente, examinaremos la forma en que nos relacionamos con los demás, tanto en las relaciones íntimas como de grupo.

Con esta descripción parece que dividimos a los seres humanos en piezas arbitrarias de un rompecabezas. Lo hacemos así únicamente con el propósito

Para simplificar nuestra discusión sobre el desarrollo físico, cognitivo y de la personalidad, examinaremos estos aspectos por separado —«dividiendo» realmente a los seres humanos en partes interrelacionadas.

de la simplicidad. Pero de acuerdo con la psicología de la Gestalt, de la que trataremos en seguida, el todo es más que la suma de las partes, un punto de vista que se adapta muy bien a nuestra forma de estudiar la psicología de los seres humanos. Una vez haya concluido la lectura de este libro esperamos que tenga una imagen coherente y completa del ser humano, imagen que habrá sido formada por la adecuada comprensión de las diversas partes que conforman nuestra naturaleza.

HISTORIA DE LA PSICOLOGIA

En cierto sentido la historia de la psicología data de la antigüedad, de cuando filósofos y líderes religiosos se preguntaban sobre la naturaleza humana e intentaban explicar el comportamiento humano. Sin embargo, la psicología como ciencia es una disciplina mucho más joven, tiene poco más de cien años, algunos de sus hitos se reflejan en la tabla 1-1. ¿Qué fue lo que hizo que la psicología dejase de ser una parte de la filosofía para convertirse en ciencia? Principalmente el uso de los instrumentos y técnicas que habían sido empleadas con éxito en las ciencias naturales. Cuando los que buscaban respuestas dejaron de confiar en su intuición y su propia experiencia y comenzaron a reunir información cuidadosamente a través de observaciones sistemáticas y experimentos controlados, dejaron de ser filósofos para convertirse en científicos.

La psicología es, en efecto, hija de dos padres: la filosofía (la búsqueda de sabiduría a través del razonamiento lógico) y la fisiología (el estudio de los procesos vitales de un organismo, tales como la respiración, la digestión y la reproducción). Durante los siglos XVIII y XIX los investigadores fisiológicos emplearon el microscopio, recientemente inventado, para examinar animales y cadáveres humanos, realizando importantes descubrimientos sobre la

G. Stanley Hall. (National Library of Medicine.)

William James. (Library of Congress.)

TABLA 1-1   Los famosos inicios de la psicología

1875-1876	William James impartió el primer curso de psicología experimental. La primera conferencia de psicología, a la que James asistió, fue la suya propia.
1878	G. Stanley Hall fue el primer Doctor en Psicología de América.
1879	Wilhelm Wundt fundó el primer laboratorio de investigación psicológica en Leipzig, Alemania.
1879	G. Stanley Hall fue el primer estudiante americano que trabajó con Wundt en Leipzig.
1881	Wilhelm Wundt editó en Alemania la primera revista del mundo especializada en psicología.
1883	El primer laboratorio de psicología americano fue establecido por G. Stanley Hall en la Universidad John Hopkins.
1886	El primer libro de texto de psicología en América. *Psychology*, fue publicado por John Dewey.
1887	La primera revista cietífica de psicología de los Estados Unidos fue fundada por G. Stanley Hall. (Psychology).
1888	La primera cátedra de psicología del mundo se creó en la Universidad de Pennsylvania. James McKeen Cattell fue nombrado su titular.
1890	Fue publicado el libro de William James, *Principios de Psicología*, que se convertiría en un texto clásico. (Tardó 12 años en escribirlo, en vez de los dos que pensó en un primer momento.)
1892	Se fundó la American Psychological Association, sobre todo gracias al esfuerzo de G. Stanley Hall, que fue su primer presidente. (Alcanzó los 400 socios en 1920, y cuenta en la actualidad con más de 50.000 miembros.)

función de la médula espinal, la naturaleza eléctrica del impulso nervioso y otros mecanismos biológicos. Casi todos los pioneros de la psicología experimental en Alemania estudiaron medicina o fisiología. La búsqueda de la psicología para entender cómo piensan, sienten y actúan las personas, sigue basándose en el conocimiento de la biología humana. Veamos ahora cómo se ha desarrollado esta ciencia hasta llegar a su estado actual.

LAS ESCUELAS DE PSICOLOGIA

La controversia que gira en torno a muchos de los problemas psicológicos fundamentalmente se basa en las diferentes formas en que los distintos psicólogos ven la naturaleza misma de los seres humanos. En este campo han surgido agrias y violentas disputas, como ocurre en cualquier empresa llena de creativos, brillantes y obstinados innovadores. Aunque algunas de estas controversias fueron eventualmente resueltas con el predominio de un punto de vista comúnmente aceptado, otras han continuado durante años y no dan muestra de llegar a ningún acuerdo universal. Muchas de estas polémicas nacieron en los primeros tiempos de la psicología con la aparición, a finales del siglo XIX y principios del XX, de una serie de escuelas o grupos de psicólogos que compartían una visión teórica y enfocaban los problemas psicológicos con una orientación común. El florecimiento de estas escuelas —y por tanto su declive— escribió la historia de la psicología.

Estructuralismo

Wilhelm Wundt, (1838-1920), ha sido denominado tradicionalmente «el padre de la psicología». El se definió a sí mismo como «psicólogo». Estableció formalmente la psicología como una disciplina independiente y organizada. Fundó el primer laboratorio de psicología experimental en Leipzig, Alemania, y atrajo allí, como alumnos suyos, a muchos de los líderes iniciales en este campo (Hearst, 1979).

El libro de Wundt, *Principios de la psicología fisiológica* (publicado en dos partes en 1883 y 1884), estableció la psicología como una ciencia experimental que utilizaba métodos derivados de la fisiología. Wundt quería estudiar la estructura básica de la mente humana —lo que está más allá de sus funciones o su propósito o de lo que *hace*—. Para llevar esto a cabo desarrolló el método de la *introspección analítica*. Renovó la técnica de la antigua introspección, o la autoobservación, añadiendo precisos controles experimentales. Posteriormente procedió a analizar o descomponer la mente en sus componentes elementales (tales como la experiencia básica de la visión del color). Wundt puso gran énfasis en la experimentación fisiológica. Estas investigaciones implicaban medidas bastante simples, tales como el tiempo de reacción (la cantidad de tiempo que se necesita para reaccionar a un nuevo estímulo: como, por ejemplo, el número de segundos que transcurren entre el destello de luz fuerte y el parpadeo del individuo). Su trabajo generó una considerable resistencia, en parte porque algunos de sus colegas pensaban que demasiados exámenes de la mente podrían causar la locura, mientras otros opinaban que tales experimentos «ofendían a la religión al poner el alma humana en una balanza» (Hearst, 1979, pág. 7).

Uno de los alumnos de Wundt, Edward Bradford Titchener (1867-1927), definió el trabajo de su maestro como «estructuralismo» y lo dio a conocer en América. Titchener opinaba que la nueva psicología debía analizar la consciencia reduciéndola a sus unidades elementales. Para él, la estructura de la mente humana consistía en más de 30.000 sensaciones, sentimientos e imágenes separadas, y nada más.

Wilhelm Wundt, el padre de la psicología. (Bettmann Archive.)

No es difícil entender por qué el estructuralismo murió con Titchener en 1927. Aparte del hecho de que dejara de lado temas tan importantes como la motivación, las diferencias individuales y los trastornos psicológicos (además de otros), el aislamiento de los elementos individuales de la mente humana a mucha gente le parecía antinatural y estúpido. Por ejemplo, un estructuralista no podía decir «veo una moneda», porque tal afirmación sería errónea al no dividirla en sus distintos elementos —esto es: pequeña, redonda, plana, de color de cobre y metálica— y porque referirse al objeto como «una moneda», y no a los elementos que un observador ve, sería interpretar el objeto, no describirlo. Asimismo, un estructuralista no podría decir que dos personas situadas a distancias diferentes tienen la misma altura, debido a que la imagen visual de la persona más lejana es más pequeña que la de la más cercana. Además, el método no era verdaderamente científico, ya que cada introspeccionista (que tenía que estar rigurosamente entrenado en este método) describía sus propias sensaciones de una manera única y personal, existiendo poca fiabilidad entre los juicios de un observador y otro.

Funcionalismo

Considerado como el primer sistema de psicología realmente americano, el funcionalismo era a la vez más científico y más práctico que el estructuralismo, al cual los primeros funcionalistas, como William James (1842-1910) y John Dewey, objetaron su irrelevancia. Tanto ellos como otros pensadores funcionalistas deseaban acumular conocimientos que se pudieran aplicar a la vida cotidiana. Con su interés sobre el modo en que el organismo se adapta al ambiente, querían conocer cómo funcionaba la mente —lo que *hace*—. Los funcionalistas ampliaron el campo de la psicología. Desarrollaron muchos métodos de investigación más allá de la introspección, incluyendo cuestionarios, pruebas mentales y descripciones objetivas del comportamiento. Además utilizaban niños, animales y retrasados mentales como sujetos, ampliando así el tipo de sujetos experimentales que podían utilizarse, yendo, por tanto, más allá del introspeccionista entrenado.

Un artículo de John Dewey de 1896 consideraba insignificante el punto de vista de los estructuralistas, consistente en descomponer el comportamiento humano en sus elementos. Su obra es ampliamente valorada por haber dado a conocer el funcionalismo y haber dirigido esta filosofía pragmática hacia la educación. Pensaba que el peso de la educación no debería recaer en los contenidos, sino en las necesidades de los estudiantes, un punto de vista avanzado para su tiempo. Dewey fundó la psicología escolar y produjo una impresión duradera en el conjunto del sistema de educación pública del país. La psicología americana es todavía funcionalista en sus perspectivas al poner el énfasis en métodos científicos de recopilación de datos y en la aplicación práctica de los conocimientos derivados de estos métodos.

Psicología de la Gestalt

Los psicólogos alemanes, que fundaron la escuela de la Gestalt a principios del siglo XX, lanzaron la idea de que no son los elementos individuales de la mente los que son importantes (como mantenían los estructuralistas), sino la «gestalt», la forma o configuración que estos elementos conforman. Por ejemplo, subrayaron la importancia de la nueva entidad formada por los diferentes elementos, de la misma manera en que una melodía está formada por la combinación de notas individuales, o la visión de un árbol frondoso, en toda su grandeza, es mucho más que una mera combinación de manchas de luz, sombra y formas separadas. Al contrario de los conductistas, los gestaltistas reconocían la importancia de la conciencia; sólo que se opusieron a considerarla como un conjunto de piezas sueltas. Mantenían que el todo es más que la suma de las partes, un punto de vista que tuvo un especial impacto en el estudio de la percepción.

Psicoanálisis

Cuando Sigmund Freud (1856-1939) desarrolló el psicoanálisis complementó la «psicología de la consciencia» de Wundt con su «psicología del inconsciente». Contrariamente a los anteriores enfoques centrados en la investigación de laboratorios, el psicoanálisis no intentó ser una ciencia pura. Su interés no recayó en la acumulación de conocimientos sobre la mente normal, sino en la aplicación inmediata de una nueva manera de tratar a individuos que manifestaban un comportamiento anormal. Extrajo mucho más de sus datos de observación clínica que de la experimentación controlada en el laboratorio. Freud creía que poderosos impulsos biológicos, principalmente de naturaleza sexual, influían en el comportamiento humano. Opinaba que estas tendencias eran inconscientes y que creaban conflictos entre el individuo y las normas sociales.

El enfoque freudiano generó violentas controversias, algunas de las cuales todavía están latentes hoy, como veremos repetidas veces en este libro. Algunos de los discípulos de Freud (como Erik Erikson) modificaron su enfoque básico, mientras otros (como Carl Jung, Alfred Adler y Karen Horney) se separaron de él. Aunque el punto de vista psicoanalista del comportamiento humano (descrito repetidas veces en este libro) ha tenido una enorme influencia en el pensamiento psicológico, nunca ha pasado a formar parte de la psicología experimental.

Conductismo

Con la publicación, en 1913, del artículo de John B. Watson (1878-1958), *La psicología, tal como la ve el conductista,* nació la nueva escuela conductista, que se había desarrollado a partir de los estudios del comportamiento animal. Los conductistas pensaban que no valía la pena intentar imaginarse lo que la gente ve o siente (como hacían los estructuralistas) y cómo piensan y por qué (como hacían los funcionalistas). En su lugar se concentraron en lo que realmente podían ver. Dicho de otra forma, estudiaban comportamientos y hechos *observables*. Reemplazaron la introspección, como método de investigación, por estudios de laboratorio sobre el condicionamiento, un tipo de aprendizaje. Si se podía determinar el tipo de respuesta que daría una persona o un animal frente a un estímulo determinado, opinaban que se conocería lo más importante de la mente. Con esta orientación la investigación se dirigió hacia la experimentación con animales y el trabajo sobre el aprendizaje. Los conductistas hacían hincapié en la importancia del ambiente en la formación de la naturaleza humana y restaban importancia a las características hereditarias.

B. F. Skinner (nacido en 1904) no sólo es hoy el conductista más importante, sino también una de las personalidades más destacadas de la psicología. Su esencial aportación ha sido en el área del condicionamiento operante (del cual hablaremos en el capítulo 5). Aunque utilizó ratas y palomas para determinar los efectos de diferentes programas de reforzamiento (recompensas), también fueron importantes sus investigaciones directamente aplicables a la persona humana. Una de sus invenciones fue la «cuna de aire», una amplia caja de temperatura controlada, donde mantuvo a su propia hija durante los primeros dos años de vida. Aunque se habló mucho de esta caja, nunca fue un éxito comercial. Una importancia mucho mayor tuvieron las máquinas de enseñanza, y los programas de modificación del comportamiento que desarrolló empleando los principios del «refuerzo» que había descubierto en sus investigaciones con ratas y palomas.

La mayor contribución de los conductistas fue el uso del método científico para estudiar el comportamiento. Este método se apoyaba en los comportamientos y hechos observables, en contraste con las medidas introspectivas anteriores. El conductismo también expandió las miras de la psicología, incluyendo los estudios sobre animales como una forma de aprender más sobre las personas. Esta escuela ayudó a la psicología a convertirse en una disciplina realmente científica y trazó el camino hacia el futuro, a pesar de que su simplicidad le impedía tratar satisfactoriamente aquellos factores psicológicos que no son observables, incluyendo entre éstos casi todas las emociones y pensamientos. Hoy día el mayor desacuerdo con el conductismo se debe a su negación de los procesos cognitivos; esta preocupación ha hecho surgir lo que se conoce como la «revolución cognitiva», de la cual hablaremos en seguida. El conductismo todavía tiene mucho impacto y aún mantiene una importante presencia en el panorama psicológico americano.

Psicología humanista

Esta rama de la psicología, a menudo llamada «la tercera fuerza» —después del conductismo y el psicoanálisis— comenzó a principios de los años 50 y su influencia ha aumentado desde entonces. Psicólogos humanistas como Abraham Maslow (1908-1970) y Carl Rogers (nacido en 1902) protestaron contra lo que ellos consideraban la estrechez de las dos primeras corrientes. Sostienen que el conductismo dice muchas cosas sobre la conducta, pero poco sobre las personas, y que el psicoanálisis dice mucho sobre los perturbados mentales, pero poco sobre los sanos. El humanismo ha intentado ampliar los contenidos de la psicología para que incluya aquellas experiencias humanas que son únicas, tales como el amor, el odio, el temor, la esperanza, la alegría, el humor, el afecto, la responsabilidad y el sentido de la vida, todos ellos aspectos de nuestras vidas que generalmente no son estudiados ni se escribe sobre ellos de una forma científica, porque se resisten a ser definidos, manipulados y medidos (Schultz, 1981).

El hecho de incorporar alabanzas e incentivos en programas educativos por computadora como éste es una lógica extensión de la opinión conductista de que el refuerzo positivo de las respuestas correctas favorece el aprendizaje. (Mark Antman/The Image Works.)

Psicología cognitiva

La escuela psicológica más reciente se ha desarrollado a partir de las corrientes principales de la psicología experimental, e intenta descubrir qué procesos del pensamiento tienen lugar en nuestra mente. Los psicólogos cognitivos no se conforman con el análisis del comportamiento en términos de simples conexiones, estímulo-respuesta, sino que intentan comprender la forma en que la mente procesa la información que percibe, esto es, cómo organiza, recuerda y utiliza esta información. Esta área, en rápido crecimiento, influye de muchas maneras en el estudio de la psicología, como se demostrará a lo largo de esta obra.

AREAS DE ESPECIALIZACION EN PSICOLOGIA

Tal como muestra el breve resumen anterior, la psicología es una ciencia compleja y con muchas diferentes maneras de observar la mente y el comportamiento humano y de aplicar los conocimientos obtenidos. El campo es tan variado que ofrece una rica selección de oportunidades profesionales para individuos de intereses, personalidades y habilidades muy dispares. Véase el apartado 1-1 para informarse sobre cómo ha de prepararse para realizar una carrera de psicología; asimismo, la figura 1-1 ofrece una representación gráfica de las áreas de acción en la que trabajan los psicólogos con título de doctor y grado de «master». Las siguientes descripciones de varias especialidades psicológicas pueden darle una idea del tipo de trabajo que lleva a cabo el psicólogo.

Psicología clínica

Cuando sus familiares y amigos escuchan que está estudiando psicología, puede que le tomen el pelo pidiéndole consejo o acusándole de que «analiza» cualquier cosa que dicen. Están manifestando la creencia común de que el psicólogo clínico representa todo el campo de la psicología, lo cual es comprensible, ya que se trata de la especialidad más amplia dentro de ella. Los psicólogos clínicos diagnostican y tratan problemas emocionales y conductuales, que fluctúan de leves a muy graves. La psicología anormal, una especialidad afín, se dedica al estudio de tales trastornos. Los clínicos difieren entre ellos acerca de las causas de muchos de estos problemas y sobre la mejor manera de tratarlos. En la práctica trabajan de una manera similar a los psiquiatras, que también se dedican el tratamiento de individuos perturbados, pero éstos tienen una licenciatura en medicina. Los psiquiatras pueden recetar medicamentos, en cambio los psicólogos no.

Asesoramiento psicológico

Probablemente existe en su universidad un servicio de asesoramiento, donde puede ir a pedir ayuda para resolver problemas relacionados con su trabajo académico, la carrera que pretende realizar o la convivencia con sus compañeros de estudio u otros aspectos de su adaptación. Los psicólogos orientadores efectúan e interpretan pruebas psicológicas. Entrevistan y observan a los que vienen a pedir ayuda, y dan consejos prácticos para resolver el problema que trajo al paciente inicialmente. La mayoría de los psicólogos orientadores trabajan en escuelas.

Psicología educativa y escolar

¿Es cierto que los niños aprenden mejor si están junto a compañeros de su mismo nivel de habilidad? ¿Cómo podemos ayudar tanto a los niños superdotados como a los retrasados mentales para que desarrollen al máximo su capacidad? ¿Qué puede hacer la escuela para superar las desventajas sociales, físicas y culturales? Los psicólogos educativos se sirven de los principios y técnicas psicológicas para contestar preguntas como ésas. Los

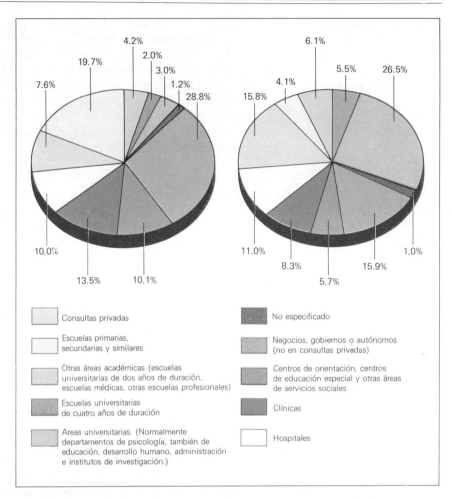

FIGURA 1-1 *El diagrama de la izquierda indica las áreas en las que trabajan los psicólogos con doctorado, mientras que el de la derecha muestra dónde trabajan los psicólogos con grado de master. (De Stapp y Fulcher, 1983.)*

psicólogos escolares trabajan directamente con los niños, sus padres y sus maestros para ayudarles a obtener el mayor provecho de sus años escolares. Trabajan de una manera similar a la de los psicólogos orientadores, centrándose en los logros escolares, la salud mental y la adaptación social del niño.

Psicología experimental

¿Le interesa el fenómeno de la ceguera de color? ¿Cómo somos motivados por nuestros impulsos sexuales? ¿Cómo puede el nombre de alguien estar en «la punta de la lengua», pero sin salir a la superficie? Todos estos temas son investigados por psicólogos de esta especialidad, el nombre de la cual es equívoco, ya que los psicólogos de *todos* los campos realizan experimentos y, por otro lado, los psicólogos experimentales también emplean otras técnicas de investigación. Los psicólogos experimentales estudian procesos psicológicos básicos, tales como la sensación, la percepción, el aprendizaje, la memoria, el conocimiento, la motivación y la emoción. Trabajan principalmente en los laboratorios y utilizan tanto animales como seres humanos en sus investigaciones.

Psicología fisiológica

¿Cómo puede ser que una persona con una lesión en la médula espinal tenga el conocido reflejo patelar, aunque no pueda mover sus piernas voluntariamente? ¿Por qué unas lesiones de ciertas partes del cerebro producen la

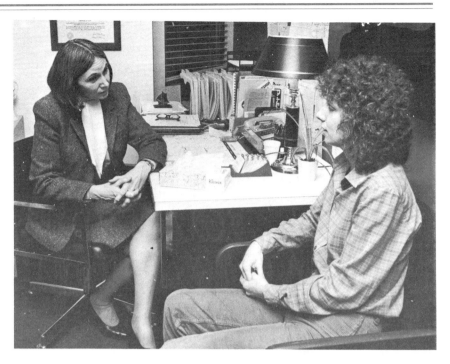

Los psicólogos orientadores trabajan en escuelas y en universidades en las que ayudan a los estudiantes en sus problemas, en su trabajo académico, en los objetivos de la carrera o bien en sus relaciones personales. (Erika Stone/Photo Researchers, Inc.)

pérdida de memoria, mientras otras causan trastornos de lenguaje? ¿Cómo es posible que el llanto del bebé active las glándulas mamarias de su madre para que produzca leche? Estas y otras cuestiones son las que estudian los psicólogos fisiológicos, que investigan las bases biológicas del comportamiento, especialmente el sistema nervioso y el sistema endocrino. Aunque algunas veces utilizan como sujetos de estudio a seres humanos con lesiones cerebrales o musculares, es más frecuente en sus investigaciones la utilización de animales, como gatos, monos y ratas. Trabajos recientes sobre las bases fisiológicas de la memoria han puesto de manifiesto la estrecha relación entre psicólogos experimentales y fisiológicos.

Psicología evolutiva

¿Cuándo aprende un bebé que un objeto existe, a pesar de que él no lo pueda ver? Esta comprensión es vital para saber que aunque su padre salga de la habitación es muy probable que vuelva. ¿De qué manera influyen los cambios hormonales de la adolescencia en el desarrollo emocional de los jóvenes? ¿Las personas mayores sufren realmente una decadencia en sus habilidades intelectuales? Los psicólogos evolutivos estudian los cambios que se producen a lo largo de la vida. Algunos se concentran sobre algunas épocas determinadas de la misma, como la infancia y la vejez. Otros se centran en la evolución de determinados procesos durante toda la vida, tales como el desarrollo del razonamiento moral desde la infancia hasta la edad adulta. Describen, explican, predicen e intentan modificar el comportamiento desde el nacimiento hasta la vejez.

Psicología de la personalidad

¿Qué es lo que hace a una persona confiada y a otra recelosa? ¿A una persona honesta y a otra deshonesta? ¿A una persona optimista y a otra pesimista? ¿Se han formado nuestras personalidades a través de nuestras experiencias tempranas, o hemos nacido tal como somos? ¿Tendemos a mostrar las mismas características de personalidad en diferentes situaciones o expresamos distintas caras en diferentes entornos? Todas estas preguntas son investigadas

APARTADO 1-1

PREPARANDOSE PARA LA CARRERA DE PSICOLOGIA

Asistiendo a este curso, habrá cumplido con el primer requisito para graduarse en psicología. Si decide que este campo le interesa, debería realizar otros cursos en el departamento de psicología de esta u otra universidad. En EE. UU. algunas escuelas universitarias otorgan graduaciones combinadas, que le preparan para trabajar en diferentes áreas psicológicas. Por ejemplo, como auxiliar en una institución o una escuela. Si se matricula en una universidad durante cuatro años y sigue con aprovechamiento los cursos, obtendrá la licenciatura en psicología, que le capacitará para trabajar en el área de trabajos sociales, programas de rehabilitación en centros de sanidad u otras instituciones psicológicas. O quizá encuentre que sus estudios psicológicos son especialmente útiles para desarrollar una carrera en otros campos, como la publicidad u organización de empresas. Si decide seguir estudiando en este campo, puede obtener el grado de «master», denominado también maestría o grado de licenciatura en función del país del que se trate (normalmente le llevará uno o dos años más en la universidad) y le puede ayudar a encontrar empleo como psicólogo escolar, como asesor en una institución de salud mental o como profesor en una escuela universitaria.

El siguiente peldaño es el doctorado. La mayoría de los psicólogos de las áreas de investigación y trabajo clínico se preparan realizando el doctorado, lo que supone de 3 a 6 años de estudios de postgrado. Todo candidato al doctorado planifica y lleva a cabo un proyecto original de investigación, que describe en un informe detallado denominados *tesis doctoral*. Además, los candidatos siguen cursos que les proporcionan amplios conocimientos en diferentes subcampos y les facilitan una instrucción intensiva en su especialidad.

Si prefiere una especialización con un enfoque más aplicado, podría trabajar para realizar los cursos de psicólogo interno residente (PIR). En España sólo está en vigor aún en algunas Comunidades Autónomas. En vez de hacer una tesis de investigación, los candidatos a estas plazas preparan un concurso oposición y siguen cursos relacionados con su meta futura, que podría ser la psicoterapia, la psicología escolar o cualquier otra área. Normalmente la preparación dura lo mismo que la del doctorado.

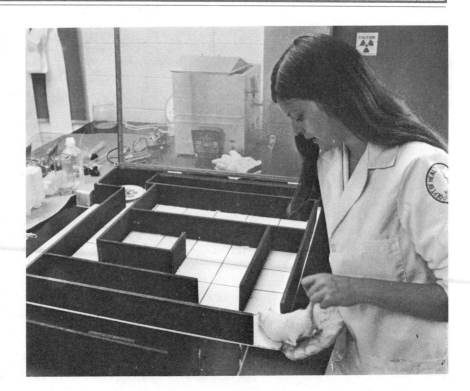

Los psicólogos experimentales que estudian los procesos psicológicos básicos trabajan principalmente en un laboratorio, utilizando tanto animales, como personas, como sujetos experimentales. Se han conseguido muchos conocimientos psicológicos, estudiando de qué forma las ratas aprenden a desenvolverse en un laberinto, tal como lo está haciendo esta investigadora. (© Ken Robert Buck/The Picture Cube.)

por los psicólogos de la personalidad, que miden y describen la personalidad (a través de entrevistas y pruebas especialmente elaboradas al respecto) y que formulan teorías sobre su desarrollo.

Psicología social

¿Cuál es la razón por la cual una persona se relaciona con un grupo de gente, aunque no esté de acuerdo con lo que este grupo dice y hace? ¿Qué impulsa algunas veces a una persona a ir en ayuda de un accidentado mientras otras veces ignora este trance? ¿Qué es lo que atrae mutuamente a dos individuos? Estas son algunas de las preguntas que se hace la psicología social, la rama que estudia la manera en que impresionamos a otros y somos influenciados por ellos, tanto en grupo como en las relaciones íntimas. Los psicólogos sociales aplicados usan tales conocimientos para resolver los problemas prácticos que surgen en las relaciones públicas, la publicidad, en comunidades compuestas por miembros de raíces étnicas diferentes, en los lugares de trabajo y en casi todas las situaciones en que la gente se relaciona.

Psicometría

Sin duda alguna, usted habrá contestado diferentes tipos de pruebas de «inteligencia» durante sus años escolares, algunas de las cuales medirían su CI (cociente intelectual). Al presentarse a ciertos trabajos o al buscar asesoramiento vocacional o emocional, puede que haya realizado tests de personalidad, cuyo objetivo era determinar sus características sociales y emocionales. Los psicólogos psicométricos diseñan tales pruebas identificando las características que quieren medir, generando los elementos de la prueba y desarrollando después métodos estadísticos para interpretar las puntuaciones.

Psicología industrial y de las organizaciones

Las personas y su trabajo son el área de investigación de los psicólogos industriales, que se preocupan por hacer el lugar de trabajo más confortable y productivo tanto para los trabajadores como para los empresarios. Estos especialistas de personal desarrollan técnicas para adaptar el trabajo al trabajador, formar trabajadores, evaluar la organización interna y examinar los elementos relacionados con una supervisión efectiva, con la comunicación y el estado de ánimo de los empleados.

Los psicólogos evolutivos observan a personas de diferentes edades para determinar cómo cambia el comportamiento a lo largo de la vida. (Miami Forsyth/Monkmeyer.)

«Para mis datos, correcto o equivocado.»

Ergonomía

Este libro fue compuesto por un ordenador con capacidad para procesamiento de textos. Cada persona que usa este sistema puede modificarlo para que se adapte a sus necesidades: puede ajustar el brillo de las letras en la pantalla, inclinar la pantalla para conseguir un ángulo más cómodo y colocar el teclado a la altura adecuada y en el mejor lugar. El tipo de consideraciones a tener en cuenta en el diseño y adaptación de las máquinas a las necesidades humanas, es el trabajo de los psicólogos dedicados a la ingeniería psicológica. Estos psicólogos experimentales aplicados diseñan, evalúan y adaptan los instrumentos para que se empleen eficaz y eficientemente.

COMO ESTUDIAN EL COMPORTAMIENTO LOS PSICOLOGOS

Dado que ya ha podido ver cuán distinta es la forma en que los diferentes especialistas en psicología conceptualizan el comportamiento humano y cuán diverso es el empleo de los conocimientos psicológicos, usted no debe sorprenderse al saber que los métodos que usan los psicólogos para recopilar su información son igualmente variados. Conoceremos las más importantes técnicas de investigación empleadas por los psicólogos contemporáneos, examinaremos sus ventajas e inconvenientes y veremos cómo contribuyen a una mejor comprensión del sujeto humano. Hablaremos de los que participan en estas investigaciones y discutiremos sobre las cuestiones éticas que surgen al llevar a cabo estos estudios.

Antes de que un investigador emprenda un proyecto determinado, deberá desarrollar una teoría tentativa para explicar un comportamiento concreto. Basándose en esta teoría, el investigador generará una o varias hipótesis. Una hipótesis es una conjetura, un pronóstico sobre los resultados del estudio. El

El diagrama de la izquierda indica las áreas en las que trabajan los psicólogos que han obtenido el doctorado, mientras que el de la derecha muestra dónde trabajan los psicólogos que han conseguido el grado de «master». (De Stapp y Fulcher, 1983.)

investigador comprueba estas hipótesis realizando una investigación, recopilando sistemática y objetivamente los datos. Los datos representan la información recopilada, un conjunto de hechos (tales como las puntuaciones en los tests). Posteriormente el investigador los interpreta al analizarlos, utilizando diversas técnicas estadísticas, las más importantes de las cuales aparecerán en el apéndice. A menudo los investigadores modifican considerablemente sus teorías originales a medida que la investigación las va refutando. El teorizar es una parte importante de este proceso, ya que las teorías proporcionan un armazón para organizar los descubrimientos de las investigaciones y para encajarlos en nuestro estado general de conocimientos.

A medida que se familiarice con el uso de estas técnicas, irá desarrollando un saludable escepticismo que los científicos cuidadosos mantienen tanto al analizar los resultados de sus propios estudios como los de los demás. Por ejemplo, será capaz de leer un artículo de periódico sobre «un impresionante descubrimiento» y preguntarse a sí mismo: «¿Se realizó este experimento de forma rigurosa? ¿Hubo suficientes pruebas para poderse atrever a dar una conclusión general? ¿Son claros o ambiguos los descubrimientos? ¿Existen otras explicaciones posibles, además de las que ofrecieron los investigadores?». Un elemento fundamental en cualquier investigación es el modo de ser de las personas o animales estudiados.

Quiénes participan en la investigación psicológica

ESTUDIANTES UNIVERSITARIOS   A veces la psicología moderna ha sido denominada «la ciencia del comportamiento del estudiante universitario de segundo año» (Rubenstein, 1982, pág. 83), refiriéndose al hecho de que un 80 por 100 de la investigación psicológica contemporánea emplea estudiantes de universidad (que sólo representan un 26 por 100 de los jóvenes de 18 a 24 años) como sujetos de investigación (Rubenstein, 1982; Schultz, 1969). ¿Por qué los estudiantes son tan populares para los investigadores? Primero porque están *allí*, en el recinto universitario donde se hace la investigación. Además, requieren poco desembolso de los escasos fondos destinados a la investigación: se les puede motivar con créditos de curso si participan en estudios de investigación. En algunas universidades se *exige* que los estudiantes de psicología tomen parte en estudios de investigación.

En algunas investigaciones, como las que implican respuestas sensoriales básicas (visión, oído, sabor) o procesos psicológicos (formación de conceptos, percepción, memoria, etc.), los estudiantes son sujetos adecuados para la experimentación. En otros tipos de investigación puede ser altamente engañoso depender tan firmemente de estos jóvenes adultos pertenecientes a un grupo social bastante concreto (generalmente, blancos y de clase media). Por ejemplo, la mayor parte de lo que «sabemos» sobre el sueño normal está basado en el sueño de los estudiantes universitarios, aunque otras investigaciones han mostrado que los modelos de sueño varían mucho a lo largo del ciclo vital, y este hecho hace imposible generalizar los descubrimientos a niños y a otros adultos. Es probable que sea igualmente peligroso generalizar a toda la población los descubrimientos de la investigación acerca de la formación de amistades, el enamorarse, la adaptación a las reglas de grupo, etcétera, basándose únicamente en los estudios de este grupo limitado. Aunque los psicólogos son conscientes de los peligros de la generalización de este tipo de estudios con universitarios, nadie parece haber descubierto el modo de resolver el dilema.

ANIMALES La psicología también ha sido denominada «la ciencia de la rata blanca», en reconocimiento al importante papel que ha jugado este animal en muchas investigaciones. ¿Por qué hay tantos psicólogos, que aunque tienen por objetivo el estudio del comportamiento humano, sin embargo enfocan su microscopio de investigación hacia animales, como perros, palomas, monos, chimpancés e incluso organismos tan primitivos como los caracoles? En parte por conveniencia, ya que al ser los animales menos complejos que las personas, a menudo es posible aislar un tipo de comportamiento determinado y obtener resultados más claros y más rápidos. Y en parte por razones éticas. Experimentamos muchas cosas con animales que no se nos ocurriría ensayar con seres humanos, tales como: operaciones quirúrgicas en las que se extirpan secciones del cerebro del animal para ver de qué manera afecta a su comportamiento, y observar el desarrollo de las crías de monos que han sido apartadas de su madre.

Estos estudios animales nos han enseñado mucho acerca del aprendizaje, el pensamiento, la memoria, el afecto, la biología del cerebro, etc., pero, de nuevo, hemos de tener mucho cuidado cuando queramos generalizar los descubrimientos sobre animales a seres humanos. Las palomas no son personas, y hay que tener en cuenta las diferencias entre animales y seres humanos.

MUESTREO Ya que generalmente es imposible investigar a todos los miembros de un grupo (llamado población) que un psicólogo quiere estudiar, como todos los niños de hogares desfavorecidos, o todos los graduados universitarios del año 1989, los investigadores seleccionan subgrupos, o muestras de estas poblaciones. Su objetivo es conseguir una muestra lo suficientemente grande como para ser representativa de la población, pero lo suficientemente pequeña para que sea manejable en una investigación. La selección de una muestra debe ser estudiada detenidamente. Por ejemplo, si el investigador necesita una muestra de todas las personas de más de setenta

Los estudiantes universitarios son los sujetos experimentales más socorridos en la investigación psicológica, porque son adecuados, baratos y están motivados. Sin embargo, si se confía demasiado en esta fuente de información se puede llegar a conclusiones erróneas. (© Ban Bucher/Photo Researches, Inc.)

años en los Estados Unidos, no debería elegir a todos los individuos de Florida, sino que deberá buscar personas de diferentes lugares de todo el país. Probablemente intentará conseguir una mezcla de habitantes de lugares urbanos y rurales de diferentes orígenes raciales y étnicos, tanto de uno como de otro sexo, así como de casados y solteros.

Probablemente preferirá una muestra al azar, donde cada miembro de la población tiene la misma oportunidad de ser elegido. Esta elección se hace a veces cogiendo uno de cada diez nombres de la guía telefónica (en cuyo caso se limita la población a la gente que vive en casas particulares y que tiene teléfono), de la lista de parejas que acaban de pedir licencia para casarse, o de la lista de estudiantes de primer año en una universidad determinada. Otra manera de conseguir una muestra al azar sería poner todos los nombres de la población en cuestión en papelitos individuales para después meter todos los papelitos en un tambor, y tras agitarlos elegir una quinta parte de los mismos.

La muestra es más fiable si es estratificada, es decir, cuando esté compuesta por una representación proporcional de las características más importantes encontradas en la población completa. Por ejemplo, en una investigación sobre las actitudes y comportamientos sexuales de los ancianos, usted probablemente desearía que la muestra reflejase la misma proporción de varones y de hembras, de habitantes de zonas urbanas y rurales y de personas casadas y solteras que existe en la población entera. (La técnica de estratificación es tratada con más detalle en el apéndice.)

Investigación básica y aplicada	Puede que un psicólogo se pregunte «¿cómo aprende la gente?», mientras otro quiera saber «¿cómo podemos ayudar a que los niños retrasados aprendan a cuidar de ellos mismos?» Que aquél desee conocer cuál es la causa de la agresividad, mientras que éste se pregunta ¿cómo podemos disminuir los enfrentamientos entre pandillas en las calles de nuestras ciudades? En ambos casos las preguntas del primer científico le mueven hacia la investigación básica o pura, mientras las preguntas del segundo están relacionadas con la investigación aplicada, o práctica. Las dos orientaciones se complementan. Los psicólogos que hacen investigación básica buscan respuestas que aumenten el caudal total del conocimiento humano. Aunque ellos no se refieran a un problema práctico inmediato, los resultados de su trabajo se utilizarán para diversas cuestiones. Mientras el investigador básico nos dice qué es lo que les gusta mirar a los bebés, el investigador aplicado utiliza estos descubrimientos para crear juguetes multicolores que pueden ser colgados sobre las cunas de los bebés.
Métodos de investigación	Las técnicas sistemáticas y objetivas que utilizan los psicólogos, tienen todas sus ventajas e inconvenientes. Cada uno de los siguientes métodos han contribuido a la comprensión del comportamiento humano. Conforme expongamos brevemente cada uno de ellos, constataremos el lugar que han ocupado en la ciencia de la psicología.

HISTORIA DE CASOS   En el capítulo 8 podrá informarse sobre Genie (no es su nombre real), quien a la edad de trece años no sabía hablar, porque desde los veinte meses había estado encerrada en una habitación pequeña sin poder hablar con nadie. Uno de los psicólogos que trabajó con Genie durante los nueve años posteriores a su descubrimiento escribió un informe detallado de los progresos que hizo con respecto al aprendizaje del lenguaje, al modo de relacionarse con el personal del hospital y otros aspectos de su desarrollo

(Curtiss, 1977). El libro sobre Genie, que fue el resultado de este informe, ha dado luz sobre cómo aprende a hablar la gente. Este es un ejemplo de la historia de casos o el estudio de casos, método mediante el cual se reúne extensa información sobre una persona o unas pocas personas. Este método es especialmente útil en situaciones clínicas, cuando necesitamos información para decidir qué tipo de terapia debemos aplicar a un individuo determinado.

ENCUESTAS   Cuando los psicólogos necesitan información sobre un grupo grande de personas no pueden usar el método del estudio de un caso, ya que no es válido generalizar las experiencias de una persona. Entonces se inclinan por los métodos de encuestas, tales como cuestionarios y entrevistas.

Cuestionarios   Los investigadores pueden diseñar un cuestionario en concreto, aplicándolo a una muestra al azar de la población que quieren estudiar. Administrando un cuestionario a una muestra de estudiantes femeninas de la Universidad de Wisconsin-Madison, nos podríamos informar sobre las preferencias religiosas de las estudiantes, sus inclinaciones políticas, experiencias sexuales prematrimoniales, etc.; estos datos podrían ser generalizados a las estudiantes universitarias como grupo.

También podemos encontrar importantes relaciones entre dos o más cuestiones. Por ejemplo, sería posible encontrar la existencia de relación entre actitudes políticas y experiencia sexual, en el caso de que las estudiantes con actitudes liberales se mostraran sexualmente más activas. Ello nos permitiría afirmar la existencia de una correlación entre la política liberal y la tolerancia sexual.

Una correlación se refiere a la fuerza y dirección de una relación entre dos variables. La dirección es positiva cuando ambas variables aumentan; es negativa cuando una variable aumenta mientras la otra disminuye. Por lo tanto, en el ejemplo anterior la correlación sería positiva respecto a la política liberal y la tolerancia sexual, y negativa respecto a la política conservadora y la tolerancia sexual. La fuerza de la relación se representa por una puntuación entre $+1,0$ (una correlación perfecta y positiva) y $-1,0$ (una correlación perfecta y negativa). (El uso de la correlación como técnica estadística se describe con más detalle en el apéndice.)

Aunque el análisis correlacional muestra una relación entre dos medidas, no nos dice nada sobre su causa y efecto. No sabemos si una de estas variables fue la causa de la otra, o si las dos variables están relacionadas porque ambas derivan de un tercer factor. Volveremos a tratar de la relación causa-efecto cuando hablemos de los experimentos.

A pesar de que los cuestionarios pueden dar mucha información sobre un gran número de gente en poco tiempo, tienen inconvenientes. A veces, las respuestas son dudosas, bien por fallos de memoria, bien porque los individuos que se investigan dan las contestaciones que piensan que «deberían» dar. Además, no hay manera de profundizar en una respuesta para explorar su significado o indagar más profundamente.

Entrevistas   Los psicólogos o entrevistadores experimentados a menudo hacen las preguntas personalmente. Normalmente las entrevistas están estandarizadas, de manera que se hacen las mismas preguntas a todo el mundo, aunque a veces se les pide que clarifiquen o desarrollen más sus contestaciones. Jean Piaget, en sus entrevistas con niños, estaba más interesado en el razonamiento subyacente de los niños que en las propias respuestas, de forma que adaptaba cada entrevista al niño en cuestión. De esta manera consiguió una vía de entrada a la mente de los niños y logró unos profundos conocimientos sobre los procesos de su pensamiento.

Las entrevistas están sujetas a los fallos de memoria y a la deformación de las contestaciones, sea consciente o inconscientemente. Las personas que responden preguntas sobre un tema delicado como el sexo pueden, por ejemplo, exagerar su ingenuidad o su experiencia. Por otro lado, las entrevistas resultan caras y consumen mucho tiempo.

A veces se usan cuestionarios y entrevistas en una misma investigación. En una encuesta sobre la sexualidad de los adolescentes, 411 chicos y chicas rellenaron diversos cuestionarios, y además 200 de ellos fueron entrevistados en profundidad (Sorensen, 1973). Combinando estos dos enfoques se consigue tanto profundidad como amplitud.

OBSERVACION NATURAL   Al igual que los biólogos observan las costumbres alimenticias de los apaches en su ambiente natural, los psicólogos a menudo observan el comportamiento humano en los parvularios (kindergarten), en el metro, en bares o en cualquier otro ambiente natural que sea adecuado para la población y el comportamiento que se estudia. Los investigadores realizan un registro meticuloso de sus observaciones, tales como grabaciones de la comunicación entre padres y bebés, registro del número de veces que se producen agresiones entre niños en edad preescolar o concienzudas descripciones de los usuarios de un ascensor ante un incidente que previamente ha sido preparado. Todos estos registros pueden ofrecernos una valiosa información sobre la actuación de la gente en situaciones de la vida real.

Como cualquier otro método de estudio, éste también tiene sus inconvenientes. A veces la mera presencia de un observador puede influir en el comportamiento de las personas que se estudian. Si saben que se les observa, se comportan de manera diferente. Los investigadores intentan solucionar este problema de diferentes formas: permaneciendo en la situación tanto tiempo como sea necesario para que las personas se acostumbren, escondiéndose tras la multitud o situándose detrás de un espejo a través del cual pueden ver a los demás sin ser vistos. La observación puede llevar mucho tiempo y resultar aburrida, especialmente si el observador tiene que esperar a que un comportamiento determinado ocurra para poderlo observar. Además, es difícil para un investigador independiente verificar sus observaciones, ya que es improbable que los hechos se vuelvan a repetir de forma exactamente igual que en ocasiones anteriores.

Probablemente, la mayor desventaja de la observación natural sea que el observador no puede manipular las variables y, por tanto, no puede determinar las relaciones de causa-efecto. Por ejemplo, si notamos que los niños que ven muchas películas violentas por televisión manifiestan mayor agresividad, no por ello podemos decir que la televisión les hace más agresivos, quizá los niños agresivos son más dados a ver este tipo de películas. La observación natural nos ayuda a generar hipótesis que luego podemos probar mediante la experimentación.

EXPERIMENTOS   Los psicólogos diseñan experimentos para probar hipótesis que intentan determinar la relación causa-efecto. Manipulan o cambian un aspecto de una situación, llamada variable independiente , y observan su efecto sobre un aspecto del comportamiento, llamado variable dependiente

La variable dependiente «depende», por lo tanto, de la independiente. Por ejemplo, si un psicólogo estudia el efecto de la audición musical durante una investigación sobre la ansiedad ante un examen, la música sería la variable independiente y la ansiedad ante el examen sería la variable dependiente.

Un experimento bien planificado normalmente necesita dos grupos de sujetos: un grupo experimental y un grupo de control. Estos grupos serían iguales en todos los aspectos excepto en su exposición a la variable independiente. El grupo experimental es expuesto a los efectos de la variable independiente, mientras que el grupo de control no lo es. Posteriormente, el investigador compara los dos grupos. (Los métodos estadísticos para determinar la significación de la diferencia entre el grupo experimental y el grupo de control se explican en el apéndice.)

Si el grupo experimental, que ha sido expuesto al tratamiento, se comporta de diferente forma que el grupo de control, que no ha sido expuesto al mismo, podemos asumir que el tratamiento es el responsable de esta diferencia. Si no tuviéramos un grupo de control, no sabríamos si otros factores, como el mero paso del tiempo, fueron los responsables del cambio de comportamiento. Algunos experimentos más complejos utilizan más de un grupo experimental y más de un grupo de control. Veamos cómo funcionan estos principios tanto en el laboratorio como en los experimentos de campo.

Un experimento de laboratorio   En este tipo de experimento los investigadores llevan a los individuos a un laboratorio psicológico. Un experimento clásico fue el que se refería a la imitación infantil de modelos agresivos (Bandura, Ross y Ross, 1961). Los investigadores expusieron la hipótesis de que los niños que vieran a los adultos actuar de manera agresiva, copiarían su comportamiento, mientras que los niños que no observaran tales modelos, no se comportarían agresivamente. Para probar esta hipótesis dividieron a 72 niños de edad preescolar en tres grupos. Un grupo experimental de 24 niños vio a una persona mayor pegar y golpear una muñeca de goma; el segundo grupo experimental, compuesto por 24 niños, también veía a una persona mayor jugando tranquilamente con juguetes, y el tercer grupo, el grupo de control, no veía a ninguna persona adulta. (El ver a un adulto agresivo o no agresivo era la *variable independiente*. El comportamiento agresivo o no agresivo de los niños era la *variable dependiente*.)

Los resultados confirmaron la hipótesis. Cuando se observaba a los niños en una situación de juego libre, aquellos que habían visto a los adultos agresivos se comportaban agresivamente. Los niños que vieron a los adultos no agresivos y los niños del grupo de control mostraron un comportamiento muy poco agresivo. Así que este experimento parece apoyar la teoría de que los niños aprenden a ser agresivos viendo modelos agresivos, los cuales imitan. La gran incógnita, sin embargo, es si la relación de causa-efecto descubierta en esta situación, cuidadosamente preparada en el laboratorio, se puede generalizar a una situación fuera del laboratorio psicológico.

Un experimento de campo   En este tipo de estudio los investigadores introducen un cambio en una situación de la vida real, como ocurrió en un estudio que se llevó a cabo en un asilo (Lange y Rodin, 1976). Los investigadores querían saber si la decadencia en salud, agilidad y actividad que suele darse entre las personas asiladas se podía detener o invertir, dándole a las personas la posibilidad de tomar decisiones y ejercer algún tipo de control sobre su propia vida.

Un total de 91 personas fueron examinadas y valoradas de acuerdo con varias medidas de felicidad y actividad, y posteriormente divididos en dos grupos que eran aproximadamente iguales respecto a estas medidas. A las 47 personas del *grupo experimental* se les dijo que ellos serían responsables de cuidar de sí mismos, de decidir cómo iban a pasar el tiempo libre y que podrían cambiar las cosas que no les gustasen. Se les pedía que se encargasen del cuidado de una planta. A las 44 personas del *grupo de control* se les dijo que el personal era el responsable de su cuidado y de su felicidad. Se les entregó una planta y se les dijo que las enfermeras la regarían y la cuidarían.

Tres semanas después de haber empezado el experimento, un 93 por 100 de las personas del grupo experimental se mostraban más activas, más ágiles y más felices, y estaban más implicadas en diferentes tipos de actividades. En el grupo de control, sin embargo, un 71 por 100 mostraba mayor debilidad y más incapacitación. Una evaluación de seguimiento diecioho meses más tarde mostró que los beneficios se mantenían. Sólo un 15 por 100 de las personas del grupo experimental había muerto en este período, comparado con un 30 por 100 de las personas del grupo de control (Rodin y Langer, 1977). Aunque los resultados de este estudio son más generalizables a la «vida real», ya que el experimento tuvo lugar fuera del laboratorio, los investigadores reconocen una dificultad común a todos los experimentos de campo: por razones éticas y por problemas prácticos no fueron capaces de controlar todos los factores importantes (en este caso la asignación al azar de las personas del experimento, y ciertos aspectos del interés de las enfermeras).

Ventajas e inconvenientes del método experimental

Gracias a que los procesos experimentales se pueden controlar estrictamente, podemos asumir relaciones de causa-efecto mejor que con ningún otro método. Además, puesto que estos procesos pueden ser estandarizados, otros investigadores pueden repetirlos (pueden replicar el experimento) para ver si consiguen los mismos resultados.

Hemos señalado ya dos dificultades: la de generalizar a partir de descubrimientos de laboratorio y la de mantener el suficiente control de una situación sobre el terreno. Otro problema puede venir del sesgo del experimentador Un experimentador que espera (y desea) un resultado determinado, puede inconscientemente comunicar estas expectativas a los sujetos experimentales y de esta manera influir en los resultados. Existen dos maneras de prevenir este sesgo: en la técnica del simple ciego, el experimentador que realiza la prueba post-test (la prueba que se pasa *después* del experimento para compararla con la prueba previa, pre-test, que se pasa *antes* del experimento) no sabe qué personas están en cada grupo. En la técnica del doble ciego, ni el experimentador ni los sujetos experimentales saben en qué grupo están. Por ejemplo, probando un fármaco que se supone alivia las depresiones, al grupo de control se le puede dar un placebo (una píldora de azúcar), sin que nadie de dicho grupo sepa qué píldora se le ha dado y al mismo tiempo los experimentadores tampoco conocen qué píldora recibe cada persona.

ETICA E INVESTIGACION PSICOLOGICA

Cuando Steve Kaufman, un estudiante universitario de dieciocho años, aceptó tomar parte en un experimento sobre el efecto de la hipnosis en la habilidad para resolver problemas, no sabía que durante el curso del experimento quedaría parcialmente sordo por el efecto de la hipnosis, ni que le colocarían en una habitación junto con otros dos estudiantes, que aparentemente eran compañeros del experimento, pero que. en realidad, eran cómplices del experimentador. Llegó al convencimiento de que los dos le excluían deliberadamente de su conversación y que se reían de él (Hun, 1982). Cuando se dio cuenta de lo que pasaba, su experiencia había confirmado la hipótesis del experimentador —que la sordera hace a las personas paranoicas, una conclusión altamente significativa para la gente con problemas auditivos (Zimbardo, Andersen y Kabat, 1981)—. Durante el desarrollo del experimento Steve experimentó algunos momentos de ansiedad y nerviosismo, pero después, cuando fue informado de todo (se le explicó el propósito real del procedimiento), expresó un sentimiento de orgullo por haber jugado tan importante papel en esta investigación.

Este experimento demuestra la importancia de los aspectos éticos en la investigación psicológica actual, el uso del engaño. A pesar de que este y otros estudios han sido denunciados por algunos críticos por engañar a las personas para que tomen parte en un experimento, para el cual no estaban preparadas, los defensores señalan el hecho obvio de que este y otros experimentos de psicología social no serían posibles sin engaño y que realmente gran parte del conocimiento psicológico nos ha llegado precisamente a través de tales técnicas. La reciente insistencia en no utilizar el engaño ha dado como resultado un cambio en la naturaleza de los experimentos de la psicología social, un cambio que muchos psicólogos opinan que ha limitado gravemente la búsqueda de nuevos conocimientos psicológicos. Este tema, junto con otros dilemas éticos, no se han resuelto todavía por completo.

Durante la década de 1970 el Departamento de Sanidad, Educación y Bienestar Social de los Estados Unidos (ahora el Departamento de Sanidad y Servicios Sociales) ordenó la fundación de tribunales de revisión institucional para controlar la investigación psicológica desde un punto de vista ético. Como resultado, las universidades y otras instituciones de investigación es común que tengan comités que dan el visto bueno a los planes de investigación propuestos antes de permitirles continuar. En 1982 la American Psychological Association (APA) desarrolló una serie de normas sobre aspectos éticos para proteger a las personas que toman parte en experimentos, permitiendo, no obstante, que prosigan las investigaciones importantes. Esencialmente, los principios más importantes son los siguientes:

- *Los sujetos experimentales deben ser protegidos* de cualquier daño físico y mental. Cuando los investigadores diseñan sus experimentos, están obligados a considerar el mayor interés de estas personas. Deben tratar a los participantes con respeto y de acuerdo con su dignidad. Deberán evaluar su planificación para determinar si los participantes del experimento corren algún tipo de riesgo, o si el riesgo es realmente «mínimo».
- Todas las personas que participan en una investigación deberán dar su *consentimiento para tomar parte en el estudio*. Para poder dar su consentimiento, deben saber qué implica su participación, sobre qué versará la investigación, cuáles pueden ser los riesgos y cualquier otra cosa que pueda influir en la decisión sobre su participación. La única ocasión en la cual esta obligación puede ser considerada de una forma más laxa, de acuerdo con la APA, es cuando se considera que la investigación implica un riesgo mínimo para el sujeto.
- Antes de que un investigador diseñe un experimento que incluya *un engaño*, debe intentar encontrar procedimientos alternativos que sean

Las normas absolutas no ofrecen soluciones prácticas a los conflictos con los valores. Lo que se necesita es sentido común y mesura, compromiso y tolerancia, y no sólo un sano respeto por la dignidad de los individuos, sino también un respeto en consonancia con la dignidad de la ciencia. (Ruebhausen y Brim, 1966.)

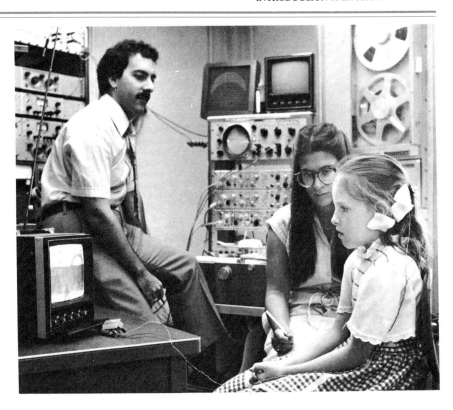

Al planificar investigaciones los psicólogos deben mostrar una elevada sensibilidad hacia los aspectos éticos. Por ejemplo, deben poner especial cuidado en evitar que los niños que participan en la investigación se pongan nerviosos o se asusten. Incluso en beneficio de generaciones venideras. (© 1982 Jill Holland/Black Star.)

igualmente efectivos. Si eso no fuera posible, el investigador debe preguntarse si el experimento es realmente necesario. Si resulta ser suficientemente importante como para justificar su uso, el investigador debe asegurarse de que el engaño no daña a la persona y que será informado de la verdad tan pronto como sea posible.

- *Los sujetos deben tener la posibilidad de poder negarse a participar en una investigación o retirarse* de ella en todo momento, aunque sean estudiantes, clientes o empleados del investigador.
- *El investigador jefe de un proyecto de investigación es el responsable* no sólo de su propio comportamiento ético, sino también del de sus colaboradores, ayudantes, estudiantes y empleados del proyecto. Todas estas personas también son responsables de su propio comportamiento.
- Si un sujeto sufre realmente algún tipo de daño por la participación, *el investigador está obligado a detectar y eliminar o corregir cualquier consecuencia indeseable,* incluyendo efectos a largo plazo.
- Toda información obtenida de los participantes debe ser confidencial, a menos que las personas en cuestión estén de acuerdo de antemano en que ésta puede ser divulgada. Los investigadores están obligados a garantizar *el derecho a la intimidad* de los participantes.

En diversos puntos a lo largo de este libro dirigiremos nuestra atención hacia cuestiones éticas, cada vez que discutamos proyectos de investigación específicos. Mientras tanto, puede que usted desee mantener en su mente estas consideraciones éticas para evaluar los estudios que aquí y en otras partes se les presentan. Deberá leer con ojo crítico, considerando no sólo los aspectos éticos implicados, sino también el valor de la información presentada, tanto para la psicología en general como para su propia vida en particular. Hemos presentado datos que consideramos importantes y que han superado pruebas de validez científica. El trabajo de reunir y presentar estos descubrimientos ha sido emocionante, a la vez que un reto, especialmente porque el campo de la psicología está en continuo crecimiento, se extiende y enriquece nuestras vidas con lo que puede llegar a revelarnos de nosotros mismos. Le deseamos un buen viaje a lo largo de la ruta más excitante de todas, aquella que lleva a la naturaleza misma de nuestro propio ser.

RESUMEN

1 La *psicología* es el estudio científico del comportamiento y los procesos mentales. Los psicólogos quieren *describir, explicar, predecir* y *modificar* el comportamiento.

2 La psicología es una ciencia que tiene poco más de 100 años. Sus raíces históricas principales son la *filosofía* y la *fisiología*.

3 Durante los últimos años del siglo XIX y durante el siglo XX aparecieron diversas *escuelas* de psicología. Estas escuelas presentan distintas perspectivas teóricas respecto a los problemas psicológicos.

4 *Wilhelm Wundt*, el «padre de la psicología», fundó el primer laboratorio de experimentación psicológica en Leipzig, Alemania, en el año 1879. Desarrolló la técnica de la *introspección analítica* con la intención de estudiar la estructura básica de la mente.

5 *E. B. Titchener* denominó al trabajo de Wundt *estructuralismo*, y lo llevó a América. Titchener quería analizar la conciencia, descomponiéndola en sus unidades elementales.

6 La primera escuela psicológica verdaderamente americana fue el *funcionalismo*. Los funcionalistas se ocupaban de aplicar los conocimientos a situaciones prácticas, especialmente en ambientes educativos.

7 Los psicólogos de la *Gestalt* creían que el todo era más que la suma de las partes. Opinaban que las experiencias no se podían descomponer en elementos más pequeños.

8 Con el desarrollo del *psicoanálisis*, *Sigmund Freud* comenzó la revolución del inconsciente. Este enfoque se concentró en las tendencias inconscientes que motivan el comportamiento.

9 *Los conductistas* se centran en la conducta y en los hechos *observables*. No están interesados en los hechos que no pueden observarse ni en el impacto de las fuerzas inconscientes sobre el comportamiento. Subrayan el papel del ambiente en la formación del comportamiento. El conductismo fue iniciado en 1913 con un artículo de *John B. Watson* sobre la psicología tal como la ve el conductista. Hoy día, el conductista más eminente es *B. F. Skinner*, quien ha descubierto los principios básicos del *condicionamiento operante* y ha aplicado estos principios a la resolución de problemas prácticos.

10 Los psicólogos humanistas como *Maslow* y *Rofers* están sobre todo interesados en el comportamiento del ser humano sano. Opinan que los enfoques psicoanalista y conductista son demasiado reduccionistas.

11 La escuela psicológica más reciente es la *psicología cognitiva*, que se ocupa de cómo la mente procesa la información.

12 Existen muchos subcampos dentro de la psicología. Se incluyen entre éstos la psicología *clínica* y *anormal*, el *asesoramiento psicológico*, la *psicología educativa* y *escolar*, *experimental*, *fisiológica*, *evolutiva*, de la *personalidad*, *social*, *psicométrica*, *industrial*, de las *organizaciones*, así como la *ingeniería humana* o *ergonomía*. Dentro de la psicología existen oportunidades para personas con intereses, habilidades y preocupaciones académicas diversas.

13 Los psicólogos utilizan diversas *técnicas de investigación* para recopilar datos psicológicos. Al planificar una investigación, el científico empieza con una *teoría* que intenta explicar las causas del comportamiento. Basándose en esta teoría, el científico genera unas *hipótesis* o predicción sobre los resultados de su estudio. Luego diseña un proyecto de investigación para comprobar la hipótesis. Los datos obtenidos son analizados utilizando técnicas estadísticas adecuadas, y la teoría original es verificada o modificada según los resultados de estos descubrimientos.

14 Ya que los psicólogos normalmente no pueden investigar a todos los sujetos de una población, seleccionan subgrupos, o *muestras* de estas poblaciones. Existen dos técnicas fundamentales de muestreo. En una *muestra al azar* cada miembro de la población tiene la misma probabilidad de ser elegido. Las *muestras estratificadas* seleccionan distintas características en la misma proporción que se encuentran en la población.

15 Los estudiantes universitarios y las ratas blancas se han usado excesivamente como sujetos de investigación psicológica.

16 Se utilizan como técnicas de recogida de datos: *historias de casos, encuestas* (incluyendo *cuestionarios* y *entrevistas*), *observaciones naturales* y *experimentos*.

17 En el estudio de casos se reúne una extensa información sobre un individuo o unos pocos individuos.

18 Usando los métodos de encuesta, los psicólogos pue-

den reunir información sobre amplios grupos de individuos. Pueden servirse de cuestionarios o entrevistas. A veces se emplean cuestionarios y entrevistas en un mismo estudio.

19 En la observación natural los individuos son observados en ambientes «naturales» en vez de en el laboratorio experimental.

20 Cuando los psicólogos quieren informar sobre las relaciones de *causa-efecto* diseñan experimentos. Estos son procedimientos estrictamente controlados que pueden ser repetidos fácilmente por el mismo u otros científicos. En un experimento el psicólogo manipula la *variable independiente* y observa el efecto de esta manipulación en la *variable dependiente*. Los dos

grupos de sujetos en un experimento son: el grupo *experimental* (el grupo sobre el que se aplica la condición experimental o el *tratamiento*) y el grupo de *control* (que no recibe el tratamiento experimental). Comparando el grupo experimental y el grupo de control, los investigadores pueden determinar los efectos de su tratamiento. Los experimentos psicológicos se efectúan normalmente en el *laboratorio*, aunque también se pueden llevar a cabo experimentos de *campo* en el ambiente natural de los sujetos.

21 Al planificar una investigación psicológica, los psicólogos deben tener en cuenta las normas éticas desarrolladas para proteger a los individuos, que actúan como sujetos experimentales.

LECTURAS RECOMENDADAS

American Psychological Association (1982). *Ethical principles in the conduct of research with human participants*. Washington, D. C.: American Psychological Association. Una guía, editada por la APA, para la ética de la experimentación psicológica.

Diener, E., y Crandall, R. (1978). *Ethics in social and behavioral research*. Chicago: University of Chicago Press. Contiene una interesante discusión sobre los problemas éticos con que tienen que enfrentarse los psicólogos al planificar y llevar a cabo las investigaciones.

Hearst, E. (Ed.) (1979). *The first century of experimental psychology*. Hillsdale, N. J.: Lawrence Erlbaum Associates. Una colección de artículos que rastrean el desarrollo de los subcampos de la psicología experimental durante sus primeros 100 años.

Nordby, V. J., y Hall, C. S. (1974). *A guide to psychologists and their concepts*. San Francisco: W. H. Freeman.

Una presentación muy recomendable, que contiene información sobre la vida y conceptos más destacados de veintiocho importantes psicólogos desde el pasado hasta el presente.

Schultz, D. (1975). *A history of modern psychology* (2.ª edición). New York: Academic Press. Un relato fascinante de las escuelas psicológicas más significativas y las personas relacionadas con ellas.

Super, C., y Super, D. (1982). *Opportunities in psychology*. Skokie, Ill: VGM Career Horizons. Una relación de las muchas oportunidades para hacer una carrera en psicología.

Woods, P. J. (1976). *Career opportunities for psychologists*. Washington, D. C.: American Psychological Association. Una colección de artículos sobre las carreras en psicología, entre las que destacan las nuevas áreas y las que están hoy creciendo.

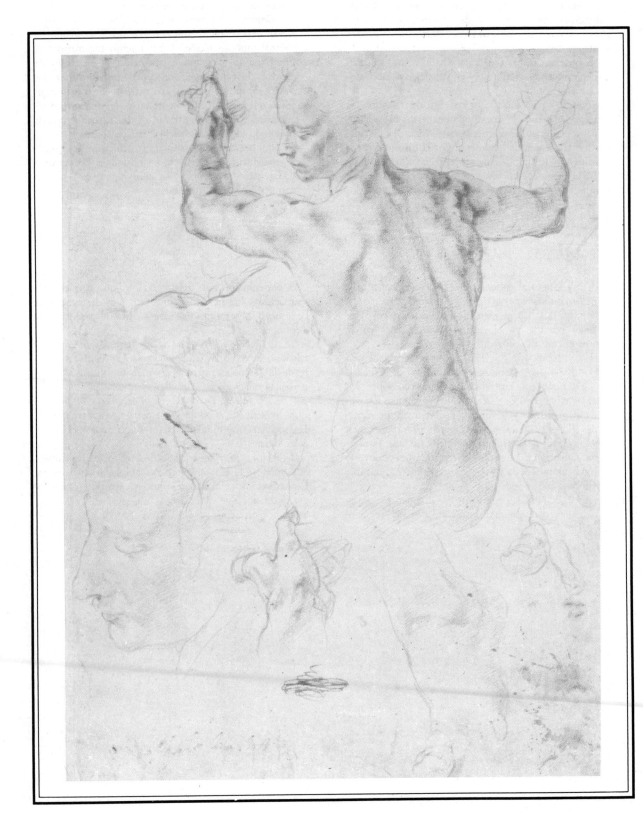

Miguel Angel: *Studies for the Sibyan Sibyl.* The Metropolitan Museum of Art. Purchase, 1924. Joseph Pulitzer Bequest.

PARTE

2

BASES BIOLOGICAS DEL COMPORTAMIENTO

Tras todo lo que sentimos y hacemos se encuentra el complejo mecanismo de nuestro ser físico. Para entender el comportamiento humano necesitamos comprender las estructuras y procesos biológicos básicos que nos facilitan información sobre nuèstro mundo y nos capacitan para responder a él.

En el capítulo 2, «Biología y comportamiento», exploramos el complicado trabajo del cerebro y del sistema nervioso para ver cómo afecta a todos los procesos mentales y físicos que somos capaces de realizar. Algunos de nuestros conocimientos sobre las influencias biológicas en el comportamiento son tan recientes como el periódico de hoy, ya que la investigación sobre el cerebro descubre continuamente herramientas más y más sofisticadas para estudiar el sistema nervioso y tratar sus alteraciones.

En el capítulo 3, «Sensación y percepción», describimos la forma en que recibimos la información a través de nuestros diversos sentidos, incluyendo los cinco sentidos «especiales» (vista, oído, tacto, gusto y olfato). También investigamos la manera en que nuestros cerebros interpretan y organizan la información recibida, creando modelos significativos de percepción.

Finalmente, en el capítulo 4, «Estados de conciencia», vemos cómo nuestras habilidades para sentir, percibir y actuar dependen de nuestro estado de conciencia. Experimentamos el mundo de diferente manera y nos comportamos de forma distinta según estemos despiertos y alerta, dormidos o en un estado alterado provocado por la meditación, las drogas o la hipnosis.

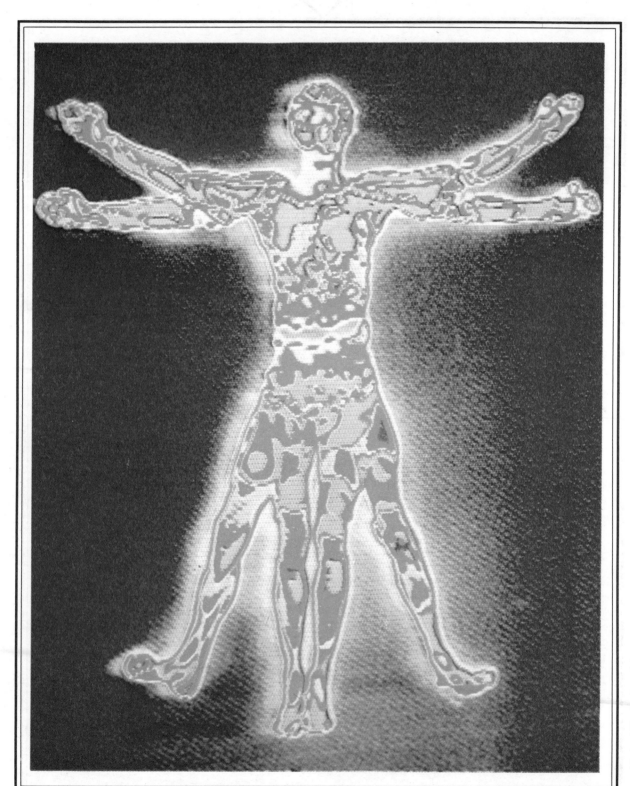

CAPITULO 2

BIOLOGIA Y COMPORTAMIENTO

CUESTIONES CLAVE

Cómo funciona el sistema nervioso.

Nuevas formas de estudiar el cerebro.

Cómo el cerebro afecta al comportamiento y los efectos de lesiones cerebrales.

El papel del sistema endocrino.

Hasta que la inteligencia artificial pueda replicar el desarrollo mental humano desde el nacimiento en adelante; hasta que pueda absorber los nudos intrincados y sutilezas de los valores culturales; hasta que pueda adquirir conciencia de sí misma; hasta que sea capaz de ser juguetona y curiosa; hasta que pueda crear nuevas metas para sí misma, sin que hayan sido planeadas o fomentadas por ningún programador humano; hasta que sea motivada no sólo por metas, sino por una compulsión interna para actuar y explorar; hasta que pueda preocuparse, y pueda estar contenta o descontenta de sus propios pensamientos; hasta que pueda hacer juicios morales sensatos; hasta que todas estas condiciones existan, me parece que la computadora no igualará, ni siquiera imitará, los aspectos más valiosos del pensamiento humano.
(Hunt, 1982, pág. 360.)

Un tema muy popular en las historias de ciencia ficción es el del trasplante del cerebro de una persona al cuerpo de otra. La razón de que este argumento resulte tan atractivo se halla en la pregunta: «¿Quién es esta persona? ¿El cuerpo o el cerebro?» La casi invariable conclusión es: el cerebro gobierna el cuerpo.

Lo podemos ver en nuestra vida diaria. Por ejemplo, este pequeño órgano arrugado es el que nos ha despertado esta mañana, el que nos ha permitido reconocer dónde estábamos, el que nos hizo salir de la cama, mover brazos y piernas, recordar que teníamos una clase y cómo llegar a ella, entender las palabras que hemos estado escuchando y leyendo y formular nuestros propios pensamientos originales enfurecidos en palabras. Este órgano nos dice cuándo estamos contentos, tristes, asustados, enfurecidos o dominados por cualquier otro sentimiento.

El cerebro y la médula espinal constituyen el sistema nervioso central (SNC). El sistema nervioso central, junto con el sistema nervioso periférico (SNP) (la red de nervios que controlan los músculos y glándulas del cuerpo), controlan toda actividad de nuestro cuerpo y de nuestra mente.

Podemos considerar al cerebro como el ingeniero jefe de ambos sistemas nerviosos. Aunque las deficiencias o los defectos físicos pueden interferir en el trabajo del cerebro, ninguna otra parte del cuerpo puede reemplazarlo o superarlo. Por lo tanto, para todo propósito práctico *somos* nuestro cerebro. Virtualmente, todos los temas incluidos en el estudio de la psicología se remontan a procesos que tienen lugar dentro del cerebro o a interacciones entre el cerebro y otros sistemas de órganos de nuestro cuerpo, tales como el sistema endocrino. En nuestra biología se encuentran programados —en nuestro cerebro y otras partes del sistema nervioso— los elementos cruciales que separan a los seres humanos de todas las demás criaturas de la tierra, el mar y el cielo. Estos elementos son las células nerviosas que nos permiten pensar en términos abstractos, hablar, escribir y estudiarnos a nosotros mismos. Todas estas actividades están fuera del alcance de los demás animales.

Desde que el hombre empezó a estudiar el cerebro, ha sentido un gran respeto ante su complejidad. A través de los siglos, los teóricos han intentado explicar los misterios que encierra la manera de trabajar del cerebro y lo han hecho en términos de la más avanzada tecnología de la época. En el siglo XVII el matemático y filósofo francés René Descartes comparó el cerebro a la ciencia de la hidráulica (el estudio de los fluidos), sugiriendo que la información se transmitía en forma de fluidos a través de un sistema de conductos y tubos (véase la figura 2-1). Más tarde, otros compararon la actividad del cerebro con el mecanismo de un reloj, con cables eléctricos y con el cuadro de distribución del teléfono. La analogía favorita de nuestros días es la de la computadora electrónica, ya que el cerebro, al igual que aquél es un procesador de información. Ninguna de estas comparaciones es del todo exacta, porque el cerebro es muchísimo más complejo que cualquier aparato que el hombre haya sido capaz de inventar. (Véase en la tabla 2-1 una comparación entre el cerebro y la computadora.) Aunque la analogía eléctrica sí es adecuada hasta cierto punto, ya que corrientes eléctricas diminutas de las células cerebrales dirigen cada una de nuestras actividades.

En este capítulo echaremos una ojeada a la base biológica del comportamiento humano, la manera en que el cerebro recibe y transmite la información y la comunica a otras partes del cuerpo. Primero describiremos los diferentes componentes del sistema nervioso. Después observaremos con

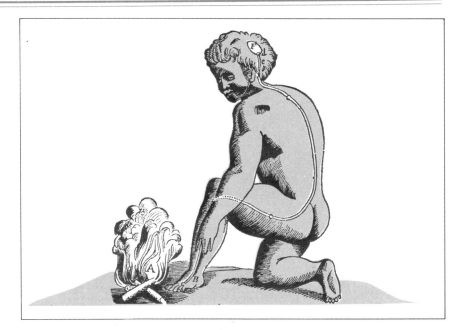

FIGURA 2-1 *Esta ilustración de Descartes, en la que se compara el cerebro y la ciencia hidráulica, muestra el fuego (A) tirando del cordón (CC) que abre un poro (d) en el ventrículo (F) del cerebro, permitiendo «al espíritu animal» fluir a través de tubos huecos situados en el centro de los nervios unidos a los músculos de la pierna, haciendo que el pie (B) se retire del fuego. (Blakemore, 1977.)*

TABLA 2-1   El cerebro y la computadora

Computadora	El cerebro
Procesa la información rápidamente.	Procesa la información rápidamente, pero no tanto como una computadora.
Procesa la información serialmente, un dato cada vez.	Trata la información simultáneamente, millones de células trabajan a la vez.
Si se quita un dato o dos se puede perder un programa entero.	Lesiones o enfermedades que detienen el funcionamiento de varias neuronas, a menudo no producen diferencias apreciables en ciertas operaciones del cerebro. A veces otras partes del cerebro sustituyen las partes dañadas.
Sólo puede ejecutar los programas y procesar los datos que se encuentran ya en el sistema.	Puede dar saltos intuitivos (es capaz de discernir; véase el capítulo 8).
Sólo es capaz de incorporar nueva información a la ya almacenada en la memoria, si es una copia exacta.	Puede entender y organizar experiencias en nuevos conceptos; es capaz de crear nuevas hipótesis y comprobarlas, adaptarse ⌐ nuevas situaciones y a nueva información.
Sólo puede ser tan bueno como la información que se le introdujo. Responderá a las preguntas para las que está programada.	Puede extraer el significado de un símbolo y generalizarlo a símbolos similares (como la letra A o una orden similar en un idioma diferente, etc.). Hunt (1982) nos cuenta de una computadora que podía entender órdenes orales, pero sólo si eran dadas por uno de los dos inventores que habían programado la computadora, ambos con acento extranjero.
Puede efectuar cálculos matemáticos largos y complicados mucho más rápidamente y con más exactitud que un ser humano.	Memoria máxima:de 100 trillones a 280 quintillones (280.000.000.000.000.000.000) de bits' (Hunt, 1982; von Neumann, 1958) o varios billones de veces más información que una gran computadora moderna.

Un bit es la unidad más pequeña de información.
Fuente: adaptado de Crick, 1979.

mayor detalle los bloques básicos de la estructura del sistema, *las neuronas,* o *células nerviosas, las células gliales* y los medios básicos de comunicación entre estas células.

EN QUE CONSISTE EL SISTEMA NERVIOSO

El cerebro constituye, probablemente, el componente más conocido del sistema nervioso humano, pero no es el único. El sistema nervioso comprende dos divisiones principales: el sistema nervioso central (SNC) y el sistema nervioso periférico (SNP). Representamos estos dos sistemas en la figura 2-2.

El sistema nervioso central consta de la médula espinal y el cerebro (o encéfalo). La *médula espinal* es un haz largo de nervios situados en el hueco entre las *vértebras,* los pequeños huesos que componen la espina dorsal. El *cerebro* humano es un órgano esponjoso, cuyo peso es una pequeña fracción del peso total del cuerpo, solamente 3 libras (1.359 g) en una persona adulta. Contiene varias estructuras especializadas: el tronco cerebral (a veces denominado tallo cerebral), compuesto por el *puente,* el *bulbo raquídeo* y el *mesencéfalo;* el cerebelo (que significa el «cerebro pequeño») y el cerebro (o prosencéfalo), formado por el *tálamo,* el *hipotálamo,* el *sistema límbico* y la *corteza cerebral.* Veremos enseguida lo que hace cada una de estas estructuras.

FIGURA 2-2 *Los sistemas nerviosos central y periférico.*

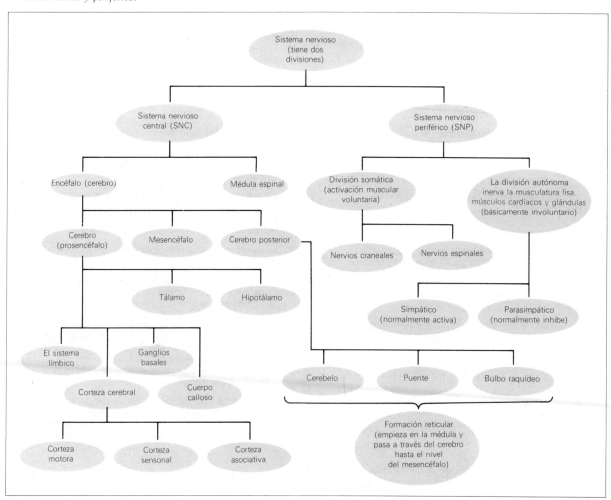

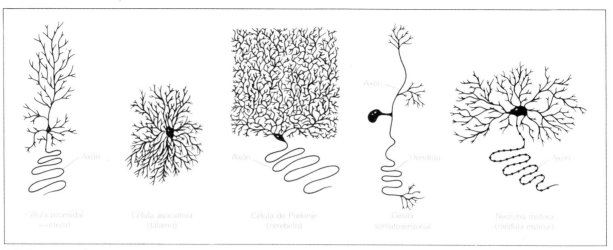

Célula piramidal   Célula asociativa   Célula de Purkinje   Célula   Neurona motora
(corteza)   (tálamo)   (cerebelo)   somatosensorial   (médula espinal)

FIGURA 2-3 *Cada neurona o célula nerviosa está especializada para una función. Los dibujos muestran diferentes formas y tamaños de neuronas de distintas partes del sistema nervioso.*

El sistema nervioso periférico está formado por dos tipos de nervios: los sensoriales, que transmiten información de los órganos corporales (tales como la piel y los músculos) al cerebro, y los nervios motores, que transmiten información del cerebro a los músculos y a las glándulas del cuerpo. Los nervios motores pueden ser parte de los sistemas somático y autónomo. Sin embargo, antes de entrar en detalles sobre las funciones específicas de estos múltiples elementos del sistema nervioso, trataremos de los mecanismos básicos que subyacen a la manera de trabajar del sistema.

COMO FUNCIONA EL SISTEMA NERVIOSO

Las células

El sistema nervioso humano está compuesto por billones de células, que se dividen en dos tipos básicos. Las neuronas, o células nerviosas, efectúan el vital trabajo de recibir y mandar información a otras partes del cuerpo. Las neuronas son sostenidas y protegidas de varias maneras por las células gliales (o glia). Un tipo de células gliales cubre parte de la neurona con una funda o cubierta compuesta por un tejido graso llamado mielina. Otro tipo ayuda a retirar células nerviosas muertas, mientras otras sirven de soporte a las neuronas. En el sistema nervioso humano existen por lo menos 12 billones de neuronas y al menos el mismo número de células gliales. Las neuronas, que fueron observadas por primera vez en 1950 con microscopio electrónico, varían mucho en tamaño y forma, dependiendo sobre todo de las funciones que desarrollan. La figura 2-3 muestra algunos ejemplos de distintos tipos de neuronas.

A pesar de sus diferencias, todas las neuronas mantienen ciertas características comunes. Todas poseen un *cuerpo celular* con un *núcleo* que contiene la información genética de la célula (es decir, el programa que determina lo que puede hacer cada célula) en el ácido desoxirribonucleico (ADN). Todas tienen dendritas, extensiones largas y ramificadas del cuerpo celular, que reciben señales de entrada de células adyacentes. Cuanto más largas y complejas sean las dentritas de una neurona, más conexiones puede ésta realizar. La mayor parte de las neuronas tienen una prolongación en forma de cola llamada axón, que puede ser tan corto como una fracción de centímetro para una neurona del cerebro o tan largo como 60 o 90 centímetros en el axón de una neurona de la médula espinal. Una neurona recibe información de otras neuronas a través de sus dendritas y del cuerpo celular, pero transmite la información a los músculos y glándulas a través del axón (véase figura 2-4).

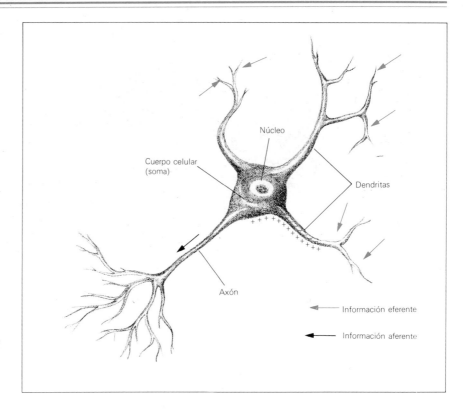

Núcleo

Cuerpo celular (soma)

Dendritas

Axón

Información eferente

Información aferente

FIGURA 2-4 *El esquema de una neurona «típica» muestra el cuerpo celular, el núcleo, las dendritas y el axón. Se observa también la distribución de iones positivos y negativos que generan el potencial de reposo.*

La actividad

Nuestros cerebros son centros increíblemente activos de actividad eléctrica durante toda nuestra vida, incluso cuando dormimos. Igual que una batería, cada neurona posee una energía potencial almacenada, ya que el interior de una neurona cuenta con más iones negativos que positivos (partículas cargadas), mientras que su exterior está rodeado por iones positivos. Esta diferencia de potencial se conoce como potencial de reposo (véase figura 2-4).

La «descarga» de una neurona, o el envío de un impulso nervioso a lo largo del axón de un extremo al otro de la neurona se conoce como potencial de acción (véase figura 2-5).

El potencial de acción empieza en un lugar especializado del axón, cerca del cuerpo celular (la *colina axónica*), y el impulso viaja a través del axón hasta la *terminal axónica*. Los impulsos se desplazan más rápido a lo largo de los axones recubiertos de mielina. Ya que ésta actúa como un aislante eléctrico, el potencial de acción no tiene lugar por debajo de la capa de mielina, pero salta rápidamente entre los *nódulos* o interrupciones en el recubrimiento mielínico (véase figura 2-6).

El proceso de mielinización (la formación de mielina alrededor de los axones) se prolonga a lo largo de los primeros diez años de la vida del ser humano, al tiempo que las dendritas siguen creciendo y se desarrollan. En la vejez, sin embargo, las dendritas se encogen, por lo que hay menos comunicación entre las células. El enorme crecimiento de las habilidades humanas durante los primeros diez años de la vida es paralelo al proceso de mielinización y al crecimiento de las dendritas durante este período y señala una importante relación entre el desarrollo del cerebro y las habilidades humanas.

Si toca una estufa caliente y retira la mano inmediatamente después, actúa gracias a la información recibida por las neuronas sensoriales (existe un

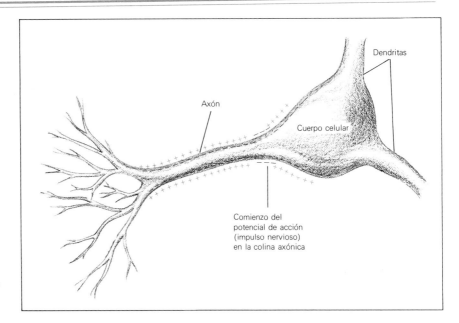

FIGURA 2-5 *Esquema del cambio del potencial de reposo que ocurre durante un potencial de acción.*

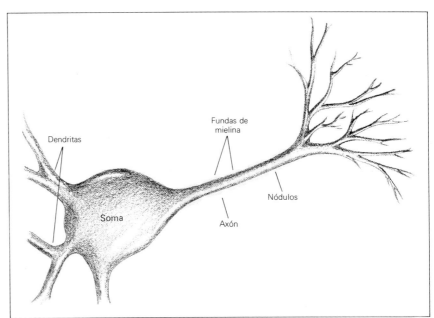

FIGURA 2-6 Axón recubierto de mielina. *Las fundas de mielina son células gliales especializadas.*

estímulo intenso) y enviada por las neuronas motoras (que ordenan a los músculos que retiren la mano). Ya que son neuronas diferentes, tienen que comunicarse entre ellas de alguna manera. ¿Cómo reciben y transmiten las neuronas tal información? Se comunican entre ellas mediante conexiones especiales llamadas sinapsis. Las sinapsis son pequeños espacios entre el axón de una neurona y las dendritas o el cuerpo celular de otra. Cuando el potencial de acción llega al final de un axón libera en la sinapsis una sustancia química llamada *sustancia transmisora* o neurotransmisor. Las vesículas sinápticas, órganos especializados que se encuentran en las terminales axónicas de la neurona emisora, liberan la sustancia química en el intervalo

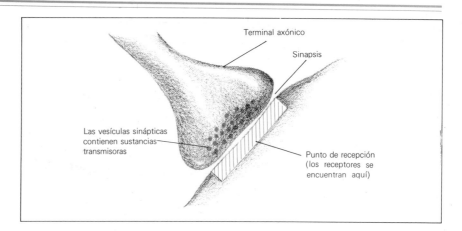

Terminal axónico

Sinapsis

Las vesículas sinápticas contienen sustancias transmisoras

Punto de recepción (los receptores se encuentran aquí)

FIGURA 2-7 *Diagrama de una sinapsis típica.*

sináptico. Los puntos de recepción, moléculas especializadas de la neurona receptora, «cogen» o captan la sustancia química. (Véase la figura 2-7: diagrama de una sinapsis típica.)

Existen diversas sustancias transmisoras, pero cada neurona envía sólo una sustancia química para todas sus conexiones sinápticas. Sin embargo, todas las células receptoras poseen abundantes puntos de recepción diferentes, que están especializados en captar los distintos tipos de neurotransmisores que las neuronas puedan enviar. En la sinapsis los neurotransmisores pueden *excitar* la neurona receptora, haciéndola disparar sus propios impulsos, o pueden *inhibirla* y evitar que los envíe. En el ejemplo de «la estufa caliente» las neuronas sensoriales de los dedos, especialmente diseñadas para sentir dolor, envían impulsos que excitan las neuronas motoras, que controlan el bíceps del brazo, haciéndolo contraer para doblar el brazo y retirarlo del calor. Al mismo tiempo, una «copia» del mensaje es enviada a las neuronas motoras que controlan el tríceps (el que se utiliza para extender el brazo), inhibiendo a estas neuronas para que no envíen impulsos; sólo así se consigue la necesaria relajación del tríceps para que el bíceps se pueda contraer.

Las neuronas pueden recibir muchos mensajes sinápticos al mismo tiempo y de diferentes fuentes, y es la suma total de las corrientes sinápticas excitatorias e inhibidoras las que deciden si una célula se dispara o no. Cada neurona, por tanto, actúa como un pequeño calculador, sumando información (en la forma de corrientes sinápticas excitatorias e inhibidoras) de muchas fuentes y tomando «decisiones» sobre si enviar o no la información a otras células.

Dado que cada célula nerviosa puede recibir mensajes de aproximadamente 1.000 células nerviosas, el número de conexiones sinápticas en el cerebro humano excede el trillón (1.000.000.000.000). Este número astronómicamente alto de posibilidades se halla detrás de todo lo que pensamos, sentimos y hacemos. No es raro que este pequeño órgano gelatinoso sea todavía el mecanismo más complicado del universo.

Los neurotransmisores

Es difícil asegurar qué sustancia química específica actúa como neurotransmisor, aunque los investigadores han identificado algunas sustancias que aparecen como probables candidatos, al cumplir con los criterios siguientes: son liberadas por las neuronas, pueden generar corrientes eléctricas excitatorias o inhibidoras y las enzimas que los degradan aparecen de manera natural en el cerebro.

A menudo hemos oído hablar de los efectos de estas sustancias si algo va mal. Por ejemplo, existe una gran evidencia de que la falta de transmisión de una de estas sustancias químicas, la dopamina, puede conducir por lo menos a dos enfermedades. Demasiada dopamina puede ser la causa del trastorno psicológico esquizofrénico (que se trata detalladamente en el capítulo 15) y demasiado poca dopamina puede llevar a la enfermedad nerviosa de Parkinson, dolencia caracterizada por temblores involuntarios y por depresiones. Los investigadores han llegado a estas conclusiones observando los efectos de ciertas sustancias químicas sobre las personas afectadas de tales dolencias. A menudo a los esquizofrénicos se les puede aliviar con una clase de medicamentos conocidos como fenotiacinas, que se sabe que bloquean la transmisión sináptica de la dopamina, lo cual sugiere que un exceso de dopamina intersináptica es la causa de la esquizofrenia. Los individuos que padecen la enfermedad de Parkinson mejoran con el medicamento llamado L-DOPA, una sustancia que el cerebro puede convertir en dopamina (Kolb y Whishaw, 1980).

Otro neurotransmisor, la acetilcolina, puede estar relacionado con la enfermedad de Alzheimer, trastorno degenerativo del cerebro, que resulta en una pérdida extrema de la memoria y otras alteraciones intelectuales. Por lo general, se observa en las personas mayores (y a menudo se la denomina senilidad), pero a veces ocurre en la edad madura. (Este tema se tratará en detalle en el capítulo 13.) Investigaciones «post mortem» de pacientes con la enfermedad de Alzheimer han mostrado que sus cerebros tienen un bajo nivel de acetilcolina, y que han perdido un grupo de neuronas que se sabe que proporcionan este neurotransmisor al resto del cerebro. Los investigadores esperan que la terapia química pueda ayudar a tales enfermos para quienes no se ha encontrado otro tipo de tratamiento (Coyle, Price y Delong, 1983).

Los fármacos que alteran el comportamiento parecen influir en procesos específicos del cerebro, introduciendo en el cuerpo sustancias químicas cuya acción es similar a la de los transmisores específicos. Químicamente estas drogas o aceleran o invierten los efectos de los neurotransmisores y afectan a las sensaciones, percepciones, pensamientos o al comportamiento motor. Estos efectos pueden ser de corta o larga duración o incluso permanentes. La tabla 2-2 ofrece una breve revisión de unas cuantas drogas psicoactivas (drogas que afectan procesos psicológicos). Los neurotransmisores, a los que afectan y el modo en que lo hacen: sea facilitando su liberación en la sinapsis, evitando que las enzimas los degraden, o sea bloqueando su adhesión a los puntos de recepción.

EL SISTEMA NERVIOSO CENTRAL (SNC)

Ahora trataremos la actividad dentro de las dos mayores estructuras del sistema nervioso central: el cerebro y la médula espinal. Primero examinaremos la estructura más simple, la médula espinal.

La médula espinal

La médula espinal es una estructura larga y parecida a un tallo, que, compuesta de cuerpos de células nerviosas y axones, opera como un camino que conduce la información sensorial al cerebro y que transmite los impulsos motores desde el cerebro a los músculos. Controla todas las actividades corporales desde el cuello hacia abajo y también está implicado en los reflejos sensoriomotores simples.

Cuando se da un puntapié como reacción a un golpe recibido justamente

TABLA 2-2   Drogas psicoactivas comunes y sus efectos sobre los sistemas neurotransmisores

Clase de droga	Ejemplos	Uso médico	Mecanismo de acción
Barbitúricos	Secobarbital (Seconal®) Pentobarbital (Nembutal®)	Sueño, sedante	Disminuye los niveles de muchos neurotransmisores
Benzodiazepinas	Diazepam (Valium®) Clordiazepóxido (Librium®)	Reduce la ansiedad	Actúa sobre los receptores de benzodiazepinas
Alcohol	Licores destilados, vino y cerveza	Relaja	Disminuye la norepinerfrina
Estimulantes			
Anfetaminas	Benzedrina Dexidrina Metilfenidato (Ritalin®)	Disminución del apetito Aumenta la activación Hiperkinesia	Aumenta la liberación de norepinerfrina y dopamina
Cocaína		Anestésico local para cirugía, diagnóstico	
Antidepresivos			
Inhibidores MAO	Nardil® Marplan®	Reduce la depresión	Evita la degradación de las norepinerfrinas y las serotoninas
Tricíclicos	Imipramina (Tofranil®) Amitriptamina (Elavil®) Desipramina (Norpramin®)	Reduce la depresión	Disminuye la reabsorción de la norepinefrina y la serotonina
Tranquilizantes más importantes			
Alcaloides de la rauwolfia	Reserpina (Serpasil®)	Tratamiento de psicosis Antihipertensivos	Bloquea el almacenaje de dopamina, norepinerfrina y serotonina
Fenotiacinas	Clorpromacina (Thorazine®) Trifluoperacina (Stelazine®) Thioridazina (Mellaril®) Haloperidol (Haldol®)	Tratamiento de la esquizofrenia	Bloquea los receptores de dopamina
Butirofenonas			
Analgésicos			
Narcóticos	Morfina Heroína Meperidina (Demerol®)	Reduce el dolor Ninguno Reduce el dolor	Imita las endorfinas y se conecta con los mismos receptores
Psicodélicos			
	Atropiña	Calmante prequirúrgico	Bloquea la acetilcolina
	Muscarina	Ninguno	Aumenta la acetilcolina
	Mescalina	Ninguno	Interactúa con la serotonina
	Cannabis (marihuana, hachís)	Antiglaucoma, antináusea	Interactúa con la serotonina*
	LSD Psilocibina	Ninguno	Interactúa con la serotonina

*Mecanismo inseguro

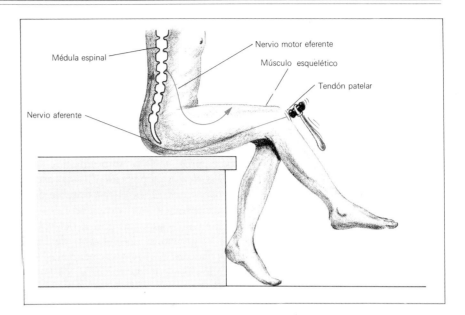

FIGURA 2-8 *El reflejo patelar, o de patada en la rodilla, es un reflejo simple, monosináptico, con sólo una sinapsis entre la entrada sensorial (lo que sientes) y la respuesta motora (lo que haces).*

debajo de la rótula, o cuando se retira la mano de una estufa caliente, se efectúa un reflejo , una respuesta involuntaria a un estímulo. Esta es una de las formas más simples de comportamiento: una conexión entre neuronas sensoriales y motoras presente incluso en los animales menos evolucionados. Los seres humanos poseen muchos reflejos, todos ellos producidos por este tipo de conexiones que están incorporados en nuestros sistemas a través de nuestra estructura genética.

Existen dos tipos básicos de reflejos, los monosinápticos y los polisinápti-cos. El tipo más simple, el monosináptico , tiene lugar como resultado de una conexión directa entre una neurona sensorial y una neurona motora, sin *interneuronas* interpuestas. Sólo tiene una sinapsis entre la aferencia sensorial (lo que siente) y la eferencia motora (lo que hace). El reflejo patelar tan conocido, o sacudida de la rodilla, pertenece a esta categoría (véase la figura 2-8). Ambas clases de neuronas implicadas en este reflejo —sensorial y motora— están situadas en la médula espinal de forma que el cerebro no participa directamente. Esta es una demostración evidente de que puede reaccionar a un estímulo sensorial sin ser consciente de dicho estímulo.

Los *parapléjicos* son personas cuyos miembros inferiores están paraliza-dos, porque una lesión de la espina dorsal ha cortado la comunicación entre el cerebro y la médula espinal. A causa de la lesión sus cerebros no reciben información sensorial de la médula espinal. Por consiguiente, no sienten nada en la parte afectada del cuerpo ni siquiera cuando les ocurre algo que normalmente es doloroso. La falta de comunicación desde el cerebro hacia la médula espinal impide también que la corriente nerviosa se transmita del cerebro al resto del cuerpo; por lo tanto, impide el control *voluntario* sobre los músculos afectados. Sin embargo, las personas con lesiones en la médula espinal ejercen algún control *involuntario* debido a las conexiones sinápticas, que se encuentran por completo en el interior de la médula espinal. Así, un parapléjico moverá la pierna al pincharse, aunque no sea consciente del dolor.

Cuando alguien parpadea al producirse un ruido fuerte, retira la mano ante el dolor, o contrae las pupilas de los ojos ante la luz intensa, muestra uno de los reflejos polisinápticos más complejos, ya que incluye muchas sinapsis y un desconocido número de interneuronas. Poseemos muchos reflejos diferentes, todos los cuales siguen el mismo modelo básico de acoplamiento entre los sistemas sensorial y motor.

La médula espinal del ser humano es de estructura muy similar a la de los animales inferiores. El órgano que nos diferencia de ellos es nuestro cerebro, especialmente la parte del cerebro conocida con el nombre de corteza.

El cerebro

El cerebro (encéfalo) está compuesto por tres partes fundamentales: el tronco cerebral (bulbo, puente y mesencéfalo), el cerebelo (el cerebro pequeño) y el cerebro o prosencéfalo (hipotálamo, tálamo, ganglios basales, sistema límbico y corteza). La posición de estas estructuras se muestra en la figura 2-9.

El tronco cerebral es el responsable de muchas de las funciones básicas. Recibe la información de varios sentidos a través de las regiones sensoriales de la visión, del oído, del gusto, del equilibrio o del tacto del área facial. Controla la actividad involuntaria de la lengua, la laringe, los ojos y los músculos faciales a través de neuronas motoras específicas de estas áreas. Controla los estados de sueño y los niveles de activación a través de la formación reticular, situada dentro de su núcleo central, y coordina las neuronas motoras de la médula espinal, que controlan actividades tales como andar, respirar o los latidos del corazón.

El cerebelo, unido a la parte posterior del tronco cerebral, está relacionado principalmente con la coordinación de la actividad motora, en especial con el control preciso de los movimientos voluntarios. Es el funcionamiento de este órgano lo que permite a un pianista interpretar un arpegio difícil y rápido. El cerebelo también ayuda a mantener la postura y el equilibrio. Las lesiones en el cerebelo no afectarán a los movimientos de una persona en reposo, pero darán como resultado la aparición de temblores, si la persona afectada intenta cualquier tipo de actividad complicada.

El cerebro (o prosencéfalo), la parte más altamente desarrollada del cerebro humano, es también multifuncional. Contiene el hipotálamo, que, como veremos, es el encargado de mantener el equilibrio de muchos sistemas corporales, principalmente por su estrecha relación con el sistema endocrino,

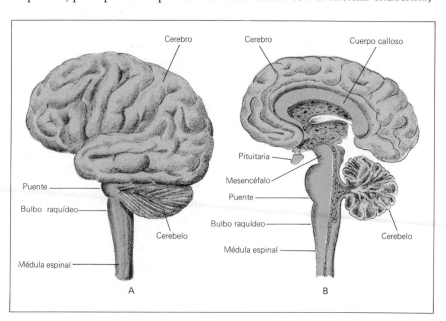

FIGURA 2-9 (a) *Representación del lado izquierdo del cerebro humano.* (b) *Aquí el cerebro ha sido abierto por la mitad. Estamos mirando la superficie media (interna) del hemisferio derecho.* *(De Thompson, 1967.)*

Los malabarismos playeros de este cuarteto han sido posibles por el funcionamiento normal del cerebelo. Esta estructura cerebral ayuda a coordinar la actividad motora y mantener la postura y el equilibrio.
(© Michael Philip Manheim/Photo Researchers, Inc.)

que libera las necesarias hormonas en nuestros cuerpos; el tálamo, que actúa como centro de relevo de la corteza; los ganglios basales, grandes grupos de cuerpos celulares, implicados en los movimientos corporales; el sistema límbico, relacionado con las respuestas emotivas y la memoria, y la corteza cerebral, la capa exterior del cerebro de color gris que está implicada en las funciones del más alto nivel, como el pensamiento, el recuerdo y la resolución de problemas.

COMO ESTUDIAMOS EL CEREBRO

Como ya hemos dicho, el estudio del cerebro humano ha sido siempre de enorme interés para la especie humana. ¿Qué es lo que nos hace funcionar? ¿Qué es lo que produce las incontables actividades, que nos ocupan continuamente, dormidos o despiertos, enfermos o sanos? Para descubrirlo los investigadores han desarrollado una gran variedad de métodos de estudio del cerebro.

Un método, muy popular en el siglo XIX, consistía en tantear los bultos en la cabeza de la gente. De acuerdo con la seudociencia llamada *frenología*, los atributos psicológicos se correspondían con los bultos y concavidades del cráneo, que demostraban el desarrollo de ciertas áreas concretas del cerebro. En otras palabras, existen zonas cerebrales reservadas a rasgos tales como la discreción, premeditación o la tendencia hacia el comportamiento amoroso, y si estas áreas están bien desarrolladas, poseeremos una personalidad con las características en cuestión. La mayor parte de los principios de la frenología, sin embargo, no son científicos en absoluto y están completamente desacreditados. Por ejemplo, la teoría se basaba en un conocimiento anatómico deficiente. Algunas de las áreas mostradas en el cráneo de la figura 2-10 ni siquiera se encuentran en el cerebro. Además, el trazado de estas áreas no corresponde en modo alguno con las divisiones funcionales realmente significativas de la corteza.

Sin embargo, esta teoría resultó importante históricamente, porque estimulaba el pensamiento y la investigación dirigida a encontrar las partes del cerebro que controlan las distintas funciones del cuerpo y de la mente, un enfoque importante de la investigación actual del cerebro. Afortunadamente ahora contamos con métodos mucho más científicos y eficaces para descubrir los misterios del cerebro.

La técnica más antigua de estudio se utiliza todavía; mediante la *cirugía* los investigadores *lesionan* o dañan áreas del cerebro de los animales experimentales, para después observar el impacto de tales lesiones sobre el comportamiento de los mismos. Por razones obvias esta técnica no se utiliza con seres humanos, pero los investigadores han conseguido similares conocimientos mediante el estudio de aquellas personas con lesiones cerebrales debidas a embolias o traumatismos craneales, o bien que han sido operadas para corregir algunas alteraciones fisiológicas (tales como un tumor o la epilepsia). Este tipo de personas muestran a menudo graves deficiencias, que nos enseñan mucho sobre la relación entre áreas específicas del cerebro y funciones psicológicas particulares.

Otro método que los investigadores han utilizado para localizar ciertas funciones específicas del cerebro, es la *estimulación eléctrica* de diversas zonas

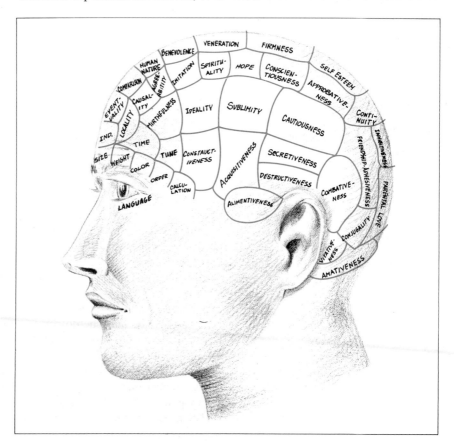

FIGURA 2-10 *Este esquema frenológico del siglo XIX muestra las diferentes regiones del cerebro, supuestamente dedicadas al desarrollo de diferentes características de la personalidad. Sus errores anatómicos son más obvios en la representación del área del lenguaje debajo del ojo, área en la que no existe tejido cerebral alguno. (De Kolb y Whishaw, 1980.)*

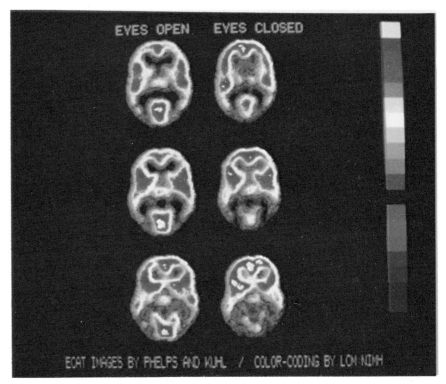

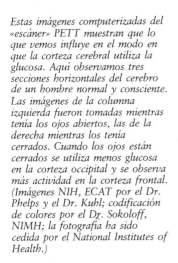

Estas imágenes computerizadas del «escáner» PETT muestran que lo que vemos influye en el modo en que la corteza cerebral utiliza la glucosa. Aquí observamos tres secciones horizontales del cerebro de un hombre normal y consciente. Las imágenes de la columna izquierda fueron tomadas mientras tenía los ojos abiertos, las de la derecha mientras los tenía cerrados. Cuando los ojos están cerrados se utiliza menos glucosa en la corteza occipital y se observa más actividad en la corteza frontal. (Imágenes NIH, ECAT por el Dr. Phelps y el Dr. Kuhl; codificación de colores por el Dr. Sokoloff, NIMH; la fotografía ha sido cedida por el National Institutes of Health.)

cerebrales. Esto supone implantar electrodos (sondas eléctricas) en el cerebro de un animal o persona anestesiada, aunque consciente, y enviar después pequeñas cargas eléctricas al interior del cerebro. La persona puede informar sobre lo que siente o mostrar los efectos de la estimulación a través de su comportamiento. La estimulación eléctrica del cerebro es indolora, ya que en la mayor parte de las áreas de éste no existen receptores de dolor. La persona solamente siente dolor cuando se estimulan las vías de conducción de dolor al cerebro.

La tecnología moderna ha hecho posible una gran variedad de técnicas de estudio, que son no invasivas, esto es, que no requieren cirugía. Facilitan información, que puede ser inestimable al diagnosticar lesiones y perturbaciones, y amplían nuestro conocimiento del funcionamiento del cerebro. Forman este grupo las siguientes técnicas:

La electroencefalografía (EEG) registra las señales eléctricas del cerebro que se generan en forma de ondas. Los pequeñísimos potenciales eléctricos de las células del cerebro se aumentan miles de veces y se reproducen en papel. La presencia de patrones de ondas anormales en la EEG son de gran ayuda en el diagnóstico de la epilepsia, tumores cerebrales y otras alteraciones neurológicas.

Una nueva técnica de EEG utiliza computadoras de alta velocidad para detectar los patrones de ondas cerebrales, que aparecen como reacción a estímulos específicos tales como palabras, un tono o un shock eléctrico. Estos «potenciales evocados» utilizan la computadora para eliminar la EEG de fondo y resaltar las respuestas específicas del cerebro frente a los estímulos.

La exploración *por tomografía axial computarizada (TAC)*, vulgarmente denominada «escáner», realiza un registro por rayos X de muchas partes de la cabeza. Una computadora analiza estas múltiples imágenes y las ordena en

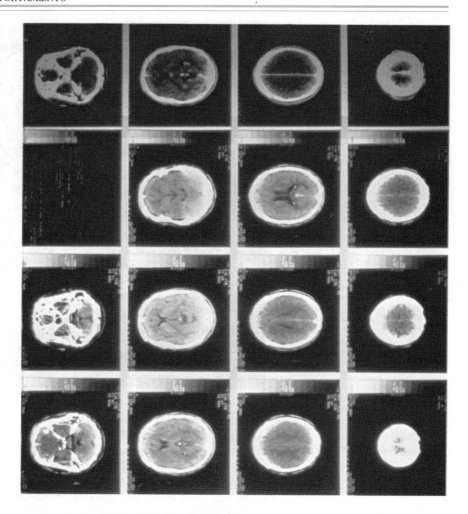

Estas imágenes por computadora producidas por el escáner TAC muestran secciones de un cerebro normal. (National Institutes of Health, National Cancer Institute.)

una sola imagen que semeja una sección del cerebro. Las exploraciones TAC más recientes producen imágenes muy claras de la anatomía del cerebro que pueden ser utilizadas para diagnosticar alteraciones neurológicas, que incluyen embolias y tumores.

Para medir *el flujo sanguíneo* cerebral, o la tasa de sangre en diferentes partes del cerebro, los investigadores inyectan una sustancia azucarada radiactiva a la circulación sanguínea. Con detectores especiales los investigadores pueden conocer la tasa de azúcar que llega al cerebro. Dado que el flujo sanguíneo y la utilización del azúcar están relacionadas con la actividad neuronal; estas técnicas nos permiten conocer qué áreas del cerebro están activadas durante distintos tipos de tareas u operaciones mentales.

La exploración tomográfica transaxial por emisión de positrones (PETT) usa detectores altamente sensibles de radiación para registrar la localización de moléculas dentro del cerebro que anteriormente han sido marcadas con azúcar radiactiva que le fue inyectada al sujeto treinta minutos antes de efectuar la exploración. Sin embargo, a diferencia de la técnica del flujo sanguíneo el examen PETT utiliza una computadora para generar imágenes en color complicadas y detalladas del cerebro. Teniendo en cuenta que las partes más activas del cerebro necesitarán más azúcar como energía, estas áreas tendrán cantidades más elevadas de azúcar radiactiva. Las versiones más recientes de la exploración PETT pueden examinar siete secciones del cerebro en un minuto y componer las imágenes de forma que nos faciliten información dinámica sobre el metabolismo del cerebro. Así que el examen PETT es como una versión cinematográfica de la tomografía axial computarizada.

La resonancia magnética nuclear (RMN) es una técnica actualmente en desarrollo. La RMN utiliza las radiofrecuencias y los campos magnéticos para producir imágenes tridimensionales de los bordes, pliegues y hendiduras del cerebro. Al igual que el examen TAC, la RMN también muestra una imagen estática, pero mucho más clara y detallada. Además de revelar detalles anatómicos, es capaz asimismo de dar información fisiológica y bioquímica sobre los órganos y tejidos. Es particularmente útil en el diagnóstico de aquellas alteraciones que implican tejidos blandos, tales como tumores en el tronco cerebral y el cerebelo, pequeñas lesiones del cerebro y anormalidades de la médula espinal.

LOS SISTEMAS SENSORIAL Y MOTOR DEL CEREBRO

Las actividades motoras más simples están controladas por la médula espinal; las que son algo más complejas están controladas por el tronco cerebral y las más complicadas de todas están controladas por el cerebro. Las operaciones complicadas dependen del control de operaciones más simples. Veamos cómo esto nos capacita para andar.

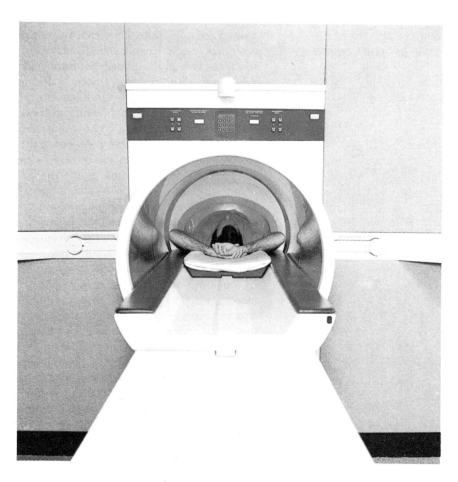

En esta unidad de resonancia magnética nuclear el paciente no siente nada durante los 5 a 30 minutos que permanece dentro de ella. Oye ruidos fuertes causados por los campos magnéticos que rozan el metal, y acaso sienta cierta claustrofobia. En algunos hospitales dan al paciente un timbre para que pueda advertir a los técnicos cuando necesite algo. (© 1983 Will McIntyre/Photo Researchers, Inc.)

La organización jerárquica de estos sistemas

La médula espinal contiene unos cuantos circuitos de reflejos simples, los cuales proporcionan los componentes elementales del andar normal, y que son los mismos en todos los animales. Los parapléjicos pueden realizar los movimientos básicos para la marcha si el peso del cuerpo está suspendido y están colocados sobre una «alfombra sin fin». Este hecho nos evidencia que al andar los movimientos están controlados por la médula espinal. Sin embargo, ésta no puede ejecutar sola el proceso de andar, ya que no cuenta con mecanismos para el equilibrio y no puede mantener la persona en pie. Necesitamos los centros motores del tronco cerebral. En cambio, la médula espinal y el tronco cerebral trabajando juntos sí pueden controlar el andar normal.

Pero el andar también depende de otros sistemas. Resulta útil ser capaz de ver dónde va uno para no tropezar con los árboles o caer por precipicios. Teniendo esto en cuenta, es fácil entender por qué lo que vemos (información visual) llega finalmente a la formación reticular en el tronco cerebral. Por último, si usted va a andar para alcanzar alguna meta: conseguir comida, por ejemplo, necesita saber cuándo tiene hambre (una función ejercida por el hipotálamo) o cómo buscar la comida (con la ayuda de la actividad hipotalámica de los centros locomotores del tronco cerebral). De esta manera, efectuamos comportamientos cada vez más complicados, apoyándonos en sistemas que básicamente son controlados por el tronco cerebral, pero que pueden ser modificados por procesos que tienen lugar en el cerebro.

Cómo los sistemas sensorial y motor trabajan conjuntamente

Todos conocemos los cinco sentidos llamados especiales: vista, oído, tacto, gusto y olfato. Todos ellos reciben información que proviene de estímulos exteriores (y que se explicarán debidamente en el capítulo siguiente). También recibimos una gran cantidad de información que tiene su origen en el interior del cuerpo. Por ejemplo, gracias a los receptores sensoriales de nuestros músculos, tendones y articulaciones sabemos en qué posición están nuestros miembros en el espacio (un fenómeno conocido como propiocepción, que nos permite tocarnos la nariz con los ojos cerrados) y qué tipo de movimientos realizan nuestros músculos, toda esta información es necesaria para nuestro cerebro, aunque normalmente no seamos conscientes de la misma (cinestesia).

También recibimos una gran variedad de información sensorial de los órganos internos. La presión de la sangre y los niveles de oxígeno de la sangre son vigilados por receptores especializados, localizados en puntos estratégicos del cuerpo. El nivel de glucosa de la sangre es vigilado por receptores situados dentro del mismo cerebro. Tal información sensorial es enviada desde los receptores a las neuronas motoras por medio de los haces de fibras nerviosas llamados «nervios sensoriales».

Cualquier neurona que termina en una célula muscular es una neurona motora y forma parte del sistema motor. Las estructuras principales del sistema nervioso central, que comprende el sistema motor, son la corteza motora, los ganglios basales, el cerebelo, partes de la formación reticular y algunas áreas de la médula espinal. Todas estas estructuras interactúan controlando la actividad de las neuronas motoras que, a su vez, controlan la actividad muscular, lo que determina el movimiento corporal. Cada movimiento que realizamos —desde lo más alto de la cabeza hasta las plantas de los pies, desde el parpadeo hasta correr una carrera— está controlado por el sistema motor.

Sabemos que existe una relación entre lo que nos dicen nuestros sentidos (a través de las neuronas sensoriales) y lo que realizamos (a través de las

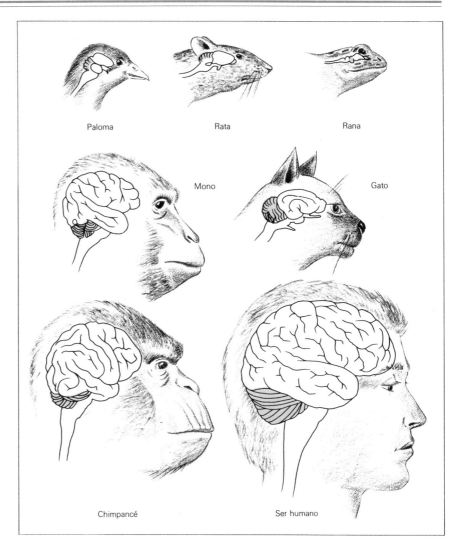

Paloma   Rata   Rana

Mono   Gato

Chimpancé   Ser humano

FIGURA 2-11   *A medida que vamos subiendo la escala evolutiva, el cerebro se vuelve proporcionalmente más grande, como puede verse en esta comparación de los tamaños y formas de los cerebros de diferentes animales vertebrados. Todos se muestran en un tamaño de aproximadamente cuatro décimas partes de su tamaño real. Dentro de estos cerebros la corteza (C) también se vuelve progresivamente más grande. (De Rosenzweig y Leiman, 1982.)*

neuronas motoras). En el nivel más sencillo tenemos los reflejos espinales, de los cuales hemos hablado anteriormente en este capítulo. Cualquier comportamiento más complicado, que suponga la integración de la información sensorial y motora, requiere al cerebro. Supongamos, por ejemplo, que oye un rugido muy fuerte (información sensorial auditiva). Mueve los ojos (reacción motora) y ve un león que se ha escapado del zoo (información sensorial visual). Su sistema simpático se activará inmediatamente, produciendo gran cantidad de reacciones motoras, de las cuales la más importante será un movimiento rápido que le aleja del estímulo básico (el extraño «invitado»). En este ejemplo se comprueba de qué manera están integrados los sistemas.

Los seres humanos estamos dotados de una flexibilidad admirable para utilizar la información sensorial. Un cazador de caza mayor provisto de un poderoso rifle hubiera reaccionado de una manera completamente diferente frente al león; en vez de correr, se hubiera colocado en una posición adecuada para disparar. Usted y yo, probablemente, vemos cosas muy diferentes en una pintura abstracta. En un concierto usted puede interiorizar el placer general de la música, mientras yo sólo atiendo al sonido de las guitarras. Tal flexibilidad es ciertamente una habilidad que nos distingue de los animales inferiores.

La mayor diferencia que nuestros cerebros muestran al compararlos con los de otros animales es el número de neuronas que conforman el sistema de integración central. Para efectuar procesos tan complicados necesitamos muchos millones de células nerviosas. Como se observa en la figura 2-11, la corteza cerebral de los seres humanos es proporcionalmente más grande que la de todos los demás animales. El gran número de células nerviosas en la corteza hace posible las muchas y complicadas operaciones que nuestro cerebro es capaz de efectuar. Además, la corteza humana no es sólo más grande en términos generales, también tiene más superficie no dedicada a funciones sensoriales o motoras específicas, que está libre para actividades intelectuales más elevadas (véase figura 2-12). En el caso de los seres humanos, estas otras actividades comprenden niveles elevados de pensamiento que sólo nosotros en todo el reino animal somos capaces de llevar a cabo.

Gran parte del cerebro está dedicado a los sistemas sensorial y motor, aunque resulta muy difícil hacer una distinción entre ambos sistemas y los sistemas de integración central, que los posibilitan para trabajar conjuntamente dada la íntima conexión que existe entre los tres (véase figura 2-13). El tálamo, por ejemplo, recibe información sensorial que envía a las áreas sensoriales apropiadas de la corteza cerebral; pero, asimismo, también manda información motora al área motora de la corteza.

Los sistemas de integración central

Estas estructuras constituyen los eslabones entre los sistemas sensorial y motor. Consisten en la formación reticular, partes del tálamo, el hipotálamo, el sistema límbico y la corteza asociativa. Cualquier tipo de aferencia sensorial involucra uno de estos sistemas de integración. Puede tratarse del llanto de un bebé que, enviado al sistema límbico, desde el cual activará al hipotálamo, generará nuestra reacción emocional (especialmente si el bebé es nuestro). Puede ser la visión de un precipicio profundo al borde de una roca, que manda la información a la formación reticular, que a su vez ordena a la médula espinal retener los movimientos propios de la marcha para evitar que caigamos en el vacío. Puede tratarse de una sensación de frío en medio de la noche, que lleva la información a la formación reticular para que nos despertemos y podamos arroparnos. Vamos a ver lo que ocurre en estas diferentes áreas, cada una con su propia función.

LA FORMACION RETICULAR   La función principal de la formación reticular (que se encuentra, como antes hemos explicado, en el interior del núcleo central del tronco cerebral) es la de despertarnos y hacernos dormir. La zona de esta red nerviosa que nos despierta se denomina sistema de activación reticular ascendente: activa la corteza cerebral, despertándonos. Una parte del sistema de activación pasa por el tálamo, el cual, como se ha indicado, envía información a la corteza. Las lesiones en estas áreas de activación pueden ocasionar un estado de coma, mientras que lesiones en otras áreas pueden causar largo insomnio. Un animal anestesiado despertará si estas áreas de activación son estimuladas eléctricamente.

La formación reticular también ejerce control sobre actividades motoras, como el equilibrio o la coordinación necesaria para andar. Dirige asimismo los movimientos reflejos más complicados. El *reflejo de alarma auditiva*, por ejemplo, un salto brusco e involuntario que realizamos al oír un sonido inesperadamente fuerte, ocurre como final de una cadena que comienza

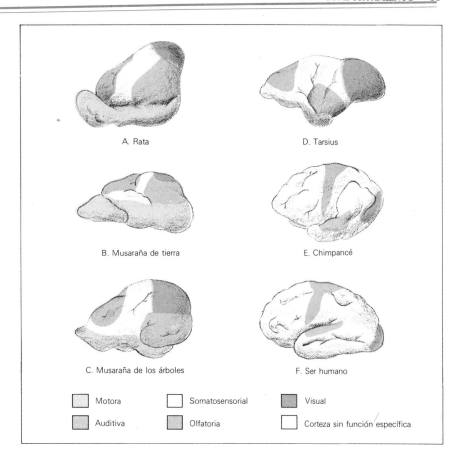

FIGURA 2-12 *La corteza humana no sólo es más grande que la de otros animales, sino que tiene también más áreas sin funciones motoras o sensoriales específicas y se encuentra así libre para actividades intelectuales elevadas. (De Hunt, 1982.)*

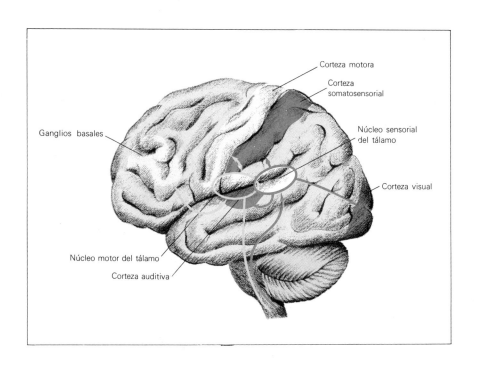

FIGURA 2-13 *Los sistemas sensorial (anaranjado) y motor (azul) del cerebro.*

con la activación del nervio auditivo y termina con las órdenes motoras de la formación reticular a la médula espinal.

EL HIPOTALAMO   Como su nombre indica («hipo» significa «debajo»), este órgano del tamaño de una nuez, se halla debajo del tálamo, en el cerebro, como podemos ver en la figura 2-14. Sirve de mediador entre el cerebro y el sistema endocrino y es el responsable de la secreción hormonal. A menudo nos referimos al hipotálamo como «la sede de la emoción». Es la fuente de los sentimientos de un individuo y traslada sus órdenes a las glándulas del sistema endocrino, transformando las emociones en reacciones fisiológicas. El control que ejerce sobre la glándula pituitaria permite al cerebro controlar el sistema endocrino y sus receptores hormonales permiten a éste último controlar, a su vez, el cerebro. Hablaremos más tarde sobre el sistema endocrino. El hipotálamo es el principal controlador y organizador principal de las funciones vitales del cuerpo. Mantiene la homeostasis o equilibrio de muchos de los sistemas corporales. Comportamientos relacionados con el comer, el beber, la regulación de la temperatura, la sexualidad, la ira o el temor están íntimamente relacionados con el sistema endocrino. Habida cuenta que todos se encuentran relacionados con la motivación, el papel del hipotálamo como regulador de la motivación es muy importante. Esto ha sido demostrado experimentalmente, provocando tales estados de motivación, miedo, ira, hambre o interés sexual a través de la estimulación eléctrica de las zonas específicas del hipotálamo.

EL SISTEMA LIMBICO   Cuando nos encontramos furiosos o enfadados o extrañamente calmados, mostramos reacciones que están controladas a través del sistema límbico. Este conjunto de estructuras está formado por el área septal, el hipocampo, la amígdala y partes del tálamo (véase figura 2-14). Personas o animales que han sufrido lesiones en áreas específicas del sistema límbico (por ejemplo, la amígdala) no manifiestan las emociones básicas (como la ira) que, sin embargo, aparecen cuando estas estructuras son estimuladas. La *amigdalectomía,* la destrucción quirúrgica de la amígdala, se

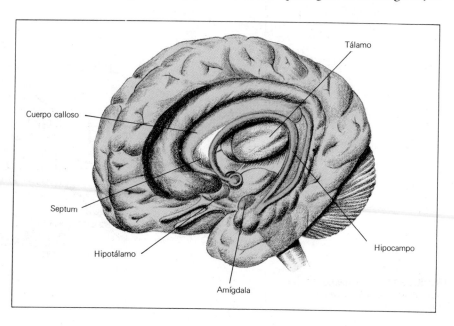

FIGURA 2-14   *Diagrama del sistema límbico. (De Rosenzweig y Leiman, 1982.)*

ha practicado en ocasiones para aliviar la ira incontrolable de algunos pacientes psiquiátricos. Esta operación nunca ha sido realizada con profusión.

Las diferentes estructuras límbicas parecen mantener un equilibrio entre estados emocionales opuestos. Quiere esto decir que mientras la estimulación de la amígdala provoca ira, y su lesión mansedumbre, con el septum ocurre lo contrario. La memoria también constituye una función importante del sistema límbico, tal como se ha demostrado en aquellos casos en que se produce una degeneración de una sección del tálamo en individuos que padecen una alteración de la memoria, conocida como síndrome de Korsakoff. En el capítulo sexto se refiere el caso de un hombre a quien se le extirpó quirúrgicamente el hipocampo de ambos lados del cerebro, dando como resultado una amnesia profunda; es decir, incapacidad de almacenar nuevos datos en la memoria.

LA CORTEZA CEREBRAL Si comparamos los cerebros de mamíferos de distintos niveles de desarrollo evolutivo, vemos que la mayor diferencia entre estos cerebros reside en que la corteza, la sustancia gris que rodea el cerebro, es mayor cuanto más evolucionado es el animal (véase figura 2-11). En los seres humanos esta capa rugosa ocupa la mayor parte del cerebro. Las muchas funciones que efectúan las células de la corteza requieren una gran superficie. Las arrugas o pliegues permiten que quepa una superficie cerebral mayor dentro de los límites del cráneo humano. La corteza es la parte del cerebro que nos hace humanos, el lugar donde interiorizamos y después filtramos y damos sentido a lo que vemos, oímos y percibimos. Es el lugar donde pensamos, planeamos, hablamos, escribimos, recordamos y evaluamos.

Por conveniencia, al estudiar y hablar sobre el cerebro los neurólogos han dividido cada uno de los hemisferios (las mitades izquierda y derecha) de éste en cuatro áreas diferentes, llamadas *lóbulos*. El *frontal* (que contiene las cortezas prefrontal, premotora y motora), el *temporal*, el *parietal* y el *occipital* (véase figura 2-15). La parte más adelantada de la corteza cerebral, la que se encuentra detrás de los ojos y la frente, es la *corteza prefrontal*, región que se ocupa de planear, predecir y juzgar. Justo detrás de ella se halla la *corteza premotora,* que programa los movimientos complejos. Detrás de ésta aparece la *corteza motora,* que controla los movimientos de diversas partes del

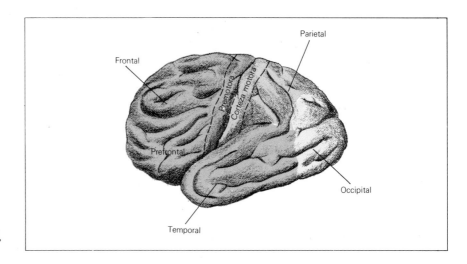

FIGURA 2-15 *El cerebro está dividido en cuatro lóbulos: frontal, temporal, parietal y occipital.*

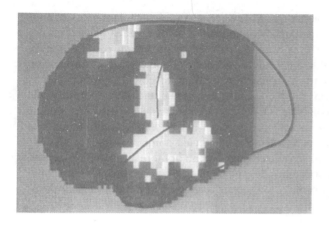 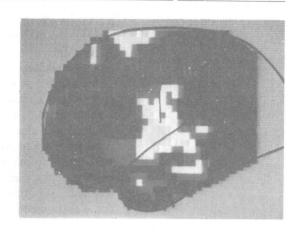

FIGURA 2-16 Inferencia de la localización de funciones mediante patrones del flujo sanguíneo. *Estas imágenes que muestra la TAC son un promedio de la actividad cerebral de nueve individuos diferentes; los colores indican el nivel medio del flujo sanguíneo mientras el individuo habla. Las áreas verdes muestran un flujo medio, las amarillas y las rojas un flujo mayor de lo normal y las azules un flujo menor de lo normal. (Las formas cuadradas se deben a la reproducción y el proceso de efectuar la media, y no corresponde, por tanto, exactamente a la forma de las áreas en el cerebro.) Las áreas de la corteza que controlan las actividades de la boca, la lengua y la laringe están activadas, igual que la que dirige la actividad auditiva. (Oímos nuestra propia voz.) La boca y las áreas auditivas poseen mayor actividad en el hemisferio izquierdo que en el derecho. (De Lassen, Ingvar y Skinhoj, 1978.)*

cuerpo. Los *lóbulos temporales* desempeñan un importante papel en la percepción auditiva y en algunas funciones de aprendizaje y memoria. Los *lóbulos parietales* juegan mayor papel en la percepción espacial, la percepción táctil y la imagen corporal. En la parte posterior del cerebro está el *lóbulo occipital*, que principalmente se ocupa de la visión. Aunque investigaciones recientes sugieren una cierta especialización dentro de estos lóbulos, cada uno se ocupa de una gran variedad de diferentes funciones.

Una demostración vívida y multicolor de la localización de diversas funciones cerebrales se puede ver en la figura 2-16. Con la técnica del «flujo sanguíneo cerebral», de la que se ha hablado anteriormente, podemos deducir la importancia de las distintas áreas en diferentes operaciones. La ilustración muestra la imagen promedio de la actividad cerebral de nueve distintas personas, que estuvieron realizando diferentes actividades, que incluían hablar, seguir con la vista un objeto y escuchar una conversación. Las mediciones de la circulación de la sangre mostraron un aumento en la actividad de ciertas áreas cerebrales en clara dependencia con aquello que los sujetos estaban realizando en cada momento.

Las vías de comunicación sensoriomotora entre los hemisferios y las partes del cuerpo que controlan están cruzadas, de manera que el hemisferio derecho controla la parte izquierda del cuerpo y viceversa. Cada ojo proyecta a cada hemisferio. El campo visual izquierdo de cada ojo se proyecta en el lado derecho del cerebro, y el campo visual derecho sobre el lado izquierdo del mismo. Las señales motoras también cruzan de lado, de modo que cuando movemos el brazo derecho, es como resultado de una orden enviada por el hemisferio izquierdo.

Aunque los hemisferios parecen iguales superficialmente, son diferentes anatómicamente. Por ejemplo, la región que parece controlar el lenguaje en el hemisferio izquierdo es mayor que la región comparable del hemisferio derecho. Además, los dos lados del cerebro ejecutan diferentes funciones. Para la mayor parte de la gente el hemisferio izquierdo es el que controla la habilidad lingüística, numérica y de pensamiento analítico. El lado derecho, por lo general, dirige las habilidades espaciales complejas, como percepción de patrones y aspectos de ejecución artística y musical.

Ambos hemisferios se comunican a través de un amasijo de axones, llamado cuerpo calloso (véase figura 2-17). Si este cuerpo se secciona como ocurre a veces en operaciones practicadas para evitar ataques epilépticos a un hemisferio, los dos lados del cerebro no pueden comunicarse. Roger Sperry,

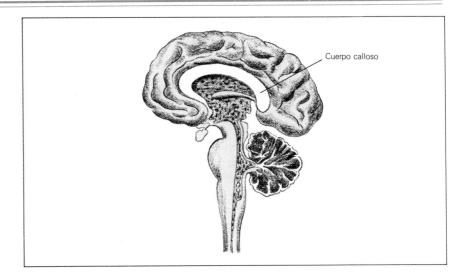

Cuerpo calloso

FIGURA 2-17   *El cuerpo calloso.*

premio Nobel en 1982, y sus colegas del Instituto de Tecnología de California (Sperry, 1982) han llevado a cabo importantes investigaciones con estos pacientes de «cerebro dividido», durante los cuales han aprendido mucho sobre el funcionamiento del cerebro. Si un paciente con este tipo de lesión ve una palabra a su derecha, por ejemplo, podrá pronunciarla, ya que la información es tratada por su hemisferio izquierdo, donde están localizadas las áreas del habla. Si la palabra aparece sobre su lado izquierdo, sin embargo, no podrá decírnosla. Si el paciente toca un objeto familiar, pero sin poder verlo, puede decir lo que es si lo toca con la mano derecha, pero no si lo hace con la mano izquierda. Estos pacientes sufren el *síndrome de desconexión*. Sus experiencias demuestran que la sede de las habilidades del lenguaje está en el hemisferio izquierdo y la de las habilidades espaciales en el derecho.

Lesiones en distintas partes de la corteza dan como resultado muchos diversos tipos de perturbaciones. Por ejemplo, lesiones en las áreas asociativas de los lóbulos parietales deterioran la percepción de las relaciones espaciales, así como la percepción del propio cuerpo. En casos graves, la persona afectada niega la existencia de aquellas partes del cuerpo que se encuentran en el lado opuesto al de la lesión. No se afeitan la mitad de la cara o no visten la mitad de su cuerpo, y cuando se les pregunta la razón, niegan que este brazo o pierna sea de ellos. La figura 2-18 ilustra la manera en que un artista, después de sufrir una embolia en el hemisferio derecho, ignoraba la mitad izquierda de su cara en dos autorretratos, y el lado izquierdo del lienzo en otros. Se produce una *embolia* cuando una arteria del cerebro se rompe de repente o cuando está bloqueada, impidiendo que el oxígeno llegue a ciertas partes del cerebro que quedan por esto dañadas. De ello pueden resultar una gran variedad de síntomas, incluyendo la parálisis de la mitad del cuerpo, cambios de personalidad y dificultades en el lenguaje y la escritura.

FIGURA 2-18   *Autorretrato de la víctima de una embolia, Anton Raderscheidt, después de que se le lesionara la corteza asociativa derecha del lóbulo parietal. En los retratos pintados después de la embolia el artista no llega a representar el lado izquierdo de su cara; aquí también ignora el lado izquierdo del lienzo. (Cedido por el Dr. Richard Jung.)*

COMO LESIONES EN EL HEMISFERIO IZQUIERDO AFECTAN AL LENGUAJE   Los ejemplos más dramáticos de asimetrías hemisféricas se producen en el dominio del lenguaje. A finales del siglo XIX el neurólogo francés Paul Broca y otros investigadores descubrieron que las perturbaciones del lenguaje, llamadas *afasias*, a menudo son consecuencia de lesiones en el hemisferio izquierdo producidas por embolias o accidentes. Cuando era el hemisferio derecho el dañado, rara vez se veía afectado el lenguaje. Estos hallazgos han probado que el hemisferio izquierdo controla las habilidades del lenguaje. El tipo de deficiencia del lenguaje depende del lugar donde esté localizado el daño. Si la lesión se sitúa en el lóbulo frontal izquierdo, en la región llamada *área de Broca* (véase figura 2-19), produce *afasia motora*, afectando la producción del habla y la escritura. Estos pacientes tienen dificultades en encontrar las palabras adecuadas y no pueden nombrar siquiera los objetos de uso diario. Sin embargo, lo que dicen tiene sentido; escriben o pronuncian frases simples, del tipo sustantivo más verbo y raras veces usan adjetivos, adverbios u otras formas del lenguaje. Normalmente entienden lo que oyen y leen, saben lo que quieren decir y sufren al advertir que no son capaces de decirlo.

Se produce *afasia sensorial* cuando la lesión afecta al área temporal posterior izquierda, en la región conocida como área de Wernicke (véase figura 2-19), nombre de quien la descubrió. Cuando esta área es dañada el paciente tiene dificultades en entender lo que dicen los demás y, aunque hablan con fluidez, lo que dicen carece de sentido. Véase un ejemplo en el margen de la página 57.

Lesiones en otras áreas del cerebro producen otras alteraciones, como aquélla en la que los pacientes entienden el lenguaje y logran expresarse con fluidez, pero no pueden repetir las palabras que han oído, o aquella otra por la cual se pierde la capacidad de leer a pesar de tener una visión normal. Lesiones en la corteza visual izquierda y en el cuerpo calloso pueden producir alexia, incapacidad para leer; sin *agrafia*, incapacidad para escribir. Los pacientes (normalmente víctimas de embolias) logran escribir largos párrafos al dictado o generar incluso su propia escritura, pero no pueden leer lo que acaban de escribir.

EL LENGUAJE NO ESTA SIEMPRE CONTROLADO POR EL HEMIS-
FERIO IZQUIERDO   En algunas personas es el hemisferio derecho el que controla el lenguaje, en otras es controlado por ambos. La localización del lenguaje está de alguna manera relacionada con la preferencia manual. El

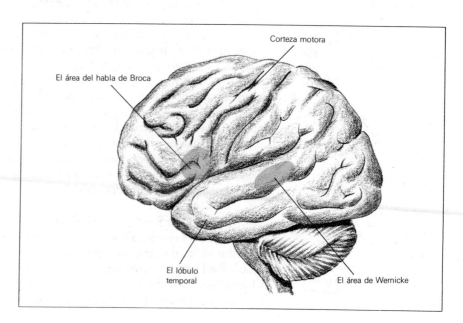

Corteza motora

El área del habla de Broca

El lóbulo temporal

El área de Wernicke

FIGURA 2-19 *El área de Wernicke y el área de Broca son dos de las regiones especializadas del lenguaje y se encuentran en el hemisferio izquierdo.*

APARTADO 2-1
LOS TRASPLANTES DE CEREBRO MEJORAN A LAS RATAS LESIONADAS

Una lesión cerebral es una de las cosas más devastadoras que le pueda ocurrir a un individuo; posiblemente se transformará su personalidad o se reducirán sus capacidades y algunas veces el resultado será una existencia completamente inútil. Aunque siempre debemos ser muy cautos al aplicar los resultados de estudios animales a seres humanos, es alentador ver descubrimientos con ratas que nos dan esperanzas de poder ayudar a personas con lesiones cerebrales (Labbe, Firl, Mufson y Stein, 1983).

En esta investigación se estudiaron ratas con lesiones en la corteza frontal. Esta parte del cerebro, como hemos visto, controla los procesos mentales más elevados implicados en planear, aprender y recordar. Los investigadores trasplantaron a estas ratas lesionadas tejidos de los cerebros de fetos de ratas, bien sea tejidos de la corteza frontal o bien del cerebelo, el área que controla los movimientos. Las ratas que recibieron el tejido de la corteza frontal dieron mucho mejor resultado en unas pruebas de aprendizaje (resolviendo laberintos) que las ratas que habían recibido trasplantes del cerebelo o que las que no habían recibido ningún trasplante.

Los investigadores determinaron que los trasplantes habían «agarrado», es decir, que se unieron al cerebro de la rata. Es posible que otro factor tuviera también su importancia. Los injertos consistían en tejido fetal y éste puede haber liberado sustancias químicas que alientan el crecimiento de las neuronas en el cerebro dañado de la rata adulta.

Si ésta es la solución, debe ser posible identificar las sustancias químicas responsables y administrarlas directamente a los individuos con lesiones cerebrales, sin tener que recurrir a la cirugía y al trasplante cerebral.

Cuando se le enseña un tenedor a una persona con afasia motora, probablemente dirá: «Lo sé, es un..., espera..., comes con él». Otro paciente, a quien se le preguntó por una cita con el dentista, dijo «Sí..., el lunes... papá y Dick... el miércoles a las nueve... a las diez... médicos... y... dientes».
(Geschwind, 1979, pág. 186.)

---

lado izquierdo controla el lenguaje del 96 por 100 de los diestros. Lo que ocurre sólo en un 70 por 100 de los zurdos. Del 30 por 100 restante la mitad tienen sus centros de lenguaje en el lado derecho del cerebro y la otra mitad son bilaterales (Milner, 1974). Aunque algunos investigadores han especulado sobre el significado de estas diferencias en la especialización lateral, todavía no conocemos las implicaciones de estos descubrimientos.

¿Cómo podemos averiguar qué lado controla el lenguaje en un determinado individuo? Una manera es inyectar un anestésico de corta duración en el aporte sanguíneo del cerebro de un hemisferio; si el habla se interrumpe, ése es el hemisferio del lenguaje; si no, querrá decir que el lenguaje se halla controlado por el otro hemisferio o por ambos. Otra manera de saberlo consiste en estimular la corteza eléctricamente. Cuando se estimula el área de lenguaje, la persona es capaz de producir sonidos vocálicos largos («ahhhh») o vocalizaciones irreconocibles, o puede pararse a la mitad de lo que está diciendo. La estimulación del área de Broca puede ocasionar una dificultad para nombrar objetos, parecida a la que se observa en la afasia, aparentemente como resultado de los modelos antinaturales de actividad que provoca la estimulación eléctrica.

FUNCIONES DEL HEMISFERIO DERECHO   ¿Es el «cerebro derecho» el soñador y «el izquierdo» el pensador? Las interpretaciones más difundidas de las diferentes funciones de los dos hemisferios así lo sugieren, ya que el derecho está más implicado en la percepción artística, musical o de la totalidad. El hemisferio derecho es el que nos permite reconocer las caras y leer las expresiones faciales de la gente, tal como se muestra en los

FIGURA 2-20 *Cuando a los pacientes de cerebro dividido se les mostraron ilustraciones con caras que habían sido cortadas por la mitad y recombinadas después, los pacientes no notaron las grandes discrepancias entre los dos lados de las ilustraciones. Cuando se les pidió describir la cara que estaban viendo, describían la mitad de la cara de la derecha, que se registra en el hemisferio izquierdo. Pero cuando se les pidió identificar la cara que habían visto entre una colección de caras unificadas, elegían la que se había mostrado en el lado izquierdo, que se registra en el hemisferio derecho. Así pues, parece que el hemisferio derecho es el que reconoce las caras. (De Levy, Trevarthen y Sperry, 1972; foto de Jack Deutsch.)*

experimentos descritos en las figuras 2-20 y 2-21. Pero las «personalidades duales» de ambos hemisferios no se encuentran tan separadas; existe entre ellas mucha cooperación, pudiendo un hemisferio a menudo suplantar al otro, especialmente si se han producido las lesiones durante los primeros años de vida. Cuando los niños sufren una lesión en el hemisferio izquierdo antes de los cinco años de edad, aparentemente el hemisferio derecho se encarga de las funciones del lenguaje. Si la lesión se produce más tarde, pero aún en la infancia, la recuperación será mejor que en el caso de que se trate de un adulto, aunque al menos la recuperación, aparentemente, tenga lugar dentro del hemisferio izquierdo, sin que hayan cambiado las funciones al hemisferio derecho. Si la lesión tiene lugar más tarde, la recuperación es mucho más limitada (Kolb y Whishaw, 1980).

EL SISTEMA NERVIOSO PERIFERICO

Su habilidad tanto para ver como para coger este libro depende de un haz de fibras nerviosas conocidas como «nervios periféricos». Una clase de nervios periféricos, los nervios sensoriales, transmiten información de su cuerpo (de sus ojos, por ejemplo) a su cerebro. Una vez recogida la información, la otra clase de nervios, los nervios motores, la transmiten desde el cerebro a sus músculos (ordenando a sus brazos que se adelanten y a sus manos que se cierren sobre el libro). Los nervios motores pueden ser parte del sistema nervioso somático o autónomo, las dos subdivisiones del sistema motor periférico.

El sistema nervioso somático

El tipo de nervios que ordenaron a sus brazos y manos coger este libro forman parte del sistema nervioso somático, que controla tanto movimientos reflejos como voluntarios. Estos nervios controlan la musculatura *estriada* del cuerpo, llamada así porque estos músculos parecen rayados o estriados al mirarlos por el microscopio. Vamos a estudiar cómo funciona este sistema.

Los movimientos que usted realiza se efectúan merced a la forma en que

FIGURA 2-21 *¿Cuál de estas dos caras diría usted que es la más alegre? Si está dentro del promedio, elegirá la de la izquierda. Las dos son la misma imagen en espejo, pero debido a que más cantidad del lado izquierdo de la ilustración se dirige directamente a su hemisferio derecho, es probable que preste mayor atención a este lado. (De Jaynes, 1976.)*

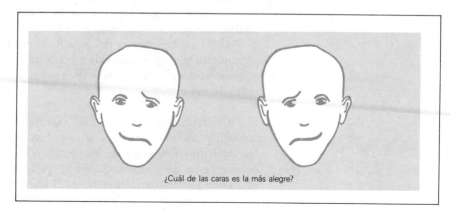

¿Cuál de las caras es la más alegre?

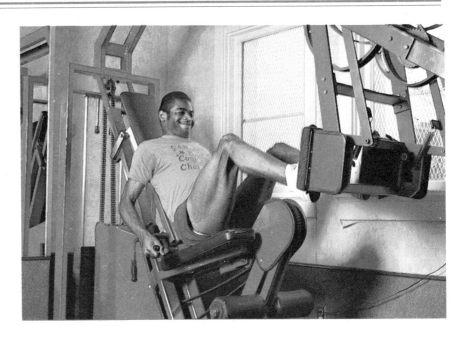

La popularidad de los equipos de ejercicios físicos, como esta máquina Nautilus, reside probablemente en el hecho de que ejercita grupos musculares sinérgicos, dando un resultado más eficiente para el cuerpo. (© 1981 Will McIntyre/Photo Researchers, Inc.)

sus músculos se hallan fijados a los huesos, a la piel y al resto de los músculos. Esto es así para todos los movimientos grandes, como correr o saltar, o pequeños, como sutiles cambios en la expresión facial. Los músculos trabajan conjuntamente, en ocasiones por parejas *antagónicas* u opuestas. Cuando levantamos el antebrazo, por ejemplo, y contraemos el bíceps (tal como se ha descrito más arriba en el ejemplo de la estufa caliente), el músculo antagónico a éste, el tríceps, se relaja. En otros movimientos los músculos trabajan juntos de forma *sinérgica* o cooperativa. Cuando levantamos un peso con la mano, el bíceps trabaja junto con los músculos de los dedos, que le permiten asir el peso, con los músculos de la espalda, que mantienen la postura, y con los músculos de las piernas, que mantienen las rodillas estiradas o dobladas. Según el movimiento de que se trate, algunos músculos actúan bien de forma sinérgica o bien de forma antagónica. Diferentes modelos de contracciones musculares producen diferentes movimientos. Todos estos modelos se hallan coordinados por el sistema nervioso.

¿Qué es lo que controla su expresión facial y el modo de mantener erguida la cabeza, mientras levanta un gran peso? ¿Qué ocurre con los músculos de los brazos, de las piernas y de la espalda implicados en ese ejercicio? Todos estos movimientos están controlados por las neuronas motoras somáticas, localizadas en la médula espinal y en el tronco cerebral. Las neuronas motoras del tronco cerebral (los llamados nervios craneales) controlan los músculos de la cara, el cuello y la cabeza, mientras que los de la médula espinal controlan los músculos del resto del cuerpo. Cada neurona motora está conectada solamente a un músculo, pero cada músculo recibe impulsos de muchas neuronas motoras diferentes. La fuerza de una contracción depende de dos factores: el número de neuronas motoras activas y la frecuencia de los impulsos que mandan. Estos impulsos se envían por transmisión sináptica, tal como hemos descrito anteriormente; el neurotransmisor implicado en estos movimientos musculares es la acetilcolina (ACH).

Las neuronas motoras liberan ACH, que atraviesa el puente sináptico y envía la orden a los músculos adecuados. Mientras tanto, los circuitos internos de la médula espinal y del tronco cerebral inhiben simultáneamente los músculos antagónicos. Modificando el número de neuronas implicadas y la frecuencia de sus impulsos, el cerebro puede producir una variedad asombrosa de patrones complejos de movimiento. Es así como un pianista realiza un arpegio o un acorde, un tenista golpea con fuerza una pelota o la levanta ligeramente, o un automovilista conduce por una tortuosa carretera de montaña, o lo hace todo recto por una carretera amplia y abierta.

El sistema nervioso autónomo

Mientras levanta un peso, su cuerpo sigue funcionando también. Su corazón late, su respiración continúa, y su sistema digestivo funciona. Todas estas actividades son controladas por dos tipos de músculos, los *cardíacos* o músculos del corazón, y los músculos *lisos,* que controlan la garganta, las vísceras (órganos internos, como el estómago y los intestinos), el diafragma (que controla la respiración) y otros órganos. Tanto unos como otros están controlados por el sistema nervioso y el sistema endocrino. De este último se hablará más tarde en este capítulo. Ahora estudiaremos de qué forma el sistema nervioso autónomo controla estas funciones vitales, que normalmente se consideran *involuntarias* o más allá del control consciente. En algunos casos, como veremos cuando se trate del «biofeed-back» en el capítulo 5, *podemos* controlar estas funciones, pero, en general, actúan más o menos automáticamente.

El sistema nervioso autónomo está compuesto de dos partes —las divisiones simpáticas y las parasimpáticas— que operan de manera completamente diferentes y a menudo con efectos opuestos en varias partes del cuerpo, tal como se ve en la figura 2-22. Mientras los músculos estriados del sistema somático sólo se contraen cuando reciben mensajes neuronales, en el sistema autónomo tanto los músculos lisos de las vísceras (órganos corporales) como los del corazón nunca se relajan por completo, sino que generan siempre algunas contracciones. Esta es la razón de que los músculos del corazón puedan seguir latiendo incluso después de haber sido retirado del cuerpo. Por lo tanto, para relajar los músculos del corazón y las vísceras hay que inhibir los músculos en sí mismos (no sólo las neuronas motoras). Las divisiones simpáticas y parasimpáticas trabajan conjuntamente en el sistema autónomo: una división estimula un músculo y otra lo inhibe. Los papeles de los dos sistemas cambian, dependiendo del órgano en cuestión, de manera que cada división es capaz de lanzar una contracción o relajarla.

FUNCIONES SIMPATICAS   La división simpática trabaja como una unidad («en simpatía») para movilizar los recursos del cuerpo, de forma que pueda *emplear* la energía. Produce la reacción (lucha o fuga) al estrés (capítulo 10) y las señales fisiológicas de estados emocionales como el miedo, el enfado o la ira. La actividad simpática provoca que su corazón lata con más fuerza, le permite respirar más rápido y le hace sudar. Le da el oxígeno y la glucosa (energía derivada del azúcar) que necesita para actividades que conllevan esfuerzo, dirige sangre desde la piel y el estómago hacia los músculos del esqueleto y activa a sus glándulas adrenérgicas para que secreten epinefrina (adrenalina).

FUNCIONES PARASIMPATICAS   El sistema parasimpático es el encargado de la recuperación corporal, aumentando el suministro de energía almacenada. ¿Cuántas veces en su vida le han aconsejado no nadar inmediatamente después comer? La razón de tal advertencia reside en la acción dual del

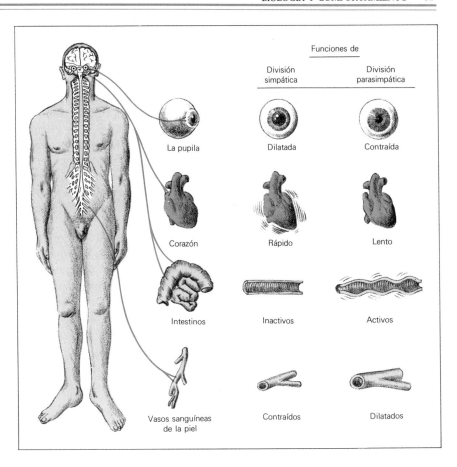

Funciones de

	División simpática	División parasimpática
La pupila	Dilatada	Contraída
Corazón	Rápido	Lento
Intestinos	Inactivos	Activos
Vasos sanguíneas de la piel	Contraídos	Dilatados

FIGURA 2-22 *Las divisiones simpática y parasimpática del sistema nervioso autónomo a menudo tienen efectos opuestos en muchas partes del cuerpo. (De Rosenzweig y Leiman, 1982.)*

sistema parasimpático, que dirige la sangre al estómago para ayudar a la digestión y hacer más lenta la tasa cardíaca. Cuando se ha desviado tanta sangre al estómago que no llega la suficiente a los músculos como para permitirles realizar ejercicios fuertes, tienen lugar los calambres.

COMO AMBOS SISTEMAS TRABAJAN CONJUNTAMENTE La mayor parte del tiempo, tanto la división simpática como la parasimpática están activas, creándose un equilibrio entre ambas. Por ejemplo, después de haber comido un día de mucho calor, sudamos (actividad simpática) y también digerimos la comida (parasimpática). Para algún órgano determinado, sin embargo, los dos sistemas actúan antagónicamente, antagonismo especialmente evidente en el comportamiento sexual. La erección del pene, por ejemplo, es una actividad parasimpática, lo cual explica por qué los hombres a veces tienen dificultades en conseguir la erección cuando se encuentran preocupados, enfadados o tienen miedo (emociones que indican actividad simpática) o si han tomado anfetaminas u otros medicamentos que limitan la actividad simpática.

COMO EL CEREBRO ACTIVA EL SISTEMA MOTOR AUTONOMO Este sistema puede ser activado de diferentes formas. ¿Qué ocurre, por ejemplo, cuando recibe información a través de sus sentidos, cuando se hace una herida, cuando ve una figura amenazadora o cuando oye el llanto de un bebé? Todos estos estímulos pueden producir una reacción emocional en su sistema límbico, que, como hemos visto, es el centro de las emociones en el cerebro. Este sistema envía mensajes al hipotálamo, que, a su vez, activa reacciones autónomas, tales como el latir más rápido del corazón o una respiración acelerada. Efectos del aprendizaje pueden provocar reacciones autónomas, como en los célebres experimentos de Ivan Pavlov, en los cuales los perros aprendieron a salivar como respuesta a un tono (cuestión tratada en detalle en el capítulo 5). Los circuitos de reflejos en la médula espinal y el tronco cerebral también activan reacciones autónomas. Llenar el estómago con comida, por ejemplo, activa a los «mecanorreceptores», los cuales mandan impulsos al tronco cerebral, que activan las interneuronas (neuronas intermediarias que mandan mensajes de un tipo de neuronas a otro) que, a su vez, activan a las neuronas para aumentar la secreción de jugos gástricos.

El principio fundamental de control en muchos de los sistemas corporales, incluyendo éstos, es la homeostasis, el mantenimiento de las funciones vitales dentro de sus límites óptimos mediante su automática coordinación y ajuste. Así, cuando la presión sanguínea aumenta, las neuronas en el tronco cerebral son activadas para reducir la tasa cardíaca, lo que llevará a que la presión sanguínea disminuya. El sistema autónomo también es controlado por el sistema endocrino y por áreas del cerebro que incluyen el sistema límbico y el hipotálamo.

EL SISTEMA ENDOCRINO

El sistema nervioso no es el único sistema que dirige el comportamiento. Tanto el sistema nervioso central como el periférico trabajan en íntima relación con el sistema endocrino, un entramado de glándulas que segregan sustancias químicas, llamadas hormonas, directamente al riego sanguíneo.

Las hormonas son activas en el proceso homeostático, mantienen el equilibrio adecuado del estado interno del cuerpo. Así pues, tanto el sistema nervioso autónomo como el sistema endocrino trabajan conjuntamente para conseguir el equilibrio corporal. El coordinador crucial de ambos sistemas es el hipotálamo, que provee el mecanismo a través del cual el cerebro controla el sistema endocrino y con el que éste, a su vez, controla a aquél.

Si pensamos en las glándulas endocrinas como miembros de un conjunto musical, tocando juntas para orquestar el trabajo del cuerpo, el director de esa orquesta es la llamada glándula maestra, la pituitaria. Esta glándula tiene dos subdivisiones: la pituitaria anterior, que está formada del mismo tejido embriológico que la garganta y es un verdadero órgano endocrino, y la pituitaria posterior, formada por tejido nervioso y, por lo tanto, parte integrante del sistema nervioso. Desde su posición en la base del cráneo, inmediatamente debajo del hipotálamo, la glándula pituitaria controla la actividad de todas las glándulas.

La pituitaria anterior segrega un gran número de hormonas, cada una de las cuales afecta a una glándula diferente. Glándulas como la suprarrenal, la tiroides, los testículos y los ovarios modifican la actividad corporal de diversas maneras: elaboran glucosa preparando al cuerpo para grandes esfuerzos, envían grandes cantidades de adrenalina que nos permiten responder ante una emergencia, liberan hormonas sexuales como el estrógeno y la testosterona para diferenciar los órganos sexuales y controlar el comportamiento sexual, y regulan el equilibrio de sal del organismo.

La pituitaria *posterior* libera dos hormonas, la *vasopresina,* que disminuye el volumen de orina, y la *oxitocina,* que estimula la contracción del útero

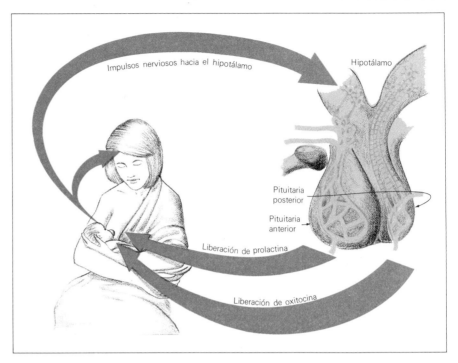

FIGURA 2-23 *La reacción de la subida de la leche experimentada por las madres que dan de mamar muestra cómo el cerebro y el sistema endocrino trabajan conjuntamente para hacer llegar la leche al recién nacido. La succión del bebé produce impulsos nerviosos que ordenan al sistema endocrino secretar la hormona prolactina, que produce la leche, y la hormona oxitocina, causante de las contracciones que envían la leche al área situada detrás de los pezones, donde el bebé podrá tomarla. (De Rosenzweig y Leiman, 1982.)*

durante el parto, y posteriormente envía leche a las glándulas mamarias en los pechos de la nueva madre. Estas dos hormonas son secretadas, en realidad, por las neuronas del hipotálamo, transportadas a lo largo de sus axones y liberadas en el riego sanguíneo.

La reacción de «subida» que experimentan las madres que dan de mamar a sus hijos (y que capacita a la madre para dar su leche al bebé) representa un ejemplo clásico de interacciones neuro-endocrinas (véase figura 2-23). Cuando el recién nacido succiona el pecho, se activan los receptores de la piel de los pezones de la madre que transmiten los mensajes al tronco cerebral. Las interneuronas conducen el mensaje hasta el hipotálamo, que da la señal a la pituitaria anterior para que secrete la hormona *prolactina* y a la pituitaria posterior para que produzca *oxitocina*. La prolactina produce leche en las glándulas mamarias, y la oxitocina causa las contracciones que hacen pasar la leche, a través de los conductos, hasta los depósitos de la misma detrás de los pezones, donde el bebé la pueda tomar. Así que mientras la prolactina estimula las glándulas mamarias para producir la leche, la oxitocina la hace accesible al bebé.

Las emociones desempeñan un papel importante en este reflejo. Simplemente oír llorar al bebé o pensar en él a la hora de comer, mandará a menudo un gran flujo de leche a los pechos de la madre. Por el contrario, la ansiedad o las molestias pueden inhibir el reflejo de subida de la leche y es a menudo la razón de los fracasos en la lactancia (Olds y Eiger, 1972). Vemos, Así, las complicadas interconexiones entre la mente y el cuerpo, entre las neuronas y las hormonas.

El reflejo de la subida de la leche muestra el fuerte control que el sistema nervioso ejerce sobre el sistema endocrino. Pero también es verdad lo contrario. Las hormonas endocrinas van al cerebro y en unión con las neuronas del sistema límbico y el hipotálamo afectan a las células cerebrales y a las actividades que dirigen.

Uno de los ejemplos más claros de los efectos endocrinos sobre el cerebro se encuentra en el área del comportamiento sexual. La presencia o ausencia de hormonas sexuales masculinas y femeninas ejerce un poderoso efecto sobre la sexualidad. Dos comportamientos relacionados con el sexo son el juego agresivo de las ratas machos y la *lordosis*, el comportamiento de «ofrecerse» de las ratas hembras (posición que toman para copular, similar a la de la mayor parte de los animales de cuatro patas). Si se priva a las ratas jóvenes de las hormonas sexuales apropiadas, extirpando los ovarios de las hembras y los testículos de los machos, cambian ciertos aspectos de su comportamiento. En las hembras estos cambios se pueden invertir dándoles hormonas femeninas, incluso siendo ya adultas. Eso muestra que el comportamiento femenino normal depende de la presencia de las hormonas femeninas, pero que estas hormonas no tienen que estar presentes necesariamente en el desarrollo temprano del animal. Sin embargo, el comportamiento masculino depende de la presencia de hormonas sexuales masculinas en la primera época de vida del animal.

Estudios anatómicos del hipotálamo de una rata han probado que existe un área llamada *núcleo preóptico medial (MPON)*. El MPON es diez veces más grande en los machos que en las hembras, y existen ciertas diferencias en los patrones sinápticos de los MPON masculinos y femeninos. Para que se desarrolle un MPON masculino tiene que haber hormonas masculinas en el cuerpo de la rata macho aproximadamente en el momento de nacer. Si no, el MPON se desarrollará de forma femenina. Estas diferencias son paralelas a las diferencias de tipo sexual que se dan en el comportamiento como resultado de la actividad hormonal (aparentemente muestran los efectos de las hormonas en el desarrollo del MPON). Además, si se estimula el MPON eléctricamente, tanto machos como hembras que han recibido hormonas sexuales masculinas llevan a cabo intentos de *cópula* (comportamiento sexual masculino). Vemos así la íntima relación entre el sistema endocrino y el cerebro. Esta investigación sugiere asimismo que algunas de las diferencias en los comportamientos de machos y hembras son debidos a diferencias fisiológicas en el sistema nervioso.

Mientras a lo largo de este capítulo hemos ido observando a través de algunas ventanas el interior del cerebro, cada vez que contestamos una pregunta sobre su funcionamiento nos damos cuenta de que tenemos docenas de otras preguntas que incitan a nuevas investigaciones. Parece bastante seguro predecir que la psicobiología nunca descubrirá por completo los misterios sobre el funcionamiento de nuestros cerebros. Entre las corrientes predominantes en la investigación se encuentran las exploraciones en temas como los factores de la diferenciación en las células nerviosas, las razones de que los cuerpos celulares no siempre mueren, aunque sus axones hayan sido dañados, y la manera en la que algunas células asumen las funciones de otras en ciertas circunstancias. Cuando podamos contestar preguntas como éstas no sólo dispondremos de mayor información sobre las áreas más misteriosas del universo —que un escritor (Hunt, 1982) ha llamado «el universo interior»—, sino que tendremos también indicaciones que nos permitirán ayudar a la gente cuyo cerebro, lesionado o enfermo, no funciona de manera normal.

RESUMEN

1   El *sistema nervioso central* (SNC) comprende el cerebro y la médula espinal. El SNC y el *sistema nervioso periférico*, la red de nervios que controla los músculos y las glándulas, controlan todas las actividades humanas.

2   El cerebro (o encéfalo) contiene varias estructuras especializadas: el *tronco* o *tallo cerebral*, formado por el *puente, el bulbo raquídeo* y el *mesencéfalo*, el *cerebelo* y el *cerebro* (o *prosencéfalo*), formado por *tálamo*, el *hipotálamo*, el *sistema límbico* y la *corteza cerebral*.

3   El *sistema nervioso periférico* está constituido por dos tipos de nervios. Los nervios *sensoriales* transmiten información de los órganos del cuerpo al cerebro. Los nervios *motores* mandan información del cerebro a los músculos y glándulas.

4   Existen dos tipos básicos de células en el sistema nervioso. Las *neuronas* (células nerviosas) reciben y envían información de otras neuronas. La *glia* (células gliales) sostiene y protege las neuronas. Un tipo de glia recubre partes de la neurona con *mielina*, un tejido graso.

5   Todas las neuronas poseen un *cuerpo celular* con un núcleo que contiene DNA, la información genética de la célula. Todas las neuronas tienen *dendritas*, extensiones ramificadas del cuerpo celular. La mayor parte de las neuronas tienen extensiones en forma de cola, llamadas *axones*. La neurona recibe información a través de sus dendritas y cuerpo celular, y la transmite a través del axón.

6   Un *potencial de acción* es la «descarga» de una neurona. Es la transmisión de un impulso nervioso a lo largo del axón, de un extremo al otro de la neurona.

7   Las neuronas se comunican por medio de las *sinapsis*, espacios entre el axón de una de ellas y las dendritas o cuerpo celular de otra.

8   Los *neurotransmisores* son sustancias químicas liberadas por las neuronas. Se enganchan en los *puntos de recepción* de la neurona receptora. Los neurotransmisores o bien *excitan* la neurona receptora haciéndola «dispararse», o bien la *inhiben* y evitan así que se dispare.

9   Las drogas *psicoactivas* alteran el comportamiento introduciendo sustancias químicas en el cuerpo. Algunas imitan transmisores específicos, otras aumentan la acción de los neurotransmisores y otras invierten sus efectos.

10 Un *reflejo* es una respuesta involuntaria a un estímulo. El tipo más simple, como el reflejo de la patada en la rodilla, es *monosináptico*. Los reflejos más complicados, como el parpadeo al oír un ruido fuerte, son *polisinápticos*.

11 El *tronco* o *tallo cerebral* controla muchas funciones básicas, como la respiración, el latido cardíaco, la digestión y otras actividades corporales. La *formación reticular* dentro del tronco cerebral controla el sueño, la activación y la atención.

12 El *cerebelo*, unido a la parte posterior del tronco cerebral, coordina la actividad motora, especialmente el control fino de los movimientos voluntarios.

13 El *prosencéfalo* es la parte más desarrollada del cerebro humano. Está formado por el *hipotálamo*, el *tálamo*, el *sistema límbico* y la *corteza cerebral*.

14 Las técnicas de investigación empleadas para estudiar el cerebro incluyen la *cirugía*, la *estimulación eléctrica* y algunas técnicas no invasivas, como la *electroencefalografía* (EEG), el *examen tomográfico axial computarizado* (TAC), el *flujo sanguíneo del cerebro*, la *exploración tomográfica transaxial por emisión de positrones* (PETT) y la *resonancia magnética nuclear* (RMN).

15 El *sistema sensorial* del SNC incluye los mecanismos cerebrales responsables de los cinco *sentidos especiales* (vista, oído, tacto, gusto y olfato) y además los sentidos de la *propiocepción* y la *cinestesia*.

16 El *sistema motor* del SNC está formado por la *corteza motora*, los *ganglios basales*, el *cerebelo*, partes de la *formación reticular* y partes de la *médula espinal*.

17 Los *sistemas de integración central* permiten que los sistemas sensorial y motor puedan trabajar conjuntamente. Incluyen la formación reticular, partes del tálamo, el hipotálamo, el sistema límbico y la corteza asociativa.

18 El *hipotálamo* interviene entre el cerebro y el *sistema endocrino*. A menudo denominado «sede de las emociones» produce las reacciones fisiológicas asociadas a los estados emocionales.

19 El *sistema límbico* está formado por el *área septal*, el *hipocampo*, la *amígdala* y partes del *tálamo*. Mantiene el equilibrio emocional y la memoria de un individuo.

20 La *corteza cerebral*, la sustancia gris que rodea la mayor parte del cerebro, es proporcionalmente más grande en los animales más desarrollados. En el ser humano ocupa la mayor parte del cerebro.

21 El cerebro está dividido en cuatro *lóbulos*, cada uno de ellos especializado hasta cierto punto. El lóbulo *frontal* contiene áreas que se ocupan de la planificación y del juicio; los lóbulos *temporales* desempeñan un papel muy importante en la percepción auditiva, el aprendizaje y la memoria; los lóbulos *parietales* se ocupan de la percepción táctil y de la imagen corporal; el lóbulo *occipital* se ocupa principalmente de la visión.

22 Los dos lados del cerebro, los *hemisferios izquierdo* y *derecho*, ejecutan distintas funciones. El izquierdo normalmente controla el lenguaje, el pensamiento numérico y el analítico; el derecho dirige, por lo general, las habilidades artísticas, musicales y espaciales complejas.

23   Ambos hemisferios se comunican a través del *cuerpo calloso*, un gran haz de axones. Si este cuerpo fuera separado por un accidente o por la cirugía, los dos lados del cerebro no podrían comunicarse. Estudiando pacientes con el cerebro «dividido», los investigadores han aprendido mucho sobre su funcionamiento.

24   Las lesiones en el hemisferio izquierdo afectan las habilidades lingüísticas. Cuando es dañada el *área de Broca*, en el lóbulo frontal derecho, el resultado es la *afasia motora*, es decir, dificultad para expresar los pensamientos tanto oralmente como por escrito. En caso de lesiones cerebrales tempranas, el hemisferio derecho puede encargarse del trabajo del izquierdo. Si es dañada el *área de Wernicke*, en la parte posterior izquierda del lóbulo temporal, el resultado será la *afasia sensorial*, en la que la persona tiene dificultades para hablar con sentido y para entender el habla de los demás.

25   Los nervios motores del sistema nervioso periférico pueden formar parte del sistema nervioso *somático* o *autónomo*.

26   El sistema nervioso somático controla tanto las acciones reflejas como las voluntarias. Las neuronas motoras del tronco cerebral controlan los músculos de la cara, cuello y cabeza; en cambio, las neuronas de la médula espinal controlan los músculos del resto del cuerpo. Las neuronas motoras liberan el transmisor *acetilcolina* (ACH) que envía una orden al músculo apropiado.

27   El *sistema nervioso autónomo* está compuesto por las divisiones *simpática* y *parasimpática*, que a menudo tienen efectos opuestos en partes específicas del cuerpo. La división simpática moviliza los recursos para emplear energía (como en la respuesta de «lucha o fuga»); la división parasimpática *restablece* el cuerpo aumentando el suministro de energía almacenada.

28   El *sistema endocrino* consiste en una red de glándulas que secretan *hormonas* a la circulación sanguínea. Las hormonas mantienen la *homeostasis* o equilibrio interno del cuerpo. El hipotálamo coordina el sistema endocrino y el sistema nervioso autónomo.

29   La *glándula pituitaria* controla la actividad de todas las otras glándulas, tales como la suprarrenal, las tiroides, los testículos y los ovarios. Todas estas glándulas secretan hormonas, que afectan al cuerpo de diversas formas. Los mecanismos implicados en la lactancia demuestran las interacciones neuroendocrinas.

LECTURAS RECOMENDADAS

Calvin, W. H. (1983). *The throwing madonna*. New York: McGraw-Hill. Ensayos claros y bien escritos sobre el cerebro, elaborados por un neurobiólogo que se apoya en su propia investigación, en revistas psicológicas y en la poesía, biografía y el arte. En el ensayo que da título al libro se pregunta el autor si la razón de que la mayoría de nosotros usemos el brazo derecho para lanzar algo está relacionada con el hecho de que las madres suelan sostener a sus bebés con el brazo izquierdo.

Artículos de *Scientific American* (1980). *The brain*. San Francisco: W. H. Freeman. Originalmente editado en septiembre de 1979 como volumen especial de la revista *Scientific American*. Incluye artículos de algunos de los científicos más destacados de la actualidad en el estudio del cerebro. Se tratan los mecanismos de la visión y los movimientos, así como la especialización del cerebro humano y sus alteraciones.

Hunt, M. (1982). *The universe within: A new science explores the human mind*. New York: Simon y Schuster. Un libro fascinante para personas no iniciadas. Presenta una amplia gama de información sobre cada aspecto del cerebro, incluyendo su evolución y fisiología: la manera de pensar y de resolver problemas y las diferencias entre la inteligencia humana y la artificial.

Springer, S. P., y Deutsch, G. (1981). *Left brain, right brain*. San Francisco: W. H. Freeman. Discute el interesante trabajo llevado a cabo en el estudio de las diferencias entre los hemisferios cerebrales. Incluye investigaciones sobre individuos con cerebros divididos, así como sobre individuos normales.

CAPITULO 3

SENSACION Y PERCEPCION

CUESTIONES CLAVE

Cómo funcionan nuestros sentidos.

Algunos problemas sensoriales comunes y lo que puede hacerse al respecto.

La percepción: Cómo organiza el cerebro la información sensorial.

Las ilusiones visuales.

Cuando se ha despertado esta mañana, de la misma forma que en cualquier otro momento de su vida, ha empezado a recibir una enorme cantidad de información a través de los sentidos. Si cuando ha abierto los ojos todavía no había amanecido, puede que se haya dirigido al baño en la más completa oscuridad, encontrando el camino fácilmente aun sin ver nada, simplemente porque sabe cómo se mueve su cuerpo a través de aquellos lugares que le son familiares. O quizás haya sido capaz de predecir la hora por la música de su radio-despertador o por los ruidos de actividad que se oían fuera del dormitorio. Cuando sus pies descalzos han pisado el suelo, puede haber sentido la confortable felpa de su alfombra o el frío de las baldosas de mármol. Puede que se haya despertado con el seductor aroma del café y de las tostadas recién hechas. Antes de bajar a desayunar se habrá cepillado los dientes con un dentífrico con su sabor preferido.

Estas experiencias familiares matutinas constituyen una pequeña muestra del papel vital que desempeñan los sentidos en nuestra vida. Desde que nacemos hasta que nos morimos nuestros sentidos son constantemente bombardeados por un estímulo tras otro, ofreciéndonos información y enfrentándonos a una continua toma de decisiones, primero de cómo percibir estos estímulos y después de cómo reaccionar a ellos. En este capítulo veremos las distintas maneras de procesar la información sensorial, desde las operaciones básicas de los órganos sensoriales, hasta el modo en que la experiencia influye en nuestras percepciones y les da forma.

Antes de continuar, definamos algunos términos. Un estímulo es cualquier forma de energía a la que podemos responder (como las ondas luminosas, las ondas sonoras o la presión sobre la piel). Un sentido es una vía fisiológica particular por la que respondemos a un tipo de energía específica. Llamamos sensación al sentimiento que experimentamos como respuesta a la información recibida a través de nuestros órganos sensoriales, y percepción a la manera en que nuestro cerebro organiza estos sentimientos para interpretarlos, es decir, el reconocimiento de los objetos que proviene de combinar las sensaciones con la memoria de experiencias sensoriales anteriores.

En este capítulo tratamos, por tanto, las dos interpretaciones de la palabra «sentido», tal como nos las define el diccionario. Primero, el sentido como transmisor de información —las funciones de la visión, el oído, el tacto, el gusto, el olfato, el equilibrio y la orientación corporal—, que son la base de las sensaciones. Después, el sentido como aquello que nos permite interpretar esta información, que definimos como percepción.

COMO FUNCIONAN NUESTROS SENTIDOS: PSICOFISICA

La psicofísica es el estudio de la relación entre los aspectos físicos del estímulo y nuestra percepción psicológica del mismo y tiene como objetivo establecer la conexión entre el mundo físico y el mundo psicológico. Examina nuestra sensibilidad a los estímulos y la forma en que las variaciones en éstos afectan nuestro modo de percibirlos. Vamos a ver algunos de los descubrimientos.

Umbrales sensoriales

¿Se acuerda de la última vez que contempló el cielo nocturno y no vio ninguna estrella, apartó la vista un instante y al volver a mirar distinguió una luz tenue? ¿Qué brillo debía tener la estrella antes de que pudiera verla? Cuando apareció la segunda estrella, ¿qué brillo tendría para que pudiéramos decir que era más brillante que la primera? Estas preguntas están relacionadas con el concepto de umbral. La primera está referida a su umbral *absoluto*, mientras que la segunda se refiere a su umbral *diferencial*.

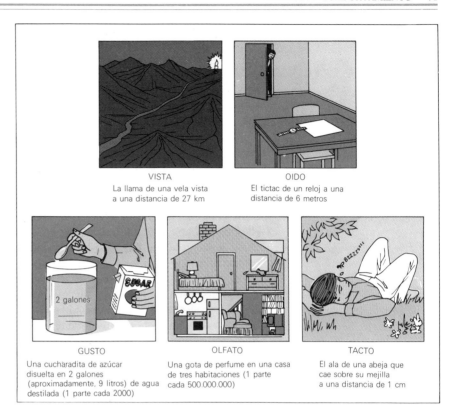

FIGURA 3-1 *Umbrales sensoriales absolutos establecidos con la ayuda de experimentos de laboratorio, y ejemplificados con aproximaciones de la vida real equivalentes al estímulo presentado en el laboratorio.*

EL UMBRAL ABSOLUTO El umbral absoluto es la intensidad más pequeña de un estímulo que puede percibirse. La prueba de audición que nos suelen hacer en la escuela o en la consulta del médico produce un *audiograma,* un gráfico de *sensibilidad* (que en este caso es esencialmente un umbral absoluto), frente a *frecuencia* (que se tratará más adelante en este capítulo). Como se puede ver en la figura 3-1, nuestros sentidos son increíblemente sensibles. Pruebas de laboratorio han mostrado que en condiciones ideales los sentidos humanos son capaces de percibir estímulos tan sutiles como los equivalentes estimados en la vida real que nos muestra la ilustración (Hecht, Schlaer y Pirenne, 1942; Cornsweet, 1970). Desde luego, la expresión «en condiciones ideales» es significativa, ya que la sensibilidad de nuestros sentidos depende del nivel de fondo de la estimulación. Por ejemplo, puede ver mejor las estrellas en una noche oscura, sin luna, y aunque están allí, durante el día no podrá verlas debido a la luz del sol. Puede oír una moneda caer en una calle silenciosa, pero no durante una exhibición de fuegos artificiales.

EL UMBRAL DIFERENCIAL El umbral diferencial, también conocido como DMP (diferencia mínima perceptible), es la diferencia más pequeña en intensidad requerida para que se pueda percibir una diferencia entre dos estímulos. Es un umbral variable dependiendo no sólo del nivel de fondo, sino también de la intensidad del estímulo original. Si lleva un bulto de 24 kilos en la espalda y alguien añade unos gramos, no notará la diferencia, pero la notará si añade un paquete de un kilogramo. Si el bulto pesa 48 kilos, no lo notará si añade medio kilogramo más, pero notará el cambio con un kilogramo. Esta relación entre el estímulo original y cualquier aumento o disminución es conocida como ley de Weber, por el psicólogo alemán del siglo XIX, que fue el primero en advertir que cuanto mayor es el estímulo, mayor debe ser el cambio para que pueda ser percibido. Weber desarrolló un conjunto de razones para diferentes tipos de estímulos, pero las relaciones por él establecidas sólo se manifiestan como verdaderas en los rangos medios de estimulación, pero no para niveles muy fuertes o muy débiles de intensidad de los estímulos. Mostramos estas relaciones en la tabla 3-1.

Adaptación

¿Siente la correa de su reloj alrededor de la muñeca? ¿Sabe qué temperatura hay en la habitación? ¿Cuánta intensidad luminosa utiliza para leer? Si ninguno de estos estímulos es tan intenso como para interferir con el foco principal de su atención (leer este libro), es muy probable que no sea consciente de ninguno de ellos. En términos psicológicos, se ha adaptado a ellos. Se ha habituado a un nivel determinado de estimulación y no responde a ella conscientemente. Adaptarse, por lo tanto, es disminuir los niveles de respuesta de los receptores sensoriales sometidos a continua estimulación.

Este mecanismo le protege de distraerse con los muchos estímulos que afectan a sus sentidos en cualquier momento. Probablemente no se da cuenta de estos niveles constantes de estimulación a menos que cambien, a menos que la correa del reloj apriete tanto que empiece a hacer daño, que cese el calor y comience a sentir frío, que la luz cambie rápidamente o se apague, que pase cerca un gran camión o que alguien llame su atención sobre algunas de estas sensaciones. Nuestro receptor de olores es el que más rápidamente se adapta; un hecho que resulta evidente si entra en una fábrica química, que expulsa gases nocivos, observará que su olor es ya imperceptible para los trabajadores. Nos podemos acostumbrar a muchos extremos de temperatura, ruido, luminosidad, olor y otros estímulos, de manera que prácticamente no seamos conscientes de su presencia. El fenómeno de la adaptación explica por qué un día con 40°F en el inicio de la primavera, y tras un invierno especialmente frío, parece caluroso, mientras que pasamos frío un día con 55°F al principio del otoño después de un verano caluroso.

El grado de adaptación afecta nuestra sensibilidad frente a la estimulación. Lo puede observar usted mismo con una prueba simple: sumerja la mano izquierda en agua helada y su mano derecha en agua tan caliente como pueda

TABLA 3-1   Ley de Weber: diferentes razones del umbral diferencial. Incremento proporcional en intensidad requerido para producir una diferencia mínimamente perceptible.

Peso	1:53
Sonido	1:11
Presión en la piel	1:7
Sabor salado	1:5
Luz	1:1.016
Olor	1:10
Luminosidad	1:62

Fuente: Woodworth y Schlosberg, 1955.
En esta tabla la cifra inicial (1) representa la proporción del estímulo original, comparado con la segunda cifra, que es la que se necesita para crear una DMP. Por lo tanto, para detectar una diferencia en peso se necesita un cambio equivalente a 1/53 del estímulo original; para detectar una diferencia de sonido habrá que hacer un cambio proporcionalmente más grande, equivalente a 1/11 del estímulo original, etc.

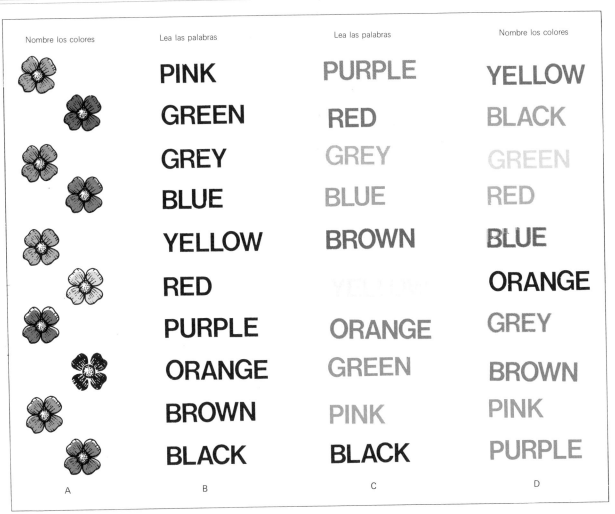

Nombre los colores	Lea las palabras	Lea las palabras	Nombre los colores
	PINK	PURPLE	YELLOW
	GREEN	RED	BLACK
	GREY	GREY	GREEN
	BLUE	BLUE	RED
	YELLOW	BROWN	BLUE
	RED	YELLOW	ORANGE
	PURPLE	ORANGE	GREY
	ORANGE	GREEN	BROWN
	BROWN	PINK	PINK
	BLACK	BLACK	PURPLE
A	B	C	D

FIGURA 3-2 *El efecto de Stroop muestra lo difícil que es ignorar ciertos estímulos. Puede comprobarlo usted mismo mirando las distintas columnas. Primero tiene que nombrar los colores de las flores de la columna A; será capaz de contestar rápidamente. Después ha de leer los nombres de los colores de la columna B y C. Esto también le será fácil. Finalmente, tiene que nombrar los colores de la columna D. Encontrará que contesta más despacio en la última columna. Cuando se les pide a individuos de laboratorio que nombren los colores de palabras como las de la columna D, escritas en un color diferente al color que describe la palabra, contestan mucho más despacio, mostrando así lo difícil que es ignorar el significado de las palabras. (Stroop, 1935.)*

usted resistir. Transcurrido un minuto, ponga ambas manos en agua templada. Esta agua parecerá caliente para la mano izquierda y fría para la derecha, mostrando el efecto de la adaptación.

Atención

Ahora que acaba de leer algo relativo a una prueba sobre la adaptación, probablemente caerá en la cuenta de algunos de los estímulos que acabamos de mencionar. Ello es así porque ha dirigido su atención hacia ellos. Al vivir constantemente rodeados de estímulos no podemos darnos cuenta de todos a la vez. Pero cuando nos fijamos en algunos en concreto, porque tenemos interés en ellos, pasan al primer plano de nuestra conciencia. Probablemente le habrá sucedido, si ha asistido a una gran fiesta, que, participando en una conversación, ha sido de pronto atraído hacia otra distinta al haber oído algo de interés especial, acaso su propio nombre o quizá un tema de especial interés para usted. Una demostración de la casi imposibilidad de ignorar algunos tipos de estímulos, tales como el significado de una palabra, se puede comprobar en el efecto de Stroop, como se muestran en la figura 3-2 (Stroop, 1935).

Todos los fenómenos anteriormente mencionados: umbrales, adaptación y atención, afectan a la forma en que percibimos la información que nos llega a través de los sentidos. Hablaremos más sobre la percepción durante este capítulo, pero antes trataremos de los mecanismos fisiológicos que hacen posibles las sensaciones básicas.

LOS SISTEMAS SENSORIALES

La mayoría de nosotros hemos oído hablar, desde la infancia, de los cinco sentidos: vista, oído, tacto, gusto y olfato. Sin embargo, esa no es la historia completa. Primero, el sentido del tacto es muy complejo, incluye sensaciones diversas de calor, frío, presión y dolor. Segundo, poseemos además otros sentidos, como el vestibular, que nos dice si estamos colocados correctamente, si vamos hacia arriba o hacia abajo, hacia delante o hacia atrás, etc. El proprioceptivo, que nos indica las posiciones de nuestros miembros en el espacio (nos hace saber, por ejemplo, si nuestros brazos se extienden hacia delante o de lado, aunque nuestros ojos estén cerrados). El cinestésico, que nos informa sobre la tensión de nuestros músculos, y el interoceptivo, que nos transmite información de nuestros órganos internos, como, por ejemplo, una vejiga llena, una dolorosa piedra en el riñón o el corazón que late rápidamente. Expongamos alguna información básica relativa a nuestros sistemas sensoriales.

LA VISION

Para la mayoría de la gente la visión es el más importante de todos los sentidos. En el cerebro el área dedicada a los mecanismos de la visión es mayor que la de ningún otro sentido; lo que vemos nos proporciona un 80 por 100 de toda nuestra información sobre el mundo.

La visión domina la información que proviene de los demás sentidos. Si ha visto alguna vez un ventrílocuo hábil en acción, se habrá maravillado de cómo puede sacar tantos sonidos de ese pequeño muñeco. Si cierra los ojos mientras habla el ventrílocuo, se dará cuenta de que ambas voces vienen del mismo lugar, pero cuando vuelve a abrir los ojos y ve la boca del muñeco moviéndose, lo que ve se vuelve más importante que lo que oye, y la voz del dueño parece provenir de la boca del muñeco. Este fenómeno por el que la información visual adquiere más importancia en nuestra mente que la de los demás sentidos se denomina captura visual, y es un ejemplo de las muchas razones por las que no siempre podemos confiar en la evidencia de nuestros propios sentidos.

Lo que vemos

El ojo de los seres humanos ve energía electromagnética en forma de ondas luminosas. Sin embargo, no vemos todas las ondas electromagnéticas del Universo, tales como los rayos X, los rayos ultravioletas o los rayos infrarrojos, como se observa en la figura 3-3. La energía que podemos percibir nos llega en fotones, o *quantos,* las unidades más pequeñas de luz que se pueden medir. Un solo fotón puede activar un receptor del ojo y bajo condiciones adecuadas poco más de 10 fotones producen un umbral absoluto. Esta es una cantidad de energía asombrosamente pequeña. Como nos muestra la figura 3-1, el ojo humano es capaz de distinguir una fuente de luz tan débil como una vela de uso corriente desde una distancia de 27 kilómetros a través de una atmósfera limpia, que no absorba luz. Según esta constatación, un foco potente dirigido a la Tierra desde la Luna nueva debería ser visible (Pirenne, 1948).

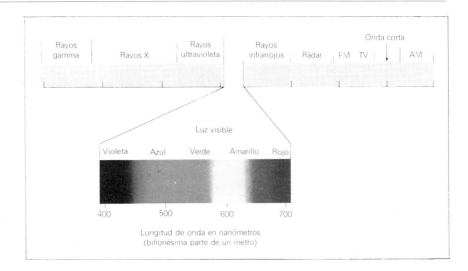

FIGURA 3-3 El espectro de energía electromagnética. *La parte del espectro percibida como luz visible está aumentada en la parte inferior de la figura.*

Cómo vemos: Anatomía del ojo

Como se observa en la figura 3-4, el maravilloso órgano conocido como ojo humano es una esfera que contiene diversas estructuras. Veámoslas repitiendo el camino que sigue la luz cuando entra en el ojo.

Primero, la luz pasa a través de la córnea, el tejido transparente que se encuentra delante del ojo. La córnea está constituida por el mismo material que la esclerótica, la parte blanca exterior del globo ocular, pero es transparente debido a la forma en que están ordenadas las moléculas corneales. La esclerótica, «la piel» del ojo, contiene receptores para presión, temperatura y dolor.

La luz entra después en la cámara anterior del ojo, situada inmediatamente detrás de la córnea y delante del cristalino. Esta cámara está llena de un fluido llamado humor acuoso, que ayuda a «alimentar» la córnea y que continuamente es secretado, liberado y repuesto.

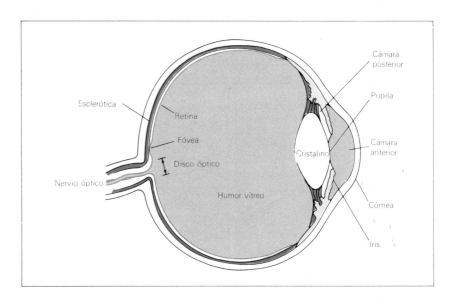

FIGURA 3-4 *Corte del ojo humano.*

APARTADO 3-1

PROBLEMAS COMUNES DE LA VISION

- Lesiones en la córnea pueden ocasionar la pérdida de su transparencia y hacer que se haga opaca como la esclerótica, lo que impediría que la luz la atravesara. Este tipo de pérdida de la visión se puede corregir realizando un trasplante de córnea del ojo sano de una persona recién fallecida.
- Si el canal entre la esclerótica y el iris se bloquea, la acumulación de humor vítreo en la cámara anterior puede

producir un aumento de la presión en el interior del ojo, causando glaucoma. Las personas con esta enfermedad tienen un campo de visión más reducido, ven un halo de colores alrededor de la luz artificial y pueden con el tiempo quedarse completamente ciegas, debido a que se puede dañar el nervio óptico situado en la parte posterior del ojo. Normalmente, la persona no nota el aumento de la presión, pero un

oftalmólogo puede generalmente detectarlo en un estado bastante precoz y controlarlo mediante la aplicación de gotas de ciertos medicamentos.
- Si el globo ocular es demasiado largo, el cristalino no puede enfocar las imágenes lejanas sobre la retina, causando así la miopía, una dificultad para ver los objetos que están lejos. Ya que la forma del ojo puede cambiar con el tiempo, sólo las

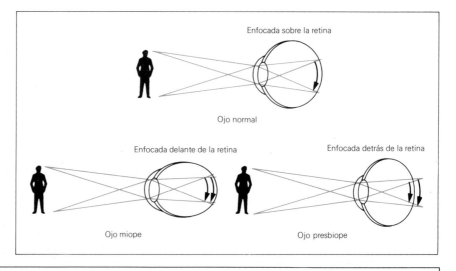

FIGURA 3-5 (a) *La miopía y la presbiopía son causadas por anomalías de la forma del ojo. En el ojo normal (arriba) la luz es enfocada sobre la retina; si el ojo es alargado (abajo a la izquierda), el resultado es la miopía, porque la luz es enfocada delante de la retina; si el ojo es demasiado corto (abajo a la derecha), la luz es enfocada detrás de la retina, lo cual causa presbiopía.*

FIGURA 3-5 (b) *Una persona con visión normal verá una esfera de reloj en la figura (a), mientras una persona con astigmatismo tendrá dificultad para ver algunas o todas las líneas verticales (b) o las líneas horizontales (c). (De Mitchell, Freeman, Millodot y Haegerstrom, 1973.)*

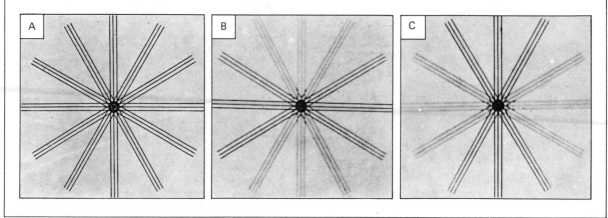

revisiones periódicas por un médico oculista asegurarán que se está utilizando la lente adecuada.

- Si el globo ocular es demasiado corto, el cristalino no puede enfocar las imágenes cercanas sobre la retina, causando la presbiopía o dificultad para ver objetos que están cerca. Otra razón de presbiopía, que afecta a la mayoría de las personas de mediana edad en adelante, es la pérdida de la elasticidad del cristalino, lo que hace perder su habilidad para enfocar los objetos cercanos. Las personas con visión distante normal pueden llevar gafas con cristal partido (cristales de «abuelita»), lo que les permite mirar a través de la lente a los objetos cercanos y por encima de ella a los objetos lejanos. Las personas que padecen miopía y presbiopía al mismo tiempo deben llevar gafas bifocales, en las que la mayor parte de la lente está diseñada para corregir la miopía, mientras que la parte inferior corrige la presbiopía [véase figura 3-5 (a), donde se comparan gráficamente la visión normal, la miopía y la presbiopía].

- Si el globo ocular no es completamente redondo, el resultado es una alteración llamada astigmatismo. Las personas que tienen astigmatismo no ven igual de bien los ejes horizontales y verticales. Tienen dificultades para ver lo que se sitúa de izquierda a derecha o viceversa, arriba y abajo, tal como lo

vemos en la figura 3-5 (b). Si el astigmatismo de los niños no se corrige a edad temprana con el uso de gafas, es muy probable que se produzca una pérdida permanente en la habilidad para ver claramente las líneas verticales o las horizontales, según parece, porque no se desarrollan en la corteza visual las conexiones neurales apropiadas (Mitchell y otros, 1973). Cuando el uso de gafas es prescrito ya en la edad adulta, no se consigue contrarrestar totalmente este defecto visual.

- En el trastorno conocido como ambliopía (ojo vago) parece existir un problema en la transmisión de los mensajes visuales al cerebro. Ambos ojos son normales, y también lo son las fibras nerviosas ópticas, pero por alguna razón u otra el cerebro no recibe la información visual de un ojo. Como resultado, la persona afectada tiene una visión borrosa y deformada del mundo. La ambliopía, que afecta a un dos por ciento de la población es el defecto visual más corriente entre los niños y la causa más común de ceguera legal entre niños y jóvenes. Algunas veces la ambliopía va asociada a un defecto innato de los músculos oculares, que impide que los dos ojos enfoquen conjuntamente, lo que lleva al estrabismo (vulgarmente llamado «ojos bizcos» o «bizquera»). Las personas con esta dolencia usan un solo ojo cada vez, alternando

rápidamente entre uno y otro, pero si uno tiene peor visión que el otro, dejará de usar aquél por completo. Como resultado, la visión de ese ojo irá poco a poco empeorando. Si la ambliopía y el estrabismo no son corregidos a temprana edad (antes de los cinco años) mediante el ejercicio o una operación quirúrgica se producirá una lesión visual permanente (Banks, Aslin y Letson, 1975; Srebo, en prensa.)

- Algunas veces el cristalino pierde su transparencia, produciéndose una progresiva opacidad conocida como catarata, que da como resultado una pérdida progresiva de visión. La causa puede ser múltiple, por traumatismo, tratamiento con rayos X, exposición a microondas (por ejemplo, en casos de fuga de hornos microondas), enfermedades como la diabetes, deficiencias alimentarias o la degeneración por la edad. Avances recientes han demostrado que la extirpación del cristalino resulta ser un tratamiento muy rápido y efectivo. Con nuevas gafas el paciente consigue una excelente visión.
Una reducción de la capacidad para ver en la penumbra, conocida como ceguera nocturna, es a menudo el resultado de una deficiencia de la vitamina A o de una alteración retinal. Si el defecto proviene de una deficiencia vitamínica, la administración de tal vitamina aliviará la dificultad.

Tras haber pasado por la cámara anterior, la luz entra en la cámara que hay justamente detrás de ésta a través de una pequeña oquedad llamada pupila, que parece un pequeño círculo negro. En condiciones de oscuridad la pupila se *dilata* (se hace más grande) para que entre más luz y se *contrae* (se hace más pequeña) cuando la luz es intensa.

El tamaño de la pupila es controlado por el iris, la parte coloreada del ojo, un conjunto de músculos pigmentados que rodean la pupila. Los ojos con gran cantidad de pigmentación aparecen marrones, los que poseen poca o ninguna son azules y los demás colores son originados por las variaciones en la cantidad de pigmentación.

Una vez aquí, la luz atraviesa el cristalino, una estructura redonda y elástica, que enfoca la luz en una imagen clara proyectada a través del humor vítreo sobre la zona fotosensible del ojo, la retina. El humor vítreo es un fluido claro que no se recicla como el humor acuoso, pero permanece en el ojo durante toda la vida. El cristalino enfoca sobre la retina de la misma forma las imágenes cercanas que las lejanas, proceso conocido como acomodación. Los problemas relacionados con la acomodación causan miopía o presbiopía, tal como vemos en la figura 3-5 (a). Estos y otros problemas de la visión se describen en el apartado 3-1.

La parte más importante y compleja del ojo es la retina, formada por neuronas, células gliales y fotorreceptores, llamados bastones y conos. Cada retina contiene aproximadamente 120 millones de bastones y 6 millones de conos. Como vemos en el diagrama de la figura 3-6, la luz pasa a través de todas las neuronas antes de llegar a los fotorreceptores (bastones y conos), donde se originan las respuestas visuales. Estas se transmiten luego a través de una complicada red de nervios a las células ganglionares. Cada ojo tiene aproximadamente un millón de células ganglionares que llevan toda nuestra información visual al cerebro. Los axones de estas células convergen en un punto de la retina, conocido como disco óptico, y mandan impulsos al cerebro, donde los mensajes enviados a través de las células ganglionares son decodificados para saber qué es lo que vemos. (Abundaremos en esta cuestión, más adelante en este mismo capítulo, cuando discutamos sobre la forma como organiza el cerebro la información sensorial.)

Como puede ver en la figura 3-6, la retina contiene dos tipos de neuronas receptoras, los bastones, largos y delgados, y los conos, más densos y redondeados. Tanto los bastones como los conos contienen sustancias químicas sensibles a la luz, pero cada tipo de receptor tiene funciones especializadas y aparecen en diferentes concentraciones en distintas regiones de la retina. Los conos reaccionan mejor con luz intensa, son responsables de la visión del color y de los detalles pequeños. Se encuentran principalmente en

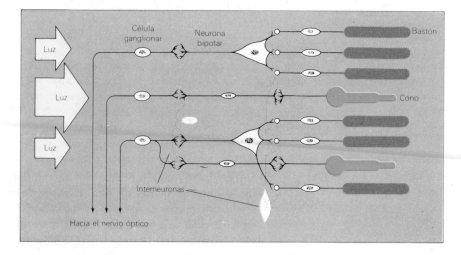

FIGURA 3-6 Las capas de la retina. *La luz pasa a través de las células ganglionares y las neuronas bipolares hasta los fotorreceptores, los bastones y los conos. El mensaje sensorial vuelve desde estas células receptoras a través de las neuronas bipolares a las células ganglionares. Los axones de las células ganglionares forman el nervio óptico, que envía el mensaje visual al cerebro. (De Hubel, 1963.)*

FIGURA 3-7 Buscando el punto ciego. *Cierre el ojo derecho y mantenga el ojo izquierdo alineado con la lámpara. Sitúe el libro a una distancia de aproximadamente 30 centímetros y muévalo lentamente hacia adelante y hacia atrás hasta que vea desaparecer al genio. ¿Por qué? Porque su imagen cae sobre el disco óptico que no tiene fotorreceptores.*

Cómo vemos: Qué ocurre en el cerebro

la fóvea, o cerca de ella, una región de la retina especializada en la visión detallada y que no contiene ningún bastón. Según nos vamos alejando de la fóvea, será menor el número de conos.

Los bastones empiezan a aparecer en la periferia de la retina, la región responsable de la *visión periférica*, lo que vemos con el rabillo del ojo. Ya que los bastones son más sensibles a la luz, nos permiten ver en la penumbra; con ellos vemos principalmente perfiles y formas, todas en blanco y negro. Esto explica por qué vemos poco, o ningún color ni detalles, en la penumbra o de reojo. Sin embargo, la visión periférica, controlada por los bastones, desempeña un papel muy importante, lo cual se puede comprobar intentando ver alguna luz débil, como una estrella lejana. Si en vez de mirar fijamente al centro de su objetivo, mira un poco a su lado, observará que lo ve mejor. Este fenómeno resulta especialmente interesante cuando mueve la cabeza hacia uno y otro lado, y encuentra que la estrella aparece clara cuando la mira un poco de lado, mientras que puede desaparecer si la mira de frente.

El disco óptico no tiene fotorreceptores y, por lo tanto, cuando una imagen se proyecta sobre él, se topa con un *punto ciego* en cada ojo. Normalmente no advertimos este punto ciego por las siguientes razones: 1) porque cuando una imagen se encuentra con él en un ojo se está proyectando en un punto distinto del otro ojo, con lo que se produce una compensación; 2) porque movemos nuestros ojos tan rápidamente que volvemos a captar la imagen en seguida, y 3) porque el sistema visual tiende a «rellenar» la información que falta. Sin embargo, puede encontrar sus puntos ciegos siguiendo las instrucciones dadas en la figura 3-7.

CELULAS GANGLIONARES DE LA RETINA Y CAMPOS RECEPTIVOS ¿Qué tipo de mensaje envían los 2 millones de células ganglionares a nuestros cerebros? Los primeros informes de la actividad de células ganglionares individuales (Kuffler, 1953) mostraron que cada célula ganglionar individual recibe información de células receptoras específicas y que, por tanto, sólo «ve» partes determinadas del mundo. Aparentemente, el mensaje que manda al cerebro permite que éste sepa qué células ganglionares son activadas, ya que existe una relación entre la ubicación retiniana de una imagen y su posición en el espacio. El área de la retina a la que una célula determinada reacciona se denomina el campo receptivo de esa célula. Las células ganglionares señalan diferencias en la intensidad luminosa que recae sobre las partes centrales y circundantes de sus campos receptivos; por ello nos dan mejor información cuando se trata de la detección de niveles variables de luminosidad que de la percepción de áreas de luminosidad constante.

Una ilusión visual común puede muy bien ser causada por la organización de los campos receptivos de las células ganglionares. Si mira la figura 3-8 (a),

FIGURA 3-8 (a) *Las manchas oscuras que probablemente verá en todas las intersecciones de los cuadros, a excepción de la que está mirando, aparecen debido a los diferentes modelos de activación o inhibición de las células ganglionares, que son las responsables de nuestro sentido de la luz y la oscuridad.*

FIGURA 3-8 (b) *Las células como las que aparecen en (a) son activadas por la luz que incide sobre sus áreas centrales (+) e inhibidas por la luz que cae sobre las áreas circundantes (– – – –); las células parecidas a (b) son activadas por la luz proyectada sobre las áreas circundantes (+ + + +) e inhibidas por la luz que incide en el centro (–).*

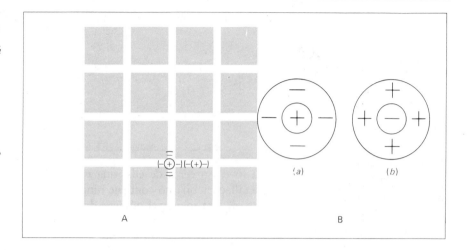

verá seguramente manchas oscuras en todas las intersecciones de los cuadrados menos en aquel que justamente está mirando. ¿Por qué ocurre esta ilusión?

En la esquina inferior derecha del dibujo verá los campos receptivos de dos células ganglionares. Observe ahora la figura 3-8 (b), que muestra los diagramas de dos distintos tipos de células ganglionares. Las que son iguales a la que se muestra en (a) son excitadas, es decir, se disparan con mayor frecuencia si la luz cae sobre sus áreas centrales e *inhibidas* si la luz cae sobre las áreas que rodean esta zona central. En el caso de células como la que se muestra en la figura 3-8 (b), tiene lugar la reacción contraria. Para estas células una mancha pequeña de luz, que cubre justo el área central, aparecería más luminosa que una mancha algo más grande que cubriera además el área circundante. Eso ocurre porque la mancha grande de luz estimula la región excitatoria (señalada en el diagrama con signos +), pero además estimula también la región inhibitoria (señalada con signos –).

La explicación del fenómeno presentado en la figura 3-8 es que la célula enfocada en una intersección recibe más estimulación sobre su área circundante que la célula que enfoca a una línea; ya que aquélla recibe menos estimulación excitatoria, la intersección aparece oscura.

PROYECCIONES CENTRALES DE LA RETINA   Las células ganglionares codifican las imágenes retinianas, es decir, transforman la información acerca de lo que vemos en secuencias de potencial de acción (explicado en el capítulo 2). Estas imágenes son decodificadas en el cerebro, principalmente en la corteza visual, de manera que podamos comprender lo que vemos. Las proyecciones centrales de la retina son las áreas del cerebro que reciben *inputs* sinápticos de las células ganglionares. Los campos receptivos de las células en la corteza visual no son circulares como las células ganglionares, sino alargados. El descubrimiento de la organización del campo receptivo (que les valió a David H. Hubel y Torsten W. Wiesel el Premio Nobel de Medicina en 1981) nos ha dado valiosa información sobre el modo como vemos. Estas células corticales responden a líneas y contornos en orientaciones particulares, una orientación diferente para cada célula. Parece, por tanto, que la corteza visual transforma las imágenes en «dibujos lineales» en el cerebro. Más adelante, en este mismo capítulo, veremos qué ocurre cuando un animal sólo puede ver líneas en una sola orientación, sea vertical u horizontal.

Adaptación a la luz y a la oscuridad

Si va al cine una tarde soleada, le ocurrirán dos cosas: primero, tendrá que adaptarse a la oscuridad, y después, cuando salga del cine, tiene que adaptarse a la luz. Cuando entra en la sala oscura, pasará un rato antes de que pueda ver con la suficiente claridad para poder bajar por el pasillo sin tropezar con objetos (o personas). Gradualmente, sus ojos se adaptan y puede ver más claramente. Su *umbral de detección*, el nivel en el cual empieza a ver algo, baja en función del tiempo que pasa en la penumbra.

Tanto los bastones como los conos se hacen más sensibles a la luz cuando entramos en un lugar oscuro. Respecto a los conos, el proceso de adaptación termina en diez minutos, mientras que los bastones continúan adaptándose unos veinte minutos más. Pasada media hora, verá todo lo bien que puede llegar a ver en la oscuridad. La figura 3-9 muestra la curva del tiempo de adaptación y los diferentes efectos sobre los bastones y los conos. La adaptación a la luz es más rápida que la adaptación a la oscuridad, así que tardará menos tiempo en readaptarse a la luz del día después de salir del cine.

La visión del color

La percepción del color del ser humano no está, por supuesto, limitada a los colores primarios, que a juicio de los físicos son el rojo, el verde y el azul, porque diferentes mezclas de *luces* de estos matices producen todos los demás colores, y que los profesores de arte consideran, sin embargo, que son el rojo, el amarillo y el azul, porque diferentes mezclas de sus *pigmentos* (agentes colorantes) dan lugar a todos los demás. Si su visión del color es normal, puede distinguir entre cientos de miles de combinaciones de los seis matices básicos: rojo, amarillo, verde y azul, más dos colores sin matiz, el negro y el blanco (Hurvich, 1982).

¿Cómo ven nuestros ojos los colores producidos por la mezcla de luces? Existen dos teorías principales para explicar cómo vemos los colores, la *tricromática* y la *teoría de los procesos oponentes*. Hablaremos de ambas. Definamos primero la visión del color. Cuando vemos ondas de luz, nuestras sensaciones dependen de tres cualidades diferentes: su longitud de onda, su intensidad y su pureza. La visión del color es la capacidad de poder discriminar la longitud de onda independientemente de la intensidad. Si

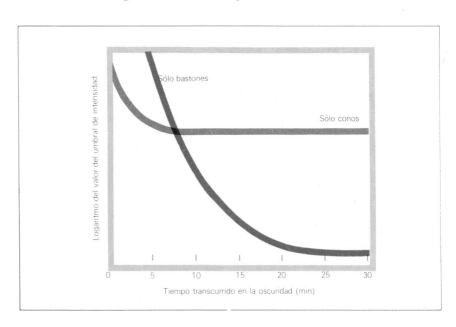

FIGURA 3-9 La adaptación a la oscuridad. *Este gráfico muestra qué ocurre cuando un destello de luz afecta a los bastones y conos. Existe una reducción del umbral visual en función del tiempo pasado en la oscuridad. La curva superior muestra la sensibilidad de los conos y la curva inferior la de los bastones. (De Cornsweet, 1970.)*

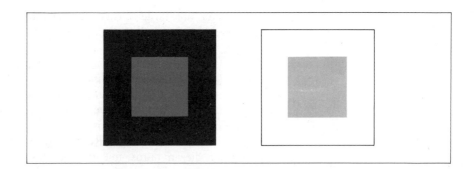

FIGURA 3-10 Contraste simultáneo de brillo. *Gris sobre fondo negro parece más brillante que el gris sobre fondo blanco.*

nuestra visión de color es normal, seremos capaces de distinguir los colores sin considerar la intensidad de cada longitud de onda. Veamos lo que estos términos significan.

Por *longitud de onda* se entiende la distancia entre los vértices de las ondas, es lo que fundamentalmente determina lo que consideramos como color y lo que los científicos llaman *matiz*. Como puede ver, si vuelve a mirar la figura 3-3, la longitud de onda más corta en el arco iris crea el color que denominamos violeta, y la más larga produce el rojo. El arco iris mismo se crea por la descomposición de la luz solar en diferentes longitudes de onda cuando pasa a través de gotas de agua en el aire.

La intensidad de luz depende de la cantidad de energía de las ondas. Cuanto mayor es la intensidad de la onda luminosa, mayor es su brillo en la mayoría de los casos. Sin embargo, se dan excepciones. Una de ellas representada en la figura 3-10. El cuadrado central en cada cuadrado grande refleja la misma cantidad de luz a los ojos. Sin embargo, el de la izquierda parece más brillante, debido al contraste con el fondo oscuro, que el de la derecha con el fondo blanco.

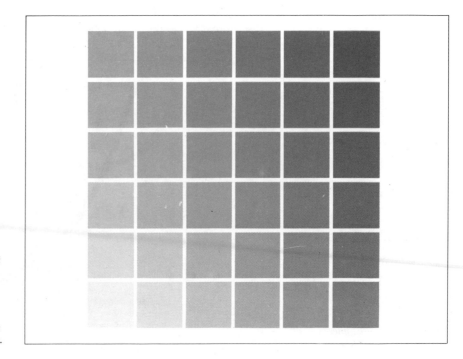

FIGURA 3-11 *Las variaciones de intensidad y saturación hacen que estos cuadros del mismo color se vean diferentes. En la columna de la izquierda los cuadros son de un azul saturado (puro). Yendo hacia la derecha, el azul puro se diluye cada vez más con gris de la misma intensidad (brillo), de manera que los cuadros más a la derecha son del azul menos saturado que se puede distinguir del gris. La intensidad de los cuadros decrece de arriba abajo, de manera que los de abajo aparecen menos brillantes.*

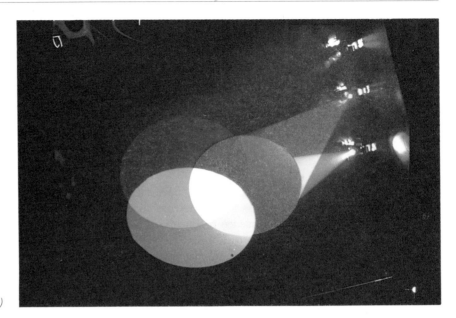

FIGURA 3-12 (a) Mezclas aditivas de color. *Diferentes mezclas de luz producen diferentes colores. Aquí vemos lo que ocurre cuando se combinan las luces verde y roja y cuando lo hacen las luces verde, roja y violeta.* (Fritz Goro, Life Magazine, © Time, Inc.)

La *pureza* de una onda luminosa depende de si lo que vemos está compuesto principalmente de ondas de la misma longitud (en cuyo caso vemos un color claro y «puro») o de una mezcla de diferentes longitudes de onda (en cuyo caso el color será más apagado). Se dice que el matiz más puro es el «más altamente saturado». Pueden verse los efectos de la intensidad y de la saturación en la figura 3-11.

Los inicios del conocimiento moderno sobre la visión en color tuvieron lugar gracias a Sir Isaac Newton en 1730 cuando descubrió que la luz blanca

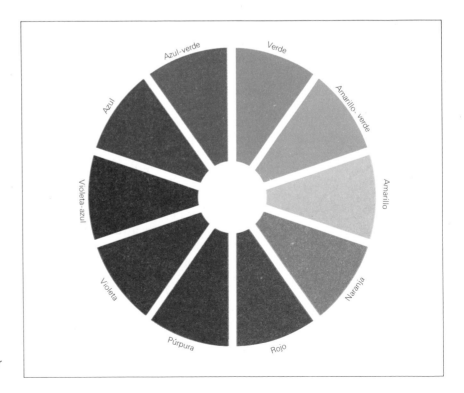

FIGURA 3-12 (b) La rueda de color. *Las parejas de colores situadas en dirección opuesta son colores complementarios, o sea, combinándolos se produce el color gris.*

contenía todas las longitudes de onda. Newton creó un prisma que demostraba que las longitudes de onda diferentes son *refractadas* (desviadas) de forma distinta cuando pasan a través de él, de manera que las distintas ondas se separan, y aparece el conocido patrón del arco iris. El siguiente descubrimiento importante llegó en 1802, cuando Thomas Young demostró que no se necesitan todos los colores del espectro para crear la luz blanca, sino sólo los dos colores *complementarios,* u opuestos, como se demuestra en la figura 3-12 (a). Los colores complementarios son parejas de matices que, combinados, dan gris o blanco. Están uno frente a otro en la típica rueda de los colores [véase figura 3-12 (b)].

LA TEORIA TRICROMATICA DE LA VISION DEL COLOR   Young descubrió que combinaciones de los tres colores básicos, rojo, verde y azul, pueden producir cualquier otro color. Estas observaciones llevaron a la teoría tricromática (conocida también como la *teoría Young-Helmholtz*), que afirma que el sistema visual posee tres mecanismos de color (uno para rojo, otro para verde y otro para azul) y que las combinaciones de las respuestas de estos tres mecanismos producen la visión de todos los colores. Aunque esta teoría fue dada a conocer en el siglo XIX por Young y desarrollada después por Hermann von Helmholtz (1911), no fue comprobada hasta la década de 1960 (Marks, Dobelle y MacNichol, 1964; Brown y Wald, 1964). En estos años distintos experimentos demostraron la existencia de tres tipos de conos, cada uno de ellos con su propia clase de *pigmento visual*, formados de moléculas que absorben la luz y activan el proceso visual. Cada tipo de conos absorbe la luz muy eficazmente en el caso de que se trate de su propia longitud de onda (llegando al punto de máxima eficiencia para el rojo, el verde o el azul), pero su eficacia disminuye para otras longitudes de onda. El producto combinado de cada uno de los tres sistemas de conos permite identificar la presencia de cualquier longitud de onda y nos capacita para ver cualquier color del mundo.

LA TEORIA DE LA VISION DEL COLOR DE LOS PROCESOS OPONENTES   Aunque la teoría tricromática explica el efecto que produce mezclar colores de diferentes longitudes de onda, no puede explicar otros aspectos de la visión en color. Uno de éstos es el fenómeno de la *posimagen* (imagen residual), que se *puede* explicar según la teoría de los procesos oponentes, primariamente propuesta por Hering (1920) y posteriormente desarrollada por Hurvich y Jameson (1957). Después de exponerse a un breve relámpago de una luz muy intensa (como la bombilla del flash de una cámara fotográfica o los focos de un coche en dirección opuesta por la noche), verá una serie de posimágenes tanto positivas como negativas. En una *posimagen positiva* verá una imagen del mismo color que la visión original, mientras la *posimagen negativa* le mostrará los complementarios de los colores originales. Las posimágenes negativas también aparecen después de haber estado mirando objetos de color fijamente y durante un largo período de tiempo. Puede observar este fenómeno siguiendo las instrucciones de la figura 3-13.

La teoría de los procesos oponentes propone la existencia de procesos opuestos en las células de los tres sistemas: un sistema azul-amarillo y un sistema rojo-verde (cada uno de los cuales está constituido por colores complementarios) junto con un sistema *acromático* (sin matiz) de blanco y negro. Vemos rojos, por ejemplo, porque la longitud de onda del rojo excita algunas células en este sistema, mientras inhibe las células «opuestas» (aquellas que se excitan con las longitudes de onda del verde). El sistema azul-

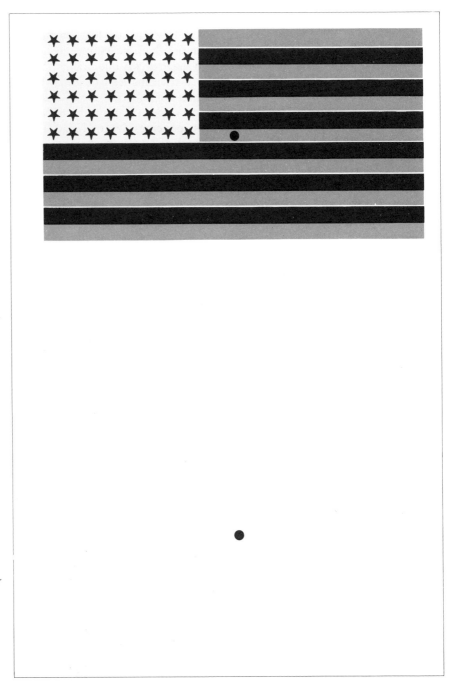

FIGURA 3-13 Posimagen. *Para ver una bandera americana «normal», mire el punto que hay en el medio de la bandera durante 30 a 45 segundos. Después mire el punto en el espacio blanco y verá una posimagen en la que la bandera tendrá los colores adecuados, o sea, rojo, blanco y azul.*

amarillo funciona de igual manera, mientras el sistema blanco-negro reacciona principalmente a diferentes niveles de luminosidad. Veamos ahora cómo este sistema explica las posimágenes de color.

Cuando mira fijamente el área amarilla de la bandera, está fatigando el sistema amarillo, mientras el sistema azul no es afectado, ya que las células de este sistema no responden a las longitudes de onda amarillas. Lo mismo ocurre con las barras verdes y con las barras y estrellas negras. Como resultado: cuando después de haber estado mirando esta imagen mira un papel blanco, en lugar de los sistemas que ya están fatigados, serán los complementarios los que entren en acción y, por tanto, verá los colores opuestos en lugar de los que originariamente estuvo mirando.

Las teorías tricromática y de los procesos oponentes no son incompatibles. En realidad, la combinación de las dos teorías sugiere que los tres mecanismos de los conos de la teoría tricromática pueden ser la base para la acción de los procesos oponentes. La combinación de ambas teorías ayuda a explicar la ceguera del color.

CEGUERA DEL COLOR Algunas personas no logran ver todas las diferencias cromáticas. La mayoría de los que tienen dificultades para distinguir los colores no ven los rojos y los verdes; algunos no perciben los azules ni los amarillos, y muy pocos lo ven todo en la vida en una gama de grises, negros y blancos (véase figura 3-14). Más hombres que mujeres sufren de daltonismo; esta deficiencia es más frecuente en unos grupos raciales que en otros (véase tabla 3-2) y es hereditaria, generalmente transmitida a través de un gen recesivo portado por la madre (en el capítulo 11 encontrará una descripción de este mecanismo).

Es posible que a las personas daltónicas les falte uno o más sistemas de conos. El sistema de conos ausente deja al sistema de procesos oponentes sin una de las entradas de información y por lo tanto el individuo es incapaz de distinguir entre los dos colores opuestos. Así, una persona a quien le falten los conos rojos no pueden distinguir entre el rojo y el verde y los ve como grises; a aquellas personas que no pueden ver ningún color es posible que les falten todos los pigmentos visuales en los conos o todos los conos, y por lo tanto ven sólo con los bastones.

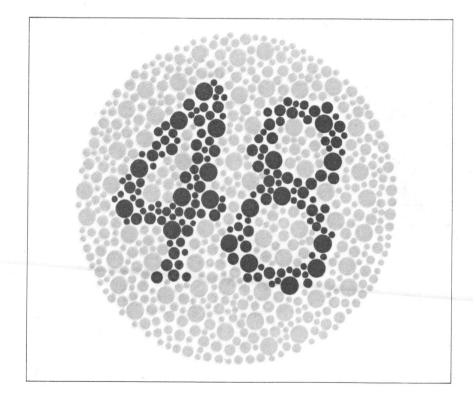

FIGURA 3-14 Una prueba de la ceguera del color. *¿Qué números ve en estos círculos, si es que ve alguno? Las personas con visión normal del color verán el número 48 en rojo. Si no ve el número, es ciego al color rojo-verde. (De The Psychologigal Corporation.)*

TABLA 3-2 Incidencia de la ceguera de color (en porcentaje de población)

Grupo racial	Varones	Hembras
Caucásicos (europeos del norte, americanos y australianos)	8,08	0,74
Asiáticos (japoneses, chinos y otros)	4,90	0,64
Americanos negros, americanos nativos, mejicanos y esquimales	3,12	0,69

Adaptado de Hurvich, 1981, pág. 267.

LA AUDICION

Gran parte de lo que sabemos sobre el mundo nos llega a través de nuestros oídos. El uso más común que damos a nuestro sentido del oído es probablemente el de comunicarnos con otras personas. En el mundo actual, la mayor parte del contacto con los que nos rodean, en relaciones personales o profesionales, se efectúa cara a cara o por teléfono. No es por casualidad que la máxima agudeza auditiva se dé para el rango de frecuencias en el que está incluida la voz humana.

Qué oímos

¿Se acuerda de la última *película del oeste* que vio, en la que un indio acercaba su oreja al suelo para oír si venían carros o a los raíles para oír si venía «el caballo de hierro»? El indio manifestaba su conocimiento del hecho de que el sonido puede viajar a través de cualquier medio: a través del aire, del agua, del metal o de la tierra. El sonido nos llega, al igual que la luz, en forma de ondas.

¿Cómo viajan las ondas sonoras? En realidad, las ondas sonoras son movimientos de moléculas en el medio. El movimiento de la fuente de sonido alternativamente empuja las moléculas (*comprimiendo* el aire, haciéndolo más denso) y las separa (*dilatando* el aire, haciéndolo más ligero), causando vibraciones en forma de ondas sonoras. Cuando se genera sonido a través de un altavoz, la presión del aire aumenta durante la compresión y disminuye durante la dilatación. De esta manera las ondas sonoras son realmente cambios en la presión del aire que se mueven aproximadamente 340 metros por segundo. Como puede verse en la figura 3-15, el modelo de las ondas sonoras se parece mucho al patrón que siguen las ondulaciones que se extienden concéntricamente cuando tira una piedra al agua en calma. Básicamente, el proceso es el mismo en ambas situaciones: ondas de energía que pasan a través de un medio desplazando moléculas: el sonido necesita un medio. En el vacío una campana sería tan silenciosa como el grito de una pesadilla.

Diferenciamos los sonidos por dos parámetros: su intensidad (en función de la amplitud de las ondas sonoras) y su tono (en función de la frecuencia). La intensidad o volumen del sonido se mide en *decibelios (db)*, que describen la amplitud o altura de las ondas sonoras. Cuanto más alto sea el nivel de decibelios, más intenso será el sonido. La figura 3-16 muestra los niveles de decibelios de ciertos sonidos corrientes. Una exposición constante a 80 decibelios o más, o una sola exposición a niveles muchos más altos pueden causar una pérdida permanente de audición.

Como ya hemos dicho, las ondas sonoras son cambios cíclicos en la presión del aire. El número de ciclos que tienen lugar en la onda cada segundo

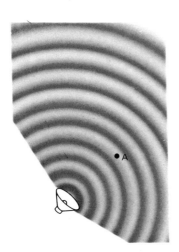

FIGURA 3-15 *El sonido de un altavoz crea movimientos cíclicos de las moléculas del aire, condensándolas (comprimiéndolas) y después separándolas (expandiéndolas).*

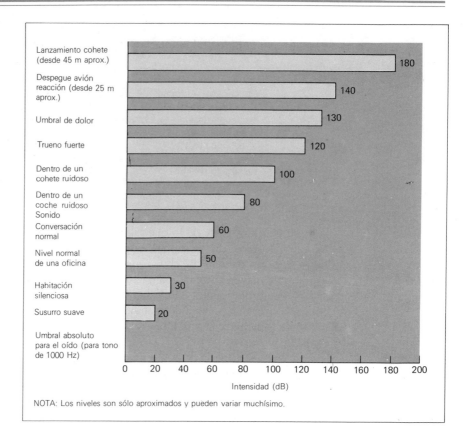

FIGURA 3-16 *Niveles de sonido en decibelios de unos cuantos sonidos corrientes (© De Levine y Shefner, 1981.)*

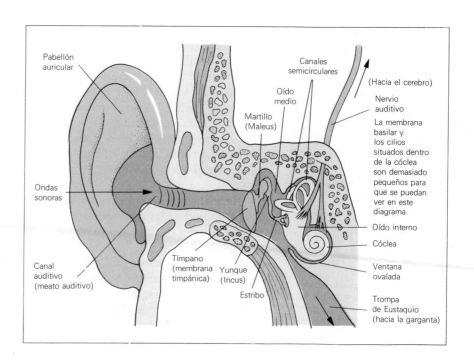

FIGURA 3-17 *Corte del oído.*

se mide en *hercios (Hz);* los seres humanos oyen normalmente ondas sonoras en un rango de 20 a 20.000 Hz. Cuanto mayor sea la frecuencia, más alto es el *tono* de un sonido y más estridente sonará. El habla humana se encuentra por lo general en un rango entre 100 y 3.500 Hz, que es la gama de frecuencia a la cual el oído humano es más sensible, lo que demuestra una gran eficacia en el modo en que hemos evolucionado. Los perros, sin embargo, pueden oír hasta crca de 80.000 Hz, lo que explica por qué puede utilizar un silbato especial para llamar a su perro sin molestar a sus vecinos. Los murciélagos y los delfines pueden abarcar rangos más impresionantes todavía: más de 100.000 Hz. Ahora que somos más humildes por las comparaciones, veamos de qué modo oye el oído humano y cómo discrimina tantas frecuencias.

Cómo oímos: Anatomía del oído

Lo que sabemos del oído —que es un apéndice a cada lado de la cabeza, que sirve a menudo para que no se hunda más el sombrero o de escaparate para las joyas— es solamente una pequeña parte de una compleja estructura representada en la figura 3-17.

Sigamos una onda sonora desde el centro del cartílago cubierto de piel conocido como *oreja* (denominado técnicamente pabellón auricular) y veamos adónde nos lleva. La oreja dirige las ondas sonoras hacia el interior del *oído medio* a través de un *canal* en forma de tubo, el *canal auditivo* (meato auditivo). Este es lubrificado por glándulas secretoras de cera y está protegido por la existencia de pequeñísimos pelos que dejan fuera la suciedad y los insectos. Al final del canal auditivo se encuentra el *tímpano* (membrana timpánica) que se mueve hacia delante y hacia atrás conforme entran las ondas sonoras en el oído. Cuando se mueve el tímpano roza un huesecillo, el *martillo* (malleus) que mueve al *yunque* (incus), que, a su vez, comunica el movimiento al *estribo* (stapedium). (Estos tres huesos del oído son llamados así por su forma y son los huesos más pequeños del cuerpo.) El estribo presiona contra una pequeña membrana llamada *ventana oval,* que conduce al *oído interno.*

El oído interno consiste en una estructura enrollada, parecida a un caracol, llamada cóclea, que está llena de líquido. Cuando el estribo presiona contra la ventana ovalada transmite la energía sonora a este líquido, creando ondas de presión en él, lo cual hace moverse a la membrana basilar dentro de la cóclea al mismo ritmo que las vibraciones de las ondas sonoras. Colocadas sobre la membrana basilar se encuentran filas de *células ciliares,* con pequeños pelos *(cilios)* saliendo de ellas. Cuando la membrana basilar se mueve hacia arriba y hacia abajo, los cilios se mueven, creando un flujo de corrientes a través de las células ciliares. Estas corrientes provocan la liberación de los neurotransmisores en las dendritas de las fibras nerviosas auditivas, las cuales envían los impulsos al cerebro. Estos impulsos representan el sonido, y el cerebro procesa esta información para que podamos saber lo que oímos.

Así que las células ciliares son los receptores auditivos y se corresponden con los bastones y los conos de la visión, así como las fibras nerviosas auditivas se corresponden con las células ganglionares en su función de transmitir información sensorial al cerebro.

COMO OIMOS SONIDOS DE DIFERENTES FRECUENCIAS: LA TEORIA DEL LUGAR FRENTE A LA TEORIA DE LA FRECUENCIA ¿Cómo oímos las diferentes notas de una composición musical? ¿Cómo distinguen

En algunos círculos puede que al Presidente Ronald Reagan se le recuerde más por su utilización de un pequeño, casi invisible invento, que por su política global. El ex-actor de 72 años reconoce el problema que tiene en común con unos 16 millones de estadounidenses, un deterioro auditivo, y ha empezado a llevar un nuevo audífono, especialmente diseñado para su tipo de pérdida de oído (Clark y Witherspoon, 1983). El Presidente sufre de una pérdida de oído sensorineural, el tipo más frecuente de deterioro, supuestamente provocado en el rodaje de una película cuando alguien disparó una pistola demasiado cerca de su oído. Este hecho, unido a la tendencia normal de las células ciliares a morir en las últimas etapas de la vida, culmina en un deterioro progresivo de la audición, más evidente en frecuencias elevadas y en situaciones con mucho ruido de fondo. (Wide World Photos.)

nuestros oídos entre los tonos altos de una flauta y las notas más bajas de un oboe? Dos explicaciones alternativas de esta habilidad son la teoría del lugar y la teoría de la frecuencia.

De acuerdo con la teoría del lugar, oímos un sonido determinado según el lugar de la membrana basilar que se estimula. De acuerdo con la teoría de la frecuencia, es el ritmo con el cual la membrana basilar es estimulada lo que determina lo que oímos. Una variación de la teoría de la frecuencia es el *principio de descarga,* que sugiere que grupos de fibras nerviosas forman «escuadras» y que las neuronas individuales se alternan en la descarga.

En general, los científicos están de acuerdo en que la teoría del lugar parece capaz de explicar cómo oímos los tonos altos (por encima de los 3.000 Hz, como en el sonido de alerta, de la defensa civil) y que la teoría de frecuencia explica cómo oímos los tonos muy bajos, por debajo de los 50 Hz (como el zumbido de fondo de un mal equipo estéreo). Sin embargo, todavía se discute qué teoría explica mejor cómo oímos sonidos de 50 a 3.000 Hz, que incluyen la mayoría de los presentes en el habla, o si necesitamos buscar una teoría completamente diferente. La determinación de este problema podría ayudarnos a socorrer a las personas con problemas de audición.

COMO PODEMOS DISTINGUIR DE DONDE VIENE UN SONIDO
Desde que nace un bebé vuelve la cabeza para oír un sonido que viene de un lugar determinado, mostrando que puede localizar sonidos en el espacio (Castillo y Butterworth, 1981). Obviamente, esta habilidad tiene gran valor para la supervivencia. ¿Cómo distinguimos de dónde viene un sonido? Las dos vías de explicación más importantes se relacionan con el hecho de que nuestras orejas están situadas en lados distintos de la cabeza.

Si un elefante barrita justo delante de usted, las ondas sonoras viajarán la misma distancia para llegar a cada oreja. Pero si el elefante está a su izquierda, su «grito» tendrá que recorrer una distancia más corta para llegar a la oreja izquierda que a la derecha, y así lo oirá en aquélla una fracción de segundo antes. Otra razón es la diferencia en la intensidad del sonido entre las dos orejas. Cuando el elefante barrita a su izquierda, su oreja derecha se sitúa tras «la sombra sonora» creada por su cabeza, así que el sonido es más fuerte en el oído izquierdo. El tiempo de llegada es más importante para localizar sonidos de frecuencia baja, mientras la diferencia de intensidad es más importante para sonidos de frecuencia alta.

Supongamos que no puede oír con un oído. ¿Significa eso que no puede localizar los sonidos en el espacio? No del todo. También hay indicadores monoaurales. Dado que sabemos que si se cubren las vías de entrada del pabellón auditivo con masilla se dificulta la localización, está claro que éstas nos ayudan a localizar los sonidos. Estos indicadores, sin embargo, sólo funcionan bien para señales acústicas complejas, como el habla humana, lo que muestra de nuevo lo bien adaptados que estamos para comunicarnos con otros seres de nuestra especie.

Pérdida de audición

Cuando la marina sueca quería seguirle la pista a un submarino sospechoso en sus aguas territoriales, le resultó difícil encontrar marineros cuyo oído fuera lo suficientemente fino como para usar los especializados aparatos de escucha. Un capitán de la marina atribuyó el problema al daño permanente de los oídos de los jóvenes causado por haber escuchado música rock a altísimo volumen durante años. Similares pérdidas auditivas se han observado entre estudiantes de bachillerato y universidad que oyen música fuerte durante horas, entre estudiantes, «adictos» al uso de los auriculares, y entre la gente que trabaja en ambientes muy ruidosos (Brody, 1982). Los individuos con este tipo de pérdida auditiva sufren a menudo de tinnitus, un tintineo o silbido continuo. En este tipo de lesión, llamada pérdida auditiva sensorineural, las células ciliares de la cóclea o el nervio auditivo han sido dañadas. Es parecido a la pérdida de oído que normalmente se produce en la edad avanzada, causada por la tendencia normal de las células ciliares a morir con el paso de los años. Este tipo de pérdida, llamada presbiacusia (*presbycusis*, de las palabras griegas «edad avanzada» y «oído»), se nota especialmente con los sonidos de alta frecuencia y en situaciones con mucho ruido de fondo (véase figura 3-18).

Este tipo de sordera no pudo ser tratada de modo eficaz hasta el descubrimiento reciente de un nuevo aparato contra la sordera, compuesto de un micrófono, un amplificador y un pequeño altavoz situados en una pequeñísima caja de plástico que se coloca en el canal auditivo. Este tipo de sordera no tiene una cura efectiva, pero se puede prevenir evitando el ruido excesivo. Según la ley, a los trabajadores que están expuestos regularmente a niveles de ruido de 85 decibelios o más debe proveérseles de algún tipo de sistema de protección (Brody, 1982). Puede protegerse usted mismo manteniendo el volumen de sus auriculares bajo y evitando colocarse justo delante de los altavoces en los conciertos de rock.

El otro tipo importante de pérdida de oído es la sordera conductiva, causado por la ruptura del tímpano o por un defecto de los huesos del oído

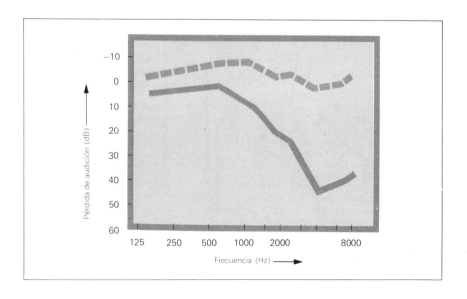

FIGURA 3-18 Pérdida de audición en función de la frecuencia. *La curva de puntos muestra la pérdida para personas entre los 18 y 30 años, y la curva continua, la pérdida para los mayores de 65 años. (De Weiss, 1963.)*

medio que bloquea el paso de las ondas sonoras hacia la cóclea. Este defecto puede tratarse fácilmente con una operación quirúrgica o con un aparato que recoge el sonido de un hueso detrás del oído y lo transmite a la cóclea directamente, pasando por alto el oído medio.

LOS SENTIDOS DE LA PIEL

Lo que normalmente se conoce como el «sentido del tacto» son, en realidad, varios y diferentes sentidos, que producen sensaciones de calor y frío, presión y dolor. Ya a comienzos del siglo XIX los científicos sabían que la piel tiene una variedad de receptores para percibir diferentes sensaciones, y que diferentes tipos de receptores reaccionan a distintos tipos de estimulación. Estos receptores, compuestos de fibras nerviosas, son tan específicos que cuando las fibras individuales se estimulan producen la sensación para la que están programados, sea cual sea el estímulo. Los experimentos de von Frey, por ejemplo, sugieren que cuando un punto «frío» es estimulado, sentirá frío, aunque el estímulo en sí sea caliente. Del mismo modo, un estímulo frío aplicado a un punto «caliente» producirá una sensación de calor. Sin embargo, los investigadores no han sido capaces de encontrar una relación consistente entre el tipo de receptor y el punto en la piel bajo el que está situado éste.

Presión

Somos mucho más sensibles al tacto en algunas partes de nuestro cuerpo que en otras, tal como se muestra en la figura 3-19. Según pruebas de laboratorio, las partes más sensibles son la cara (especialmente los labios) y las manos (especialmente los dedos). La sensibilidad relativa de las regiones del cuerpo

FIGURA 3-19 Umbrales de discriminación de dos puntos. *Los umbrales medios representan la distancia mínima necesaria entre los dos puntos para que una persona note dos contactos en vez de uno solo. Cuanto más pequeña es esta distancia, más sensible es el área corporal. Las líneas más cortas de la figura muestran que las partes más sensibles de nuestro cuerpo son el pulgar, el resto de dedos, los labios, las mejillas, el dedo gordo del pie y la frente. (De Weinstein y Kenshalo, 1960.)*

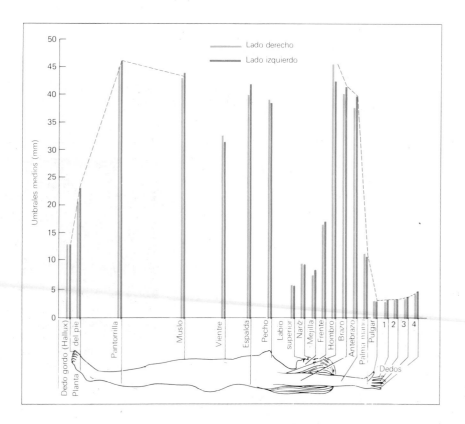

ha sido demostrada científicamente mediante el *umbral de discriminación entre dos puntos*, o la habilidad de una persona para poder distinguir si es un solo contacto o son dos muy cercanos lo que se le han aplicado sobre la piel. Existe una relación muy estrecha entre la habilidad de poder distinguir si se aplica uno o dos contactos sobre una parte determinada del cuerpo y el tamaño del área en la corteza que representa esta parte del cuerpo. También se da una estrecha relación entre este umbral y el número de fibras nerviosas de cada región del cuerpo. Las áreas más sensibles tienen un número mayor de receptores en la piel que las áreas menos sensibles.

Dolor

El sentido de dolor posee una función evolutiva muy valiosa al señalar el peligro, informándonos, por ejemplo, de cuándo el tejido corporal está siendo destruido por el fuego, las heridas o la enfermedad, de manera que podamos evitar el daño. Cuando ya hemos sufrido el daño, sin embargo, el dolor puede agotarnos física y emocionalmente, y por ello muchas investigaciones se han dedicado a explorar los mecanismos que producen el dolor físico con la intención de encontrar la forma de reducirlo o eliminarlo.

Hasta ahora no estamos seguros de que exista en el cerebro una vía específica del dolor, pero parece probable. Ciertas fibras nerviosas sensoriales reaccionan sólo al dolor, mientras otras parecen responder al dolor, pero también a otras sensaciones. La suposición de que existe una «vía del dolor» proviene de nuestro conocimiento de una condición conocida como *síndrome de Brown-Sequard*, que aparece cuando se corta la mitad de la médula espinal. En este caso, la información sensorial no se transmite desde las piernas al cerebro de manera normal.

Si la médula espinal está cortada en el lado derecho, por ejemplo, la pierna derecha pierde el sentido fino del tacto (como en el umbral de los dos puntos), pero la pierna puede sentir dolor. La pierna izquierda, al contrario, se vuelve insensible al dolor, pero retiene el sentido fino del tacto. (Ocurre lo mismo, pero a la inversa, si es el lado izquierdo de la médula espinal el que está cortado.) Este fenómeno ocurre debido a que existen diferentes lugares en donde los dos tipos de fibras sensoriales cruzan de un lado del sistema nervioso al otro. Las fibras de dolor se cruzan en la médula espinal de manera que las fibras de dolor de la pierna derecha ascienden por el lado izquierdo de la médula espinal y así llegan al cerebro, mientras las fibras del tacto se cruzan en el cerebro, así que las fibras del tacto de la pierna izquierda ascienden directamente por el lado izquierdo de la médula espinal hasta el cerebro.

Si realmente existen vías específicas de dolor, ¿cómo las controla el cerebro? La investigación sobre esta cuestión ha llevado a interesantes descubrimientos durante los últimos diez años, que han demostrado que el cerebro mismo produce sustancias parecidas al opio que reducen o eliminan el dolor (Bolles y Fanselow, 1980; Snyder y Childers, 1979; Wall, 1978). Estas sustancias, llamadas beta-endorfinas o a veces sólo «endorfinas», no son neurotransmisores, sino neuromoduladores, que adaptan de alguna manera las conexiones sinápticas. Las endorfinas parecen ocupar los receptores de dolor del cuerpo, de tal manera que no pueden llegar señales de dolor desde la médula espinal al cerebro (Fields y Basbaum, 1978). La endorfina más pequeña, la encefalina, resulta un poderoso y eficaz analgésico cuando es inyectada en animales o seres humanos.

Diversas situaciones parecen activar el propio mecanismo contra el dolor del cerebro. Una es el esfuerzo físico: los corredores de la maratón, por ejemplo, a menudo dejan de sentir el dolor causado por golpear el pavimento durante más de 40 kilómetros, hasta después de haber terminado la carrera (Zaslow, 1984). El miedo y la tensión son también inhibidores comunes del dolor. Un caso habitual en la guerra es el del soldado herido que no siente el dolor del balazo hasta que la batalla ha terminado; y fenómenos similares se observan en otras situaciones de estrés, como los ejemplos que a menudo se cuentan de mujeres relativamente débiles, que se exponen a lo que normalmente serían experiencias penosas y dolorosas por salvar a sus hijos de peligros (Bolles y Fanselow, 1980).

La acupuntura, la hipnosis y los placebos son conocidos porque bloquean el dolor, y la cuestión importante es la de ¿cómo lo hacen? Existe un fármaco llamado *naloxona*, que invierte la acción de la encefalina, aparentemente bloqueando los receptores opiáceos del cerebro. Una de las maneras que poseen los investigadores de comprobar si el dolor está siendo inhibido por el sistema opiáceo del propio cerebro es la de administrar naloxona. Si la naloxona invierte el efecto, el sistema opiáceo del cerebro es probablemente lo que alivia el dolor en una situación determinada. Mediante este enfoque, los investigadores han determinado que la acupuntura y los placebos parecen activar la acción de los opiáceos del cerebro, pero no así la hipnosis. Obviamente, estas líneas de investigación tienen valiosas implicaciones para el bienestar de la raza humana.

LOS SENTIDOS QUIMICOS

Nuestro *sentido gustativo* y nuestro *sentido olfatorio* son considerados sentidos químicos, porque ambos reaccionan a las sustancias químicas de diferentes estímulos. Además, están estrechamente relacionados.

Gusto

Sea lo que sea, aquello que hace la boca agua, una tarta de chocolate, una hamburguesa con queso, caviar importado de la mejor calidad o una jugosa rodaja de sandía, es evidente que su sentido del gusto añade mucho a su placer en la vida. Su gusto también tiene valor para la supervivencia por lo menos en estado salvaje, ya que en la naturaleza la mayor parte de la comida venenosa tiene un sabor amargo o, de algún modo, desagradable. De todas maneras, pensando en el enorme «bufett libre», con su infinidad de sabores diferentes que podemos distinguir, es sorprendente que nuestros receptores gustativos distingan sólo entre cuatro sensaciones diferentes: dulce, salado, ácido y amargo. Los seres humanos describen virtualmente todos los gustos como combinaciones de estas cuatro cualidades (McBurney, 1969).

Los receptores gustativos, los *botones gustativos*, se localizan dentro de pequeños bultos en la superficie de la lengua, llamados papilas. Estos botones gustativos están distribuidos en diferentes lugares sobre la lengua, tal como vemos en la figura 3-20. La punta de la lengua es más sensible a los sabores dulces, salados y amargos, mientras que sus lados son más sensibles a lo ácido (McBurney Collings, 1977). Estas diferencias son aplicables sólo a las zonas de mayor sensibilidad. Todas las áreas de la lengua con papilas (o sea, todas las áreas menos las del medio) pueden captar todas las cualidades de los sabores.

Como se ve en la figura 3-21, las fibras nerviosas envían información desde los botones gustativos al cerebro. Estas fibras nerviosas individuales son también diferencialmente sensibles a los cuatro sabores básicos. Aunque reaccionan a una amplia gama de estímulos de sabores, reaccionan mejor a uno solo (Frank, 1973).

¿Ha pensado alguna vez por qué a algunas personas les gusta lo dulce,

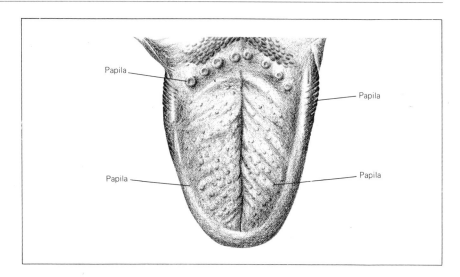

FIGURA 3-20 *La lengua: diferentes tipos de papilas.*

mientras otras nunca prueban un postre? ¿Por qué algunas personas adoran la comida con muchas especias, mientras otras prefieren los sabores suaves? ¿Por qué algunas personas echan sal a la comida incluso antes de haberla probado, mientras otras la prefieren sosa? Aunque algunas de estas preferencias son, sin duda, resultado del aprendizaje, otras pueden muy bien ser debidas a diferencias hereditarias en nuestras papilas. Esta es la conclusión a la que llegan unos estudios muy interesantes efectuados con una sustancia de sabor amargo, llamada *feniltiocarbamida* (PTC). Experimentos de laboratorio han mostrado que una de cada tres personas no nota esta sustancia química, aparentemente por la falta de una papila «amarga» determinada. Las mismas personas que no captan el sabor de la PTC normalmente no se quejan del

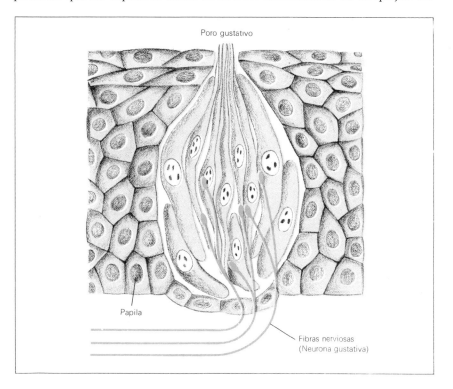

FIGURA 3-21 *Un botón gustativo consiste en células gustativas y células de sostén.*

sabor amargo de la cafeína y por lo general añaden menos azúcar en su café (Bartoshuk, 1974).

Las células gustativas se mueren y son reemplazadas cada 10 días, pero a medida que nos vamos haciendo mayores se generan menos células, de forma que cuando llegamos a una edad avanzada tenemos menos papilas. Con razón muchos ancianos se quejan de que la comida no sea tan buena como antes.

Olfato

Aunque no dependemos de nuestro olfato para sobrevivir, como es el caso de muchos animales inferiores, cuyo sentido del olfato se encuentra mucho más desarrollado que el nuestro, sigue teniendo importancia para detectar algunos gases y comidas que podrían ser peligrosas. También nos aumenta el disfrute de la vida, especialmente en relación con la comida. ¿Se acuerda de la última vez que estaba acatarrado y no podía notar los olores? Aunque las papilas de su lengua no estaban afectadas, tampoco podía saborear la comida adecuadamente. Sus sensaciones gustativas no estaban realmente deterioradas, pero lo que la mayoría de nosotros llamamos «sabor» es, en realidad, una sensación global e incluye también el olfato. El sentido del olfato y del gusto se hallan muy estrechamente relacionados. La figura 3-22 muestra de forma gráfica esta relación, mostrando las vías olfatorias, a través de las cuales las moléculas de todo lo que comemos o bebemos pasan de la boca hasta las fosas nasales y los receptores del olfato.

Los olores entran en el cuerpo como moléculas en el aire, o a través de las ventanas de la nariz o desde el fondo de la boca hasta los receptores del olfato en la cavidad nasal. La cavidad nasal está recubierta de mucosa olfatoria, una membrana mucosa donde están localizados los receptores del olfato, que tienen ramificaciones parecidas a los pelos (cilios); éstos recogen las moléculas y mandan una señal eléctrica a través de las fibras nerviosas hasta el *bulbo olfatorio*. El bulbo olfatorio se parece a la retina en que es en él donde las señales mandadas por los receptores son procesadas y enviadas después al cerebro.

Es más difícil estudiar el sentido del olfato que el del gusto por diversas razones. Evidentemente, es más complejo controlar los olores: es difícil distinguir cuándo y en qué grado de concentración llega un olor a la célula receptora. Lo más complicado es identificar las variables físicas fundamentales que producen un olor determinado, como podemos hacer con las longitudes de onda visuales y auditivas o con las propiedades químicas que producen los cuatro sabores básicos. Los investigadores que han intentado determinar los mecanismos del olfato han expuesto varias teorías.

Algunas investigaciones han intentado determinar cuántos olores diferentes podemos identificar. Aunque la mayoría puede nombrar sólo unos cuantos, la investigación actual ha mostrado que la razón se debe a una incapacidad para nombrar los olores, más que a la incapacidad para poder distinguirlos. Cuando un individuo aprende el nombre correcto de los olores, puede nombrar acertadamente hasta 80 diferentes (Cain, 1981). Este hecho demuestra la importancia de aspectos cognitivos de la sensación. De hecho, algunos investigadores han sugerido que las personas mayores tienen dificultad en identificar el gusto de la comida porque no saben identificar los olores relacionados con los gustos, y que su incapacidad está más estrechamente ligada a la dificultad para recordar los nombres de los gustos y los olores que a la percepción de los mismos (Schiffman y Murphy, citado en Cain, 1981, pág. 55).

Según la teoría estereoquímica, existen siete olores básicos: olor a éter

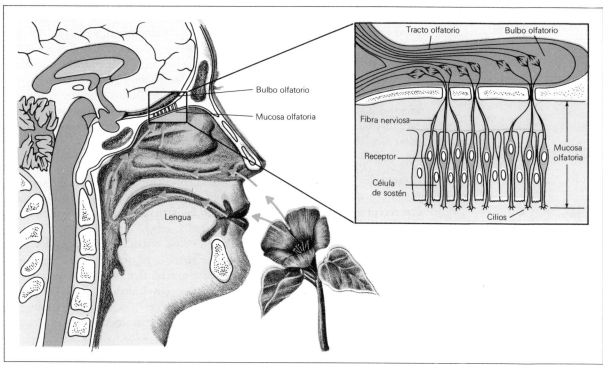

FIGURA 3-22 *Las moléculas de las sustancias que olemos, comemos y bebemos viajan desde la boca a las fosas nasales hasta llegar a los receptores olfatorios del cerebro. (Adaptado de Amoore y otros, 1964.)*

(como el líquido de la limpieza en seco), floral (como las rosas), menta (como la hierbabuena), acre (como el vinagre), alcanforado (como las bolas contra la polilla), almizclado (como algunos perfumes) y pútrido (como los huevos podridos) (Amoore, 1970; Geldar, 1972). Por supuesto, aunque exista un número limitado de olores básicos, podemos distinguir entre cientos de diferentes y variables combinaciones, igual que podemos discriminar entre miles de colores basados únicamente en los tres colores primarios. La teoría estereoquímica sugiere que los receptores olfatorios tienen una forma particular y que las combinaciones moleculares de los diversos tipos de olor se acoplan a estas formas (véase figura 3-23). Aunque no se haya encontrado evidencia firme de esta relación entre «la forma» del olor y el punto de recepción, parece claro que existe una relación entre la forma de una molécula y su olor (Matthews, 1972).

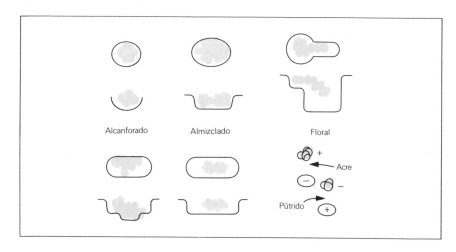

FIGURA 2-23 *Modelos de moléculas y los puntos de recepción en los cuales estas moléculas encajan según la teoría estereoquímica del olor de Amoore (1964, 1970.)*

La teoría cromatográfica sugiere que percibimos distintos olores porque éstos recorren distinta distancia dentro de la cavidad nasal, y el lugar donde se posan en la mucosa de la nariz determina su olor (Mozel y Jagodowiez, 1973). Esta teoría es parecida a la teoría del lugar respecto a la manera que oímos diferentes tonos de sonido. Experimentos realizados con salamandras han mostrado que las neuronas de la parte anterior del bulbo olfatorio reaccionan mejor a algunas sustancias químicas, mientras que otras sustancias químicas estimulan las neuronas de la parte media o posterior del bulbo (Kauer y Moulton, 1974).

OTROS SENTIDOS

Propiocepción

El sentido de la propiocepción nos proporciona información sobre el movimiento de las distintas partes del cuerpo y de su posición en el espacio. Los receptores sensoriales se localizan en las articulaciones y los músculos. Es el sentido que nos permite cerrar los ojos y saber, sin embargo, si nuestros brazos están extendidos delante de nosotros o hacia los lados. La gente también puede tener problemas con este sentido. Si, por ejemplo, alguna vez ha tenido que llevar una escayola durante mucho tiempo, puede que algunas veces tuviera la sensación de que el miembro enyesado se hallaba en distinta posición de la que en realidad estaba. Otro caso de «alucinación» propioceptiva es el fenómeno del *miembro fantasma*, que a menudo experimentan quienes tienen algún miembro amputado: sienten dolor u otras sensaciones en la pierna o brazo que les falta.

Equilibrio: El sistema vestibular

¿Ha sentido alguna vez el malestar del mareo marino? ¿Cuando al principio tienes miedo de morir y después miedo de no morir? Este, igual que otras formas de mareo causado por el movimiento, parece deberse por lo menos parcialmente a una red entre dos sentidos: el visual y el vestibular. El laberinto vestibular es una combinación compleja de canales dentro del oído interno que nos ayuda a mantener el sentido del equilibrio. Dentro de este laberinto hay células receptoras que perciben el movimiento de la cabeza en cualquier dirección. Los receptores son *células ciliares* que advierten el movimiento de un líquido dentro del laberinto. Cuando su cabeza se mueve, por efecto de la inercia el líquido se queda atrás (de la misma manera que el agua en un vaso se queda quieta cuando gira el vaso) y las células ciliales se desplazan, enviando impulsos neurales al cerebro, que indican el cambio de posición de la cabeza. La razón de que una persona ande tambaleándose después de haber bebido demasiado es que el alcohol cambia la densidad del líquido del laberinto vestibular (Barlow y Mollon, 1982).

La relación entre nuestros sistemas visual y vestibular resulta obvia cuando pensamos en el hecho de que muchas personas sienten menos los efectos del mareo en automóvil si están sentadas en el asiento delantero, donde pueden ver y así anticipar los movimientos del mismo, y que la gente se marea menos en barco si puede fijar los ojos en el horizonte estable en vez de estar en el camarote, bajo cubierta, donde no pueden compensar la sensación del movimiento.

LA PERCEPCION: COMO ORGANIZA EL CEREBRO LA INFORMACION SENSORIAL

Existe una vieja historia de dos vagabundos de un pequeño pueblo que se enorgullece de tener una iglesia conocida en todo el mundo por sus campanas. Uno se vuelve hacia el otro y dice: «¿Verdad que el sonido es magnífico?», y el otro le contesta: «No te oigo por el ruido». El mismo tipo de conversación tiene lugar en cualquier casa, donde conviven un amante de la música sinfónica y una persona devota de la música rock. Los mismos sonidos se perciben de manera muy diferente por distintas personas.

La percepción es más que lo que vemos, oímos, sentimos, saboreamos u olemos. Es también el significado que damos a estas sensaciones. Llegamos a este significado a través de la manera en que nuestro cerebro organiza la información que proviene de nuestros sentidos. Al leer este libro, por ejemplo, ve más que una colección de pequeñas marcas negras sobre una página blanca. Ve letras que constituyen palabras. Como ha aprendido a leer, su cerebro interpreta estas diminutas marcas como símbolos que significan algo. El mismo proceso tiene lugar en muchas otras áreas de la vida cuando interpretamos la información sensorial.

Las leyes gestálticas de la organización perceptiva

Aunque los psicólogos han establecido cuáles son los elementos individuales o unidades básicas de las configuraciones visuales y auditivas, lo que vemos y oímos es mucho más que la suma de estas unidades, como podemos comprobar en el retrato de Abraham Lincoln de la figura 3-24, en el cual formas sin sentido producen una ilustración inmediatamente reconocible. Rutinariamente organizamos líneas y sombras creando escenas, y sonidos aislados creando habla y música, y es de esta manera como pequeños pedazos de información forman configuraciones significativas.

Tal como comentamos en el capítulo 1, los psicólogos de la Gestalt subrayaron la importancia de la configuración global. (La palabra alemana *Gestalt* significa «forma» o «configuración».) Este enfoque es particularmente aplicable a la percepción. Mire, por ejemplo, la ilustración de la figura 3-25. Observamos más que una selección arbitraria de líneas. Vemos incluso más que la parte delantera de un león, un árbol y la parte trasera del león. Sabemos inmediatamente que las partes delantera y trasera del león son partes del mismo animal, aunque no vemos esta continuidad en la ilustración. Lo sabemos porque imponemos nuestra propia estructura a lo que vemos.

Esta ilustración muestra una de las reglas o leyes que dirigen el modo como organizamos la información sensorial según diferentes características. El león muestra la *ley de continuidad,* según la cual nuestra mente continúa en la dirección sugerida por el estímulo. Otras leyes básicas descritas por los psicólogos de la Gestalt son la *ley de proximidad* (agrupamos elementos que se encuentran cerca uno del otro), la *ley de semejanza* (agrupamos elementos parecidos) y la *ley del cierre* (completamos configuraciones incompletas). Todas estas reglas se ilustran en la figura 3-26.

Los gestaltistas también indican otra manera común de organizar la sensación, dividiéndola en una *figura* (el objeto sobre el cual enfocamos nuestra atención) y un *fondo* (el fondo del objeto focalizado). Cuando la relación figura-fondo es ambigua, nuestras percepciones de la figura y el fondo se alternan. Eso se puede ver en la figura 3-27. Cuando la mira de una manera ve un florero sobre fondo negro, y cuando la ve de otra, se transforma en dos perfiles oscuros mirándose sobre un fondo blanco. Esta figura muestra de una manera interesante la naturaleza activa de nuestro sistema perceptivo, ya que puede elegir entre dos percepciones distintas del mismo estímulo. Sin embargo, no las podemos ver al mismo tiempo.

Estas reglas valen también para otras sensaciones, incluyendo el tacto, el gusto, el olfato y el oído. En una discoteca podemos oír la melodía como figura con los acordes como fondo, hasta que un cambio de volumen o ritmo

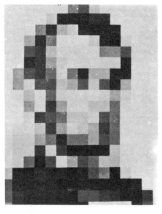

FIGURA 3-24 *Si mira este retrato procesado por computadora, su sentido visual le dirá que está mirando una composición de formas geométricas de diferentes tamaños e intensidades. Si entorna los ojos o se aleja del retrato verá algo diferente: la cara de un presidente de los Estados Unidos del siglo XIX. Al entornar los ojos, alejarnos o desenfocar la vista, vemos una configuración global que no es visible cuando nos concentramos al estar demasiado cerca de las formas geométricas. Las ilustraciones de libros de entretenimiento que consisten en muchos puntos pequeños ilustran el mismo concepto.*

FIGURA 3-25 *Vemos más que una selección aleatoria de líneas, más que la parte delantera de un león, un árbol y la parte trasera de un león. De acuerdo con la ley de continuidad, imponemos nuestra propia estructura a este dibujo hasta ver un león detrás de un árbol.*

FIGURA 3-26 (a) Ley de proximidad. *El dibujo de la izquierda puede verse como filas (horizontales) o como columnas (verticales), porque los círculos están colocados de manera similar en las dos direcciones. El dibujo de la derecha aparece como parejas de columnas, porque la disposición horizontal ha sido alterada.*

FIGURA 3-26 (b) Ley de semejanza. *Ahora vemos los círculos en filas, porque hemos agrupado los elementos que tienen el mismo aspecto (los círculos de color por una parte y los blancos por otra.)*

FIGURA 3-26 (c) Ley de cierre. *Rellenamos los espacios vacíos. Siguiendo esta ley, vemos las figuras a y b como un triángulo y un círculo, y la figura c como un círculo y un cuadrado, y no como un conjunto de figuras incompletas como se observa en d.*

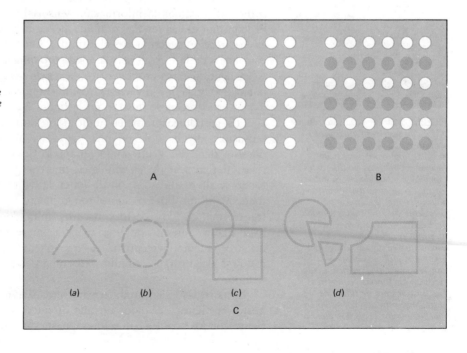

FIGURA 3-27 *Una configuración en la cual la figura y el fondo pueden cambiar su papel. Se puede ver el dibujo como las siluetas de dos caras o como un florero blanco.*

lleva los acordes al centro de nuestra conciencia. O, sentados en una clase, podemos atender a la exposición o a la conversación de detrás de nosotros. Aunque pueden tener lugar cambios extremadamente rápidos entre figura y fondo, no podemos atender de forma simultánea a los dos. Por lo tanto, cuando estudiamos, escuchamos música y miramos la televisión al mismo tiempo, acaso creamos que prestamos igual atención a todo a la vez, pero lo que, en realidad, hacemos es llevar rápidamente cada estímulo a nuestra conciencia uno tras otro.

Predisposición perceptiva

El poder que tenemos sobre nuestra percepción es grande. A menudo vemos (oímos, saboreamos, olemos, etc.) lo que esperamos ver o lo que encaja con nuestras ideas preconcebidas sobre lo que tiene sentido, un fenómeno conocido como predisposición perceptiva. Oyendo un fragmento de una conversación, puede haber entendido algo completamente diferente a lo que, en realidad, se dijo; si le dicen que va a ver unas ilustraciones, puede que las vea, aunque realmente no se las enseñen. Como veremos en el capítulo 6, esta tendencia tan común influye en la confianza que se puede tener en la declaración de un testigo. Por ejemplo, cuando los investigadores enseñaban a varias personas un dibujo de un hombre blanco sosteniendo un cuchillo, y sentado en un autobús al lado de un hombre de color, un número sorprendentemente alto de personas «recordaron» haber visto el cuchillo en la mano del negro (Allport y Postman, 1958). Puede comprobar la fuerza de la predisposición perceptiva consigo mismo realizando el experimento de la figura 3-28.

El conocimiento de la manera como nuestras expectativas influyen en nuestras percepciones es importante para juzgar a los demás. Dos personas, por ejemplo, pueden decir exactamente lo mismo en el mismo tono de voz arisca. Si tiene la imagen de uno como simpático y del otro como una persona de mal carácter, pensará que el primero está bromeando y que el segundo es agresivo, y su propia reacción emocional será totalmente diferente hacia uno u otro.

Constancia perceptiva

Cuando se despide de una amiga y la ve alejarse por la calle, la imagen de ella en su retina se hará más y más pequeña. Sin embargo, no la ve como una mujer que se está encogiendo increíblemente. Sabe que mantiene el mismo tamaño y que la razón de que parezca más pequeña reside en la distancia que

FIGURA 3-28 *La figura c es ambigua. Si cubre la figura b, tanto a como c parecerán una vieja de perfil, pero si cubre a, tanto b como c, parecerán una joven con la cara vuelta hacia atrás. Muestre la figura c a un amigo mientras cubre los otros dos dibujos. Pregunte: «¿Qué ves?» Y luego: «¿Ves algo más?» Después enséñele cada uno de los otros dibujos.*

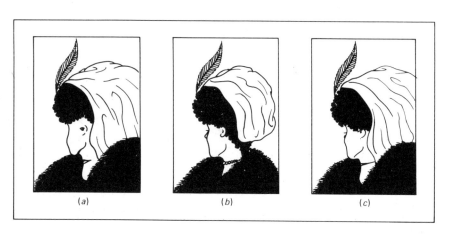

(a) (b) (c)

ha ido aumentando entre los dos. Esta percepción de que los objetos de nuestro ambiente mantienen el mismo tamaño, aunque pueden parecer distintos porque varíen las condiciones en el entorno, se conoce como constancia perceptiva . Gracias a que podemos tener en cuenta las variaciones de los indicadores ambientales, podemos mantener una imagen estable del mundo y de las personas y objetos que lo pueblan. También podemos realizar diversos juicios sobre la distancia, la luz y otros aspectos del medio.

- *Constancia de tamaño:* Si conocemos el tamaño de un objeto (como en el ejemplo anterior), sabremos por su tamaño relativo en nuestro campo de visión si se encuentra cerca o lejos (véase figura 3-29).
- *Constancia de textura:* Si una superficie determinada se ve rugosa de cerca, cuando veamos la superficie más suave y con menos detalles será porque estamos más lejos de ella (véase figura 3-30).
- *Constancia de forma:* Si sabemos que los bidones de aceite se mantienen redondos, entonces, cuando parezcan ovalados, será porque están a cierta distancia y en un ángulo visual menor (véase figura 3-31).
- *Constancia de luminosidad:* Vemos la luminosidad de un objeto constante incluso bajo diferentes condiciones de iluminación, de forma que si lee esta página a plena luz del sol o en la penumbra, sabrá seguro que el papel sigue siendo blanco y las letras negras. Cuando el papel parezca más gris, puede decir que la iluminación es menor.
- *Constancia de color:* Si conocemos el color de un objeto, sabremos que cuando parece más claro, más oscuro o de un matiz diferente, es la iluminación la que en realidad varía.

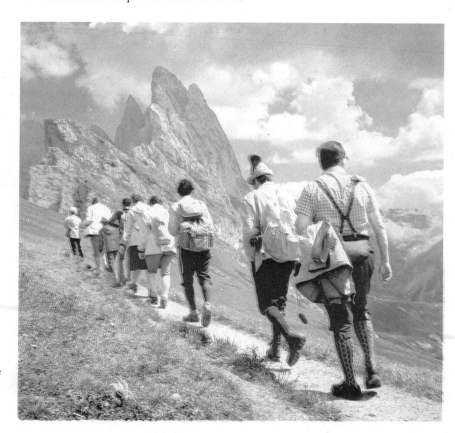

FIGURA 3-29 *Una manera de juzgar la distancia es basándonos en la constancia de tamaño. Cuando vemos esta foto de unos excursionistas en los Alpes italianos, sabemos que aunque la última persona parece mucho más grande que el primero, no puede haber mucha diferencia entre ellos. Por lo tanto, suponemos acertadamente que la primera persona parece más pequeña porque está más lejos. La diferencia de tamaño nos proporciona una base para calcular a qué distancia se encuentra ésta. (© Werner H. Müller/Peter Arnold, Inc.)*

FIGURA 3-30   *Otro indicador para juzgar la distancia es la constancia de textura. Fíjese lo claramente que puede ver las formas, colores y colocación de las piedras que están cerca, y qué pocos detalles se pueden observar de las piedras lejanas.* (© *Bohdan Hrynewych/Stock, Boston, Inc.*)

FIGURA 3-31   *Esta fotografía ilustra la constancia de forma. Sabemos que los bidones de aceite, que vemos aquí, son redondos, por lo tanto si a nuestros ojos parecen ovalados, sabemos que es porque los vemos a cierta distancia.* (© *Sepp Seitz/Woodfin Camp y Assoc.*).

La constancia perceptiva existe asimismo en relación con los demás sentidos, por ejemplo el oído. Si oímos un sonido suave de un coche de bomberos y reconocemos la sirena, sabemos que normalmente suena más fuerte y suponemos que está lejos. Entonces ya podemos relajarnos, sin la preocupación de que sea nuestra casa la que está en llamas.

Existen dos explicaciones básicas sobre la constancia perceptiva. Una es la teoría de la inferencia inconsciente, y se basa en lo que sabemos por la experiencia. Si poseemos cierta información básica, como el tamaño o la verdadera forma de un objeto, realizamos inferencias inconscientes cuando el objeto *parece* diferente. De acuerdo con esta teoría, sabemos inconscientemente qué objetos que están cerca parecen más grandes porque reflejan una imagen más grande en la retina; así que, si conocemos la distancia entre nuestros ojos y un objeto, podemos deducir el tamaño de éste (Rock, 1977).

Una explicación alternativa la presenta la teoría ecológica, que afirma que la relación entre los diferentes objetos de una escena es la que nos da la información sobre su tamaño (Gibson, 1979). Así, cuando nuestra amiga se aleja, la relación entre su tamaño y el tamaño de los árboles y automóviles se mantiene constante, es decir, vemos que todos los tamaños se mantienen constantes, a pesar del cambio en la imagen de la retina. O cuando miramos este libro en la oscuridad, la relación entre la blancura de la página y lo negro de los caracteres se mantiene constante incluso si cambia la cantidad de luz reflejada.

La cámara de Ames (figura 3-32a) se basa en la teoría ecológica para engañar al observador, y le da una impresión distorsionada del tamaño de las personas en la habitación. En esta fotografía, que representa la visión de la habitación que tiene el observador, el niño parece mucho más grande que la mujer, aunque en realidad ella sea más alta. Eso ocurre porque diseñaron la habitación para que pareciera normal, de forma rectangular, vista desde un punto determinado; pero como puede ver en el dibujo de la figura 3-32b, la

FIGURA 3-32 (a) *La mujer de esta fotografía, tomada en la cámara de Ames, es, en realidad, más alta que el chico, aunque él parece gigantesco a su lado. Un dibujo de la habitación vista desde arriba explica la ilusión (© Baron Wolman, 1981/Woodfin Camp y Assoc.)*

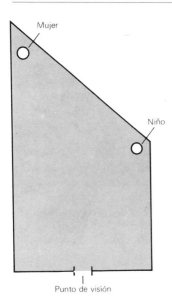

Mujer

Niño

Punto de visión

FIGURA 3-32 (b) La cámara de Ames vista desde arriba. *La mujer está casi dos veces más lejos que el niño, aunque cuando miramos la habitación desde el punto de vista indicado, esta diferencia de distancia no se aprecia. (De Gregory, 1973.)*

habitación está construida de manera que la mujer se encuentra casi dos veces más lejos del observador que el niño. La relación entre el tamaño de las ventanas y las paredes ha sido alterada, cambiando la relación entre las personas y su entorno y engañando así al observador. La constancia, pues, necesita un contexto.

Las constancias perceptivas son importantes porque nos liberan de depender de las características de la imagen en nuestra retina, cuando intentamos percibir la naturaleza de un objeto. Hacen que nuestras percepciones estén orientadas hacia los objetos y no tanto hacia la retina. Nos ayudan a mantener un sentido realista del mundo en el que vivimos.

Percepción de la profundidad

Wesley Walker, un jugador de fútbol profesional, de los New York Jets, debe juzgar exactamente la velocidad y los movimientos de los demás y de la pelota cada vez que juega. Como receptor tiene que determinar dónde va a caer el balón mientras están en movimiento los dos y tiene que estar continuamente modificando su estimación mientras corre a por la pelota. Obviamente necesita un sentido muy agudo de la percepción de la profundidad, y, a juzgar por su éxito en el estadio, lo tiene, a pesar de estar prácticamente ciego del ojo izquierdo (*New York Times*, 1983).

Por supuesto, la percepción de la profundidad no es importante solamente para los jugadores de fútbol. Es vital para todo el que conduzca un coche, ande por la calle o efectúe las actividades motoras más elementales. ¿Cómo juzgamos la distancia de los objetos? Principalmente de dos maneras: aquella que depende de la visión de ambos ojos trabajando conjuntamente (*indicadores binoculares*) y la que depende de un solo ojo (*indicadores monoculares*).

Las indicaciones binoculares, que son más exactas, dependen del hecho de que los dos ojos están separados el uno del otro varios centímetros. Cada ojo tiene una visión del mundo ligeramente diferente del otro y el modo en que el cerebro fusiona ambas imágenes crea la impresión de profundidad. Cuando «ve doble», ve la visión de los dos ojos por separado; por alguna razón (posiblemente la fatiga, intoxicación o una debilidad de los músculos de los ojos) no se fusionan.

Puede comprobar fácilmente la diferencia entre lo que ven sus ojos, la llamada *disparidad retinal*. Cierre su ojo derecho y mantenga un dedo a aproximadamente unos 20 centímetros delante de su ojo izquierdo. Después coloque un dedo de la otra mano detrás del primer dedo hasta que el segundo dedo esté completamente escondido. Si ahora cierra el ojo izquierdo y abre el derecho, será capaz de ver el dedo que antes estaba escondido. Esta visión ligeramente diferente de sus dedos vistos por cada ojo muestra el principio de *estereopsia*, que es la base de las películas y diapositivas tridimensionales, que proyectan una imagen ligeramente diferente a cada ojo y crean así la ilusión de profundidad. Las fotografías estereoscópicas de los jugadores de fútbol de la figura 3-33 nos enseñan cómo sería vista una escena por cada uno de los ojos. El cerebro determina la velocidad de un objeto (por ejemplo, una pelota lanzada hacia usted) con la ayuda de *la estereomoción*, al procesar el cambio en la disparidad entre las dos imágenes de la pelota cuando se acerca o se aleja.

Wesley Walker u otras personas ciegas de un ojo pueden, sin embargo, jugar al tenis o al fútbol, conducir un coche o incluso pilotar un avión atendiendo sólo a las indicaciones monoculares, que no dependen de la visión de ambos ojos.

FIGURA 3-33 *Fotografías estereoscópicas del futbolista «Mean» Joe, ex defensa de los Pittsburgh Steelers. El ojo izquierdo ve la escena tal como la vemos en la foto de la izquierda, y el ojo derecho la ve como en la foto de la derecha. En la foto de la derecha el jugador número 23 parece estar más cerca de Greene, y vemos así cómo los dos ojos perciben el mundo de forma algo diferente. (Estereograma de Mike Chikiris, 1977.)*

Los indicadores monoculares tienen en cuenta el tamaño, el paralaje de movimiento, la interposición, el gradiente de textura, las perspectivas lineal y aérea y el sombreado.

El *tamaño* es un indicador primordial: los objetos cercanos parecen más grandes porque proyectan una imagen más grande a la retina. A medida que se acerca una pelota, se hace más grande, y basándose en la imagen de la retina que cambia rápidamente, el cerebro puede calcular la velocidad y dirección de aquélla. Cuando el cuerpo también se mueve, el cerebro incluye este dato en sus cálculos y el indicador monocular de *paralaje de movimiento* se torna importante. En este fenómeno, observable especialmente cuando vamos en choche o en tren, lo objetos cercanos pasan más rápido por nuestro campo de visión que los objetos lejanos. Los arbustos que se ven fuera de un autobús parecen pasar volando comparados con las montañas lejanas, que se «mueven» a una velocidad más comedida. La velocidad del movimiento aparente está directamente relacionada con la distancia (véase figura 3-34). Otros indicadores monoculares importantes son:

- *Interposición:* Cuando un objeto está delante y entorpeciendo parcialmente la visión de otro objeto, es evidente que el objeto que se encuentra delante está más cerca.
- *Gradiente de textura:* Cuando observamos la textura de una superficie, bien sea ésta natural, como en el caso de los surcos de una duna de arena, o bien se trate de una superficie compuesta por muchos objetos almacenados uno cerca de otro, como un almacén lleno de barriles, los elementos

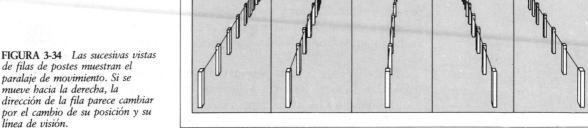

FIGURA 3-34 *Las sucesivas vistas de filas de postes muestran el paralaje de movimiento. Si se mueve hacia la derecha, la dirección de la fila parece cambiar por el cambio de su posición y su línea de visión.*

FIGURA 3-35 *Esta magnífica fotografía de las dunas Dumont, en California, demuestra la importancia que tienen los indicadores monoculares para la percepción de profundidad, conocidos como «gradientes de textura». El hecho de que los surcos de arena que están más cerca de nosotros parezcan más anchos que los que están en la distancia, no permite inferir las distancias en cuestión. (© Max Dunham/Photo Researchers, Inc.)*

más cercanos a nosotros parecen estar más espaciados que los que están situados más lejos (véase figura 3-35).

- *Perspectiva lineal (convergencia de líneas paralelas):* Cuando dos líneas que sabemos que son paralelas parecen converger en un punto, inferimos que este punto está a una distancia determinada de nosotros (véase figura 3-36).

FIGURA 3-36 Un ejemplo de perspectiva lineal. *Cuando vemos las líneas paralelas de los cuadros de la calle y las fachadas de los edificios converger hacia un punto de fuga en la distancia, tenemos la ilusión de profundidad. (Museo de arte, Carnegie Institute, Pittsburgh; Director's Discretionary Fund, 1974.)*

● *Perspectiva aérea:* Vemos los objetos que están lejos de nosotros menos claramente que los que se hallan más cerca. Aquéllos parecen más borrosos por la niebla, el humo y el polvo en el aire, y también parecen más azules que los objetos que están cerca. (¿Recuerda aquello de «y entre las azules montañas...»?)

● *Sombreado:* Fijándonos en dónde caen las sombras, obtendremos a menudo la sensación del tamaño y la distancia de un objeto. Los artistas que se especializan en la pintura «trompe l'oeil», que «engaña al ojo», utilizan hábilmente el sombreado para hacer creer al observador que una pintura plana tiene, en realidad, elementos tridimensionales (véase figura 3-37).

La habilidad para calcular la velocidad de un cuerpo en movimiento basándose en el cambio de tamaño, de las imágenes retinales es menor en las personas que pierden la visión de un ojo después de los siete años de edad, lo que indica que las células corticales, especialmente desarrolladas para la

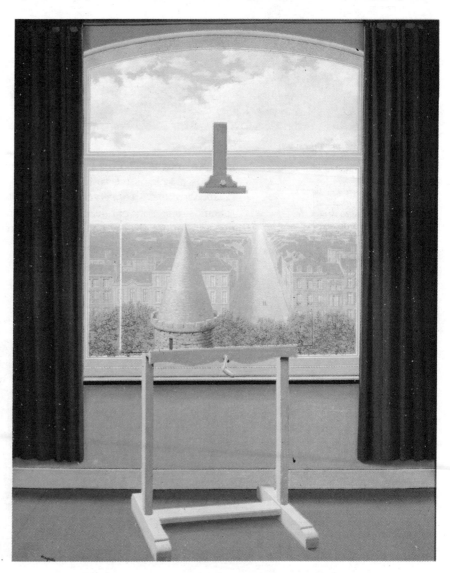

FIGURA 3-37 *El sombreado nos da una indicación acerca del tamaño y distancia de un objeto (Instituto de Arte de Minneápolis.)*

percepción de profundidad binocular, se forman probablemente durante los primeros años de vida (Reagan, 1983). En realidad, la percepción de profundidad es o una habilidad innata o algo aprendido extremadamente pronto en la vida. Si coloca un niño de sólo seis meses sobre un «acantilado visual», que consiste en una tabla plana cubierta de cristal que crea la ilusión de un precipicio, el bebé no querrá avanzar sobre el lado que parece profundo, ni siquiera para llegar a su madre (Walk y Gibson, 1961). Bebés de dos o tres meses muestran más baja tasa cardíaca en el lado «profundo» que en el lado superficial, lo cual indica que reaccionan a la ilusión de profundidad (Campos, Langer y Krowitz, 1970) (véase figura 3-38).

Ilusiones visuales

Aunque nuestras constancias perceptivas nos ayudan a percibir el mundo con exactitud, nuestros sistemas perceptivos no son infalibles. Estamos sujetos a muchas percepciones falsas, llamadas ilusiones. Algunas ilusiones son causadas por contextos ambiguos, como en la ilusión del tamaño producida por la habitación de Ames y en las *ilusiones de Muller-Lyer y Ponzo*.

Mire las líneas en la figura 3-39a. Ignorando las líneas angulares del final de cada línea vertical, decida qué línea vertical es la más larga. Si las mide, verá que ambas son iguales, pero resulta difícil creerlo, porque prácticamente a todos la de la derecha nos parece más larga. La ilusión de Muller-Lyer está causada por las líneas angulares. Quizá el efecto se deba a la tendencia de nuestros ojos de ir hacia el centro de la línea, en el caso de la izquierda y de ir fuera de ella, en el caso de la derecha. O bien puede que esté relacionado con la falsa impresión de profundidad señalada en la figura 3-39b.

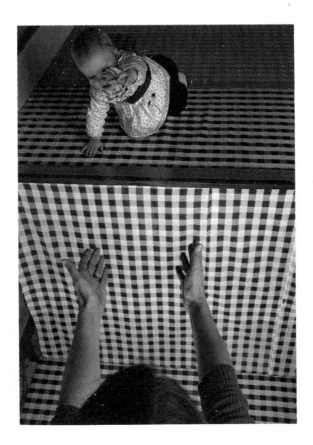

FIGURA 3-38 *Los bebés perciben la ilusión de profundidad desde muy temprana edad. Ni siquiera la madre puede inducir a este bebé a pasar por lo que parece un precipicio. (Enrico Ferorelli/DOT.)*

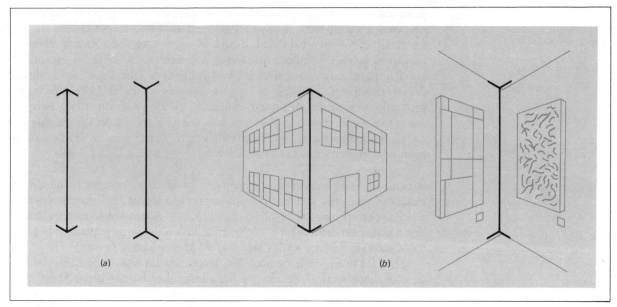

(a)

(b)

FIGURA 3-39 (a) Ilusión de Müller-Lyer. *Las dos líneas verticales son iguales.*

FIGURA 3-39 (b) *Un dibujo que indica cómo las figuras de Muller-Lyer pueden ser percibidas como indicadores de profundidad. (Van Bucher/Photo Researchers, Inc.)*

La ilusión de Ponzo, reflejada en la figura 3-40, nos desconcierta por la ilusión de profundidad que provocan los raíles convergentes de tren y que nos hace esperar que el rectángulo más distante aparezca más pequeño. Cuando no es así, suponemos que es más grande que el del primer plano de la fotografía.

FIGURA 3-40 *Ilusión de Ponzo.*

Desde por lo menos el siglo II a. C. los científicos han intentado explicar la *ilusión lunar,* que hace parecer a la Luna más grande cuando está baja, en el horizonte, que cuando está sobre nuestra cabeza, en el cenit (véase figura 3-41). De acuerdo con la *teoría de la distancia aparente,* un objeto en el horizonte visto sobre un paisaje que contiene otros muchos objetos (es decir, lleno de colinas, árboles, edificios, etc.), parece estar más lejos que un objeto visto sobre el espacio vacío del cielo. Eso ocurre en parte porque podemos usar indicadores visuales dados por el paisaje (como gradientes de textura, la perspectiva y el tamaño) para darnos cuenta de que la Luna está realmente lejos. Sin embargo, no poseemos ninguna de esas indicaciones en la inmensidad del cielo, y sin embargo, la Luna está tan lejos que resulta difícil para la mente humana imaginarse la distancia; por eso la subestimamos.

Dado que la Luna parece encontrarse más lejos en el horizonte que en el cenit, dado que en realidad es del mismo tamaño en ambos puntos y proyecta igual tamaño de imagen retinal, y dado que sabemos que, cuanto más lejos está un objeto, más pequeño parece, la Luna que parezca estar más lejos siempre nos dará la impresión de ser más grande. Ptolomeo, el gran astrónomo de la antigüedad, que nos dio una teoría del Universo con el Sol como centro (es decir, que la Tierra se mueve alrededor del Sol y no al revés), también expuso la teoría de la distancia aparente, que experimentos científicos han confirmado dieciocho siglos más tarde (Kaufman y Rock, 1962; Rock y Kaufman, 1962).

El papel de la experiencia

Aunque algunos de los conceptos de los cuales hemos hablado parezcan evidentes, no son ni mucho menos universalmente conocidos. Por ejemplo, el uso de la perspectiva para mostrar la profundidad de una pintura (como en la figura 3-36) es una convención artística bastante reciente. Pinturas romanas del siglo I a. C. mostraban sólo una perspectiva elemental, «sin convergencia de líneas hacia un solo punto de fuga» (Robb, 1951; pág. 54). No fue hasta el Renacimiento cuando los artistas descubrieron que con los principios de la perspectiva podían añadir una impresión de profundidad muy realista a sus cuadros. Incluso ahora algunas culturas no conocen todavía el papel de la perspectiva lineal para mostrar profundidad.

Las diferencias culturales también son manifiestas en otros aspectos. Mientras usted miraría el dibujo de la figura 3-42 y sabría de inmediato que el cazador está intentando alcanzar al antílope con su lanza, individuos de otras culturas no tomarían en cuenta el tamaño y supondrían que el cazador está apuntando al elefante (Deregowski, 1972).

(a)   (b)

FIGURA 3-41 *Una imagen artística de la ilusión lunar, mostrando la Luna sobre el horizonte* (a) *y arriba en el cielo* (b).

FIGURA 3-42 *Los miembros de tribus remotas que no están familiarizados con las indicaciones pictóricas de profundidad piensan que este dibujo representa a un cazador intentando herir con su lanza al elefante y no al antílope que está más cerca. (De Deregowski, 1972.)*

También se observan diferencias en el modo en que las personas de diferentes culturas reaccionan a distintas sensaciones físicas del gusto y del olfato, basándose en sus experiencias anteriores. En gran parte, la manera en que organizamos nuestras sensaciones se basa en lo que hemos aprendido.

La investigación reciente ha mostrado un cambio físico que tiene lugar como respuesta a la experiencia temprana. Al colocarles anteojos a crías de gato (como los que vemos en la figura 3-43) que solamente les permitían ver líneas verticales, hacían que una vez que habían madurado no fueran capaces de ver líneas horizontales y chocaran con tablas colocadas directamente delante de ellos en sentido horizontal (Hirsch y Spinelli, 1971). Si los anteojos sólo les permiten ver líneas horizontales, serán ciegos a las líneas que van de arriba abajo. Este hecho parece ser producido por una modificación en la corteza. Aparentemente, la mayor parte de las neuronas de la corteza visual sólo eran responsivas a las líneas en la dirección (vertical u horizontal) que se les ha permitido ver a los gatos.

No ocurre lo mismo cuando el proceso se efectúa con gatos adultos, lo que sugiere que las células cruciales de la corteza visual se desarrollan en una época temprana de la vida.

Esto nos señala la existencia de un *período crítico* en el desarrollo de la visión. Un período crítico es un período temporal específico en el desarrollo durante el cual un animal o una persona necesita tener experiencias concretas para llegar al funcionamiento adulto normal.

La relevancia de estos hallazgos para los seres humanos reside en unos descubrimientos recientes sobre el *astigmatismo,* defecto visual por el cual determinadas personas tienen dificultad en ver líneas de una orientación determinada, o vertical u horizontal, tal como se muestra en la figura 3-5 (b). Si el astigmatismo de los niños no se corrige con gafas a una edad temprana, es muy probable que sufran una pérdida permanente de agudeza visual para dimensiones verticales u horizontales (Mitchell y otros, 1973). Igualmente, los niños que sufren de *estrabismo,* que utilizan sólo un ojo, cada vez tendrán peor percepción de la profundidad, si no se les trata antes de los cinco años (Banks, Aslin y Letson, 1975).

Como veremos en otra parte de este libro existen razones para creer que hay períodos críticos para distintos tipos de desarrollo, tal como el de aprender las habilidades del lenguaje y los comportamientos sexuales. Aparentemente el desarrollo del cerebro está programado para ajustarse a

FIGURA 3-43 *Este gatito lleva puestas unas gafas de entrenamiento. Una lente contiene rayas horizontales y la otra verticales. Cuando el animal crezca y sea adulto, el ojo que vio solamente rayas horizontales será ciego para las líneas verticales y viceversa.*

ciertas pautas secuenciales. En este capítulo hemos visto cómo nuestro cerebro organiza y da sentido a la información que nos llega a través de nuestros órganos sensoriales. En el próximo veremos cómo el *estado de conciencia* en el que nos encontramos en un momento determinado influye sobre el modo en que sentimos y percibimos el mundo que nos rodea.

RESUMEN

1   La *sensación* es lo que sentimos como respuesta a la información que nos llega a través de los órganos sensoriales. La *percepción* es la manera como el cerebro organiza estas sensaciones para darles sentido. Un *estímulo* es cualquier forma de energía a la que podemos responder. La *psicofísica* es el estudio de la relación entre los aspectos físicos de los estímulos y nuestras percepciones psicológicas de ellos.

2   El *umbral absoluto* es la intensidad mínima necesaria de un estímulo para que pueda ser percibido. Este umbral depende del nivel de fondo de la estimulación. El *umbral diferencial* es la diferencia más pequeña de intensidad para que se pueda percibir una diferencia entre dos estímulos. Este umbral es variable, ya que depende de la intensidad del estímulo original.

3   La *adaptación* es la disminución de los niveles de respuesta de los receptores sensoriales frente a una estimulación continuada. *Atender* es concentrarse en ciertos estímulos, lo que los hace conscientes. Tanto los umbrales como la adaptación y la atención afectan la manera de percibir la información sensorial.

4   Además de los cinco sentidos más conocidos: vista, oído, tacto, gusto y olfato, tenemos otros como el vestibular, el propioceptivo, el cinestésico y el interoceptivo.

5   La *visión:* El ojo humano ve la energía electromagnética en forma de ondas luminosas. Esta energía nos llega en fotones, las unidades mínimas de luz que pueden ser medidas. La parte más importante y compleja del ojo es la retina, formada por neuronas, células gliales y células fotorreceptoras llamadas bastones y conos. Los bastones y conos son sensibles a la luz y la oscuridad.

6   La *visión del color:* De acuerdo con la *teoría tricromática*, vemos los colores primarios, rojo, verde y azul, y todos los demás colores son fruto de las combinaciones de éstos a través de tres mecanismos de color en el ojo, uno para el color rojo, otro para el verde y un tercero para el azul. La *teoría de los procesos oponentes* explica el fenómeno de la posimagen.

7   Los problemas corrientes de la visión son el glaucoma, la miopía, la presbiopía, el astigmatismo, la ambliopía, las cataratas, la ceguera nocturna y la ceguera de color.

8   *La audición:* Diferenciamos entre los sonidos basándonos en dos medidas: su *intensidad* y su *tono*. La intensidad se mide en *decibelios (db)*, que describen la altura de las ondas sonoras. El tono depende de la frecuencia de las ondas y se mide en *hertcios (Hz)*. Las células ciliares del oído son los receptores auditivos, y las fibras del nervio auditivo transmiten la información auditiva al cerebro.

9   De acuerdo con la *teoría de lugar*, oímos un cierto sonido dependiendo del lugar determinado de la membrana basilar que se estimula. La *teoría de frecuencia* afirma que es el ritmo de estimulación de la membrana lo que determina lo que oímos. La teoría de lugar parece explicar la audición de tonos altos, mientras la teoría de frecuencia parece explicar la de los bajos.

10 Los dos tipos más importantes de sordera son la *sensorioneural*, en la cual han sido dañadas las células ciliales (a veces por ruidos fuertes, escuchar la música a alto volumen o llevar auriculares), y la *sordera conductiva*, causada por la ruptura del tímpano o defectos en los huesos del oído medio.

11 El sentido del tacto, en realidad, está compuesto por varios sentidos diferentes, que producen las sensaciones de calor, frío, presión y dolor. Algunas partes del cuerpo son mucho más sensibles al tacto que otras, como se ha podido medir por el umbral *de discriminación entre dos puntos*. El dolor desempeña una función importante, avisándonos del peligro; es posible que existan *vías específicas del dolor*. Ciertas fibras sensoriales responden sólo al dolor, mientras otras parecen señalar el dolor junto con otras sensaciones. El cerebro produce *endorfinas*, sustancias que reducen o eliminan el dolor. A menudo el miedo, el estrés y el esfuerzo físico inhiben el dolor.

12 Los *sentidos químicos:* Nuestros receptores gustativos distinguen entre cuatro diferentes sensaciones, dulce, salado, ácido y amargo. Todos los sabores son descritos en términos de combinaciones de estas cualidades. Algunas preferencias gustativas son aprendidas, mientras otras parecen ser hereditarias. Lo que la mayor parte de la gente llama «sabor» es una sensación global, que también incluye el sentido del olfato. Los olores entran en el cuerpo como moléculas en el aire, a través de la nariz o a través de la parte posterior de la boca, a los receptores del olfato en la cavidad nasal.

13 El sentido de la *propiocepción* nos informa del movimiento de las distintas partes de nuestro cuerpo y de su posición en el espacio. El *sistema vestibular* es el responsable de nuestro sentido de equilibrio.

14 Las *leyes de la Gestalt* subrayan la importancia de las configuraciones globales. Estas incluyen las reglas de la continuidad, proximidad, semejanza y cierre. Otro concepto de la Gestalt es la relación entre figura y fondo.

15 La *predisposición perceptiva* es el fenómeno por el cual a menudo vemos, oímos, saboreamos, olemos o tocamos aquello que esperamos en cada caso.

16 La *constancia perceptiva* es el conocimiento de que los objetos y hechos de nuestro entorno se mantienen iguales a pesar de que puedan parecen diferentes por la variación de las condiciones ambientales. Gracias a que podemos tener en cuenta las variaciones de los indicadores de tamaño, textura, forma, luminosidad y constancia de color, podemos mantener una visión estable del mundo.

17 Juzgamos la distancia de dos maneras. Los indicadores *binoculares* dependen de la visión de ambos ojos, trabajando conjuntamente, son más exactos. Están basados en la visión ligeramente diferente del mundo que tiene cada ojo. Los indicadores *monoculares* incluyen tamaño, paralaje de movimiento, interposición, gradiente de textura, perspectivas lineal y aérea, y sombreado.

18 Las *ilusiones* son percepciones falsas, a menudo causadas por contextos ambiguos, como es el caso de las ilusiones de Ames, Muller-Lyer y Ponzo. Organizamos nuestras sensaciones principalmente según lo que hemos aprendido sobre ellas.

19 Parece haber un *período crítico* en el desarrollo de la visión. Si ciertas experiencias de visión no tienen lugar en momentos determinados de desarrollo, la visión del sujeto adulto estará alterada. Esto ocurre con la habilidad de ver planos horizontales y verticales.

LECTURAS RECOMENDADAS

Coren, S., y Girgus, J. S. (1978). *Seeing is deceiving: The psychology of visual illusions*. Hillsdale, N. J.: Lawrence Erlbaum Associates. Un extenso tratamiento de las ilusiones visuales.

Cornsweet, T. N. (1970). *Visual Perception*. New York: Academic Press. Una descripción completa y clara de la visión.

Goldstein, E. B. (1980). *Sensation and perception*. Belmont, Calif.: Wadsworth. Amplia y bien escrita exposición de los procesos visuales en general y de la percepción en particular.

Green, D. M. (1976). *An introduction to hearing*. Hillsdale, N. J.: Lawrence Erlbaum Associates. Exposición bien escrita, exhaustiva y medianamente sofisticada de la audición.

Spoehr, K. T. y Lehmkuhle, S. W. (1982). *Visual information processing*. San Francisco: W. H. Freeman. Una buena introducción a la psicología cognitiva, que considera la percepción como un proceso cognitivo y que cubre temas como el reconocimiento de patrones, la identificación de letras, la lectura y otros procesos de alto nivel.

CAPITULO 4

ESTADOS DE CONCIENCIA

CUESTIONES CLAVE

De qué forma la medida de las ondas cerebrales ha llevado al descubrimiento de las distintas «fases» del sueño.

Cómo se utiliza la meditación para tratar el estrés, la hipertensión y otras dolencias.

La eficacia de la hipnosis en el tratamiento de diversas patologías, a pesar de la controversia de si es o no un único estado de conciencia.

Los efectos de una amplia gama de drogas psicoactivas.

¿Hasta qué punto está usted consciente en este momento? Es muy probable que no esté leyendo este libro en sueños, bajo la hipnosis, bajo el influjo de las drogas, o durante un trance provocado por la meditación, sino que se encuentre en su estado normal de vigilia. ¿Cómo llamamos a este estado? En términos psicológicos decimos que se encuentra en un estado *normal* de conciencia, por oposición a lo que se denominan estados *alterados* o *alternativos,* como sería el caso de cualquiera de las circunstancias arriba mencionadas.

En este capítulo trataremos del estado de conciencia normal y también de estados alternativos como el sueño, la meditación, la hipnosis y los estados que se producen por el influjo de las drogas.

La conciencia es uno de esos conceptos que parecen sencillos, pero que sorprendentemente son muy difíciles de definir. Es muy corriente que los profanos den tal definición por supuesta y en cambio los psicólogos se refieran a ella describiéndola con gran precisión.

Nosotros necesitamos que tales descripciones sobre este estado sean lo suficientemente concretas de forma que cuando usted y yo nos refiramos a la «conciencia», sepamos que ambos estamos diciendo lo mismo.

¿QUE ES LA CONCIENCIA?

La palabra (del latín: «con conocimiento») la utilizó por primera vez Francis Bacon en el siglo XVII. Más tarde, en el mismo siglo, John Locke la definió como «la percepción de lo que ocurre en nuestra mente» (1690, pág. 138). A principios del siglo XIX era frecuente denominar a la nueva ciencia de la psicología como «la ciencia de la conciencia».

El estudio de la conciencia sufrió un importante retroceso en los círculos psicológicos cuando los conductistas ejercieron su influencia. En 1913, un año antes de que fuera elegido presidente de la Asociación Americana de Psicología, John B. Watson publicó su manifiesto conductista, en el cual proclamaba: «Ha llegado la hora de que la psicología abandone toda referencia a la conciencia». Ya que la mayoría de los psicólogos estaban de acuerdo con la proposición de Watson de que la psicología sólo puede ser científica, si estudia comportamientos que se puedan observar y medir, dejaron de investigar lo que ocurría dentro del cerebro humano. Los que persistieron en querer penetrar en los pensamientos y sentimientos lo hicieron cada vez más dentro de un marco neurológico y fisiológico y no en el psicológico. No fue, hasta mediados del siglo XX, cuando el estudio de la conciencia volvió a ser respetado en los ambientes psicológicos.

Hoy en día el énfasis en el estudio de este tópico, aunque sin embargo esquivo fenómeno, se centra en la posibilidad de definición y descripción de sus diversos niveles denominados «estados alternativos» o «estados alterados». Mientras no exista ninguna definición universalmente aceptada de la conciencia, podremos adoptar, como definición de trabajo, la siguiente: «darnos cuenta de nosotros mismos y del mundo que nos rodea».

EL ESTADO NORMAL FRENTE A LOS ESTADOS DE CONCIENCIA ALTERADOS

De la misma forma que las noticias de los periódicos no suelen relatar las circunstancias normales de la vida diaria, sino sólo las que interrumpen el desarrollo normal de los acontecimientos, el estudio de la conciencia se ha centrado más en los estados alterados que en el estado normal. Antes de seguir hablando de estos otros niveles, miraremos cómo difieren de la condición normal.

Como parte de su ritual, derviches turcos giran furiosamente hasta que se encuentran en un estado de trance eufórico. (© lra Friedlander/Woodfin Camp y Assoc.)

Generalmente, se considera como estado de conciencia normal aquel en el que pasamos la mayor parte de las horas de vigilia. Cualquier cambio cualitativo de nuestro estado normal es considerado como un estado alternativo o alterado. «Cualitativo» es la palabra clave, ya que la diferencia tiene que ser de *clase*, no sólo de *grado*. No es una cuestión de estar más o menos despierto. Se ha de sentir que sus procesos mentales funcionan de manera diferente del modo en que lo harían normalmente. Puede darse cuenta de funciones mentales que no aparecen en modo alguno en estado normal, puede que oiga o sienta cosas que normalmente no percibiría, puede que esté más preocupado de lo normal sobre sus sensaciones internas o de su manera de pensar, puede que realmente piense de forma distinta o que se encuentre desconectado de la realidad (Tart, 1969; Ludwig, 1966). A menudo podrá estar en un estado intermedio, como cuando está adormecido bajo los rayos del sol de manera que no sabe si está despierto o dormido.

El concepto de normalidad varía de una persona a otra. Un músico puede a menudo oír una melodía mientras está haciendo sus quehaceres diarios, mientras otra persona sólo puede oír un tema musical bajo la influencia de las drogas. Una persona puede tener muy poca conciencia del tiempo, mientras otra puede ser consciente de él minuto a minuto. Las impresiones individuales de las sensaciones corporales, las imágenes visuales y el ambiente varían considerablemente. Lo más seguro es que su estado normal de conciencia difiera del mío en muchos aspectos.

El concepto de normalidad también difiere en función del transcurso del tiempo, el medio físico y la cultura. El estado de conciencia normal para un vaquero del Oeste americano del siglo XIX era, sin duda, completamente distinto del estado normal de un clérigo oriental del siglo XIV. Tal como Tart (1969) señala, «muchas personas pertenecientes a culturas primitivas creen que casi todo adulto normal es capaz de entrar en estado de trance y ser poseído por un dios; el adulto que no puede hacer eso es un disminuido psicológico para ellos. ¡Cuán deficientes le parecerían los americanos a una persona de una cultura semejante! (pág. 3).

En su célebre cuadro, La persistencia de la memoria, *el pintor surrealista Salvador Dalí dibuja una representación de un estado de la conciencia alterado. Mezcla lo real (los objetos reconocibles) con lo imaginario (¡nunca hemos visto relojes como éstos!), creando imágenes semejantes a las de un sueño. Los relojes representan un sentido temporal deformado, como lo sienten las personas en estado de conciencia alterado. (Colección del Museo de Arte Moderno, Nueva York, donación anónima.)*

Características de los estados alternativos y los estados de conciencia alterados (ECAs)

Todos hemos experimentado estados de conciencia diferentes al dormir, soñar o estar enfermos con fiebre alta. Algunos también hemos experimentado un ECA producido por la meditación, la hipnosis o las drogas. El primer grupo citado comprende los estados *alternativos,* mientras que el segundo consiste en lo que consideramos estados *alterados.* Estos últimos no aparecen de forma espontánea y hay que provocarlos deliberadamente. Trataremos ambos tipos de ECAs. Todos ellos difieren uno del otro, aunque mantienen características comunes, tales como (Ludwig, 1966):

- *Alteraciones del pensamiento:* Experimentamos diferentes grados de concentración, atención, memoria o capacidad de juicio. No estamos seguros de lo que es real y de lo que no lo es, confundimos la causa y el efecto. Cosas que normalmente parecen absurdas de repente se convierten en incuestionables, como en un sueño en el que en un momento pasamos de estar en una playa bajo el sol veraniego a estar en un frío lugar frente a montañas de nieve.
- *Pérdida de la noción del tiempo:* Puede sentir que el tiempo se detiene o bien que avanza muy rápidamente. Si se encuentra totalmente sumergido en una actividad creativa puede que no se dé cuenta de que ha trabajado durante todo el día, hasta que la oscuridad le haga ver cuántas horas han transcurrido.
- *Pérdida de control:* Puede resistirse a la pérdida de control luchando contra el sueño, o bien puede abandonar toda sensación de autocontrol, intentando entrar en un estado místico o en un viaje provocado por drogas alucinógenas. Los terapeutas sexuales han descubierto que uno de los factores que impide a algunas personas experimentar el orgasmo es su miedo a perder el control.
- *Cambios en la expresión de las emociones:* Es posible que muestre sus emociones mucho más abiertamente, como el hombre que llora a mares,

ríe a carcajadas o pega a su mujer violentamente cuando está borracho. O bien puede que se encierre en sí mismo no mostrando ninguna emoción, como si estuviera en un estado de profunda meditación.

- *Cambios en la imagen corporal:* Puede experimentar la sensación de encontrarse fuera del cuerpo, sentirse muy pesado o muy ligero, o sentir que ciertas partes del cuerpo se han encogido o crecido, se han vuelto de goma o por el contrario están muy rígidas.

- *Alteraciones perceptivas:* Puede ver visiones, oír voces o músicas extrañas. O quizá sienta que percibe las cosas de forma lenta y pesada. Las pinturas realizadas por personas que están bajo el influjo de drogas, o atravesando un episodio esquizofrénico, suelen representar tales alteraciones.

- *Cambio en el sentido o significado:* Puede experimentar que ha obtenido un conocimiento nuevo e interesante, como si se le hubiera encendido una luz que le permite discernir todo lo que estaba oscuro. El soñador, el meditador, el borracho, todos piensan haber encontrado el sentido de la vida. Sin embargo, en la mayoría de los casos una vez que cambia de estado, el conocimiento se desvanece o se vuelve trivial.

- *Sensación de incapacidad para describir algo:* Es posible que diga: «No lo puedo explicar». Aunque parte de su problema puede ser debido a una falta de vocabulario para describir experiencias lejanas de su ambiente cotidiano, o quizá puede deberse a una pequeña amnesia o a que sus procesos mentales eran tan lentos y diferentes durante la experiencia que no se daba bastante cuenta de lo que ocurría para poder ahora describirlo.

- *Sensación de rejuvenecimiento:* Puede experimentar una sensación de rejuvenecimiento al salir de ciertos tipos de ECA, como un sueño profundo, ritos primitivos de pubertad o experiencias de conversión religiosa.

- *Hipersugestionabilidad:* El trance hipnótico es, naturalmente, el primer ejemplo del grado en el que una persona, en un estado alterado, es capaz de expresar creencias y actuar según las sugerencias de otra persona. Pero también puede sucederle esto en otras circunstancias. Ludwig explica esta sugestionalibilidad en función de diversas características del estado alterado, que incluirían la pérdida del contacto con la realidad, facultades críticas disminuidas y la aceptación de las contradicciones.

El modo de inducir un estado alterado determinado tiene mucho que ver con el tipo de estado que se quiere provocar, el tipo de persona y las circunstancias que la rodean. Los métodos de inducción varían desde la sobreestimulación a la retirada completa de estimulación, tal y como enumeramos a continuación (adaptado de Ludwig, 1966):

- *Repetición, monotonía, restricción del movimiento:* La reclusión en soledad, caminar sobre laderas árticas cubiertas de nieve y sin señal alguna, conducir durante millas en una rápida autopista, inmovilización postoperatoria.

- *Sobreestimulación, actividad continuada:* Tortura en tercer grado, lavados de cerebro, la influencia de las masas en una reunión religiosa o en las ceremonias tribales, bailes frenéticos, masturbación continuada, carreras de larga distancia, conflictos emocionales.

- *Concentración mental:* Rezar, hacer de centinela, leer, escribir, resolver problemas, escuchar a un orador carismático.

- *Pasividad:* Soñar despierto, somnolencia, meditar, autohipnosis, música

---

Ludwig (1966) contó su propia experiencia después de haber tomado LSD con un propósito experimental:

En un momento dado, en el cenit de la experiencia, recuerdo haber experimentado un deseo intenso de orinar. Mientras estaba frente al urinario me fijé en un rótulo que decía: «Hagan uso de la cadena, por favor». Sopesando estas palabras en mi mente, me di cuenta de repente de su significado profundo. Encantado por esta revelación excitante, volví corriendo hacia mi colega para compartir con él esta verdad universal. Desgraciadamente, al tratarse de un mortal corriente no supo apreciar la tremenda importancia de mi comunicado y se echó a reír. (En Tart, 1969, pág. 15.)

Provocación de estados alterados

relajante, asociación libre durante el psicoanálisis, relajamiento muscular cuando se toma el sol.

• *Factores fisiológicos:* Cambios en la química corporal provocados por drogas, deshidratación, privación de sueño, ayuno, hiperventilación, fiebre, enfermedad, retirada de fármacos que crean adicción.

Vamos a estudiar algunos de estos estados alternativos, empezando con uno que todos experimentamos prácticamente todos los días: el sueño.

EL SUEÑO

Podemos ver el impacto de la tecnología sobre la psicología en lo que ha ocurrido en el campo, todavía en crecimiento, de la investigación sobre el sueño. Hasta hace unos 30 o 50 años los científicos habían estudiado casi exclusivamente el estado de vigilia. Esto cambió en 1929 con el descubrimiento del electroencefalógrafo (EEG), instrumento que mide la actividad de las ondas cerebrales y sobre todo, en 1937, con el descubrimiento de Loomis y sus colaboradores de que ciertas etapas del sueño están relacionados con estados del EEG.

Sin embargo, fue en los años 50 cuando la investigación del sueño comenzó realmente con una serie de estudios llevados a cabo en la Universidad de Chicago. Eugene Aserinsky, estudiante de postgrado que trabajaba con Nathaniel Kleitman, estudió los movimientos de los ojos de niños dormidos. Advirtió la existencia de períodos en los que los ojos se movían muy rápidamente durante el sueño, siguiendo patrones muy similares a los movimientos oculares que se producen en estado de vigilia. Este descubrimiento llevó a la distinción entre el sueño REM (movimiento rápido de los ojos) y el sueño NOREM (sin movimientos oculares rápidos), que muestran diferentes patrones de ondas cerebrales, niveles de respiración, tasa cardíaca y patrones de sueño (Aserinsky y Kleitman, 1953). Permitió también distinguir entre cuatro niveles en el sueño NOREM. Los dos tipos de sueño (REM y NOREM) y sus diversas etapas muestran tipos únicos de actividad en muchos de los procesos del cuerpo, y no simplemente una reducción de actividad en todos los sistemas (Williams, Holloway y Griffiths, 1973).

La mayor parte de lo que sabemos sobre el sueño debemos agradecérselo a los voluntarios que han aceptado pasar muchas noches en laboratorios de sueño, conectados a aparatos de medición como el electroencefalógrafo, que mide las ondas cerebrales, el electromiógrafo, que mide los movimientos musculares, y el electrooculógrafo, que mide el movimiento de los ojos.

Niveles y tipos de sueño

Un trazado de EEG muestra la *amplitud* de las ondas cerebrales, es decir, la altura de cada onda cuando se muestra su nivel de voltaje por los movimientos de la pluma sobre la página, y su *frecuencia*, es decir, la velocidad de los movimientos de la pluma hacia arriba y hacia abajo. Cuando está completamente despierto, un electroencefalograma (EEG) de sus ondas cerebrales muestra ondas beta, pequeñas y rápidas. Justo antes de dormirse, cuando está relajado pero despierto aún, sus ondas cerebrales adquieren un ritmo de ondas *alfa,* más grandes y más lentas (de 8 a 12 ciclos por segundo); los ojos empiezan a cerrarse, la respiración y la velocidad del corazón disminuyen y desciende la temperatura corporal. (En la figura 4-1 se representan estos procesos.)

PRIMER NIVEL Durante unos pocos minutos, justo después de haberse dormido, aparece la etapa de sueño ligero, en la que puede despertar

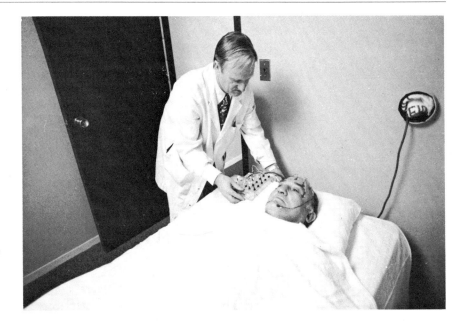

Muchas personas han contribuido a la investigación psicológica simplemente durmiéndose. En este caso, en el Sleep-Wake Disorders at Montefiore Medical Center de Nueva York, un investigador comprueba una máquina que registra la respiración, las ondas cerebrales, la velocidad del corazón y los movimientos de los ojos de un voluntario. (Cortesía del Sleep-Wake Disorders Center, Montefiore Medical Center, The Bronx, New York.)

Si es usted una mujer, puede que se endurezcan sus pezones y se dilate su vagina durante el sueño REM. Si es usted varón, probablemente tendrá erección. Este descubrimiento ha facilitado el trabajo a los terapeutas del sexo para determinar si la impotencia de un varón determinado se debe a causas psicológicas o emocionales. Si un varón no tiene erección durante el sueño, los médicos buscarán razones físicas, pero si sus erecciones durante el sueño son normales, pensarán en causas psicológicas.

fácilmente. Los ojos se mueven más despacio, empiezan a moverse de un lado a otro. Las ondas cerebrales son de 3 a 7 ciclos por segundo, ligeramente más lentas que antes de dormirse. La respiración se torna irregular y sus músculos se relajan.

SEGUNDO NIVEL   A medida que va cayendo en un sueño más profundo, aparecerá en el EEG uno de los dos modelos de ondas cerebrales que se dan en esta etapa. Uno muestra rachas cortas de actividad cerebral; son las *«espigas» del sueño* (12 a 14 ciclos por segundo); el otro es un *complejo K*, una onda de baja frecuencia y amplitud elevada, que tiene lugar como respuesta a algún estímulo externo, como un teléfono que suena, o interno, como el dolor de una indigestión.

TERCER NIVEL   A medida que se va durmiendo más y más profundamente, el cerebro reduce su actividad a un ritmo *delta*, de 0,5 a 2 ciclos por segundo.

CUARTO NIVEL   Cuando las ondas delta se tornan más prominentes, señalan el descenso hacia el sueño más profundo del cual cuesta despertar. Si de repente se despertara, puede que lo hiciera sobresaltado, desorientado y confuso. Normalmente tardará media hora en llegar a este nivel y permanecerá en este sueño profundo de 30 a 40 minutos. Entonces rehará el camino a través de los niveles 3, 2 y 1, según un patrón que tiene lugar en ciclos regulares de unos 90 minutos durante toda la noche. En un determinado momento, emergerá a un nivel completamente diferente, el sueño REM.

SUEÑO REM   Se entra en él de 40 a 80 minutos después de haberse dormido: los ojos, que permanecían completamente quietos, de repente empiezan a moverse de un lado a otro, como si estuviera mirando alguna cosa. La respiración y la velocidad del corazón, que eran lentas y regulares, aumentan de manera irregular a medida que crece también la presión

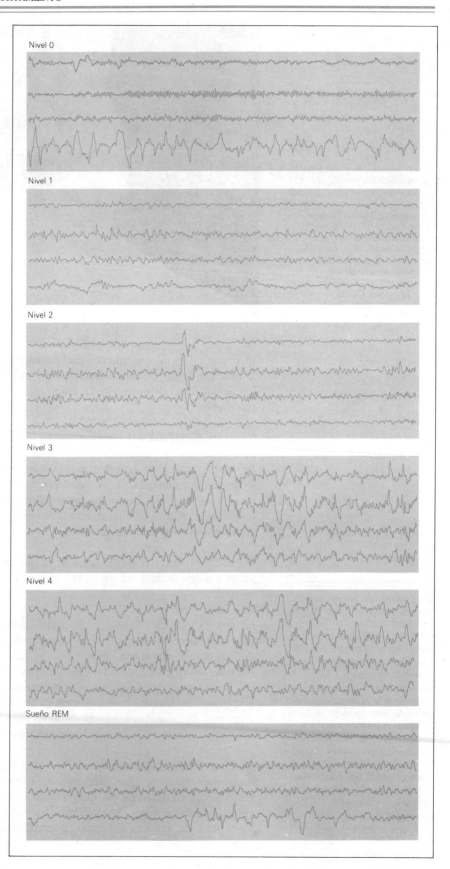

FIGURA 4-1   Los trazados del EEG de los períodos de vigilia y sueño. *El nivel 0 es la etapa de vigilia. En los niveles 1 a 4 el sueño se vuelve progresivamente más profundo. El sueño REM, representado en los últimos trazados, está relacionado con los sueños. (De Webb, 1984.)*

sanguínea. Los trazados de las ondas cerebrales vuelven a un modelo muy similar al del primer nivel de EEG. De este nivel, conocido como el primer nivel «emergente», es muy difícil despertarse, en contraste con el primer nivel inicial, del que es sumamente sencillo.

El sueño REM también se conoce como sueño «activo» o «paradójico», porque todos los síntomas son muy parecidos al estado de vigilia, aunque se está claramente dormido. Otra paradoja es que, a pesar de las muchas señales de actividad, los músculos están tan relajados que no es posible ningún movimiento. Por eso el sonambulismo nunca ocurre durante el REM. Su primer período de sueño REM puede durar de 2 a 5 minutos, mientras períodos posteriores duran hasta una hora. Este es el período de sueño en el que más posibilidades hay de soñar.

Características del sueño

El sueño es universal en todo el reino animal. Aunque hay animales que duermen mucho (como el murciélago, que duerme aproximadamente veinte horas al día) y otros que duermen poco (como el elefante, que duerme de dos a cuatro horas al día), ningún animal puede vivir sin dormir. Los animales menos evolucionados también parecen pasar por períodos de sueño REM y NOREM, al igual que el ser humano.

El conocimiento de que el cerebro funciona durante el sueño ha atormentado a investigadores y estudiantes excesivamente ocupados con la posibilidad de poder aprender durante el sueño. ¿No sería maravilloso poder enchufar una «cassette» al lado de la cama por la noche y despertarnos por la mañana con la cabeza llena de nuevos conocimientos? Desgraciadamente, «ningún estudio ha sido capaz de mostrar de manera convincente la habilidad para asimilar material verbal complejo durante el sueño» (Webb y Cartwright, 1978, pág. 227). A lo que se ve, habrá que seguir estudiando a la antigua usanza, despiertos.

RITMOS CIRCADIANOS Las plantas, los animales y los seres humanos viven de acuerdo con relojes diarios internos que les marcan la actividad diaria. Estos ritmos circadianos (del latín: cerca de un día) deciden qué cantidad de sueño necesitamos cada día. ¿Qué pasaría si no tuviéramos que comer o dormir o estar despiertos en horas determinadas? En un experimento realizado a principios de los años 60 se llevó a unas personas a un sótano sin ventanas, ni relojes, ni radio, ni TV ni ningún otro objeto que pudiera indicar el momento del día o de la noche (Aschoff y Wever, citado por Moore-Ede, 1982). Los participantes comían y dormían cuando les apetecía. A través de esta y otras investigaciones hemos descubierto que la mayor parte de los seres humanos se organizan en ciclos de 24 horas.

La temperatura de nuestro cuerpo sigue también un patrón de 24 horas, siguiendo una pauta que tiene relación con nuestro patrón de sueño. La mayoría de nosotros se acuesta cuando la temperatura del cuerpo baja y duerme durante siete u ocho horas. Si nuestro esquema cambiase de manera que nos acostáramos cuando la temperatura estuviera más alta, dormiríamos mucho más tiempo, hasta quince o dieciséis horas. Así pues, la hora de acostarnos parece más importante para determinar cuánto tiempo estaremos dormidos que el tiempo en que hemos estado despiertos.

Este dato tiene algunas aplicaciones prácticas. Por ejemplo, disminuir el llamado «jet lag» en viajes a zonas de horarios distintos. Es más fácil, por ejemplo, adaptarse a zonas de horario distinto en viajes de este a oeste, en que alargamos nuestro día, que en viajes de oeste a este, en los que lo acortamos.

La tendencia del ciclo vigilia-sueño a atrasarse aproximadamente una hora cada día es una experiencia común. Durante los fines de semana, al vernos libres de la tiranía de los despertadores y horarios de la escuela y del trabajo, la mayoría nos acostamos más tarde y nos dormimos más tarde. El resultado es que el lunes por la mañana nuestros sistemas circadianos internos han cambiado dos o tres horas respecto al tiempo solar. Por lo tanto, cuando nos levantamos el lunes por la mañana a las siete y nos sentimos muy mal, ocurre que nuestro tiempo corporal marca realmente las cuatro, lo que explica los malos humores del lunes por la mañana. (Moore-Ede, 1982; pág. 32.)

Otra manera importante de usar esta información es la planificación de los turnos de trabajo. Dado que un individuo necesita varios días para acostumbrar su ritmo circadiano a un nuevo esquema, sería más lógico, desde el punto de vista del funcionamiento fisiológico, que los que trabajan durante el turno de noche, continuasen en este turno y no tuvieran que alternar regularmente entre mañana (8 a 16 h), tarde (16 h a medianoche) y noche (medianoche a las 8 h).

¿Cómo se puede solucionar esta necesidad constante de cambiar los patrones de sueño o vigilia? Un sistema sería planificar los horarios de manera que los trabajadores vayan de turnos más tempranos a turnos más tardíos. Trabajadores que siguieron esta pauta (sistema de «retraso de fase»), fueron comparados con otros que siguieron la pauta contraria, de turnos tardíos a turnos anteriores («avance de fase»). Los trabajadores con retraso de fase eran más productivos y se mostraban más satisfechos, se sentían mejor y abandonaban su trabajo con menos frecuencia (Czeisler, Moore-Ede y Coleman, 1982).

POR QUE DORMIMOS   ¿Nos beneficiaría igual quedarnos quietos en la cama, con los ojos cerrados y los músculos relajados, que dormir? Las investigaciones indican que no. El descanso sólo no puede contrarrestar la falta de sueño (Webb y Cartwright, 1978). Nadie sabe a ciencia cierta por qué dormimos, a pesar de que son muchos los estudiosos que han pensado e investigado sobre esta cuestión. La mayoría de los investigadores han privado de sueño a algunos individuos y luego han observado las consecuencias. Resultó de ello que si bien la gente es sorprendentemente adaptable respecto a la cantidad de sueño, no pueden, en cambio, funcionar sin él durante un período de tiempo ilimitado.

QUE ES LO QUE CAUSA EL SUEÑO   Los especialistas no han descubierto todavía exactamente qué es lo que indica a nuestro cuerpo que es necesario dormir; sin embargo, un descubrimiento reciente puede darnos alguna pista. Al inyectar «una sustancia provocadora de sueño», aislada de la orina humana, en el cerebro de varios conejos, éstos mostraron un aumento del 50 por 100 en sueño de onda lenta, un sueño considerado normal. Este sueño era similar al estado profundo sin sueños, que tiene lugar cuando a animales que han sido privados del sueño anteriormente se les permite dormir todo lo que quieran (Krueger, Pappenheimer y Karnovsky, 1982). La identificación del factor provocador del sueño podía, posiblemente, ayudar a los investigadores a desarrollar un fármaco para dormir de forma sana y natural.

FUNCION DEL SUEÑO   ¿Qué conseguimos con el sueño? La sabiduría tradicional ha creído durante mucho tiempo en su habilidad para restablecer el cuerpo y el cerebro de la fatiga tras la actividad diaria. Un estudio reciente que encontró un aumento del sueño de onda lenta y del tiempo de sueño total después de haber corrido una carrera de 92 kilómetros parece apoyar esta teoría (Shapiro, Bortz, Mitchell, Bartel y Jooste, 1981). Sin embargo, ya que las investigaciones han mostrado que existe continua actividad de uno u otro tipo durante el sueño, esta teoría probablemente no lo explica todo.

Otra posibilidad es que durmamos, no para *restablecer* nuestro cuerpo después de quedar exhaustos, sino para *evitar* el que se llegue a ello. Mientras dormimos, no podemos realizar todas las demás cosas que nos cansarían.

Otra explicación es la evolutiva, expuesta por Webb (1971), que sugiere que dormimos merced a antiguos patrones adaptativos, que en otros momentos aseguraron nuestra supervivencia. Recogiéndose por la noche en el interior de una cueva acogedora, el hombre primitivo estaba seguro frente a los animales salvajes y otros peligros de la oscuridad. Los que consiguieron dormir sobrevivieron y pasaron sus patrones de sueño nocturno a sus descendientes. Esta teoría explica las diferentes pautas de sueño para distintos animales (aquéllos cuyos enemigos están despiertos durante el día, duermen de noche), pero no llega a contestar a la gran pregunta: ¿Por qué dormimos? Hasta ahora no hemos llegado a conclusión alguna.

FUNCION DEL SUEÑO REM   Para descubrir si el sueño REM tiene un valor especial, el psiquiatra William Dement (1960) hizo experimentos en los que despertaba a ciertos individuos cada vez que éstos entraban en el sueño REM y después les permitía dormir de nuevo. Durante un período de tres a siete noches este proceso redujo el sueño REM en un 75 por 100. Más tarde, el mismo proceso se repitió con el sueño NOREM. Los que habían sido despertados durante el sueño REM se volvieron más nerviosos e irritables y experimentaban dificultades para concentrarse. Recuperaron sus períodos de REM perdidos mostrando más sueño REM durante la «noche de recuperación», es decir, la primera en que no se interrumpió el sueño.

Sin embargo, después de haber revisado unos ochenta estudios con seres humanos y animales, Webb (1975) llegó a la conclusión de que, aunque sea difícil suprimir el REM y aunque se produzca esa recuperación, no se le puede ligar a ninguna función psicológica particular.

PRIVACION DEL SUEÑO   ¿Qué ocurre cuando a un animal o a una persona no se les permite dormir durante varios períodos de tiempo? Ocurren relativamente pocas cosas de naturaleza psicológica. Después de cinco a diez días sin dormir, los seres humanos muestran temblor en las manos, doble visión, párpados caídos y un umbral de dolor bajo; por su parte, los animales acostumbran a perder peso, probablemente por la tensión a la que están expuestos al permanecer despiertos y por la total interrupción de los biorritmos de su cuerpo (Webb, 1975).

¿Qué sucede con la capacidad para seguir realizando las funciones diarias? Aquí ocurre lo mismo, aunque existen síntomas, no son tan graves como podría suponerse. Personas que han pasado hasta tres noches sin dormir pueden todavía efectuar bastante bien la mayor parte de sus trabajos habituales. Encontrarán más dificultades con trabajos que requieren mucho tiempo, o que son difíciles o complejos, que requieren varias operaciones diferentes que deben terminarse en un corto espacio de tiempo, en aquéllos donde se emplean habilidades aprendidas recientemente, o donde se requieren nuevos aprendizajes a corto plazo y, en fin, en aquellas tareas donde no recibimos ninguna indicación sobre lo bien o mal que las realizamos (Webb y Bonnet, 1979).

La falta de sueño se manifiesta también de otras maneras: no se puede prestar atención al trabajo que se tiene delante, es difícil seguir una rutina simple, uno se vuelve menos vigilante y no se preocupa de hacer las cosas que sabe debería hacer. Los soldados que no duermen bastante tiempo pueden todavía dar en el blanco tan bien como antes, pero no realizan los trabajos extra: se ha observado que soldados israelitas, en simulacros de guerra, olvidan llenar sus cantimploras, algo imprescindible para una guerra en el

APARTADO 4-1

EL SUEÑO A LO LARGO DE LOS CICLOS DE LA VIDA

La próxima vez que diga «he dormido como un bebé», piense que los recién nacidos normalmente se despiertan cada dos o tres horas a lo largo de todo el día y toda la noche. Por fortuna para todos los implicados (especialmente los padres), esto cambia pronto. El sueño es un sistema dinámico, cuyas pautas van cambiando a lo largo de la vida.

INFANCIA

Los recién nacidos duermen un promedio de 16,3 horas al día, pero un bebé sano puede dormir solamente 11 horas, mientras otro duerme hasta 21 horas y media (Parmalee, Wenner y Schulz, 1964). Empiezan a dormir durante toda la noche a edades distintas y existen grandes diferencias individuales. A los seis meses, más de la mitad de su sueño tiene lugar durante la noche (Moore y Ucko, 1957). Los recién nacidos tienen de 6 a 8 períodos de sueño, que alternan entre sueño tranquilo y sueño activo. El sueño activo, que es probablemente el equivalente del sueño REM en el adulto, aparece rítmicamente en ciclos de una hora, y ocupa de un 50 a un 80 por 100 del sueño total del recién nacido. Durante los 6 primeros meses el sueño REM disminuye tanto en su conjunto como en el porcentaje del tiempo que pasa durmiendo (ahora ocupa un 30 por 100) y la duración de los ciclos se hace

cada vez más constante (Coons y Guilleminault, 1982).

NIÑEZ

Durante los primeros años de la infancia las horas de sueño disminuyen con unas diferencias individuales muy amplias. Los niños en edad preescolar suelen dormir durante toda la noche y hacen una siesta a lo largo del día; entre los 6 y 16 años los periodos de sueño se reducen de 11 a 8 horas. A los 5 años de edad el sueño REM ocupa más o menos 2 horas (Webb y Bonnet, 1979). El cuarto nivel de sueño es más amplio durante los primeros años de la niñez, con 100 a más minutos a los 2 años de edad.

ADOLESCENCIA

Los adolescentes no suelen despertarse espontáneamente por la mañana, suelen ir a la cama más tarde y muchas veces duermen la siesta, probablemente por la falta crónica de sueño que sufren y por el estilo de vida actual (Anders, Carskadon y Dement, 1980).

EDAD ADULTA

Estamos más informados sobre los hábitos de sueño de estudiantes universitarios de 18 a 22 años, porque constituyen el grupo mayor de voluntarios para la

investigación. Como media, les cuesta de 5 a 15 minutos conciliar el sueño, se despiertan sólo una vez cada noche y permanecen despiertos durante menos de 5 minutos. No se aprecia ninguna diferencia entre los sexos, ambos tienen un promedio de sueño entre 7 y 8 horas (con unas variaciones que van de 6 a 10 horas) y con grandes diferencias de un día a otro. Aunque suelen acostarse a horas muy diferentes, acostumbran a tener un horario más regular para despertarse. Pasan la mayor parte del tiempo, aproximadamente la mitad de la noche, en el nivel 2 y una cuarta parte en el sueño REM. El primer período REM (de 5 a 10 minutos) es el más corto, mientras los períodos posteriores se hacen progresivamente más largos, hasta llegar a una duración de una hora. Casi todo el sueño del cuarto nivel tiene lugar durante las cuatro primeras horas después de conciliar el sueño.

Los patrones de sueño cambian mucho a lo largo de la edad adulta. A los 60 años las personas que solían despertarse una vez durante la noche se despiertan hasta 6 veces, y su sueño es mucho más ligero de lo que solía ser. Los patrones de sueño de las mujeres no cambian tan drásticamente como los de los varones y se parecen al sueño de los varones que tienen diez años menos (Webb, 1975, 1982).

desierto, y que soldados ingleses no se cambian los calcetines mojados, corriendo así el riesgo de que se les congelen los pies. Si se encuentra en el hospital, puede estar bastante seguro de que la enfermera del turno de noche, cansada, le administrará los medicamentos correctos, pero a lo mejor no recorrerá todo el pasillo para preguntarle cómo se encuentra (Webb, en Coleman, 1982).

Aquellos a quienes no se les permite dormir se vuelven confusos, desorientados e irritables, pero su personalidad suele permanecer intacta. Muestran una increíble necesidad de dormir y luchan contra ella. Sin embargo, muy pocos seres humanos serían capaces de igualar el ingenio de una rata experimental a la que no se permitía dormir, pues el suelo de la jaula, hecho con una rueda, se movía lentamente y estaba rodeado de agua:

> Logró trepar a la parte superior de la jaula, por paredes de acero lisas, y enganchó sus dientes en una red metálica que cubría la jaula. ¡Allí la encontraron durmiendo mientras permanecía sostenida por sus dientes! (Webb, 1975; pág. 121).

Esta investigación parece contradecir al común sentimiento que la mayoría de nosotros experimentamos cuando hemos dormido demasiado poco la noche anterior. La razón de no encontrarnos bien después de dormir mal o poco es posible que tenga algo que ver con otros factors distintos de la falta de sueño: la tensión que sufríamos y que nos impedía dormir, o la energía que consumíamos en realizar otra actividad en lugar de dormir, como trabajar, jugar o estar preocupados (Webb, 1975).

¿Quiere esto decir, por tanto, que el sueño no es tan importante como parece? De ningún modo. Aunque la falta de sueño en sí misma parece causar pocos daños físicos o psíquicos, tal privación tiene, por supuesto, otros efectos. Pueden ocurrir verdaderos males, si el conductor de un automóvil sucumbe a la necesidad de dormir y se sale de la carretera, o el operario de una máquina pesada se corta el brazo con la máquina.

Los patrones de sueño varían entre distintos individuos. Aunque los resultados de la investigación no son concluyentes, sí levantan una interesante polémica.

Como escribió Lord Chesterfield a su hijo: «Una cena ligera, un buen descanso de noche y una mañana soleada ha hecho un héroe de aquel hombre que con una indigestión, una mala noche y una mañana lluviosa hubiera sido un cobarde» (1748). Qué hace el «biofeedback»

¿Cuál es el perfil de tu personalidad en el sueño?

¿CUANTO TIEMPO DUERME USTED?

¿Duerme a menudo menos de seis horas, no porque padezca insomnio sino porque no necesita más? ¿O duerme normalmente más de nueve horas? ¿Dicen estos comportamientos algo sobre su personalidad? Depende del estudio en que nos basemos.

Webb y Friel (1971) compararon a 54 estudiantes universitarios de 17 a 18 años, a los que se había aplicado pruebas de personalidad o aptitud, o exámenes físicos, y no encontraron ninguna diferencia importante entre los que dormían mucho y los que dormían poco. En cambio, Hartmann, Baekeland y Zwilling (1972), que dirigieron un estudio del mismo tipo con 29 varones de más de 20 años, advirtieron dos personalidades diferentes: *los que duermen poco* suelen ser enérgicos, eficientes, extravertidos, están satisfechos consigo mismos y sus vidas, raras veces se quejan y son algo conformistas social y políticamente. Contrarrestan la tensión negándola y estando ocupados. Los que duermen mucho son deprimidos y preocupados, inconformistas, críticos e inseguros. Sueñan más que los que duermen poco y muestran mayor tendencia al arte y a la creatividad.

Aunque las observaciones clínicas sugieren que los que duermen poco son gente activa y los que duermen mucho son tristes y depresivos, Webb (1979) sostiene que la investigación actual no ha demostrado tal diferencia. Acaso pruebas más sofisticadas lleguen a identificar estas diferencias con mayor consistencia, pero de momento lo ignoramos.

¿NECESITA DORMIR MAS EN CIERTOS MOMENTOS DE SU VIDA?

Aproximadamente una de cada tres personas duerme de *manera variable*. Sus necesidades de sueño cambian por semanas en distintos períodos de su vida (Hartmann y Brewer, 1976). Si necesita dormir menos cuando las cosas le van bien y más cuando cambia de trabajo o escuela, o cuando está deprimido o bajo tensión (especialmente tras el fallecimiento de algún familiar o al concluir alguna relación afectiva) o cuando necesita usar más actividad mental, es una persona que duerme de manera variable. Los factores físicos también tienen su importancia, ya que tanto el embarazo como la enfermedad requieren dormir más. Teniendo en cuenta que estos descubrimientos reflejan las diferencias entre los que duermen mucho y los que duermen poco y que es la necesidad de sueño REM la que parece cambiar, estos descubrimientos sugieren que el sueño REM puede ayudar a restablecer el equilibrio psíquico en momentos de tensión y excitación.

¿HASTA QUE PUNTO DUERME BIEN?   ¿Es usted una persona que duerme bien? ¿Concilia el sueño en diez minutos, no se despierta durante la noche y no le preocupa el ritmo de su sueño? ¿O bien es usted una persona que duerme mal, que necesita una hora o más para quedarse dormido y se despierta por lo menos una vez cada noche? Dos grupos de individuos que se autoclasificaron en una de estas dos categorías permanecieron en un laboratorio de sueño durante un par de noches. Las mediciones científicas confirmaron la autodescripción y unos tests de personalidad encontraron más problemas emocionales entre los que dormían poco. Cuanto más inquieto era el sueño de la persona, más tiempo de sueño REM tenía, lo que indica posiblemente que este sueño REM ayuda a aliviar la tensión emocional (Monroe, 1967).

¿HASTA QUE PUNTO DUERME PROFUNDAMENTE?   ¿Es usted de los que duermen sin oír las tormentas o los portazos, y no se despierta aunque la habitación se llene de luz? O, por el contrario, se despierta por un susurro o por un poco de luz que se filtra por debajo de la puerta? La mayoría de las personas persisten siempre en la misma categoría (Zimmerman, 1970). Tanto quienes tienen el sueño ligero como los que duermen profundamente informan, si se les despierta durante el sueño REM, un número semejante de veces que estaban soñando, pero cuando se les despierta durante el sueño NOREM, los de sueño ligero tienden a indicar un mayor número de veces que estaban soñando, mientras que los que duermen profundamente informan más bien de pensamientos similares a los que tienen durante el día.

Incluso si suele dormir profundamente puede ser despertado con un estímulo que le afecte de una manera especial: alguien que le susurra su nombre al oído o el sonido de un amigo esperado que llama levemente a su puerta, lo que confirma que la actividad continúa en el cerebro incluso durante los niveles más profundos de sueño.

SOÑAR

Los sueños asumieron un importante, aunque misterioso, lugar en la vida humana mucho antes de que la Biblia diera noticia de la interpretación profética de José de los sueños del faraón sobre las vacas flacas y las vacas gordas. Unos 4.000 años más tarde Sigmund Freud, dándose cuenta de que los sueños no provienen de fuerzas divinas, sino de la propia mente de la persona que sueña, extrajo de ellos indicaciones sobre el funcionamiento del inconsciente. Pero no han llegado a ser asequibles a la investigación científica hasta la mitad de este siglo. Interviene otra vez la tecnología: hasta que no se consiguió que un observador externo pudiera decir cuándo estaba soñando una persona, la única persona que podía hablar de un sueño era la que había soñado. Sólo cuando los científicos relacionaron el sueño REM con el soñar y adquirieron las herramientas para poder afirmar cuándo tenía lugar un sueño, pudieron empezar a resolver algunos de los rompecabezas relacionados con nuestros sueños.

¿Qué es un sueño? Un sueño es una experiencia mental que ocurre mientras se duerme. Consta de imágenes vívidas y a menudo alucinantes. En nuestros sueños saltamos de manera fantástica de una época a otra y de un lugar a otro, entre personas que pueden haber muerto o ser ficticias o desconocidas. Lo curioso es que mientras soñamos aceptamos tales ocurrencias sin ninguna crítica.

¿Cómo han podido averiguar los investigadores cuándo está soñando una persona? Se han desarrollado cuatro criterios:

- *Un aumento en el pulso y en la velocidad de la respiración.*
- *Un EEG de ondas cerebrales típico del modelo de nivel 1 emergente:* Esta señal durante el sueño está asociada con el soñar de una manera muy fiable. Aunque algunas personas que han sido despertadas durante el sueño NOREM dicen que se hallaban soñando, sus sueños suelen ser más cortos, menos extraños y más parecidos a pensamientos que las típicas imágenes de los sueños.
- *Falta de movimiento corporal:* Aquella terrible sensación de estar petrificado mientras alguien le persigue, o de abrir la boca para gritar y ser incapaz de emitir un solo sonido, puede tener fundamento en que realmente somos incapaces de mover nuestros músculos mientras estamos soñando. Esta «parálisis del soñador» puede ser causada por una sustancia química del cerebro que inhibe las neuronas motoras que normalmente producen la contracción muscular (Chase, 1981). Si no tuviéramos tal inhibición, podríamos poner en práctica nuestros sueños y no tendríamos el descanso que nos proporciona dormir. Además, dado que nuestro sentido del juicio está en suspenso mientras soñamos, podríamos exponernos a graves peligros.
- *La apariencia de movimientos rápidos de los ojos:* Antes, los especialistas pensaban que los movimientos observables debajo de los párpados cerrados de una persona que duerme estaban ligados a la acción del sueño. Los típicos movimientos de un lado a otro indicaban que miraba la escena de su sueño. Se pensaba que los movimientos verticales indicaban que la acción del sueño ocurría de arriba a abajo. En cambio, investigaciones más recientes sugieren que estos movimientos de los ojos probablemente no tienen nada que ver con el contenido del sueño. Gatos criados en completa oscuridad y que no han visto nunca nada muestran también este movimiento de ojos durante el sueño, y también lo hacen personas adultas que han sido ciegas durante mucho tiempo, hasta 55 años, y que «oyen» sus sueños en vez de «verlos» (Webb y Bonnet, 1979).

Modelos de sueños

Después de haber observado el sueño de miles de voluntarios, los investigadores han llegado a contestar algunas de las preguntas más corrientes sobre el particular.

- *¿Cómo es una noche de sueño típica?* El primer sueño, que tiene lugar aproximadamente una hora después de habernos dormido, dura entre algo menos de un minuto y diez minutos. Se tiene un total de cinco o seis períodos de sueño durante la noche, que duran entre diez y treinta y cinco minutos, siendo el tiempo total de sueño de una o dos horas.

- *¿Es posible que nunca sueñe?* Todos los que han sido despertados en momentos apropiados en los laboratorios «han explicado que estaban soñando» (Kleitman, 1960, pág. 241). Parece ser que todo el mundo sueña todas las noches, pero algunas personas recuerdan mejor lo que han soñado.

- *¿Por qué no me puedo acordar de mis sueños?* La mayoría de las personas no se acuerdan de la mayor parte de sus sueños. Freud (1900) atribuía este olvido a la represión de pensamientos llenos de ansiedad. Hobson y McCarley (1977), al contrario, se refieren a un «estado amnésico dependiente». Dicho de otra manera, cuando estamos despiertos y alerta, no nos acordamos de experiencias que tuvieron lugar en otro estado, como el del sueño, a menos que acabemos de salir de éste, que es lo que ocurre cuando nos despiertan de improviso mientras soñamos. Cuando esto ocurre, recordamos los sueños incluso los que son muy emotivos, lo que indica que el olvido puede tener una base fisiológica, relacionada con el estado en aquel momento.

  Una nueva explicación sobre el olvido de los sueños ha sido expuesta recientemente: los sueños *tienen* que ser olvidados. El verdadero propósito de los sueños REM, dicen Crick y Mitchison (1983), es el de limpiar nuestros cerebros de información innecesaria para que no nos importunen obsesiones y alucinaciones durante nuestras horas de vigilia. Sostienen que el cerebro posee un «mecanismo de aprendizaje reversible», excitado por la intensa actividad eléctrica de la corteza que tiene lugar durante el sueño REM, la cual borra las asociaciones casuales de la memoria formadas durante el día. Eso ayuda a la corteza a trabajar mejor y evita el retorno de los sueños. (Los sueños que realmente se repiten son los que mostraban tendencia a despertarnos, dicen, posiblemente porque producen ansiedad.)

  Probablemente la verdadera explicación de que olvidemos la mayor parte de nuestros sueños es una combinación psicológica y fisiológica. Algunas personas parecen olvidar los sueños emocionales porque también reprimen los pensamientos ansiosos en la vida de vigilia, y otras olvidan los sueños poco emocionales porque no son interesantes (Koulack y Goodenough, 1976). Es más difícil recordar un sueño si se ha estado en tensión antes de dormirse (Goodenough, 1967; Koulack, 1970). El sueño que recordamos suele ser el más reciente, justo antes de despertarnos; este sueño también suele ser el más largo, vivo y emocionante de la noche. Si recordamos un sueño anterior, puede ser porque nos despertamos en aquel momento, por el sueño en sí o por alguna otra razón, o quizá porque hemos soñado lo mismo anteriormente. Los sueños que recordamos probablemente no sean los más típicos (Cartwright, 1977).

- *¿Cuánto tiempo duran los sueños?* La idea de que un sueño largo y complicado en realidad ocurre en un momento nace del informe presentado por el escritor francés André Maury, que atribuía un sueño largo y complicado sobre el hecho de ser guillotinado durante la revolución francesa al hecho de que el cabezal de su cama cayó sobre su nuca exactamente en el lugar donde hubiera caído la hoja de la guillotina (1861). Sin embargo, las investigaciones de laboratorio han demostrado que los sueños ocupan espacios variables de tiempo y que las personas que son despertadas cinco o quince minutos después de haber empezado el sueño

REM calculan la duración de sus sueños en cinco o quince minutos. Parece que se puede decidir la duración de sus sueños con bastante exactitud (Webb y Bonnet, 1979).

- *¿Afecta el aspecto objetivo de mi entorno mientras duermo al contenido del sueño?* Muy pocas veces, a pesar de la experiencia de André Maury. Cuando sonaba un timbre en el laboratorio de sueño, sólo aparecía en 20 de 204 sueños, y únicamente 5 de 15 sueños explicados por personas que no habían bebido nada durante 24 horas contenían algo relacionado con la sed (Kleitman, 1960). Existe, sin embargo, en los sueños alguna reminiscencia del ambiente durante las horas de vigilia. Estudios realizados con personas que en las horas de vigilia llevaban gafas con cristales de tono rojizo, tenían más sueños de color rojo o con colores que en el espectro están cerca del rojo que cuando no llevaban tales gafas (Roffwarg, Herman, Bowe-Anders y Tauber, 1976).

Contenido de los sueños

¿De dónde vienen las «historias» de nuestros sueños? La mayoría de ellas aparecen como montajes de los sucesos del día, pero de forma alterada. Basándose en unos 10.000 sueños explicados por personas normales, Calvin Hall (1966) encontró que la mayoría de los sueños son muy corrientes. Casi siempre tienen lugar en ambientes familiares, como una casa, aunque normalmente no se trata de la casa del protagonista del sueño. La habitación más usual es la sala de estar, seguida en orden de preferencias por el dormitorio, la cocina, las escaleras, el sótano, el baño, el comedor y el recibidor. La habitación es a menudo una composición de varias habitaciones que el protagonista ha conocido. Los sueños de las mujeres ocurren más a menudo dentro de una casa, y fuera de ella los de los varones.

Sólo el 15 por 100 de los sueños muestran a solas a la persona que sueña. Soñamos más a menudo con las personas con quienes estamos ligados emocionalmente: nuestros padres, cónyuges e hijos. Los varones sueñan más a menudo con amigos y conocidos masculinos, mientras las mujeres sueñan por igual sobre ambos sexos. De cada diez protagonistas de sueños, cuatro son extraños. ¿Qué hacemos en los sueños? Generalmente actividades normales de cada día, con más frecuencia relacionadas con el ocio que con el trabajo. Andamos, corremos o montamos a caballo y en muchas menos ocasiones flotamos o volamos. En su mayoría, los sueños muestran tendencias negativas, con aprensión, que es la emoción más corriente; los actos hostiles son más de dos veces más corrientes que los amigables.

¿Por qué soñamos?

Una actividad que ocupa a todo el mundo cada noche debe servir para una función importante. Vamos a considerar algunas de las explicaciones posibles del sueño para saber por qué soñamos.

PARA SATISFACER DESEOS Y PROTEGER EL SUEÑO Freud dio mucha importancia a la función de los sueños, llamándolos «camino real hacia el inconsciente». Sentía que su objetivo *psicológico* era el de expresar los deseos que reprimimos durante nuestra vida de vigilia. Al mismo tiempo, cumplen la función biológica de actuar como «guardianes» del sueño. Cuando entramos en el sueño REM parece que intentamos despertarnos, quizá porque nuestros conflictos emocionales están intentando salir a la superficie. Si podemos sobreponernos a estos conflictos mediante los sueños, podremos seguir durmiendo.

Freud llamó *contenido manifiesto* a la parte de los sueños que recordamos. Estos sucesos expresan de una manera simbólica lo que realmente existe detrás del sueño, el *contenido latente* o *pensamientos del sueño*, que constituyen los deseos y conflictos que hemos reprimido, la mayoría de ellos de tipo sexual. El individuo soñador transforma el contenido latente en contenido manifiesto a través de *la función del sueño*, que usa símbolos y otros tipos de taquigrafía psicológica para hacer más aceptables sus deseos más profundos. Los freudianos podían interpretar el sueño de un joven que sube los peldaños hacia la casa de su madre y que lleva consigo un paraguas abierto como un sueño sobre el deseo de hacer el amor con su madre, los símbolos de un objeto largo como símbolo del pene (con el paraguas abierto como símbolo de erección), un lugar cerrado (la casa) como la vagina y la actividad de subir los peldaños como el acto del coito.

Los modernos intérpretes de sueños reconocen su simbolismo, pero tienen más tendencia a interpretar los símbolos de distintas maneras, en conexión con la situación particular del individuo, más que limitándolos a significados sexuales. «Para diferentes personas, subirse a un tren puede representar la fuga de un problema, el principio de una nueva aventura, preocupaciones relacionadas con la reparación del coche, o simplemente la inquietud de reservar billetes de avión para un viaje próximo» (Webb, 1975, pág. 149). Puede que el contenido manifiesto no señale nada sobre el pasado de la persona que sueña, sino la simple imagen lógica de una preocupación presente (Foulkes, 1964).

PARA TOMAR DECISIONES PERSONALES Y RESOLVER PROBLE-MAS COTIDIANOS   Alfred Adler (1936) llamó a los sueños «fábrica de las emociones». Su trabajo en esta fábrica consiste en despertar las emociones del individuo de manera que le empujen a resolver los problemas de la vida real de un modo realista. Los problemas de la persona que sueña no se reprimen

En esta escena de la película «¿Quién es Harry Kellerman y por qué dice estas cosas tan terribles sobre mí?», *Dustin Hoffman sueña que está corriendo en un túnel sin fin. Un psicoanalista interpretaría el significado de este sueño de manera distinta que un psicólogo cognitivo. (Museum of Modern Art/Film Stills Archive.)*

en el sentido freudiano, sino que son consideraciones de las que el individuo se da cuenta y que quiere resolver. De esta manera, existe una continuidad del pensamiento durante vigilia y sueño. C. G. Jung (1933) opinaba que los sueños nos ayudan a conocer aspectos desconocidos y reprimidos de nosotros mismos. El inconsciente es un instrumento de autodescubrimiento, no un depósito de fuerzas desagradables. Los sueños suministran las imágenes que nos compensan de cualquier desequilibrio psíquico de nuestra vida de vigilia y nos ayudan a planear el futuro. Jung no creía necesario buscar un significado escondido en un sueño, pues el contenido manifiesto ya nos dará su significado personal.

Al parecer, usamos los sueños para disminuir la ansiedad de ciertas experiencias, ensayando las cosas que tenemos que hacer. Muchas personas sueñan que van a la Universidad, realizan un viaje, empiezan un nuevo trabajo, se casan y tienen hijos justo antes de que ocurran estos acontecimientos. «Los sueños son a menudo experimentos seguros para preparar la manera de sobreponerse a un futuro que puede provocar ansiedad.» (Cartwright, 1978, pág. 28.)

PARA MANTENER EL SUEÑO A PESAR DE LA ACTIVACION FISIO-LOGICA DEL CEREBRO   Hobson y McCarley (1977) explican el objetivo de los sueños describiendo sus orígenes a partir de procesos fisiológicos básicos. Los cambios y símbolos disparatados de los sueños acaso no son el producto de pensamientos inconscientes escondidos, sino el resultado lógico de la manera en que funciona el cerebro durante el sueño. El cerebro crea su propia energía eléctrica, y el prosencéfalo se vuelve especialmente activo durante el sueño REM. Rápidas rachas de actividad eléctrica en distintos lugares del cerebro determinan el contenido del sueño y la manera de unir las imágenes de los sueños. El proceso, en su mayor parte casual o reflejo, por el cual se estimulan las distintas partes del cerebro, explica los cambios ilógicos en tiempo, lugar y demás elementos del sueño. Ya que tal estimulación produce una información incompleta, el cerebro intenta llenarla con otro material escogido de la memoria, convirtiéndose en una «computadora que busca en su memoria las palabras claves» (pág. 1.347). Esta explicación considera el sueño como un proceso cognitivo que puede proporcionarnos información sobre el proceso del aprendizaje, pero pasa por alto las ramificaciones psicológicas de los sueños, dándole poca importancia específica a los acontecimientos y las personas con los que soñamos y a nuestras emociones en relación con ellos.

En resumidas cuentas, no poseemos una evidencia concluyente para poder explicar por qué soñamos. Continúa, por lo tanto, la búsqueda de tal evidencia.

DESORDENES DEL SUEÑO

Ya sea por dormir muy poco, o por dormir demasiado, o por hacer cosas durante el sueño que preferiríamos no hacer, el caso es que existen una gran variedad de trastornos del sueño que afectan a las personas durante su ciclo vital.

Narcolepsia

La narcolepsia es una necesidad incontrolada de dormir durante breves períodos, por lo común durante el día, acompañada de pérdida de fuerza muscular y a veces alucinaciones. Generalmente aparece pro primera vez entre los diez y los veinticinco años, afecta de 2 a 10 personas de cada 10.000

—unas 250.000 personas en los EE. UU.— y puede estar presente durante toda la vida (Fenton, 1975; Dement y Baird, 1977). Tres o cuatro horas después de haberse despertado, el narcoléptico tiene un sueño terrible y a menudo se duerme mientras está hablando, de pie, o incluso moviéndose. Puede sufrir muchos períodos de «microsueño» que duran de 5 a 15 segundos, y al final tendrá que dormir una siesta. La narcolepsia no está relacionada con ningún tipo de trastornos emocionales, muestra un EEG normal, es característica en ciertas familias y puede ser producida por una alteración genética del mecanismo que regula el sueño. El tratamiento hasta ahora ha sido inadecuado, se ha reducido a siestas frecuentes y algunas veces fármacos estimulantes o antidepresivos.

Insomnio

Unos 20 o 25 millones de americanos, un 14 por 100 de la población, pasan incontables horas de ansiedad dando vueltas en la cama, intentando conciliar el sueño a la hora de acostarse (el problema más grave para 8 de cada 10 personas que sufren de insomnio) o después de haberse despertado durante la noche o muy pronto por la mañana (U. S. Department of Health and Human Services, 1980). ¿Cuál es la causa de esta incapacidad para dormir? Casi todo, pasando por la mala salud, la tensión alta, llevar una vida irregular, nutrición inadecuada, consumo de drogas o problemas emocionales. Casi todo el mundo pasa por períodos ocasionales de insomnio, pero para la mayoría de la gente vuelve pronto el patrón de sueño normal.

¿Pero qué ocurre con la otra minoría? ¿Ayudan las píldoras para dormir? A grandes rasgos, sólo en condiciones limitadas y bajo control médico. Los fármacos sin receta médica no producen más beneficio que píldoras de azúcar y son tan efectivos como lo es la fe de la gente a la que van a ayudar (Webb y Bonnet, 1979). Sobredosis, tomadas en un vano esfuerzo de que su efecto sea

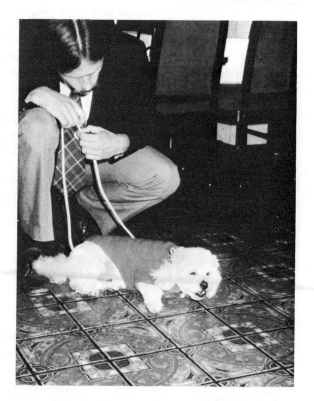

Como muestra este perro narcoléptico, los animales también pueden experimentar a veces una necesidad incontrolable de dormir. (Cortesía del Dr. William Dement, Sleep Disorders Center, Universidad de Stanford.)

más fuerte, pueden ser perjudiciales. Los barbitúricos con prescripción médica ayudan a iniciar el sueño, a un sueño relajado y a quedarse profundamente dormido, pero el problema que conllevan es que normalmente se desarrolla una tolerancia y se requieren dosis cada vez mayores. Cuando la dosis aumenta, la persona suele estar atontada por la mañana. Empezará entonces a tomar anfetaminas y la dependencia combinada de dos tipos de drogas creará un problema mucho peor que el problema del sueño original (Webb y Bonnet, 1979).

No existe ningún remedio simple para un problema tan complejo y con tantas causas, pero los investigadores sugieren medidas sensatas que han ayudado a mucha gente. En el apartado 4-2 se recogen estas sugerencias.

Apnea de sueño

Antes era llamado el síndrome de Pickwick (por el gordo sirviente Joe en la obra de Charles Dickens, *The Pickwick Papers*, que se quedaba dormido mientras llamaba a una puerta). Este trastorno está caracterizado por fuertes ronquidos, sueño inquieto, imprevista necesidad de dormir durante el día y breves momentos durante los cuales se detiene la respiración (Brouillette,

---

APARTADO 4-2
SUGERENCIAS PARA DORMIR BIEN

Las siguientes indicaciones acerca de lo que conviene hacer y lo que no conviene hacer, ofrecidas por expertos en sueño, pueden ayudarle a conciliar el sueño y a permanecer dormido.

- Siga un horario regular: Acuéstese y levántese a la misma hora cada día, incluso durante el fin de semana.
- Haga un poco de ejercicio cada día, pero a primera hora.
- No coma ni beba nada que contenga cafeína después del mediodía. Eso incluye el café, el té, las colas y el chocolate.
- Invente una actividad que le resulte relajante para antes de acostarse. Evite el trabajo o los juegos excitantes, las discusiones familiares y las actividades que producen un grado elevado de estrés. Haga aquello que más le pueda relajar: tomar un baño caliente, leer, mirar la televisión, escuchar música.
- Coma o beba algo antes de acostarse. El viejo remedio de

la abuela de beber leche caliente ha obtenido ahora validez científica. Se ha descubierto un ingrediente que induce al sueño en ciertos tipos de comida, entre los que se incluyen la leche y los hidratos de carbono, como los dulces, el pan, la pasta y el arroz.

- La sustancia denominada *triptofano* es un aminoácido que se transforma en el neurotransmisor *serotonina*.
- No beba grandes cantidades de cerveza, vino o whisky antes de irse a la cama. Le pueden ayudar a *dormirse* más fácilmente, pero le causarán problemas para *mantenerse* dormido. Cuando los efectos sedantes del alcohol desaparezcan, probablemente se despertará.
- Váyase a la cama solamente para dormir. Usar la cama como centro de trabajo para estudiar, pagar facturas, hablar por teléfono y mirar la televisión le distrae de la

asociación entre acostarse y dormirse.
- Duerma en la oscuridad. Instale persianas o cortinas oscuras o acostúmbrese a utilizar un antifaz.
- Duerma en silencio. Si no puede (o no quiere) echar de la habitación a su compañero que ronca, cómprese tapones para las orejas. Adquiera una máquina eléctrica de «ruido blanco» para eliminar ruidos exteriores.
- No se preocupe por el hecho de *no* dormir. Cuanto más se preocupe de lo cansado que estará al día siguiente, más difícil le será dormirse. Recuerde que los seres humanos somos flexibles y podemos uncionar bastante bien con muy poco sueño; levántese entonces y haga algo relajante (como leer un libro aburrido, ¡que no sea éste!) hasta que empiece a tener sueño.

Fernbach y Hunt, 1982; Anders y otros, 1980). El síndrome puede afectar a las funciones intelectuales, probablemente porque la circulación de oxígeno del cerebro se interrumpe continuamente, lo cual explica que al 35 por 100 de los niños que sufren esta enfermedad se les diagnostique en el límite del retraso mental (Guilleminault, Eldridge y Simmons, 1976). Muchos pacientes eran varones obesos de más de cuarenta años, cuyos conductos respiratorios podían estar obstruidos por problemas de gargantas, operaciones previas o una deformación de la mandíbula. El tratamiento puede incluir una *traqueotomía* (una abertura en la tráquea que funciona por la noche y se cierra durante el día); una reducción importante de peso y los fármacos (Orr, Martin y Patterson, 1979; Anders y otros, 1980; Parkers, 1977; Cherniack, 1981).

Terrores nocturnos (Pavor nocturnus)

Tanto los terrores nocturnos como las pesadillas, que son dos cosas muy diferentes, empiezan a aparecer en la infancia. Uno de cada cuatro niños entre tres y ocho años sufren de una u otra (Hartmann, 1981). En el terror nocturno la persona se despierta de repente en un estado de pánico, normalmente una hora después de haberse acostado. Grita y se sienta en la cama mientras respira agitadamente y fija la mirada hacia delante sin ver nada. No se acuerda de ningún sueño o pensamiento terrorífico, se vuelve a dormir rápidamente y por la mañana no recuerda haberse despertado. Estos períodos de terror suelen desaparecer solos, no señalan ningún problema emocional subyacente y probablemente ocurren al despertar de repente de un sueño muy profundo. Puede tratarse de una leve alteración neurológica, que dispara una descarga eléctrica similar a una leve crisis epiléptica.

Pesadillas

A diferencia de los terrores nocturnos, las pesadillas suelen tener lugar cuando está llegando la mañana y por lo general el individuo las recuerda vivamente. Las pesadillas persistentes, en especial las que asustan al niño y le hacen ansioso durante las horas de vigilia, pueden ser señal de que el niño se encuentra bajo una tensión excesiva. Los temas repetitivos indican a menudo un problema específico, que una persona no puede resolver mientras está despierta y que consecuentemente surge durante el sueño (Hartmann, 1981).

Sonambulismo y somniloquia

Un 15 por 100 de los niños entre cinco y doce años padecen de sonambulismo por lo menos una vez, y entre el 1 y el 6 por 100 lo sufren regularmente (Anders y otros, 1980). Igual que en el terror nocturno, el niño sonámbulo se incorporará bruscamente en la cama con los ojos completamente abiertos. Se levantará y se moverá con tanta torpeza que necesitará ser protegido para no hacerse daño. Su entorno debe estar preparado para el sonambulismo, con puertas delante de las escaleras y de las ventanas, pero no es preciso hacer nada más, porque esta tendencia probablemente pasará con la edad. Hablar durante el sueño tampoco tiene ningún objetivo (y no necesita ser corregido). Es generalmente difícil, si no imposible, entender lo que dice el niño, y, al contrario de lo que cree la gente, es casi imposible entablar una conversación con él.

En lo que resta de este capítulo trataremos algunos de los estados de conciencia menos comunes, los estados alterados, que por regla general no son espontáneos, sino que han de ser deliberadamente provocados.

LA MEDITACION

Entre nuestros mecanismos de supervivencia, la reacción de lucha o fuga es uno de los más fuertes. Este arsenal de respuestas (descrito detalladamente en el capítulo 10), que nos provee de la reacción adecuada frente al peligro percibido, incluye un aumento en la velocidad del latido del corazón y de la respiración, la tensión arterial, la circulación sanguínea hacia los músculos y el consumo de oxígeno. Cuando estábamos rodeados por todas partes de animales salvajes y tribus hostiles, necesitábamos el estado de extrema alerta que estas reacciones provocaban. En cambio, en la mayoría de las situaciones de la vida contemporánea nuestra salud y supervivencia funcionaría mejor en un estado en el cual consumiéramos menos oxígeno, expulsáramos menos dióxido de carbono, respirásemos más despacio y tuviéramos un menor número de pulsaciones. Este es el estado que produce la meditación (Wallace y Benson, 1972).

No existe, sin embargo, un estado meditativo único y fácil de describir. A pesar de la considerable investigación sobre la meditación durante los últimos veinte años, este fenómeno conserva una aureola de misticismo. Algunos investigadores describen la meditación como un estado de vigilia relajado en el cual los procesos corporales se hacen más lentos (Wallace y Benson, 1972); otros señalan que los procesos corporales de meditadores *experimentados* muestran gran actividad, posiblemente reflejando la intensidad de su concentración (Corby, Roth, Zarcone y Kopell, 1978), y unos terceros han encontrado que el EEG de quienes meditan muestra que gran parte de la meditación se pasa en auténtico sueño, en los niveles 2, 3 y 4 (Pagano, Rose, Stivers y Warrenburg, 1976). En el momento actual el estado meditativo aún necesita una definición precisa.

Sabemos que las personas a menudo pueden realizar en este estado cosas que normalmente no serían capaces de llevar a cabo; por ejemplo, controlar los sistemas autonómicos, como la resistencia eléctrica de la piel, la velocidad del corazón y la respiración, y reacciones reflejas contra el calor, el frío y el

Mientras estamos meditando absorbemos menos oxígeno, expulsamos menos dióxido de carbono y la velocidad de nuestra respiración y nuestro pulso son más lentos. Este estado puede sernos beneficioso en un mundo tan hipertenso como el actual. (Peter Vandermark/Stock Boston.)

dolor. Se dice que los monjes tibetanos son capaces de aumentar la temperatura de los dedos de las manos y los pies hacia casi 150°F y de aumentar el calor corporal lo suficiente como para secar las sábanas mojadas que envuelven su cuerpo *(San Francisco Chronicle*, 1982).

Son diversas las maneras de entrar en estado meditativo. Se puede mover o bailar, o estar sentados y concentrarse en una pregunta sin sentido, mirar o imaginar un objeto o repetir una plegaria, una palabra o una canción. La técnica más conocida en Occidente es la meditación trascendental MT, que se aprende fácilmente y fue desarrollada por Maharishi Mashesh Yogi. La meditación trascendental consiste en dos sesiones diarias de 15 a 30 minutos cada una y es practicada por un millón y medio o dos millones de personas en todo el mundo (Benson, 1975). El meditador está sentado en cualquier posición confortable, cierra los ojos y piensa en su mantra, una palabra o pensamiento específico que se le ha dado especialmente a él y que no ha de ser revelado. El propósito de repetir el mantra es el de evitar distraerse con otros pensamientos.

Períodos regulares de meditación ayudan a mucha gente a afrontar el estrés. Se ha usado en varios programas terapéuticos para reducir el consumo de alcohol, tabaco y otras drogas, y para reducir el dolor de la angina de pecho, complicación frecuente de las enfermedades del corazón (Kanellakos, 1978). También ha resultado útil para reducir la tensión arterial de pacientes con hipertensión, *con tal de que los pacientes mediten regularmente*. La tensión arterial alta inicial vuelve en cuatro semanas si dejan de meditar (Benson, 1975). La meditación se utiliza también para crear un nuevo estado de ánimo positivo, además de superar el estado de ánimo negativo. Después de haber tomado, a través de la meditación, unas «vacaciones» de la conciencia normal, los meditadores vuelven a la plena conciencia, siendo incluso más sensibles a lo que ven y oyen a su alrededor, que se había descolorido y pasado a un segundo plano de la conciencia por ser evidente. Esta frescura de percepción da a muchos meditadores la sensación de nacer de nuevo.

HIPNOSIS

Una mujer muerde un limón y queda entusiasmada por la dulzura del «melocotón». Un hombre mayor habla con el tono infantil de un niño de tres años al expresar sus sentimientos sobre la muerte de su padre. El testigo de un incendio describe a un hombre de aspecto sospechoso en el escenario de los hechos, cuyos rasgos son vagos en su memoria consciente, pero que sin embargo ahora los recuerda con absoluta claridad. Todas estas personas están mostrando la fuerza y persuasión del fenómeno, tan poco conocido, llamado hipnosis. Vamos a explorar sus misterios.

Ser hipnotizado consiste en que uno se duerme, pierde el contacto con lo que le rodea y es capaz de recordar detalles que no se recuerdan en la memoria consciente, hace exactamente lo que dice el hipnotizador y, cuando se despierta, olvida cualquier cosa efectuada bajo el hechizo hipnótico. ¿Es esto cierto? No, no lo es.

¿Qué es la hipnosis?

El estado hipnótico es muy diferente del sueño, y existe un gran desacuerdo sobre si el estado hipnótico se puede llamar realmente un «trance». No se han encontrado diferencias fisiológicas entre las personas hipnotizadas y las no hipnotizadas en lo que se refiere a las ondas cerebrales, movimiento de los ojos, velocidad del pulso y la respiración, o la respuesta galvánica de la piel.

La persona hipnotizada está en un estado de sugestionabilidad elevada, lo cual induce a esta mujer a seguir las órdenes del hipnotizador. Algún día esta habilidad la puede ayudar a sobreponerse a algún dolor o evitar una mala costumbre. (© Ken Robert Buck, 1981/The Picture Cube.)

No obstante, recientes investigaciones muestran que individuos fácilmente hipnotizables cambian la dominancia del hemisferio izquierdo por la del derecho cuando entran en la hipnosis (MacLeod-Morgan, 1982).

Se discute todavía la definición de hipnosis. Quizá porque frecuentemente depende de informes tan poco concretos, como los que realiza el hipnotizador o la persona hipnotizada, o el informe de ésta sobre lo que siente, criterios que son insatisfactorios para poder ser aceptados científicamente. Las personas hipnotizadas ven este estado diferente de su estado normal. Se sienten más susceptibles a influencias exteriores y menos capaces de decir lo que es real y lo que no lo es; son más dadas a la fantasía y su experiencia se transforma en imágenes corporales (Crawford, 1982). Autoinformes como éstos son, por supuesto, altamente subjetivos sin que haya modo de verificarlos. Este problema de definición es tan espinoso que algunos científicos afirman que el estado hipnótico ni siquiera existe.

Nosotras creemos que existe un estado hipnótico, diferente del estado normal de conciencia, y que algún día encontraremos los medios para poderlo definir, igual que ahora tenemos el criterio para definir los sueños en función de los movimientos rápidos de los ojos. Nosotros definimos la «hipnosis» como un proceso practicado por una persona con habilidades específicas, que es capaz de sumir a otra persona en un estado de gran sugestionabilidad en el cual las percepciones de ésta cambian según las indicaciones del hipnotizador. Algunos de los comportamientos más comunes observados entre las personas hipnotizadas son la rigidez de brazos, la falta de control sobre la voluntad, alucinaciones, incapacidad para sentir dolor, amnesia y conformidad para seguir órdenes posthipnóticas (efectuar una acción *después* de haber abandonado el estado hipnótico como respuesta a una sugestión realizada *durante* la hipnosis) (Hilgard, 1977).

¿Quién puede ser hipnotizado?

Aunque a lo mejor le gustaría ser hipnotizado, puede que nunca lo consiga. Puede estar entre ese 5 o 10 por 100 de la población que no puede «entrar» por mucho que lo intente. Por el contrario, puede hallarse entre el 15 por 100 que entran en trance profundo tan fácilmente que parece que se hipnoticen a sí mismos. O puede que sea como la gran mayoría, una persona que responde en mayor o menor grado (Orne, 1977). Cualquiera que sea su tendencia, ésta se quedará estable el resto de su vida. Estudiantes universitarios sometidos a una prueba de hipnosis y reexaminados después de ocho o diez años mostraron un resultado asombrosamente estable (Hilgard, 1977). Existen algunos cambios a lo largo del ciclo vital: la susceptibilidad es más baja entre los niños pequeños y más alta entre los preadolescentes, y muestra un leve declive a partir de este punto (Hilgard, 1977).

¿Qué es lo que hace que una persona sea más fácil de hipnotizar que otra? Existen algunas diferencias psicológicas entre los individuos que entran fácilmente en estado hipnótico y los que no. Los primeros muestran en su estado de vigilia normal una gran producción de ondas «theta», lo cual parece estar relacionado con la atención y la capacidad imaginativa (Sabourin, 1982).

Hay diferencias psicológicas también. Los adultos fácilmente hipnotizables normalmente han sido niños muy imaginativos que a menudo se imbuían en grandes fantasías. Además, probablemente habían soportado una severa disciplina durante su infancia, y puede que su capacidad de responder a la hipnosis se deba a haber aprendido a «escapar» al castigo a través de la fantasía (J. Hilgard, 1979). Quizá la aceptación fácil de una figura autoritaria (los padres y el hipnotizador), junto con la habilidad para escapar a un estado distinto de conciencia, sean los elementos claves para ser hipnotizado. La capacidad para ser hipnotizado puede ser por lo menos parcialmente hereditaria, ya que los gemelos monocigóticos se asemejan, respecto a la hipnosis, más que los dicigóticos (Morgan, 1973).

¿Cómo podemos explicar la hipnosis?

¿Constituye la hipnosis un estado singular, esto es, un trance? Existen diferentes opiniones sobre el particular, desde la que sostiene que la persona hipnotizada se encuentra realmente en trance, hasta la opinión de que la persona está representando un papel. Vamos a mostrar cuatro puntos de vista actuales.

TEORIA DEL ESTADO DE TRANCE   ¿Está la persona hipnotizada en un estado de trance cualitativamente diferente al estado normal de conciencia? La investigación dice que sí. Seis estudiantes universitarios hipnotizados fueron comparados con otros seis que lo fingían. Aparecieron suficientes diferencias entre los dos grupos para concluir que los primeros estaban realmente en un estado de conciencia distinto (Evans y Orne, 1971).

Un experimentador «ciego» (es decir, que ignoraba qué individuos habían sido hipnotizados y cuáles figían) iba dándoles indicaciones a todos con un mensaje grabado en un magnetófono, haciéndoles golpear con el pie al ritmo de una música imaginaria. Durante el proceso se daba a un interruptor en otra habitación, que paró el magnetófono y apagó las luces. Cinco de los seis individuos que fingían estar hipnotizados pararon inmediatamente de fingir al salir el experimentador de la habitación. Cuando volvió a encender la luz continuaron fingiendo. Al contrario, cinco de las seis personas hipnotizadas no mostraron ninguna señal inmediata de advertir el apagón de luz o de la ausencia del experimentador. Tardaron más de diez minutos en dejar de golpear con los pies y más de 16 minutos en abrir los ojos. No intentaron hacer creer que todavía estaban hipnotizadas cuando volvió a entrar el experimentador, y confirmaron así la hipótesis de que las personas hipnotizadas no salen espontáneamente del trance ni fingen estar en él.

Hacia finales del siglo XVIII un médico austríaco llamado Franz Mesmer creía que el magnetismo eléctrico del cuerpo controlaba la salud. Aquí un «mesmerizador» pone a una paciente en trance y le provoca sugestiones. Aunque estos pacientes a menudo parecían curar de sus enfermedades, una comisión nombrada por el rey desacreditó a Mesmer y sus métodos. (National Library of Medicine.)

CONCIENCIA DIVIDIDA (NEODISOCIACION) A una joven le dijeron que al despertar de la hipnosis encontraría que le faltaban las manos, pero que eso no le preocuparía (Hilgard, 1970). Cuando le dieron una fuerte descarga eléctrica en las manos, no sentía nada, y sin embargo no le habían dicho que no sentiría dolor.

Su experiencia demuestra la teoría neodisociativa de Hilgard, que sostiene que la persona hipnotizada funciona a más de un nivel de conciencia. Eso es parecido a la sensación común de saber, mientras se está dormido y soñando, que lo que parece real es sólo un sueño, y que existe otro mundo real más allá de las percepciones presentes.

Hilgard (1977) introdujo el término «observador secreto» para explicar un fenómeno que descubrió durante experimentos en los que unas personas mantuvieron las manos en agua helada durante 45 segundos, lo cual normalmente produce un dolor intenso. Las personas hipnotizadas informaron que no sentían dolor, pero cuando se les pidió que informaran de ello a un «observador secreto» por medio de una especie de escritura automática o apretando una tecla con una mano mientras la otra estaba en el agua helada, aproximadamente la mitad de los individuos particularmente «buenos» manifestaron que sí sentían dolor a algún nivel de conciencia. Por lo visto, a través de la hipnosis estaban bloqueando el paso del dolor a la plena conciencia.

REPRESENTAR UN PAPEL La explicación «teatral» mantiene que tanto el hipnotizador como los individuos hipnotizados son actores, enredados en un drama completo con argumento y papeles (Coe y Sarbin, 1977). Los individuos susceptibles aceptan las indicaciones del hipnotizador y empiezan a actuar, introduciéndose por completo en el personaje y creyéndoselo del todo.

Una ilustración dramática que apoya este punto de vista la vemos en una continuación del estudio de Reiff y Scheerer de 1959, en el cual personas adultas hipnotizadas, que habían regresado a la edad de cuatro años, tenían las manos llenas de barro. El experimentador les dio un pirulí de tal modo que les resultara difícil cogerlo por el palo. Las personas hipnotizadas lo cogieron con sus manos llenas de barro por el lado comestible y después lo metieron en la boca. Cuando otros investigadores decidieron ver qué harían en la misma situación niños que realmente tenían cuatro años, encontraron «sorprendentemente que ninguno de los niños de cuatro años quiso coger el pirulí por el lado comestible, todos insistieron prudentemente en cogerlo por el palo» (Orne, 1977; pág. 25). Por lo visto, los individuos hipnotizados no intentaron engañar a nadie, pero tampoco eran los niños de cuatro años que habían sido. Eran personas adultas actuando como pensaban que lo hubieron hecho a los cuatro años.

LA TEORIA COGNITIVO-CONDUCTUAL Según esta teoría, el estado hipnótico no depende de ninguna técnica de inducción al trance y puede ocurrir incluso durante su total ausencia (Barber, 1970). Depende de la disposición del individuo para imaginarse y pensar en los temas sugeridos por el hipnotizador. Si éste dice que el individuo hipnotizado no sentirá dolor, no será capaz de alzar un brazo o que volverá a tener cuatro años, el individuo que está mentalmente preparado seguirá estos esquemas y se comportará de acuerdo con ellos. Los individuos con actitudes pasivas, negativas o cínicas no seguirán estos patrones.

Se compararon tres grupos de un total de 66 estudiantes de ATS (Barber y

Wilson, 1977). Las 22 del primer grupo fueron hipnotizadas de manera tradicional, a las 22 del segundo grupo se les dieron instrucciones del tipo «piense en», diseñadas para fomentar sus poderes imaginativos y reprimir actitudes negativas y pasivas, y las restantes constituían el grupo de control. Al grupo «piense en» se le dijo: «Permítanme ponerles un ejemplo del tipo de prueba que se les hará. A lo mejor les diría que se sintiesen como si miraran un programa de televisión». El experimentador les indicó tres formas de responder: podían decir cosas negativas sobre sí mismas, tales como «es ridículo, no hay ninguna televisión» y no ocurriría nada en absoluto; podían esperar a ver aparecer una pantalla de televisión y tampoco ocurriría nada, o podían recordar un programa que les había gustado y hacérselo «ver» a sí mismas de nuevo con el ojo de la mente.

Los tres grupos fueron examinados según una escala de imaginación que medía el informe del individuo sobre pesadez del brazo, ligereza de la mano, entorpecimiento de los dedos, beber agua imaginaria, oler y saborear una naranja imaginaria, oír música inexistente, notar el calor del sol que tampoco existía, sentir un retraso en el tiempo, regresar a la infancia y sentirse relajadas. Las estudiantes del grupo «piense en» consiguieron una puntuación más elevada que las de los dos otros grupos, lo cual apoya el punto de vista de que la hipnosis ocurre por la habilidad del individuo para seguir las sugestiones propuestas por el hipnotizador.

No puede afirmarse en la actualidad cuál de estas cuatro teorías es la correcta. Si algún día llegamos a una explicación definitiva, afectará al uso práctico de la hipnosis. Hoy se emplea de diversas maneras como terapia de apoyo y en la investigación de crímenes, como vemos en el apartado 4-3.

¿Es inofensiva la hipnosis?

El Departamento de Salud, Educación y Bienestar de los EE. UU. (1971) incluyó la hipnosis entre los procesos considerados potencialmente productores de estrés. Sin embargo, un estudio que tenía en cuenta los efectos posteriores de cinco distintos tipos de actividades, en el que habían participado 209 estudiantes de psicología, llegó a la conclusión de que la hipnosis no era más perturbadora que el tomar parte en un experimento de aprendizaje verbal, asistir a una clase, participar en un examen o en la vida universitaria en general (Coe y Ryken, 1979). En efecto, los exámenes, las clases de la universidad y la vida universitaria en general volvían a los estudiantes más inquietos, tímidos, deprimidos o infelices que la hipnosis, y 70 estudiantes que habían sido a menudo hipnotizados manifestaron que hipnosis era una experiencia agradable que los dejaba frescos y descansados.

¿Puede la hipnosis obligarle a realizar algo que normalmente no haría, como matar a una persona o quedarse desnudo delante de extraños? Una opinión mantiene que nos resistiríamos a tales sugestiones, mientras otra afirma que un hipnotizador podría hacernos efectuar tales actos, induciendo mediante las sugestiones ideas que pudiéramos aceptar, como decir que alguien nos estaba amenazando la vida y matarle se convertiría por tanto en un caso de autodefensa, o que nos encontrábamos en la consulta del médico, donde sería apropiado desnudarse.

Si tiene un problema y cree que podría aliviarse a través de la hipnosis, debe consultar a un hipnotizador experimentado y con buena reputación para ver si sería un buen candidato. Pero previamente sería conveniente que se cerciorara de sus credenciales solicitando información en los organismos y asociaciones profesionales adecuados.

APARTADO 4-3
APLICACIONES PRACTICAS DE LA HIPNOSIS

TERAPIA

La lista de las dolencias que se pueden tratar con la hipnosis es muy variada; incluye:

- El dolor del parto, la angina de pecho, quemaduras, problemas de espalda, odontología, dolores de cabeza, cáncer, artritis y dolores de operaciones quirúrgicas importantes.
- También es útil en las náuseas provocadas por las sustancias químicas usadas en el tratamiento del cáncer, la obesidad, el insomnio, los abusos con el alcohol, la nicotina y otras drogas; las verrugas, el asma, el morderse las uñas, fobias, incontinencia fecal, la aprensión que experimenta un paciente frente a la operación que se le va a practicar y diversas enfermedades psicosomáticas.

La efectividad de la hipnosis varía enormemente de una persona a otra; también depende del hipnotizador y de la dolencia. Logra mayor éxito en el tratamiento de dolores, verrugas y asma, pero alcanza poco o ningún resultado en el tratamiento de la obesidad, el alcoholismo y el hábito de fumar (Wadden y Anderton, 1982). A la larga, las situaciones que mejor se pueden tratar con la hipnosis parecen ser las que no han sido aprendidas, las que el individuo no puede controlar. Los trastornos de adicción presentan un problema complejo de costumbres muy fuertemente establecidas y el tener que dejar una gratificación inmediata como el placer de comer, fumar o beber (muy distinto del dolor o la dificultad de respirar, que no recompensan en sí mismos).

La hipnosis es particularmente efectiva para aliviar dolores. No crea adicción, es barata, segura y se puede usar sola o junto con otro tratamiento médico.

Un aviador de 33 años de edad había sufrido una operación y había estado en tratamiento médico durante años para aliviar unos dolores en la pierna y espalda. Después de haber recibido un tratamiento hipnótico basado en sus vuelos, al mismo tiempo que se le sometía a psicoterapia y a unas pequeñas dosis de fármacos, fue capaz de volver al trabajo activo (Wain, 1980).

La hipnosis distrae la atención al proporcionarle a la persona algo distinto del dolor sobre lo que puede enfocar su atención. Relaja al individuo y disminuye la ansiedad que a menudo empeora el dolor. Puede capacitar a un individuo para impedir el paso de las percepciones dolorosas a la plena conciencia. Le permite olvidar el dolor al despertar de la hipnosis.

SU USO EN LA INVESTIGACION DE DELITOS

Un ejecutivo que logró escapar de un incendio en un hotel en el cual murieron veintiséis compañeros suyos testificó en el juicio contra el presunto incendiario (Feron, 1982). Anteriormente, el testigo había sido hipnotizado para ayudarle a recordar detalles que podía haber olvidado. Durante su testimonio consciente describió haber visto a un hombre «con el uniforme de los camareros»; bajo la hipnosis vio a este hombre con una camisa de manga corta y lo describió como «rechoncho, quizá con bigote», descripción que podía haber ayudado al sospechoso, que era delgadito y sin barba. Pero como quiera que el jurado no oyó el testimonio dado bajo hipnosis, condenó al acusado (Press, 1982). ¿Podía el testimonio dado bajo la hipnosis haber cambiado el veredicto? ¿Lo debería haber hecho?

El uso de la hipnosis en juicios criminales es altamente controvertido. Aunque los departamentos de policía lo emplean cada vez más, resulta realmente dudoso que la hipnosis sea una prueba tan exacta como aseguran sus defensores. Los críticos le imputan que «la hipnosis no consigue mejorar la memoria de sucesos pasados; al revés, es más probable que altere la memoria» (Neisser, en Colen, 1982). Martin Orne (en Colen, 1982) cuenta el caso de un niño hipnotizado que describió el asesinato de su madre perpetrado por su padre, y que una vez condenado el padre, apareció la madre con vida. Varios incidentes de este tipo, apoyados con la investigación sobre la deficiente memoria de los testigos oculares (Loftus, 1979), han llevado a un catedrático de derecho y medicina a concluir: «La posibilidad de la contaminación de los hechos recordados por la fantasía y la sugestión es tan grande, que ningún testigo que haya sido tratado con la hipnosis debería obtener el permiso para testificar en un tribunal». (Diamond, en Colen, 1982.)

DROGAS

Si es usted un adulto normal, toma regularmente algún tipo de sustancia química que altera su estado de conciencia. Puede tratarse de una taza de café que le ayuda a despertarse por la mañana, el cigarrillo después de comer, que le ayuda a relajarse, la copa de vino, cerveza o licor, que le pone a tono, o el poquito de marihuana, que aumenta su placer en la música, el tranquilizante, que le calma durante una crisis, o cualquier otra sustancia de las muchas que se usan normalmente. Desde el principio de la Historia la gente de todas las culturas ha tomado múltiples sustancias que cambiaban sus estado de conciencia. Algunas veces estos elementos les han ayudado a sobreponerse y otras han creado problemas mucho más graves que los que les llevaban a su consumo inicial.

El Departamento de Salud y Servicios Humanos de los EE. UU. (1980) define una droga como «cualquier sustancia química cuyo uso produzca cambios físicos, mentales, emocionales o de conducta» (pág. 3). Las que aquí tratamos son las drogas psicoactivas que alteran la mente. Abarcan desde las sustancias comunes que acabamos de describir, pasando por las hojas de coca, que los nativos de los Andes peruanos mastican, la cocaína, que toman los miembros de los bajos fondos y los círculos de Hollywood, la heroína, que se inyectan los «junkies», que tienen que robar para poder costeársela, hasta las anfetaminas, que toman las modelos para perder peso.

¿Por qué toma la gente estas extrañas substancias? Algunas veces sólo para elevar ligeramente su placer en la vida diaria, otras para resolver o escapar de un problema que parece irresoluble por otros medios, algunas veces para llegar a un estado mental que promete nuevas experiencias de naturaleza espiritual o estética, a veces sólo porque es «lo que se hace». A menudo la razón de que una persona *continúe* tomando drogas, lo que constituye una dependencia psicológica o fisiológica, tiene poco que ver con el propósito original de probarla. Toda persona que toma drogas porque tiene miedo o porque es incapaz de dejarlas es un *drogadicto*. La drogadicción tiene diversas fases que implican algún tipo de deterioro físico, mental, emocional o social en la vida del drogadicto. Para comprobar sus propios conocimientos respecto a la drogadicción, podría contestar el cuestionario del apartado 4-4.

Vamos a tratar de algunas de las drogas psicoactivas más corrientes y ver

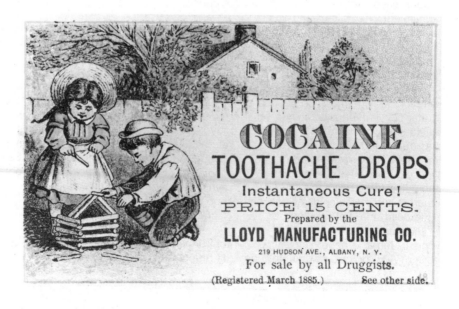

Antes de que la venta de narcóticos fuera regulada por la Food and Drug Administration, las sustancias como el alcohol, la cocaína y la heroína fueron distribuidas libremente en los medicamentos patentados que se vendían en todas partes. (National Library Of Medicine.)

cómo influyen en el funcionamiento general del cuerpo tanto a corto como a largo plazo.

Cafeína

La taza de café o té, el botellín de cola o la tableta de chocolate que a veces toma para animarse, contienen el estimulante llamado *cafeína,* que aumenta la velocidad del latido del corazón, la respiración y la tensión arterial. Puede estimularle mental y físicamente durante un breve espacio de tiempo, produciéndole breves períodos de energía. En grandes dosis (la cantidad contenida entre siete y diez tazas de café) la cafeína le puede hacer sentirse inquieto, tembloroso e irritable, puede causarle dolor de cabeza y diarrea, impedirle conciliar el sueño y despertarle durante la noche, puede interferir la capacidad de concentración, hacer que le zumben los oídos y a veces incluso producir un leve delirio. El café puede irritar la pared interna del estómago, especialmente si se bebe con el estómago vacío.

Los americanos consumen mucha cafeína, principalmente a través del café; una de cada cuatro personas mayores de 17 años bebe seis o más tazas al día (Dusek y Girdano, 1980). La mayoría de los adultos no parecen sufrir efectos secundarios, pero los niños que toman la cantidad de cafeína contenida en 6 u 8 tazas de café (o su equivalente en cola o chocolate) a menudo se vuelven inquietos y tienen dificultades en el aprendizaje (Dusek y Girdano, 1980). Aunque se haya cuestionado el peligro de la cafeína para el feto en desarrollo, la investigación actual no muestra ninguna relación entre la cantidad de café que bebe la madre y efectos perjudiciales para el bebé (Linn, Schoenbaum, Monson, Rosner, Stubblefield y Ryan, 1982).

Nicotina

El segundo estimulante más consumido es la nicotina, presente en el tabaco de los cigarrillos, de los puros y en el tabaco de la pipa. Fumar puede ayudarle a sentirse más relajado, pero en realidad estimula su corazón y el sistema nervioso, eleva la tensión arterial y acelera el latido del corazón. Si alguna vez ha dejado de fumar o ha intentado hacerlo, estará familiarizado con las consecuencias de la adicción de la nicotina. Dejar de fumar causa algunos síntomas de abstinencia, como la irritabilidad, calambres, dolores de cabeza, inquietud, nervios y depresión. Pero si continúa fumando, los efectos son peores. El fumar cigarrillos es la causa más importante de la muerte por cáncer de pulmón, esófago, laringe y boca, y contribuye a la muerte por cáncer de páncreas, riñón y vejiga; también es un elemento importante en las enfermedades del corazón (U. S. Public Health Service, 1982). Fumar durante el embarazo afecta tanto al feto como a la madre. Aumenta el riesgo de que nazca un bebé pequeño o que nazca muerto o que muera poco después de nacer (U. S. Department of Health and Human Services, 1980).

Afortunadamente este hábito está disminuyendo entre los americanos; sólo un 20 por 100 de los alumnos de «High School» fumaban en 1981, frente al 29 por 100 de 1977, y, por su parte, un 32 por 100 de los adultos fuman, comparado con el 42 por 100 de 1965 (U. S. Health Public Service, 1982). Las personas que quieren dejar de fumar a menudo buscan ayuda en el asesoramiento, en la modificación de conducta, en la hipnosis o en ciertos medicamentos. Aunque ninguno de los programas oficiales aseguran un alto grado de éxito, muchas personas abandonan la costumbre de fumar gracias a su propio esfuerzo. De una muestra de 75 fumadores que nunca habían buscado ayuda para dejar de fumar, más de un 65 por 100 consiguieron dejarlo por sí solos (Schachter, 1982).

APARTADO 4-4

ABUSO DE DROGAS: ALGUNAS PREGUNTAS Y RESPUESTAS

CUESTIONARIO SOBRE LAS DROGAS

El siguiente cuestionario está diseñado para probar sus conocimientos sobre el abuso de drogas. Por abuso de drogas entendemos el uso de cualquier sustancia química, con un propósito no médico, que da como resultado un empeoramiento del estado de salud físico, mental, emocional o social del consumidor.

Algunas de las preguntas tienen más de una respuesta. No tiene mucha importancia que conteste correctamente; este cuestionario no será corregido y no puntuaremos. Pero sí que es importante que empiece a pensar en el fuerte impacto que tiene para la vida abusar de las drogas.

Ponga un círculo alrededor de la/las respuesta/as correcta/as. Encontrará las respuestas correctas en la página 149.

1 ¿Durante qué período(s) el abuso de drogas fue un problema en los EE. UU.?
 (a) Durante la guerra civil
 (b) En la década de los 50
 (c) En la década de los 60
 (d) durante todos los períodos arriba mencionados
2 ¿En qué edad se produce el porcentaje más elevado de drogadictos?
 (a) 10-17
 (b) 18-25
 (c) 26-35
 (d) 36-60
 (e) 61 en adelante
3 ¿Qué manera suele ser la más común de entrar en contacto por primera vez con las drogas ilegales?
 (a) a través de pequeños traficantes («camellos»)
 (b) a través de sus amigos
 (c) por casualidad

 (d) a través de los medios de comunicación
4 ¿Cuál de las siguientes es la droga más corriente en los Estados Unidos?
 (a) la marihuana
 (b) el alcohol
 (c) la cocaína
 (d) la heroína
5 ¿Cuál de las siguientes drogas expone a un mayor número de personas a un mayor peligro para la salud en los EE. UU.?
 (a) los cigarrillos
 (b) la heroína
 (c) la codeína
 (d) el LSD
 (e) la cafeína
6 ¿Cuál de las siguientes drogas no es un narcótico?
 (a) la heroína
 (b) la marihuana
 (c) la morfina
 (d) la metadona
7 ¿Cuál de las siguientes no es un estimulante?
 (a) las anfetaminas
 (b) la cafeína
 (c) el metacualone
 (d) la metanfetamina
8 ¿Cuál de las siguientes drogas no causa adicción física?
 (a) el alcohol
 (b) la morfina
 (c) el peyote
 (d) el secobarbital
 (e) la codeína
9 ¿Cuál de las siguientes expone a los que la toman al riesgo más grande de forma inmediata?
 (a) inhalantes
 (b) la marihuana
 (c) la nicotina
 (d) el LSD
10 En general, ¿por qué las inyecciones intravenosas constituyen el método más peligroso en el uso de las drogas ilegales?
 (a) porque la droga entra en el sistema más rápidamente

 (b) porque el equipo no esterilizado y las soluciones pueden causar serias complicaciones
 (c) porque los consumidores generalmente se inyectan mayor cantidad con este método
 (d) (a) y (c) solamente
 (e) (a), (b) y (c)
11 ¿Cuándo se convierte en adicta una persona que toma heroína?
 (a) inmediatamente (la primera vez)
 (b) después de cuatro o cinco tomas
 (c) tras un uso prolongado (20 veces o más)
 (d) resulta diferente para cada individuo
12 Cuando una persona se vuelve adicta a la heroína, ¿cuál es la razón primordial de que continúe tomándola?
 (a) el placer de la experiencia
 (b) para evitar los síntomas de abstinencia
 (c) para huir de la realidad
 (d) para ganar aceptación entre sus amigos
13 ¿Cuál de los siguientes métodos ha(n) sido usado(s) para tratar a los drogadictos?
 (a) el apoyo con metadona
 (b) la desintoxicación (retirada de la droga supervisada por un médico)
 (c) terapia sin drogas
 (d) psicoterapia
 (e) todos los arriba mencionados
14 ¿Cuáles, entre los siguientes, factores son costos sociales debidos a la drogadicción?
 (a) Pérdida de la productividad del empleado
 (b) Aumento de la posibilidad de accidentes de automóvil

(c) Escasez de los servicios ya existentes para los drogadictos

(d) (b) y (c) solamente

(e) (a) (b) y (c)

15 ¿Cuál es la droga de efectos más impredecibles de las que hay en la calle?

(a) el PCP

(b) heroína

(c) el LSD

(d) el alcohol

RESPUESTAS AL CUESTIONARIO SOBRE DROGAS

1 (d) Todos los períodos mencionados. El consumo de drogas es tan viejo como la historia, y ciertos períodos de la historia de los EE. UU. están relacionados con los problemas del abuso de una droga determinada. Durante la guerra civil, por ejemplo, la morfina se usaba para aliviar el dolor. No se conocían las propiedades adictivas de la morfina, y muchos soldados acabaron siendo adictos a esta droga. A lo largo de este siglo ha habido periódicas «alarmas de drogas» creadas por el uso de la cocaína a principios de siglo, la heroína en la década de los 20, la marihuana en la de los 30 y la heroína otra vez en los 50. La década de los 60 vio una explosión social del uso de todo tipo de drogas, desde el LSD hasta la heroína y la marihuana.

Desde los años 70 la fenciclidina (PCP), una droga psicodélica de los años 60, ha vuelto a aparecer en la calle y está causando preocupación por sus efectos nocivos. Nuevos compuestos, vendidos como ambientadores, se inhalan para alcanzar un estado eufórico.

2 (b) 18-25

3 (b) A través de sus amigos.

4 (b) El alcohol. Mucha gente en los EE. UU. tienen problemas con el alcohol, y los cálculos muestran que aproximadamente 10 millones de personas son adictos a esta droga.

5 (a) Los cigarrillos. Aproximadamente 300.000 muertes anuales de enfermedades coronarias, otras enfermedades del corazón, cáncer de pulmón, enfermedades respiratorias y otros tipos de cáncer han sido relacionadas con el consumo de cigarrillos.

6 (b) La marihuana. En el pasado la marihuana estaba legalmente clasificada como un narcótico; hoy ya no es así. Los efectos psicofarmacológicos de la marihuana (el modo en que la droga influye sobre los procesos mentales y físicos de una persona) difiere de los efectos de los narcóticos.

7 (c) El metacualone; es una sustancia no barbitúrica, sedante e hipnótica. Pero se trata de una droga adictiva, igual que los estimulantes.

8 (c) El peyote. No se ha verificado la dependencia física de la mescalina (el ingrediente activo del cacto peyote) o de otros alucinógenos.

9 (a) Los inhaladores. Inhalar los aerosoles u otras sustancias volátiles puede llevar a la muerte inmediata.

10 (e) El peligro de contraer la hepatitis u otras infecciones es, a menudo, menospreciado por los drogadictos que se inyectan con material no esterilizado.

11 (d) Es diferente para cada persona. Aunque varía el tiempo que pasa antes de que una persona sea físicamente adicto a la heroína, sabemos que el uso repetido produce la adicción física. Algunos se vuelven físicamente adictos tras haber tomado heroína tan sólo tres o cuatro veces.

12 (b) Para evitar los síntomas de abstinencia. Cuando se deja de tomar heroína después de haberse vuelto adicto, se desarrollan síntomas de abstinencia: vómitos, espasmos musculares, transpiración abundante, insomnio y otras disfunciones físicas. Si se empieza a tomar la droga de nuevo, los síntomas de abstinencia desaparecen.

13 (e) Todos estos métodos se han usado con éxito para tratar a los drogadictos, tanto individualmente como combinados.

14 (e) Horas perdidas del trabajo productivo, un aumento en el número de accidentes de tráfico provocados por la conducción bajo los efectos de las drogas, y el dinero gastado en tratamiento y en programas de sanciones legales, éstos son los gastos sociales que todos pagamos de un modo u otro por los drogadictos.

15 (a) La fenciclidina (PCP, «polvo de ángel»). La fenciclidina es una droga impredecible y altamente peligrosa. Su uso se relaciona con un comportamiento grotesco y violento, con accidentes y episodios psicóticos.

Fuente: Department of Healt and Human Services   Public Health Service Alcohol, Drug Abuse, and Mental Health Administration

Alcohol

Si ha visto la enorme alegría de los asistentes a las fiestas en las que abunda la cerveza o la violencia de un borracho que golpea a su mujer, puede pensar que el alcohol es un estimulante. No es así. Es un depresor del sistema nervioso central que provoca un bajón en la tensión arterial y acelera el latido del corazón. Los efectos del alcohol son variables. Aunque pequeñas cantidades suelen tranquilizar a la mayoría de las personas, hay otras que se excitan, probablemente porque el alcohol suprime los mecanismos que normalmente controlan el comportamiento activo, de manera que pierden sus inhibiciones y se comportan de forma exagerada; son sociables, atontados o agresivos. A la mayoría de las personas las grandes cantidades de alcohol les producen un efecto de obnubilación, ofuscando las sensaciones, deteriorando el juicio, la memoria y la coordinación muscular, y finalmente producen un estado de inconsciencia. Shakespeare admitió el efecto del alcohol sobre la sexualidad diciendo: «La bebida provoca el deseo, pero evita la ejecución» (*Macbeth*, acto segundo, escena III).

El alcohol es el problema número uno de drogadicción en nuestro país. Diez millones de americanos no pueden controlar su consumo y son bebedores asiduos o plenamente alcoholizados. ¿Cuándo empieza a ser un problema el alcohol? Cuando interfiere la capacidad de una persona para desenvolverse en el trabajo o en las relaciones personales, y cuando el individuo no puede controlar su deseo y consumo de alcohol. Los adictos al alcohol experimentan diversos síntomas de abstinencia. Los bebedores pueden morir al ingerir una gran cantidad de alcohol en un momento dado, o por enfermedades hepáticas o cardíacas provocadas por la bebida continuada durante unos cuantos años.

La mezcla de alcohol y otras drogas, especialmente los tranquilizantes, los anticoagulantes, los barbitúricos y otros sedantes, puede causar depresión,

El alcohol es actualmente el principal problema de drogadicción en los Estados Unidos. La mayoría de la gente bebe con moderación, pero 10 millones de norteamericanos son o bebedores problemáticos o completamente alcoholizados. Este joven se halla en el Mardi Gras en Nueva Orleáns. ¿Aprovecha la ocasión como una excusa para excederse? (Charles Gatewood/The Image Works.)

estado de coma y la muerte. Beber durante el embarazo, especialmente bebidas fuertes o grandes cantidades, puede producir el síndrome alcohólico fetal, que provoca en el bebé un crecimiento retardado, bajo nivel de inteligencia y un pobre desarrollo motor (Jones, Smith, Ulleland y Streissguth, 1973). Ya que el alcohol deteriora el juicio, el tiempo de reacción y la habilidad motora, una de sus consecuencias más mortales es el elevado número de accidentes de tráfico causados por conductores bebidos.

Considerando todos estos peligros, ¿por qué bebe la gente? En parte, porque la mayoría puede controlar su consumo de alcohol y encuentra que aumenta su placer de vivir. El vino es parte del ritual de muchas religiones, muchos médicos recomiendan una pequeña cantidad de coñac como analgésico y la cualidad relajante del alcohol favorece su uso en las celebraciones sociales. Con una presencia tan continua en la sociedad moderna cada uno de nosotros necesita analizarse a sí mismo para determinar si se encuentra entre los individuos que no pueden beber nada en absoluto o que necesitan vigilancia especial. Al mismo tiempo, las instituciones sociales deben continuar desarrollando maneras de ayudar a estas personas que ya tienen problemas con el alcohol para que recuperen su capacidad para funcionar debidamente. Los intentos más efectivos hasta ahora han sido los programas organizados por grupos como los Alcohólicos Anónimos, que centran la atención en el reconocimiento por parte del individuo de su problema, la abstinencia total y el apoyo emocional de compañeros alcohólicos (Zimberg, 1982).

Durante los últimos diez años se ha venido discutiendo si los alcohólicos, que aprenden las técnicas de «beber con moderación», se desenvuelven mejor que los que reciben la terapia convencional de total abstinencia (Sobell y Sobell, 1975; Sobell, Sobell y Ward, 1980). Los que critican la técnica de beber con moderación alegan que los pacientes que aprendían esta técnica a menudo enfermaban y eran hospitalizados antes de un año, y a lo largo de un período de diez años cuatro habían fallecido por causas relacionadas con el alcohol (Pendery, Maltzman y West, 1982). Un panel de evaluación canadiense sobre la base de los casos revisados apoyaba el enfoque de la bebida controlada (Boffey, 1982), pero la discusión continuará sin duda durante mucho tiempo.

Marihuana

Este derivado de la planta común *cannabis sativa* contiene más de 400 sustancias químicas diferentes, de las cuales el componente que altera la mente es la delta-9-tetrahidrocannabinol (THC). La marihuana aumenta la velocidad del ritmo cardíaco y a veces también la tensión arterial, enrojece los ojos y produce sequedad de boca y garganta. Altera el sentido del tiempo, hace que los minutos parezcan horas y viceversa. Perjudica la capacidad de realizar trabajos que requieren concentración, coordinación y reacciones rápidas. Cambia a menudo el estado de ánimo, a veces hacia la euforia, otras a la melancolía o a un estado de indiferencia emocional. Puede parecer que los poderes de percepción aumentan de manera que los colores se vean más vivos, la música se oiga con más claridad o las sensaciones físicas se perciban más intensamente. Es afectada la memoria a corto plazo. Según la cantidad y «calidad» de la marihuana y el estado psicológico subyacente del fumador, el resultado puede ser la confusión, la ansiedad y el delirio (Relman, 1982).

La marihuana tiene diversos usos terapéuticos, como el tratamiento de una enfermedad ocular, el glaucoma, el alivio de las náuseas y vómitos causados por la quimioterapia en el tratamiento del cáncer y el tratamiento de enfermedades como el asma y ataques y estados espasmódicos (Relman, 1982).

Los efectos a largo plazo del consumo de la marihuana son desconocidos todavía. No existe la evidencia de cambios permanentes en el sistema nervioso humano o en las funciones cerebrales. No parece que exista adicción ni dependencia física, aunque sí aparecen leves síntomas de síndrome de abstinencia y a veces aparece una dependencia psicológica. Algunas investigaciones indican que la marihuana puede afectar los sistemas reproductores tanto del varón como de la mujer, pero no existen pruebas de que afecte la fertilidad de ninguno de los dos sexos (Relman, 1982). Es posible que tenga el mismo efecto sobre los pulmones que el tabaco, pero no ha sido comprobado (U. S. Department of Health and Human Services, 1980).

Tal como se comprueba en la tabla 4-1, durante los últimos años la gente joven la fuma menos.

Estimulantes: Anfetaminas y cocaína

Los estimulantes más fuertes que la cafeína o la nicotina, como las anfetaminas y la cocaína, aumentan los niveles de energía y vigilia, levantan el ánimo y tienen también otros efectos.

ANFETAMINAS Las personas que toman estas drogas, a las que en la jerga propia de entre quienes las consumen se las denomina de diversas formas, lo hacen por varias razones. Algunos las encuentran útiles para enfocar la concentración sobre un trabajo difícil, como escribir un artículo. Otros las toman para mantenerse despiertos para estudiar, para hacer un trabajo aburrido o para conducir largas distancias. Los atletas las toman para almacenar energía para el gran día. Personas que hacen régimen las toman para reprimir el apetito (lo que consiguen sólo a corto plazo). Los médicos las recetan a menudo para los niños hiperactivos, para aumentar su nivel de atención y controlar su nerviosismo, para los narcolépticos, para mantenerlos despiertos, y para los que padecen pasajeras depresiones. Las personas que las compran por la calle las toman sólo para sentirse bien, aumentar su autoconfianza y sentir que pueden con cualquier desafío que la vida les presente.

Hasta hace poco, las anfetaminas se podían comprar sin receta médica y eran fácilmente asequibles en las farmacias, pero como ha habido muchos abusos, resulta actualmente mucho más difícil conseguirlas legalmente. En la actualidad, la ley obliga a los médicos a justificar cualquier receta de anfetaminas.

Las anfetaminas aceleran el latido del corazón, que late con mayor fuerza y a veces de manera irregular; contraen los vasos sanguíneos, provocan un aumento de la tensión arterial y del nivel de azúcar en la sangre; estimulan las glándulas adrenales y aumentan la tensión muscular. La persona que las toma

Aquí vemos a una farmacéutica de hospital preparar tabletas de marihuana, usada terapéuticamente para aliviar las náuseas causadas por la quimioterapia contra el cáncer, y también para tratar otras dolencias como el asma, ataques y el glaucoma. No se conocen todavía los efectos a largo plazo de esta droga. (Wide World Photos.)

TABLA 4-1 Consumo de marihuana en 1979 y 1982 (porcentajes)				
	12-17 años		18-25 años	
	1979	1982	1979	1982
Consumida alguna vez	30,9	26,7	68,2	64,1
Consumida en los meses anteriores	16,7	11,5	35,4	27,4
Consumida el año pasado	24,1	20,6	46,9	40,4

Fuente: Departamento de Salud y Servicios Humanos de los EE. UU., 1983.

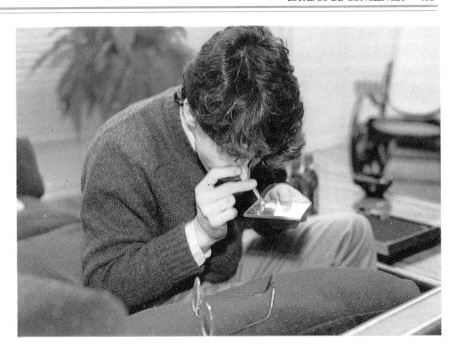

La cocaína, que ha estado de moda alternativamente durante muchos años, no crea adicción física, pero entre sus efectos secundarios dañinos se encuentran la paranoia, la impotencia, la destrucción de los tejidos nasales, ataques de pánico y depresión.

tiene tendencia a hablar mucho, a ser enérgico, estar alerta y de buen humor, poco interesado en dormir y muy interesado en la actividad sexual. Estos efectos tienen lugar probablemente por la acción de la droga sobre las sustancias químicas del cerebro, la dopamina y la norepinefrina.

Los abusos pueden llevar a la pérdida de peso y a la desnutrición, dolor muscular y de las articulaciones, estados de inconciencia y a una sensación de parálisis. También pueden llevar a la *psicosis anfetamínica,* en la que se presentan paranoia, alucinaciones e incapacidad para reconocer caras conocidas. Entre las personas que abusan de las anfetaminas es corriente encontrar violencia y agresividad, especialmente durante la depresión que tan a menudo sigue a la euforia.

COCAINA   Entre las drogas ilegales más caras y de más moda en el mercado actual se encuentra la cocaína, un estimulante extraído de las hojas de la planta sudamericana llamada *erythroxylon coca.* La cocaína tiene una historia interesante, que se remonta a la antigüedad, cuando solía usarse para provocar trances meditativos en las ceremonias religiosas. Freud era un consumidor entusiasta y un apóstol a favor de la cocaína, que originalmente pensaba que sería la cura para los adictos a la morfina, para la depresión y la fatiga. La «Coca Cola» debe su nombre a las hojas de coca, que conjuntamente con la nuez de cola se usaban para dar sabor a esta bebida. Desde los primeros años del siglo XX la compañía vigila exhaustivamente la producción para asegurarse de que toda huella de cocaína quede eliminada de la fabricación de su producto. Venden la cocaína refinada a los laboratorios farmacéuticos bajo supervisión del gobierno.

¿De qué manera la cocaína altera la conciencia? Inhalada en forma de polvo o inyectada como líquido actúa sobre el sistema nervioso central y produce la sensación de euforia y entusiasmo. Aumentan la temperatura y la tensión arterial, se dilatan las pupilas, se contraen los vasos sanguíneos y disminuye el apetito. El consumidor normalmente se siente fuerte, enérgico y optimista. Se perjudica el juicio, desaparecen las inhibiciones y se puede alterar la percepción. Grandes dosis crean generalmente alucinaciones y pueden llevar a la paranoia, ataques de pánico, ansiedad, depresiones, impotencia e insomnio. La cocaína puede hacer que una persona sea peligrosa para los demás, y puede llevar al consumidor a la muerte. Los cocainómanos no se vuelven físicamente adictos, pero pueden quedar atrapados psicológicamente, ya que los consumidores de «coca» a menudo se sienten deprimidos y cansados cuando los efectos se han disipado. Otros efectos secundarios causados por la inhalación de cocaína son las lesiones nasales.

Barbitúricos y otros sedantes

Los sedantes con efecto calmante y provocadores de sueño son tres tipos de drogas: los *barbitúricos* o *hipnóticos sedantes* (Nembutal, Seconal, Amytal); los *no barbitúricos* (Miltown y Quaalude) y los *tranquilizantes mayores y menores* (Thorazine, Compazine, Valium, Librium y otros cuyos usos psicoterapéuticos son tratados a fondo en el capítulo 16). Estos «calmantes» son usados por muchas personas que se han animado demasiado con las anfetaminas. Incapaz de dormir o relajarse, el que ha abusado de los excitantes acude a las drogas de esta categoría para contrarrestar el efecto excitante de las otras, entrando así en un círculo vicioso. Los sedantes también son consumidos por personas ansiosas, por las que luchan con una de las crisis vitales, como la muerte de un familiar, y por las personas que no pueden dormir. Los médicos los recetan para aliviar la ansiedad de los pacientes con enfermedades del corazón, respiratorias, gastrointestinales, etc.

Es fácil abusar de los barbitúricos. Tienen efectos profundos, deterioran la memoria y el juicio, y a veces llevan al estado de coma e incluso a la muerte. Son particularmente peligrosos si se toman con alcohol, ya que esta combinación aumenta los efectos de estos dos depresores del sistema nervioso central. Casi un tercio de las muertes accidentales relacionadas con las drogas tienen algo que ver con los barbitúricos (U. S. Department of Health and Human Services, 1980). Los que habitualmente consumen barbitúricos desarrollan tolerancia hacia ellos, necesitan cantidades cada vez mayores y con el tiempo se vuelven adictos. La abstinencia de la droga puede convertirse en una experiencia espantosa, durante la cual el adicto sufre temblores, náuseas, terroríficos calambres, vómitos, alucinaciones y un sentido distorsionado del tiempo y el espacio. El síndrome de retirada puede incluso producir la muerte.

LSD y otros alucinógenos

Los alucinógenos o psicodélicos afectan la conciencia de múltiples maneras. Influyen en las percepciones, los pensamientos y las emociones, haciéndolos distintos del estado normal consciente. El tiempo y el espacio se extienden y se contraen, aparecen delirios, el juicio lógico está suspendido y surgen sensaciones imaginarias visuales, auditivas y táctiles que caracterizan a las alucinaciones.

Los que las toman con frecuencia pueden sentir escalofríos, náuseas, temblores y palpitaciones del corazón. La memoria les juega malas pasadas, trayendo a la conciencia, de manera inesperada, imágenes olvidadas desde mucho tiempo atrás. La combinación de sentimientos extraños puede llevar a la euforia o al pánico. Una consecuencia terrible del uso del LSD es el «flashback», que ocurre a menudo mucho tiempo después de haber tomado la droga. La vuelta desagradable de emociones inquietantes y peligrosas puede ocurrir hasta 18 meses más tarde.

El LSD (dietilamida del ácido d-lisérgico) fue sintetizado en el laboratorio

Bajo los efectos del LSD una persona puede sentir toda clase de sensaciones distorsionadas:

Le puede parecer que su pie se encuentra a cinco metros de sus ojos o justo debajo de su barbilla, que su mano está arrugada por la edad o ha encogido hasta el tamaño de la de un bebé, que su cuerpo es lo suficientemente grande como para cubrir el paisaje de horizonte a horizonte. Su cuerpo le puede parecer hueco, sin huesos, transparente; le puede parecer que su cuerpo se convierte en madera, metal o cristal; le puede parecer a la vez pesado y ligero, o caliente y frío al mismo tiempo.
(Grinspoon y Bakalar, 1979, pág. 95.)

en 1938, pero sus cualidades psicoactivas no fueron descubiertas hasta 1943. Durante la década de los 50 se empleó en psicoterapia para tratar la adicción a las drogas y al alcohol y las enfermedades mentales, así como para aliviar el dolor en pacientes con cáncer en estado terminal. En la década de los 60 había obtenido la adhesión de las personas que buscaban visiones creativas y espirituales, y el Congreso restringió su uso como droga experimental. El mercado negro entró entonces en escena, haciendo que el LSD fuera fácilmente asequible en la calle.

Parece ser que el LSD funciona de manera que afecta la producción de la *serotonina*, transmisor químico del cerebro. Se absorbe rápidamente en la circulación sanguínea y se disemina por todo el cuerpo. Los experimentos con monos han mostrado que sólo un 1 por 100 se concentra en el cerebro, principalmente en las glándulas pituitaria y pineal, así como también en el hipotálamo, en el sistema límbico y en las regiones de reflejos auditivos y visuales (Snyder y Reivich, 1966). Puede deteriorar la memoria, el tiempo de atención y la habilidad para pensar de manera abstracta, y puede provocar lesiones orgánicas en el cerebro si se abusa de él. ¿Daña también los cromosomas? La investigación sobre este tema coincide con las observaciones que indican que el LSD puro no parece dañar los cromosomas, pero el LSD comprado en la calle, mezclado con muchas otras sustancias, puede tener implicaciones genéticas importantes.

¿Aumentará su creatividad el LSD? Muchos defensores de esta droga, como los que anteriormente apoyaban el uso de la cocaína y el óxido nitroso, afirman que sí. Si tiene un «viaje» agradable probablemente estará de acuerdo. Puede que vea y oiga toda clase de cosas que nunca ha experimentado en su vida consciente normal. Bajo la influencia de la droga puede sentir que posee nueva clarividencia y que es capaz de contestar cualquier tipo de pregunta. Sin embargo, es muy probable que no sea capaz de demostrarle esta nueva creatividad a nadie más.

La relación entre las drogas psicodélicas y la creatividad es compleja, y uno de los problemas al confiar en una droga para conseguir una producción creativa es que la droga no proporciona «el equilibrio necesario entre la intuición y el razonamiento analítico para una creación genuina» (Grinspoon y Bakalar, 1979; pág. 267). Durante la experiencia con la droga no puede transmitir su nueva clarividencia, en parte por los efectos de la droga sobre las habilidades motoras. Después de haber tomado LSD los consumidores no se muestran más creativos que antes (Dusek y Girdano, 1980). Por lo tanto, aunque algunos artistas creativos, como el poeta Samuel Coleridge y el novelista Robert Louis Stevenson, igual que el poeta contemporáneo Allen Ginsberg y el novelista Ken Kesey, atribuyen algunos logros a estados provocados por la droga, no existe ninguna prueba de que estos artistas hayan producido trabajos más creativos en estado drogado que en estado normal.

El PCP (hidrocloruro de fenciclidina) es una droga vulgarmente llamada «polvo verde» de la cual se abusa frecuentemente. Es estimulante, analgésica y alucinógena. Originalmente se usaba como anestésico, pero su uso como tal ya no es legal en seres humanos por la agitación y la confusión que provoca. Los adictos la toman a causa de sus escasos efectos favorables, eleva el ánimo, relaja, estimula y aumenta la sensibilidad, aunque parecen dominar los efectos negativos, como los problemas en la memoria y el habla, las depresiones, ansiedad, paranoia, violencia, alucinaciones, despersonalización, descoordinación, entumecimiento corporal y posiblemente psicosis e incluso la muerte por

En todas las culturas del mundo se han tomado a menudo drogas que alteran la mente, con diferentes consecuencia. En la China se utilizaba ampliamente el opio para curar, aliviar el dolor y para dar coraje, como vemos en este grabado de una casa de opio público en el Harper's Weekly *en 1880. (National Library of Medicine.)*

convulsiones o interferencias en la respiración. El aspecto más peligroso del PCP es su extrema impredictibilidad.

Otros alucinógenos comunes son la mescalina, el peyote, la psilocibina, el STP (Fenilisopropilamina), el DMT (Dimetiltriptamina) y el óxido nitroso.

Heroína y otros narcóticos

Hoy en día resulta difícil entender que el uso de los narcóticos, drogas que actúan como depresoras del SNC que alivian el dolor e inducen al sueño, floreciera abiertamente en este país durante el siglo XIX y los primeros años del siglo XX. En la China y la India el opio se empleaba para curar, aliviar el dolor y para dar coraje a los guerreros. Apareció en los EE. UU. en medicamentos patentados contra la tos, la diarrea y casi cualquier otra dolencia humana. La morfina, un derivado del opio, se administraba libremente a los soldados de la Guerra de Secesión y durante la primera guerra mundial. Luego apareció en escena una nueva y prometedora droga, que parecía tener las ventajas de las otras dos, sin sus efectos adictivos. Desgraciadamente, la heroína no cumplió la expectativa; al contrario, constituyó un problema más grave que los otros narcóticos, y hoy en día representa el 90 por 100 de los abusos de narcóticos en los EE. UU. (Shorter y McDarby, 1979).

Los consumidores de heroína suelen notar sus efectos rápidamente, ya que, por lo general, se inyectan una solución de la droga directamente dentro de la circulación sanguínea con una jeringuilla hipodérmica. Pronto se sienten eufóricos, pacíficos, contentos y seguros, alejados de cualquier peligro o reto. La respiración se vuelve más lenta y superficial, las pupilas se contraen, disminuyen los deseos sexuales y pueden aparecer intensos picores, náuseas y vómitos. A pesar de estos efectos, el drogadicto puede seguir con su trabajo y llevar una vida bastante normal mientras toma la droga. La adicción física tiene lugar con severos síntomas de abstinencia cuando el efecto de la droga desaparece, y el uso prolongado desarrolla tolerancia, de manera que los adictos a la heroína necesitan cantidades progresivamente mayores.

De cuatro a seis horas después de haber tomado la droga, el drogadicto empieza a sentir molestias de abstienencia que se convierten en una verdadera agonía de doce a dieciséis horas más tarde. Es común que sufran de excesiva transpiración, temblores, vómitos, mucosidad y ojos llorosos, escalofríos, dolores musculares, dolores de estómago y diarrea (U. S. Department of Health and Human Services, 1980). El síndrome de abstinencia no causa la muerte, pero una sobredosis, sí. Los adictos a la heroína, a menudo, contraen hepatitis al usar jeringuillas sucias y soluciones no esterilizadas. También sufren inflamaciones de las venas, abscesos de la piel y congestión pulmonar.

Una de las formas más comunes de intentar contrarrestar la adicción es recetar una dosis diaria de metadona, un narcótico adictivo de efectos más duraderos y que causa menos efectos secundarios dañinos. Otro método intenta liberar al adicto de la dependencia física y psicológica de cualquier droga con la ayuda de la terapia de grupo y el apoyo de compañeros, a menudo en centros residenciales de tratamiento. Cuando rompen la adicción física, pasan a un centro-hogar, como tratamiento de transición, y luego a la vida en comunidad, quizá con ayuda y apoyo.

El mayor problema al curar a estos individuos no está en liberarlos de la dependencia fisiológica, sino en ayudarlos en las necesidades psicológicas subyacentes que les llevaron a iniciar el consumo de la droga. El adicto típico tiene poca autoestima y poca confianza en sí mismo, teme la vida, posee generalmente un carácter negativo y pesimista, siente que cualquier cosa que haga es inútil y considera la heroína un medio de huir de la realidad (Dusek y Girdano, 1980). Problemas psicológicos tan profundos se resisten y devuelven a menudo al adicto «curado» a los brazos confortables de la droga.

Muchas personas que en un principio buscaron estados de conciencia alterados a través de las drogas han descubierto en la meditación de un medio para obtener algunos beneficios semejantes sin riesgos, y lo mismo ocurre con la hipnosis y otras técnicas que alteran la mente. Parte de la atracción de las carreras de maratón parece estar en el elevado estado de ánimo que muchos corredores experimentan. Ya que experimentar otros estados de conciencia parece una tendencia humana básica, resulta probable que la gente continuará desarrollando nuevas maneras para ensanchar o limitar su conciencia.

RESUMEN

1 *La conciencia* se refiere al conocimiento que poseemos del mundo que nos rodea. El *estado normal de conciencia* es el estado normal de vigilia. Cualquier cambio cualitativo del estado normal es un estado de conciencia *alternativo* o *alterado*. Estos incluyen el sueño y los estados provocados por la *meditación*, la *hipnosis* y las *drogas*.

2 Las características de los estados de conciencia alterados y alternativos (ECAs) incluyen los siguientes elementos: *alteraciones en el pensamiento, un sentido temporal confuso, falta de control, cambios en la expresión emocional, cambios en la imagen corporal, distorsiones perceptivas, cambios de sentido o signifi-*

cado, sensación de ser indescriptible o sensación de rejuvenecimiento e hipersugestionabilidad.

3 Los estados alterados pueden ser provocados de maneras distintas desde la sobreestimulación hasta la desaparición de todo estímulo.

4 Mientras dormimos, pasamos por *cuatro etapas de sueño* que muestran diferentes modelos de ondas cerebrales. El sueño se vuelve progresivamente más profundo desde el nivel 1 al nivel 4. Estos cuatro estados son denominados sueño *NOREM (no hay movimiento rápido de los ojos).*

5 Después de haber pasado por los cuatro niveles, nuestro sueño se vuelve otra vez más ligero, y entre

los 40 y los 80 minutos después de habernos dormido entramos en el sueño *REM (movimiento rápido de los ojos)*. Este es el momento en el cual es más probable que soñemos.

6 El sueño es universal en el reino animal, aunque existen grandes diferencias en el promedio de sueño que necesita cada especie. Recientemente se ha aislado «una sustancia provocadora del sueño» extraída de la orina humana, que al inyectarse en conejos aumentó en un 50 por 100 el sueño profundo sin sueños.

7 Existen varias teorías distintas sobre la función del sueño. La gente privada de sueño muestra síntomas fisiológicos leves, como manos temblorosas, visión doble y un umbral bajo de dolor. La falta de sueño afecta especialmente la capacidad para efectuar trabajos complejos y difíciles. La gente privada totalmente del sueño tiende a volverse confusa e irritable, aunque su personalidad probablemente se mantendrá intacta. Se recuperan con sueño REM cuando se les deja dormir sin interrupción.

8 El promedio de sueño varía según la edad de la persona. Los niños duermen más que los adultos.

9 Las investigaciones sobre las diferencias de personalidad entre las personas que duermen mucho y las que duermen poco son contradictorias. Se puede necesitar distinta cantidad de sueño según las diferentes situaciones de la vida.

10 La presencia de los *sueños* está asociada con la onda cerebral típica de la etapa emergente del patrón de sueño, con un aumento en la velocidad del pulso y la respiración, la falta de movimiento corporal y la aparición de movimientos rápidos de los ojos. La gente sueña durante una o dos horas cada noche. Existen varias teorías para explicar por qué nos olvidamos de nuestros sueños. *Freud* sostenía que era para *reprimir* pensamientos llenos de ansiedad. *Hobson y McCarley* señalan *una amnesia que depende del estado*. *Crick y Mitchison* creen que los sueños *liberan* el material innecesario *de los cerebros*.

11 Existen varias teorías muy diferentes sobre la razón por la que soñamos. Sigmund Freud creía que soñamos para cumplir los deseos reprimidos en estado de vigilia. Creía que los sueños tienen un *contenido manifiesto* (la descripción actual de nuestros sueños) y un *contenido latente* (el significado subyacente). Para Freud, mucho de lo que soñamos simboliza los deseos y conflictos reprimidos, y la mayor parte de éstos son de naturaleza sexual.

12 *Alfred Adler* opinaba que los sueños nos ayudan a resolver los problemas. *Carl Jung* entendía que los sueños nos ayudan a saber algo sobre aspectos desconocidos y suprimidos de nosotros mismos.

13 *Hobson y McCarley* propusieron el *modelo activación-síntesis* respecto a los sueños. Opinaban que los cambios extraños y los símbolos de los sueños no son pensamientos inconscientes disfrazados, sino el resultado del funcionamiento del cerebro durante el sueño.

Mientras soñamos, ciertas partes del cerebro se estimulan; la parte que se estimula determina el contenido del sueño y la manera de unir las imágenes de los sueños.

14 Los desórdenes del sueño incluyen: la *narcolepsia* (necesidad incontrolable de dormir), el *insomnio* (dificultad para empezar a dormir y/o para permanecer dormido), *apnea de sueño* (breves períodos de sueño durante los cuales la respiración se detiene brevemente), *terrores nocturnos* (ataques de pánico), *pesadillas*, *sonambulismo* y *somniloquia*.

15 No existe un único *estado de meditación*. Mientras Wallace y Benson lo describen como un estado de vigilia pero relajado, otros han observado que las personas en estado de meditación muestran actividad en los procesos corporales.

16 La técnica de meditación mejor conocida en el mundo occidental es la *meditación trascendental (MT)*, desarrollada por Maharishi Mahesh Yogi.

17 Períodos regulares de meditación parecen ayudar a muchas personas a sobreponerse a la tensión y han sido útiles al tratar el insomnio, la angina de pecho y la hipertensión. La meditación se ha usado en programas para reducir el uso de alcohol, tabaco y otras drogas.

18 La *hipnosis* es un estado de alta sugestionabilidad o susceptibilidad a influencias externas. Síntomas que aparecen entre las personas hipnotizadas son la rigidez de los brazos, pérdida del control de la voluntad, alucinaciones, incapacidad para sentir dolor, amnesia y conformidad con las sugerencias posthipnóticas. No se puede hipnotizar a todo el mundo.

19 Existen diferentes opiniones sobre la *hipnosis*. Según la *teoría del estado de trance*, la persona hipnotizada está en un estado de conciencia diferente del normal. Experimentos que comparan el comportamiento de individuos que estaban hipnotizados con otros que simulaban estarlo sugieren que el estado hipnótico es cualitativamente diferente del estado de conciencia normal.

20 *Hilgard* cree que las personas hipnotizadas experimentan poco o ningún dolor, porque bloquean el dolor de la conciencia plena por medio de la hipnosis. Mantiene que durante la hipnosis se produce una *disociación o conciencia dividida*, es decir, que la persona hipnotizada funciona a más de un nivel de conciencia.

21 La *perspectiva de la representación de papeles* sostiene que «la hipnosis» es una interpretación de un papel más que un estado de conciencia especial. La *teoría cognitivo-conductual* sostiene que el estado hipnótico no depende de ninguna técnica para provocar el trance, sino más bien de la motivación del individuo para imaginarse los temas sugeridos por el hipnotizador.

22 La hipnosis se utiliza en varias situaciones prácticas. Se ha usado para tratar *estados patológicos* y ha sido

especialmente efectiva para aliviar el *dolor*. La hipnosis se está convirtiendo en un elemento altamente polémico en la investigación criminal.

23 Una *droga* es una sustancia química que produce cambios físicos, mentales, emocionales y/o de comportamiento en la persona que la usa. Las *drogas psicoactivas* alteran la mente. Una persona que usa una droga porque es incapaz o tiene miedo de dejar de usarla es un *drogadicto*.

24 Corrientemente se toman sustancias, como la *cafeína* (en el café, colas y chocolate), la *nicotina* (en los cigarrillos, puros y tabaco de pipa) y el *alcohol*, que son drogas. La cafeína y la nicotina son *estimulantes*, mientras que el alcohol es un *depresor* del sistema nervioso central. El abuso de alcohol constituye hoy el principal problema de la drogadicción.

25 La *marihuana* es una droga derivada de la planta *cannabis sativa*. Cuando se fuma da al fumador una sensación de bienestar. Sin embargo, según la cantidad y calidad, también puede causar ansiedad, confusión o delirio. Los efectos a largo plazo todavía no son conocidos. Parece ser útil en el tratamiento de ciertas enfermedades.

26 Los *estimulantes* como las *anfetaminas* y la *cocaína* llevan a niveles elevados de energía y estado de alerta, y elevan el estado de ánimo, aunque tienen efectos secundarios muy negativos.

27 Los *sedantes* poseen un efecto calmante y provocan el sueño. Existen tres tipos: *barbitúricos*, *no barbitúricos* y *tranquilizantes mayores y menores*. Aunque tienen usos médicos apropiados, conducen fácilmente al abuso. Pueden deteriorar la memoria y el juicio, algunas veces llevan al estado de coma y a la muerte. Son particularmente peligrosos cuando se toman junto con alcohol, ya que ambos son *depresores* del sistema nervioso central, cuyos efectos se multiplican si se toman conjuntamente.

28 El *LSD* y otros *alucinógenos*, como la *PCP*, son *psicodélicos* que influyen en la percepción, los pensamientos y las emociones, haciéndolos diferentes del estado normal de vigilia.

29 La *heroína* y otros *narcóticos* son depresivos, alivian el dolor y provocan el sueño. Hoy en día la heroína es responsable de un 90 por 100 de los abusos de narcóticos en los EE. UU. La adicción se trata a veces con *metadona*, un narcótico adictivo de efecto más prolongado y que posee menos efectos secundarios negativos.

LECTURAS RECOMENDADAS

Dusek, D., y Girdano, D. A. (1980). *Durgs: A factual account*. Reading, Mass. Addison-Wesley. Extenso informe sobre el uso y el abuso de las drogas. Contiene información sobre el modo en que las drogas afectan el sistema nervioso y sobre las drogas y la ley.

Edmonston, W. E. (1981). *Hypnosis and relaxation*. New York: Wiley. Examina la relación entre la hipnosis y la relajación. Aporta interesante información histórica sobre la hipnosis.

Naranjo, C., y Ornstein, R. E. (1976). *On the psychology of meditation*. New York: Penguin. En la primera parte de este libro, Naranjo trata del espíritu y las técnicas de la meditación. En la segunda, Ornstein describe las implicaciones de las técnicas de meditación en la psicología moderna.

Pattison, E. M., y Kaufman, E. (Eds.) (1982). *Encyclopedic handbook of alcoholism*. New Yok: Gardner Press. Obra monumental que incluye secciones sobre ... definición y el diagnóstico del alcoholismo. Trata igualmente de los aspectos médicos, biológicos, sociales y psicológicos del alcoholismo.

U.S. Department of Health and Human Services (1980). *The health consequences of smoking for women*. Washington, D.C.: USDHHS. Un análisis de 400 páginas de documentos científicos sobre las mujeres y el hábito de fumar. Incluye información sobre los efectos de fumar sobre el desarrollo prenatal y e! parto y sobre el creciente número de casos de cáncer de pulmón entre las mujeres.

Webb, W. (1975). *Sleep: The Gentle Tyrant*. Englewood Cliffs, N. J.: Prentice-Hall. Breve tratado de fácil lectura sobre los descubrimientos experimentales del sueño a cargo de destacados investigadores. La obra tiene una orientación práctica.

Roger de la Fresnaye: *La conquista del aire*, 1913. Colección El Museo de Arte Moderno, Nueva York, Simon Guggenheim Fund.

PARTE

3

APRENDIZAJE, MEMORIA Y PROCESOS COGNITIVOS

No sería capaz de seguir este curso y de leer este libro si no tuviera las habilidades descritas en los próximos cuatro capítulos: aprender, recordar y pensar. Estas habilidades no son exclusivas de los seres humanos; de hecho, se discute todavía en círculos psicológicos si ciertos animales pueden pensar y aprender un lenguaje.

En el capítulo 5, «Aprendizaje», abordamos algunos de los principios del aprendizaje y las implicaciones de los descubrimientos psicológicos que se han aplicado a cuestiones concretas, como superar el bloqueo del escritor, pasar el examen final con éxito y enseñar a los animales de compañía.

¿Cómo recordamos? ¿Por qué olvidamos? En el capítulo 6, «Memoria», se formulan y responden estas preguntas (en función de nuestro conocimiento sobre el tema). Aunque gran parte de las investigaciones sobre la memoria realizadas hasta ahora tienen como objetivo estudiar los procesos básicos de la memoria y del olvido, también nos referimos a aquellas investigaciones que buscan las aplicaciones prácticas para mejorar nuestra memoria.

El capítulo 7 trata el polémico tema de la inteligencia, preguntándose qué es, cómo podemos medirla y qué factores influyen en ella. Todas estas cuestiones han sido, y siguen siendo, discutidas apasionadamente por educadores, políticos, profanos y psicólogos. Hablamos de algunas nuevas e interesantes direcciones en la medida de la inteligencia, sobre lo que consideramos bueno y lo que creemos que no lo es tanto en los tests que normalmente se utilizan en la actualidad. El capítulo trata, finalmente, la cuestión de los superdotados y los retrasados mentales.

El capítulo 8, «Lenguaje y pensamiento», se centra sobre las habilidades cognitivas examinadas en los tres capítulos anteriores, ya que abordamos en él el modo en que, tanto los seres humanos como los animales, aplican su inteligencia para aprender y recordar al servicio del pensamiento y el lenguaje. Examinamos distintas teorías que intentan explicar cómo aprendemos a hablar y a entender un lenguaje; asimismo, presentamos unos monos que, se dice, poseen un lenguaje y hablamos del importante papel que desempeña el «seudo-lenguaje infantil» en el desarrollo lingüístico del niño. Hablaremos del tipo de pensamiento para solucionar problemas de manera más creativa.

CAPITULO 5

APRENDIZAJE

CUESTIONES CLAVE

Dos tipos simples de aprendizaje asociativo, el condicionamiento clásico y operante y los aspectos cognitivos del aprendizaje.

De qué manera los experimentos de Pavlov con perros, los de Thorndike con gatos y los de Skinner con ratas y palomas permitieron formular las leyes básicas del aprendizaje.

De qué manera los psicólogos han usado los principios del aprendizaje para tratar problemas prácticos del tipo: cómo y cuándo castigar a los niños, cómo superar el «bloqueo del escritor», cómo enseñar un truco a un animal doméstico y cómo controlar ciertas reacciones corporales.

La importancia de tener una sensación de control en la vida de las personas de todas las edades y cómo la sensación de la falta de ese control sobre los sucesos de nuestra vida (indefensión aprendida) puede minar nuestra capacidad de aprender.

Cuando observa a una araña tejer una estilizada telaraña, o ve cómo un pájaro suelta gusanos dentro de la boca bien abierta de sus polluelos, o contempla una columna de hormigas llevando migas hacia su hormiguero, al que ellas llaman hogar, no se encuentra ante ninguna actividad aprendida. Todos estos comportamientos son llevados a cabo por una serie de programas específicos innatos; cada una de estas criaturas nace con estos programas innatos, conocidos como «instintos». Los instintos son pautas de comportamiento relativamente complejas, determinadas biológicamente y muy importantes para la supervivencia de las especies. Todos los miembros de una especie particular muestran su comportamiento instintivo. Una golondrina, por ejemplo, no permanece «en casa» mientras las demás emigran cada año hacia zonas tropicales a una señal genéticamente programada.

Hoy en día, muchos psicólogos y otros observadores del comportamiento humano están de acuerdo en que los hombres no poseen habilidades que puedan ser llamadas con propiedad «instintos». La opinión profesional que prevalece sostiene que venimos a este mundo con un cuerpo que funciona, un puñado de reflejos, un programa madurativo y la capacidad para un aprendizaje ilimitado.

Los reflejos, es aquello que tiene el ser humano más cercano al instinto. Son innatos, no se aprenden, son respuestas involuntarias a una estimulación. Estas conductas simples no son originadas por un planteamiento o por nuestra voluntad, sino que aparecen involuntariamente como respuesta a ciertos aspectos del ambiente. Parpadeamos ante una luz fuerte o ante un soplo de aire, se produce el reflejo patelar cuando nos golpean en cierto lugar justo debajo de la rótula, y, siendo bebés, respondemos a una caricia en la mejilla volviendo la cabeza, abriendo la boca y empezando a succionar. (Los reflejos primitivos, con los que nacemos, como el reflejo de chupar que acabamos de describir, desaparecen en el primer año de vida, cuando ya no se necesitan. Estudiaremos esto más ampliamente en el capítulo doce.) ¿Por qué no consideramos estos reflejos como comportamientos aprendidos? Para contestar esta pregunta necesitamos definir el aprendizaje.

El aprendizaje es un cambio relativamente permanente en el comportamiento, que refleja una adquisición de conocimientos o habilidades a través de la experiencia, y que puede incluir el estudio, la instrucción, la observación o la práctica. Los cambios en el comportamiento son razonablemente objetivos y, por lo tanto, pueden ser medidos.

Esta definición excluye específicamente cualquier habilidad obtenida sólo por la maduración, proceso por el cual se despliegan patrones de conducta biológicamente predeterminados, siguiendo más o menos un programa. El desarrollo es descrito a menudo como el resultado de una interrelación entre maduración y aprendizaje. Un ambiente desfavorable puede retrasar la maduración, pero un ambiente favorable raramente puede acelerarla. Antes de que aparezcan ciertos tipos de aprendizaje, el individuo ha de conseguir un cierto nivel de maduración. Un bebé de seis meses no puede aprender a controlar los movimientos de su intestino porque ni su cerebro ni su cuerpo han madurado lo suficiente. Cuando escuchamos a los padres hablar con orgullo de sus hijos que ya «han aprendido a ir al lavabo», sabemos que es el padre o la madre quien ha aprendido a conocer en qué momento el bebé está a punto de mover sus intestinos y corren a sentarlo en el orinal.

Este concepto de aprendizaje excluye también los reflejos, porque son innatos, son respuestas involuntarias a una estimulación, más que cambios de comportamiento relativamente permanentes realizados merced a la experiencia. El aprendizaje no incluye tampoco los estados temporales producidos por factores fisiológicos como la enfermedad, la medicación o la fatiga. Si, por ejemplo, realiza mucho mejor una prueba esta semana que la semana anterior, no tiene por qué deberse a que ha aprendido más durante este tiempo. Puede ser que su primer ejercicio no fuera tan bueno como podría haber sido porque estaba cansado o no se encontraba bien. Igualmente, si su segundo ejercicio es mucho peor, la explicación puede deberse también a la fatiga o a una falta de salud más que a la posibilidad de que haya olvidado lo que ya había aprendido.

La existencia de aprendizaje a menudo puede ser deducida por un cambio en el comportamiento. Pero no siempre. Hay una diferencia entre aprendizaje y ejecución. Aunque haya aprendido alguna cosa, puede ser que no se manifieste a través del comportamiento si no está motivado o si no presta atención. La nota que obtenga un estudiante en el examen de psicología, por ejemplo, puede no reflejar adecuadamente lo que ha aprendido si ha discutido con su compañero de habitación justo antes del examen, si sufre un ataque de fiebre del heno, si ha dormido mal o no ha dormido nada la noche anterior, o si se muestra extremadamente nervioso durante la prueba (véase el capítulo 10, donde trataremos el tema de la ansiedad ante un examen). El aprendizaje latente, que se discutirá después, es otro ejemplo de la disparidad entre aprendizaje y ejecución.

A pesar de que la ejecución no es necesariamente un perfecto indicador del aprendizaje, los psicólogos generalmente evalúan lo que una persona o un animal ha aprendido basándose en lo que hacen, porque el comportamiento es el único criterio que pueden observar y medir.

Ya que muchas de las cosas que los seres humanos hacen, dentro y fuera de la sociedad, dependen del aprendizaje, los psicólogos han dedicado una atención considerable a dicho factor. Han descubierto que aprendemos de diferentes maneras. El tipo más simple de aprendizaje, la habituación, es el fenómeno por el cual «nos acostumbramos a» algo, y de esta manera mostramos que conocemos lo que es. El siguiente nivel de aprendizaje, en el cual formamos nuevas asociaciones entre un estímulo y una respuesta, es el llamado aprendizaje asociativo. En los dos tipos simples de aprendizaje asociativo, *condicionamiento clásico y operante*, las respuestas nuevas parecen «impresas» en el animal o en la persona. Estos dos tipos de aprendizaje han recibido gran atención durante años, pero actualmente muchos psicólogos consideran el aprendizaje como algo más cognitivo y, por tanto, con una adquisición menos automática de conocimientos sobre el ambiente.

Los psicólogos cognitivos dirigen su atención hacia los procesos del pensamiento que tienen lugar en la mente de un animal o una persona. Mientras los conductistas afirman que un organismo que emite una respuesta determinada está mostrando una conexión automática estímulo-respuesta, los psicólogos cognitivos mantienen que existe un paso *entre* el estímulo y la respuesta. Este paso es una actividad mental, o *pensamiento*, la naturaleza del cual será descrita en detalle más adelante en este mismo capítulo. Asimismo, los psicólogos cognitivos consideran que se dan otros tipos de aprendizaje junto al asociativo o condicionamiento. Incluyen en su definición el aprendizaje por observación y el aprendizaje latente.

CONDICIONAMIENTO CLASICO

Encuentra a una amiga al mediodía delante del edificio de Ciencias, y juntas se dirigen hacia la reunión de estudiantes. Por el camino ella le explica cosas sobre el restaurante donde cenó la noche anterior. Mientras lo describe, con todos sus deliciosos pormenores, los aromas penetrantes y los sutiles sabores de la comida, se da cuenta de que la boca se le hace agua. «¡Eh!», dice, «soy igual que esos perros que acabo de estudiar».

Pavlov y la salivación en los perros

«Esos perros» son los sujetos con los que se ha llevado a cabo el experimento científico más célebre en el campo del aprendizaje. Ivan Pavlov, psicólogo ruso ganador del Premio Nobel en 1904 por su trabajo sobre el sistema digestivo, también tenía gran interés en estudiar el cerebro y el sistema nervioso. Su investigación sobre el funcionamiento de estos dos sistemas muestra la presencia de aquel fenómeno de aprendizaje, que ha llegado a ser conocido como condicionamiento clásico. El   o implica cierto tipo de comportamiento reflejo. Como hemos señalado anteriormente, los reflejos son respuestas involuntarias a la estimulación. En el condicionamiento clásico vemos que el organismo aprende a emitir respuestas reflejas (es decir, llega a ser condicionado clásicamente) a estímulos que eran previamente *neutros*. (Esto es, no elicitaban automáticamente la respuesta.) Veamos esto en nuestra discusión sobre los perros de Pavlov.

Pavlov sabía que cuando colocaba carne picada en la boca de un perro, fluía la saliva como primer paso en el proceso de la digestión. La salivación es una respuesta no aprendida o refleja a la comida. Después de observar que los perros salivan al ver la carne, preparó el experimento que ha llegado a ser tan famoso. Primero practicó una pequeña operación en unos perros de laboratorio, para que su saliva pudiera ser recogida y medida. Mientras un perro permanecía quieto en una mesa, un experimentador hacía sonar un diapasón y entonces, después de siete u ocho segundos, acercaba un plato de carne picada al perro. Al principio, el animal no salivaba al oír el sonido, aunque lo hacía copiosamente mientras estaba comiendo (véase figura 5-1).

Entonces el experimentador presentó diferentes combinaciones de sonido y comida, variando los intervalos entre ellos. Finalmente, el perro salivaba cuando oía el sonido, aunque aún no se le había presentado la comida. Aparentemente había aprendido que el sonido sería seguido pronto por la comida y sus reflejos salivares habían sido condicionados a responder al

Ivan Pavlov y uno de sus famosos perros, sujetos del experimento que demostró que los perros pueden aprender a salivar como respuesta a un sonido que han aprendido a asociar con la comida. (Biblioteca Nacional de Medicina.)

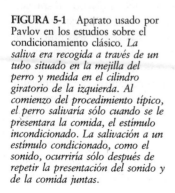

FIGURA 5-1 Aparato usado por Pavlov en los estudios sobre el condicionamiento clásico. *La saliva era recogida a través de un tubo situado en la mejilla del perro y medida en el cilindro giratorio de la izquierda. Al comienzo del procedimiento típico, el perro salivaría sólo cuando se le presentara la comida, el estímulo incondicionado. La salivación a un estímulo condicionado, como el sonido, ocurriría sólo después de repetir la presentación del sonido y de la comida juntas.*

sonido como lo hacían con la comida. Sus jugos salivares habían empezado a fluir frente a la expectativa de recibir la comida, como nos pasa a nosotros cuando olemos la comida o cuando escuchamos a una amiga describir una comida deliciosa.

¿Cómo podemos hablar de este fenómeno en términos psicológicos? En este experimento el *sonido* es un estímulo neutro, un estímulo que no produce originalmente la respuesta. La comida es un estímulo incondicionado (EI), un estímulo que produce automáticamente una respuesta. Esta respuesta, conocida como respuesta incondicionada o reflejo incondicionado (RI), no ha sido aprendida. La salivación es la respuesta incondicionada a la comida.

Durante el condicionamiento clásico, el organismo aprende una nueva asociación entre dos hechos. En este experimento se aprende una asociación entre el sonido y la comida. ¿Cómo puede esto ocurrir? Repitiendo la asociación entre estímulo neutro (el sonido) y estímulo incondicionado (la comida). Una vez el organismo ha aprendido a asociar la comida y el sonido y a reaccionar esencialmente de la misma manera a los dos (salivación), podemos decir que se ha producido el condicionamiento. En este punto el sonido es llamado estímulo condicionado (EC) y la salivación respuesta condicionada (RC). Un   , por consiguiente, es un estímulo inicialmente neutro que, después de haber sido asociado una y otra vez con el estímulo incondicionado, llega a producir una respuesta condicionada (o aprendida). En la figura 5-2 puede verse un diagrama que nos muestra el fenómeno gráficamente.

Pavlov (1927) y los que vinieron tras él pensaban que el condicionamiento está fuertemente influido por la duración del intervalo interestímulos, período de tiempo que transcurre entre la presentación del estímulo neutro y el estímulo incondicionado. Generalmente, es más efectivo presentar el estímulo neutro (el sonido) antes que el estímulo incondicionado (la comida), pero de forma que ambos se solapen. Esto se denomina *condicionamiento demorado;* el *condicionamiento de huella* tiene lugar cuando el estímulo condicionado (EC) (el sonido, una vez que ha tenido lugar el condicionamiento) es presentado y retirado antes de que aparezca el estímulo incondicionado (la comida). Si el sonido se presenta mucho antes de que aparezca la comida, el perro puede tener problemas para aprender la asociación entre los dos. Si el sonido llega al mismo tiempo que el perro ve la comida *(condicionamiento simultáneo)* o si se muestra después *(condicionamiento hacia atrás)*, puede ser que no se dé cuenta del sonido y no aprenda a asociarlo con la comida (véase figura 5-3).

¿Qué sucede cuando el experimentador trastoca las reglas fundamentales y empieza a hacer sonar el diapasón sin que vaya seguido de la comida? El perro termina aprendiendo que la comida no le será presentada después del proceso y deja de salivar. Este es el proceso de extinción, la eliminación del refuerzo para un comportamiento que ha sido reforzado anteriormente.

Después de que una respuesta condicionada ha sido extinguida, tiene lugar a menudo una recuperación espontánea. ¿Cómo funciona esto? Unos días después de que el perro haya dejado de salivar como respuesta al sonido, si volvemos al laboratorio donde tuvo lugar el condicionamiento original y hacemos sonar otra vez el diapasón, el perro comenzará a salivar de nuevo. Esta respuesta muestra que no ha olvidado el aprendizaje original, sino que ha sido inhibida la respuesta aprendida. Podemos decir que la recuperación es «espontánea» porque tiene lugar sin ningún nuevo ensayo de condicionamiento (véase figura 5-4).

FIGURA 5-2 Condicionamiento clásico. *El condicionamiento clásico tiene tres fases. El estímulo neutro llega a producir una respuesta condicionada.*

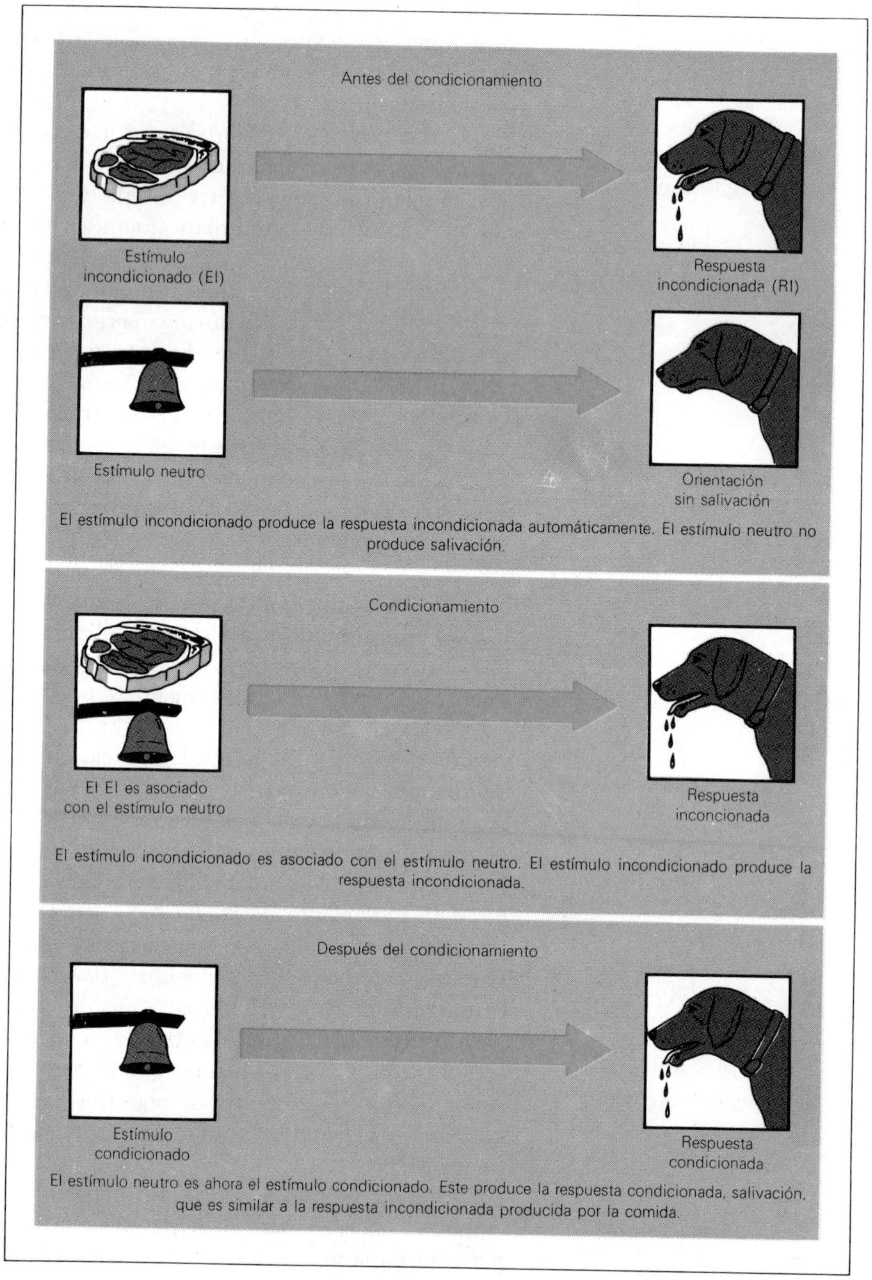

FIGURA 5-3 Apareamiento del EC con el EI en cuatro relaciones temporales. *La adquisición del condicionamiento es más rápida usando la secuencia «demorada».* (De Hulse, Egeth y Deese, 1980.)

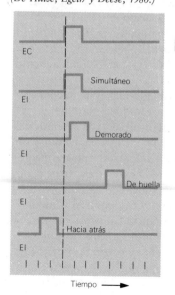

Antes del condicionamiento

Estímulo incondicionado (EI)

Respuesta incondicionada (RI)

Estímulo neutro

Orientación sin salivación

El estímulo incondicionado produce la respuesta incondicionada automáticamente. El estímulo neutro no produce salivación.

Condicionamiento

El EI es asociado con el estímulo neutro

Respuesta inconcionada

El estímulo incondicionado es asociado con el estímulo neutro. El estímulo incondicionado produce la respuesta incondicionada.

Después del condicionamiento

Estímulo condicionado

Respuesta condicionada

El estímulo neutro es ahora el estímulo condicionado. Este produce la respuesta condicionada, salivación, que es similar a la respuesta incondicionada producida por la comida.

Otro concepto pavloviano es el de generalización de estímulo, la tendencia a emitir la respuesta condicionada ante un estímulo similar, aunque no idéntico al que fue originalmente asociado con el estímulo incondicionado. Por ejemplo, un perro que ha aprendido a salivar ante un sonido de una determinada frecuencia, puede también salivar ante otro estímulo distinto, ante el sonido de una campana o ante cualquier sonido relativamente similar. *La discriminación* es lo contrario de la generalización. El animal aprende a responder sólo a un sonido determinado y no a algo similar como puede ser, en este caso, el sonido de una campana.

Pavlov utilizaba la discriminación para crear una *neurosis experimental* en

FIGURA 5-4 Adquisición, extinción y recuperación espontánea de una respuesta condicionada. *Durante la adquisición, el EC y el EI son asociados y el aprendizaje se incrementa. Durante la extinción, el EC se presenta sin el EI, la respuesta se debilita y finalmente se extingue. Después de un período de descanso, aparece una recuperación espontánea. En otras palabras, la respuesta aprendida reaparece sin ningún ensayo de condicionamiento adicional.*

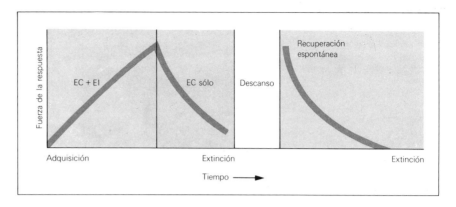

algunos perros (1927). Primero, los perros aprendían cómo discriminar entre un círculo, que era la señal para la presentación de la comida, y una elipse (un círculo alargado o una figura ovalada), que significaba que la comida no estaba próxima. Cuando el círculo y la elipse estaban bien diferenciados, los perros aprendían rápidamente a salivar ante el círculo, pero no ante la elipse. Pero el experimentador cambiaba gradualmente las figuras, de manera que las dos se parecían cada vez más, de forma que los perros difícilmente pudieran percibir la diferencia entre la figura que señalaba comida y la que no la señalaba. Cuando los perros no pudieron ya discriminar entre las dos figuras empezaron a comportarse de manera extraña. Ladraban, manifestaban temor e intentaban destruir los aparatos utilizados para el condicionamiento.

Ya que estos comportamientos son similares a los que observamos a menudo en las personas neuróticas, este experimento puede ayudarnos a comprender las neurosis humanas. Por una parte, sugiere que las neurosis son aprendidas. Por la otra, la situación en que se encontraban los perros, en la que finalmente pierden el control de su entorno, se parece a la de aquellas personas que viven a merced de unas circunstancias externas que no pueden dominar, y, por lo tanto, piensan que no tienen control sobre sus propias vidas. Más adelante, en este mismo capítulo hablaremos sobre la condición de debilitamiento emocional conocida como «indefensión aprendida», similar al estado de estos perros.

¿Se puede condicionar a las personas?

Dame una docena de niños sanos, bien formados, y libertad para educarlos, y garantizaré que puedo coger cualquiera de ellos al azar y educarlo para que sea el tipo de especialista que yo quiera elegir: médico, abogado, artista, comerciante, jefe, e incluso, mendigo y ladrón, con independencia de sus talentos, aficiones, tendencias, habilidades, vocaciones y la raza de sus progenitores. (Watson, 1958; pág. 104.)

Un vendedor lleva a cenar a un potencial cliente. Después de asociar la propuesta del vendedor con los buenos sentimientos generados por una agradable comida en un buen restaurante, es más probable que el cliente se convierta en comprador que si el vendedor se hubiera acercado a él en un ambiente menos agradable. Al menos ésta es la base de muchos de los costosos almuerzos y cenas que mantienen a los restaurantes caros de la ciudad.

Un soldado ve a un hombre con el uniforme de una nación enemiga. Habiendo visto este uniforme sólo en relación con historias de atrocidades cometidas por gente que lo llevaba, la rabia aparecerá en el corazón del soldado tan pronto como vea al hombre designado como su enemigo.

Estos son sólo dos ejemplos de las diversas formas en que podemos ser condicionados a lo largo de nuestra vida, a asociar parejas de estímulos y reaccionar en consecuencia.

EL PEQUEÑO ALBERT   John B. Watson, el «padre del conductismo» y la estudiante que llegó a ser su esposa, Rosalie Rayner (1920), mantenían que los

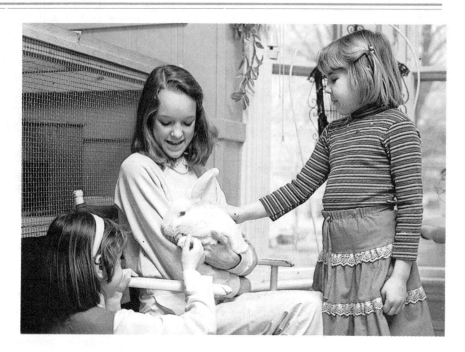

Cuando los niños tienen experiencias positivas con animales, probablemente no les tienen miedo. Por una asociación deliberada con un sonido fuerte, el conductista John B. Watson provocó miedo en un niño pequeño que anteriormente había aceptado estos animales gustosamente. (© 1981, Dean Abramson/Stock, Boston.)

niños nacen con tres emociones básicas: miedo, rabia y amor. Opinaban que la vida temprana en la casa donde viven es el laboratorio de estos niños, el lugar donde son condicionados para mostrar esas emociones y los sentimientos más complejos que nacen de ellas. Para examinar estas creencias llevaron al laboratorio a Albert, un niño saludable, bondadoso y emocionalmente estable, de nueve meses de edad, hijo de una enfermera. El bebé no mostró ningún temor a los estímulos, hasta que provocaron un fuerte sonido golpeando una barra de acero con un martillo, justo detrás de la cabeza de Albert. Finalmente, Albert tembló y lloró.

Dos meses después volvieron a traer a Albert. Justo cuando empezaba a tocar una rata blanca (ante la cual no había mostrado ningún miedo anteriormente), el experimentador hizo sonar un ruido fuerte. Albert se levantó, cayó hacia delante y empezó a llorar. Una semana después, a Albert le fue presentada la rata al mismo tiempo que oía el fuerte ruido. Otra vez lloró. Esto se produjo una y otra vez.

Finalmente, tan pronto como el bebé veía la rata, lloriqueaba asustado. Su miedo se generalizó a conejos, a un perro, un abrigo de piel de foca, al algodón, al disfraz de Santa Claus y al cabello de Watson. Un mes después Albert tenía miedo del disfraz de Santa Claus, del abrigo de piel y en mayor grado de la rata, el conejo y el perro. Watson y Rayner concluyeron que «las reacciones emocionales condicionadas, así como las producidas por transferencia, persisten por un período de tiempo superior al mes. Nuestra opinión es que persisten y modifican la personalidad para toda la vida» (pág. 12).

Dado que estos psicólogos creían tan firmemente en el poder de la experiencia temprana para ocasionar miedos para toda la vida, sus ansias de someter a un saludable bebé a estos procedimientos resultan especialmente irresponsables. Apoyaron un proyecto muy cuestionable, aunque hablaban acerca del contracondicionamiento, que «podían» haber llevado a cabo si Albert no hubiera sido sacado del hospital antes de que pudieran realizarlo. Indicaron, sin embargo, que desde el principio supieron que podrían disponer de Albert sólo por poco tiempo. Experimentos de este tipo han dado origen al Código Etico de la Asociación Psicológica Americana, la cual, actualmente, no permitiría una agresión como ésta a la psique de un niño.

Muchos psicólogos han señalado la falta de ética de Watson y Rayner, y además, recientemente, han surgido serias críticas a sus conclusiones. Veamos algunas de las formuladas por Harris (1979). En primer lugar, los resultados no probaron la generalización de los estímulos, ya que se efectuaron ensayos de condicionamiento separados para el conejo y el perro. En segundo lugar, Albert no tenía una reacción de miedo tan fuerte como indicaron. De hecho, se mostraba ambivalente hacia los animales después del experimento, algunas veces permitiendo que se acercaran, otras apartándolos y otras, en fin, evitándolos, pero sin llorar. Además, algunos investigadores trataron de replicar el trabajo, pero fueron incapaces de provocar miedo en los niños condicionándolos con sonidos fuertes (Jones, 1930; Valentine, 1930; Bergman, 1934). Aunque este estudio es normalmente considerado como un ejemplo puro de condicionamiento clásico, el aspecto punitivo de los fuertes ruidos que provocaban el miedo, interpone elementos de condicionamiento operante, que estudiaremos más adelante. Hemos tratado este experimento en detalle dada su continua referencia como estudio clásico.

CONTRACONDICIONAMIENTO Supongamos que Watson y Rayner hubieran proseguido con su expresa intención de liberar a Albert de los miedos que le habían producido. ¿Cómo lo hubieran logrado? Hablaron de relacionar los objetos temidos con caricias en las zonas erógenas del niño (áreas sensibles del cuerpo que producen sensaciones de placer sexual, cuando son acariciadas, como los genitales y los pechos), o mientras le alimentaban con dulces u otra comida o animándole a imitar un modelo (pág. 12). Probablemente fue una suerte que nunca llevaran a cabo la primera de estas ideas, ya que podían haber producido en el niño una patología sexual además de los problemas que ya tenía. Las otras dos ideas, en cambio, fueron utilizadas con éxito por otra alumna de Watson, Mary Cover Jones (1924).

Peter era un niño de casi tres años, saludable, normal e inteligente, pero con unos miedos exagerados, que se parecían tanto a los inducidos en el laboratorio a Albert, que Jones dijo: «Parecía que era Albert, aunque un poco mayor» (pág. 153). Nadie sabía qué era lo que había provocado que Peter tuviera miedo a una rata blanca, a un conejo, a un abrigo de piel, a una pluma o al algodón. (Igual que Albert, Peter no tenía miedo a las piezas de la arquitectura infantil.) Jones quería «descondicionar» los miedos de Peter a los animales y ver entonces si este descondicionamiento podía generalizarse, sin adiestramiento adicional, a otros objetos temidos.

Primeramente presentó un procedimiento de modelado llevando a Peter al laboratorio junto con otros tres niños que no tenían miedo al conejo. (El modelado, que trataremos en detalle después, es el proceso por el cual los individuos observan e imitan el comportamiento de otros, que son llamados «modelos».) Peter miraba a los otros niños mientras jugaban con el conejo y gradualmente perdió su propio miedo. Desde el punto de tener miedo aun si el conejo estaba enjaulado en cualquier lugar de la habitación pasó a permitir que el animal le mordisqueara los dedos o alegrarse del hecho de que «le he tocado la cola».

Después de este progreso, Peter estuvo en el hospital durante dos meses con la escarlatina. Cuando volvió al laboratorio, mostraba sus antiguos miedos, en parte sin lugar a dudas, porque él y la enfermera habían pasado mucho miedo a causa de un perro enorme que les saltó encima cuando salían del hospital. En este punto, Jones empezó una nueva fase del tratamiento, en la cual Peter obtenía la comida que le gustaba cuando el conejo estaba presente; así podía asociar el conejo con una experiencia agradable. Este método fue también efectivo, ayudando a Peter a sobreponerse a su miedo, no solamente del conejo, sino también de los otros objetos y de animales extraños, como un ratón o un amasijo de gusanos. Los enfoques terapéuticos basados en estos principios se abordarán en el capítulo 16.

ASPECTOS PRACTICOS DEL CONDICIONAMIENTO CLASICO   Todos estamos condicionados por muchos aspectos del mundo que nos rodea. Nos será de gran ayuda conocer el mecanismo que nos prepara para sentirnos llenos de espiritualidad tan pronto como pisamos la iglesia, patrióticos cuando vemos pasar la bandera, emocionados al leer y oír ciertas frases de un poema o de una melodía musical. Como el psicólogo B. F. Skinner ha señalado, la sociedad utiliza el proceso del condicionamiento clásico «para organizar el control del comportamiento» (1953, pág. 56). Los procedimientos del condicionamiento clásico también son utilizados para ayudar a la gente a superar las fobias (miedos irracionales) y los hábitos indeseables, como la bebidas excesiva o el fumar. En el apartado 5-1 se describe el potencial práctico del condicionamiento clásico.

CONDICIONAMIENTO OPERANTE

En un gran casino situado en el paseo marítimo de Atlantic City, una mujer de mediana edad permanece durante horas delante de una caja metálica con dibujos. Una y otra vez pone una moneda en la máquina «tragaperras» y baja una palanca para que los dibujos aparezcan de una cierta manera. ¿Por qué se empeña en este monótono y agotador comportamiento? Porque de vez en cuando un dibujo que está intentando que aparezca, aparece y sale de la máquina una lluvia de monedas, lo vacía y lo vuelve a echar con la esperanza de mayores ganancias. Estamos ante un primer ejemplo de condicionamiento operante.

¿En qué difiere el condicionamiento operante del condicionamiento clásico? El condicionamiento clásico se refiere a aquellas conductas que son producidas por un estímulo automáticamente, como la salivación en presencia de la comida. La comida elicita el comportamiento, y a través del condicionamiento, un nuevo estímulo, como por ejemplo un sonido, produce finalmente la misma conducta. El condicionamiento operante se refiere al comportamiento que el organismo *emite* porque se le ha enseñado que haciéndolo (*operando* sobre el ambiente) obtendrá una recompensa o evitará un castigo. La recompensa es *contingente* a un comportamiento particular. Este tipo de aprendizaje es llamado también *condicionamiento instrumental* porque la persona o animal es el instrumento que cambia en cierto modo su entorno. El llamativo papel que los perros de Pavlov desempeñaron en la demostración de los principios del condicionamiento clásico es asumido en el condicionamiento operante por los gatos de Thorndike y las palomas y ratas de Skinner.

Thorndike: Los gatos y la ley del efecto

Un psicólogo americano, Edward Lee Thorndike, descubría las leyes básicas del condicionamiento operante casi al mismo tiempo que Pavlov lo hacía con los principios básicos del condicionamiento clásico en Rusia. Thorndike introdujo gatos hambrientos dentro de cajas «rompecabezas» cerradas. El

APARTADO 5-1

EL POTENCIAL MEDICO EN EL CONDICIONAMIENTO CLASICO

Gloria, una bailarina de 28 años, sufre periódicamente de sarpullido, dolor, fiebre y debilidad. Su carrera como bailarina, así como su salud general, han caído víctimas de su enfermedad, *lupus sistémico eritematoso*. El «lupus» es una alteración del sistema inmunológico, por la cual el organismo se vuelve contra sí mismo. Gloria toma regularmente un medicamento llamado ciclofosfamida, que suprime la reacción inmunológica y controla muchos de los síntomas del lupus. El fármaco, no obstante, le produce a menudo, como efectos secundarios, intensos dolores en el estómago y calambres. Si la dosificación pudiera reducirse a un nivel que fuera todavía efectiva en el control de los síntomas del «lupus», pero no produjera los indeseables efectos secundarios, Gloria y otros que sufren la misma enfermedad se verían gratamente beneficiados.

Recientes investigaciones sugieren esta posibilidad. Un psicólogo y un inmunólogo han

sido capaces de producir un condicionamiento clásico en ratas y ratones para suprimir la reacción inmunológica de sus cuerpos como resultado de beber agua endulzada con sacarina, después de asociar repetidamente la sacarina con la ciclofosfamida (Ader y Cohen, 1982). Estos investigadores inyectaron ciclofosfamida en los animales inmediatamente después de recibir el agua endulzada con sacarina. Los sistemas inmunológicos de los roedores que tomaron el agua endulzada con el medicamento reaccionaban al agua endulzada sola como si tuviera las cualidades inmunosupresoras del medicamento.

Estos ratones condicionados recibieron sólo la mitad de la dosis usual de ciclofosfamida, diluida en el agua endulzada con la cual habían sido condicionados. El sistema inmunológico de sus cuerpos fue inhibido tan completamente como si les hubieran administrado la dosificación completa del

medicamento. Estos ratones vivieron tanto como otros que recibieron la dosis completa.

Las implicaciones de estos descubrimientos para los seres humanos son muy interesantes, dado que la utilidad de muchos fármacos está limitada por la gravedad de sus efectos secundarios. Si el condicionamiento clásico pudiera «engañar» al organismo para que reaccionara a dosis muy bajas de los medicamentos fuertes, muchas personas tendrían acceso a tratamientos que ahora ni siquiera se consideran a causa de sus efectos secundarios. Este tipo de investigaciones demuestra la poderosa influencia de la mente sobre las respuestas del sistema autónomo corporal, como es el caso de la reacción inmunológica, que consideramos normalmente fuera de nuestro control. También demuestra la esperanza que la psicología representa para el progreso de la medicina.

gato podía ver y oler la comida que estaba fuera de la caja, pero no podía conseguirla, a menos que aprendiera la forma de salir de la caja, lo cual hacía gradualmente. Los animales aprendieron a tirar de un trozo de cuerda que abría la caja, les dejaba salir y les permitía conseguir la comida. El proceso de aprendizaje de estos felinos fue la base de la tesis doctoral de Thorndike, proyecto de investigación requerido para el grado de doctor, que recibió en 1898.

Los gatos aprendieron por ensayo y error. Realizaban un determinado número de comportamientos diferentes mientras estaban en la caja y acertaban sólo por casualidad. Sin embargo, en cuanto aprendieron el truco para abrir la caja fueron capaces de escapar rápidamente. Durante estancias posteriores en la caja no realizaban ya aquellos comportamientos que habían resultado improductivos, sino que lo único que hacían era tirar de la cuerda.

Thorndike explicó el aprendizaje de los gatos refiriéndose al premio que habían conseguido (la comida) y a la asociación que los gatos realizaban entre tirar de la cuerda y comer. Denominó a este proceso *ley del efecto* (1911), la cual básicamente manifiesta que cuando las acciones de un animal, en cualquier situación dada, son acompañadas o seguidas de una experiencia satisfactoria, el animal relacionará tal ejecución con la satisfacción obtenida y

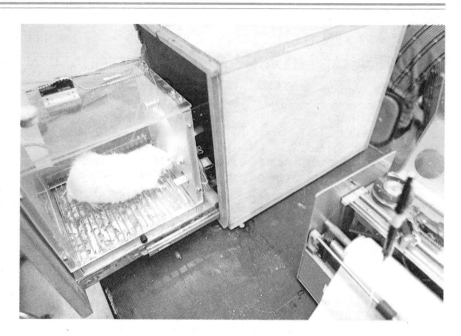

Los principios del condicionamiento operante, demostrados por B. F. Skinner, explican cómo las ratas aprenden a apretar una palanca para conseguir comida. Esta rata forma parte de los esfuerzos de una compañía farmacéutica por descubrir nuevos medicamentos. Alimentan a ratas entrenadas con diversos medicamentos y después realizan pruebas para comparar las acciones de los diferentes fármacos en el comportamiento de los animales (© Sepp Seitz, 1978. Woodfin Camp y otros.)

Skinner: Principios derivados de la «caja de Skinner»

estará más propenso a ejecutar las mismas acciones si se encuentra en situaciones similares. Si las acciones del animal llegan a vincularse con una molestia, o una experiencia desagradable, el animal no repetirá esas acciones. En otras palabras, si se siente bien, el gato lo hará otra vez. Si no, no lo hará. Esta asociación, dijo Thorndike, es automática.

Burrhus Frederic Skinner es, en la actualidad, el principal propulsor del condicionamiento operante. Se interesa, sobre todo, por la manera en que el comportamiento afecta al ambiente para producir consecuencias y cómo una consecuencia favorable, o refuerzo, produce un incremento en la probabilidad de que un comportamiento vuelva a ocurrir. Skinner mantiene que el refuerzo es el elemento fundamental de control de la conducta. El tipo de conducta que está influenciada por el reforzamiento es denominada operante. En las investigaciones de Skinner con animales, las conductas operantes a menudo fueron picar o apretar una palanca.

En su trabajo de laboratorio con ratas y palomas, Skinner diseñó un aparato que ha llegado a ser uno de los instrumentos más corrientes de la investigación psicológica. Consistía en una jaula, o caja, equipada con un mecanismo simple que el mismo animal podía activar para conseguir su recompensa. Normalmente, tal mecanismo solía ser una barra o palanca que el animal podía apretar. También diseñó una cinta de papel continuo que automáticamente podía registrar el comportamiento del animal.

Skinner desarrolló un procedimiento estándar para el estudio del condicionamiento operante, aplicable tanto a las personas como a los animales. Brevemente, este procedimiento funciona así:

1 Identifique la respuesta que va a ser estudiada (es decir, la *operante*). El tipo más fácil de estudio es una respuesta simple como apretar una palanca.
2 Determine la *tasa de línea base* de esta respuesta. Es decir, con qué frecuencia el animal realiza normalmente esta acción.

3 Escoja aquello que piense que el animal considerará como una recompensa y que, por tanto, servirá para *reforzar* el comportamiento que quiere que el animal emita. La comida es el elemento escogido más a menudo, pero de vez en cuando también son utilizados otros reforzadores como la oportunidad para una madre de alcanzar a su hijo, o para un adulto conseguir un compañero para las conductas sexuales.

4 Aplique el refuerzo de acuerdo con algún programa determinado hasta que el animal haya incrementado la respuesta que desea.

5 Deje de dar el refuerzo para ver si la tasa de respuesta del animal vuelve a la tasa de línea base. Si sucede así, ha tenido lugar la *extinción* y puede asumir que el refuerzo era el responsable del cambio en el comportamiento del animal.

Existen dos tipos básicos de refuerzo: positivo y negativo. Los reforzadores positivos son estímulos que aumentan la probabilidad de una respuesta cuando se presentan en una situación. Son ejemplos de ellos la comida, el agua o el contacto sexual. Los reforzadores negativos son estímulos desagradables, cuya *supresión* aumenta la probabilidad de respuesta. Ejemplos comunes son un sonido fuerte, una luz muy potente o una descarga eléctrica. En cualquier caso, el efecto del refuerzo es el mismo: aumenta la probabilidad de respuesta. El reforzamiento negativo *no* es lo mismo que el castigo, ya que mientras los dos tipos de reforzamiento —positivo y negativo— dan como resultado la probabilidad de que un comportamiento dado ocurra más a menudo, el castigo es administrado para lograr que un comportamiento ocurra menos frecuentemente. Veremos cómo es esto al tratar del castigo con más detalle en este mismo capítulo.

Los reforzadores pueden ser primarios o secundarios. Los reforzadores primarios son importantes biológicamente: como la comida, el agua, el sexo o las situaciones nocivas. Los reforzadores secundarios son aprendidos: llegan a ser reforzantes sólo por su asociación con los reforzadores primarios. En esta categoría podríamos incluir el dinero, las calificaciones escolares, las condecoraciones y el elogio. Las fichas que pueden ser cambiadas por la mercancía deseada o por otros tipos de recompensas pueden ser reforzadores secundarios efectivos para cambiar el comportamiento de la gente en situaciones diversas.

¿Cómo podemos saber que servirá como reforzador? Según Skinner (1953), solamente llevando a cabo una prueba directa. Un suceso es reforzante si produce un aumento en la frecuencia de una respuesta específica. No importa lo buena que una cosa pueda parecerle, no es un refuerzo si no cambia la tasa de respuesta de un animal o de una persona, o si la disminuye. A la inversa, algo que a primera vista no parezca un reforzador puede que lo sea.

En muchos hogares, por ejemplo, los padres tienden a ignorar a los niños pequeños cuando se están portando bien. Pero cuando Isabel empieza a importunar al gato, meter un dedo en el ojo del bebé, o meter las manos en la caja de las galletas, sus padres dejan de ignorarla. Puede que la riñan, griten o la peguen. Ninguno de estos comportamientos parece reforzante, pero si lo que Isabel busca es atención, la está consiguiendo. Entonces la atención por sí misma es el reforzador del comportamiento ruidoso de la niña.

En un experimento que ha llegado a ser clásico, dos psicólogos decidieron comprobar el poder reforzante de la atención para eliminar el comportamiento agresivo en una clase de preescolar (Brown y Elliot, 1965). Durante un período de ocho semanas los profesores se concentraron en eliminar el

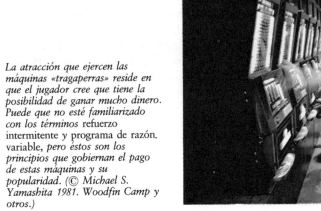

La atracción que ejercen las máquinas «tragaperras» reside en que el jugador cree que tiene la posibilidad de ganar mucho dinero. Puede que no esté familiarizado con los términos refuerzo intermitente *y* programa de razón. variable, *pero éstos son los principios que gobiernan el pago de estas máquinas y su popularidad. (© Michael S. Yamashita 1981. Woodfin Camp y otros.)*

comportamiento agresivo entre niños de tres y cuatro años. Ponían especial atención en los niños cuando se comportaban de manera cooperadora, diciendo cosas como «Está muy bien, Miguel» y «Mira lo que hace Enrique». Intentaron ignorar la agresión a menos que pareciese peligrosa.

El promedio de actos de agresión física descendió de 41 durante la semana previa al tratamiento, a 21 al final del período de tratamiento y el número de casos de agresión verbal descendió de 23 a 5. ¿Por qué la agresión verbal bajó tanto? Probablemente porque es más difícil ignorar una pelea que las amenazas o los insultos. En cualquier caso, los dos tipos de agresión descendieron, y los niños con más problemas en la clase llegaron a ser amistosos y cooperativos en un grado que ninguno de los profesores podía haber imaginado.

INTERVALOS DE REFORZAMIENTO   Para que el refuerzo sea efectivo, debe ser inmediato. Si es administrado bastante después de producida la conducta, no se producirá aprendizaje. Los otros acontecimientos que ocurren durante el período de demora harán que la persona o animal no establezca la conexión entre lo que hace y el hecho que ahora está experimentando.

La mayor excepción a esta regla general se produce en la aversión a la comida, que trataremos en la sección dedicada al castigo.

PROGRAMAS DE REFORZAMIENTO   Por programas de reforzamiento entendemos la pauta que va a seguir la aplicación del refuerzo. Existen dos categorías fundamentales, continuo y parcial. El reforzamiento parcial es también conocido como refuerzo intermitente. Si una paloma consigue comida cada vez que picotea un determinado lugar, está recibiendo un reforzamiento continuo. Si la paloma recibe comida sólo una de cada diez veces que picotea el lugar, está recibiendo refuerzo intermitente o parcial, que es el más corriente.

Los animales aprenden más rápidamente cuando reciben reforzamiento continuo, pero tendrán un comportamiento más duradero bajo un refuerzo intermitente. ¿Por qué el refuerzo parcial es más resistente a la extinción? Porque el animal, al recibir refuerzos continuos, aprende rápidamente cuándo no va a recibir ningún refuerzo más y deja en seguida de responder, mientras que si el animal es reforzado sólo parte del tiempo, tardará más en advertir que el reforzamiento ha finalizado. Como resultado seguirá ejecutando la respuesta mientras tanto.

El poder del refuerzo intermitente puede verse en la práctica todos los días en cualquier supermercado. Veamos una típica escena: Miguel, de tres años de edad, sentado en un carro de compra, pide a su madre que le dé una caja de galletas. Su madre responde: «No, tenemos en casa». Miguel vuelve a pedir y su madre lo rechaza otra vez. Entonces empieza a gritar y a moverse, intentando salirse del asiento. Su madre vuelve a negarse otra vez. Otros compradores miran al niño, que está haciendo ruido y perdiendo el control por completo. Finalmente, la apurada madre coge una caja de galletas de la estantería y la deja en el regazo de Miguel. El niño ha aprendido algo que usará para su conveniencia en el futuro. Ha aprendido que tiene un instrumento para conseguir lo que quiere. Ha aprendido que a veces funciona y a veces no, así que vale la pena intentarlo.

El refuerzo parcial puede ser administrado de acuerdo con un determinado programa. Los más básicos son los programas de intervalo fijo y variable y los programas de razón fija y variable (véase figura 5-5).

Los *programas de intervalo* requieren que pase un cierto período de tiempo antes de presentar el reforzador. De acuerdo con este tipo de programa, una paloma puede conseguir comida cada cinco minutos, indiferentemente del número de picotazos que da durante este período, con tal de que picotee después de cada cinco minutos de espera. Los animales en un programa de intervalo fijo mostrarán un descenso de la respuesta inmediatamente después del refuerzo, ya que han aprendido que no serán reforzados otra vez hasta pasado algún tiempo.

En el caso intervalo variable el tiempo que debe transcurrir antes de

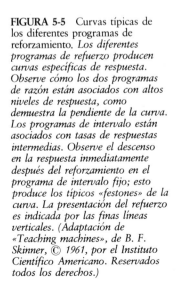

FIGURA 5-5 Curvas típicas de los diferentes programas de reforzamiento. *Los diferentes programas de refuerzo producen curvas específicas de respuesta. Observe cómo los dos programas de razón están asociados con altos niveles de respuesta, como demuestra la pendiente de la curva. Los programas de intervalo están asociados con tasas de respuestas intermedias. Observe el descenso en la respuesta inmediatamente después del reforzamiento en el programa de intervalo fijo; esto produce los típicos «festones» de la curva. La presentación del refuerzo es indicada por las finas líneas verticales. (Adaptación de «Teaching machines», de B. F. Skinner, © 1961, por el Instituto Científico Americano. Reservados todos los derechos.)*

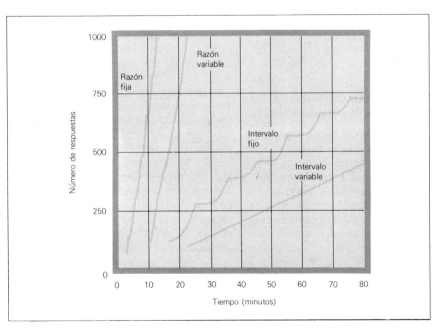

APARTADO 5-2

COMO SUPERAR EL «BLOQUEO DEL ESCRITOR» A TRAVES DEL CONDICIONAMIENTO OPERANTE

Aunque normalmente pensamos en el «bloqueo del escritor» como una condición trágica que aflige a un novelista o un dramaturgo que solía tener éxito y que de repente no puede hilvanar dos palabras seguidas en el papel, la incapacidad de escribir afecta a toda la gente que tiene que presentar por escrito un trabajo profesional. Ciertos tipos de redacción, por ejemplo, son esenciales para el éxito académico: los estudiantes no graduados han de redactar sus exámenes, los postgraduados han de escribir sus ideas, los profesores deben escribir para revistas profesionales y los administrativos tienen que hacerlo para sus informes. Dado que la incapacidad para escribir puede condenar una carrera al fracaso, es alentador saber que los problemas de escritura pueden responder a los principios del aprendizaje operante.

Robert Boice (1982) desarrolló un programa para ayudar a diversos profesionales que tenían problemas al tener que escribir o redactar. Veamos cómo este programa de cuatro pasos puede ayudar a superar una dificultad en la escritura:

PRIMER PASO: OBTENER LA INFORMACIÓN DE LINEA BASE

Primero ha de descubrir cuánto puede escribir en un período de dos a tres semanas. Necesita tener un informe de la cantidad escrita (en páginas escritas a mano o mecanografiadas) y de las condiciones bajo las cuales escribe (como la hora del día, la cantidad de tiempo que dedica a ello y el lugar). No tome nota del tiempo que emplea en pensar en lo que va a escribir, sólo cuenta el tiempo de poner las letras en el papel.

SEGUNDO PASO: PRIMER PERIODO DE CONTINGENCIA

Durante seis semanas se dará a sí mismo recompensas por una determinada cantidad de escritura, por ejemplo cinco páginas al día. Es importante marcarse unas metas realistas, ya que esperar mucho de sí mismo podrá condenar su programa entero al fracaso. Las investigaciones de Boice sobre los hábitos de los escritores profesionales indican que los períodos de escritura regulares y relativamente breves son, a largo plazo, más productivos que un tipo de escritura forzada y obligatoriamente rápida que agota las fuerzas. Sus recompensas podrían ser tan sencillas como tomar la ducha diaria, leer el periódico, ver la televisión o llamar a un amigo. No puede hacer ninguna de estas actividades hasta que haya producido el número de páginas marcado. (Uno de los alumnos de Boice dejó de ducharse durante cerca de tres semanas. Es de esperar que viviera solo.)

Si encuentra que recompensas como éstas no funcionan, puede cambiarlas. Otra alumna de Boice, cuyo primer refuerzo no fue efectivo, las cambió por una técnica de «evitación productiva». Dio 250 dólares a un colega; si fracasaba en llegar a la tasa de producción de escritura establecida para una semana, el colega enviaría los 250 dólares a una asociación que mantenía una política sobre el aborto completamente opuesta a su actitud personal y a cuyos propósitos, por tanto, se oponía violentamente. La alumna se aseguraba así la cuota de escritura.

Puede seguir las sugerencias de Boice para mantener su programa durante este período: comience cada día de trabajo reescribiendo la última página de la sesión anterior; deje de escribir una vez haya producido lo establecido previamente y tómese un descanso cada media hora.

TERCER PASO: ELIMINACION DE LAS CONTINGENCIAS EXTERNAS

Durante cuatro semanas mantendrá su programa de redacción sin recompensar su producción literaria. (Si se ducha o no, por ejemplo, dependerá de su inclinación, o de las fuertes insinuaciones de un íntimo amigo, no de si ha producido o no su tasa diaria de páginas.)

CUARTO PASO: RESTABLECIMIENTO DE LAS CONTINGENCIAS EXTERNAS

Podría volver a su antiguo sistema de recompensas o cambiar a uno más efectivo. Si alcanza el punto de haber trabajado durante 20 días sin ir más de tres veces por debajo de su nivel crítico, puede considerar que ha tenido éxito. Los alumnos de Boice creyeron haber encontrado un impulso para escribir, que les llevaría adelante incluso sin las contingencias externas. La escritura llegó por sí misma a ser reforzante.

que una respuesta sea reforzada es variado, de esta manera el animal puede conseguir comida cada cinco minutos como promedio. Pero unas veces es reforzado después de sólo 30 segundos y otras tendrá que esperar hasta 10 minutos. Skinner (1953) señala que las palomas reforzadas bajo este tipo de programa producen una ejecución «asombrosamente estable y uniforme» (pág. 102) y que es muy resistente a la extinción. Skinner (1953) observó que las palomas picoteaban durante 15 horas seguidas, picoteando dos o tres veces por segundo, sin parar más de 15 o 20 segundos durante el período de tiempo total.

En el *reforzamiento de razón* el intervalo de tiempo no importa. Es el número de respuestas lo que cuenta. Una paloma será reforzada cuando apriete diez veces la barra y un escritor recibirá un cheque por cada tres capítulos completos de un libro. En un programa de razón fija, como son éstos, el refuerzo es contingente a la emisión de un número fijo de respuestas. Los programas de razón son la base de las comisiones de ventas, la mayor parte de los pagos profesionales y algunos tipos de trabajos industriales.

Un animal que es reforzado mediante una razón fija elevada mostrará un descenso en la respuesta después del refuerzo, igual que en el caso del reforzamiento de intervalo fijo. Skinner (1953) señala que el mismo principio se aplica a las personas: «Dondequiera que se usa el programa de trabajo a prima fija —en la industria, la educación, las ventas o en las profesiones liberales—, se observa, a menudo, un descenso en la moral y en el interés, después de que una unidad de trabajo ha sido completada» (pág. 103). El trabajo a prima fija es un término utilizado en la industria para indicar el pago a los trabajadores sobre la base del número de unidades de trabajo que completan. Un sastre que consigue el pago por cada prenda finalizada que entrega es un ejemplo de reforzamiento de razón.

En un programa de razón variable el organismo es reforzado después de un número variable de respuestas, que oscilan alrededor de un promedio determinado. Ya que la probabilidad de refuerzo en cualquier momento permanece esencialmente constante, el animal continúa respondiendo. Este tipo de programa es mucho más poderoso que un programa de razón fija aunque el promedio de respuestas exigido sea el mismo y muestra mucha más resistencia a la extinción. El jugador plantado delante de una máquina «tragaperras» opera de acuerdo a un programa de razón variable. Sabe que la dirección del casino ha instalado la máquina para pagar, de acuerdo con algún tipo de promedio que, a la larga, dará dinero a la casa. También sabe, sin embargo, que ocasionalmente habrá grandes pagos y permanece jugando con la esperanza de que tendrá la suerte suficiente para conseguir uno de ellos. Esta es la tentación de todos los jugadores.

También es posible combinar programas de intervalo y de razón, recompensando un cierto número de respuestas emitidas durante un determinado período de tiempo. Un estudiante de psicología, por ejemplo, puede conseguir un sobresaliente en un curso de 16 semanas si consigue una nota de 9 en cada uno de los cuatro exámenes hechos durante este tiempo.

Comportamiento supersticioso

Las cosas iban mal para Tony LaRussa, el manager del Chicago White Sox. Su equipo había perdido 12 de 15 partidos jugados, su trabajo estaba en peligro y acababa de recibir una amenaza de muerte por teléfono. Puede que ésta sea la razón por la cual se puso su chaqueta de entrenamiento a pesar de que hacía una noche calurosa y sofocante. Esa noche su equipo ganó. Desde entonces Tony se ponía su chaqueta cada vez que el equipo jugaba, sin

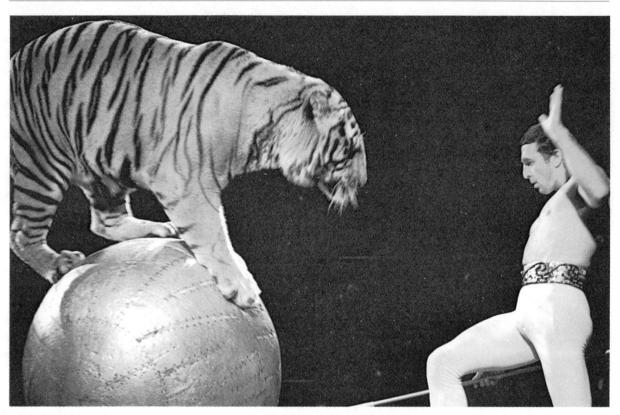

Los domadores de animales les enseñan trucos utilizando las técnicas de condicionamiento operante como el moldeamiento, en el cual se recompensa cualquier esfuerzo realizado en la dirección correcta, sin importar lo pequeño que sea. Los resultados a menudo hacen que los expectadores del circo se queden boquiabiertos y maravillados. (© Jeff Albertson/The Picture Cube.)

importarle qué tiempo hacía. El White Sox ganó nueve de los siguientes once partidos jugados y LaRussa comentó: «No creo mucho en eso, pero nunca se sabe» (*New York Times*, 1982, pág. B8).

Atletas, actores y jugadores son famosos por llevar su ropa «de la suerte», por llevar amuletos «de la suerte» o por ejecutar comportamientos «de la suerte». ¿Por qué lo hacen? Porque en una o más ocasiones asociaron grandes éxitos con uno de esos elementos. El comportamiento supersticioso es aquel que ha sido fortalecido o debilitado al ser reforzado o castigado accidentalmente.

También las palomas pueden aprender a ser supersticiosas. En una serie de experimentos, Skinner (1953) dio a las palomas un poco de comida cada quince segundos, sin tener en cuenta lo que el ave estuviera haciendo. La primera vez que la paloma consiguió comida, estaba haciendo algo, aunque sólo fuera estar de pie. La paloma aparentemente relacionó la actividad y la comida, y la segunda vez que consiguió la comida estaba más inclinada a hacer lo que hizo previamente que cualquier otra actividad. Cuanto más lo hiciera, tanto más posible era que la acción fuera de nuevo reforzada, ya que la comida seguía llegando. Las palomas que han sido condicionadas de esta manera unas veces esperaban la comida saltando de un pie al otro, otras volviéndose bruscamente hacia un lado, otras inclinándose y rascándose, otras dando la vuelta sobre sí mismas, pavoneándose o levantando la cabeza.

Estas conexiones accidentales han sido la base para el éxito de innumerables «curas» médicas no científicas. Muchos estados patológicos duran algún tiempo y cualquier medida tomada para curarlos tendrá éxito si es adoptada en el momento correcto. De este modo se crean los verdaderos «creyentes».

Moldeamiento

Un dicho que ha hecho fortuna entre los modificadores de conducta es que la treta para animar a un niño a hacer lo que se quiere que haga es «esperar a que haga algo bueno» y en aquel momento recompensar su bondad. Suponga, sin embargo, que nunca hace lo que quiere que haga. ¿Qué puede premiar entonces?

Recompense cualquier esfuerzo, no importa que sea pequeño si se hace en la dirección correcta. Esto se denomina   y resulta muy efectivo para producir cualquier tipo de comportamiento nuevo: conseguir que un niño haga la cama, que un animal realice cierto truco, etc. Para ver cómo funciona el moldeamiento, consulte el apartado 5-3: «Cómo enseñar a un animal». Volveremos a hablar sobre el uso de los principios del condicionamiento operante en el capítulo 16, cuando tratemos de sus aplicaciones en la terapia.

Influencias biológicas sobre el aprendizaje

Mucho antes de que «Miss Peggy» fuera conocida por el público, un cerdo real llamado «Priscila, el cerdo fastidioso», estaba actuando en la televisión, así como en ferias y convenciones, conectando la radio, desayunando en la mesa, recogiendo la ropa sucia y metiéndola en una cesta, pasando el aspirador y contestando sí o no a preguntas planteadas por el auditorio, iluminando las señales adecuadas.

Priscila era la alumna lista de Keller y Marian Breland (1951), psicólogos, marido y mujer, que aplicaron los principios del condicionamiento operante para enseñar a pollos, a un ternero, a un pavo, ratas, hámsters, conejillos de Indias, patos, palomas, conejos, gatos, perros y cuervos. Aunque su trabajo se circunscribía casi exclusivamente al campo del entretenimiento, vieron cómo el uso de sus técnicas podía hacer más útiles a los animales de granja, podía amaestrar a perros como lazarillos o enseñarles a cazar, realizar trabajos de detective y cuidar a los niños y las propiedades.

En 1961, diez años después de publicar un primer artículo entusiasta sobre lo prometedor de este nuevo campo que ellos llamaban «psicología animal aplicada», los Brelands publicaron un informe acerca de lo que calificaron

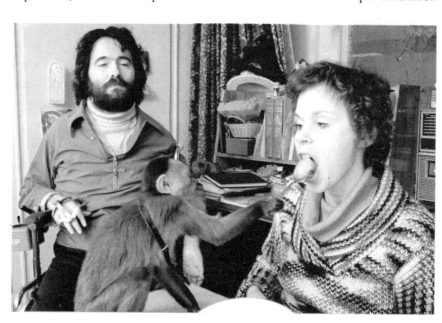

Como los animales de alto nivel evolutivo son capaces de aprendizajes extremadamente complejos, Crystal, un mono capuchino, ha cambiado la vida de Bill, un hombre que quedó completamente dependiente de los demás a causa de un accidente de moto que le dejó cuadrapléjico. Entrenado por un domador profesional, Crystal coge libros, enciende y apaga la televisión, abre la puerta e incluso hace la compra para Bill. (Ira Wyman/Sygma.)

APARTADO 5-3
COMO ENSEÑAR A UN ANIMAL

Usted mismo puede usar el moldeamiento para amaestrar a un animal doméstico:

1   Escoja su pupilo. Puede coger cualquier animal doméstico, incluso un ratón, un loro o un cerdo. (Skinner sugiere no utilizar ningún niño disponible hasta que haya practicado con un material menos valioso.) Digamos que quiere enseñar a su perra, Sami, un nuevo truco.

2   Escoja un reforzador. La comida es el más fácil de usar. Para que la comida resulte reforzante, Sami ha de estar hambrienta. No intente enseñarle después de comer.

3   Ya que el refuerzo es más efectivo cuando es dado casi simultáneamente con el comportamiento deseado y ya que es difícil dar la comida todo lo rápidamente que desea, desarrolle un reforzador condicionado asociando la comida con alguna otra cosa como podría ser uno de esos pequeños juguetes que produce un sonido agradable cuando los hace funcionar. Condicione el sonido cogiendo 30 o 40 pequeños trozos de comida o galletas pequeñitas para perros. Lance unos pocos a Sami, uno cada vez, no más de una o dos veces por minuto. Tan pronto como Sami coma todos los trozos ansiosamente, haga sonar el juguete y lance un trozo de comida. Espere unos 30 segundos y repita la operación. Al hacer sonar el juguete, no haga ningún otro movimiento. Produzca el sonido y dele la comida sólo cuando Sami esté en el lugar donde recibe la comida y no le esté mirando.

4   Cuando Sami vaya al lugar de la comida siempre que oiga el sonido, será que ya está preparada para empezar a enseñarle.

5   Elija el comportamiento que le quiere enseñar. Un truco relativamente simple y bueno para empezar es hacer que Sami toque la cerradura de un armario pequeño con su hocico.

6   Dirija el comportamiento de Sami reforzando cualquier cosa que remotamente se parezca al comportamiento que quiere. Primero refuerce cualquier giro hacia el armario. Después refuerce cualquier desplazamiento hacia él. Cuando Sami esté cerca del armario, refuerce cualquier movimiento de su cabeza que haga que su hocico se acerque a la cerradura del armario. Cada vez que la refuerce, haga sonar el juguete lo más simultáneamente que le sea posible con los movimientos de Sami y dele un trozo de comida. Durante el experimento no toque a Sami, no hable con ella, no la halague, ni haga ninguna otra cosa que pueda distraer su atención del trabajo que tiene delante. Como un perro normal, Sami debería, según Skinner, aprender el comportamiento deseado en 5 minutos.

7   Antes de enseñar a Sami cualquier otro truco, extinga éste no volviendo a reforzarlo Finalmente, Sami dejará de tocar la cerradura del armario con el hocico y estará preparada para aprender algo nuevo.

(Basado en Skinner, 1951.)

como «fracasos». Estos fracasos nos ofrecen una gran lección sobre los parámetros biológicos del aprendizaje.

¿Puede un animal aprender a hacer cualquier truco?

En uno de sus experimentos los Brelands querían enseñar a unos pollos a permanecer quietos en una plataforma durante un período de 12 a 15 segundos. Más de la mitad de los pollos no querían estarse quietos, pero, en cambio, empezaron a rascarse vigorosamente, dando vueltas a una velocidad de dos veces por segundo. Los amaestradores modificaron la actuación y la llamaron «los pollos bailarines».

En otro experimento querían enseñar a un mapache a coger monedas y depositarlas en una alcancía en forma de cerdito. El mapache aprendió rápidamente a coger las monedas, pero era muy reacio a dejarlas. Se empeñaba en frotarlas contra la alcancía, volverlas a sacar y sostenerlas firmemente durante varios segundos antes de que, al fin, las introdujera en la alcancía. Aunque el comportamiento de frotar no fue reforzado, el mapache lo repetía tanto que el experimento no funcionó nunca.

Estos fracasos de la teoría del condicionamiento pueden ser considerados como triunfos de la biología. Lo que estaba sucediendo es que estos animales persistían en llevar a cabo el comportamiento que se les ocurría instintivamente y resistían los más sofisticados usos de las técnicas del condicionamiento operante. Se dejaban llevar por sus propios comportamientos instintivos, aun cuando éstos retrasaban o eliminaban el refuerzo. Los Brelands llamaron a esto *tendencia instintiva*, fenómeno por el cual «el comportamiento aprendido tiende hacia el comportamiento instintivo».

La existencia de la tendencia instintiva pareció confirmarse con otro estudio en el cual las palomas aprendieron a picotear una luz, aunque este picoteo les impedía conseguir comida (Williams y Williams, 1969). El refuerzo, por tanto, no es todopoderoso. Funciona mejor cuando a los animales se les enseña a ejecutar comportamientos que son compatibles con sus respuestas naturales (Wickelgren, 1977).

GENERALIZACION Y DISCRIMINACION   Como en el condicionamiento clásico, la generalización de estímulo describe el fenómeno por el cual un animal o persona ha aprendido a responder a un estímulo y aplica lo aprendido a otro estímulo similar. Así, una paloma que aprende a picotear una tarjeta de color rojo, también picoteará una tarjeta verde. Si quiere enseñar a una paloma a discriminar entre las dos tarjetas, continúe reforzando los picotazos a la tarjeta roja y deje de reforzar los picotazos a la tarjeta verde. La tarjeta roja se denomina *estímulo discriminativo*, porque es el que conlleva la recompensa, y de este modo controla el comportamiento. Decimos que la tarjeta roja ha adquirido el *control del estímulo* sobre el comportamiento de la paloma. Ya que sirve de señal de un refuerzo potencial, la paloma está dispuesta a responder de una determinada manera cuando esté presente (en este caso picotear).

Si no estuviéramos capacitados para generalizar el aprendizaje de un estímulo a otro, sería muy difícil para nosotros desenvolvernos en la vida. Por ejemplo, tendríamos que aprender de nuevo a conducir cada vez que pidiéramos prestado el coche a un amigo, o cada vez que fuéramos por una carretera nueva, o cada vez que estuviéramos en distinta situación de tráfico. También es igualmente importante aprender a discriminar entre estímulos diferentes, aunque parecidos. Si no pudiéramos aprender que cuando vemos una luz verde en un cruce podemos continuar caminando y cuando vemos una luz roja hemos de parar, reinaría el caos en las vías públicas modernas.

EXTINCION   ¿Cómo puede conseguir que un animal o una persona deje de responder de una determinada manera? Una forma es dejar de reforzar la respuesta. Como hemos señalado, la rapidez con la cual se extingue una respuesta depende del tipo de programa de reforzamiento que se ha utilizado. Las conductas que han sido reforzadas continuamente se extinguen más rápidamente que las reforzadas intermitentemente. De las respuestas reforzadas intermitentemente se extinguen con mayor rapidez las que fueron reforzadas mediante un programa fijo que las que lo estaban en un programa variable. También puede conseguir que un organismo deje de responder utilizando el castigo, del que trataremos en la siguiente sección.

RECUPERACION ESPONTANEA   Igual que en el condicionamiento clásico, los comportamientos operantes que han sido extinguidos pueden ser recuperados. Si coge una paloma cuyo comportamiento de picotear ha sido extinguido y la pone de nuevo en la caja de Skinner, la paloma puede muy bien comenzar a picotear otra vez. O un jugador habitual «curado» puede volver a jugar al «blackjack» de nuevo cuando va al casino.

Castigo

A una rata se le aplica un pequeño «shock» cuando se dirige por el camino equivocado en un laberinto. Un niño recibe una azotaina cuando cruza la calle corriendo sin mirar. A una paloma se le quita la comida cuando picotea una tecla que el experimentador quiere que evite. Un motorista ha de pagar una multa cuando cruza en luz roja. Los dos primeros tipos de castigo descritos representan la presentación de un estímulo, que no le agrada al individuo, y los otros dos representan la retirada de un estímulo que agrada al individuo. El castigo es definido como un suceso que, cuando es administrado inmediatamente después de una respuesta, disminuye la probabilidad de que esta respuesta ocurra de nuevo. Naturalmente, el castigo puede tener y de hecho tiene muchas formas. Su popularidad en la sociedad parece mostrar que, para mucha gente, la idea de castigar un comportamiento indeseable parece más natural que recompensar un comportamiento deseable, tanto en la educación del niño como en las relaciones familiares, en el trabajo o en la comunidad. ¿Está justificada esta creencia?

Como hemos señalado anteriormente, el castigo es diferente del reforzamiento negativo. El castigo es administrado con el propósito expreso de reducir la tendencia a comportarse de una determinada manera, y a menudo lo consigue. Administrar descargas eléctricas a un animal cada vez que aprieta una tecla hará que deje de apretarla. Un niño que es mordido por un perro al que trataba de acariciar, probablemente dejará de aproximarse a animales extraños.

En otros casos, en cambio, el castigo no parece tan efectivo. Los ladrones que han ido a la cárcel por sus delitos vuelven a robar otra vez tan pronto como salen de la cárcel. Un perro que ha sido azotado por coger comida de la mesa continuará comiéndose la carne siempre que la encuentre, con tal que su dueño no esté al lado. Una adolescente que ha sido castigada a permanecer en la casa por escabullirse para encontrarse con el novio, se inventará cualquier modo más ingenioso para salir de casa sin ser vista.

¿Por qué el castigo funciona unas veces y otras no? E incluso cuando funciona, ¿por qué tiene tantos inconvenientes que la mayoría de los científicos conductistas, de los domadores de animales y de las autoridades en educación infantil recomiendan que ocupe un segundo puesto detrás del refuerzo?

¿COMO FUNCIONA EL CASTIGO?   El castigo funciona a menudo de manera fulminante e inmediata en la situación determinada. Sin embargo, su efecto a largo plazo es mucho más cuestionable. Podemos comprobar esto con ratas que habían sido entrenadas para presionar la palanca en la caja de Skinner y después les era administrado un «schock» en la garra cada vez que la presionaban. Durante el primer día de la prueba de castigo estas ratas presionaron la tecla menos a menudo que un grupo control de ratas que no fueron castigadas al presionar, pero que tampoco habían sido recompensadas por ello. Durante el segundo día, en cambio, no había diferencia entre los dos grupos de ratas. La respuesta se extinguió tan rápidamente en las ratas no castigadas como en las castigadas (Skinner, 1938) (véase figura 5-4).

¿Por qué no funciona mejor el castigo? Unos cuantos factores determinan su efectividad. Ross. D. Parke ha identificado la contingencia temporal en su aplicación y la constancia entre los factores más importantes (1977). Otra investigación ha mostrado como factores significativos la severidad y la posibilidad de reforzar una respuesta alternativa.

CONTINGENCIA TEMPORAL   Es mejor pronto que tarde. Cuanto más pequeño sea el intervalo de tiempo entre un comportamiento dado y su castigo, más efectivo será éste. Si los niños son castigados al empezar a realizar un acto prohibido (como aproximarse a un objeto al cual les han dicho que no se acerquen), no lo harán tan frecuentemente como en el caso de que no sean castigados hasta después de haber tocado el objeto. El mismo principio se aplica a los animales. Decir a un niño: «Verás cuando llegue tu padre», o llegar a casa y encontrar que una pata de la mesa ha sido mordida y entonces golpear al perro (que en estos momentos está dormitando felizmente) son tácticas de una validez limitada. En la práctica, no siempre es posible castigar a un niño, a un animal doméstico o a un criminal en el momento en que se están portando mal o inmediatamente después. Por lo que el tiempo a menudo funciona en contra de la efectividad del castigo.

Como hemos señalado antes, una excepción a este principio se observa en las aversiones aprendidas de los animales hacia una comida determinada. Una rata que toma un alimento que le hace sentirse enferma, incluso doce horas más tarde, aprende rápidamente a evitar ese alimento. Este es obviamente un mecanismo de supervivencia. En apariencia, el tipo de aprendizaje que ayuda a un animal a sobrevivir en su medio básico persistirá (García y Koelling, 1966). Así, ratas que dependen para su alimentación diaria de todo lo que pueden encontrar en las basuras, necesitan aprender con rapidez qué cosas no deben comer. Este aprendizaje es relativamente fácil para las ratas, en parte porque son gastrónomos conservadores que tienden a comer sólo una comida distinta cada vez. Si entonces empiezan a sentir náuseas después de comer esa nueva sustancia, serán capaces de identificarla como culpable y, por lo tanto, la evitarán (Wickelgren, 1977). Es interesante ver cómo las ratas aprenden a evitar los sabores asociados con náuseas y no los asociados con el dolor. Esto puede ser debido a que sus sistemas biológicos están programados para reconocer la náusea como algo asociado con comer, mientras que no realizan la misma conexión con el dolor.

CONSTANCIA   Cuanto más constante sea el castigo a una persona o animal, más efectivo será. Los castigos irregulares prolongan el comportamiento indeseado más aún que la falta de castigo. El padre que castiga a Ester, de cuatro años de edad, por decir palabrotas, la recompensa con su divertida sonrisa en otra ocasión en que repite lo mismo, y la ignora la tercera vez, está ayudando a consolidar esas palabras en el vocabulario de su hija. Desde un punto de vista práctico, es evidente que los padres, los dueños de animales domésticos y los oficiales de policía no pueden estar siempre presentes. Por lo que tanto a las personas como a los animales se les permite realizar determinados actos en una ocasión mientras que por hacer lo mismo son castigados en otra. La inconstancia sabotea el efecto del castigo, y en la vida real la inconstancia es inevitable.

LA EFICACIA DE REFORZAR UNA RESPUESTA ALTERNATIVA   Una rata aprenderá rápidamente a tomar una ruta alternativa en un laberinto, si además de aplicarle una descarga eléctrica por tomar la ruta equivocada, es reforzada con comida al tomar la ruta acertada. Un niño de tres años aprenderá a no meter el dedo en el ojo de su hermanita si además de reñirle por su comportamiento, se le muestra cómo puede hacerle suaves caricias y se le alaba por ser «un niño mayor que sabe cómo tratar a un bebé». Skinner (1953) enfatiza la importancia de especificar el tipo de comportamiento que evitará el castigo, que puede consistir en hacer algo diferente o simplemente en no hacer nada (pág. 189). A menudo, el castigo no funciona porque el animal o la persona castigada se da cuenta de lo que no debería hacer, pero continúa haciéndolo porque no sabe qué debería hacer en su lugar. Este es uno de los problemas del castigo. Pero hay otros. Veámoslos.

PROBLEMAS DEL CASTIGO   Aunque pudieran darse todas estas condiciones que aumentan la efectividad del castigo, aún así tendríamos que aceptar que es menos deseable que el refuerzo.

No se aprende ninguna respuesta nueva y aceptable mediante el castigo. El refuerzo ayuda a realizar nuevas asociaciones para ejecutar alguna acción nueva. El castigo, sin embargo, no enseña a la gente qué ha de hacer, les indica sólo lo que no deberían hacer. Lleva a suprimir un comportamiento que ya se conoce y que ya se está ejecutando. Si el impulso de llevar a cabo el comportamiento suprimido es suficientemente fuerte y las recompensas por hacerlo son bastante grandes, el comportamiento emergerá a la superficie. Esta adolescente quiere tan desesperadamente estar con su novio, que está deseosa de arriesgarse a cualquier castigo que sus padres puedan imaginar. Aquel perro no puede resistir la tentación del olor de la carne dejada en el banco de la cocina para descongelar, y poco le importan las veces que le han azotado por comérsela. Las recompensas sobre el comportamiento contrarrestan ampliamente el castigo que puedan generar.

Este principio se comprueba en la vida diaria. Mucha gente incumple la ley regularmente, sabiendo que al final tendrá que pagar por ello. Para ellos vale la pena, pues obtienen más por cometer la agresión de lo que sufren por el castigo. El presidente de una compañía que vierte sustancias químicas venenosas en el medio ambiente puede, por ejemplo, tomar una decisión económica: es más barato para la compañía continuar la fabricación como siempre y pagar las multas de vez en cuando antes que reestructurar las operaciones de fabricación.

Otro problema del castigo es que lo que puede ser un castigo para algunos, resulta reforzante para otros. Como dijimos con anterioridad, la azotaina que se le da a Isabel cuando se porta mal puede ser reforzante, ya que obtiene más atención de la que tenía cuando se portaba bien. Si el castigo resulta recompensante, alienta el comportamiento que intenta extinguir.

Aun cuando el castigo fuera efectivo para eliminar el comportamiento que padres, profesores u otros agentes de la sociedad consideran inadecuado, puede tener efectos secundarios no deseados. La persona que es castigada por su comportamiento sexual en la infancia o en la adolescencia puede tener dificultades a la hora de establecer una relación sexual saludable en la edad adulta. El niño que es castigado por ser curioso y explorador puede volverse introvertido y evitar las preguntas que podrían desarrollar su mente y sus habilidades. Los sentimientos de culpabilidad, de rabia o de miedo que generan la supresión de los impulsos naturales es posible que causen problemas emocionales más tarde. Los niños que han sido castigados con violencia, es probable que castiguen también violentamente a sus propios hijos.

«A la larga —afirma Skinner (1953, pág. 190)— el castigo no elimina realmente el comportamiento, y el éxito temporal se obtiene bajo un tremendo coste al reducir la eficacia y felicidad del grupo.»

PERSPECTIVAS COGNITIVAS EN EL APRENDIZAJE

Hasta ahora nos hemos referido al aprendizaje como una simple formación de asociaciones. Un perro aprende a asociar un sonido con el sabor y el olor de la comida. Un niño llega a sentir miedo de los objetos asociados con un sonido fuerte. Una paloma aprende que conseguirá comida si picotea. Un adolescente aprende que, si hace sus deberes escolares, irá al tiro al blanco. Hemos interpretado esos hechos en un ambiente concreto. Es decir, no importa quién sea el sujeto. Tanto si es una persona como si se trata de una paloma, los conductistas piensan que conociendo las contingencias del reforzamiento podemos explicar y predecir la conducta.

Los psicólogos cognitivos creen que hay más que todo eso. Aunque están de acuerdo en que el condicionamiento clásico y operante son vías importantes de aprendizaje, sostienen que no son las únicas vías. Incluso en el aprendizaje asociativo se necesita más que una simple explicación mecánica para dar cuenta de los importantes procesos de pensamiento que intervienen entre el estímulo y la respuesta.

En el centro de las interpretaciones cognitivas del aprendizaje está la convicción de que los seres humanos, e incluso los animales de nivel inferior, no son sólo criaturas en un medio ambiente, sino que desarrollan sus propias capacidades para comprender la naturaleza de su mundo y para demostrar su comprensión cuando están motivados para hacerlo.

Aunque el ambiente afecta ciertamente al comportamiento, la persona o animal juega también un importante papel en su propio aprendizaje. El aprendizaje no es sólo el resultado de fuerzas externas como el condicionamiento. También es interno. Se está produciendo un proceso que no podemos observar directamente.

Por ejemplo, el perro que viene corriendo a la cocina tan pronto como oye abrir la bolsa de comida preparada o el sonido al caer la comida en el plato, ha aprendido algo más que una simple respuesta mecánica. Como en el laboratorio de Pavlov, nuestro animal doméstico ha desarrollado la *expectativa* de que ese sonido previamente neutral será seguido por un estímulo incondicionado, la comida. Los psicólogos cognitivos sostienen que estas expectativas son la raíz de todo el aprendizaje, incluso del condicionamiento clásico y del operante.

Los animales de nivel superior son capaces de aprendizajes extremadamente complejos. Aprenden conceptos como igualdad y diferencia, grande y pequeño, arriba y abajo, derecha e izquierda. Aprenden por imitación de otros animales iguales que ellos o diferentes. Aprenden cómo usar instrumentos. Aprenden a cooperar. Además, utilizan este aprendizaje de manera totalmente diversa para solucionar problemas nuevos. Poco podremos explicar acerca del elaborado aprendizaje, mostrado por los primates y por los seres humanos, simplemente refiriéndonos a los principios del condicionamiento clásico y operante. ¿Cómo explican, entonces, el aprendizaje los psicólogos cognitivos?

Un hecho que sirve para demostrar los aspectos cognitivos del aprendizaje es el fenómeno del *bloqueo*, que muestra la importancia de la habilidad del animal para conocer atención antes de que tenga lugar el condicionamiento. Si queremos mostrar cómo funciona el bloqueo, tendremos que establecer primero un condicionamiento pavloviano estándar. Asociaremos una campanada (el estímulo condicionado) con comida (estímulo incondicionado), hasta que consigamos que el perro salive al sonar aquélla. Ahora podemos añadir un segundo estímulo neutral, el sonido del repique de la campana, para formar un estímulo condicionado compuesto. En este punto asociaremos el compuesto, campanada más repique, con la comida durante varios ensayos. Entonces haremos sonar sólo el repique para ver si el perro saliva ante este sonido. Probablemente *no* lo hará. ¿Por qué razón? Porque el condicionamiento previo al primer estímulo, la campanada, *bloquea* la formación de cualquier condicionamiento con el repique.

¿Por qué ocurre el bloqueo? Hay dos explicaciones teóricas. Según Mackintosh (1975), al añadir el segundo estímulo (el repique) a la campanada *después* que haya tenido lugar el condicionamiento, no da al organismo (en este caso, el perro) ninguna información nueva. El sonido de la campana es una señal tan fuerte para el perro de que la comida aparecerá, que el animal no presta atención a nada más que acompañe a la campanada, como es el repique.

Rescorla y Wagner (1972; Wagner y Rescorla, 1972) ofrecen otra explicación: existe un límite para la cantidad de condicionamiento que el estímulo incondicionado (la comida, en este ejemplo) puede soportar. Si un organismo está condicionado a un estímulo (la campanada), no hay la suficiente fuerza de condicionamiento para permitir que otro estímulo (el repique) adquiera la fuerza excitatoria suficiente para convertirse en un estímulo condicionado.

¿Cuál de estas explicaciones es la verdadera? Según Hulse, Egethy y Deese (1980), ambas son correctas, puesto que son capaces de predecir que si incrementamos la intensidad del estímulo incondicionado al mismo tiempo que añadimos el segundo estímulo (ofreciendo, por ejemplo, más comida, o un nuevo y sabroso tipo de comida, cuando el repique suena por primera vez), el segundo estímulo puede llegar a ser condicionado. ¿Es así, porque el perro presta más atención debido a que el estímulo incondicionado ha cambiado o bien porque incrementando su intensidad da una fuerza adicional suficiente para soportar un segundo estímulo condicionado? Es difícil de saber.

Aprendizaje latente

El aprendizaje latente es un tipo de aprendizaje que ocurre, pero no se manifiesta hasta que el organismo es motivado para hacerlo. Blodgett (1929) hizo correr a tres grupos de ratas a través de un laberinto durante un período de nueve días. Las ratas del primer grupo fueron recompensadas con comida después de cada recorrido con éxito desde el primer día. Las del segundo grupo no encontraron ninguna comida en el laberinto durante los dos primeros días (fueron alimentadas en sus cajas durante este tiempo), pero fueron recompensadas por los recorridos con éxito a partir del tercer día. Las del tercer grupo fueron tratadas de forma similar excepto que no encontraron comida en el laberinto hasta el séptimo día. El gráfico de la figura 5-6 muestra el recuento de errores de estos tres grupos de ratas, es decir, el número de recorridos erróneos que siguieron realizando cada día.

Al observar el marcado descenso en las curvas de error de los dos grupos de ratas que recibieron la comida más tarde, resulta evidente que habían aprendido la ruta del laberinto, aunque no fueron recompensadas por hacerlo. En ausencia de recompensa, aparentemente, parecían no conocer el camino, pero cuando se les presentó un motivo concreto para hacer uso del aprendizaje, entonces demostraron todo lo que habían aprendido.

Edward C. Tolman dirigió unos experimentos que confirmaron estos

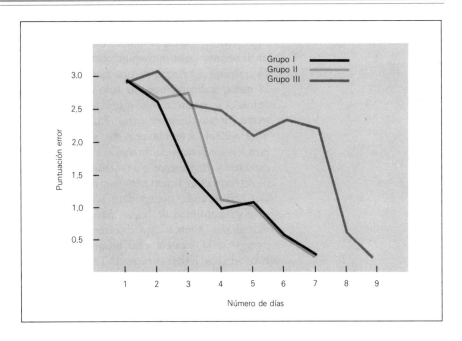

FIGURA 5-6 Puntuaciones de error para tres grupos de ratas en el estudio de Blodgett (1929). *Adaptado de Blodgett, 1929.)*

hallazgos y que también confirmaron su fuerte creencia en la importancia de la finalidad en el aprendizaje, creencia que expresó en un libro escrito en 1932, *Comportamiento hacia una meta en animales y seres humanos*. También mantuvo que la comprensión, más que el condicionamiento, es la esencia del aprendizaje y que los animales y las personas aprenden innumerables cosas a lo largo de la vida, por las cuales son reforzados sin otra recompensa que la satisfacción y el aprendizaje mismo. A menudo, no obstante, no muestran este aprendizaje hasta que tienen alguna razón u objetivo para hacerlo, como hicieron las ratas cuando sabían que podían conseguir comida atravesando el laberinto.

Tolman: «Los mapas cognitivos» en las ratas

El conductista Tolman, estudiando la reacción estímulo-respuesta en el aprendizaje, comparó este punto de vista del aprendizaje con un cuadro de distribución de teléfonos en el cual hay una simple conexión entre estímulo y respuesta, «las llamadas entrantes provienen de los órganos de los sentidos» y «los mensajes salientes van a los músculos» (1948; reimpreso en Gazzaniga y Lovejoy, 1971, pág. 225). Estaba de acuerdo en que el estímulo conduce a la respuesta, pero descubrió que entre los dos tenían lugar complicados procesos en el cerebro y que incluso un animal tan inferior como una rata es «sorprendentemente selectivo a la hora de elegir qué estímulos escogerá en una situación determinada» (pág. 227). Tolman comparó la opinión del aprendizaje de «la central telefónica» con su propio punto de vista, que consideraba el aprendizaje como algo que tiene lugar en un sitio que se parece más a una sala de control de mapas:

> Los estímulos entrantes no están conectados con unos simples interruptores (conectados uno a uno) a las respuestas salientes. Más bien sucede que los impulsos entrantes son normalmente tratados y elaborados en la sala de control central hasta que se convierten en un mapa tentativo, cognitivo del ambiente. Es este mapa tentativo, que indica rutas y caminos y las relaciones medio-ambientales, el que determina finalmente qué respuesta dará el animal, o si dejará de responder (pág. 227).

Tolman desarrolló su concepto de *mapas cognitivos* a través de una serie de experimentos en los cuales unas ratas, que habían aprendido cómo superar un laberinto para conseguir comida, encontraban después sus rutas iniciales bloqueadas. El hecho de que fueran todavía capaces de alcanzar rápidamente la meta, indicaba que no sólo habían aprendido respuestas simples, como «girar a la izquierda» o «girar a la derecha», sino que habían construido un mapa mental de su entorno. Para construir este mapa habían utilizado tanto información obtenida por sus sentidos (como el oler la comida) como indicadores cinéticos de dirección y distancia. Procesaron esta información en sus cerebros y finalmente conocieron algo que no habían sabido antes. Las ratas mostraron estar *orientadas hacia una meta* más que *orientadas a una respuesta*, demostrando que podían seguir cualquier «camino que lleve a Roma».

Esta habilidad de hacer mapas es crucial para desenvolvernos en nuestra vida diaria. Vemos esto claramente en el caso de que nuestra ruta preferida para ir a la escuela esté bloqueada por obras, y damos por supuesta la necesidad de hallar otra ruta. También lo observamos cuando nos rompemos un brazo y aprendemos a hacer con la mano izquierda cosas que siempre habíamos realizado con la derecha. La meta es lo que cuenta, y los seres cognitivos no están impedidos para alcanzarla por un repertorio limitado de respuestas.

Aprendizaje por observación

¿Puede imaginarse cómo aprender a hacer calceta, bailar, jugar al tenis o conducir un coche sin haber visto antes a alguien hacer estos movimientos? Aprendemos habilidades específicas como ésas, que deliberadamente nos proponemos aprender, observando cómo lo hacen otras personas. También aprendemos otras muchas cosas simplemente mirando y escuchando a la gente.

Los padres que intentan educar a sus hijos de acuerdo con el principio «haz lo que digo, no lo que hago», pronto descubren que esto no funciona. Los niños *harán* lo que hagan sus padres. Si sus padres les pegan con ira, los niños aprenden que ésta es una manera aceptable de expresar su propia cólera. Una experiencia conocida por la mayor parte de los padres de niños pequeños es advertir de repente que los jovencitos están imitando su comportamiento, no sólo sus acciones, sino también su vocabulario exacto y su tono de voz. (Algunas veces los padres se sorprenden. «¿Realmente actúo

Tanto los niños como los adultos aprenden observando a otras personas. Aquí vemos a un modelo adulto actuando agresivamente contra la muñeca «Bobo», y después podemos ver a niños que han observado a este adulto. Están comportándose mucho más agresivamente que los niños que fueron expuestos a un modelo no agresivo. (Albert Bandura, Universidad de Stanford.)

de esta manera?, puede preguntarse una madre, y utilizar su propio aprendizaje para cambiar su comportamiento.)

El poder del aprendizaje por observación ha sido confirmado en experimentos en los que niños que ven una persona adulta pegando, tirando al suelo y dando patadas a una muñeca hinchable tienden a actuar de manera más agresiva que aquellos niños cuyo modelo es una persona tranquila (Bandura, Ross y Ross, 1961).

Los psicólogos cognitivos que enfatizan el papel del aprendizaje por observación son partidarios de la teoría del aprendizaje social, que será tratada en detalle cuando estudiemos las teorías de la personalidad, la psicoterapia y la psicología del desarrollo. Albert Bandura, el más eminente del aprendizaje social en los Estados Unidos, ha dirigido muchos experimentos que confirman la importancia de este tipo de aprendizaje, también llamado *aprendizaje vicario* o modelado. Las personas cuya conducta observamos y frecuentemente imitamos son llamados *modelos*.

Si todo el aprendizaje fuera resultado de las recompensas y los castigos recibidos realmente por los individuos, nuestra capacidad de aprendizaje estaría muy restringida. Tendríamos que vivir cada experiencia nosotros mismos y no seríamos capaces de aprender de los ejemplos de los demás. Los fallos cometidos a través del ensayo y error serían costosos y a menudo trágicos. La sociedad, tal como la conocemos, no podría existir.

COMO TIENE LUGAR EL APRENDIZAJE POR OBSERVACION Bandura (1977) ha identificado los cuatro pasos siguientes en el proceso del aprendizaje por observación:

1 Prestar atención y percibir los aspectos relevantes del comportamiento.
2 Recordar el comportamiento, también a través de palabras o imágenes mentales.
3 Convertir en acción la observación recordada.
4 Estar motivado para adoptar el comportamiento.

Veamos cómo puede funcionar este proceso. Supongamos que Inés, una niña de seis años, está en el coche con su padre, que ha tomado una dirección equivocada. Se detiene junto a un guardia, pregunta por la calle que está buscando, da las gracias al agente y continúa su camino. Puede que Inés no mencione nunca este incidente. Sin embargo, si llega a perderse algún día, la imagen mental del incidente puede que pase por su conciencia. Puede recordar incluso las palabras exactas que su padre dijo al guardia. Desde que supo que esas palabras eran efectivas para que se le ayudara, estuvo motivada para actuar igual.

El modelado puede, en ciertos momentos, ser más efectivo que el moldeamiento para conseguir que niños marginados lleguen a ser más sociables (O'Connor, 1972). Los maestros de cuatro escuelas diferentes de Illinois identificaron a 80 niños como «marginados sociales», ya que evitaban jugar con otros niños. Los investigadores pusieron a los pequeños en una de estas cuatro categorías: los que estaban en el grupo de modelado vieron una película que mostraba niños sociables; los que se hallaban en el grupo de moldeamiento eran elogiados y les era prestada atención un total de cinco horas durante un período de dos semanas; cuando mostraban signos de querer relacionarse con otros niños, se les pasó también una película, esta vez sobre peces. Los que se encontraban en el grupo de modelado y moldeamien-

No se enseña a los niños a nadar, a los adolescentes a conducir un coche y a los inexpertos estudiantes de medicina a operar, dejándoles descubrir el comportamiento apropiado a través de las consecuencias de sus éxitos o fracasos. Cuanto más costosos y peligrosos sean los posibles errores, más dependemos del aprendizaje por observación. (Bandura, 1977, pág. 12.)

El proceso de auto-regulación influye activamente en la acción de escribir: los autores no necesitan a alguien sentado a su lado reforzando selectivamente cada frase escrita hasta que se logra un manuscrito satisfactorio. Más bien, poseen un modelo de lo que constituye un trabajo aceptable. Las ideas se generan y se escriben en el pensamiento varias veces antes de que sean depositadas sobre el papel. Las construcciones iniciales son revisadas sucesivamente hasta que los autores están satisfechos con lo que han escrito. Cuanto más exigentes sean los modelos personales, más intensa es la labor de perfeccionamiento y corrección. La autoedición excede, a menudo los requerimientos externos sobre lo que pudiera ser aceptable para los otros. En realidad, algunas personas son autoeditores tan críticos que prácticamente paralizan sus propios esfuerzos por escribir. Otros que carecen de modelos apropiados ejercitan muy poco la autocorrección.
(Bandura, 1977, pág. 129.)

to vieron la película sobre los niños y recibieron también elogios y atención. Los que estaban en el grupo control vieron sólo la película sobre los peces.

En este estudio, el modelado resultó ser un agente de cambio más rápido que el moldeamiento y los cambios se mostraron más duraderos: los 16 párvulos que vieron la película sobre niños, después jugaron más con otros compañeros. Aunque los niños de los dos grupos de moldeamiento también jugaron más con los demás al terminar el programa de tratamiento, transcurridas tres semanas volvieron a estar como antes de que empezara la investigación.

El modelado ha demostrado ejercer una influencia tan poderosa en el comportamiento de niños y adultos que se ha convertido en la base para un enfoque psicoterapéutico muy común en el tratamiento de las fobias. Con la ayuda de programas especialmente planificados, la gente que tiene miedo a los perros, a las serpientes, a la oscuridad, etc., en parte puede superarlos viendo cómo otras personas se comportan sin miedo. Este enfoque se describirá con detalle en el capítulo 16.

AUTORREFORZAMIENTO   El concepto de *autorreforzamiento* es importante desde el punto de vista cognitivo del aprendizaje. Desde este punto de vista se considera que los individuos ejercen gran influencia sobre su propio entorno. No sólo dependen de las recompensas y los castigos que les puedan venir de agentes externos, sino que también son capaces de recompensarse y castigarse a sí mismos de manera que les ayude a desarrollar nuevas pautas de comportamiento. Bandura (1977) utiliza el término de *autocontrol* para abarcar tanto las influencias del refuerzo como del castigo que uno se impone a sí mismo.

¿Cómo regulan las personas su comportamiento? Principalmente creando modelos y esforzándose en vivir con arreglo a ellos. Muy frecuentemente desarrollan estos modelos en función de lo que han observado en otras personas. Una mujer de mediana edad, por ejemplo, que empieza a correr como deporte, puede medir su actuación comparándose con otras mujeres de su misma edad y del mismo nivel de estado físico. Si corre más deprisa que otras eventuales atletas de 40 a 50 años, se sentirá satisfecha, aunque sepa que nunca podrá adelantar a las jóvenes, a mujeres más atléticas o a hombres. La gente que se ha impuesto modelos elevados y poco realistas probablemente no obtendrán de sus esfuerzos el refuerzo apetecido, fenómeno que veremos en el capítulo noveno, cuando hablemos de la motivación.

Si podemos aprender cómo aprende la gente, podemos ayudarles a hacerlo de forma más satisfactoria y más productiva socialmente. Alcanzar este conocimiento sobre el aprendizaje impone, por supuesto, una especial responsabilidad sobre esos líderes sociales y educadores que están en posición de decidir lo que quieren que los demás aprendan.

APLICACIONES PRACTICAS DE LAS TEORIAS DEL APRENDIZAJE: «BIOFEEDBACK» E INDEFENSION APRENDIDA

Los investigadores de la psicología están explorando constantemente temas de gran relevancia para la vida cotidiana. Hablaremos de los resultados de dos tipos de experimentos, uno de los cuales explica cómo ciertas personas aprenden a controlar cosas que se creía que estaban más allá de sus posibilidades, mientras que el otro explica el mecanismo a través del cual algunas personas han aprendido a sentirse incapaces de controlar determinados aspectos de su vida que para la mayoría de nosotros no generan ningún problema.

El «biofeedback» puede constituir una seria esperanza para quienes sufren determinadas alteraciones físicas que hasta ahora no han podido ser tratadas. Esta técnica parte de la interesante premisa de que las personas pueden aprender a conocer su cuerpo de una nueva forma. Mediante la utilización de monitores electrónicos, el individuo aprende el funcionamiento de los procesos internos de su organismo, así como a controlar este funcionamiento para mejorar su salud.

El otro tipo de aprendizaje, que posee elementos motivacionales, cognitivos y emocionales, es la indefensión aprendida, estado en el que una persona o animal siente que no puede controlar los hechos importantes que le suceden. Esto tiene importantes consecuencias para el cuidado de los niños, los enfermos y las personas mayores.

«Biofeedback»

Al principio, el aparato intimida como esos dibujos que hemos visto de gente conectada a una silla eléctrica. Se aplican tres sensores electrónicos a la frente del paciente con discos adhesivos. Unos cables conectan al individuo desde una silla reclinable a un complicado panel de instrumentos donde determinadas luces y diales se encienden y oscilan. Parece como si hallarse de esta forma hubiera de ser una experiencia dolorosa. Pero entonces ¿por qué sonríe tan pacíficamente «la víctima»? Pues porque está consiguiendo aliviar el angustioso y continuo dolor producido por una cefalea tensional que le aqueja gracias a la máquina a la que está conectado.

El aparato es un electromiógrafo, el cual mide y registra la tensión de los músculos en función de su potencial eléctrico. Cuando las cargas eléctricas llegan a la máquina, ésta emite una serie de sonidos. Cuanto más rápidos sean los sonidos, es que más tensos se encuentran los músculos. Oyendo los «pitidos» este individuo «aprende a reconocer qué sentimientos y qué pensamientos hacen que el aparato emita pitidos con mayor rapidez. Su trabajo consiste en descubrir qué es lo que siente al relajar los músculos, en darse cuenta de cómo se siente cuando se emiten los sonidos más lentamente y entonces intentar mantener este estado. Si las sesiones de entrenamiento funcionan, aprenderá gradualmente a reproducir el estado de relajamiento sin necesitar el sonido de la máquina» (Runk, 1980, pág. 4).

Muchos de los que, a través del «biofeedback», son hoy aliviados por primera vez en su vida de diversas dolencias lo consideran un milagro.

Pero, ¿por qué estamos hablando de este tipo de terapia psicofisiológica en un capítulo dedicado al aprendizaje? Porque el «biofeedback» supone un tipo especial de aprendizaje, el de los procesos psicológicos internos, los cuales mucha gente desconoce. El «biofeedback» consiste en la detección de los procesos que ocurren en el interior del cuerpo de un individuo (detección, por lo general, guiada por instrumental electrónico, especialmente diseñado para ello) y la transmisión de información a la persona sobre estos procesos. ¿Qué aprende la gente que utiliza el «biofeedback»?

Las habilidades adquiridas en una clínica de «biofeedback» permiten controlar respuestas que normalmente están fuera del control del paciente; la tensión y circulación sanguínea, por ejemplo, o un músculo tenso, espasmódico o paralizado. Estas respuestas, normalmente no accesibles al sujeto, llegan a ser detectables porque se ven en el monitor, son ampliadas, registradas y devueltas de nuevo al paciente por un aparato mecánico o electrónico. Estos pacientes pueden, en efecto, «mirar» y «oír» fluctuaciones en su tensión arterial o en el latido cardíaco o variaciones en la actividad de una única célula muscular. De este modo, sirviéndose

¿Ha querido alguna vez mover las orejas? ¿Lo ha intentado y ha sido incapaz de hacer que esos apéndices se muevan? Muchos años atrás varios jóvenes aprendieron esta dudosa habilidad social durante unos estudios sobre el desarrollo del control voluntario sobre el movimiento de los músculos (Bair, 1901). Los jóvenes se dieron a sí mismos una suave descarga eléctrica a través de electrodos adheridos a sus orejas. La descarga hizo que sus orejas se contrajeran y se menearan. A continuación, intentaron mover las orejas por sí mismos apretando las mandíbulas y frunciendo las cejas. Como recordaban lo que se siente cuando se mueven las orejas, pudieron detectar un movimiento extremadamente débil como respuesta a sus enérgicos esfuerzos, lo cual les estimuló a practicar con entusiasmo hasta alcanzar finalmente la perfección en esta habilidad. El principio que indica que para controlar una respuesta ha de ser capaz primero de sentirla, es la base del biofeedback. (Runk, 1980.)

de diversas maniobras, que son ya voluntarias, el paciente puede aprender a controlar lo que antes eran respuestas involuntarias (Runk, 1980, pág. 2).

Qué hace el «biofeedback» A buen seguro que en alguna ocasión ha sido consciente de que su corazón latía a gran velocidad. Generalmente, no obstante, ha de producirse un incremento muy grande en los latidos para que pueda ser advertido. Si usted sufriera un trastorno cardíaco, por lo que sería peligroso que su corazón latiese con rapidez, sería importante para usted conocer cuándo empezaba aquél a acelerarse. El «biofeedback» puede darle esta información. Pero no basta con saber lo que está sucediendo. El fin fundamental del «biofeedback» es permitirle actuar sobre las causas de forma que pueda controlar el proceso del cual se están obteniendo los datos. Así, una parte importante de este proceso terapéutico consiste en proporcionarle los instrumentos para prevenir que su corazón alcance una velocidad peligrosamente elevada.

Médicos y psicólogos estaban convencidos de que no se podían controlar la actividad autonómica corporal: la tasa cardíaca, la velocidad de la respiración, la tensión arterial, la temperatura de la piel, la salivación y la respuesta galvánica de la piel (reacción eléctrica de la piel a un estímulo). Pero durante los años 60 los investigadores de los EE. UU. quedaron impresionados por los informes de médicos orientales que demostraron que podían reducir la tasa cardíaca, permanecer enterrados durante largos períodos de tiempo sin asfixiarse o no experimentar dolor, al menos aparentemente, en acciones que debieran provocarlo (como clavarse una aguja de punto en la pierna, caminar sobre brasas candentes o tragarse cristales rotos). Al mismo tiempo, algunos psicólogos proponían la teoría de que los seres humanos y los animales no aprenden de dos maneras diferentes, una para las respuestas autónomas y otra para las respuestas voluntarias, sino que un solo tipo de aprendizaje controlaba ambos tipos de funciones (Miller, 1969).

Como resultado del gran número de investigaciones realizadas durante los últimos veinte años, ahora sabemos que tanto las personas como los animales pueden realmente controlar muchos aspectos del sistema autónomo, y que este control puede ayudar a mejorar una amplia gama de trastornos físicos. El *biofeedback* es particularmente efectivo en el control del irregular latido cardíaco y de los dolores de cabeza. Mantiene grandes promesas en el control de otros estados, como la tensión arterial elevada, la epilepsia, el asma, el tartamudeo, las migrañas, las úlceras, «los nervios en el estómago», el rechinar de los dientes o el dolor.

Los electroencefalogramas (EEG) han sido utilizados para medir la actividad eléctrica del cerebro (Kamiya, 1969). En este tipo de medida los electrodos, acoplados al cuero cabelludo, registran y comunican la actividad eléctrica del cerebro. Kamiya diferenció tres tipos de ondas cerebrales: las ondas *alfa*, bastante lentas, que aparecen cuando una persona se encuentra relajada; las ondas rápidas *beta*, que se muestran cuando una persona está pensando, y las ondas *theta*, muy lentas, observables cuando una persona está a punto de dormirse. Advirtió que somos capaces de aprender a reconocer en qué estado nos encontramos, alfa o beta, y que, de hecho, podemos controlar la actividad de las ondas cerebrales para conseguir estar en el estado alfa.

También podemos medir la cantidad de actividad eléctrica producida por las contracciones musculares mediante la electromiografía (EMG), que consiste en la representación gráfica en una pantalla a partir de dos electrodos

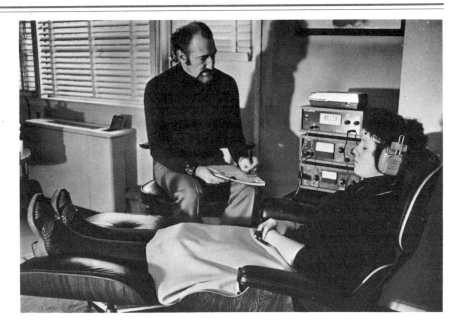

A través del biofeedback, *la gente aprende a detectar irregularidades en sus procesos fisiológicos internos y puede controlar a menudo mecanismos como la tasa cardíaca y de la respiración, la tensión arterial y la temperatura de la piel. Tal control les permite tratar sus propias cefaleas tensionales y resulta prometedor para el tratamiento de muchos otros estados patológicos. (© Ray Ellis/Photo Researchers, Inc.)*

aplicados sobre el músculo, conectados previamente a un amplificador y a cualquier aparato de registro. Una de las primeras aplicaciones del EMG tuvo lugar durante los años 50, antes incluso de que nadie lo llamara «biofeedback». El personal de los hospitales trataba de conseguir que los niños con músculos atrofiados a causa de la polio, llegasen a ejercitarlos y fortalecerlos. Los niños se resistían al ejercicio porque sus músculos estaban tan débiles que al intentar contraerlos no podían ver ni sentir que sucediera nada. Un psicólogo tuvo una buena idea. ¿Por qué no registrar a cada niño el electromiograma del músculo que necesita ejercitar y utilizar la señal eléctrica de sus músculos de forma que encienda la cara de un payaso? Los niños se ponían así contentos viendo el resultado de sus esfuerzos. De esta nueva forma realizaban sus ejercicios encantados (Stern y Ray, 1977).

Evaluación del «biofeedback» La gran importancia del «biofeedback» radica en poner al individuo al cuidado de su propio cuerpo. Aprende a escuchar las señaes de su organismo y a reconocer aquello que pueda llegar a ser un problema. Por ejemplo, el hombre que sufre cefaleas puede aprender a percibir la tensión en su cuello antes de que aparezca el dolor. De esta forma, utilizando técnicas especiales de relajamiento, puede disipar la tensión y prevenir la jaqueca. Nadie más hará esto por él, que así es responsable de sí mismo.

Sin embargo, debemos ser cautelosos al evaluar la validez de «biofeedback». En primer lugar, porque es tan nuevo que no existen aún datos de seguimiento a largo plzo que nos permitan saber si los resultados se mantienen con éxito. Podría ser que muchos casos de mejoras, debidas en apariencia al «biofeedback», sean, en realidad, simples reflejos de mejoras naturales de la propia dolencia o causadas por los efectos del placebo.

En segundo lugar, la tecnología es cara y los usuarios necesitan un entrenamiento especial, de forma que la técnica está limitada a los que se pueden permitir el gasto y el tiempo. Generalmente el tratamiento se da en sesiones semanales de 30 a 60 minutos durante un período de 6 a 20 semanas;

en 1981 los costes en el área metropolitana de Nueva York oscilaron entre 40 y 50 dólares por sesión (Wineburg, 1981).

Otro problema que surge es cómo alejar al paciente de las máquinas de «biofeedback». Mucha gente encuentra alivio mientras puede seguir utilizando la máquina en la consulta, pero una vez interrumpen su uso, a menudo pierden todos los progresos que habían conseguido. Es arriesgado asumir una cura prematuramente. Suprimirle a un hipertenso la medicación porque ha mostrado que puede reducir en el laboratorio su tensión arterial, podría, por ejemplo, ser peligroso si no continúa haciéndolo cada día a lo largo de toda su vida.

Finalmente, el «biofeedback» produce algunas veces efectos secundarios propios: algunas personas se sienten fuera de control al experimentar las ondas cerebrales alfa, otras sienten miedo durante el procedimiento y otras, en fin, sustituyen con otros síntomas los síntomas que están siendo tratados (Runk, 1980).

Aun así, el «biofeedback» parece un camino que vale la pena intentar seguir, ya que «está ocasionando progresos en el estado de numerosos enfermos con variedad de dolencias, algunas de ellas no aliviadas todavía con ningún otro tipo de terapia» (Stern y Ray, 1977, pág. 152).

Indefensión aprendida

Durante los años 60 un equipo de psicólogos que estudiaba la relación entre miedo y aprendizaje observó que los perros con los que trabajaban se comportaban de forma extraña. Como parte de un experimento les aplicaron unas descargas eléctricas dolorosas, pero que no eran dañinas físicamente. Aunque los perros luchaban por librarse de las ataduras, ladraban o movían la cola, no podían evitar las descargas. No podían hacer nada para evitar las sacudidas. Otra parte del experimento consistía en poner a los perros en una cámara partida en dos por una barrera central. Si saltaban la barrera una vez empezadas las descargas, los perros podían escapar de ellas, y saltando de antemano, podían evitar las descargas totalmente.

La mayoría de los perros colocados en aparatos de este tipo, sin haber experimentado antes una descarga, corren dentro de la cámara hasta que accidentalmente logran saltar la barrera; a partir de ese momento aprenden muy rápidamente a evitar la descarga. Esto por lo menos era lo que los experimentadores esperaban que hicieran sus perros, una vez tuviesen la oportunidad de detener las descargas. Sin embargo, sucedió algo más misterioso. Cuando los perros no podían escapar de las descargas, corrían por la cámara frenéticamente durante cerca de 30 segundos, pero luego dejaban de moverse, se echaban y empezaban a gemir. Transcurrido un minuto las descargas eran suprimidas. En todas las pruebas que siguieron estos perros renunciaron a todo intento, nunca aprendieron a escapar de las descargas (Seligman, 1975, pág. 22).

Esto es lo que Seligman llamó la indefensión aprendida, la convicción por parte de un animal o persona de que ha perdido el control, de que nada de lo que pueda hacer reportará cambio alguno en ningún aspecto importante de su vida. Este estado de «desmoralización» también se observa en gatos, ratas, peces, primates y también en seres humanos. ¿Qué es lo que provoca la indefensión aprendida en animales y personas? Al creer que no pueden hacer nada para cambiar una situación, no tienen tampoco ninguna motivación para intentarlo. Se muestran incapaces de aprender una respuesta que pudiera, de hecho, controlar el resultado; ya que probablemente el resultado es traumático, tendrán miedo y caerán en una depresión.

Afortunadamente, los investigadores que habían inducido la indefensión aprendida en sus perros de laboratorio pudieron idear una manera de invertir el efecto. *Forzaron* a los perros a aprender aquello que podía detener las descargas atándolos y arrastrándolos de un lado a otro de la caja sin la barrera. Cuando un perro pasaba por el centro de la cámara experimental, la descarga cesaba; finalmente, el perro aprendió a iniciar por sí solo el movimiento. Han sido conseguidas recuperaciones completas y duraderas de la indefensión tanto con perros como con ratas.

PREVENCION DE LA INDEFENSION APRENDIDA   Seligman y sus colaboradores se hicieron varias preguntas, que contestaron a través de experimentos de laboratorio:

- «Supongamos que los perros aprenden *primero* a escapar de la descarga antes de que le sea presentado el 'schock' del que no pueden escapar.» Los resultados demostraron que los perros que primero habían pasado diez pruebas en las que podían escapar, no padecían después el estado de indefensión.
- «¿Qué importancia tienen los primeros meses o años de la vida del perro en la tendencia posterior a caer en estado de indefensión?» Los descubrimientos indicaron que los perros que habían crecido en jaulas en las que no controlaban prácticamente ningún aspecto de su vida, resultaban ser mucho más suceptibles a la indefensión que otros perros.

Esos resultados confirmaban informes anteriores que demostraban cómo ratas que habían sido criadas y cuidadas por los investigadores se ahogaron en treinta minutos al ser puestas en un tanque de agua, frente a ratas salvajes que fueron capaces de nadar durante 60 horas antes de ahogarse (Richter, 1957). Al parecer, el cuidado dado a esas ratas las privó del sentido de que podían salvarse ellas mismas.

COMO PUEDEN LOS SERES HUMANOS APRENDER A TENER CONTROL SOBRE EL AMBIENTE   Tales descubrimientos parecen tener un gran significado para las vidas de los seres humanos. Si las experiencias anteriores de dominio sobre el ambiente inmuniza a los animales contra la indefensión y si las experiencias anteriores de falta de control les predisponen a renunciar frente a la adversidad, parece claro que si queremos educar a los hombres para realizar el máximo esfuerzo para mejorar su situación en la vida, debemos infundirles muy pronto en su vida la creencia de que tienen poder para hacerlo. Esto implica gran sensibilidad por parte de los padres y de los que trabajan con niños pequeños para que respondan a sus necesidades basándose en las señales que los mismos niños dan. ¿De qué forma puede hacerse?

La primera señal que da un bebé para indicar que necesita algo es llorar. Los padres que toman en serio a un bebé que llora y reaccionan dándole de comer, cambiándole o simplemente cogiéndole, muestran al bebé que puede hacer del mundo un lugar más confortable. Los padres no tienen por qué preocuparse de «mimar» con esto a sus hijos; suele ser un serio error ignorar las llamadas de estas pequeñas criaturas dependientes que piden ayuda para hacer las cosas que no pueden hacer por ellas mismas.

La indefensión aprendida es un peligro no sólo en la infancia, sino durante toda la vida. Los adultos que se sienten impotentes para escapar de

APARTADO 5-4

COMO UNA SENSACION DE CONTROL AYUDA A LOS NIÑOS A PROTEGERSE

Las agresiones sexuales a los niños son alarmantemente frecuentes en la actualidad; muchas de ellas provienen de individuos que los niños conocen y creen que han de obedecer porque los agresores son adultos. Una organización de la ciudad de Nueva York, llamada «Intercambio de Seguridad y Bienestar» (SAFE), aconseja como forma de prevenir que molesten a los niños que se les permita a éstos ejercer el control sobre sus propios cuerpos desde muy temprana edad. En un folleto para adultos SAFE recomienda:

Una de las formas para ayudar a los niños a prevenir las agresiones sexuales es animarlos a desarrollar un sentido de integridad física. Así como les permitimos que cierren la puerta cuando utilizan el baño, también debemos permitirles que digan no a cualquier contacto físico no deseado. Una situación como ésta puede tener lugar después de una visita de la abuela:

La abuela quiere que le dé un beso de despedida.
Niña: No quiero.
Abuela: Sólo uno. ¿Ya no me quieres?
La madre a la abuela: No está de humor para besarte ahora.
La madre a la niña: ¿Querrás lanzar un beso a la abuela o estrecharle la mano? (Colao y Hosansky, 1982.)

situaciones traumáticas a menudo renuncian y mueren. «Las muertes mágicas», en las cuales la gente muere al hilo de alguna maldición o hechizo (vudú), son corrientes en diversas sociedades. Se trata de un fenómeno claramente relacionado con la sensación de indefensión de la víctima para prevenir la muerte vaticinada.

Las personas que se sienten desvalidas porque han perdido a un ser amado del cual dependían, a menudo reaccionan suicidándose. Los enfermos y ancianos enviados a una institución donde se les priva del control sobre los detalles diarios de sus vidas reaccionan con frecuencia debilitándose, enfermando o incluso muriendo.

La indefensión aprendida es tratada también en el capítulo 10, cuando se habla del estrés, y en el capítulo 15, al tratar la depresión.

Los individuos aprenden a través de sus experiencias diarias. Cuando este aprendizaje les enseña que poseen muy poco control sobre sus vidas, el resultado puede ser tan devastador como la muerte o tan destructivo como el fracaso continuo en el intento de lograr algo. Cuando aprenden que las cosas pueden ser de forma radicalmente distinta, se sienten animados para disfrutar de la vida. La importancia vital del aprendizaje para poder decidir la forma como queremos vivir justifica el gran interés y preocupación que ha recibido el tema del aprendizaje y que continúa recibiendo por parte de los investigadores de la psicología.

RESUMEN

1 El *aprendizaje* es un cambio relativamente permanente en el comportamiento que refleja un aumento de los conocimientos, la inteligencia o las habilidades conseguidas a través de la experiencia, y que puede incluir el estudio, la instrucción, la observación o la práctica. El aprendizaje no incluye aquellos cambios producidos por factores como la maduración, la fatiga, la enfermedad o la medicación. Los psicólogos deducen que el aprendizaje ha tenido lugar a través de los cambios en la ejecución.

2 Existen diferentes tipos de aprendizaje. El más simple es la *habituación*, en el cual un organismo deja de responder porque se ha acostumbrado a algo. Sigue el aprendizaje llamado *aprendizaje asociativo*, en el cual un organismo establece una asociación entre dos sucesos. Son tipos de aprendizaje asociativo el *condicionamiento clásico* y el *condicionamiento operante*.
   Otro tipo *es el cognitivo*, centrado en los procesos del pensamiento que están inmersos en el aprendizaje.

3 En el condicionamiento clásico se incluye el comportamiento *reflejo* (o involuntario). En el condicionamiento clásico el animal o la persona aprende a responder a algún *estímulo* previamente *neutro* (es decir, un estímulo que originalmente no elicitaba ninguna respuesta particular), cuando éste es asociado repetidamente con un *estímulo incondicionado*. Un estímulo incondicionado es aquel que automáticamente provoca una *respuesta incondicionada*. En el momento que la presentación del estímulo neutro provoca la respuesta, el estímulo neutro pasa a ser denominado *estímulo condicionado* y la respuesta se denomina *respuesta condicionada*.

4 El condicionamiento es influenciado por el lapso de tiempo que transcurre entre la presentación del estímulo condicionado y el estímulo incondicionado. Cuando el estímulo condicionado se presenta solo, sin ser asociado, al menos de vez en cuando, con el estímulo incondicionado, la respuesta condicionada se va *extinguiendo* (es decir, se debilita y finalmente desaparece). Cuando la respuesta extinguida aparece espontáneamente, sin asociaciones adicionales entre el estímulo incondicionado y el estímulo condicionado, el organismo está mostrando una *recuperación espontánea*. El condicionamiento clásico es la base de varias técnicas psicoterapéuticas.

5 En el condicionamiento operante un organismo emite una respuesta conocida como *operante*. Cuando una respuesta es recompensada, es probable que se repita. Las respuestas que no son recompensadas o que se castigan probablemente desaparecerán. Existen dos tipos básicos de *reforzadores: positivos* y *negativos*. Los positivos son recompensas que incrementan la probabilidad de una respuesta cuando son administrados en una determinada situación. Los negativos son estímulos desagradables que incrementan la probabilidad de una respuesta cuando son retirados de una situación. Los refuerzos positivos o negativos incrementan la probabilidad de que se repita una respuesta. Los refuerzos pueden ser también primarios o secundarios. Los *refuerzos primarios* son importantes biológicamente, porque satisfacen necesidades tales como la alimentación, la sed o el sexo. Los *refuerzos secundarios* son aprendidos, llegan a convertirse en refuerzos a través de su asociación con refuerzos primarios.

6 El reforzamiento puede ser administrado de acuerdo a un *programa*. El programa de reforzamiento elegido influye en la tasa de respuesta y en la resistencia a la extinción. En el *reforzamiento* continuo el refuerzo se aplica después de cada una de las respuestas. En el *reforzamiento parcial* (o *intermitente*) las respuestas son reforzadas después de que han sido emitidas varias respuestas (esto se conoce como *programa de razón*) o después de que haya transcurrido un cierto período de tiempo (lo que se denomina *programa de intervalo*).

7 El *comportamiento supersticioso* tiene lugar cuando un organismo es reforzado accidentalmente. En el *moldeamiento* las recompensas se dan a aquellos comportamientos que se acercan progresivamente al comportamiendo deseado hasta que éste es, al fin, alcanzado. La *generalización* se refiere a la acción de responder de manera parecida a estímulos similares, mientras que la *discriminación* se refiere a la acción de responder a un estímulo concreto y no responder a otro similar (aunque no idéntico). Como en el condicionamiento clásico, las respuestas aprendidas a través del condicionamiento operante están sujetas a la extinción y a la recuperación espontánea.

8 En el *castigo* una conducta es seguida por un suceso desagradable. El propósito del castigo es reducir la respuesta. La efectividad del castigo está asociada con ciertos factores: la *contingencia temporal en su aplicación, la constancia y la presencia de respuestas alternativas*. Son problemas que el castigo conlleva, su inutilidad para generar respuestas nuevas y aceptables que sustituyan a las castigadas, el hecho de que lo que puede ser un castigo para uno puede ser un refuerzo para otro, y los injustificables efectos secundarios que pueden acompañar al castigo.

9 Los psicólogos se han interesado recientemente por los aspectos cognitivos del aprendizaje. Dos tipos de aprendizaje cognitivo son el *aprendizaje latente* y el *aprendizaje por observación*. En el aprendizaje latente aprendemos, pero no demostramos el aprendizaje hasta que estamos motivados para hacerlo. En el aprendizaje por observación, en cambio, aprendemos observando e imitando el comportamiento de un modelo.

10   A través del «biofeedback» aprendemos a controlar respuestas involuntarias; este aprendizaje resulta prometedor respecto al tratamiento de diversas patologías, como el latido irregular del corazón y los dolores de cabeza.

11   *La indefensión aprendida* es un mecanismo que se produce por la convicción de que uno no puede controlar los hechos de su vida. Esta pérdida de control mina la habilidad de los animales y las personas para aprender.

LECTURAS RECOMENDADAS

Bandura, A. (1977). *Social learning theory*. Englewood Cliffs, N. J.: Prentice-Hall. Una visión breve de la perspectiva de la teoría del aprendizaje social, escrita por el principal portavoz de este enfoque.

Hulse, S. H. Egeth, H. y Deese, J. (1980). *The psychology of learning* (quinta edición). New York: McGraw-Hill. Se trata de un libro de texto escrito con claridad, que presenta los principios básicos del aprendizaje y de la memoria.

Pavlov, I. P. (1927). *Conditioned reflexes*. London: Oxford University Press. Contiene la explicación del mismo Pavlov de los experimentos que revelaron las leyes básicas del condicionamiento clásico.

Seligman, M. E. P. (1975). *Helplessness: On depression development, and death*. San Francisco: W. H. Freeman. Basándose en la evidencia experimental, el autor trata la importancia de la sensación de control en todas las etapas de la vida.

Skinner, B. F. (1974). *About behaviorism*. New York: Knopf. Interesante, y claramente escrita, explicación sobre cómo el ambiente controla el comportamiento humano, descripción a cargo del conductista de más influencia en América.

Stern, R. M. y Ray, W. J. (1977). *Biofeedback*. Lincoln: University of Nebrasca Press. Los autores de este libro varias veces premiado nos informan del potencial y las limitaciones del *biofeedback* con un estilo de fácil lectura.

CAPITULO 6

MEMORIA

CUESTIONES CLAVE

Un modelo de memoria que propone la existencia no de uno sino de tres tipos de memoria: sensorial, a corto plazo y a largo plazo.

Un punto de vista alternativo sobre la memoria que sugiere que recordar bien depende de lo profundamente que procesamos la información.

Lo que nos dice el fenómeno «la punta de la lengua» sobre la manera como recordamos.

Factores que influyen en el recuerdo y algunas ideas sobre las causas del olvido.

Cómo la mnemotécnica nos puede ayudar a recordar mejor.

La desconfianza que se debe mostrar ante los recuerdos de la infancia queda evidenciada por completo en este relato de Jean Piaget (1951), teórico del desarrollo cognitivo:

Aún puedo ver, muy claramente, la siguiente escena, en la que creí hasta la edad de 15 años. A los dos años estaba sentado en mi cochecito, que era empujado por mi niñera en los Campos Elíseos, cuando un hombre intentó secuestrarme. Mientras yo estaba sujeto por la correa, mi niñera intentaba valientemente colocarse entre el ladrón y yo. Recibió varios rasguños, y aún puedo verlos vagamente en su cara. A continuación, se formó un corro de gente, se acercó un policía con su capa corta y su bastón blanco y el secuestrador huyó. Todavía puedo ver toda la escena, y situarla cerca de la boca del metro. Cuando tenía cerca de 15 años, mis padres recibieron una carta de mi antigua niñera en la que afirmaba haberse alistado en el Ejército de Salvación. Quería confesar sus faltas pasadas y, en particular, devolver el reloj que había recibido como recompensa a su valiente intervención. Había inventado toda la historia, fingiendo los rasguños. Esto indica que de niño debí oír el relato de esta historia, en la que creían mis padres, y proyecté en el pasado, en forma de memoria visual, lo que era la memoria de un recuerdo, pero falsa. Muchos recuerdos, que se tienen por reales, son indudablemente de la misma índole (págs. 187-188).

La próxima vez que se encuentre con unos amigos y la conversación esté decayendo, sugiera a alguien que describa sus recuerdos más remotos. Conocerá algo acerca de la memoria y al mismo tiempo también sobre sus amigos.

Intente recordar sus primeras experiencias. A menos que sea una persona poco común, no recordará nada que se remonte a un período anterior a los 3 o 4 años de edad, e incluso es bastante probable que no tenga ningún recuerdo anterior a los 6 o 7 años (Kihlstrom y Harackiewicz, 1982). Para muchos de nosotros los recuerdos de la primera infancia son, por desgracia, fragmentarios y vagos. Por ejemplo, el gran escritor Leon Tolstoi tenía sólo cuatro recuerdos de sus primeros cinco años de vida (Salaman, 1970).

¿Qué podemos conocer acerca de la memoria —y de la gente— centrándonos en los recuerdos de la primera infancia? Ante todo, podemos conseguir ciertos indicios sobre nuestra personalidad, sobre los hechos que nos han formado o que consideramos importantes mirando hacia nuestro distante pasado. El teórico de la personalidad, Alfred Adler, escribió: «El primer recuerdo mostrará la visión fundamental de la vida de un individuo, la primera cristalización satisfactoria de su actitud... No descubrirás nunca una personalidad sin preguntar por sus primeros recuerdos» (citado en Nelson, 1982, pág. C7).

Una interesante ilustración de esta idea la constituye el primer recuerdo de una mujer estudiante de segundo de bachillerato, que recordaba cómo a la edad de tres años se encontraba sentada en su dormitorio de color rosa escuchando el disco *The Little Engine That Could* («La pequeña locomotora que lo logró hacer»). John Kihlstrom, autor de un estudio sobre los primeros recuerdos de 314 colegiales y universitarios (Kihlstrom y Harackiewicz, 1982), definía este recuerdo como la síntesis de «lo que era esta chica, intentando combinar su femineidad con un alto nivel de aspiraciones y rendimiento» (citado en Nelson, 1982, pág. C7).

La investigación de los recuerdos infantiles puede suscitar preguntas que lleven a respuestas provechosas para solucionar el enigma de la memoria en general. Por ejemplo, ¿qué importancia tiene el uso del lenguaje en el almacenamiento y conservación de los recuerdos? Es posible que la razón de que tengamos tan pocos recuerdos de nuestros primeros años consista en que no disponíamos de los instrumentos, es decir, las palabras, para organizarlos de manera que pudieran ser almacenados. O quizá los hemos reprimido: Freud sostenía que olvidamos muchos de nuestros sentimientos y experiencias infantiles porque nos resultan problemáticos.

Otra cuestión importante en el estudio de los recuerdos infantiles se refiere a la total desconfianza que debemos mostrar frente a lo que recordamos con absoluta certeza, y a la manera en que los sucesos reales llegan a ser distorsionados por historias que hemos oído o fotografías que hemos visto. En sus recuerdos más tempranos, por ejemplo, ¿se veía a sí mismo como un niño pequeño, como si se estuviera observando desde fuera? Esto probablemente suceda porque su memoria no se ha formado con lo que realmente recuerda, sino por fotografías que ha visto o historias familiares que ha oído.

La investigación de los recuerdos de la infancia representa un nuevo enfoque en el estudio de la memoria, al dirigir nuestra atención más hacia la manera como utilizamos la memoria en la vida ordinaria que hacia la manera como es estudiada en un laboratorio psicológico. Se ha investigado la memoria durante años; la mayor parte de la investigación está basada en trabajos de laboratorio. Este trabajo ha proporcionado gran cantidad de información acerca de cómo opera la memoria. Actualmente, en cambio, aunque el estudio de la memoria continúa llevándose acabo en el laboratorio, existe un creciente interés por conocer cómo funciona «en la vida real». En este capítulo trataremos de todo aquello que sabemos acerca de la memoria como proceso psicológico básico; también nos ocuparemos de algunas implicaciones prácticas de la investigación sobre la memoria, como las que ponen en entredicho la exactitud del testimonio del testigo ocular de un suceso, y daremos además algunas sugerencias para mejorar nuestra memoria.

¿COMO RECORDAMOS?

Seguramente se hará muchas preguntas sobre su memoria. ¿Por qué los hechos más triviales vuelan sin querer a su mente, mientras que olvida información vital? ¿Por qué puede su compañero, que no parece particularmente brillante, recordar más que usted? ¿Puede mejorar su memoria? ¿Si presencia un accidente, podría ser un testigo ocular digno de confianza? Será capaz de responder algunas de estas preguntas con la información dada en este capítulo. Otras, sin embargo, permanecerán sin respuesta hasta que los investigadores, quizá usted mismo algún día, exploren los aspectos de la memoria hasta ahora ignorados.

Modelo de almacenamiento y transferencia de Atkinson y Shiffrin

Su memoria tiene lugar en función de cuatro pasos básicos: primero tiene que percibir algo, verlo, oírlo o ser consciente de ello por medio de algún sentido. Después debe introducirlo en su memoria. En tercer lugar, retenerlo; finalmente, ha de ser capaz de encontrarlo para que pueda ser utilizado.

La percepción, el primer paso en este proceso, puede ser involuntaria. Ve u oye algo que le produce una impresión. O bien puede hacer un esfuerzo deliberado para prestar atención a la información y así su percepción será más aguda.

El segundo paso requiere que codifique todo lo que desea recordar. La codificación es el proceso de clasificación de la información. Necesita que la información esté preparada para su almacenaje, organizándola de alguna forma significativa. Una de las maneras consiste en codificar las letras del alfabeto en palabras, las palabras en frases y las frases en ideas. También codificamos material por su sonido y su significado. Sólo la información codificada puede ser recordada.

Tercero, almacena el material para que pueda permanecer en la memoria.

El paso final y crucial en esta secuencia es la recuperación, es decir, extraer del almacén la información. La perfección con la que hayamos preparado la información para su memorización y almacenamiento determinará la eficacia con que la podemos recuperar.

Las dos explicaciones más conocidas de la manera en que ocurren estos procesos son la del almacenamiento y la transferencia, modelo de memoria propuesto por Richard Atkinson y Richard Shiffrin (1968, 1971) y la del modelo de niveles de procesamiento, de Fergus I. M. Craik y Robert S. Lockhart (1972).

De acuerdo con esta teoría sobre el funcionamiento de la memoria, contamos con tres tipos diferentes de memoria. En primer lugar, el material atraviesa nuestros sentidos, ojos, oídos, nariz, etc., para llegar a la memoria sensorial (MS). En menos de un segundo esta información desaparece o es transferida de la memoria sensorial a la memoria a corto plazo (MCP), donde puede permanecer alrededor de 20 segundos. Si no desaparece en esta etapa, se dirigirá a la memoria a largo plazo (MLP), donde puede permanecer el resto de nuestra vida. Vamos a tratar en profundidad cada uno de estos tipos de memoria (véase dibujo 6-1).

MEMORIA SENSORIAL (MS)   Es como una cámara fotográfica. Toma una instantánea de lo que ve, oye, huele, saborea o toca. Durante una fracción de segundo el cerebro absorbe todos los aspectos de la habitación en la que se encuentra, con sus colores, formas y adornos, o el murmullo y el rumor de los sonidos que le rodean en la ajetreada calle de una ciudad o las fragancias de

«*Los asuntos por los que me preguntan sus señorías son todos cosas que debería haber incluido en mi memoria a largo plazo, pero equivocadamente las instalé en mi memoria a corto plazo.*»

un jardín en verano. Esta información está constituida por la pura realidad de la vida, frente a la cual puede reaccionar introduciéndola en la memoria o ignorándola y olvidándola. La forma como funciona este tipo de memoria ha sido demostrada por una serie de experimentos realizados por George Sperling.

COMO DEMUESTRAN LOS EXPERIMENTOS DE SPERLING LA CORTA DURACION, PERO, SIN EMBARGO, LA GRAN CAPACIDAD DE LA MEMORIA SENSORIAL

Antes de que Sperling llevara a cabo sus experimentos en los años 60, los psicólogos habían realizado muchos estudios en los que se les mostraban a los individuos conjuntos de letras presentados visualmente de acuerdo al esquema de la figura 6-1. Con independencia del número de elementos que se presentaran —un mínimo de ocho y un máximo de veinte—, la mayoría de las personas sólo podían recordar cuatro o cinco. Por lo tanto, la suposición lógica fue que éste era el número máximo de elementos que éramos capaces de almacenar en una rápida visión.

FIGURA 6-1 El modelo de almacenamiento y transferencia de Atkinson y Shiffrin. *De acuerdo con este modelo existen tres sistemas de memoria. La información es recogida por nuestros sentidos y entra en la memoria sensorial. En menos de un segundo es olvidada o transferida a la memoria a corto plazo. La información permanece en la memoria a corto plazo durante 20 segundos, aproximadamente, a menos que se mantenga en ella mediante el repaso. La información que no es olvidada entra en la memoria a largo plazo, donde es organizada y almacenada. La información es recuperada de la memoria a largo plazo y transferida de nuevo a la memoria a corto plazo, donde es recordada. Si bien la capacidad de la memoria a corto plazo es limitada, la capacidad de la memoria a largo plazo es virtualmente ilimitada.*

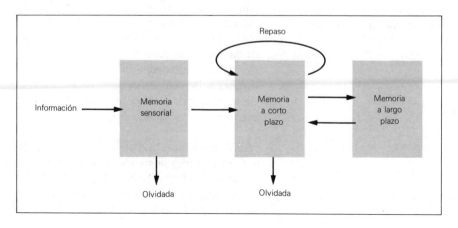

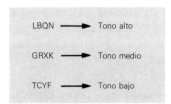

FIGURA 6-2 Técnica de informe parcial de Sperling para evaluar la memoria sensorial. *A los voluntarios participantes en los experimentos de Sperling se les mostraba una serie de letras durante un breve período de tiempo. A continuación oían uno de estos tres tonos y se les pedía que indicaran cuáles eran las letras de la primera, segunda o tercera fila de la lámina, en función de que hubieran oído el tono alto, medio o bajo. En un conjunto de letras del tamaño del ejemplo, los individuos eran capaces, por regla general, de mencionar tres de las cuatro letras de una fila. (Sperling, 1960.)*

Sin embargo, Sperling sabía que muchos insistían haber visto más elementos, pero que los olvidaban durante el tiempo que transcurría hasta el momento de informar sobre los cuatro o cinco primeros. Así ideó la «técnica» de «informe parcial» como parte del trabajo para su tesis doctoral.

Si usted formara parte de un estudio de este tipo, vería un esquema como el del dibujo 6-2. Cuando se le hubiera retirado de la vista el dibujo, una voz le pediría que mencionara todas las letras que recordara de una de las filas. Un tono alto significaría que debe recordar los elementos de la línea superior, un tono medio los de la fila del medio y un tono bajo los de la fila inferior. Independientemente del tono que se le presentara, probablemente recordaría al menos tres de las cuatro letras de una fila. Ya que no sabía de antemano sobre qué fila le podrían preguntar, deberá haber memorizado al menos tres letras de cada una de ellas o al menos nueve letras en total, es decir, el doble de lo que antes se estimó que la gente podía retener en su memoria sensorial.

Sperling estableció también la naturaleza fugaz de la memoria sensorial. Demostró que si presentaba el tono con un retraso de un solo segundo, los sujetos eran capaces de recordar muy poco (véase figura 6-3).

TIPOS DE MEMORIA SENSORIAL El tipo de memoria del que hemos estado hablando, la que procede de los órganos de la visión, es conocida como memoria icónica Aparentemente, las imágenes icónicas desaparecen más rápidamente que las que provienen de nuestros oídos, conocida ésta como memoria ecoica Las imágenes ecoicas duran un poco más, como debe haber observado si alguna vez le ha parecido oír que la radio continuaba funcionando *después* de haberla desconectado. También tenemos memorias sensoriales para los otros sentidos. Una de las autoras, Diane E. Papalia, cuando utiliza un jabón con fuerte aroma a flores y percibe su fragancia, se acuerda de su infancia, de su abuela, del apartamento de su abuela y de la gran cantidad de tiempo que pasó junto a ella, deleitándose con ese aroma. Otro psicólogo, James Johnson (1983), informó recientemente de una experiencia que demostraría la actuación de la memoria olfatoria o bien de la cinestésica. Cuando estaba abriendo una lata de comida para gatos, sin venir a cuento, preguntó a su hijo si quería algo. El padre recordó más tarde que la noche anterior había abierto también una lata de comida para gatos y el chico

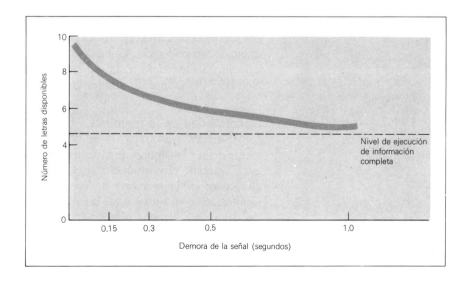

FIGURA 6-3 La naturaleza fugaz de la memoria sensorial. *Cuanto más tiempo transcurre entre la visión del conjunto de letras y la pregunta, menos letras recuerdan los sujetos. (Sperling, 1960.)*

El concepto de memoria a corto plazo ha estado presente desde que William James lo describió poéticamente en 1890 llamándolo *memoria primaria* para distinguirlo de la memoria a largo plazo, o *memoria secundaria*:

La corriente de pensamiento fluye; pero muchos de sus segmentos caen en el insondable abismo del olvido. De muchos no sobrevive memoria alguna del instante de su paso, otros están limitados a pocos momentos, horas o días. Otros dejan vestigios indestructibles por medio de los cuales pueden ser recordados durante toda la vida (pág. 643).

le había pedido una bombilla. De este modo, el padre había asociado que el hijo quería algo con la actividad de abrir la lata. Aunque también nos son familiares otras memorias sensoriales, se han realizado muy pocas investigaciones sobre ellas, salvo de la icónica y la ecoica.

MEMORIA A CORTO PLAZO (MCP) La memoria a corto plazo es nuestra memoria de trabajo, nuestra memoria activa que contiene la información que estamos utilizando en este momento. ¿Qué ocurrió la última vez que buscó un número de teléfono para hacer una llamada en una cabina pública y no encontró nada con que escribir el número? Probablemente, repitió el número en su cabeza dos o tres veces antes de marcarlo. Pero si justo antes de marcar se le hubiera acercado un amigo para saludarle, probablemente hubiese olvidado el número y hubiera tenido que buscarlo de nuevo. ¿Qué nos dice esto acerca de la memoria a corto plazo?

La memoria a corto plazo decae rápidamente Si no hubiera repetido el número de teléfono (repasado el material), lo habría olvidado en 15 o 18 segundos (Peterson y Peterson, 1959).

El repaso ayuda a retener el material en la MCP Repasando será capaz de mantener el material durante más tiempo. Cuanto más lo repita, más lo recordará, pero a menos que lleve su repetición algo más lejos, hacia la repetición elaborada (tratada en la sección de memoria a largo plazo), probablemente olvidará los elementos una vez utilizados.

La memoria a corto plazo es como la amplitud de su atención Si está distraído, olvidará todo lo que se encuentre en la memoria a corto plazo. Esto puede ser molesto algunas veces, pero otras veces puede ser una salvación. ¿Suponga que recuerda cada situación trivial en que está inmerso durante el día? Esta información interferiría su capacidad para dedicarse a otras actividades y para comprender el nuevo material que necesita. Si está sirviendo las mesas y no puede apartar de su memoria las peticiones de sus últimos clientes, una vez que ya han abandonado el restaurante, le costará mucho esfuerzo recordar las peticiones de sus «clientes actuales».

La experiencia de un famoso prodigio en memoria, conocido como S, era justamente ésta (Luria, 1968). S lo recordaba *todo* y no olvidaba nada. Como resultado, no podía leer, la imagen de un pasaje se superponía sobre la lectura siguiente, atrapándole en la espesura de todas aquellas imágenes solapadas. No podía deshacerse de una imagen cuando ya no la necesitaba.

La capacidad de la memoria a corto plazo es reducida Lo que George Miller (1956) llamaba «el número mágico... más o menos dos», normalmente define los límites de la memoria de corta duración. El número mágico es el 7 y, como promedio, éste es el número mayor de elementos que podemos almacenar en la memoria a corto plazo. Un elemento es una unidad de significado, como una letra, un dígito, una palabra o frase. Es verdad, sin embargo, que algunas personas a veces no pueden recordar más de cinco elementos y otras, en cambio, pueden recordar a menudo más de nueve. (¿Es una mera coincidencia que los números de teléfono americanos, sin códigos de área, tengan exactamente siete números?)

Podemos expandir la capacidad de la memoria a corto plazo   Un modo de hacerlo es a través del fraccionamiento («chunking») de los elementos en unidades significativas. Puede recordar los números de teléfono más fácilmente, por ejemplo, si los divide en tres trozos («chunks», el central, más dos grupos de dos dígitos, en lugar de siete números seguidos. Sin embargo, el fraccionamiento no aumenta la memoria a corto plazo indefinidamente. Una vez alcanzado el límite de la cantidad de información que puede almacenar, si añadiera nueva información, provocaría un desplazamiento de la información almacenada, perdiéndose parte de ésta a menos que haya sido almacenada en la memoria a largo plazo.

La recuperación de la memoria a corto plazo es rápida y exhaustiva
Si tenemos información almacenada en la MCP, la podemos obtener rápidamente. Esto ha sido demostrado en los experimentos realizados por Saúl Sternberg (1966, 1967, 1969). Si usted hubiera participado en ellos habría visto una *serie de memoria* consistente en letras o números, por ejemplo los dígitos 5, 8, 4 y 2. Después hubiera tenido que apretar un botón que encendería un único dígito, conocido como *item de prueba* o *prueba*, y hubiera tenido que decir si estaba en la *serie de memoria* o no. Si el item de prueba era el 4, hubiera dicho que sí, pero si era el 6, diría que no. Le pedirían que respondiera lo más rápidamente posible, pero evitando errores. Los errores son muy raros en estos experimentos, y así los investigadores se pueden concentrar en el tiempo de reacción.

Centrándose en el tiempo de reacción, los investigadores exploraron dos cuestiones básicas sobre la forma en que recuperamos la información de la memoria a corto plazo. Si la gente examina los elementos de la MCP uno tras otro *(procesamiento serial)* o globalmente todos a la vez *(procesamiento paralelo)*. Una manera de responder a ello consiste en variar el tamaño de la *serie de memoria*. Si las personas examinan todo el contenido de la memoria de corta duración a la vez, el tamaño de la serie no puede afectar el tiempo de reacción; si examinamos los elementos uno tras otro, cuantos más elementos tengamos que examinar más larga será nuestra búsqueda. Sternberg encontró que la búsqueda para las series de memoria largas lleva más tiempo, llegando a la conclusión de que probablemente buscamos los elementos uno tras otro.

DE QUE MANERA LAS MEMORIAS A CORTO Y LARGO PLAZO FUNCIONAN JUNTAS   Imagínese a sí mismo como un carpintero en su taller, con todos sus materiales ordenados en estanterías colgadas en la pared. Mientras se prepara para construir un armario, toma la madera, una sierra y un martillo de las estanterías y los pone en su banco de trabajo, dejando espacio para poder trabajar. Pronto se da cuenta de que necesita algunos clavos y tornillos, que también deja encima del banco. Al poco rato la banqueta se convierte en un lío de herramientas y materiales, que no dejan ya espacio para trabajar. Apila algunas tablas en un montón pero las cosas siguen cayéndose al suelo. Por lo que coloca algunos de los materiales y herramientas que ya ha utilizado en la estantería para dejar sitio donde poder trabajar, y se prepara para acabar el trabajo.

En esta analogía, creada por Klatzky (1980) y ampliada por nosotras, el banco representa la memoria a corto plazo, conocida como nuestra «memoria de trabajo», mientras que las estanterías representan la memoria a largo plazo, el depósito de información que no necesitamos de momento, pero que hemos almacenado.

La memoria a corto plazo contiene una cantidad limitada de material *activado,* que está siendo utilizado, mientras que la memoria a largo plazo contiene una gran cantidad de material codificado, normalmente *inactivo.*

Si extendemos esta analogía y asumimos que las estanterías tienen la cualidad mágica de rellenarse a sí mismas cuando llevamos materiales al banco de trabajo, podemos apreciar la manera como la MCP y la MLP se solapan. Una cosa puede estar en una y otra memoria al mismo tiempo. Puede haber conocido el camino que va por el prado y a través del bosque hacia la casa de su abuela, desde que era niño, así que está en su memoria a largo plazo. La próxima vez que vaya a verla, sin embargo, lo activará en su memoria a corto plazo, poniendo así a trabajar para usted el conocimiento que tiene de la ruta.

Otra manera de observar la diferencia y la relación entre estos dos tipos de memoria es comprender que, de acuerdo con el modelo que hemos presentado, todo lo que aprendemos pasa a través de la MCP antes de que pueda acceder a la MLP. Una vez allí, habrá de ser activada (al menos teóricamente) para que pueda trabajar con ella. Toda la información que queramos recuperar de la memoria a largo plazo ha de pasar a la memoria a corto plazo para que pueda ser utilizada. Sin embargo, no toda la información se dirige a la memoria a largo plazo; mucha cae del banco de trabajo al suelo, de donde la recogemos con la escoba y el recogedor y la tiramos en vez de ponerla en la estantería.

Es fácil y más o menos automático coger los materiales del banco (y los recuerdos de la MCP) mientras que se busca lo que se quiere de las estanterías (o MLP). Sin embargo, una vez ha almacenado algo en el estante (MLP), no es tan probable que caiga y desaparezca, ni siquiera cuando está distraído. Lo que sucede es que el material almacenado en las estanterías durante largo tiempo algunas veces se deforma, se tuerce, se falsea. Así sucede también con la memoria, como veremos cuando tratemos del olvido en este mismo capítulo.

LA IMPORTANCIA DE LA TRANSFERENCIA DE INFORMACION DESDE LA MCP A LA MLP

Imagine que nunca transfiere nada desde la memoria a corto plazo a la de largo plazo. Si algún día se encontrara con alguien, tendría que aprender su nombre de nuevo al día siguiente, al otro y al siguiente. Si se desplazara hacia un nuevo lugar, no sería capaz de recordar el camino hacia casa de un día para otro. Debería volver a aprender la misma información una y otra vez, a causa de la limitada capacidad de la memoria de corta duración. Como veremos más adelante en este capítulo, *hay* gente que se encuentra en este limbo de memoria de corta duración perpetua, debido a una lesión, operación quirúrgica u otras alteraciones del funcionamiento cerebral.

LA MEMORIA A LARGO PLAZO

Otra vez en el taller del carpintero. Esas estanterías de la pared que representan la memoria a largo plazo parecen poseer la mágica cualidad de tener una capacidad ilimitada. Sin embargo, la manera como coloca sus herramientas en el estante es crucial para su posterior recuperación. Si pone todas las cosas descuidadamente, puede ser que nunca sea capaz de encontrarlas cuando las necesite. Si las organiza de acuerdo con un sistema, será fácil encontrarlas. La memoria a largo plazo es descrita a menudo como si fuera similar al catálogo de fichas en una biblioteca, a un complicado sistema de archivo o al índice de un libro.

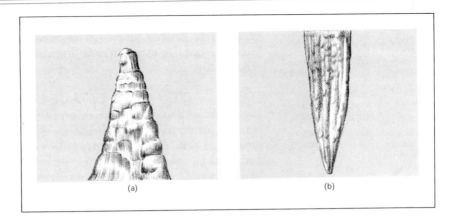

(a)   (b)

FIGURA 6-4(a) *Estalagmita.*
(b) *Estalactita.*

BUSCANDO EN EL INDICE DE LA MEMORIA A LARGO PLAZO

¿Cómo puede recordar su cumpleaños de 1984? Supongamos que lo celebró con una merienda en el parque de la ciudad: podría intentar recordarlo pensando en meriendas o parques en general, en el parque de la ciudad en particular, en la gente con quien estaba ese día, en lo que comieron, en los mosquitos que le picaron a usted, en las celebraciones de cumpleaños, en el aroma del césped recién cortado, en la presencia del viento, en el color del cielo o en cualquier otro elemento de una larga lista.

Cuantas más asociaciones establezca con una información, más fácil será recordarla. Sin embargo, no podrá almacenar todos los detalles de una experiencia. No podrá recordar cada palabra pronunciada durante las tres horas que estuvo en el parque ni a cada una de las personas que vio, ni cada bocado comido. Como escribe la investigadora de la memoria Elizabeth F. Loftus, recordará sólo lo más destacado:

> El cerebro condensa las experiencias a nuestro servicio. Parece borrar las partes aburridas para destacar las partes interesantes y da indicaciones para su almacenaje. Aunque existen muchas semejanzas en la manera en que la gente organiza sus recuerdos, cada memoria es también única. Ello es así porque la memoria es el resultado de una colección de experiencias de la vida, y las experiencias de la vida de cada uno son diferentes (1980, págs. 27-28).

CODIFICACION POR MEDIO DE LA ASOCIACION

Aunque repasar algo, repetirlo varias veces, silenciosamente o en voz alta, lo fijará en la memoria a corto plazo, es necesario un proceso diferente para almacenarlo en la memoria a largo plazo. Necesita crear asociaciones entre lo que quiere recordar ahora y algo que ya sabe, es decir, hacer que el nuevo material sea de alguna manera significativo. Este tipo de organización significativa es un tipo de codificación La simple repetición funciona realmente mejor para el recuerdo inmediato, pero este tipo de codificación, la *repetición asociativa*, es mejor para recordar algo durante un largo período.

Si puede encontrar un significado en el material que quiere recordar, le será más fácil mantenerlo a lo largo del tiempo. Supongamos, por ejemplo, que quiere recordar la diferencia entre las estalagmitas y las estalactitas, depósitos minerales que se forman en las cavernas. En esas palabras es fácil encontrar algo que se asocie con su significado. La g en «estalagmita» es la letra inicial de la palabra «ground» (en castellano, tierra), recordándole que

ACCENT	LAGOON
BARRACK	MAXIM
DRUMLIN	OFFICE
FINDING	POMADE
GARDEN	QUILLET
HOYDEN	TREASON
ISSUE	VALLEY
JUNGLE	WALKER

FIGURA 6-5 *Las 16 palabras no relacionadas usadas en el estudio de memoria de Tulving.*

las estalagmitas se forman en el suelo de la caverna. Con la t de «estalactita» empieza la palabra «top» (en castellano, la parte superior) y así es fácil recordar que las estalactitas se forman en la parte *superior* de la caverna (figura 6-4).

CODIFICACION POR MEDIO DE LA ORGANIZACION

La repetición asociativa es uno de los tipos de organización. ¿Recuerda las estanterías en el taller? Cuanto mejor pueda organizar el material para apilarlo en los estantes, más fácil será encontrarlo. Cuando el material es presentado de manera organizada, por categorías, es más sencillo recordarlo que cuando es presentado de cualquier manera. Muchas personas tienden a organizarlo a través de la técnica del agrupamiento, es decir, reuniendo los elementos en categorías; volviendo a organizar en la mente el orden en que fueron presentados. Esta es una manera común de pasar el material de la memoria a corto plazo a la MLP.

Endel Tulving (1962) presentó 16 palabras sin relación entre ellas, en 16 secuencias distintas a 16 universitarias, en 16 ensayos diferentes. Las palabras aparecen en la figura 6-5.

Cuando se les pidió recordar las palabras en un orden cualquiera (recuerdo libre), solían recordarlas en el mismo orden en intentos diferentes, indiferentemente del orden en que fueran presentadas, indicando por lo tanto que las habían organizado en su propia mente. Organizaron las palabras de muchas maneras diferentes, según el significado, el sonido, la familiaridad, etcétera. Había algunas pautas comunes, lo que indicaría que esas mujeres descubrieron fuentes de organización en el propio material presentado, en lugar de imponerla arbitrariamente, o bien que experiencias parecidas de la vida de estas mujeres podían haberlas llevado a estilos similares de agrupamiento.

LO QUE SABEMOS DEL FENOMENO «LO TENGO EN LA PUNTA DE LA LENGUA»

Encuentra a alguien cuyo nombre está seguro de saber, pero por mucho que lo intenta no puede recordarlo. ¿Es María? ¿Nati? ¿Clotilde? No, sabe que ninguno de estos nombres es el correcto, pero tiene la sensación de que está en la pista correcta. Intenta recordar dónde la conoció. Lo sigue intentando hasta que visualiza la fiesta en su apartamento y a la misteriosa dama con un vestido rojo. De repente recuerda: ¡Matilde, por supuesto!

Secuencias como ésta circulan en nuestras cabezas todo el tiempo. Son conocidas como fenómenos de «lo tengo en la punta de la lengua» (TOT) (del inglés: tip of tongue) y describen situaciones en las cuales una persona no puede recordar en seguida una palabra, una imagen o un recuerdo reciente, que, sin embargo, sabe. A veces, solucionamos el enigma rápidamente, otras después de varias horas y algunas veces nunca. 56 estudiantes universitarios oyeron las definiciones de 49 palabras bastante raras (como *ábside, nepotismo, cloaca, ámbar* y *sampán*) y se les pidió que indicaran de qué palabra se trataba; surgieron un total de 360 fenómenos de la punta de la lengua. Una de las definiciones era «un instrumento de navegación usado en la medición de distancias angulares, especialmente la altitud del sol, la luna y las estrellas». Antes de leer el siguiente párrafo, tómese un par de minutos para escribir la palabra o palabras que cree que podrían corresponder a esta definición.

Si no conoce la palabra adecuada, es muy probable que busque en su memoria y mientras tanto le saldrán palabras como *telescopio, brújula, compás ivisor* y *transportador,* todas ellas similares en su significado a

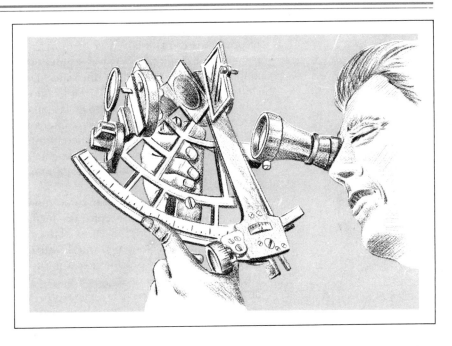

FIGURA 6-6   *Un sextante.*

la palabra exacta. Podría ir en una dirección diferente, aproximándose con palabras como *secante, sexteto* y *sexta,* todas ellas parecidas en sonido a la palabra que está buscando. Mucha gente codifica el material en la memoria de acuerdo con dos señales básicas, el sonido y el significado de la palabra (Brown y McNeill, 1966).

En todos los casos de fenómeno positivo de «la punta de la lengua» (en los cuales la palabra exacta era conocida y finalmente recordada o reconocida) el 48 por 100 de los individuos mencionaron una palabra que tenía el mismo número de sílabas que la palabra exacta, el 57 por 100 adivinaron la letra inicial y un número considerable de sujetos mencionaron el prefijo o sufijo correctos.

En tanto que aparecieron 95 palabras similares en el significado, fueron 224 las que tenían un sonido parecido. Los investigadores a este segundo tipo de recuerdo le dieron el nombre de recuerdo *genérico* o recuerdo del tipo general de la palabra, aunque no fuera la palabra exacta. El recuerdo genérico puede ser *parcial,* cuando sólo se pueden recordar una letra o dos o un prefijo o sufijo, o *abstracto,* como sería «una palabra de dos sílabas con el acento en la primera sílaba».

En un estudio de seguimiento se mostraron a 53 estudiantes las fotografías de 50 personalidades de los campos del espectáculo, la política, las artes, etc. Cuando los individuos no reconocían el rostro inmediatamente, intentaban primero localizar la profesión de la persona («estrella de cine») y después recordar cuándo la habían visto por última vez («en su última película era *Bob, Carol, Ted, Alice*»). Luego adivinaron la primera letra del apellido, el número de sílabas y finalmente un nombre de sonido similar, y fueron bastante constantes en esas aproximaciones (Yarmey, 1973).

Los dos experimentos muestran que los elementos en la memoria a largo plazo no sólo se codifican por el significado y que recuperamos una palabra o un nombre en este tipo de memoria, por el aspecto que tiene, por su sonido y por el significado. (Por cierto, ¿le vino la palabra *sextante* a la memoria?) (véase figura 6-6).

Otra investigación ha mostrado cómo almacenamos, organizamos y recuperamos el material en la memoria a través de dos sistemas básicos, el primero utilizando palabras y el segundo usando imágenes, y que procesamos ambos sistemas de modo diferente. De acuerdo con esta *hipótesis de codificación dual* (Paivio, 1975), utilizamos las imágenes para la información sobre objetos y hechos concretos y las palabras para ideas y lenguaje. Los dos sistemas son independientes pero interconectados: cada uno se puede usar independientemente pero transfieren información de uno a otro. Cierto material es almacenado específicamente en uno u otro de esos sistemas, aunque la cantidad y el tipo en cada uno es discutible.

Modelo de niveles de procesamiento de Craik y Lockhart

Hay otra manera de considerar cómo funciona la memoria. Craik y Lockhart (1972) discrepan del concepto de memoria dividida en tres estructuras independientes: sensorial, a corto plazo y a largo plazo. Identifican sólo un tipo de memoria y sostienen que la capacidad para recordar depende de la profundidad con que procesamos la información. Procesamos el material a lo largo de un continuo de menor a mayor profundidad, que va desde un nivel de procesamiento superficial hasta otro de gran profundidad. Cuanto más profundo es el procesamiento, más tiempo permanece el recuerdo.

Este concepto de memoria considera a ésta más como un proceso activo que pasivo, siendo la memoria el resultado directo de la actividad mental del sujeto.

¿Cómo se explicita esta concepción? El nivel más superficial de procesamiento, de acuerdo con este modelo, incluye el conocimiento de una característica sensorial; qué aspecto tiene una palabra o un número o cómo suena, cómo huele una comida o qué sabor tiene, etc. Cuando reconoce alguna pauta característica proveniente de la impresión sensorial, la está procesando más profundamente. Cuando establece una asociación, es decir, da un significado a su impresión, estará en el nivel más profundo de procesamiento, que constituirá el trazo de memoria más fuerte y más duradero.

Si hubiera sido voluntario en un estudio que Craik y Tulving (1975) realizaron para probar esta tesis, le hubieran pedido que observase diversas palabras. Posteriormente le hubieran preguntado si una determinada palabra estaba en mayúsculas, si rimaba con un sonido específico, si podía encajar en una categoría dada o si podía incrustarse en una determinada frase con un espacio en blanco. En la tabla 6-1 pueden verse los niveles de procesamiento de estas palabras.

TABLA 6-1   Preguntas y respuestas típicas en un experimento de niveles de procesamiento

Nivel de procesamiento	Profundidad de procesamiento	Pregunta	Respuesta SI	Respuesta NO
Estructural	Superficial	¿Está la palabra en mayúsculas?	MESA	Mesa
Fonético (sonido)	Intermedio	¿Rima la palabra con peso?	Beso	Mercado
Categoría	Profundo	¿Es la palabra un tipo de pez?	Tiburón	Cielo
Frase	Profundo	¿Podría la palabra encajar en esta oración: «El encontró un _____ por la calle»?	Amigo	Nube

Fuente: Basado en Craik y Tulving (1975).

APARTADO 6-1

MEDIDAS DE LA MEMORIA: RECONOCIMIENTO, RECUERDO Y REAPRENDIZAJE

De las tres formas básicas usadas para medir y estudiar el aprendizaje y la memoria, el «reconocimiento» y el «recuerdo» son las que más a menudo se utilizan hoy. La medida más sensible, el «reaprendizaje», normalmente no se emplea porque exige mucho tiempo.

RECONOCIMIENTO

En este tipo de prueba se muestra una lista de posibles respuestas y se pide al sujeto que elija la correcta. Las respuestas son claves que ayudan a buscar en la memoria. Las pruebas objetivas y los tests de verdadero-falso son pruebas de «reconocimiento». Normalmente, resulta más fácil que el recuerdo, ya que le dan la respuesta (aunque esté mezclada con otras) y usted sólo tiene que ejecutar una tarea de memoria, decidir si lo que ve (u oye, etc.) es o no una copia de la información almacenada en su memoria.

RECUERDO

En pruebas de este tipo puede que le faciliten pistas, pero usted deberá extraer por sí mismo la información de la memoria. Los exámenes temáticos son pruebas de recuerdo. La razón por la que el recuerdo es normalmente más difícil que el reconocimiento reside en que tiene que pasar por dos etapas: extraer posibles respuestas de su memoria y posteriormente identificarlas.

Hay dos tipos de pruebas de recuerdo: en el recuerdo libre puede recordar el material en cualquier orden. En el recuerdo serial tiene que recordarlo en una secuencia determinada, normalmente en el orden en el cual fue presentado en su origen. Le pueden mostrar 12 sílabas sin sentido y pedirle que las recuerde por el método del recuerdo libre o serial. O pueden presentarle pares de sílabas sin sentido y después, mostrándole el primer elemento cada par, le pedirán que recuerde el segundo.

REAPRENDIZAJE

Esta técnica intenta medir el tiempo que ahorra en el aprendizaje de un material aprendido ya con anterioridad. Es más fácil, por ejemplo, preparar un extenso examen final de una asignatura, si ya ha aprendido el material a lo largo del curso, que si lo está aprendiendo por vez primera durante las noches anteriores al examen.

Como método de investigación, el reaprendizaje supone disponer de mucho tiempo porque incluye enseñar la información, dejar transcurrir el tiempo suficiente para que la información se olvide, y presentar de nuevo la misma información. La eficacia del reaprendizaje se calcula de una de estas dos maneras: o comparando la facilidad con la que una persona aprende una nueva clase de material en comparación con el material aprendido anteriormente, o comparando dos grupos de individuos, uno de los cuales había sido expuesto al material anteriormente, mientras el otro no.

En el primer estudio sistemático sobre la memoria, realizado en 1885, Hermann Ebbinghaus comprobó este concepto. Ebbinghaus decidió utilizar el sujeto de investigación más conveniente y económico que tenía, él mismo (esto, por supuesto, aumenta la posibilidad de sesgo del experimentador). Creó la técnica de sílabas sin sentido —una serie de tres letras, colocadas en este orden: consonante-vocal-consonante— como base para sus experimentos. ¿Por qué usaba sílabas sin sentido, como SUJ, FUB, HIW, etc.? Porque, en su opinión, de no ser así, las personas podrían formar diferentes asociaciones con elementos significativos, lo que podía influir en su capacidad para aprenderlos y recordarlos.

(Otro problema de este trabajo es que todas las sílabas sin sentido no son igualmente disparatadas, con lo que puede variar la facilidad con la que pueden ser aprendidas.)

Ebbinghaus memorizó listas de sílabas sin sentido y determinó cuánto tiempo tardaba en aprenderlas correctamente. Dejó transcurrir bastante tiempo para que pudiera olvidar las sílabas y entonces las aprendió de nuevo, calculando cuánto tiempo tardaba en repetirlas, de nuevo, correctamente. La diferencia entre el número de intentos que hizo para aprender las sílabas sin sentido la primera vez y la cantidad de tiempo que tardó en aprenderlas por segunda vez le dieron la medida de ahorro en el reaprendizaje.

Después de estas preguntas podría haber sido sometido a un examen sorpresa en el cual le habrían pedido que *recordase* las palabras o las *reconociese*. El recuerdo y el reconocimiento son dos medidas diferentes de la memoria (véase apartado 6-1).

En esos experimentos Craik y Tulving descubrieron que los niveles más profundos de procesamiento se realizaban más lentamente y producían una mejor memorización de las palabras. Las pruebas de seguimiento indicaron que lo importante no era el tiempo en sí mismo, sino la profundidad de procesamiento. Cuando se asignaba una tarea moderadamente compleja (como la clasificación de vocales y consonantes de acuerdo con una fórmula complicada) tardaban más tiempo que en una tarea fácil, pero de mayor profundidad (decidir si una palabra encaja o no en una frase).

La explicación de los niveles de procesamiento tiene algunas lagunas. Por un lado, el tipo de prueba empleada para medir la memoria puede influir en la conclusión a que se llega. En otros experimentos, preguntas como: «¿Había alguna palabra (entre las que vio) que rimara con dolor?», dieron mejores resultados que las pruebas con frases (Morris, Bransford y Frank, 1977). Aparentemente pues, existen casos en que produce una mejor retención la poca profundidad de procesamiento (en este caso en un nivel meramente fonético, como se describe en la tabla 6-1) que aquélla de nivel de procesamiento más profundo. Además, existen otros descubrimientos contradictorios: si a los sujetos se les presenta más de una vez el mismo elemento y la misma pregunta de codificación («¿Tiene la palabra "tren" el sonido *n*?») lo recuerdan mejor (Nelson, 1977). La segunda presentación no conlleva un procesamiento más profundo, sino que es una repetición del mismo, por lo que la explicación del resultado obtenido ha de buscarse fuera del modelo de los niveles de procesamiento.

Además, aún no disponemos de una medida objetiva para conocer la profundidad del procesamiento. No podemos regirnos por el tiempo requerido, como hemos visto. Así que todo lo que nos queda es la suposición intuitiva de que el procesamiento por medio del significado es «más

Recordar los nombres de las primeras y últimas personas que han conocido en una fila de recepción y olvidar aquellas personas que están en el medio ilustra los efectos de primacía y recencia. (© Jim Kalett/Photo Researchers, Inc.)

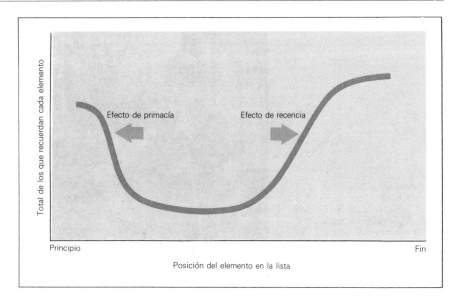

FIGURA 6-7 Curva de posición serial. *Esta curva indica que los individuos recuerdan mejor los elementos últimos (efecto recencia) y los primeros (efecto de primacía) de una lista y que es menos probable que recuerden los elementos del medio.* (Loftus, 1980.)

profundo» que el procesamiento por características físicas. Puede muy bien ser así, pero ¿cómo lo demostramos?

Lo que podemos hacer es utilizar lo mejor de ambas explicaciones. Es conveniente pensar en la memoria en términos de memoria a corto plazo y a largo plazo, y al mismo tiempo reconocer que están relacionadas, no divididas en dos estructuras de memoria completamente separadas. Advertimos, además, que los dos modelos poseen algunos elementos en común, como el énfasis en la importancia de las asociaciones sgnificativas.

¿QUE ES LO QUE RECORDAMOS?

Acabamos de aprender que recordamos mejor la información significativa y bien organizada. El material que recordamos bien posee otras características.

Recordamos mejor lo primero y lo último que hemos aprendido: La curva de posición serial

Si alguna vez ha pasado por una fila de recepción en una boda o en otra fiesta social, podrá recordar que ha sido presentado a ocho o diez personas desconocidas, una detrás de otra. Cuando haya estrechado la última mano, es probable que recuerde los nombres de las dos personas que saludó primero y el de las dos que saludó en último lugar y haya olvidado los nombres de todas las que estaban en los lugares intermedios.

Este hecho expresa los efectos de primacía (tendencia a recordar los elementos que se aprenden en primer lugar) y recencia (tendencia a recordar los elementos que se aprenden en último lugar). Hallará una gráfica de ello en la curva de posición serial que aparece en la figura 6-7. Una explicación posible de este hecho común es que los primeros nombres que ha aprendido han entrado en la memoria a largo plazo, mientras que los demás lo hicieron sólo en la memoria a corto plazo. Dado que el material de la memoria a corto plazo es desplazado por la nueva información, los únicos nombres que podía recordar, al final de la fila, fueron aquellos que aún no habían sido reemplazados: los dos últimos (Glanzer y Cunitz, 1966).

Recordamos mejor lo raro: El efecto de Von Restorff

Si uno de los nombres de las personas que estaban en medio fuera famoso o distinguido, probablemente lo recordaría, siempre que no fuera tan difícil de pronunciar o deletrear que ni siquiera fuera capaz de introducirlo en su

Esta escena de la película de Charlie Chaplin, Luces de la ciudad, *muestra la relación entre el estado de ánimo y la memoria. Charlie salva la vida de un millonario borracho, quien se hace amigo de su salvador. Al día siguiente, cuando el millonario está sobrio, no reconoce al pequeño vagabundo. Sin embargo, cuando vuelve a emborracharse saluda a Charlie reconociéndolo como su amigo. Bower llama este fenómeno memoria dependiente del estado de ánimo. (Museo de Arte Moderno/Archivo de películas mudas.)*

memoria. Esta tendencia a recordar un elemento raro, con independencia de su posición en una lista, se conoce con el nombre del psicólogo que fue el primero en informar de este efecto.

Recordamos mejor lo que aprendimos en un estado de ánimo similar: Memoria dependiente del estado

Vayamos un momento al cine y veamos a Charlie Chaplin en *Luces de la ciudad*:

En una secuencia muy divertida Charlie salva a un borracho de la muerte. El borracho, que en realidad es un millonario, trata a Charlie como a un amigo y los dos pasan la tarde bebiendo y emborrachándose juntos. Al día siguiente, ya sobrios, el millonario no reconoce a Charlie y hasta lo desprecia. Más tarde, el millonario vuelve a emborracharse y cuando ve a Charlie le trata como a su antiguo compañero perdido (Bower, 1981, pág. 129).

Gordon Bower (1981) cita el caso de Sirhan Sirhan, el asesino de Robert Kennedy, quien no guardaba ningún recuerdo del asesinato hasta que, bajo la hipnosis, alcanzó el mismo estado frenético en el cual disparó a Kennedy; entonces volvió a representar el crimen. Estos ejemplos ilustran una relación entre el estado de ánimo y la memoria, que Bower ha llamado memoria dependiente del estado. También se puede observar en situaciones menos extremas. Cuando se siente triste, le es más fácil recordar pensamientos que surgieron durante otros momentos tristes de su vida y es más difícil recordar lo que había aprendido en estados de ánimo agradables. Además, cuando está triste es más probable que recuerde experiencias desgraciadas que no experiencias felices.

Bower confirmó la existencia de este fenómeno con experimentos de laboratorio que mostraban que la gente que aprendía listas de palabras en un estado de felicidad o de tristeza, inducidos hipnóticamente, recordaban el material mucho mejor cuando volvían a encontrarse en un estado emocional similar. Parece, pues, que asociamos una emoción particular con una idea o un hecho concreto y uno de ellos nos ayuda a recordar la otra.

Conociendo esta tendencia, podemos servirnos de ella en la vida diaria. Podemos salir de los estados de ánimo depresivos centrándonos deliberadamente en un recuerdo feliz o pensamiento agradable y dejar entonces que esta situación positiva nos lleve a un estado de ánimo mejor. La terapia cognitiva de Aaron Beck (tratada en el capítulo 16) intenta conseguir que los que están deprimidos modifiquen su manera de pensar acerca de los acontecimientos que han vivido, concentrándose sobre todo en los acontecimientos positivos.

Recordamos mejor lo que se relaciona con sucesos emocionalmente significativos: Recuerdos vívidos

En el siglo pasado un investigador preguntó a 179 personas de mediana edad y de edad avanzada si recordaban dónde se encontraban cuando se enteraron de que el presidente Lincoln había sido asesinado (Colegrove, 1899). Treinta y tres años después del asesinato, 127 de las personas preguntadas fueron capaces de dar una descripción completa, en la que se incluía la hora del día, la localización exacta y la identidad del portavoz de la noticia.

Este tipo de recuerdo se denomina memoria vívida (Brown y Kulik, 1977). «Simplemente se encuentra *allí*, a punto para aparecer con todo detalle a la más leve insinuación. Es como si nuestro sistema nervioso tomase una instantánea de los sonidos, visiones, olores, tiempo, clima emocional e incluso las posturas corporales que experimentamos en ciertos momentos» (Benderley, 1982, pág. 71). Sin embargo, la instantánea no es completa. Mientras, por un lado, incluye ciertos elementos básicos, como el lugar donde nos encontrábamos, lo que hacíamos antes del hecho, quién nos dio la noticia, qué hicimos después y cómo nos sentíamos nosotros y los que nos rodeaban al conocer el hecho, por otro lado capta algunos detalles triviales y deja otros. Puede recordar la expresión del vendedor ambulante que exclamó al pasar junto a usted con su carro: «¡El presidente ha sido asesinado!», y en cambio no recuerda qué tipo de mercancía era la que vendía.

¿Qué tipo de sucesos o eventos capta este tipo de memoria? Puede tratarse de un momento excepcionalmente importante de la historia o de su vida personal. Puede recordar el olor de formaldehído mezclado con la fragancia de las flores en la habitación de un hospital, mientras escuchaba a un médico con barba pelirroja que le decía que su enfermedad era más grave de lo que había imaginado en un principio. La memoria vívida tiene lugar en un momento de sorpresa, de «shock» y de gran significado personal y biológico, dicen Brown y Kulik. Estos investigadores en 1977 pidieron a 80 personas de edades comprendidas entre los 20 y los 60 años (40 negros y 40 blancos) que intentasen recordar las circunstancias en que habían oído las primeras noticias de nueve acontecimientos de gran interés público (entre otras, los asesinatos o atentados contra siete americanos, cuatro blancos y tres negros), así como impresiones personales e inesperadas, como la muerte de un amigo o familiar, un accidente grave o el diagnóstico de una enfermedad mortal.

Estas personas mantenían recuerdos vívidos de unos cuantos hechos; todos menos uno recordaban el asesinato de John F. Kennedy, y a 73 de los 80, ello les produjo un fuerte impacto emocional en un momento. Aparecieron algunas diferencias raciales, siendo la diferencia más significativa la reacción frente a la noticia del asesinato de Martin Luther King Jr. Mientras un 75 por 100 de los negros recordaron este hecho, vívidamente, sólo un 33 por 100 de los blancos lo recordaban así. La gente de color, por tanto,

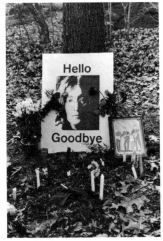

Millones de fans *de John Lennon recordarán siempre lo que estaban haciendo cuando oyeron la noticia del asesinato del cantante. ¿Tiene usted algún «recuerdo vívido» de este o de algún otro acontecimiento de su vida? (Owen Franken/Sygma.)*

Mi padre y yo nos encontrábamos en la carretera hacia A —en el Estado de Maine— para comprar las cosas necesarias para mi graduación. Cuando estábamos bajando una empinada colina hacia la ciudad advertimos que algo ocurría. Todo el mundo parecía muy triste, y había una excitación tan terrible que mi padre detuvo el caballo e, inclinándose desde el carro, preguntó: «¿Qué ha pasado, amigos míos?» «¿No lo has oído?», fue la respuesta; «Lincoln ha sido asesinado». Las riendas cayeron de las débiles manos de mi padre y, con lágrimas en los ojos, permaneció sentado como despojado de todo movimiento. Estábamos lejos de casa y había mucho que hacer, así que se sobrepuso después de un tiempo y terminamos nuestro trabajo cuando nuestros apenados corazones nos lo permitieron. (Colegrove, 1899, págs. 247-248.)

Llenamos los huecos

reaccionó más emocionalmente que los blancos a la muerte del doctor King. ¿Por qué se recuerdan detalles de la propia vida (lo que estaba comiendo, lo que llevaba puesto, la sensación de una alfombra de goma debajo de los pies) sin otro significado que la coincidencia con un hecho histórico? Brown y Kulik creen que la impresión de un recuerdo como ésos en nuestra memoria tuvo un valor de supervivencia en otras épocas. Es importante poder recordar hechos significativos. Supongamos que un individuo fue testigo de cómo un animal peligroso atacaba a alguien. Esta persona podía salvar su propia vida al recordar exactamente qué hora del día era, dónde estaba y qué hacía en el momento de los hechos, podía así evitar un encuentro como ése en el futuro.

Neisser (1982) propone otra explicación para este tipo de recuerdos. Presentó pruebas de que a menudo son imprecisos y que, años más tarde, difícilmente tenemos manera de comprobar los recuerdos de un individuo sobre lo que estaba haciendo en un momento dado. Mientras Brown y Kulik creen que el recuerdo está fijado en el momento en el cual ocurre el suceso, Neisser cree evidente que la gente relata muchas veces la descripción de los sucesos que recuerda y que la «fotografía» se ha realizado posteriormente, dado el significado que adquiere el acontecimiento en la mente de la persona *después* del suceso. Neisser opina que los recuerdos vívidos de sucesos de interés público son «mitos colectivos», lugares para situar nuestra corta vida en el curso de la historia y poder decir: «Yo estaba presente» (pág. 48). Asiéndonos a un pedazo de nuestra historia personal, nos vinculamos al gran tapiz a través del cual es narrada la historia de nuestra civilización. Llegamos a ser una parte de algo más grande y más importante que nuestra propia existencia personal.

Podemos ver cómo funciona nuestro mecanismo de recuperación de recuerdos, cada vez que buscamos un recuerdo en nuestra mente, utilizando algunos indicios que nos habrán de conducir a nuestro objetivo. Supongamos que alguien le pregunta qué hacía a las doce en punto del mediodía de este mismo día, pero del año anterior. Primero establecerá la fecha; es probable que se sitúe geográficamente; más adelante, puede pensar en cómo programa su actividad semanal ordinaria; después reducirá sus posibilidades hasta acercarse a lo que quiere. En el ejemplo siguiente comprobará que la búsqueda de este tipo de recuerdos es como resolver un problema de lógica:

> Era el 7 de enero de 1977. Veamos, estábamos en las vacaciones de Navidad, supongo que me encontraba en casa. No, un momento, ese año las vacaciones de Navidad terminaban el 6 de enero; esto fue antes de que se cambiara el calendario lectivo. Así que debía de haber vuelto ya a la escuela. De hecho, era la semana de repaso, de forma que supongo que me encontraba en clase. A ver, volvimos el martes; por tanto, el día 7 debió de ser martes. ¿Qué asignaturas cursaba aquel semestre?: ¿poesía del Renacimiento?, ¿física?; no, espera, debía de estar en la clase de estadística, porque la tenía siempre al mediodía los martes y los jueves. Ahora lo recuerdo, el doctor Shaw tenía problemas con todos los alumnos porque estábamos muy preocupados al no entender una parte concreta del programa (Glass, Holyoak y Santa, 1979, pág. 119).

Este procedimiento nos ayuda a recuperar muchos recuerdos vagos. Sin embargo, a veces también produce la aparición de recuerdos inexistentes. Diferentes líneas de investigación, utilizando los recuerdos infantiles, la reconstrucción de una historia que hemos leído u oído, los recuerdos de los padres sobre el desarrollo de sus hijos, los testimonios oculares, nos conducen a la misma conclusión. En el celo por ser coherentes, rellenamos los huecos de nuestra memoria a menudo inventando el material que falta, aunque luego estamos totalmente seguros de que esto era verdadero.

Preguntaron a los padres de 47 niños de 3 años sobre varios aspectos del desarrollo de sus hijos y de su propia tarea educativa con ellos a lo largo de los 3 años anteriores (Robbins, 1963). Todos ellos habían participado en un estudio longitudinal desde el nacimiento de sus hijos, de forma que los investigadores disponían de datos con los que poder contrastar sus respuestas.

Estos padres resultaron estar mal informados. Erraron en hechos tan fundamentales como la edad a la que el niño dejó de mamar, la edad a la que aprendieron a controlar sus enfíteres y en qué momento dejaron de alimentarse a las dos de la madrugada. Los recuerdos de las mujeres se distorsionaban en la dirección de recomendaciones profesionales comunes. Por ejemplo, decían haber alimentado al niño cuando éste lo pedía, cuando, en realidad, no había sido así. Las equivocaciones de los varones variaban más aleatoriamente, mostraban errores de conocimiento del curso normal de la educación del niño, ya que el estudio se realizó en una época en que los papás estaban menos preocupados del cuidado cotidiano de sus hijos de lo que ocurre hoy día.

Esta información resulta especialmente significativa cuando advertimos que muchos proyectos de investigación se han basado en la información *retrospectiva*, es decir, información deducida de lo que las personas recuerdan. Como muestra este estudio, no podemos contar con la precisión de la memoria humana.

Aparentemente, en ausencia de recuerdos sobre esos hechos, estas madres llenaban los huecos y creaban recuerdos sobre las fechas y experiencias que habían olvidado. Llenar los espacios vacíos puede tener implicaciones de vida o muerte, como veremos al hablar del testigo ocular, el testimonio que los jurados creen más fuertemente y que, sin embargo, tanto experimentalmente como en la vida real, se ha demostrado que se cometen graves errores. Esto es así porque los testigos tienden a usar información de diferentes fuentes en la reconstrucción de los acontecimientos pasados.

Unas 150 personas vieron una película de un accidente de tráfico y se les preguntó sobre el suceso. A quienes les preguntaron: «¿Aproximadamente a qué velocidad iban los automóviles cuando se estrellaron el uno contra el otro?», dieron estimaciones de velocidad más elevadas que aquellas otras personas a las que se les preguntó «¿Cómo iban los automóviles cuando chocaron?» Además, los que oyeron el verbo «estrellarse» eran más dados a afirmar haber visto vidrios rotos que los que habían oído la palabra «choque». De hecho, no se rompió ninguna luna en el accidente. Obviamente, oír la palabra «estrellarse» daba a esos «testigos» nueva información. Asociando la palabra con una velocidad elevada y un accidente más grave, «llenaron los huecos» y extrajeron sus propias conclusiones (Loftus y Palmer, 1974).

Este estudio sugiere que nuestros recuerdos responden a dos tipos de información, la que recibimos durante la percepción del hecho original y la que introducimos después, y que este material que incorporamos con posterioridad puede actuar como los colores en una acuarela, filtrándose en el dibujo anterior modificándolo profundamente.

¿POR QUE OLVIDAMOS?

¿Qué recuerda de lo que aprendió durante el curso pasado? ¿A cuántos de sus condiscípulos podría llamar por su nombre en este momento? ¿Cuántas veces a la semana olvida citas, encargos y otros detalles de la vida diaria? Antes de enfadarse por no recordarlo, dése cuenta de que lo que le ocurre es normal. Todos nos olvidamos constantemente de todo tipo de cosas. Los psicólogos han llegado incluso a demostrar que olvidamos de una manera ordenada y de acuerdo a unos principios establecidos.

El primer investigador de la memoria, Hermann Ebbinghaus (1885), nos proporcionó un gráfico de la *curva de olvido* (véase figura 6-8) que muestra que olvidamos muy rápidamente al principio, pero que después el olvido se hace marcadamente más lento. Una vez que Ebbinghaus hubiera aprendido sus sílabas sin sentido, las olvidó de manera ordenada y bastante rápida. Veinte minutos después de haber aprendido una lista de 13 sílabas lo bastante bien como para recitar la lista dos veces en orden y sin errores, había olvidado un 40 por 100 de las sílabas, y al cabo de una hora sólo recordaba un 33,2 por 100 de ellas. Durante los días siguientes tuvo lugar un olvido adicional más lento, de forma que seis días más tarde recordaba un 25 por 100 y un mes más tarde un 20 por 100. Ebbinghaus opinaba que la lentitud con la cual iba olvidando indicaba claramente que hubiera tardado mucho en olvidar la serie por completo (Sahakian, 1976).

Si Ebbinghaus repasaba su lista 30 veces más, inmediatamente después de haberla aprendido, recordaba mucho mejor sus sílabas, mostrando que pasar un tiempo adicional *reaprendiendo* o estudiando de nuevo el material que desea recordar merece muchas veces la pena. Progresivamente, incluso los efectos del reaprendizaje van disminuyendo, de forma que no resulta absolutamente eficaz estudiar innumerables veces una cosa para que no se nos olvide nada de ella.

Parece ser que olvidamos por diferentes razones, probablemente cada una de las teorías que se exponen a continuación nos indica, al menos en parte, las causas de nuestro olvido, pero no existe todavía una respuesta definitiva y completa a esta pregunta.

Olvido motivado: Represión

A veces olvidamos material almacenado en nuestra memoria a largo plazo, porque parece que hay algún beneficio personal en *no* recordar. Así, olvida el nombre de alguien que no le interesa o la cita con el dentista a la que no quiere acudir. Reprime los recuerdos tristes, embarazosos o dolorosos (Freud

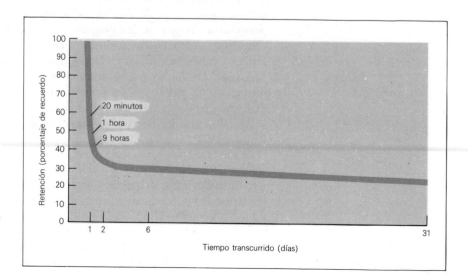

FIGURA 6-8 Curva del olvido de Ebbinghaus. *Esta curva demuestra que el olvido es inicialmente muy rápido y que después disminuye notoriamente. (Ebbinghaus, 1895.)*

APARTADO 6-2

RECORDAMOS MEJOR LO QUE TENEMOS NECESIDAD DE RECORDAR

Antes de continuar, tome un lápiz y un trozo de papel y dibuje de memoria una moneda de un penique americano normal y corriente, por ambas caras, incluyendo todo el dibujo, los números y los detalles de las letras que se le ocurran. Después de hacerlo lo mejor que pueda, mire los dibujos de la figura 6-9. ¿Cuál de ellos se parece más al suyo? Ahora saque de su bolsillo un penique y mire hasta qué punto ha certado al recordar cómo es un penique, cómo aparece en su propio dibujo y hasta qué punto ha acertado al recordar cómo reconocer una representación del mismo. (Es divertido hacer este pequeño ejercicio con unos amigos.)

Si usted es como la mayoría de las personas, habrá realizado un dibujo horrible al intentar dibujar un penique. Cuando a 20 adultos (todos ciudadanos norteamericanos) les pidieron dibujar de memoria las dos caras de un penique, sólo uno (un ávido coleccionista) puso las ocho características que aparecen en la figura 6-10. Sólo cuatro personas acertaron cuatro características (Nickerson y Adams, 1979). En la figura 6-11 presentamos algunos ejemplos de los dibujos realizados. En otro experimento los mismos investigadores mostraron a 127 ciudadanos adultos uno de los dibujos de la figura 6-9, pidiéndoles que decidieran si eran o no exactos, y, en caso de no serlo, por qué. De nuevo, la ejecución fue en general pobre, tanto en el reconocimiento del dibujo correcto como al intentar descubrir los errores de los dibujos incorrectos.

Cinco experimentos de este tipo muestran que mucha gente guarda unos recuerdos muy incompletos e imprecisos de los detalles de objetos que han manejado constantemente desde la infancia. Al parecer, no conservamos los detalles de un penique en nuestra memoria porque no lo necesitamos. Recordamos sólo lo que necesitamos recordar. Podemos identificar un penique por la forma y color sin mirar sus características. No tenemos por qué saber hacia qué lado mira la cabeza de Lincoln para reconocer un penique. Este informe parece sugerir que el reconocimiento requiere un menor empleo de la memoria, de lo que creemos.

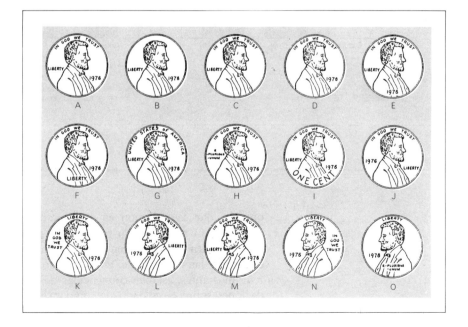

FIGURA 6-9 *¿Cuál es el penique «verdadero»?*

FIGURA 6-10 *Ejemplos de dibujos de «peniques».*

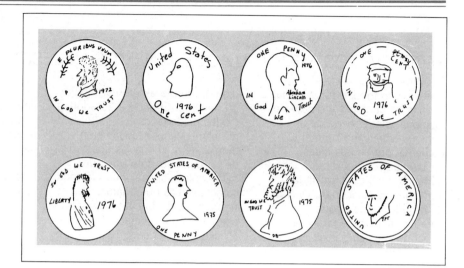

FIGURA 6-11 *Tipos de errores cometidos al intentar dibujar un penique.*

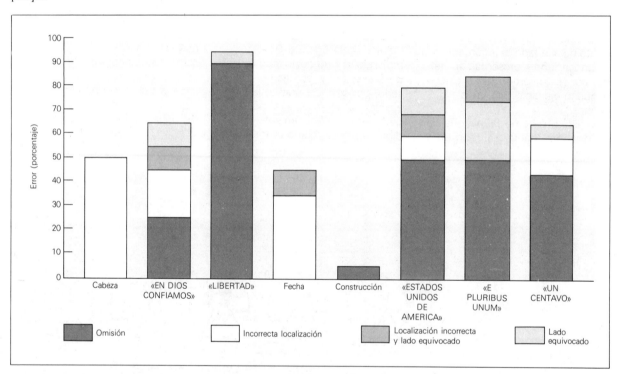

opinaba que la represión es un mecanismo de defensa para combatir la ansiedad.) O magnifica su pasado manteniendo tan sólo los recuerdos que están en línea con la imagen ideal de sí mismo que le gustaría tener (como en el caso de las madres que, en el estudio sobre educación infantil al que nos referimos antes, estaban convencidas de que seguían las habituales recomendaciones sobre el cuidado del niño más de lo que en realidad lo hacían), (Robbins, 1963).

Olvidar es normal: todos lo hacemos constantemente. Los investigadores de la memoria han mostrado que olvidamos de manera ordenada y de acuerdo a principios bien establecidos. ¿Recuerda cuáles son esos principios? Dibujado por Ziegler; © 1977 The New Yorker Magazine, Inc.)

Decaimiento del trazo de memoria

La pregunta crucial sobre otros muchos olvidos —no motivados— es si olvidamos porque la memoria del hecho se deteriora o porque, aunque la memoria de éste permanezca, posiblemente durante toda la vida no podemos llegar a él para recuperarlo. Algunos influyentes teóricos, como Shiffrin y Atkinson (1969) y Tulving (1974), sostienen que perdemos el material de la memoria a corto plazo a causa del decaimiento del trazo de memoria, pero que cualquier suceso almacenado en la memoria a largo plazo permanece allí para siempre y cualquier olvido de este material es debido a la dificultad de su recuperación. Un *trazo de memoria* o engrama es la huella o rastro que el aprendizaje ha dejado en el sistema nervioso después de que ha tenido lugar el aprendizaje. Otros investigadores (Loftus, 1979, 1980) rechazan con fuerza este punto de vista, afirmando que hay poca base para mantener la opinión extremadamente difundida sobre la permanencia de los recuerdos de la memoria a largo plazo. Los teóricos, que opinan que existe un trazo de memoria que está expuesto al decaimiento, creen que persistirá mientras sea utilizado, pero que desaparecerá con el tiempo si no se usa. Examinaremos estas posibilidades más adelante, en este mismo capítulo, cuando tratemos de las bases fisiológicas de la memoria. Pero antes hablaremos de las posibles razones del decaimiento de la memoria.

PERCEPCION POBRE   Un recuerdo puede decaer porque la percepción del hecho fue demasiado débil para producir la impresión suficiente. Esto puede ocurrir por condiciones externas, como el ruido, la oscuridad o alguna otra circunstancia que interfiera la observación. Si, por ejemplo, vio a un hombre en un automóvil a una distancia de al menos 20 metros y sólo fue visible durante el tiempo que tardó el coche en recorrer 15 o 20 metros, le será difícil recordar qué aspecto tenía ese hombre porque nunca lo vio bien. [Y, sin embargo, fue justamente este tipo de identificación de un testigo ocular la que contribuyó a declarar culpable de asesinato a Nicolo Sacco, un zapatero anarquista, y a su compañero Vanzetti, enviándolos al patíbulo, como resultado del famoso juicio que se celebró en 1927 (Loftus, 1979).]

La percepción pobre también puede ser debida a algún defecto del observador. Podía estar distraído, bajo estrés, o no prestaba atención porque no pensaba que un elemento determinado fuese especialmente significativo. Esto se convierte en un problema cuando un espectador que no prestaba la debida atención es llamado a testificar sobre un crimen, un accidente u otro hecho que le cogió por sorpresa. En la vida diaria es probable que la mayoría de la gente no pueda recordar los nombres y las caras de determinadas personas por el mero hecho de que no escucharon con atención cuando les fueron presentados.

IMPOSIBILIDAD DE REPASAR   En otras ocasiones un recuerdo se borra porque no tenemos la oportunidad de repetir lo que queremos recordar. Si busca un número de teléfono y se le impide repasarlo mentalmente, puede que no sea capaz de recordarlo lo bastante bien como para hacer la llamada y casi seguro que lo olvida inmediatamente después. Esto es aplicable sólo a la memoria a corto plazo. Una vez que algo ha sido almacenado en la memoria a largo plazo, no tenemos por qué seguir repasándolo.

Interferencia

Otra teoría mantiene que la razón por la cual olvidamos es que otra información, aprendida antes o después, *interfiere* nuestros recuerdos, tanto en la memoria a corto plazo como a largo plazo. Cuando algún material similar a lo que queremos recordar nos impide el repaso del material de la memoria a corto plazo (por ejemplo, si alguien nos llama justo después de haber buscado un número de teléfono), lo olvidamos. Diferentes procesos interfieren con la memoria a largo plazo.

La interferencia proactiva (IP) describe una situación en la cual la información que se aprendió con anterioridad interfiere con la habilidad para recordar la información nueva. Un grupo experimental aprende una lista de palabras (material A), memoriza después una segunda lista (material B) y a

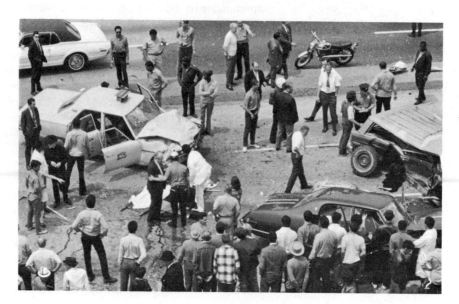

Los testigos oculares recuerdan un hecho, como un accidente, dependiendo de lo adecuada que fuera su percepción inicial. Si no prestaban mucha atención o si estaba oscuro, la escena puede no haber impresionado suficientemente su memoria como para recordar los detalles. (© Miriam Reinhart, 1975/Photo Researchers, Inc.)

Un ejemplo de interferencia
proactiva:

Querida señorita Manners:
¿Qué puedo hacer después de
haber llamado por equivocación
a mi novio con el nombre de mi
antiguo amor?

Amable lectora:
Busque otro amor. Un error
como éste es fácil de cometer e
imposible de borrar. ¿Para qué
cree que se inventó el término
«amor mío»?
De *Guía para corregir el
comportamiento por la Srta.
Manners.*
(Martin, 1982, pág. 292.)

continuación se les pide que recuerden la segunda lista. A un grupo de control se les dice solamente que aprendan y recuerden las palabras de la lista B. Normalmente el grupo de control recuerda mejor las palabras, lo que indica que en el caso del grupo experimental las palabras aprendidas en primer lugar interfieren la capacidad para recordar las que se presentaron posteriormente.

En la vida real este efecto aparece a menudo cuando se acerca a una mujer que conocía de soltera, y que después al casarse tomó el apellido de su marido. Aunque ha aprendido su apellido de casada, se muestra propenso a pensar en ella con el apellido que aprendió primero más que con el apellido que ha aprendido posteriormente, que tal vez ni siquiera recuerda. El principio de interferencia proactiva sugiere que recuerda el apellido de una persona más fácilmente si tiene que aprender sólo uno, lo cual podría ser un buen argumento para mantener los apellidos de soltera de las mujeres como ya sucede en varios países.

En la interferencia retroactiva (IR) la información que aprendemos después produce una barrera de memoria que interfiere el recuerdo del material aprendido previamente. La información nueva es admitida, borrando la antigua, a pesar de que ésta hubiera sido bien aprendida. En los estudios de este fenómeno el grupo experimental aprende el material A, después el B y después debe recordar el A, mientras que el grupo de control no es expuesto para nada al B. También en estos experimentos el grupo de control recuerda mejor el material, lo cual indica que la atención del grupo experimental hacia el material nuevo perjudica el recuerdo del material antiguo (tabla 6-2).

Los experimentos de Loftus con los testimonios de testigos oculares indican que la información recibida después de la percepción inicial a menudo reemplaza la información original en nuestra memoria y nos mostramos dispuestos a jurar que la segunda impresión es la única. Muchas de las personas que vieron una película de un accidente de tráfico y a quienes se les preguntó después «¿Qué velocidad llevaba el coche cuando pasó la señal de stop?», creyeron haber visto una señal de stop, aunque en realidad habían visto una señal de ceda el paso.

TABLA 6-2 Diseño experimental para el estudio de la interferencia retroactiva y proactiva

Grupo	Paso 1	Paso 2	Paso 3
Interferencia retroactiva			
Experimental	Aprende A	Aprende B	Prueba de retención de A
De control	Aprende A	Pausa	Prueba de retención del A
Interferencia proactiva			
Experimental	Aprende A	Aprende B	Prueba de retención de B
De control	Pausa	Aprende B	Prueba de retención de B

Adaptado de Hulse, Egeth y Deese, *Psychology of learning*, New York: McGraw-Hill, 5.ª ed., 1980, pág. 308.

Fallo en la recuperación

¿Ha visto alguna vez a alguien que normalmente ve en la playa o en una pista de tenis, en un lugar donde ambos llevan puesta ropa de calle y ha pasado mucho rato pensando quién podría ser esa persona que le resulta tan familiar? Cuando finalmente uno de los dos establece la conexión, seguramente ambos dirán: «Oh, no le reconocía con esa ropa». Este es un ejemplo de olvido dependiente de las claves

En este tipo de olvido el trazo de memoria existe, pero no podemos llegar a él, lo que muestra que la gente normal a menudo tiene las mismas dificultades en recuperar los recuerdos que los amnésicos. El entorno no es el mismo, las claves de las que dependemos para la recuperación no están ya presentes y por tanto el recuerdo es inaccesible. En el ejemplo anterior está lejos del lugar en el que normalmente ve a esta persona y la persona está vestida de otra manera; en otras palabras, no están presentes las claves para reconocerla. Muchos psicólogos contemporáneos opinan que a menudo nos cuesta llegar a los recuerdos de la memoria a largo plazo porque no tenemos las claves apropiadas para recordarlas, no por un decaimiento o una interferencia.

Tulving (1974) ha mostrado que cuando se proporciona a los individuos las claves de recuperación al aprender algo por primera vez, esas claves les ayudarán a recordarlo más tarde. Tales claves pueden ser palabras que rimen o que estén asociadas con una lista de palabras que el sujeto ha aprendido, o aprenderse la primera letra o letras de la palabra. Este trabajo sugiere que será más fácil recuperar el material después si lo codificamos con algún tipo de clave cuando lo depositamos por primera vez en la memoria. Las posibilidades son fascinantes. ¿Si tocamos cierta pieza de música mientras estamos aprendiendo un material y después volvemos a tocarla durante el examen (un examen para hacer en casa o a través de auriculares) será mejor nuestro recuerdo?

¿SON PERMANENTES LOS RECUERDOS? ¿Cuál de las siguientes manifestaciones refleja mejor su propia opinión?

1 Todo lo que aprendemos está permanentemente almacenado en la mente, aunque algunas veces no son accesibles algunos detalles. Con la hipnosis u otras técnicas especiales esos detalles inaccesibles se podrían recuperar.
2 Algunos detalles que aprendemos pueden perderse para siempre de la memoria. No será nunca posible recuperar estos detalles ni con la hipnosis ni con otra técnica especial, porque ya no se encuentran allí.

Elizabeth F. Loftus y Geoffrey R. Loftus (1980, pág. 410) pidieron a 169 personas (75 psicólogos y 94 de otras profesiones) que respondieran a esta pregunta. Resultó que el 84 por 100 de los psicólogos y el 69 por 100 de los no psicólogos creían en la permanencia de los recuerdos. Loftus y Loftus sostienen que muchos recuerdos no se pueden recuperar porque los recuerdos ya no existen. Sin embargo, su propio estudio nos permite constatar la existencia tanto de opiniones a favor como en contra de su tesis.

HIPNOSIS Una mujer que presenció el asesinato de su novio no podía recordar el incidente por dos factores: el trauma y el estado de embriaguez en que se encontraba. Bajo hipnosis dio la información no relatada previamente y que ayudó a la policía a encontrar al asesino (Stump, 1975). La hipnosis ha liberado con éxito los recuerdos reprimidos en casos similares. En otros casos,

Los términos concretos que se utilizan para hacer preguntas a los testigos oculares influencian lo que «recuerdan». Los testigos a los que se les preguntó: «¿Qué velocidad llevaba el coche cuando se estrelló contra el otro? Dieron unas estimaciones más elevadas que aquellos a los que se les preguntó, «¿qué velocidad llevaba el coche cuando chocó con el otro?» (© 1982 Charles Cocaine/Photo Researchers, Inc.)

Una de las autoras (S.W.O.) de esta obra recuerda una asociación durante un curso de matemáticas en el colegio. Solía hacer los deberes mientras escuchaba una novela en la radio. Después, cuando realizaba los problemas de matemáticas en la clase al día siguiente, el drama entero que había oído mientras hacía los deberes volvía a su memoria. El principio del recuerdo dependiente de las claves parece aquí claro, pero la manera práctica de utilizar este principio parece que incluye el conectar la radio para que vuelva el recuerdo del trabajo. La manera como funcionaba para ella, en este caso, parece no cumplir mejor función que ampliar su memoria de algún melodrama más bien digno de olvido.

en cambio, ha desatado los «recuerdos» de sucesos que no habían ocurrido nunca. Un artículo del *American Bar Association Journal* señalaba:

> Se puede mentir bajo la hipnosis, y el examinador no está mejor preparado para detectar la mentira hipnótica que cualquier otro tipo de mentira. Más grave aún, un sujeto sometido a hipnosis resulta más dócil de lo que sería normalmente y por tanto está más deseoso de satisfacer al examinador. Incluso conociendo pocos detalles de un hecho a menudo proporcionado en los primeros contactos con la policía, el sujeto puede creer que tiene una base suficiente para crear un «recuerdo» muy detallado de lo sucedido, tanto si estaba presente como si no lo estaba (1978, pág. 187).

TESTIMONIO DEL TESTIGO OCULAR   Aunque los tribunales a menudo confían en este tipo de testimonio y se apoyan fuertemente en él, es extremadamente inexacto en muchas ocasiones. En los muchos experimentos de Elizabeth Loftus en esta área, se ha demostrado que la información conseguida después de un suceso puede borrar el recuerdo exacto, sustituyéndolo por otro inexacto.

En un experimento (Loftus, Miller y Burns, 1978) presenta a los sujetos una serie de diapositivas en color mostrando sucesivas escenas de un accidente entre un coche y un peatón. La mitad de los individuos vieron al coche dirigirse hacia un cruce con una señal de stop; la otra mitad vio una señal de ceda el paso. Después se les preguntó: «¿Adelantó otro coche al Mercedes rojo, mientras éste se detuvo en el stop?», o bien la misma pregunta, sustituyendo «Ceda el paso» por el «stop». A algunos sujetos se les formuló una pregunta sobre lo que habían visto y a otros una pregunta para despistarlos.

Más del 80 por 100 de los individuos que oyeron la pregunta que despistaba respondieron como si hubieran visto la diapositiva que correspondía a lo que les habían *dicho*, y no lo que habían *visto* realmente. En cambio, cuando no se daba ninguna información que despistase, un 90 por 100 de los encuestados identificaban correctamente la señal que habían visto. Aparentemente, lo que aprende la gente después de un suceso puede reemplazar la información que aprendieron en un principio. Cuando esto sucede, «la información original es expulsada definitivamente de la memoria del sujeto» (Loftus y Loftus, 1980, pág. 416). Si un recuerdo puede ser desplazado completamente por otro, la desaparición del recuerdo original parece refutar la noción de la permanencia del recuerdo.

Este y otros hallazgos similares tienen grandes implicaciones prácticas en una sociedad donde una persona puede ser encarcelada de por vida o incluso ejecutada sobre la base del testimonio de un testigo convencido de que está diciendo la verdad. Lo que la gente *piensa* que es verdad a menudo es una mezcolanza de hechos recordados, declaraciones de otras personas y lógicamente «el relleno de los huecos de memoria».

BASES BIOLOGICAS DE LA MEMORIA

Durante varias décadas los psicólogos han intentado definir con exactitud los mecanismos fisiológicos que constituyen la base de la memoria, principalmente: de qué manera y en qué lugar del cerebro son almacenados los recuerdos. Las investigaciones nos han proporcionado pistas importantes para ayudarnos a responder a esas preguntas, pero ya que muchos de esos hallazgos no son concluyentes, continúa la búsqueda de respuestas. Veamos algunas de las teorías más conocidas y sus evidencias.

Cómo almacenamos los recuerdos en el cerebro

D. O. Hebb (1949), uno de los fundadores de la psicología fisiológica, propuso un modelo, que ha tenido gran influencia, sobre la manera en que el cerebro almacena los recuerdos. Hebb supuso que las bases fisiológicas son diferentes en la memoria a corto plazo y en la memoria a largo plazo. En la primera un circuito de neuronas, que Hebb llamaba «circuito reverberante», se dispara según una pauta repetida, produciendo un trazo de memoria. Este trazo es inestable y no causa un cambio en la estructura física del cerebro. Para que el material pase de la memoria a corto plazo a la memoria a largo plazo se requiere un verdadero cambio físico de cerebro; este cambio comprende nuevas conexiones entre las neuronas.

Los hallazgos de diferentes líneas de investigación apoyan la idea básica de la teoría de Hebb. La evidencia de la existencia de un «almacén» a corto plazo inestable que no ha sido consolidado en la memoria a largo plazo proviene de los experimentos que usan shocks electroconvulsivos en los animales, especialmente en ratas. El experimentador coloca electrodos en la cabeza del animal y pasa una corriente eléctrica —lo bastante fuerte para que produzca un ataque— a través del cerebro del animal. Si el animal es sometido al shock eléctrico inmediatamente después de haber aprendido una tarea, como recorrer el camino de un laberinto, olvidará toda la experiencia. Pero si el shock se retrasa un cierto tiempo después de haber aprendido la experiencia, por ejemplo una hora después de que la rata ha aprendido a recorrer el laberinto, el animal no lo olvidará. ¿Por qué se da esta diferencia? Presumiblemente porque cuando el shock se produce justo después del aprendizaje, rompe los patrones específicos de disparo de las neuronas que producen un *código* o sistema de símbolos en la memoria a corto plazo. Una vez que el código ha sido establecido, no es vulnerable a la ruptura. Así, cuando el shock se presenta después de cierto tiempo, no tiene efecto sobre el material codificado y consolidado en la memoria a largo plazo (Duncan, 1949).

Otra evidencia apoya la idea de que la memoria a largo plazo se basa en cambios en la estructura del cerebro. Tal como se describe en el capítulo 2, las espinas dendríticas son pequeños salientes de las dendritas, partes de las neuronas que llevan los impulsos nerviosos hacia los cuerpos celulares. Estas espinas forman sinapsis o conexiones con los axones, que transportan los impulsos fuera de las células. El número de espinas dendríticas en el cerebro tiene una alta correlación con la inteligencia, hallazgo que ha surgido de las autopsias del cerebro de retrasados mentales, y el número de esas espinas se incrementa como resultado de las experiencias de aprendizaje (Purpura, 1974; Crick, 1982). Otros investigadores han encontrado que cuando se estimula eléctricamente el hipocampo, estructura cerebral que se considera importante para la memoria, las espinas dendríticas se dilatan, aumentando su tamaño (Van Harreveld y Fifkova, 1975). Cuando comparamos animales que han madurado en ambientes enriquecidos con otros que han sufrido privación sensorial, con pocas oportunidades de aprendizaje, y realizamos después la autopsia de sus cerebros, encontramos que los cerebros de los animales privados poseen menos espinas dendríticas y menor número de conexiones sinápticas (Sokolov, 1977).

Los investigadores han dedicado considerables esfuerzos para conocer claramente cómo ocurren esos cambios estructurales. Ya que las moléculas de proteínas sirven como «bloques de construcción» para todas las células, incluso las neuronas, muchos investigadores han intentado determinar si las experiencias de aprendizaje producen cambios en la *síntesis proteica*, es decir, la construcción del cuerpo de moléculas de proteínas a partir de los aminoácidos. Hasta ahora, los cambios bioquímicos que parecen estar más consistentemente relacionados con la memoria son los cambios en el *ácido ribonucleico (ARN)*, sustancia química encontrada en las células vegetales y animales que parece dirigir las funciones de mantenimiento de la vida de las células. La molécula de ARN suministra una estructura a partir de la cual son elaboradas las proteínas. Muchos estudios de las dos últimas décadas han mostrado los cambios tanto cualitativos como cuantitativos en el ARN de las células cerebrales como resultado de la experiencia (Hyden y Lange, 1970). Por ejemplo, las células cerebrales de las ratas a las que se han proporcionado experiencias de aprendizaje enriquecido tienen elevadas proporciones de ARN en el ADN (ácido desoxirribonucleico, otro componente básico). Esto da a entender que esas ratas están sintetizando el ARN en una proporción elevada y que esta síntesis puede ser el mecanismo fisiológico subyacente en la consolidación de la memoria.

En una interesante serie de estudios, McConnell (1962) intentó transferir la memoria de un organismo a otro a base de cambios bioquímicos. A través del condicionamiento clásico, enseñó a las *planarias* (una especie de gusanos planos) a encorvarse como respuesta ante la luz. Trituró los gusanos condicionados y se los dio como alimento a los gusanos no entrenados. Después enseñó a las planarias «caníbales» la misma respuesta condicionada, y descubrió que aprendían a encorvarse mucho más rápidamente que el grupo original de animales, dando a entender así que en la memoria tiene lugar algún tipo de cambio fisiológico. En otro estudio, extrayendo moléculas de ARN de las planarias condicionadas e inyectándolas en gusanos no entrenados, también encontró que se encorvaban más rápidamente (Zelman, Kabot, Jacobsen y McConnell, 1963). Sin embargo, dado que otros investigadores no han sido capaces de repetir estos experimentos a causa de diversos problemas metodológicos (Gaito, 1970), esta explicación resulta aún enormemente polémica.

Otros investigadores han dirigido su atención hacia un animal primitivo distinto para establecer las bases fisiológicas del aprendizaje y la memoria, el caracol marino, *Aplysia,* que tiene un sistema nervioso simple y fácil de estudiar (Kandel, 1976; Carew, Hawkins y Kandel, 1983) (véase figura 6-12). La aplysia encoge normalmente su branquia ante estímulos táctiles, por

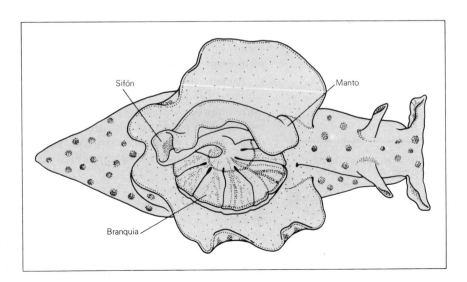

FIGURA 6-12 Aplysia. *Este caracol marino tiene un sistema nervioso simple y fácil de estudiar. Los científicos han estudiado recientemente la aplysia para establecer las bases fisiológicas del aprendizaje y la memoria. (Kandel, 1979.)*

ejemplo en aguas turbulentas, probablemente como un mecanismo de protección. Cuando los investigadores rocían con agua un cierto punto del caracol (imitando un océano turbulento), un impulso nervioso de las neuronas sensoriales libera un neurotransmisor en las neuronas motoras que a su vez activan los músculos que cierran la branquia. Pero si la rocían diez veces o más, una vez cada minuto, cada vez la neurona sensorial secreta menor cantidad de transmisor, aparentemente porque la repetida estimulación produce cambios químicos en la sinapsis. El caracol llega a habituarse a las turbulencias y deja de liberar el transmisor y la branquia, por lo tanto, ya no se retrae.

No obstante, si el caracol recibe una corriente eléctrica y después es rociado con agua, se produce una *sensibilización* y el reflejo de retracción de la branquia es más vigoroso que nunca. Eso parece ser debido al hecho de que otras sinapsis son activadas y liberan un neurotransmisor, la *serotonina*, que facilita la transmisión en las vías reflejas. Por tanto, las neuronas sensoriales secretan mayor cantidad de neurotransmisor. Estos animales simples pueden reaccionar incluso a condicionamientos diferenciales, es decir, pueden adquirir dos respuestas condicionadas diferentes a la estimulación de distintos lugares del cuerpo del animal. El mecanismo del condicionamiento parece ser una extensión del mismo mecanismo que subyace a la forma más simple de aprendizaje conocida como «sensibilización».

Esta investigación puede ayudarnos a encontrar respuestas a algunas de las preguntas que nos formulamos acerca del aprendizaje humano y la memoria, como es la relación entre el condicionamiento clásico y el operante, la relación entre la habituación y la extinción y la naturaleza de las diferencias entre la memoria a corto plazo y la memoria a largo plazo.

El lugar donde se almacenan los recuerdos en el cerebro

Durante gran parte de su vida profesional, el psicólogo fisiológico Karl Lashley estuvo ocupado en una actividad agotadora, la búsqueda del engrama, el trazo de la memoria que se «graba» sobre el sistema nervioso. Intentó encontrar localizaciones específicas en el cerebro en las que existían trazos o huellas de memoria. En sus investigaciones se les enseñaba a las ratas diferentes tareas, que incluían recorrer laberintos y discriminar entre diferentes estímulos; después se les *lesionaba* quirúrgicamente diversas partes de la corteza cerebral y, finalmente, examinaban su memoria para comprobar qué tareas habían aprendido. Después de varias décadas ocupado en esta investigación, Lashley fue incapaz de encontrar una región específica en el cortex que, una vez lesionada, produjese invariablemente deterioros en la memoria.

Aunque probablemente sea cierto que los recuerdos no se establecen en regiones aisladas del tejido cerebral, estudios más recientes indican que ciertas estructuras cerebrales desempeñan funciones más importantes que otras en la memoria. En particular, zonas del sistema límbico que se encuentran debajo de los *lóbulos temporales*, parecen ser esenciales en el establecimiento de nuevos recuerdos. (En el capítulo 2 se han estudiado esas secciones del cerebro.)

En 1953 la traumática experiencia de un hombre conocido como «HM» fue un ejemplo impresionante de esta opinión. Sufría graves ataques epilépticos que hacían de su vida una constante angustia. Ninguno de los remedios que se probaron resultó efectivo. Así que en un intento desesperado de controlar esos ataques, los cirujanos extirparon los dos lóbulos temporales de su cerebro, así como las estructuras más profundas, incluyendo el

Al resumir su trabajo, Lashley (1950, pág. 477) comentó bromeando: «Algunas veces al revisar la investigación sobre la localización del trazo de la memoria, creo que la conclusión necesaria es que el aprendizaje no es posible».

hipocampo. Los ataques desaparecieron, pero también desapareció la capacidad de HM para recordar información nueva.

Aunque aparentemente HM no tenía problemas de memoria tras su operación, la neuropsicóloga Brenda Milner (1966) ha descrito su vida posteriormente. Aunque recordaba todo lo que había aprendido antes de la operación, con posterioridad a ésta no podía aprender tan siquiera los hechos más simples. Después de la operación no reconocía al personal del hospital, aunque lo veía cada día; no era capaz de aprender el camino hacia el cuarto de baño y cuando su familia se trasladó a una nueva casa, era incapaz de aprender el camino para llegar a ella e insistía en volver a su antiguo hogar. Aunque HM era capaz de mantener una conversación y conservar la información mientras ésta se encontraba en la conciencia, sólo un momento de distracción era suficiente para borrarlo de su memoria. Por lo tanto, su memoria a corto plazo parecía permanecer relativamente intacta. Su trastorno esencial parecía estar en la transferencia de información del almacén a corto plazo al almacenaje más permanente a largo plazo.

HM presenta excepciones interesantes en su, por otra parte, grave amnesia, o pérdida patológica de la memoria; así manifiesta habilidad para aprender una variedad de trabajos perceptivos y motores. Por ejemplo, ha aprendido a jugar al tenis después de la operación. Milner opina que es posible que la memoria para las habilidades motoras sea diferente de la de otros recuerdos. Después de todo, una vez que aprendemos a nadar o a ir en bicicleta, nunca lo olvidamos. HM también ha mostrado una adecuada capacidad para hacer rompecabezas, realizar ejercicios de laberintos y mejorar estas actividades con la práctica. Sin embargo, sorprendentemente, no tiene ningún recuerdo de haberlos hecho.

En otros estudios Milner (1970) ha demostrado que el hipocampo y la amígdala, estructuras ambas del sistema límbico, son las áreas cerebrales responsables de la pérdida de la memoria después de la extirpación del lóbulo temporal en los seres humanos. Pacientes en los que se había restringido la extirpación del lóbulo temporal a la corteza cerebral, sin la destrucción del hipocampo ni de la amígdala, no mostraban la profunda amnesia sufrida por HM. La investigación con amimales apoya esta conclusión: las lesiones quirúrgicas de esas dos estructuras afectan la capacidad de aprender información nueva (Horel, 1979; Mishkin, 1982). Las ratas con lesiones del hipocampo tienen problemas con los trabajos de memoria espacial (Olton, 1979), y los monos con lesiones bilaterales del hipocampo y de la amígdala presentan deficiencias en la memoria similares a las de HM (Mishkin, 1982).

Muestran también la importancia de las estructuras del lóbulo temporal en la memoria, los estudios de estimulación de la corteza del neurocirujano Wilder Penfield. Durante la década de los 40, mientras operaba pacientes conscientes, estimuló ciertas partes del cerebro con un electrodo. Algunos de los pacientes respondían a la estimulación de áreas específicas de su cerebro mediante el recuerdo retrospectivo de sus experiencias anteriores. Un hombre decía «oír» una canción y comentaba: «...no era como si me imaginase el sonido. Realmente lo oía.» Una mujer expresó: «Creo que oí a una madre llamar a su hijito en algún lugar. Parecía ser algo que pasó años atrás... en mi vecindario.» Esas experiencias llevaron a Penfield (1969) a concluir que el cerebro contiene un recuerdo completo y profundamente detallado de las experiencias pasadas, en las cuales todos los recuerdos individuales son almacenados durante toda la vida.

Sin embargo, sólo 40 pacientes de un total de 520 a los que se estimuló el lóbulo temporal daban ese tipo de respuestas, y algunas de ellas parecían más la descripción de un sueño que un recuerdo real. Por ejemplo, la mujer antes citada también oyó a la madre llamar a su hijo «en el almacén de maderas», aunque la paciente declaró no haber estado nunca cerca de ningún almacén de maderas. Loftus y Loftus (1980) concluyen: «Estos que llamamos recuerdos, por tanto, parece que consisten tan sólo en los pensamientos e ideas que estaban teniendo lugar por casualidad justo antes de la estimulación y durante la misma» (pág. 414).

MEMORIAS EXCEPCIONALES

Mnemonistas

El psicólogo ruso Alexander Luria (1968) quedó asombrado por el estudio de un hombre al que llamaba «S». Luria quería medir los límites de la memoria humana, tal como ejemplifica este famoso caso de un mnemonista (una persona con una memoria excepcional), pero no logró su objetivo, porque nunca podía establecer un punto en el cual S olvidara algo. Fuera cual fuera la actividad que Luria propusiera o el tiempo que pasara después, S nunca olvidaba nada.

S generaba toda una verdadera explosión de imágenes visuales con todo lo que aprendía; mediante esta habilidad fijaba la información en su mente, pero esto también le producía problemas. Tenía dificultad en leer o en escuchar la lectura en voz alta, porque las imágenes se le formaban tan rápidamente que chocaban unas con otras en su mente, llegaban a distorsionarse y a crearle un caos mental. Sin embargo, era capaz de distribuir durante mucho tiempo esas imágenes a lo largo de una carretera o calle que «veía» en su mente, según las pautas del método de los lugares, sistema de ayuda de la memoria descrito más adelante en este mismo capítulo.

Ha habido otras personas cuyas proezas de memoria nos deslumbran. Por ejemplo, VP (Hunt y Love, 1972), que podía jugar siete partidas de ajedrez simultáneas a ciegas y realizaba constantemente partidas de ajedrez por correspondencia, de las cuales no guardaba ningún documento escrito. O también «Nancy» (Gummerman y Gray, 1971), que podía proporcionar durante 9 minutos y 25 segundos una descripción detallada de un cuadro que había visto sólo 30 segundos. Ulric Neisser (1982) opina que estas habilidades pueden ser más corrientes de lo que pensamos y que el estudio de estos individuos puede dar luz sobre el potencial de la memoria humana.

Eidéticos

También existen personas, principalmente niños, que tienen el poder de crear imágenes eidéticas. Tras mirar un cuadro entre 10 y 30 segundos, estos niños siguen viéndolo durante 2 o 5 minutos después de que ha sido retirado de su vista. Unas partes de la imagen se debilitan antes que otras y normalmente la primera parte en debilitarse es la primera que el niño contempló. Al describir la sonrisa del gato Cheshire en *Alicia en el país de las maravillas,* que permanece después de que todas las demás partes del cuerpo han desaparecido, parece ser que Lewis Carroll describió una imagen eidética.

Aproximadamente, un 5 por 100 de los niños de 6 a 12 años muestran la capacidad de «ver» una pintura, aunque ya no esté delante de ellos, sin que prácticamente ningún adulto pueda hacerlo (Haber, 1980). Los niños eidéticos no parecen diferentes de los que no lo son en su cociente intelectual, en su habilidad lectora, en la visión, personalidad, estado neurológico u otras características que han sido examinadas. Difieren únicamente en su extraordinaria memoria visual. Las imágenes que ven, dice Ralph Haber (1980), no son alucinaciones o una forma de memoria fotográfica o posimágenes residuales (como el punto que vemos después de haberse disparado un flash delante de nosotros). Son manifestaciones de un tipo distinto de memoria visual, que es aún poco conocido.

Alteraciones de la memoria

Amnesia es el término general que se utiliza para designar una variedad de alteraciones de la memoria que tienen su origen en diferentes causas y que afectan a la memoria de varias maneras. Ciertas alteraciones neurológicas que dañan el cerebro producen déficit de un tipo u otro. Probablemente sean la queja más frecuente de los pacientes que han padecido embolias, enfermedades infecciosas del cerebro o lesiones traumáticas. Además, las alteraciones de la memoria son a menudo los primeros síntomas de ciertas enfermedades neurológicas, como la enfermedad de Alzheimer, una enfermedad que produce una degeneración progresiva del cerebro que normalmente afecta a personas de edad avanzada y que trataremos en el capítulo 13.

Existen dos tipos básicos de pérdida de memoria. En la amnesia anterógrada se produce una incapacidad para crear nuevos recuerdos. Es típica de los pacientes que no pueden aprender los nombres de sus médicos, de los hospitales donde están u otra información nueva a la que están expuestos después del hecho traumático o de la enfermedad que causó la amnesia. En la amnesia retrógrada existe una incapacidad para recordar la información que habían aprendido antes del trauma amnésico; los pacientes no pueden recordar las experiencias de su vida anterior o no pueden recordar, por ejemplo, el nombre del presidente de los EE. UU. HM sufre una profunda amnesia anterógrada pero sólo una amnesia retrógrada muy limitada. (¿Sería capaz de inventar una regla mnemotécnica que le ayude a recordar esos dos tipos de amnesia?)

Por razones obvias, la lobotomía temporal bilateral (la operación que causó la amnesia de HM) ya no se usa como tratamiento para la epilepsia, pero síntomas similares aparecen algunas veces en enfermedades que afectan a los lóbulos temporales (Drachman y Arbit, 1966). Ya nos referimos anteriormente a los efectos del shock electroconvulsivo en los animales. En el capítulo 16 abordaremos la terapia electroconvulsiva (TEC) utilizada algunas veces para tratar las depresiones graves en seres humanos. La terapia con shocks produce tanto amnesia anterógrada como retrógrada (Squire, Slater y Chance, 1975). Esta pérdida de la memoria es probablemente el efecto secundario más notable de esta terapia, e incluso puede ser la clave de su eficacia. Es decir, una de las razones de que el tratamiento con «electroshocks» pueda aliviar una depresión grave puede ser el hecho de que al producir la amnesia rompe las pautas habituales de pensamiento de los sujetos deprimidos que están continuamente recordando los factores y las causas de su infelicidad.

Lesiones en otras regiones del cerebro distintas de las estructuras temporales y límbicas también pueden producir severos trastornos de la memoria. El síndrome de Korsakoff es un trastorno neuropsiquiátrico causado por un abuso prolongado y excesivo del alcohol, emparejado con una deficiencia en la vitamina llamada *tiamina*. Los individuos afectados sufren los dos tipos de amnesia explicados más arriba e intentan llenar los huecos de su memoria con detalles incorrectos. Pueden utilizar el lenguaje normalmente, pero tienen problemas para mantener una conversación porque no pueden pensar en lo que van a decir (Talland, 1969). Las autopsias han demostrado

PIG AND PEPPER   91

"Well then," the Ca. went on, "you see a dog growls when it's angry, and wags its tail when it's pleased. Now *I* growl when I'm pleased, and wag my tail when I'm angry. Therefore I'm mad."

"*I* call it purring, not growling," said Alice.

"Call it what you like." said the Cat. "Do you olay croquet with the Queen to-day?"

La sonrisa del gato Cheshire en Alicia en el País de las Maravillas, *descrita por Lewis Carroll, que permanece cuando todas las demás partes del gato han desaparecido, parece ser una imagen eidética. (Culver Pictures, Inc.)*

que las lesiones más típicas de este síndrome no se hallan en el hipocampo sino en el tálamo y el hipotálamo (Victor, Adams y Collins, 1971; Butters y Cermak, 1980).

Otro ejemplo de pérdida de la memoria causada por lesiones en el tálamo es el caso de un joven, NA, que había sufrido una lesión en el tálamo dorso-medial izquierdo (Teuber, Milner y Vaughan, 1968). Un amigo que había estado bromeando con un pequeño florete hirió accidentalmente a NA. El florete entró por la nariz y fue a parar a la base del cerebro, causando una severa amnesia anterógrada. La pérdida de la memoria de NA está restringida sobre todo a las actividades verbales, probablemente porque su lesión ocurrió en un punto del tálamo izquierdo. Su amnesia retrógrada se limita sólo al año anterior al accidente (Squire y Slater, 1978).

El tipo de amnesia del cual la mayoría de la gente oye hoy hablar es mucho más raro que el que ha sido causado por una lesión orgánica del cerebro. Es la amnesia psicógena, trastorno causado por una alteración emocional. Difiere en varios aspectos de la amnesia orgánica. Los pacientes con este tipo de trastorno muestran por lo general una amnesia retrógrada más grave que la anterógrada, situación opuesta a lo que suele ocurrir en una amnesia orgánica. Además, los amnésicos psicogénicos a menudo pierden su identidad personal, lo que casi nunca ocurre en los amnésicos orgánicos. Las características de este tipo de pérdida de memoria no se conocen apenas y sólo recientemente han empezado a ser investigados (Kihlstrom y Evans, 1979).

TEORIAS SOBRE LA AMNESIA   La discusión y la polémica han girado alrededor de un punto: precisar «dónde» se altera la memoria. En esta discusión han sido implicados diversos procesos cognitivos; pero la conclusión más probable es que no hay una sola causa y que en cualquier paciente pueden estar alterados uno o varios mecanismos de procesamiento de la información (Brandt, 1983).

CODIFICACION   Buena parte de la evidencia aportada por la investigación de los últimos años defiende la posibilidad de que los amnésicos, especialmente los que presentan el síndrome de Korsakoff, analicen la información entrante demasiado superficialmente, fallando por tanto al intentar codificar la información a niveles profundos, lo que, de acuerdo con la teoría de los niveles de procesamiento, sirve para crear trazos de memoria estables (Butters y Cermak, 1980).

CONSOLIDACION   Desde que los experimentos con shocks electroconvulsivos han mostrado que la información es más susceptible de ser olvidada durante un período limitado de tiempo inmediatamente después del aprendizaje, es posible que la amnesia sea causada por un trastorno en la consolidación de la información en trazos de memoria más permanentes.

RECUPERACION   La tendencia de algunos amnésicos a cometer una cantidad excepcional de «errores de intrusión» (informar sobre material adquirido previamente, al intentar recuperar el material que era relevante para la tarea) sugiere la posibilidad de un trastorno en los mecanismos de recuperación, que se justificaría por la interferencia proactiva, o la excesiva interferencia de la información aprendida previamente (Warrington y Weiskrantz, 1970).

Hemos visto lo complicada que es la memoria y cómo está unida inextricablemente al completo proceso del aprendizaje. Tanto el aprendizaje como la memoria poseen grandes implicaciones para el desarrollo y la evaluación de la inteligencia, como veremos en el capítulo próximo.

APARTADO 6-3
¿COMO PODEMOS MEJORAR LA MEMORIA?

Podemos mejorar la memoria en cada una de las etapas de los procesos descritos en este capítulo. Puede mejorarla en la primera fase, *percepción* o *memoria sensorial*, prestando más atención. No puede recordar algo que nunca vio u oyó, así que si quiere recordarlo, primero deberá introducirlo en su conciencia.

Puede mejorar su *memoria a corto plazo*, con un *repaso rutinario*, repitiendo algo durante el corto tiempo que necesita para retenerlo. También puede retener mejor las cosas en la memoria a corto plazo mediante el *fraccionamiento* («chunking»), troceando largas listas o números de forma que queden organizados para poder recordarlos en siete, o menos, trozos.

La mejora más importante es, no obstante, la que puede conseguir en la *memoria a largo plazo*. La manera como *codifica* y *almacena* el material le será de gran ayuda cuando lo *recupere*. El concepto que le ayudará a recordar lo que le interesa es la *organización en asociaciones significativas*. Cuanto más significado pueda dar a alguna cosa y cuantas más asociaciones pueda establecer entre la nueva información que ahora está aprendiendo y otra información anterior, mejor la recordará.

Si alguna vez ha querido recordar los días que tienen cada uno de los meses del año, es posible que haya oído la frase: *«Treinta días tiene septiembre con abril, junio y noviembre, y febrero veintiocho»* (existe otro método que supone contar los nudillos y entre ellos, a la par que se recitan los meses del año), o tal vez en la escuela elemental probablemente aprendió que la *semana* es más pequeña, va antes que el *mes*, y que recordar esto le serviría para saber que se debe decir, por ejemplo, «se me cayó» y no «me se cayó». Al recurso que le ayuda a recordar información se le denomina regla mnemotécnica, y al sistema completo para mejorar o desarrollar su memoria se le conoce como *mnemotecnia*.

Estos sistemas funcionan de verdad. Cuando Gordon H. Bower (1973) dio cinco listas diferentes de 20 palabras a dos grupos de estudiantes, los que habían utilizado reglas mnemotécnicas recordaron un promedio de 72 de un total de 100 elementos, mientras que los que usaron únicamente el aprendizaje simple o el aprendizaje rutinario sólo lograron una media de 28. Algunos de los sistemas más conocidos los explicamos a continuación. Todos requieren tiempo y atención hasta que uno se acostumbra a usarlos. La gente que los ha aprendido a menudo pone toda su confianza en ellos, y algunos mnemonistas profesionales basan en ellos sus habilidades.

La mayoría de nosotros confía menos en la ayuda de la memoria interna que en la representada por estos sistemas mnemotécnicos, que nos ofrecen gran variedad de ayudar externas, como las que siguen. Escribir algo, normalmente, hace innecesario tener que estar pensando en ello, pero usar una regla mnemotécnica le libera de tener que confiar en el papel y el lápiz. ¿Por qué no prueba uno o dos de los sistemas descritos a continuación para ver cómo funcionan, comparándolos con cualquier sistema que haya empleado hasta ahora?

¿COMO LA INVESTIGACION SOBRE LA MEMORIA PUEDE AYUDARLE A ESTUDIAR MEJOR?

1 Probablemente, la mejor manera para recordar la información es interiorizarla personalizando su significado (Craik y Lockhart, 1972). Lleve a cabo tantas asociaciones con su propia vida y sus propias creencias como le sea posible. Es especialmente fácil hacerlo en una asignatura como psicología donde hay tantas aplicaciones posibles a su propia vida. Piense, por ejemplo, en una situación en la cual haya experimentado personalmente el fenómeno

de «en la punta de la lengua» o de la memoria vívida, etc. Realice los ejercicios de memoria y otros presentados en el texto. Conteste las pruebas cortas. En los temas de otras asignaturas puede que tenga que esforzarse más para establecer conexiones con su propia vida, pero *puede* lograrlo utilizando la imaginación. Por ejemplo, al estudiar una lengua extranjera, imagínese a sí mismo enamorándose en ese idioma. O haga revivir la Historia, entre en una máquina del tiempo y colóquese en la época y lugar que deba estudiar. Si la asignatura es la Biología, imagínese llevando la vida de una rana.

2 Concéntrese en la concentración. Muchos olvidos son causados por no prestar la suficiente atención al principio.

3 La primera vez que estudie un tema divídalo en trozos («chunks») lo más grandes que le sea posible. Lo recordará mejor que estudiándolo todo un poco cada vez. (Cuando repase el material antes de un examen, espacie sus períodos de estudio, ya que repasarlo en diversas ocasiones durante varios días da mejor resultado que hacerlo todo en un día.)

4 Tome notas, diciendo lo que quiere aprender con sus propias palabras. Este tipo de codificación ayuda a grabar el material y facilita la retención.

5 Repase lo aprendido conforme avanza. De vez en cuando alce la vista y formúlese preguntas. (Algunas preguntas útiles están en la guía de estudio que acompaña este y otros libros de texto.) Recite las cuestiones clave, en silencio o en voz alta. Puede serle útil el grabarlo en una casete, la cual podrá escuchar mientras se viste, conduce o realiza cualquier otra actividad.

6 Dése a sí mismo pistas para la recuperación. Use títulos en sus notas e invente frases personalmente significativas y/o imágenes visuales que pueda asociar con los bloques temáticos. Un médico con sentido del humor, por ejemplo, enseñó a sus estudiantes de medicina la frase: «Nunca lo tiene por qué memorizar: muñeca con huesos» para ayudarles a recordar los huesos de la muñeca, cuyos nombres empiezan con las primeras letras de las palabras que forman esta frase [Navicular, Lunado, Triquetrum, Pisiforme, Multangular Mayor, Multangular Menor, Capital y Hamate (Rubenstein, 1983)].

7 Combine imágenes verbales y visuales siempre que sea posible.

8 Elimine cuantas más interferencias mejor. No prepare dos exámenes el mismo día. Será más productivo planificar su tiempo de manera que estudie una asignatura, vaya a dormir y se despierte temprano para estudiar la otra. El material de la primera asignatura estará lo suficientemente integrado, y así un tema no inhibirá la retención del otro, ni aparecerán las interferencias retroactiva y proactiva.

9 Estudie al principio o al final los temas más importantes o los más difíciles, ya que los efectos de primacía y de recencia tenderán a hacerle olvidar lo que estudie en el medio.

10 Seleccione los puntos más importantes. No intente recordar todos los pequeños detalles.

11 Dése un tiempo adicional para estudiar los temas difíciles. Ebbinghaus halló que cuanto más tiempo dedicaba a aprender sus palabras las recordaba mejor. Lo mismo se aplica a otros estudios y materias.

MNEMOTECNIA

Las reglas mnemotécnicas que se detallan a continuación usan imágenes visuales para ayudar a crear asociaciones que faciliten el recuerdo. Estos sistemas aparecen de forma natural en algunas personas con memorias excepcionales, como la maravillosa memoria de S. La mayoría, sin embargo, también puede aprenderlos y, a menudo, incluso conseguir resultados extraordinarios.

Método de las localizaciones o de los lugares

Esta estrategia mnemotécnica cuenta con una larga historia, con sus raíces en la antigua Grecia, y ha llegado a nosotros a través de Cicerón (la palabra *loci* significa en latín «localizaciones» o «lugares». Funciona mediante el uso de imágenes, basándose en la asociación de lo que quiere recordar con las paradas en el camino de una ruta que tiene lugar sólo mentalmente.

- *Desarrolle su ruta:* piense en una progresión ordenada de lugares con los cuales está ya familiarizado: por ejemplo, su calle, la acera de su casa, la puerta principal, el vestíbulo, el pasillo, la escalera, el primer rellano, el rellano frente a su puerta, la puerta de su piso, la sala de estar, la cocina, el baño y su habitación. El mismo tipo de progresión podría hacerse en una casa particular, un ambiente rural, un paseo por el campus universitario o en cualquier otra ruta familiar. Cualquiera que escoja, es importante aferrarse al mismo camino; así no tiene que volver a aprender continuamente uno nuevo.

- *Invente una imagen asociando cada elemento que quiere recordar con cada parada en su camino:* supongamos que quiere recordar que tiene que comprar las siguientes cosas: leche, huevos, tomates, plátanos, pipas, té, papel higiénico, mantequilla, jabón y limpiacristales. Podría imaginarse su calle cubierta con charcos de leche, su puerta principal salpicada de claras de huevo, el vestíbulo tan amontonado de tomates que difícilmente podría entrar, el pasillo luciendo un gran plátano allí donde normalmente coloca el portero el árbol de Navidad, la escalera sucia de tantas pipas de girasol como hay en los peldaños, una tetera gigantesca en el primer rellano, el rellano frente a su puerta repleto de rollos de papel higiénico, la puerta de su piso untada con mantequilla, la sala de estar llena de pompas de jabón y un pequeño frasco de limpiacristales con el que alguien está limpiando la ventana de su cocina. Cuanto más vivas sean las imágenes, mejor las recordará.

- *Cuando quiera recordar su lista, dé un paseo mentalmente:* pregúntese a sí mismo: «¿Qué había en la calle? ¿En la puerta principal? ¿En el vestíbulo? Y así sucesivamente. Al recordar la escena de cada parada tendrá una pista para recordar lo que hay en ella. También puede usar este sistema para recordar personas, recados, trabajos, etc.

El método de las palabras percha («Peg-Word»)

- *Aprenda una serie de palabras que corresponden a los números 1 al 20:* las 10 primeras podrían ser las siguientes:

A la *una* la luna
A las *dos* un farol
A las *tres* un ciempiés
A las *cuatro* mi zapato
A las *cinco* doy un brinco
A las *seis* me queréis
A las *siete* el retrete
A las *ocho* un bizcocho
A las *nueve* la nieve
A las *diez* el pez

- *Invente una serie de imágenes que le permitan «colgar» los elementos que quiere recordar en las palabras que le sirven de «percha»:* cada elemento corresponde a una palabra. Para la lista de compra previa, podría imaginar una luna que es de leche, un farol que por bombilla tiene un enorme huevo, un ciempiés comiéndose un tomate, un plátano metido en cada uno de sus zapatos, un enorme montón de pipas por encima del cual tiene que brincar, que está tomando el té con personas que la quieren mucho, el retrete y, junto a él, el rollo de papel higiénico, un bizcocho hecho con mantequilla (o relleno de mantequilla), jabón en escamas, esparcido por el suelo como si fuera nieve, y, por último, un pez limpiando sus ventanas con lipiacristales.

- *Cuando quiera recordar la lista, repase sus palabras «percha» en orden numérico:* las palabras «percha» le sirven de pistas, y los números le ayudarán a no perder la pista de los elementos que quiere recordar.

El método del encadenamiento narrativo

Si tiene que recordar sólo una única lista de elementos, cualquiera de los métodos precedentes es tan bueno como el que sigue. Pero si necesita recordar más de una lista o una variedad de tipos de elementos diferentes, este método es el más eficaz: *invente una historia alrededor de lo que quiere recordar.* Volvamos a su lista de la compra. Imagínese que es un turista que visita una granja y que la granjera le pregunta si quiere ordeñar la vaca. Se sienta en el taburete para ordeñar, pero sin advertir que había sobre él unos huevos, de forma que al sentarse los rompe y aparece todo cubierto de yema de huevo. La granjera se apresta a quitarle las manchas de huevo, y restriega sus pantalones con un tomate abierto, haciendo una mancha aún peor, por supuesto, Usted se enfurece tanto que lanza un plátano a la granjera. Ella se aparta a tiempo y el plátano vuela hacia una bolsa de pipas, que se rompe, y todas las pipas por el suelo. En ese momento aparece el marido de la granjera y les dice: «Los dos parecéis bastante excitados. Por qué no os calmáis con una buena taza de té y tostadas con mantequilla». Los tres limpiamos la suciedad con trozos de papel higiénico y jabón; y, en sin, ya ve cómo funciona este método.

COMO RECORDAR MEJOR LOS NOMBRES Y LAS CARAS

1   Preste atención cuando oiga por primera vez el nombre de alguien. Muchas veces si se olvida de un nombre es porque no lo advirtió siquiera la primera vez.

2   Utilice el nombre inmediatamente. Diga algo así como «Hola, Juan García es un nombre poco corriente, ¿verdad?». Decir el nombre en voz alta proporciona una valiosa forma de repetición. Utilícelo una o dos veces más durante su conversación o concéntrese en él en silencio.

3   Establezca una asociación

emocional con la cara de la persona. ¿Compraría un coche usado a esta persona? ¿Se fiaría de él en asuntos de dinero o lo haría su confidente? ¿Le recuerda a alguien que conoce?

4 Fíjese en un rasgo físico destacado e invente algún tipo de imagen mental con la cual asociarlo. [Por ejemplo, si el señor Iglesias tiene orejas grandes, imagíneselas como campanas de una iglesia que repican continuamente. (Lorayne, 1975).]

METODOS POPULARES PARA MEJORAR LA MEMORIA EN LA VIDA COTIDIANA

- Escríbase una nota a sí mismo y póngala donde esté seguro de verla. (Péguela en el espejo del baño antes de irse a dormir por la noche o en la parte de dentro de la puerta principal.)

- Ponga el objeto con el que tenga que hacer algo (un libro de la biblioteca o los zapatos de la mesilla) en un lugar donde esté seguro de que lo verá (como delante de la puerta).
- Apunte sus citas, compromisos y actividades en un diario o agenda que compruebe automáticamente cada mañana.
- Pida a alguien digno de confianza que le recuerde algo.
- Escriba listas de las cosas que deba comprar, actividades que tiene que realizar, personas a las que debe telefonear, compromisos que tiene que cumplir, etc.
- Ponga un despertador o un reloj de cocina para que le recuerde que tiene que apagar la estufa, acudir a una cita, efectuar una llamada telefónica o terminar una actividad y empezar otra.
- Cambie un anillo, que normalmente lleva en un dedo, y póngalo en otro, cambie su

reloj de muñeca o inviértalo o haga cualquier otra variación de la que tenga que ser consciente.
- Escriba una nota en la mano.
- Integre una actividad en su rutina de cada día, como tomar una píldora diaria con su zumo de la mañana, en vez de tomarla en cualquier momento del día. Guarde la caja de las píldoras en un lugar visible.

Muchas de las sugerencias precedentes fueron seguidas por 30 estudiantes universitarios supervisados por John E. Harris [1978, en Gruneberg, M. M.; Morris, P. E., y Sykes, R. N. (eds.), *Practical Aspects of Memory*, London: Academic Press, 1978], así como por las autoras de la presente obra. Estas ayudas son recomendables para los ancianos, que a menudo advierten que olvidan mucho más de lo que acostumbraban.

RESUMEN

1. La memoria funciona a través de cuatro pasos básicos: *percepción, codificación, almacenamiento y recuperación*.

2. De acuerdo con *el modelo de almacenamiento y transferencia de Atkinson y Shiffrin*, hay tres tipos diferentes de memoria: *sensorial, a corto plazo y a largo plazo*.

3. La memoria sensorial recoge el estímulo que proviene de los sentidos. Estas impresiones desaparecen en menos de un segundo, a no ser que sean transferidas a la memoria a corto plazo.

4. La memoria a corto plazo es una *memoria de trabajo*. Tiene una capacidad limitada a alrededor de siete unidades de significado. La información en la memoria a corto plazo desaparece a los 20 segundos, a menos que se mantenga en ella con la ayuda de la repetición. La cantidad de información almacenada en este tipo de memoria puede ser aumentada mediante la técnica de *fraccionamiento* («*chunking*»). El material que no se olvida entra en la memoria a largo plazo.

5. La memoria a largo plazo parece contar con una capacidad ilimitada para almacenar información. La recuperación de la memoria a largo plazo depende, en primer lugar, de lo eficazmente que haya sido almacenado el material. Cuantas más *asociaciones* haga entre lo que ahora quiere recordar y lo que ya sabe, más posibilidades hay de que recuerde algo a la larga. En otras palabras, es más probable que recordemos un material que tiene significado. El *agrupamiento* constituye una técnica de organización en la cual codificamos el material para recordarlo agrupando los elementos en categorías.

6. El *fenómeno* de la «*punta de la lengua*» es un problema de recuperación en el cual una persona no puede recordar cierta información, aunque la sabe. La investigación de este fenómeno indica que la información no sólo se codifica por el significado, sino también de otras maneras, como por ejemplo por el sonido.

7. No todos los psicólogos consideran que la memoria consiste en sistemas de almacenamiento diferentes, como proponen Shiffrin y Atkinson. *Craik y Lockhart*, por ejemplo, piensan que la habilidad para recordar depende de la profundidad con que procesemos la información. Cuanto más profundamente la procesemos, mayor será su permanencia. Esto se conoce como *modelo de los niveles de procesamiento*.

8. *Reconocimiento, recuerdo y reaprendizaje* son tres medidas de la memoria. En el *reconocimiento* uno debe identificar (o reconocer) la información previamente aprendida. En el *recuerdo* uno tiene que reproducir el material previamente aprendido. En el *recuerdo libre* el material puede ser reproducido en cualquier orden, mientras que en el *recuerdo serial* debe reproducirse en el orden en el cual fue presentado original-

mente. La técnica del *reaprendizaje* mide el tiempo que ahorramos al aprender aquel material que habíamos aprendido ya anteriormente.

9. La investigación de la *curva de posición serial* indica que tendemos a recordar el material que aprendimos en el primer (*efecto de primacía*) y en el último lugar (*efecto de recencia*). Sin embargo, si hay un elemento poco común en medio del material que hay que recordar, también tendemos a recordarlo. Esto se llama *efecto de Von Restorff*.

10. La relación entre el estado de ánimo y la memoria se denomina *memoria dependiente del estado*.

11. Los *recuerdos vívidos* son recuerdos intensos de lo que uno estaba haciendo cuando tuvo noticia de ciertos acontecimientos significativos, como el asesinato del presidente Kennedy, por poner un ejemplo. La capacidad de mantener estos recuerdos puede haber tenido un valor de supervivencia en épocas remotas de la historia de la humanidad.

12. La investigación ha mostrado que al menos algo de lo que «recordamos» es el resultado de la *reconstrucción* mental. En otras palabras, llenamos los huecos que existen en nuestros recuerdos.

13. *La curva del olvido, de Ebbinghaus,* indica que el olvido es inicialmente rápido, y que la tasa de olvido disminuye marcadamente después de un cierto tiempo.

14. Han surgido unas cuantas teorías para explicar el olvido. De acuerdo con la teoría del *olvido motivado*, olvidamos el material que necesitamos olvidar; es decir, *reprimimos* ciertos recuerdos desagradables. La *teoría del decaimiento* temporal sostiene que ciertos recuerdos decaen o se debilitan con el paso del tiempo si no utilizamos la información. La *teoría de la interferencia* sostiene que olvidamos cierta información porque otras informaciones interfieren o confunden nuestra memoria. La *interferencia proactiva* describe una situación en la que el material que aprendimos con anterioridad interfiere la capacidad de recordar material nuevo. La *interferencia retroactiva* se refiere a una situación en la que la información aprendida después interfiere nuestro recuerdo del material aprendido previamente.

15. Los psicólogos no están de acuerdo sobre la permanencia de la memoria. Algunos sostienen que el olvido es un fallo en la recuperación de los recuerdos. Esto es, a veces no podemos conseguir la información porque nos faltan las claves apropiadas que necesitamos para su recuperación. Otros psicólogos sostienen que al menos algunos recuerdos se pierden totalmente o se alteran de alguna manera.

16. Algunos investigadores se han interesado por la manera en que están almacenados los recuerdos en el cerebro, aunque disponen de relativamente pocos conocimientos de este proceso. Opinan que los procesos que tienen lugar para la memoria a corto plazo y

para la memoria a largo plazo difieren. De acuerdo con Hebb, en la memoria a corto plazo, «circuito reverberante», se dispara según pautas repetidas, creando un trazo o engrama de memoria. Este trazo no es estable y no causa ningún cambio en la estructura física del cerebro. Para que el material vaya de la memoria a corto plazo a la memoria a largo plazo, se requiere un cambio físico, que toma la forma de nuevas conexiones entre neuronas. Algunas líneas de investigación han apoyado esta distinción.

17 Estudios recientes indican que ciertas estructuras cerebrales desempeñan un papel importante en la memoria. Las áreas del sistema límbico que están bajo los lóbulos temporales parecen ser esenciales para el establecimiento de nuevos recuerdos.

18 Un *mnemonista* es aquel que posee una memoria excepcional. El psicólogo ruso Alexander Luria estudió a S, que nunca parecía olvidar nada. Un *eidético* es una persona, normalmente un niño, que puede ver una imagen entre 2 y 5 minutos después de que ha sido retirada de su vista.

19 Existen diferentes alteraciones de la memoria. La *amnesia* es un término general que incluye diversos trastornos de la memoria. Una persona con *amnesia anterógrada* no puede crear nuevos recuerdos. En la *amnesia retrógrada* la persona no puede recordar la información aprendida antes del trauma amnésico. La *terapia con electroshocks*, utilizada para tratar depresiones graves, produce ambos tipos de amnesia. El *síndrome de Korsakoff*, un trastorno neuropsiquiátrico causado por el consumo prolongado y excesivo del alcohol, incluye tanto la amnesia anterógrada como la retrógrada. La *amnesia psicógena* es un trastorno de la memoria causado por hechos emocionalmente perturbadores. Las teorías sobre la amnesia la explican por las dificultades en la codificación, consolidación y recuperación. Probablemente la conclusión es que no existe una única causa para todas las amnesias. En cualquier paciente pueden estar alterados uno o varios mecanismos del procesamiento de la información.

20 Una regla *mnemotécnica* es un recurso para ayudar a la memoria. Entre otras reglas mnemotécnicas podemos indicar el *método de los lugares* (en el cual lo que quiere recordar es imaginado como si estuviera en una ruta que nos es familiar); el *método de la palabra «percha»* («peg-words») (en el cual lo que quiere recordar es asociado con ciertas palabras o señales), y el *método del encadenamiento narrativo* (en el que una historia es interpretada a partir de los elementos que quiere recordar). Las *ayudas externas*, como escribir notas, hacer listas y guardar una agenda con citas son asimismo útiles.

21 La investigación de la memoria puede ayudar a los estudiantes en su trabajo escolar. Al material debemos darle todo el significado que nos sea posible. Son también técnicas de estudio eficientes, la concentración, estudiar inicialmente el material acudiendo al fraccionamiento, tomar notas, repetir el material, desarrollar claves de recuperación significativas, combinar imágenes verbales y visuales, escoger los puntos más importantes y dedicar un tiempo adicional a las asignaturas difíciles.

LECTURAS RECOMENDADAS

Baddeley, A. (1982). *Memory: A user's guide*. New York: Macmillan. Una síntesis bellamente ilustrada y fascinante con información actualizada sobre la memoria, completada con pruebas y ejercicios para mejorar su memoria.

Loftus, E. (1979). *Eyewitness testimony*. Cambridge, Mass: Harvard University Press. Obra exhaustiva y absorbente; presenta una larga lista de casos para evidenciar la falta de fiabilidad del testimonio de los testigos oculares.

Loftus, E. (1980). *Memory*. Reading, Mass: Addison-Wesley. Amplia explicación de los recientes hallazgos e investigaciones de temas como la memoria en la tercera edad, uso de computadoras como sustitutas de la memoria o los efectos de las drogas sobre la memoria, junto con sugerencias para mejorar nuestra memoria, realizada por un experto en memoria.

Neisser, U. (1982). *Memory observed: Remenbering in natural contexts*. San Francisco: W. H. Freeman. Una fascinante visión de un área generalmente olvidada por la investigación psicológica sobre la memoria y el olvido y sus manifestaciones en la vida de cada día.

CAPITULO 7

INTELIGENCIA

CUESTIONES CLAVE

Discrepancias de los psicólogos sobre el concepto de inteligencia y su medida.

Ventajas e inconvenientes de los tests de inteligencia que se utilizan en la actualidad.

Algunas nuevas tendencias en la medida de la inteligencia.

Cómo influyen en la inteligencia los factores hereditarios y ambientales.

Los casos extremos de inteligencia: los superdotados y los retrasados mentales.

Usted tiene, probablemente, una opinión establecida sobre la inteligencia de sus amigos, de la gente que conoce de su escuela o trabajo, de los miembros de su familia y de usted mismo. Sin embargo, ¿cómo decide si una persona es «lista» o no? Si usted se parece a la mayoría de las personas reflejadas en un estudio reciente (Sternberg, Conway, Ketron y Bernstein, 1981) basa sus opiniones en la manera de comportarse de los demás, y su capacidad para juzgar la inteligencia de los demás está bastante desarrollada.

El psicólogo Robert J. Sternberg y sus colegas entrevistaron o bien enviaron cuestionarios a 476 hombres y mujeres: estudiantes, trabajadores, compradores en supermercados y personas localizadas a través de anuncios en el periódico o la guía telefónica. Entrevistaron también a 140 investigadores de psicología especializados en el estudio de la inteligencia. Tanto los expertos como la gente corriente hicieron listas de diferentes tipos de comportamientos que consideraban característicos de la «inteligencia», «la inteligencia académica», «la inteligencia de cada día» y «la falta de inteligencia». Aparecieron unos 250 comportamientos distintos: 170 de ellos indicaban diferentes aspectos de la inteligencia y 80 eran indicativos de falta de inteligencia.

La mayoría de las conductas inteligentes podían ser agrupadas en tres categorías: *capacidad para resolver problemas prácticos* («identificar la conexión entre diferentes ideas»), *habilidad verbal* («sabe leer con un alto grado de comprensión») y *competencia social* («piensa antes de hablar o actuar»). La inteligencia entendida como capacidad de estudiar constaba de tres categorías básicas citadas, con un énfasis mayor en las habilidades académicas, como el hecho mismo de estudiar mucho; la inteligencia en la vida diaria, por su parte, consiste en la capacidad para resolver problemas prácticos, competencia social, carácter e interés en aprender cosas nuevas e interés cultural.

Las ideas expuestas por los profanos resultaron estar muy cerca de las teorías científicas más ampliamente aceptadas sobre la inteligencia, con una diferencia importante. La gente normal va más lejos en sus definiciones, añadiendo a las dimensiones cognitivas (como el razonamiento lógico, muestras de curiosidad y la rapidez en el aprendizaje) otras dimensiones sociales y culturales (tales como la sensibilidad hacia las necesidades y deseos de los demás, la honradez y el saber tratar a otras personas).

Aunque las personas no suelen ser capaces de juzgar adecuadamente su propia inteligencia, saben describir su manera de actuar muy correctamente, y así un observador objetivo puede llegar a tener una idea bastante exacta de la inteligencia de una persona. Cuando los individuos de este estudio se evaluaron a sí mismos respecto a 250 comportamientos distintos, los investigadores fueron capaces de predecir con bastante exactitud su puntuación general en tests de inteligencia comunes, así como la puntuación del individuo en aquellos aspectos de los tests que miden la habilidad verbal, la competencia social y la capacidad para resolver problemas.

Este descubrimiento nos lleva hacia la posibilidad de una completa innovación en la medida de la inteligencia: un inventario de este tipo podría complementar o en algunos casos reemplazar a los tan elaborados tests de inteligencia que nos han perseguido a muchos de nosotros a lo largo de los años escolares y en nuestro trabajo. Un inventario así contaría con varias ventajas: la simplicidad, su enfoque hacia comportamientos típicos en lugar de buscar la mejor conducta posible de una persona, su naturaleza relajada, su énfasis en comportamientos que tienen importancia en la vida real y la posibilidad de adaptarse a diferentes grupos culturales, incluyendo aquellas conductas que son importantes dentro de una determinada cultura o subcultura.

Aunque había algunas diferencias entre los expertos (que hacían más hincapié en la motivación) y los profanos (que se centraban más en la capacidad para tratar a los demás), una de las conclusiones más interesantes de este estudio es el haber descubierto la estrecha relación entre lo que el hombre de la calle llama «inteligencia» y lo que los psicólogos entienden como tal (Sternberg, 1982).

El próximo capítulo, que trata del lenguaje, el pensamiento y la resolución de problemas, toca temas estrechamente relacionados con la inteligencia. En éste trataremos más bien del concepto global de esta capacidad. Los psicólogos vienen mostrando en los últimos años un creciente interés en realizar investigaciones sobre temas relacionados con la inteligencia, algunos de los cuales han tenido un impacto social y político considerable. Uno de estos temas ha sido la definición de inteligencia. Otro, toda el área de la medida de la inteligencia: cómo se ha medido o se ha intentado medir, usos y abusos de los tests y algunos nuevos y prometedores caminos para evaluar la inteligencia. Investigaremos si hay relación o no entre la inteligencia y factores como la herencia, la raza, el sexo y el ambiente. Por último, hablaremos de los casos extremos de inteligencia, los superdotados y los retrasados mentales.

DEFINICION DE INTELIGENCIA

A pesar del acuerdo entre científicos y profanos sobre diferentes atributos que constituyen la inteligencia, no existe ninguna definición de inteligencia universalmente aceptada. Lewis Terman (1921), uno de los primeros investigadores psicológicos de la inteligencia, desarrolló la escala de inteligencia Stanford-Binet, el test que ha tenido mayor influencia en este país, y puso en marcha un importante estudio longitudinal sobre niños superdotados que todavía continúa después de 60 años; definió la inteligencia como *la capacidad para pensar de manera abstracta*. Jean Piaget (1952), psicólogo suizo que aplicó su amplio conocimiento de la biología, la filosofía y la lógica a observaciones meticulosas sobre los niños y que construyó una compleja teoría sobre la manera como los niños adquieren el conocimiento, definió la inteligencia *como la capacidad para adaptarse al ambiente*. Y David Wechsler (1944), que desarrolló unos tests de inteligencia para todas las edades, profusamente utilizados, formuló una definición práctica: *la capacidad para «actuar con un propósito concreto, pensar racionalmente y relacionarse eficazmente con el ambiente»* (pág. 3). Algunos psicólogos la definen más cínicamente como «aquello que miden los tests de inteligencia».

Cuando nosotras usamos el término *inteligencia* en esta obra, nos referimos *a una constante interacción activa entre las capacidades heredadas y las experiencias ambientales, cuyo resultado capacita al individuo para adquirir, recordar y utilizar conocimientos, entender tanto conceptos concretos como (eventualmente) abstractos, comprender las relaciones entre los objetos, los hechos y las ideas y aplicar y utilizar todo ello con el propósito concreto de resolver los problemas de la vida cotidiana.*

Esta definición es —deliberadamente— muy amplia. Aunque consideramos que la inteligencia es el resultado de la interacción entre la herencia y el ambiente, opinamos que intentar adivinar la proporción en que ambos intervienen sería tan inexacto como absurdo. En una relación de este tipo las dos influencias no se pueden separar como si se fuera añadiendo una cucharada de naturaleza y una cucharada de educación. Nuestra definición mezcla también lo práctico y adaptativo con lo abstracto. Reconocemos, por ejemplo, que las habilidades verbales que se necesitan para desenvolverse en la sociedad norteamericana actual son diferentes de las habilidades que se necesitan para vivir en una cultura donde hay que cazar y pescar para sobrevivir.

TEORIAS DE LA INTELIGENCIA

Existen casi tantas teorías sobre la inteligencia como definiciones. Presentaremos dos enfoques básicamente diferentes. El primero, que aparece en las teorías de Spearman, Thurstone, Guilford, y Cattell y Horn, emplea la técnica estadística del análisis factorial* como herramienta para descubrir la naturaleza de la inteligencia. El énfasis de estas teorías sobre las diferencias individuales ha influido considerablemente en el desarrollo de los tests de inteligencia utilizados actualmente. De hecho, este enfoque se denomina a menudo enfoque psicométrico porque pone el énfasis en la medida de la inteligencia.

El segundo enfoque lo podemos encontrar en el trabajo de Sternberg. En lugar de identificar los *factores* específicos que definen la inteligencia, Sternberg intenta determinar cuáles son *los procesos* que hacen que una persona utilice la información que recibe para resolver problemas.

Teoría de los dos factores, de Spearman

Uno de los primeros teóricos, Charles Spearman (1904), pensaba que la inteligencia estaba compuesta por un factor *g* y varios factores *s*. El factor *g* (la inteligencia general) era considerado como una capacidad intelectual heredada que influye en la ejecución en general, y los factores *s* (habilidades específicas) son los responsables de las diferencias entre las puntuaciones en distintas tareas, por ejemplo verbales y matemáticas. Spearman justificó esta división haciendo notar que normalmente una persona que obtiene una puntuación elevada en un tipo de test normalmente también lo obtiene en otros, pero que, en cambio, difieren algo sus puntuaciones en las distintas habilidades.

Habilidades mentales primarias, de Thurstone

Aplicando el análisis factorial sobre la puntuaciones obtenidas en las pruebas de inteligencia de un gran número de niños, L. L. Thurstone (1938) identificó siete factores relativamente diferentes: la *fluidez verbal* (habilidad para recordar palabras rápidamente), la *compresión verbal* (habilidad para definir palabras), *aptitud espacial* (habilidad para reconocer una figura cuya posición en el espacio había cambiado), la *rapidez perceptiva* (habilidad para detectar semejanzas y diferencias entre distintos dibujos), *razonamiento inductivo* (pensamiento lógico), *aptitud numérica* y *memoria*.

La teoría de la estructura del intelecto, de Guilford

J. P. Guilford (1959, 1982) llevó el análisis factorial varios pasos más allá hasta crear un modelo de inteligencia tridimensional y de estructura cúbica, formado por unos 120 factores diferentes, sin *ningún* factor general de inteligencia. Recientemente, Guilford ha ampliado su modelo a 150 factores. Estos factores independientes están formados por la influencia recíproca de

---

* El análisis factorial se utiliza para identificar un factor común en una variedad de items. Un factor está compuesto por un grupo de medidas que correlacionan altamente con cada una de las demás. Las personas que puntúan alto en los tests de lectura, por ejemplo, normalmente conseguirán también puntuaciones altas en los tests de vocabulario. Un factor común a ambos tests sería lo que Thurstone ha denominado «compresión verbal».

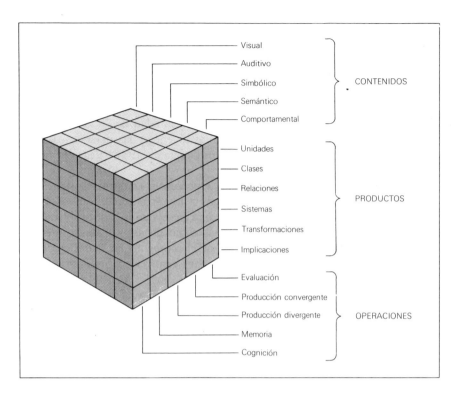

Visual
Auditivo
Simbólico
Semántico
Comportamental
} CONTENIDOS

Unidades
Clases
Relaciones
Sistemas
Transformaciones
Implicaciones
} PRODUCTOS

Evaluación
Producción convergente
Producción divergente
Memoria
Cognición
} OPERACIONES

FIGURA 7-1 Modelo de la estructura del intelecto, de Guildford. *Guildford ha propuesto la existencia de 150 factores de inteligencia, que resultan de una influencia recíproca entre operaciones, contenidos y productos. (Guildford, 1977.)*

las *operaciones* (la manera como pensamos), los *contenidos* (lo que pensamos) y los *productos* (los resultados de la aplicación de una determinada operación a un contenido determinado o el pensar de cierta manera sobre un sujeto determinado). (Véase la figura 7-1.)

El concepto de inteligencia «fluida» y «cristalizada», de Cattell y Horn

R. B. Cattell y J. L. Horn (1967, 1968) proponen una distinción entre dos tipos de inteligencia, a los que llaman «fluida» y «cristalizada». Supongamos que le piden clasificar letras y números de acuerdo con un determinado criterio, emparejar palabras relacionadas entre sí o recordar una serie de dígitos. El tipo de inteligencia que usa para tareas como descubrir las relaciones entre dos elementos o conceptos distintos, formar conceptos, razonar o abstraer, es inteligencia fluida . Estos problemas son nuevos para todo el mundo o bien introducen un elemento que todos los individuos de una determinada cultura deben conocer. Se considera que este tipo de inteligencia depende del desarrollo neurológico y está relativamente libre de influencias educativas y culturales. Llega al desarrollo completo en la adolescencia e inicia una decadencia lenta y constante a partir de los 20 años. Esta decadencia tiene, por lo general, poca importancia práctica hasta una edad muy avanzada —los 80 años— porque la mayoría de la gente logra compensarla, a menudo, con el hecho de tomarse un poco más de tiempo para aprender este tipo de información.

El otro tipo de inteligencia, de acuerdo con esta teoría, la inteligencia cristalizada, incluye la capacidad de utilizar un cuerpo acumulado de información general para emitir juicios y resolver problemas. Este tipo de información debe aprenderse de una manera específica y, por tanto, depende de la educación y de la cultura. Incluye conocimientos tales como el significado de las palabras, las costumbres de los indios peruanos, como usar el tenedor en una comida de etiqueta, etc. Dependemos de este tipo de conocimientos para resolver aquellos problemas en los que no existe una respuesta «concreta», sino una variedad de posibles soluciones. Este tipo de inteligencia aumenta a lo largo de toda la vida, hasta edades muy avanzadas. De hecho, una serie de investigaciones recientes que medían la relación entre la edad y el «conocimiento del mundo» (cosas tales como los nombres de los líderes mundiales, las señales de peligro por la calle, etc.) mostraron que mucha gente a la edad de 70 años recordaban mejor la información de este tipo que los jóvenes y las personas de mediana edad (Lachman y Lachman, citados en Goleman, 1984. (Véase la figura 7-2.)

El enfoque del procesamiento de la información, de Sternberg

En vez de preguntar *cuántos* tipos de diferentes problemas resuelve la gente bien, algunos investigadores, como Robert Sternberg (1978), preguntan por el modo *cómo* resolvemos los problemas, ya que concibe la resolución de problemas como un aspecto de la inteligencia. ¿Qué ocurre con la información desde el momento en que la percibe hasta el momento en que decide utilizarla para resolver su problema? Esta teoría señala la existencia de una serie de pasos en la forma como procesamos la información. Podemos observar estos pasos analizando la manera de resolver una analogía típica de entre las que se encuentran en muchos tests de inteligencia: WASHINGTON es a UNO como LINCOLN es a: (a) CINCO, (b) DIEZ, (c) QUINCE, (d) CINCUENTA.

1 *Codificación:* Hay que identificar los términos de la analogía y recuperar de la memoria a largo plazo cualquier información que pudiera ser relevante. ¿Qué sabe de Washington y Lincoln? ¿Qué podría ser pertinente en este caso determinado?

2 *Inferencia:* ¿Qué relación puede establecerse entre los dos primeros términos de la información, es decir, entre WASHINGTON y UNO? La primera que se le ocurre a la gente es que Washington fue el primer presidente de los EE. UU. ¿Se le ocurre alguna otra relación entre WASHINGTON y UNO?

3 *Configuración de un mapa cognitivo de las relaciones («Mapping»):* ¿Cuál es la relación entre la situación previa y la presente? Para poder hacer una configuración mental de las relaciones o establecer la relación de nivel superior que une a las dos mitades, necesitamos saber que, en el ejemplo,

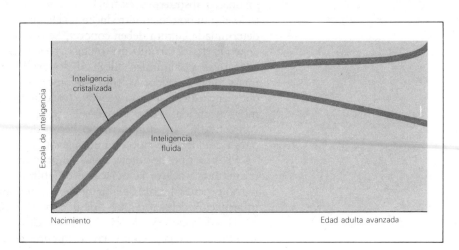

FIGURA 7-2 *Esta gráfica muestra los cambios que se producen en dos tipos de inteligencia durante la vida. Mientras tiene lugar una decadencia en «la inteligencia fluida», se da un crecimiento gradual durante la edad avanzada en «la inteligencia cristalizada». (Adaptado de un dibujo de Barbara Maslen,* New York Times, *21 de febrero, 1984.)*

la situación antecedente es la primera mitad de la analogía (WASHING-TON es a UNO) y la situación consecuente es la segunda mitad ¿LINCOLN es a?).

4 *Aplicación:* ¿Cómo se puede aplicar la relación entre WASHINGTON y UNO a LINCOLN y uno de los números dados en la sección de elección múltiple? Por ejemplo, ¿era Lincoln el quinto, décimo, décimo quinto o quincuagésimo presidente?

5 *Justificación:* ¿Cómo se puede justificar su contestación? Si recuerda que Lincoln fue el decimosexto presidente puede decir que fue el DECIMO-QUINTO presidente después de Washington. Puede que no le parezca adecuado y, por tanto, concluya que la pregunta está mal formulada, pero que su respuesta es la mejor de las posibilidades presentadas.

6 *Respuesta:* Usted da la respuesta que considera mejor. Que la respuesta final sea la correcta depende de si ha pensado correctamente en cada una de las etapas. Por ejemplo, si en la etapa 1 hubiera recordado que la imagen de Washington está en el billete de un dólar y que la de Lincoln está en el de cinco dólares, hubiera tenido una información útil, que podría haber usado en todos los pasos siguientes para obtener finalmente la respuesta acertada, que era CINCO.

Añadiendo el prefijo «meta» a una palabra, cambiamos la palabra raíz en otra que alcanza un nivel más elevado que el significado original. En la teoría de Sternberg tenemos componentes de la inteligencia (los pasos anteriores a la resolución de un problema) y metacomponentes (los pasos que se recorren cuando se ha decidido cómo se va a resolver un problema). Estos procesos de nivel superior le ayudan a decidir cuáles de los pasos anteriores necesita usar para resolver un problema determinado, cómo combinar los pasos, en qué orden los usará, cuánto tiempo gastará en cada paso y hasta qué punto ha acertado en la solución.

¿Por qué algunos individuos obtienen malas puntuaciones en los tests de inteligencia? Puede ser que no tengan los componentes que se necesitan: la información o las estrategias. (Puede ser que alguas personas no supieran que la imagen de Lincoln estaba en los billetes de cinco dólares o que no supieran cómo encontrar la relación entre Washington y Lincoln.) Puede ser que no sepan usar los componentes de la mejor manera o acaso emplean demasiado tiempo en un paso y demasiado poco en otro. (Las personas que saben resolver problemas gastan generalmente más tiempo en el paso de la codificación que les proporciona una buena base para trabajar con rapidez, que en los últimos pasos.) Al observar de qué manera la gente utiliza las distintas etapas, podemos ver en dónde se equivocan y podemos enseñar estrategias determinadas para mejorar cada etapa. Podemos mostrar a una persona impulsiva la importancia de tomarse tiempo para desarrollar una variedad de opciones en vez de soltar la primera respuesta que aparece sólo como remotamente posible.

Una razón más fundamental de la pobreza de ejecución en los tests de inteligencia la encontramos en el nivel de los metacomponentes. Algunas personas no saben cómo resolver problemas; no saben ver cuál es el problema y qué componentes necesitan para resolverlo. De forma que puede resultar más útil enseñar a la gente a construir sus propias estrategias para resolver problemas que enseñarles una estrategia determinada. Sternberg recomienda que se enseñe a la gente a pensar cómo enfocar un problema, a preguntarse si lo están haciendo bien e indicarles cómo y cuándo han de cambiar de estrategia. Ya que resolver problemas es el elemento más importante de la inteligencia y una capacidad que se mide prácticamente en todos los tests de inteligencia, aprender a resolver mejor los problemas deberá tener como efecto un aumento demostrable de la inteligencia.

UNA VISION HISTORICA DE LA MEDIDA DE LA INTELIGENCIA

Los tests de inteligencia se han convertido en un tema político tan polémico durante los últimos años que resulta difícil recordar que nacieron a mediados del siglo XIX por un interés en el tratamiento humanitario de personas retrasadas y trastornadas mentalmente que estaban ingresadas en instituciones de los EE. UU. y Europa. Las primeras pruebas de inteligencia fueron preparadas por médicos franceses, uno de los cuales hizo hincapié en la capacidad verbal y otro subrayó más la importancia de ciertas tareas, como insertar fichas de distintas formas en un tablero con huecos de formas similares (Esquirol, 1838; Seguin, 1866). Más tarde, aún en el siglo XIX, Sir Francis Galton (1883), biólogo inglés firmemente convencido de que la inteligencia se hereda, trasladó su convicción de que un alto grado de discriminación sensorial era la clave de la inteligencia a varias medidas basadas en la barra de Galton (para estimar visualmente una longitud), el silbato de Galton (para juzgar el tono más alto que se puede oír) y una serie de pesas para medir la discriminación cinestésica.

Otro de los más importantes contribuidores en esos primeros tiempos fue el psicólogo americano James McKeen Cattell, que en 1890 acuñó el término «test mental». Desarrolló pruebas fáciles de administrar, que proponían tareas sencillas, como el tiempo de reacción, la asociación de palabras, la agudeza visual y la discriminación de pesos. Ya que la puntuación de los tests no predecía las calificaciones en la universidad, como esperaba Cattell, pronto se olvidaron. Por lo visto, su fracaso se debía al hecho de que las tareas no eran lo suficientemente complejas como para medir la inteligencia.

Las pruebas de inteligencia que conocemos actualmente no se lanzaron a la escena educativa hasta 1905. En aquel tiempo los administradores de las escuelas de París querían aliviar el excesivo amontonamiento de alumnos retirando de las clases a los niños que no poseían la capacidad suficiente para beneficiarse de una educación académica. Llamaron al psicólogo Alfred Binet y le pidieron que ideases un test para poder identificar a estos niños y proporcionarles ayuda especial que mejorase su capacidad para seguir en la escuela. Una variedad del test inventado por Binet y su colega, Theophile Simon, es todavía profusamente utilizada.

Binet inventó el término *nivel mental* para expresar la puntuación de un niño en el test. Este nivel, que más tarde se llamó *edad mental,* correspondía a la edad de los niños normales que habían recibido una puntuación similar en estos temas durante la preparación de la prueba. Binet y Simon aplicaron sus pruebas a un gran número de niños normales de edades comprendidas entre los 3 y los 13 años. Un niño que contestaba todos los «items» que habían pasado un 80 o 90 por 100 de los niños normales de 3 años de edad de los grupos utilizados en la estandarización de la prueba (tal como se describe más tarde en este capítulo) se consideraba que tenía la edad mental de 3 años. Binet no creía que la inteligencia no pudiera desarrollarse e insistió en que los estudiantes que habían realizado mal el test fueran sometidos a métodos de «ortopedia mental», que aumentaran su inteligencia (Kamin, 1981).

El término CI (cociente intelectual) fue acuñado más tarde para convertir la edad mental en un valor que pudiera ser utilizado independientemente de

Alfred Binet, pionero en el estudio de la inteligencia. (National Library of Medicine.)

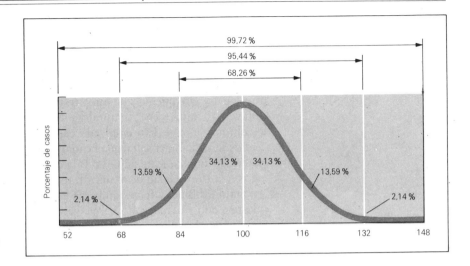

FIGURA 7-3 Distribución porcentual de casos en una curva normal. *Las puntuaciones del CI se distribuyen en forma de una curva normal. La mayoría de la población se encuentra en los valores medios de las puntuaciones; las puntuaciones muy altas y muy bajas son relativamente raras. La curva indica que en una prueba de CI con una desviación típica de 16 puntos, el 68,26 por 100 de la población tiene un CI entre 84 y 116; un 95,44 por 100 entre 68 y 132, y un 99,72 por 100 entre 52 y 148. (Anastasi, 1982.)*

la edad. El CI es la razón entre la edad mental de una persona (EM) y su edad cronológica (EC), multiplicada por 100. Según esta ecuación:

$$CI = \frac{EM}{EC} \times 100$$

Cuando la edad mental es la misma que la edad cronológica, la persona tiene un CI de 100, que es el valor medio; cuando la edad mental es mayor que la edad cronológica, el CI es superior a 100, y cuando la edad mental es menor que la edad cronológica, el CI es menor que 100. Así que:

- Un niño de 10 años (EC = 10), cuya puntuación da una edad mental de 10 años (EM = 10), tiene un CI de 100.
- Un niño de 10 años (EC = 10), que tiene una puntuación en edad mental de 8 años (EM = 8), tiene un CI de 80.
- Un niño de 10 años (EC = 10), con una puntuación que da una edad mental de 12 (EM = 12), tiene un CI de 120.

La distribución de la puntuación del CI en la población general toma la forma de una curva en forma de campana (curva normal). Es decir, la gran mayoría de los individuos se encuentran en el medio, y hay cada vez menos sujetos cuanto más nos alejamos hacia los extremos. (Véase la figura 7-3.)

Uno de los problemas de este cálculo tradicional era que el mismo CI no significaba lo mismo a distinta edad, dado que la variabilidad de las puntuaciones (la desviación media de la media aritmética o desviación típica) no era la misma para todas las edades. La desviación típica podía ser de 10 a una edad y por lo tanto alguien que tuviera un CI de 110 sería superior a un 84 por 100 de la muestra. Y a otra edad, en que la desviación típica fuera 16, el individuo necesitaría un CI de 116 para mantener el mismo nivel de superioridad. Desde 1960 las puntuaciones de CI para cualquier edad son denominadas puntuaciones *típicas CI*, aceptándose como tales una puntuación típica para la que se ha determinado una media de 100 y una desviación típica de 16. (Véase el apéndice estadístico para la explicación de estos términos.)

Los tests de Binet-Simon guiaron el desarrollo de todos los tests de inteligencia posteriores, aunque algunos de estos tests han variado en diversos aspectos. Aunque todos los tests de Binet-Simon eran administrados individualmente, el importante desarrollo de los test de inteligencia surgió con la aparición de los tests colectivos al inicio de la I Guerra Mundial. Los términos «edad mental» y «CI» gustaron tanto a la gente como a los profesionales de la psicología y el contenido de estos tests, que estaban basados en la comprensión verbal, influyó en la naturaleza de casi todos los demás, aunque durante los últimos años se han empleado cada vez más tareas no verbales.

Los tests de Binet saltaron el canal de la Mancha y el Atlántico, llegando a emplearse ampliamente en Gran Bretaña y los EE. UU. Lewis Terman, psicólogo en la Universidad de Stanford, revisó el test, que llegó a conocerse como test Stanford-Binet y fue estandarizado para niños americanos. Desde 1916 ha sido revisado y actualizado varias veces, la última en 1973, y después de casi tres cuartos de siglo algunos de los elementos originales todavía permanecen.

LA MEDIDA DE LA INTELIGENCIA EN LA ACTUALIDAD

Antes de entrar en los aspectos políticos y filosóficos de las pruebas de inteligencia, nos centraremos en aspectos más técnicos, tipos de tests que se usan más, los pros y contras de cada tipo y los criterios para construir tanto tests de inteligencia como de personalidad. (Hablaremos específicamente sobre los tests de personalidad en el capítulo 14.)

Los tests: Construcción y estandarización

Los autores de un test tienen que decidir primero lo que quieren evaluar y predecir. Luego construirán una larga lista de elementos (items) que parezcan ajustarse a su propósito, bien inventando «items» nuevos o adaptando algunos que ya se han empleado en otros tests. La construcción y la estandarización van de la mano durante estos pasos preliminares, ya que estandarizar un test es desarrollar un procedimiento uniforme tanto para su *aplicación* como para su *puntuación*. Para hacer que la situación de medida sea lo más idéntica posible en todos los casos y para todos los sujetos, los que administran el test dan las mismas instrucciones, los mismos materiales y las mismas demostraciones, exigen los mismos límites de tiempo, etc.

Los constructores de tests exponen los presuntos items a un grupo de individuos similar a las personas para las que se prepara el test. (Si el test está diseñado para predecir la capacidad de los niños marginados para beneficiarse de un programa educativo, por ejemplo, se experimentará con una muestra de niños de los barrios más pobres de la ciudad, no de las zonas y barrios ricos del centro.) Se analizan las respuestas del grupo de muestra y se seleccionan los items que discriminan entre las personas con distinta habilidad, descartando aquellos items que no lo hacen. El último paso implica pasar el test, una vez depurado, a un grupo diferente, un grupo más grande y representativo de individuos, lo que se conoce como muestra estandarizada.

Al llegar a este punto los constructores de la prueba establecen las normas, de manera que puedan estandarizar (tipificar) la puntuación. Una *norma* es la ejecución normal o promedio. Se determina la ejecución promedio de la muestra estandarizada para obtener la norma básica y luego se calcula la frecuencia de las desviaciones de la media para poder evaluar la superioridad o inferioridad de otras puntuaciones con referencia a la muestra. Normalizar, por tanto, es estandarizar (tipificar) las puntuaciones de ejecución.

Fiabilidad

Un test es fiable si es consistente al medir la ejecución de un individuo o grupo. ¿Cómo podemos calcular la fiabilidad? La manera más corriente es aplicar a la misma persona o grupo el mismo test más de una vez (fiabilidad test-retest). La consistencia entre las puntuaciones puede ser distorsionada por varios factores, como los efectos de la práctica en la realización del test, las diferencias en las condiciones de medida o las variaciones en las circunstancias físicas del individuo. Si el sujeto se encuentra en una habitación sin ruido la primera vez y en una ruidosa, la segunda, o si está cansado en una ocasión y muy activo en otra, lo más probable es que sus puntuaciones sean muy diferentes. Uno de los problemas al calcular la fiabilidad de esta manera es que la gente suele obtener un resultado mejor la segunda vez que pasa el test porque ya lo conoce y sabe cuáles son sus objetivos generales, los principios subyacentes de cada item o los propios items o simplemente porque se sienten más cómodos al haberse familiarizado con la situación de medida.

Por tanto, los investigadores a menudo establecen la fiabilidad por otros métodos. Un método consiste en desarrollar formas *alternativas* o paralelas del test, que son muy similares, aunque no idénticas, en formato, contenido y nivel de dificultad. Las instrucciones también deben ser comparables. Este método elimina la posibilidad de que el individuo reconozca las preguntas, pero no supera los efectos de la práctica que se consigue al pasar por este tipo de pruebas. La fiabilidad también se puede calcular por el método de las dos mitades pasando el test una sola vez y comparando los resultados de la primera mitad del mismo con los de la segunda mitad. Normalmente, el test se divide en dos partes correspondientes a las preguntas pares y a las impares. Este método proporciona una medida de la consistencia interna del test.

Validez

del test, que son muy similares, aunque no idénticas, en formato, contenido y El test es válido si mide lo que pretende medir, comparando en qué medida la puntuación se corresponde con otras mediciones. Un tipo de validez es la validez de contenido, que se refiere a la capacidad del test para comprender dentro de sí una muestra representativa de las conductas que quiere medir. Por ejemplo, el examen final de psicología tiene validez de contenido si cubre todos los aspectos importantes del curso en lugar de sólo uno o dos. Es más fácil determinar la validez de contenido para pruebas de rendimiento, como los exámenes finales, que para tests de inteligencia, que no pueden basarse en un curso determinado de aprendizaje o en un contenido concreto.

La validez de criterio mide la relación entre la ejecución en el test y algún otro criterio. El criterio es una medida completamente independiente del test; el uno no influye para nada en el otro. Los criterios varían en función del tipo de test de que se trate y de lo que pretenda medir. Hay dos tipos de validez de criterio: concurrente y predictiva. La validez concurrente se obtiene al relacionar la ejecución en el test con una situación en el presente (por ejemplo, el CI de un niño y su rendimiento escolar actual), mientras la validez predictiva considera la relación entre la ejecución en el test y alguna situación futura (como los tests de aptitud escolar del instituto y las calificaciones que se obtendrán durante el primer año de la universidad).

¿Qué miden los tests de inteligencia, la aptitud o el rendimiento?

Si hubiera encontrado la analogía WASHINGTON-LINCOLN en un test de inteligencia, ¿qué mediría? ¿La capacidad de razonamiento? Sí. ¿Su capacidad para determinar si la información es relevante? Sí. ¿Su habilidad para ver la relación entre varios elementos distintos? También. Todos ellos son elementos de aptitud o de inteligencia general. ¿Mediría también lo que ha aprendido? Por supuesto. Si nunca hubiera visto un billete de un dólar ni uno de cinco, no sería capaz de resolver la analogía. Sternberg (1979) se refiere a ello como «una especie de sabiduría convencional entre los que trabajan en este campo», por la que sabemos que los tests de rendimiento miden lo que acaba de aprender, mientras los tests de CI miden lo que aprendió en un pasado más lejano (pág. 47).

Los items en los tests de inteligencia más tradicionales reflejan en gran medida lo que hemos aprendido, y al decir «hemos», queremos referirnos a «nosotros», los miembros de la cultura dominante en los EE. UU.: clase media y alta, y gente de raza blanca. Se han realizado muchos esfuerzos para evaluar la inteligencia «pura», lo no aprendido, pero hasta ahora no ha sido posible separar lo que uno sería capaz de aprender de lo que ha aprendido ya. Más adelante, en este mismo capítulo hablaremos de algunos de los nuevos métodos que utilizan los psicólogos para abordar este reto.

TESTS QUE SE UTILIZAN ACTUALMENTE

Puede que le hayan medido a usted la inteligencia con un test diseñado especialmente para bebés, niños o adultos. Pueden examinarle individualmente o en grupo. (Los tests individuales se utilizan sobre todo en ambientes clínicos, como ayuda para el asesoramiento o la terapia, mientras que los tests colectivos se utilizan en la investigación de amplias poblaciones, principalmente en ambientes educativos, militares y de negocios.) Se puede examinar su habilidad motora o verbal, o ambas. Abordaremos algunas de las medidas tradicionales de la inteligencia y luego algunos nuevos tipos de tests, cuyos autores intentan responder a parte de la crítica a las pruebas actuales.

Tests de inteligencia para niños

¿Por qué motivo algunos quieren medir la inteligencia de un bebé? Normalmente para ver si un niño determinado se está desarrollando de manera normal. A veces para evaluar un ambiente determinado. Otras, por razones de investigación, para ver, por ejemplo, si los bebés criados fuera del hogar responden de manera diferente a los que se educan en casa. Los objetivos merecen la pena, pero los tests tienen una validez limitada. Poseen algo de valor a la hora de evaluar el nivel de desarrollo actual del bebé, aunque son de una fiabilidad muy baja, pero son prácticamente inútiles para predecir el desarrollo futuro. Es casi imposible predecir los niveles de inteligencia en la edad adulta, o incluso en la niñez, basándose en puntuaciones de niños normales antes de los dos años.

Aunque los tests infantiles resultan mejores para predecir el CI futuro cuando se trata de bebés retrasados o con lesiones neurológicas, debemos ser prudentes a la hora de interpretar los descubrimientos sobre estos niños. Por ejemplo, algunas de las investigaciones en las que se intentaba determinar tal capacidad predictiva involucraron a niños adoptivos. Un bebé que obtuviera una puntuación baja pudo haber sido llevado a un hogar que no ofrecía estimulación intelectual y por lo tanto su puntuación inicial baja puede haber servido como una profecía *auto-realizada* (Brooks y Weinraub, 1976), es decir, dado que tuvo una puntuación baja, los encargados de asignarle un hogar no esperaban mucho de él y le colocaron en un hogar que no ayudaba a desarrollar sus capacidades mentales potenciales.

Los bebés son inteligentes desde el nacimiento, pero la evaluación de esta inteligencia es un arduo problema. No saben hablar ni escribir. No se les puede hacer una pregunta y obtener una respuesta. No pueden dar ni la más mínima pista de su manera de razonar. Lo único que se puede hacer es observarles. Pero los bebés no hacen gran cosa. A pesar de que todas las pruebas infantiles se administran individualmente, no siempre se puede atraer la atención de un bebé o motivarle para que haga lo que usted quiera. Si un bebé de 16 meses no coge el cubo (del juego de arquitectura, un elemento típico en las pruebas de inteligencia de los niños), no podemos saber si es porque no sabe cómo hacerlo, si no sabe que usted quiere que lo coja o si simplemente no le apatece cogerlo.

¿Por qué las primeras puntuaciones se parecen tan poco a la que se puede conseguir más tarde? Probablemente porque los tests de inteligencia para esas edades están enfocados hacia la actividad motora y son muy diferentes de los tests, con componentes principalmente verbales, que se aplican a los niños mayores. Los tests pueden estar midiendo cosas diferentes. Vamos a tratar de las escalas más corrientes para evaluar la inteligencia infantil, todas ellas son tests individuales.

LOS ESQUEMAS DE DESARROLLO, DE GESELL Cubriendo las edades entre 4 semanas y 6 años, los siguientes cuatro esquemas (esto es, conjuntos de pruebas y observaciones) miden una amplia gama de actividades apropiadas para niños de estas edades: *comportamiento motor* (mantener la cabeza erguida, sentarse y gatear), *comportamiento adaptativo* (coordinación visomanual para coger cosas, explorar nuevos lugares), *comportamiento verbal* (entender a los demás, reaccionar a expresiones faciales y balbucear) y *comportamiento social personal* (ir al lavabo, sonreír, comer solo) (Gesell y Amatruda, 1947). (Véase la figura 7-4.)

LA ESCALA DE INTELIGENCIA INFANTIL, DE CATTELL (1940) Es una adaptación de la que Stanford-Binet diseñaron para los niños más pequeños. Esta escala cubre las edades de 2 a 30 meses. Examina la *percepción* (prestar atención a una voz o una campana o seguir movimientos con los ojos) y las *habilidades motoras* (levantar la cabeza o utilizar los dedos).

La escala de inteligencia de Stanford-Binet

El test de Stanford-Binet, que todavía se utiliza como prueba individual, se aplica principalmente a niños, aunque también se puede utilizar en personas adultas. Se tarda entre 30 y 45 minutos en pasar el test a un niño y hasta una hora y media a un adulto. Los individuos de diferentes edades tienen que contestar seis preguntas por cada nivel de edad (a excepción del «adulto normal», a quien se le plantean ocho preguntas), pero no se espera que las conteste todas. La prueba tiene un fuerte componente verbal en todos los niveles, a partir del nivel del bebé, y encierra preguntas de vocabulario, analogías, interpretación de proverbios, etc. El énfasis en el aspecto verbal es deliberado. (Más tarde, en este mismo capítulo hablaremos de sus implicaciones.)

El examinador empieza presentando los items en un nivel ligeramente por debajo de la capacidad mental que se espera de la persona examinada. Si el examinador se equivocó en su apreciación inicial y el individuo tiene dificultades para responder a estos primeros items, el examinador retrocede y pregunta un nivel más fácil, de manera que se pueda establecer un «suelo» o *edad basal* en el cual la persona contesta bien a todos los ítems. Luego el examinador avanza a través de los niveles más elevados, hasta llegar a un punto en el que la persona falla todos los items; una alcanzada esta edad «techo», termina el test. El CI es la edad basal del individuo, añadiéndole los meses que corresponden a cada uno de los items que acierta por encima de ella.

Generalmente se considera que el CI de una persona es aproximadamente igual al de las personas que se encuentran a un nivel 10 puntos superior o inferior a ella, ya que la puntuación de una persona puede variar hasta tal punto entre un test y otro. Aunque se han desarrollado algunas guías para

GESELL Y AMATRUDA

(Edad clave, 28 semanas)
Levanta la cabeza.
Se sienta erguido durante un
  momento.
Toca un cubo con la palma
  de la mano.
Coje una bola con toda la
  mano.
Sostiene dos cubos durante
  un cierto tiempo.
Sostiene una campana.
Vocaliza *m-m-m* y sonidos
  vocálicos polisilábicos.
Come alimentos sólidos.
Se lleva los pies a la boca.
Acaricia la imagen en un
  espejo.

(Edad clave, 52 semanas)
Anda cuando se le sostiene
  de la mano.
Intenta construir torres con
  cubos.
Hace balancear un aro
  colgado de una cuerda.
Intenta meter una bola en
  una botella.
Dos palabras: «mamá» y
  «papá».
Da juguetes cuando se le
  piden.
Colabora al vestirle.

FIGURA 7-4 Items de muestra de los Esquemas de Desarrollo de Gesell, un test para la evaluación de niños pequeños. *Los items de la parte superior son adecuados para un niño de 28 semanas de edad y los inferiores para uno de 52 semanas.* (Gesell y Amatruda, 1947.)

El lenguaje es, esencialmente, la taquigrafía de los procesos de pensamiento, y el nivel al cual funciona esta taquigrafía es uno de los determinantes más importantes del nivel de los procesos mismos. (Terman y Merrill, 1937, pág. 5.)

Las escalas de Wechsler

interpretar la puntuación del CI, no existe ninguna regla fija. Muchas personas con un CI de nivel medio realizan extraordinarias contribuciones a lo largo de su vida, mientras otras de niveles muy elevados no destacan. En el extremo inferior de la escala el retraso se define tanto por la manera de actuar de una persona como por su CI.

Es importante recordar que el CI se puede modificar. Los cambios en el ambiente producen a menudo cambios en la puntuación del CI, como veremos al tratar de la influencia del ambiente sobre la inteligencia.

La escala de Stanford-Binet es muy fiable, especialmente para adultos y para quienes se encuentran en el extremo inferior de la escala. Es sorprendentemente fiable para predecir la capacidad escolar. Las puntuaciones del CI muestran una alta correlación con las calificaciones de la escuela secundaria y la universidad, en especial en las asignaturas con un fuerte componente verbal, como lengua y literatura, historia, y más moderadamente biología y geometría. Estas correlaciones significativas (que van de 0,40 a 0,60) no son sorprendentes, ya que el test fue creado originalmente para predecir el éxito en el trabajo escolar.

Por supuesto, no es necesario que una correlación logre un perfecto 1,0 para ser significativa. Sin embargo, cuando las correlaciones son inferiores a 1.0, como es el caso que nos ocupa, lo que nos indican es que el éxito escolar también está influenciado por otros factores como la nutrición, los métodos pedagógicos, la motivación, las expectativas del profesor y las oportunidades educativas.

Una crítica importante a la escala de Stanford-Binet es que su énfasis en los aspectos verbales discrimina a las personas para las que el idioma en que está formulada la prueba es su segunda lengua, a los pertenecientes a una subcultura donde se habla de distinta manera (como la gente de color de niveles sociales bajos) y a los individuos cuya mayor capacidad radica en áreas no verbales, como la aptitud mecánica.

Una clara evidencia de que incluso este test tan conocido y bien estandarizado no mide la inteligencia «pura» puede observarse en los cambios que se han realizado en sus puntuaciones a lo largo de los muchos años que se ha utilizado. Los sujetos examinados de todas las edades han obtenido una puntuación más elevada en los últimos años, con mejoras especialmente apreciables entre los niños de preescolar y los de 15 años en adelante (Anastasi, 1976). La persona que logra hoy una puntuación de 100 ha contestado a más items que el que obtuvo una puntuación 100 en 1937. Las puntuaciones más altas para los examinados de mayor edad reflejan probablemente un aumento en los años de escolaridad para este grupo, mientras que la puntuación más elevada de los niños pequeños puede estar relacionada con el hecho de que es cada vez mayor el número de padres que saben leer y que tienen un nivel de educación más alto, aunque también influye el impacto de la radio y la televisión sobre estos niños.

David Wechsler desarrolló inicialmente su propio test al considerar que el de Stanford-Binet se orientaba demasiado hacia los niños, incluso después de añadir items más difíciles dirigidos a los adultos. Al respecto escribió, «pedir a un ex sargento que construya una frase con las palabras "niño", "río" y "pelota" no es particularmente adecuado para despertar ni su interés ni su respeto» (1939, pág. 17). Así que desarrolló un test para adultos (1939, 1955, 1981), otro para niños en edad escolar (1958, 1974) y finalmente uno para niños de preescolar (1967). Los tres contienen dos escalas separadas: verbal y manipulativa, que dan puntuaciones separadas para cada escala y un CI global. Este acercamiento permite analizar las puntuaciones para ver precisamente en qué aspectos una persona puede sobresalir o estar atrasada respecto a los demás. Elimina también algunas de las objecciones hechas contra el excesivo contenido verbal de pruebas como las de Stanford-Binet.

ESCALA DE INTELIGENCIA PARA ADULTOS, DE WECHSLER (WAIS)

La WAIS contiene seis subescalas verbales (información, comprensión, aritmética, semejanzas, dígitos y vocabulario) y cinco manipulativas (clave de números, figuras incompletas, cubos, historietas y rompecabezas. (Véase la figura 7-5.)

La WAIS, que fue revisada por última vez en 1981, incluye normas especialmente desarrolladas para personas adultas y de avanzada edad, y es muy fiable. Se ha comprobado su validez con diversos criterios, uno de ellos la categoría laboral (los profesionales y los técnicos tienen una puntuación más elevada en el CI verbal, mientras los trabajadores manuales tienen una puntuación más elevada en el CI manipulativo). También predice bien el ajuste laboral de los retrasados mentales que han salido de la institución y se les ha buscado un empleo (Anastasi, 1976).

ESCALA DE INTELIGENCIA PARA NIÑOS, DE WECHSLER (WISC-R)

Adaptada para niños entre 6 y 16 años, mantiene separadas las escalas verbal y manipulativa (revisada en 1974), nos permite diagnosticar los problemas en el desarrollo del lenguaje (cuando la puntuación verbal es mucho más baja que la puntuación manipulativa) o del desarrollo perceptivo y/o motor (cuando la puntuación manipulativa es mucho más baja que la verbal). La fiabilidad es buena. Los items verbales son muy similares a los de Stanford-Binet y, así, el CI de la WISC tiene una elevada correlación con el CI de Stanford-Binet y da pie a las mismas críticas de estar sesgada culturalmente, desfavoreciendo a los individuos de grupos socioeconómicos bajos.

ESCALA DE INTELIGENCIA PARA NIÑOS EN EDAD PREESCOLAR, DE WECHSLER (WPPSI)

Esta prueba se emplea con niños de 4 a 6 años y medio de edad, dura aproximadamente una hora y a veces se realiza en dos sesiones, ya que los niños pequeños se distraen fácilmente y se cansan pronto. La fiabilidad de este test también es buena. No se ha revisado desde 1967. Existe cierta relación con el nivel socioeconómico, ya que niños con padres de profesiones liberales tienen una puntuación más elevada que los niños de trabajadores no especializados (Anastasi, 1976).

Los tests colectivos

Cuando los EE. UU. entraron en la I Guerra Mundial en 1914, la American Psychological Association presionó al Gobierno para que realizara tests de inteligencia colectivos a todos los reclutas (Gould, 1981). La razón era ayudar a clasificar a los soldados para asignarlos a aquellas tareas más apropiadas, pero el mayor incentivo para la APA, que desarrolló los tests, fue obtener datos sobre una gran cantidad de personas y promover la «ciencia» de los tests de inteligencia. El test escrito Alfa se construyó para los hombres que sabían leer y escribir, y el test Beta de ejecución para los que no sabían leer o hablaban una lengua extranjera. El test no resultó útil para distribuir tareas (excepto para apartar a los que no servían para oficial), pero sí produjo un gran número de datos sobre unos 3 millones de personas (lo que condujo a abusos, sobre los cuales hablaremos más tarde) y sirvió como modelo para los

FIGURA 7-5 *Una psicóloga administra la prueba de construcción de cubos, un subtest de la escala de inteligencia para adultos de Wechsler (WAIS). Este es uno de los cinco tests de ejecución y los seis subtests verbales que conforman las escalas verbal y manipulativa que se puntúan por separado y que unidas nos dan el CI global.*
(© Sepp Seitz 1982/Woodfin Camp y Assoc.)

tests colectivos con que la mayoría de nosotros nos hemos encontrado a lo largo de nuestra vida en la escuela, cuando solicitamos un trabajo y en el servicio militar.

La ventaja mayor de los tests colectivos es la rapidez y la facilidad con la que se administran. Normalmente se dan buenas normas para su puntuación, y no necesitan de interpretación clínica como los tests individuales. Sin embargo, poseen varias desventajas. La interpretación clínica, que es lenta en la prueba individual, ofrece la posibilidad al examinador de establecer una estrecha relación con el paciente y utilizar su conocimiento clínico para evaluar la capacidad de aquél. Eso no es posible con las pruebas colectivas. A los preescolares, que parecen tener necesidad de esta relación estrecha con el examinador, no se les puede examinar colectivamente.

Además, la naturaleza de las respuestas que son de opción múltiple en la mayor parte de las pruebas colectivas penaliza al pensador creativo, que ofrece una interpretación diferente sobre una pregunta y oferta contestaciones poco corrientes. Recientemente, Daniel Lowen, estudiante de escuela secundaria de Cocoa Beach, Florida, resolvió correctamente un problema geométrico de la Prueba Preliminar de Aptitud Escolar (PSAT), pero marcaron su contestación como incorrecta. Apeló la decisión y ganó, lo cual obligó al Educational Testing Service a subir la puntuación de otros 240.000 estudiantes (Fiske, 1981). (Véase la figura 7-6.) Esta historia tuvo un final feliz, pero existen sin duda muchos otros casos de respuestas ambiguas, en las que no se le da la razón a un estudiante por una contestación poco común, y nadie critica la decisión.

QUE ES LO BUENO —O LO MALO— EN LA MEDIDA DE LA INTELIGENCIA

La polémica que gira alrededor de la medida de la inteligencia suena igual que una reunión entre los defensores del control de armas y los directivos de cualquier empresa que se dedica a su fabricación. ¿Es adecuado el uso de los tests para ciertos objetivos determinados, aunque sean peligrosos si se utilizan erróneamente por personas incompetentes? ¿O bien el concepto total de tests de inteligencia tal como los conocemos nosotros es un error que puede provocar consecuencias negativas para la sociedad? Vamos a hablar del fundamento de los argumentos a favor y en contra de los tests.

El valor de la medida de la inteligencia

Existen muchas situaciones en que resulta útil poder predecir un futuro académico, cosa que los tests de inteligencia realizan bastante bien. La puntuación puede poner sobre aviso a padres y profesores de que un niño necesita una ayuda especial, el grado de ésta, y quizá el tipo de ayuda más útil. El resultado de un test de inteligencia de un alumno de instituto le puede ayudar a elegir su carrera universitaria y puede ayudar a la universidad a decidir si será capaz de cumplir sus exigencias de trabajo. Los tests de CI proporcionan una manera de juzgar si un programa educativo determinado, como por ejemplo el «Head Start», que fue diseñado para niños de familias con dificultades económicas, mejora el rendimiento de los niños de manera que justifique los gastos de esfuerzos y dinero. A veces este tipo de tests se utiliza para dar oportunidades, al identificar y ofrecer becas a sus jóvenes inteligentes, a las familias si no disponen de medios económicos para enviarlos a la universidad, o sirven de orientación para aquellos que no están suficientemente convencidos y mentalizados como para considerar tal posibilidad.

Los tests de CI cuentan con una serie de ventajas que ayudan a cumplir los

La pregunta:

44   En las pirámides ABCD y EFGHI, que vemos arriba,
     todas las caras, excepto la base FGHI, son triángulos
     equiláteros de igual tamaño. Si la cara ABC fuera
     colocada sobre la cara EFG de manera que los vértices
     de los triángulos coincidiesen, ¿cuántas caras tendría el
     sólido resultante?

     (A) Cinco   (B) Seis   (C) Siete
     (D) Ocho   (E) Nueve

Discusión de la solución:

Depende de si las caras que se consideran son las de los dos sólidos originales o las del sólido
combinado, tanto la elección **(A) cinco**, como **(C) siete** pueden admitirse como respuestas correctas.
Cuando se puntuó la pregunta la primera vez, sólo la elección (C) fue considerada correcta. A pesar de
que siete de las caras originales permanecen visibles, el sólido resultante al superponer las caras ABC y
EFG tiene sólo cinco caras. Algunas de las caras de las figuras originales (por ejemplo, las caras ABD y
EGH en el diagrama de abajo) están en un mismo plano y forman un paralelogramo cuando los sólidos se
colocan juntos. Véase el diagrama.

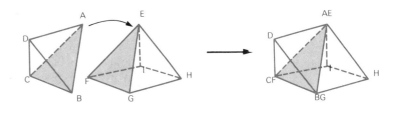

FIGURA 7-6   *Un problema del*
test de Preliminar Aptitud Escolar
y la solución de Daniel Lowen.
(Educational Testing Service.)

objetivos anteriores. Son instrumentos estandarizados cuyas normas, validez y
fiabilidad están bien establecidas. Están a mano y son fáciles de utilizar. Dado
que muchos investigadores los han utilizado, los resultados obtenidos se
pueden comparar con los de otros estudios. En este momento constituyen el
mejor instrumento de que disponemos para pronosticar el rendimiento
escolar, y la mejor medida del retraso mental.

Aunque los tests tienen muchas ventajas y son socialmente beneficiosos,
espanta observar que a menudo se ha basado de ellos con consecuencias
graves para la sociedad.

**Abusos corrientes
de los tests
de inteligencia**

JUSTIFICACION DE LA DISCRIMINACION RACIAL   Desde que Ter-
man, en la segunda década de este siglo, descubrió que los indios hispánicos,
los mexicanos y los individuos de raza negra solían tener una puntuación de
70 a 80 en los tests del CI, se ha estado utilizando esta información para
mantener que los niveles de inteligencia son innatos e invariables y que la
puntuación de las pruebas mostraba la superioridad de la raza blanca sobre
todas las demás. Este tipo de convicción se ha utilizado para justificar el

hecho de que se dé una educación más pobre a los niños de grupos minoritarios y para dejar a los adultos fuera de un trabajo.

Existen diferencias en la puntuación de los CI entre distintos grupos raciales, pero no siempre a favor de los anglo-sajones blancos. Más adelante, en este mismo capítulo hablaremos de la superioridad en general de la puntuación en inteligencia de los japoneses sobre los americanos. El aumento en la puntuación del CI de los japoneses durante la última generación tiene su importancia cuando se discute hoy, en este país, sobre la disparidad entre la puntuación de los negros y de los blancos.

Normalmente, los niños negros tienen 15 puntos menos que los blancos en las pruebas del CI, obteniendo así un promedio de CI de 85. Como es natural, hay sus excepciones: algunos negros obtienen una puntuación más elevada que la mayoría de los blancos, y muchos negros alcanzan una puntuación más elevada que una gran proporción de blancos. Además, los negros de las ciudades del Norte consiguen puntuaciones más elevadas que los negros del campo en el Sur. La amplitud de las puntuaciones dentro de cualquier grupo étnico o racial va desde muy baja a muy elevada, lo cual indica que las diferencias entre los individuos del mismo grupo son mucho más grandes que las diferencias de la puntuación media entre grupos distintos (Brody y Brody, 1976).

En 1967 Arthur Jensen, profesor en la Facultad de Educación de California, exasperó a muchos lectores (y encantó a otros) con un artículo en el *Harvard Educational Review*, titulado «¿Hasta qué punto podemos conseguir un aumento del CI y del éxito escolar?» Refiriéndose a una gran cantidad de evidencias que sugerían que los factores genéticos parecen determinar muchas diferencias de inteligencia entre miembros de los mismos grupos étnicos (por ejemplo, europeos y norteamericanos blancos), Jensen declaró que la diferencia en la puntuación del CI entre distintos grupos étnicos (por ejemplo, negros y blancos en los EE. UU.) también es hereditaria. Aunque la gran mayoría de los psicólogos no están de acuerdo con esta idea, e incluso el mismo Jensen en buena medida se ha apartado de ella, este argumento, dudoso y no comprobado, ha sido utilizado continuamente para sugerir que la educación compensatoria es una pérdida del tiempo, del esfuerzo del profesor y del dinero de los contribuyentes. Si la inteligencia viene determinada casi por completo por nuestros genes, un ambiente educativamente enriquecido no puede cambiar nada.

Más adelante hablaremos del valor relativo que tienen en la inteligencia la herencia y el ambiente. Aquí diremos solamente que la suposición no comprobada de que los hombres de raza negra son genética e invariablemente menos inteligentes que los blancos crea una gran cantidad de implicaciones. Los padres, profesores y demás personas que piensan que un niño es «tonto», reducirán sus expectativas, no prestarán al niño la atención que podía haberle animado a superarse, minarán su confianza en sí mismo, frustrarán ambiciosos objetivos educativos y terminarán haciendo de él un adulto con unas capacidades muy limitadas. Finalmente, cuando los tests de inteligencia, que discriminan a una gran parte de la población, se utilizan para decidir la admisión a una escuela o un empleo, se priva a las personas que no resuelven bien los tests de oportunidades de tener éxito en la vida.

CONFIANZA EXAGERADA EN LAS PRUEBAS   Después de cuatro años de estudio, un informe realizado por la National Academy of Sciences (1982) concluyó que los tests estandarizados *son* predictores fiables en áreas de ejecución claramente definidas (como las calificaciones del primer año de universidad), pero no reflejan las injusticias del ambiente educativo y familiar de los jóvenes de muchos grupos minoritarios. ¿Cómo se soluciona este dilema? Los autores del informe advierten del peligro de confiar demasiado en estos tests a la hora de colocar a los niños en clases especiales, de admitir a los estudiantes en la universidad y de aceptar a los candidatos para un empleo.

Recomiendan el uso de un criterio flexible que tenga en cuenta la motivación y otros factores. Sugieren asimismo que aquel test que usted, lector, probablemente pasó: el Test de Aptitud Escolar (SAT), o cualquier otro examen de admisión, es probablemente un gasto y una molestia innecesarios, ya que normalmente, en los EE. UU., todos los candidatos son admitidos en la universidad que ellos han preferido (exceptuando unas pocas universidades elitistas).

SUBESTIMACION DEL CI DE LOS ANCIANOS   Puede que los ancianos no realicen tan bien como los adultos más jóvenes los tests de inteligencia, especialmente cuando se les pide resolver problemas que anteriormente no han visto. Incluso cuando la persona mayor conoce la respuesta, no siempre es capaz de mostrarlo. Deficiencias de visión y de audición, de coordinación y agilidad causan dificultades a la hora de percibir las instrucciones o de ejecutarlas. Eso se nota especialmente en el tiempo de reacción: cuando a las personas mayores se les permite dedicar tanto tiempo como quieran para terminar una tarea, la hacen mucho mejor que cuando tienen un límite de tiempo (Bromley, 1974). Las condiciones físicas, como la fatiga, la tensión arterial elevada y muchas otras dolencias interfieren la ejecución (Schaie y Gribbin, 1975). La ansiedad de la situación de prueba es otro factor, especialmente para una persona mayor que nunca ha visto un cuestionario realizado para ser corregido por computadora, y puede sentirse incómodo a la hora de tener que contestar. Finalmente, los items del test pueden tener tan poca relevancia para la vida de un anciano que no se sienta motivado a esforzarse en contestarlos.

Por tanto, estos tests pueden limitar las posibilidades de las personas mayores para conseguir un trabajo o para volver a la universidad. En vez de cerrar las posibilidades para la gente mayor, la comunidad psicológica debería diseñar un nuevo tipo de tests que evalúen de una manera más realista la capacidad intelectual de la tercera edad. (En el capítulo 13 seguiremos hablando de la actividad intelectual en la tercera edad.)

MENOSPRECIO DE LAS CAPACIDADES INTELECTUALES DE LOS NIÑOS CON DEFICIENCIAS.   A menudo las pruebas de inteligencia tradicionales subestiman la inteligencia de los niños con deficiencias en la motricidad y el lenguaje. Al considerarlos retrasados mentales, se les envía a clases para retrasados y se les priva de la posibilidad de aprovechar su potencial intelectual. Tests como los que describimos en la siguiente sección se pueden aplicar a niños con deficiencias para obtener una imagen más verdadera de sus capacidades.

Nuevas tendencias en la medida de la inteligencia

Desde que se inventaron los tests de inteligencia los psicólogos han ido remodelando los tests ya existentes intentando mejorarlos y superar sus deficiencias. La introducción de las pruebas prácticas de Wechsler para compensar el fuerte componente verbal de las pruebas del CI fue una de estas innovaciones. Durante los últimos años se han probado una serie de enfoques nuevos.

Este niño, de 2 años de edad, toma parte en un nuevo tipo de test de inteligencia. Los electrodos colocados en su pecho informan sobre su tasa cardíaca. Se acelera cuando los hechos que ocurren delante de él no cumplen sus expectativas; en este caso concreto, se iluminan o se apagan las bombillas de acuerdo con los movimientos de la varita. Los investigadores evalúan la velocidad con la que aprende a predecir lo que va a ocurrir, y calculan así su nivel de inteligencia. Aunque con los tests clásicos este niño había sido considerado de baja inteligencia, en éste presentó un nivel de inteligencia normal. (Richard Howard.)

MEDIDA DEL DESARROLLO COGNITIVO Jean Piaget, sobre el cual volveremos en el capítulo 12, ideó una elaborada teoría sobre el desarrollo cognitivo: cómo los niños obtienen conocimiento del mundo y aprenden a resolver problemas de lógica. Piaget subrayó el hecho de que los niños que todavía no han aprendido a entender un lenguaje muestran su inteligencia a través de su *comportamiento adaptativo,* es decir, el modo como se desenvuelven en su ambiente. Un concepto adaptativo que se desarrolla entre los 12 y 18 meses de edad es el de permanencia de los objetos , que consiste en darse cuenta de que un objeto (o persona) continúa existiendo, aunque no esté a la vista. Se han desarrollado una serie de escalas estandarizadas para medir la adquisición de tales conceptos y una de ellas, la escala del desarrollo psicológico infantil de Uzgiris y Hunt, parece predecir bastante bien la inteligencia posterior.

ENFOQUE DEL PROCESAMIENTO DE INFORMACION DE ZELAZO Y KEARSLEY Al darse cuenta de la frecuente subestimación de la inteligencia a que eran sometidos los niños con defectos físicos, ya que una gran parte de los tests infantiles se fundamentan en componentes motores, Zelazo y Kearsley (1981) desarrollaron una manera completamente nueva de acercarse al problema, basándose en investigaciones que demuestran que los niños, incluso con muy pocos días de edad, se pueden habituar a sonidos, colores y olores, con lo que se prueba la existencia de la memoria infantil; Zelazo y Kearsley examinaron a niños de edades comprendidas entre 3 meses y 3 años.

Normalmente, el bebé está sentado en el regazo de su madre, en una habitación decorada como un teatro de marionetas. A través de electrodos aplicados a su pecho se conecta al niño a un instrumento que registra los cambios de la tasa cardíaca, mientras observadores escondidos registran y anotan los cambios faciales y físicos. Durante un período de 45 minutos el niño ve u oye cinco episodios, que están diseñados para crear expectación y luego sorprender al niño cambiando las pautas esperadas. En una de estas escenificaciones un coche de juguete corre por una rampa y atropella a una muñeca. Una mano endereza la muñeca y vuelve a poner el coche en su sitio. La misma acción ocurre seis veces. La séptima vez la muñeca no se cae cuando el coche la atropella. Esto ocurre un par de veces más y luego se realizan dos representaciones más de la secuencia original.

El niño reacciona a estos sucesos de diferentes maneras: unas veces mira fijamente al escenario, otras señala o aplaude, mueve la mano, se mueve o se gira hacia su madre. En dos momentos, la primera vez cuando la muñeca no se cae y la segunda cuando se vuelve a caer, su corazón late más rápidamente, a lo mejor frunce el ceño la primera vez y sonríe la segunda. Los investigadores han clasificado las maneras en que los niños suelen reaccionar y han desarrollado normas para diferentes niveles de edad, prestando especial atención a la velocidad de reacción del niño frente a los episodios. De esta manera, han sido capaces de evaluar el desarrollo intelectual de forma completamente independiente del desarrollo motor y pueden así evaluar a niños con graves deficiencias físicas cuya inteligencia sería minusvalorada por los tests tradicionales.

Este enfoque también ofrece ventajas para examinar a niños normales, ya que no tenemos que preocuparnos de si el niño entiende, le gusta o está dispuesto a colaborar con el investigador. El test es en sí tan interesante que el niño presta atención.

CONSIDERAR EL AMBIENTE   Un intento reciente de tener en cuenta los factores del ambiente y el modo en que los niños se desenvuelven en la vida diaria lo encontramos en el *SEMPA, Sistema de Evaluación Multicultural y Pluralista* desarrollado por la socióloga Jane Mercer. Este sistema se emplea ahora en algunos estados para dar entrada a estudiantes en programas de educación especial. Este conjunto de medidas para niños de 5 a 14 años incluye una revisión médica, un test de CI de Wechsler y una entrevista con los padres. Esta proporciona información sobre el entorno (¿cuántas personas viven en el hogar?, ¿qué niveles de educación tienen las mismas?, etc.) y el nivel de competencia social del niño (¿cuántos compañeros de clase conoce por su nombre?, ¿prepara él mismo su comida?, etc.).

Por lo tanto, una niña de 9 años, con una puntuación de 68 en una prueba de CI de Wechsler, se debería colocar en una clase de retrasados mentales, pero cuando tenemos en cuenta su ambiente cultural muy pobre, ya que pertenece a una familia que vive de la ayuda social en un suburbio urbano, y la comparamos con otros niños de entornos similares, nos damos cuenta de que su puntuación de CI de 68 está sólo 9 puntos por debajo de lo que es normal en su grupo. Su puntuación de comportamiento adaptativo muestra que está sorprendentemente capacitada para cuidar de sí misma y desenvolverse en su comunidad. Su potencial de aprendizaje estimado o «CI ajustado» de 89 significa que debe ir a una clase normal, en la que se tenga en cuenta su ambiente (Rice, 1979).

TESTS LIBRES DE INFLUENCIAS CULTURALES Y TESTS DE INFLUENCIAS CULTURALES IMPARCIALES   Cuando se le pidió a un grupo de niños orientales, inmigrantes en Israel, que indicasen el detalle que le faltaba a un dibujo de una cara sin boca, dijeron que le faltaba el cuerpo. No estaban acostumbrados a considerar el dibujo de una cabeza como un dibujo completo y «consideraban que la ausencia del cuerpo era más importante que la omisión de un simple detalle corporal como la boca»

(Anastasi, 1976, pág. 347). Esta experiencia ilustra las dificultades al diseñar un test que pueda medir la inteligencia innata sin introducir aspectos culturales.

Es posible diseñar un test que no requiera lenguaje. Los examinadores usan gestos, mimo y demostraciones para tareas como encontrar el camino en un laberinto, hallar elementos absurdos en un dibujo, colocar las formas correctas en los agujeros adecuados y completar dibujos. Pero nuestro modo de pensar y de comportarnos tiene influencias culturales mucho más importantes de lo que solemos creer. Como en el caso de los niños israelíes, tenemos que estar familiarizados con las convenciones artísticas normalmente aceptadas. También debemos familiarizarnos con los objetos representados en el dibujo, como comprobó el catedrático de biología Stephen Jay Gould (1981) cuando aplicó el test Beta del ejército a sus actuales alumnos de la universidad de Harvard y encontró que muchos de ellos quedaban perplejos al tener que indicar la parte que faltaba de un fonógrafo muy antiguo, que su inteligencia «innata» debería haber identificado.

También nuestras normas de comportamiento ejercen una influencia importante. Una persona que vive en una cultura que da importancia a la realización esmerada de algo, aunque eso comporte lentitud, tendrá una mala puntuación en un test que valora la velocidad y el número de preguntas contestadas. Al contrario, los niños de familias pobres suelen responder los tests a toda prisa, marcando sus respuestas casi al azar y terminando en seguida (Anastasi, 1976). Tanto si el motivo es que no les interesa la prueba o que no les importa el resultado o no esperan hacerlo bien o simplemente quieren terminar lo antes posible, el resultado final es que su puntuación subestima su capacidad.

Reconociendo que es imposible diseñar un test realmente *libre de influencias culturales*, los constructores de tests han intentado realizarlos con *influencias imparciales*; esto es, que las experiencias necesarias sean comunes a varias culturas. Pero han encontrado que resulta casi imposible esconder los valores y actitudes determinadas por la cultura y que los tests casi siempre favorecen a las personas que pertenecen a la misma cultura que el creador de test. Algunas condiciones difieren de una cultura a otra: «El interés inherente del contenido del test, una estrecha relación con el examinador, el interés en pasar la prueba bien, el deseo de ganar a los demás y la costumbre de resolver problemas individualmente o en grupo» (Anastasi, 1976, pág. 345). Irónicamente, algunos de estos tests de contenido cultural imparcial han producido una mayor discrepancia entre la puntuación de niños negros y blancos, más grande que las pruebas verbales (Anastasi, 1976). Obviamente, estas pruebas no verbales suelen estar cargadas de un bagaje cultural que no podemos siquiera tener en cuenta porque resulta difícil de descubrir.

Aunque continúan los esfuerzos para diseñar tests que reduzcan las influencias culturales al mínimo, queda una última pregunta: supongamos que fuéramos capaces de diseñar una prueba que no tuviera relación alguna con la cultura, ¿qué estaríamos midiendo? ¿No tiene la inteligencia algo que ver con la manera en que la persona percibe y se adapta adecuadamente a su cultura? ¿No es la cultura tan penetrante que afecta cada aspecto del funcionamiento de nuestra inteligencia?

RECONOCIMIENTO DE LAS DIFERENCIAS CULTURALES   Puede que sea imposible eliminar las influencias culturales de los tests de inteligencia que intentan comparar un grupo geográfico, étnico o social con otro. Una

Doctor Robert K. Jarvik, brillante inventor de un corazón artificial, quien, por tener en la escuela secundaria unas notas demasiado bajas, no fue admitido en las facultades americanas de medicina ¿Qué nos dice esto sobre los métodos tradicionales para medir la capacidad intelectual. (Enrico Ferrorelli/Dot.)

manera de evitar este sesgo puede ser la de examinar a cada grupo en su propio lenguaje cultural, eligiendo las preguntas, el vocabulario, las convencionalidades de tiempo, etc., específicamente del ambiente de cada grupo (García, 1981). Si los examinadores prestasen menos atención a identificar las personas que han de sobresalir en el futuro y focalizasen más su atención hacia las oportunidades de los individuos de grupos minoritarios y de grupos económicamente desaventajados (como sugirieron Gorden y Terrell, 1981), llegaríamos a resolver el problema. Alfred Binet, que diseñó los primeros tests de inteligencia, opinó que podían prestar un valioso servicio si identificasen a los niños que necesitan una ayuda especial, con lo que, administrándoles el test, mejoraría su rendimiento en la escuela. Los primeros intérpretes de las pruebas de Binet, incluyendo a Terman y Goddard, opinaron de distinta manera al construir, para un largo período de tiempo, unos tests de inteligencia que sirven más para señalar a los niños menos dotados que para ayudarles en su superación.

PRUEBAS DE COMPETENCIA   David C. McClelland (1973) no podía creer en los hallazgos de una investigación que mostraba que el éxito profesional no tiene casi nada que ver con las calificaciones obtenidas en la universidad y, por extensión, con las pruebas de inteligencia (cuyas únicas relaciones fiables son con las notas de la escuela). Así que realizó su propia investigación con algunos de sus ex alumnos del Wesley College, unos 15 o 18 años después de su graduación universitaria. No existía ninguna diferencia entre un grupo de estudiantes con calificación de Sobresaliente (A) y otro grupo con Aprobado (C) o incluso por debajo del Aprobado (C). Había abogados, médicos, científicos y profesores en ambos grupos. Teniendo en cuenta el hecho de que bajo las normas actuales, muy estrictas, de las pruebas de admisión a las escuelas profesionales y universidades, los estudiantes con calificaciones bajas probablemente no podrían entrar en la facultad de derecho o de medicina de una universidad de segundo orden, McClelland nos hace notar cómo nuestra sociedad se priva de algunos profesionales excelentes, a quienes no les salen bien los tests tradicionales. [Un ejemplo de ello es el caso del doctor Robert Jarvik, inventor de un modelo de corazón artificial, que tuvo que estudiar en una facultad de medicina italiana porque sus notas de escuela secundaria eran demasiado bajas para poder entrar en una facultad de medicina norteamericana (Webster, 1982). Si la facultad de medicina extranjera hubiera sido tan estricta como la norteamericana, el genio creativo del doctor Jarvik se podía haber perdido para la medicina.]

McClelland propuso para elaborar los tests unos métodos poco tradicionales. Uno es el criterio de muestreo mediante el cual se desarrollan pruebas que muestran lo que se espera que el individuo realice en la vida real. El mejor ejemplo de este método lo constituye la prueba práctica que se debe pasar para conseguir el carnet de conducir. El sujeto es llevado a una situación semejante a la que tendrá que afrontar cuando tenga que conducir por las calles de la población.

Este principio se puede aplicar a muchas otras áreas. En vez de dar a los aspirantes a policía pruebas escritas en que se les pide que definan palabras como «subyugar» y «léxico», que no necesitan saber para realizar bien su trabajo, los examinadores deben descubrir qué debe hacer un buen oficial de policía y qué necesita saber. McClelland sugiere que sigan a un buen oficial en su patrulla y que hagan una lista de sus actividades, para luego elegir ejemplos de esta lista al examinar a los candidatos. Seguramente resulta más

APARTADO 7-1
CRITERIOS DE MUESTREO EN LOS PARQUES DE NUEVA YORK

La importancia de los criterios seguidos para elegir una muestra fue confirmada recientemente en Nueva York. Después de que 800 trabajadores (de entre los 1.000 del servicio de parques de la ciudad) realizaran un test de servicio civil, las puntuaciones que obtuvieron fueron tan bajas que hubieran tenido que ser despedidos; el departamento de personal del ayuntamiento decidió eliminar el test. El test escrito, compuesto de 60 preguntas, que se administró a funcionarios que

trabajaban en tareas como recoger basura, cortar la hierba y dar de comer a los animales del zoológico, contenía palabras como «inflamable» e «ingerir» y otras parecidas. Se decidió descartar la prueba al descubrir el alboroto que se habría creado en los parques y centros de atracciones de la ciudad por tener que despedir a cuatro de cada cinco empleados, y hubiera dado como resultado el despido de trabajadores eficientes.

Como declaró uno de los líderes de los sindicatos: «Estamos

contentos de que la ciudad actuara de una manera sensata. Algo falla en un test que podía haber eliminado a personas que están trabajando bien» (Gotbaum, citado en Carroll, 1982). El jefe de personal del ayuntamiento de Nueva York propuso la posibilidad de diseñar un nuevo test relacionado con el trabajo, o bien simplemente determinar las cualificaciones para el empleo y contratar cualquier candidato adecuado sin exigir la superación de ningún test formalizado.

(Ciudad de Nueva York, Departamento de Formación)

importante para un oficial de policía conocer el lenguaje coloquial de la calle que las palabras del «diccionario».

McClelland admite que no resultará fácil elaborar tests de este tipo. «Se necesitarán nuevas habilidades psicológicas, habilidades que no son corrientes en el repertorio del examinador tradicional. Lo que necesitamos es nada menos que una revisión del rol mismo, alejándolo de los juegos de palabras y la estadística hacia el análisis de la conducta» (pág. 8). También sugiere:

- *Tests de seguimiento:* este tipo de tests evalúa lo que alguien ha aprendido con la experiencia en vez de intentar medir la inteligencia como un rasgo innato e invariable.
- *Tests de conducta realista:* gran parte de los tests piden a los individuos que elijan entre varias posibilidades claramente definidas, pero la vida por lo general no funciona de esta manera tan estrictamente estructurada. Por

lo tanto, McClelland recomienda la preparación de items para los cuales existan muchas respuestas correctas, una de las cuales es mejor que las demás. Se le plantearía al individuo un problema del balance de un talonario o el horario de unas líneas aéreas, proporcionándole la información básica que le capacitara para elegir la mejor solución.

¿Deberíamos, por tanto, tirar todos los tests que se usan actualmente hasta que puedan prepararse mejores instrumentos? Todavía no. Aunque los tests no sean perfectos, es todo lo que tenemos, y si se utilizan adecuadamente son mejores que nada. Mientras seamos conscientes de los peligros de confiar demasiado en ellos, podemos usar lo que tenemos y sopesar cuidadosamente los resultados.

INFLUENCIAS SOBRE LA INTELIGENCIA

Si hubiera tenido el deseo de llevar una vida de holgazanería e indolencia, me hubiera gustado ser gemelo univitelino, separado desde el nacimiento de mi hermano y educado en una clase social diferente. Podríamos alquilarnos a un montón de científicos sociales y prácticamente podríamos haber elegido el sueldo nosotros mismos (Gould, 1981, pág. 234).

¿Por qué imagina el doctor Gould a unos gemelos separados? Porque esta situación hubiera hecho de él y su hermano una especie extremadamente rara: personas cuyos genes son idénticos y sus ambientes diferentes. Los psicólogos han intentado durante más de medio siglo encontrar personas así, y todavía las están buscando, para resolver el viejo problema de la relación entre herencia y ambiente: ¿cuánto de nuestro cerebro está determinado por nuestros genes y cuánto por nuestro ambiente?

Resulta difícil establecer con certeza la influencia relativa de la herencia y el ambiente al determinar la inteligencia. La única manera de probarlo sería comparar niños con diferente herencia educados en ambientes idénticos o niños con genes idénticos que han crecido en ambientes diferentes. La primera alternativa es imposible, ya que ningún niño, ni siquiera los gemelos, crecen en ambientes idénticos, y la experiencia de cada persona es única. Si esto es así para dos niños de la misma familia, es infinitamente más cierto para niños de grupos raciales diferentes, de niveles socioeconómicos diferentes, de barrios diferentes. En América es más probable que los niños de color pertenezcan a familias pobres y por tanto cualquier comparación entre blancos y negros tiende a confundir los efectos de la pobreza con las diferencias culturales y de raza. Ni siquiera el control de las circunstancias económicas elimina el problema, ya que la herencia cultural de los niños negros y blancos difiere de innumerables y muy sutiles formas.

La segunda alternativa —comparar el CI de gemelos idénticos que han crecido en ambientes diferentes— se ha aceptado, pero resulta sumamente difícil, ya que los gemelos de este tipo no se encuentran con facilidad. Otras maneras de medir la influencia relativa de la herencia y el ambiente son los estudios sobre niños adoptados en relación con sus familias biológicas y sus familias adoptivas; comparaciones entre familiares más o menos cercanos y personas sin ninguna relación y mediciones de la inteligencia antes y después de un cambio ambiental conocido.

Herencia

La creencia de que la inteligencia nos viene dada como un legado hereditario es muy antigua. Sir Francis Galton (1869) basó sus estudios sobre hombres

La creencia de que la inteligencia es, en gran parte, hereditaria proviene de la evidencia del alto grado de correlación en la inteligencia de dos hermanos gemelos, incluso cuando han sido educados por separado. Resulta difícil encontrar gemelos como los hermanos «Jim» que vemos aquí. Estos, llamados ambos James por sus padres adoptivos, tienen otras semejanzas llamativas: antes de encontrarse los dos se habían casado con mujeres que se llamaban «Linda», los dos bebían la misma marca de cerveza, los dos tenían un taller de carpintería en el sótano, y en la fotografía vemos el banco que cada uno había construido alrededor de un árbol de su jardín, siendo las únicas personas del barrio respectivo que lo habían hecho. (Enrico Ferrorelli/DOT.)

eminentes en su creencia de que la herencia, la raza y la clase o distinción (este último atributo fue considerado el resultado de los dos primeros) eran los determinantes básicos del éxito; calculó las posibilidades que tenían los familiares de los hombres más eminentes para lograr serlo ellos mismos. (Puede haber influido en este nuevo rumbo el hecho de que Galton era primo de Charles Darwin.) Considerando el punto de partida de Galton no es extraño que llegase a la conclusión de que cuanto más estrechos son los lazos sanguíneos, mejores son las posibilidades de alcanzar la fama.

Aunque Binet, el creador de la primera prueba de inteligencia, opinaba que la puntuación de la inteligencia era a menudo el resultado de las experiencias y de la educación anteriores, y que se podía mejorar con ayuda especial, los intérpretes de sus tests en EE. UU., como Terman y Goddard, adoptaron un punto de vista hereditario que ha influido en el pensamiento psicológico a lo largo del siglo XX, culminando con los firmes argumentos de Jensen (1969) de que la herencia responde de un 80 por 100 de las diferencias en el CI y el ambiente responde sólo de un 20 por 100. ¿En qué evidencia se basan estos y otros partidarios de la herencia para defender su creencia de que el CI se hereda?

Volvamos al sueño de fama y fortuna del profesor Gould. Desde principios de este siglo varios científicos sociales han intentado fijar las proporciones de la herencia y el ambiente comparando gemelos idénticos educados juntos y separados, y gemelos fraternos educados juntos y separados. Ha resultado difícil encontrar gemelos criados separados e incluso cuando se han podido localizar resultaba que habían sido educados en ambientes muy similares por familiares, amigos o padres adoptivos parecidos (Kamin, 1981).

Durante muchos años los defensores de la herencia se han apoyado en la investigación del psicólogo británico Cyril Burt, que parecía ser un completo estudio de 53 parejas de gemelos separados. Los descubrimientos de Burt mostraron que estos gemelos idénticos criados eran asombrosamente similares en CI, a pesar de las diferencias en su educación. Esta sorprendente semejanza, que mostraba correlaciones increíblemente altas a lo largo de tiempo y bajo diferentes condiciones de investigación, fue el «error fatal» del trabajo de Burt, que hizo sospechar a Kamin (1974) de sus descubrimientos y que llevó a la revelación del masivo engaño de Burt. Se ha podido probar, sin lugar a dudas, que inventó muchos de sus datos: incluidos los gemelos mismos, dos colegas que nunca existieron, y las estadísticas que apoyaban su teoría (Hearnshaw, 1979).

La mayor implicación del caso Burt ha sido eliminar la credibilidad de las evidencias de que la inteligencia se hereda. Naturalmente, no ha eliminado toda la evidencia. Existe una investigación que comparaba 40 parejas de gemelos y que encontró un alto nivel de correlación en inteligencia entre ellos (Shields, 1962). Sin embargo, estos gemelos habían sido educados de modo similar y a menudo habían tenido relación entre ellos a lo largo de los años. Además, cuanto más diferentes eran los entornos de las familias de los gemelos, menos parecidas eran las puntuaciones de sus CI. Los CI de gemelos educados por sus familiares (uno por la madre, otro por una tía o abuela) tenían una correlación de 0,83; los que habían sido educados por familias sin relación sólo tenían una correlación de 0,51. (Compruébese el significado de correlaciones de este tipo en el apéndice estadístico de este libro.) Ya que, claro está, los genes de los gemelos eran idénticos, tales diferencias ofrecen una clara evidencia del fuerte componente del ambiente en la inteligencia (Kamin, 1974).

Continúan los esfuerzos para localizar y estudiar gemelos educados separados. Un estudio reciente ha informado de los descubrimientos preliminares sobre 15 parejas de gemelos idénticos y 4 de gemelos fraternos educados por separado. Se ha encontrado un alto grado de parecido entre los gemelos respecto a las habilidades mentales, trastornos emocionales, de temperamento y otros trastornos, tales como fobias o dificultades de lenguaje (Bouchard, Heston, Eckert, Keyes y Resnick, 1981; Bouchard, 1981, 1982; Eckert, Heston y Bouchard, 1981, etc.). Sin embargo, el estudio todavía da apoyo a la importancia del ambiente. Cuando los gemelos han crecido en ambientes muy diferentes, como ocurrió en el caso de dos gemelos, uno criado por un pescador de muy bajo nivel cultural y el otro en una familia mucho más cosmopolita, las diferencias del CI eran más grandes; en este caso, de 20 puntos a favor del gemelo proveniente del ambiente más sofisticado.

Los hallazgos en estudios con gemelos o con niños adoptivos y de otro tipo de investigaciones parecen indicar que la herencia desempeña un papel importante en la determinación de la inteligencia. La mayoría de los genetistas de la conducta concluyen que aproximadamente la mitad de la diferencias en CI en individuos de raza blanca, norteamericanos o europeos, es el resultado de diferencias genéticas; Jensen afirma que existe una proporción de 80:20; Loehlin (1979), que dirigió un estudio con hijos adoptivos en Texas, cita un valor de heredabilidad del 38 por 100, y Kamin (1981) llama la atención sobre las recientes estimaciones realizadas por los genetistas de la conducta, señalando que la heredabilidad de la inteligencia puede ser cero. Como hemos señalado anteriormente, es difícil determinar la proporción exacta de la influencia de la herencia y el entorno, y dado el modo

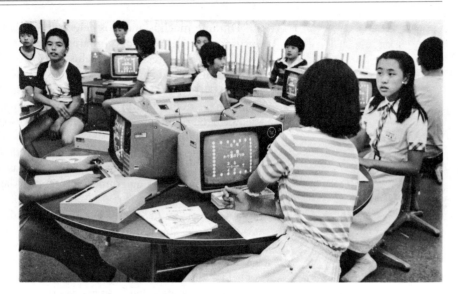

El promedio de CI entre niños japoneses de edades comprendidas entre 6 y 16 años es el más elevado del mundo, fenómeno que probablemente pueda explicarse por las mejoras ambientales. Estos alumnos japoneses de una escuela en las afueras de Tokio aprenden álgebra mediante la utilización de las computadoras.
(Wide World Photos.)

que estas dos influencias interactúan, parece poco razonable considerarlas como ingredientes separados.

Ambiente

¿Qué ha ocurrido en el Japón después de la II Guerra Mundial? A parte de su destacado lugar en el mercado mundial como productor de todo tipo de mercancías, desde transistores hasta automóviles, también ha experimentado profundos cambios en el tipo de vida. Los psicólogos se muestran muy interesados en estos cambios sociales, porque el promedio del CI entre los niños japoneses de entre 6 y 16 años es ahora el más alto del mundo, al haber aumentado unos 7 puntos durante la última generación. Los jóvenes japoneses alcanzan una puntuación media de CI de 111, comparado con el 100 de los norteamericanos. La superioridad japonesa se presenta sobre todo en los items de colocación de piezas de arquitectura, problemas de laberintos, ordenación de figuras y ensamblaje de objetos (Lynn, 1982). Más de las tres cuartas partes de los niños japoneses tienen un CI más elevado que el correspondiente término medio norteamerican o europeo, y mientras sólo un 2 por 100 de los norteamericanos o europeos obtienen una puntuación mayor de 130, aproximadamente un 10 por 100 de los japoneses llegan a este nivel.

«Parece muy dudoso que un aumento de esta magnitud provenga de cambios en la estructura genética de la población. Al contrario, la explicación debe hallarse principalmente en las mejoras en el ambiente» (Lynn, 1982, pág. 223). Entre los cambios de la sociedad japonesa que deben haber contribuido a este aumento de la puntuación se encuentra la unión de comunidades rurales anteriormente aisladas, ya que casi un 40 por 100 de la población ha abandonado el campo para establecerse en las ciudades o se han casado con personas de otros lugares; el rápido crecimiento económico del país, que trajo mejoras en el bienestar, la salud y la educación; y el aumento de la influencia de la cultura occidental, que ha desarrollado estas pruebas (Anderson, 1982).

No queda claro por qué el CI japonés ha sobrepasado el promedio norteamericano, pero acaso pueda ser debido a la diferencia en el sistema educativo de ambos países. El sistema japonés tiene como objetivo producir no una élite brillante, sino, al contrario, un elevado nivel de capacidad en la mayoría de sus estudiantes, para así «crear una población entera, tanto de trabajadores como de dirigentes, de un nivel inconcebible en los EE. UU.» (Rohlen, citado en Silk, 1982, pág. D2).

La evidencia del impacto del ambiente sobre las puntuaciones también se ha constatado en algunas situaciones diferentes de nuestro país. En un clásico estudio (Skeels, 1966; Skeels y Dye, 1939; Skodak y Skeels, 1949) trece niños de dos años, aparentemente retrasados, fueron retirados de un orfanato y llevados a una institución en la cual unas mujeres jóvenes mentalmente retrasadas se ocupaban intensamente de cuidarlos y mimarlos: a la edad adulta pudieron valerse por sí mismos. En cambio, un grupo de control de doce niños que permanecieron en el orfanato alcanzaron en la edad adulta un CI mucho más bajo y cuatro de ellos permanecen todavía en una institución.

Otro resultado significativo proviene de un estudio de 130 niños negros y de otras razas adoptados por 101 familias blancas de Minnesota (Scarr y Weinberg, 1976). Estas familias se encontraban muy por encima del promedio respecto a educación, profesión, ingresos y CI, es decir, el tipo de familias que normalmente educa a niños con resultados satisfactorios en los tests de CI y en los exámenes escolares. Las madres biológicas de los niños se encontraban en un escalón notoriamente más bajo, con un nivel educativo de 4 o 5 años por debajo del de las madres adoptivas. Cuando se examinó a los niños adoptivos su promedio fue de 106, más alto que el CI promedio que suelen obtener los niños de color educados en sus propias casas, que es de 90. Además los niños de raza negra adoptados obtuvieron una puntuación por encima de la media nacional establecida para las pruebas escolares.

Estos investigadores concluyen que si todos los niños de color tuvieran ambientes como los de las familias adoptivas del estudio sus puntuaciones de CI podrían muy bien ser 10 o 20 puntos más altas. No es el aspecto interracial de la adopción lo que resulta importante sino la presencia de los factores que motivan las habilidades intelectuales. Aquí vuelve a parecer obvio que el CI no es un rasgo fijo, presente desde el nacimiento, sino un rasgo variable que responde fuertemente a los cambios en el ambiente.

La interacción entre los factores genéticos y ambientales resalta de varias maneras en este estudio. Primero, los CI de los niños adoptados no eran uniformemente tan altos como los CI de los hijos biológicos de los padres adoptivos; existía una correlación ligeramente más alta entre los CI de las madres y sus hijos biológicos (0,34) que con sus hijos adoptivos (0,29). Volvemos al ambiente y a la importancia del cuidado y la educación paterna: mientras que la correlación del CI entre el padre y su hijo biológico era la misma que la de la madre (0,34), su correlación con el hijo adoptivo era considerablemente más baja (0,07), lo que puede ser reflejo de la típica situación en la cual el padre se preocupa menos del cuidado diario del niño.

¿Qué pasa en las familias cuyos hijos realizan satisfactoriamente los tests de inteligencia y marchan bien en la escuela y en la vida en general? Unos cuantos estudios (Clarke, Stewart, 1977; White, 1971) han mostrado que ciertas características de los padres se relacionan con el crecimiento intelectual. Los padres de aquellos niños que acaban teniendo éxito suelen ser padres tiernos, sensibles y cariñosos. Aceptan el comportamiento de sus hijos y los dejan explorar y expresarse. Cuando quieren cambiar ciertos aspectos del comportamiento de sus hijos utilizan el razonamiento o apelan a los sentimientos en lugar de imponer reglas rígidas. Utilizan un lenguaje y una estrategia de enseñanza bastante sofisticados y animan a la independencia, a la creatividad y al progreso de sus hijos, leyéndoles libros, enseñándoles y jugando con ellos. Dan a sus hijos un sentido de control sobre el ambiente. Los hijos saben que lo que hacen es importante, responden manifestando curiosidad, son creativos y exploran nuevas situaciones, consiguiendo buenos resultados en la escuela. Un clima de este tipo no tiene por qué ser creado exclusivamente por los padres biológicos de los niños. Otros familiares o las personas que los cuidan, aunque no sean de la familia, pueden contribuir al desarrollo intelectual del niño.

Otro factor que influye en el desarrollo intelectual es la nutrición. Una grave desnutrición durante los primeros años de vida del niño parece retrasar su desarrollo intelectual al afectar al desarrollo cerebral, a la *respuesta de orientación* (que muestra que un bebé presta atención a algo que ve u oye) y a la capacidad para prestar atención (Winick, Brasel y Ross, 1969; Lester, 1975). La alimentación enriquecida de una madre embarazada, de un recién nacido o de un niño en edad preescolar suele tener efectos positivos sobre la inteligencia del niño (Harrell, Woodyard y Gates, 1955; Lloyd-Still, Hurwitz, Wolff y Schwachmar, 1974).

Parece evidente que *tanto* la herencia *como* el ambiente ejercen alguna influencia sobre el nivel intelectual que podemos alcanzar. Ya que no podemos hacer nada respecto a la herencia y en cambio podemos hacer mucho respecto al ambiente, parece tener sentido preguntarnos qué factores ambientales resultan más importantes para favorecer el desarrollo intelectual y, como individuos y miembros de la sociedad, hacer todo lo posible para que estos factores estén presentes en la vida de todos los niños.

Sexo

No es probable que el sexo afecte al CI global. Eso no resulta sorprendente, ya que tanto los tests de Wechsler como los de Stanford-Binet fueron diseñados para eliminar cualquier influencia del sexo. Sin embargo, una tendencia constante que aparece en estas y otras pruebas de inteligencia es una diferencia entre los sexos en algunas habilidades específicas. Si es usted una mujer, sobresaldrá probablemente en la habilidad verbal, y si es usted varón, en la habilidad espacial. Aunque, naturalmente, puede que no encaje usted en esta pauta general. Es verdad que existen estas diferencias en habilidades entre los sexos, considerados como grupo; no obstante, aparece un considerable solapamiento entre las puntuaciones masculinas y femeninas.

HABILIDAD VERBAL Desde la edad de un mes hasta los 6 años y luego otra vez desde la adolescencia y a lo largo de la vida adulta, las mujeres superan a los hombres en habilidad de lectura, lenguaje y en ortografía y gramática. Empiezan a hablar más pronto y realizan mejor las pruebas de vocabulario y de semejanzas, incluso en edades avanzadas (Detzel, 1966; Maccoby y Jacklin, 1974; Shipman, 1971; Stanford Research Institute, 1972; Eichhorn, 1973; Blum, Garvik y Clark, 1970; Blum, Fosshage y Jarvik, 1972).

HABILIDAD ESPACIAL Desde la edad de 6 a 8 años los varones empiezan a sobresalir en la comprensión de relaciones espaciales. Son más capaces de entender la posición y forma de los objetos en el espacio e imaginar las partes que no se ven. Esta parece ser la razón de que sean normalmente más hábiles resolviendo laberintos, haciendo construcciones con bloques, etc.

¿POR QUE ESTA DIFERENCIA? Los que han intentado descubrir por qué existen estas diferencias han investigado normalmente dos áreas: la biológica y la cultural. ¿Organizan las hormonas los cerebros masculino y femenino de diferente manera? Tal vez pueda explicar estas diferencias el hecho de que el hemisferio izquierdo, que controla las habilidades verbales, madura más pronto en las niñas, y el hemisferio derecho, que se cree que controla las habilidades espaciales, madura más pronto en los chicos (Burstein et al., 1980).

Otra posibilidad puede ser que niñas y niños se socializan de diferente manera. Niños de diez años, cuyas habilidades verbales están muy por encima de las espaciales suelen tener madres que les gusta que dependan de ellas, mientras que las madres de niños con una mejor habilidad espacial dan más libertad a sus hijos (Bing, 1963). Esto suena a la estereotipada cantinela de que los padres educan de diferente manera a sus hijos e hijas; sin embargo, el estudio sobre la manera de educar a los hijos en relación con el sexo no ha mostrado hasta ahora diferencias claras en este apartado (Burstein et al., 1980). Por lo que la búsqueda de soluciones continúa.

LOS SUPERDOTADOS

Cuando Robert R. Sears era niño, en California, sus maestros dieron su nombre a Lewis Terman (1922), que por aquel entonces buscaba niños excepcionalmente brillantes con la intención de realizar un estudio de seguimiento a lo largo de su vida para ver cuáles de ellos obtendrían éxito. Se examinó la inteligencia de Robert. (Obtuvo una puntuación superior a 140, que era el requisito para ser incluido en el estudio estudio.) Examinaron su rendimiento escolar, su carácter, su personalidad y sus intereses. Le exploraron desde un punto de vista médico. Entrevistaron a sus padres y profesores para obtener información sobre su historia y para evaluar la personalidad de Robert.

Los datos recogidos en una muestra de 1.500 niños echaron por tierra la idea estereotipada de que el niño brillante es un empollón enfermizo y paliducho. Al contrario, estos niños eran superiores en todo: más sanos, más altos, de mejor coordinación motora y mejor adaptados que el niño de término medio.

A lo largo de los años, los investigadores de la universidad de Stanford mantuvieron contacto con el mayor número posible de sujetos del estudio inicial. Su superioridad intelectual, escolar y profesional continuaba. Era diez veces más probable que obtuvieran la licenciatura universitaria en comparación con los miembros de un grupo sin seleccionar y tres veces más probable que fuesen elegidos miembros de sociedades honoríficas como la Phi Beta Kappa. En la mitad de la vida ya estaban ampliamente representados en listas como el *American Men of Science* (que también incluye mujeres) o *Who's Who*. Casi un 90 por 100 de los varones* se hallaban en las dos categorías profesionales más altas: estudios superiores de primero y segundo grado y en los peldaños superiores del mundo de los negocios (Terman y Oden, 1959).

Sorprendentemente, este brillante grupo no resultó ser especialmente creativo, nunca produjo un gran músico, un pintor excepcional o un ganador del Premio Nobel (Goleman, 1980). Es posible que los tests y otros métodos selectivos tendieran a apartar a los individuos altamente creativos en favor de los altamente competentes. O, como dice Goleman (1980), «quizá sea injusto esperar que en este conjunto determinado de personas inteligentes tenga que

---

*A causa de las diferentes actitudes que la sociedad mantiene con respecto a la evaluación del éxito en varones y hembras, los dos sexos fueron evaluados por separado. Ambos sexos dieron un buen resultado.

aparecer forzosamente un Beethoven o un Einstein» (pág. 34). Aunque estas personas alcanzaron una puntuación que los colocaba entre el 1 por 100 de las personas de mayor inteligencia de la nación, otros dos o tres millones de americanos estaban en la misma categoría.

Robert Sears se ha esforzado en mejorar la reputación de «los niños de Terman», ya que ha sido un psicólogo eminente que ha dirigido un estudio importante sobre la educación infantil (Sears, Maccoby y Levin, 1957). Ha sido director del departamento de psicología de la Universidad de Stanford (puesto que Terman había ocupado anteriormente) y decano de la universidad. Ahora, más de 60 años después de haberse iniciado el estudio, el doctor Sears y su esposa Pauline, también psicóloga, examinan las tendencias que han ido apareciendo a lo largo de los años de este estudio longitudinal de los superdotados (Sears, 1977; Sears y Barbee, 1978).

Aunque la mayoría de estos adultos lograron más éxito que una persona corriente de nuestra sociedad, se podía establecer una escala de éxito dentro del propio grupo. Al comparar los 100 que han conseguido más éxito (A) y los 100 que han conseguido menos (C) en relación con las historias de sus vidas y sus personalidades, aparecen algunas diferencias. Los individuos del grupo A, que es el que ha ganado más dinero y ha tenido empleos más elevados, han surgido de familias más aventajadas y de hogares más estables, han sido niños mejor adaptados, se les había animado a ser independientes, habían sentido más presión por parte de los padres para sobresalir en la escuela y para ir a la universidad, eran más sanos, mejor educados, físicamente más activos y más felices en su vida familiar. Habían sido ambiciosos incluso de niños, mejor orientados hacia una meta, más seguros, perseverantes y deseosos de recibir reconocimiento por sus éxitos. Obviamente, el éxito está determinado no sólo por la inteligencia sino también por otros factores, dado que el nivel de inteligencia de los grupos era más o menos el mismo.

En 1972, con un promedio de edad de 62 años, los sujetos de este estudio comunicaron cuáles habían sido las fuentes de satisfacción en su vida (P. Sears, 1977; R. Sears, 1977). En conjunto, los hombres y las mujeres que trabajaban fuera del hogar evaluaron el trabajo como muy importante; las amas de casa, por su parte, evaluaron muy alto el nivel de vida familiar, y tanto los hombres como las mujeres puntuaron como mayor satisfacción la vida familiar. Ambos grupos necesitaban sentirse competentes. Un 69 por 100 de las mujeres afirmaron que volverían a elegir el mismo estilo de trabajo y de vida. Las más felices habían trabajado fuera del hogar durante varios años. Tardaron mucho en casarse y no tenían hijos.

¿Qué nos dice este estudio? ¿Que a la gente con puntuación elevada en las pruebas de inteligencia le va mejor en la vida? Posiblemente. McClelland sugirió cínicamente que «puede mostrarnos que los ricos y poderosos tienen más oportunidades y por lo tanto la vida les va mejor» (1963, pág. 5). La muestra del estudio no es representativa de la población de los EE. UU.: todos eran de California, la mayoría procedían de hogares de un buen nivel económico, había un porcentaje muy elevado de niños judíos y muy pocos niños de raza negra y asiáticos. Probablemente el resultado más interesante del estudio es el que aparece en el mismo *interior de la muestra*, al comparar los sujetos del grupo A, que ha alcanzado mucho éxito, con los del grupo C con menos éxito. Habiendo tantas cosas en común, ¿cuáles fueron los factores que más influyeron en esta diferencia? Si consiguiéramos responder a este tipo de pregunta, probablemente podríamos mejorar la vida de la gente de cualquier nivel de inteligencia y de cualquier tipo de sociedad.

Si a los niños con síndrome de Down se les proporciona un ambiente de apoyo como el que vemos a la derecha, pueden llegar a aprender importantes habilidades. (Peter Vandermark/Stock, Boston.)

LOS RETRASADOS MENTALES

En el otro extremo del espectro del CI se encuentran las personas cuya inteligencia está por *debajo* de la media. Una definición ampliamente aceptada del retraso mental incluye los siguientes aspectos: un funcionamiento intelectual general por debajo de la media, deficiencias en los niveles de conducta adaptativa adecuada a la edad y la manifestación de tales retrasos antes de los 18 años (American Psychiatric Assocation, 1980). Es importante fijarse en que aunque el funcionamiento intelectual por debajo de la media es uno de los componentes (tal como lo detectan las pruebas de CI), también es importante considerar los aspectos que se refieren a la conducta del sujeto.

Existen varios niveles de retraso, tal como vemos en el apartado 7-2. Las personas que se encuentran en el límite y en las categorías más leves, que representan un 80 por 100 de los retrasados mentales y un 15 por 100 de la población americana (Zigler y Seitz, 1982; APA, 1980), pueden trabajar y desenvolverse bastante bien en la sociedad, mientras que las que se encuentran en los niveles más bajos necesitan cuidados constantes, normalmente en instituciones especializadas.

También podemos clasificar los retrasos de otra manera: en orgánicos, con una razón física conocida, o psicosociales, donde no podemos identificar una razón específica.

El retraso orgánico puede ser debido a diferentes razones físicas. Puede provenir de un trastorno cromosómico, como en el síndrome de Down, que también produce características físicas distintas (hablaremos de él en el capítulo 11), o de un trastorno del metabolismo, como la fenilcetonuria, o puede ser el resultado de problemas durante el período prenatal a causa de enfermedades, infecciones o consumo de drogas por parte de la madre. A veces acompaña a un importante defecto físico de nacimiento, como la hidrocefalia, en la cual el bebé nace con una cabeza anormalmente grande. En este y otros casos la causa es desconocida, aunque en su origen es claramente orgánica. Normalmente, este tipo de defectos se pueden detectar antes del parto o muy poco después. Aproximadamente uno de cada 4 retrasados, unos 2 millones de personas, se encuentran en este grupo. El CI de estos sujetos suele encontrarse por debajo de 50, y su incidencia es la misma tanto en las clases sociales más elevadas como en las más bajas (Zigler y Seitz, 1982).

APARTADO 7-2
NIVELES DE RETRASO MENTAL

Tipo de retraso	Rango de CI*	Niveles de destreza
Retraso límite (Borderline)	70-85	Puede llegar a integrarse adecuadamente en la sociedad.
Retraso leve	50-55 – +70	«Educable»: puede asimilar conocimientos académicos hasta un nivel de 6º grado, y puede ganarse la vida mínimamente siempre que reciba ayuda especial en los momentos excepcionales de tensión.
Retraso moderado	35-40 – 50-55	«Entrenable»: puede aprender hasta un nivel de 2.º grado, cuidar de sí mismo y realizar trabajos específicos en talleres protegidos con supervisión y guía.
Retraso grave	20-25 – 35-40	No aprende a hablar ni los hábitos básicos de higiene hasta la edad escolar, no puede realizar tareas profesionales, puede ser capaz de efectuar tareas muy sencillas, pero bajo una supervisión estricta.
Retraso profundo	Por debajo de 20-25	Requiere cuidados y supervisión constantes.

* Las puntuaciones no son rígidas, ya que los niveles de conducta adaptativa también son importantes.
Fuente: El material de este apartado está basado en DSM III y Grossman, H. J. *Classification in Mental Retardation*. Washington, DC: American Association on Mental Deficiency, 1983.

En el retraso psicosocial la causa es más difícil de dilucidar; probablemente, intervienen tanto los factores genéticos como las influencias ambientales, como pueden ser la alimentación pobre, ligeras intoxicaciones de plomo o la falta de estímulos sociales e intelectuales. Normalmente es menos grave que el retraso orgánico y más común entre las clases socioeconómicas bajas; a menudo, aparece en varios miembros de la misma familia, y muchas veces no se descubre hasta que el niño va a la escuela e incluso entonces el diagnóstico puede ser controvertido.

La manera en que una persona mentalmente retrasada se desenvuelve en el mundo de hoy depende, en primer lugar, de la actitud de la sociedad y de los deseos de trabajar en la prevención del retraso mental para dar apoyo a estos niños y a sus familias, y hacerles así más fácil la vida en la comunidad, ofreciéndoles al mismo tiempo atención en instituciones adecuadas en los casos más graves. La prevención parece más factible cuando se trata de los retrasados orgánicos. De hecho, Zigler y Seitz (1982) mantienen que si las técnicas como el consejo genético, la amniocentesis, la ecografía y el cuidado sanitario de los recién nacidos y de las mujeres embarazadas y bebés se hubieran utilizado profusamente en la generación anterior, el número de individuos con retrasos orgánicos, en nuestra sociedad norteamericana, se habría reducido de dos millones a un millón.

Ciertos programas de intervención han mejorado los niveles de integración de muchos sujetos que tienen un retraso leve o moderado. Muchos de ellos son ahora capaces de ser más independientes y de vivir integrados en la comunidad. Apoyos adicionales como hospitales de día, residencias para adultos retrasados y servicios de apoyo para familias que cuidan a niños retrasados en casa, son muy valiosos y desde un punto de vista social suponen una inversión rentable si lo comparamos con el alto coste del cuidado en instituciones especializadas. Finalmente, las escuelas pueden desempeñar un papel importante al proporcionar servicios educativos especiales para el numeroso grupo de los que tienen un grado menos elevado de retraso, proveyéndoles de los medios para desenvolverse con una relativa eficacia en la sociedad.

RESUMEN

1 Existen diferentes teorías y definiciones de la inteligencia. En esta obra la definimos como una interacción constantemente activa entre las habilidades heredadas y la experiencia ambiental, que da como resultado la capacidad de adquirir, recordar y utilizar conocimientos, de entender tanto los conceptos concretos como (con el tiempo) los abstractos, de entender la relación entre objetos, hechos e ideas y de aplicar y utilizar todo lo que hemos mencionado como una poderosa forma de resolver los problemas cotidianos.

2 La *teoría de los dos factores, de Spearman,* sobre la inteligencia sostiene la existencia de un factor general (factor g) y varios factores específicos (factores s) en la inteligencia. *Thurstone* identificó 7 factores relativamente diferentes. El *modelo de la estructura del intelecto, de Guilford,* incluye 170 factores como resultado de una interacción de operaciones, contenidos y productos. *Horn y Cattell* propusieron que existen dos tipos de inteligencia: la *«fluida»* y la *«cristalizada».*

3 El *enfoque del procesamiento de la información, de Sternberg* estudia los pasos que las personas utilizan para procesar la información necesaria para resolver los problemas de las pruebas de inteligencia.

4 Los tests de inteligencia que conocemos actualmente fueron creados en 1905 cuando Alfred Binet en París desarrolló el primer test de inteligencia, que se puede considerar el precursor del test americano conocido con Stanford-Binet.

5 Para poder construir un test de inteligencia hay que tener en cuenta una serie de factores, tales como la *estandarización del test,* la *fiabilidad* y la *validez.*

6 En la actualidad, se utiliza una amplia gama de tests de inteligencia. Algunos de ellos se administran de forma individual y otras colectivamente. Se han desarrollado tests de inteligencia para bebés (por ejemplo, *la escala de inteligencia infantil, de Cattell,* y los *esquemas de desarrollo, de Gesell),* pero resulta difícil predecir la inteligencia adulta e incluso la del niño basándose en la puntuación del bebé. Se han desarrollado otras pruebas, especialmente para niños *(la prueba de Stanford-Binet, WISC-R, WPPSI)* y otras para adultos (WAIS).

7 Los tests de inteligencia son especialmente útiles para predecir el aprovechamiento académico. Sin embargo, su uso ha provocado muchas veces la subestimación de la inteligencia de grupos étnicos minoritarios y de los ancianos.

8 Durante los últimos años se han desarrollado nuevas perspectivas en la evaluación de la inteligencia. Entre ellas, las escalas basadas en los *conceptos de Piaget* y *El enfoque del procesamiento de la información,* pruebas que tienen en cuenta el ambiente en el cual el niño vive, *pruebas libres de influencias culturales o bien con influencias imparciales* y pruebas que evalúan la *competencia* en relación con el empleo.

9 Los psicólogos actuales creen que tanto la herencia como el ambiente influyen en la inteligencia, aunque existe un desacuerdo considerable sobre la proporción en que interviene cada uno de estos factores.

10 No existe ninguna diferencia entre los sexos en el CI global. Sin embargo, las mujeres suelen sobresalir en la habilidad verbal y los hombres en la espacial. Posiblemente las razones de estas diferencias entre los sexos son debidas a diferencias en el cerebro y en experiencias de socialización de los dos sexos.

11 El estudio longitudinal de *los niños superdotados,* de Terman, que investigaba a individuos con un CI superior a 140, indicó que estos niños eran más sanos, más altos, tenían mejor coordinación motora, estaban mejor adaptados y eran más populares que los niños normales. Mantuvieron su superioridad intelectual, escolar y profesional en la edad adulta, aunque se advirtió una graduación de niveles de éxito en esta muestra a lo largo de la edad adulta.

12 El *retraso mental* incluye los siguientes aspectos: un funcionamiento intelectual general por debajo de la media, una deficiencia en el nivel de conducta adaptiva apropiada para la edad en cuestión y una manifestación del retraso antes de los 18 años de edad. *El retraso orgánico* tiene una base física y afecta a un 25 por 100 de los retrasados mentales, y *el retraso psicosocial* implica probablemente una interacción entre los factores ambientales y genéticos. Una serie de programas de intervención, sociales y educativos, han ayudado a personas con un retraso leve o moderado a ser más independientes y estar mejor preparados para vivir en la sociedad.

LECTURAS RECOMENDADAS

Feldman, R. D. (1982). *Whatever happened to the quiz kids? Perils and profits of growing up gifted.* Chicago: Chicago Review Press. Interesante conjunto de reducidas biografías de niños precoces que fueron célebres. El último capítulo, «Reflexión sobre el hecho de crecer superdotado», trata cuestiones tales como la relación entre la inteligencia y el éxito en la edad adulta, la diferencia entre la capacidad académica y la creatividad, y el efecto de las presiones y expectativas de la sociedad en el desarrollo psicológico de los niños superdotados.

Gardner, H. (1983). *Frames of mind: The theory of multiple intelligence.* New York: Basic Books. Visión de la inteligencia basada en la investigación de la psicología y la neuropsicología cognitiva para demostrar que todos hemos nacido con el potencial para desarrollar diferentes tipos de inteligencia. Además de las capacidades lógico-matemática y lingüística que se comprueban en los tests de inteligencia estándar, existen otras aptitudes intelectuales que incluyen el potencial para la perfección musical, dominio corporal, razonamiento espacial y la capacidad para comprenderse a uno mismo y a los demás. El autor sugiere métodos que desarrollan estas capacidades para conseguir el máximo beneficio para la sociedad y el individuo.

Gould, Stephen Jay (1981). *The mismeasure of man.* New York: Norton. Extraordinaria descripción de la historia de los tests de inteligencia en EE. UU., que se lee como si de una novela de crímenes se tratara. El señor Gould, catedrático de biología en la Universidad de Harvard, descubre que muchos de los que defienden que la inteligencia es una habilidad únicamente hereditaria, falsificaron las estadísticas, alteraron fotografías e inventaron proyectos de investigación para apoyar sus nociones preconcebidas.

Hearnshaw, L. S. (1979). *Cyril Burt, psychologist.* Ithaca, N. Y.: Cornell University Press. Biografía definitiva sobre una de las figuras más importantes de la psicología británica, escrita por uno de sus colegas que llegó al proyecto con una gran admiración por Burt. Pero se encontró con pruebas claras de que Burt había inventado sus estudios sobre gemelos educados separadamente para apoyar su propia convicción de que la inteligencia se hereda, y entonces el admirador se convirtió en historiador, revelando las dimensiones del masivo engaño científico de Burt.

Eysenck, H. J., y Kamin, Leon (1981). *The intelligence controversy.* New York: Wiley. Un vivo debate sobre el problema de si la inteligencia es el resultado de la herencia o del ambiente, realizada por los distinguidos defensores de cada punto de vista; contiene un tratamiento completo, con ataques, contraataques y refutaciones.

CAPITULO 8

LENGUAJE Y PENSAMIENTO

CUESTIONES CLAVE

El desarrollo del lenguaje en la infancia y el papel del «seudolenguaje infantil» en el aprendizaje del lenguaje.

Controversia sobre la capacidad de los monos para aprender un lenguaje.

El problema de si los años anteriores a la pubertad constituyen un período crítico para el aprendizaje del lenguaje.

En qué medida la capacidad de clasificar a diversas personas, lugares y sucesos en categorías impone un orden en nuestro mundo.

La resolución de problemas de forma creativa o bien mediante rutinas; ideas sobre la manera de aumentar la creatividad.

Podemos pensar, como algo obvio, que la ciencia de la psicología, que definimos como el estudio científico de la conducta y de los procesos mentales, incluye el estudio de la manera como piensan las personas. Sin embargo, durante muchos años el estudio del pensamiento no estuvo de moda entre los psicólogos americanos. Durante gran parte de la primera mitad del siglo XX la psicología experimental fue de orientación *conductista* y con la intención de alejarse de las cavilaciones de los filósofos y para hacer el estudio de esta disciplina lo más rigurosamente científico que fuera posible, enfocó su atención exclusivamente en aquello que se puede ver y medir.

Los conductistas creyeron que los psicólogos no podían estudiar el pensamiento adecuadamente porque no lo podían observar directamente y, por tanto, no lo podían medir de manera objetiva. Acuñaron un nuevo término, *mentalismo*, y en general lo emplearon algo despectivamente para describir la interpretación del comportamiento en términos de procesos mentales como opuestos al comportamiento observable. Aunque los procesos que tienen lugar en nuestros cerebros, cuando pensamos, son rápidos, inaprensibles, y difíciles de medir científicamente, se están haciendo notables progresos en este campo y casi todos los psicólogos parecen hoy aceptar que el estudio de las actividades mentales no sólo es importante, sino también posible. Actualmente, con el auge de la psicología cognitiva, rama de la ciencia que intenta comprender el pensamiento humano, la revolución cognitiva ha hecho notables progresos para fomentar nuestra comprensión de los procesos mentales.

Al *pensar*, somos capaces de utilizar símbolos en lugar de objetos, sucesos e ideas, que nos permiten manipular conceptos e imágenes de manera que podamos adquirir conocimientos, recordarlos y utilizarlos para resolver problemas. Los temas que trataremos en este capítulo, el lenguaje, la resolución de problemas y la creatividad, son temas que los psicólogos consideran aspectos del pensamiento. Sin embargo, el impacto de la psicología cognitiva va más allá de estas cuestiones como se comprobará en esta obra. En la actualidad, la influencia de «la revolución cognitiva» se puede apreciar en el estudio de casi todos los temas tratados en estos capítulos.

Aunque el pensamiento humano sigue siendo complejo, y se resiste de muchas maneras a cualquier tipo de estudio que dé respuestas definitivas sobre su naturaleza, ahora tenemos acceso a algunos de sus secretos, merced a que investigadores inteligentes y creativos han resuelto algunos de los problemas que comporta su estudio. Uno de los temas más interesantes estudiados por los psicólogos cognitivos es el desarrollo del lenguaje, herramienta básica del pensamiento humano.

LENGUAJE

«¿Para el autobús aquí?» «Expondré algunas posibles soluciones, aquí está mi informe». «Te quiero». «¿A qué hora volverás?» «Señoras y caballeros del jurado...» «Por favor, para en la tienda y compra leche, pan y manzanas.» «Ser o no ser, ésta es la cuestión...» «Si está de acuerdo en reducir sus armas nucleares, nosotros reduciremos las nuestras».

Si consideramos el papel que el lenguaje desempeña en la vida diaria, en nuestras relaciones con los demás, en la habilidad para efectuar nuestro trabajo, en el placer de nuestras actividades de ocio, en el gobierno de las naciones, nos daremos cuenta de lo indispensable que resulta para las relaciones del hombre normal. Si ha visitado alguna vez un país cuyo idioma no conocía, sabe hasta qué punto este desconocimiento supone un impedimento para usted. Las esporádicas historias de individuos, carentes de lenguaje, como la joven Helen Keller, o la maltratada y desatendida «Genie», que encontraremos en este capítulo, son realmente historias de lo más triste que se pueda escuchar. Sin lenguaje no seríamos capaces de construir una sociedad, establecer y exigir el cumplimiento de las leyes, ampliar nuestros conocimientos o realizar la mayoría de las cosas que damos por supuestas como parte de la vida humana. No es extraño, pues, que la psicología cognitiva dedique tantos esfuerzos al estudio del lenguaje.

Estudio del lenguaje

Para empezar a entender la lingüística, el estudio del lenguaje, tenemos que aprender unos cuantos términos y su significado (representados gráficamente en la figura 8-1). El lenguaje es un medio de comunicación a través de sonidos (o de gestos en el caso del lenguaje de los sordos) que expresa significados específicos, organizados según determinadas reglas. Cada lenguaje tiene una gramática, un conjunto de reglas que especifican sus tres componentes básicos, el *sonido*, el *significado* y la *estructura*. El fonema es la unidad mínima de sonido. El inglés tiene unos 46 sonidos básicos, mientras otros idiomas oscilan entre 15 y 85 fonemas. El morfema es el elemento mínimo del habla con significado. Está formado por fonemas y cuenta con una raíz y un prefijo o un sufijo. La palabra «humo» está compuesta por 3 fonemas (los sonidos u, m y o), y constituye un morfema. Palabras como «humos», «ahumar» o «ahumando», que poseen la raíz de la palabra y un prefijo o un sufijo, tienen dos morfemas cada una (como en «humos»). «Ahumando» (prefijo, raíz y sufijo) tiene tres morfemas. La semántica es el estudio del significado del lenguaje. La sintaxis consiste en un conjunto de reglas para estructurar el lenguaje, es decir, para organizar las palabras en oraciones. Por lo tanto, la gramática es el término general que incluye las reglas de sonido, de significado y de sintaxis.

Los psicólogos investigan de muchas maneras las habilidades lingüísticas. Para aprender algo sobre la producción del habla, observan el modo en que habla la gente y luego lo analizan; para descubrir la manera de entender las cosas, observan cómo responde la gente a lo que se le dice. Una manera importante de analizar las habilidades lingüísticas humanas es estudiar la génesis del lenguaje entre los niños pequeños.

Durante los últimos años los investigadores han encontrado ingeniosos sistemas para estudiar las habilidades lingüísticas de los niños pequeños. Los bebés con un chupete en la boca disminuyen su velocidad de succión cuando escuchan un sonido al que están habituados o acostumbrados. Y aumentan esa velocidad cuando se les presenta un sonido nuevo; de esta manera

FIGURA 8-1 Gramática. *Cada lengua tiene una gramática que incluye reglas de sonidos, significados y estructura.*

Fonología: Estudio de los sonidos del lenguaje	Semántica: El estudio del significado	Sintaxis: estudio de la estructura lingüística
Fonemas: s, k, a, t	Morfemas	(Ejemplo: «La niña patina» en lugar de «patina niña la», «Niña la patina» o «La patina niña»)

Morfemas simples
{ «patín» (sustantivo)
«patinar» (verbo)
«...a»
«......aba» }

«patines»
«patinaba» } Cada una de estas palabras está formada por dos morfemas

muestran al experimentador que distinguen la diferencia entre uno y otro. Otra medida de la habituación es la disminución de la tasa cardíaca, que también se acelera como respuesta a un nuevo sonido. Otra medida comportamental es el grado en que un bebé gira la cabeza hacia el lugar de donde surge un nuevo sonido. Otra manera reciente de medir la discriminación entre los diferentes sonidos es el análisis de las *respuestas evocadas auditivas* (REA). En este procedimiento, electrodos adheridos a la cabeza del bebé miden las respuestas cerebrales provocadas por los sonidos y las diferencias entre estas respuestas se interpretan como una evidencia de que el bebé discrimina los sonidos (Molfese, Molfese y Carrell, 1982).

Naturalmente, resulta más fácil estudiar las habilidades lingüísticas de niños más mayorcitos. Los investigadores graban muestras de lo que dicen durante una hora o dos a la semana, y luego analizan el material grabado. Ya que a menudo importa saber qué hace el niño mientras habla, se ha popularizado el grabar en vídeo. Para probar la habilidad para escuchar o reproducir sonidos se pide al niño que imite una palabra o frase. Para saber cuánto dominio tiene sobre las reglas lingüísticas, se le pide que diga algo. Por ejemplo, enseñan al niño un objeto de aspecto extraño, y le dicen: «Esto es un "glu". ¿Hay otro, hay dos...?» Si el niño dice «glus», muestra que sabe cómo formar el plural, ya que no puede haber oído esta palabra antes en ningún otro lugar, supuesto ha sido creada «ex profeso». Para medir la comprensión, los investigadores piden a los niños que elijan entre dibujos u objetos o que hagan algo [haz que el caballo (de juguete) dé una patada a la vaca (de juguete)].

Cómo aprenden los niños el lenguaje

Antes de decir su primera palabra, cosa que ocurre generalmente entre los 12 y 18 meses, el niño ha aprendido ya una gran cantidad de lenguaje. Parte de este aprendizaje tiene lugar tan pronto, que parece como si la forma y la

El lenguaje nos proporciona las herramientas para conocer el mundo que nos rodea. Cuando nos hacemos más sofisticados, aprendemos que una nube puede ser un nimbo, un cúmulo, un estrato o un cirro, pero al principio todo lo que nos hace falta saber es que «todas ellas son nubes» (Dibujo por Gahan Wilson; © 1984 The New Yorker Magazine, Inc.)

«Esa es una nube, también. Todas ellas son nubes.»

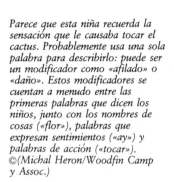

Parece que esta niña recuerda la sensación que le causaba tocar el cactus. Probablemente usa una sola palabra para describirlo: puede ser un modificador como «afilado» o «daño». Estos modificadores se cuentan a menudo entre las primeras palabras que dicen los niños, junto con los nombres de cosas («flor»), palabras que expresan sentimientos («ay») y palabras de acción («tocar»). ©(Michal Heron/Woodfin Camp y Assoc.)

estructura básica de un sistema lingüístico estuvieran programadas en nuestros genes, como si hubiéramos nacido con mecanismos innatos de adquisición de lenguaje. Por ejemplo, un bebé de un día mueve su cuerpo al ritmo de las palabras que oye a su alrededor (Condon y Sander, 1974). Un bebé de tres días puede distinguir la voz de su madre de la de un extraño (De Casper y Fifer, 1980). Al mes de edad puede distinguir entre sonidos tan parecidos como «pah» y «bah» (Eimas, Siqueland, Jusczyk y Vigorito, 1971).

HABLA PRELINGÜISTICA Antes de que los bebés emitan la primera palabra propiamente dicha, articulan una gran variedad de sonidos en una secuencia ligada estrechamente a la edad cronológica. Primero *lloran* y el llanto adopta diferentes modelos, intensidades y tonos para indicar hambre, sueño, enfado o dolor. A la edad de 6 semanas *arrullan* cuando están contentos, entre los 4 y 6 meses *balbucean*, repitiendo diversos sonidos consonánticos y vocálicos simples («ma-ma-ma»). Durante la primera mitad del primer año escuchan los sonidos a su alrededor, *imitan* estos sonidos *por casualidad* y luego se imitan a sí mismos. A los 9 o 10 meses *imitan conscientemente* los sonidos de los demás, incluso sin entenderlos. Durante estas últimas tres etapas los bebés adquieren su repertorio básico de sonidos y durante el segundo año encadenan sonidos imitando los patrones y ritmos de frases, aunque no signifiquen nada, por lo menos para quienes no somos el propio bebé (Lenneberg, 1967; Eisenson, Auer e Irwing, 1963).

HABLA LINGÜISTICA
Las primeras palabras El bebé pronuncia su primera palabra. Eso normalmente ocurre alrededor del año. Esta palabra puede ser simplemente una sílaba y puede tener una gran variedad de significados, que han de ser interpretados por el contexto en el cual las usa. Señala una galleta o un juguete y dice «da» (significado: «lo quiero»). Gatea hasta la puerta y exclama «da» (significado: «quiero salir»). Sonríe a su padre y dice «da» (significado: «estoy contento de que estés en casa, papá»). Estas primeras palabras se llaman *holofrases*, porque expresan un pensamiento completo en una única palabra.

Entre los niños se da una considerable diferencia respecto a la primera palabra que utilizan (Nelson, 1973, 1981). Entre las 50 primeras palabras utilizadas por un grupo de 18 niños de 1 a 2 años, las más corrientes eran los *nombres* de cosas, bien en sentido general («da» por «perro») o en sentido específico (el nombre de un perro determinado). Otras eran palabras *de acción* («adiós»), *modificadores* («caliente»), palabras que expresan *sentimientos o relaciones* («no»), y unas pocas palabras que sólo cumplen una *función gramatical* («para») (Nelson, 1973).

Una vez que los niños han adquirido esas pocas palabras, cuando tienen aproximadamente un año, se produce un período de «descanso» de varios meses durante el cual añaden muy pocas palabras nuevas (Nelson, 1979). Este puede ser un período de crecimiento en la comprensión durante el cual los niños utilizan las palabras para estructurar su propio pensamiento más que para comunicarse.

Las primeras frases: La primera y segunda etapa de Brown Cuando Maite tenía 26 meses dijo su primera frase de cuatro palabras. Miró a su padre desde la sillita que él empujaba, y dijo: «He perdido un zapato». A todas luces algo muy útil y práctico. Algunos niños pronuncian frases más pronto, otros más tarde. Mientras el habla prelingüística va estrechaente ligada a la edad cronológica, con el habla lingüística no sucede lo mismo. Hasta el punto que Roger Brown (1973a, 1973b), de la Universidad de Harvard, que ha trabajado ampliamente en esta frase de la adquisición del lenguaje, mantiene que la edad de un niño no dice gran cosa sobre su desarrollo lingüístico.

Brown prefiere hablar de habilidades sintácticas en términos de la longitud media de articulación (LMA), promedio de la longitud de articulación en morfemas (unidades de significado). Un niño está en la etapa 1 cuando empieza a combinar morfemas y palabras, obteniendo una LMA de 1,0, y está en la etapa 2 cuando la LMA alcanza un valor de 2,0 (y cuando puede realmente expresar hasta 7 morfemas, pero la media sólo es de 2). El niño avanza con cada progreso de 0,5 LMA hasta llegar a la etapa 5.

La *etapa 1* presenta un lenguaje primitivo, en el que faltan los tiempos verbales, los artículos y las preposiciones (como en «esta pelota», «más pelota», «todo fuera pelota», «libro mesa», «ir tienda», «mamá calcetín»). Cuando la LMA llega a 1,5 el niño puede unir 2 relaciones básicas («Adán pegar», «pegar pelota») para llegar a la relación más compleja («Adán pegar pelota»).

En la *etapa 2* los niños adquieren 14 morfemas funcionales, incluyendo los artículos («un», «el»), las preposiciones («en», «sobre»), los plurales, los finales de los verbos y las formas de los verbos «ser» y «estar» («soy», «estamos», «es»). Los niños empiezan a utilizar estas formas gradualmente, incluso costándoles varios años. En su estudio intensivo de tres niños, Adam, Eva y Sara, Brown (1973a) advirtió que el ritmo de desarrollo es muy diferente, incluso en una muestra tan pequeña, pero que el orden en el cual los niños aprenden las diferentes construcciones es casi constante.

Etapas 3, 4 y 5 Los niños superan la etapa 2 a muy diferente edad, y sus expresiones se vuelven más largas y complejas. El habla en la *etapa 3* se ha llamado *telegráfica*, porque contiene muchas expresiones como «poner muñeca mesa». Pero este término es engañoso, porque supone que los niños construyen sus frases de la misma manera que los adultos redactan los telegramas. En la *etapa 4* la gramática se asemeja a la gramática adulta,

---

Primeras palabras de diversos niños:

Nancy: «da-da», 11 meses.
Jennifer: «da-da», 10 meses.
Dorri: «adiós-adiós», 9 meses.
Stefan: «pis», 11 meses.
Eddie: «pa-pa», 10 meses.
Marie (la hermana gemela de Eddie): «pa-pa» y «pájarc», 10 meses.
Elizabeth: «mam-mam» y «bolsa», 11 meses.

En todo el mundo se graban, transcriben y analizan cuidadosamente las primeras frases que dicen los niños pequeños como si fueran las últimas palabras de grandes sabios. Sorprendente destino para frases como «aquel perrito», «no más leche» o «chutar pelota».
(Brown, 1973a, pág. 97.)

aunque los niños todavía están aprendiendo algunas precisiones sintácticas. Saben unir dos frases, pero todavía cometen muchos errores gramaticales y a menudo se equivocan en el subjuntivo («ojalá pudiéramos ir a nadar hoy»); no saben formular las preguntas finales cortas («vendrá, ¿verdad que sí?») y no entienden el significado de frases como «Juan prometió a María que limpiaría la entrada» (creen que María limpiará la entrada) (Chomsky, 1969). Aunque la *etapa 5* incluye ya una completa competencia, no tiene lugar hasta finales de la infancia y ya no hay cambios en el manejo de la sintaxis hasta la pubertad; sin embargo, el vocabulario y el estilo continúan mejorando en la edad adulta. Se ha investigado muy poco sobre estas dos últimas etapas.

Algunas características del habla temprana (etapas 1, 2 y 3) Del mismo modo que los niños no son adultos en miniatura, su habla tampoco es una versión simplificada del lenguaje adulto. Posee un carácter específico, con sus propias reglas, aunque éstas cambien con el tiempo. Los niños que hablan alemán, ruso, finlandés, samoano, inglés o español, muestran patrones parecidos (Slobin, 1971). ¿Cómo forman, pues, su lenguaje los niños pequeños?

- *Simplifican:* los niños expresan justo lo suficiente para hacerse entender, omitiendo gran parte del lenguaje que los adultos consideran esencial (como en «Nancy ir tienda», en vez de «Quiero ir a la tienda» o «No beber leche» en lugar de «No quiero beber más leche»).
- *Sobregeneralizan las reglas:* al principio de la etapa 3 muchos niños, que solían utilizar correctamente las palabras «quepo» y «anduve» y otras excepciones a las reglas gramaticales, empiezan a decir «cabo» y «andé». ¿Por qué? No es que hayan retrocedido a una etapa inferior; han aprendido las reglas de su gramática para la formación del pasado y ahora utilizan estas reglas consecuentemente. Ahora necesitan aprender las excepciones a estas reglas.
- *Exageran las generalizaciones:* a veces los niños aplican conceptos demasiado ampliamente. La tendencia de los niños pequeños a llamar a todos los hombres «papá» y a todos los objetos peludos «gatito», se ve con claridad en un niño que llamaba «mamá» tanto a sus dos hermanas mayores como a su madre (Nelson, 1973).
- *Entienden relaciones gramaticales que todavía no pueden expresar:* un niño en la etapa 1 puede entender cómo un perro da caza a un gato, pero no puede explicar la acción completa. Acaso diga «el perrito caza», «caza gatito» o «perrito gatito», pero hasta el final de esta etapa no será capaz de unir los distintos elementos para decir: «el perrito da caza al gatito».

Teorías acerca
de la adquisición
del lenguaje

Las teorías principales para explicar la adquisición del lenguaje por parte de los niños analizan, de distintas maneras, las influencias relativas del ambiente y la herencia. Los teóricos del aprendizaje creen que es más fuerte el poder del ambiente; en cambio, los nativistas están más convencidos de la capacidad innata para aprender un lenguaje. Trataremos los puntos de vista de cada teoría para luego examinar otro basado en la interrelación entre las dos.

TEORIAS DEL APRENDIZAJE De acuerdo con el conductista B. F. Skinner (1957), aprendemos un lenguaje de la misma manera que aprendemos cualquier otra cosa, a través del refuerzo, la discriminación y la generalización. Los padres moldean la producción del habla de sus hijos al reforzar los

La diferencia entre el pensamiento de Skinner y el de Chomsky se me hace **más** fácil si imagino que me traslado a una nueva ciudad, Washington D.C., por ejemplo, y he de orientarme.

Imaginemos que no sabía nada sobre la planificación de sus calles. Poco a poco, después de haber dado muchas vueltas, de haberme equivocado muchas veces y haber recibido instrucciones de los demás, llegaría a orientarme. Si viviese en la ciudad el tiempo suficiente, podría llegar a tener una especie de mapa cognitivo. Pero ese modelo cognitivo de la estructura de Washington estaría producido por mi experiencia. En un segundo caso me imagino yendo a Washington con un plano de la ciudad y usándolo constantemente. Comprobaría todas mis experiencias con el mapa y con el tiempo llegaría a conocer los detalles. No tendría que descubrir, por ejemplo, que las calles están dispuestas como radios y círculos, ya que eso resulta evidente al mirar el mapa. Tendría que descubrir el aspecto físico de las calles, ya que eso no resulta evidente al mirar el mapa. Si me imagino que el mapa se da de una manera innata en el segundo caso, habré comprendido la diferencia filosófica esencial entre Chomsky y Skinner. (Whitehurst, 1982, en Wolman, 1982, págs. 368-369.)

sonidos que se parecen al habla adulta. Los niños aprenden a generalizar y abstraer a partir de los sonidos reforzados y al final producen un lenguaje eficaz. Favorece este punto de vista el hecho de que los bebés educados en casa balbucean más que los educados en instituciones, probablemente porque en casa se hace más caso del bebé y hay más refuerzo (Brodbeck e Irwin, 1946). En contraposición a ello, los padres normalmente no corrigen tanto la gramática de sus bebés (Brown, Cazden y Bellugi, 1969).

La teoría del aprendizaje social acentúa la importancia de la observación y la imitación (Bandura, 1977; Mowrer, 1960). Es decir, los niños oyen hablar a sus padres, imitan lo que dicen, son reforzados en su conducta y aprenden así el lenguaje. Esta teoría explica claramente algunos de los aspectos de la adquisición del lenguaje, ya que los niños en países angloparlantes hablan inglés y no francés o swahili. Pero hay muchos aspectos del desarrollo lingüístico que no se pueden explicar con la imitación. Por ejemplo, muchas de las cosas que los niños dicen son nuevas. La niña que no conocía la palabra «rodilla» y la llamó «el codo de la pierna» no había oído antes esta descripción y por tanto no imitaba un modelo. Resulta, además, altamente improbable que los niños aprendan palabras como «cabo» o «andé», basándose en la observación y la imitación.

TEORIA NATIVISTA   De acuerdo con este punto de vista, los seres humanos tienen una capacidad innata para adquirir el lenguaje, y aprenden a hablar con la misma facilidad con que aprenden a andar. Noam Chomsky (1965, 1968), del Massachusetts Institute of Technology, defiende que el cerebro humano está construido especialmente para darnos esta capacidad innata. El llama a esta habilidad innata para aprender el lenguaje: mecanismo de adquisición de lenguaje (MAL). El MAL capacita a los niños para analizar el lenguaje que oyen y extraer las reglas gramaticales con las cuales son capaces de crear nuevas frases que nadie ha formulado antes. Nuestros cerebros están programados para extraer estas reglas; lo único que necesitamos son las experiencias básicas que activarán esta capacidad innata.

Favorece este punto de vista, al menos parcialmente, el hecho de que todos los niños normales aprenden su lengua nativa, por compleja que sea, y llegan a dominar los conocimientos básicos de la lengua en la misma secuencia en relación con la edad. También cobra credibilidad a causa de ciertas características biológicas de los seres humanos. Somos, por ejemplo, la única especie cuyo cerebro es más grande en un lado que en el otro. Esta diferencia de tamaño entre los dos hemisferios guarda relación con la idea de que el mecanismo innato del lenguaje está localizado en el hemisferio izquierdo. Nuestras habilidades lingüísticas se pueden dañar por lesiones en el cerebro que no afectan a otras capacidades mentales y motoras, lo cual apunta hacia una estructura localizada y específicamente diseñada para proporcionar una habilidad para el lenguaje (Lenneberg, 1969). Además, la «continua oscilación de los recién nacidos al compás del habla humana», que Condon y Sanders (1974) descubrieron en la tendencia de los recién nacidos de moverse al ritmo de los sonidos lingüísticos que oyen, sugiere que incluso antes de nacer hay algo en nuestro cerebro que establece la forma y estructura del lenguaje.

El enfoque nativista extremo presenta dificultades para explicar completamente el desarrollo del habla. Evidentemente se da algún tipo de aprendizaje dado que los niños americanos aprenden las reglas del inglés, y no las del alemán o el japonés. Esta teoría tampoco tiene en cuenta las considerables diferencias individuales que realmente existen. Finalmente, Chomsky no ha

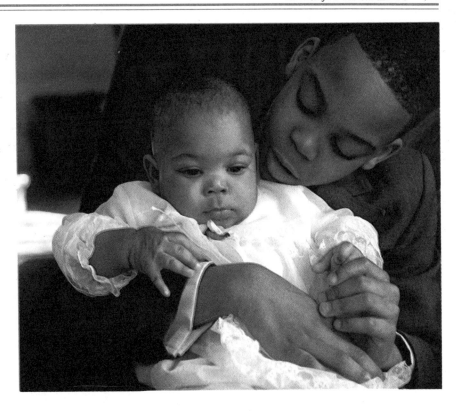

Incluso los niños pequeños simplifican intuitivamente su vocabulario y la sintaxis cuando hablan a los bebés. (Susan Johns/Photo Researchers, Inc.).

Vemos aquí un ejemplo clásico de un fallo en la imitación:

Ella dijo: «Mi maestra sostenía los conejillos y nosotros los acariciábamos.»
Yo pregunté: «¿Dijiste que la maestra sostenía los conejillos?»
Ella contestó: «Eso es.»
Volvía a preguntar: «¿Qué has dicho que hacía?»
Ella contestó de nuevo: «Sostenía los conejillos y nosotros los acariciábamos.»
«¿Has dicho que ella los sostenía fuertemente?», pregunté.
«No», contestó; «los sostenía suavemente».
(Gleason, 1967, citado en Cazden, 1971.)

tratado los temas relacionados con el significado de las palabras utilizadas por los niños ni con el contexto social en el cual las utilizan.

Actualmente, la mayoría de los psicólogos creen que el lenguaje se desarrolla a través de la relación activa entre los niños y sus educadores. Los bebés vienen al mundo con una capacidad innata para el lenguaje, tal como evidencia su habilidad para discriminar leves variaciones de sonidos, para distinguir y responder a la voz de su madre frente a la de otras mujeres, y para moverse al ritmo del habla adulta. Esta capacidad básica les permite beneficiarse de un «input» ambiental especializado llamado «lenguaje maternal».

LENGUAJE MATERNAL Si cuando le habla a un bebé o a un niño pequeño utiliza un «lenguaje infantil» y un tono de voz más elevado de lo normal, está hablando «maternalmente», algo que la mayoría de las personas mayores hacen intuitivamente y que resulta importante para ayudar a los niños a aprender el lenguaje. Aunque la expresión «lenguaje maternal» surge del hecho de que la mayor parte de la investigación realizada en este campo ha estudiado el lenguaje entre niños y sus madres, el término es, en realidad, mucho más amplio. Se refiere al lenguaje que las madres, padres y otros adultos emplean con los niños pequeños e incluso al lenguaje que los niños mayores utilizan, porque también ellos suelen expresarse de manera diferente cuando hablan a los niños más pequeños. Los estudios del contexto social del aprendizaje lingüístico han llevado a explorar la manera como los adultos hablan a los niños y han llegado a la conclusión de que tales modificaciones del habla son esenciales para enseñar la lengua nativa a los niños pequeños.

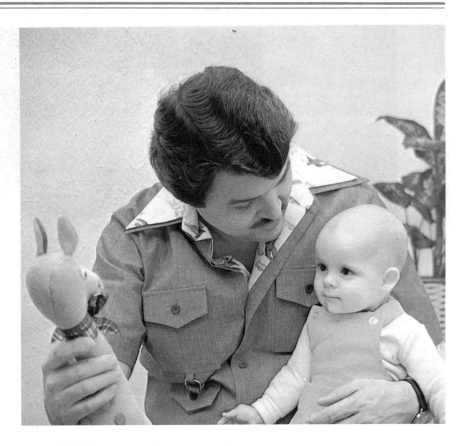

Los padres también utilizan el «lenguaje maternal», una forma simplificada de lenguaje en el cual se omiten los finales de las palabras, se evita el uso de pronombres, las frases son cortas y se hacen muchas repeticiones. Estas modificaciones del lenguaje adulto normal ayudan a los bebés a aprender el lenguaje. (© Harold W. Hoffman, 1976/Photo Researchers, Inc.)

¿De qué maneras cambian los adultos su lenguaje cuando hablan con niños pequeños? Catherine E. Snow (1972) examinó la manera de hablar de madres de clase media y de mujeres sin hijos y que raras veces estaban con niños pequeños. Tanto unas como otras hacían cambios similares y hablaban de modo bastante diferente a niños de 2 años y a niños de 10 años. Simplificaban lo que decían, lo repetían exactamente igual o de otra manera, y usaban menos pronombres y verbos.

Sin embargo, cuando el niño no estaba presente, como en experimentos en que se pedía a los adultos que grabasen cintas para niños de estas edades, el adulto no modificaba tanto su lenguaje. Otros estudios han descubierto que el lenguaje maternal no empieza a funcionar del todo hasta que el bebé no es capaz de responder con un mínimo de entendimiento a lo que le dice el adulto. (Molfese, Molfese y Carrell, 1978). Las madres suelen exagerar las habilidades comunicativas de sus bebés, pero ya que les atribuyen tales capacidades y les hablan como si las tuvieran, los niños las desarrollan. Es decir, los niños son compañeros activos en estas conversaciones, mostrando con sus expresiones, sus acciones y con lo que dicen, hasta qué punto siguen la conversación del adulto.

Otros estudios han demostrado que los adultos, cuando hablan a niños pequeños, modifican sus temas de conversación, igual que modifican la manera de hablar. Tienden a hablar de temas reales y de la vida diaria, de lo que el niño puede ver y oír, de lo que acaba de ver o de hacer o está a punto de ver o hacer, o de lo que al niño podría gustarle saber. Tal como nos indica Snow (1977, pág. 41), «las madres hacen comentarios muy evidentes sobre temas muy evidentes», tendencia que ayuda a los niños a aprender el lenguaje, porque pueden añadir sus propios conocimientos a lo que oyen, lo cual les ayuda a comprender el significado.

¿Cuál es la función del «lenguaje maternal»? Emocionalmente proporciona un marco para la interacción entre el adulto y el niño, lo que ayuda a desarrollar la relación entre ambos. Socialmente enseña al niño cómo llevar una conversación, cómo introducir un tema, comentar y ampliar una idea y respetar el turno de palabra. Lingüísticamente enseña al niño a usar nuevas palabras, cómo estructurar frases y a introducir ideas en el lenguaje. Parece vital para el aprendizaje del lenguaje.

Esto puede observarse al comprobar el retraso en el lenguaje que sufren los niños con oído normal, pero que han crecido en hogares con padres sordos y que se comunican con ellos por signos. Aunque estos niños hablan fácilmente por signos (lo cual muestra su habilidad para aprender un lenguaje), y aunque vean la televisión, no desarrollan su fluidez en el lenguaje hablado, a menos que personas mayores les hablen, cosa que es posible que no ocurra hasta que vayan a la escuela (Moskowitz, 1978).

Otra investigación ha mostrado que niños holandeses que veían la televisión alemana cada día no conseguían aprender el alemán (Snow, Arlman-Rupp, Hassing, Jobse, Joosten y Vorster, 1976). Para que un niño aprenda a hablar es preciso que practique el idioma.

Parece, pues, que el desarrollo del lenguaje está basado en un mecanismo innato que depende tanto de la maduración como de cierto tipo de experiencias lingüísticas para poder llegar a su total florecimiento.

Dos controversias en lingüística

¿EXISTE UN PERIODO CRITICO PARA LA ADQUISICION DEL LENGUAJE?

Puede que usted conozca a una persona mayor que llegó a su país hace 20, 30 o más años y que, sin embargo, todavía habla con un marcado acento extranjero. En cambio, también conoce a alguien que llegó a su país siendo aún niño; probablemente hablará el castellano con un acento tan genuino como un nativo. Este fenómeno corriente es la base para pensar que existe un *período crítico* para el aprendizaje de un idioma, que el cerebro de un niño, que todavía no ha llegado a la pubertad, está organizado de manera que facilita la adquisición de un lenguaje, mientras que ocurre algo en el cerebro durante los primeros años de la pubertad que transforma esta habilidad lingüística.

Eric Lenneberg (1969), uno de los más férreos defensores del período crítico en la adquisición del lenguaje, ofrece otra evidencia en favor de este punto de vista. Señala el hecho de que el lenguaje correlaciona mejor con el desarrollo motor, un índice importante de maduración, que con la edad cronológica (véase tabla 8-1). Señala, además, que los niños que sufren lesiones en el hemisferio izquierdo del cerebro antes de la pubertad pueden perder parte de su habilidad lingüística, pero la recuperan rápidamente si el hemisferio derecho permanece intacto. En cambio, si tales lesiones tienen lugar durante la adolescencia o en la edad adulta, cualquier pérdida de habilidad lingüística será probablemente irreversible. En apariencia, dice Lenneberg, la especialización izquierda-derecha no ocurre hasta la pubertad. Hasta entonces el hemisferio derecho puede sustituir al izquierdo si éste se lesiona. Mantiene que el período crítico «coincide con el momento en el cual el cerebro humano llega a su estado de madurez en términos de estructura, funcionamiento y bioquímica» (pág. 639).

Diez lingüistas trabajando todo el día durante diez años en analizar la estructura del lenguaje inglés no serían capaces de programar una computadora con la habilidad para adquirir el lenguaje que tiene un niño normal durante sus diez primeros años, ni siquiera con la habilidad de los cinco primeros años de vida. (Moskowitz, 1978, pág. 92.)

TABLA 8-1   Correlación entre el desarrollo motor y el del lenguaje

Edad (años)	Progreso motor	Progreso en el lenguaje
0,5	Se sienta utilizando las manos para apoyarse, alarga la mano unilateralmente.	Arrullo que cambia a balbuceo al introducir sonidos consonánticos.
1	Se pone de pie, anda sostenido por la mano.	Ruplicación silábica; señales de entender algunas palabras; usa algunos sonidos regularmente para nombrar objetos o personas, es decir, las primeras palabras.
1,5	Utiliza perfectamente las manos para agarrar y soltar, gatea escaleras abajo sentándose en los escalones.	Repertorio de 3 a 5 palabras, no unidas en frases; cadenas de sonidos y patrones de entonación que se parecen al discurso, buen progreso en la comprensión.
2	Corre (con caídas); sube por las escaleras adelantando siempre el mismo pie.	Más de 50 palabras; las frases con dos palabras son las más corrientes, más interés en la comunicación verbal; ya no balbucea.
2,5	Salta con ambos pies; se mantiene sobre un pie durante 1 segundo; construye torres con seis cubos.	Cada día nuevas palabras; frases con tres y más palabras; parece entender casi todo lo que se le dice; todavía muchos errores gramaticales.
3	Va de puntillas (2,7 metros); anda por las escaleras alternando los pies; salta 0,9 metros.	Vocabulario de unas 1.000 palabras; un 80 por 100 de inteligibilidad; la gramática de sus frases se parece a la del lenguaje coloquial adulto; menos errores sintácticos, que son sistemáticos y se pueden predecir.
4,5	Salta sobre una cuerda, salta sobre un pie; anda siguiendo una línea.	El lenguaje está bien establecido, las anomalías están restringidas a construcciones poco usuales o a las partes más complejas del discurso.

Lenneberg, *Science,* vol. 164, 9 de mayo, 1969, pág. 636.

Tenemos una dramática prueba de esta hipótesis en el caso de «Genie», una niña que fue descubierta en el año 1970 (Fromkin, Krashen, Curtiss, Rigler y Rigler, 1974; Curtiss, 1977; Pines, 1981). Desde la edad de 20 meses, hasta que fue hallada a los 13 años y medio, Genie (no es éste su verdadero nombre) había sido encerrada en una pequeña habitación donde nadie le hablaba. Cuando llevaron a Genie a un hospital californiano, pesaba 26 kilos y 800 gramos, no podía enderezar sus brazos ni piernas, no podía masticar, no tenía ningún control sobre las funciones de la vejiga ni de los intestinos y no sabía hablar. Sólo reconocía su propio nombre y la palabra «perdón».

El progreso lingüístico de Genie durante los nueve años siguientes (hasta que su madre recuperó su custodia y la separó de los profesionales que habían cuidado de ella y la habían educado) refuta y confirma al mismo tiempo la hipótesis del período crítico. El hecho de que aprendiera un lenguaje a esa edad puede ser una refutación de la existencia de un período crítico y, sin embargo, puede que no sea así. Adquirió bastante habilidad lingüística, aprendió muchas palabras y las unió en primitivas frases guiadas por reglas. Sin embargo, después de nueve años de progreso y de un trabajo intensivo con los psicólogos, no llegó a utilizar el lenguaje de manera normal. Nunca formulaba preguntas, y cuatro años después de haber empezado a unir palabras, «su lenguaje se parecía todavía, en su mayor parte, a un telegrama algo mutilado» (Pines, 1981, pág. 29).

El hecho de que sólo empezara a mostrar señales de la pubertad, cuando la encontraron, puede indicar que estaba todavía en el período crítico, aunque cerca ya de su punto final. El hecho de que por lo visto ya era capaz de decir unas cuantas palabras antes de ser encerrada a la edad de 20 meses puede significar que sus mecanismos de aprendizaje lingüístico habían sido activados al principio del período crítico, permitiendo un aprendizaje posterior. El que fuera tan maltratada y descuidada puede haberle producido un retraso tanto emocional como social e intelectual que hace que no se la pueda considerar como una verdadera prueba de las tesis del período crítico. Algunas pruebas sugieren que Genie usaba su hemisferio derecho para aprender el lenguaje, quizá porque el desarrollo del hemisferio izquierdo está limitado a un período crítico que sólo permite la adquisición del lenguaje en el momento apropiado.

¿ES EL PENSAMIENTO LO QUE ESTRUCTURA EL LENGUAJE O ES EL LENGUAJE LO QUE ESTRUCTURA EL PENSAMIENTO?

Mientras nosotros sólo tenemos una palabra para referirnos a la nieve, los esquimales cuentan con palabras distintas para señalar la «nieve dura como el hielo», «la nieve que cae» y «la nieve en el suelo». La cuestión es la siguiente: ¿piensan de distinta manera sobre la nieve, porque tienen el vocabulario para que sea así, o han inventado estas palabras porque piensan de distinta manera? ¿Pueden los esquimales discriminar entre distintos tipos de nieve que nosotros, con nuestro limitado vocabulario referido a la nieve, no podemos discriminar?

La idea de que el lenguaje que usamos afecta a nuestro modo de percibir y pensar, se conoce como hipótesis de la relatividad lingüística, o hipótesis whorfiana, por su defensor más importante, Benjamin Lee Whorf (1956). Whorf defiende que el lenguaje no sólo suministra medios naturales para expresar ideas, sino que desempeña un papel activo en la formación de las mismas. Así, los que hablan idiomas distintos, piensan y perciben el mundo de distinta manera.

Por fascinantes que sean las observaciones de Whorf, no son concluyentes. La gente de Florida puede distinguir los tipos de nieve que antes mencionamos y los pueden describir con palabras. Además, si estas personas de Florida van a Colorado para esquiar, es probable que añadan nuevas palabras a su vocabulario, tales como «polvo», «primavera» y «dura» para describir la nieve. Pueden aprender a distinguir o *discriminar* entre diferentes tipos de nieve. Brown y Lenneberg (1954) sostienen que la mayor cantidad de distinciones en los diferentes vocabularios dependen de la frecuencia con que nos referimos a un determinado fenómeno. Cuanto más hablemos de algo, más probable será que hayamos desarrollado una palabra simple para denominarlo.

Los recientes esfuerzos para hacer al lenguaje inglés menos sexista (preferencia de género) se basan en la opinión de que la estructura lingüística forma la opinión sobre la manera en que la persona recibe la realidad y, por tanto, conlleva serias implicaciones psicológicas. Por ello, un idioma que usa palabras masculinas para referirse a ambos sexos (hombres, hermanos), y que define una ocupación por el sexo (cartero, planchadora), presenta una opinión estereotipada de la gente y hace pensar que el varón pertenece al sexo más importante.

Otro ejemplo de la relación entre la estructura gramatical y el pensamiento se puede ver en la ausencia de estructura en el lenguaje chino para el tipo de pensamiento abstracto conocido como *hipótesis contrafáctica*, como, por ejemplo: «Si no hubieran asesinado a John F. Kennedy, Lyndon Johnson no hubiera sido nunca presidente de los EE. UU.» Una persona de habla hispana probablemente no tendría ninguna dificultad en entender el sentido de esta

Los idiomas del mundo, igual que los vocabularios propios de una profesión dentro de un mismo lenguaje, son distintas ventanas para percibir la realidad. No nos debe pesar que haya diferencias entre los idiomas, igual que no nos deben pesar las diferencias entre nosotros mismos. (Brown y Lenneberg, 1958, pág. 18.)

frase. En cambio, una persona de habla china probablemente la tendría (Bloom, 1981).

El lenguaje chino no posee una estructura para expresar este tipo de pensamiento y hubiera tenido que expresar la frase de diferente manera: «Ya que John F. Kennedy fue asesinado, Lyndon Johnson pudo ser presidente.» Obviamente el sentido no es el mismo. ¿Cómo afecta al pensamiento esta diferencia de estructura lingüística? Puede ser causa de dificultades en ciertas tareas de razonamiento de laboratorio y en algunas áreas de ciencias y matemáticas. Sin embargo, la habilidad de muchos chinos en estos dos últimos campos parece indicar que personas de habla china son capaces de superar los obstáculos indicados.

PRUEBAS SOBRE LA HIPOTESIS DE LA RELATIVIDAD LINGÜISTICA   Para probar esta hipótesis, Brown y Lenneberg (1954) desarrollaron el concepto de la *codificabilidad* de palabras. Son palabras altamente codificables aquellas a las cuales responden rápidamente los individuos que hablan el mismo idioma, de tal manera que están de acuerdo tanto dos personas al hablar entre sí como la misma persona en diferentes ocasiones. Aplicando la codificabilidad a los colores, el «rojo» sería altamente codificable, mientras que el «malva» no lo sería. Brown y Lenneberg encontraron que los colores más codificables eran los que mejor se recordaban. Durante muchos años este descubrimiento se consideró demostrativo del efecto del lenguaje sobre la percepción y la memoria.

Recientemente el mismo concepto fue aplicado en pruebas de nombrar colores y memoria para norteamericanos angloparlantes y para danis de Nueva Guinea, una tribu que se mantiene en un nivel de desarrollo próximo a la edad de piedra que sólo conocía dos nombres de colores, ya que daban más importancia a la luminosidad que al matiz (Heider y Olivier, 1972). Los norteamericanos, con su gran vocabulario cromático, nombraron muchos

«Lo que vemos aquí es un fallo de comunicación», un problema corriente de la vida cotidiana cuando nos olvidamos de tener en cuenta el punto de vista de la persona que nos escucha. Para el oficial de policía de este chiste el camino para llegar a la zona Ⓧ está claro; por lo tanto puede que hable demasiado rápido o puede que deje de dar información importante. (Dibujo de Stevenson; © 1976, The New Yorker Magazine, Inc.)

APARTADO 8-1
¿PUEDEN LOS ANIMALES APRENDER UN LENGUAJE?

Durante los años 70 se produjo una gran conmoción en los círculos lingüísticos gracias a Washoe, Sarah, Lana y Nim Chimpsky (Fouts, 1974; Premack y Premack, 1972; Rumbaugh y Gill, 1977; Terrace, 1979). Todas estas celebridades son chimpancés que han aprendido a comunicar información por medios como el lenguaje de signos americano (LSA), el conjunto de movimientos con la mano usado por personas sordas (Washoe y Nim); el Yerkish, un lenguaje visual artificial (Lana), y un lenguaje artificial de fichas de plástico de diferente color y forma (Sarah). Estudios anteriores habían manifestado la imposibilidad de enseñar a hablar a los monos, por su inadecuado aparato vocal (Hayes, 1951; Kellogg y Kellogg, 1933), pero estos nuevos investigadores parecían haber superado este problema al emplear lenguajes no vocales. (El LSA se considera un lenguaje, aunque no incluye uno de sus rasgos importantes, los sonidos hablados, pero sí que incluye otros elementos cruciales, especialmente las reglas que permiten a los que «hablan» este lenguaje crear frases nuevas.) Se recibieron con entusiasmo noticias como la definición que dio Washoe de un pato como un «pájaro de agua», la habilidad de Sarah para seguir instrucciones como «Sarah, mete las manzanas en el plato de los plátanos», la habilidad de Lana para «decir»: «por favor, máquina da zumo» y las frases de dieciséis signos expresadas por Nin: «Dar naranja dar comer naranja yo comer naranja darme comer naranja darme tú.» El entrenador del gorila Koko llegó a decir que «el lenguaje ya no es dominio exclusivo del hombre» (Patterson, citado en Terrace, 1979).

Sin embargo, recientes críticas a estos y otros proyectos que pretendían enseñar a los monos diferentes tipos de lenguaje, afirman que las actuaciones de los monos no demuestran una habilidad para aprender un lenguaje como nosotros lo definimos (Limber, 1977; Terrace, 1979; Terrace, Petitto, Sanders y Bever, 1979). Todo parece centrarse en el hecho de que, aunque los monos puedan aprender a utilizar símbolos significativos, puedan generalizarlos correctamente para utilizarlos en otras situaciones y puedan comunicarse de algún modo con los seres humanos, no aprenden el aspecto creativo del lenguaje, que incluye el saber utilizar las reglas para crear un número infinito de nuevas expresiones y frases complejas.

Uno de los psicólogos al principio pensaba que «su» chimpancé, Nim Chimpsky, utilizaba realmente una gramática, hasta que analizó las cintas de vídeo de las «conversaciones» de

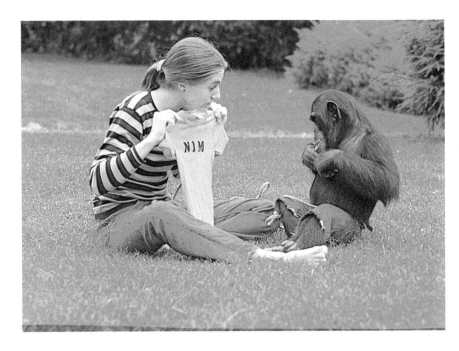

¿Pueden los animales aprender un lenguaje? Aquí un entrenador muestra su camiseta a Nim, y Nim utiliza el lenguaje americano de signos para señalar «yo». No obstante, cuando el psicólogo que está al cuidado del entrenamiento de Nim analizó las cintas de vídeo de sus conversaciones, descubrió que más bien imitaba a su profesora, y que nunca habló con frases largas como hacemos los seres humanos. (© Susan Kulin, 1977/Photo Resaerchers, Inc.).

Nim con su profesora. Terrace (1979) descubrió entonces que las secuencias de palabras que habían parecido frases eran, en realidad, imitaciones sutiles de las secuencias de la profesora. Además, aunque Nim aprendió más y más palabras, no mostró el aumento en la longitud media de las articulaciones que acompaña el desarrollo normal del habla humana. Nim no tenía tanta

competencia gramatical como había parecido en un principio y según Terrace tampoco la tenían los demás monos.

De momento, ninguno de estos primates ha mostrado el tipo de producción creativa y compleja de frases significativas que son parte de un lenguaje maduro. Sin embargo, debemos admitir que ninguno de los monos ha contado con los muchos años o la

intensidad de entrenamiento lingüístico que los niños reciben automáticamente antes de que sean capaces de entender y hablar un lenguaje. Si fuera posible dar tal entrenamiento (hasta ahora no ha sido posible porque los chimpancés se vuelven difíciles y peligrosos cuando crecen), quizá podríamos llegar a una conclusión diferente.

más colores. Sin embargo, cuando les fueron presentadas fichas de un solo color durante 5 segundos y luego, 30 segundos más tarde, les pidieron su reconocimiento entre fichas diferentes, ambos grupos lo hicieron igual. El no tener nombres para los colores no impedía a los danis percibirlos y recordarlos. Los colores que se consideran altamente codificables en inglés fueron los que ambos grupos recordaban mejor, sin que tuviera importancia el lenguaje. Estos descubrimientos han llevado a muchos psicólogos a descartar la hipótesis whorfiana, mientras otros opinan que el ejercicio de nombrar colores es un procedimiento equivocado para probar el efecto del lenguaje sobre el pensamiento.

El desarrollo del lenguaje nos proporciona un sistema de símbolos que nos permite etiquetar a las personas, los lugares, los acontecimientos y otras cosas de nuestra vida. A través de esta etiquetación nos podemos comunicar con otras personas de nuestra misma cultura que asignan un significado similar a estas etiquetas. En la próxima sección veremos de qué manera las personas aprenden a aplicar etiquetas parecidas a los estímulos que ellos sitúan dentro de la misma categoría conceptual.

FORMACION DE CONCEPTOS

Si alguien le preguntase qué es lo que tiene usted en el armario, podría responder que tiene «ropa», o bien podría contestar «chaquetas, pantalones, camisetas y zapatos». En cualquier caso no se sentiría obligado a describir cada uno de los objetos del armario. Ambas respuestas presentan un aspecto vital del pensamiento humano: la habilidad para organizar una variedad de objetos o sucesos diferentes, convirtiéndolos en conceptos, que son categorías de objetos, sucesos o individuos. En la formación de categorías agrupamos elementos que tienen en común rasgos importantes. Estos conceptos pasan de contenidos muy específicos, como *jerseis, camisas*, a otros más amplios, como la *ropa de vestir* (incluyendo camisas, blusas, camisetas), *ropa de deporte, ropa de abrigo*, etc., hasta la categoría mucho más amplia de *ropa*.

Esta habilidad para clasificar cosas no idénticas nos capacita para poner orden en un mundo lleno de objetos y sucesos aislados, nos permite generalizar experiencias previas y formular reglas generales para el pensamiento y las acciones. Por ejemplo, desde muy niños aprendemos a apartarnos de la calzada cuando aparecen coches, camiones o autobuses a gran velocidad porque hemos adquirido el concepto de que la velocidad y un vehículo grande es una combinación peligrosa. A un nivel más abstracto, los sistemas de moralidad, justicia y gobierno se basan en un fundamento conceptual.

Conceptos bien definidos

Un concepto bien definido se puede especificar por un conjunto de *características* claras e inambiguas, como el color, el tamaño, la forma o la función, unidas por una *regla* o una relación entre ellos. Así, una pelota es un bjeto esférico de una cierta composición, tamaño, peso y textura, utilizado con el propósito de jugar a un juego determinado. Un candidato a presidente de los EE. UU. es alguien que ha nacido en ese país y tiene más de treinta y cinco años. Un estudiante prometedor para la universidad es un alumno de escuela secundaria que ha obtenido buenas notas *o* ha obtenido una alta puntuación en pruebas de aptitud *o* tiene un interesante «curriculum» extra-académico. Las reglas o relaciones en estos ejemplos son las palabras «y» y «o». En los dos primeros ejemplos, *todas* las características tienen que estar presentes para que quede constituida la categoría («y»), mientras que en el último ejemplo *sólo uno* de los tres rasgos tiene que estar presente necesariamente («o»).

Al estudiar cómo formamos los conceptos, los investigadores utilizan a menudo una serie de formas simbólicas que se diferencian en rasgos tales como tamaño, forma y color, y luego piden a los sujetos que digan qué elementos ejemplifican el concepto *no definido*. El experimentador no define el concepto en cuestión al individuo, sino que le exige que determine de qué concepto se trata («todos los círculos verdes») al descubrir los elementos comunes que corresponden al concepto en cuestión (véase figura 8-2). De esta manera es posible ver qué tipo de razonamiento utiliza el sujeto para formar conceptos. La gente utiliza normalmente estrategias sistemáticas y no conjeturas que resuelve por el método de ensayo-error, lo que demuestra que la formación de conceptos es un proceso de pensamiento y, como tal, va más allá de meras relaciones mecánicas de asociaciones estímulo-respuesta, como afirmaban los conductistas. En realidad, resolveríamos mejor los problemas de la formación de conceptos si hubiéramos sido entrenados en lógica formal (Dood, Kinsman, Klipp y Bourne, 1971) o tuviéramos mucha práctica en el aprendizaje de conceptos en el laboratorio (Bourne, 1967, 1970).

Normalmente, nos centramos en una sola característica a la vez. Si el primer ejemplo positivo fuera «tres círculos rojos dentro de dos marcos», un individuo podía elegir «tres círculos *verdes* dentro de dos marcos». Si le dicen que el segundo elemento *no* forma parte del concepto, ¿qué es lo que aprende? Que el color es lo más importante, porque es el único elemento que ha cambiado entre los dos ejemplos. Si le dicen que el segundo ejemplo *forma parte* del concepto, aprende que el color no es importante, y en cambio lo puede ser el número de círculos o marcos y/o las formas.

Si el sujeto se siente con ganas de jugársela después de saber que el primer elemento positivo es «tres círculos rojos dentro de dos marcos», podrá elegir «dos círculos verdes dentro de dos marcos». Si esto *resulta ser* un ejemplo del concepto, aprenderá dos cosas: que tanto el número de círculos como el color carecen de importancia. Si resulta que no forma parte del concepto, no sabrá cuál de los rasgos es el importante, el cambio de número o el cambio de color. Este «juego al azar para centrar el concepto» es del mismo tipo que el juego Botticelli, en el que los jugadores tienen que adivinar en qué personaje famoso está pensando otra persona, formulando preguntas a las que sólo cabe contestar con un sí o un no. Si pregunto: «¿Es un varón americano que vive actualmente?», y usted dice «sí», tengo tres informaciones al mismo tiempo, pero si dice «no», desconozco si se le puede aplicar alguno de estos tres atributos. Si hubiera preguntado: «¿Está viva esta persona?» Hubiera tenido una información específica, fuera cual fuera su contestación.

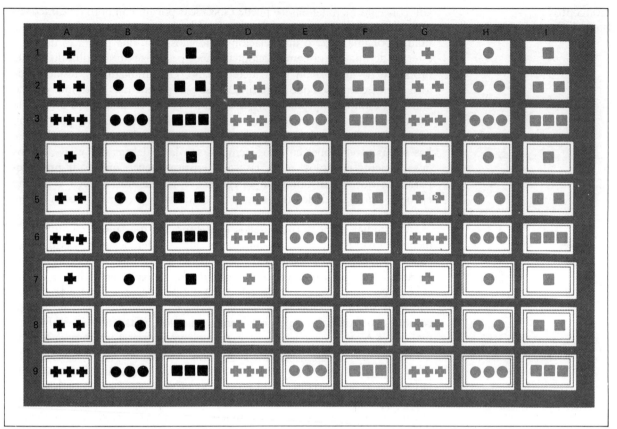

FIGURA 8-2 Estímulos de una tarea de aprendizaje de conceptos. *Estímulos como los que vemos aquí se usan a menudo para investigar cómo se llega a determinar las reglas que definen los conceptos. (De Bruner, Goodnow y Austin, 1956, pág. 42.)*

Conceptos mal definidos

Los conceptos que acabamos de describir se consideran bien definidos porque no hay ninguna confusión posible entre el rojo y el verde, entre círculo y cuadrado, entre un marco y dos. Todas estas distinciones son muy claras. En la vida real, sin embargo, dado que no podemos controlar las condiciones del mismo modo que en el laboratorio, casi todos los conceptos son mal definidos. Es decir, las características de una categoría se superponen a menudo con las de otra, haciendo difícil distinguir entre ambas.

¿Cuál es, por ejemplo, la diferencia entre una revista y un libro? ¿Está en el hecho de que un libro está encuadernado y una revista está grapada? ¿Que un libro se publica una vez y una revista periódicamente? ¿Que un libro se vende en una librería y una revista en un quiosco? Imaginémonos que un editor realiza una publicación anual con una encuadernación típica de libros: ¿es una revista, teniendo en cuenta que casi todas las revistas se publican semanal o mensualmente, o es un libro? ¿Si el editor lo llama libro, es un libro por esa razón? ¿Si las librerías se niegan a venderlo, es por ello una revista? ¿Quién lo decide?

En los conceptos mal definidos las características y las reglas que unen los elementos de una categoría nunca son evidentes. Los conceptos mal definidos se suelen aprender por la continua experiencia en el trato con los miembros de la categoría más que por una definición específica. El concepto de ropa, por poner un caso, se aprende normalmente por ejemplos, no por definiciones. Los niños pequeños aprenden a distinguir abrigos de sombreros no porque se les entreguen listas de las características de cada uno, sino porque los mayores dicen: «esto es un abrigo», «esto es un sombrero». En otras palabras, aprendemos un concepto al observar una serie de ejemplos y abstraer de ellos las reglas del concepto.

Por ejemplo, usted conoce lo que es un juego. Invente definiciones de «juego» antes de seguir leyendo.

Ahora compruebe su definición. ¿Incluye los juegos de mesa y excluye el baile? ¿Distingue entre los deportes de aficionados y profesionales? ¿Debería hacerlo? ¿Cuáles son sus características? ¿Qué reglas los unen?

TIPICIDAD   Aunque muchos elementos diferentes pueden encajar en una categoría de conceptos determinada, algunas cosas tienen un lugar más firme en unas categorías que otras. Algunos elementos parecen ser más típicos (mejores ejemplos) de un concepto que otros. Para ver cómo funciona esto, imaginémonos que tuviera que contestar con un sí o con un no, tan rápido como le fuera posible, a preguntas como las siguientes: «¿el petirrojo es un pájaro?», «¿un pingüino es un pájaro?» Casi todo el mundo contesta correctamente que sí a ambas preguntas, pero contestan más rápido a la primera pregunta que a la segunda (Rips, Shohen y Smith, 1973). Típicamente un petirrojo se considera pájaro más que un pingüino, probablemente porque tiene una mayor cantidad de características que definen la categoría pájaro: un petirrojo pone huevos y tiene plumas y alas y también vuela; esto último no lo puede realizar el pingüino. Cuando hay que clasificar distintos tipos de fruta según su tipicidad (ilustrado en la figura 8-3), normalmente la naranja y la manzana se clasifican como buenos ejemplos de frutas, el albaricoque y la mandarina como intermedios y el pomelo y las bayas como ejemplos malos. Esta clasificación correlaciona con el tiempo de reacción al responder, correspondiendo la contestación más rápida para los ejemplos más típicos (Rosch, 1975).

SEMEJANZA DE FAMILIA   Una manera de explicar el fenómeno de la tipicidad es a través de la teoría de la semejanza de familia. Usted puede, por ejemplo, parecerse a su padre, especialmente en el área de alrededor de los ojos. La nariz de su hermana puede ser igual que la de él. Pero puede que usted y su hermana no se parezcan mucho. En una familia los miembros se parecen de varias maneras, y la esencia del parecido familiar es una sucesiva superposición de características parecidas. Los miembros de una categoría lingüística natural pueden estar unidos por el mismo tipo de «parecido familiar» en el cual todos los miembros tienen por lo menos una característica en común con otro miembro y algunos miembros comparten muchas características (Wittgenstein, 1953).

Para probar la teoría de que la tipicidad está relacionada con el grado de solapamiento de características, se pidió a unos estudiantes universitarios que clasificasen la tipicidad de 20 objetos de seis categorías distintas (muebles, vehículos, frutas, etc.) (Rosch y Mervis, 1975). Se pidió a otro grupo que describieran los atributos que poseía cada elemento (para la *bicicleta* serían, por ejemplo, «dos ruedas», «pedales» y «puedes montar en ella»). Cuando se comparaban las puntuaciones de ambos grupos, la correlación entre la tipicidad y la semejanza familiar era muy elevada. Cuanto más características tenga en común un elemento con otros miembros de una categoría, con más razón se le considerará un miembro bueno y representativo de la misma.

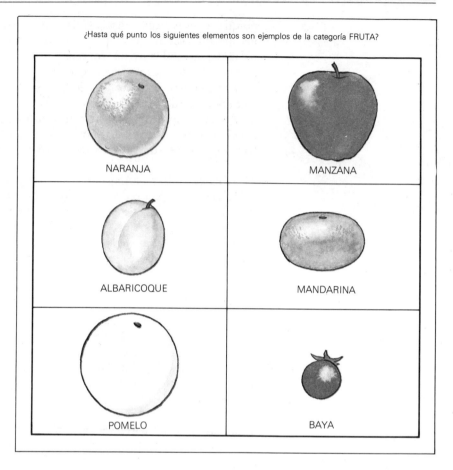

¿Hasta qué punto los siguientes elementos son ejemplos de la categoría FRUTA?

NARANJA

MANZANA

ALBARICOQUE

MANDARINA

POMELO

BAYA

FIGURA 8-3 Tipicidad en la formación de conceptos. *¿Hasta qué punto los siguientes elementos son ejemplos de la categoría «fruta»? (De Rosch, 1975.)*

FIGURA 8-4 *Categoría de nivel básico: silla.*

CATEGORIAS DE NIVEL BASICO   En el mundo real los conceptos no son combinaciones arbitrarias de características y reglas. Tampoco tienen necesariamente el mismo aspecto, ni suenan ni se sienten igual. Sin embargo, existe un nivel básico de abstracción a partir del cual dividimos automáticamente las cosas en categorías (Rosch y Mervis, 1975). Por ejemplo, ¿cómo llamaría al objeto de la figura 8-4? Probablemente diría «una silla», la contestación más probable tanto entre niños como adultos. Sin embargo, este objeto también pertenece a una categoría supraordinada («muebles») y a una subordinada («silla de cocina»). *Podemos* clasificar un objeto (como una silla) de muchas maneras. Podrían correctamente indicar que es una silla, una silla de cocina, un mueble o un objeto fabricado. Medidas de el tiempo de reacción demuestran que la gente clasifica más rápido en categorías de nivel básico (silla). Ello sugiere que las categorías de nivel básico son las que más usamos al manejar los objetos en la vida diaria. Estas categorías de nivel básico son probablemente las primeras que los niños aprenden a utilizar cuando tienen que nombrar y clasificar los objetos (Rosch, Mervis, Gray, Johnson y Boyer-Braem, 1976).

RESOLUCION DE PROBLEMAS

El mundo sería un lugar totalmente caótico si no pudiéramos utilizar un lenguaje y formar conceptos. Los conceptos, tal y como hemos visto, nos permiten generalizar y por lo tanto ordenar nuestro mundo. Con este orden sabemos cómo actuar cuando encontramos un nuevo miembro de una categoría, y así no tenemos que volver a aprender cómo debemos comportarnos en cada encuentro. Por lo tanto, si tenemos el concepto «automóvil», sabemos que es un vehículo con cuatro ruedas y con un potencial para llevarnos a algún lugar, y también para hacer daño. Una vez tenemos este concepto, lo podemos aplicar a nuevos automóviles (como automóviles extranjeros, deportivos, etc.) que nunca habíamos visto antes.

Con esta capacidad de formar conceptos podemos generalizar nuestras experiencias y poner orden en su complejidad, podemos comunicarnos con otra gente y podemos seguir resolviendo algunos de los problemas que nos salen al encuentro.

Fíjese en la siguiente historia: es un sábado por la noche. Sara va a casarse el día siguiente. Los zapatos de novia están en la tienda donde los compró para que los reparen. Se ha olvidado de recogerlos, y ahora la tienda ha cerrado y no abre hasta el lunes por la mañana. Sara tiene, pues, un problema. Al final, la madre de Sara recuerda que una de sus amigas lo era, a su vez, de la hermana del dueño de la zapatería. Llama a su amiga, que habla con su amiga y ésta con su hermano, el cual, compadeciéndose de la novia olvidadiza, queda con ella en que se encontrarán en la tienda a la mañana siguiente para devolverle los zapatos. Sara se puede casar con toda su pompa y todos contentos. Se ha resuelto el problema.

La capacidad para encontrar una respuesta a una pregunta o a una dificultad, es decir, la resolución de un problema, es una actividad cognitiva enfocada hacia un objetivo. En este caso la meta era conseguir los zapatos antes del domingo por la tarde. La resolución de problemas puede ser una *rutina* (usando procedimientos que ya existen) o algo *creativo* (desarrollando nuevos procedimientos). La madre de Sara usó una herramienta familiar (el teléfono) y una actividad familiar (contactar con alguien), lo cual coloca su solución en la categoría de la rutina. ¿Qué procedimientos creativos podía haber ideado Sara para este problema?

A diferencia del lenguaje, la resolución de problemas es una actividad que se da comúnmente entre los animales de nivel inferior. Para explicar la manera de resolver los problemas, tanto en seres humanos como en los animales, los psicólogos pueden elegir entre varias teorías.

Teorías sobre la resolución de problemas

TEORIA DEL APRENDIZAJE   La teoría del aprendizaje, o asociacionista de la resolución de problemas, está bien representada por los trabajos de Ivan Pavlov, John B. Watson y Edward Lee Thorndike, cuyas teorías e investigaciones explicamos en el capítulo 5. De acuerdo con Thorndike, los gatos colocados en «cajas laberinto» aprendieron a tirar de la cuerda, que les permitía salir por un proceso de ensayo-error, y no por un repentino discernimiento («insight»). En su opinión, el gato solamente aprendió a salir de la caja porque aprendió un nuevo hábito debido a la recompensa, o al refuerzo, sin que llegara a entender por qué podía escapar de la misma al estirar de la cuerda.

LA GESTALT   Sultán, un chimpacé, es la estrella de los experimentos más famosos, del enfoque *gestaltista* (explicado en el capítulo 1), dirigidos por Wolfgang Kohler (1927). Si se colocaban unos plátanos en el exterior de la jaula de Sultán, fuera de su alcance, y se le proporcionaba un palo, lo usaba para acercar los plátanos. Sultán tuvo un problema cuando ninguno de los dos palos que tenía eran suficientemente largos como para llegar a los plátanos. Intentó alcanzarlos con ambos palos sin éxito, y luego se alejó. Sin embargo, de repente volvió e intentó introducir un palo dentro del otro, combinándolos de manera que consiguió un palo suficientemente largo como para llegar a los plátanos. De acuerdo con Kohler, Sultán utilizó su capacidad de discernimiento («insight»), o tuvo lo que se conoce como una experiencia «¡aha!». Inventó una solución completamente nueva de su problema, la cual continuó utilizando en situaciones parecidas. (Los usos repetidos caerían en la categoría de la resolución de problemas mediante el uso de una rutina.)

Ráfagas de lucidez parecidas pueden haberles ocurrido a los osos negros del parque nacional de Great Smoky Mountains, que han resultado expertos en robar la comida de la gente. Un oso creativo, llamado «El saltador del cañón profundo», se sube a un árbol en el que un excursionista ha colgado un paquete de comida, y se coloca justo encima del paquete; entonces el oso salta del árbol y coge el paquete en su camino hacia abajo. Otro oso se estiraba por completo apoyado en un palo, de manera que un osezno subido a sus hombros pudiera alcanzar la comida (*New York Times*, 1983).

El psicólogo de la Gestalt Karl Duncker considera que la mayor barrera para la resolución de problemas es la fijeza funcional, o el exceso de la confianza en viejos métodos para considerar y hacer las cosas, de manera que nos impide pensar en nuevas posibilidades.

PROCESAMIENTO DE INFORMACION De acuerdo con este enfoque (tratado en los capítulos 5, 6 y 7), resolver problemas es una actividad compleja que incluye muchos procesos: registrar y analizar la información, recuperar de la memoria todo el material que tiene relación con esta información y utilizar ambos tipos de conocimientos con un propósito determinado. El estudio del procesamiento de información ha aumentado con el uso de los ordenadores, que empezó en los años 50. Los científicos han intentado descubrir la manera cómo los humanos resuelven los problemas para poder programar las computadoras para que utilicen procesos similares, produciendo *inteligencia artificial*. Este área de la investigación se llama *simulación por computadora*.

Fases en la resolución de problemas

Normalmente, dicen los psicólogos, pasamos por tres o cuatro fases en la resolución de problemas. De acuerdo con cierta teoría (Bourne, Dominowski y Loftus, 1979), *preparamos, producimos y evaluamos*.

1. PREPARACION En primer lugar hemos de entender el problema. El modo de presentarlo puede influir en nuestra interpretación, tal como vemos en la figura 8-5. Duncker (1945) dio tres cajas de cartón a un grupo de personas. En una caja había cerillas, en otra tachuelas y en la última velas. Luego les dijo que colocaran la vela sobre una pared cercana. Algunas personas tenían grandes dificultades para resolver el problema, mientras otras, con los mismos materiales, lo resolvieron más fácilmente. La diferencia radicaba en la presentación del material. El segundo grupo recibió las cajas vacías, lo cual les permitió visualizar una de las cajas como base para apoyar la vela. Las personas del primer grupo sufrían una fijeza funcional, siendo incapaces de superar la noción de que las cajas eran contenedores, no se dieron cuenta de que podían ser soportes de las velas.

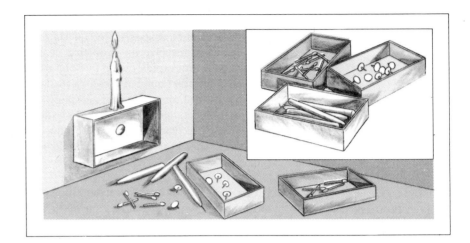

FIGURA 8-5 El problema de la vela. *Con las tachuelas, las cerillas y las velas coloque la vela en posición vertical sobre una pared.*

2. PRODUCCION Luego tenemos que producir posibles soluciones. Puede que problemas simples requieran sólo la recuperación de la información correcta de la memoria a largo plazo, en tanto que problemas más complicados requieren estrategias más complejas. Las dos estrategias básicas de solución son el algoritmo y el heurístico.

Un algoritmo es una estrategia que agota todas las respuestas posibles hasta llegar a la solución correcta; utilizado exhaustivamente, asegura una solución correcta. Por ejemplo, dado el anagrama NOU, un algoritmo colocaría estas tres letras en todas las combinaciones posibles (UON, UNO, NUO, OUN) hasta llegar al orden correcto (ONU). Los algoritmos se emplean poco, por un lado porque para muchos problemas no existen y, por otro, porque cuando realmente existen se tarda mucho en alcanzar una solución.

Un heurístico es una estrategia sencilla que puede llevar a una solución rápida o a ninguna solución. Los heurísticos pueden incluir *planificaciones* que ignoran parte de la información del problema, mientras se enfocan hacia otra información (por ejemplo, resolver rápidamente un anagrama de tres letras al darse cuenta de que la consonante probablemente irá entre los dos vocales, y dejar de probar en absoluto las combinaciones que no siguen este patrón). Puede implicar un análisis de *medios y fines,* que comprueba la diferencia entre el estado actual (su rey en jaque en el ajedrez, lo cual significa que perderá si no lo quita de en medio) y otro deseable (ganar la partida)' y hace algo para reducir la diferencia (planear movimientos que primero alejen el rey del jaque y luego paso a paso le lleven a una posición más fuerte). Los heurísticos también pueden incluir el *trabajo hacia atrás,* imaginándose cuál sería la situación ideal (que Sara tuviera sus zapatos) y luego determinando qué pasos nos pueden llevar a ese ideal y qué queda por hacer antes de llegar a ese paso (ponerse en contacto con el dueño de la tienda por medio de su hermana a través de la amiga, etc.).

3. EVALUACION Tenemos que decidir si nuestra solución es buena. Esto resulta fácil para algunos problemas. Si solucionamos un anagrama y nos sale una palabra, sabemos que estamos en lo cierto. Si conseguimos los zapatos antes de la boda hemos resuelto el problema. Sin embargo, muchos problemas tienen metas menos precisas y son más difíciles de juzgar. Puede haber más de una solución y por lo tanto tenemos que decidir cuál es la mejor. (Es a

El estudio del procesamiento de información —cómo los seres humanos la registran, la recuperan de la memoria y la utilizan con un propósito determinado— ha aumentado con la utilización de la computadora, ya que los investigadores intentan programar las computadoras para que «piensen» como los seres humanos. (© 1983 Robin Moyer/Black Star.)

menudo el caso en las pruebas objetivas en las cuales dos respuestas pueden ser correctas, pero una es mejor que la otra.)

Cuando se resuelve un problema en un momento de *discernimiento*, la evaluación es tan rápida que la persona o el animal ni siquiera se dan cuenta; simplemente saben que han descubierto la solución. Antes de decir nada más sobre el discernimiento, queremos subrayar que los tres pasos que acabamos de presentar no siempre se recorren del primero al tercero. A menudo avanzamos y retrocedemos para producir la posible solución (nivel 2), la evaluamos (nivel 3) y luego retrocedemos para reinterpretar el problema (nivel 1).

Soluciones «Aha»: Ráfagas de discernimiento y cambios de lógica

¿Cómo pueden dos hombres jugar cinco partidas de ajedrez y cada uno ganar el mismo número de partidas sin hacer tablas? ¿Cómo se puede plantar un total de 10 árboles en cinco filas de cuatro árboles? Si tiene calcetines negros y calcetines marrones en su armario en la proporción 4/5, ¿cuántos calcetines tendrá que sacar para estar seguro de tener un par del mismo color? ¿Cómo supo el director de un museo que «la antigua moneda romana» acuñada con la fecha de 350 a. C. era falsa?

LA RESOLUCION DE PROBLEMAS POR DISCERNIMIENTO («INSIGHT») Los problemas del tipo que acabamos de mencionar se resuelven generalmente a través del «insight», no en función del conocimiento anterior o de un cálculo laborioso. Estudiando cómo las personas llegan a sacar conclusiones, Sternberg y Davidson (1982) identificaron tres procesos intelectuales necesarios: *codificación selectiva*, la habilidad para *codificar* la información (descubrir qué cosas son relevantes, aunque no sean evidentes y separarlas de lo que es irrelevante); *combinación selectiva*, la habilidad para *combinar* aspectos de información diferentes y aparentemente sin relación alguna entre sí; y la *comparación selectiva* o habilidad para descubrir una relación poco obvia entre la información nueva y la antigua. El papel de la selección de datos es importante en los tres tipos de procesamiento de la información.

Si suponía que los jugadores de ajedrez jugaban el uno contra el otro, una codificación errónea se interpuso en el camino de la solución. Ya que no podía haber tablas y ambos jugadores ganaron el mismo número de partidas, no pueden haber jugado el uno contra el otro. Si no se le ocurrió plantar los árboles en una disposición de líneas que no fueran paralelas (véase figura 8-6), no combinó los datos de manera productiva. Si no se le ocurrió que solamente necesita sacar tres calcetines para estar seguro de tener un par, la proporción 4/5 le engañó y no utilizó adecuadamente la información anterior (cuando tres elementos son de dos tipos diferentes, dos pertenecen necesariamente al mismo tipo).

El último problema muestra que el discernimiento («insight») no es suficiente. La información anterior también es importante (el significado de «a. C.» y el hecho de que las monedas se acuñan con la fecha del año en que se fabrican constituyen una combinación que lleva a la conclusión de que la moneda no podía haber sido acuñada con las siglas «a. C.» 350 años antes del nacimiento de Jesucristo).

Otros elementos que resultan importantes para resolver problemas son los procesos básicos de planificación, producción y evaluación; la motivación (que lleva a la persona a hacer un esfuerzo extraordinario para resolver el problema), y el estilo (la impulsividad en unos momentos y la reflexión en otros).

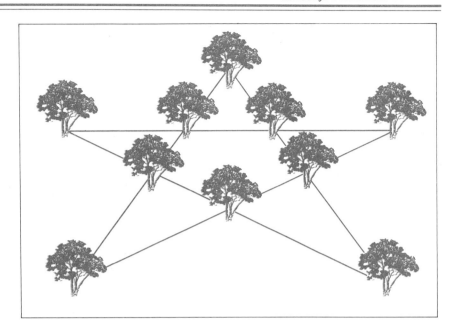

FIGURA 8-6 *Se pueden plantar diez árboles en cinco filas de cuatro árboles cada una si se colocan según este modelo no paralelo.*

DISCERNIMIENTO E INTELIGENCIA El («insight») necesario para resolver problemas de este tipo tiene relación con el CI, pero no es exactamente lo mismo. Esto lo descubrieron Sternberg y Davidson (1982) cuando administraron una batería de tests a 30 ciudadanos. Les aplicaron tests de inteligencia, discernimiento («insight»), razonamiento *deductivo* (que lleva a una conclusión que es cierta si la información que se ha dado es verdadera, como en este silogismo: «Si todos los petirrojos son pájaros, y todos los pájaros ponen huevos, todos los petirrojos ponen huevos»), y razonamiento *inductivo* (que lleva a una conclusión probable como ésta: «María y Juan viven en la misma casa, tienen el mismo apellido y María tiene una foto de Juan en su escritorio, por lo tanto María y Juan están casados.» Aunque María y Juan podían ser hermanos o compañeros con el mismo apellido, la conclusión tiene bastantes probabilidades de ser correcta (Anderson, 1980, pág. 329).

Se han encontrado correlaciones elevadas entre el discernimiento y el CI, y entre el discernimiento y el razonamiento inductivo; en cambio, entre el discernimiento y el razonamiento deductivo las correlaciones son más modestas. Los mejores indicadores del CI eran problemas de discernimiento que requerían que el individuo separara la información importante de la que no lo era, mientras los peores indicadores eran las preguntas con «truco» que los individuos interpretaban mal (véase las figuras 8-7 y 8-8). Así pues, la ejecución de los problemas de «insight» proporciona una buena medida de la inteligencia. Sería interesante efectuar un programa similar para medir la relación entre el discernimiento («insight») y la creatividad.

CREATIVIDAD

El descubrimiento de Einstein de la teoría de la relatividad, la ley de la gravedad de Newton, las obras de Shakespeare, las pinturas de Picasso, la introducción de la producción en serie por Henry Ford, la creación de la seguridad social por parte del gobierno de los EE. UU., son todos ejemplos de creatividad, que consiste en la habilidad de ver las cosas bajo una nueva

A principios de verano hay un nenúfar en un lago. Transcurren 60 días para que el lago se cubra por completo de nenúfares. Sabiendo que los nenúfares doblan su número cada 24 horas, ¿en qué día estaba la mitad del lago cubierta de nenúfares?

FIGURA 8-7 *Sternberg y Davidson (1982) descubrieron que este problema es un buen predictor del CI. Para resolverlo, el sujeto tiene que descubrir que la clave está en el hecho de que el número de nenúfares se dobla cada 24 horas. Respuesta: el día 59. (De Sternberg y Davidson, 1982.)*

perspectiva. O dicho de otra forma, de ver problemas de cuya existencia nadie se había percatado antes e inventar luego soluciones nuevas, originales y eficaces. Aunque la creatividad puede parecer «un tema más sublime» que la resolución de problemas (Hayes, 1978), es razonable pensar en la creatividad

Un granjero tiene 17 vacas. Todas, excepto nueve, se abrieron paso a través de un agujero en la valla y se perdieron. ¿Cuántas quedan?

FIGURA 8-8 *Sternberg y Davidson (1982) descubrieron que este problema predice mal el CI, ya que para contestarlo sólo hace falta leer la segunda frase con atención. Respuesta: 9. (De Sternberg y Davidson, 1982.)*

Si Sir Isaac Newton no hubiera tenido la habilidad creativa para ver las cosas bajo una perspectiva nueva y poco corriente, hubiera podido ver un millón de manzanas caer al suelo y no habría descubierto la ley de la gravedad. (Culver Pictures, Inc.)

desde la perspectiva de la resolución de problemas. El poeta que escribe un soneto está resolviendo un problema, igual que el científico que busca una nueva aleación, el músico que compone una sinfonía, el escultor que cincela una figura en un bloque de mármol o el economista que es capaz de sacar a flote el sistema de seguridad social de sus actuales problemas financieros.

Podemos ver la relación entre la creatividad y la capacidad para resolver problemas en el famoso problema de los 9 puntos. Mire la figura 8-9 y vea si puede llegar a una solución. Después de un tiempo razonable observe en la figura 8-10 algunas de las soluciones que otros han ideado.

Medida de la creatividad

Los tests de inteligencia más comunes miden lo que Guilford (1967) llama *pensamiento convergente,* que es la capacidad para descubrir una única respuesta correcta o la mejor. Resulta más difícil medir el *pensamiento divergente,* que es la capacidad para descubrir respuestas nuevas y originales a un problema, pero los investigadores de la creatividad han construido diversos tests pensados exclusivamente para medir esta capacidad. Formulan preguntas como: «Haga una lista de todos los usos que se le ocurren de un ladrillo», «nombre todas las palabras que se le ocurran que empiecen por A y terminen por D» o «imagínese que todos los seres humanos tienen ojos en la nuca, igual que en la cara. Enumere todas las consecuencias e implicaciones de este hecho». Luego se puntúan estos elementos en relación a *la cantidad* (cuántas respuestas diferentes se dan), *la originalidad* (hasta qué punto estas respuestas son diferentes de las de los demás) y *la utilidad* (la importancia de las respuestas).

Hasta ahora estos tests resultan más útiles para la investigación que para el asesoramiento educativo o profesional. Representa un problema el hecho de que la puntuación depende en gran medida de la velocidad y las personas creativas no siempre dan respuestas rápidas. Otro problema es que, aunque las pruebas son fiables (consistentes), existe muy poca o ninguna evidencia de su validez (posibilidad de predecir la creatividad en la vida real). Los resultados son desiguales respecto al hecho de si verdaderamente miden la creatividad en situaciones reales (Anastasi, 1976). Por ejemplo, en cierto estudio unos escritores de guiones de anuncios, que se juzgaban como altamente creativos, obtuvieron mejores resultados en varias pruebas de pensamiento divergente que otros que se juzgaban poco creativos (Elliott, 1964). En otro estudio se encontró poca correlación entre la creatividad y el pensamiento divergente en un grupo de investigadores científicos (Taylor, Smith y Ghiselin, 1963). Este tipo de discrepancia no nos sorprende excesivamente. Puede haber muchos tipos de habilidades de pensamiento divergente —Guilford (1967) asegura que existen por lo menos 24 tipos—. Es muy difícil saber exactamente cuáles son necesarios para resolver un problema concreto de la vida real. Además, la creatividad, al parecer, no puede reducirse al pensamiento divergente. La motivación, los conocimientos previos, el aprendizaje, la independencia de carácter y la determinación son elementos que parecen desempeñar un papel en la producción de un trabajo creativo (Perkins, 1981).

Creatividad e inteligencia

Todos conocemos personas brillantes que van bien en los estudios o en el trabajo, pero que muestran «poca capacidad para hacer mejorar su calidad de vida» (Goertzel y Goertzel, 1962, pág. 280). Estas personas son inteligentes,

FIGURA 8-9 El problema de los nueve puntos. *Una los nueve puntos con sólo cuatro líneas sin levantar el lápiz del papel.*

Este rompecabezas es difícil de resolver, si no se sobrepasa el límite imaginario que producen los nueve puntos. Una sorprendente cantidad de personas no sobrepasarán esta restricción imaginaria. A menudo, esta restricción está inconscientemente en la mente del que quiere resolver el problema, aunque no se encuentre de ninguna manera en el planteamiento del mismo. La restricción que producen los límites son un impedimento que sólo existe en la mente del sujeto. Este bloqueo, muy común entre los individuos, es el que produce el impedimento que hace clásico este rompecabezas.

Algunas soluciones posibles (De Adams, 1980, págs. 25-31.)

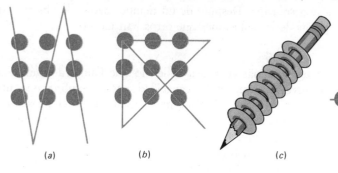

(a)   (b)   (c)

He recibido muchas respuestas como la de abajo, que requiere simplemente recortar el rompecabezas, reproducirlo con formato diferente y utilizar una sola línea.

(d)

~ 2 líneas* 0 dobleces

*Estadísticamente

También es posible enrollar el rompecabezas y dibujar una espiral a través de los puntos (a la derecha) y de esta manera violar la disposición bidimensional.

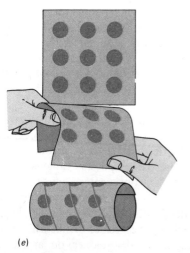

(e)

Dibuje puntos tan grandes como sea posible. Arrugue el papel y atraviéselo con un lápiz. Abralo, vea si lo ha conseguido, y si no, siga probando. «Nadie pierde: juegue hasta ganar.»

(f)

1 línea 0 dobleces

Deposite el papel en la superficie del globo terráqueo. Circunnavegue el globo terráqueo un poco más de dos veces desplazándose algo cada vuelta hasta atravesar la fila siguiente a medida que «va hacia el oeste, jovencito».

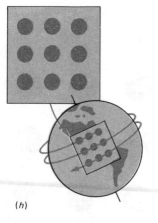

30 de mayo de 1974
5 F D R. Roosevelt Rds. Navasa
Ceiba, P. R. 00635

Querido. Prof. James L. Adams:
Mi padre y yo construimos "Rompecabezas conceptuales". Principalmente trabajamos en uno del tipo ∴∴∴ Mi padre dice que un señor halló la forma de hacerlo con una sola línea. Yo lo hice, pero con una línea gruesa. Yo no he dicho que usted no pueda utilizar una línea gruesa, como ésta. ↑ ■ Muy agradecido,

P.S.: Ahora usted necesita una máquina de escritura muy gruesa.

Becky Buechel
Edad: 10 años

(g)

(h)

FIGURA 8-10 Algunas posibles soluciones para el problema de los nueve puntos. (De *Adams, 1980, págs. 25-30.*)

pero no creativas. También conocemos personas que realizan mal los tests y van muy apretadas en sus estudios, pero a quienes constantemente se les ocurren ideas originales. Estas personas tienen una elevada puntuación en creatividad, a pesar de que la inteligencia presente una baja puntuación. A menudo, estos dos rasgos no van juntos. Cuando se ha investigado este tema en escolares, han aparecido bajas correlaciones entre la creatividad y la inteligencia (Anastasi y Schaefer, 1971; Getzels y Jackson, 1963).

Descubrimos algo parecido cuando examinamos a adultos. La gente creativa suele ser relativamente inteligente, pero a partir de cierto nivel un CI más elevado no pronostica mayor creatividad. Cuando se dividió a una serie de arquitectos, matemáticos e investigadores científicos (con una inteligencia superior a la media, un CI entre 120 y 140) en dos grupos, el primero de los cuales estaba formado por personas que habían contribuido al progreso de su especialidad, mientras que los del otro grupo no lo habían hecho, no se encontraron diferencias en el CI de los dos grupos (McKinnon, 1968). Tampoco existe ninguna relación entre las calificaciones escolares y la posterior creatividad.

Desarrollo de la creatividad

Un motivo importante para explorar la creatividad es el deseo de animar a los individuos a tener más inventiva en todos los aspectos de la vida, tanto en beneficio de la sociedad como para su propia realización. Para este fin se han creado muchos programas durante los últimos cincuenta años, pero generalmente los resultados han sido frustrantes. Se han puesto grandes esperanzas en técnicas como el «brainstorming» (o torbellino de ideas, técnica de dinámica de grupos en la que se anima a los participantes a producir tantas ideas nuevas y originales sobre un tema determinado, como les sea posible, sin evaluarlas hasta el final de la sesión), en el llamado pensamiento productivo y en las estrategias para resolver problemas. A pesar de ello, la mayoría de los estudios muestran que es posible aprender estrategias específicas útiles para problemas parecidos a los que se presentan durante los estudios, sobre todo en campos muy técnicos como las matemáticas, la ingeniería y el diseño, pero no parece posible enseñar a resolver problemas de una manera creativa (Mayer, 1983).

Sin embargo, han surgido estrategias específicas para estos estudios que han resultado útiles para algunas personas. En el apartado 8-2 se presentan algunas de estas estrategias.

Una manera de volverse más creativo es librarse de los bloqueos conceptuales, «muros mentales que bloquean la habilidad del individuo para percibir un problema o concebir su solución» (Adams, 1980, pág. 11). La dificultad para resolver el problema de los nueve puntos proviene de un bloqueo perceptivo, una incapacidad para percibir el problema mismo o la información necesaria para resolverlo. La mayoría de la gente tiene grandes dificultades para resolverlo porque impone sus propias restricciones al problema, limitándolo excesivamente. Aunque no haya nada en este problema que especifique que la línea debe quedar dentro de los límites del cuadrado, casi todo el mundo presupone automáticamente esta restricción.

Existen otros bloqueos, como el *emocional*, miedo de parecer tonto al decir o sugerir una idea poco corriente; el *cultural*, como el tabú que hace que casi nadie piense en orinar en un tubo para liberar una pelota de ping-pong que está atorada, y el *intelectual o expresivo*, como el uso de un lenguaje inadecuado para resolver un problema (intentar resolverlo matemáticamente, cuando sería mucho más eficaz imaginárselo o utilizar palabras.

APARTADO 8-2
COMO SER MAS CREATIVO

Algunas de las siguientes sugerencias que están basadas en la investigación y pensadas para desarrollar su creatividad pueden ayudarle a ser más creativo en su trabajo, en sus ratos de ocio y en su vida diaria.

- Tome tiempo para entender el problema antes de empezar a resolverlo.
- Tenga todos los datos claros en la cabeza.
- Identifique los datos que parezcan más importantes.
- Prepare un planteamiento para abordar el problema.
- Trate, conscientemente, de ser original, de tener ideas nuevas.
- No se preocupe de parecer ridículo si dice o sugiere algo poco corriente o si llega a una solución equivocada.
- Elimine de su pensamiento los tabúes culturales que puedan entorpecer su habilidad para obtener una solución innovadora.
- Dibuje esquemas que le ayuden a visualizar el problema.

- Escriba sus ideas para poder captar los puntos importantes y para buscar modelos y volver a ellos más tarde.
- Imagínese a usted mismo ejecutando el problema. (Con el problema de los calcetines: imagínese que va al cajón y saca calcetines.)
- Ejecute realmente el problema.
- Divida el problema en partes: resuelva una parte del problema y siga desde allí.
- Use analogías cuando sea posible: piense en una situación similar y observe si puede generalizar de aquélla al problema en cuestión.
- Piense en un problema similar que ya resolvió en el pasado y utilice la estrategia que empleó entonces.
- Mantenga la mente abierta. Si su enfoque inicial no funciona, pregúntese qué supuestos pueden no ser correctos.
- Emplee diferentes estrategias para resolver el problema: verbal, visual, matemática, ejecución de la situación.

- Si se atasca con un enfoque, intente llegar a la solución por otro camino.
- Fíjese en hechos extraños o intrigantes. Si los puede explicar, puede que la solución esté cerca.
- Busque relaciones entre diferentes hechos.
- Confíe en su intuición. Tome un camino y vea si le lleva a la solución.
- Intente acertar la primera vez, pero si no acierta, explore tantas alternativas como sea necesario.
- Piense en maneras poco convencionales de utilizar los objetos y el ambiente.
- Considere que dar un rodeo puede retrasar su llegada a la meta, pero que finalmente le llevará a ella.
- Deseche maneras corrientes de realizar las cosas y haga un esfuerzo para inventar nuevos métodos.
- Procure ser objetivo: evalúe sus propias ideas como si fueran las de un extraño.

RESUMEN

1 Al *pensar* las personas utilizan símbolos en lugar de objetos, sucesos e ideas para poder manipular conceptos e imágenes. Una de las preocupaciones mayores de la *psicología cognitiva* es el estudio de los procesos del pensamiento humano, que incluye *el lenguaje, la formación de conceptos, la resolución de problemas y la creatividad*.

2 El lenguaje es un medio de comunicación, generalmente a través de sonidos hablados que expresan un significado específico y están organizados según unas reglas. Cada lenguaje posee una *gramática*, un conjunto de reglas para organizar las palabras en oraciones.

3 El *fonema* es la unidad mínima de sonido. El *morfema* es el elemento significativo más pequeño del habla. La

semántica es el estudio del significado del lenguaje. La *sintaxis* es el conjunto de reglas para organizar las palabras en frases.

4 *El habla prelingüística* ocurre en una secuencia que está estrechamente relacionada con la edad cronológica. El habla prelingüística incluye *el llanto, el arrullo, el balbuceo y la imitación de sonidos*.

5 *Holofrases* son palabras que expresan un pensamiento completo. Constituyen la forma más temprana de habla lingüística, generalmente tienen lugar alrededor del primer año. El segundo año es un período importante para la *comprensión* del lenguaje.

6 *La longitud media de una articulación (LMA)* es la longitud media de las articulaciones en morfemas

(unidades de significado). Un niño que está en la etapa 1 tiene una LMA de alrededor de 1,0 y en la etapa 2 su LMA es de 2,0. El niño avanza con cada progreso de 0,5 LMA, hasta llegar a la etapa 5.

7 El lenguaje durante los primeros años de la infancia es diferente del lenguaje adulto. Los niños pequeños simplifican, sobregeneralizan las reglas, exageran la generalización de los conceptos y entienden algunas relaciones gramaticales, aunque todavía no puedan expresarlas.

8 Las *teorías del aprendizaje* dan más importancia al papel del ambiente en la adquisición del lenguaje. Según Skinner, el lenguaje se aprende a través del refuerzo, la discriminación y la generalización. *Los teóricos del aprendizaje social* acentúan el papel de la observación, la imitación y el refuerzo. Aunque las teorías del aprendizaje explican por qué los niños aprenden un lenguaje determinado, no pueden explicar la aparición de expresiones nuevas y originales.

9 Los *nativistas* creen que los seres humanos tienen una capacidad innata para el lenguaje. Chomsky llama a esta capacidad innata *Mecanismo de adquisición del lenguaje (MAL)*. Aunque este enfoque explica la aparición de expresiones originales y la rapidez con que los niños adquieren un lenguaje, no considera las diferencias individuales y los aspectos aprendidos del lenguaje.

10 Actualmente los psicólogos creen que el lenguaje se desarrolla a través de una interacción activa entre el niño y la persona que lo cuida. El bebé tiene cierta capacidad innata para aprender un lenguaje tal como lo demuestra su capacidad para distinguir variaciones leves en el sonido, para responder a la voz de su madre y para moverse al compás del habla de un adulto. Esta capacidad permite que el niño se beneficie del tipo especializado de habla conocido como *lenguaje maternal*.

11 El lenguaje maternal es el lenguaje que se dirige a los niños pequeños por personas que se relacionan con ellos. Son características del lenguaje maternal un timbre de voz alto, la simplificación y la repetición. Estas modificaciones parecen esenciales para el aprendizaje de un lenguaje.

12 Lenneberg sostiene que los años *anteriores a la pubertad* son un *período crítico* en la adquisición lingüística. Aunque algunos resultados apoyan este aserto, no se ha llegado a una conclusión definitiva.

13 La *hipótesis de la relatividad lingüística* (la *hipótesis whorfiana*) mantiene que el lenguaje afecta a la percepción y al pensamiento. Las investigaciones realizadas no han apoyado esta hipótesis de una manera concluyente.

14 Los psicólogos no están de acuerdo en si los animales pueden o no aprender un lenguaje. Aunque los monos pueden aprender a utilizar símbolos significativos, los pueden generalizar correctamente a nuevas situaciones y pueden comunicarse hasta cierto punto con seres humanos, parecen incapaces de aprender los aspectos creativos del lenguaje, que incluyen la utilización de reglas lingüísticas para crear frases originales y complejas.

15 Un aspecto importante del pensamiento humano es la capacidad para organizar diferentes estímulos en *conceptos*, *categorías* de objetos, sucesos o personas. Esta capacidad nos permite poner un orden en un mundo lleno de objetos y sucesos aislados.

16 Un *concepto bien definido* es un concepto que se puede especificar por un conjunto de *características claras* y evidentes, como el color, tamaño, forma o función, unidas por una regla o relación entre ellas.

17 La mayoría de los conceptos son conceptos *mal definidos*. Es decir, las características de una categoría a menudo se solapan con las de otra categoría, haciendo difícil distinguir entre ellas. En las categorías mal definidas las características y reglas que unen los elementos de una categoría no son evidentes.

18 Algunos ejemplos de una categoría son más típicos (mejores ejemplos) que otros. La teoría de la semejanza de familia se puede utilizar para explicar el fenómeno de la *tipicidad*. Las categorías de nivel básico son las que utilizamos para tratar con objetos en nuestra vida diaria.

19 La *resolución de problemas* es una actividad cognitiva dirigida a una meta. Puede ser *rutinaria* (utilizando procedimientos que ya existen) o *creativa* (desarrollando nuevos procedimientos).

20 Existen varias teorías sobre la resolución de problemas. La *teoría del aprendizaje* se ocupa del *proceso ensayo-error* en la solución del problema. Los *teóricos de la Gestalt* consideran el papel del discernimiento (*«insight»*) en la resolución de los problemas. La *fijeza funcional* es una confianza exagerada en los métodos ya conocidos para resolver los problemas que impide perspectivas nuevas. Los enfoques del *procesamiento de información* consideran que resolver problemas es una actividad compleja que consiste en diversos procesos.

21 Las fases en la resolución de problemas incluyen *la preparación, la producción y la evaluación*. En el nivel de preparación debemos determinar exactamente cuál es el problema. En el nivel productivo desarrollamos las posibles soluciones. Dos estrategias básicas de resolución son los *algoritmos* (que *agotan* todas las soluciones posibles hasta llegar a la correcta) y los *heurísticos* (que son estrategias que llevan a una solución rápida o a ninguna solución). En el nivel de evaluación debemos considerar si nuestra solución es la adecuada.

22 Aparecen tres procesos intelectuales implicados en la resolución de problemas de «insight»: *la codificación selectiva, la combinación selectiva y la comparación selectiva*. La capacidad para resolver problemas de discernimiento («insight») está relacionada con el CI, pero no son la misma cosa.

La *creatividad* es la capacidad para ver las cosas bajo una perspectiva nueva y original, para ver problemas que nadie había visto antes y luego descubrir soluciones nuevas, originales y eficaces. Por tanto, es un tipo de resolución de problemas. Mientras los tests de inteligencia más comunes miden el *pensamiento convergente* (la habilidad de producir la mejor respuesta), la creatividad está relacionada con el *pensamiento divergente* (la habilidad para producir respuestas nuevas y originales). Los programas que van dirigidos a «enseñar» a resolver creativamente los problemas indican que se pueden enseñar estrategias específicas útiles en problemas similares a los que se habían presentado en los años de estudio, pero que la solución creativa de problemas exige otras habilidades que no se pueden enseñar.

LECTURAS RECOMENDADAS

Anderson, J. R. (1980). *Cognitive psychology and its implications*. San Francisco: W. H. Freeman. Libro de texto básico para la Universidad, que trata los temas más importantes de la psicología cognitiva en un estilo ameno.

Brown, R. (1973). *A first language: The early stages*. Cambridge, Mass: Harvard University Press. Obra clásica que describe el desarrollo lingüístico de tres niños: Adam, Eva y Sara.

Curtiss, S. (1977), Genie: *A psycholinguistic study of a modern-day «wild child»*. New York: Academic Press. Interesantísima historia del descubrimiento y tratamiento de Genie, una niña que sufrió un grave abandono durante la mayor parte de su infancia.

De Villiers, P. A., y De Villiers, J. (1979). *Early language*. Cambridge, Mass: Harvard University Press. Interesante discusión sobre el desarrollo lingüístico temprano, con muchos ejemplos del lenguaje infantil.

Ferguson, C. A., y Snow, C. E. (Eds.) (1977). *Talking to children: Language input and acquisition*. Cambridge, England: Cambridge University Press. Colección de artículos de estudiosos del lenguaje que subrayan los efectos del lenguaje de la madre sobre el niño.

Goertzel, V., y Goertzel, M. C. (1962). *Cradles of eminence*. Boston: Little, Brown. Interesante estudio sobre la infancia de unas 400 personas célebres que intenta relacionar los sucesos de la vida temprana con el posible éxito posterior.

Kohler, W. (1927). *The mentality of apes*. New York: Harcourt, Brace and World. Reflexiones del propio Kohler sobre sus clásicos estudios del «insight» con monos.

Thomas Hart Benton: Detail from *City Activities*, 1930–31. Photo by Arthur Sirdofsky/Art Resource.

PARTE

4

MOTIVACION, EMOCION Y ESTRES

Las conexiones entre el cuerpo y la mente se hacen especialmente evidentes cuando hablamos de las fuerzas que nos motivan hacia una determinada conducta. El elemento más importante de la motivación reside en la manera como nos sentimos emocionalmente en una situación determinada. Y se dan a menudo factores emocionales y motivacionales específicos como respuesta a una experiencia estresante.

En el capítulo 9, «Motivación y emoción», abundaremos en las complejidades de la motivación, especialmente en las áreas de la alimentación, la sexualidad, el logro, la agresividad, la curiosidad y la activación. Expondremos algunas de las teorías propuestas para explicar por qué unas personas se comportan de una manera y otras de otra, o por qué la misma persona actúa de diferente forma en distintas situaciones.

El capítulo 10, «Estrés y afrontamiento», se centra en un tema cada vez más importante en el mundo moderno: el estrés y el modo de superarlo. No todo estrés es malo, algunas de sus formas actúan como un reto estimulante. Cada uno de nosotros debe encontrar su nivel de estrés óptimo. Examinaremos cómo el estrés influye en la familia en su conjunto de la misma forma que en el individuo. Finalmente, ofreceremos una visión de los métodos individuales y familiares para superar el estrés.

CAPITULO 9

MOTIVACION Y EMOCION

CUESTIONES CLAVE

Por qué sentimos hambre; qué principios motivacionales pueden ayudarnos a perder peso.

Cómo nuestra conducta sexual está influenciada tanto por el cuerpo como por la mente.

¿Por qué somos agresivos?

La importancia de niveles moderados de activación.

La necesidad de logro.

Aspectos biológicos, aprendidos y cognitivos de las emociones.

En cuanto aprendemos a hablar, empezamos a preguntar: ¿por qué? Aparte de preguntarnos por qué el mundo es como es, lo que constituye un elemento de curiosidad que incita a científicos, artistas, exploradores, etc. a llevar a cabo sus mejores trabajos, la mayoría de nosotros pasamos mucho tiempo pensando por qué tanto nosotros como los demás nos comportamos de una manera u otra. ¿Por qué, por ejemplo, ha comido una segunda tostada esta mañana, si acababa de decidir que quería perder dos kilos? ¿Por qué su compañero de habitación se pasó tantas horas haciendo su último trabajo, si era una asignatura que sólo daba un crédito? ¿Por qué se siente sexualmente atraído por una persona que no parece siquiera darse cuenta de que usted existe? ¿Por qué no puede mostrar el más mínimo entusiasmo por alguien que está claramente loco por usted? ¿Por qué un delincuente no sólo le robó la cartera a su amigo, sino que también le golpeó cruelmente sin motivo alguno?

Cuando formula preguntas de este tipo, se está interesando por la motivación, la fuerza que activa el comportamiento, que lo dirige y que subyace a toda tendencia por la supervivencia. Esta definición de motivación reconoce que para alcanzar una meta las personas deben tener suficiente activación y energía, un objetivo claro, y la capacidad y disposición de emplear su energía durante un período de tiempo lo suficientemente largo como para poder alcanzar esa meta.

Los estudiosos de la motivación han descubierto la importancia de tres tipos de factores. Los componentes *biológicos,* los *aprendidos* y los *cognitivos* se mezclan en la motivación de la mayor parte de las conductas. La manera de comer, por ejemplo, está determinada por la combinación de las sensaciones corporales de hambre, causadas por la necesidad de alimento (biológico), nuestra preferencia por un bistec más que por las hormigas fritas (aprendido) y nuestro conocimiento de los elementos nutritivos de distintos tipos de alimentos, lo que nos lleva a elegir la leche en lugar de una gaseosa. Al preguntar por qué la gente se comporta de una determinada manera, tendremos que considerar estos componentes.

Un elemento primordial en la motivación es la manera de sentir nuestras emociones, reacciones subjetivas al ambiente que van acompañadas de respuestas neuronales y hormonales, generalmente experimentadas como agradables o desagradables y consideradas reacciones adaptativas que afectan nuestra manera de pensar. Usted se comporta de manera completamente diferente con una persona que quiere que con alguien a quien odia, y reacciona asimismo de distinta manera ante los acontecimientos, cuando se siente alegre que cuando se encuentra triste o enojado. ¿Cómo se relacionan, pues, nuestras emociones con la teoría de los tres componentes de la motivación? Como veremos al estudiar la investigación sobre las emociones, éstas también poseen componentes biológicos, aprendidos y cognitivos.

Estados emocionales como el miedo, el enfado y la excitación están caracterizados por señales fisiológicas como la aceleración de la tasa cardíaca, la respiración acelerada, el aumento de la tensión arterial o el rubor en las mejillas. A primera vista, estos cambios son causados por la actividad de ciertas partes del cerebro y la producción de varias hormonas en el organismo. Pero las emociones también poseen sus aspectos aprendidos y cognitivos, que contribuyen a que personas distintas reaccionen de diferente manera ante las mismas experiencias. Así, mientras alguien experimenta una sensación de euforia cuando salta en paracaídas de un avión, yo me sentiría aterrorizada por tal experiencia. Ante nuestros sentimientos, a veces respondemos sin pensar (gritando, llorando, riendo o huyendo), a veces hacemos lo que hemos aprendido como apropiado a una situación (subirse a un árbol para escapar de un oso o contar hasta diez para evitar un ataque de ira). A veces, clasificamos los sentimientos ambiguos bajo la etiqueta de aquellas emociones que pensamos que son las pertinentes en una situación determinada. Finalmente, la combinación de nuestras reacciones biológicas, aprendidas y cognitivas, afecta a nuestra manera de entender el mundo que nos rodea, así como a nuestra manera de actuar en él (Kleinginna y Kleinginna, 1981).

A menudo, es difícil distinguir entre la motivación y la emoción, porque las dos se hallan íntimamente relacionadas. En general, los teóricos de la motivación opinan que existe una estrecha relación entre los sentimientos y la acción. Normalmente, realizamos las cosas porque nos hacen sentir bien, y evitamos hacerlas si nos causan malestar. Sin embargo, a veces llevamos a cabo actividades a pesar de saber que nos producirán disgustos y dejamos de realizarlas a pesar de saber que nos producirán satisfacción. Los investigadores pueden llegar a explicar semejantes paradojas, especialmente cuando tienen en cuenta las reacciones frente al estrés (véase el capítulo 10) y los trastornos emocionales y depresivos (véase el capítulo 5).

Si se ha preguntado alguna vez por qué existen individuos que arriesgan su vida por salvar a un extraño, se atiborran hasta volverse obesos o ayunan hasta morir, sufren ataques de celos, torturan a gente que no les ha hecho nada, se vuelven drogadictos, se alcoholizan, se enamoran, escalan montañas peligrosísimas, o exploran territorios desconocidos, entonces se ha formulado algunas de las preguntas que se hacen los estudiosos de la motivación y la emoción. Algunos de los problemas con que se enfrentan los seres humanos han despertado tanto interés que ha aparecido en torno a ellos un campo completo de investigación; nosotros trataremos algunos de estos temas en otra parte de esta obra.

En el presente capítulo centraremos la atención en unos pocos temas: el hambre y la alimentación, el sexo, la agresividad, el logro y la activación. Trataremos de los métodos que han empleado los investigadores para estudiar los factores motivacionales y emocionales asociados con tales cuestiones, de qué manera los distintos componentes de la motivación y la emoción contribuyen a determinar nuestra conducta, expondremos las teorías que han surgido para explicar la motivación y la emoción y las muchas preguntas que todavía quedan por contestar. Aunque, como podrá observarse a lo largo de esta discusión, ambos fenómenos tienen muchas zonas en común, nosotras los trataremos por separado, discutiendo primero por qué hacemos lo que hacemos y cómo nos sentimos al hacerlo.

MOTIVACION

En sus estudios sobre las razones que nos inducen a comportarnos de una determinada manera, los psicólogos han formulado una serie de teorías y han seguido diversos caminos para confirmarlas o refutarlas. En esta sección trataremos de las teorías de la motivación, el modo como han sido estudiadas y los conocimientos que han aportado sobre seis áreas fundamentales en nuestras vidas: la alimentación, la sexualidad, la agresividad, el logro, la curiosidad y la activación.

Teorías de la motivación

Las teorías de la motivación se agrupan en tres categorías. Algunas subrayan la base *biológica* de la motivación, otras acentúan la importancia del *aprendizaje* y otras se concentran en el papel de los factores *cognitivos*.

Los seres humanos parecen estar biológicamente predispuestos a realizar ciertos actos, como cuidar de sus hijos. Sin embargo, no lo llamamos instinto, ya que la manera como efectuamos estas actividades varía mucho de una cultura a otra e incluso entre los individuos de una misma cultura. (Ira Kirschenbaum/Stock, Boston.)

TEORIAS BIOLOGICAS   Una de las teorías más antiguas de este grupo es la que atribuye la conducta humana a la herencia de los instintos, que actualmente definimos como pautas relativamente complejas de comportamiento que no han sido aprendidas, como en los pájaros el instinto de construir el nido y el de buscar comida en las hormigas. Sin embargo, estos teóricos consideraron «instintos» rasgos como la curiosidad, el gregarismo o la adquisición, pero no lograron determinar un número limitado de instintos para poder explicar la conducta humana. Además, la teoría de los instintos no podía explicar las diferencias individuales. Estas razones, así como el creciente conocimiento de parte de los psicólogos sobre la importancia que el aprendizaje y el pensamiento desempeñan en el comportamiento humano, les llevó a abandonar la teoría de los instintos.

La *teoría del impulso,* tal y como fue desarrollada por Hull (1943), intentó superar estas deficiencias. Hull acentuó la importancia de los *impulsos biológicos,* estados de tensión interna, que impelen a los animales y a las personas a la acción. A diferencia de los instintos, que se supone que no sólo impulsan sino que también dirigen la conducta, los impulsos proveen sólo de la energía que predispone a la acción. Lo hacen produciendo un estado de tensión que la persona o animal desea modificar. La reducción de este impulso representa el refuerzo suficiente para que se produzca el aprendizaje. Así, si un perro es acuciado por el hambre y por casualidad encuentra comida entre la basura, aprenderá a buscar en ésta cada vez que tenga hambre. Aunque la teoría del impulso ha perdido interés, en parte por no tener en consideración los nuevos conocimientos sobre los procesos cognitivos subyacentes al comportamiento humano, todavía existe un generalizado consenso sobre la existencia de los impulsos humanos tanto aprendidos como no aprendidos.

Otros psicólogos propugnaron la existencia de *impulsos* psicológicos junto a los biológicos para explicar la conducta humana. Desde que en 1938, cuando Henry A. Murray sugirió por vez primera que la satisfacción de ciertas necesidades activa y dirige la conducta, algunos psicólogos han intentado identificar y medir tales necesidades. Mientras Hull había estudiado principalmente necesidades fisiológicas como el hambre, la sed o la sexualidad, el creciente énfasis puesto en las necesidades psicológicas y en la diferencia que se producen en éstas entre una persona y otra, condujo finalmente al enfoque humanista, representado por Abraham Maslow (1970).

Maslow organizó las necesidades humanas en forma de pirámide, con las necesidades fisiológicas más elementales en la base (véase fig. 9-1); éstas son las necesidades básicas de supervivencia y deben satisfacerse antes de poder pensar en la satisfacción de cualquier otra. Un individuo hambriento, por ejemplo, se someterá a grandes riesgos para conseguir comida; sólo cuando sabe que puede sobrevivir, se permitirá el lujo de pensar en su seguridad personal. Por tanto, tendrá que satisfacer sus necesidades de seguridad, al menos parcialmente, antes de que pueda pensar en satisfacer sus necesidades afectivas. A medida que vamos consiguiendo cubrir con éxito cada uno de estos escalones de necesidades, nos sentimos motivados para considerar las del peldaño siguiente, hasta llegar a la cumbre de la auto-actualización, la realización completa de nuestro verdadero potencial. Aunque existen argumentos de peso para aceptar tal progresión, ésta, sin embargo, no resulta invariable. La historia está llena de casos de autosacrificio en los cuales un individuo ha sacrificado lo que necesitaba para sobrevivir para que otro (un ser querido o incluso un extraño) pudiera vivir.

FIGURA 9-1 Jerarquía de necesidades de Maslow. *De acuerdo con Maslow (1954), las necesidades humanas difieren en su orden de prioridad. Primero viene la supervivencia, representada por las necesidades descritas en la base de esta pirámide. Un hombre hambriento correrá grandes riesgos para obtener comida; cuando sabe que puede sobrevivir, puede permitirse el lujo de preocuparse de su propia seguridad. Sus necesidades de seguridad deben quedar satisfechas antes de que pueda empezar a pensar en sus necesidades de amor. A medida que se van satisfaciendo los sucesivos estratos de necesidades, dice Maslow, el individuo se siente motivado para atender las necesidades del peldaño siguiente. Aunque parecen existir fuertes fundamentos para aceptar esta progresión, ésta, sin embargo, no es invariable. La historia está llena de casos de autosacrificio en los que ciertos individuos han sacrificado lo que necesitaban para sobrevivir en beneficio de otros (un ser querido o incluso un extraño).*

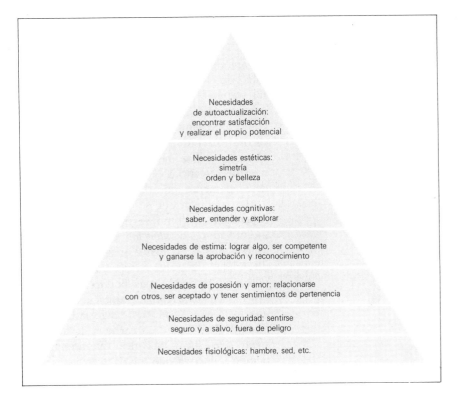

Necesidades de autoactualización: encontrar satisfacción y realizar el propio potencial

Necesidades estéticas: simetría orden y belleza

Necesidades cognitivas: saber, entender y explorar

Necesidades de estima: lograr algo, ser competente y ganarse la aprobación y reconocimiento

Necesidades de posesión y amor: relacionarse con otros, ser aceptado y tener sentimientos de pertenencia

Necesidades de seguridad: sentirse seguro y a salvo, fuera de peligro

Necesidades fisiológicas: hambre, sed, etc.

TEORIAS DEL APRENDIZAJE. Como indicábamos en el capítulo 5, los partidarios de estas teorías argumentan que aunque las necesidades biológicas pueden desempeñar algún papel en el comportamiento, el aprendizaje desempeña un papel mucho más importante a la hora de dirigir la conducta animal y humana. Se establece en este punto el argumento diferencial entre este y otros enfoques, especialmente cuando advertimos que algunos de los teóricos del impulso, incluyendo al propio Hull, reconocieron que, aunque convenía subrayar que algunas necesidades son aprendidas, las necesidades más comunes no lo son y que en su opinión las necesidades aprendidas son características de los seres humanos. El principal representante de la teoría del aprendizaje ha sido B. F. Skinner (1953), quien demostró que un gran número de conductas se pueden enseñar recompensando al animal o a la persona inmediatamente después de haber realizado la conducta deseada.

Los teóricos del aprendizaje social, como Albert Bandura (1977), ampliaron las ideas de Skinner, argumentando que la recompensa más poderosa para el ser humano es el refuerzo social, como el elogio. Así, un niño que es elogiado por su trabajo escolar, desarrollará el «hábito» del rendimiento académico. Gracias a la capacidad humana para procesar la información simbólica, también podemos aprender a través de la observación. Un niño que ve a alguien conseguir lo que quiere con un berrinche imitará probablemente este comportamiento. Elegimos como modelos a las personas que parecen conseguir las mayores recompensas; para los niños estas personas suelen ser sus padres. Aunque las teorías del aprendizaje explican muchas de las conductas más importantes, ignoran los factores físicos, tales como los efectos de las sustancias químicas en la sangre, y los factores cognitivos, como, por ejemplo, la influencia de distintos estilos de pensamiento.

TEORIAS COGNITIVAS Explican nuestra conducta basándose en los procesos del pensamiento humano. Los psicólogos cognitivos hacen hincapié en que la manera como reaccionamos a los acontecimientos depende del modo como los interpretamos. Si una mujer extraña me da un pisotón, por ejemplo, puedo interpretar la acción de diversas maneras: lo hizo a propósito, está borracha, es patosa, es inválida. La interpretación que elija determinará mi respuesta. Los teóricos de la atribución representan este enfoque. Los teóricos de la consistencia cognitiva conceden mayor importancia a la forma como procesamos selectivamente la información, modificando nuestra manera de pensar de forma que se adecue a nuestra conducta y viceversa. Por ejemplo, rechazamos u olvidamos una información que no concuerda con nuestras creencias y actos. En los capítulos 17 y 18 analizaremos más detalladamente tanto la atribución como la consistencia cognitiva.

La conducta que se dirige hacia la obtención de una meta determinada dependerá de cómo se evalúen ciertos factores. Los fines poseen valores incentivadores o *valencias*. Cuando una meta tiene para mí una valencia más grande que otra, existe mayor probabilidad de que la elija. (Si tengo la posibilidad de correr en dos carreras distintas un mismo día, elegiré la que posea un recorrido más bonito o la que me ofrezca más posibilidades de vencer.) Las *expectativas* también son importantes, como la expectativa de si una meta es realista, o si tengo la capacidad de alcanzarla y cuánto tiempo tardaré. (Participaré en carreras de 5 km pero no en una maratón, porque siento que ésta es una meta que no soy capaz de lograr sin un sacrificio de tiempo y energía que me parecen excesivos.)

Cada uno de los enfoques precedentes tiene algo que ofrecer. Aunque hubo un tiempo en que los psicólogos se apresuraron a descartar las teorías del instinto, en la actualidad nos damos cuenta de que los seres humanos se hallan predispuestos biológicamente para realizar determinadas actividades (cuidar de nuestros hijos, por ejemplo). Del mismo modo, las demás teorías de la motivación explican algunas conductas en situaciones determinadas.

Cómo estudian los psicólogos la motivación

Ya que el campo de la motivación es tan amplio, la mayoría de los investigadores centran su esfuerzo en un área concreta o en un tema específico, como el hambre, la sexualidad, la agresión o la conducta de logro. En el marco de estos temas el investigador puede enfocar su atención sobre los factores biológicos, aprendidos o cognitivos y/o en la manera en que estos diferentes factores interactúan.

Los investigadores de la motivación emplean virtualmente todas las técnicas psicológicas descritas en esta obra. Pueden explorar los mecanismos hereditarios y las influencias prenatales (analizados en el capítulo 11). Pueden efectuar operaciones para alterar las estructuras del cerebro y observar sus efectos. Pueden buscar las concentraciones hormonales o de otras sustancias químicas en el cuerpo. Pueden diseñar experimentos de laboratorios para estudiar los efectos del aprendizaje. Pueden crear tests para investigar la manera de pensar de los individuos. En definitiva, interpretan sus descubrimientos para intentar explicar los diversos tipos de conducta.

Cuándo los motivos entran en conflicto

La vida, como habrá aprendido ya, raras veces resulta simple. A menudo, nos sitúa ante dos o más posibilidades de actuación, todas hasta cierto punto motivadoras. Imagínese, por ejemplo, que está a punto de dar un beso a su novia y en aquel momento le empieza a sonar el estómago, recordándole que no ha comido nada desde el día anterior. ¿Da un paso hacia atrás inmediatamente y sugiere ir a comer una «pizza»? ¿O prosigue con el beso, ignorando la vergüenza que le han producido los ruidos de su vientre, así como las molestias del hambre? Los investigadores de la motivación han clasificado justamente este tipo de conflictos en las cuatro categorías siguientes (Lewin, 1938, 1948):

- Conflictos de aproximación-aproximación: ocurren cuando se siente atraído simultáneamente por dos resultados o actividades deseables, como en el ejemplo anterior, en la cual tanto el beso como la «pizza» tienen su atractivo (diferente, naturalmente). También se encuentran en aquellas situaciones en que se intenta decidir entre dos buenas películas que quiere ir a ver una determinada tarde.
- Conflictos de evitación-evitación: aparecen cuando siente repulsión por dos o más resultados o actividades indeseables. Supongamos que hay una asignatura obligatoria que le conviene aprobar, pero se imparte a las 8 de la mañana o los sábados; ninguna de los dos horarios le parecen particularmente atractivos. Sin embargo, sabe que si quiere aprobar, tendrá que elegir entre una de estas desagradables alternativas.
- Conflictos de aproximación-evitación: surgen cuando *una sola* opción tiene a la vez elementos positivos y negativos. Supongamos que alguien con gran influencia para ayudarle a conseguir un buen empleo le pide que hable delante de un grupo de personas, pero le horroriza la idea de hablar en público. En este tipo de conflicto se busca a veces un apoyo externo, como una droga (para darse ánimo o para aliviar la ansiedad).
- Conflictos de múltiple aproximación-evitación: son los que encontramos

más a menudo en la vida. Abarcan situaciones en las cuales existen varias opciones y cada una de ellas contiene tanto elementos positivos como negativos. No es de extrañar que sean éstas las más difíciles de resolver y las que causan mayor estrés. Por ejemplo, quiere obtener buenas calificaciones en la universidad (por su propia autoestima, para contentar a su familia, para conseguir un buen trabajo) y también desea dedicarle tiempo a cierta persona de la cual está enamorado (por su propia autoestima, para satisfacer sus deseos sexuales, para crear una familia). La noche anterior al examen final más importante, su enamorada da un concierto musical en otra ciudad. ¿Se queda en casa a estudiar o se va al concierto? Independientemente de cómo solucione este dilema, su elección producirá consecuencias bastante complejas.

Vamos a estudiar seis importantes áreas del comportamiento que a menudo se consideran conflictivas: el hambre y la alimentación, la sexualidad, la agresividad, el logro, la curiosidad y la activación.

QUE NOS HACE SENTIR HAMBRE Y POR QUE COMEMOS

Aunque la mayoría de nosotros tiene garantizada su alimentación diaria, comer significa mucho más que almacenar mero combustible para el cuerpo. Virtualmente, todas las sociedades han desarrollado rituales que giran en torno a la comida. La comida puede simbolizar amor, obligaciones sociales, o ser un signo de opulencia. La manera de comer puede reflejar nuestras actitudes hacia nosotros mismos, hacia nuestra familia y nuestra sociedad. Veamos qué nos impulsa a ir al comedor, al bar o a un restaurante de cuatro tenedores.

Señales corporales de hambre

¿Cómo nos indica nuestro cuerpo el deseo o la necesidad de comer? La mayoría de nosotros, por fortuna, es más probable que llegue a sentir tan sólo el apetito y no las punzadas de un cuerpo agotado por el hambre. En ambos casos, sin embargo, el mecanismo subyacente es probablemente el mismo. Una señal básica de hambre es la presencia de contracciones estomacales; esto se descubrió mediante un clásico experimento que se llevó a cabo a principios de siglo, en el cual los sujetos tragaban un globo que informaba de las contracciones de su estómago (Cannon y Washburn, 1912). Existe una estrecha relación entre la presencia de estas contracciones y la sensación de hambre que padece el individuo. La cuestión que surge es: ¿qué es lo que causa las contracciones del estómago?

Una causa parece ser un bajo nivel de *glucosa* (azúcar) en la sangre. Hace más de 50 años se realizaron estudios con perros manipulando los niveles de glucosa en sangre, realizando transfusiones de sangre de un perro hambriento a otro que acababa de comer y al revés (Templeton y Quigley, 1930). Cuando la sangre del perro hambriento pasó al que acababa de ser alimentado, a éste se le producían contracciones de estómago, aunque su estómago estaba lleno, y cuando la sangre del perro que acababa de comer pasaba al perro hambriento, las contracciones de estómago del perro hambriento cesaban, aunque no había recibido comida.

Estos descubrimientos han sido complementados con investigaciones con personas que padecían *diabetes*, enfermedad causada por un trastorno del mecanismo corporal que produce la *insulina*, una hormona necesaria que convierte la glucosa y los hidratos de carbono de la sangre en energía. Dado que los diabéticos no producen insulina suficiente, deben inyectarse o tomarla en pastillas. Después de haberse inyectado insulina experimentan contracciones de estómago y sensación de hambre (Goodner y Russel, 1965). Ya que se suele secretar insulina cuando los niveles de glucosa aumentan, ha sido difícil determinar si el hambre es causada por cambios de glucosa o de insulina. Recientemente, una investigación que manipulaba los dos elementos independientemente ha mostrado que el hambre es producida por los cambios en la insulina más bien que por los cambios en la glucosa (Rodin, 1983).

¡Una consecuencia de este descubrimiento es que el comer nos puede preparar para tener hambre! Cuando empezamos a comer, los niveles de insulina aumentan, lo cual explica que podamos sentir más hambre *después* de comer una tableta de chocolate que *antes* de comerla. El azúcar, que provoca un aumento de glucosa en la sangre, eleva los niveles de insulina más que muchos otros alimentos. Además, los mantiene elevados durante mucho tiempo. Es por eso por lo que comer dulces a menudo nos hace sentirnos hambrientos al poco rato. Al contrario, la fruta, que contiene «el azúcar de la fruta», la *fructosa,* aumenta los niveles de insulina pero sólo durante un corto período de tiempo. De esta manera la fruta puede satisfacer el hambre sin que volvamos a tener ganas de comer en seguida (Rodin, 1983).

Por qué comemos como lo hacemos

Actualmente uno de los mayores problemas de salud en los EE. UU. es la obesidad. Las personas que superan en un 10 por 100 su peso «ideal», respecto a su estatura y constitución, tienen un *peso excesivo,* mientras que el término *obeso* se reserva a la gente que sobrepasa en un 20 por 100 el peso deseable. Las estimaciones indican que unos 70 millones de americanos adultos padecen un exceso de peso, 7,5 millones son obesos y unos 7 millones sufren obesidad grave [30 por 100 por encima del peso deseable para los hombres; 50 por 100 por encima del peso deseable en las mujeres (Kreutler, 1980)]. Aunque el simple exceso de peso es casi siempre un problema cosmético en una sociedad que rinde culto a la delgadez, la obesidad puede conducirnos a padecer diversos problemas de salud, como una tensión arterial elevada, enfermedades coronarias, alergias y sinusitis. La obesidad puede también llegar a ser un problema psicológico, ya que transgrede drásticamente las normas estéticas de nuestra sociedad. La combinación de la elevada incidencia de la obesidad en la población y su impopularidad han generado una importante industria basada en la dietética y ha animado muchas investigaciones sobre los mecanismos de control del peso. Veamos algunas de las teorías que intentan explicar la conducta alimenticia, especialmente los patrones de comportamiento que producen una alimentación excesiva.

PREPARACION PARA LA ESCASEZ   Algunos teóricos consideran que nuestra historia evolutiva explica la incapacidad de algunas personas para controlar lo que comen, argumentando que nuestra tendencia a retener la grasa, en épocas remotas, resultó adaptativa. Tiempo atrás, los seres humanos no poseían un suministro de comida suficiente y se mantenían durante mucho tiempo en niveles de subsistencia antes de tener la oportunidad de comer según sus deseos. Para poder soportar la escasez periódica de comida, desarrollaron la capacidad de almacenar energía en forma de grasa. Cuando cazaban un animal grande se saciaban con su carne y aumentaban de peso, lo que les permitía subsistir en tiempo de escasez.

Afirman los investigadores que cierta sustancia química ligada a la conservación y consumo de energía podría ser la responsable de este tipo de almacenaje, y han demostrado que ratones genéticamente obesos poseen niveles elevados de betaendorfinas (Margules, Moisset, Lewis, Shibuya y Part, 1978). Sin embargo, el fracaso de algunos estudios realizados con seres humanos en un intento por encontrar una relación directa entre los niveles de betaendorfinas y la obesidad (O'Brien, Stunkard y Ternes, 1982), obliga a considerar poco concluyente esta teoría.

TEORIA DEL PUNTO OPTIMO   La mayoría de nosotros, sin embargo, no nos volvemos obesos. Tenemos una tendencia a llegar a un cierto peso y mantenernos en él con mínimas fluctuaciones. Ello puede deberse a que estamos provistos de un *punto óptimo,* un mecanismo que nos indica que debemos dejar de comer cuando hemos alcanzado nuestro peso ideal. El punto óptimo, por tanto, controla la grasa corporal de la misma manera que un termostato mantiene la temperatura de la habitación a cierto nivel. Varía de persona a persona, de forma que dos personas de igual altura pueden estar «programados» para un peso corporal diferente.

Investigaciones con ratas indican que un mecanismo de este tipo puede localizarse en el hipotálamo. Cuando se lesiona quirúrgicamente cierta zona del hipotálamo (el núcleo ventromedial), las ratas tienden a engordar. No comen hasta reventar, sino que aumentan de peso hasta alcanzar un nivel máximo a partir del cual reducen la cantidad de alimento y mantienen el peso. Cuando se les lesiona en otra área (el hipotálamo lateral), tienden a dejar de comer. Tampoco en este caso llegan a morir de hambre; cuando alcanzan un peso corporal anormalmente bajo, empiezan a comer otra vez y mantienen este peso bajo. Es posible que estas dos áreas del hipotálamo trabajen juntas para determinar el punto óptimo de cada individuo (Keesey y Powley, 1975). El modo en que ambas intervienen en la regulación del apetito se muestra gráficamente en la figura 9-2.

De acuerdo con la teoría del punto óptimo, algunas personas poseen puntos óptimos más elevados que otras y por tanto comen y pesan más. Si estos puntos óptimos son alterados, haciendo régimen por ejemplo, la persona se siente hambrienta y su punto óptimo se eleva aún más, de forma que también llega a comer más. Esto explica por qué algunos individuos aumentan de peso después de abandonar el régimen que hasta ese momento parecía funcionar a la perfección (Bennett y Gurin, 1982). ¿Cuál es la razón de que haya diferencias individuales respecto al punto óptimo? Algunos investigadores sostienen que nuestro punto óptimo es heredado; otros, que lo aprendemos. En este momento ninguna teoría es segura.

Existe cierta evidencia de que es posible subir o bajar nuestro punto óptimo. Influencias externas como el sabor o el olor de la buena comida parecen aumentarlo, induciéndonos a comer más. Otras influencias nos pueden hacer comer menos, principalmente las drogas, como las anfetaminas y la nicotina, que reducen el apetito, pero *sólo* mientras se consumen. Una manera más sana de reducir el apetito es hacer ejercicio físico regularmente: las personas que realizan ejercicios físicos a diario normalmente comen menos que las que son menos activas. Es posible que la actividad física modifique la *tasa del metabolismo basal* (TMB) que controla la cantidad de energía que el cuerpo gasta en digerir los alimentos (Thomson, Jarvis, Lahey y Cureton, 1982). Cuanta más energía consumimos, más calorías gastamos.

EL PLACER DE LAS CUALIDADES SENSORIALES DE LOS ALIMENTOS   Uno de los motivos para comer es el placer que nos proporciona. Nos gusta saborear y masticar un bistec tierno, nos gusta la suavidad de la lechuga

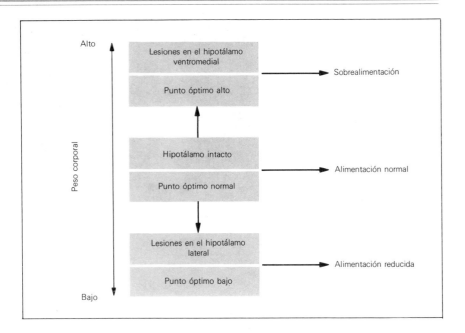

FIGURA 9-2 *Lesiones en el hipotálamo ventromedial elevan el punto óptimo; en cambio, lesiones en el hipotálamo lateral bajan el punto óptimo.*

fresca o el delicioso sabor de un «mousse» de chocolate. Tanto los seres humanos como los animales parece que nacen con una cierta preferencia hacia los sabores dulces. Las ratas aprenden a presionar una tecla para conseguir el sabor dulce pero no nutritivo de la sacarina; los seres humanos a menudo prefieren comer dulces en lugar de otros alimentos con más valor nutritivo (Nisbett, 1968).

Recibimos las sensaciones agradables de sabor y textura a través del *nervio trigémino* que une los receptores de la boca con el hipotálamo lateral. Un grupo de ratas a las que se seccionó este nervio dejaron de comer (Zeigler, 1973, 1975), probablemente porque no sintieron mayor placer en su comida que el que usted hubiera sentido si su alimentación consistiera en una sustancia semilíquida sin sabor. Una razón del éxito alcanzado por las dietas a base de líquidos es su consistencia desagradable. En un experimento se permitió a personas obesas comer todo lo que quisieron de una sustancia de este tipo; el consumo de calorías de estos individuos bajó de 3.000 calorías/día a 500, mientras que el consumo de personas normales seguía siendo aproximadamente de 2.400 calorías/día (Hashim y Van Tallie, 1965) (véase fig. 9-3). Aunque ésta no sea una solución práctica contra la obesidad, pues no podemos controlar el ambiente de la mayoría de la gente obesa, sí demuestra por lo menos las cualidades seductoras de la buena comida. Plantea también el porqué de las diferentes reacciones de la gente normal y la gente obesa frente a la comida.

INDICADORES APRENDIDOS PARA COMER ¿Mira alguna vez su reloj y después de haber comprobado la hora decide que tiene hambre? ¿Come más palomitas cuando la fuente está sobre su escritorio que cuando se encuentra en otra habitación? ¿Come más cuando está invitado a casa de una excelente cocinera que en casa? Si contesta afirmativamente algunas de estas preguntas, indica que responde más a las indicaciones externas para comer que a las internas. Los *indicadores internos* son los que surgen de nuestro organismo: contracciones del estómago, niveles bajos de glucosa o insulina en

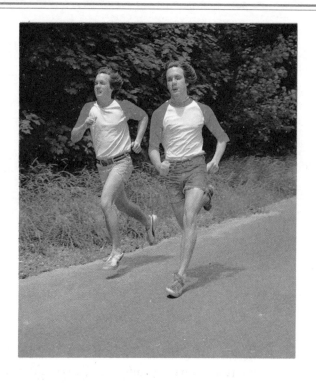

El ejercicio físico realizado con regularidad es una sana manera de disminuir el apetito: la gente que practica ejercicio físico a diario normalmente come menor cantidad de alimentos que la gente menos activa. (© Russ Kinne 1977/Photo Researchers, Inc.)

la sangre. Los *externos* se encuentran fuera de nuestro cuerpo: la hora del día, anuncios y propaganda, las cualidades sensoriales de la comida o simplemente su disponibilidad son factores del entorno que hemos aprendido a asociar con la comida. Después de haber dirigido una serie de ingeniosos experimentos en los que personas obesas comían más que los individuos normales como respuestas a diversas indicaciones externas, Schachter (1971; Schachter y Gross, 1968; Goldman, Jaffa y Schachter, 1968) concluyó que los obesos se dejan influir más por las indicaciones externas (la hora, la molestia que representa comer una cosa determinada, las cualidades de sabor y textura), mientras que la gente de peso normal está más influida por indicaciones internas.

Continuando esta investigación, Rodin (1981) encontró que «los externos» (la gente que come más como respuesta a las indicaciones externas) presentan una fuerte reacción de insulina cuando se les muestra un bistec recién hecho, mientras que no ocurre tal cosa con «los internos». Por lo tanto, puede que exista una diferencia fisiológica entre estos dos tipos. Sin embargo, tal diferencia no se refleja siempre en distintos niveles de peso. Rodin ha encontrado que muchas personas de peso normal son influenciadas también por indicaciones externas, aunque logran controlar su tendencia a comer demasiado. El control sobre las indicaciones externas es la base de muchos intentos de *modificación de conducta* para adelgazar. Es decir, si puede modificar su entorno de manera que no presente demasiados reclamos para comer, probablemente comerá menos. En el apartado 9-1 exponemos algunos consejos para poner en práctica esta idea, así como otros logros de la investigación sobre la conducta alimenticia y el control del peso.

Trastornos en la conducta alimenticia

Robert Earl Hughes, de Monticello, Missouri, murió en 1958 a la edad de 32 años, pesando 312 kilogramos. Según el *Guinness Book of World Records* era

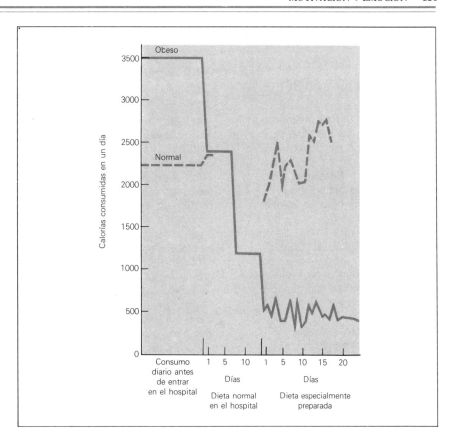

FIGURA 9-3 *Efecto de una dieta sobre el comportamiento alimenticio de una persona normal y de otra obesa. (Schachter, 1971.)*

el hombre más gordo del mundo (Bennett y Gurin, 1982). El comer hasta llegar a tal grado de obesidad, que impide una vida normal y resulta una amenaza para la salud, es naturalmente un grave problema. Otros dos tipos de trastornos relacionados ,con la alimentación, que parecen ser más frecuentes en los últimos tiempos, especialmente entre mujeres jóvenes, son la anorexia nerviosa, una inanición voluntaria que puede incluso llevar a la muerte, y la bulimia, por la que un individuo come regularmente enormes cantidades de comida y luego se purga provocando vómitos o usando laxantes. Aunque no sabemos por qué la gente maltrata su cuerpo de esta manera, parece que estas dos últimas enfermedades están relacionadas con el gran énfasis que pone nuestra sociedad en la delgadez como ideal de belleza. Existen asimismo indicios de que ambas se relacionan con la depresión y de que la anorexia puede tener, además, una base fisiológica (Sugarman, Quinlan y Devenis, en preparación; Herzog, 1982; Walsh, Katz, Levin, Kream, Fukushima, Hellman, Weiner y Zumoff, 1978; Gwirtsman y Germer, 1981).

ANOREXIA NERVIOSA   Este inquietante síndrome consiste en una negativa prolongada y severa a comer que provoca la pérdida de por lo menos un 25 por 100 del peso inicial y que puede llevar a la muerte. Aunque esta enfermedad afecta a ambos sexos y a diferentes edades (puede empezar tanto a los 9 años, como en la década de los 30, o incluso más tarde), la paciente típica es una mujer inteligente, con estudios, y físicamente agraciada, entre la

APARTADO 9-1

PERDIDA DE PESO MEDIANTE LA APLICACION DE LOS PRINCIPIOS DE LA MOTIVACION

- *Coma en un lugar determinado y a horas regulares:* Eso le ayudará a no «picar» entre comidas, al limitar el número de lugares y horas asociados con la alimentación y que sugieren: «Es hora de comer».
- *Coma lentamente:* Le ayudará a sacar el máximo placer de una mínima cantidad de comida, contribuirá a hacerle creer que come más de lo que realmente come, y además dará tiempo a su cuerpo para darle un «feedback» de si ha comido bastante o no.
- *No haga nada más cuando come, por ejemplo leer o mirar la televisión:* Le ayudará a convertir la comida en el «hecho más importante», podrá concentrarse en ello y le permitirá ser especialmente sensible a las indicaciones internas de su cuerpo. También eliminará malos hábitos: («Si estoy en el cine, es hora de comer palomitas»).
- *Reduzca la disponibilidad de alimentos que engorden:* Si no puede resistir los pastelitos de chocolate, los cacahuetes u otro tipo de alimentos que tienen muchas calorías, no los tenga en casa. Tire o congele los restos inmediatamente para no sentirse tentado a comerlos. Si compra avellanas, cómprelas con cáscara, para que le cueste más esfuerzo comerlas; comerá menos.
- *Siga un régimen variado, pero poco abundante:* Si suprime todos los alimentos que le gustan, los comerá en exceso en cuanto se le presente la ocasión, así que es mejor incorporar una pequeña cantidad de pasteles o de helado en la planificación del menú en lugar de evitarlos completamente. Sin embargo, como las personas (y los animales) comen más cuando disponen de una gran variedad de comida, límite su menú a unos pocos platos básicos en lugar de poder elegir entre una gran variedad.
- *Evite la comida grasa y sazonada, aun en el caso de que sea «dietética»:* los alimentos que tienen buena apariencia, buen aroma, o tienen el sabor fuerte o graso, estimulan el apetito.
- *Coma en compañía de otras personas que coman moderadamente:* Tenderá a comer con más moderación cuando otras personas son testigos de lo que come. También podrá ajustar su consumo al de los otros.
- *Use platos y vasos pequeños:* La comida amontonada en un plato pequeño parece más abundante que la misma cantidad en un plato grande. Aprovéchese de esta ilusión óptica para engañarse a sí mismo y así comer menos.
- *Incorpore algún ejercicio en su régimen diario.* Además de la energía que se gasta en la actividad misma, parece ser que el ejercicio reduce el apetito. Programas que combinan el régimen, cambios de conducta y ejercicios logran una mayor pérdida de peso que cualquiera de estos cambios por sí solo. El programa de ejercicios más efectivo incluye tres sesiones por semana de al menos 20 minutos cada una, con actividades lo bastante intensas como para gastar 300 calorías por sesión o para acelerar el ritmo cardíaco a un 60 o 70 por 100 de su máximo nivel (Thompson et al., 1982). Esto normalmente quiere decir nadar, correr, montar en bicicleta, bailar o algún otro tipo de actividad aeróbica (que requiere un alto consumo de oxígeno en un período de tiempo determinado), en lugar de ejercicios más estáticos, como el levantamiento de pesos, etc.

pubertad y los 20 años, de una familia aparentemente estable, bien educada y solvente.

Se interesa por la comida, guisarla, hablar sobre ella e insiste en que los demás coman, pero ella misma no come o se atiborra y luego se purga vomitando o usando laxantes (una variante ya conocida, la bulimia). Posee una imagen totalmente ditorsionada de su cuerpo y se considera bonita cuando, en realidad, se encuentra en un patético y grotesco estado esquelético. Al comienzo de la inanición aparecen otros síntomas: normalmente desapare-

La popular cantante Karen Carpenter murió en 1983 a la edad de 32 años, víctima de complicaciones relacionadas con la anorexia nerviosa, una voluntaria forma de privarse de comer que afecta a un número cada vez mayor de mujeres jóvenes en nuestra sociedad, tan intensamente preocupada por el peso. (Johnny Horne/Picture Group.)

ce la menstruación, a veces crece una capa espesa de vello corporal y puede llegar a presentar intensa hiperactividad.

No sabemos cuál es la causa de la anorexia. Se han hecho algunas sigerencias: se trataría de una enfermedad física causada por un trastorno hipotalámico, de una deficiencia en un neurotransmisor, de un trastorno psicológico relacionado con la depresión, del miedo a crecer, de un síntoma extremo del mal funcionamiento de la familia o de la presión social sobre un individuo especialmente vulnerable (Walsh, Katz, Levin, Kream, Fukushima, Hellman, Winer y Zumoff, 1978; Gwirtsman y Germer, 1981; Sugarman, Quinlan y Devenis, en preparación; Baker, 1979; Bruch, 1977). Hasta este momento, los resultados de la investigación no han apoyado ninguna de las hipótesis y se requieren, por tanto, más estudios (Yager, 1982).

LA BULIMIA   Es una enfermedad parecida, más común entre las mujeres adolescentes y jóvenes. Está caracterizada por atiborrarse de gran cantidad de comida (hasta 5.000 calorías en una sola comida), seguida de la provocación de vómitos o el uso de laxantes para vaciar el estómago. Los bulímicos están a menudo deprimidos y muchas veces sufren complicaciones físicas como pérdida del cabello o alteraciones gástricas. Aunque algunos bulímicos también padecen anorexia, otros mantienen un peso normal. Actualmente, este síndrome está bastante lejos de ser infrecuente; cálculos prudentes indican que afecta a un 5 por 100 de la población general (Nagelberg, Hale y Ware, 1983). En varias investigaciones recientes la mitad de las estudiantes a las que se preguntó declararon atiborrarse y purgarse de vez en cuando (Herzog, 1982). Aunque los bulímicos tradicionalmente solían esconder sus grotescas costumbres alimentarias, recientes investigaciones indican que existen hoy más mujeres jóvenes que reconocen abiertamente practicar este método tan poco saludable para controlar el peso (Squire, 1983).

SEXUALIDAD

Aunque para sobrevivir no es necesario mantenerse sexualmente activo, de la misma manera que necesitamos comer para vivir, sin embargo las inclinaciones sexuales son las más fuertes en todos los animales. Naturalmente, son necesarias para la supervivencia de la especie. La base de nuestra fisiología nos prepara para el comportamiento sexual, nos proporciona un mecanismo que lo hace agradable y nos predispone para ser reforzados por una gran variedad de estímulos ambientales.

Fisiología de la respuesta sexual humana

En tanto que las investigaciones sobre la alimentación, la agresividad, el logro y muchos otros motivos humanos se han desarrollado desde los primeros años de este siglo, hasta los años 50 no aparecen los primeros trabajos de William H. Masters y Virgina E. Johnson, que empezaron a analizar con exactitud lo que ocurre en el cuerpo humano durante la actividad sexual. Con la ayuda de más de 600 hombres y mujeres que fueron voluntariamente a su laboratorio en St. Louis, Masters y Johnson utilizaron una serie de instrumentos técnicos para medir las respuestas fisiológicas (1966).

Basándose en su investigación, Masters y Johnson identificaron cuatro etapas en la respuesta sexual, en función de dos procesos fisiológicos fundamentales, la *vasodilatación* (el flujo de sangre a los vasos sanguíneos de una región determinada causado por la dilatación de éstos) y la *miotonía* (la contracción de los músculos en los genitales y en todo el cuerpo). Veamos estas cuatro etapas:

- *Excitación:* en esta fase inicial la hembra experimenta una lubricación de la vagina, hinchazón de los pechos, endurecimiento de los pezones, hinchazón del glande (punta) del clítoris y una dilatación de la parte superior de la vagina. En el varón se produce la erección, tensión en el escroto y una elevación de los testículos. Ambos sexos pueden experimentar un enrojecimiento de los genitales, así como un incremento de la velocidad del pulso y un aumento de la tensión arterial.
- *Meseta:* cuando la vasodilatación se halla en su nivel máximo, las paredes vaginales de la mujer se contraen, la abertura se hace más pequeña, permitiendo a la vagina recibir el pene cómodamente, el clítoris se retira hacia el interior, el útero aumenta de tamaño y el color de los labios interiores se oscurece. El pene llega a su máximo nivel de erección, los testículos aumentan de tamaño y aparecen unas gotas de fluido (que pueden contener esperma activo) en la punta del pene. La respiración, el pulso y la tensión arterial continúan aumentando en ambos sexos.
- *Orgasmo:* en ambos sexos el orgasmo consiste en una serie de contracciones musculares rítmicas de los órganos pélvicos realizadas a intervalos de 0,8 segundos. El orgasmo del varón tiene dos etapas: la primera es de «inevitabilidad eyaculatoria», es decir, la sensación de que la eyacualción está a punto de ocurrir y no se puede parar, y la segunda es la eyaculación misma, durante la cual el semen se expulsa fuertemente del pene. En el orgasmo femenino se contrae el útero.
- *Resolución:* en esta fase final el cuerpo vuelve al estado de reposo. La reversión de los procesos anteriores normalmente dura de 15 a 30 minutos, pero puede durar hasta una hora en mujeres que han sido excitadas, pero que no han experimentado un orgasmo. Los varones entran en un período refractario, un tiempo durante el cual son incapaces de conseguir erección u orgasmo. Este período puede durar desde unos pocos minutos en algunos varones hasta 24 horas en otros. Es más largo en individuos mayores. Las mujeres no experimentan período refractario, lo cual las hace capaces de experimentar varios orgasmos seguidos.

Las sensaciones agradables asociadas con el contacto sexual van mucho más allá del simple coito. Existen muchas áreas sexualmente sensibles en nuestro cuerpo. Estos lugares son conocidos como zonas erógenas, y las personas pueden sentirse excitadas y llegar al orgasmo al ser acariciadas en estas zonas.

El medio más común para alcanzar el orgasmo, a parte del coito, es la estimulación manual u oral de los genitales. A parte de la región genital (el clítoris y la vagina, el pene y los testículos), las zonas erógenas incluyen también los pechos, los muslos, los labios y las nalgas, y puede también incluir otras áreas, como las orejas o las axilas, dependiendo esto de cada individuo. Distintas personas son sensibles en diferentes partes del cuerpo; lo que una persona ignora, otra puede encontrarlo altamente erótico.

Activación del deseo sexual

¿Qué es lo que nos hace desear una relación sexual? La investigación señala una influencia recíproca entre la fisiología y el aprendizaje. El factor físico clave que subyace en el deseo sexual, tanto en el hombre como en la mujer, se encuentra en el papel de las hormonas, y el aprendizaje se manifiesta en la manera como reaccionamos ante diferentes estímulos.

HORMONAS Entre los andrógenos (hormonas sexuales masculinas) la testosterona es la que más se ha estudiado. Cuando los niveles de testosterona son altos, el varón está más dispuesto a la actividad sexual. Durante la adolescencia los niveles de testosterona aumentan; es durante estos años cuando muchos chicos empiezan a masturbarse hasta llegar al orgasmo. Las mujeres también tienen testosterona en sus cuerpos, y en este punto existe la evidencia de que las mujeres con niveles de testosterona elevados tienen una actividad sexual más frecuente y disfrutan más (Persky, Lief, Strauss, Miller y O'Brien, 1978).

De las dos hormonas sexuales femeninas más importantes, el estrógeno y la progesterona, el estrógeno ha sido especialmente relacionado con la excitación sexual femenina. El estrógeno se libera una vez cada 28 días, cuando el óvulo rompe la pared de la célula folicular. En prácticamente todos los animales, menos en los seres humanos, las hembras sólo permiten relaciones sexuales durante los períodos del ciclo reproductivo, cuando los niveles de estrógeno son elevados, coincidiendo además con los períodos de fertilidad. Aunque la mujer suele estar más interesada en el comportamiento sexual cuando los niveles de estrógeno son altos (Adams, Gold y Burt, 1978), es probable que también lo esté cuando los niveles sean bajos (Morris, 1969).

La relación que existe entre el comportamiento sexual y la fisiología se muestra claramente por el gran número de fármacos que pueden perjudicar el funcionamiento sexual tanto del varón como de la mujer. Un reciente estudio con 188 varones impotentes reveló que la medicación era la causa más importante de su mal funcionamiento. Las drogas también pueden interferir en el deseo sexual de ambos sexos, en la capacidad para eyacular de los varones y la capacidad para llegar al orgasmo de las mujeres. Pueden producir estos efectos porque alteran la producción o actividad de las hormonas sexuales, porque interfieren el sistema nervioso autónomo, bloqueando los estímulos necesarios para una respuesta sexual normal, o alterando el estado emocional o el nivel de excitación (Slag et al., 1983; Kaplan, 1979). Afortunadamente, casi todos los efectos de las drogas sobre la sexualidad desaparecen cuando el individuo deja de tomarlas.

ESTIMULACION   ¿Qué es lo que nos hace pensar en el sexo en un momento determinado? El etólogo Desmond Morris (1977) indicó que la sexualidad se dispara por «señales de sexo», indicaciones que nos permiten reconocer a otra persona como varón o hembra, y que en realidad acentúa lo masculino o lo femenino. Así que cualquier cosa que diferencia a los sexos atrae nuestra atención: los genitales, los pechos y traseros redondeados de la mujer, los hombros anchos y el trasero plano del varón y las señales sexuales culturalmente impuestas, como la manera de vestir o peinarse.

No sabemos exactamente por qué unas características físicas determinadas de otra persona nos atraen. Quizá sea porque nos recuerdan a alguien (padre o madre), porque representan un ideal social de belleza o porque hemos aprendido en algún otro sitio a asociar una determinada combinación de rasgos físicos con la activación sexual. Cuando nos damos cuenta de que nos sentimos «sexualmente atraídos» por alguien, nuestra primera reacción es la de mantener un contacto visual, la siguiente es llegar a estar físicamente cerca y si el otro se muestra receptivo llegaremos a tocarlo o tocarla, y por fin pasaremos de este roce a un contacto sexual.

Como los seres humanos somos capaces de pensamiento simbólico, podemos excitarnos no sólo al ver una persona de carne y hueso delante de nosotros, sino también con imágenes, películas y descripciones de desnudos y conductas sexuales. Tanto los varones como las mujeres experimentan esta activación (Mosher y Abramson, 1977). Se ha demostrado que al estar expuesto a material erótico se aumenta la liberación de las hormonas sexuales, las cuales, como sabemos, son importantes para la activación sexual (LaFerla, Anderson y Schalch, 1978).

APRENDIZAJE   Aunque no poseemos datos científicos sobre el papel del aprendizaje respecto a nuestra preferencia de pareja sexual, es evidente que el aprendizaje desempeña un papel importante en la respuesta sexual. Buena parte de esta evidencia proviene de investigaciones con animales. Se presupone que si el aprendizaje desempeña un papel importante en la conducta sexual de los animales, probablemente tendrá un papel aún más importante en los seres humanos. Los monos que no tienen una oportunidad para jugar con otros monos de su misma edad cuando son pequeños parecen motivados a ser sexualmente activos cuando son mayores, pero no saben qué hacer, cómo llegar a una conducta sexual apropiada (Harlow, 1962, 1969). Por lo visto, la presencia de seres semejantes de alguna manera estimula a los monos jóvenes a practicar ciertas conductas cuando juegan (similares a las que componen la respuesta sexual madura) que son importantes para el comportamiento sexual maduro.

La importancia del aprendizaje sexual temprano es también, sin duda, crucial en los seres humanos. Aunque no poseemos el mismo tipo de datos (ya que por obvias razones éticas y prácticas no podemos educar a niños en función de un experimento científico), los terapeutas sexuales comentan a menudo la preponderancia de la educación represiva entre las personas con un funcionamiento sexual poco adecuado (O'Connor, 1982).

El aprendizaje es ciertamente un factor importante en la elección de la

El aprendizaje es un factor importante en nuestra elección de compañero sexual. Aprendemos las normas de atracción sexual que prevalecen en un momento y lugar determinados en los que vivimos por casualidad. Durante el siglo XIX Lillian Russell, una soprano rolliza y con grandes senos, era el ideal de la belleza femenina; hoy parece exageradamente blanducha y gorda al lado de la delgada y atlética Jane Fonda. (a. Lillian Russell, Culver Pictures, Inc. b. Jane Fonda, Steve Schapiro/Gamma Liaison.)

pareja sexual, tal como nos muestran las diferentes variaciones que se producen sobre lo que se considera «ideal de belleza» de una cultura a otra e incluso en distintas épocas dentro de la misma cultura.

FACTORES COGNITIVOS   Ya que los humanos somos seres que piensan, no es extraño que la manera de pensar influya en la manera de actuar tanto sexualmente como en cualquier otro aspecto. Por ejemplo, dos diferentes tipos de personalidades, los extravertidos y los introvertidos, parece que piensan de manera diferente. A los primeros les gusta el cambio y la variedad, les gusta estar con otras personas y tienden a actuar de manera impulsiva, mientras los introvertidos prefieren la familia, disfrutan de la soledad y son más reflexivos. En un trabajo sobre estudiantes ingleses, Eysenck (1976) encontró que los extravertidos acarician más, tienen más relaciones sexuales e intentan más posiciones diferentes durante el coito que los introvertidos; también están más satisfechos con sus experiencias sexuales. Eysenck pensó que los introvertidos podían estar más inhibidos por alguna sensación de culpabilidad. Otra investigación ha demostrado que los individuos a menudo asocian la excitación sexual con sensaciones de culpabilidad y por eso tienen tendencia a clasificar las situaciones sexualmente excitantes como repugnantes y nauseabundas (Mosher, 1965; Mosher y Abramson, 1977).

Homosexualidad

¿A qué se debe que los individuos se sientan sexualmente atraídos por personas del sexo opuesto o por personas del mismo sexo? Aunque se ha investigado intensamente para responder a esta pregunta, ninguna de las muchas teorías propuestas ofrece una respuesta definitiva. Tanto los *heterosexuales* (los que se sienten sexualmente atraídos por personas del sexo opuesto) como los *homosexuales* (los que se sienten atraídos por personas del mismo sexo) muestran respuestas fisiológicas similares durante la activación sexual y se excitan con los mismos tipos de estimulaciones táctiles. Estudios a gran escala han indicado que los hombres homosexuales actúan de forma parecida a los heterosexuales y otro tanto ocurriría con las mujeres (Blumstein y Schwartz, 1983; Bell y Weinberg, 1978). La mayor diferencia es la preferencia de sexo de la pareja.

Se han avanzado algunas hipótesis para explicar la homosexualidad. La más antigua es la que mantiene que se trata de una *enfermedad mental*. En un estudio clásico, Hooker (1957) no encontró ninguna evidencia que apoyara semejante idea, un resultado que con el tiempo llevó a *The American Psychiatric Association* (APA) a dejar de clasificar la homosexualidad como un «trastorno mental». En la actualidad, la APA (1980) sólo considera la homosexualidad como un trastorno cuando se trata de individuos que desean ser heterosexuales.

Otras teorías piensan en la posible existencia de un factor genético, un desequilibrio hormonal, una situación familiar con una madre dominante y un padre débil, o una situación de aprendizaje casual donde un joven seducido por alguien del mismo sexo desarrolla una preferencia por este sexo. Hasta ahora, no se ha encontrado apoyo científico para estas dos últimas teorías y sólo existen argumentos a favor de las dos primeras. La quinta hipótesis indica que probablemente existen varias razones para que un individuo sea homosexual y que resulta crucial la interacción entre variaciones hormonales y circunstancias ambientales. Esta hipótesis parece haber encontrado bastante apoyo (Masters y Johnson, 1979; Bell, Weinberg y Hammersmith, 1981; Durden-Smith y DeSimone, 1982).

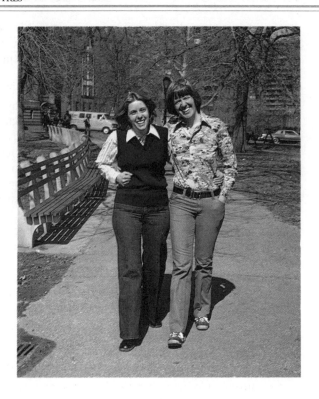

¿Cuál es la causa de que algunos se sientan atraídos por personas del mismo sexo? Tenemos muchas teorías, pero ninguna respuesta concluyente. (Bettye Lane/Photo Researchers, Inc.)

AGRESION

El 18 de enero de 1984 Malcolm H. Kerr, rector de la Universidad Americana de Beirut, murió asesinado de un disparo efectuado por unos desconocidos cuando se dirigía hacia su despacho. Un individuo que llamó por teléfono identificándose como miembro del grupo supuestamente pro-iraní «Guerra Santa Islámica», reivindicó el asesinato del doctor Kerr, perpetrado en protesta contra la presencia militar americana en el Líbano. El grupo también se ha responsabilizado del bombardeo de la Embajada americana de Beirut el 18 de abril de 1983 y del ataque contra el cuartel de la Marina el 23 de octubre de 1983 (Friedman, 1984). Aunque no existe una evidencia contundente de que esta organización realmente exista, la trágica verdad es que más de 250 personas han muerto como resultado de estos tres incidentes y probablemente morirán más en el atormentado Oriente Medio.

La pequeña localidad de Old Snake, en Texas, no parece ser un lugar muy apropiado para una epidemia de violencia. Sin embargo, en un solo año una mujer mató a su marido, que solía pegarla, otra mató al suyo mientras estaba hablando por teléfono con su amante, una madre mató a su hijo adolescente y una mujer de 23 años fue violada y asesinada. A resultas de todo ello la mayoría de los habitantes de Old Snake River (unos 200) se han armado contra los «forasteros indeseables» con el evidente peligro de que ocurran más sucesos violentos entre vecinos y familiares (Strasser, 1984).

Agresión es cualquier comportamiento destinado a dañar a alguien o algo que nos rodea. En muchos lugares del mundo y no en menor medida en los EE. UU., esta agresividad a menudo explota en violencia, acción destructiva contra personas o propiedades. Otras veces el impulso agresivo se limita a la rivalidad, ataques verbales u otras expresiones de hostilidad que no incluyen el daño físico. Cuando hablamos de agresión, hablamos, por tanto, de un comportamiento que el individuo lleva a cabo con la intención de causar daño.

Los científicos han ofrecido diversas explicaciones del comportamiento agresivo: tendencias heredadas, los resultados de la experiencia y el aprendizaje y una mutua interrelación de estas dos fuerzas principales. Es decir, parece que hemos nacido con una predisposición hacia la agresión y que luego aprendemos en qué momento podemos expresar esta tendencia y en qué momento inhibirla.

¿Heredamos las tendencias agresivas?

A la vista de la extendida presencia de la agresión en el mundo animal, los sociobiólogos, como David P. Barash (1977), sugieren que constituye un comportamiento adaptativo que se ha desarrollado a lo largo de la evolución. Los animales amenazan o atacan a otros animales cuando compiten por algo que escasea, como el alimento, el espacio o una hembra, cuando sienten dolor o están incómodos, cuando se sienten frustrados por no alcanzar alguna meta, cuando se enfrentan a un adversario a quien tienen posibilidad de vencer o cuando se acerca algún extraño. A menudo, los seres humanos se muestran agresivos en circunstancias similares.

Konrad Lorenz (1963), etólogo (científico que estudia el comportamiento animal en su entorno natural), ha sugerido que el instinto agresivo existe en todos los animales, los seres humanos incluidos, como un rasgo inevitable y genéticamente determinado. El antropólogo J. Robin Fox (1963) sugiere que los seres humanos están «programados para» la agresión y que este impulso constituye una parte esencial del funcionamiento del organismo, que siempre está presente, que se puede «encender» con facilidad, pero que también se puede «apagar» si interfiere con otro objetivo. Sin embargo, el hecho de que algunas culturas y algunos individuos en cada cultura, muestren muy poca agresividad mientras otros muestran mucha, sugiere que, aunque podemos haber heredado la tendencia a actuar agresivamente, otros factores determinan a qué extremo se puede llevar el comportamiento agresivo.

Se ha argumentado la base biológica de la agresión, o por lo menos de la predisposición a ella, en un considerable número de investigaciones. Ciertas estructuras cerebrales, por ejemplo, se encuentran implicadas en la regulación de la agresión. La estimulación eléctrica del cerebro de un gato provoca que este animal, que normalmente no es agresivo, ataque a las ratas, incluso en el caso en que se halle comiendo en aquel momento (Roberts y Kiess, 1964). Diferentes estructuras cerebrales están implicadas en la expresión de diferentes tipos de agresión, como la ira, el ataque, el comportamiento depredador y el comportamiento defensivo (Moyer, 1976). En algunos casos, como el de Charles Whitman, que sufrió un ataque en violencia en Texas en 1966, un tumor cerebral en el lóbulo temporal puede ser la causa de un repentino e inexplicable acto violento.

Diversas hormonas y sustancias químicas cerebrales se han relacionado también con la agresión. Una de ellas es la hormona masculina, la testosterona. Entre los seres humanos, como en la mayoría de las especies animales, los machos son, por lo general, más agresivos que las hembras (Maccoby y Jacklin, 1974). En casi todas las sociedades del mundo los varones van a cazar y a luchar; en los EE. UU. cometen más crímenes violentos y los experimentos de laboratorio han encontrado a menudo mayor agresividad en los varones que en las mujeres y muy raras veces lo contrario (Myers, 1983). En un estudio sobre jóvenes delincuentes, los que tenían una historia de crímenes violentos y agresivos contaban con niveles de testostero-

La noche del 31 de julio de 1966 Charles Whitman, un introvertido joven de 25 años, mató a su mujer y a su madre. A la mañana siguiente se dirigió al edificio de administración de la Universidad de Texas, donde mató a la recepcionista y se encerró en la torre. Usando un rifle de largo alcance con mira telescópica, continuó disparando a cualquiera que estuviera a tiro. Durante los 90 minutos siguientes mató a 14 personas e hirió a otras 24. Su borrachera de violencia no terminó hasta que la policía lo mató a él. En una nota que había escrito antes de la matanza, describió los terribles dolores de cabeza que sufrió los meses anteriores y los pensamientos irracionales e incluso impulsos violentos que le habían estado atormentando. La autopsia, que él había solicitado, mostró que tenía un tumor en el lóbulo temporal. (Johnson, 1972.) (Wide World Photos.)

na más elevados que los de historial menos violento (Kreutz y Rose, 1976). Parece, no obstante, que es la agresividad lo que eleva los niveles de testosterona, y no lo contrario. La conducta influye en la biología en algunos casos, como se ha visto en estudios con monos, en que los niveles de serotonina en el riego sanguíneo del macho dominante de un grupo aumentan después de haber conseguido esa posición de dominio. (Raleigh et al., 1981).

Algunos investigadores han señalado el aumento de la irritabilidad y la hostilidad en algunas mujeres justo antes de tener la menstruación y han sugerido que es debido a los cambios en las hormonas femeninas, un descenso marcado de progesterona y un aumento del estrógeno (Dalton, 1977). Recientemente se ha dado el nombre de síndrome premenstrual (SPM) a esta condición; para tratarla se prescribe frecuentemente medicación, a pesar de que la existencia del síndrome está todavía sometida a polémica.

En un experimento que medía la presión sanguínea en personas que participaban en una tarea competitiva y provocadora de agresividad, Frodi (1978) encontró que ésta aumentaba cuando se liberaban altos niveles del neurotransmisor norepinefrina en el cerebro. Niveles bajos de glucosa en la sangre, que producen un estado de hipoglucemia, también están implicados en la agresión. En un grupo, sólo un 7,7 por 100 de los sujetos eran agresivos en condiciones normales, pero cuando se encontraban moderadamente hipoglucémicos, lo eran un 84,6 por 100 (Bolton, 1973). La relación entre el alcohol y la agresividad se ha establecido claramente tanto en la investigación como en la observación diaria de personas que sólo se vuelven violentas cuando se emborrachan (Phil, Zeichner, Niaura, Nagy y Zacchia, 1981). Lo más seguro es que los efectos del alcohol sean causados por el modo en que éste disminuye las inhibiciones, aunque también pueden provenir de su tendencia a provocar un estado hipoglucémico. Una línea prometedora de investigación está actualmente indagando el papel que desempeñan diferentes sustancias en el cerebro, sustancias que causan temor, que reducen la agresividad y que están marcadamente ausentes en los individuos sociopáticos y propensos a la agresión (Redmond, 1983). Parece evidente, por tanto, que diferentes hormonas y sustancias químicas pueden aumentar la probabilidad de la agresión.

¿Qué es lo que desencadena la agresividad?

Las hormonas y las sustancias químicas no producen la conducta agresiva. Lo que hacen es bajar nuestro umbral para expresar la agresividad. En otras palabras, si me encuentro en una situación que tiende a provocar una respuesta agresiva es más probable que reaccione en tal sentido si tengo un nivel elevado de estas sustancias en mi cuerpo. Entre el tipo de acontecimientos generadores de respuestas agresivas se encuentran la *frustración* (impedir la consumación de un comportamiento dirigido a una meta), los *insultos* y las *evaluaciones negativas*.

LA FRUSTRACION ¿Cómo se siente usted si alguien le cierra el paso mientras conduce o se le cuela en una cola cuando usted tiene prisa? Probablemente desee agredir al intruso.

Sin embargo, la frustración no siempre produce agresión; sólo lleva a ella si es intensa, inesperada o arbitraria (Baron, 1977). Es menos probable que se enfade por no conseguir un empleo si no esperaba conseguirlo o si opinaba que la decisión fue justa. Por lo demás, los individuos frustrados no suelen volverse agresivos por muy enfadados que estén, a menos que el escenario les predisponga a la agresión. En el escenario pueden estar presentes determinadas «señales» que actúan como disparadores de la agresividad latente: una atmósfera que fomenta la violencia (véase una película violenta), la presencia de armas, que les recuerda cómo usarlas para herir a los demás, o una previa animadversión hacia la persona que les ha producido frustración (Berkowitz, 1979).

LOS INSULTOS O LA EVALUACION NEGATIVA Los niños aprenden desde temprana edad que casi siempre las personas se enfadan si alguien se burla de ellas, y los investigadores han confirmado el poder de los insultos para provocar agresividad, comportándose de una manera grosera con los sujetos experimentales o cuestionando su inteligencia (Baron y Bell, 1973). Del mismo modo, casi todos nosotros nos hemos enfadado con un profesor que nos dio una nota más baja de la que, en nuestra opinión, merecíamos, o con el tutor que evaluó nuestro trabajo por debajo de lo que era justo. En esto también es importante la intención. Es mucho menos probable que nos enfademos si una evaluación, por negativa que sea, nos parece justa que si opinamos que es arbitraria e injusta (Greenwell y Dengerink, 1973; Donnerstein y Wilson, 1976).

¿Cómo aprendemos a ser agresivos?

¿Cómo, entonces, *aprendemos* cuándo hay que descargar la frustración y la ira a través de la agresión? ¿Cómo aprendemos que es correcto hacer daño a otras personas en ciertas circunstancias? ¿Qué es lo que nos enseñan estas cosas en nuestro ambiente? Los teóricos del aprendizaje social opinan que la agresión es un comportamiento que se aprende como resultado de recompensas y castigos, así como a través de la imitación de modelos.

APRENDEMOS DE LA GENTE QUE NOS RODEA Los padres, normalmente, enseñan a sus hijos a no pegar primero a los demás, a no pegar a los niños más pequeños y a no pegar a los padres. Pero cuando éstos dicen a sus hijos que no peguen a los demás y ellos mismos sí les pegan, les están enviando mensajes confusos que proporcionan un doble incentivo hacia la violencia. Aparte del dolor y la humillación, que probablemente provocará una reacción agresiva, los niños ven un ejemplo de un adulto, con el que se identifican, que está actuando violentamente. Padres como éstos proporcionan un «ejemplo vivo del uso de la agresión en el mismo momento que están intentando enseñar al niño a no ser agresivo» (Sears, Maccoby y Sevin, 1957, pág. 266).

Los padres ejercen una gran influencia sobre la agresividad de los niños. Un importante estudio encontró que los padres de niños agresivos, en la escuela, eran menos cariñosos y tolerantes, castigaban violentamente a sus hijos en el hogar y, en general, les ofrecían poco apoyo (Eron, 1980).

APRENDEMOS DE LAS ACTITUDES DE LA SOCIEDAD Cuando los científicos sociales comparan las sociedades violentas (como la nuestra) con

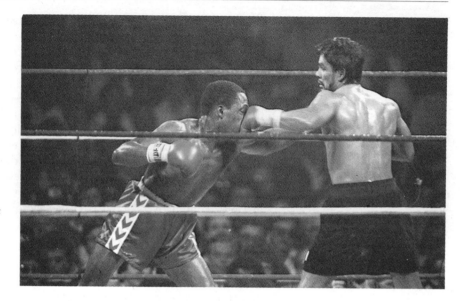

Podemos saber mucho sobre las actitudes de una sociedad conociendo las actividades que fomenta. La afición norteamericana hacia un «deporte» que consiste en esforzarse por dañar a otros seres humanos, ¿qué nos dice sobre nuestras actitudes culturales hacia la violencia? (© 1982 Frank Fournier/Contact.)

otras menos violentas, encuentran una serie de diferencias. En el valle de Oaxaca, en México, por ejemplo, existen varias comunidades no violentas, rodeadas de otras con niveles más típicos de violencia (Paddock, 1975). ¿Cuáles son las diferencias? Las comunidades no violentas tienen unas actitudes muy distintas hacia las diferencias sexuales, educan a niños y niñas del mismo modo y no muestran ninguna señal de *machismo* o la necesidad de dominancia masculina en el trabajo, en los ingresos y en la familia. Educan a sus hijos de modo diferente, casi siempre corrigiéndolos verbalmente y pegándolos muy raras veces. Los mayores ignoran el mal comportamiento de los niños siempre que es posible y enseñan a los niños a ignorar el mal trato de los otros niños. También mantienen a los hijos más ligados al hogar.

En nuestra sociedad, incluso actualmente, después de muchos cambios en los roles del varón y la mujer, las actitudes predominantes se parecen más a las de las sociedades mexicanas más violentas: se espera que los varones constituyan la cabeza de familia, se espera que los niños y también los mayores se defiendan ante cualquier persona que les cause daño y el castigo corporal se considera tan normal como método para corregir a los hijos que hasta se admite que personas que no son de la familia (como los profesores) peguen a los niños.

Nuestras actitudes hacia las relaciones entre varones y mujeres están íntimamente ligadas a la visión de la mujer desde un punto de vista predominantemente masculino. Durante los últimos años ha habido una preocupante ola de pornografía agresiva que muestra a varones violando, mutilando y de cualquier otra manera causando daño a las mujeres. Los jóvenes que ven estas películas en el laboratorio tienden a ser más agresivos con las mujeres que encuentran en la vida real, probablemente porque acentúan su creencia en el mito de que a las mujeres les gusta la fuerza y la dominación, e influye en su manera de comportarse con las mujeres en general (Donnerstein y Malamuth, en preparación; Malamuth y Donnerstein, 1982). Además, cuando en estas películas la mujer violada llega a excitarse sexualmente (un tema corriente en la pornografía dura), se ve a la víctima como más responsable de su propia violación que en las películas donde las mujeres violadas sufren, lo cual apoya otro mito: que la violación es un acto sexualmente excitante y no un suceso terrorífico, y es esto último lo que indican las víctimas de violaciones en la vida real. La pornografía que enseña que esta clase de agresión es aceptable, ofrece una lección realmente preocupante.

APRENDEMOS DE LA TELEVISION   Uno de los mayores portadores de mensajes de los valores de nuestra sociedad es la televisión. ¿A qué conclusión llegan los niños sobre la agresividad y la violencia cuando están sentados frente al televisor contemplando espantosas matanzas, palizas y mutilaciones día tras día? Entre los seis actos violentos por hora en la televisión y los 27 de los dibujos animados del sábado por la mañana, el niño corriente ha sido testigo de la destrucción violenta de 13.400 personas durante los diez años que van de su quinto cumpleaños al decimoquinto (Sabin, 1972; Prial, 1983).

Aunque algunos opinan que el ver conductas agresivas e incluso actuar agresivamente en un grado limitado ayuda a «descargar» la agresividad, es muy limitada la base para semejante creencia. En la mayoría de las ocasiones, actuar agresivamente produce aún más agresividad, y no lo contrario (Geen y Quanty, 1977). La mayor parte de los investigadores de la agresión indican que los niños que ven mucha televisión aprenden que nuestra sociedad disculpa la agresión en muchas situaciones y también cómo pueden comportarse cuando se sienten agresivos (Bandura, 1973). En cambio, cuando los padres enseñan a sus hijos que la violencia no es un medio aceptable para zanjar problemas, la televisión *no* supondrá más agresividad (Dominick y Greenberg, 1971; Huesmann, Eron, Klein, Brice y Fisher, en preparación).

La influencia de la televisión es difícil de juzgar. Se han investigado sus efectos desde los años 50 hasta el presente y la gran mayoría de los informes concluyen que ver violencia en la pantalla hace a los niños más agresivos en la vida real (NIMH, 1982). Este efecto se observa en todas las situaciones geográficas y niveles socioeconómicos, en ambos sexos y tanto en niños normales como en los que tienen problemas emocionales. El informe publicado en 1982 por el National Institute of Mental Health concluye que la televisión fomenta el comportamiento agresivo de dos maneras: los niños imitan lo que ven en la televisión y también proyectan los valores transmitidos por ella, llegando a aceptar la agresión como un comportamiento apropiado.

Fijémonos en las conclusiones de un investigador preocupado por este tema desde los primeros años de 1960. Después de haber realizado un seguimiento a 427 jóvenes, cuyas costumbres televisivas habían sido estudiadas cuando estaban en tercer grado de escuela primaria, como parte de un amplio estudio sobre la educación por parte de los padres, Eron (1980) descubrió que el mejor pronosticador de la agresividad de un joven de 19 años de edad era la violencia de los programas de televisión que le habían gustado a la edad de 8 años. Se ha encontrado una relación similar para niñas y mujeres (Eron, 1982). Puede que los niños de tercer grado de escuela primaria estén en un período del desarrollo crítico que les hace especialmente susceptibles a los efectos de la televisión. En general, los niños agresivos ven más programas de televisión, se identifican más con los personajes agresivos que en ella aparecen y probablemente están más convencidos de que la agresividad de la pantalla refleja la vida real (Eron, 1982).

Los pedagogos sugieren que los padres que quieran contrarrestar los efectos de la violencia televisiva deben limitar el número de programas de televisión, supervisar cuáles son los que ven sus hijos y hablar con ellos

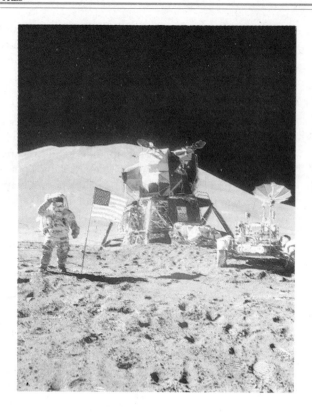

Los seres humanos toman nuevos caminos, escalan las cumbres más difíciles e incluso van a la luna para satisfacer su curiosidad. El querer saber cómo es el universo constituye una fuerte motivación para muchas actividades de muy distinta índole. (NASA Photo.)

de los mismos, animándoles a pensar sobre lo que han visto, cuestionando la aceptación de la violencia como método para resolver las dificultades (Kaye, 1974).

Parece, por lo tanto, que aunque heredamos la tendencia a actuar agresivamente, el modo con que expresamos o inhibimos este tipo de conducta está condicionado por el mundo que nos rodea.

ACTIVACION Y CURIOSIDAD

Cualquier persona que ha pasado algún rato en compañía de un niño de tres años sabe que los seres humanos son criaturas muy curiosas desde temprana edad. Queremos saberlo todo sobre nuestra vida, por qué la gente actúa de una determinada manera, por qué ocurren las cosas y cómo funcionan. ¿Qué hay al otro lado de una colina, una montaña o un océano…? Para satisfacer nuestra ilimitada curiosidad empezamos de pequeños a tocar, a meternos nuevos objetos en la boca, a dar nuestros primeros y vacilantes pasos para alejarnos del hogar. A medida que vamos creciendo, continuamos procesando la información que nos llega a través de nuestros sentidos, exploramos los alrededores, formulamos preguntas, estudiamos, cavilamos, pensamos. Hacemos muchas cosas sin recibir ninguna verdadera recompensa, excepto la de satisfacer nuestra curiosidad. La mayoría de los psicólogos creen que detrás de este comportamiento existe un sistema motivador básico y que la curiosidad y la activación están estrechamente relacionadas.

Cómo nos activamos

Cuanto más alerta estemos, mejor podremos analizar lo que vemos, oímos y sentimos. Distraídos, no procesamos bien la información. (¿Cuántas veces ha leído usted el mismo párrafo seis veces antes de darse cuenta de que

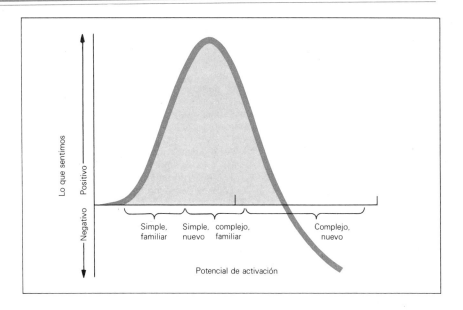

FIGURA 9-4 Relación hipotética entre la manera en que sentimos y el potencial de activación de un estímulo. *Observe que la gente se encuentra más a gusto cuando la estimulación es moderadamente compleja o moderadamente novedosa. Un estímulo demasiado simple o demasiado complejo y extraño produce sensaciones menos agradables. (Berlyne, 1970.)*

simplemente tenía demasiado sueño para poderse concentrar?) Ello quiere decir que necesitamos un nivel relativamente elevado de activación para poder satisfacer nuestra curiosidad. La *activación* es un estado fisiológico que experimentamos como una capacidad para procesar información, para reaccionar frente a una emergencia y para experimentar una amplia gama de emociones.

¿Qué ocurre en nuestro cuerpo cuando nos encontramos activados? Varias cosas. Vamos a empezar por la corteza cerebral. Como vimos en otro lugar, las ondas cerebrales se pueden medir con un electroencefalograma (EEG). Cuando nos hallamos en un estado de activación moderada, en el cual estamos alerta y atentos, nuestros modelos de EEG muestran picos rápidos, cortos y regulares. Se produce también un aumento de otras respuestas fisiológicas: aumenta el ritmo cardíaco y la tensión arterial junto con la liberación de glucosa y otras reacciones que preparan el cuerpo para el gasto de energía. Estos aumentos se denominan activación autonómica, ya que las reacciones son controladas por el sistema nervioso autónomo.

¿Qué provoca estas señales de activación cortical y autonómica? Existe un mecanismo biológico, probablemente situado en la formación reticular del tronco cerebral. Este sistema, como vimos en el capítulo 2, controla nuestros niveles de alerta y también desempeña un papel importante para hacernos dormir. La estimulación sensorial entrante activa las neuronas sensoriales que estimulan la formación reticular. Esta, por su lado, activa la corteza y otras áreas cerebrales (como el hipotálamo) que controlan la activación autonómica. Como la formación reticular es quien activa estos centros cerebrales, se denomina sistema activador reticular

Cómo nos sentimos activados

Los seres humanos normalmente preferimos un nivel moderado de activación, ni tan alto que nos ponga nerviosos y desorganice nuestro comportamiento ni tan bajo como para que estemos adormilados (Berlyne, 1971; Eysenck, 1967). Esta relación entre estado de activación y sensación está representada en la figura 9-4, que muestra las diferentes reacciones de los individuos a una variedad de estímulos, graduados desde el estímulo más simple y familiar

TABLA 9-1.   ¿Es o no es, usted, un gran buscador de sensaciones?

Para conocer su propia tendencia a buscar sensaciones, pruebe este versión abreviada de una de las primeras escalas de Marvin Zuckerman. En cada uno de los 13 items, dibuje un círculo alrededor de la opción A o la B del item correspondiente, elija aquella que mejor describa sus gustos o aversiones o la manera como lo siente. Las instrucciones para la evaluación se encuentran al final de la prueba.

1 A Le gustaría tener un empleo que requiera viajar mucho.
   B Preferiría un empleo en una localidad fija.
2 A Me siento animado en un día frío y ventoso.
   B Estoy deseando estar bajo techo en días fríos.
3 A Me aburro al ver las mismas caras de siempre.
   B Me gusta la confortable familiaridad de los amigos de siempre.
4 A Preferiría vivir en una sociedad ideal en la cual todo el mundo estuviera seguro, a salvo y feliz.
   B Preferiría haber vivido en los días agitados de nuestra historia.
5 A A veces me gusta realizar cosas que asustan un poco.
   B Una persona sensata evita las actividades peligrosas.
6 A No me gustaría que me hipnotizasen.
   B Me gustaría probar la experiencia de ser hipnotizado.
7 A La meta más importante en la vida es vivirla plenamente y experimentar cuantas más cosas mejor.
   B La meta más importante en la vida es encontrar paz y felicidad.
8 A Me gustaría intentar saltar con paracaídas.
   B No quisiera nunca tener que saltar de un avión con o sin paracaídas.
9 A Me meto en el agua fría poco a poco para tener tiempo a acostumbrarme.
   B Me meto directamente en el mar o en una piscina.
10 A Cuando voy de vacaciones prefiero la comodidad de una buena habitación y una buena cama.
   B Cuando voy de vacaciones prefiero la variedad y hacer camping.
11 A Prefiero a la gente emocionalmente expresiva, aunque sea un poco inestable.
   B Prefiero a la gente calmada y tranquila.
12 A Un buen cuadro debe impresionar o sacudir los sentidos.
   B Un buen cuadro debe dar una sensación de paz y seguridad.
13 A La gente que va en moto tiene una necesidad inconsciente de querer lesionarse.
   B Me gustaría ir en moto.

Puntuación

Cuente un punto por cada uno de los siguientes items que haya rodeado con un círculo: 1A, 2A, 3A, 4B, 5A, 6B, 7A, 8A, 9B, 10B, 11A, 12A, 13B. Haga la suma total y compare con las normas que están al pie de la tabla.

0-3 Nivel muy bajo en la búsqueda de sensaciones
4-5 Bajo
6-9 Término medio
10-11 Alto
12-13 Muy alto

Aunque el test da algunas indicaciones para la evaluación de una persona, no es una medida muy fiable. Una razón de ello es, naturalmente, que el test ha sido abreviado. Otra que las normas se basan principalmente en las puntuacioes de estudiantes de universidad que han realizado el test. Según van haciéndose mayores las personas, sus puntuaciones en la búsqueda de sensaciones tienden a bajar.
Del «The Search for High Sensation», por M. Zuckerman. En *Psychology Today*, febrero, 1978, *11*(9), 38-46. Copyright © 1978 por Ziff-Davis Publishing Company. Impreso con autorización.

hasta el más complejo y extraño. La mayoría de las personas, al parecer, prefieren un estímulo relativamente complejo o relativamente nuevo.

La mayor parte de las personas intentan mantener un nivel moderado de activación. Normalmente lo hacemos controlando nuestro nivel externo de estimulación: cuando nos sentimos excesivamente estimulados, solemos retirarnos a un lugar tranquilo donde poder estar solos, y cuando nos sentimos demasiado poco estimulados, acostumbramos a buscar un lugar ruidoso y lleno de gente.

Existen, sin embargo, grandes diferencias individuales respecto al grado de activación que resulta agradable. Puede que sea usted una persona a quien le guste o gustaría realizar actividades que conllevan riesgo y aventura, un individuo muy sociable al que le gusta encontrarse y mantener relaciones con individuos poco convencionales. Si es así, es usted lo que un psicólogo llama un «buscador de sensaciones» (Zuckerman, 1979). Si, por el contrario, prefiere lo conocido, lo estable y la sensación de paz, usted se halla en un nivel bajo en la escala de buscar sensaciones. Para ver cuál es su lugar en esta escala, puede contestar el cuestionario de la tabla 9-1.

Tales diferencias en los niveles de activación preferidos pueden ser heredadas, ya que por lo menos una de las sustancias químicas que regulan esta tendencia está genéticamente determinada (Zuckerman, Buchsbaum y Murphy, 1980). Siendo así que la diversidad es a menudo importante para la supervivencia de una especie, es posible que tales diferencias en la búsqueda de sensaciones puedan contribuir a la vigorización de la raza humana. En cualquier caso, la existencia de individuos con tendencias tan dispares hace ciertamente la vida más interesante.

Cómo la activación afecta a la ejecución

La gente no sólo se encuentra más a gusto en niveles de activación moderados, sino que la mayoría de nosotros somos más eficaces en tal situación. Habrá notado, probablemente, que no trabaja bien si se encuentra demasiado nervioso, pero tampoco si está agotado. Escribe sus mejores trabajos, estudia mejor, su esfuerzo da más fruto cuando se encuentra en niveles moderados de activación. La figura 9-5 muestra gráficamente la relación entre la activación y la ejecución.

De acuerdo con la *ley de Yerkes-Dodson*, establecida en 1908 por dos psicólogos, el nivel óptimo de estimulación varía de acuerdo con lo que se está haciendo. Si es algo muy fácil, lo realizará mejor si está muy activado, mientras que una tarea complicada o difícil la ejecutará mejor si el nivel de activación es algo más bajo. Desde el descubrimiento, en 1949, del sistema activador reticular, D. O. Hebb (1954) ideó un nuevo modo de considerar el efecto de la estimulación sobre la ejecución. Hebb sugirió que el determinante principal no era el estímulo en sí mismo, sino el estado de activación que producía: un estímulo muy fuerte genera una activación elevada, mientras un estímulo más débil produce una activación leve.

Hebb señaló que la activación focaliza nuestra atención. Así, una atención más focalizada provocada por un estímulo fuerte y una activación elevada, nos ayuda a concentrarnos en una sola tarea. En cambio, cuando necesitamos resolver problemas en los que se deben considerar varios factores y sus posibles soluciones, necesitaríamos un enfoque más amplio. Esto tiene valor de supervivencia. Un animal que ve a un enemigo (un estímulo fuerte que causa una activación elevada) enfoca su atención en una tarea: escapar. Sin embargo, necesita hallarse en un nivel de activación más bajo, sin ninguna amenaza inmediata, para procesar la información sobre el ambiente lo

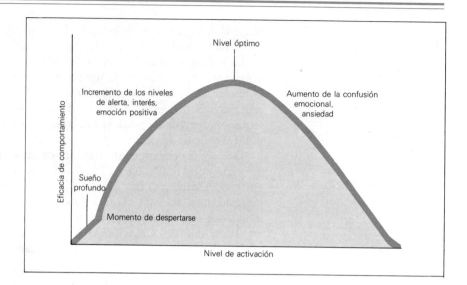

FIGURA 9-5 *Relación hipotética entre la eficacia de comportamiento y el nivel de activación. (Hebb, 1955.)*

bastante eficazmente como para aprender nuevas rutas que le permitan escapar en el futuro.

De acuerdo con Hebb, la ejecución mejora cuando la activación aumenta, pero sólo hasta cierto punto. Una vez llegado al nivel óptimo, un aumento adicional de la activación no *mejora* la ejecución; al revés, la *interfiere*. El modelo de Hebb no sólo predice la ejecución, sino también qué tipo de tareas tienden a elegir los seres humanos y los animales. De acuerdo con este autor, elegimos tareas que nos proporcionan niveles óptimos de activación, y a menudo cambiamos de un nivel a otro eligiendo una situación de tranquilidad después de haber estado sobreestimulados o escogiendo hacer algo nuevo si estamos aburridos. Los individuos difieren respecto al nivel de activación que resulta agradable para ellos. Si usted prefiere trabajar en un estado de activación elevado, en una habitación en la que la gente va y viene constantemente, en que las paredes están cubiertas con atractivos «posters» y acompañado de música fuerte, mientras que su compañero de habitación prefiere trabajar solo, en una habitación tranquila con escasos muebles, tendrá que llegar a un acuerdo con él o cambiar de compañero.

Nuestros cuerpos poseen mecanismos para reaccionar frente a nuevos objetos y sucesos y procesar las reacciones. En experimentos de laboratorio, los individuos enfrentados a experiencias nuevas respondieron presentando activación autonómica, incrementando la respuesta galvánica de la piel (resistencia de la piel al paso de una corriente eléctrica débil), dilatación de las pupilas y otras señales de activación (Lynn, 1966). Aparece claramente una razón evolutiva de este tipo de reacción: ésta puede salvar su vida. Si, por ejemplo, de repente encuentra un oso en un sendero, necesitará una buena activación cortical para analizar lo más rápidamente y lo mejor que sea posible cómo responder ante esta experiencia nueva y necesitará también una suficiente activación autonómica que le suministre la energía necesaria para llevar a cabo la acción que estime más apropiada: subirse a un árbol, usar el rifle, gritar o lo que sea.

Efectos de la privación sensorial

Hoy día, la mayoría de nosotros estamos sitiados por todos lados de una variedad confusa de sonidos, colores, olores, movimientos y otros muchos estímulos. La vida moderna, especialmente la urbana, supone un cúmulo de

Las alucinaciones que a menudo experimentan los camioneros cuando conducen largas distancias por carreteras llanas y aburridas parecen causadas por la privación sensorial. (Penelope Breese/Liaison Agency.)

estimulaciones que algunas personas (como los «buscadores de sensaciones») disfrutan y otras desean evitar. Algunos individuos escapan no dejando la ciudad sino aislándose de la estimulación. Una manera de conseguirlo consiste en sumergirse en una cámara estanca de privación sensorial, posibilidad que se ha comercializado en las grandes ciudades. ¿Qué beneficio se consigue con eso? Parece ser que el efecto depende en parte del individuo y en parte del tiempo que permanezca aislado de la estimulación.

Hace algunos años un grupo de psicólogos de la Universidad de McGill construyó una cámara aislante de estímulos sensoriales diseñada especialmente para mantener la estimulación en niveles mínimos. Ofrecieron 20 dólares por día (equivalentes a 40 o 50 dólares actuales) a los estudiantes que quisieran participar, pidiéndoles que se prepararan para permanecer en ella tanto tiempo como les fuera posible. A los estudiantes les pareció una manera fácil de ganar dinero no haciendo nada. Porque «nada» era exactamente lo que hacían. Estaban echados en la cámara sin moverse, excepto cuando comían o bebían la cantidad adecuada de comida y agua preparada para ellos. No podían ver nada más que una luz constante, dado que llevaban gafas translúcidas, no podían tocar nada porque llevaban guantes de cartón en las manos y antebrazos y no podían tampoco oír nada porque el zumbido monótono de un ventilador ahogaba los demás sonidos. Estar sin hacer nada resultó, sin embargo, difícil. Casi todos los participantes calificaron la experiencia como desagradable, y más de la mitad quisieron salir antes de las 48 horas (Heron, 1961). La privación sensorial durante tanto tiempo resultaba intolerable.

Otros investigadores han encontrado algunos beneficios en la privación sensorial, entre ellos la capacidad para mejorar la ejecución de ciertas habilidades sensoriales, tales como responder rápidamente a una señal acústica, disminuir el umbral de discriminación entre dos puntos (descrito en el capítulo 3) y aumentar la sensibilidad frente a sabores dulces y amargos y frente al dolor. Algunos procesos cognitivos también se agudizan, procesos

Como es natural, una estimulación reducida puede ser útil: aunque un estudiante que quiera preparar un determinado trabajo debe evitar la monotonía ambiental, ésta puede ser una ayuda para uno que necesite memorizar una lista de elementos.
(Suedfeld, 1975, pág. 65.)

como la memorización de listas de palabras y el recuerdo o reconocimiento del material memorizado anteriormente; mientras estas tareas simples evidencian una mejora después de la privación, la ejecución de tareas más complejas resulta perjudicada. Entre los beneficios terapéuticos de la privación sensorial se encuentra su uso en programas para dejar de fumar (Suedfeld, 1975).

Sin embargo, y a pesar de estos descubrimientos, parece que la mayoría de la gente necesita bastante estimulación sensorial y encuentra el tipo de privación del que venimos hablando completamente inaguantable si se prolonga largos períodos de tiempo.

CONDUCTA DE LOGRO

Es posible que intente alcanzar la calificación más alta del curso, se esfuerce por estar en el cuadro de honor, graduarse con matrícula de honor y alcanzar la cima en la profesión que ha elegido. O puede que se contente con aprobar el curso, pasar la escuela universitaria y conseguir un empleo que le mantenga, aunque no le augure altos logros. Si la primera posibilidad le describe, usted tiene una alta necesidad de logro; si es la segunda, sus necesidades de logro son bajas. En 1938 Murray definió la motivación de logro (a menudo expresada como *nAch*, en inglés) como un deseo o tendencia «a vencer obstáculos, ejercitar el poder y superar las tareas difíciles lo mejor y más rápidamente posible» (pág. 80-81). Sin embargo, hasta 1953 los psicólogos no intentaron medir la fuerza de esta motivación usando el Test de Apercepción Temática (TAT) (McClelland, Atkinson, Clark y Lowell, 1953).

El TAT consiste en un conjunto de láminas que muestran diferentes situaciones. A quien ha de pasar la prueba se le pide que escriba una historia que explique cómo se ha llegado a la situación que aparece en el dibujo, qué está pasando ahora y qué pasará en el futuro. Lo que subyace en la prueba es el hecho de que tratemos de imaginar historias sobre temas importantes para nosotros. (Por esta razón, el TAT se emplea a menudo como prueba de personalidad general, tal como explicamos en el capítulo 14.) McClelland y sus colegas diseñaron un sistema para puntuar las «imágenes de logro». Analizaron el contenido de las historias sobre los dibujos del TAT para ver si los sujetos habían usado imágenes de logro o palabras relacionadas con el logro. En otras palabras, ¿las historias contenían objetivos difíciles, referidos a insistir en algo, superar obstáculos, etc.? A partir de las respuestas a estas preguntas, evaluaron la motivación de logro del individuo.

Después de estudiar esta motivación durante más de 25 años, ¿qué sabemos sobre ella? Sabemos que incluso bebés de dos meses parecen experimentar algún sentido del logro; en un experimento en el que unos bebés controlaban los movimientos de un móvil colgado sobre ellos, girando la cabeza, se advirtió que los bebés que lo movían ellos mismos sonreían más cuando se movía el móvil que los bebés que, aunque veían el mismo móvil, no lo habían movido por sí mismos (Watson y Ramey, 1972). Este descubrimiento parece señalar algún tipo de necesidad humana innata para conseguir que ocurra algo.

También han aparecido varias características de la personalidad y estilos de comportamiento en personas con una necesidad de logro elevada. Cuando se les da a elegir entre tareas difíciles, fáciles o de mediana dificultad, generalmente eligen estas últimas que parecen presentar dificultad suficiente como para resultar interesantes, pero no tanta como para generar desánimo (Mahone, 1960; Morris, 1966). Suelen sentirse optimistas frente a sus posibilidades de éxito, se consideran capaces de conseguirlo, de aceptar responsabilidades personales y están dispuestos a posponer la recompensa con tal de lograr el éxito (Feather, 1965; Kukla, 1972; Mischel, 1961).

Es muy posible que la necesidad de logro sea por lo menos parcialmente heredada, algunas personas nacen con el impulso de tener éxito. Sea lo que fuere, existen maneras de aumentar el *n*Ach. Por ejemplo, determinadas maneras de educar a los hijos parecen influir en ellos para que tengan una elevada motivación de logro (Feshbach y Weiner, 1982). En un clásico estudio, Winterbottom (1958) encontró que madres con fuerte motivación de logro suelen alentar la independencia y la autoridad antes de que los hijos alcancen los ocho años, y les animan para que sepan desenvolverse en la ciudad y obtengan buenos resultados en las competiciones.

Se puede mejorar también la conducta de logro en épocas más avanzadas de la vida. Ciertos individuos que tomaron parte en unos cursillos de entrenamiento de 3 a 6 semanas de duración (donde aprendieron la importancia de aceptar el riesgo, como determinar las propias metas, y se les orientó hacia un futuro de éxito) alcanzaron mayores éxitos que otros que no habían participado en esos cursillos (McClelland y Winter, 1969). Otros autores han intentado actuar modificando la concepción que los sujetos tienen sobre su capacidad de tener éxito o fracasar, ya que opinan que los no-ganadores tienden a pensar que no poseen la suficiente habilidad y que, hagan lo que hagan, no tendrán éxito, por lo que no se esfuerzan. El resultado es un círculo vicioso, ya que la persona que no se esfuerza cuenta, como es natural, con más probabilidades de fracasar. Algunos programas enseñan simplemente la importancia del esfuerzo para el éxito (Ostrove, 1978).

Dejando aparte las suposiciones personales y anecdóticas, no sabemos si la *nAch* influye en áreas diversas de la vida de la persona, porque los investigadores no han intentado descubrir si el que posee una alta motivación de logro resulta tan competitivo en la pista de tenis como en el juzgado, o si, por el contrario, se dan diferentes motivaciones de logro en diferentes áreas de sus vidas. También es muy limitado nuestro conocimiento sobre si las necesidades de logro se mantienen estables a lo largo de toda la vida. Sabemos que universitarios con un alto nivel de *nAch* a los veinte años solían ser después hombres emprendedores (McClelland, 1965); en estudios realizados con varones en 15 áreas, todas ellas actividades creativas, y en 10 relacionadas con el liderazgo gubernamental, jurídico y militar, se manifestó una fuerte relación entre la motivación para el logro y el éxito en el trabajo (Veroff, Atkinson, Feld y Gurin, 1960). Como en muchas otras áreas de la investigación psicológica, la mayoría de los estudios sobre la motivación para el logro se han centrado en sus efectos sobre el varón. Teniendo en cuenta los diferentes mensajes transmitidos a las niñas y mujeres de nuestra sociedad, necesitamos explorar este fenómeno más a fondo en lo que se refiere a las mujeres.

Parece ser que la motivación de logro en algunas personas es modificada por su tendencia a evitar el fracaso (Atkinson, 1957). Las personas que sienten una alta motivación para evitar el fracaso no se sienten dispuestas a correr el riesgo necesario para alcanzar el éxito. Estas personas eligen tareas fáciles, cuando pueden, al no querer correr el riesgo, se mantienen alejadas del verdadero éxito y terminan en un punto intermedio entre el éxito y el fracaso. Mientras que esta teoría resultaba razonablemente buena para predecir el comportamiento masculino en diversas situaciones experimentales, resulta menos exacta cuando es referida a la mujer. Existen indicios de que las

APARTADO 9-2
HISTORIAS DE ESTUDIANTES SOBRE EL EXITO

Cuando se pidió a estudiantes, tanto masculinos como femeninos, que escribiesen historias a partir de unas instrucciones idénticas en todo, excepto las que se referían al sexo del protagonista, los varones que escribieron sobre un protagonista varón tenían tendencia a describir el éxito de forma elogiosa, mientras las mujeres acentuaron los aspectos negativos de éste. A continuación, se muestran algunos de los relatos más típicos que escribieron, una vez que se tenían que basar en el siguiente argumento: «Después de los exámenes finales del primer semestre, John (Anne) descubre que es el (la) primero (a) de la clase en la facultad de medicina».

HISTORIAS ESCRITAS POR ESTUDIANTES DE SEXO MASCULINO

John es un joven consciente de su responsabilidad que trabaja duro. Está contento de sí mismo, siempre ha querido estudiar medicina y es muy aplicado... John continúa trabajando fuerte y finalmente se gradúa como el primero de la clase.
John ha trabajado duro y sus largas horas de estudio se han visto recompensadas... Está pensando en su novia, Cheri, con quien piensa casarse cuando termine los estudios. Se da cuenta de que podrá ofrecerle todo lo que ella desee, una vez casados. Continuará en la facultad y a la larga obtendrá gran éxito.

HISTORIAS ESCRITAS POR ESTUDIANTES DE SEXO FEMENINO

Anne empieza a expresar su sorpresa y alegría. Sus compañeros se muestran tan disgustados con su comportamiento que la asaltan y le propinan una paliza que la deja marcada de por vida.
Aunque Anne está contenta con su éxito, teme lo que le pueda ocurrir en su vida social. Los estudiantes varones no parecen tener muy buena opinión de una mujer que les ha ganado en su «propio» campo... Estará orgullosa y tendrá éxito, pero desgraciadamente será una doctora *muy solitaria*.

De Horner, 1968.

mujeres conciben el logro de manera distinta que el varón, y de que realmente lo consiguen en menor medida. Los especialistas en la materia se extrañaban de que hubiera menor número de mujeres cursando estudios superiores y desempeñando profesiones de alto nivel, y de que si lo hacían era menos probable que tuvieran éxito. ¿Era esto debido a que tenían menos capacidad o menor motivación de logro, o más bien era debido a una auténtica discriminación?

Matina Horner, en la actualidad presidenta del Radcliffe College, fue la primera en abordar esta cuestión científicamente. Pidió a estudiantes, tanto masculinos como femeninos, que escribiesen historias sobre el éxito y encontró que las historias que las mujeres escribían sobre el éxito de las mujeres ponían más el acento en las consecuencias negativas que éste pudiera acarrearlas, como la impopularidad, la soledad y la culpabilidad, mientras que tanto los varones como las mujeres, en sus relatos sobre el éxito masculino, enfatizaban las ventajas del éxito. Basándose en estas respuestas, algunas de las cuales mostramos en el apartado 9-2, Horner (1968) sugirió que las mujeres tienen un «miedo al éxito» que evita que lo alcancen.

Investigaciones posteriores han llegado a conclusiones diferentes; por ejemplo, que los varones experimentan el mismo miedo frente al éxito que las mujeres (Tresemer, 1974). Por lo cual actualmente muchos psicólogos contemplan los descubrimientos de Horner con escepticismo (Zuckerman y Wheeler, 1975). Sin embargo, varios estudios han confirmado la premisa básica de que las mujeres, por lo menos en los años 60, 70 y primeros de los 80, experimentaban dificultades en reconciliar su recién conquistada libertad para alcanzar el éxito con las expectativas sobre el papel de la mujer en la sociedad (Stephan, Rosenfield y Stephan, 1976; Kruegar, 1983). Algunas mujeres tienen sentimientos ambientales frente al logro y no compiten porque consideran excesivo su coste. Asimismo parece comprobado que las mujeres a menudo dejan de competir con los varones cuando creen que la tarea incluye habilidades propiamente «masculinas» (Deaux, White y Farris, 1975).

Frecuentemente parece que las mujeres se niegan a competir no por un temor irracional, sino por una evaluación realista de los efectos negativos que con frecuencia ha de sufrir la mujer que tiene éxito en nuestra sociedad. Para muchas mujeres el éxito en su profesión ha generado conflictos en su vida personal. Cuando los estereotipos culturales disminuyan y las actitudes cambien, puede que tales consecuencias negativas ya no sigan al éxito de una mujer, y mujeres competentes sean capaces de buscar y disfrutar el éxito con el mismo entusiasmo que los varones.

Tal y como mencionamos más arriba, nuestros sentimientos constituyen un elemento importante para motivar nuestra conducta y nuestro propio comportamiento, y el de los demás son elementos importantes para hacernos sentir una amplia gama de emociones. Veamos lo que la psicología considera importante respecto a las emociones humanas.

EMOCION

Tiene miedo. Está enfadado. Contento. Se encuentra triste. ¿Qué significan estas palabras? ¿Qué siente cuando se halla en un determinado estado emotivo? ¿Está usted interpretando las sensaciones físicas causadas por la liberación de alguna sustancia química en el cuerpo o la activación de alguna parte de su cerebro o bien resulta que el fuerte sentimiento que está experimentando es algo subjetivo que debe su existencia a los procesos de pensamiento en su cerebro, que lo han creado y denominado? Buena parte de las investigaciones sobre la emoción han intentado responder a estas preguntas.

Teorías de la emocion

Las principales teorías de la emoción consideran a ésta un sentimiento bien fisiológico, bien cognitivo o bien como un producto de la interacción de factores físicos y mentales. En las figuras 9-6, 9-7 y 9-8 se muestran descripciones gráficas de las tres teorías más importantes.

TEORIA DE JAMES-LANGE (LOS SENTIMIENTOS SON UN PRODUCTO FISICO)

Dos científicos que trabajaron al mismo tiempo, el psicólogo William James (1884) y el también psicólogo Carl Lange (1885), llegaron a puntos de vista tan parecidos, que podemos considerar sus contribuciones de forma conjunta. Esencialmente, ambos dudaron de la suposición tradicional de que primero se vive algún suceso (por ejemplo, que se nos acerque un atracador), se siente acto seguido la emoción (el miedo) y luego experimentamos las sensaciones fisiológicas relacionadas con esta emoción (el corazón late más deprisa, la respiración se acelera, las palmas de las manos sudan, se siente debilidad en las rodillas, etc.) y nos comportamos de la manera que creemos adecuada a la situación (luchamos, gritamos, nos desmayamos o corremos). Tanto James como Lange arguyeron a favor de una inversión de esta secuencia, es decir, que la base de las emociones deriva de nuestra percepción de las sensaciones fisiológicas, como los cambios en el ritmo cardíaco y la tensión arterial y las contracciones de los músculos viscerales y del esqueleto.

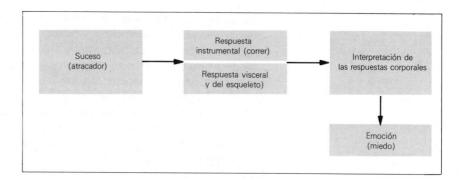

FIGURA 9-6 Teoría de la emoción de James-Lange. *La emoción tiene lugar cuando el individuo interpreta sus respuestas corporales: «Debo tener miedo porque estoy corriendo y mi corazón late deprisa».*

FIGURA 9-7 Teoría de la emoción de Cannon-Bard. *La emoción es únicamente un acontecimiento cognitivo: «Tengo miedo porque sé que los atracadores son peligrosos».*

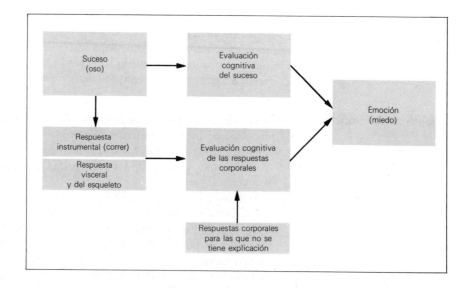

FIGURA 9-8 Teoría de la emoción de Schachter-Singer. *La emoción es causada por dos operaciones cognitivas relacionadas, aunque independientes: evaluación del suceso e identificación de las respuestas corporales. La intensidad de una emoción es debida a la manera en que el individuo evalúa las respuestas corporales. Reacciones corporales para las que no se tiene una explicación pueden contribuir a un aumento en la intensidad percibida.*

De acuerdo con esta teoría, cuando le insultan no se siente enfadado y luego experimenta los síntomas fisiológicos de la ira, sino al contrario, su corazón y respiración aumentan de velocidad y sus músculos se tensan, y entonces interpreta estos cambios corporales como «Estoy enfadado.» Esta teoría sostiene que las respuestas fisiológicas son diferentes para cada emoción, lo cual no siempre es verdad. En suma, aunque la teoría posee cierto grado de validez, no oferta una explicación completa de la experiencia emocional.

El sentido común nos dice que si perdemos nuestra fortuna, lo sentimos y lloramos; ...[Mi] hipótesis... es que nos sentimos tristes porque lloramos, enfadados porque pegamos, y tenemos miedo porque temblamos... (James, 1890).

La retroalimentación («feedback») de las respuestas fisiológicas no es *necesaria* para experimentar una emoción, aunque pueda ser importante. Tal como explicaremos más adelante, Schachter y Singer (1962) demostraron cómo la retroalimentación de nuestras respuestas fisiológicas puede contribuir para producir una respuesta emocional más intensa.

TEORIA DE CANNON-BARD (LOS SENTIMIENTOS SON UN PRODUCTO COGNITIVO)   En 1927 Walter Cannon argumentó en contra de la posición de James-Lange, argumentación que fue luego ampliada por Philip Bard (1938). Mediante la investigación de laboratorio, mostraron que las reacciones fisiológicas que acompañan a diferentes emociones son las mismas en una emoción u otra. En otras palabras, cuando una persona está nerviosa, enfadada o tiene miedo o está enamorada, aumenta el ritmo cardíaco, la velocidad de la respiración y los músculos se tensan. Así, si dependiéramos únicamente de nuestras respuestas fisiológicas, no seríamos capaces de distinguir una emoción de otra. Afirmaron, además, que el individuo normalmente no es consciente de los cambios internos (como las contracciones de los órganos viscerales, por ejemplo de los riñones y el hígado) y que incluso los animales que por intervenciones quirúrgicas no fueron capaces de experimentar estas sensaciones fisiológicas manifestaron reacciones emocionales típicas. Propusieron que la experiencia emocional y la activación fisiológica ocurren al mismo tiempo, no una detrás de otra.

¿De qué forma? De acuerdo con Cannon y Bard, cuando tropezamos con un atracador, los impulsos nerviosos llevan esta información a dos lugares importantes del cerebro: la *corteza*, el área donde tienen lugar los procesos más sofisticados de pensamiento, le dice que el atracador constituye una amenaza para su seguridad personal, y el darse cuenta de esto, este pensamiento, basta para producir el miedo. Al mismo tiempo, el *tálamo* produce diversos cambios fisiológicos inespecíficos (o sea, no son específicos de una emoción determinada, sino que se producen como respuesta a cualquier emoción). Nos referimos a estos cambios como la reacción de «estrés» o la reacción de «lucha o fuga» (descrita en detalle en el siguiente capítulo). Esta reacción le prepara para gastar energía y prevenir un daño potencial. Si más adelante descubre que la persona amenazadora no era un atracador, sino sólo alguien que quería preguntarle una dirección, ambas áreas se calmarán: la corteza hará desaparecer sus sensaciones de miedo y el tálamo suspenderá la reacción fisiológica.

Esta teoría integró la investigación sobre el papel del tálamo en la emoción. Su mayor defecto residía en su incapacidad para reconocer la complejidad de las experiencias emocionales y el modo en que éstas pueden ser influidas por la forma como interprete el individuo el «feedback» fisiológico.

TEORIA DE SCHACHTER-SINGER (LAS EMOCIONES DEPENDEN DE UNA DOBLE APRECIACION COGNITIVA: COMO EVALUAMOS EL SUCESO Y COMO IDENTIFICAMOS LO QUE ESTA PASANDO EN NUESTRO CUERPO)   La opinión de que la emoción supone una actividad puramente cognitiva llegó a ser la explicación comúnmente aceptada hasta los años 60, cuando los innovadores psicólogos Stanley Schachter y Jerome Singer (1962) cuestionaron que las respuestas fisiológicas no tuvieran ninguna importancia.

Schachter y Singer dirigieron unos experimentos del mayor interés. Administraron a un grupo de individuos epinefrina, una hormona producida por la

Una de las razones de que las montañas rusas tengan tanto éxito entre los enamorados es la posible asociación que pueda darse a nivel mental entre las sensaciones fisiológicas provocadas por una situación que provoca miedo y las de activación sexual. En un reciente estudio los varones que encontraban a una joven atractiva en un puente elevado y tambaleante mostraban mayor tendencia a llamarla por teléfono que los que la habían encontrado en un puente más bajo y más seguro. (© 1983 Michael Murphy/Photo Researchers, Inc.)

corteza de las glándulas suprarrenales y que produce una activación autonómica, aumento del ritmo cardíaco y de la tensión arterial. Luego los colocaron en situaciones que les inducían a sentirse contentos o tristes. Mientras tanto, habían dicho a la mitad de los individuos en cada una de las situaciones (contento/triste) que la inyección de tal sustancia causaría determinados efectos fisiológicos; la otra mitad no fueron informados de tales efectos.

En general, los resultados del experimento confirmaron las hipótesis de los investigadores. Los individuos que habían sido informados de los posibles efectos de la inyección no indicaron estar particularmente contentos o enfadados y se comportaron en consecuencia. Por lo visto, atribuían su activación fisiológica a los efectos de la sustancia, mientras que los individuos que *no* sabían nada sobre los efectos de ésta, notaron su activación, intentaron encontrar una explicación y concluyeron que debería estar causada por una emoción. Al buscar una emoción «disponible», encontraron la explicación a mano y ajustaron su emoción a la situación en cuestión.

Lo mismo parece haber ocurrido en otro interesante experimento que tuvo lugar en un puente colgante a más de 200 pies sobre un cañón rocoso. Cuando una joven atractiva se acercó a unos jóvenes que se encontraban en este puente y les preguntó si querían tomar parte en un experimento consistente en poner por escrito los pensamientos inspirados por unas fotografías que ella les enseñaba, parecían estar sexualmente más excitados (opinión basada en sus escritos) que otros jóvenes que habían encontrado a la misma joven en un puente más bajo y más seguro. Además, los hombres del puente de alto riesgo mostraron mayor tendencia a telefonear después a la joven (Dutton y Aron, 1974). Por lo visto, los jóvenes que se encontraron en la situación de miedo elevado, tendían a atribuir cualquier señal de activación que experimentaban (el corazón que latía rápidamente, manos sudorosas, respiración acelerada) a la activación sexual producida por la presencia de una muchacha atractiva. ¿Podrían las implicaciones de este estudio incitar a los enamorados a llevar su amor a algún lugar terrorífico para intensificar sus sentimientos? Quizá sea ésta la razón de que las montañas rusas y las norias de feria sean tan populares entre los jóvenes enamorados.

Aunque investigaciones posteriores no han apoyado por completo la teoría de Schachter y Singer, sí han confirmado algunos aspectos. Por ejemplo, parece seguro que el incremento de la activación (que puede producir la inyección de una sustancia como la epinefrina, el ejercicio físico o hallarse en una situación que produce temor) puede intensificar una emoción que ya existe (Reisenzein, 1983).

Se ha encontrado considerable apoyo a las conclusiones de Schachter y Singer sobre el aumento de las reacciones emocionales cuando se experimentan aumentos en la activación que no se pueden atribuir a ninguna otra fuente. En cambio, la investigación posterior no ha apoyado su conclusión de que una disminución de los niveles de activación conduzca automáticamente a una reducción de la intensidad emocional (Reisenzein, 1983). En otras palabras, la activación puede aumentar la intensidad de la emoción, pero no la causa necesariamente.

TEORIA DEL «FEEDBACK» FACIAL (NUESTRAS EXPRESIONES FACIALES NOS CONDUCEN A LA EMOCION)   Recientes descubrimientos sobre los efectos de nuestras expresiones faciales muestran una clara relación con las teorías que enunció William James hace ahora un siglo.

En una investigación sobre la emoción, realizada en dos fases, se

Secuencia de imágenes de un vídeo en las que el actor profesional Tom Harrison sigue determinadas instrucciones, como «eleve las cejas y júntelas» (izquierda), «ahora eleve también los párpados» (centro) y «estire sus labios horizontalmente hacia sus orejas» (derecha). Los investigadores idearon estas instrucciones para representar las expresiones faciales que acompañan a la emoción de miedo; los actores que siguieron las instrucciones mostraron más señales corporales propias de la emoción de miedo que cuando sólo se les hizo pensar en alguna experiencia que provocara miedo. (© 1983 Paul Ekman.)

Si deseamos dominar en nosotros las tendencias emocionales indeseables, debemos repasar asiduamente, y al principio, en frío, los aspectos externos de la emoción opuesta a aquella que deseemos experimentar. (James, 1884.)

(Según informes contemporáneos, James siguió sus propios consejos para sobreponerse al dolor por la muerte de sus padres.)

Interacciones químico-cognitivas en la emoción

utilizaron actores profesionales (Ekman, Levenson y Friesen, 1983). En la primera, se pidió a los actores que pensasen en una experiencia emocional de sus propias vidas que reflejara cada una de las 6 emociones que se iban a investigar: sorpresa, repugnancia, tristeza, ira, miedo y alegría. En la segunda, el investigador principal entrenó a cada actor, con la ayuda de un espejo, a representar una expresión determinada. No les pidió que sintiesen de una manera determinada, sino sólo que contrajesen determinados músculos faciales, con lo cual representaban sonrisas, malas caras y otras expresiones comunes a los 6 estados emocionales. En ambas fases fueron grabadas las respuestas del sistema nervioso autónomo: tasa cardíaca, temperatura de la mano izquierda y derecha, resistencia eléctrica de la piel y tensión muscular en el antebrazo.

Aparecieron en este estudio dos conjuntos de significativos descubrimientos. Primero, se encontró que las respuestas fisiológicas eran diferentes según la emoción que estudiaban. Los corazones, por ejemplo, latían más rápidamente en situaciones de ira y miedo que en las de felicidad, las manos estaban más frías en la ira y el miedo, y se comprobaron otras diferencias físicas. Parece ser verdad, por tanto, que diferentes emociones provocan diferentes respuestas, por lo menos hasta cierto punto. Esto indica también que la teoría de James-Lange, descrita anteriormente, parece tener cierta validez: recibimos «feedback» de nuestros cuerpos y a menudo recibimos diferentes tipos de «feedback» ante distintas emociones.

El otro descubrimiento interesante fue que cuando los individuos se limitaban a mover sus músculos faciales, generaban señales fisiológicas de emoción más pronunciadas que cuando pensaban en experiencias emocionales. Después de todo, cuando se sienta deprimido, seguir el consejo popular que dice: «Quien canta su mal espanta», puede ser psicológicamente sano. Comportándose como si estuviera contento, puede conseguir sentirse realmente contento.

Casi todos hemos aceptado la idea de que la química de nuestro organismo influye en nuestra manera de sentir, pensar y actuar. Esta es la razón fundamental por la que se toman drogas psicoactivas que imitan la acción de los neurotransmisores naturales. Sin embargo, recientemente hemos descubierto que el modo de sentir, pensar y actuar afecta a las sustancias químicas que secreta el organismo. Los machos en una situación de dominancia, por ejemplo, parecen secretar mayor cantidad del neurotransmisor *serotonina*. Se midieron los niveles de serotonina entre los miembros de un club de estudiantes y resultó que el nivel de *serotonina* de los líderes era superior al de los otros miembros. La certeza de que el liderazgo produce un incremento en

La mujer sentada está pasando una prueba poligráfica o de detector de mentiras. Los instrumentos aplicados a su cuerpo miden la velocidad de su respiración, la presión sanguínea y la respuesta electrodermal, mientras contesta a un conjunto de preguntas. La teoría en que se basa la prueba es que un individuo tiende a mostrar más cambios en estas medidas cuando miente que cuando dice la verdad. Sin embargo, muchos factores, aparte de la mentira, pueden influir en la evaluación de un individuo, y por tanto el test no es, ni mucho menos, fiable en todos los casos. (Bruce Roberts/Photo Researchers, Inc.)

FIGURA 9-9 Registros de una prueba poligráfica típica. *A la derecha vemos los trazados de un registro poligráfico. El trazado superior muestra la velocidad de la respiración, el trazado del medio, la respuesta electrodermal o resistencia eléctrica de la piel, y el trazado inferior, la presión sanguínea. Al individuo que aseguró no haber visto un sobre robado, le preguntaron si el sobre era marrón (1), rojo (2), azul (3), amarillo (4) o gris (5). Puede apreciar la marcada subida que se produce en la respuesta electrodermal cuando le formularon la tercera pregunta. Finalmente, el individuo reconoció haber cogido el dinero y lo devolvió en su sobre azul. La respuesta electrodermal es la más precisa de las tres medidas. (Reid e Inbau, 1977.)*

los niveles de serotonina, y no al revés, proviene de unas investigaciones con monos (McGuire, Raleigh, Brammer y Yuwiler, 1983).

Los machos dominantes, de colonias de monos, tenían doble cantidad de serotonina en la circulación sanguínea que el resto de los machos. Cuando el líder es aislado del grupo, su nivel de serotonina baja. Cuando otro macho asume el rol dominante, su nivel de serotonina aumenta hasta llegar a aproximadamente al doble. Más tarde, cuando el líder original vuelve, su nivel de serotonina aumenta otra vez y el del mono destronado desciende.

Otra investigación con monos (Brady, 1967, 1975) ha mostrado que los monos que ejercen el control sobre una situación secretan más neurotransmisor *norepinefrina*. Niveles elevados de esta sustancia normalmente producen una sensación de optimismo y entusiasmo; en cambio, niveles bajos están asociados con la depresión (Schildkraut y Kety, 1967). Antes de tomar parte en estudios de evitación de descargas eléctricas, los niveles de norepinefrina de los monos eran bastante bajos; en cambio, cuando aprendían a evitar la dolorosa descarga, sus niveles de norepinefrina subían. Este mecanismo adaptativo ayuda a explicar por qué la gente que cree tener control sobre su vida posee una actitud más positiva, tal como comprobamos cuando discutimos en el capítulo 5 el fenómeno de la indefensión aprendida. A menudo, las personas que creen tener control se encuentran mejor, incluso cuando no ejercen tal control, lo cual es un argumento poderoso para entender la vida como una serie de retos en vez de como una serie de reveses del destino.

El hecho, suficientemente demostrado, de que existe una relación entre las emociones y las respuestas corporales constituye la base para el desarrollo del detector de mentiras, puesto que uno tiende a sentirse incómodo cuando miente, y, por otra parte, existen señales físicas de la ansiedad (aumento de la tasa cardíaca, respiración acelerada y aumento en la transpiración). La idea de juzgar si alguien dice la verdad midiendo algunos de estos síntomas físicos resulta tentadora. Los antiguos hindúes intentaron hacerlo exigiendo que las personas sospechosas de algún crimen masticasen un puñado de arroz, las que no eran capaces de escupirlo en una hoja sagrada eran culpables. ¿Por qué? La gente que tiene miedo saliva menos, lo que provoca que el arroz se pegue al paladar seco y sea imposible escupirlo. Nuestro polígrafo, técnicamente más avanzado, está basado en la misma relación fisiológica, aunque no siempre resulta fiable, como veremos en el apartado 9-3.

En el próximo capítulo estudiaremos cómo reaccionan las personas cuando se enfrentan con el estrés, cómo eso afecta a sus emociones, cuándo se hunden, cuándo y cómo guían sus fuerzas para sobreponerse a él y cuándo resulta una fuerza vigorosa y motivadora para sus vidas.

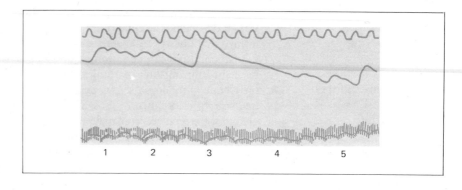

APARTADO 9-3

EL DETECTOR DE MENTIRAS: ¿INFALIBLE O FRAUDULENTO?

El dueño de «Los Helados Italianos», una heladería, encuentra que continuamente falta dinero en la caja al cotejarlo con la cantidad de helado vendido. Tras interrogar a sus doce empleados y no ser capaz de imaginar quién podía ser el que robaba el dinero o regalaba el helado, hizo pasar la prueba del «detector de mentiras» a los doce. Seis «fallaron» en la prueba y fueron despedidos. La pregunta es: ¿despidió realmente al culpable?

Quienes venden estos aparatos generalmente dicen a sus posibles clientes que los psicólogos han *probado* que funcionan. Esto no es verdad. Lo que han descubierto los psicólogos es que sobre una base de probabilidad encuentran más mentirosos que gente que dice la verdad. En un momento determinado, sin embargo, no son fiables. (Es parecido a la probabilidad de si saldrá cara o cruz cuando lanzamos una moneda al aire, aunque sepamos que si la lanzamos el suficiente número de veces, la mitad será cara y la otra mitad cruz. No sabemos qué ocurrirá en una ocasión concreta.)

Por ello, el propietario de la heladería probablemente ha despedido a dos personas honradas por cada tres mentirosas. Es decir, que probablemente continuará en el empleo uno de cada cuatro mentirosos, mientras que serán despedidos dos de cada cuatro que digan la verdad. Mediante la prueba, acaso identifique a tres de cada cuatro mentirosos, pero con la desventaja de llamar mentirosos a la mitad de los honrados (Waid y Orne, 1982). Para averiguar cómo es esto posible, veamos cómo funcionan estas pruebas llamadas *poligráficas.*

El examinador recuerda al individuo su derecho a no participar en la prueba y le hace firmar un certificado de consentimiento donde asegura que participa en ella «voluntariamente». (Una cuestión ética planteable es la de que hasta qué punto resulta voluntaria la participación, pues la persona cree que al negarse a pasar la prueba resultará sospechosa.) El examinador expone a continuación las preguntas que formulará. Algunas son irrelevantes («¿Se encuentra en los EE. UU?»), otras están formuladas para provocar una respuesta emocional («¿Aparte de lo que ya me ha contado, ha robado alguna vez otra cosa?») y otras están relacionadas con el propósito específico de la prueba («¿Qué color tenía el sobre con el dinero robado?»).

Antes de que el examinador proceda a hacer las preguntas, normalmente no más de 12 en un período de 3 a 4 minutos, se aplican distintos instrumentos al cuerpo del individuo. Estos miden la velocidad de la respiración, la presión sanguínea y *la respuesta electrodermal* (un indicador que detecta los cambios en la resistencia de la piel al paso de corrientes eléctricas muy débiles). Esta última medida es la más precisa (véase la figura 9-9). El individuo no puede ver ni al examinador ni el registro que la máquina ofrece de sus respuestas.

Los resultados muestran que ciertas reacciones fisiológicas reflejan un nivel elevado de emoción, pero no comprueban necesariamente que las emociones estén relacionadas con la mentira. La teoría que subyace a este método es que las personas culpables del delito que se pretende establecer reaccionarán emocionalmente a las preguntas

clave y que las mediciones pueden identificar correctamente tales reacciones. A menudo, eso es verdad: la gente muestra cambios más grandes en la puntuación de su *línea base* (las puntuaciones al contestar las preguntas irrelevantes) cuando mienten que cuando dicen la verdad.

Sin embargo, existen muchos factores que pueden influir en la puntuación de un individuo. Algunas personas reaccionan emocionalmente a ciertas palabras o frases incluso cuando declaran la verdad. Es más probable que se reciba un informe correcto de las personas que creen que los detectores de mentiras son eficaces que de quienes no se lo creen (probablemente porque aquéllas tienen más miedo de que les descubran cuando mienten que las personas que no creen en los detectores de mentiras). También es posible reducir la detectabilidad de distintas maneras. Estudios de laboratorio han mostrado que resulta difícil detectar las mentiras de individuos que han ingerido tranquilizantes, de individuos que no prestan mucha atención a las preguntas, de mentirosos habituales, de las personas que pertenecen al mismo grupo étnico que el examinador y de los que son el último hijo de una familia numerosa (Waid y Orne, 1982).

Actualmente, los detectores son usados rutinariamente en toda la sociedad por directores, instituciones legales, instituciones gubernamentales, como la CIA o la National Security Agency. Resulta difícil justificar que se presione a la gente a participar en estas pruebas, cuando se tienen en cuenta los muchos factores que pueden influir en su fiabilidad y la posibilidad del 50 por 100 de llamar mentirosa a una persona honrada, y más aún dadas las consecuencias que puede producir el hecho de «no pasar» la prueba del detector de mentiras: desde ser despedido (con la reputación de ser mentiroso o ladrón), hasta que se le niegue el certificado de penales limpio (y el hecho cuenta en el informe de cada uno), o se le acuse de un delito, se le someta a juicio y, quizá, ingrese en prisión.

RESUMEN

1 La *motivación* es la fuerza que activa y dirige el comportamiento y que subyace a toda tendencia por la supervivencia. Las investigaciones actuales centran principalmente su atención en los factores que activan y dan energía a la conducta. Las *emociones* son reacciones subjetivas al ambiente que van acompañadas por respuestas neuronales y hormonales. Generalmente se experimentan como agradables o desagradables y se consideran reacciones adaptativas que afectan nuestra manera de pensar.

2 Por lo general, las teorías de la motivación se agrupan en tres categorías. Las que se centran en los factores *biológicos* incluyen las teorías basadas en los *instintos* (pautas innatas de comportamiento), los *impulsos* (estados de tensión interna, como el hambre, que impelen a los seres humanos y a los animales a actuar) o las *necesidades* (que pueden ser fisiológicas o psicológicas y que funcionan de una forma jerárquica, de manera que hemos de satisfacer primero las más básicas para la supervivencia). Las otras dos categorías acentúan la importancia del *aprendizaje* y los factores *cognitivos* (basada en nuestra interpretación de los sucesos).

3 Cuando dos o más motivos aparecen simultáneamente, pueden tener lugar cuatro tipos de conflictos: *aproximación-aproximación*, *evitación-evitación*, *aproximación-evitación* y *múltiple aproximación-evitación*.

4 Los seis tipos de comportamiento que los investigadores de la motivación estudian más a menudo son el hambre y la alimentación, la sexualidad, la agresión, el logro, la curiosidad y la activación.

5 *El hambre y la alimentación:* las sensaciones subjetivas de hambre están relacionadas con los niveles de insulina (un factor biológico): la insulina es liberada cuando comemos y es importante para convertir la glucosa y los hidratos de carbonos de la sangre en energía; cuando los niveles de insulina son elevados, sentimos hambre.

6 Existen teorías acerca de las causas de la obesidad: *a)* la posibilidad de que estemos perpetuando un mecanismo evolutivo según el cual comemos cuando podemos y almacenamos energía en forma de grasa para prevenirnos contra una posible escasez; *b)* en los obesos el *punto óptimo:* el mecanismo controlado por el hipotálamo que nos indica cuándo debemos dejar de comer una vez alcanzado el peso ideal, es más elevado que en la mayoría de las personas; *c)* las personas que se dejan dominar por el sabor o textura de los alimentos comen demasiado, y *d)* las personas que responden a indicaciones *externas* (como la hora del día, anuncios de comida y la disponibilidad) comen más que las que responden a indicaciones *internas* (como las contracciones del estómago o niveles bajos de glucosa o insulina). La mayoría de los programas de régimen intentan conseguir que la gente obesa coma menos y haga más ejercicio.

7 La *anorexia nerviosa* es una forma de inanición voluntaria que puede causar la muerte, y la *bulimia* es un trastorno de las pautas de alimentación caracterizado por el abuso de la ingestión de comida, para luego vomitar o purgarse con laxantes. Estos trastornos se han vuelto más corrientes durante los últimos años, en especial entre mujeres jóvenes, probablemente por la presión de la sociedad para conservar la línea.

8 La *sexualidad:* las cuatro etapas de la respuesta sexual son: la *excitación*, la *meseta*, el *orgasmo* y la *resolución*. El deseo sexual se activa por una combinación de fisiología y aprendizaje. La *testosterona,* uno de los *andrógenos* (hormonas sexuales masculinas), es una fuente importante de la activación, tanto en los varones como en las mujeres. En cambio, la hormona femenina, el *estrógeno*, está relacionada con la activación sexual de la mujer. El aprendizaje influye en la activación sexual de muchas maneras: aprendemos a actuar de cara a los demás observando a los que nos rodean, elegimos compañeros sexuales basándonos en normas culturales que definen el atractivo y nos activamos en situaciones que consideramos sexualmente excitantes.

9 No conocemos la causa de la *heterosexualidad* (la atracción sexual hacia una persona del otro sexo) ni la *homosexualidad* (la atracción hacia una persona del mismo sexo), aunque resulta probable pensar que se produce por la interacción entre varios hechos hormonales y ambientales.

10 La *agresión:* varias teorías intentan explicar la causa de la *agresión,* entendida como un comportamiento que intenta dañar a alguien o algo. Las teorías *biológicas* señalan la implicación de varias estructuras cerebrales en la regulación del comportamiento agresi-

vo, así como las hormonas y otras sustancias químicas cerebrales, como la *testosterona*, el *estrógeno* y la *norepinefrina*. Las *teorías del aprendizaje* se centran en lo que observamos en los actos de los demás y en los mensajes que recibimos de nuestra cultura. La violencia que aparece en la televisión y la pornografía parecen enseñarnos a aceptar el comportamiento agresivo tanto en el adulto como en el niño. Son sucesos que provocan el comportamiento agresivo, la frustración, la evaluación negativa y los insultos.

11 *La activación y la curiosidad:* la *activación* es un estado fisiológico que experimentamos como capacidad para procesar información, reaccionar ante una emergencia y experimentar una gran variedad de emociones. La *curiosidad* es un deseo de aprender cosas nuevas sobre nuevos hechos u objetos. Los seres humanos son animales curiosos, que al parecer se activan según la manera de procesar la información, sin ninguna recompensa, excepto la satisfacción de su curiosidad. Aunque algunas personas encuentran satisfacción en niveles distintos de activación, la mayoría de nosotros nos encontramos más a gusto y hacemos mejor nuestro trabajo en un grado de activación moderado. Las diferencias individuales pueden ser hereditarias.

12 *El logro:* los seres humanos disponen de niveles diferentes de motivación para conseguir unos objetivos empleando su mayor esfuerzo. Esta necesidad de superarse se puede medir con el Test de Apercepción Temática (TAT). Puede en parte ser hereditaria, pero también se puede estimular con ciertas técnicas o incentivos educativos. La ejecución individual es influi-

da por el miedo de la persona al fracaso o al éxito.

13 Las tres teorías más importantes sobre las emociones se basan en la fisiología, las cogniciones y la interacción de factores físicos y mentales. La *teoría de James-Lange* sugiere que basamos nuestros sentimientos en sensaciones físicas, como el aumento del ritmo cardíaco y las contracciones musculares. La *teoría de Cannon-Bard* subraya que los sentimientos son puramente cognitivos, ya que las reacciones físicas son las mismas para emociones diferentes y no se puede distinguir una emoción de otra basándose en las señales fisiológicas. La *teoría de Schachter-Singer* mantiene que las emociones son debidas a la evaluación cognitiva de un acontecimiento, pero también a las respuestas corporales: la persona nota los cambios fisiológicos, advierte lo que ocurre a su alrededor y denomina sus emociones de acuerdo con ambos tipos de observaciones.

14 Cuando experimentamos una situación que creemos incontrolable nuestros sentimientos serán más negativos que si entendemos poder controlar el resultado. La sensación de control se relaciona con la sustancia química *norepinefrina*.

15 Los detectores de mentiras *(pruebas poligráficas)* no son muy fiables a la hora de decidir si una persona dice la verdad basándose en señales fisiológicas como la velocidad de la respiración, la presión sanguínea y la respuesta electrodermal. Ello es debido a que la gente a veces reacciona emocionalmente a preguntas contestadas de acuerdo con la verdad, mientras que otros son capaces de esconder las reacciones emocionales cuando mienten.

LECTURAS RECOMENDADAS

Geen, R. G. y Donnerstein, E. I. (Eds.) (1983). *Agression: Theoretical and empirical reviews*, vol. 1: *Theoretical and methodological issues*, y vol. 2: *Issus and research*. New York: Academic Press. Presenta un amplio estudio de los recientes avances en el campo de la agresión desde los años 70. Se ha incluido tanto investigación teórica como aplicada.

Maslow, A. H. (1971). *The farther reaches of human nature*. New York: Viking Press. Estudia el proceso de auto-actualización. El punto de vista humanista de Maslow es presentado de forma clara y contundente.

Spence, J. T. (Ed.) (1983). *Archievement and achievement motives*. New York: W. H. Freeman. Conjunta la investigación y el pensamiento actuales sobre la motivación de logro.

Stuart, R. B. (1978). *Act thin, stay thin.* New York: Norton. Una resumida revisión de una obra clásica sobre dietética. En ella Stuart explica por qué funciona su enfoque conductista de la dietética.

Tiger, L. (1979). *Optimism: The biology of hope.* New York: Simon and Schuster. Presenta la idea de que los seres humanos tienden al optimismo. Investiga el origen de esta tendencia a través de nuestra evolución y muestra cómo y por qué se ha desarrollado esta tendencia.

Zuckerman, M. (1979). *Sensation-seeking: Beyond the optimal level of arousal.* Hillsdale, N. J.: Lawrence Erlbaum Associates. Esta obra se halla repleta de información sobre el buscador de sensaciones. Para todo el que esté interesado en el tema, la obra resulta de obligada lectura.

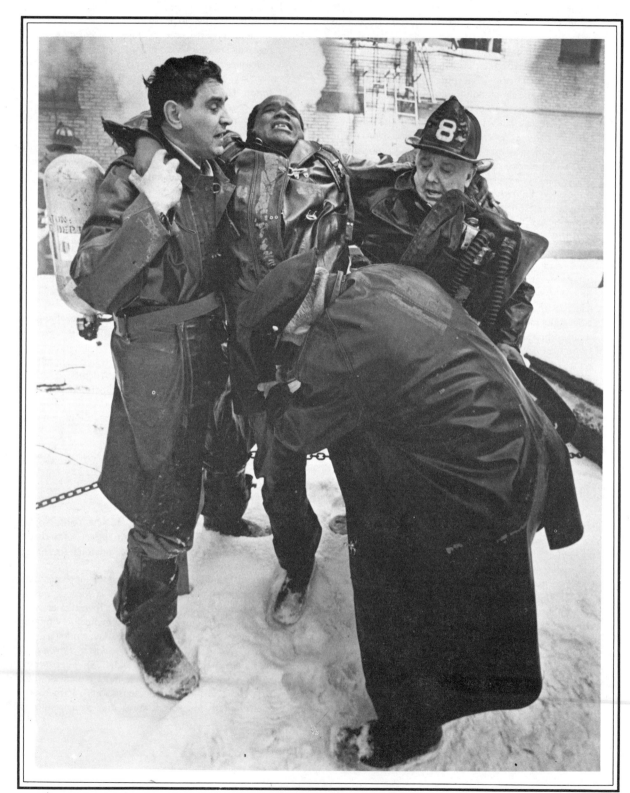

CAPITULO 10

ESTRES
Y AFRONTAMIENTO

CUESTIONES CLAVE

El aspecto positivo del estrés.

Cómo nuestras reacciones ante un suceso que potencialmente puede producir estrés se deben no sólo al suceso en sí, sino también al modo como lo interpretamos.

El «potencial de estrés» de los cambios importantes de la vida y las pequeñas irritaciones cotidianas.

Cómo superan las familias ciertas transiciones normales, como tener un bebé o que los hijos abandonen el hogar.

Entrenamiento de inoculación de estrés como una forma de prevenirlo.

Incluso antes de aquel misterioso momento en que algo en el cuerpo de nuestra madre señala nuestra determinación para abandonar la seguridad de que gozábamos en su útero, nuestra existencia prenatal no se ve libre del estrés. A pesar de la protección del ambiente uterino, el feto es probablemente afectado por todo un conjunto de sustancias o elementos nocivos: drogas, nicotina, enfermedades de la madre, rayos X o las sustancias contaminantes del ambiente. Desde este punto de vista, se habla del trauma del nacimiento, al que sigue inmediatamente la incomodidad del hambre, el temor ante los ruidos, que han de resultar estruendosos; la ansiedad de encontrarse con una persona extraña, la frustración al no ser capaz de mostrar los propios deseos a los demás, la dificultad de aprender una nueva habilidad, el dolor de un vientre hinchado y otros innumerables sucesos que nos indican que en el ambiente no todo es serenidad y felicidad.

Por otro lado, un poco de estrés es positivo, en cualquier momento de la vida. El estrés no se caracteriza sólo por experiencias dolorosas. Está presente en el salto de alegría de un bebé cuando recibe a su madre al volver de un día de trabajo, en las explosiones de risa que acompañan a un niño que disfruta del juego, en la excitación impetuosa de los primeros pasos temblorosos gateando hacia un mundo más amplio. El afrontar o convivir con ambos tipos de estrés nos ayuda a madurar de muchas maneras. Hay modos más o menos efectivos de responder al estrés, como veremos en este mismo capítulo cuando hablamos de las maneras de superarlo.

¿Qué es el estrés exactamente? Diversos investigadores lo han contemplado desde ópticas distintas y lo han definido de diferente forma de acuerdo con su propia orientación. En seguida lo comentaremos con más detalle. Hans Selye, doctor en medicina, pionero en la investigación sobre el estrés, lo definió, en términos fisiológicos, como una respuesta corporal ante cualquier demanda de una situación. Richard S. Lazarus lo definió, en términos psicológicos, como el juicio cognitivo del individuo que nos produce temor al pensar que sus recursos personales serán incapaces de dar respuesta a las demandas generadas por un acontecimiento particular. Reuben Hill, por su parte, considera un acontecimiento estresante a aquel que crea demandas en el sistema familiar, más que en el individual.

La infancia es, por supuesto, sólo el comienzo. Para la mayoría de nosotros, cada día de nuestra vida aporta algún suceso que nos produce estrés. Algunas veces, resulta agradable, otras no, y en conjunto lo soportamos bastante bien. El estrés está presente como una parte del ciclo normal de la vida. Situaciones como asumir un nuevo trabajo, casarse, tener un hijo o enviudar son, por ejemplo, situaciones imprevistas con las que todo el mundo puede encontrarse. Tales acontecimientos se refieren al *estrés normativo*. En cambio, el estrés no normativo implica algún acontecimiento imprevisto, como un terremoto o estar presente en el atraco a un banco. Existe un estrés «bueno», que Selye (1974) llamó *eutress*, y un estrés «malo» que denominó *distress*.

El doctor Selye, profesor y director del Instituto de Medicina y Cirugía Experimental de la Universidad de Montreal, fue una figura destacada en la historia de la investigación del estrés hasta su muerte, acaecida en 1982. Desde que empezó a investigar la respuesta psicológica del cuerpo frente al estrés, hace más de 40 años, formuló muchos de los conceptos clave sobre el estrés que han sido la base de muchas investigaciones posteriores. Una de las contribuciones más importantes de Selye a nuestra comprensión del estrés es el haber subrayado que alguna cantidad de estrés es esencial para la vida.

Mientras puede ser perjudicial tener demasiado estrés, resulta aburrido tener demasiado poco. Selye mantuvo que «la total liberación del estrés es la muerte» (1980, pág. 128).

COMO REACCIONAMOS AL ESTRES

Selye (1974, 1980, 1982) definió el estrés como «una respuesta inespecífica del cuerpo a cualquier demanda». El cuerpo responde de manera similar a cualquier acontecimiento que considera estresante. Esta reacción del cuerpo se considera *inespecífica* porque es similar, cualquiera que sea la fuente o tipo de estrés. Una respuesta *específica*, en cambio, es una respuesta diferencial al tipo de demanda que un estrés concreto provoca en el individuo.

Sudar es una respuesta específica al calor, temblar al frío, tener agujetas en las piernas al pedalear montaña arriba en bicicleta. Todas estas demandas —calor, frío y excesivo esfuerzo muscular, así como también alegría, aflicción, drogas, hormonas y muchos otros estímulos— requieren del cuerpo una *reacción* que lo devuelva a su estado normal. En otras palabras, lo adapte o ajuste. El proceso total de adaptación es inespecífico en el sentido de que está más allá de la respuesta de un individuo específico (por ejemplo, sudar) y la demanda individual específica de ajuste (por ejemplo, calor). El trabajo que el cuerpo tiene que hacer para adaptarse a las demandas del elemento que produce el estrés es independiente de la respuesta específica.

Esto puede verse más claro si comparamos el cuerpo con el sistema eléctrico de una casa. Cuando está demasiado fría, enchufamos la estufa. Cuando hace demasiado calor, accionamos el aire acondicionado. Cuando está muy oscuro, encendemos la luz. Cada tipo de equipamiento desarrolla una función diferente, por lo que da una respuesta específica. Cada persona utiliza entonces el suministro total de electricidad de la casa. El incremento del consumo eléctrico total es la respuesta no inespecífica de la casa a las demandas específicas en busca de adaptación. Del mismo modo, el incremento del gasto energético corporal constituye su respuesta no específica a las demandas creadas por el estrés.

El síndrome de adaptación general (SAG)

En los años 30 Hans Selye descubrió que inyectando a las ratas dosis no mortales de veneno o exponiéndolas a estímulos nocivos tales como frío, calor, infecciones, traumas, hemorragias y alteración nerviosa, aparecía un grupo predecible de síntomas. Aparecieron ciertos cambios fisiológicos definidos: la corteza, o capa exterior, de las glándulas adrenérgicas se dilata, volviéndose hiperactiva; todas las estructuras linfáticas (bazo, timo, etc.) se contraen y se desarrollan úlceras abiertas en el estómago y en el intestino delgado (Selye, 1982).

Selye denominó estas reacciones fisiológicas síndrome de adaptación general (SAG) (1936). Entonces concluyó que lo que les pasaba a las ratas era similar a lo que ocurría a los seres humanos en una situación de estrés. El SAG es una reacción al estrés en tres etapas: alarma, resistencia y agotamiento.

La forma de actuar del SAG puede verse en el escenario siguiente: imagine que está de vacaciones en una paradisíaca isla tropical. Relajado, desde hace un buen rato tomando el sol, decide refrescarse en el brillante mar azul. Mientras está nadando en las calmadas aguas, ve de repente la inconfundible aleta de un tiburón dirigiéndose hacia usted. ¿Qué es lo que ocurre?:

Reacción de alarma: esta reacción se divide en dos fases: shock y contrashock.

a) *Fase de shock:* su respuesta inicial e inmediata a la vista de la aleta es una combinación de varios síntomas fisiológicos: desciende la temperatura del cuerpo y la tensión arterial, se acelera el latido del corazón, los músculos se distienden. Entonces empieza la fase siguiente.

b) *Fase de contrashock:* el cuerpo reacciona para movilizar sus defensas.

2 *Etapa de resistencia:* en este momento se ha adaptado ya a la visión del tiburón y los síntomas iniciales o bien mejoran o bien desaparecen. Esta etapa hace que no sintamos la mayoría de los otros estímulos: se concentra en alejarse del tiburón tan rápidamente, como le sea posible, que no se da cuenta ni de las quemaduras de su piel ni del cansancio de la noche anterior que se pasó bailando.

3 *Etapa de agotamiento:* es de esperar que no llegue del todo a este nivel, pues si no lo atrapa el tiburón, le atrapará el agotamiento. Cuando un suceso estresante es muy severo y prolongado, los síntomas reaparecen y el cuerpo se entregará a las demandas imperiosas que se le hacen. Un final feliz a esta historia le dejará exhausto hasta el colapso —aunque no mortal— por lo que tendrán que socorrerle los jóvenes socorristas de la playa, uno de ellos distrayendo el tiburón mientras el otro lleva a la playa su fatigado cuerpo. Con descanso y un buen sueño se recuperará y volverá casi por completo a sus niveles previos de funcionamiento. Semejante esfuerzo del cuerpo ha tenido, sin embargo, consecuencias; es el tipo de experiencia que desgasta el organismo por un período de tiempo. (Véase en la figura 10-1 un diagrama que muestra el mecanismo subyacente al SAG.)

El concepto del SAG de Selye no es aceptado universalmente. Algunos investigadores combaten su creencia en la respuesta general no específica, sugiriendo en su lugar que determinados estímulos productores de estrés producen su perfil específico de cambio hormonal (Lazarus, 1980). El trabajo de Mason (1968) y sus colegas indica, por ejemplo, que no hay respuestas hormonales generales a todo estímulo.

«Lucha o huida»

Las dos primeras etapas del SAG han preparado al cuerpo para reaccionar de una de las dos maneras siguientes: o atacando la fuerza amenazadora *(lucha)* o escapando hacia una situación segura *(huida)*. Estas respuestas fisiológicas resultan de la acción de las glándulas adrenérgicas, que se han estimulado para incrementar la producción de *adrenalina* en el cuerpo. Esta hormona

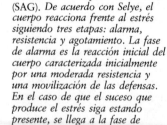

FIGURA 10-1 Las tres fases del Síndrome de Adaptación General (SAG). *De acuerdo con Selye, el cuerpo reacciona frente al estrés siguiendo tres etapas: alarma, resistencia y agotamiento. La fase de alarma es la reacción inicial del cuerpo caracterizada inicialmente por una moderada resistencia y una movilización de las defensas. En el caso de que el suceso que produce el estrés siga estando presente, se llega a la fase de resistencia. La reacción de alarma es reemplazada por una resistencia exagerada. Si el suceso estresante continúa durante un tiempo excesivo, el cuerpo no puede mantener su resistencia por tanto tiempo y se llega al agotamiento. Los síntomas de la reacción de alarma reaparecen y pueden conducir a la muerte.*

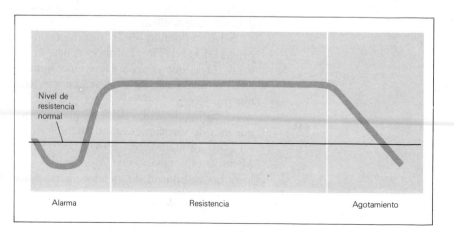

proporciona al cuerpo la energía que necesita para adaptarse a las demandas del suceso productor de estrés.

Su corazón se acelera, bombea más sangre al cerebro y a los músculos para que el primero decida lo que hay que hacer y los músculos tengan fuerza para llevar a cabo las órdenes de aquél. Los vasos sanguíneos se constriñen; eso ayuda a prevenir hemorragias graves. Al respirar más rápida y profundamente, se absorbe más oxígeno para el cuerpo, lo cual le ayuda a estar más alerta. La boca seca, que normalmente nota durante el período de crisis, señala que la saliva y la mucosidad se han secado, lo cual incrementa la capacidad para introducir aire a los pulmones. La transpiración que irrumpe de repente en estos casos enfría el cuerpo.

Los músculos están tensos para preparar al cuerpo para la acción rápida y vigorosa. Las pupilas se dilatan, haciendo los ojos más sensibles y capaces de responder con mayor rapidez a la amenaza. Mientras tanto, el cuerpo moviliza rápidamente los glóbulos blancos para ayudar a combatir la infección que puede derivarse de las heridas sufridas en la lucha o en la huida. Entre tanto, aunque se haya sentido hambriento antes del acontecimiento agotador, los deseos de comer habrán desaparecido completamente. Incluso la digestión de cualquier alimento se interrumpe para así conservar la energía corporal. Así pues, las diversas fuerzas de su cuerpo automáticamente se movilizan para ayudarle en un momento de necesidad, ya sea enfrentarse a la fuerza amenazadora o escapar hacia la seguridad.

El estrés está en la mente del observador

¿Recuerda el tiburón que le llevó a la acción? ¿Cuál hubiera sido su reacción si usted fuera un biólogo que estudia una rara especie marina desde el interior de una cápsula submarina, que le permitiera ser observado por este enorme ejemplar, estando usted protegido de cualquier daño? Probablemente le hubiera interesado que el tiburón se acercara, pensando en la posibilidad de que fuera un miembro de aquella rara especie que usted andaba buscando. En cualquier caso su reacción sería muy diferente a la de un nadador desprotegido. Si fuera un pasajero en la cubierta de un transatlántico y viera un tiburón a lo lejos, probablemente no le produciría estrés alguno.

Un estresor, «un acontecimiento capaz de producir cambios y estrés, aunque no necesariamente siempre» (Boss, 1985, pág. 10), es activado por la reacción del individuo hacia él. La experiencia de suspender el curso académico tendrá un efecto muy diferente en la vida del estudiante, si necesita aprobarlo para ser admitido en la universidad, o bien si quiere dejar los estudios y ha encontrado en ello una buena excusa. La muerte de un padre probablemente creará diferentes niveles de estrés en cada uno de los cuatro hijos ya adultos afectados por ella, desde un ligero efecto en el hijo que nunca ha estado cerca y vive ahora a 3.000 millas, a un efecto mucho mayor en la hija que ha estado llevando su casa en sustitución de la esposa.

No es el acontecimiento en sí mismo lo que provoca el estrés, sino la forma como lo percibe el individuo. Por supuesto, algunas situaciones se consideran universalmente productoras de estrés, como sería encontrarse en un hotel durante un incendio. En cambio, la capacidad de otras para producir estrés depende más del modo como los interpreta el individuo, que los sufre a causa de una experiencia previa de acontecimientos similares, y de su habilidad actual para enfrentarse a ellos.

Estrés y desarrollo

Sólo si dejamos que las cosas vayan mal, ayudándolas incluso a tomar inesperadas e inapropiadas direcciones, descubriremos a dónde tienen realmente intención de ir.

La pérdida más dolorosa en la vida de una persona probablemente sea la muerte del cónyuge, de acuerdo con los psiquiatras Thomas Holmes y Richard Rahe, quienes valoraron este suceso como el más estresante de los muchos, en la vida, que están asociados con la enfermedad. (Abraham Menashe 1983/Photo Researchers, Inc.)

Las personas de alto nivel de vida no están libres de situaciones difíciles. Por el contrario, es muy probable que éstas aparezcan cuando tienen que enfrentarse con un acontecimiento significativo o transición, y con algún cambio importante en su perspectiva de vida, valores, afiliaciones personales o modo de vivir. Esto contradice la idea tan extendida de que una vida tranquila sin grandes cambios o sorpresas es lo más recompensante. La verdad es que esto no es así. (Sheehy, 1981, pág. 13.)

Estas palabras del poeta William Dickey (1981) resumen una de las razones por las que mucha gente continúa arriesgándose, asumiendo el estrés como algo inherente a la vida. Si los aspectos negativos del estrés pueden ser graves, los aspectos positivos pueden ser constructivos. Se puede mantener el argumento de que lo que más favorece nuestro desarrollo a lo largo de la vida surge de las situaciones estresantes y no de situaciones apacibles.

Muchos hombres y mujeres logran altos niveles de satisfacción en la vida, arriesgándose y aceptando el cambio y navegando victoriosamente a través de los impredecibles accidentes de la vida. Es precisamente en estas situaciones cuando nos atrevemos a intentar alguna nueva actividad de la que no estamos seguros, cuando nos resulta imposible salir adelante sin percibir los síntomas ya conocidos del estrés. Cuando solicitamos ser admitidos en una universidad no tenemos plena seguridad de que se nos aceptará; cuando empezamos un nuevo trabajo, no tenemos experiencia para desenvolvernos fácilmente; cuando nos abrimos a un hombre o mujer de cuyo interés por nosotros dudamos, estamos activamente —aunque no siempre conscientemente— escogiendo una situación que nos llevará al estrés. Si no nos arriesgáramos de alguna manera, nunca avanzaríamos más allá de nuestros actuales niveles de logro y satisfacción. Dejaríamos de madurar.

La clave para lograr el éxito parece encontrarse en la habilidad para sobreponerse al estrés, tanto a aquel que nosotros activamente buscamos como al que nos impone el destino. La mayoría de nosotros nos sobreponemos con éxito la mayoría de las veces. Analizando las estrategias que emplean aquellos que se desenvuelven bien en situaciones de estrés, es posible mejorar nuestra habilidad para afrontarlo en lugar de ser derrotados por él. Hablaremos de estas estrategias más adelante.

No existe la posibilidad de que podamos escapar del estrés a lo largo de toda la vida. Y en el caso de que pudiéramos escapar, perderíamos más de lo que ganaríamos. Como los investigadores han señalado, todos nosotros *necesitamos* algún grado de estrés en nuestra vida... Lo que debemos hacer es encontrar el nivel idóneo para nosotros, y entonces desarrollar formas de afrontar el estrés que engrandezcan *nuestra* vida en lugar de limitarla.

Ansiedad

Cuando Rob era niño había decidido ser médico. Sin embargo, ahora que ha solicitado matricularse en una facultad de medicina, está convencido de que no le aceptarán. No importa que sus calificaciones hayan sido buenas, su carácter ejemplar y sus referencias buenas. Dos meses antes de que se decidiesen las admisiones a las facultades de medicina, Rob se hundió. Sus manos sudaban constantemente, su corazón se sobresaltaba latiendo con tanta rapidez y fuerza que parecía llenar su cuerpo entero. Comía constantemente, se despertaba dos o tres veces durante la noche y temblaba tanto que no creía poder llevar una taza de café a través de la habitación.

Rob estaba padeciendo un grave estado de ansiedad, un estado cuya definición ocasiona tanto desacuerdo entre los investigadores como el estrés. La podemos definir como un estado caracterizado por sentimientos de aprensión, incertidumbre o tensión surgidas de la anticipación de una amenaza, real o imaginaria. Los individuos reaccionan con grados de ansiedad variables, que dependen de su propia predisposición a padecer ansiedad y del tipo de amenaza a la que responden. Una ilustración gráfica de la relación entre el estrés, las variables de la personalidad, la ansiedad y las reacciones posibles se presenta en la figura 10-2.

La ansiedad se define como «normal» o «neurótica», según que la reacción del individuo sea, o no, apropiada a la situación que la causó. Sigmund Freud consideraba normal u objetiva la ansiedad que se produce como reacción ante una amenaza real del mundo exterior, y neurótica a la ansiedad resultante de impulsos internos inaceptables que el individuo procura controlar. (Estas reacciones neuróticas están comentadas detalladamente en el capítulo 15.)

Los síntomas de la ansiedad normal son señales de peligro que movilizan a un individuo para enfrentarse a situaciones dañinas. Así pues, la ansiedad normal es un mecanismo adaptativo que ayuda a preservar la raza humana. La ansiedad no se considera neurótica a menos que sea desproporcionada al peligro que la provoca, o continúe incluso después que el peligro haya pasado.

Una perspectiva cognitiva acerca del estrés y la ansiedad

Si nuestras reacciones al estrés no dependen totalmente de lo que ocurre, sino de nuestra manera de percibirlo, entonces la manera en que *sentimos* depende en gran medida de la manera como *pensamos* sobre los acontecimientos que nos suceden. Richard S. Lazarus (1980; Holroyd y Lazarus, 1982) ve el estrés

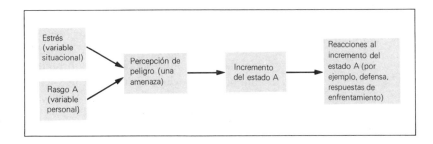

FIGURA 10-2 *Proceso del estrés y de la ansiedad.*

como el resultado de una *transacción* entre persona y ambiente. La manera en que la gente evalúa o construye su relación con el ambiente es una actividad cognitiva o del pensamiento. Estos pensamientos influyen en el modo en que uno se siente. De la misma forma, las emociones afectan al modo como las personas perciben el mundo que les rodea. Así pues, la emoción (sentimiento) sigue a la cognición (pensamiento) y viceversa.

La clave, dice Lazarus, está en las transacciones que tienen lugar entre el individuo y su ambiente. La manera de sentir, pensar y actuar es producto de una mutua relación entre el individuo y los acontecimientos. Todas nuestras experiencias —buenas y malas— son filtradas a través de nuestra personalidad peculiar, nuestra historia y nuestra perspectiva de la vida. En definitiva, somos nosotros quienes determinamos cuál de estas experiencias será constructiva y cuál será degradante, y lo hacemos, en parte, por la manera como actuamos para construir nuestra propia vida y, en parte, por el modo de reaccionar frente a la forma que va adquiriendo nuestra vida.

El estrés provoca enfermedades

«El murió de miedo.» «Ella murió con el corazón destrozado.» «No le digas eso, le provocarías un infarto.» Estas frases escuchadas corrientemente, a menudo tachadas de exageradas y supersticiosas, parecen tener hoy validez científica, ya que los investigadores médicos han descubierto cada vez más vínculos entre el estrés y la enfermedad. Numerosos gastroenterólogos, por ejemplo, vienen diciendo desde hace tiempo a sus enfermos de úlcera: «No es lo que come lo que le pone enfermo, es lo que le está comiendo a usted». La tensión emocional en el hogar agrava los síntomas de niños diabéticos, a veces llevándoles al borde de la muerte (Baker y Barcei, 1968). Presentaremos más adelante un buen número de investigaciones que han descubierto que una de las principales causas del ataque cardíaco es el estilo de vida estresante que lleva la gente, lo que se conoce como patrón de conducta «Tipo A».

CORRELATOS DEL ESTRES

¿Qué es lo que causa el estrés? Son muchas las investigaciones que intentan encontrar la respuesta a esta pregunta. Parecen señalarse ciertas direcciones. Dado que la mayoría de los datos son correlacionales, no podemos llegar a conclusiones definitivas, pero sí efectuar algunas inferencias bastante sólidas. Vamos a echar un vistazo a estos datos.

Grandes cambios en la vida

Reconstruyendo la relación suficientemente razonada y probada entre algunas formas de estrés y ciertas enfermedades, dos psiquiatras observaron cuidadosamente los acontecimientos vitales que habían precedido a la enfermedad entre 5.000 pacientes hospitalizados (Holmes y Rahe, 1976). Encontraron fuerte evidencia de que cuantos más cambios hubiera en la vida de una persona, mayor propensión a la enfermedad habría al cabo de uno o dos años. Se encontró relación entre cambios de vida y frecuencia o predisposición a ataques cardíacos, accidentes, tuberculosis, leucemia, esclerosis múltiple, diabetes, enfermedades mentales y todo tipo de síntomas médicos menores.

Sorprendentemente, algunos de los acontecimientos estresantes que los pacientes comunicaron parecían en principio positivos, como casarse, tener un nuevo hijo, una nueva casa, la promoción en el trabajo o un éxito personal importante. Incluso acontecimientos felices requieren ajustes para el cambio que suponen: el cambio induce al estrés y hay gente que reacciona al estrés enfermando.

Basándose en la valoración de la gente sobre la cantidad de adaptación

TABLA 10-1   Incidentes de la vida y valor que se les concede

Incidente en la vida	Valor	Incidente en la vida	Valor
Muerte del cónyuge	100	Abandono del hogar del hijo o de la hija	29
Divorcio	73	Problemas con la ley	29
Separación matrimonial	65	Logro personal importante	28
Período de prisión	63	La esposa empieza a trabajar o, por el contrario, deja el trabajo	26
Fallecimiento de un familiar cercano	63		
Lesión o enfermedad personal	53	Comienzo o final del período de escolarización	26
Matrimonio	50		
Despido del trabajo	47	Revisión de hábitos	24
Reconciliación matrimonial	45	Problemas con el jefe	23
Jubilación	45	Cambio de horario de trabajo	20
Cambios en la salud de algún miembro de la familia	44	Cambio de residencia	20
		Cambio de escuela	20
Embarazo	40	Cambios en el tiempo libre	19
Problemas sexuales	39	Cambios en la actividad social	18
Aparición de un nuevo miembro en la familia	39		
		Cambios en los hábitos de dormir	16
Cambio del estado financiero	38	Cambios en el número de reuniones familiares	15
Fallecimiento de un amigo íntimo	37		
		Cambio en los hábitos de dormir	15
Cambio de trabajo	36		
Discusiones con el cónyuge	35	Vacaciones	13
Finalización del plazo para pagar una hipoteca	30	Violaciones menores de la ley	11
Cambio de responsabilidad en el trabajo	29		

FUENTE: Adaptado de T. H. Holmes y R. H. Rahe, «The Social Readjustment Rating Scale», *Journal of Psychsomatic Research*, 11 (Agosto, 1967), 213. Publicado con permiso de los autores y de Pergamon Press Ltd.

que varios acontecimientos de la vida requerían, los investigadores asignaron valores numéricos a dichos acontecimientos (véase la tabla 10-1). Alrededor de la mitad de la gente que puntuó entre 150 y 300 unidades de cambio de vida (UCV) enfermaron al cabo de un solo año, lo mismo que el 70 por 100 de los que pasaron de 300 UCV.

En tanto que la relación entre estrés y enfermedad parece estar firmemente probada, las conclusiones de Holmes y Rahe pueden ser cuestionadas desde las premisas siguientes (Perkins, 1982; Kobasa, 1981; Lazarus, 1981; Lefcourt, Miller, Ware y Sherk, 1981; Rabkin y Struening, 1976):

- La correlación estadística (que indica la fuerza y la dirección de la relación) entre acontecimientos de vida y la subsiguiente enfermedad es bastante baja.
- Algunas de sus investigaciones dependen de la memoria, que a menudo es poco fiable.
- En algunos casos, una enfermedad en sus primeras etapas puede provocar uno o más cambios de vida, pero podría parecer que fueran los cambios de vida los que condujeron a la enfermedad, cuando pueden haber sido causados por ella.

- Investigaciones posteriores no han apoyado la idea de que los acontecimientos *positivos* de la vida contribuyan a mermar la salud (Lefcourt et al., 1981).
- El individuo es tan complejo que raramente podemos analizar su vida sólo con números. Simplemente sumar UCVs no nos muestra el contexto en el cual los cambios tuvieron lugar y hasta qué punto la persona supo sobreponerse a ellos.
- La escala presenta una concepción de los seres humanos como criaturas pasivas que reaccionan y que no actúan.
- No se tienen en cuenta las diferencias individuales en respuesta al estrés.
- No figura el hecho de que buena parte del estrés resulta de la *ausencia* de cambio: aburrimiento, soledad, falta de habilidad para mejorar en el trabajo, relaciones personales estables, pero poco gratificantes, y falta de compromiso en la vida.

En definitiva, podemos concluir que aunque las investigaciones de Holmes y Rahe han ocupado un importante papel en la literatura psicológica, poniendo de manifiesto la relación existente entre estrés y enfermedad, aún necesitamos seguir investigando para poder contestar a la siguiente pregunta: ¿Por qué el estrés hace caer o enfermar a algunas personas y, sin embargo, actúa en otras como una fuerza vigorizadora?

Los contratiempos de la vida diaria

No son las grandes cosas las que envían a un hombre al sanatorio...
No, son las continuas series de pequeñas tragedias
las que envían a un hombre al sanatorio...
No la muerte de su amor
sino el cordón de un zapato que se rompe
cuando ya no queda tiempo...

En este poema, «Cordón de zapato», Charles Bukowski (1972) expresa líricamente lo que Richard C. Lazarus ha descubierto a través de sus investigaciones. Lazarus (1981) y sus colegas dirigieron un estudio de un año de duración sobre los efectos de las discusiones, el desconcierto, los accidentes y las sorpresas desagradables que nos abruman continuamente. Facilitaron cuestionarios e inventarios de acontecimientos de la vida a 100 californianos blancos de clase media y mediana edad, en los que debían señalar los contratiempos o sucesos irritantes que les ocurrían cada día, así como las «satisfacciones» o sucesos placenteros.

¿Qué encontraron? Que contratiempos como perder un monedero, encontrarse bloqueado por el tráfico o pelearse con un hijo adolescente en casa o con un jefe o subordinado en el trabajo, eran mejores predictores de salud física y psicológica que los graves acontecimientos de la vida. Aun más, que los efectos que producen éstos son consecuencia de las alteraciones que producen en la vida cotidiana de los sujetos.

Así pues, la pena de una viuda al perder al hombre que amaba se compone de su necesidad de aprender a cumplimentar un talón bancario, de su falta de habilidad para arreglárselas con las reparaciones del hogar y de su dificultad para seguir adelante, dado el pequeño subsidio que le ha quedado de la Seguridad Social. El estrés de un hombre por su divorcio tiene tanto que ver con su problema para quitar las manchas de sus camisas como con la manera de «quitarse» a su mujer de su cabeza.

¿Por qué es así? Una respuesta está relacionada con el tema del control. La

El mismo acontecimiento puede parecer más estresante a una persona que a otra. (Sidney Harris.)

mayoría de nosotros creemos que *deberíamos* ser capaces de controlar hasta las cosas más pequeñas de nuestra vida. *Deberíamos* tomar la carretera que no tiene tráfico, *deberíamos* salvaguardar nuestras pertenencias y así nuestro monedero no sería robado, *deberíamos* llevarnos bien con los demás. Cuando estos «deberíamos» no operan, nos sentimos culpables.

Lazarus (1981) ejemplifica la importancia que tiene la vida diaria mediante la historia de un hombre que acaba de enterarse de que su hermano, que vivía lejos, ha fallecido. Mientras ese individuo puede estar muy afligido por la muerte de su hermano, ésta apenas afecta a su vida diaria. En cambio, si el socio de un hombre de negocio muriera, no sólo le echaría de menos, sino que tendría que enfrentarse con muchos problemas causados por la desaparición de aquél. Para Lazarus la enfermedad es más probable en el caso de la muerte del socio que en la del hermano.

No podemos, sin embargo, concluir que las contrariedades causan estrés. Como ya señalamos antes, el hecho de que dos variables muestren una correlación (una relación matemática, como se explica en el apéndice), no significa que necesariamente una cause la otra. Es posible, por ejemplo, que las personas con peor salud física y mental se tomen los contratiempos más a pecho y se aflijan más gravemente por ello que las personas más sanas. También es posible que la poca salud *cause* por sí misma algunas de estas contrariedades —hace a la persona olvidadiza, grosera o discutidora—. Sin embargo, parece existir una fuerte relación entre el mal humor habitual y la poca salud, y ésta es, ciertamente, un área que debiera estudiarse más a fondo.

Impredictibilidad y falta de control

Los esfuerzos de algunos investigadores para evaluar los efectos de la capacidad de control que tenemos sobre el ambiente y el grado con que se puede predecir lo que ocurrirá, han dado un resultado que corrobora la creencia de Lazarus de que sentirse sin control y «a oscuras» incrementa la vulnerabilidad frente al estrés. Podemos confeccionar una larga lista de elementos estresantes que afectan la manera en que nos enfrentamos con diversas tareas, y se ha comprobado que nos afectan más negativamente cuando no podemos controlarlos ni predecir cuándo aparecen (Cohen, 1980). Estos eventos estresantes son, entre otros, ruidos, multitudes, electroshocks, discriminaciones arbitrarias, tensiones burocráticas e incremento de la demanda de tareas.

En un estudio, sujetos de laboratorio realizaron una serie de lecturas mientras que a intervalos regulares se les presentaban ruidos por sus oídos. A una parte de ellos se les dijo que podían suprimir el ruido apretando un botón. Estos realizaron mejor la tarea que aquellos otros que no podían hacer nada acerca del ruido, aunque los del grupo primero no apretaron, de hecho, el botón (Glass y Singer, 1972). En otro estudio los individuos eran situados bien en habitaciones atestadas de gente o bien en habitaciones vacías. Y realizaban también una prueba de lectura. Los de la habitación llena, a quienes se les dijo que podían irse y trabajar en una habitación más amplia, no lo hicieron, pero la prueba de lectura fue mejor que la de los que no tuvieron la opción de cambiar de lugar (Sherrod, 1974).

Otros estudios han descubierto que el estrés incontrolable e impredecible también interfiere en las tendencias humanitarias de la gente. Sujetos de laboratorio a quienes se había expuesto a estrés, sin que pudieran predecir ni hacer nada al respecto, eran menos sensibles que los demás. Según los resultados, es menos probable que ayuden a un extraño a buscar las

El cordón del zapato se puede romper, pero la parte más importante del estrés psicológico que esto pueda crearnos es el hecho de admitir que uno no puede controlar su vida, que es inútil frente a la mayoría de las estúpidas trivialidades o, todavía peor, que la propia insuficiencia ha provocado el incidente. Este es el poderoso, estresante y patogénico mensaje que destruye la moral de uno. (Lazarus, 1980, pág. 34.)

lentillas que ha perdido; es más probable que administren una pequeña descarga eléctrica a otro individuo y menos probable que reconozcan las diferencias individuales entre las personas. (La manera como la gente se comporta con los demás se aborda con más detalle en los capítulos 17 y 18, que tratan de la psicología social.)

¿Por qué el estrés incontrolable e imprevisible produce una gama tan amplia de efectos? Una explicación es la teoría de la indefensión aprendida (de la que ya hemos hablado en el capítulo 5). Cuando una persona siente que no puede hacer nada para cambiar un aspecto del ambiente o predecir un acontecimiento futuro, pierde la voluntad de intentar cambiar otros aspectos del ambiente. Al sentir que nada de lo que hace importa, el resultado final es un encogimiento de hombros y un «¿por qué intentarlo?». Esto produce como resultado una pobre ejecución tanto a nivel cognitivo como emocional. Puede conducir a la depresión (como se explica más adelante en el capítulo 15) y, en casos graves, a la muerte.

Un fuerte apoyo a la teoría de la indefensión aprendida es el hecho de que aquellas personas que viven bajo condiciones sobre las que no tienen control —estudiantes universitarios en residencias superiores muy pobladas, residentes pobres de viviendas muy densamente habitadas y alumnos de escuelas primarias que van a escuelas situadas en áreas ruidosas, como en las cercanías de aeropuertos—, muestran signos de indefensión (Cohen, 1980). Obviamente, tales descubrimientos tienen implicaciones importantes para la sociedad en general. Si la gente ha de ser más solícita y sensible hacia el prójimo y menos agresiva, tiene que aprender aquellas formas que le permitan controlar y predecir mejor los acontecimientos del mundo que les rodea.

Patrón de comportamiento tipo A

Imaginemos a dos hombres triunfadores, ambos en la cincuentena: Paul, director técnico de una fábrica de cerveza, es un hombre impaciente e inquieto, cuya vida diaria se caracteriza por ser como una carrera contra reloj, un continuo esfuerzo para hacer dos o más cosas al mismo tiempo siempre que sea posible; un bajo punto de aceptación de frustraciones tales como aviones con retraso, colas en bancos y teatros, embotellamientos de tráfico y una agotadora entrega total a su trabajo. Tiene poco tiempo para su familia y ninguno para sus aficiones, amigos o actividades sociales.

Ralph, presidente de un banco, es un hombre relajado y paciente que habla despacio; que se toma tiempo para todo, para hacer ejercicio y para sus aficiones, como imprimir libros, escuchar música clásica, coleccionar libros antiguos e ir al teatro. Invierte tiempo en sus amistades íntimas, así como en su relación con su mujer y sus tres hijos.

Las probabilidades de Paul de padecer una dolencia cardíaca son dobles que las de Ralph (Rosenman y Chesney, 1982). ¿Por qué? Porque Paul actúa mediante un «patrón de comportamiento tipo A», mientras que el de Ralph es de «tipo B».

Friedman y Rosenman (1974) mantienen que casi nunca sobreviene una enfermedad coronaria antes de los 70 años de edad en las personas de tipo B, aunque fumen, hagan grandes comilonas y no realicen ejercicios. En cambio, las personas con un patrón de comportamiento de tipo A son propensas a enfermedades coronarias a los 30 o 40 años.

Dado que las enfermedades cardíacas son responsables de cuatro de cada diez muertes de varones entre 25 y 44 años (Cooper, 1981), el esfuerzo por ayudar a individuos de tipo A a modificar su conducta comporta enormes implicaciones para la salud. Sin embargo, esto no es fácil, ya que la conducta

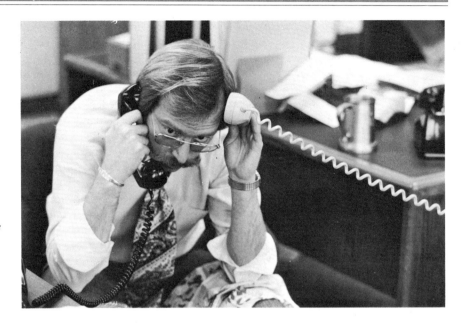

Este hombre agobiado e impaciente posee, aparentemente, una personalidad de tipo A. Es un bien situado candidato a un ataque cardíaco, a menos que realice un esfuerzo deliberado por modificar su comportamiento. (Robert V. Eckert, Jr./The Picture Cube.)

tipo A está asociada en nuestra sociedad al prestigio profesional, la renta elevada y el rápido avance en la carrera, así como con la competitividad, la impaciencia y la antipatía (Rosenman y Chesney, 1982; Cooper, 1981). Más de la mitad de los varones en las pruebas de Friedman y Rosenman eran del tipo A, sobre el 40 por 100 eran del tipo B y un 10 por 100 eran una mezcla de ambos. En general, más varones que mujeres muestran una conducta de tipo A. Las mujeres con este tipo son más vulnerables a enfermedades del corazón si su trabajo es remunerado que si son amas de casa. Con el constante incremento de mujeres a los puestos de trabajo, las previsiones para la salud de las mujeres norteamericanas se agravan.

Parece que estos patrones de conducta tienen su raíz en la infancia (Matthews y Siegel, 1983) y parecen estar más determinados por el ambiente que por los genes. Los niños observan el modo en que actúan los adultos que les rodean, aprendiendo tanto la conducta agresiva y competitiva como otras conductas más relajadas (Rosenman y Chesney, 1982). Algunos datos que apoyan la etiología ambiental provienen del hecho de que el comportamiento tipo A es más común en sociedades industriales.

La gente de tipo A prefiere trabajar sola en situaciones tensas (Dembroski y Mac Dougall, 1978), posiblemente porque se sienten con más control, no les distraen los demás y desean evitar la posibilidad de fracasar ante quienes les rodean. Pero esta preferencia por trabajar en solitario en condiciones de estrés puede comportar un estrés todavía mayor. Estos autores recomiendan que las personas de tipo A aprendan a trabajar junto a otros de modo que aumente el apoyo entre colegas sin que ello tenga que producir al mismo tiempo conflictos interpersonales o competitividad (pág. 32).

El individuo debe tomar sus propias decisiones. ¿Vale la pena que la carrera por el éxito nos mate con un ataque cardíaco prematuro? Algunos piensan que sí. Sin embargo, Friedman y Rosenman (1974) señalan que muchos del tipo B son también triunfadores y que los del tipo A pueden modificar su conducta con buenos resultados. Pueden combinar los esfuerzos *cognitivos* para cambiar su manera de pensar, junto a modificaciones *fisiológicas* para aprender nuevas formas de relajarse y la modificación de sus hábitos *conductuales* para reducir el número de citas previstas o la cantidad de trabajo llevado a casa. Pueden, por ejemplo, permitirse aumentar el tiempo en su horario diario, levantándose unos minutos antes, no contestando al teléfono a ciertas horas y no dedicando más tiempo a su trabajo del estrictamente necesario. Pueden combatir «el vértigo de la velocidad», forzándose a ellos mismos, cuando aceleran para pasar un semáforo en ámbar, a castigarse girando a la derecha en el siguiente cruce y dar la vuelta a la manzana. O bien pueden acudir a su sentido común para desarrollar otros «ingeniosos» métodos para «ir más despacio».

Ansiedad ante un examen

La ansiedad ante un examen, otro factor relacionado con el estrés y que está claramente relacionado con la personalidad del individuo, es especialmente relevante en el caso de los alumnos universitarios. Marcy, una ejecutiva triunfadora, dejó la universidad hace veinticinco años. Pero sueña una y otra vez que está en un aula haciendo un examen. Están repartiendo las «hojas de examen» y ella se da cuenta de que no está preparada. Según el sueño que siempre experimenta, olvidó cómo estudiar, o estudió una asignatura equivocada, o nunca ha cursado la asignatura de que se está examinando. La frecuencia de este «sueño de examen» entre la gente triunfadora confirma el aspecto desencadenante de ansiedad de las pruebas académicas.

Prácticamente todos los estudiantes experimentan alguna ansiedad antes de un examen. Esto lo demostraron ya en 1929 los experimentos de Cannon, que mostraban la presencia de azúcar en la orina después de un examen que había generado mucho estrés (Spielberger, 1979). El azúcar es un indicador fisiológico de una intensa reacción emocional. Si bien la mayoría de los estudiantes están más o menos tensos antes de los exámenes, la mayoría salen adelante sin otros efectos duraderos que los típicos sueños de Marcy. A algunos, sin embargo, la ansiedad de los exámenes les reporta algo más que una pesadilla. Estos son los que se quedan en blanco cuando llega la hora de demostrar lo que han aprendido.

A veces un aumento moderado de la ansiedad ayuda al estudiante a incrementar el esfuerzo y a concentrar su atención en el examen. Un aumento excesivo, en cambio, puede hacer estragos en la actuación del alumno. Esto es cierto para la mayoría de los estudiantes de capacidad media. No importa cuán nerviosos se pueden sentir los estudiantes brillantes porque aún así suelen hacer bien los exámenes. Y no importa cuán relajados estén los alumnos de más bajo nivel, porque aun así lo hacen mal. El psicólogo de Florida, Charles Spielberger (1979), ha encontrado que es entre la gran mayoría de estudiantes normales donde la ansiedad marca la diferencia.

¿Cómo interfiere la ansiedad con la ejecución? Generalmente minando las energías del estudiante mientras realiza la prueba y distrayendo su atención hacia actividades autodestructivas como la preocupación y la autocrítica. Desbordados por la ansiedad, tienen problemas de concentración, a menudo no siguen adecuadamente las instrucciones y desperdician o malinterpretan pistas informativas obvias.

Un grave problema de los estudiantes que padecen ansiedad ante los exámenes es que quedan aturdidos porque sus mentes se llenan de pensamientos inquietantes. Leamos la mente de uno de estos estudiantes, Kevin:

Probablemente voy a suspender este examen. Apuesto que toda la clase lo va a hacer mejor que yo. Excepto quizá los super-tontos. Míralos: todos los demás parece como si supieran las respuestas: ¿Qué es lo que no funciona en mí? ¿Qué hago en esta clase? ¿Qué estoy haciendo en la Universidad? No puedo hacer este trabajo. Soy un idiota. Cuando salgan mis notas, todos van a saberlo. Mi familia me matará, mi novia se disgustará y me dará vergüenza mirar a alguien a la cara. Tendré que dejar la escuela. ¿Qué haré entonces? Bueno, siempre puedo conducir un taxi. No todos han de ir a la Universidad. Uh, oh... Me está dando uno de esos dolores de cabeza otra vez. Esto es seguro una señal de que estoy nervioso. Más me vale que me calme o nunca aprobaré este examen. Ahora volvamos a la primera pregunta. La podría responder de cien maneras: ¿cuál es la mejor? No debo precipitar mi decisión o lo sentiré.

Esta forma de pensar comporta una triple consecuencia. Dado que los pensamientos de Kevin están centrados en él mismo, no puede prestar atención al examen. Dado que está desbordado por los mensajes negativos, está corroyendo su motivación para el éxito. Y dado el carácter, automático y estereotipado de sus pensamientos, más que controlar su nivel de ansiedad producen una elevación del mismo (Meichenbaum y Butler, 1978, pág. 10).

Los estudiantes ansiosos son, ante un examen, sus peores enemigos. En otras cosas, también. Existe evidencia de que tienen escaso hábito de estudio, no emplean adecuadamente el material y no distribuyen el tiempo de forma eficaz; pueden no saber cómo obtener ayuda y apoyo de compañeros y amigos y de los profesores, acaso ignoran las estrategias adecuadas para hacer bien un examen (repasar mentalmente las reglas de resolución del problema, darse a sí mismos ánimos, formularse preguntas de elección múltiple, ponerse preguntas de prueba, etc. (Meichenbaum y Butler, 1978).

¿Cómo, pues, puede ayudarse a los alumnos que tienen ansiedad ante un examen? Se han desarrollado enfoques diferentes; algunos programas se centran en enseñarles a mejorar los hábitos de estudio, otros en la enseñanza de métodos de relajación, algunos intentan enseñar formas alternativas de comportamiento ante un examen, algunos en ayudar a los alumnos a modificar los mensajes que se mandan a sí mismos y algunos en la secuencia entera.

El entrenamiento de inoculación del estrés enseña al individuo a compren-

Todos los estudiantes experimentan, de hecho, cierto grado de ansiedad antes de un examen, pero algunos se ven tan desbordados que no se pueden concentrar, no siguen las instrucciones y desperdician o interpretan mal las pistas informativas. La consecuencia es el fracaso en la prueba y, a menudo, en el curso. Afortunadamente, los estudiantes que sienten ansiedad ante los exámenes pueden ser ayudados de muchas maneras. (Alan Carey/The Image Works.)

der la propia naturaleza de las reacciones de estrés, a reconocer cuándo él o ella se está poniendo ansioso y a aprender diversas habilidades para superar la ansiedad. Se le da entonces al paciente la oportunidad de practicar estas habilidades en la situación de entrenamiento y luego se le anima a ponerlas en práctica en una situación de la vida real (Meichenbaum, 1975). El entrenamiento de inoculación del estrés será tratado con mayor detalle más adelante en este mismo capítulo.

Agotamiento

Un ejemplo de otro tipo de estrés lo tenemos en lo que le sucedió a la doctora Lang, una joven médica. Había cambiado. Todos notaron la diferencia: las enfermeras en el hospital, los demás médicos de su sección, el marido, los hijos, los pacientes. Parecía cansada y triste la mayor parte del tiempo y había perdido su siempre dispuesta sonrisa que tan característica era de su personalidad anterior. «La amistosa y encantadora doctora Lang», que siempre había dispuesto de tiempo —o lo había *sacado*— para escuchar el recital de dolores y penas del paciente, le estaba ahora preguntando malhumorada: «Venga rápido, ¿qué es lo que le duele?» Llegaba tarde a la visita y cuando advertía que la gente había estado esperando, se decía a sí misma: «¿Qué más da? ¿Cuánto bien estoy haciendo de todos modos?»

La doctora Lang sufría una dolencia común entre quienes se dedican a la «intervención social», como médicos, asistentes sociales o al trabajo policial: agotamiento. Se ha definido el agotamiento como un «síndrome de cansancio emocional, despersonalización y reducción de la motivación de logro personal» (Maslach y Jackson, en prensa, pág. 2). Quien, como la doctora Lang, padece este síndrome, siente que ha agotado todos sus recursos emocionales y no le queda nada para los demás. Es probable que desarrolle actitudes negativas y que se insensibilice ante los problemas, hacia las personas que requieren su ayuda, así como que aparezcan sentimientos de culpa por no ser capaz de solventar todos sus problemas.

Otras veces, el apoyo de otra gente, especialmente colegas, ayuda a la persona a mantener alguna perspectiva de su trabajo y de ella misma. Tal apoyo puede darse en una charla informal al tomar una taza de café o ser

El «agotamiento» es un problema común entre los médicos, trabajadores sociales, policías y otros profesionales de la asistencia social. Los trabajadores agotados, que a menudo son los que mayor dedicación mostraban, tienden a sentir que ya han agotado todos sus recursos emocionales, sin que les quede ya nada que ofrecer a los demás. A veces deciden dejar la profesión, pero otras se recuperan y reintegran a su trabajo. (Ernst Haas/Magnum.)

producto de un encuentro previamente establecido. Algunas veces puede provenir de su cónyuge o de un amigo cercano con quien el individuo se sincera para hablar de sus cosas.

Normalmente es difícil prever con exactitud cuándo se va a producir el agotamiento porque generalmente se trata de una respuesta al estrés crónico más que al agudo. Los síntomas aumentan, empeoran, se amontonan: fatiga, insomnio, dolores de cabeza, resfriados persistentes, problemas digestivos, abuso de alcohol y/o droga, y problemas de sociabilidad. El profesional agotado se siente hastiado de su trabajo y puede renunciar a él de repente, se aleja de la familia y los amigos y a veces hasta se hunde en una depresión incluso con intentos de suicidio (Maslach y Jackson, en prensa; Briley, 1980).

La falta de control, la imprevisibilidad y otros factores comunes al estrés son también importantes en el agotamiento. Muy a menudo afecta a los profesionales de mayor dedicación, a los más dispuestos a ayudar a los demás. Cuando ven que, independientemente de lo duro que trabajen no pueden curar todas las enfermedades, carencias o desesperaciones, a menudo se hunden ellos mismos en la desesperación.

Afortunadamente, la mayoría de quienes se dedican a profesiones altamente agotadoras han desarrollado sus propios métodos de afrontar el síndrome, tomándose un descanso cuando lo necesitan y volviendo sólo cuando están de nuevo en buenas condiciones. Las estrategias más útiles son: recortar las horas de trabajo, tomarse descansos frecuentes, cambiar de escena por completo, marchándose de vacaciones. La retirada psicológica puede ser llevada a cabo centrándose en pensamientos y actividades desconectados del trabajo. Muchas personas que se dedican a estas profesiones altamente estresantes practican lo que podríamos denominar «rutinas de descompresión» al final del día de trabajo. Practican algún deporte, escuchan música, se evaden con una novela, se sumergen en un baño caliente o meditan. Una vez que han tenido tiempo de recogerse en sí mismos por un momento, están de nuevo dispuestos para relacionarse con los demás, incluso con su familia.

EL AFRONTAMIENTO DEL ESTRES

Los controladores aéreos, cuyo trabajo requiere determinadas características físicas y psicológicas, tienen un tipo de personalidad que suele acrecentarse en situaciones tensas. Trabajan según horarios que alternan largos períodos de aburrimiento con cortos espacios de frenética actividad, saben que cuando guían aviones para entrar o salir del aeropuerto tienen la vida de centenares de personas en sus manos. La mayoría de estos profesionales soportan bien el estrés, ya que, como dice el experto en estrés, Charles D. Spielberger, «las demandas del trabajo actúan como mecanismo de defensa. Para estos individuos el estrés es la salsa de la vida, se sienten atraídos por esta carrera profesional porque se sienten retados por las demandas de un trabajo muy difícil y porque se sienten capaces de aguantar las presiones» (citado en *Behavioral Medicine*, 1981, pág. 33). Incluso estos individuos resistentes al estrés tienen sus límites de tolerancia, tanto es así que el sindicato de controladores aducía la carga psicológica inherente a su trabajo como la base más fuerte en su demanda de disminución de horario laboral. Cuando se negó la demanda en agosto de 1981, 13.000 miembros del sindicato se declararon en huelga. Irónicamente, la huelga creó más estrés, lo que dio más fuerza a algunos trabajadores mientras que desmoralizó a otros.

La mayoría de los controladores huelguistas esperaban volver a su trabajo al cabo de un mes. El presidente de los EE. UU., sin embargo, declaró la huelga ilegal y los controladores fueron despedidos. A final del año los controladores no valoraban la huelga en términos de días no trabajados o salarios perdidos. Hablaban más bien sobre los cambios acaecidos en sus vidas (Barron, 1981).

Algunos de estos trabajadores sufrían mucho. Estaban preocupados por el dinero, sintiéndose inadaptados porque sus mujeres mantenían ahora a la familia (la mayoría de los controladores de tráfico aéreo son varones); tenían problemas matrimoniales y generalmente se sentían ansiosos y trastornados.

Tras el impacto inicial, sin embargo, algunos de estos trabajadores despedidos convirtieron en victoria lo que para los demás era una derrota aplastante. Un controlador de treinta y dos años, por ejemplo, reemprendió sus estudios, obtuvo un promedio de sobresaliente en sus calificaciones en cursos de ciencias políticas y consideró seriamente la posibilidad de hacerse abogado. Obviamente, este individuo está afrontando de forma positiva una situación de estrés, lo que permite pensar en un final positivo.

¿Qué *es* exactamente el afrontamiento? Según Lazarus (1980) constituye una respuesta al estrés, que tiene dos grandes funciones. La primera implica *solucionar el problema:* o bien conseguimos cambiar el ambiente de alguna manera o bien hemos de cambiar nuestras propias actividades y/o actitudes. Por ejemplo, un controlador huelguista puede cambiar el ambiente de trabajo; cambiando de tipo de trabajo, se podría dedicar a actividades relacionadas con los sindicatos para mejorar las condiciones laborales de este trabajo. Si siente que, por una razón u otra, no puede cambiar de trabajo; podría intentar cambiar su propia actitud, recurriendo a actividades de descarga de estrés fuera del trabajo o recordando que las gratificaciones de su trabajo se deben, en parte, a sus retos y a su habilidad en la utilización de sus conocimientos.

En segundo lugar, el afrontamiento nos permite *actuar sobre las respuestas emocionales y físicas relacionadas con el estrés,* para poder mantener nuestro ánimo y continuar funcionando bien. Esto lo llevamos a cabo de varias maneras que producen un mayor o menor éxito: a través de mecanismos de defensa como la negación, la racionalización, la proyección y otros (que fueron descritos por primera vez por Sigmund Freud y que nosotros estudiaremos en el capítulo 14), tomando drogas que van desde fármacos sedantes y tranquilizantes prescritos por el médico, pasando por el abuso del alcohol u otras drogas legales, a la subcultura de sustancias ilegales como la marihuana, cocaína y demás drogas ilegales, cambiando nuestro estado de conciencia a través de técnicas como la meditación (en el capítulo 4 ya hemos visto en qué medida nos afectan las drogas y la meditación) y forzándonos a nosotros mismos a tener pensamientos positivos. Aunque no todas estas técnicas son efectivas, todas ellas representan un intento de afrontar el estrés.

Quienes suelen afrontar con efectividad el estrés emplean dos tipos de técnicas: las que les ayudan a solucionar el problema y las que les ayudan a sentirse mejor. Los que lo afrontan con menor efectividad suelen solventar el problema inmediato, pero con un alto coste en términos de bienestar emocional y físico, o bien, a veces, lo que hacen es huir hacia un modo de pensar que les hace sentirse mejor pero que no sirve para cambiar la fuente de donde brota su estrés. La mayoría de las veces, como es lógico, empleamos una combinación de actos y pensamientos diversos para afrontar una situación específica.

¿Por qué algunos salen más airosos que otros de situaciones estresantes?

¿Por qué una persona es capaz de construir una nueva vida después de quedar permanentemente impedido por culpa de una enfermedad o un accidente o bien es capaz, aun después de perder a su cónyuge, de establecer una nueva relación íntima con otra persona, o aun después de sufrir un trauma emocional por perder un trabajo bajo circunstancias públicamente embarazosas, y surgir aparentemente con más fuerzas de la prueba, mientras que otras se hunden en la apatía, en la depresión o incluso el suicidio por los mismos acontecimientos estresantes? Un buen número de factores desempeña aquí un papel decisivo.

PERSONALIDAD   La personalidad del individuo afecta la manera de afrontar el estrés. De acuerdo con Kobasa (1982), el primer tipo de persona que acabamos de describir manifiesta una forma de ser que a veces denominamos como «dureza», un estilo de personalidad que incluye tres características: compromiso, control y reto.

El *compromiso* nos permite creer en la verdad, la importancia y el valor de lo que somos y hacemos, y con esto adquirimos un sentimiento global de lo que significa tener un propósito en la vida. El *control* es la creencia de que somos responsables de nuestras propias vidas, que de algún modo provocamos los acontecimientos de estrés, y que, por tanto, podemos manejarlos. El *reto* está basado en la creencia de que el cambio, más que la estabilidad, es la condición normal de la vida. Al sostener tal creencia, es posible contemplar un acontecimiento estresante, más que como una amenaza, como una oportunidad que conduce al desarrollo personal. Es posible ser abierto y flexible e incluso buscar nuevas e interesantes experiencias con el pleno conocimiento de que al hacerlo un cierto grado de estrés resultará inevitablemente presente en nuestra vida.

EXPECTATIVAS   «El estrés del ejecutivo» es un tópico de moda en nuestros días. Como ha señalado Kobasa (1982), los medios de comunicación han difundido un nuevo mito sobre el ejecutivo, lo muestran (y ahora a ella, pues cada día más mujeres entran en los escalones superiores de los negocios) como «la clásica víctima del estrés». El estrés es malo, a menudo desbordante, y deberíamos evitarlo todo lo que fuera posible. Por otro lado, la gente tiene

Algunas personas afrontan muy bien el estrés. Los abogados parecen superarlo bastante bien, mostrando mayor grado de salud que otros profesionales de otros campos, después de vivir acontecimientos que producen estrés. Es posible que el tipo de gente que escoge el derecho como profesión lo haya hecho atraída por el tipo de presión que puede acompañar a este trabajo. (Michelle Bogre/Black Star.)

un concepto diferente de los abogados, una idea que los mismos abogados comparten: de acuerdo con esta idea, prosperan bajo el estrés, realizan mejor su trabajo cuando se produce un gran cambio y bajo mucha presión, nunca enferman y viven muchos años. De hecho, la salud de los abogados es mejor después de determinados acontecimientos estresantes de la vida que la de los ejecutivos o los oficiales del ejército (Kobasa, 1982). Es posible que las expectativas influyan fuertemente en la forma como nos afecta el estrés. Es bastante posible que nuestra vida sea como una profecía que tiende a cumplirse a sí misma, es decir, que *cuando esperamos* que suceda alguna cosa, es más probable que acabe sucediendo.

RECURSOS PERSONALES   Nuestro cuerpo, con todas las predisposiciones heredadas que posee, afecta la manera como respondemos al estrés (Kobasa, 1982). De acuerdo con Selye (1956), la enfermedad que provoca estrés afecta al órgano más débil del sistema. Así pues, mientras una persona sufre ataques asmáticos por el estrés, otra desarrolla úlceras de estómago y una tercera sufre un ataque cardíaco. Sin embargo, una cuarta puede tener tales reservas de fortaleza física que el estrés no afecte a su salud.

EL ESTRES EN FAMILIA

Hasta ahora hemos estado hablando del estrés tal como es vivido a nivel individual. Sin embargo, todos hemos experimentado también el tipo de estrés que compartimos con la familia. El estrés familiar puede adoptar muchas formas. Constituye un ejemplo característico el de la familia Urbancyk, de Detroit, Michigan.

Cuando Bill Urbancyk fue despedido de su trabajo en el sector del automóvil, su reacción inicial fue de pánico. ¿Qué haría? ¿Dónde iría a conseguir otro empleo? ¿Qué se diría de su virilidad, cuando no pudiera mantener a su familia? Con el tiempo perdió el interés por hacer el amor con su mujer, por jugar con sus hijos y salir con los amigos. El estrés del

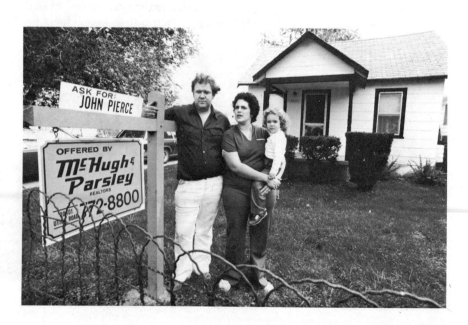

Los eventos estresantes de la vida afectan no sólo a los individuos, sino a menudo también a sus familias. Cuando este trabajador del sector del automóvil, en paro, no pudo pagar la hipoteca y tuvo que vender la casa, su mujer y su hijo también quedaron afectados, tanto por la aflicción emocional de su marido como por los cambios que se produjeron en sus vidas cotidianas. (J. L. Laffont/Sygma.)

desempleo de Bill no se limitaba a la persona que se había quedado sin trabajo, sino que afectaba a toda la familia. Muchos elementos estresantes obviamente afectan a la familia entera —como el nacimiento o la adopción, la mudanza a otra ciudad o la marcha del hogar de los hijos adultos.

De hecho, el estrés es el mayor problema al que se enfrentan las familias, de acuerdo con un informe de la Family Service Association of America, que en un sondeo bienal de veinticuatro de sus agencias de trabajo social descubrió que el estrés encabezaba la lista de los problemas que las familias llevaban a los consejeros psicológicos. Los investigadores del estrés familiar ven a la familia como un *sistema,* en el cual lo que le ocurre a una parte (por ejemplo, Bill) afecta a las demás (por ejemplo, la esposa de Bill y los hijos).

Una fórmula que nos ayuda a explicar el proceso de estrés familiar es el modelo *ABC-X* de Reuben Hill (1949), resultado de su trabajo sobre los efectos de las separaciones y los reencuentros familiares durante la II Guerra Mundial. Este modelo concibe así el estrés familiar:

- *A* representa el acontecimiento productor de estrés, por ejemplo que el marido, y el padre, estuviera en el servicio militar y fuera de casa.
- *B* representa los *recursos* de la familia para afrontar el estrés, por ejemplo la disponibilidad de los parientes para llenar el vacío dejado por el marido y realizar algunas de las tareas que éste acostumbraba hacer, el acceso al dinero de la familia y la fortaleza emocional de la familia. También son recursos familiares valiosos la flexibilidad y la voluntad de cambiar los roles tradicionales de esposo/esposa o madre/padre, la aceptación de la responsabilidad por todos los miembros de la familia de llevar a cabo los deberes familiares, la voluntad de sacrificar intereses personales para lograr los objetivos familiares, el orgullo por las tradiciones familiares, la alta participación familiar en actividades comunes, los esquemas igualitarios de toma de decisiones y control familiar y los fuertes lazos afectivos entre los miembros de la familia.
- *C* se refiere a la *interpretación* que la familia hace del acontecimiento, bien en sentido positivo al sentirse orgullosos de ellos mismos por haber «dado» el varón de la familia al servicio de la patria, o bien experimentado como sentimiento de abandono, pensando que «podía haber conseguido una prórroga para estar con nosotros si lo hubiera querido». Esto es similar a la apreciación cognitiva de Lazarus.
- *X* denota la *consecuencia* que sigue al estrés. Para una familia con recursos adecuados y una interpretación positiva, el resultado podría ser el incremento de la cohesión familiar. Para una con pocos recursos y una interpretación negativa, el resultado podría ser la desorganización familiar y la depresión, que podría persistir incluso hasta después de que el padre hubiera vuelto a casa.

Una familia en un estado de extrema desorganización tal que el sistema es puesto en duda está, según Boss (1985), no sólo bajo estrés, sino en estado de crisis. Mientras que la tensión o estrés supone una perturbación del estado de equilibrio, o un trastorno de la estabilidad que puede mantenerse por largos períodos de tiempo, una crisis es un estado de desequilibrio agudo tan fuerte y grave que la familia no puede seguir manteniendo su actividad y los individuos que la forman no pueden mantener su funcionamiento. Muchas familias, como muchos individuos, viven con altos niveles de estrés y prosperan sin alcanzar nunca el punto de crisis.

Podemos imaginar el proceso de crisis en una familia como una «montaña rusa» (Hill, 1949; Boss, 1985). En un primer momento la familia se sumerge en un período inicial de *desorganizacion* durante el cual los miembros encuentran que los mecanismos de afrontamiento que usaban en el pasado no son adecuados para resolver este nuevo problema. En un segundo momento la familia sale de su pozo de desorganización y empieza a reunir sus fuerzas utilizando alguno de los métodos de afrontamiento, o alguna nueva combinación de los viejos métodos, hasta entrar en un período de *recuperación*. Finalmente, la familia alcanza un nuevo nivel de organización, que puede ser más alto, más bajo o del mismo nivel que el que tenía antes del acontecimiento estresante. Algunas familias salen más fuertes tras una crisis, otras se han desorganizado y finalmente otras parecen no afectadas ni en un sentido ni en otro.

El afrontamiento en familia

Como señalábamos antes, un acontecimiento que afecta a un ser humano —enfermedad, la promoción en un trabajo que requiere trasladarse de ciudad, la pérdida de un empleo, un gran triunfo o una decepción— es probable que afecte a todos los miembros de su familia. No sólo el individuo afectado ha de afrontar el estrés, la familia entera ha de intentarlo.

Los investigadores que han estudiado el estrés familiar han encontrado que las familias suelen hacerle frente con los mismos métodos básicos que emplean los individuos —tomando decisiones y cambiando sus actitudes, intentan solventar los problemas y consiguen sentirse mejor—. ¿Cómo, por ejemplo, se las arreglan las esposas de los ejecutivos para enfrentarse con las frecuentes ausencias de casa de sus maridos? Algunas se adaptan al estilo de vida de la empresa, convirtiéndose en «esposas de compañía»; otras hacen esfuerzos especiales para desarrollar su propia personalidad e intereses, y algunas establecen hábitos independientes de los de sus maridos, más que pretender un «siempre juntos» que su estilo de vida no permitiría (Boss, McCubbin y Lester, 1979). Algunas lo consiguen con tal éxito que la familia niega estar bajo estrés alguno.

Transiciones familiares normales

Dado el creciente interés por el estudio del desarrollo a lo largo de todo el ciclo vital, muchas investigaciones se han centrado en las diversas transiciones que viven muchas familias: tener otro hijo, cambiar de comunidad, ver crecer a los hijos y cómo abandonan el hogar hasta que el «nido» queda vacío, perder a un padre o al cónyuge, etc. La mayor parte de las investigaciones han mostrado que la mayoría de la gente supera bien estas transiciones, y aunque pueden sufrir estrés en el momento en que suceden, generalmente no llegan al estado de desorganización típico de una crisis familiar.

Sin embargo, es más duro enfrentarse a estos sucesos si ocurren varios a la vez, como, por ejemplo, la muerte de un padre inmediatamente después del nacimiento del niño, o la mudanza a un nuevo hogar (Boss, 1985). Esto confirma, a nivel familiar, el sistema de valoración de la unidad de cambio de vida individual, desarrollado por Holmes y Rahe (1976), y estudiado anteriormente en este mismo capítulo.

Un número considerable de investigaciones sobre el estrés familiar son consistentes a la hora de señalar los aspectos decisivos de la vida: el ser padres y el que los hijos mayores dejen el hogar. Veamos algunos de estos hallazgos.

SER PADRES El nacimiento o adopción del primer hijo marca un importante punto de transición en la vida de los padres. Pasar de una relación íntima que incluye solamente a dos personas a otra que incluye a una tercera —un ser indefenso totalmente dependiente de aquéllos—, cambia a la gente y transforma los matrimonios. Mientras algunas de las primeras investigaciones al respecto consideraban el nacimiento del primer niño como una crisis molesta que crea un gran trastorno para ambos padres y para su relación matrimonial (LeMasters, 1957; Dyer, 1963), estudios más recientes concluyen que es más una transición estresante que una crisis (Hobbs y Cole, 1976; Hobbs y Wimbish, 1977; Russell, 1974).

El aspecto que produce más estrés ante el primer hijo parece ser la interrupción que produce en la continuidad de los estilos de vida. Así, las mujeres que encuentran la experiencia más difícil son las que tienen estudios superiores, que tienen orientada su carrera profesional y que «lógicamente» se resienten de la nueva demanda de su tiempo y de su energía, así como de la interrupción de su vida profesional (Russell, 1974). Incluso en estos tiempos «liberales», cuando los roles de varón y mujer están sufriendo grandes cambios en la mayoría de los hogares, la mayor parte de la responsabilidad de educar a los hijos recae todavía en la madre. No es sorprendente, entonces, que tanto las mujeres de raza negra como blanca tengan más dificultades que sus maridos en ajustarse a su nuevo papel de madres (Hobbs y Cole, 1976; Hobbs y Wimbish, 1977). Los nuevos padres sufren molestias por la necesidad de cambiar los planes a causa del recién nacido, por el trabajo adicional y por los problemas económicos que surgen. Tanto unos como otros son afectados por la fatiga causada por el sueño interrumpido y por la tensión matrimonial, motivada en parte por las demandas incrementadas en un mismo tiempo y los reducidos niveles de actividad sexual (Russell, 1974; Wandersman, 1980).

¿Cómo afrontan los nuevos padres esta situación? En una investigación se les preguntó a más de cien parejas cuáles eran sus estrategias de afrontamiento, así como algunas de las medidas que **toma**ban para mantener el bienestar personal. Se les preguntó también por el **estrés** personal y matrimonial en tres períodos de tiempo sucesivos: a mitad del embarazo, seis semanas después del nacimiento del niño y de seis a ocho meses después del nacimiento (Miller y Sollie, 1980).

Al analizar las respuestas, se vio que aquellas parejas que lo afrontaban mejor declararon de utilidad las siguientes actividades y actitudes:

- *Adaptabilidad:* habilidad para aceptar lo impredecible de la conducta del niño, aprender a tener paciencia y a ser flexible.
- *Comunicación:* habilidad tanto del marido como de la esposa para compartir sus sentimientos con otros.
- *Ver la paternidad como una responsabilidad compartida:* capacidad de romper con los roles estereotipados dentro del hogar y conseguir otros nuevos.
- *Mantener las actividades interesantes:* continuar participando en actividades que les habían interesado antes del nacimiento del niño.
- *Estar algún tiempo alejados del bebé.*
- *Mirar al futuro:* hablar de objetivos profesionales, planificándolos, y aceptar que la responsabilidad disminuirá cuando los hijos maduren.
- *Tener en los amigos, parientes y vecinos una fuente* de información, consejo y ayuda en el cuidado infantil.

Junto a la alegría, ser padre supone estrés. El aspecto más estresante del nacimiento del primer hijo parece ser la ruptura que causa en el estilo de vida. Por fortuna, la mayoría de los nuevos padres idean formas de afrontar esta transición. (Erika Stone/Peter Arnold, Inc.)

EL NIDO VACIO Durante años se ha hablado sobre la crisis que aflige a los padres cuyos hijos han crecido y abandonado el hogar para lanzarse a vivir solos. Muchos observadores han asociado este momento de la vida con la depresión, un sentimiento de pérdida y la incapacidad para afrontarla (Roberts y Lewis, 1981). En el pasado este síndrome se atribuía casi siempre a las mujeres. En cambio, estudios recientes han encontrado que una misma proporción de madres y padres —*algo menos de uno de cada cuatro*— experimentan estrés cuando sus hijos abandonan el hogar (Roberts y Lewis, 1981). Para la mayoría de ellos, de hecho, la experiencia es positiva. El cuadro clásico del «síndrome de estrés de nido vacío» no es generalmente apoyado por las investigaciones. Por el contrario, los padres disponen ahora de más tiempo y energía, pueden experimentar la satisfacción de haber realizado el trabajo de sacar adelante a sus hijos hasta la edad adulta, y pueden invertir más recursos personales en su matrimonio y en sus propias necesidades (Rubin, 1979; Bredehoft, 1981).

Quienes atraviesan estas situaciones con más facilidad son, por lo general, los que tienen otros intereses en la vida, quienes no han estado excesivamente envueltos en las vidas de sus hijos y los que han anticipado esta separación pensando en ella y planificándola. Para los padres que encuentran esta transición especialmente tensa, Roberts y Lewis (1981) sugieren algunas estrategias de superación:

- *Desempeñar un nuevo rol:* una madre que había sido ama de casa de jornada completa encuentra un nuevo trabajo o el esposo se convierte en jefe de «boy-scouts».
- *Encontrar nuevas fuentes de intimidad:* amigos, otros miembros de la familia, o colegas de trabajo o de comités de voluntariado.
- *Adherirse a un grupo de apoyo:* tomarán mayor conciencia por el hecho de compartir las preocupaciones con los demás y aprenderán de quienes han superado esta transición.

PREVENCION DEL ESTRES: ENTRENAMIENTO DE INOCULACION DEL ESTRES

Brian, un estudiante de primer curso en la escuela superior, siempre siente un sudor frío antes de realizar un examen; está tan tenso y nervioso que olvida toda la materia que creía tener preparada y obtiene una mala nota en el examen. Dado que Brian quiere ir bien en sus estudios, sabe que deberá hacer *algo* para superar esta inhabilitante ansiedad ante los exámenes.

Una cosa que Brian podría hacer es incorporarse a un programa de entrenamiento de inoculación de estrés ya mencionado en este capítulo. Este enfoque utiliza las técnicas de modificación de conducta para prevenir el estrés. Estos programas enseñan a los individuos a controlar sus reacciones ante las situaciones generadoras de estrés. Por medio de un activo entrenamiento, el entrenador les facilita la oportunidad de ensayar formas de afrontar la situación específica de estrés que se está discutiendo en ese momento para después ir practicando estas habilidades de afrontamiento en diversas situaciones de estrés, cada vez más intensas.

En un programa específicamente diseñado para disminuir la ansiedad ante los exámenes, se anima a los estudiantes a que aprendan nuevas y útiles auto-afirmaciones que puedan decirse a sí mismos para reemplazar las anteriores, generadoras de ansiedad. Algunos ejemplos de auto-afirmaciones de superación se presentan en el apartado 10-1.

El entrenamiento de inoculación de estrés tiene muchas otras aplicaciones. Puede ayudar a la gente a superar fobias, afrontar las penas y controlar la ira. Todas las aplicaciones de las que hemos hablado hasta aquí se refieren al estrés que ya está presente. Pero este mismo enfoque se puede usar para prevenir el estrés antes de que tenga lugar. Con este objetivo en mente, Ray Novaco (1977) empleó el entrenamiento de inoculación de estrés para enseñar las técnicas de dominio de la ira a los oficiales de policía durante su entrenamiento. Buena parte del trabajo policial incluye enfrentarse a comportamientos hostiles, y la ira puede nublar a menudo el razonamiento del oficial e interferir en el manejo de la situación. Reconocer y controlar la ira, por tanto, ayuda a los oficiales a hacer sus trabajos de un modo menos deprimente para ellos mismos y más efectivo para la sociedad.

En la primera fase —educación— se les presentan los tipos de situaciones que les podrían causar enfado: un borracho vomitando en el asiento trasero del coche de policía, la negativa de un ciudadano para ayudar al oficial, ser insultado, ser regañado o relevado de una misión por algo de lo que no era culpable, etc. Después se mezclan estos incidentes en una estructura con otras situaciones que pueden influir en el modo de responder del oficial: si ha tenido problemas con su coche o si se ha peleado con su superior. Los estudiantes llegan a darse cuenta de la complejidad de sus reacciones. Los futuros oficiales aprenden a realizar auto-afirmaciones (como las que aparecen en el apartado 10-2) que han surgido de las discusiones de grupo y a las que el entrenador ha dado forma. Estas afirmaciones ayudan a los oficiales a tener una sensación de control acompañado de un sentimiento de confianza tal que serán capaces de superar cualquier situación que pueda sobrevenirles posteriormente en su trabajo habitual.

En la fase final del entrenamiento los futuros oficiales simulan situaciones provocativas de forma que tengan que practicar sus nuevas habilidades y obtener después una opinión de los otros miembros del grupo sobre lo adecuado de su comportamiento, y se graban en vídeos las escenas.

Este tipo de programa ilustra adecuadamente la combinación de dos importantes enfoques psicológicos: la terapia cognitiva, que logra que la gente sea consciente de sus sentimientos y de lo que hace o dice, motivado por esos

APARTADO 10-1

ALGUNAS ESTRATEGIAS DE AFRONTAMIENTO UTILIZADAS EN ESTUDIANTES CON ANSIEDAD ANTE LOS EXAMENES EN UN PROGRAMA DE INOCULACION DE ESTRES*

PREPARARSE PARA EL SUCESO ESTRESANTE

¿Qué tengo que hacer? Puedo desarrollar un plan para superarlo. Pensar, en concreto, lo que puedo hacer al respecto es mejor que tener ansiedad. Debo eliminar mis pensamientos negativos; sólo pensar racionalmente. No me preocuparé. Preocuparse no servirá de nada. Quizá deba pensar que la ansiedad es ansia de enfrentarse a ella.

ENFRENTARSE AL SUCESO ESTRESANTE

Me analizo a mí mismo. Debo planteármelo como un reto. Un paso cada vez; puedo dominar la situación. No pensaré en el temor, sólo en lo que tengo que hacer. Esta ansiedad es lo que el médico dijo que sentiría. Es una advertencia que debo utilizar para realizar los ejercicios de afrontamiento. La tensión puede ser un aliado, una sugestión para competir. Relajación; tengo autocontrol. Inspiremos lenta y profundamente. Ah, qué bien.

AFRONTAR EL SENTIMIENTO DE ESTAR COMPLETAMENTE HUNDIDO

Cuando aparece el temor, detengámonos. Centrémonos en el presente. ¿Qué puedo hacer? Podemos evaluar el temor del 0 al 10 y darnos cuenta de cómo cambia. Se suponía que yo esperaría que mi miedo aumentase. No intentemos eliminar el temor totalmente; dejémoslo en un nivel en el que lo podamos manejar. Puedo convencerme a mí mismo para hacerlo. Puedo asegurar con razón que mi temor ha desaparecido. En breve volverá. No es lo peor que puede ocurrir. Simplemente pensaré en algo distinto. Hacer algo que me evite pensar en el miedo. Describir lo que me rodea. De esta manera no pensaré en mi preocupación.

REFORZAR LAS AUTO-AFIRMACIONES

Lo hice, he podido hacerlo. Espera a que se lo cuente a mi terapeuta. No ha sido tan difícil como esperaba. Lo he hecho sin el temor que era presumible. Mis malditos pensamientos son el problema. Cuando los logro controlar, controlo el miedo. Cada vez que uso este procedimiento, va mejor. Estoy realmente encantado de mis progresos. ¡Lo he conseguido!

* Adaptado de Meichenbaum (1975, págs. 250-251).

sentimientos, y la modificación de conducta, que les enseña a modificar sus conductas inadecuadas.

VIVIR CON ESTRES

¿Vive más años la gente que sabe cómo afrontar el estrés? Los resultados de un estudio reciente de 1.200 personas de más de cien años parecen apuntar en esta dirección: las personas con más de cien años que respondieron a preguntas relacionadas con factores sociales, psicológicos y biológicos aparecen como ejemplos de la aplicación acertada de la teoría de Selye (Segersberg, 1982): mantienen perspectivas positivas de la vida y arrancan de raíz actitudes y emociones negativas.

Una premisa importante de la teoría de Selye es el hecho de vivir, intentando siempre alcanzar «Una meta elevada a largo plazo» (1974, pág. 106). Con un propósito tal, la gente puede comprometerse, se puede expresar libremente y a sus anchas, y puede alcanzar un sentimiento de seguridad. «Para llevarlo a cabo», dice Selye (pág. 110), «debe encontrar su nivel óptimo de estrés y utilizar su potencial de adaptación de manera determinada y en la dirección ajustada a sus cualidades innatas y a sus

APARTADO 10-2

ALGUNAS ESTRATEGIAS DE AUTOAFIRMACION UTILIZADAS CON ASPIRANTES A POLICIA EN UN PROGRAMA DE INOCULACION DE ESTRES*

PREPARARSE PARA UNA PROVOCACION

Puede ser una situación difícil, pero sé cómo tratarla. Puedo elaborar un plan para manejarla. Se hace fácilmente. Recordemos, ciñámonos al suceso, y no nos lo tomemos como algo personal. No habrá necesidad de discusión. Sé lo qué he de hacer.

IMPACTO Y AFRONTAMIENTO

Mientras me mantenga tranquilo, *controlaré* la situación. No es necesario que te pongas a prueba. No intentes comprender más de lo que puedes. Es inútil enfadarse. Piensa en lo que tienes que hacer. Busca lo positivo y no te precipites en las conclusiones.

AFRONTAMIENTO Y ACTIVACION

Los músculos se tensan. Relajémonos y hagamos las cosas despacio. Inspiremos profundamente. Tomémoslo con calma. Mi enfado es una señal de lo que necesito hacer. Tomémonos tiempo para resolver el problema. Probablemente él quiere que me enfade, pero voy a tratar la situación constructivamente.

REFLEXION SUBSIGUIENTE: CONFLICTO IRRESUELTO

Olvidemos el agravio. Pensar en ello sólo te entristecerá. Intentemos sacárnoslo de encima. No permitamos que interfiera en nuestro trabajo. Recordemos la relajación. Es mucho mejor que el enfado. No lo tomes como algo personal. Probablemente no es tan serio.

REFLEXION SUBSIGUIENTE-CONFLICTO RESUELTO

Lo hago bastante bien. ¡Esto es hacer un buen trabajo! Me podía haber disgustado más de lo que merecía la pena. Mi orgullo me puede meter en problemas, pero cada día lo hago mejor. Realmente lo consigo sin enfadarme.

* Tomado de Meichenbaum y Novaco (1978).

preferencias». Selye no sugiere eliminar todo el estrés de nuestra vida. Hace bien al no proponerlo. En cierto modo, la vida es como un teatro. Cada buena actuación está construida alrededor de un conflicto básico, cuya resolución resalta al personaje, fortalece el carácter del mismo y mantiene el suspense por la incertidumbre del resultado; así ocurre también en la vida.

El estrés no es necesariamente «el malo» de nuestras vidas. A veces puede ser el héroe. El papel que representa depende principalmente del modo en que nosotros, los actores, declamamos nuestro texto y representamos nuestro papel. Respondiendo creativamente, de forma efectiva, a menudo podemos escribir nuestros propios finales felices.

RESUMEN

1   Los investigadores han definido el *estrés* de distintas maneras. *Selye* considera el estrés como una respuesta inespecífica del organismo a cualquier exigencia. Describió tres etapas en el proceso de reacción frente al estrés, alarma, resistencia y agotamiento, siendo conocido tal proceso como el *síndrome de adaptación general* (SAG).

2   *Lazarus* ve el estrés como el resultado de una transacción entre las personas y el ambiente. Que un suceso sea apreciado o no como estresante depende de la interpretación personal de cada caso en particular.

3   *Hill* considera el estrés en razón de su efecto sobre el sistema familiar más que en el individual.

4   Algún nivel de estrés es normal a lo largo de la vida. De acuerdo con Selye, la liberación completa del estrés es la muerte.

5   La *ansiedad* es un estado caracterizado por sentimientos de aprensión, incertidumbre o tensión, motivado

por una amenaza, real o imaginaria. La ansiedad puede considerarse «normal» o «neurótica».

6 *Holmes y Rahe* encontraron una relación evidente entre *cambios de vida* y enfermedad. Aunque muchos de los cambios de vida estudiados por ellos eran básicamente negativos (divorcio, muerte del cónyuge, cárcel), otros tenían un final feliz (boda, dar a luz). Holmes y Rahe han sido criticados recientemente por sus principios metodológicos.

7 Lazarus y sus colegas encontraron que las respuestas a las *contrariedades* (pequeñas irritaciones que ocurren a diario) tenían más relación con la salud física y psicológica que los sucesos importantes.

8 Eventos estresantes, tales como el ruido, el confinamiento, pequeñas descargas eléctricas, discriminación arbitraria, estrés burocrático e incrementos de trabajo pueden afectar al modo en que la gente lleva a cabo sus tareas. Pueden afectar a las personas muy negativamente cuando no son capaces de predecirlos ni de controlarlos.

9 El *patrón de comportamiento tipo A* se ha asociado a las enfermedades coronarias. La gente que manifiesta una conducta de tipo A es impaciente y competitiva. Parece que es posible modificar el patrón de comportamiento de tipo A.

10 Aunque un aumento moderado de ansiedad antes de un examen puede ayudar al estudiante, un incremento exagerado puede resultarle funesto. La actuación ante un examen por parte de los *estudiantes ansiosos ante los exámenes* puede variar porque su energía es desviada del trabajo inmediato a actividades contraproducentes, tales como la preocupación y la autocrítica. Existen programas adecuados para superar la ansiedad frente a los exámenes.

11 *El agotamiento* es un «síndrome de cansancio emocional, despersonalización y actividad disminuida», especialmente frecuente entre los que ejercen profesiones de ayuda. Los profesionales que ayudan a vencer este síndrome proponen la reducción de horas de trabajo, la toma de frecuentes descansos y la realización de actividades no relacionadas con la ocupación principal.

12 De acuerdo con Lazarus, el afrontamiento es una respuesta al estrés que tiene dos funciones principales. La primera es *solucionar el problema que causa el estrés,* y la segunda, *modificar nuestras respuestas emocionales y físicas relacionadas con el estrés.* Podemos solucionar el problema, bien cambiando el ambiente o bien nuestras propias acciones o actitudes. Podemos manejar las respuestas relacionadas con el estrés con mayor o menor éxito, sirviéndonos de técnicas que van desde la meditación hasta el hecho de forzarnos a nosotros mismos a pensar positivamente pasando por el consumo (y posiblemente el abuso) de drogas legales e ilegales.

13 Tanto la *personalidad,* como las *expectativas* y los *recursos personales* de un individuo, contribuyen a tratar con más o menos éxito el estrés.

14 Los investigadores del *estrés familiar* ven a la familia como un *sistema,* en el cual lo que le ocurre a un miembro afecta también a los demás. Hill propuso *el modelo de estrés familiar ABC-X,* en el cual *A* representa el suceso estresante; *B,* los recursos familiares para superar el estrés; *C,* la interpretación familiar del suceso, y *X,* la consecuencia resultante del estrés. Una reacción familiar a la situación estresante depende de varios factores: el significado del suceso particular, cómo está preparada la familia para enfrentarse a él y cómo es percibido por la familia.

15 Muchos estudios se han centrado en las diversas experiencias de transiciones familiares, como tener un hijo y sacarlo adelante. Las investigaciones llevadas a cabo muestran que estos acontecimientos son vistos como transiciones más que como crisis. En todos los casos las estrategias de afrontamiento alivian la transición.

16 El *entrenamiento de inoculación del estrés* es una técnica de modificación de la conducta diseñada para prevenir el estrés. Al individuo se le enseña a controlar sus reacciones ante el estrés, se le entrena en técnicas para afrontarlo y se hace que emplee sus nuevas habilidades de afrontamiento en situaciones simuladas productoras de estrés.

17 Selye recomienda que las personas determinen su nivel óptimo de estrés y afirma que un poco de estrés es necesario para vivir.

LECTURAS RECOMENDADAS

Figley, C. R., y McCubbin, H. I. (Eds.) (1983). *Stress and the family: II: Coping with catastrophe*. New York: Brunner/Mazel. Colección de artículos de importantes investigadores del estrés sobre el afrontamiento de sucesos dramáticos, como el desempleo, la violación sexual, el encarcelamiento o las enfermedades crónicas.

Goldberger, L., y Breznitz, S. (Eds.) (1982). *Handbook of stress: Theoretical and clinical aspects*. New Tork: Free Press. Serie de artículos sobre aspectos fisiológicos y psicológicos del estrés, así como su tratamiento y las estrategias que hay que seguir.

McCubbin, H. I., y Figley, C. R. (Eds.) (1983). *Stress and the family: I. Coping with normative transitions*. New York: Brunner/Mazel. Volumen similar al de Figley y McCubbin, referenciado más arriba. En este caso los capítulos se centran en el impacto en el seno familiar de transiciones, tales como matrimonio, paternidad, divorcio y las situaciones de doble vida.

Waldo Pierce: *Haircut by the Sea*, 1933. Metropolitan Museum of Art.

PARTE

5

DESARROLLO PSICOLOGICO A LO LARGO DEL CICLO DE LA VIDA

Desde el momento en que fuimos concebidos, hasta aquel otro momento postrero y fatal en el que expiramos, nuestra vida se rige por un principio fundamental: el cambio. A lo largo de toda la vida nos hallamos en un proceso de cambio continuo. Cada día, en todo momento de nuestra vida, cambiamos, crecemos, nos desarrollamos. Los tres capítulos que siguen tratan de este proceso de desarrollo a lo largo del ciclo vital.

Nuestro desarrollo es un hilo continuo que se inicia en la concepción; se desenreda a través de la infancia y la adolescencia, y no se corta hasta la muerte. El modelo final que haya formado este hilo depende de muchas influencias: las influencias biológicas, aportadas por nuestra herencia genética y que dictan el despliegue de las nuevas capacidades que irán apareciendo a través del proceso de maduración, y aquellas otras que forman el caleidoscopio de las experiencias vividas a lo largo de toda la vida.

Esta parte de la obra presenta el desarrollo vital dividido en tres grandes segmentos. El capítulo 11, «Los orígenes», se ocupa de la concepción, y, a través del desarrollo prenatal, la experiencia del parto. Se ocupa también de los nuevos avances médicos para ayudar a las parejas estériles a tener un hijo, así como de la importancia psicológica de estos hechos. Se discute, por último, lo que puede significar ser hijo único, ser el mayor o el menor en una familia.

En el capítulo 12, «La infancia», nos maravillaremos ante el recién nacido, sorprendentemente competente, cuyas amplias habilidades sólo se nos han empezado a revelar a través de las medidas modernas de la psicología. Examinaremos los aspectos —físico, intelectual y socioemocional— del desarrollo durante los primeros doce años de la vida, estudiando los enormes esfuerzos que los niños hacen para controlar su cuerpo, para comprender y utilizar los conceptos y expresar su propia personalidad.

En el capítulo 13, «De la adolescencia en adelante», estudiaremos la continuación del desarrollo a lo largo de la edad adulta. La lucha continúa, con temas del crecimiento, de identidad, hasta el último peldaño de esta competición, nuestra propia muerte.

CAPITULO 11

LOS ORIGENES: EL COMIENZO DE LA VIDA

CUESTIONES CLAVE

Cómo la herencia y el ambiente actúan unidos para influir en los distintos aspectos de nuestro desarrollo.

Cómo se transmiten ciertos defectos de nacimiento y qué técnicas existen para diagnosticarlos y tratarlos antes del nacimiento.

El desarrollo prenatal y los riesgos del ambiente prenatal que pueden influir en el desarrollo del feto.

Los progresos recientes en el campo de la ingeniería biológica.

Diferentes formas de dar a luz.

Cómo el orden de nacimiento puede, o no, influir en el desarrollo.

A lo largo de esta obra nos formulamos preguntas que poseen una gran relevancia en nuestra propia vida. ¿Cómo funcionamos? ¿Cuáles son los motivos subyacentes a nuestra conducta? ¿Cómo están interrelacionados los distintos hilos de nuestras vidas? Los psicólogos del desarrollo se hacen estas preguntas poniendo especial interés en los cambios de comportamiento a lo largo de la vida. Se centran en la extraordinaria evolución del ser humano desde el minúsculo organismo unicelular hasta el niño totalmente formado, más tarde el niño que pregunta y, finalmente, un adulto que aún continúa cambiando a lo largo de su vida.

Los psicólogos evolutivos se interesan por la forma en que las personas cambian a lo largo de la vida. Observan de qué manera cambian continuamente las acciones del individuo y cómo reacciona éste en un ambiente que también cambia constantemente. Al focalizar su atención en los cambios de la vida, describen, explican y predicen el comportamiento, realizando sugerencias para modificarlo, con el propósito de ayudar a desarrollar el máximo potencial de los sujetos (Bates, Reese y Lipsitt, 1980). Cuando estudiamos el desarrollo, no nos interesamos por la situación estática de un momento dado, sino por el proceso por medio del cual cambiamos, por las influencias sobre nuestro propio cambio y por la forma en que se producen esas transformaciones en el mundo que nos rodea. Nos vemos a nosotros mismos como participantes activos de nuestro propio desarrollo.

Las tres trayectorias más importantes del desarrollo del ser humano están íntimamente relacionadas, cada una de ellas afecta y a la par está afectada por las otras dos. La psicología evolutiva estudia el desarrollo físico (cambios corporales como la estatura, peso, desarrollo cerebral y la adquisición y el perfeccionamiento de las habilidades motoras), el desarrollo cognitivo (cambios en los procesos de pensamiento que afectan al aprendizaje, las habilidades lingüísticas y la memoria) y el desarrollo psicosocial (cambios en los aspectos emocionales y sociales de la personalidad).

Así pues, entendemos por desarrollo las formas por las cuales las características físicas, cognitivas y psicosociales de las personas cambian a lo largo de la vida. Esta visión contrasta con la opinión de que la mayor parte de los cambios importantes de desarrollo ocurren en la infancia, o como muy tarde al final de la adolescencia. El desarrollo es entendido como un proceso a lo largo de toda la vida. Existe un potencial de cambio que la recorre toda entera, hasta la gente muy mayor continúa evolucionando, y a menudo experimenta un crecimiento en su personalidad. Incluso al final de la vida, cuando el individuo se prepara para la muerte, intenta aprovechar esta última posibilidad para resolver sus problemas de identidad, llegando a plantearse quién es.

Hay dos tipos importantes de cambio en el desarrollo: *cuantitativo* y *cualitativo*. Los cambios *cuantitativos* son bastante fáciles de observar y medir. Incluyen el crecimiento en altura, en peso y en vocabulario. Los cambios *cualitativos* son más complejos, incluyen desde «saltos» en el funcionamiento —cambios que distinguen a un niño parlanchín de un niño callado, a un adulto maduro de un adolescente egocéntrico—. Estos cambios perfilan el desarrollo de la inteligencia, la creatividad, la sociabilidad y la moralidad. Pero incluso estos saltos son el resultado de una serie de pequeños pasos que continúan durante toda la vida.

La psicología evolutiva está interesada en el estudio de un grupo de factores que influyen en el cambio de desarrollo. Ninguno de nosotros se desarrolla en el vacío. Todos estamos influenciados por la interacción entre la maduración (la aparición de pautas de comportamiento determinadas biológicamente, tales como caminar) y la *experiencia pasada y presente*. Así, los psicólogos evolutivos formulan un tipo de preguntas que intentan determinar el rol que tales influencias desempeñan en nuestras vidas. En primer lugar se dirigen al principio de la vida para preguntarse por nuestro origen: ¿Cómo hemos sido hechos? ¿Qué traemos con nosotros? ¿Cómo la herencia genética programa el resto de nuestra vida? A continuación, exploran de qué forma la maduración afecta a nuestra manera de desarrollarnos a través del tiempo y cómo las decisiones que tomamos afectan a nuestro estado físico.

Pero los psicólogos consideran otros factores además de la maduración. Por ejemplo, nuestra primera red social, la familia. Aunque los primeros teóricos e investigadores dieron mucha importancia al impacto de la madre sobre el desarrollo del niño, hoy en día han ampliado el radio de esas influencias, conscientes de la importancia de otros familiares, como el padre, los hermanos u otras personas que lo han cuidado. Además, hay un reconocimiento creciente de los importantes cambios a lo largo del tiempo en estas relaciones, como los vínculos entre los hijos adultos y los padres ya mayores, o los vínculos entre los hermanos adultos. El foco de atención actual ha ido más allá de la cuestión de cómo los familiares adultos influyen en los niños, para concentrarse en la forma en que los niños —incluso recién nacidos— influyen en los que están a su alrededor. A través de un constante juego de relaciones, nos ayudamos a formarnos los unos a los otros.

La psicología del desarrollo considera un contexto cultural más amplio. La cultura y la subcultura que vivimos influye en nuestra conducta. El niño que crece en un país del tercer mundo y el niño que crece en una nación próspera y altamente industrializada viven experiencias culturales diferentes que dejan su marca. Al igual que el anciano que vive en una sociedad como la China, que venera la edad, acepta y aprecia esta época de la vida más de lo que lo haría un individuo de la misma edad en los EE. UU., donde se tiende a arrinconar a los mayores una vez han perdido su utilidad.

Los psicólogos evolutivos exploran el impacto de la época en que crecemos. La cohorte o generación en que crecemos ejerce sus efectos. La historia que nos acompaña a lo largo de nuestra vida —como una depresión económica o una guerra— deja impresiones imborrables. Por añadidura, vivimos en un tiempo en el que los avances médicos en el tratamiento de las enfermedades comunes mantiene activos tanto a los jóvenes como a los ancianos: un tiempo en el que podemos coger el teléfono y llamar a alguien al otro extremo del mundo, en el que podemos tomar un avión y estar en otro continente en un mismo día; por ello estamos destinados a ser diferentes de nuestros antepasados en muchos aspectos, su contexto histórico era muy diferente.

Finalmente, se considera el impacto de los acontecimientos no-normativos, como una enfermedad crónica o un defecto de nacimiento. Aunque no le ocurren a todo el mundo, tienen un potencial de impacto considerable sobre quienes los experimentan.

La forma de responder a estas preguntas formuladas por los psicólogos evolutivos ayuda a clarificar nuestras relaciones con los demás, con los lugares y los sucesos a lo largo de la vida. Estas relaciones casi nunca son unilaterales. Por el contrario, la *interacción* y la *individualidad* son las claves para entender el proceso de desarrollo.

Al desarrollar nuestras propias fuerzas, capacidades y predisposiciones individuales, éstas son afectadas por influencias del ambiente. Estas influencias nos hacen actuar de una determinada manera, lo que aportará nuevas experiencias. Así, las características internas se mezclan constantemente con factores externos, y nos encontramos a nosotros mismos en una espiral sin fin de acción y reacción. Nuestros cuerpos, por ejemplo, nos limitan a veces en lo que podemos hacer, pero, a la vez, lo que hacemos afecta a nuestro cuerpo. Cuando nuestros padres influyen en nosotros, a la vez están siendo influidos por nosotros, así como nuestra cultura nos construye un lugar, pero nosotros modificamos ese lugar.

Hemos de tener en cuenta todo esto para estudiar las diferencias individuales entre las personas. Todos nosotros traemos al mundo un legado genético único y, por tanto, procedemos a vivir unas experiencias únicas. ¿Cómo, entonces, no vamos a ser diferentes de los demás? En este capítulo consideramos los roles que desempeñan en el desarrollo la herencia y el ambiente. Primero, examinaremos el mecanismo de transmisión de las características que heredamos de nuestros padres. Luego exploraremos los efectos más tempranos del ambiente —los que tienen su impacto mientras estamos todavía en el útero materno—. Veremos las técnicas más recientes para disponer de «una ventana en la matriz» y para prevenir o tratar problemas que se desarrollan durante el período prenatal.

Nos fijaremos a continuación en la experiencia del nacimiento y en el impacto de nuestra posición en la familia —como el caso del primer hijo, el último o el único—. En los dos capítulos siguientes examinaremos el desarrollo a lo largo de la infancia, la adolescencia y la madurez, hasta el final de nuestra vida.

En primer lugar, por tanto, para entender dónde empieza todo, volvamos a los orígenes de la vida, para conocer las influencias más tempranas que probablemente encontraremos al preguntarnos qué poseemos al nacer y qué adquirimos.

HERENCIA Y AMBIENTE

A través de esta obra hemos hablado de las muchas y diferentes habilidades de los seres humanos —cómo percibimos el mundo y cómo actuamos frente a los demás y frente a las situaciones—. Una pregunta que ha preocupado a los humanistas durante siglos ha sido cómo se desarrollan estas habilidades. ¿Las heredamos o las aprendemos? A lo largo de la historia la respuesta ha cambiado, oscilando entre las visiones extremas que afirman que somos el producto de nuestra naturaleza (nuestros rasgos heredados) o de nuestra crianza (nuestras experiencias).

Mientras la mayoría de los pensadores contemporáneos reconocen la dificultad de separar completamente las dos influencias, que interactúan de formas diversas para hacer de cada uno un sujeto único, el debate o lucha entre naturaleza y crianza continúa todavía. Sus descubrimientos son importantes desde el momento en que determinan la manera en que construimos tanto nuestra sociedad como nuestra vida personal.

En general, parece que la herencia nos predispone y nos limita frente a ciertos comportamientos, pero el ambiente determina su expresión. Nuestra inteligencia, por ejemplo, puede ser determinada en gran parte por los genes que heredamos de nuestros padres, pero el hogar en el que nacimos, el grado en que se nos animó para alcanzar un determinado nivel intelectual, la clase de educación recibida y las propias decisiones tienen —y continuarán teniendo— un efecto en la forma de manifestarse nuestra inteligencia. De la misma manera, si hemos heredado el rasgo familiar de una baja estatura, puede que nunca alcancemos el metro ochenta de altura, pero si nos han criado bien, creceremos más que si hemos vivido en los suburbios, con escasos alimentos, poco ejercicio y poco amor.

Sólo en los casos extremos una condición genética garantiza la manifestación de un trastorno determinado. No importa cuán acogedor fuera el ambiente prenatal o postnatal, todos los individuos que recibieron un cromosoma 21 adicional en el momento de la concepción desarrollarán el síndrome de Down, lo que supone un retraso mental y, a menudo, defectos cardíacos y otras anomalías físicas (como exponemos más adelante en este mismo capítulo). Sin embargo, incluso en un caso extremo como éste, un ambiente favorecedor puede crear la diferencia entre una dependencia total en una institución y cierto grado de autosuficiencia, permitiendo que la persona se mueva relativamente libre en la comunidad.

Cómo estudiamos la influencia relativa de la herencia y el ambiente

A través de la ciencia de la genética del comportamiento, los investigadores han desarrollado un gran número de métodos para estudiar cómo se heredan ciertos rasgos. Algunos de estos métodos son:

- *La cría selectiva de animales:* si se logran producir, por medio de apareamiento selectivo, ciertas características (tales como la habilidad para recorrer un laberinto o la predisposición a la obesidad), podremos concluir que el rasgo es, en parte, hereditario, y extrapolamos estos descubrimientos a los seres humanos, lo que es válido en algunos casos, pero no tanto en otros.
- *El estudio de los gemelos:* cuando los gemelos idénticos (los que tienen exactamente el mismo legado genético) son más semejantes (concordantes) que los gemelos fraternos (que no son más parecidos que cualquier otro hermano o hermana), parece que podremos deducir la existencia de una base hereditaria. Los gemelos que han crecido en diferentes hogares son especialmente útiles para contrastar después su idéntica herencia con los diferentes ambientes, pero tales individuos son difíciles de encontrar. Incluso cuando podemos localizarlos, sus ambientes culturales resultan normalmente bastante similares.
- *Estudios sobre la adopción:* cuando los niños adoptados son más parecidos a sus padres y hermanos biológicos, inferimos que ha influido más la herencia; cuando se parecen más a las familias adoptivas, inferimos que ha influido más el ambiente.
- *Estudios sobre la consanguineidad:* examinando en una familia en particular tantos parientes de sangre como sea posible, podemos descubrir el grado en que comparten ciertas características y si la cercanía de la relación afecta el grado de similitud.

Otras líneas de investigación se dirigen a determinar la posible causa ambiental de determinadas características. Entre otras:

- *Estudios sobre el desarrollo prenatal:* investigando condiciones específicas en los individuos y las experiencias de sus madres durante el embarazo, a menudo podemos indicar con precisión una causa específica para cada condición específica. Con este tipo de metodología, en la década de los 60 los investigadores identificaron un tranquilizante aparentemente inocuo, llamado *talidomida*, como el agente causante de que cientos de niños nacieran sin brazos o sin piernas.

Mucha gente tiene la impresión de que el efecto de los genes está como labrado en granito, fijo e inmutable desde el momento de la concepción. En realidad, los genes actúan a veces en respuesta a la progresión del desarrollo, y otras veces son las variables ambientales las que se filtran a través de los procesos fisiológicos.

Lo que necesitamos estudiar es esa inestabilidad, lo que no es sino otra manera de decir que deberíamos examinar la huella del desarrollo y de qué forma es modificado por la genética y el influjo ambiental...

Una vez que empecemos a comprender cómo los genes y el ambiente interactúan empezaremos a comprender algo que merece la pena conocerse.

(Farber, 1981, pág. 80.)

- *Manipulación del ambiente:* realizar cambios en la dieta, en las oportunidades de hacer ejercicio, en el enriquecimiento intelectual y en la estimulación sensorial en un grupo de animales y personas, y luego comparar este grupo con un grupo de control, nos permite sacar conclusiones sobre los efectos de tales diferencias ambientales. Un caso ejemplar de este tipo de manipulación es un estudio, ya clásico, sobre enriquecimiento ambiental: 13 niños de dos años de edad, aparentemente retrasados, fueron trasladados desde su orfanato a una institución para jóvenes adultos retrasados, que se ocuparon de su cuidado. Ya adultos, los trece funcionaron bien en la comunidad, se casaron y tuvieron hijos normales; comparados con otros niños que permanecieron en el orfanato por más tiempo, estos últimos obtuvieron un promedio intelectual (cociente intelectual) más bajo y cuatro permanecen todavía en la institución (Skeels, 1966; Skeels y Dye, 1939).

  Nuestra posibilidad de manipular tanto la herencia como el ambiente de los seres humanos está, por supuesto, limitada por consideraciones éticas y prácticas. No podemos, por ejemplo, emparejar a seres humanos por características selectivas, ni voluntariamente separamos a los gemelos, ni adoptamos o ingresamos en instituciones a niños, ni prescribimos fármacos de dudosa eficacia a mujeres embarazadas con la intención de experimentar. Por tanto, debemos fiarnos de los estudios con animales de experimentación o de la observación de hechos ocurridos naturalmente.

- *Comparaciones de historias reales:* entrevistando a los padres sobre su forma de educar a los hijos (procurando tener en cuenta los efectos de distorsión que tienen lugar en la memoria al paso del tiempo) y comparando otros factores de sus vidas, los investigadores pueden algunas veces aislar las influencias de un ambiente específico sobre determinadas características.

Características con fuertes componentes hereditarios

Los resultados de muchos estudios apuntan hacia una base hereditaria fuerte en el caso de las características enumeradas en la tabla 11-1. Estos rasgos también son influenciados por el ambiente.

TABLA 11-1   Características con fuertes componentes hereditarios

- *Físicas:* Estatura y peso (Newman, Freeman y Holzinger, 1937); pulso y tasa de respiración, tensión arterial y transpiración (Jost y Sontag, 1944); dentadura, tono de voz y postura (Farber, 1981); edad de la primera menstruación (Petri, 1934) y edad de la muerte (Jarvik, Kallmann y Klaber, 1957).
- *Intelectuales:* Fluidez verbal, memoria, evolución al lenguaje y de las etapas de desarrollo intelectual según Piaget (Wilson, 1980); destreza en la realización de tareas de laberintos (Tryon, 1940) y puntuación en diversos tests de inteligencia (De Fries y Plomin, 1978; Bouchard y McGue, 1981). Para la discusión sobre las contribuciones del ambiente a la inteligencia, véase el capítulo 7.
- *Personalidad:* Timidez y extraversión, emotividad y actividad (Vandeberg, 1967); depresión y comportamiento psicopático (Gottesman, 1963, 1965); ansiedad y obsesión (Gottesman, 1962; Inouye, 1965), y neuroticismo (Eysenck y Prell, 1951; Slater, 1953, 1958); aptitudes especiales e intereses, fundamentalmente arte y atletismo, y determinados comportamientos, como el de dar firmemente la mano (Farber, 1981).

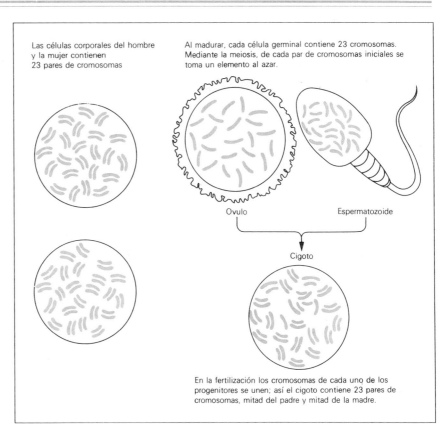

Las células corporales del hombre y la mujer contienen 23 pares de cromosomas

Al madurar, cada célula germinal contiene 23 cromosomas. Mediante la meiosis, de cada par de cromosomas iniciales se toma un elemento al azar.

Ovulo   Espermatozoide

Cigoto

En la fertilización los cromosomas de cada uno de los progenitores se unen; así el cigoto contiene 23 pares de cromosomas, mitad del padre y mitad de la madre.

El momento de la concepción se produce en una fracción de segundo, cuando un espermatozoide se une a un óvulo. El hecho de que se unan un espermatozoide determinado y un óvulo concreto tendrá tremendas implicaciones para el nuevo ser. (© Alexander Tsiaras, Science Source/Photo Researchers, Inc.)

FIGURA 11-1 Transmisión genética. *(De Papalia y Olds, 1982.)*

COMO SE TRANSMITEN LOS RASGOS GENETICOS

Crear una nueva vida

El momento de la concepción es un acontecimiento que dura medio segundo, cuando el *espermatozoide* del padre se une con un *óvulo* (raras veces denominado «huevo») de la madre, para formar el cigoto, una célula que contiene la nueva y completa dotación hereditaria de un ser humano. El que un determinado espermatozoide se una a un óvulo concreto tiene tremendas implicaciones para el futuro del nuevo ser.

Espermatozoide y óvulo contienen cada uno 23 partículas en forma de bastoncillos llamados cromosomas, 22 de los cuales son autosomas (cromosomas no sexuales) y uno de ellos es el cromosoma sexual (véase la figura 11-1). Los autosomas son los mismos para ambos sexos, pero mientras que el cromosoma sexual de la madre es siempre X, el del padre puede ser X o Y. Si el nuevo ser hereda un cromosoma X de cada parte, será mujer; si hereda un cromosoma Y del padre, será varón.

Cada uno de los cigotos formados por 46 cromosomas contiene cerca de 30.000 segmentos extendidos longitudinalmente como cuentas de un rosario. Estos segmentos son los genes, formados de ADN (ácido dexosirribo-nucleico), que determina todas las características hereditarias. La colección de genes que heredamos constituye nuestro genotipo, mientras que las características externas conforman nuestro fenotipo. Estos no son siempre iguales, como se puede comprobar en los casos de los que tienen los ojos castaños (su fenotipo), pero son transmisores tanto de genes para los ojos castaños como para los ojos azules (su genotipo). La razón subyacente de esta diferencia es el hecho de que los genes aparecen en formas alternas llamadas alelos

Modelos de transmisión genética

Cuando se heredan alelos idénticos de ambos padres, se es homocigótico con relación a ese rasgo; cuando se heredan alelos diferentes, se es heterocigótico. Si se es homocigótico de ojos castaños, se tendrán los ojos de este color y se transmitirán en los genes los ojos castaños a los hijos. Si hereda un alelo para ojos castaños y otro para ojos azules, tendrá los ojos castaños, ya que los genes de ojos de este color son dominantes sobre los de ojos azules, que son recesivos. Sin embargo, podría transmitir cualquiera de los dos a los hijos. Si su cónyuge y usted transmiten ambos genes de ojos azules, su hijo tendrá ojos azules. Mientras que su modelo es el de una herencia dominante autosómica (ya que mostró una característica dominante de ojos castaños), el de su hijo será un modelo de herencia recesiva autosómica (mostrando el rasgo recesivo de ojos azules).

Otra pauta importante es la herencia ligada al sexo, en la que los genes recesivos para un rasgo específico (generalmente no deseable) son portados por el cromosoma X, transmitido de madres a hijos. Las mujeres que tienen estos rasgos los manifiestan raras veces, ya que el gen recesivo es contrarrestado normalmente con un gen dominante sobre el cromosoma X recibido del padre. Los varones que sólo cuentan con el cromosoma X no tienen la misma protección: si reciben el gen ligado a X, manifiestan el rasgo.

La forma definitiva de las características heredadas se conoce como herencia multifactorial, que es una combinación más complicada de genes o una interacción entre predisposiciones genéticas y factores ambientales que salen a la luz.

Algunas características siguen uno de estos modelos, otras, otro. Por ejemplo, el tipo de pelo (rizado o lacio) tanto es dominante autosómico como recesivo, la calvicie está ligada al sexo, y la altura y el peso son probablemente multifactoriales.

PROBLEMAS EN LA TRANSMISION GENETICA

Cinco años después de su matrimonio Joe y Ellen Gould decidieron que estaban preparados para procrear una familia. Ellen quedó embarazada enseguida. La pareja transformó el estudio en la habitación para el niño y se ilusionaron con impaciencia por tener un pequeño en casa. Pero cuando Joe y Ellen trajeron a su hijo a casa, lo hicieron con el corazón triste. Su mayor preocupación, la de que su niño no formara parte de los 100 a 150 mil recién nacidos al año, en los EE. UU., con una malformación o trastorno genético, se cumplió. Su hijo, esperado con impaciencia, nació con la enfermedad de Tay-Sachs, una alteración heredada, que, se les dijo, le llevaría a la muerte antes de cumplir cinco años.

Por supuesto, las posibilidades de que no nos ocurra algo parecido son muy altas. Los recién nacidos con defectos de nacimiento se cuentan entre el 3 y el 5 por 100 del total de tres millones de partos, y de por lo menos una de cada cinco muertes infantiles (Clinical Pediatrics, 1979). Algunos de estos defectos, aunque presentes ya al nacer, no se descubren hasta mucho más adelante. Veamos cómo se transmiten.

Defectos genéticos

Los defectos de nacimiento heredados o *congénitos* pueden seguir uno de los modelos precedentes. Los heredados por dominancia autosómica comprenden la *acondroplasia* (un tipo de trastorno del crecimiento) y la *corea de Huntington* (enfermedad del sistema nervioso, degenerativa y progresiva, y que no aparece hasta mediana edad). Cuando una persona con un gen dominante para tal condición se empareja con otra con un gen normal, cada

La anemia drepanocítica es una alteración sanguínea que aparece con más frecuencia en individuos de raza negra y que, al se transmitida por un gen recesivo, sólo aparece si ambos progenitores lo transmiten. (Science Source/Photo Researchers, Inc.)

Anormalidades cromosómicas

hijo poseerá un 50 por 100 de posibilidades de heredar el gen anormal y de desarrollar este trastorno (fig. 11-2).

Las condiciones recesivas autosómicas, que son a menudo causantes de muertes infantiles, comprenden la *enfermedad de Tay-Sachs* (enfermedad del sistema nervioso central, degenerativa y progresiva que aparece principalmente en personas de ascendencia judía de la Europa del este) y la *anemia drepanocítica* (trastorno sanguíneo observado frecuentemente en gente de color). Una persona que hereda un gen recesivo de cada uno de sus progenitores desarrollará el rasgo en cuestión. Cuanto más cercanos estén dos individuos en su herencia genética, más grande será la posibilidad de que ambos transmitan el mismo gen recesivo. Por esa razón, los matrimonios entre parientes cercanos suelen tener un mayor número de descendientes con alteraciones. Cada hijo de dos «portadores» de un gen recesivo posee un 25 por 100 de posibilidades de desarrollar este rasgo (fig. 11-2b).

El problema de la coagulación de la sangre, propio de la *hemofilia,* es una alteración ligada al sexo (fig. 11-3). Algunos ejemplos de desórdenes que se cree que son transmitidos multifactorialmente son: la *espina bífida* (defecto en el cierre del canal de las vértebras), el *labio leporino* (fusión incompleta de la parte superior del paladar o el labio) y una tendencia o predisposición a la esquizofrenia, enfermedad mental comentada en el capítulo 15.

Algunos defectos de nacimiento no son causados por la transmisión de genes defectuosos, sino por la anormalidad del cromosoma en sí mismo. Aunque algunos defectos de los cromosomas ocurren de acuerdo con los modelos de herencia genética, otros provienen de accidentes que tienen lugar durante el desarrollo de un organismo individual. Tales anormalidades accidentales tienen igual probabilidad de aparecer, o no, en la misma familia que en otra.

Existen multitud de trastornos cromosómicos con diversos grados de gravedad, causados tanto por la falta de un cromosoma como por la aparición de un cromosoma sexual adicional, o por la presencia de uno o más genes recesivos en uno de estos cromosomas. En general, la perspectiva de esos niños, a largo plazo, no supone un retraso mental grave, pero sí incapacidades para la lectura o, en general, para el aprendizaje (Lancet, 1982). Por desgracia, no es ése el caso en los niños con el síndrome de Down, el trastorno cromosómico más corriente.

El síndrome de Down se llamó en un principio «mongolismo» a causa de la apariencia física de los que lo padecen, que presentan los ojos rasgados, la cabeza pequeña, la nariz chata, lengua protuberante y defectos en el corazón, ojos y audición, así como un retraso mental y motor. El síndrome es causado por la existencia de un cromosoma adicional en el par 21 (dando al niño un total de 47 en lugar de lo normal, que son 46) o la unión de parte del cromosoma 21 con otro cromosoma. El síndrome de Down ocurre en uno de cada 700 nacimientos, y aunque las mujeres ya en edad avanzada tienen mayor riesgo de dar a luz un hijo con el síndrome de Down, las madres por debajo de 35 años (responsables del 90 por 100 de los nacimientos) tienen del 65 al 80 por 100 de los bebés que nacen con este síndrome (Holmes, 1978).

Es hereditario sólo en el 3 por 100 de los casos, normalmente entre padres jóvenes. Entre padres de edad avanzada casi siempre es causado por problemas de accidentes cromosómicos (Smith y Wilson, 1973), posiblemente porque el óvulo de la madre se deteriora con el tiempo, o debido   a lo que parece, en un caso de cada cuatro   a algún problema con el espermatozoide del padre (Abroms y Benett, 1981).

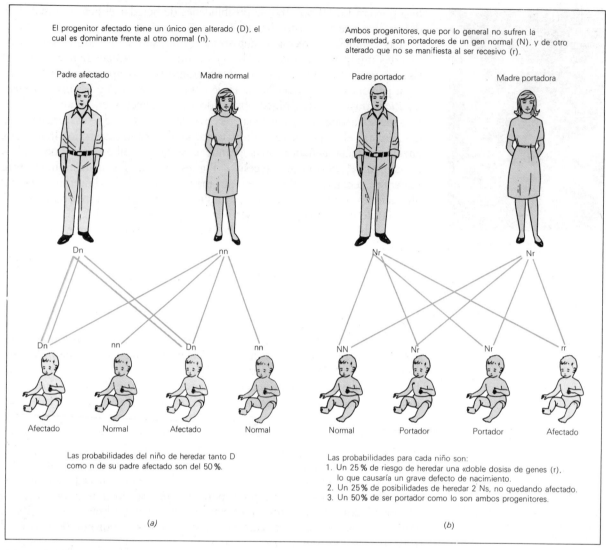

El progenitor afectado tiene un único gen alterado (D), el cual es dominante frente al otro normal (n).

Padre afectado   Madre normal

Dn   nn

Dn   nn   Dn   nn

Afectado   Normal   Afectado   Normal

Las probabilidades del niño de heredar tanto D como n de su padre afectado son del 50%.

(a)

Ambos progenitores, que por lo general no sufren la enfermedad, son portadores de un gen normal (N), y de otro alterado que no se manifiesta al ser recesivo (r).

Padre portador   Madre portadora

Nr   Nr

NN   Nr   Nr   rr

Normal   Portador   Portador   Afectado

Las probabilidades para cada niño son:
1. Un 25% de riesgo de heredar una «doble dosis» de genes (r). lo que causaría un grave defecto de nacimiento.
2. Un 25% de posibilidades de heredar 2 Ns, no quedando afectado.
3. Un 50% de ser portador como lo son ambos progenitores.

(b)

FIGURA 11-2(a)   Cómo actúa la herencia dominante autosómica. *(The March of Dimes, 1983.)*

FIGURA 11-2(b)   Cómo actúa la herencia recesiva autosómica. *(The March of Dimes, 1983.)*

Selección natural

Ya que los niños con síndrome de Down son normalmente alegres y sociables, un creciente número son cuidados por sus propios padres, en el campo o en casas de adopción más que en instituciones (Oelsner, 1979). Los programas que ofrecen ejercicios y actividades de apoyo han sido capaces de mejorar sus limitadas capacidades intelectuales (Hyden y Haring, 1976). Como resultado, algunos aprenden sencillas destrezas y pueden, con el tiempo, ser autosuficientes.

Sin intervención médica exterior, y a veces incluso a pesar de ella, las personas afectadas por muchas de estas condiciones deficitarias mueren antes de poder tener hijos. De esta forma, la transmisión de muchos defectos congénitos no afecta a una gran mayoría de la población.

Una explicación del hecho de que la mayor parte de la población (más del 95 por 100) nace normal, sin ninguna deficiencia, se sitúa en la perspectiva evolucionista enunciada por Charles Darwin (1859). Al describir la gran variedad de especies que pueblan la tierra y la diversidad de características

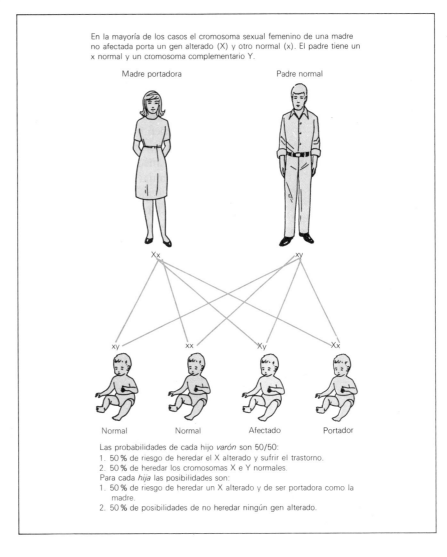

En la mayoría de los casos el cromosoma sexual femenino de una madre
no afectada porta un gen alterado (X) y otro normal (x). El padre tiene un
x normal y un cromosoma complementario Y.

Madre portadora   Padre normal

Xx   xy

xy   xx   Xy   Xx

Normal   Normal   Afectado   Portador

Las probabilidades de cada hijo *varón* son 50/50:
1. 50 % de riesgo de heredar el X alterado y sufrir el trastorno.
2. 50 % de heredar los cromosomas X e Y normales.
Para cada *hija* las posibilidades son:
1. 50 % de riesgo de heredar un X alterado y de ser portadora como la
   madre.
2. 50 % de posibilidades de no heredar ningún gen alterado.

FIGURA 11-3 Cómo actúa la herencia ligada al sexo. *(The March of Dimes, 1983.)*

entre las especies, Darwin propuso que el motivo de que algunas características permanezcan y pasen de una generación a otra es que estas generaciones
poseen capacidad de adaptación y las leyes de la naturaleza deciden qué
animales serán seleccionados para sobrevivir y reproducirse.

Por ejemplo, los animales que pueden correr con rapidez suficiente para
huir de los depredadores evitan ser eliminados y viven para tener su propia
descendencia, la cual heredará genes de la misma estructura corporal y/o
actividades motoras. Los animales lentos y torpes serán eliminados pronto,
no se reproducirán y su especie se extinguirá. Aquellos que mejor se adapten a
su ambiente sobrevivirán. Este es el significado de la frase «la supervivencia
de los que mejor se adapten». Hoy, con nuestra sofisticada tecnología médica,
esta ley básica y natural no siempre puede aplicarse. Los niños con síndrome
de Down, por ejemplo, suelen morir en la infancia, pero ahora la administración de antibióticos permite mantenerlos vivos hasta mediana edad (Scully,
1973). El mismo progreso tecnológico que mantiene vivos a tales individuos,
muy a menudo es capaz también de detectar esta alteración antes del
nacimiento, dando a los padres la opción de interrumpir el embarazo o prever

el tratamiento inmediato después del parto. Esta es la difícil decisión que deben tomar las parejas que piden consejo genético.

Predicción de defectos de nacimiento

ASESORAMIENTO GENETICO   Hasta hace pocos años una pareja que ya había tenido un hijo anormal, o la que tenía un miembro de la familia con algún trastorno importante, o la que sufría cualquier tipo de incapacitación, decidían muy a menudo no tener hijos por miedo a lo que pudiera pasar. Hoy estas parejas tienen una manera de conocer sus posibilidades de concepción y de tener un hijo normal. Pueden consultar a un *asesor genético* —un pediatra, un obstetra, el médico de cabecera o un especialista en genética— que intentará determinar las probabilidades de la pareja para tener hijos con determinadas alteraciones. Otro tipo de pareja, ayudada por el asesor genético, es aquélla en la que ambos miembros provienen de un grupo étnico racial en los que se dan algunos trastornos hereditarios comunes al grupo (tales como la anemia drepanocítica, entre los de raza negra, y la enfermedad de Tay-Sach, en los descendientes de judíos de la Europa del este). Los asesores llegan a predicciones exactas examinando a ambos cónyuges sobre las bases de su historia familiar (como demuestra la figura 11-4), y quizá

FIGURA 11-4 Ejemplo de la historia familiar de un trastorno hereditario. *La historia detallada indica que el paciente es vulnerable a los trastornos intestinales. Nótese la alta incidencia de este trastorno entre sus familiares.* (The New York Times, *abril 13, 1982, pág. C-3.)*

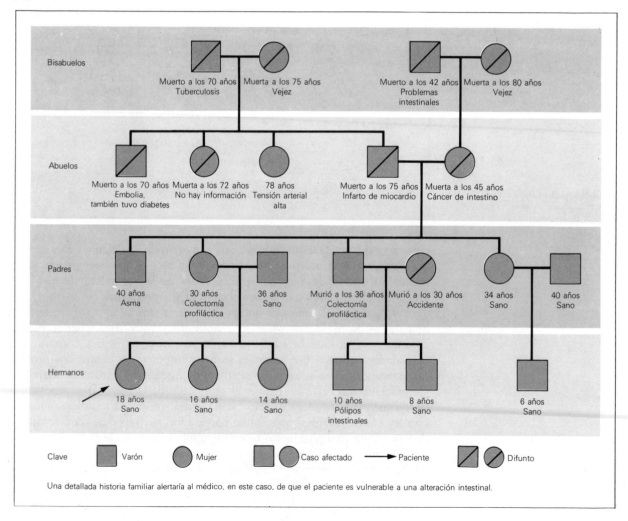

Una detallada historia familiar alertaría al médico, en este caso, de que el paciente es vulnerable a una alteración intestinal.

realizando sofisticadas pruebas de laboratorio en las que se analiza la sangre, piel, orina y huellas o construyendo una tabla llamada cariotipo, que mostrará el patrón cromosómico.

EXAMEN MEDICO PRENATAL   Tenemos una colección impresionante de medios tecnológicos para evaluar el desarrollo fetal. Junto con la legalización del aborto, estas nuevas técnicas han animado a muchas parejas con historias médicas problemáticas a intentar la concepción. A muchas parejas que no se habían atrevido a correr el riesgo de un embarazo se las ha asegurado mediante análisis previos que sus bebés serán normales, y otras que quizá han tenido problemas anteriormente se embarcan en un nuevo embarazo esperando tener mayor fortuna. Los padres que han decidido continuar con el embarazo de niños afectados han tenido más tiempo para planificar las necesidades especiales de sus hijos. El uso de las nuevas técnicas puede tener el feliz resultado de disminuir la incidencia del retraso mental o de otras alteraciones genéticas.

Amniocentesis   Alrededor de la decimoquinta semana del embarazo, una muestra del líquido amniótico (líquido en el cual el feto flota en el útero) puede ser extraída y analizada para detectar la presencia de una variedad de defectos de nacimiento (véase la figura 11-5, donde se muestra este procedimiento). A través de la amniocentesis podemos averiguar incluso el sexo del feto, que puede ser crucial en el caso de una alteración que afecta más probablemente al varón, como la hemofilia. El procedimiento es adecuado

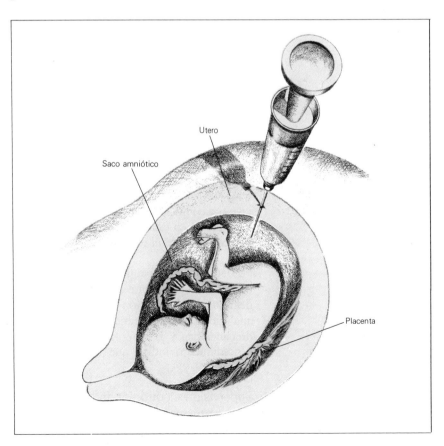

FIGURA 11-5 Amniocentesis. *A través de la amniocentesis, una muestra de líquido amniótico puede ser analizada para descubrir la presencia de diversos defectos de nacimiento. Se introduce una aguja a través de la pared abdominal de la madre para extraer el líquido. El análisis de estas muestras lleva de 2 a 4 semanas. (Fuchs, 1980.)*

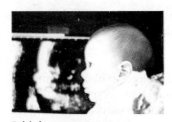

Bebé de 6 meses junto a su ecografía, tomada en el cuarto mes en el seno de la madre. (J. Pavlovsky/Sygma.)

para mujeres por encima de 35 años de edad (entre las que se da un riesgo más elevado de síndrome de Down), para los descendientes de origen judío de la Europa oriental (un riesgo más alto de contraer la enfermedad de Tay-Sach) o con una historia familiar de otras enfermedades detectables en muchos casos. Sólo un 10 por 100 de las mujeres con riesgo son sometidas a esta prueba por distintas razones: porque no está disponible en su comunidad, porque no han oído hablar de ella, por el gasto o por un ligero aumento del riesgo de aborto (Fuchs, 1980; Clinical Pediatrics, 1979).

Biopsia del vello coriónico   Este nuevo método para obtener células fetales que se está experimentando ahora en Europa tiene varias ventajas sobre la amniocentesis (Kolata, 1983). Puede aplicarse durante el primer trimestre cuando es fácil determinar y solucionar un problema en la gestación, y se obtienen los resultados en pocos días o a veces en horas. Mediante la inserción de un catéter fino en el cérvix de una mujer embarazada, una pequeña sección de tejido es succionada desde el fondo de uno o más *vellos* (proyecciones parecidas a los pelos de la membrana que rodea el embrión). Este tejido, que está formado por células fetales que se dividen rápidamente, se puede analizar inmediatamente para descubrir la presencia de diversos trastornos cromosómicos o bioquímicos. Quedan muchas preguntas por contestar, ya que este procedimiento se encuentra todavía en fase experimental, pero en muchos casos parece prometedor como sustituto de la amniocentesis.

Examen de la sangre materna   Entre las catorce y veinte semanas de embarazo la sangre de la mujer puede ser examinada para conocer el nivel de la sustancia llamada alfa-fetoproteína (AFP). Esto se hace sólo en mujeres con algún riesgo de tener un hijo con algún defecto del tubo neural (como espina bífida), el tipo más común entre los defectos de nacimiento en los Estados Unidos. Si se encuentra un alto nivel de AFP, la amniocentesis y la ecografía pueden confirmar o negar el diagnóstico (Fuchs, 1980; Kolate, 1980; Crandall, 1981).

Ecografía   Ondas de sonido de alta frecuéncia dirigidas al abdomen de una mujer embarazada producen una representación del feto, placenta y útero, de manera que se pueden detectar nacimientos múltiples, determinar la edad del feto, localizar el feto para realizar la amniocentesis y descubrir si el feto está vivo todavía (Clinical Pediatrics, 1978). Aunque no se han evidenciado efectos secundarios en esta técnica «no invasiva» (Brent, 1981), es aún tan nueva que parece prudente usarla sólo cuando así sea indicado por un médico.

Fetoscopia   Un pequeño telescopio, equipado con una luz, puede ser insertado directamente en el útero para permitir un limitado examen visual del feto y la observación de una muestra de sangre fetal. Esta sangre puede ser analizada para determinar la presencia de desórdenes tales, como la anemia drepanocítica y la hemofilia. El 5 por 100 de riesgo de aborto al usar este procedimiento indica que no está preparado todavía para el uso general (Check, 1979).

Supervisión electrónica fetal   Las máquinas que visualizan el latido fetal en el parto tuvieron un uso general en los años 60 y alrededor de 1978 se utilizaron en 7 de cada 10 nacimientos (Check, 1979). Esta técnica se

Nacen gemelos idénticos cuando un óvulo se divide en dos después de haber sido fertilizado por un espermatozoide. Poseen exactamente los mismos rasgos hereditarios. Los mellizos, o gemelos fraternos, como las niñas de la fotografía, no se parecen genéticamente más que cualquier otro par de hermanos, incluso pueden ser de sexos diferentes. (© Bruce Roberts/Rapho-Photo Researchers, Inc.)

recomienda ahora sólo para embarazos de alto riesgo, donde parece haber un peligro de nacimiento prematuro u otras complicaciones del parto, dado que resulta muy costoso, se utiliza en muchos partos con cesárea (en que el niño es extraído a través de una incisión en el abdomen de la madre y no por la vagina) y ocasionalmente puede dañar a la madre o al recién nacido (Banta y Thacker, 1979).

Terapia dentro del seno materno

Un excitante desarrollo en los últimos años ha consistido en la habilidad para utilizar técnicas de diagnóstico como las que acabamos de describir para corregir gran variedad de dificultades en el parto. Mientras la mayoría de los trastornos han de esperar hasta después del parto para ser corregidos, conocer su existencia permitirá un mejor tratamiento posterior. En algunos casos, por ejemplo, el parto prematuro puede inducir a prevenir un defecto antes de que sea irreversible o de que interfiera en el parto. En otros casos puede darse el aviso anticipado de la posibilidad de un parto con cesárea.

Los tratamientos más revolucionarios son los administrados mientras el feto se muestra todavía dentro del cuerpo de la madre. Un feto cuyo tipo de sangre es incompatible con el de la madre, por ejemplo, puede generalmente estar en peligro de ser atacado por los anticuerpos que existen en la corriente sanguínea de la madre, con posibles resultados fatales. Algunas veces, transfundir sangre compatible mientras el feto está todavía en el útero, puede salvarle la vida (Zimmerman, 1973). Los fetos que padecen otros tipos de alteraciones son capaces de absorber medicinas y alimentos inyectados en el líquido amniótico.

El trabajo experimental con ovejas y otros animales ofrece esperanzas a varias formas de cirugía *en el útero,* operación ya realizada en fetos humanos: recientemente se implantó un catéter en la vejiga de un feto con obstrucción urinaria (Harrison, Golbus, Filly, Nakayama y De Lorimier, 1982). Incluso aunque estas técnicas fueran mejoradas para permitir un uso más amplio, todavía conllevarían un riesgo para la madre y el feto. Deberán sopesarse entonces los peligros y los beneficios de una intervención prenatal.

NACIMIENTOS
MULTIPLES

Al contrario de lo que pasa en la mayoría de los animales, los recién nacidos humanos normalmente vienen al mundo solos. Las excepciones: mellizos, trillizos, cuatrillizos, etc., nos suelen fascinar. Veamos cómo son concebidos.

Dos mecanismos básicos toman parte en los nacimientos múltiples. En el caso de gemelos fraternos (dicigóticos, dos óvulos), el cuerpo de la mujer libera dos óvulos en un corto intervalo de diferencia; si ambos son fertilizados por diferentes espermatozoides, se concebirán dos bebés. No son más similares en su composición genética que cualquier otro hermano y pueden ser del mismo o de diferente sexo. Los gemelos idénticos (monocigóticos, un óvulo) resultan cuando un óvulo se divide en dos una vez fertilizado por un espermatozoide. Estos gemelos tienen la misma herencia genética y cualquier diferencia que muestren en el futuro será debida a las influencias ambientales. Por supuesto, son siempre del mismo sexo. Los nacimientos múltiples de más de dos hijos resultan de la combinación antes mencionada y han llegado a ser más corrientes en los últimos tiempos como resultado de fármacos fertilizantes tomados por mujeres con problemas para la concepción.

Los gemelos son más comunes entre los negros americanos, siéndolo uno de cada 70, mientras en los blancos lo es uno de cada 88. Abundan más gemelos fraternos (de dos tercios a tres cuartos) y parecen ser más corrientes en ciertas familias, mientras que no ocurre esto con los gemelos idénticos. Las mujeres mayores, las que han tenido dos hijos anteriormente, las que ellas mismas son gemelas y las que han tomado fármacos fertilizadores poseen una proporción más alta de gemelos (Vaughan, McKay y Berhman, 1979).

Los embarazos de gemelos tienen más problemas y producen una mayor proporción de abortos espontáneos, hipertensión en el embarazo, malformaciones congénitas y muchos fetos nacen muertos o mueren al poco tiempo (University of Texas Health Science Center, 1980).

DESARROLLO
PRENATAL

Reconociendo que lo que sucede antes del parto es crucial para lo que ocurra después, los científicos prestan cada vez mayor atención a los aproximadamente 266 días de desarrollo del feto dentro del seno materno.

Tres etapas del desarrollo prenatal

Cada una posee sus propias características. Veamos qué sucede en cada etapa.

Durante la etapa germinal (desde la fertilización hasta las dos semanas) el cigoto entra en un período de división celular rápida, resultando un organismo de complejidad creciente que posee rudimentarios órganos corporales y órganos que le protegen y le nutren como el *cordón umbilical*, que conecta el embrión a la placenta, órgano que porta el oxígeno y la alimentación al feto y elimina los desperdicios corporales, y el saco amniótico.

En la etapa embrionaria (2 a 8 semanas) el embrión crece rápidamente, y se desarrollan los sistemas más importantes del cuerpo (respiratorio, digestivo y nervioso). A causa de este rápido crecimiento y desarrollo, es el momento más vulnerable para que el feto sea ambientalmente influenciado. Casi todos los defectos de desarrollo innatos (como el labio leprino, miembros incompletos y la ceguera) ocurren durante el crítico primer trimestre de gestación. Este es el momento en el que el crecimiento es más rápido y el organismo es más vulnerable. Tres de cada cuatro abortos espontáneos ocurren en este período, afectando aproximadamente del 30 al 50 por 100 de todos los embarazos. En la mitad de todos los abortos espontáneos se observan anormalidades cromosómicas en el feto (Ash, Vennart y Carter, 1977).

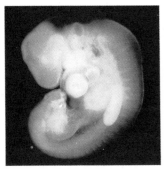

Embrión de 4 semanas. Su cuerpo mide unos 2 cm en total. La sangre fluye por sus pequeñas venas y arterias, su corazón late a 65 pulsaciones por minuto y ha comenzado a desarrollarse su cerebro, hígado, riñones y aparato digestivo. Todavía no puede determinarse su sexo. A través del microscopio pueden verse unos bultos en la cabeza, señal de lo que serán sus ojos, boca y nariz. En esta foto se distingue el principio de un brazo y una pierna a un lado del tronco. (© Lennart Nilsson: A Child Is Born. Traducción inglesa © 1966, 1977 por Dell Publishing Company, Inc.)

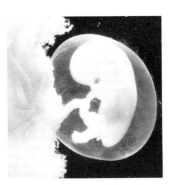

Feto de 3 meses. Mide más de 10 cm y pesa casi 100 gramos; los dedos de las manos y los pies, e incluso las uñas, están totalmente formados. También tiene párpados —todavía cerrados—, orejas, cuerdas vocales, labios y una nariz prominente. Su sistema orgánico funciona, así que puede respirar, tragar líquido amniótico y orinar. Puede mover las piernas, pies, pulgares y cabeza, y muestra reflejos como el de succión, abrir los dedos de los pies, si se le toca la planta, y apretar el puño si se le toca la palma de la mano. Su cabeza mide un tercio de la longitud del cuerpo. Su sexo puede determinarse fácilmente. (© Lennart Nilsson: A Child Is Born. Traducción inglesa © 1966, 1977 por Dell Publishing Company, Inc.)

TABLA 11-2 Desarrollo del embrión y del feto

Durante el primer mes, la vida de este nuevo ser se ha desarrollado más rápidamente de lo que lo hará durante el resto de su vida, alcanzando un tamaño 10.000 veces mayor que el del cigoto. Mide entre dos y tres cm de longitud.

La sangre fluye a través de sus pequeñas venas y arterias. Su minúsculo corazón late 65 veces por minuto. Ya se ha empezado a desarrollar el cerebro, hígado, riñones y aparato digestivo. El cordón umbilical constituye la conexión vital con la madre. Mirando muy de cerca, con un microscopio, es posible observar unos bultos en la cabeza, que poco a poco se convertirán en sus ojos, orejas, boca y nariz. Todavía no puede distinguirse el sexo.

2 MESES

Ahora el embrión se ve bien proporcionado. Mide menos de 5 cm de longitud y pesa sólo 15 gramos. Su cabeza mide la mitad de la longitud del cuerpo. Las partes de la cara están desarrolladas claramente, con lengua y la yema de los dientes. Los brazos tienen manos y dedos, las piernas tienen rodillas, tobillos y dedos de los pies. Posee un fino cubrimiento de piel e incluso puede tener huellas en las manos y en los pies.

Los impulsos del cerebro del embrión coordinan el funcionamiento de sus órganos. Los órganos sexuales se están desarrollando; el latido del corazón es regular. El estómago produce jugos gástricos; el hígado, células sanguíneas. Los riñones retiran el ácido úrico de la sangre. La piel es ahora lo suficientemente sensible como para reaccionar a una estimulación táctil. Si un embrión abortado de 8 semanas es golpeado, reacciona flexionando el tronco, extendiendo la cabeza y moviendo la espalda y los brazos.

3 MESES

Ahora, ya feto, el peso pasa a 33 gramos aproximadamente y mide alrededor de 10 cm. Tiene uñas en los dedos de las manos y de los pies, párpados todavía unidos, cuerdas vocales, labios y una nariz prominente. Su cabeza todavía es grande, un tercio de su longitud total, y su frente es ancha. Su sexo puede determinarse con facilidad.

Los órganos funcionan: respira, absorbe líquido amniótico dentro y fuera de los pulmones, y ocasionalmente orina. Sus costillas y vértebras se han convertido en cartílagos, y sus órganos reproductivos internos tienen células de espermatozoides u óvulos primitivos.

El feto puede ahora emitir una variedad de respuestas. Es capaz de mover las piernas, pies y cabeza, y la boca puede abrirse, cerrarse y absorber. Si se tocan los párpados, se mueven; si se toca la palma, aprieta el puño; si se toca el labio, succiona, y si se golpea la planta del pie, los dedos se separan. Estos comportamientos reflejos estarán presentes en el nacimiento, pero desaparecerán durante los primeros meses de vida.

4 MESES

El desarrollo del cuerpo es ahora más rápido que el de la cabeza, que sólo mide un cuarto de la longitud total, la misma proporción que tendrá en el parto. El feto mide de 15 a 20 cm y pesa unos 150 gramos. El cordón umbilical es tan largo como el feto y continuará creciendo con él. La placenta está totalmente desarrollada.

La madre puede sentir golpes, un movimiento que algunas sociedades y religiones consideran el principio de la vida. Las actividades reflejas que aparecen en el tercer mes son ahora más enérgicas porque se va incrementando el desarrollo muscular.

5 MESES

Pasa de 300 a 400 gramos aproximadamente y mide 30 cm. Empieza a mostrar algunos signos de personalidad individual. Presenta pautas definidas de sueño-

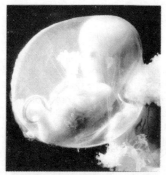

Feto de 4 meses. Este activo niño, que pesa más de 150 gramos y mide unos 15 cm, coloca sus pies contra el saco amniótico, y su madre puede sentir el pataleo. Su cabeza mide una cuarta parte de la longitud de su cuerpo, la misma proporción que tendrá al nacer. Se han formado todos los órganos y los reflejos son más vivos debido al desarrollo muscular. (© Lennart Nilsson: Behold Man.

Feto de 5 meses. Esta niña mide unos 30 cm y empieza a mostrar rasgos de una personalidad determinada. Tiene sus pautas propias de sueño-vigilia y una posición favorita en el útero. Es más activa, patalea, se mueve, gira, incluso tiene hipo, pero, dado que el sistema respiratorio no está desarrollado totalmente, no podría vivir fuera de la matriz. (© L. Nilsson: A Child Is Born.)

vigilia, tiene una posición favorita en el útero y es más activo, dando patadas, estirándose, revolviéndose e incluso teniendo hipo. Poniendo el oído en el abdomen de la madre, es posible oír el latido de su corazón. Funcionan ya las glándulas sebáceas y sudoríparas. El sistema respiratorio todavía no es el adecuado para vivir fuera de la matriz; un bebé nacido en esta fase no tiene ninguna esperanza de vida.

El cabello ha empezado a crecer en las cejas y pestañas; hay muy poco en la cabeza y un suave vello llamado lanugo cubre su cuerpo.

6 MESES

El ritmo de crecimiento ha disminuido un poco, el feto mide alrededor de 35 cm y pesa medio kilo aproximadamente. Empieza a tener depósitos de grasa bajo su piel y los ojos están completos, abiertos, cerrados o mirando en cualquier dirección. Llora y puede apretar el puño con fuerza.

Si el feto naciera ahora, tendría muy pocas probabilidades de sobrevivir, ya que su aparato respiratorio es todavía muy inmaduro. Sin embargo, se han dado casos en que el feto de esta edad ha sobrevivido fuera del seno de la madre. Ello es cada vez más frecuente merced a los avances médicos.

7 MESES

El feto mide 45 cm, pesa uno o dos kilos y ya ha desarrollado totalmente sus reflejos. Llora, respira y traga e incluso se chupa el pulgar. El pelo de la cabeza puede continuar creciendo. Las posibilidades de supervivencia para un feto que pesa un kilo y medio son bastantes altas si recibe atención médica intensiva. Probablemente tendrá que vivir en una incubadora hasta que pese unos dos kilos.

8 MESES

El feto mide entre 50 y 60 cm y pesa entre dos kilos y dos kilos y medio, pudiendo crecer incluso más. Sus movimientos son limitados. Durante este mes y el siguiente se desarrolla una capa de grasa encima de la totalidad del cuerpo del feto que le permitirá adaptarse a las variaciones de temperatura que tienen lugar fuera de la matriz.

9 MESES

Alrededor de una semana antes del parto, el bebé deja de crecer, habiendo alcanzado una media de peso de casi 3 kilos y una longitud de 60 cm; los varones tienden a ser un poco más largos y gordos. Sigue acumulando grasa, el sistema orgánico es más eficiente, aumenta la tasa cardíaca y se expulsan más desperdicios. El color rojizo de la piel va desapareciendo. El día de su nacimiento el feto habrá estado en la matriz unos 266 días, aunque la edad de gestación se estima en unos 280, marcados por el médico desde el último período menstrual de la madre.

La etapa fetal (de las 8 semanas hasta el momento de nacer) empieza con la aparición de las primeras células óseas y está caracterizada por un rápido crecimiento y cambio de forma o aspecto corporal.

Los hitos más importantes del desarrollo prenatal se muestran en la tabla 11-2.

Los riesgos del ambiente prenatal

Si una mujer embarazada está sometida a estrés, ¿quedará su bebé afectado?, ¿qué sucede si se expone a los rayos X?, ¿y si enferma?, ¿y si fuma marihuana?, ¿cómo afecta su nutrición al hijo? Preguntas como éstas continuarán formulándose en el área, relativamente nueva, de la psicología prenatal.

APARTADO 11-1
INGENIERIA BIOLOGICA

Acaso alguna vez hemos afirmado que la vida comienza de la misma forma para todo el mundo. Eso no es cierto. Técnicas de concepción que no se conocían hace un siglo hacen ahora posibles nuevos medios de procrear la vida humana. Estas posibilidades van acompañadas de innumerables preguntas de orden biológico, legal y ético.

ESTERILIDAD

Todo empieza cuando una pareja decide tener un hijo (a menudo después de haber evitado la concepción durante años) y esperan tenerlo enseguida. Sin embargo, pasan meses o incluso años sin que tenga lugar la concepción. Esta desilusión es experimentada por cerca del 20 por 100 de las parejas norteamericanas.

A menudo los exámenes médicos descubren las razones de la esterilidad: puede que el varón tenga pocos espermatozoides, o que no se desplacen lo bastante para alcanzar la cérvix. La mujer puede producir óvulos anormales, su trompa de falopio puede estar obstruida, quizá tenga endometriosis (enfermedad uterina), o por alguna razón desconocida la mucosidad en su cérvix impide que el espermatozoide penetre.

Algunas veces la intervención médica puede solucionar el problema, posiblemente la cirugía, o bien por prescripción de hormonas. En más de un caso, ambos, varón y mujer, parecen perfectamente normales de acuerdo con todas las pruebas médicas, pero a pesar de ello para un 95 por 100 de estas parejas la concepción no se produce nunca

(Boston Children's Medical Center, 1972).

Históricamente, las parejas sin niños han contemplado la posibilidad de la adopción. Sin embargo, con los recientes avances en la anticoncepción y con la legalización del aborto, cada vez nacen menos niños. De esta forma, un número creciente de parejas están volviendo su mirada hacia otros medios alternativos de concepción.

INSEMINACION ARTIFICIAL MEDIANTE UN DONANTE (IAD)

En lo que a mí se refiere, este bebé siempre será suyo, como si fuera nuestra hija. Desde el momento en que nació, nunca lo mencionamos el uno al otro. No se lo diremos a ella —ni a nuestros amigos y familias— porque no hay manera de que pueda encontrar a su padre. Es nuestro secreto: irá con nosotros a la tumba.
(Fleming, 1980, pág. 20.)

La que habla así es una de las 20.000 mujeres que cada año son inseminadas con el esperma de un donante anónimo, ya que sus propios maridos son estériles. El varón, cuyo esperma es colocado dentro de la vagina de la madre, ha sido elegido por su similitud física y étnica con su marido, y en algunos casos el esperma del donante es mezclado con el del marido, de forma que siempre existe la posibilidad de que el hijo sea engendrado por el varón que lo va a criar.

Aunque la IAD se ha venido realizando desde principios de siglo, todavía quedan muchas preguntas por contestar. ¿Deberían saberlo los hijos? ¿Deberían existir

archivos en las agencias para que los hijos puedan saber quiénes son sus padres, si es que hay alguna razón para saberlo? ¿Deberían realizarse pruebas cromosómicas a todos los donantes? (procedimiento que sólo se hace a unos pocos). ¿Cómo podemos prevenir la posibilidad de que los niños nacidos a partir del mismo donante (hermanos genéticos) puedan algún día conocerse y casarse?

FERTILIZACION IN VITRO

Un niño concebido de modo no ortodoxo nació con la aureola de los titulares de las primeras páginas de todos los periódicos del mundo. En 1978 en Gran Bretaña nació Louise Brown, la primera «bebé probeta».

Después de 12 años de intentar la concepción, los padres de Louise permitieron al doctor Patrick C. Steptoe, ginecólogo británico, extraer un óvulo del ovario de la madre, hacerlo madurar en una incubadora y fertilizarlo con unas gotas de esperma del padre.

Una vez que el cigoto se dividió en ocho células, se reimplantó el embrión en el útero de la madre, donde se desarrolló de una forma normal.

Este procedimiento se realiza a veces cuando un obstáculo en la trompa de falopio impide que el óvulo fertilizado alcance y se implante por sí mismo en el útero. Los primeros bebés (gemelos) probeta nacieron en 1981, seguidos de trillizos en 1984, y hasta este año habían nacido unos 350 más, la mitad de ellos en Australia (Renfrew, 1984). La idea se ha extendido por todo el mundo y se espera que sea cada vez más corriente.

Este tipo de concepción también despierta preguntas. ¿Se daña el embrión por el hecho de ser manejado fuera del cuerpo humano? ¿Qué sucede si el bebé tiene algún defecto? ¿Es el médico el causante? Si se usa el esperma o el óvulo de un donante o si otra mujer porta el embrión hasta su término, ¿quienes son los padres legales?

MADRE SUPLENTE

Otra posibilidad es la de tener hijos que son suyos sólo a medias (biológicamente hablando). Se practica cuando el hombre es fértil y la mujer no. En estos casos otra mujer puede ser inseminada con el esperma del padre, concebir un hijo, tenerlo y entregarlo a sus padres legales. Como en la IAD, la

Mediante la fertilización in vitro *se extrae un óvulo del ovario de una mujer, se deja madurar en una incubadora y se fertiliza en una probeta con unas gotas de esperma, tal como mostramos aquí. (© 1982 Dan McCoy/Black Star.)*

madre suplente se elige por sus semejanzas con las características de la madre adoptiva. Ella certifica no estar embarazada, que ya es madre de otros niños jóvenes (para probar su fertilidad y para estar seguros de que comprende lo que significa dejar a un bebé) y que además no quiere tener más hijos propios. Ya se han llevado a cabo un gran número de tales nacimientos, calculándose en unos 100 en 1983 en EE. UU. (Peterson, 1983). Normalmente, este tipo de arreglo se traduce en un pago de 5.000 a 15.000 dólares, además de los gastos médicos de la madre suplente.

El impacto psicológico de este procedimiento es el mismo que el de una madre que abandona al hijo para que sea adoptado. Sus ramificaciones legales incluyen el pago de una cantidad, que está prohibida en los casos de adopción en cerca de 25 estados de los EE. UU. (en la actualidad). ¿Qué sucede si la madre, habiendo dado a luz, cambia de idea y quiere quedarse con el recién nacido?

DONANTE DE OVULOS

Dos niños nacidos con 5 meses de diferencia, uno en Australia y otro en California, son ejemplo de dos de los nuevos métodos por los que una mujer fértil puede donar un óvulo a una estéril. El bebé australiano fue un bebé probeta, resultado de un procedimiento por el cual el óvulo de una donante se extrae de su cuerpo y se fertiliza en una probeta de laboratorio para después reimplantarse el embrión en el útero de la madre (Lutjen, Trounson, Leeton, Findlay, Wood, y Renou, 1984). El nacimiento del niño californiano fue posible después de que el óvulo de la donante fuese fertilizado por inseminación artificial mientras todavía estaba en su cuerpo. Cinco días después de la inseminación fue extraído del útero de la donante y el embrión sano se insertó inmediatamente en el útero de la madre (Bustillo et al., 1984). En ambos casos el esperma del padre fértil se utilizó para fertilizar el óvulo.

Mediante la fertilización in vitro *pueden engendrarse mellizos (gemelos fraternos) igual que con cualquier otro procedimiento. Los mellizos Heather y Tood nacieron en Manhasset, Nueva York, el 24 de marzo de 1983, en el North Shore Hospital. (L. Gubb/Liaison Agency.)*

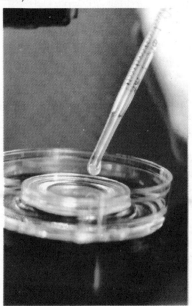

La vida nunca es simple; por el contrario, parece ser cada vez más y más complicada. ¡Como si no hubiera habido suficientes preguntas sobre la psicología humana, cuando la biología era relativamente constante! Nadie sabe realmente las implicaciones que suponen estos nuevos medios de concepción para los propios niños, para los padres que contribuyeron con sus genes y para los médicos que trabajaron en ello. Y todavía el deseo de tener hijos es tan grande que todo lo que lo envuelve (todo menos los bebés, a los que no se les da la posibilidad de escoger) lleva a buscar y probar formas y cambios revolucionarios.

La mayoría de nuestros conocimientos sobre los riesgos prenatales se han obtenido de la investigación con animales o analizando la información dada por las madres después del parto, sobre su alimentación, las drogas que tomaban, la cantidad de radiaciones a las que estaban expuestas y las enfermedades que padecieron.

Las influencias concretas del ambiente prenatal afectan al feto de forma diferente. Algunos factores son teratogénicos (productores de un defecto de nacimiento) en algunos casos, mientras que en otros tienen muy poco o ningún efecto sobre el feto. Todavía no sabemos por qué es así, pero las investigaciones parecen indicar que son importantes la duración del daño ambiental, su intensidad y su interacción con otros factores. Por ejemplo, sabemos desde hace más de 50 años que las radiaciones pueden causar mutaciones genéticas y que los rayos X son más peligrosos antes de las 6 semanas de gestación, que es el tiempo de mayor desarrollo orgánico (Murphy, 1929). ¿Qué sabemos de las otras influencias prenatales?

NUTRICION MATERNA   La dieta de una mujer durante el embarazo puede tener consecuencias importantes para la salud futura de su hijo. Las mujeres que han estado mal alimentadas durante largos períodos, antes o durante este estado, tienen más posibilidad de tener problemas durante el embarazo y el parto, o de engendrar bebés de bajo peso o bebés muertos o que mueren muy pronto después de nacer (Burke, Beal, Kirkwood y Stuart, 1943; Read, Habitch, Lechtig y Klein, 1973). Si se complementan las dietas de una mujer embarazada, se reducen estos problemas (Jacobson, 1977; Prentice, Whitehead, Lamb y Cole, 1983). Una adecuada nutrición, a la larga, es mejor para ambos, madre e hijo.

El peso óptimo que se gana durante el embarazo parece estar comprendido aproximadamente entre 6 o 7 kilos para las mujeres de peso normal, 15 kilos para las obesas y 9 para las delgadas (Winick, 1981; Naeye, 1979). Estudios recientes realizados a gran escala encontraron que cuando las mujeres aumentan o disminuyen mucho estos niveles tienen mayor probabilidad de perder a su hijo, tanto antes como inmediatamente después del parto. Otra investigación reciente ha descubierto la importancia de desayunar durante la gestación, ya que la mujer embarazada que no desayuna muestra alteraciones en los niveles de diversas sustancias en la corriente sanguínea que no se dan en mujeres no embarazadas (Metzger, Ravnikar, Vileisis y Freinkel, 1982). (Véase en la figura 11-6 la representación diagramática del peso.)

RELACIONES SEXUALES   La mayoría de las investigaciones no han indicado hasta ahora ningún perjuicio para el feto por el hecho de practicar el acto sexual, exceptuando el período justo antes del nacimiento, cuando a las mujeres embarazadas se les aconseja la abstención (Pugh y Fernández, 1953;

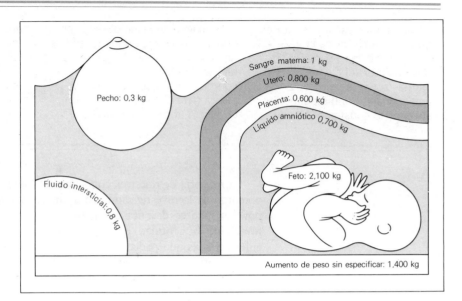

FIGURA 11-6 Distribución promedio del peso ganado durante el embarazo. *(De Newton y Modahl, 1978.)*

Mills, Harlap y Harley, 1981; Pekins, 1979; Rayburn y Wilson, 1980). Recientes análisis de 26.886 embarazos han señalado, sin embargo, la posibilidad de que la relación sexual durante el segundo y tercer trimestre pueda causar, en algunos casos, infección, nacimiento prematuro y una posible muerte del feto (Naeye, 1979, 1983).

Esta investigación se desarrolló de 1959 a 1966, cuando los porcentajes de mortalidad neonatal eran más altos que ahora; por tanto esta información puede sobrestimar el peligro de la relación sexual en la fase prenatal. En cualquier caso, se justifica una investigación posterior. Mientras tanto, Naeye (1979) ha sugerido que si el problema puede surgir de infecciones causadas por el esperma, puede evitarse mediante el uso de preservativos o de lavados precoitales.

ENFERMEDADES DE LA MADRE Algunas enfermedades contraídas durante el embarazo pueden tener serios efectos sobre el desarrollo del feto, dependiendo del momento en que enferma la madre. La *rubeola,* antes de la undécima semana de embarazo, causará, casi con toda seguridad, ceguera y defectos en el corazón del feto; la posibilidad de que esto suceda es aproximadamente de uno de cada tres entre la 13 y 16 semana de gestación, y casi nula tras la semana 16 (Miller, Cradock-Watson y Pollock, 1982). Otras enfermedades de la madre, como la diabetes, tuberculosis y sífilis, han sido relacionadas con problemas de desarrollo fetal, y tanto la gonorrea como el herpes genital pueden tener efectos dañinos sobre el bebé en el momento del parto.

CONSUMO DE FARMACOS POR PARTE DE LA MADRE El descubrimiento durante los años 60 de la correlación entre madres embarazadas que tomaban el tranquilizante *talidomida* para aliviar los mareos matutinos al principio del embarazo y el consiguiente nacimiento de bebés sin brazos ni piernas o con otras anormalidades aún más graves, desencadenó muchas investigaciones sobre los efectos teratogénicos de las drogas comunes. Los descubrimientos nos dicen que cualquier mujer que crea estar embarazada debería ser muy cauta antes de tomar fármacos, tanto si es bajo prescripción médica como si no. Necesita sopesar los potenciales efectos en su hijo. Frente

¿Cómo puede ser afectado el bebé por la dieta, las emociones, las experiencias y la salud general de la madre? El campo relativamente nuevo de la psicología prenatal intenta contestar estas preguntas. (© Joseph Nettis/Photo Researchers Inc.)

a cualquier incomodidad que ella sienta, deberá consultar a su ginecólogo sobre la garantía de la medicación.

HORMONAS   La hormona *dieticestilbestrol (DES)*, que se prescribió durante muchos años (aunque resultó ser ineficaz) para prevenir el aborto, ha causado aparentemente cánceres vaginales poco conocidos en algunas mujeres adultas y adolescentes, cuyas madres la habían tomado (Herbst, Ulfelder y Poskanzer, 1931). Estas «hijas DES» han experimentado más problemas en el momento de tener sus propios hijos (Barnes, Colton, Gundersen, Noller, Tilley, Strama, Townsend, Hatab y O'Brian, 1980) y los «hijos DES» muestran una proporción más alta de infertilidad y anomalías reproductivas (Stenchever, Williamson, Leonard, Karp, Ley, Shy y Smith, 1981).

TABACO   Las mujeres embarazadas que disfrutan del cigarrillo después de comer no creen estar tomando una droga. Sin embargo, las investigaciones muestran que sí. Las mujeres fumadoras tienen más posibilidad de tener bebés prematuros o de menor peso, de tener más abortos, más nacimientos de niños muertos y más bebés que mueren pronto después de nacer (U. S. Department of Health and Human Services, 1981), más bebés con labios y paladar partidos (Ericson, Kallen y Westerholm, 1979) y más hijos con dificultades de aprendizaje (Landesman-Dwyer y Emanuel, 1979).

ALCOHOL   Un pequeño número de mujeres alcohólicas han tenido niños que sufren una rara enfermedad denominada síndrome alcohólico fetal. Esta enfermedad se caracteriza por un retraso mental, motor y de crecimiento (Jones, Smith, Hulleland y Streissguth, 1973; Golden, Sokol, Kuhnert y Bottons, 1982). Incluso cuando la inteligencia de los niños es normal, puede que se presenten problemas en el rendimiento escolar (Shaywitz, Cohen y Shaywitz, 1980).

Estudios en ratones han señalado la existencia de un período crítico de exposición crítico equivalente a la tercera semana en el embarazo humano, tiempo en que las mujeres no saben que están embarazadas (Sulik, Johnston y Webb, 1981). Ya que muchas mujeres alcohólicas tienen maridos alcohólicos, es significativo que las muestras de espermatozoides de estos hombres sean, a menudo, altamente anormales (Lester y Van Thiel, 1977). Mientras que algunos investigadores piensan que *no* existe un nivel mínimo para estar a salvo de los efectos del alcohol, recientes revisiones de la literatura indican que no tenemos datos confiables sobre el impacto que produce la bebida social u ocasional (Abel, 1981; Rosett y Weiner, 1982). Para estar a salvo, la National Foundation March of Dimes recomienda a la mujer evitar por completo las bebidas alcohólicas durante el embarazo.

EL ESTILO DE VIDA DE LA MADRE   En un estudio realizado en Boston con 1.690 parejas madre-hijo, se encontró que las mujeres embarazadas que fumaban marihuana tenían cinco veces más probabilidades que las no fumadoras de tener hijos con características similares a las del síndrome alcohólico fetal (Hingson et al., 1982). Un importante descubrimiento que aparece en este estudio es el significado del estilo de vida de la madre. Los autores señalan la dificultad de aislar variables únicas y obtener información precisa sobre el uso de drogas por parte de la madre. Más adelante descubrieron que un estilo de vida en que se combina el fumar, beber, consumo de marihuana, nutrición pobre y cosas por el estilo, produce un fuerte impacto sobre el desarrollo fetal del niño, incluso en el caso de que el impacto de cada comportamiento específico de la madre pueda ser relativamente pequeño.

EL ESTRES DE LA MADRE   Por desgracia, la primera pregunta que nos hacíamos en esta sección no puede contestarse. Aunque un grupo de investigadores ha intentado concretar los efectos de las emociones de la madre durante el embarazo, todavía hoy no existe consenso sobre el riesgo que generan los problemas emocionales en el período prenatal (Spezzano, 1981).

Aunque, como hemos visto, son muchos los factores que pueden afectar el curso del desarrollo prenatal, la mayoría de los bebés, afortunadamente, nacen sanos. La fuerza de la vida es poderosa. Sin embargo, no sabemos qué feto será dañado por los factores anteriores, unos más peligrosos que otros y muchos de los cuales parecen ejercer su influencia en combinación con otros elementos cruciales. Es difícil controlar estas influencias, ya que una mujer puede no ser siempre lo suficientemente consciente como para dar un informe exacto de sus actividades.

Además, necesitamos más investigaciones sobre el papel del padre en los defectos de nacimiento. Como hemos visto, la edad avanzada de los padres se ha relacionado con el síndrome de Down y con algunos defectos genéticos menos comunes; si el padre ingiere bebidas alcohólicas, se sospecha que ocasiona una contaminación en el espermatozoide. Se necesita más investigación referente a la expresión laboral de los varones en contacto con elementos químicos, a las drogas que toman, a la salud y otros factores de su vida.

EL NACIMIENTO

Constituye una difícil lucha, a través de un medio hostil, hacer frente a las demandas para realizar los trabajos básicos que hasta ahora habían hecho por nosotros (comer, respirar, defecar), adaptarse a un clima variable, seguir adelante entre una multitud de extraños, aprendiendo a distinguir a los amigos de los enemigos, manifestar las necesidades, y que éstas sean atendidas, hacer la cosa más conveniente en el momento justo. Eso es la transición que ha tenido lugar al salir del seno materno para pasar a un mundo desconocido.

El proceso del parto

Aunque los partos difieren mucho unos de otros, todos los vaginales siguen un mismo modelo básico de tres etapas . La etapa inicial, en la que empiezan las contracciones y el cuello del útero se dilata para permitir al feto moverse hacia la salida del útero, normalmente dura de 2 a 24 horas, y depende de factores tales como el tamaño de la madre y el del bebé, y la posición de éste en la matriz. La segunda etapa, que empieza cuando el feto entra en el conducto obstétrico (normalmente primero la cabeza, en ocasiones los pies o las nalgas), y termina con el nacimiento, y la tercera etapa, que se produce con la expulsión de la placenta.

Sin embargo, en el 15 por 100 de los nacimientos, cuando el parto progresa lentamente, la pelvis de la madre es demasiado pequeña para permitir el paso de la cabeza, el bebé está en posición difícil, o parece tener dificultades, la madre sangra por la vagina, o existe cualquier otra alteración, el médico lleva a cabo una incisión abdominal y extrae al bebé del útero. Las cesáreas, como son denominadas estas operaciones, salvan a menudo la vida de madres e hijos que no pudieron tener un parto normal. Como en todos los casos de intervención quirúrgica, generan un cierto riesgo tanto para la madre como para el niño, ya que requieren una cierta dosis de anestesia. Muchos

Diferentes maneras de dar a luz

han criticado que en la práctica obstétrica se recurra con excesiva frecuencia y a veces innecesariamente, a la realización de este tipo de partos, señalando cómo se han triplicado en los años 70.

MÉTODO LEBOYER   Es posible que muchos de los problemas que los seres humanos experimentamos a lo largo de la vida —inseguridad, infelicidad, ira, hostilidad— surjan de la forma traumática inicial por la que llegamos al mundo, de cómo se nos separa de la oscuridad y de las cálidas aguas protectoras de la madre hacia el ambiente frío y hostil del exterior. Un ginecólogo francés, F. Leboyer (1975), piensa así, y ha introducido una serie de procedimientos posparto para hacer que éste sea más placentero para el bebé.

Los bebés nacidos por este método realizan fácilmente la transición del útero materno al mundo exterior, ya que tiene lugar en una habitación suavemente iluminada, para recibir después un baño templado y un agradable masaje. En lugar de recibir unas palmadas para iniciar la respiración, práctica que Leboyer considera innecesaria e inhumana, inmediatamente después del nacimiento, los bebés son colocados cara abajo sobre el abdomen de su madre. posición que mantiene alta la temperatura del bebé por el contacto con la piel materna y permite al niño expulsar cualquier mucosidad residual.

Aun así el método todavía resulta controvertido. Los críticos han hecho hincapié en el peligro de coger infecciones por el agua del baño o del cuerpo de la madre, además de la posible existencia de otros problemas que el médico pasaría por alto a causa de la luz tenue (Cohn, 1975). Un estudio de 1980, comparando un grupo de bebés nacidos según el método Leboyer y otros nacidos por el método convencional, no encontraron ninguna ventaja en el primero, ni tampoco un mayor riesgo o peligro. No hubo diferencias en la salud de la madre o en la del niño ni en el comportamiento del pequeño en la primera hora de vida, a las 24 o 72 horas, o a los 8 meses de edad. Tampoco se advirtieron diferencias en la percepción del bebé por parte de las madres ni en su experiencia del parto, excepto en los sentimientos maternos, 8 meses después del parto, cuando se le preguntaba a la madre si el hecho había influido en el comportamiento de su hijo (Nelson et al., 1980).

Sería interesante observar a estos bebés durante varios años para descubrir si existen diferencias en actitudes y comportamientos entre los nacidos por el método Leboyer y los que lo hicieron por técnicas usuales. El problema de esta investigación sería, por supuesto, la imposibilidad de controlar el ambiente que le espera al niño y aislar en su vida la diferencia del parto de otras diferencias que puedan confundirnos. Por ejemplo, ¿son los padres que eligieron el parto Leboyer distintos de los que no lo hicieron? ¿Están tan obsesionados por su fisiología que tratarán a su hijo más tiernamente? En tanto no se hayan diseñado buenos estudios que traten de estos temas, la cuestión del impacto psicológico del casi universal trauma del nacimiento, aunque resulta interesante, continúa sin resolverse. Por otra parte, sí tenemos fuerte evidencia de los efectos en otro aspecto del parto; por ejemplo, la medicación que la madre recibe para disminuir el dolor.

PARTOS CON FÁRMACOS   La mayoría de las mujeres occidentales ven adecuada la ayuda de algún tipo de alivio para su dolor en el parto. Pueden recibir *anestesia general,* que las deja inconscientes; *anestesia local,* que bloquea la conciencia del dolor, o *analgésicos,* para que se relajen. En 1974 la anestesia se empleó en el 95 por 100 de los partos llevados a cabo en 8 hospitales universitarios (Brackbill y Broman, 1979). Sin embargo, todos los

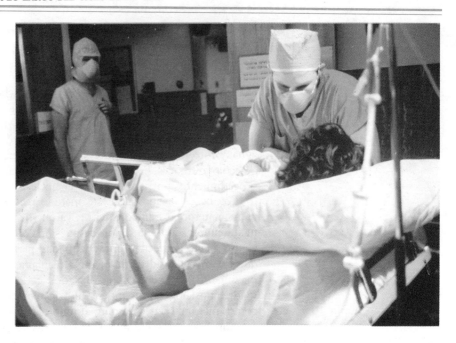

Hoy día muchos padres asisten al nacimiento de sus hijos, hacen del parto una experiencia familiar. Este hombre, con el vestuario necesario, acaba de ayudar a nacer a su hijo. (Sharon L. Fox/The Picture Cube.)

fármacos se introducen a través de la placenta y pasan por tanto a la sangre fetal y a los tejidos. Los efectos de la medicación en el parto están señalados y bien documentados, y parece que mantienen su efecto al menos durante el primer año de vida del niño.

Entre 3.500 bebés sanos, su desarrollo presentó una relación directa con la cantidad de medicación durante el parto, fuera ésta local o general. Los bebés cuyas madres no tomaron medicación, fueron los primeros en sentarse, ponerse de pie y en moverse; los de las madres que recibieron anestesia local llegaron a ello con más dificultad, y aquellos cuyas madres recibieron anestesia total, manifestaron un retraso aún mayor que el de los dos grupos anteriores. Este efecto se mantiene al menos durante el primer año de vida (Brackbill y Broman, 1979).

PARTOS SIN FARMACOS   ¿Tienen que sufrir las madres para asegurar a su hijo una buena entrada en el mundo? Sin estar de acuerdo con el creciente número de defensores del parto natural , hay un método que proporciona maneras alternativas de tener un hijo, mucho más confortables para la madre y de más seguridad para el hijo y, además, convierte el hecho en una experiencia familiar, ya que se incluye al padre. Su filosofía se basa en el hecho de que las contracciones uterinas que expelen al bebé del cuerpo de la madre no siempre son dolorosas y que incluso cuando lo son las mujeres pueden aprender a minimizarlas.

En 1914 el doctor Grantly Dick-Read sugirió que el dolor del parto era a menudo causado por la experiencia del dolor que tiene la madre, su ignorancia sobre lo que sucede en su cuerpo y el miedo a lo que le espera. Procedió a enseñar a las mujeres la fisiología de la reproducción y el embarazo. Por aquel entonces, durante los años 50, el doctor Fernand Lamaze basó su programa de psicoprofiláctica o preparación al parto en las clásicas técnicas conductistas de Ivan Pavlov (descritas en el capítulo 5). Utilizando esta aproximación, una mujer aprende a sustituir las antiguas respuestas de

Uno de los avances médicos más emocionantes de los últimos años ha sido el progreso de la tecnología del parto y el cuidado para bebés prematuros y de bajo peso. En la actualidad, los bebés nacidos a las 27 semanas, o incluso antes, con un peso muy bajo sobreviven y crecen sanos. ©Allen Green/Photo Researches, Inc.)

miedo y dolor por una nueva forma de respirar y de responder muscularmente a sus contracciones uterinas. Ambos métodos precisan la colaboración del padre o de un amigo que dé masajes en la espalda de la madre y la ayude de diversas maneras.

DIFERENTES MANERAS DE DAR A LUZ El parto puede realizarse en diferentes ambientes, con diferentes tipos de ayuda. Recientemente, muchas parejas han decidido tener a sus hijos en la comodidad y familiaridad de su casa en lugar del hospital. Muchas de ellas, igual que las que acuden al hospital, han escogido la asistencia de una *comadrona* (una enfermera u otra persona que no es médico, pero que posee una preparación en este campo). En cada caso, la experiencia es, a menudo, estimulante cuando el parto va bien. Por el contrario, cuando aparecen complicaciones, es más seguro y beneficioso aprovechar las técnicas más avanzadas que poseen los hospitales, incluso si es necesario, podrán proporcionar una mínima cantidad de anestesia que hará sentirse mejor a la madre, sin riesgo para el niño. La mayoría de los hospitales ofrecen la opción del parto natural, muchos preparan a comadronas dentro de su personal sanitario, y otros poseen habitaciones para realizar los partos en una atmósfera hogareña y confortable.

¿Cuáles son las implicaciones psicológicas de las nuevas técnicas de parto? En primer lugar, parece que las técnicas que no incluyen fármacos aseguran bebés más sanos. En segundo, la participación activa de ambos padres parece reforzar los lazos familiares entre madre, padre e hijo. Y en tercero, la insistencia de la mujer por asumir un rol más importante en el parto de sus hijos ha ayudado a estimular una preocupación mayor por la salud de la familia, en la que los individuos son más activos al tomar una responsabilidad sobre su propia salud y son menos propensos a sentarse y esperar pasivamente la ayuda del médico. Por supuesto, hay muchas maneras de tener un bebé, y muchos adultos han nacido sanos y sin problemas, habiéndolo hecho de forma tradicional en hospitales. Desde el punto de vista de lo que hemos aprendido sobre la importancia de que las personas sientan que llevan el control de su vida, la *disponibilidad* de diferentes alternativas parece un intento saludable, pero lo crucial es la elección. Los chicos nacidos con procedimientos más tradicionales también pueden crecer psicológica y físicamente sanos.

COMPLICACIONES EN EL PARTO

Bajo peso al nacer

A los recién nacidos que eran muy pequeños se les consideraba prematuros, es decir, nacidos antes del tiempo normal de gestación. Hoy, este término se usa sólo para los bebés nacidos antes de la trigesimoséptima semana de gestación. Los bebés pequeños en relación con la edad, los que son anormalmente pequeños por su edad de gestación, pueden o no ser prematuros. Los 177.000 bebés de este tipo que nacen cada año —alrededor del 6 por 100 de los recién nacidos— son particularmente vulnerables a infecciones y problemas respiratorios. En general, cuanto más pequeños son los bebés al nacer, más bajas son sus posibilidades de supervivencia, aunque en los últimos años se han realizado grandes progresos. Actualmente, los bebés nacidos a las 27 semanas o antes, con peso menor a los 800 gramos, suele sobrevenir y crecer adecuadamente (U. S. Department of Health and Human Services, 1980; Bennett et al., 1983).

Pese a que tres de cada cuatro prematuros crecen sin serios problemas (U. S. Department of Health and Human Services, 1980), las consecuencias del bajo peso pueden ser graves. Un estudio con niños con un peso aproximado de 800 gramos al nacer, descubrió que a la edad de dos años todavía tienden a ser más bajitos y ligeros de peso que los otros niños de su misma edad y que el nivel de incidencia de infecciones respiratorias y retrasos graves en el desarrollo es más alto de lo normal (Pape et al., 1978). Sin embargo, muchos niños prematuros lo superarán más adelante (Taub, Goldstein y Caputo, 1977).

El mismo progreso médico que ha salvado la vida de estos niños, al mismo tiempo los coloca en un ambiente psicológico desfavorable: son aislados en incubadoras, separados de sus padres, y se les niega el enriquecimiento sensorial que los seres humanos parecen necesitar. En los últimos años los programas de enriquecimiento, que comprenden el abrazar y cuidar a estos bebés más a menudo, cantándoles y estimulándoles de diversas formas, han ayudado a que crezcan mejor (Leib, Benfield y Guidubaldi, 1980; Steward y Reynolds, 1974; Scarr-Salapatek y Williams, 1973).

Traumas durante el parto

Afortunadamente, muy pocos recién nacidos (menos del 1 por 100 de los nacidos en un gran hospital, de acuerdo con Rubin, 1977) sufren lesiones en el cerebro relacionadas con el parto, causadas por la privación de oxígeno, por lesiones mecánicas o por enfermedad. Los que sufren una lesión durante el parto pueden sufrir retraso mental, tener dificultades de aprendizaje o problemas de comportamiento, aunque los efectos de un trauma moderado o menor, pueden a menudo ser superados con el adecuado tratamiento posterior (Werner et al., 1968).

ORDEN DE NACIMIENTO

¿Qué tienen en común Margaret Mead, Pablo Picasso, Indira Gandhi y Winston Churchill? Todos han ocupado la portada de la revista *Time.* Todos ellos, igual que otros muchos que han aparecido en la portada del *Time,* son primogénitos (Toman y Toman, 1970).

Hasta este momento hemos considerado algunos factores que influyen en el desarrollo prenatal y en el nacimiento. Otro gran número de investigaciones se han centrado en las implicaciones del orden de nacimiento. Por ejemplo, numerosos estudios han descubierto que los niños nacidos en primer lugar, como los mencionados, es más probable que alcancen un alto nivel de éxito. Otra investigación ha estudiado el efecto de tener hermanos (relación que trataremos más adelante) o de ser hijo único. Los efectos del orden de nacimiento son debidos probablemente a las diferentes experiencias que viven los primogénitos, los nacidos en último lugar y los hijos únicos.

Logro

Los primogénitos y los hijos únicos es más probable que lleguen a estar en las páginas de *Who's who?,* que consignan el doctorado y que obtengan éxito y becas (Sutton-Smith, 1982; Helmreich, 1968). Estas pautas de éxito pueden relacionarse con el hecho de que tienen más posibilidades de cursar enseñanza superior y de estudiar en escuelas de élite, conclusiones probablemente relacionadas con el hecho de que obtienen buenos resultados en la escuela desde temprana edad, lo que les motiva a seguir estudiando (Bayer, 1967).

Recientes investigaciones sobre la inteligencia han confirmado esta tendencia: entre los 400.000 varones holandeses de 19 años a los que se les examinó el nivel de inteligencia, los primogénitos obtuvieron mejores puntuaciones que los nacidos en segundo lugar, que a su vez fueron mejores que los terceros, y así sucesivamente (Belmont y Marolla, 1973). También parece tener efecto el tamaño de la familia, ya que los varones nacidos en familias pequeñas consiguen puntuaciones más altas. Otras investigaciones han descubierto que los nacidos en medio consiguen menores niveles de logro (Bayer, 1967).

Los efectos del orden de nacimiento sobre las funciones intelectuales pueden ser, con todo, más complejas de lo que parece en un principio. Por algún motivo, algunas diferencias pueden estar muy relacionadas con la clase social, ya que una mayor fluidez en la lectura y el mayor rendimiento escolar que obtienen los niños nacidos en primer lugar sólo alcanza a los que provienen de familias de clase media y alta (Glass et al., 1974).

Robert Zajonc (1976) ha desarrollado un modelo matemático, poniendo tanto énfasis en la configuración familiar como en el orden de nacimiento. De acuerdo con esta teoría, la inteligencia del individuo es afectada por la media intelectual de su familia independientemente de su edad. Cuantos más hijos, más baja es la media. Sin embargo, cuando existen grandes intervalos entre los hijos, éstos tienen más tiempo para desarrollar su inteligencia, aumentando así la media. Este patrón ha sido utilizado para predecir la inteligencia entre grandes grupos de niños en los EE. UU. y en varios países europeos, pero sus posibilidades de aplicación están limitadas a familias concretas (Zajonc y Bargh, 1980).

¿Cómo explicar todo esto? La explicación más obvia consiste en que cuanto más tiempo pasan los padres con los hijos, y más esperan de ellos, mayor nivel alcanzan éstos. Lo que concuerda con el modelo de Zajonc y también con las observaciones de las madres, las cuales admiten comportarse de ese modo con su primer hijo (Sutton-Smith, 1982). Pero también puede haber otras razones. Los hijos nacidos en primer lugar pueden ser motivados para superar a los «intrusos», sus hermanos más jóvenes, quienes, en palabras de Alfred Adler (1928), les «han destronado de su posición inicial en la familia». Estarán más influenciados por el modelo adulto que por el de sus hermanos menores.

En cualquier caso, la investigación de Zajonc ejemplifica las dos tendencias más importantes en el estudio sobre el orden de nacimiento. En primer lugar, estudia las diversas relaciones dentro de la familia en vez de concentrarse sobre el primogénito, como han hecho tantos análisis anteriores; en segundo lugar, explora las complejas interacciones que tienen los niños con sus hermanos, en vez de enfocarlo solamente en la relación padre-hijo. Discutiremos las influencias de unos hermanos sobre los otros en el capítulo siguiente.

Personalidad

Mientras que el orden de nacimiento y el nivel de éxito alcanzado a nivel vocacional e intelectual parecen estar bastante bien relacionados, sólo han aparecido pequeñas y aisladas diferencias de personalidad entre el primero y los restantes hijos. Un estudio descubrió que las estudiantes universitarias nacidas en primer lugar tenían más necesidad de compañía ante una situación estresante que las nacidas en último lugar (Schachter, 1959); otros estudios han descubierto que los adolescentes nacidos en medio (Kidwell, 1981-82) tienen menos amor propio y consideran a sus padres más punitivos y menos tolerantes que sus hermanos mayores o menores. Sin embargo, no se ha realizado ningún estudio totalmente convincente relacionado con el orden de nacimiento. Los niños nacidos en medio, en general, han sido ignorados en estos trabajos, siempre enfocados hacia los nacidos en primer lugar, y agrupados todos los demás en una mera categoría de hermanos que nacen más tarde. Tal y como uno de los investigadores ha escrito, «la investigación que se enfoca comparando los nacidos en primer lugar con una amplia y única categoría de hermanos está ignorando una categoría importante, la de los nacidos en medio» (Kidwell, 1982; pág. 234).

El hijo único

Aproximadamente una de cada 10 parejas elige en la actualidad tener un solo hijo. El hijo único ha tenido generalmente mala prensa; se le considera caprichoso, egoísta, solitario e inadaptado. ¿Es válida esta descripción? No mucho, de acuerdo con los estudios recientes (Falbo, 1977; 1982; Hawke y Knox, 1978).

Los hijos únicos tienden a ser brillantes y a alcanzar el éxito, están seguros de sí mismos, son independientes e ingeniosos, populares entre los otros niños y con las mismas posibilidades de tener éxito en el trabajo, en el matrimonio y la familia que los niños que tienen hermanos (Hawke y Knox, 1978).

Algunas diferencias que han aparecido entre los hijos únicos y los que tienen hermanos no son necesariamente negativas y pueden tener relación con la personalidad de los padres (Falbo, 1977; 1982). Los padres que eligen tener solo un hijo muestran rasgos de personalidad diferentes: las mujeres que voluntariamente tienen un solo hijo suelen tener educación superior, claros rasgos de independencia, menos amigos y, en particular, menos amigos íntimos (Lewis, 1978; Falbo, 1978). Así, quizá el hecho de que los hijos únicos pertenezcan a menos organizaciones, tengan menos amigos y una vida social menos intensa, se relaciona con el temperamento en parte heredado y el estilo de vida que han aprendido de sus padres. Cuando los hijos únicos tienen amigos, llegan a ser líderes del grupo al que pertenecen y parecen tan felices como los otros; sus diferencias de sociabilidad no parecen ser un gran obstáculo (Blake, 1981). De la poca investigación que poseemos se sabe, por ejemplo, que sus posibilidades de éxito en el matrimonio son tan buenas como las de los niños de familias con dos hijos (Groat, Wicks y Neal, 1980; Claudy, Farrell y Dayton, 1979; ambos citados en Falbo, 1982).

Sería sorprendente que nuestra posición en la familia no tuviera algún efecto en nuestro desarrollo, ya que refleja muchos aspectos de nuestra relación con los padres, los hermanos e incluso con otros parientes como los abuelos. Los padres de un primogénito, por ejemplo, están menos seguros de sí mismos cuando éste nace, y, por otro lado, muestran más entusiasmo por todo lo que el niño va consiguiendo. Todo es bonito y nuevo. Los hijos que nacen más tarde se benefician de la experiencia de sus padres, que actúan de una manera más relajada, pero pierden algo de ese entusiasmo inicial. Los hijos únicos viven, sobre todo, en un mundo de adultos hasta que van a la escuela e incluso entonces, a la vuelta a casa, desempeñan un papel único en su familia. ¿Se equilibra todo al final? Todavía no lo sabemos.

Lo que se ha estudiado sobre los efectos del orden de nacimiento confirma la inmensa complejidad de los seres humanos y las innumerables influencias a las que estamos sometidos, influencias que, como hemos visto, aparecen ya antes del propio nacimiento. En los dos próximos capítulos consideraremos los cambios en el desarrollo a lo largo de la vida; nos referiremos, sobre todo, a los tres aspectos interrelacionados del desarrollo: físico, cognitivo y psicosocial.

RESUMEN

1. *La psicología evolutiva* estudia cómo las características físicas, cognitivas y psicológicas de las personas cambian a lo largo de toda la vida. Concibe el desarrollo como un continuo proceso de potencial crecimiento y de cambio a lo largo de toda una vida, no sólo hasta la adolescencia.

2. El desarrollo es influenciado por múltiples factores que incluyen tanto la *maduración* (la aparición de determinadas pautas biológicas de comportamiento) como la *experiencia presente y pasada* (la familia, la cultura y el ambiente en el que nos criamos, o cualquier hecho anormal que pueda suceder en nuestra vida). Todos estos factores contribuyen a crear las diferencias individuales.

3. El *debate entre naturaleza y crianza* se refiere a la influencia relativa de la herencia y de la experiencia sobre el desarrollo. Los efectos relativos de la herencia y del ambiente son estudiados de varias formas, que comprenden *la cría selectiva, estudios de gemelos e hijos adoptados, estudios de consanguineidad, estudios sobre influencias ambientales pre y post-natales y estudios que comparan los factores de la historia de la vida de los sujetos.*

4. La *concepción* tiene lugar en el momento en que el espermatozoide del padre se une con un óvulo de la madre para formar una célula, el *cigoto.* Cada espermatozoide y cada óvulo contienen 33 *cromosomas,* dando al cigoto 46. Se localizan alrededor de 30.000 *genes* en cada uno de los cromosomas. Los genes que heredamos constituyen nuestro *genotipo;* las características externas constituyen nuestro *fenotipo.*

5. Los genes aparecen en formas alternas llamadas *alelos.* Si una persona hereda alelos idénticos de cada uno de los padres, será *homocigótico;* si hereda alelos diferentes, será *heterocigótico.* Un *gen dominante* para un rasgo particular se expresa siempre; un *gen recesivo* se expresa sólo cuando el gen dominante no está presente. Hay muchos modelos de transmisión genética: la herencia *autosómica dominante, la herencia autosómica recesiva, la herencia ligada al sexo y la herencia multifactorial.*

6. Cada año nacen entre 100.000 y 150.000 niños con alteraciones congénitas importantes o con malformaciones. Los trastornos genéticos pueden transmitirse a través de cualquiera de los cuatro modelos de transmisión genética. En la alteración cromosómica el defecto no es causado por la transmisión de un gen alterado, sino por la anomalía del cromosoma. El defecto más corriente es el *síndrome de Down,* que resulta de la existencia de un cromosoma adicional en el par 21.

7. Actualmente existen grandes adelantos para detectar defectos de nacimiento y tratarlos adecuadamente. Los *asesores genéticos* emplean diversas técnicas para determinar la probabilidad matemática de que una pareja tenga un niño con determinados defectos de nacimiento. Las técnicas de examen prenatal incluyen *la amniocentesis, la biopsia del vello coriónico, el análisis de la sangre materna, la ecografía, la fetoscopia y la supervisión electrónica fetal.* Las nuevas técnicas de cirugía desarrolladas para ser practicadas mientras el feto está todavía en el útero ofrecen más esperanza de tratamiento en ciertas alteraciones prenatales.

8. Cuando dos óvulos son fertilizados por dos espermatozoides diferentes, el resultado son los gemelos *fraternos* (también llamados gemelos *dicigóticos,* o de *dos óvulos*), y los *gemelos idénticos* (también llamados *monocigóticos,* o de un *óvulo*) son el resultado de la división de un óvulo en dos poco después de haber sido fertilizado por un espermatozoide; en la mayoría de los nacimientos múltiples se trata de gemelos fraternos (mellizos).

9. *Hay tres etapas en el desarrollo prenatal.* Durante la *etapa germinal* (desde la fertilización a las 2 semanas) el cigoto está en período de división celular rápida, produciéndose un organismo (cada vez más complejo. En la *etapa embrionaria* (de 2 a 8 semanas), el embrión crece rápidamente y se desarrollan los sistemas corporales y los órganos más importantes. La *etapa fetal* (de 8 semanas al nacimiento) empieza con la aparición de las primeras células óseas. Este período se caracteriza por el rápido crecimiento y los cambios en la forma del cuerpo.

10. El organismo es particularmente vulnerable durante los tres primeros meses de gestación. El niño puede ser afectado por factores prenatales, como la *nutrición materna, las relaciones sexuales* y *el uso de drogas o fármacos por parte de la madre (hormonas, tabaco, alcohol y marihuana).* Una *forma de vida* que combine fumar, beber, consumo de marihuana y nutrición pobre puede tener un mayor impacto sobre el desarrollo del niño que el de cada uno de estos factores aislados.

11. Los avances en *ingeniería biológica* han proporcionado a parejas con dificultades de concepción un número de posibilidades prometedoras, como la *inseminación artificial,* la *fertilización in vitro* y la *transferencia del óvulo.* Algunas parejas se han decidido a pedir a otra madre que tenga el hijo con los genes del padre.

12. Aunque los partos difieren mucho entre sí, todos los vaginales tienen lugar en tres etapas. En la primera empiezan las contracciones y el cuello del útero se dilata para permitir al feto desplazarse hacia el canal obstétrico; la segunda parte empieza cuando el feto se va desplazando, y la tercera supone el nacimiento. Alrededor del 15 por 100 de los partos son por *cesárea,* en la que el médico realiza una incisión abdominal y extrae al bebé del útero.

13. La mujer embarazada puede tener cantidad de problemas al dar a luz. El *método Leboyer* está diseñado

para minimizar el trauma del nacimiento. Las mujeres pueden escoger una *técnica* de parto en la que se empleen, o no, *fármacos*. Pueden, además, estar asistidas por una *comadrona* en lugar de un médico y pueden estar en casa o en el hospital. El *bajo peso al nacer* y los *traumas durante el parto* son complicaciones que aparecen algunas veces.

Hay psicólogos que están interesados en los efectos del *orden de nacimiento* sobre la personalidad y los éxitos conseguidos. Cuando estos efectos existen, es bastante probable que se deban a las diferentes experiencias vividas por los niños nacidos en primer lugar, por los niños nacidos posteriormente y por los hijos únicos.

LECTURAS RECOMENDADAS

Baltes, P. B., y Brim, O. G. (Eds.) (1977-1984). *Life-span development and behavior*. Vols. 1-6. Nueva York: Academic Press. Una serie continuada de volúmenes, cada uno de ellos con diez artículos, sobre las investigaciones en psicología evolutiva. Se hace hincapié en los cambios del desarrollo humano a lo largo de la vida.

Corson, S. L. (1983). *Conquering Fertility*. Norwalk, Conn: Appleton-Century-Crofts. Guía práctica sobre los aspectos de la esterilidad, escrita por médicos especialistas.

Goldberg, S., y Divitto, B. A. (1983). *Born too: Preterm birth and early development*. San Francisco: H. W. Freeman. Simpática obra enfocada hacia los problemas y experiencias únicas del hijo prematuro, resaltando la importancia de ello durante los tres primeros años de vida.

Leboyer, F. (1975). *Birth without violence*. New York: Knopf. Presenta las polémicas técnicas del autor e incluye buenas ilustraciones.

CAPITULO 12

LA INFANCIA

CUESTIONES CLAVE

Importancia de la infancia como período evolutivo.

Los enormes cambios físicos, cognitivos y sociales que tienen lugar desde el nacimiento hasta la edad de 12 años, en que empieza la adolescencia.

Cómo afectan a los hijos las maneras, a veces diferentes, de educar de los padres.

Los lazos que los niños establecen con sus madres, sus padres y otras personas de su ambiente.

Influencia de los factores biológicos y socioculturales en las diferencias entre los sexos.

Cuando queremos estudiar los múltiples factores que influyen en el desarrollo a lo largo de la vida, empezamos por los primeros años. Durante esos años ocurren múltiples cambios, y, tal como hemos dicho, el estudio del desarrollo es el estudio del cambio. Los psicólogos evolutivos estudian estas variaciones mediante la descripción, la explicación y la predicción, y se esfuerzan por modificar algunos de estos cambios para así conseguir que los individuos consigan desarrollar lo mejor de todas sus capacidades. El desarrollo es continuo a lo largo de la vida en los tres principales campos, que ya hemos indicado: físico, cognitivo y psicosocial. Aunque separamos estas amplias áreas para facilitar su estudio, se percibe con claridad que están íntimamente relacionadas y que cada una de ellas afecta a las otras dos.

En este capítulo examinaremos el desarrollo físico, cognitivo y psicosocial desde el nacimiento hasta el inicio de la adolescencia, hacia los 12 años. Los cambios que ocurren en este período de tiempo, especialmente en los dos primeros años de vida, son extraordinarios. La naturaleza distinta de estos doce primeros años nos sorprende, haciéndonos descubrir que cuando consideramos estos años como distintos de los demás estamos esbozando un sistema de referencia relativamente nuevo: la idea de que la infancia es una época especial de la vida.

LA INFANCIA EN LA HISTORIA

Desde tiempos antiguos, los filósofos han sostenido diversas ideas sobre cómo son los niños y cómo deberían ser criados para causar los menores problemas a sus padres y a la sociedad. Sin embargo, hasta el siglo XVIII no se empezó a considerar a los niños como algo diferente de versiones en miniatura, débiles y calladas, de los adultos (Looft, 1971). Los adultos no pensaban que los niños tuvieran distinta personalidad o necesidades especiales. Durante siglos, hasta los artistas parecían incapaces de ver que los niños eran diferentes, con proporciones y rasgos faciales distintos, como puede comprobarse en muchos de los antiguos retratos de niños, mirándonos desde el lienzo con expresión precoz, como adultos pequeñitos, vestidos con ropas infantiles.

En un estudio clásico titulado *Siglos de infancia*, Philippe Aries (1962) mantiene que la razón principal por la que se ignoraron los aspectos diferenciales de la infancia fue el alto índice de mortalidad infantil habido hasta el siglo XVIII: al darse los padres cuenta de que probablemente perderían a sus hijos durante la infancia, no se atrevían a ligarse a ellos muy tempranamente. Este argumento no es, sin embargo, del todo persuasivo, habida cuenta de las demandas biológicas y emocionales que los niños hacen a sus padres. Tal como Hunt (1970) y otros han indicado, los recién nacidos son totalmente dependientes de la fuerza y experiencia de los adultos para su propia supervivencia. Si los padres se hubieran mostrado tan indiferentes, sus hijos habrían fallecido incluso en mayor proporción.

Por lo tanto, como en muchos otros aspectos del estudio de la psicología y del desarrollo humano, tenemos que seguir buscando una respuesta para el misterio del niño históricamente invisible. En cualquier caso, durante el siglo XVIII el niño como tal adquirió mayor protagonismo. Con los avances médicos se prolonga la vida de los niños. El influjo del protestantismo hizo que los padres se sintieran más responsables por la forma en que se desarrollaban sus hijos, en lugar de aceptar la desgracia o el mal comportamiento simplemente como un hecho del destino. Al recibir los niños más educación, se motivó a los educadores para aprender más sobre ellos. Durante

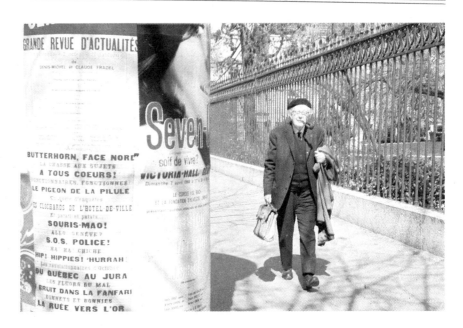

Jean Piaget basó sus teorías del desarrollo cognitivo en la atenta observación de sus tres hijos y en expertas entrevistas clínicas de niños. (Yves de Braine/Black Star.)

el siglo XIX estas y otras influencias se unieron, y los científicos idearon las diversas formas de poner a los niños bajo el microscopio de la psicología.

DIFERENTES MANERAS DE ESTUDIAR EL DESARROLLO

En 1877, cuando el biólogo Charles Darwin publicó sus notas sobre el desarrollo infantil de su hijo, dio carácter científico a un tipo de informe sobre los niños, que hacía su primera aparición en 1601, la biografía del bebé. Diario en el que se anotan todos y cada uno de los progresos del niño, presentando observaciones detalladas de sus actividades diarias. A pesar de que estas biografías suelen conllevar sesgos, como la parcialidad de los observadores, padres orgullosos que sólo recogen la conducta sin explicarla, aportan, sin embargo, gran cantidad de información descriptiva sobre el desarrollo del niño. El psicólogo cognitivo Jean Piaget (1952), por ejemplo, basó sus teorías originales sobre el aprendizaje infantil en sus meticulosas observaciones sobre sus propios tres hijos.

Desde aquel día de la primera biografía infantil, los investigadores han ideado ingeniosos métodos para obtener información sobre las capacidades de los bebés, dado que no pueden hablar, no pueden decirnos lo que saben, piensan o sienten. Cada uno de los métodos que describiremos a continuación ha contribuido a ampliar nuestro conocimiento sobre el desarrollo.

Recogida de datos

Actualmente, los dos principales sistemas para recoger información sobre el desarrollo son los métodos longitudinales y transversales. En el método transversal los psicólogos comparan a individuos de distintas edades a un mismo tiempo, obteniendo así información sobre las diferencias en el comportamiento, actitudes o pautas de crecimiento según las distintas edades. En el método longitudinal los psicólogos registran y estudian el desarrollo de uno o varios individuos a lo largo de diversos períodos de tiempo, obteniendo así información sobre los cambios que se han producido en el individuo a través de los años. Este diseño nos proporciona más información sobre las pautas del desarrollo individual que de los promedios de grupos.

Método transversal: 60 niños, en 3 grupos de edades, de 3 a 4 años, de 7 a 8 y de 11 a 12 años, compuestos cada uno por 10 niños y 10 niñas, fueron entrevistados sobre cómo pensaban «que se hacían los niños» (Bernstein y Cowan, 1977). Los investigadores también plantearon a los niños una serie de tareas cognitivas y encontraron que la forma de pensar de los niños sobre el origen de los bebés seguía un modelo definido de desarrollo muy relacionado con el nivel de funcionamiento cognitivo del niño. Así, un niño en el primer nivel de desarrollo cognitivo podría decir «vas a una tienda de niños y compras uno»; uno del segundo nivel dijo «simplemente lo haces. Le pones ojos... y pelo rizado», y así hasta el sexto nivel, donde ya muestran conocimientos sofisticados sobre la concepción. (© Media Vision/Peter Arnold, Inc.)

Cada uno de estos métodos tiene ventajas e inconvenientes. En el método transversal se producen a menudo confusiones entre las diferencias debidas a la edad y los efectos de cohorte (pertenencia a una determinada generación). Supongamos que se introduce un cambio en los métodos de enseñanza de vocabulario en el primer grado de una escuela de cuyos niños estamos realizando el estudio. Las diferencias que se producirán entre los alumnos antiguos y los más recientes no pueden ser atribuidas únicamente a la diferencia de edad, ya que los alumnos más antiguos han tenido distintas experiencias. Además, los datos transversales son habitualmente presentados como medias de grupo, por lo que se hace difícil concretar aquello que es debido a diferencias individuales.

El método longitudinal supone mayores costes y mayor gasto de tiempo, y además se han de tener en cuenta factores humanos: al realizar la misma prueba u otra similar más de una vez, los individuos probablemente lo harán mejor la última vez debido a la práctica, y si usamos voluntarios para proyectos de investigación, estamos utilizando una muestra auto-seleccionada que será probablemente más brillante, de mayor nivel socioeconómico y diferente en algunas formas de aquellos que no han tomado parte o que se han retirado.

Teorías en psicología evolutiva

Los psicólogos que estudian el desarrollo no se sienten satisfechos con describir el *cómo* del desarrollo, sino que pretenden explicar también el *porqué*. Para conseguirlo, especialistas en distintas áreas han adelantado teorías sobre varios aspectos del desarrollo. No existe ninguna teoría que se centre en el desarrollo del individuo en su conjunto, pero algunas son más amplias que otras y se preocupan del modo como se desarrollan nuestras habilidades intelectuales o de la forma en que nos desarrollamos emocional y socialmente.

De acuerdo con varias de las teorías más amplias, el desarrollo se sucede

Método longitudinal: en 1922, Lewis M. Terman encontró a más de 1.300 niños excepcionalmente brillantes. A través de la aplicación de una serie de cuestionarios durante un período de 63 años, los investigadores de la universidad de Stanford han realizado un seguimiento del proceso de estos individuos hasta la actualidad, obteniendo un amplio cuerpo de información sobre el rendimiento escolar y el éxito social y profesional de las personas de inteligencia superior. Los psicólogos Pauline y Robert Sears, que aparecen en la fotografía (él era muy pequeño cuando se comenzó el estudio), están actualmente analizando los datos. (Servicio de Prensa y de Publicaciones/Universidad de Stanford.)

en una secuencia de etapas que todos los individuos pasan en el mismo orden pero no necesariamente a la misma edad. El modelo de desarrollo psicosexual de Sigmund Freud (tratado en el capítulo 14) es una de estas teorías. Existen otras, como las de Erik Erikson, quien trabajó sobre la estructura freudiana, pero acentuando el papel de la sociedad en la estructuración de la personalidad, y las de Jean Piaget, quien también propuso que el desarrollo cognitivo tiene lugar a través de una serie ordenada de etapas. En desacuerdo con estas teorías, que recalcan la importancia de la motivación interior y de la maduración, aunque moderadas por las fuerzas del entorno, las teorías del aprendizaje social, de inspiración conductista, hacen un mayor hincapié en el papel que desempeña el ambiente en el desarrollo infantil. Presentaremos cada una de estas teorías en relación con la fase del desarrollo que éstas intentan explicar.

El conocer las inclinaciones teóricas de un escritor o un investigador en particular puede ayudar a evaluar las conclusiones que extrae de una investigación. A menudo, la principal idea para un proyecto de investigación se deriva de una orientación teórica individual, que influye sobre las cuestiones que hay que resolver; los factores que el investigador considera importantes influyen en la investigación, así como el diseño y las técnicas que utiliza.

EL CUERPO: COMO NOS DESARROLLAMOS FISICAMENTE

La manera en que un niño crece en estatura y peso es tan obvia y considerable como la aparición de sus habilidades motoras. Algunas capacidades infantiles son menos aparentes, hecho que lleva a los adultos a subestimar la habilidad del niño para percibir y responder a una gran variedad de sucesos de su vida diaria. Sin embargo, las investigaciones de los últimos años, empleando muchas e ingeniosas técnicas de estudio, han demostrado que los niños son seres pequeños, pero muy sofisticados. A pesar de su dependencia, en múltiples facetas son sorprendentemente competentes.

El principio: quién es el recién nacido

Los recién nacidos no se asemejan a los niños de los anuncios de las revistas. Generalmente están arrugados, tienen la cabeza deforme y una nariz aplastada, como resultado de su viaje a través del canal del parto, y su cuerpo puede estar recubierto de un suave vello llamado lanugo . Todo esto cambia durante el período neonatal , las dos primeras semanas para un niño normal (un período mayor para el que ha nacido con un peso inferior al normal). Durante este tiempo de transición desde la vida en el útero a una existencia independiente, todos los sistemas del recién nacido, circulatorio, respiratorio, gastrointestinal y de regulación de la temperatura, se ajustan para funcionar independientemente, sin ayuda de los sistemas maternos.

Incluso en este umbral de la vida los recién nacidos pueden hacer más cosas de lo que la gente cree. Desde que nacen parpadean ante una luz brillante, siguen a un objeto en movimiento, se giran hacia la luz de una ventana y ven mejor a una distancia de aproximadamente 20 cm, más o menos la distancia a la que se encuentra un niño de la cara de su madre cuando está en sus brazos (Vaughan, McKay y Behrman, 1979; Haynes, White y Helds, 1965).

Vuelven sus cabezas hacia un sonido, se mueven al compás de la conversación humana y responden al dolor tratando de retirarse de una aguja, desvelándose tras ser circuncidados o ser pinchados para extraerles sangre. Antes de cumplir la primera semana, prefieren mirar un rostro humano que otros objetos, reconocen el olor y la voz de su madre y están más alerta cuando se mantienen incorporados que cuando están acostados. Aproximadamente a las dos semanas de vida reconocen el rostro de su madre y pueden sacar la lengua para imitar a alguien (MacFarlane, 1978).

¿Cómo sabemos todo esto? Gracias a las técnicas ideadas por ingeniosos investigadores, que nos han permitido descubrir que el mundo de la infancia no es aquella «gran eclosión de confusos zumbidos» de la que William James hablaba en 1890.

Una de las más interesantes investigaciones en el campo de la visión infantil, que también mide aspectos del pensamiento infantil, se ha realizado en el área de la preferencia visual. Cuando vemos que un bebé emplea más tiempo en la observación de un determinado objeto que en algún otro, cabe concluir que distingue la diferencia entre ambos y que por alguna razón prefiere uno en concreto. Robert L. Fantz (1956) diseñó un aparato especial en el que los niños pueden estar acostados y atender a estímulos visuales que difieren en color, complejidad, dimensión y familiaridad. Midiendo el tiempo que el objeto se refleja en la córnea del niño, el observador puede inferir qué prefiere mirar. Los niños prefieren líneas curvas a rectas, el color al blanco y al negro, objetos complicados a simples, los de tres dimensiones a los planos, fotografías de rostros a fotografías en los que no aparecen rostros y ver las cosas nuevas en vez de las familiares (Fantz, 1963, 1964, 1965; Fantz y Nevis, 1967; Fantz, Fagan y Miranda, 1975).

Otra forma de determinar las capacidades infantiles es mediante el fenómeno de la habituación, por el que los niños dejan de responder a estímulos a los que se han acostumbrado (véase «Cómo aprenden los niños» en este mismo capítulo). De esta manera hemos aprendido que los recién nacidos pueden distinguir al menos cuatro olores distintos y prefieren el sabor dulce (MacFarlane, 1978). Al mes ya pueden distinguir sonidos tan semejantes como «pah» y «bah» (Eimas, Siqueland, Einar, Jusczyk y Vigorito, 1971).

De investigaciones como las mencionadas, sabemos que venimos a este mundo como criaturas competentes, preparados para relacionarnos con las personas y los objetos que nos rodean. De esta manera tomamos conciencia de cómo la competencia en un dominio, en este caso el físico, afecta a nuestro desarrollo en los otros dos campos: el psicosocial y el cognitivo.

Cómo influyen en el desarrollo físico la naturaleza y la crianza

Tanto el crecimiento físico como el desarrollo de las habilidades motoras, tales como andar y correr, están enormemente influidos por pautas hereditarias, que van apareciendo con la maduración. Tales pautas se despliegan de acuerdo a un patrón biológicamente predeterminado que toma lugar dentro de ciertos límites. Este proceso raramente puede ser acelerado, a pesar de que se empleen grandes esfuerzos para ello; por ejemplo, es inútil enseñar a un niño a subir escaleras antes de que esté preparado para hacerlo (Gesell, 1929). Sin embargo, aquellos esquemas persisten a pesar de las privaciones. Incluso niños que sufren abusos o son tratados con negligencia, aprenden a sentarse, gatear y andar. Sólo cuando la privación es de una severidad fuera de lo normal, el desarrollo se ve sustancialmente afectado.

Un ejemplo clásico de una grave privación y de sus efectos sobre el desarrollo motor se pudo observar en niños de ciertas instituciones del Irán, cuyas puericultoras, agotadas por el exceso de trabajo, casi nunca tocaban o acariciaban a los bebés. Estos permanecían en sus cunas, la mayor parte del tiempo estirados boca arriba, casi nunca boca abajo, nunca sentados. Bebían de biberones, no tenían juguetes y no se les sacaba de la cama hasta que no pudieran sentarse sin apoyo.

A menudo esto no ocurría hasta los dos años de edad, cuando el niño norteamericano medio y los niños de otras instituciones del Irán, con una educación más normal, lo hacen a los 9 meses. Cuando los niños de estas instituciones no dotadas de personal competente empezaban a levantarse, no gateaban sobre sus manos y sus rodillas, sino que se deslizaban sobre el trasero. Aparentemente, la falta de práctica en la utilización de los músculos de la parte superior del cuerpo había retrasado su desarrollo. Pero incluso para estos niños el retraso parecía sólo temporal. Los niños ya en edad escolar, pertenecientes a estos centros arriba mencionados, que presumiblemente habían sufrido el retraso, trabajaban y jugaban con total normalidad (Dennis, 1960).

El crecimiento durante la infancia

Durante los tres primeros años los niños crecen más rápidamente de lo que lo harán en cualquier otra época de la vida. En su primer cumpleaños han triplicado su peso (aproximadamente de 3 kilos en un recién nacido normal) y han aumentado en un 50 por 100 su estatura (una media de 50 cm al nacer). Entre el primer y el tercer cumpleaños, crecerán 20 cm más y aumentarán otros 4 kilos de peso. Aunque el niño promedio es más alto y pesa más que la niña promedio, la diferencia no es significativa.

A partir de este momento el crecimiento físico se hace más lento, aunque es más rápido durante los tres años siguientes de lo que será desde los seis hasta los doce aproximadamente, en que se inicia la pubertad, y cuando las niñas, por un período de 2 años aproximadamente, suelen ser más altas que los niños de la misma edad. Existe una escala tan amplia para que los niños puedan ser considerados normales en peso que si un niño, encontrándose en la media exacta de peso a los siete años, no aumentase en los 2 años siguientes, seguiría entre los límites normales de peso a la edad de nueve años» (Tanner, 1970, pág. 35).

Desarrollo motor

La próxima vez que se encuentre con un niño que todavía no anda, trate de percibir todo lo que sus manos son capaces de hacer. De ello extraerá un ejemplo del principio cefalocaudal, según el cual el desarrollo se dirige de la cabeza a los pies, desarrollándose las partes superiores del cuerpo antes que las inferiores. Puede observarse cómo los niños aprenden a usar sus brazos y piernas antes de tener un control eficaz sobre sus dedos. De acuerdo con el principio proximodistal, el desarrollo se dirige de dentro afuera, desarrollándose antes las partes del cuerpo próximas al tronco que las extremidades.

Se puede observar cómo en el niño normal existen grandes saltos en el desarrollo motor, tal y como muestra la figura 12-1. Al interpretar las *normas de edad*, o medias, para estos hitos del desarrollo motor, es preciso tener en cuenta que muchos niños normales realizan estas actividades antes de la edad marcada y otros muchos posteriormente. Un chico puede andar a la edad de 8 meses y otro no hacerlo hasta los 17, siendo ambos perfectamente normales.

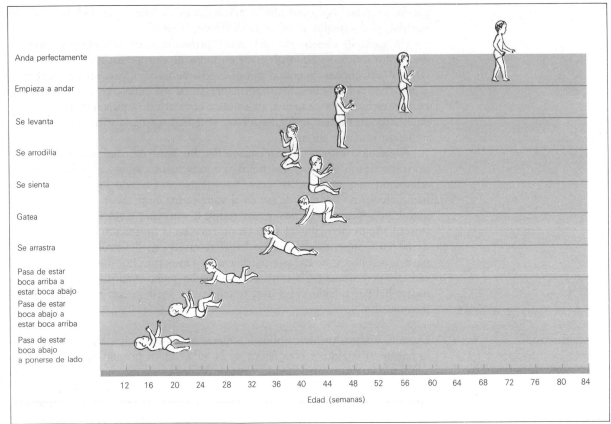

Anda perfectamente

Empieza a andar

Se levanta

Se arrodilla

Se sienta

Gatea

Se arrastra

Pasa de estar boca arriba a estar boca abajo

Pasa de estar boca abajo a estar boca arriba

Pasa de estar boca abajo a ponerse de lado

12 16 20 24 28 32 36 40 44 48 52 56 60 64 68 72 76 80 84

Edad (semanas)

FIGURA 12-1 Desarrollo de las habilidades motores. *Las edades deben entenderse como promedios. Existe una amplia variación en la edad en que los niños pueden adquirir estas habilidades y seguir siendo considerados «normales» (Picker, 1971.)*

No se puede acortar el proceso necesario para que los niños aprendan a andar. Tienen que haber alcanzado un cierto nivel de maduración antes de poder dar el primer paso. Los niños que sufren grandes privaciones pueden retrasarse en su desarrollo motor y empezar a andar más tarde que la media de los niños. (© Michal Heron, 1982/Woodfin Camp y Assoc.)

El reflejo de «búsqueda»: muchas madres usan su conocimiento sobre el reflejo de búsqueda para ayudar a sus bebés a aprender a mamar. Si golpean ligeramente la mejilla del bebé, girará la cabeza, abrirá su boca y mamará. (Suzanne Szasz/Photo Researchers, Inc.)

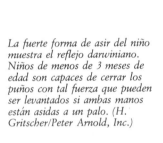

La fuerte forma de asir del niño muestra el reflejo darwiniano. Niños de menos de 3 meses de edad son capaces de cerrar los puños con tal fuerza que pueden ser levantados si ambas manos están asidas a un palo. (H. Gritscher/Peter Arnold, Inc.)

El estudio del desarrollo es el estudio de lo usual, pero también el estudio de las diferencias individuales. En cualquier aspecto del desarrollo a lo largo de la vida, existe un rango de normalidad bastante amplio.

Entre los sexos aparece, incluso en los primeros años de la infancia, un conjunto bastante estable de diferencias. Las niñas tienen mayor facilidad para brincar, coger una pelota o saltar a la raya, mientras los niños son mejores lanzando pelotas y usando escaleras (Garai y Scheinfeld, 1968; McCaskill y Wellman, 1933; Cratty, 1979). ¿Son estas diferencias debidas a la programación genética? ¿A la formación del cuerpo y la musculatura? ¿O provienen de la tendencia social a impulsar distintos tipos de actividades en función del sexo? Con la corriente actual, que tiende a una misma educación física para ambos sexos, estas diferencias pueden desaparecer o al menos disminuir.

CONDUCTAS REFLEJAS   Cuando una luz brillante nos deslumbra o levantamos el pie tras un ligero golpe en la rodilla, no estamos actuando de forma deliberada, planeada o voluntaria. Reaccionamos de forma refleja, respondiendo involuntariamente a unos estímulos. Los seres humanos poseemos un amplio arsenal de reflejos, algunos de ellos claros instrumentos para la supervivencia, que permanecen con nosotros a lo largo de la vida. Los *reflejos primitivos* están presentes al nacer, desaparecen en determinados momentos durante el primer año de vida y nos sirven de índice para medir el desarrollo neurológico del niño. Dos de estos reflejos primitivos se muestran en las ilustraciones de la página anterior.

Reflejo de búsqueda: cuando la mejilla del niño es acariciada, gira su cabeza, abre su boca y mama. Desaparece a los 9 meses.

Reflejo de Moro: cuando un niño oye un ruido fuerte, se le deja caer o es asustado de alguna otra forma, extiende sus piernas, brazos y dedos, arquea su espalda y echa su cabeza atrás. Desaparece alrededor de los 3 meses.

Reflejo natatorio: cuando el niño es puesto en el agua boca abajo, realiza movimientos natatorios bien coordinados. Desaparece alrededor de los 6 meses.

Reflejo darwiniano: al acariciar la palma de la mano del niño, éste cierra los dedos con tal fuerza que puede ser levantado si ambas manos están agarradas a un objeto. Desaparece a los 2 o 3 meses.

LA MENTE: COMO NOS DESARROLLAMOS INTELECTUALMENTE

A pesar de que los niños ya tienen ciertas capacidades adaptativas al nacer, los enormes avances en el funcionamiento intelectual están todavía por venir. Conocer el mundo y a sus pobladores, dar a entender los deseos, aprender a hablar y a comprender un idioma (véase capítulo 8), recordar lo aprendido y saber utilizarlo. ¿Cómo tiene lugar este vasto desarrollo?

Teoría de Piaget sobre el desarrollo cognitivo

La explicación más influyente, en la actualidad, del desarrollo intelectual fue presentada por el biólogo y psicólogo suizo Jean Piaget (1896-1980), quien formuló una teoría para explicar los diversos niveles del desarrollo cognitivo, o proceso de adquisición del conocimiento. Piaget supone la existencia de una capacidad, continuamente en crecimiento, para la adquisición de conocimientos, capacidad que se desarrolla en una secuencia ordenada.

Piaget es un *interaccionista;* considera al niño un constructor activo de su propio mundo cognitivo más que un receptor pasivo de las influencias del ambiente. La buena formación biológica de Piaget le condujo a considerar la maduración como una parte importante de su esquema, pero fue más allá, haciendo hincapié en la interacción entre maduración y experiencia. En otras palabras, el niño ha de estar maduro para que ocurra un nuevo desarrollo, pero si no ha tenido ciertos tipos de experiencias en los momentos decisivos, no alcanzará el nivel del que podría ser capaz. Estas experiencias requieren tanto el contacto directo con objetos físicos como la educación.

Piaget formuló esta teoría utilizando no procedimientos experimentales estandarizados, sino a través de la observación de sus propios hijos y mediante el método clínico, preguntando a los niños y añadiendo nuevas preguntas en función de las respuestas de éstos. Ideó esta técnica en los primeros años de su carrera, cuando trabajaba con Alfred Binet en París tratando de estandarizar un test de inteligencia (descrito en el capítulo 7). Piaget se interesó por los errores en las respuestas de los niños; al explorar los respectivos razonamientos, descubrió que estaban relacionados con la edad.

La teoría de Piaget ha sido criticada porque se centra en el niño medio e ignora las diferencias individuales, por su fracaso en dar suficiente importancia a la forma en que la educación y la cultura afectan a la personalidad del niño y porque está basada en un punto de vista muy personal e idiosincrático. No obstante, su análisis del desarrollo intelectual ha abierto una puerta a nuevas formas de evaluar el desarrollo del pensamiento lógico, ha inspirado

TABLA 12-1 Esquema de varias etapas del desarrollo

Edades	Etapas psicosexuales (Freud)*	Etapas psicosociales (Erikson)†	Etapas cognitivas (Piaget)†
0-18 meses	Oral	Confianza básica frente a desconfianza básica	Sensoriomotor
18 meses-3 años	Anal	Autonomía frente a vergüenza, culpa	Sensoriomotor / preoperacional
3-5 años	Fálica	Iniciativa frente a culpa	Preoperacional
6-11 años	Latencia	Laboriosidad frente a inferioridad	Operaciones concretas
12-17 años	Genital	Identidad frente a confusión de roles	Operaciones formales (para algunos empiezan a desarrollarse)
Joven adulto	‡	Intimidad frente a aislamiento	‡
Madurez	‡	Generatividad frente a estancamiento	‡
Senectud	‡	Integridad frente a desesperación	‡

*Teoría tratada en el capítulo 14.
† Teorías tratadas en los capítulos 12 y 13.
‡ Sin etapas adicionales descritas para estos años.

más investigaciones que ninguna otra teoría en las últimas décadas y ha estimulado múltiples cambios en la práctica educativa de los niños.

Veremos a continuación tres de los cuatro períodos principales en el desarrollo cognitivo según Piaget (véase la tabla 12-1). El cuarto período se tratará con profundidad en el capítulo siguiente, puesto que, normalmente, no aparece hasta la adolescencia.

SENSORIOMOTOR (DEL NACIMIENTO A LOS DOS AÑOS) Los niños aprenden a conocer el mundo a través de sus sentidos y de sus conductas motoras más que pensando sobre él, como harían los niños de más edad y los adultos. Es, por tanto, un tiempo de aprendizaje a través de la acción: los niños responden primariamente, de forma refleja, organizando su actividad en relación al entorno, aprenden a coordinar la información de los diferentes sentidos y a mostrar una conducta dirigida a un objetivo. Aprenden el concepto de permanencia del objeto.

El más importante logro del período sensoriomotor, el concepto de permanencia del objeto (o persona), es la comprensión de que un objeto (o persona) continúa existiendo, aunque ya no lo podamos ver. Hasta los 4 meses de edad los niños no buscan objetos que ya no ven, pero después de esta edad siguen mirando por si lo pueden ver en alguna parte del mismo. Entre los 8 y los 12 meses lo buscarán si ven que ha sido ocultado, pero si es movido varias veces, incluso delante de sus ojos, lo buscarán en el primer lugar en el que vieron que lo escondíamos. Entre los 12 y los 18 meses pueden seguir los

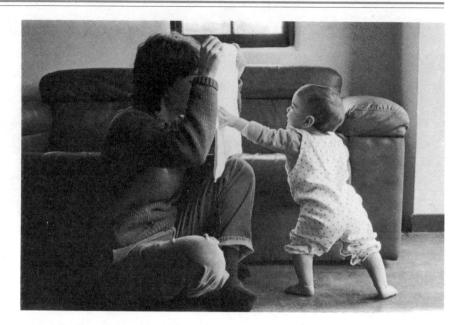

El popular juego de hacer desaparecer un objeto ante los ojos de los niños ayuda a éstos a desarrollar el concepto de permanencia del objeto, el darse cuenta de que un objeto (o persona) continúa existiendo, aunque ya no se ve. Según Piaget, éste es el logro cognitivo más importante de la infancia. (© Elizabeth Crews.)

movimientos que ven, pero no imaginar los que no ven. No es hasta los 18 meses de edad cuando los niños alcanzan un dominio maduro de este concepto. Pueden seguir los movimientos de un objeto, mirar en el último lugar en que lo vieron y buscar objetos que no han visto esconder.

El concepto de permanencia del objeto tiene muchas implicaciones prácticas. Por una parte, los niños que lo han adquirido aceptan de mejor grado una separación de sus padres, pues saben que esos seres tan importantes existen todavía y que volverán. Pueden también ir a un armario a buscar uno de sus juguetes preferidos o una prenda de vestir y realizar otras acciones en las que es necesario saber dónde puede estar algo o alguien.

PERIODO PREOPERATORIO (DE 2 A 7 AÑOS)   Los niños realizan un salto cualitativo hacia delante gracias a su nueva habilidad para usar símbolos como las palabras para representar personas, lugares y objetos. Durante este período pueden pensar en objetos que no tienen delante, imitar acciones que no ven, aprender números y usar el lenguaje —el más extraordinario sistema de símbolos— de un modo ya sofisticado. Empiezan a entender que un objeto continúa siendo el mismo, aunque su forma cambie y pueden comprender la relación entre dos sucesos (como accionar un interruptor y el encedido de la luz).

Hay, sin embargo, limitaciones importantes en el pensamiento. En esta etapa los niños generalmente no logran tener en cuenta todos los aspectos de una situación y se centran en un único aspecto, ignorando otros de igual importancia. Tampoco entienden que una substancia pueda recuperar su estado anterior. Además, son todavía egocéntricos, es decir, tienen dificultades para considerar el punto de vista de otra persona y a menudo se comportan como si todo el mundo estuviera mirándoles con sus propios ojos y su propia manera de percibir, y como si fueran la causa de todos los sucesos importantes. Por ejemplo, los hijos de padres divorciados pueden sentir que fueron la causa del divorcio («si no hubiese sido malo, mamá y papá no se habrían peleado tanto»). Los adultos sensibles deben asegurar a sus hijos que ellos no son la causa de un divorcio, una muerte o algún otro hecho de importancia.

Algunas críticas recientes mantienen que Piaget sobreestimó el egocentrismo de los niños intentando que resolvieran problemas que eran demasiado difíciles para ellos. Estas críticas se basan en los recientes estudios que muestran que los niños en este período *pueden* situarse en el punto de vista de otra persona y comunicar información de forma efectiva si entienden bien la tarea (Dickson, 1979), y que incluso los niños de 4 años cambian su forma de hablar cuando se dirigen a niños de 2 años (Shatz y Gelman, 1973).

OPERACIONES CONCRETAS (DE 7 A 11 AÑOS)   Los niños realizan de nuevo un salto cualitativo al abandonar su egocentrismo y empezar a entender y usar nuevos conceptos. Pueden clasificar las cosas en categorías, trabajar con números, tener en cuenta todos los aspectos de una situación y entender la reversibilidad; son más capaces de ponerse en el lugar de otro, lo cual reviste suma importancia cara a su capacidad para entender a otras personas y realizar juicios morales.

El concepto de conservación, que ha intrigado más a los investigadores que ningún otro aspecto de la teoría piagetiana, muestra la diferencia entre operaciones concretas y el período preoperatorio. La conservación es la habilidad para reconocer que dos cantidades iguales de materia permanecen iguales (en sustancia, peso, altura, número, volumen y espacio), aunque la materia sea organizada de otra manera sin añadir ni quitar nada.

En la tarea de conservación de la sustancia un niño reconoce que dos

¿Cuándo dejan los niños de creer en Santa Claus? De acuerdo con una teoría (Fehr, 1966), ocurre durante el período de las operaciones concretas, cuando el niño puede pensar lógicamente y está, por tanto, forzado a no creer en sus respuestas a estas dos preguntas: «¿Es un hombre capaz de entregar en una noche a niños de todo el mundo un número virtualmente infinito de regalos?», y «¿cómo puede estar Santa Claus en tanto sitios diferentes (esquinas, tiendas, etc.) al mismo tiempo?». Los niños pequeños no se hacen estas preguntas, y si lo hacen quedan satisfechos con respuestas ilógicas. El niño en el período de las operaciones concretas no tiene otra elección que dejar de creer. (Barbara Burnes/Photo Researchers, Inc.)

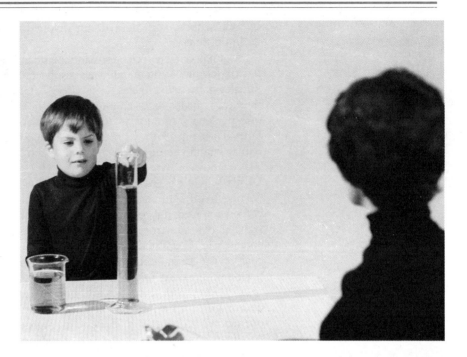

Cuando un niño se da cuenta de que ambos recipientes contienen la misma cantidad de líquido, aunque éstos parezcan diferentes, habrá dominado el concepto de conservación, un logro importante en el período de las operaciones concretas. (Mimi Forsyth/ Monkmeyer.)

bolas de barro son iguales. Se dice que «conserva la sustancia» si reconoce que tras estirar una de las bolas para darle forma aplastada, como un gusano, ambos trozos todavía contienen la misma cantidad de barro. En la conservación del volumen la cuestión que se plantea es la de si la bola y el «gusano» desplazan una misma cantidad de líquido cuando son situados en el agua.

Los niños desarrollan la habilidad de conservar las diferentes dimensiones en distintos momentos del tiempo. A la edad de 6 o 7 años pueden conservar la masa o la sustancia; a los 9 o 10, el peso; sobre los 11 o 12, el volumen. Esta diferencia de edades es intrigante, puesto que todos los problemas están basados en exactamente el mismo principio; en cualquier caso, esto parece ser verdad para la mayoría de los niños. Aunque la edad de adquisición puede variar, los niños dominan primero la masa, luego el peso y después el volumen.

Las razones que los niños dan a sus respuestas nos proporcionan las claves de su forma de pensar. En las operaciones concretas se muestra que los niños entienden los conceptos de reversibilidad («siempre puedes convertir el "gusano" en una pelota»), identidad («es el mismo barro, no has añadido ni quitado nada») y compensación («la pelota es más corta y gruesa, mientras el "gusano" es más largo y estrecho»). Los niños que en el período preoperatorio responden diciendo que el gusano tiene más barro o peso debido a su apariencia más larga, están engañados por la apariencia del barro y porque se centran en un solo aspecto de la situación. También tienen problemas para entender el significado preciso de las palabras «más» y «menos». Como, además, su memoria no está suficientemente desarrollada, pueden no recordar que los dos pedazos eran iguales al principio.

OPERACIONES FORMALES (DE 12 AÑOS EN ADELANTE)   Este período es el precursor de la capacidad de pensar abstractamente. Los individuos en este estadio pueden tratar problemas no presentes físicamente, realizar hipótesis e intentar comprobarlas sistemáticamente. Piaget creyó en un principio que este salto cualitativo era realizado por todos los jóvenes normales aproximadamente a los 12 años, cambiando más adelante de opinión, y aceptando que diferentes experiencias podían retrasar la llegada de este período. Otros investigadores han descubierto que algunos individuos pueden no llegar nunca al período de las operaciones formales (Papalia y Bielby, 1974; Tomlinson-Keasey, 1972).

Cómo aprenden los niños

Otro aspecto de la capacidad cognitiva infantil es la habilidad para aprender. En los últimos años algunos investigadores han intentado determinar a qué edad pueden empezar a aprender los niños y de qué tipo de aprendizaje son capaces. Se ha descubierto que los bebés inician su aprendizaje el primer día de vida. Aprenden a realizar movimientos de succión con su boca tan pronto ven a su madre, y aprenden a reconocer sonidos, objetos y olores. Este temprano aprendizaje probablemente se construye sobre las capacidades potenciales con que nacen los niños, como son los reflejos y las habilidades sensoriales básicas. Estas habilidades innatas, defensoras de la supervivencia, pueden ser consideradas como un «regalo de las especies» (Lipsitt, 1982, pág. 63).

No se discute hoy la capacidad ilimitada de aprendizaje, que abre al niño un mundo de posibilidades, especialmente cuando su cerebro madura y la corteza cerebral se ocupa de otras actividades nuevas, dejando sitio al nuevo aprendizaje. Siguen existiendo, sin embargo, importantes interrogantes sobre la forma en que aprenden los niños.

CONDICIONAMIENTO Tal como vimos en el capítulo 5, los seres humanos podemos ser condicionados para asociar pares de estímulos; en otras palabras, aprender. En el condicionamiento clásico, el aprendiz establece una asociación nueva entre un estímulo previamente neutro y un estímulo incondicionado, y en el condicionamiento operante el organismo aprende que una determinada respuesta le supondrá una recompensa o un castigo. Los investigadores han trabajado en ambos tipos de condicionamiento, clásico y operante, y han tratado de determinar la forma en que los niños pueden ser condicionados.

Algunos investigadores (Spelt, 1984) han mantenido que el condicionamiento clásico puede darse incluso antes del nacimiento, aunque esta afirmación es aún controvertida. La evidencia de condicionamiento clásico en los recién nacidos también es polémica. Algunos estudios parecen mostrar que es posible enseñar a los recién nacidos a mamar oyendo un zumbido o un sonido (Marquis, 1931; Lipsitt y Kaye, 1964), pero críticas recientes subrayan ciertos defectos en la forma de dirigir estos experimentos. Al menos un investigador (Sameroff, 1971) cree que ninguna investigación ha establecido claramente la posibilidad de enseñar al recién nacido mediante técnicas de condicionamiento clásico.

En los recién nacidos parece más difícil de establecer el condicionamiento clásico que el operante. Una razón de ello puede ser que los recién nacidos no están suficientemente adaptados al ambiente para ser capaces de identificar un estímulo neutro. Si un niño no reconoce un timbre como algo distinto del resto de los objetos de su alrededor, no será capaz de responder a él. Una reciente investigación realizada en la Unión Soviética indica que los recién nacidos no pueden ser condicionados para realizar conductas motoras, pero que ciertas respuestas autónomas (involuntarias), como el funcionamiento del corazón, sí que muestran posibilidades de ser condicionadas de acuerdo al paradigma clásico.

APARTADO 12-1

COMO EL CONDICIONAMIENTO PUEDE SALVAR LA VIDA DE ALGUNOS RECIEN NACIDOS

El condicionamiento en los recién nacidos puede ser aplicado para salvar vidas. El síndrome de la muerte infantil súbita (SMIS), la repentina muerte de un niño con buena salud mientras duerme, es una cuestión que los padres temen y que los entendidos en temas de salud están tratando de comprender. El psicólogo Lewis T. Lipsitt (1980) ha indicado que estos niños fallecen porque no realizan la transición normal del control reflejo al control voluntario de los mecanismos corporales, que ocurre normalmente entre los 2 y 4 meses de edad, el período más peligroso para este síndrome. Como consecuencia no lloran, no mueven la cabeza, ni toman otras

medidas para respirar cuando se bloquea la entrada de aire.

En la creencia de que puede ser posible enseñar a niños muy pequeños técnicas para salvar su vida, Lipsitt ha puesto en marcha un programa en la universidad de Brown que usa los principios del condicionamiento operante. El investigador juega con el niño poniéndole una gasa sobre la nariz y la boca para lograr una breve reducción en el flujo de entrada de aire. Si el niño mueve su cabeza o llora, es premiado con un chupete o dejándole oír una cinta grabada con una voz humana reconfortante. «Estos premios refuerzan al niño para que realice las acciones necesarias»,

dice Lipsitt (pág. 124), «haciendo más probable que responda de forma similar cuando esté solo y se enfrente a un problema respiratorio en su vida real».

Este tratamiento ha demostrado que niños muy pequeños pueden aprender estas habilidades, pero el mismo Lipsitt indica que serán necesarios años de estudio y de seguimiento para determinar si los niños que han recibido este tipo de entrenamiento tendrán tasas inferiores de este síndrome que los niños en las mismas condiciones de riesgo que no lo hayan recibido.

El condicionamiento operante o aprendizaje por un sistema de reforzamiento parece más fácil de establecerse en la infancia, especialmente cuando se basa sobre patrones de conducta preexistentes, como los reflejos, más que en conductas que los niños no realizan ordinariamente. Por ejemplo, recién nacidos de 2 días de edad han aprendido a realizar el reflejo de succión en un pezón de goma que no produce leche. La recompensa era la música producida por su chupeteo. Cuando al mamar paraba la música (lo cual no era una recompensa), los niños no aprendían a mamar (Butterfield y Siperstein, 1972).

Como hemos visto, pues, el aprendizaje tiene lugar de diversas maneras (el aprendizaje social será tratado posteriormente en este capítulo) y los niños —y adultos— continúan aprendiendo según las pautas que hemos tratado en el capítulo 5. Otros aspectos del desarrollo intelectual en la infancia, como el crecimiento de la inteligencia, su medición y el aprendizaje del lenguaje, están tratados en otro lugar de esta obra.

Desarrollo de la memoria

LA MEMORIA EN LA INFANCIA ¿Qué saben los niños? ¿Qué pueden recordar? Cuando vemos a un niño que empieza a efectuar movimientos de succión con su boca al ver aparecer a su madre, deducimos que recuerda que es ella quien le alimenta. Esto no sucede en el momento del nacimiento: las investigaciones han mostrado que un intervalo de retraso de un solo segundo es suficiente para interferir en la memoria de un niño de un mes (Watson, 1967). Conforme tiene lugar su maduración neurológica, su memoria va mejorando también.

Gracias a que los investigadores han descubierto imaginativos métodos para el estudio de la memoria, sabemos hoy que la memoria a temprana edad es mucho mayor de lo que podíamos imaginar. En la actualidad, sabemos que existe cierto grado de memoria a la semana de edad. ¿Cómo lo sabemos? La principal fuente ha sido la investigación que ha descubierto la existencia de la *memoria de reconocimiento visual*, habilidad de los niños para recordar algo que han visto previamente. Se comprueba este tipo de memoria usando el aparato desarrollado por Fantz (1956), descrito con anterioridad.

Existen diversas formas de examinar la memoria infantil; una de ellas utiliza un mecanismo de aprendizaje totalmente primitivo, la habituación, mediante el cual un animal o un niño se acostumbran a un sonido o a un estímulo visual o a algún otro estímulo. Por ejemplo, se le puede enseñar a un niño un determinado dibujo varias veces mientras mama. Cuando lo ve por primera vez, probablemente dejará de mamar. Después de haberlo visto varias veces, tenderá a continuar mamando, mostrando que se ha acostumbrado a él. Sin embargo, cuando se le enseña un nuevo dibujo el niño dejará de mamar otra vez. Esto muestra que el niño ha guardado cierta información sobre el dibujo que se le enseñó antes: debe, por tanto, recordar lo suficiente para reconocer que este nuevo dibujo es distinto del anterior.

Durante la primera semana los bebés pueden discriminar entre estímulos considerablemente distintos. Si los modelos difieren en varias dimensiones (como tamaño, número, color o brillo), pueden distinguirlos. No es hasta el tercer o cuarto mes cuando pueden distinguir cosas que difieren sólo en una dimensión, como la orientación, el diseño o la forma. A los 4 meses pueden hacer discriminaciones más sutiles, como distinguir entre dos fotos en blanco y negro dos caras que no le son familiares (Fagan, 1982).

Una aplicación de estos descubrimientos sobre la memoria infantil está teniendo lugar en el desarrollo de tests capaces de predecir la inteligencia futura: la memoria de reconocimiento visual de un niño puede informarnos sobre su posterior desarrollo intelectual. Esto se deriva del hecho de que los tests de memoria infantil de reconocimiento visual son buenos predictores de la inteligencia verbal en los niños entre 4 y 7 años (Fagan, 1982; Fagan y McGrath, 1981).

LA MEMORIA EN LA INFANCIA   Entre los 2 y los 5 años la memoria se perfecciona considerablemente. Los investigadores han puesto a prueba a los niños mediante «juegos de memoria»; se les pide que *reconozcan* (indicar los items familiares) o *recuperen* de la memoria (evocar objetos de la memoria cuando no pueden ser vistos) una serie de juguetes o fotos contemplados momentos antes. Al igual que en los adultos, reconocer es más fácil que recuperar. Los niños de 4 años reconocen cerca del 92 por 100 de los items que han visto, pero sólo pueden recuperar alrededor del 35 por 100 (Myers y Perlmutter, 1978).

A medida que los niños se desarrollan intelectualmente, su memoria se perfecciona en parte porque desarrollan estrategias que les ayudan a recordar. En segundo grado, los niños utilizan *espontáneamente* el *repaso* (es decir, la repetición silenciosa o hablada de algo que quieren recordar, como puede ser un número de teléfono) y se les puede *enseñar* a realizarlo (Flavell, Beach y Chinsky, 1966).

En una época más avanzada de la niñez, empiezan a desarrollar y usar estrategias tales como *agrupar* (organizar el material en categorías, como pájaros, alimentos, prendas de vestir) y *fraccionar* («chunking») (organizar el material en trozos o fracciones («chunks»), recordando el código de área, después el número de la central de teléfono y al final los cuatro últimos

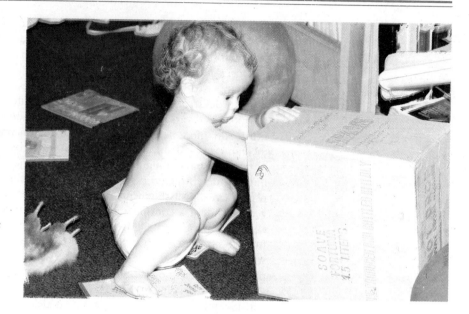

Autonomía frente a vergüenza y duda, la segunda crisis en la teoría de Erik Erikson del desarrollo psicosocial: este niño está convirtiéndose en independiente, explorando y comprobando sus límites. (© Stan Ries/The Picture Cube.)

dígitos) (Forman y Sigel, 1979; Appel, Cooper, McCarrel, Sims-Knight, Yussen y Flavell, 1972). Estas estrategias les ayudarán a recordar los billones de items de información que guardarán en sus mentes a lo largo de la vida.

LA PSIQUE: COMO NOS DESARROLLAMOS EMOCIONALMENTE

En los primeros días de vida los seres humanos ya manifiestan sus propios y singulares temperamentos; están recibiendo una impresión del mundo, tanto si es amistosa como fría y hostil; responden a él y captan las respuestas de las personas que les rodean. La forma en que nos desarrollamos emocionalmente depende de lo que aportamos a este mundo y de lo que encontramos en él. En contrapartida, influimos en los demás y contribuimos a nuestro propio desarrollo emocional futuro. Y esto sigue sucediendo a través de los años.

Teoría de Erikson sobre el desarrollo psicosocial

El psicoanalista Erik Erikson (nacido en 1902) presentó la única teoría importante del desarrollo de los seres humanos que cubre todo el proceso de la vida. Erikson (1950) trabajó sobre el concepto freudiano del yo para considerar la influencia de la sociedad en el desarrollo de la personalidad. Consideró 8 etapas en el desarrollo a lo largo de la vida, cada una de ellas en función de la resolución con éxito de una *crisis* o punto de giro. Cada crisis es un hecho que necesita ser resuelto en un particular momento del desarrollo, y su objetivo es el equilibrio entre dos alternativas. El que se llegue o no a esa solución tendrá gran impacto en el desarrollo de la personalidad.

A pesar de que la teoría de Erikson ha sido criticada en varios aspectos, muy especialmente por su inclinación «machista» derivada de su aceptación de los modelos culturales dominantes (Gilligan, 1982), así como por la imprecisa definición de sus conceptos, lo que dificulta la confirmación a través de la investigación, su gran ventaja reside en su amplio punto de vista, que considera todo el proceso de la vida.

CRISIS 1: CONFIANZA BASICA FRENTE A DESCONFIANZA BASICA (DEL NACIMIENTO A LOS 12-18 MESES) Un cuidado constante y digno de confianza es el determinante básico para resolver con éxito esta crisis. Los niños basan sus conclusiones sobre la forma en que son cuidados, principalmente en la satisfacción de sus necesidades alimenticias, pero también en la forma en que son cogidos, protegidos y cuidados confortablemente y en seguridad. El niño que confía en su madre (a quien Erikson considera la cuidadora primaria) es capaz de permitir que se aleje de su campo de visión porque está seguro de que volverá. Al mismo tiempo, esta confianza se convierte en un barómetro a través del cual puede valorar a los demás y determinar en quién confiar y en quién no confiar.

CRISIS 2: AUTONOMIA FRENTE A VERGÜENZA Y DUDA (DE LOS 18 MESES A LOS 3 AÑOS)   Apoyados en el sentido de confianza ya establecido, los niños se dedican a explorar su entorno con sus recién desarrolladas habilidades para moverse y utilizar el lenguaje. Aprenden cuál es su independencia (autonomía) y cuáles son sus limitaciones. Un fuerte sentido de la duda les ayuda a conocer sus propios límites y el desarrollo de la vergüenza indica los inicios de la distinción entre lo correcto y lo equivocado. La función de los padres en esta etapa es proveer a los niños de un nivel adecuado de control. Si es excesivo, inhibirá la autonomía del niño, mientras que si es escaso, el niño puede volverse demasiado impulsivo.

CRISIS 3: INICIATIVA FRENTE A CULPA (DE LOS 3 A LOS 6 AÑOS)   El conflicto básico en esta etapa se establece entre la iniciativa de planear y llevar a cabo actividades y los remordimientos sobre lo que el niño quiere realizar. Los niños han de aprender a regular estos aspectos de la personalidad y poder, por tanto, desarrollar un sentido de la responsabilidad y ser capaces de disfrutar de la vida. Si, por ejemplo, el sentido de culpabilidad se desarrolla excesivamente, los niños se autocontrolarán también en exceso, reprimiendo sus iniciativas y la libre expresión de su personalidad.

CRISIS 4: LABORIOSIDAD FRENTE A INFERIORIDAD (DE LOS 6 A LOS 12 AÑOS)   En esta etapa los niños deben aprender las claves de su cultura, tanto a través de la escuela como de los adultos y los niños mayores. La productividad y un sentido de competencia son importantes si son moderadas por el conocimiento del niño de que todavía le queda mucho por aprender. Esta etapa coincide en el tiempo con el denominado *período de las operaciones concretas,* cuyas habilidades permiten obtener muchos logros productivos. Los niños que se sienten inferiores a sus compañeros pueden refugiarse en la seguridad de su familia, definiendo así su desarrollo cognitivo; los niños, absortos por la importancia de la laboriosidad, pueden arrinconar las facetas emocionales de su personalidad.

Examinaremos las cuatro últimas crisis de la teoría de Erikson en el siguiente capítulo, puesto que tienen lugar durante la adolescencia y en la edad adulta.

La expresión
de sentimientos

¿Cómo podemos saber lo que ocurre en la mente de un niño? Tratamos de imaginarlo basándonos en lo que podemos ver: llantos, sonrisas, risas y demás formas con que los niños pequeños y mayores responden a su ambiente. Pero a menudo es difícil interpretar estos signos. Determinar qué emociones experimentan los niños desde que nacen, ha dado lugar a importantes controversias. Es fácil adivinar cuándo no está contento, pero es más difícil saber las otras emociones que siente y a qué edad se desarrollan tales sentimientos. Los primeros investigadores consideraron que el niño pequeño

La cuarta crisis de Erikson, laboriosidad frente a inferioridad: durante los años de educación básica, los niños necesitan desarrollar un sentido de la laboriosidad. Mientras un niño en alguna otra cultura podría centrarse en aprender tareas domésticas, esta niña está aprendiendo un tipo de conocimiento intelectual que será importante en nuestra sociedad. (Betsy Cole/The Picture Cube.)

Los rasgos de la personalidad influyen en nuestra vida de muchas maneras. Las personas que de niños eran tímidos, acostumbran a elegir tipos de carreras y actividades de tiempo libre en la edad adulta distintas de las que eligen los extrovertidos. (Suzanne Szasz.)

tenía una única emoción, la excitación indiferenciada (Bridges, 1932) o quizá tres: amor, ira y miedo (Watson, 1919).

Más recientemente, utilizando técnicas sofisticadas, los investigadores han podido sondear los misterios del niño en el período preverbal. Se ha descubierto que los bebés son más complejos y capaces de lo que se había creído. Muestran un conjunto de sentimientos diferenciados, de forma que incluso adultos que no conocen a los bebés pueden distinguir en ellos una variedad de emociones. Las expresiones faciales de 30 niños (en 3 grupos de 10 niños: 5, 7 y 9 meses, respectivamente) sorprendidos en circunstancias tales como, jugando con sus madres, sorprendidos por un muñeco en una caja con resorte, recibiendo pequeños golpes del médico o viendo aproximarse un extraño, fueron grabadas con una cámara de vídeo. Un grupo de jueces fueron entrenados con el *Facial Expression Scoring Manual,* de Izard (FESM-Izard, 1971, 1977), que facilita descripciones verbales y fotografías de las regiones de la boca, ojos y frente de nueve modelos faciales que expresan las emociones básicas. Posteriormente estos jueces clasificaron las expresiones.

Entonces se pidió a individuos voluntarios no expertos —estudiantes y profesionales femeninos de servicios de salud (principalmente salud pública y enfermeras de colegio)— que identificasen las expresiones de los niños. Estos voluntarios fueron capaces de identificar con precisión las expresiones de alegría, tristeza, interés y miedo, y en un menor grado las de ira, sorpresa y disgusto (Izard, Huebner, Risser, McGinnes y Dougherty, 1980). Cuando estos individuos eran estrenados con el FESM sus respuestas eran más precisas. A pesar de que no podemos estar seguros de que esos niños experimentaran las emociones que se les atribuyeron, el hecho de que jueces y voluntarios inexpertos llegasen a unos acuerdos tan próximos en identificar las diversas expresiones parece indicar que los niños mostraban diversidad de sentimientos y el hecho de que las expresiones de los niños se parecieran a las de los adultos en situaciones similares nos proporciona la base para atribuir emociones semejantes en los niños.

LLORAR   Los niños lloran por múltiples razones, y la experiencia tanto de los padres como de los investigadores de laboratorio es a menudo capaz de decirnos si se hallan hambrientos, sienten miedo, dolor o tienen frustraciones (Wolff, 1969; Oswald y Peltzman, 1974). Los niños que al llorar consiguen ayuda son, al parecer, capaces de obtener un mayor grado de confianza en sí mismos, a partir del conocimiento de que pueden influir en sus propias vidas: al final del primer año, los niños cuyos cuidadores respondan rápida y cariñosamente a sus llantos llorarán menos. Cuanto más ignore, golpee, ordene, regañe y restringa el cuidador al niño, más llorará, se irritará y actuará agresivamente (Clarke-Stewart, 1977).

SONREIR   La sonrisa de un niño es otro poderoso e irresistible medio de comunicación. La probabilidad de que la sonrisa de un niño responda a la sonrisa de un adulto varía entre 0,46 y 0,88 (Gewirtz y Gewirtz, 1968), y estas sonrisas recíprocas irán en aumento, solidificando los lazos de unión entre los niños y las personas que son importantes en sus vidas. Los bebés sonríen a la semana de edad, más frecuentemente al mes, y a los 3 meses y medio sonríen más a rostros familiares que a los no familiares (Kreutzer y Charlesworth, 1973).

REIR   Aproximadamente a los 3 meses los niños ríen ruidosamente al ser besados en el estómago, al oír ciertos sonidos o cuando ven a sus padres hacer cosas poco usuales. La risa es una señal de desarrollo cognitivo: al reírse de lo inesperado, los niños muestran que saben qué es lo esperado (Sroufe y Wunsch, 1972). Por lo tanto, podemos ver cómo las expresiones emocionales son síntomas del desarrollo cognitivo, demostrando de otra forma la interrelación de distintos aspectos del desarrollo.

Diferencias individuales en el temperamento

Mientras determinados niños suelen sonreír y reír casi todo el tiempo, llorando raramente, otros actúan de forma contraria. Estas diferencias, que aparecen desde el nacimiento, muestran diversos temperamentos o estilos característicos e individuales de aproximarse a las personas y a las situaciones. Tras observar a cientos de niños desde el nacimiento hasta la mediana infancia, los investigadores han identificado nueve aspectos innatos del temperamento (Thomas, Chess y Birch, 1968).

Son los siguientes: nivel de actividad, regularidad en el funcionamiento biológico (dormir, comer, evacuar), disposición para aceptar personas y situaciones nuevas, adaptabilidad al cambio, sensibilidad al ruido, la luz y otros estímulos sensoriales, humor (alegría o disgusto), intensidad en las respuestas, distracción y persistencia. Las diferencias biológicas pueden ser la base de esta diversidad temperamental. Los recién nacidos con bajos niveles de la enzima monoamino-oxidasa (MAO) son más activos, excitables e irritables que aquellos que la tienen en altos niveles (Sostek y Wyatt, 1981). Investigaciones previas han establecido una probable base genética para estas variaciones.

Jerome Kagan (1982), que ha dirigido numerosos estudios longitudinales, ha averiguado que los niños tímidos a los 21 meses continuaban siéndolo 10 meses más tarde. Además, los individuos adultos que de niños fueron tímidos han elegido carreras y aficiones para su tiempo libre distintas de los que habían sido más sociables, llevando a Kagan a concluir que el estilo temperamental en los inicios de la vida, posteriormente puede influir de muchas maneras, al elegir una conducta, en sus formas de comportarse.

Determinadas combinaciones de los nueve rasgos temperamentales identificados por Thomas, Chess y Birch producen tres tipos de personalidad distintas. Un 40 por 100 de los niños estudiados podían ser descritos como niños *fáciles:* contentos la mayor parte del tiempo, se ajustan fácilmente a las nuevas situaciones y duermen, comen y evacúan siguiendo un esquema bastante previsible. Un 10 por 100 son *difíciles:* lloran fácilmente, son irregulares en sus funciones corporales y necesitan mucho tiempo para ajustarse a una nueva rutina. Y alrededor de un 15 por 100 son *«lentos hasta entrar en calor»:* pacíficos en sus respuestas, aunque necesitan tomarse un determinado tiempo para ajustarse a nuevas personas y experiencias (Thomas y Chess, 1977). A pesar de que no todos los niños pueden clasificarse claramente en estas categorías, esto no supondría un porcentaje importante.

La importancia de estas características se relaciona con el grado en que los niños crean sus propios mundos. Una de las principales tendencias en la investigación actual es la exploración del grado de influencia que los niños ejercen sobre sus padres y su entorno. Algunos niños, por ejemplo, es más probable que sufran malos tratos: los prematuros, recién nacidos con peso inferior al normal, hiperactivos y niños retrasados, y los que realizan otro tipo de demandas especiales a sus padres (Reid, Loeber y Patterson, 1982). Otra investigación ha mostrado que cuando los experimentadores alientan a los niños para que pidan ayuda a sus padres y actúan de forma más dependiente,

«Cuando mi tercera hija era niña, podía situarla junto a mi pecho y permanecía allí. Sólo sus ojos saltaban de un lugar a otro. Ante una suave brisa, su cabello tal vez se agitara, pero ella no. Incluso entonces había profundidad en su reposo.

Cuando mi cuarta hija era niña, yo me preguntaba si su cuerpo era un hormiguero. Situarla junto a mi pecho era un riesgo tanto para ella como para mi pecho. Se movía impulsiva y constantemente, su cabeza parecía girar como si siguiese el mundo en movimiento.» (McPhee, 1983.)

sus padres se vuelven más autoritarios y restrictivos; cuando los niños son alentados a ser independientes, los padres se muestran menos propensos a intervenir (Segal y Yahraes, 1978).

El temperamento del niño, por tanto, es un elemento importante en la forma en que otras personas, especialmente sus padres, se comportarán con ellos. Es más fácil ser cariñoso con un niño que suele ser alegre y cuyos deseos se pueden prever y conocer con relativa facilidad que con un niño que llora constantemente, se resiste a ser abrazado y a menudo parece imposible de satisfacer. Los padres que salen adelante mejor con niños difíciles o con los que «tardan en entrar en calor» son los que han aprendido a adaptar la forma de educar al niño a sus necesidades individuales (Thomas y Chess, 1977). Algunos niños, de hecho, parecen cambiar sus estilos de conducta a través de los años reaccionando al tipo de educación familiar que recibieron.

EL APEGO

Si usted ha visto alguna vez a un niño seguir con sus ojos cada uno de los movimiento de su madre, sonreírle cuando se acerca, hacerle mimos, llorar cuando abandona la habitación y gritar con alegría cuando vuelve, usted ha visto a un niño que ha formado su primera relación de apego con otra persona. El apego es una relación cariñosa, activa y recíproca entre dos personas que se distinguen de la relación con otros. A pesar de que los niños tienen relaciones de apego con sus padres, hermanos, abuelos y otros cuidadores, la mayoría de las investigaciones sobre el apego en temprana edad se han centrado en la unión entre madre e hijo.

Para que se forme el apego ambas partes han de alargar la mano y responder al otro. Las madres y otros cuidadores lo hacen siendo sensibles a las necesidades de sus hijos, recogiendo sus señales, teniéndoles cerca. Los niños cumplen su parte riendo, llorando, asiéndose y mirando a los ojos de sus cuidadores. Alrededor de la octava semana los niños inician algunas de estas conductas con mucha más fuerza respecto a sus madres que hacia los demás, y obtienen un cierto sentido del poder y de competencia cuando sus madres responden afectuosamente (Ainsworth, 1979).

Existen distintos niveles de apego que han sido medidos por el método de la «*extraña situación*» de Mary D. Salter Ainsworth en ocho secuencias: madre e hijo entran en una habitación extraña; la madre se sienta y el niño tiene libertad para explorar; entra un adulto extraño; la madre deja al niño solo con el extraño; la madre vuelve y el extraño se va; la madre deja al niño solo; el extraño regresa, y finalmente el extraño se va y la madre vuelve (Ainsworth, Blehar, Waters y Wall, 1978). Niños de un año de edad, observados a través de esta secuencia, se comportaron de la siguiente forma:

- *Fuerte apego*, usa a la madre como una base segura desde la que explorar, vuelve a ella ocasionalmente para confortarse, actúa de una manera ansiosa cuando se va y se dirige a ella cuando vuelve.
- *Evasivo*, llora ocasionalmente cuando su madre abandona la habitación, pero se mantiene alejado de ella cuando vuelve, mostrándose muy enfadado.
- *Ambivalente*, ansioso antes de la separación, se altera mucho cuando su madre se va y a su vuelta busca el contacto cercano a pesar de resistirse mediante el pataleo o retorciéndose.

¿Cuáles son las causas de estas diferentes pautas que suelen persistir al menos hasta los 5 años? (Matas, Arend y Sroufe, 1978; Waters, Wippman y

Sroufe, 1979; Arend, Gove y Sroufe, 1979). Probablemente una combinación de los temperamentos de los niños y de las formas de tratarlos de sus madres. Las madres de niños de fuerte apego, por ejemplo, se mostraban más sensibles, mientras que las de niños evasivos eran las que más enojadas estaban; Además, los niños ambivalentes eran temperamentalmente «difíciles» (Ainsworth, 1979).

El desarrollo temprano de una fuerte unión entre padres e hijos parece tener efectos de largo alcance. Por una parte, los niños seguros afectivamente son más sociables con los extraños, debido probablemente a la confianza con su madre, que les lleva a generalizar esta confianza a otras personas (Thompson y Lamb, 1983). Esto confirma el énfasis dado por Erikson a la crisis inicial del desarrollo psicosocial, «confianza frente a desconfianza».

En otras áreas también se han encontrado diversos efectos de larga duración motivados por el apego. Los niños que eran afectivamente seguros a los 18 meses de edad, a los 2 años resultaban ser más entusiastas, persistentes, cooperativos y, en general, más eficaces que los efectivamente inseguros (Matas, Arend y Sroufe, 1978). A los 3 años y medio los niños afectivamente seguros son descritos como «líderes entre sus compañeros, socialmente comprometidos, centro de atracción, curiosos y activamente relacionados con el ambiente (Walters, Wippman y Sroufe, 1979). A los 4 o 5 años son más capaces y más curiosos (Arend, Gove y Sroufe, 1979).

Cómo se produce el apego

En una serie de experimentos que se han hecho clásicos, Harry y Margaret Harlow mostraron que la alimentación no es el camino crucial por el que llegar al corazón de un niño. Cuando las crías de mono podían elegir entre ir con una «madre» sustituta de alambre, donde eran alimentadas de una botella, o con una «madre» de peluche, que les ofrecía calor y suavidad, pero no comida, los bebés empleaban más tiempo abrazándose a la de trao. (Cortesía de Harry Harlow/Laboratorio de Primates de la Universidad de Wisconsin.)

¿Cómo se inician las relaciones de apego entre madres e hijos? A menudo no es un amor a primera vista. Sólo aproximadamente la mitad de un grupo de madres jóvenes declararon haber tenido sentimientos positivos al ver por primera vez a sus hijos, pero a la tercera semana el amor ya había surgido y al tercer mes la mayoría habían formado fuertes relaciones de apego con sus hijos (Robson y Moss, 1970).

Ainsworth (1979) cree que el apego depende de la sensibilidad de la madre, que permite al niño formarse una expectativa de ella como una persona generalmente accesible y que responde a sus demandas. El niño se levanta y llora; la madre va a la habitación. Está hambriento; lo alimenta. Está húmedo; la madre le cambia los pañales. Sonríe; ella juega con él. El niño desarrolla lo que Erikson denomina un sentido de la confianza. ¿Qué sucede entonces cuando los niños no reciben respuesta? Se vuelven ansiosos sin saber qué esperar y fracasan en la formación de un fuerte apego.

A pesar de que Erikson creía que la situación de alimentación era la más importante en el desarrollo del sentido de la confianza, el experimento clásico de Harry y Margaret Harlow, realizado con monos, ha mostrado que la alimentación no es la ruta crucial hacia el corazón de un niño. En un célebre estudio, un conjunto de monos, entre 6 y 12 horas después de nacer, eran separados de sus madres y llevados al laboratorio. Los cachorros eran puestos en jaulas con una de dos madres sustitutas —una con forma de malla de alambre, lisa y cilíndrica, la otra cubierta con tela de peluche—. Algunos chimpacés eran alimentados mediante botellas conectadas a las madres sustitutas de alambre, y otros a las madres cálidas, blandas y hechas de peluche.

Cuando se permitía a los monos pasar su tiempo con cada una de las madres, todos dedicaban más tiempo a la de peluche, aunque hubiesen sido alimentados por la madre de alambre. Los monos con madre de peluche también exploraban más que los criados por madres de alambre (Harlow y Zimmermann, 1959; Harlow, 1958). Parece ser, pues, que el contacto corporal puede ser más importante que la comida.

Además, no es sorprendente que incluso con una madre de cálida tela a la que abrazar, los monos no crecieran normalmente, mostraran dificultades en aparearse y fueran incapaces de servir de madre a sus propios hijos (Harlow y Harlow, 1962; Suomi y Harlow, 1972). Obviamente, las madres han de *hacer* algo —no simplemente estar presentes y dejarse tocar— para lograr que sus hijos se desarrollen normalmente. Sin embargo, puede extraerse una alentadora consecuencia de esta historia de monos sin verdaderas madres por el éxito con que monos algo más jóvenes fueron capaces de rehabilitarlos (Suomi y Harlow, 1972, 1973). Estos monos «terapeutas» se relacionaban socialmente de forma normal y despertaban una actitud de juego normal en los monos que no habían sido criados por verdaderas madres.

Importancia del contacto temprano entre madre y niño

El éxito de Harlow rehabilitando a los monos carentes del normal cuidado de la madre se enfrenta a la teoría de que los primates, como otras especies inferiores, deben recibir cuidado de la madre en un período inicial crítico. Entre ovejas y cabras después del nacimiento tienen lugar ciertos rituales para fortalecer la relación madre-hijo. Si se impiden o se interrumpen estos rituales ni la madre ni el hijo se reconocerán, no se producirá el apego y la cría probablemente morirá o se desarrollará de forma anormal. Klaus y Kennell (1976) mostraron que las primeras horas tras el nacimiento constituyen un período crítico para la relación entre madre e hijo y si éstos eran separados, el apego necesario para el desarrollo normal del niño podía verse perjudicado.

Esta pionera investigación que hizo resaltar los efectos benéficos que suponía un amplio contacto entre madre e hijo tras el nacimiento, fue ampliamente divulgada e influyó bastante en el cambio de muchas prácticas restrictivas de los hospitales que mantenían a madres e hijos separados. Aunque estos cambios parecen más humanos y naturales, investigaciones recientes indican que no son cruciales para la relación entre madre e hijo. Como resultado de estas investigaciones, Klaus y Kennell (1982), han modificado su postura inicial.

Tras analizar más de 20 seguimientos de otros tantos proyectos de investigación, Michael E. Lamb (1982a, 1982b) determinó que el primer contacto entre la madre y el recién nacido no producía un efecto duradero en ninguno de los dos, a pesar de que algunas veces podía traer efectos a corto plazo en *algunas* madres en *ciertas* circunstancias. El saber que una separación tan temprana no supone perjuicios permanentes, es particularmente importante para los padres adoptivos, para padres de niños enfermos o nacidos con peso inferior al normal y para aquellos padres que por alguna otra circunstancia no pueden evitar la separación tras el nacimiento. Felizmente, la capacidad de adaptación de los niños es extraordinaria.

Ansiedad ante los extraños

Si usted ha tratado de coger en brazos a un niño de unos 8 meses con el que tenía poca o ninguna relación y ha sido saludado con lamentos de temor e intentos desesperados por regresar a la seguridad de los brazos familiares, no tiene que preocuparse creyendo que ha hecho algo mal. El niño está tan sólo mostrando una cautela perfectamente normal ante los extraños y que, por lo general, aparece entre los 8 y 12 meses de edad.

¿Por qué los niños empiezan a temer a los extraños a los 8 meses, alcanzan un punto máximo de temor a los 15 meses y aceptan su presencia a los 3 años? Este fenómeno ocurre en niños ciegos, en niños que están siempre en los brazos de sus madres y en niños educados en sitios tan dispares como familias normales, colectivos o instituciones. Según Jerome Kagan (1982), la razón de esta reacción, que aparece al mismo tiempo que el concepto de permanencia del objeto, se relaciona con el desarrollo del aprendizaje y de la memoria. Kagan sugiere que la nueva capacidad del niño para aprender y recordar las buenas sensaciones experimentadas en presencia del cuidador habitual, combinada con la ansiedad del niño al no ser capaz de predecir lo que ocurrirá con un extraño, genera la sensación de ansiedad ante los extraños.

También parece estar relacionado con el temperamento y el apego. Los niños «fáciles», por ejemplo, muestran escasa ansiedad ante los extraños, a diferencia de los difíciles y los que «tardan en entrar en calor» (Thomas y Chess, 1977). Además, los niños afectivamente seguros respecto a sus madres son particularmente cautelosos ante los extraños, mientras que los niños evasivos pueden tomarse en brazos tan a menudo por extraños como por sus propias madres (Harmon, Suwalsky y Klein, 1979).

El vínculo padre-hijo

La mayor parte de la literatura psicológica sobre el apego se ha centrado, como hemos dicho, en el vínculo madre-hijo, mientras el padre ha permanecido en la sombra. En los últimos años, sin embargo, ha habido un auge en el interés de estudiar el vínculo padre-hijo. Esto ha venido dado, naturalmente, por los cambios en nuestra sociedad, en la que muchos padres (incluidos los psicólogos) están asumiendo papeles de mayor importancia en el cuidado de sus hijos.

La solidez de esta tendencia queda confirmada por una reciente investigación que muestra que los niños forman relaciones de apego con su padre, durante el primer año de su vida, que el padre a menudo llega a sentir apego por su hijo durante los tres días que siguen al nacimiento y que la unión padre-hijo, durante la infancia, tiene importantes implicaciones para un desarrollo saludable del niño (Lamb, 1979; Greenberg y Morris, 1974; Lynn, 1974).

¿En qué difieren las relaciones de los niños con sus padres de las que tienen con sus madres? En primer lugar, las madres emplean más tiempo en ellos. Además, realizan distintas actividades. Tienden a coger a sus hijos para cuidarlos, alimentarlos, bañarlos o cambiarlos, mientras que los padres los cogen para jugar con ellos, normalmente de forma más estrepitosa que los juegos que inician las madres (Lamb, 1979). Por otra parte, los padres que se encargan de cuidar a sus hijos parecen realizar el trabajo tan bien como las madres: tocan, miran, hablan, mueven y besan a sus hijos tanto como lo hacen las madre, responden igualmente a las indicaciones de los niños y son tan eficientes como ellas al darles de comer (Parke, 1978). Aún hoy, cuando ambos padres están presentes, la madre normalmente se encarga de los cuidados básicos, mientras que el padre juega con el niño.

IDENTIFICACION

¿Cómo desarrollan los niños el sentido de ser quiénes son? En parte, observando a las personas que les rodean y descubriendo a quienes quieren parecerse. A través de la identificación, los niños adoptan ciertas características, creencias, actitudes, valores y conductas de otras personas o grupos. La identificación es uno de los aspectos más importantes del desarrollo de la personalidad en los primeros años de la infancia.

Los psicoanalistas, que acuñaron el concepto de identificación, lo consideran una consecuencia de los complejos de Edipo y de Electra (tratados en el capítulo 14). Incapaces de competir con el progenitor del mismo sexo para

Los niños imitan a las personas que admiran y a las que quieren parecerse. Este es el proceso de identificación, que es uno de los aspectos más importantes en el desarrollo de la personalidad en la infancia temprana. Los niños acostumbran a adoptar las creencias, aptitudes y valores del modelo, así como su conducta. (© Larry Mulvehill/Photo Researchers, Inc.)

lograr el amor del sexo contrario, los niños resuelven su conflicto identificándose con el progenitor del mismo sexo. Esto se denomina a veces «identificación con el agresor», puesto que el niño ve al progenitor del mismo sexo como un rival y un agresor potencial.

Los teóricos del aprendizaje social consideran la identificación como el resultado de la imitación de un modelo, que puede ser el padre, o la madre o también un hermano o hermana, un vecino, un profesor, un compañero o una estrella de televisión o deportiva. Además, los niños a menudo se forman a sí mismos tomando diferentes características de distintas personas. Escogen su modelo basándose en dos características principales, poder e interacción protectora (Bandura y Huston, 1961). La explicación de la teoría del aprendizaje social en el caso de la identificación del *rol* sexual será tratada más adelante en este capítulo.

Según Jerome Kagan (1958, 1971), la identificación se establece y se fortalece mediante cuatro procesos interrelacionados:

1 *Los niños quieren ser como el modelo:* un chico, por ejemplo, siente que si llega a ser como su ídolo deportivo, será capaz de hacer lo que el atleta puede hacer.
2 *Los niños creen ser como el modelo:* sienten que se parecen al modelo, dicen los mismos chistes que él, andan como él. La identificación con un padre o madre está a menudo apoyada por los comentarios de otras personas («tienes los ojos de tu padre»).
3 *Los niños experimentan emociones como las que el modelo siente:* cuando una niña pequeña ve a su madre llorar por la muerte de su hermano, la niña se siente triste y llora también, no por el tío al que escasamente conocía, sino porque la tristeza de su madre le hace sentirse triste.
4 *Los niños actúan como el modelo:* en los juegos y en conversaciones diarias, a menudo adoptan sus maneras, inflexiones de voz y formas de expresarse. Más de una vez un padre se sorprende de oír sus propias palabras y en su propio tono de voz saliendo de la boca de su hijo.

A través de la identificación, los niños creen tener las mismas características que el modelo. Por lo tanto, cuando se identifican con un modelo atractivo y competente, los niños se sienten contentos y orgullosos. Cuando el modelo es inadecuado, se sienten infelices e inseguros.

EL VINCULO ENTRE HERMANOS

Si usted tiene hermanos, sus relaciones con ellos serán probablemente las de mayor duración que llegue a tener con persona alguna en la vida. Se inician en la infancia mucho tiempo antes de conocer a su futura esposa o marido, y pueden acabar en la senectud, probablemente mucho después de la muerte de sus padres. La intensidad y el carácter especial de estas relaciones difícilmente aparecen en otras. Son las personas que comparten sus mismas raíces, que emergen de la misma fuente de valores, que discuten con usted más objetivamente que sus propios padres y más cándidamente que cualquier persona distinta que usted pueda conocer.

Las relaciones con los hermanos son probablemente más importantes de lo que eran en el pasado debido a diversos cambios en la sociedad (Cicirelli, 1980). Con los altos índices de divorcio y de nuevos matrimonios existentes hoy día, los hermanos tienden a aproximarse más entre ellos que a sus padres o padrastros. Otro cambio viene de la responsabilidad creciente de los hijos de mediana edad en el cuidado de padres ancianos, una carga que puede suponer una relación entre hermanos más próxima o encender antiguas rivalidades. No sorprende, pues, que las relaciones fraternales tengan una importancia fundamental en la vida. Lo sorprendente es la escasa investigación existente sobre este tipo de relación.

Hasta hace pocos años, el único interés sobre la influencia entre los hermanos se basaba en el orden de nacimiento y sus efectos en el desarrollo. Sin embargo, en los últimos años los investigadores se han mostrado más interesados en la interacción entre hermanos que en la existente entre los padres y sus distintos hijos, en la forma en que los vínculos fraternales afectan a los individuos a través de la vida y no sólo en la infancia, y en el proceso más que en los efectos (Lamb, 1982).

La mayoría de las personas crecen al menos con un hermano, y la influencia del uno sobre el otro se inicia incluso antes del nacimiento del segundo hijo, afectando el futuro nacimiento tanto a los padres como al primer hijo. La rivalidad potencial se presenta en el cercano «destronamiento» del primer hijo, hecho que fue indicado por primera vez por Alfred Adler (1928), discípulo de Freud. Adler no inventó la noción de rivalidad entre hermanos, presente desde los tiempos de Caín y Abel, pero subrayó la importancia de los sentimientos de competencia, envidia y hostilidad en el desarrollo de la personalidad.

A pesar de que cierta rivalidad existe siempre en todas las relaciones entre hermanos, no tiene por qué ser el tema dominante. A menudo están por encima los aspectos positivos de los vínculos fraternales, como son la capacidad de cada hermano de aprender del otro y disfrutar de su compañía, el apoyo mutuo ante presiones de extraños e incluso de los padres, y la seguridad formada por la familiaridad y experiencias compartidas. Los vínculos entre hermanos preadolescentes a menudo se convierten en una relación confidencial y en el origen de apoyo emocional (Lamb, 1982), y muchas de estas relaciones tienden a permanecer durante la edad adulta y a menudo hay una mayor aproximación durante la vejez (Cicirelli, 1982).

APARTADO 12-2

COMO LOS DIFERENTES ESTILOS DE EDUCAR DE LOS PADRES AFECTAN A SUS HIJOS

¿Por qué un niño es perseverante y otro, en cambio, se frustra enseguida ante las dificultades?

¿Por qué un niño es independiente y otro no? ¿Uno está dispuesto a luchar a la más mínima provocación y otro rechaza pelear? Una respuesta, como hemos visto, se relaciona con el temperamento básico con el que nacen los niños. Otra influencia muy importante sobre su estilo de comportamiento es el ambiente emotivo, la forma como son tratados por sus padres.

La psicóloga Diana Baumrind trató de descubrir las relaciones existentes entre los distintos estilos de educar a los niños y la competencia social de éstos. Dirigió sus propios estudios en 95 familias que tenían los niños en guarderías. Mediante una combinación de extensas entrevistas, tests estandarizados y observaciones en la escuela y en casa identificó tres categorías en la manera de actuar los padres respecto a sus hijos y las relacionó

con las conductas de los niños (Baumrind, 1967; Baumrind y Black, 1967).

Los padres *con autoridad* ejercen un firme control cuando es necesario, pero explican su posición y animan a sus hijos a que expresen sus opiniones. Se sienten seguros en su capacidad para guiar a sus hijos, mientras respetan los intereses, opiniones y la personalidad única de los mismos. Combinan un firme control con apoyo y amor. Los niños saben lo que se espera de ellos, que se comporten bien, que cumplan sus compromisos y lleven a cabo sus obligaciones en el ámbito familiar. Saben cuándo satisfacer esas expectativas y cuándo vale la pena arriesgarse al enfado de sus padres para lograr algún otro objetivo. Parecen prosperar de acuerdo a niveles realistas y, de acuerdo también a las razonables expectativas de sus padres, son los que muestran más confianza en sí mismos, mayor autocontrol y son los más

asertivos, curiosos y satisfechos.

Los padres *autoritarios* valoran la obediencia incuestionable y castigan a sus hijos con la fuerza al no cumplir lo que ellos consideran un nivel adecuado. Son bastante fríos, controladores y distantes. Sus hijos tienden a estar descontentos, ser recelosos o introvertidos.

Los padres *permisivos* piden poco a sus hijos, establecen pocas reglas y raramente los castigan. A la edad preescolar estos niños son inmaduros y son los que tienen menor confianza en sí mismos, menor autocontrol y curiosidad.

Este trabajo ha supuesto importantes logros en la forma de educar a los hijos. Pero antes de concluir tenemos que recordar lo que aportan los hijos a las familias. El temperamento con el que nacen influye en sus padres. Es posible, por ejemplo, que un niño «fácil» provoque que los padres actúen «con autoridad», mientras que uno «difícil» puede llevarlos a actuar con «tiranía».

¿Cómo pueden los padres lograr hijos competentes, socialmente responsables e independientes? Diana Baumrind (1970) sugiere enseñar mediante el ejemplo, esto es, comportándose de la manera como quiere que su hijo se comporte; recompensando las conductas que quiere apoyar y penalizando las que quiera desalentar, y dando explicaciones en ambos casos; mostrando interés en sus hijos y concediendo su aprobación sólo cuando el niño se la ha ganado; pidiendo el cumplimiento de las normas, pero mostrándose abierto al punto de vista del niño, y apoyando las ideas originales. (© Michal Heron, 1981/Woodfin Camp y Assoc.)

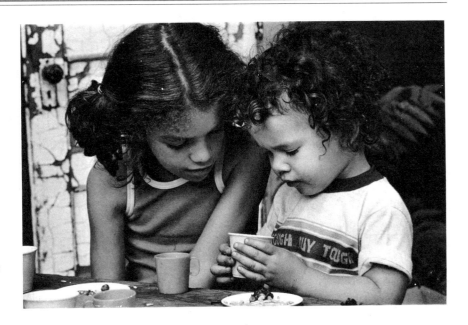

Aunque las relaciones entre hermanos son las de mayor duración a lo largo de la vida de muchas personas, los psicólogos sólo han empezado recientemente a estudiarlas para conocer cómo afectan a cada persona. (Jean Claude Lejeune/Stock, Boston.)

APRENDIENDO A RELACIONARSE CON LOS IGUALES

Ya desde la infancia los seres humanos somos criaturas sociables intensamente interesadas en otras personas y especialmente cuando son de nuestro mismo tamaño. Incluso los niños muy pequeños se fascinan con otros niños. Desde los 6 meses de edad los niños reirán, tocarán y balbucearán junto a otro niño y probablemente llorarán si algún otro niño próximo a él ha estado llorando durante algún tiempo (Vandell, Wilson y Buchanan, 1980; Hay, Pederson y Nash, 1982). Estas conductas son más comunes al final del primer año y ocurrirán con mayor frecuencia cuando los niños no son distraídos por la presencia de adultos o de juguetes.

Los niños pequeños se vuelven cada vez más sociales y su sociabilidad tiene una mayor intencionalidad. A la edad de 10 meses un niño puede entregar un juguete a otro niño, pero puede hacerlo tanto estando el niño de espaldas como si no. Durante el segundo año de vida las aptitudes sociales mejoran y aprende en qué momento ofertas de este tipo tienen más posibilidades de ser aceptadas y cómo responder a las ofertas de otros niños (Eckerman y Stein, 1982).

Aunque los niños pequeños son activos para relacionarse con otros niños, las verdaderas amistades no aparecen hasta después de los 3 años de edad. Incluso a esta edad la amistad es relativamente primitiva en comparación con la forma que tomará en años posteriores. Las variadas formas en que los niños de distintas edades piensan sobre la amistad aparece, de modo sorprendente, en un reciente estudio sobre la forma en que se desarrollan a lo largo de la vida las ideas sobre esta importante relación. Robert y Anne Selman (1979) entrevistaron a más de 250 individuos de edades comprendidas entre los 3 y los 45 años para obtener una adecuada perspectiva del desarrollo de la amistad.

Hasta los 9 años de edad los niños definían la amistad en función de sí mismos. El preescolar egocéntrico piensa según su propia conveniencia («ella es mi amiga, vive en mi calle»). Los niños algo más mayores consideran a un buen amigo como aquel que hace lo que *ellos* quieren que haga («ya no es mi amigo, porque no quiso venir conmigo cuando yo quería que él viniese»). A

Incluso los niños pequeños muestran especial interés en otros niños, y las verdaderas amistades emergen en algún período a partir de los 3 años, convirtiéndose en algo cada vez más importante en la vida de los niños. Hasta aproximadamente los 9 años los niños acostumbran a definir la amistad en función de sus propias necesidades y, después, con su capacidad para ponerse en el lugar de otros, desarrollan más el sentido de la reciprocidad. (Ira Berger, 1981/Woodfin Camp y Assoc.)

los 9 años, cuando los niños se encuentran en el período de las operaciones concretas y con la flexibilidad de pensamiento que este desarrollo supone, hacen amistades con un carácter más recíproco. Todavía los niños de esta edad pueden ser posesivos y envidiosos de otras amistades de sus amigos. Con la llegada de la adolescencia respetan las necesidades de sus amigos para la mutua dependencia y la autonomía. Los amigos revisten especial importancia durante estos años de transición entre la infancia y la edad adulta, ya que al romper con la dependencia de sus padres, interpretan diferentes roles en el proceso para conseguir su identidad y experimentan diferentes maneras de ser (Selman y Selman, 1979; Coleman, 1980).

VARON Y MUJER: DIFERENCIAS DE SEXO Y ROLES SEXUALES

Si usted dedicase un día a visitar una guardería, vería niños y niñas dedicados a docenas de actividades distintas. En un lugar vería el rincón de «cuidar la casa», y lo más probable es que sean niñas las que se encuentren en esta esquina, jugando a muñecas, «cocinando», limpiando. En otra parte vería una pelea, y lo más usual es que sea entre dos niños. Tanto en nuestra sociedad como en otras, las niñas y mujeres tienen mayor instinto de crianza y emplean más tiempo cuidando a otras personas, mientras que los niños y los hombres se muestran más agresivos y utilizan más energía en enfrentamientos físicos.

¿Qué es lo que explica estas diferencias? ¿Cuáles son las otras diferencias entre los sexos? ¿Cuáles son las implicaciones de estas diferencias para el buen desarrollo de chicos y chicas?

¿Hasta qué punto son diferentes los varones y las mujeres?

DIFERENCIAS FISICAS   Aparte de las anatomías distintas en el momento de la concepción, aparecen otras diferencias biológicas entre los sexos. Los varones y las mujeres nacen con distintos pares de cromosomas (cromosomas sexuales XX para ellas y XY para ellos), diferencia que parece dar a las mujeres una ventaja inmediata y duradera.

Los varones son desde la concepción más vulnerables en diversas formas. A pesar de que por cada 100 mujeres son concebidos entre 120 y 170 varones, sólo nacen 106 varones por cada 100 mujeres. Los varones tienen mayor probabilidad de nacer muertos, de fallecer en el primer año de vida o ser víctimas de un aborto involuntario (Rugh y Shettles, 1971; U. S. Department of Health and Human Services, 1983), y «hasta en la edad adulta es difícil encontrar condiciones patológicas de mayor incidencia en las mujeres que en los hombres» (Shepherd-Look, 1982, pág. 408). A todas las edades el índice de mortalidad de los varones es mayor que el de las mujeres (Lewis y Lewis, 1977).

¿Por qué los varones son más vulnerables? Se dan diversas explicaciones: los genes «protectores» en el cromosoma X, los genes «nocivos» en el cromosoma Y y los mecanismos más eficientes en las mujeres para la formación de anticuerpos contra las infecciones (Purtilo y Sullivan, 1979). Sea cual sea la causa de la vulnerabilidad varonil, las situaciones de pobreza la agravan, lo que muestra la interacción entre la biología y el ambiente (Birns, 1976).

DIFERENCIAS PSICOLOGICAS Eleanor Maccoby y Carol Jacklin (1974), en un análisis muy importante de entre los más de 2.000 estudios sobre el tema, encontraron muy pocas diferencias claras entre chicos y chicas. Sólo se muestran consistentemente dos diferencias cognitivas que se desarrollan normalmente en la infancia y que después de los 10 u 11 años disminuye notoriamente: las niñas tienen más facilidad en las tareas que supongan habilidad lingüística y los niños en las que se refieren a las matemáticas y las relaciones espaciales (la habilidad, por ejemplo, para darse cuenta que un objeto es el mismo, aunque visto desde ángulos diferentes). Desde la temprana infancia hasta la edad adulta los niños son más agresivos físicamente. Investigaciones recientes indican que las niñas muestran más empatía (Hoffman, 1977). Es llamativa la conclusión de que los niños y las niñas tienen mucho más en común de lo que se diferencian.

¿Qué es lo que hace a los sexos diferentes el uno del otro?

LAS HORMONAS Y SUS EFECTOS Una diferencia básica entre los sexos es el distinto equilibrio hormonal. Todos los embriones inician la vida con estructuras corporales femeninas, y no es hasta la sexta semana cuando los andrógenos (hormonas sexuales masculinas, sobre todo la testosterona) inundan los cuerpos de los niños destinados a ser varones e inician la formación de estructuras corporales masculinas (Money y Ehrhardt, 1972; Hoyenga y Hoyenga, 1979). Estas hormonas son responsables del desarrollo de los órganos sexuales masculinos internos y externos. La estructura básica es femenina. Si no se añade nada, el animal se desarrollará como hembra.

En los últimos años, un conjunto de investigadores ha estudiado los efectos de las hormonas sexuales en el desarrollo de las estructuras cerebrales. La investigación con animales muestra que la circulación de hormonas, antes o en el momento del nacimiento, puede causar diferencias sexuales en la conducta y aunque es arriesgado deducir conclusiones sobre los seres humanos, algunos científicos, en base a experimentos con ratas, cobayas, perros, ovejas e incluso monos, creen que puede haber semejanzas (Hines, 1982).

Aunque las distintas especies se desarrollan de forma diferente, en general, bajos niveles de hormonas sexuales antes o en el momento de nacer suponen que el animal muestre características femeninas, mientras que altos niveles suponen normalmente conductas masculinas. Los investigadores han llegado a esta conclusión tras realizar numerosos experimentos con animales en los que manipulaban los niveles hormonales. Aunque por razones éticas y prácticas esto no puede realizarse con seres humanos, gran parte de la investigación con ellos ha tenido en cuenta dos tipos de sujetos: individuos expuestos antes de nacer de manera poco usual a las hormonas e individuos nacidos con ciertos trastornos, como una producción anormal de hormonas sexuales.

Algunos investigadores han tratado de explicar las diferencias de comportamiento en función de las hormonas (Ehrhardt y Money, 1967). Nueve niñas, cuyas madres habían recibido progesterona sintética durante el embarazo, nacieron con órganos sexuales externos anormales. Tras la operación, las niñas tenían una apariencia normal y fueron capaces de una reproducción femenina normal. Aunque tratadas como niñas desde el nacimiento, tenían ciertos rasgos «masculinos», les gustaba jugar con camiones y pistolas y competir con chicos en deportes activos. Puede haber algo en la masculinización fetal que afecte a la parte del sistema nervioso central que controla las conductas de utilización de la energía. Sin embargo, quizás pueda explicarse el hecho debido a que los padres pueden haber estado influidos por la masculinidad genital de sus hijas al nacer o que la propia conciencia de las niñas de sus problemas endocrinos les pueda haber llevado a una conducta con rasgos «masculinos». Además, este tipo de conducta es más habitual de lo que se cree, y, puesto que no había grupo de control, no sabemos si esas niñas se separaban mucho de lo normal.

CEREBROS «MASCULINOS» Y «FEMENINOS»   Otra línea de investigación trata de explicar las causas de las diferencias cognitivas entre varones y hembras en función de las diferentes estructuras cerebrales, que cabe considerar que sean causadas por la acción de las hormonas sexuales. Esta línea de razonamiento se basa en estudios que parecen probar que el cerebro de los varones está más especializado en la actividad de los hemisferios, mientras que los cerebros de las mujeres son más flexibles, y que los varones tienen más desarrollado el hemisferio derecho y las mujeres el izquierdo.

Dos neurólogos, que compararon a 19 varones de 20 a 30 años de edad que sufrían *hipogonadismo hipogonadotrófico idiopático* (una alteración que causa una baja producción de hormonas en la pubertad) con hombres normales, encontraron que los que tenían bajos niveles hormonales obtenían peores resultados en las tareas de relación espacial como identificación de formas geométricas camufladas con líneas falsas o construcción de diseños geométricos con bloques (Hier y Crowley, 1982). Concluyeron, por tanto, que los andrógenos parecían responsables del desarrollo de las aptitudes espaciales.

A pesar de que esta línea de investigación puede conducirnos a cruciales conclusiones, no hemos alcanzado todavía este punto. Por una parte, las muestras en estos estudios son a menudo bastante reducidas, y al igual que los estudios mencionados anteriormente, los sujetos habían recibido una gran cantidad de atención popular y científica. Por otra parte, las diferencias sexuales en el funcionamiento de las partes derecha e izquierda del cerebro son tan pequeñas que sólo análisis estadísticos muy sofisticados pueden detectarlas. Las variaciones entre las personas del mismo sexo son siempre mayores que las diferencias medias entre varones y mujeres, y no llegan a explicar las grandes diferencias en el comportamiento.

Por otro lado, las diferencias sexuales que aparecen en las tareas de relaciones espaciales no aparecen en todas las culturas. Parece ser especialmente significativo de las culturas que, como la nuestra, esperan que esto suceda. Las personas lo intentan con más esfuerzo cuando esperan que salga bien: si las mujeres no esperan buenos resultados en las tareas espaciales, su ansiedad aumentará y serán más propensas a abandonarlos; si los hombres que no se ven a sí mismos como plenamente masculinos creen que las relaciones espaciales son una tarea para «hombres de verdad», reaccionarán de la misma manera (Kagan, 1982).

INFLUENCIAS DEL AMBIENTE En algunos casos las pequeñas diferencias existentes entre sexos son alentadas y acentuadas por presiones sociales. En otros casos es la cultura, en realidad, la que crea las diferencias, aparentemente como parte de un fenómeno universal que ordena que ciertas actividades deben ser apropiadas para las mujeres y otras para los varones. La flexibilidad de esta regla queda subrayada por el hecho de que los roles difieren de una cultura a otra. ¿Cómo se transmiten, por tanto, estas creencias en cualquier cultura?

¿Qué hacen los padres?

Incluso en estos tiempos «más liberales» los padres tratan a sus hijos e hijas de forma diferente desde la infancia, a menudo sin darse cuenta. En un estudio con mujeres que tenían hijos pequeños de ambos sexos y que afirmaban no hacer diferencias entre niños y niñas, se les dio la oportunidad de jugar con bebés de 6 meses de edad señalados como niños o niñas. Cuando estas mujeres creían que el bebé era niña, eran más propensas a ofrecerle una muñeca, mientras que si creían que era niño, ofrecían habitualmente un tren (Will, Self y Datan, 1976).

Los padres, por otro lado, suelen dedicarse más activamente a sus hijos varones (Moss, 1967; Shepherd-Look, 1982) y a tratarlos de forma más ruda (Yarrow, Rubenstein y Pederson, 1971). Las madres con educación superior y de clase media hablan más a sus hijas que a sus hijos (Maccoby y Jacklin, 1974).

En muchos aspectos, sin embargo, los padres tratan de la misma manera a sus hijos que a sus hijas. Esperan lo mismo de ellos en lo referente al vestirse y bañarse por sí mismos, les ponen similares límites para alejarse de la casa y mantienen semejantes actitudes agresivas, y las madres al menos mantienen expectativas similares en lo referente a la competencia. Pero desde la infancia de sus hijos el padre muestra conductas más en consonancia con el sexo. Tiende a conceder mayor atención a sus hijos varones, subraya en ellos la competitividad, mientras que en las hijas las buenas relaciones, y tiende a apoyar la dependencia en sus hijas y el logro, las grandes metas y el éxito en el trabajo, en sus hijos (Shepherd-Look, 1982).

Mensajes en los medios de comunicación

En el momento en que un niño típico obtiene el diploma de escuela superior ha visto más de 15.000 horas de televisión, incluyendo 360.000 anuncios (Action for Children's Television, 1975). ¿Qué mensajes le comunican?

Los niños habrán visto doble cantidad de varones que de mujeres en la pequeña pantalla y habrán observado sus distintas formas de actuar; en realidad, más diferentes que las personas de la vida real. Los varones en televisión son más propensos a ser agresivos y a planear o construir algo, mientras que las mujeres son más sumisas o inactivas. Ellos recibirán probablemente una recompensa por su actividad y escaparán al castigo de sus actuaciones agresivas, mientras que para ellas sus actos probablemente no supondrán ninguna consecuencia, excepto cuando abandonan el *rol* femenino y se mueven con mayor rapidez y actividad. En los anuncios las mujeres son amas de casa aguardando a sus maridos e hijos y sin recibir nada a cambio. Incluso en lo referente al cuidado de la casa son inferiores a los expertos masculinos, y su principal interés en la vida, aparte de su familia y de su hogar, parece ser el de embellecerse (Sternglanz y Serbin, 1974; Mamay y Simpson, 1981). No es extraño que los niños que ven mucha televisión desarrollen más actitudes favorables hacia el rol sexual tradicional que los que la ven muy poco (Frueh y McGhee, 1975). Estudios similares de análisis de contenidos han encontrado conductas y actitudes sexuales estereotipadas en los libros para niños (Weitzman, Eifler, Hokada y Ross, 1972; Weitzman y Rizzo, 1974).

Actitudes culturales   En los años 30 la antropóloga Margaret Mead (1935) demostró firmemente la influencia de la cultura en las conductas masculina y femenina a través de un estudio de tres tribus de Nueva Guinea, cuyos modelos de comportamiento no se ajustaban a los típicos estereotipos. Entre los Arapesh, *tanto* los varones *como* las mujeres eran «plácidos y tranquilos, no agresivos, sin iniciativa, no competitivos, sensibles, cálidos, dóciles y confiados» (pág. 56) y con sentido de la crianza hacia sus hijos. Entre los caníbales Mundugumor se supone que «*tanto* los varones *como* las mujeres son violentos, competitivos, sexualmente agresivos, celosos y dispuestos a vengar el insulto, disfrutando con la disputa, la pelea y la acción» (pág. 23). El varón o la mujer que de vez en cuando se muestran dulces o cuidadosos son marginados socialmente. La tribu Tchambuli espera distintas actitudes de los varones y las mujeres, pero de forma opuesta a la mayoría de las sociedades. La mujer es dominante, impersonal y trabajadora, mientras que el varón es menos responsable, más preocupado por su apariencia personal y más dependiente emocionalmente.

En muchas culturas los varones son más agresivos, tienen más autoridad que las mujeres y normalmente realizan los trabajos físicos peligrosos y extenuantes, mientras que las mujeres se ocupan de los trabajos rutinarios del hogar. Estos modelos se desarrollan indudablemente porque el varón medio es más alto, pesado y musculoso que la mujer media, y la mujer es la que da a luz y cría a los niños. Hoy, sin embargo, cuando la mayoría de los trabajos los puede hacer tanto una mujer de 40 kilos de peso como un hombre de 90 y cuando las mujeres traen menos hijos al mundo y les dan el pecho durante un período más breve, las actitudes culturales sobre el *rol* sexual están cambiando, demasiado lentamente para algunos, demasiado rápidamente para otros.

Teorías sobre el desarrollo del rol sexual

Ya hemos explicado las diferencias sexuales desde los aspectos biológico y ambiental. Para explicar cómo interactúan estos factores formando personas que se consideran varones o mujeres y que actúan en función de ello, se han desarrollado tres teorías principales. De acuerdo con el pensamiento psicoanalítico, las diferencias sexuales son el resultado indirecto de la anatomía y de la identificación del niño con el progenitor del mismo sexo, lo que en muchos aspectos constituye un desarrollo de los complejos de Edipo y Electra. Las otras dos teorías de mayor actualidad son la *del aprendizaje social* y *la del desarrollo cognitivo*.

TEORIA DEL APRENDIZAJE SOCIAL   Algunos teóricos del aprendizaje social (cuyo punto de vista hemos estudiado en el capítulo 5) han defendido que los niños aprenden a actuar como varones o hembras imitando al progenitor del mismo sexo (especialmente cuando éste es visto como protector competente y poderoso) y son recompensados por comportarse de la forma que sus padres, y otros adultos, consideran apropiada y castigados por lo que es considerado inapropiado.

Aunque esta teoría parece tener parte de verdad, es difícil de probar. En primer lugar, aunque es cierto que los niños imitan a los adultos, las investigaciones muestran que no necesariamente imitan al progenitor del mismo sexo ni necesariamente a uno de los padres. Cuando se realizan tests de masculinidad o feminidad, los niños no se parecen más a sus padres que a un grupo aleatorio de padres, y aquellos que realizan el test de forma similar a sus padres no obtienen resultados más próximos al progenitor del mismo sexo que al otro (Hetherington, 1965; Mussen y Rutherford, 1963).

Además, Maccoby y Jacklin (1974) plantean dudas sobre el aspecto desempeñado por el refuerzo en la teoría anterior, ya que en sus estudios se concluye que los padres no tratan a sus hijos de forma distinta en función del sexo. En una crítica a esta conclusión Block (1978) considera que los estudios realizados por Maccoby y Jacklin podían no haber identificado las diferencias existentes en el trato debido a que su investigación se centra en la forma en que las madres (no los padres) tratan a sus hijos y porque la mayor parte de ésta se realizó con niños menores de 5 años. Puesto que los padres actúan de forma más diferenciada en función del sexo y puesto que la diferenciación sexual aumenta con la edad, los análisis que no tengan en cuenta estos factores deben ser rechazados. Otra posibilidad es que la transmisión por parte de los padres de los *roles* sexuales típicos puede ser tan sutil que no es posible reflejarla con los instrumentos de la investigación de los que dependemos.

TEORIA DEL DESARROLLO COGNITIVO   De acuerdo con esta teoría, propuesta por Lawrence Kohlberg (1966), las diferencias sexuales se producen como consecuencia natural del desarrollo cognitivo. Los niños no dependen de la imitación de otras personas que actúan como modelos encargados de premiar y castigar, tal como propone la teoría del aprendizaje social, sino que realizan una categorización activa de ellos mismos como «varones» o «mujeres» y organizan sus vidas en función de su propia categoría.

A la edad de 2 o 3 años un niño sabe que es un varón, decide que quiere hacer las cosas que se supone que los varones hacen, las hace y es recompensado al sentirse seguro en su identidad masculina. Entre los 5 y 7 años los niños adquieren lo que Kohlberg denomina «conservación del género», cuando se dan cuenta, que siempre serán varones o mujeres (en edades inferiores este conocimiento no está siempre presente, lo que se refleja en el comentario de Eric, un niño de 3 años de edad, a su madre: «Cuando crezca, quiero ser una mamá como tú para así poder jugar al tenis y conducir un coche»).

El concepto de *rol* sexual, por tanto, cambia en la misma medida que los progresos del desarrollo cognitivo. De hecho, los niños más brillantes son aquellos que más rápidamente se adaptan al estereotipo de *rol* sexual existente en su cultura. Dado que perciben las diferencias entre los sexos, aprenden rápidamente cuáles son las definiciones sociales de cada uno de los roles sexuales y trata de vivir de acuerdo a él (Greenberg y Peck, 1974).

Cómo influyen en nuestras vidas las ideas sobre las diferencias sexuales

A pesar de las demostradas semejanzas entre chicos y chicas, persisten abundantes mitos sobre la existencia de importantes diferencias entre ellos. Estos mitos toman forma en los estereotipos de roles sexuales, la creencia de que los varones y las mujeres tienen —y deben tener— ciertas características distintivas. Nuestra cultura, como otras sociedades del planeta, define ciertas conductas, emociones y actitudes como propias de los varones y de las mujeres. Se espera que los chicos sean dominantes, agresivos, activos, independientes y competitivos, mientras que se espera que las chicas tengan instintos maternales, sean complacientes y dependientes.

A una edad muy temprana los niños aprenden estos estereotipos. Incluso los niños de edades entre los 3 y los 6 años imaginan su vida adulta de forma diferente según sean niños o niñas; mientras los primeros esperan con ilusión las posibilidades de realizarse dentro de un amplio abanico de apasionantes carreras no orientadas a la familia, ellas se imaginan a sí mismas principalmente como madres, enfermeras o maestras (Papalia y Tennent, 1975).

La total aceptación total de las restricciones de una sociedad que produce discriminaciones en función del sexo tiene implicaciones de gran importancia. Los individuos a menudo niegan sus inclinaciones y habilidades naturales porque «no son masculinas» o «no son femeninas», forzándose con frecuencia a sí mismos para poder encajar en los modelos académicos y profesionales que esa sociedad define como adecuados. Estos estereotipos ejercen su mayor influencia en la edad adulta.

Sandra L. Bem (1974, 1976), convencida de que los estereotipos sobre los roles sexuales reprimen tanto a la mujer como al hombre impidiéndole alcanzar su verdadero potencial, desarrolló un nuevo concepto de bienestar psicológico, que mantiene que el individuo más saludable es aquel cuya personalidad presenta una combinación equilibrada de las características más positivas y apropiadas de uno y otro sexo. En otras palabras, una persona a la que Bem denomina andrógino puede ser perfectamente asertiva, dominante y con confianza en sí misma (rasgos «masculinos») tanto como compasiva, simpática y comprensiva (rasgos «femeninos»).

Bem (1976) descubrió que los estereotipos sexuales no permiten desarrollar todo su potencial a las personas incluso en las conductas más simples y rutinarias. Los «machos» no escogerán preparar un biberón o hacer punto, y las mujeres «femeninas» no escogerán clavar maderos o poner ladrillos, incluso aunque estas tareas «sexualmente cruzadas» les supusiese ganar más dinero que realizar tareas típicas de su sexo. El principal efecto de la femineidad en las mujeres no es la inhibición de conductas tradicionalmente masculinas, sino el inhibirse totalmente en las situaciones en que no están seguras de que es lo correcto. Por el contrario, los varones y mujeres andróginas muestran mayor libertad para juzgar una determinada situación sobre la base de sus propios criterios y para tomar la decisión o realizar la acción que les parezca más eficaz y no la más apropiada para su género.

Muchos psicólogos contemporáneos apoyan el objetivo de Bem de «liberar a la personalidad humana de la prisión del rol sexual estereotipado» (pág. 59), en el interés de lograr un buen desarrollo a través de la infancia, la adolescencia y la edad adulta.

En esta breve visión de la infancia hemos visto los importantes progresos que los niños hacen en los tres campos tratados —físico, cognitivo y psicosocial—. Hemos visto también cómo influyen en el desarrollo numerosos y diferentes factores. Sigámoslos ahora en la adolescencia y en la edad adulta, donde se enfrentarán a la tarea de definir su identidad individual y de dar sentido a su vida.

RESUMEN

1   El concepto de *infancia* como una época distinta de la vida con características especiales y diferentes de las de la edad adulta es relativamente nuevo. Hasta el siglo XVIII los niños eran considerados versiones en miniatura, débiles y mudas de los adultos.

2   Los psicólogos evolutivos emplean diversas técnicas para estudiar el desarrollo. Las dos principales técnicas de recogida de datos son la *transversal* y la *longitudinal*. En el método transversal los psicólogos comparan a individuos de distintas edades en un mismo tiempo para determinar las *diferencias según la edad* en el comportamiento, habilidades y pautas de crecimiento. En el método longitudinal los psicólogos investigan el desarrollo de uno o más individuos durante diversos períodos de su vida, obteniendo información sobre los *cambios a través de los años*. Ambos métodos tienen sus ventajas y sus inconvenientes.

3   Los psicólogos evolutivos tratan de describir, explicar, predecir y modificar los cambios que tienen lugar en función del desarrollo. Las teorías propuestas por *Sigmund Freud*, *Erik Erikson* y *Jean Piaget* tratan el desarrollo *psicosexual, psicosocial* y *cognitivo*, respectivamente, como un proceso que tiene lugar en una serie de etapas.

4   El *período neonatal* comprende las dos primeras semanas en la vida de un niño normal. Es el período de transición de la vida prenatal a la posnatal. Los recién nacidos son sorprendentemente competentes; pueden utilizar todos sus sentidos y exhiben gran variedad de respuestas especializadas.

5   Tanto el crecimiento físico como el desarrollo motor están profundamente afectados por la maduración. Durante los tres primeros años de vida el niño crece más rápidamente que en ninguna otra época en su vida. Este ritmo de crecimiento irá en descenso hasta que el niño alcance el período anterior a la pubertad alrededor de los 12 años. El *principio cefalocaudal* indica que el desarrollo sigue la dirección de la cabeza a los pies, desarrollándose antes las partes superiores que las inferiores. El *principio proximodistal* indica que el desarrollo se dirige de dentro a fuera, desarrollándose antes las partes del cuerpo cercanas al centro que las extremidades.

6   Los *reflejos* son reacciones involuntarias a determinados estímulos. En sus primeros meses el niño muestra un conjunto de reflejos primitivos que desaparecerán con el progreso en el desarrollo neurológico.

7   De acuerdo con Jean Piaget, los niños construyen de forma activa su propio mundo cognitivo. Piaget considera que el *desarrollo cognitivo* tiene lugar de acuerdo a una secuencia invariante de cuatro períodos que, en términos generales, están relacionados con la edad: *sensoriomotor* (del nacimiento a los 2 años), *preoperatorio* (de 2 a 7 años), de las *operaciones concretas* (de 7 a 11 años) y de las *operaciones formales* (de 12 años en adelante, o quizá nunca para determinados individuos). Estos períodos representan cualitativamente las distintas formas en que los niños se adaptan y piensan acerca del mundo. Durante el período sensoriomotor, el niño adquiere el concepto de *permanencia del objeto,* la comprensión de que las personas y los objetos no dejan de existir cuando están fuera del campo de visión. Durante el estadio preoperatorio, los niños son más eficientes en el uso de *símbolos*. Su pensamiento muestra un alto grado de *egocentrismo*, o falta de capacidad para considerar el punto de vista de otro. En el período de las operaciones concretas, empiezan a pensar de forma abstracta. Entienden conceptos como *número, clasificación* y *conservación*. Durante el período de las operaciones formales, los individuos son capaces de pensar abstractamente, de comprobar hipótesis y trabajar con problemas no presentes físicamente. No todas las personas llegan al período de las operaciones formales.

8   Investigaciones recientes muestran que el niño *aprende* desde el primer día. También realiza rápidos progresos en el uso de la *memoria*. En segundo curso, utilizan espontáneamente el *repaso* como una estrategia de memorización; en quinto curso, usan el *agrupamiento* y el *fraccionamiento* («*chunking*»).

9   Erik Erikson propuso una teoría del *desarrollo psicosocial* que comprende ocho etapas a lo largo de toda la vida. Cada etapa depende de la solución con éxito de una crisis. La forma en que cada individuo resuelve cada crisis afecta al desarrollo de su personalidad. Las cuatro etapas de la infancia son: *confianza básica frente a desconfianza básica* (del nacimiento hasta los 12 meses); *autonomía frente a vergüenza y duda* (de los 18 meses a los 3 años); *iniciativa frente a culpa* (de los 3 a los 6 años), y *laboriosidad frente a inferioridad* (de los 6 a los 12 años).

10 Investigaciones recientes sugieren que incluso los niños de pocos meses experimentan un conjunto de *emociones y de expresiones emocionales*. Existen diferencias individuales en el temperamento o estilos característicos de respuesta que están presentes desde el nacimiento. De acuerdo con los hallazgos de un importante estudio longitudinal, los niños pueden ser clasificados en tres tipos: *fáciles, difíciles y los que «tardan en entrar en calor»*. El temperamento de un niño puede influir en la forma en que los demás reaccionan frente a él.

11 El *apego* es una relación recíproca, cariñosa y activa entre dos personas. Los niños forman relaciones de apego no sólo con sus madres, sino también con sus padres y otras personas. Los niños pueden ser diferenciados en función de su nivel de apego. Así, estarían los de *fuerte apego*, los *evasivos* y los *ambivalentes*.

Parece ser que estos modelos influyen en el desarrollo posterior.

12 La *ansiedad ante los extraños* es una cautela normal que tiene lugar entre los 8 y 12 meses. No todos los niños muestran ansiedad ante los extraños.

13 La *identificación* es el proceso a través del cual un niño adopta valores y conductas de otra persona o un grupo. Los psicoanalistas consideran que es el resultado de la identificación con el agresor (progenitor del mismo sexo), lo cual es un desarrollo de los complejos de Edipo y Electra. Los teóricos del aprendizaje creen que la identificación es el resultado de la observación e imitación de modelos.

14 Diana Baumrind ha identificado tres estilos en la educación del niño: *con autoridad, autoritaria y permisiva*. La técnica empleada influye en el desarrollo del niño.

15 Ya desde la infancia los seres humanos expresan interés por sus semejantes. El grupo de *compañeros* se convierte en lo más importante cuando el niño entra en el período medio de la infancia.

16 Hay ciertas diferencias físicas y psicológicas entre los sexos. Los varones parecen ser más vulnerables a los problemas físicos. Las mujeres destacan en las habilidades verbales, y los varones en las habilidades matemáticas y espaciales. Se han propuesto una gran variedad de teorías para explicar dichas diferencias.

Estas incluyen los efectos hormonales, diferencias entre cerebros «masculinos» y «femeninos», los medios de comunicación y las actitudes culturales.

17 Las tres teorías principales del desarrollo del rol sexual son la *psicoanalítica*, la del *aprendizaje social* y la del *desarrollo cognitivo*. La teoría psicoanalítica considera las diferencias en función del sexo el resultado de la resolución de los complejos de Edipo y Electra. Los teóricos del aprendizaje social proponen que el niño aprende a actuar como niño o niña mediante la observación y la imitación de modelos (de forma más frecuente el progenitor del mismo sexo) y mediante el refuerzo de las conductas apropiadas. Los teóricos del desarrollo cognitivo creen que las diferencias en función del sexo están relacionadas con la comprensión intelectual del niño de que es de un sexo particular y por lo tanto se espera que actúe de una determinada forma.

18 Los *estereotipos de rol sexual* son las creencias de que los varones y las mujeres *deberían* tener ciertas características (distintas). Por ejemplo, los niños *deberían* ser dominantes y agresivos, mientras que las niñas *deberían* ser dependientes y complacientes. Sandra Bem sostiene que la personalidad idónea es la que integra las características positivas consideradas como convenientes para uno y otro sexo. Un individuo así es denominado *andrógino*.

LECTURAS RECOMENDADAS

Bringuier, J. (1980). *Conversations with Jean Piaget*. Chicago: University of Chicago Press. Catorce conversaciones con Piaget que nos ofrecen una visión tanto de él mismo como de su teoría del desarrollo cognitivo.

Kaplan, A. G., y Sedney, M. A. (1980). *Psychology and sex roles: An androgynous perspective*. Boston: Little, Brown. Completo tratado de la naturaleza y medida de la androgenia, realizada mediante el impacto de la socialización del *rol* sexual en la infancia y en la edad adulta.

Lamb, M. E. (Ed.) (1981). *The role of the father in child development* (2d ed.). New York: Wiley. La más completa recopilación de información sobre el efecto del padre en el desarrollo del niño, escrito por los principales investigadores de la influencia paterna.

Lamb, M. E., y Sutton-Smith, B. (Eds.) (1982). *Sibling relationships*. Hillsdale, N. J.: Lawrence Erlbaum Associates. Recopilación de artículos a cargo de destacados investigadores, centrada en la relación entre hermanos a lo largo de la vida.

Lewis, M., y Michalson, L. (1983). *Children's emotions and moods*. New York: Plenum. Discusión sobre el desarrollo de la emoción y el complejo tema de su medida.

Papalia, D. E., y Olds, S. W. (1982). *A child's world: Infancy through adolescence* (3d ed.). New York: McGraw-Hill. Una descripción del desarrollo de dos niños «típicos», Vicky y Jason, a través de los cuales las autoras de la obra describen el desarrollo social, físico, intelectual y de la personalidad durante la infancia y la adolescencia.

Parkes, C. M., y Stevenson-Hinde, J. (Eds.) (1982). *The place of attachment in human behavior*. New York: Basic Books. Recopilación de artículos sobre el impacto del apego a lo largo de la vida.

DE LA ADOLESCENCIA EN ADELANTE

CUESTIONES CLAVE

Cómo la capacidad de desarrollo continúa a partir de los 12 años.

Importancia del amor y el trabajo en los años posteriores a la infancia.

La búsqueda de la identidad, que destaca en la adolescencia, continúa a lo largo de toda la vida adulta.

Cómo nos afecta física, intelectual y emocionalmente el envejecimiento.

Cómo trata el tema de la muerte el moribundo y el superviviente.

La adolescencia es el período que nos sitúa entre la infancia que dejamos atrás y la edad adulta en la que nos embarcamos. En términos generales, se tiende a aceptar la definición de madurez de Sigmund Freud, a saber: la capacidad de amar y trabajar. En culturas menos sofisticadas, el adolescente es considerado como un adulto, preparado para asumir responsabilidades de trabajo, preparado para casarse, tener hijos y educarlos. En sociedades más complejas como la nuestra, el adolescente es considerado todavía un niño en la mayoría de los aspectos.

Ya vislumbra vagamente el adulto en qué se va a convertir, al desarrollar nuevas proporciones corporales y al dedicarse más profundamente a las tareas que absorberán el resto de su vida: conseguir una firme comprensión de sí mismo, encontrar y concentrarse en el trabajo de la propia vida y formar adecuadas relaciones íntimas que tanto tienen que ver con la felicidad y el bienestar. Las tareas específicas varían a través de las etapas de adolescencia, juventud, edad adulta media y vejez, pero siempre *hay* cuestiones por resolver. Siempre existen más preguntas que respuestas. Y mientras seguimos buscando respuestas, seguimos desarrollándonos.

ADOLESCENCIA

Por todos los cambios físicos que comporta y por ser el anuncio de lo que será la edad adulta, esta etapa marca el renacer del ser humano. El adolescente, transcurrida su pubertad, parece tan diferente de cuando era niño como la mariposa que sale del capullo lo parece de su estado original de oruga. No hay nada sutil ni gradual en esta transformación. Tras el desarrollo paso a paso de la infancia, los cambios en la adolescencia surgen como una tormenta repentina. La totalidad de la forma corporal cambia de tal modo que parece ya un adulto, aunque sus emociones y sus capacidades intelectuales no se encuentran al mismo nivel de madurez. Se ve diferente. Su vida está afectada por un nuevo ritmo que perdurará en las siguientes décadas. Los adolescentes son poco a poco absorbidos por las preocupaciones adultas.

Este proceso se inicia con la pubescencia. En esta etapa de rápido crecimiento maduran las funciones reproductivas, los órganos sexuales y aparecen los caracteres sexuales secundarios (los que no están directamente

Las niñas llegan a la adolescencia antes que los niños, y alcanzan la pubertad casi dos años antes que ellos. De los 11 a los 13 años las chicas suelen ser más altas, con mayor peso y más fuertes que los chicos de su misma edad, diferencia que se refleja en los primeros bailes. (© Donald Dietz 1980/Stock, Boston.)

TABLA 13-1 Características sexuales secundarias

Chicas	Chicos
Senos	Vello en el pubis
Vello en el pubis	Vello en las axilas
Vello en las axilas	Vello facial
Aumento de la	Vello corporal
anchura	Cambios
y profundidad	en la voz
de la pelvis	

relacionados con la reproducción: el desarrollo de los senos, del vello corporal y facial y cambios en la voz) (véase tabla 13-1). Tras dos años esta etapa finaliza en la pubertad , cuando el individuo es sexualmente maduro y capaz de reproducirse. Aunque la edad media de la pubertad son los 12 años para la mujer y los 14 para el varón, existe un muy amplio margen de edades que pueden ser consideradas normales. El final de la adolescencia es todavía más difícil de determinar, ya que está definido por factores psicológicos, sociales y legales, tales como la independencia, la elección de carrera, la capacidad de votar, el ingreso en el ejército, casarse o, como define un padre la edad adulta, «no pedir dinero en casa nunca más».

Cambios fisiológicos

La menarquia , el primer período menstrual, indica la madurez sexual de la mujer, aunque a menudo las chicas no sean fértiles en los primeros ciclos. Estudios realizados a mediados del siglo pasado revelan una diversidad de actitudes ante la menstruación. Algunas chicas expresan alegría y excitación o aceptan la llegada de los períodos menstruales sin ningún tipo de problema, otras reaccionan con temor, turbación o miedo. A menudo, esto es debido a la escasa preparación para este momento y al hecho de que los adultos conceden excesiva importancia a la limpieza y a la higiene a expensas de las necesidades psicológicas de las jóvenes (Conklin, 1933; Shainess, 1961; Whisnant y Zegans, 1975; Rierdan y Koff, 1980).

La señal fisiológica equivalente para los varones es la presencia de esperma en la orina, que aparece aproximadamente en uno de cada cuatro varones de 15 años (Richardson y Short, 1979); no es tan fácilmente observable y, por tanto, nunca ha alcanzado la misma significación simbólica o emocional de la menstruación. Ambos sexos parecen alcanzar el estado adulto de forma concreta y la madurez sexual a una edad más temprana que en siglos pasados, probablemente a causa de la mejor alimentación, pero esta tendencia se ha estabilizado en los últimos años (Wyshak y Frish, 1982; Dreyer, 1982; Muuss, 1970; Schmeck, 1976). Podemos comprobar en esta tendencia secular los efectos de la interacción entre la herencia (de gran influencia en el período de maduración) y el ambiente.

Los adolescentes son muy conscientes de su apariencia física. Los varones quieren ser altos y con anchas espaldas, mientras que las mujeres prefieren ser delgadas, pero con buen busto. Destaca el valor que los adolescentes conceden a una buena apariencia: los adultos que se consideraban atractivos en su adolescencia tienen mayor confianza en sí mismos y son más felices que los que no se sintieron atractivos, y estas diferencias no desaparecen hasta mediados de los cuarenta (Berscheid, Walster y Bohrnstedt, 1973).

Además, ambos sexos quieren madurar al mismo nivel de sus compañeros y les incomoda hacerlo mucho antes o después. Madurar con retraso tiene importantes efectos sobre los varones, tal como muestran estudios clásicos (Mussen y Jones, 1957). Hasta los primeros años de la década de los 30 los varones que habían madurado con retraso continuaban sintiéndose con poca seguridad en sí mismos, aunque a partir de ahí se hicieran más flexibles, asertivos y comprensivos (Jones, 1957). En las mujeres los efectos de la maduración adelantada o retardada son menos claros y las investigaciones muestran resultados contradictorios (Jones y Mussen, 1958).

Desarrollo cognitivo

La madurez cognitiva es la capacidad para pensar de forma abstracta, hecho que se alcanza ordinariamente durante la adolescencia, según Piaget (1972), entre los 11 y 20 años. Los adolescentes pueden entonces pensar no sólo en función de lo que observan en una situación concreta. Desde ese momento pueden imaginar una variedad infinita de posibilidades, pueden pensar en situaciones hipotéticas, considerar todos los aspectos de una situación y plantearse un problema intelectual de forma sistemática. Podemos observar el desarrollo del pensamiento a través de las diferentes reacciones que suscita el siguiente relato:

> Sólo a los pilotos valientes se les permite volar sobre las montañas altas. Un piloto de combate, durante un vuelo sobre los Alpes, chocó con un funicular aéreo y cortó un cable importante, provocando que varias cabinas cayeran en un glaciar. Varias personas murieron (Peel, 1967).

Un niño que se hallaba en el período piagetiano de las operaciones concretas dijo: «Creo que el piloto no era muy bueno al volar. Habría salido mejor librado si hubiese continuado combatiendo». En este caso, el niño considera sólo una razón para el suceso: la ineptitud del piloto. En cambio, un joven que había alcanzado el nivel de pensamiento que Piaget denominó operaciones formales, dijo: «O no estaba informado de la existencia del funicular o estaba volando muy bajo, también pudo ocurrir que sus instrumentos de vuelo se hubieran alterado antes o después del despegue, esto le podría haber situado fuera de su ruta causando el choque con el cable» (Peel, 1967).

El pensamiento correspondiente al período de operaciones formales, a diferencia de las anteriores etapas de la clasificación de Piaget, no se alcanza siempre. Parece que es esencial para llegar a él un cierto nivel de apoyo cultural y de educación. De hecho, muchos norteamericanos, quizá la mitad, no parecen alcanzarlo nunca (Papalia, 1972; Clayton y .Overton, 1973; Kohlberg y Gilligan, 1971).

Desarrollo moral

Según los estudios y teorías de Jean Piaget (1932) y Lawrence Kohlberg (1964, 1968), la manera en que los niños piensan acerca de los aspectos morales depende tanto de su nivel de desarrollo intelectual como de su carácter y educación. Definiendo el «desarrollo moral» como el desarrollo de un sentido individual de la justicia, Kohlberg ha centrado sus estudios más en las ideas que se tienen sobre la moralidad que en la manera de actuar.

Para medir estas ideas formuló una serie de dilemas morales («¿Un hombre que no puede pagar un medicamento necesario para su esposa moribunda puede robarlo?» «¿Debería un médico facilitar la muerte a una persona que padece una enfermedad incurable y sufre terribles dolores?») y un

---

TABLA 13-2 Las seis etapas del razonamiento moral según Kohlberg

NIVEL I: PREMORAL (DE 4 A 10 AÑOS)
En este nivel es fundamental el control externo. Las normas son impuestas por otros, y se cumplen tanto para evitar el castigo como para recibir recompensas.

Tipo 1: Orientación hacia el castigo y la obediencia. «¿Qué me sucederá?» Los niños obedecen las reglas impuestas por otros para evitar el castigo.

Tipo 2: Hedonismo instrumental ingenuo. «Si tú me rascas la espalda, yo rascaré la tuya.» Se ajustan a las reglas en función de su propio interés y teniendo en cuenta lo que otros pueden hacer por ellos.

NIVEL II: LA MORALIDAD DE LA CONFORMIDAD CON EL «ROL» CONVENCIONAL (DE 10 A 13 AÑOS)
En esta etapa los niños quieren agradar a los demás. Todavía observan las normas de los demás, pero en cierta medida las han interiorizado. Quieren ser considerados «buenos» por aquellas personas cuya opinión tienen en cuenta. Son capaces de asumir los roles de las figuras de autoridad lo suficientemente bien como para decidir si una acción es «buena» según sus normas.

Tipo 3: Mantenimiento de buenas relaciones, aprobación de los demás, la regla de oro. «¿Soy una buena chica (chico)?» Los niños quieren agradar y ayudar a otros, pueden juzgar las intenciones de los demás y desarrollar sus propias ideas de lo que es ser una buena persona.

Tipo 4: Sistema social y conciencia. «¿Qué pasaría si todo el mundo lo hiciese?» Las personas están interesadas en cumplir con su deber, en respetar a las autoridades superiores y en mantener el orden social.

NIVEL III: LA MORALIDAD DE LOS PRINCIPIOS MORALES AUTOACEPTADOS (DE LOS 13 años HASTA LA JUVENTUD, O NUNCA)
Este nivel marca el logro de la verdadera moralidad. Por primera vez el individuo reconoce la posibilidad de conflicto entre dos normas socialmente aceptadas, y trata de decidir entre ellas. El control del comportamiento es ahora interno tanto en la observación de las normas como en el razonamiento sobre lo que es correcto e incorrecto. Los tipos 5 y 6 pueden ser métodos alternativos del nivel más alto de razonamiento.

Tipo 5: Moralidad de contrato, de los derechos individuales y de la ley aceptada democráticamente. Las personas piensan en términos racionales, valorando el deseo de la mayoría y el bienestar de la sociedad. Generalmente, se dan cuenta de que estos valores se apoyan mejor ciñéndose a la ley. Aunque reconocen que a veces existen conflictos entre la ley y las necesidades humanas, creen que a largo plazo es mejor para la sociedad obedecer las leyes

Tipo 6: Moralidad de los principios éticos universales. Las personas actúan en función de lo que creen correcto, sin tener en cuenta las restricciones legales o las opiniones de los demás. Actúan de acuerdo con normas interiorizadas, sabiendo que se condenarían a sí mismos si no actuasen así.

Fuente: Adaptado de Kohlberg (1976, en Lickona, 1976).

---

sistema para valorar las respuestas a ellos. Encontró seis etapas en el desarrollo del juicio moral, como se indica en la tabla 13-2. Aunque los niños empiezan a pensar sobre lo que es correcto y lo incorrecto a edades muy tempranas, Kohlberg sostiene que no pueden alcanzar las etapas más elevadas de razonamiento moral, al menos hasta la adolescencia y que ciertas personas nunca alcanzan estos niveles.

¿Por qué el desarrollo moral depende del desarrollo cognitivo? Principalmente porque los niños no pueden juzgar la moralidad de la acción de otra persona hasta que no logran situarse en el lugar de las personas que resultarían afectadas por esa acción, incluido el que la realiza. Hasta que no ha desarrollado las habilidades necesarias para poder situarse en el papel de

TABLA 13-3   Niveles del desarrollo moral en las mujeres según Gilligan

NIVEL 1: LA ORIENTACION DE LA SUPERVIVENCIA INDIVIDUAL
Primero, las mujeres se centran en lo que es práctico y mejor para ellas. Después realizan la transición del egoísmo a la responsabilidad pensando en lo que sería mejor para otras personas.
NIVEL 2: LA BONDAD COMO AUTOSACRIFICIO
Este nivel empieza con la idea de que han de sacrificar sus propios deseos en beneficio de los otros, preocupándose por lo que pensarán de ellas y sintiéndose responsables de lo que hacen. A veces tratan de manipular a los demás utilizando la culpabilidad. Entonces realizan la transición de la «bondad» a la «verdad», teniendo en cuenta sus propios deseos junto con los de los demás. La propia supervivencia vuelve a ser su principal preocupación.
NIVEL 3: LA MORALIDAD DE LA NO VIOLENCIA
Establece el imperativo de no herir a nadie, incluida ella misma, establece por lo tanto una «equidad moral» entre ella y los demás.

Fuente: Gilligan, 1982.

otro, no puede sopesar los efectos sobre su propia conducta, dejando aparte los de otra persona.

Carol Gilligan (1982, 1977) ha centrado su atención en el desarrollo moral de las mujeres que parecen destacar más en la habilidad para desempeñar un rol. La definición de Kohlberg de moralidad más como justicia que como compasión y su investigación basada en varones ha producido que las mujeres generalmente obtengan resultados inferiores a los varones en los tests sobre juicio moral basados normalmente en la teoría de Kohlberg. Gilligan sostiene que las mujeres definen la moralidad como la capacidad de situarse en el punto de vista de otra persona y como la inclinación a sacrificarse para asegurar el bienestar de otro. Su investigación muestra que las mujeres consideran la moralidad no en términos abstractos como justicia y honradez, sino como la responsabilidad de cuidar a alguna o algunas otras personas. Su secuencia de desarrollo se muestra en la tabla 13-3.

Gilligan contrasta la moralidad de Kohlberg sobre lo que es justo con su propia moralidad de responsabilidad a través de dos relatos bíblicos. La moralidad abstracta, representada por la sexta etapa de Kohlberg, llevó a Abraham a estar dispuesto a sacrificar la vida de su hijo cuando Dios le pidió una prueba de su fe. Una moralidad centrada en la persona se refleja, según Gilligan, en la historia de la mujer que probó al rey Salomón que era la verdadera madre del niño cuando estuvo dispuesta a dar el niño a otra mujer antes que hacerle daño. Para alcanzar los más altos niveles de moralidad Gilligan considera que la justicia y la compasión deben ir unidas.

Desarrollo social y de la personalidad

LA BUSQUEDA DE IDENTIDAD   La tarea más importante de un adolescente es la búsqueda de su identidad, resolver la cuestión «quién soy en realidad». Esta cuestión no se resuelve plenamente en la adolescencia, sino que se repite a lo largo de toda la vida. Erik Erikson describe esta búsqueda en su quinta crisis: identidad frente a confusión de roles (1950, 1963, 1965, 1968).

Los repentinos cambios temporales desconciertan a los jóvenes y les hacen preguntarse qué personas han sido hasta ahora y en quiénes se están convirtiendo. Se preguntan «¿soy la misma persona que solía ser?» o «¿cómo seré a partir de ahora?» y, tratando de descifrar su mayor preocupación, realizarse en la vida, están en peligro de sentirse confusos. Esta confusión aparece reflejada en el excesivo tiempo que emplean algunos en elegir una

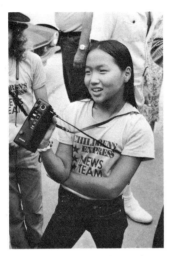

Identidad frente a confusión de roles. *Erikson situó esta quinta crisis del desarrollo psicosocial en la adolescencia, cuando los jóvenes se embarcan vehementemente en la búsqueda de sí mismos. Durante estos años exploran nuevos intereses, se autoevalúan en nuevas competencias, entran en contacto con los valores en los que creen.* (© *Jim Anderson/Woodfin Camp y Assoc.*)

profesión (el propio Erikson vagó siete años por Europa antes de considerar la posibilidad de convetirse en psicoanalista). La confusión también se refleja en el culto al héroe, en la impulsividad infantil o en la intolerancia hacia los demás.

Enamorarse es considerado por Erikson como un intento de definir la identidad. A través de una relación más íntima con otra persona y compartiendo pensamientos y sentimientos, el adolescente ofrece su propia identidad, la ve reflejada en la persona amada y es más capaz de conocerse a sí mismo.

El concepto de identidad de Erikson ha recibido más atención y más apoyo que ningún otro aspecto de su teoría. Una investigación con estudiantes universitarios ha encontrado cuatro niveles diferentes de identidad relacionados con la intimidad, el compromiso y el sentido del yo (Marcia, 1967; Orlofsky, Marcia y Lesser, 1973). Otras investigaciones con estudiantes han confirmado la opinión de Erikson de que las personas que han resuelto su propia crisis de identidad, especialmente en relación con sus objetivos profesionales, son más capaces de desarrollar relaciones íntimas con otras personas (Karcerguis y Adams, 1980).

LA REBELION ADOLESCENTE: ¿REALIDAD O FANTASIA?   El primer psicólogo que formuló una teoría sobre la adolescencia, G. Stanley Hall (1916), sostuvo que los cambios fisiológicos de la adolescencia necesariamente deberían llevar a reacciones psicológicas en los adolescentes y que estos años debían ser un período de agitación y tensión. La antropóloga Margaret Mead (1928) rebatió este punto de vista tras ir a los mares del sur y observar que a las adolescentes de Samoa no les suponía tensiones el principio de la adolescencia, sino que la aceptaban con facilidad.

Las conclusiones de Mead sobre la suave transición de los habitantes de Samoa de la infancia a la edad adulta han sido cuestionadas recientemente al descubrir que la delincuencia es más frecuente en la adolescencia que en ninguna otra época de la vida tanto en Samoa como en los EE. UU., Inglaterra y Australia (Freeman, 1983). En cambio, otro grupo de investigadores ha descubierto que para la mayoría de los jóvenes la adolescencia es sólo una más de las transiciones de la vida, no más agitada que las otras (Bandura, 1964; Offer, 1969; Offer y Offer, 1974).

Muchos adolescentes no se sienten alienados por sus padres. De hecho, son más propensos a aceptar las opiniones y valores de sus padres que las de sus amigos. En dos estudios independientes, con quince años de diferencia, se invitaba a unos adolescentes a escoger soluciones a diversos problemas cotidianos, unas veces sugeridas por sus padres y otras por sus compañeros. La mayor influencia de los padres o de los compañeros dependía sólo de la situación concreta.

En la decisión sobre la manera de vestirse, resolver situaciones escolares u otros problemas, influía más la opinión de los compañeros. Pero cuando se trataba de decidir sobre problemas de mayor importancia, como la elección de un empleo o la resolución de un conflicto moral profundo, las chicas del primer estudio tenían más en cuenta las opiniones de sus padres (Brittain, 1963). En el otro estudio en que intervenían sujetos de ambos sexos, era también la situación en particular la que determinaba si los padres o los compañeros ejercían mayor o menor influencia (Emmerick, 1978). Cuando los padres y los compañeros comparten valores similares, como ocurre a menudo, no existe conflicto real entre ellos.

Aunque el pensar sobre la futura profesión destaca en la búsqueda de identidad del adolescente, muchos estudiantes de escuela secundaria no conocen suficientemente las ocupaciones y el tipo de educación y preparación que necesitan para hacer una buena elección profesional. (Betsy Cole/The Picture Cube.)

¿Por qué persiste la rebeldía adolescente? En parte, porque creemos demasiado en ella, de acuerdo con Albert Bandura (1964), quien sostiene que los problemas de la adolescencia son a menudo el resultado de una profecía que se cumple a sí misma: dado que la sociedad espera que los jóvenes sean rebeldes, les está incitando a ser así. Además, los investigadores dedican mucha atención a ciertos sectores problemáticos de la población adolescente y sorprendentemente muy poca al grupo más grande, que es el de los adolescentes normales (Adelson, 1979).

Erikson (1968) ha dado otra explicación de la rebeldía en ciertos jóvenes adolescentes. Mientras que los jóvenes bien preparados para el futuro asumirán gustosamente las responsabilidades de los adultos, los que se sienten abrumados y mal preparados para tratar con las nuevas tecnologías y con los nuevos roles son, por el contrario, más propensos a «resistir con fortaleza salvaje propia de los animales que se sienten de repente forzados a defender sus vidas. De igual modo en la jungla social de la existencia humana no existe el sentimiento de estar vivo sin el sentido de la identidad» (pág. 130). Esta teoría parece arrojar alguna luz sobre las recientes revueltas en ciudades inglesas y norteamericanas protagonizadas por jóvenes que están sin empleo y que han perdido la esperanza de encontrarlo.

DESARROLLO PROFESIONAL El rol del trabajo destaca de forma importante en la concepción de Erikson del desarrollo en la adolescencia, aunque casi lo ignora en la edad adulta. Sobre los 17 años, se supone que los adolescentes están entrando en una fase en la que planifican de forma realista sus futuras profesiones (Ginzberg et al., 1951), si bien recientes investigaciones muestran que muchos estudiantes de bachillerato no hacen todavía planes realistas sobre sus ocupaciones y profesiones. Más de 6.000 estudiantes de bachillerato de Texas tenían un conocimiento limitado sobre posibles empleos y menor todavía sobre los estudios apropiados para ellos. Más aún, muy pocos habían relacionado bien su profesión con sus propios intereses (Grotevant y Durrett, 1980).

Actualmente, en EE. UU. los estudiantes que trabajan durante la adolescencia son muchos más que en los últimos 20 años, casi la mitad de los estudiantes en los dos últimos años de la escuela secundaria y el 30 por 100 de los estudiantes de los dos primeros años de universidad (Cole, 1980). Algunos trabajan porque sus familias necesitan esos ingresos y otros porque quieren lograr independencia económica de sus padres.

Sin embargo, el trabajo no parece favorecer el desarrollo social, educativo o profesional tanto como cabría pensar (Steinberg, 1982; Greenberger y Steinberg, 1985). Los adolescentes que trabajan no son más independientes al tomar decisiones económicas o de otro tipo que afecten a su vida que los compañeros de clase que no trabajan (Greenberger et al., 1980). Muchos estudiantes que trabajan media jornada no aprenden los conceptos que les serán de utilidad en el futuro (Hamilton y Crouter, 1980). Y los que trabajan durante la escuela secundaria no tienen mayor número de probabilidades de ganar más dinero en el futuro que si no han trabajado (Steinberg, 1982).

Por tanto, el trabajo no parece ayudar al desarrollo de la adolescencia. De hecho, existen «costes ocultos». Los jóvenes que trabajan, especialmente los que lo hacen más de 15 o 20 horas por semana, muestran un descenso en sus calificaciones y en la dedicación y atención escolar. Además, existe una correlación entre el trabajo y algunas conductas antisociales: algunos de los jóvenes que trabajan gastan el dinero ganado en alcohol o drogas, desarrollan actitudes cínicas hacia el trabajo y engañan o roban a sus patrones cuando han estado en un empleo seis o siete meses. Los adolescentes que trabajan tienden a emplear menos tiempo con sus familias y se sienten menos próximos a ellas. Además, mantienen poco contacto con sus compañeros de trabajo y normalmente están expuestos a roles de trabajo sexualmente estereotipados (Greenberger y Steinberg, 1985).

Algunas de estas correlaciones negativas puede que no sean causadas por el trabajo en sí mismo, sino por los motivos que llevaron a los jóvenes a tomar esos empleos: desinterés en la escuela, marginación de sus familias o propensión a beber y a consumir drogas cuando pueden permitirse estos gastos. En cualquier caso, el trabajo no parece ayudar a los jóvenes a orientar mejor su vida. Probablemente ello sea debido, en parte, al hecho de que los tipos de trabajo que los jóvenes pueden conseguir son, por lo general, de poca importancia, inútiles y sin ninguna relación con sus objetivos de futuro. Por tanto, aunque algunos adolescentes que trabajan sí aprenden a emplear su tiempo y dinero, y ello les ayuda a encontrar un empleo y a relacionarse con gran variedad de personas, la experiencia de trabajar parece ser menos importante que una formación académica sólida.

SEXUALIDAD EN LA ADOLESCENCIA   Aunque está presente durante la adolescencia, la sexualidad todavía no constituye el interés principal de los jóvenes adolescentes sino que en niveles de interés generalmente está situada por debajo del trabajo futuro, de la comprensión de otras personas e incluso del deporte (Kermis, Monge y Dusek, 1975). Cuando el sexo *se convierte* en el principal interés, generalmente *lo es* en el contexto de una relación, aparentemente determinada más por la búsqueda de identidad a través de otra persona que por la obtención de satisfacción física. Además de su interés por el sexo, los adolescentes tienen otros temas que les preocupan —amistades, escuela, deportes, lucha por ser independientes de sus padres cuando aún necesitan su guía y naturalmente los temas de identidad e intimidad (Carrera, 1983).

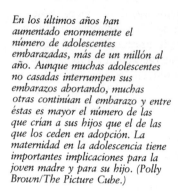

En los últimos años han aumentado enormemente el número de adolescentes embarazadas, más de un millón al año. Aunque muchas adolescentes no casadas interrumpen sus embarazos abortando, muchas otras continúan el embarazo y entre éstas es mayor el número de las que crían a sus hijos que el de las que los ceden en adopción. La maternidad en la adolescencia tiene importantes implicaciones para la joven madre y para su hijo. (Polly Brown/The Picture Cube.)

¿Cómo actúan y sienten los actuales adolescentes en relación con el sexo? Desde el trabajo pionero de Alfred C. Kinsey y sus colaboradores (Kinsey, Pomeroy y Martin, 1948; Kinsey, Pomeroy, Martin y Gebhard, 1953), unos 25 estudios importantes y otros de menor entidad nos han dado una amplia visión, a pesar de ciertas limitaciones metodológicas.

Comportamiento heterosexual prematrimonial   Las cosas son muy diferentes actualmente de lo que eran 50 años atrás. Muchos jóvenes aprueban mantener relaciones sexuales antes de casarse, especialmente en el marco de una relación amorosa y afectuosa. Aunque la idea que supone una mayor actividad sexual en los varones que en las mujeres no está del todo eliminada, ha desaparecido prácticamente en algunos sectores de la sociedad (Dreyer, 1982). En 1979 el 44 por 100 de las chicas y el 56 por 100 de los chicos estudiantes de secundaria y el 74 por 100 de los universitarios de primer ciclo, tanto varones como mujeres, habían dejado de ser vírgenes (Dreyer, 1982). (Estos datos corresponden a estudiantes blancos.) Además, los adolescentes son sexualmente activos a edades inferiores a las acostumbradas, un 38 por 100 de los varones y un 24 por 100 de las mujeres habían realizado el coito a los 15 años (Vener y Stewart, 1974).

¿Qué significan estos cambios para los adolescentes actuales? Los estudios antiguos a menudo buscaban razones especiales para explicar el comportamiento sexual en la adolescencia; en cambio, los observadores actuales parecen creer que «la actividad sexual se está convirtiendo en parte de la experiencia del adolescente y que está siendo experimentada por todo tipo de jóvenes, no sólo por los que utilizan el sexo para expresar frustraciones personales o satisfacer necesidades de dependencia y de seguridad» (Dreyer, 1982, pág. 575).

La promiscuidad que muchos adultos temen no es frecuente en los adolescentes, quienes, en general, tienen fuertes sentimientos morales sobre el sexo y desaprueban su uso esporádico fuera de una relación afectuosa (Zelnik, Kantner y Ford, 1981). Todavía muchos adolescentes se muestran ambivalentes y algo confusos frente al sexo, en parte porque continúan recibiendo mensajes contradictorios de la sociedad. La sexualidad aparece en las carteleras, televisión, películas y revistas. Sus compañeros pueden aceptar, incluso animar la actividad sexual mientras que sus padres, profesores y guías religiosos la frenan. Cuanto más se aventuran al mundo exterior, a su propio vecindario, más confuso y conflictivo les resulta el sistema de valores que encuentran. Como resultado de ello no logran guiarse consistentemente (Dreyer, 1982). Además, en tanto que ya son físicamente maduros y aptos para la reproducción, el desarrollo emocional a menudo va retrasado y por tanto no están preparados ni capacitados para aceptar la responsabilidad madura que una relación sexual implica.

El embarazo en la adolescencia   Esta ambivalencia queda reflejada en el enorme aumento de embarazos en la adolescencia en los últimos años, más de un millón en 1979, en los EE. UU. (Instituto Alan Guttmacher, 1981). Como es obvio, demasiados adolescentes sexualmente activos no están utilizando métodos anticonceptivos eficaces. ¿Por qué?

Incluso con la actual tendencia a aceptar las relaciones sexuales antes del matrimonio, la principal causa de embarazos no deseados ni planeados es todavía el rechazo de muchos jóvenes, especialmente las mujeres a admitir que son sexualmente activas (Oskamp y Mindick, 1981; Oskamp, Mindick, Berger y Motta, 1978). Prefieren pensar que se dejaron llevar por un momento de pasión («perdonable») más que haberse comprometido a tener relaciones sexuales («inmoral»). No están preparados para pensar en ellos mismos como individuos sexualmente maduros y responsables, y por tanto no planifican el evitar el embarazo.

Otras adolescentes no utilizan métodos anticonceptivos porque los desconocen, no saben dónde conseguirlos, temen que sus padres puedan descubrir que tienen relaciones sexuales o creen que no pueden quedar embarazadas (porque son demasiado jóvenes, es la primera vez que realizan el coito, lo están haciendo de pie o por alguna otra razón). Cuando los adolescentes con escasa experiencia intentan prevenir la concepción, la mayoría recurren a métodos de control para el varón, preservativos (condones) o al «coitus interruptus», antes que a métodos más efectivos, como el diafragma, las píldoras anticonceptivas o el dispositivo intrauterino (DIU), que son utilizados por las chicas de mayor edad y con mayor experiencia sexual (Dreyer, 1982; Instituto Alan Guttmacher, 1981; Zelnik, Kantner y Ford, 1981).

Muchas adolescentes no casadas ponen fin a sus embarazos abortando, un tercio de los abortos realizados en el país; pero otras muchas deciden tener a sus hijos (Instituto Alan Guttmacher; Chilman, 1982). Con el cambio de actitud hacia la sexualidad, el niño nacido fuera del matrimonio ya no supone una desgracia para la familia. Por ello estos niños pocas veces son entregados para su adopción; las muchachas que deciden dar a luz normalmente se quedan con el bebé.

¿Cuáles son, por tanto, las consecuencias de esos embarazos adolescentes y del cuidado de los niños tanto para el hijo como para la madre en esas «familias tan jóvenes?» Aunque los problemas existen, la revisión de la literatura sobre el tema ha llevado a Chilman en 1982 a sugerir que no son tan graves como se había creído y que, «en general, los efectos psicológicos y sociales de dar a luz en la adolescencia, de por sí, parecen ser de poca importancia para los jóvenes en muchos aspectos de su vida futura» (pág. 425).

Las jóvenes embarazadas es más probable que abandonen la escuela (en algunas incluso pueden haber influido sus problemas escolares en el hecho de quedarse embarazadas) y tienen más probabilidades de casarse antes, de tener familias numerosas y de recibir asistencia del Estado mientras sus hijos son pequeños. Aproximadamente la mitad vuelven más tarde a la escuela, obtienen por lo general los mismos ingresos que las que no fueron madres a edades tan jóvenes y son en general tan competentes y cariñosas como las madres de mayor edad. Ellos por lo general se comportan igual que los que no fueron padres a edades tan jóvenes.

Es posible que los primeros informes sobre las consecuencias negativas que los embarazos en la adolescencia tenían para la salud de las jóvenes madres y para sus hijos estuviesen motivados por la pobreza económica de estas chicas y por la carencia de recursos a la hora de conseguir buena atención médica, tanto antes como después del parto, y no por la edad que éstas tuvieran. ¿Qué efectos psicológicos pueden suponer para los hijos? Los hijos de madres adolescentes, especialmente los varones, parecen tener más problemas de salud, escolares y de comportamiento, lo que puede ser debido a la presencia de un solo progenitor en la familia y a problemas económicos y sociales.

Los problemas de la maternidad adolescente son una parte de los problemas de la sociedad en general. «La maternidad adolescente no es un problema que se pueda separar de otras disfunciones básicas de nuestra sociedad contemporánea», escribe Chilman (pág. 429). Al contrario, políticas de pleno empleo, ingresos adecuados, buena planificación familiar y otros servicios relacionados con la salud, siempre sobre la base de una igualdad racial, repercutirán positivamente en los problemas de la maternidad adolescente.

EDAD ADULTA TEMPRANA Y MEDIA

Textos hindúes escritos en el siglo II describen la vida como «una serie de pasajes, en que los placeres pasados se quedan atrás y son sustituidos por objetivos más apropiados y elevados» (Sheehy, 1976, pág. 355). Desde entonces hasta el siglo XX el concepto de desarrollo a lo largo de la vida adulta fue ignorado por la mayoría de los científicos, aunque los artistas sí se ocuparon de él. William Shakespeare, por ejemplo, inmortalizó las «siete épocas de un hombre» en *As You Like It*.

Actualmente, los psicólogos evolutivos estudian con atención el desarrollo de los adultos, dividiendo la vida adulta en diversas etapas. Existen pocos criterios científicos para señalar el cambio de un período a otro, y a pesar de ciertos indicadores sociales, los límites que señalan el inicio y el final de cada etapa son incluso más arbitrarios que en la infancia. Para facilitar nuestro estudio, dividiremos la edad adulta en tres partes: la temprana o juventud (de 20 a 40-45 años), la media o madurez (de 40-45 años hasta los 65) y la tardía o senectud (de 66-70 en adelante).

¿Qué nos dice sobre una persona adulta el conocer su edad? No demasiado, puesto que la vida de cada uno difiere tan drásticamente de las de los demás que todos hacemos cosas diferentes a distintas edades. Mientras la biología determina en gran parte lo que hacemos en la infancia, durante la edad adulta son la cultura y la personalidad individual quienes representan un papel más relevante. Cuanto más viejos seamos, menos puede decir nuestra edad sobre nosotros. Por ejemplo, dos mujeres de 40 años pueden parecerse fisiológicamente, pero la que tuvo tres hijos en su juventud permaneció en casa con ellos y está empezando a desarrollar una vocación, tiene un punto de

Aunque la palabra «abuelo» evoca una imagen de pelo blanco y mecedoras, muchos abuelos de mediana edad llevan unas vidas tan ocupadas y activas que a menudo les es difícil encontrar tiempo para estar con sus nietos. Las expectativas basadas en la edad son ahora más equívocas de lo que acostumbraban ser; un hombre de 40 años con un niño en brazos puede ser tanto su padre como su abuelo. (David S. Strickler/The Picture Cube.)

vista sobre la vida muy distinto del que tiene una mujer de la misma edad con una profesión bien establecida.

Tradicionalmente, muchos adultos han tenido en consideración, sobre todo, la época de la vida en que determinadas actividades son consideradas aceptables (Neugarten, Moore y Lowe, 1975). Son muy conscientes de cuál es la época adecuada para hacer las cosas y utilizan comúnmente términos como «temprano», «tarde» o «en el momento adecuado» al pensar en la edad en que se casaron, se establecieron en una profesión, tuvieron hijos o se jubilaron. Este sentido del tiempo parece estar determinado por las expectativas del ambiente, a menudo bajo el influjo de la clase social. El ciclo entero de la vida se desarrolla en un período más corto en la clase trabajadora que acostumbra acabar los estudios antes que las personas de clase media, iniciar antes sus primeros trabajos, casarse más jóvenes, tener antes los hijos y ser también más pronto abuelos (Neugarten, 1968).

En los últimos años, al distribuirse mejor la riqueza, un mayor número de personas se han mantenido vigorosas gracias a los avances médicos; se ha alargado la vida y, por tanto, las expectativas basadas en la edad se han vuelto más flexibles. Se acepta con más facilidad que las personas tengan su primer hijo a los 40 años, o sean abuelos a los 40, que se jubilen a los 50 años o que sigan trabajando a los 75, que a los 60 lleven pantalones vaqueros o que jóvenes de 30 años sean nombrados decanos de una facultad universitaria. Tal como Bernice Neugarten y Gunhild Hagestad (1976) indican, «parece que estamos avanzando en la dirección de una sociedad que podríamos denominar como irrelevante respecto a la edad, y se puede considerar que la edad, como la raza, o el sexo, está disminuyendo en su importancia como regulador del comportamiento» (pág. 52).

Somos más flexibles cuando hay que tratar con lo referente a las tareas básicas de desarrollo en la edad adulta. Mientras muchos de nosotros elegimos una profesión en la juventud, otros muchos la cambiamos en la edad adulta media y algunos incluso en su edad adulta tardía. Podemos pasar a ser independientes de nuestros padres a los 20, a los 40 o a los 60 años. Podemos establecer nuestra primera relación amorosa en la adolescencia o no hacerlo hasta la edad adulta media. Podemos tener nuestro primer hijo a los 20 o a los 40 años. Aun así, algunas tareas parecen estar más en función de la edad que otras. No es hasta la madurez, por ejemplo, cuando muchas personas se dan cuenta de las limitaciones de su cuerpo o aceptan la certeza de su eventual muerte. Algunas personas enfermas o con algún otro problema lo hacen, naturalmente, a una edad más temprana, mientras que otros nunca llegan a plantearse tales temas, negándolos totalmente.

Estado físico y de salud en la juventud y madurez

Son años de buena salud y gran energía, especialmente de los 20 a los 40 años, con cambios muy ligeros y graduales que no se percibirán hasta los 50 años. De los 25 a los 30 años nos encontramos en el punto máximo de nuestra fortaleza muscular y destreza manual (Bromley, 1974; Troll, 1975). Vemos y oímos de forma más nítida de los 20 a los 25 años, perdiendo gradualmente la agudeza visual y la capacidad para oír los tonos más agudos. El sabor, el olfato y la sensibilidad al dolor, al tacto y a la temperatura permanecen estables hasta al menos los 45 o 50 años. Estamos en la cúspide de nuestra capacidad reproductora.

La mayoría de los cambios en la salud, desde la adolescencia a la madurez, son relativamente poco importantes. Los sistemas orgánicos no son tan eficaces como lo habían sido y tienden a perder parte de su capacidad de reserva. La capacidad sexual del hombre declina y el padecimiento de hipertensión se convierte en un problema para algunas personas. El metabolismo cambia y ambos sexos tienden a aumentar de peso.

¿Cómo se enfrentan las personas a los cambios físicos y, por tanto, a la conciencia de su envejecimiento? Tienen gran importancia la salud en el pasado, las actitudes familiares y la personalidad individual, así como el sexo. Las mujeres tienden a preocuparse más por la salud, tanto por la propia como por la de la familia. Esto puede tener cierta relación con el hecho de que el embarazo y el parto han supuesto un mayor contacto con los cuidados médicos, y también con el rol tradicional de guardián de la salud familiar. Sin embargo, los varones a menudo se someten a dietas y hacen ejercicios y suelen ignorar todos los síntomas que señalan el deterioro (Lewis y Lewis, 1977).

CAMBIOS EN LA MADUREZ: LA MENOPAUSIA Y CLIMATERIO MASCULINO
El número de afectados física y psicológicamente por esos sucesos es variable; mientras el primero afecta a todas las mujeres, el segundo se está convirtiendo en un reconocido síndrome en los varones.

La menopausia Este evento biológico de la vida de cualquier mujer, cuando deja de mestruar y ya no puede tener hijos, tiene lugar entre los 38 y los 60 años, normalmente entre los 48 y los 52 (Upjohn, 1983). El período de tiempo de 2 a 5 años, durante el cual el cuerpo padece una serie de cambios fisiológicos que conducen a la menopausia se denomina técnicamente climaterio. Los únicos síntomas que parecen directamente relacionados con la reducción en la producción de hormonas femeninas, estrógenos, son sofocos (repentinas sensaciones de calor que invaden el cuerpo), reducción del flujo y recubrimiento vaginal (que puede provocar que las relaciones sexuales sean muy dolorosas) y trastornos urinarios (causados por la pérdida de tejido) (Ballinger, 1981).

La administración de estrógeno artificial puede resolver estos problemas de forma radical y segura. La terapia a base únicamente de estrógenos ha sido relacionada con un alto riesgo de cáncer de útero, pero cuando se administra progesterona artificial junto a los estrógenos, el riesgo de este tipo de cáncer se reduce *por debajo* de la tasa normal en las mujeres que no reciben ningún tipo de hormonas (Bush et al., 1983; Hammond et al., 1979).

Aunque durante cierta época se consideró la menopausia como causante de un conjunto de problemas psicológicos, especialmente depresivos, investigaciones recientes muestran que no existen razones para atribuir las enfermedades psiquiátricas a los cambios físicos que sufre el cuerpo de la mujer. Probablemente estos problemas están más relacionados con las presiones del ambiente contra el envejecimiento, presiones que recuerdan a la mujer que la menopausia marca el fin de la juventud. En aquellas culturas en que se valora a la mujer mayor, se asocian pocos problemas con la menopausia (Ballinger, 1981). La actitud de la sociedad frente al envejecimiento parece influir más que el nivel de hormonas de su cuerpo en el bienestar de la mujer menopáusica.

Climaterio del varón Aunque el varón puede ser padre a edades muy avanzadas, *se producen* ciertos cambios biológicos en los varones de mediana edad, entre ellos una disminución de la fertilidad, de la frecuencia del orgasmo y un aumento de la impotencia (Beard, 1975). Además, los va-

FEIFFER

rones parecen tener fluctuaciones cíclicas en la producción de hormonas (Kimmel, 1974).

Un 5 por 100 de los varones de mediana edad experimentan ciertos síntomas, como depresión, fatiga, inadaptación sexual y molestias físicas difícilmente definibles (Henker, 1981). Dado que los investigadores no han encontrado relación entre el nivel hormonal y los cambios de actitudes (Doering, Kraemer, Brodie y Hamburg, 1975), es probable que muchas de las molestias físicas sean debidas a las presiones del ambiente, al igual que en las mujeres. Algunas de estas alteraciones pueden estar relacionadas con problemas de la propia vida cotidiana, como enfermedades, propias o de la esposa, dificultades en el negocio o en el trabajo, el abandono de los hijos del hogar o la muerte de alguno de los padres.

Ambos sexos están sometidos a la importancia que nuestra sociedad da al hecho de ser joven, aunque las mujeres están especialmente oprimidas por la doble norma existente acerca del envejecimiento: canas, piel áspera, arrugas y patas de gallo, que son pruebas atractivas de experiencia y madurez en los varones, constituyen signos indicativos de que las mujeres están en declive. El atractivo femenino radica en la «suavidad, las formas redondeadas, el poco vello, la ausencia de arrugas, la dulzura y la falta de musculatura, o sea el atractivo de las muy jóvenes; las características de debilidad y vulnerabilidad (Sontag, 1972, pág. 9). Una vez que estos signos de juventud se han desvanecido, otro tanto ocurre con la valoración de la mujer como amante y compañera sexual. Algunos varones homosexuales parecen también sufrir por la pérdida de su atractivo al envejecer (Berger, 1982). Incluso los varones heterosexuales, a los que históricamente se les ha concedido un mayor margen para envejecer de forma natural, se hallan a menudo en desventaja, en lo que se refiere al mercado de trabajo, al alcanzar la madurez.

Estos falsos valores, sumados a las pérdidas reales que las personas pueden sufrir cuando envejecen, crean cargas excesivas que a menudo derivan en lo que ha sido denominado «crisis de la madurez», de la que hablaremos un poco más adelante en este capítulo. Hasta que la madurez no deje de ser considerada como algo negativo y empiece a considerarse como algo positivo para ambos sexos, los seres humanos no serán capaces de desarrollar al máximo lo mejor de sí mismos.

Desarrollo intelectual en la edad adulta

Durante muchos años se creyó que la actividad intelectual general alcanzaba su cenit alrededor de los 20 años y que después declinaba. Resulta agradable saber que esto no es cierto. Existe suficiente evidencia de que ciertas formas de inteligencia continúan desarrollándose a lo largo de toda la vida.

Esta conclusión se apoya en distintas bases. Una de las más importantes deriva de los resultados de dos tipos de tests. En el capítulo 8 se habló de dos tipos de inteligencia, *fluida* y *cristalizada*. Las habilidades verbales, un aspecto de la inteligencia cristalizada, se incrementa durante la madurez y la senectud. La capacidad de resolver problemas nuevos, como tareas de relaciones espaciales, aspecto de la inteligencia fluida, alcanza su punto álgido alrededor de los 20 años y después empieza un lento declinar; sin embargo, la experiencia acumulada que acompaña a la madurez puede evitar cualquier disminución, también en estas habilidades (Dittmann-Kohli y Baltes, en prensa). La experiencia, que puede ser definida como «la habilidad para realizar buenos juicios sobre aspectos importantes, pero inciertos de la vida» (Dittmann-Kohli y Baltes, en prensa, pág. 34), también afecta a nuestras relaciones con otras personas, como veremos en el próximo apartado.

Desarrollo social y de la personalidad en la edad adulta

COMO CAMBIAMOS Y A LA VEZ SEGUIMOS SIENDO LOS MISMOS Pocos de nosotros mantenemos a los 40 años los mismos puntos de vista sobre la vida que los que teníamos a los 20, lo que refleja el crecimiento y desarrollo que tiene lugar durante la edad adulta. Este desarrollo ocurre de distinta forma, según las personas que conocemos, las lecturas que hacemos, las experiencias pasadas y las dificultades con que nos enfrentamos. Recientes estudios longitudinales sobre adultos han mostrado claramente cuáles son los tipos de tarea de desarrollo que realizamos a lo largo de los años. Estas tareas, como veremos, son bastantes similares para amplios grupos de personas, aunque los detalles varíen mucho en función de las circunstancias y de las actividades específicas.

A pesar de los cambios que ocurren en nuestra vida y en nuestras ideas, seguimos *siendo* las mismas personas. Acostumbramos a llevar con nosotros ciertos rasgos característicos básicos en todas las etapas de la vida. Si éramos estudiantes simpáticos, posiblemente seremos agradables a los 40 años de edad. Si éramos adolescentes protestones, es probable que seamos adultos quejosos, y si éramos abiertos a los 20, probablemente 10 años más tarde seamos de carácter abierto (Block, 1981; Haan y Day, 1974; Livson, 1976).

¿Significa esto que nuestras personalidades quedan grabadas a temprana edad? ¿Que, a pesar de todo, el cambio, el crecimiento y el desarrollo no son posibles? No exactamente, porque otros aspectos de la personalidad sí evidencian importantes cambios. Por ejemplo, podemos mostrar grandes avances en la autoestima y en el control sobre nuestra vida como resultado de nuestros logros (Brim y Kagan, 1980). Además, la experiencia que acumulamos a través de los años realza nuestro desarrollo y nos transforma.

Estas dos tendencias, estabilidad y cambio, permanecen entrelazadas durante toda la vida, mostrando en algunos de nosotros más continuidad y en otras más cambios. Zick Rubin (1981) subraya esta dualidad refiriéndose a Richard Alpert, el ambicioso y competitivo profesor de Psicología de los años 60 en la Universidad de Harvard, que en 1970 se convirtió en Baba Ram Dass, un místico gurú de larga barba que en otro tiempo enseñaba a vivir intensamente el presente. ¿Había cambiado este hombre? Por supuesto. ¿Era todavía agradable, preocupado por temas psicológicos y de firmes tendencias? Sí, a pesar de su transformación.

Un cambio habitual durante la madurez es la tendencia a expresar aspectos de nuestra personalidad que habíamos reprimido durante la juventud (Cytrynbaum, Blum, Patrick, Stein, Wadner y Wilk, 1980). Algunas veces estos nuevos rasgos de la personalidad son aquellos que eran considerados más apropiados para el otro sexo.

Al reconocer en esta etapa de la vida que varios de los objetivos básicos ya se han conseguido —los hijos educados, las profesión establecida, la identidad también en buena medida lograda—, tanto varones como mujeres se sienten liberados para cambiar el modelo estereotipado de varón o mujer que habían representado años atrás. Se permiten expresar aspectos de su personalidad durante mucho tiempo ocultos, muchas mujeres pasan a ser más enérgicas, competitivas e independientes y muchos varones se permiten ser pasivos y dependientes. El aspecto significativo de este cambio no es su naturaleza «contra-sexual», sino el hecho de que los rasgos reprimidos durante la primera mitad de la vida surgen ahora con el aumento de confianza en uno mismo y la placidez que normalmente acompaña a esta edad.

Otro cambio corriente en la personalidad, que puede ayudar a descubrir esas características ocultas, es la tendencia a la introspección que acompaña al envejecimiento. Mientras los jóvenes emplean gran parte de su energía en la acción más que en el pensamiento, las personas maduras y de mayor edad tienden a pensar más sobre sí mismos, analizando lo que han hecho en la vida y por qué lo han hecho (Cytrynbaum et al., 1980).

LAS CRISIS, DE LA JUVENTUD Y MADUREZ, SEGUN ERIKSON

Erikson (1963) sostiene que la búsqueda de identidad individual se inicia en la adolescencia y continúa en la edad adulta, ocupándose de diferentes cuestiones en función de la etapa de la vida de la que se trate. En una reciente entrevista subrayó aún más la necesidad de equilibrio entre los dos extremos de cada crisis (Hall, 1983).

Crisis 6: Intimidad frente a aislamiento

El joven está ahora preparado para comprometerse en una relación más íntima con otra persona, arriesgándose a una pérdida temporal del yo en situaciones que requieren abandonarse (como el coito y el orgasmo, el matrimonio o una amistad muy íntima). Mientras que un cierto grado de aislamiento es necesario para mantener la propia individualidad, en demasía puede impedir la capacidad de unirse a otra persona de forma íntima y llevar a un estado de soledad y de aislamiento. El punto de vista original de Erikson sobre esta crisis era limitado, ya que definió como «utopía de la genitalidad» a la inclusión del orgasmo mutuo en el marco de una relación amorosa heterosexual y con fines reproductores, eliminando por lo tanto del campo de un desarrollo sano a los homosexuales, a los solteros y a los que no traen hijos. Omitió también tratar el desarrollo profesional, de gran importancia en la formación de la identidad del joven.

Recientemente, Erikson se ha extendido en las implicaciones de la decisión de no tener hijos. Aunque reconocía los motivos racionales de esta opción, también señaló que las personas que habían decidido no tener hijos debían saber que estaban oponiéndose a un impulso instintivo y que debían reconocer las sensaciones de frustración y pérdida que podía suponer esa decisión y canalizar sus tendencias procreativas en otras direcciones (Hall, 1983).

Crisis 7: Generatividad frente a estancamiento

Alrededor de los 40 años los individuos se enfrentan a la necesidad de generatividad, una preocupación

Intimidad frente a aislamiento. Erikson sostiene que las personas no están preparadas para comprometerse en una relación íntima con otra persona hasta que no adquieren un fuerte sentido de sí mismas. Sólo entonces pueden aceptar el riesgo de la necesaria pérdida temporal del yo que implica la unión amorosa. (Jim Anderson 1982/Woodfin Camp y Assoc.)

por establecer y guiar a la siguiente generación, que puede expresarse a través de la educación de los hijos propios, tomando bajo tutela a jóvenes protegidos o a través de algún trabajo creativo y productivo. Aunque hizo hincapié en el deseo de tener y guiar hijos propios, demostrando por lo tanto cierta «confianza en la especie», Erikson recalcó el potencial de generatividad que existe en cualquier tipo de trabajo, desde la fontanería a la creación artística, y en la preocupación por el futuro mostrado en actividades políticas y de voluntariado (Hall, 1983). Cierto grado de estancamiento puede ser útil, como contrapeso que permita a la creatividad cierto reposo, pero en exceso puede conducir a la autoindulgencia o incluso a la invalidez física o psicológica. Erikson, de nuevo, parece subrayar excesivamente el valor universal de tener un hijo y concede un reconocimiento insuficiente a la necesidad de formarse uno mismo, que a menudo surge en este período de la vida, después de que las personas se hayan centrado en otras, tanto a través del trabajo como de la familia.

TRABAJO Y DESARROLLO DEL ADULTO   Es sorprendente que Erikson ignorase el papel del trabajo en la edad adulta, después de haber remarcado la importancia de la competencia en la infancia y la necesidad de preparación profesional del adolescente en su búsqueda de identidad. Sin embargo, no ha sido el único. Sólo en los últimos años el trabajo ha conseguido la atención que merece, en vista de su fundamental importancia en la vida de muchas personas. «¿En qué trabajas?» es habitualmente la primera pregunta que nos hace un extraño. Lo que hacemos para obtener dinero normalmente ocupa al menos la mitad de las horas diarias de vigilia. Y lo que hacemos y con qué frecuencia lo hacemos desempeña un papel principal en nuestra autoestima.

Tal vez el reciente aumento de interés por el trabajo (como se refleja en algunas de las investigaciones longitudinales sobre la edad adulta, cuyas conclusiones serán tratadas más adelante) es paralelo a los cambios que han tenido lugar en la sociedad americana. Una muestra de estos cambios se presenta en una investigación de 1981 que muestra las conclusiones de dos

Generatividad frente a estancamiento. *Durante la edad madura muchas personas muestran interés por establecer y guiar a la generación siguiente, a menudo pasando los frutos de su propia experiencia a un joven protegido. (Hugh Rogers/Monkmeyer.)*

estudios realizados en todos los Estados de la Unión sobre más de 2.000 adultos cada uno, que fueron llevados en cabo en 1957 y en 1976, casi con 20 años de diferencia (Veroff, Douvan y Kulka, 1981).

¿Qué ha sucedido en el mundo del trabajo durante esta generación? Las mujeres han entrado en él en número cada vez mayor, de modo que en 1969 había más madres con hijos en edad escolar trabajando fuera de casa que las que permanecían en ella. Mientras tanto, los varones parecen más preocupados por su papel en el seno de la familia, más gente joven ha pasado a formar parte del mercado laboral, los trabajadores piensan más en el ocio y la jubilación y los que nacieron en la generación de la explosión demográfica (los nacidos en los últimos años de la década de los 40) tienen niveles educativos más elevados. Algunos de estos importantes cambios han influido,

La mujer está entrando en el mundo del trabajo de forma creciente. ¿Son las mujeres de mediana edad que trabajan más saludables física y mentalmente que las que permanecen en casa (como se determinó en un estudio) debido al beneficio del mayor prestigio que nuestra sociedad concede a los que tienen empleo, o bien porque las mujeres más sanas muestran mayor inclinación a buscar y tener un empleo? (Dibujos de Shirvanian; © 1983 The New Yorker Magazine, Inc.)

«¡Cariño, estoy en casa!»

«¡Cariño, estoy en casa!»

sin lugar a dudas, en las diferentes actitudes que las personas en 1970 mostraban hacia su trabajo en relación con las de 1950.

Sobre el 12 o 13 por 100 de las personas tanto de uno como de otro sexo veía su trabajo como un motivo de felicidad, tanto en 1957 como en 1976, pero en 1976 eran más las personas que consideraban su trabajo como una fuente de preocupaciones y más mujeres lo veían como un motivo de infelicidad. Las respuestas de las mujeres probablemente reflejan la importancia mayor que el trabajo supone para ellas, al que consideran no sólo un medio para obtener ingresos, aunque sean necesarios, sino como una importante fuente potencial de valoración individual. Cuando el trabajo no responde a esta esperanza, la desilusión es mayor.

Sorprendentemente, estos investigadores averiguaron que los americanos no mencionan su trabajo como algo importante cuando se definen a ellos mismos. Además, los trabajadores casados y con hijos valoran sus empleos por debajo de su papel de esposo y padre, reafirmando el énfasis dado por Erikson a la importancia de la generatividad en nuestra vida. Consideran su trabajo en función de los principales valores de la etapa vital en la que se encuentran. Por ejemplo, los varones mayores que valoran mucho la auto-actualización consideran el trabajo como un medio de realizarse más importante que el casarse, pero menos que la paternidad. Las mujeres parecen valorar los beneficios no económicos de sus empleos (contacto con personas e interés) más que los varones y a menudo opinan que seguirían trabajando aunque no necesitasen el dinero. Esto puede reflejar el contraste existente entre el aislamiento social y la baja consideración de las tareas del hogar que muchas mujeres y unos pocos varones han experimentado.

A pesar de todo, aunque los americanos valoren los asuntos de la familia por encima del trabajo, éste es todavía un importante motivo de consideración, especialmente para las mujeres jóvenes solteras. Los cambios de mayor alcance con relación al trabajo en los últimos 20 o 30 años han afectado a las mujeres, hecho confirmado por otros investigadores. Un estudio intensivo sobre aproximadamente 300 mujeres de 30 a 55 años de edad de Boston ha llegado a la conclusión de que existe una importante relación entre el trabajo remunerado y las sensaciones de poder y orgullo en las mujeres, especialmente en aquellas que ocupan puestos altamente cualificados (Baruch, Barnett y Rivers, 1983). El trabajo tiene una gran importancia en la sensación de bienestar de las mujeres.

COMO AFECTA AL DESARROLLO EL TENER UN HIJO   Tener un hijo puede constituir una experiencia creativa para el desarrollo personal al pasar los padres varias etapas: anticipar cómo será esta experiencia personal, ajustarse a las nuevas demandas, aprender a conocer a sus hijos en cada etapa de su crecimiento y abandonar el rol paternal activo cuando sus hijos maduran (Grupo de Promoción de la Psiquiatría, 1973). Con el crecimiento de los hijos los padres tienen una segunda oportunidad para revivir las experiencias de su propia infancia y solucionar los temas que no fueron resueltos por sus propios padres. Además, están influidos por sus hijos, que aportan su personalidad única y las demandas de una relación íntima emocionalmente muy intensa.

Muchas mujeres reciben el embarazo con emociones contrapuestas. Al mismo tiempo que se sienten especiales, potentes y creativas, pueden también sentir una pérdida de su identidad individual y preocupación por el futuro. A pesar de lo mucho que una mujer puede desear tener un hijo, puede resultarle

---

En el pasado, la vida amorosa de una mujer, su edad y el hecho de ser madre o no era considerado más importante que su trabajo. Nuestro estudio muestra que esto no sirve para predecir el sentido de orgullo y de poder de una mujer, su dominio, en nuestros términos. Sin embargo, la relación entre el trabajo remunerado y el dominio, particularmente en ocupaciones de mucho prestigio, muestra la importancia que tiene el trabajo. (Baruch, Barnett y Rivers, 1983, pág. 103.)

deprimente ver y sentir su cuerpo de forma tan diferente. Además, contemplar lo desconocido a menudo provoca ansiedad y nadie puede imaginar antes de tiempo los cambios que un niño aportará a su vida. Todos estos sentimientos, positivos, negativos y ambivalentes, son normales.

Aunque sabemos menos sobre las reacciones del padre ante el inminente nacimiento, también él experimenta una mezcla de emociones contrapuestas. Puede sentirse viril y poderoso, excitado por la perspectiva de la sucesión de su linaje genético, y al mismo tiempo sentirse poco apto para ser un buen padre, preocupado por la nueva responsabilidad que supone un hijo y extrañado por los cambios físicos y emocionales de su mujer.

Tener un hijo es actualmente una opción más libre que en ninguna otra época de la historia. Al ser la elección más libre, se acepta a las personas que eligen no tener hijos. Todavía hoy la mayoría de las personas tienen sus hijos en la década de los 30 y muchos padres lo consideran una experiencia significativa y una fuente importante de satisfacción (Veroff, Douvan y Kulka, 1981).

Naturalmente, tener un hijo afecta a los distintos individuos de forma diferente. Existen diferentes puntos de vista según el sexo, mientras las mujeres acostumbran a pensar que el hecho más hermoso de tener hijos es el amor y calor de la relación, los varones consideran más interesante influir y formar el carácter del hijo. Cuando se les pide que describan los cambios que un hijo supone en la vida de una persona, las mujeres reflejan las dificultades de cumplir las expectativas que la sociedad tiene de lo que es ser una buena madre y hacen especial hincapié en las restricciones que esto supone para su libertad.

Los encuestados en 1976 se sintieron menos capacitados para su hacer como padres que los encuestados en 1957 (según el informe de Veroff et al., de 1981, al que nos hemos referido anteriormente). Esto posiblemente sea debido a que hoy los padres se sienten mucho más responsables del buen desarrollo y crecimiento, tanto emocional e intelectual como físico, de sus hijos. Los padres actualmente sienten a menudo que es obligación suya que sus hijos sean felices y tengan éxito. Como esto no está garantizado para nadie, aparecen a menudo frustraciones paternas y sentimientos de culpabilidad (algunas de las tensiones que produce la paternidad se han tratado en el capítulo 10). Al crecer los hijos, las funciones de los padres son más sencillas y los que ven que sus hijos han tenido un desarrollo normal, se sienten menos ansiosos y se muestran más relajados ante ellos.

ETAPAS EN EL DESARROLLO DE LOS ADULTOS Sólo muy recientemente los investigadores han estudiado con detalle la forma en que se desarrollan los adultos. En los últimos diez años diversos informes de amplios estudios longitudinales han trazado un perfil del desarrollo normal desde la adolescencia hasta la madurez. No podemos esperar conclusiones definitivas puesto que la mayoría de los trabajos se han centrado en varones blancos y de clase media, algunos están basados en muestras muy pequeñas y ninguno ha ido más allá de la década de los 50. Son necesarias mayor cantidad de investigaciones para determinar la secuencia aproximada, al no poderse determinar los años exactos de estas etapas del desarrollo y ver si son apropiadas para las mujeres, para personas de otras razas y para quienes se hallan en una clase social y económica inferior. Pero incluso las conclusiones preliminares existentes confirman la premisa de que la personalidad continúa evolucionando a lo largo de la vida, que el final de la adolescencia no significa el fin del desarrollo y que cada período de la vida es significativo.

Roger Gould (1972, 1978) dirigió el único estudio importante sobre el desarrollo adulto que incluía a las mujeres. Examinó las actitudes y el historial de enfermos psiquiátricos no internados en siete grupos ordenados por edades, desde los 16 a los 60 años, y a 524 individuos normales de edades comparables. Otro estudio realizó un seguimiento de 268 varones desde su primer curso en la universidad de Harvard en 1938 hasta que alcanzaron los 50 a 60 años de edad (Vaillant y McArthur, 1972).

Otro importante estudio sobre el desarrollo de los adultos es el dirigido por David Levinson y sus colegas, que entrevistaron en profundidad a 40 varones de 35 a 45 años (en grupos de diez según la profesión: biólogos, ejecutivos, escritores y trabajadores asalariados de la industria) preguntándoles sobre trabajo, religión, política, educación, ocio y relaciones personales. Aunque la muestra era pequeña y compuesta sólo por varones, esta investigación es importante porque dio relevancia a una teoría comprensiva del desarrollo adulto, a la que aparentemente confirmó (Levinson, Darrow, Klein, Levinson y McKee, 1978).

Levinson relacionó las conclusiones de este trabajo con su concepto global de que el objetivo del desarrollo de una persona adulta es la creación de una estructura de vida. Estas estructuras tienen aspectos internos formados por sueños, valores y emociones, y aspectos externos como la participación en el trabajo, la familia y en la vida religiosa. La importancia de la naturaleza evolutiva de esta estructura reside en que las personas atraviesan continuamente períodos de estabilidad tras haber construido una parte de la vida y que después pasan períodos de transición al volverla a evaluar.

Estos tres estudios independientes nos muestran un proceso típico del desarrollo a través de la edad adulta:

- *La transición a la edad adulta (17 a 22 años):* Los jóvenes se sienten alejadas de la familia y con una gran necesidad de independizarse totalmente. Tienen un ligero sentido de su propia autonomía y sienten que la verdadera vida adulta está muy próxima.
- *Entrada en el mundo adulto (22 a 28 años):* Se sienten adultos. Se han establecido en un estilo de vida propio, independiente de sus padres y tratan de lograr objetivos inmediatos sin cuestionarse si están siguiendo el camino correcto.
- *La transición de los 30 (28 a 34 años):* Se preguntan a sí mismos ¿es la vida que llevo la que tengo que llevar? ¿Es éste mi único camino? A menudo estas dudas se refieren tanto al trabajo como a los asuntos familiares. A esta edad, por ejemplo, las mujeres con empleo se plantean si van a tener un hijo y las que están en casa empiezan a trabajar fuera del hogar.
- *Arraigo (33 a 43 años):* Se comprometen de forma más profunda con el trabajo, la familia y otros aspectos importantes de su vida, estableciéndose objetivos específicos de acuerdo a una programación. Hacia el final de este período llega la etapa que Levinson denomina «convertirse en hombre por derecho propio», cuando los hombres se evaden de quienes han ejercido la autoridad en sus vidas y trabajos para alcanzar un «status» por derecho propio.
- *La transición de la madurez (40 a 45 años):* Se cuestionan casi todos los aspectos de su vida y valores, junto a la cada vez mayor toma de conciencia de que el tiempo es limitado. Pueden descentrarse durante el período en que viven la transición a la segunda mitad de la vida. Ceden

ante el hecho de que la primera parte de la vida ha pasado y que no serán capaces de llevar a término todo lo que habían planeado antes de envejecer y morir. La transición puede ser vivida sin problemas o puede alcanzar proporciones de crisis en función de las distintas personalidades y las situaciones específicas en que se encuentre la persona.

Para los que construyeron una estructura de vida satisfactoria «la madurez es a menudo la etapa más completa y creativa del ciclo vital. Están menos tiranizados por sus ambiciones, pasiones e ilusiones de juventud. Pueden hallarse más profundamente relacionados con otras personas y al mismo tiempo más independientes, más centrados en sí mismos» (Levinson, Darrow, Klein, Levinson y McKee, 1978, pág. 62).

Aunque Levinson y sus colegas propusieron tentativamente tres etapas para el último período de la vida —«la transición de los 50» (50 a 55 años), «construcción de una segunda estructura madura» (55 a 60 años) y una «transición adulta tardía» (60 a 65 años)—, la investigación para determinar la tarea de esos años está por realizar. En vista de lo descubierto, parece probable que la secuencia de períodos estables y de transición continúe, en efecto, a lo largo de la vida, enfrentándonos continuamente a nuevos retos y desarrollándonos a partir de ellos.

EDAD ADULTA TARDIA

Por supuesto, no existe una línea divisoria para determinar cuándo empieza la vejez. Una mujer de 55 años de apariencia vigorosa se lamentaba —«espero no ser nunca tan vieja como me siento»—, mientras que una frágil señora de 84 años hablaba de ahorrar dinero para las situaciones imprevistas del futuro. Existen tremendas diferencias entre las personas en sus últimos años, mientras algunos permanecen física e intelectualmente bien a los 90, otros parecen, sienten y actúan de forma envejecida a los 50. Bernice Neugarten (1975) habla de «los viejos-jóvenes» de edades entre los 55 y 75 que han dejado de trabajar la jornada completa y son todavía vigorosos y activos, en comparación con los «viejos-viejos» de 75 años en adelante.

La senectud, período de la vida en el que la persona pasa a ser anciana, se inicia a distintas edades según el individuo, y por lo tanto no nos dice mucho de alguien el hecho de saber el año de su nacimiento. Las definiciones oficiales acostumbran a fijar el inicio de la vejez en los 65 años, cuando el individuo puede ser obligado a jubilarse y puede recibir pensión de la Seguridad Social. Sin embargo, el reconocimiento del hecho de que hay personas que continúan vigorosas hasta edades más avanzadas, hace que incluso la definición legal de vejez esté cambiando, de forma que la jubilación forzosa no puede aplicarse en muchos trabajos hasta los 70 años, al tiempo que la edad para recibir subsidio completo de la Seguridad Social se retrasará próximamente a los 67.

Estas regulaciones tienen implicaciones de largo alcance para las políticas sociales, ciclos políticos, estabilidad fiscal y modelos familiares en nuestra sociedad, puesto que la población anciana es un sector importante del conjunto de la población. Actualmente el 11 por 100 de la población de los EE. UU. es mayor de 65 años; en el año 2030 será casi el doble, el 21 por 100 (Bureau of the Census, 1983).

Estado físico y de salud de los ancianos

A pesar de la creencia tan difundida, ser anciano no significa estar enfermo e incapacitado. Muchas personas mayores tienen un buen estado de salud, un 90 por 100 describen su salud como favorable, buena o excelente. Las personas mayores que trabajan sólo han tenido, de media, 4 o 5 ausencias al trabajo en un año, índice similar al de los trabajadores más jóvenes. La mayoría de los ancianos (54 por 100) informaron que no limitaban sus actividades por razones de salud, mientras el 40 por 100 declararon haber teniendo que reducir su actividad (en comparación con el 20 por 100 de los individuos entre los 45 y 64 años). Los más propensos a sufrir problemas de salud son las personas mayores de áreas rurales y los de más de 85 años, mientras los que tienen más probabilidades de tener una buena salud son los de ingresos elevados (Bureau of de Census, 1983).

Las afecciones crónicas son los problemas de salud más comunes en personas de 65 años; más del 80 por 100 dijo padecer una o varias. Las más comunes son artritis, reumatismo, problemas cardíacos, hipertensión, deterioro de las extremidades inferiores, caderas, espalda y espina dorsal. Por otra parte, las afecciones agudas, como resfriados y gripes, son menos comunes en la vejez. Las personas mayores visitan al médico una media de seis veces al año, frente a las cinco de la población general, y son hospitalizados el doble de veces que los más jóvenes. Todavía hoy, sólo un 5 por 100 de las personas mayores viven en residencias de ancianos (alrededor de 1,3 millones de personas en 1982), siendo esta institucionalización más común en las personas muy mayores. Sobre el 75 por 100 de los ancianos en EE. UU. mueren por enfermedades del corazón, cáncer y ataques de apoplejía, aunque ha habido una disminución de las enfermedades cardíacas desde 1968, especialmente entre las mujeres (Bureau of the Census, 1983).

A mediados del siglo pasado la esperanza de vida de los americanos era de 40 años y en 1900 sólo había aumentado hasta los 49. Los niños nacidos en 1982 tienen, en cambio, una esperanza de vida de 78,7 años si son mujeres de raza blanca, 71,4 los varones blancos, 75,2 las mujeres de otras razas y 66,5 los varones de otras razas (National Center for Health Statistics, 1983); la elevación de la esperanza de vida para todos los grupos es debida, en gran medida, a las bajas tasas de mortalidad infantil y del parto. Pero, ¿cómo es la vida durante estos años que conseguimos vivir más?

HABILIDADES SENSORIALES EN LA VEJEZ   Con la edad, la agudeza de los sentidos decae, pero también en esto existen grandes diferencias individuales. Las personas de más de 65 años son propensas a tener problemas de visión en la oscuridad, lo que a menudo les impide conducir de noche. La mitad de los legalmente ciegos en nuestro país son mayores de 65 años, aunque, por fortuna, con el desarrollo de gafas perfeccionadas, lentes de contacto y nuevas técnicas quirúrgicas para eliminar las cataratas, muchas pérdidas de visión son corregidas parcialmente.

Los problemas de audición son más comunes que los de visión; las personas mayores tienen dificultades especiales para seguir una conversación cuando interfiere algún ruido de la televisión, la radio, del exterior u otras personas hablan al mismo tiempo. De nuevo aquí se descubre una relación entre el desarrollo físico y el emocional cuando se comprueba que la pérdida de audición puede contribuir a una sensación de aislamiento y soledad. Otra relación entre limitaciones físicas y problemas de personalidad ha sido subrayada por experimentos que han averiguado cómo unos estudiantes universitarios con sordera parcial, inducida hipnóticamente, empezaban a tener sentimientos paranoides (Zimbardo, Andersen y Kabat, 1981). Las personas que no admiten en ellos la existencia de problemas de audición pueden desarrollar personalidades perturbadas y soportar mal estos problemas si llegan a imaginarse que los otros están hablando de ellos o excluyéndolos deliberadamente de las conversaciones.

Los mayores a menudo se quejan de que su comida no sabe tan bien como antes. Esto parece ser debido a una pérdida de sensibilidad en el gusto y en el olfato. El sentido vestibular, que ayuda a mantener la postura y el equilibrio, a menudo se deteriora en la vejez, lo que es causa de mareos y caídas.

HABILIDADES PSICOMOTORAS

Los ancianos pueden realizar casi las mismas cosas que realizaban cuando eran más jóvenes, pero las hacen más despacio. Su lentitud general afecta tanto a la calidad de las respuestas como al tiempo, puesto que tardan más en adaptarse al ambiente y tomar decisiones. Este ir más despacio tiene muchas implicaciones. Reduce las puntuaciones en los tests de inteligencia, puesto que muchos de éstos establecen límites de tiempo. A un nivel más práctico, afecta a su habilidad para conducir y, en definitiva, su capacidad de independencia.

¿Es usted una de esas personas que se acuesta cada vez que siente el impulso de hacer ejercicio hasta que el impulso pase? Reconsidérelo: el ejercicio tiene efectos beneficiosos a lo largo de toda la vida. Aparte de hacerle sentirse bien, ayuda a conseguir un buen tono muscular, a mantener su peso bajo y a protegerse de enfermedades del corazón. En la vejez manifestará de nuevo su utilidad. Las personas mayores que han hecho ejercicio durante la madurez muestran pocas pérdidas en velocidad, vitalidad y fuerza y en varias funciones básicas, como la circulación y la respiración (Bromley, 1974). Muchos de los efectos que asociamos con el envejecimiento son debidos más a la falta del uso de nuestro cuerpo y a su adaptación a no realizar ejercicios físicos que al paso de la edad.

¿POR QUE ENVEJECE NUESTRO CUERPO?

Todavía no poseemos una respuesta definitiva a esta cuestión. Sabemos que el envejecimiento es un proceso complejo, influido por factores hereditarios, por la nutrición, por las enfermedades y por el ambiente. Si ha elegido bien a sus ancestros y ha realizado prácticas saludables, usted seguirá estando vigoroso y vivirá más tiempo. Pero esto todavía no explica el interior del proceso. ¿Qué les sucede a las células de nuestro cuerpo? ¿Qué diferencia hay entre las células viejas y las células jóvenes? ¿Qué sucede para que sean diferentes? Las teorías que han intentado contestar estas cuestiones se dividen en dos categorías:

Teoría de la programación

Puesto que cada especie tiene su propia pauta de envejecimiento y su propia esperanza de vida, el envejecimiento debe constituir en alguna forma parte de la estructura misma de cada organismo. Leonard Hayflick (1974), que estudió las células de un gran número de animales distintos, descubrió que las células normales se dividen sólo un número limitado de veces, las células humanas aproximadamente 50. Sostiene que esta limitación controla el proceso de la vida, que para los humanos parece estar limitada a 110 años. Posiblemente nacemos con genes que se convierten en nocivos en una época más avanzada de la vida causando un deterioro. Un deterioro de este tipo puede ser el que ocurre en nuestro sistema de inmunidad corporal, que parece estar «confuso» en la vejez, provocando el que ataque al propio cuerpo.

Teoría del desgaste y la destrucción

A través de la comparación de nuestros cuerpos con máquinas cuyas partes llega un momento en que se deterioran por el continuo uso, esta teoría propone que los esfuerzos internos y externos conllevan la acumulación de derivados nocivos en nuestro sistema, como los derivados químicos del metabolismo agravan el proceso de deterioro. Al envejecer, las células son menos capaces de reparar o reemplazar componentes dañados y, por tanto, mueren. Sabemos, por ejemplo, que las células del corazón y del cerebro no pueden reemplazarse a sí mismas ni siquiera en edades tempranas. Cuando sufren una lesión, mueren. El mismo proceso parece desarrollarse en el resto de las células en épocas posteriores de la vida.

DEMENCIA La combinación del deterioro físico y mental, que conocemos como senilidad y que es conocida en medicina por el término de demencia, no es inevitable en la vejez. De hecho, sólo una de cada diez personas de más de 65 años muestran un deterioro mental significativo (National Institute on Aging, 1980). Cuando una persona pierde capacidad, con síntomas como la pérdida de memoria, problemas de atención, disminución general de la capacidad intelectual y dificultades en responder a otras personas, existe normalmente algún tipo de explicación fisiológica (Butler, 1975).

La mayor parte de los casos de demencia son causados por la enfermedad de Alzheimer, cuyos síntomas iniciales comprenden signos de olvido, seguidos por confusión, irritabilidad, desasosiego y, a veces, completa incapacidad para hablar o para cuidar de sí mismo (National Institute on Aging, 1980). Algunos pacientes continúan manteniéndose a ciertos niveles de funcionamiento (jugar al tenis, practicar la jardinería, mantienen relaciones personales), aunque pierden su capacidad para otras tareas más complejas. Uno de cada tres casos parece ser hereditario y suele aparecer en edades más tempranas, algunas veces incluso a los 40 años, mientras que en los casos con familias que no han sufrido la enfermedad no suele aparecer aproximadamente hasta los 70 años (Kolata, 1981).

La enfermedad de Alzheimer parece ser causada por un trastorno cerebral, posiblemente un defecto en la producción o actividad del neurotransmisor químico acetilcolina. Los intentos de inyectar en los pacientes una mayor cantidad de ésta o de sustancias similares no han resultado eficaces, pero las investigaciones continúan. Actualmente, no existe una forma definitiva de tratar la enfermedad. Los fármacos antidepresivos, el asesoramiento y el uso de un conjunto de ayudas para mejorar la memoria puede algunas veces hacer la vida más agradable para el paciente y su familia.

Muchos otros casos de demencia senil tienen su causa en una serie de pequeñas embolias. Puesto que éstas pueden ser prevenidas tratando la hipertensión que las causa, el número de casos puede disminuir mucho en el futuro. En algunos casos lo que parece ser una demencia, puede estar motivada por otras causas tratables y reversibles.

Demasiado a menudo los síntomas de demencia en la vejez no son bien diagnosticados ni tratados, porque la senilidad es algo que se espera en la vejez. Sin embargo, muchos instantes de confusión, pérdida de memoria y síntomas similares responderían bien a un tratamiento adecuado. Por ejemplo, cuando la causa del trastorno es una *sobremedicación* (especialmente una combinación de fármacos que interactúan negativamente), el tratamiento es obvio, una reducción en la dosis o un cambio en la medicación. Otros trastornos con síntomas similares y que pueden ser tratados son la *depresión* (probablemente causada por una salud débil, una operación, el fallecimiento del cónyuge o algún otro suceso), *enfermedades subyacentes* (alcoholismo,

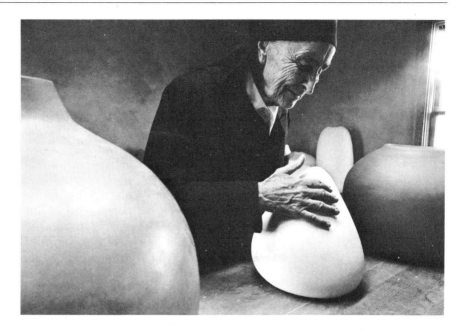

Para muchas personas, el deterioro intelectual generalizado no es parte inevitable de la vejez, sino que a menudo la creatividad permanece intacta. La gran artista americana Georgia O'Keef no empezó a hacer cerámica hasta pasados los 80 años. (© Dan Budnik/Woodfin Camp y Assoc.).

mala nutrición o bajo funcionamiento tiroidal) o *dificultad para ajustarse a los cambios sociales* (como un cambio de vivienda).

Para muchas personas el deterioro intelectual generalizado no forma inevitablemente parte de la vejez, como veremos en el apartado siguiente.

Estado intelectual

Dos de los más eminentes intelectuales de la psicología hicieron recientemente declaraciones públicas sobre sus propias habilidades intelectuales disminuidas en la vejez. El conductista B. F. Skinner (1982) declaró que a los 78 años consideraba que le era más difícil «reflexionar sobre grandes pensamientos» sin perder el hilo de un capítulo a otro, a veces olvidaba cosas que había dicho o escrito muchos años antes y no era tan creativo como lo había sido. A los 74 años el investigador del aprendizaje, Donald O. Hebb (1978), escribió que de los 60 a los 70 años empezó a ser olvidadizo, a perder cierto dominio de vocabulario y a preocuparse por pensamientos irrelevantes que no podía apartar de su mente (como, por ejemplo, la letra de un viejo cuento en verso para niños).

Ambos hombres idearon estrategias para tratar lo que consideraban sus principales pérdidas. Skinner abandonó las actividades ociosas que requerían esfuerzos intelectuales, como el ajedrez, e hizo esfuerzos especiales para continuar reuniéndose con sus condiscípulos, y Hebb empezó a ser más selectivo en sus lecturas y dejó de trabajar por las noches. Ambos empezaron a confiar más en las ayudas externas para la memoria (como colgar un paraguas en el tirador de la puerta para acordarse de cogerlo después).

Como hemos indicado anteriormente, la inteligencia cristalizada se mantiene muy bien, mientras que la inteligencia fluida muestra cierto deterioro. Las personas mayores acostumbran a ser más aptas que las más jóvenes en ciertos usos de la inteligencia, aunque no obtienen tan buenos resultados como los individuos más jóvenes al enfrentarse a un nuevo problema cuya solución requiere habilidades geométricas o relaciones espaciales, normalmente son superiores a la hora de recordar, combinar y deducir conclusiones de la información obtenida a través de los años. Tal y como Horn (citado en

Goleman, 1984, pág. C5) dice, «la habilidad para tomar en consideración diferentes facetas de información mejora en muchas personas con el paso de los años... Las personas más ancianas pueden decir la misma cosa de cinco maneras distintas. En nuestra investigación eran mejores en este tipo de conocimiento que los jóvenes que tratamos». ¿Por qué ciertas habilidades se mantienen mientras otras se deterioran? Nancy Denney (1982) ha sostenido que las personas conservan las habilidades *ejercitadas* (o utilizadas) mientras que suelen mostrar una decadencia en las *no ejercitadas*. En nuestra sociedad a menudo usamos más las habilidades cristalizadas que las fluidas.

Muchos ancianos se sitúan en un nivel inferior a su verdadera capacidad intelectual por razones no intelectuales. Puesto que realizan las cosas con mayor lentitud, todo lo que requiera rapidez los sitúa en desventaja. Pueden tener problemas en ver u oír las instrucciones o preguntas de un test, pueden sentir ansiedad ante los resultados, o simplemente pueden no estar suficientemente motivados para hacer el esfuerzo. [Cuando las personas mayores que realizaban un test eran recompensados, aumentaba su rapidez en las tareas con límite de tiempo, lo que es considerado por lo general como algo que inevitablemente decae en las edades más avanzadas (Hoyer, Hoyer, Treat y Baltes, 1978.)] Hasta aquí hemos hablado de la distinción entre competencia y ejecución.

Un conjunto de estudios han mostrado que los ancianos pueden mejorar su rendimiento intelectual (Crovitz, 1966; Meichenbaum, 1974). Las personas mayores, que han de solucionar ese tipo de problemas, pueden ser entrenadas en separar el proceso de solución de un problema en diversos componentes y lograr así una mejor organización de la información y aproximarse a soluciones alternativas a través de técnicas tan simples como hablar consigo mismo, en silencio o en voz alta. Pueden aprender a adquirir el hábito de preguntarse a sí mismos cuestiones sobre la forma en que tratan el problema. Pueden desarrollar técnicas prácticas para estimular la memoria. Pueden hacer esfuerzos especiales para mantenerse intelectualmente activos y reunirse con personas estimulantes. Pueden ordenar las prioridades, reservando sus energía para las tareas que consideren más importantes. Esas técnicas tan simples son aplicables no sólo en el momento de hacer un test, sino en la vida diaria, tal como indican Skinner y Hebb.

A menudo, el declive de las actividades intelectuales que ha sido atribuido a la vejez es, en cambio, algo previo a la muerte. Poco antes de morir muchas personas experimentan la caída terminal. Un declive repentino en la actividad intelectual (Riegel y Riegel, 1972; Botwinick, West y Storandt, 1978). Aunque afecta a personas de todas las edades, las mayores tasas de mortalidad en las personas ancianas es la causa de su asociación con la senectud.

Desarrollo social y de la personalidad

Los años que siguen a los 65 constituyen una etapa normal del desarrollo durante la cual las personas pueden experimentar tanto crecimiento como crisis. Sin embargo, nuestra sociedad parece estar predispuesta para impedir que las personas mayores experimenten positivamente sus últimos años. Rechazamos sus ideas como desfasadas e irrelevantes en lugar de valorar los conocimientos adquiridos a través de la experiencia y de la relación con el pasado. Les forzamos al retiro cuando muchos son todavía enérgicos y capaces de trabajar. Aceptamos la enfermedad y la depresión como una carga inevitable de la vejez y estereotipamos a las personas mayores de muchas maneras, tratándolas según nuestras ideas equivocadas sobre su manera de ser, creando así profecías que nosotros mismos nos encargamos de que se

De acuerdo con la teoría de la actividad en el envejecimiento, cuanto más activo continúe, más se sentirá realizado en la vejez. Esto es así para muchas personas, como esta pareja, mientras que otras personas mayores disfrutan más con la tranquilidad de la mecedora. (Michael Hayman/Stock, Boston.)

cumplan. Como sociedad, fracasamos en buena medida en satisfacer sus necesidades de compañía, ingresos, transporte, vivienda, salud, cuidado y seguridad. Frente a todo esto, es sorprendente que muchas de las personas mayores envejezcan con éxito. ¿Cómo lo hacen?

ENVEJECIMIENTO SATISFACTORIO   Existe más de una forma para envejecer satisfactoriamnte, y el camino que cada uno toma depende de su personalidad, de su pasado y de sus circunstancias presentes. Las dos teorías más importantes sostienen puntos de vista extremos y diametralmente opuestos que han generado grandes esfuerzos de investigación. La investigación ha mostrado, de forma sorprendente, que ninguna de las dos teorías parece dar una explicación completa. Teniendo en cuenta esto, veamos estas y otras teorías.

Teoría de la actividad   *Cuanto más activo permanezca, más realizado se verá en la vejez.* De acuerdo con esta perspectiva, las personas mayores han de continuar comportándose, lo más que puedan, como las personas de mediana edad. Hay que mantener todas las actividades posibles y reemplazar los roles perdidos (esposo o trabajador) con otros roles (como abuelo o voluntario en actividades sociales). Algunas investigaciones, sin embargo, han demostrado que el grado de satisfacción de la vida de las personas mayores tiene poca relación con el grado de actividad (Lemon, Bengston y Peterson, 1972).

Teoría de la desvinculación   *Usted será más feliz si se aparta fácilmente de la vida.* Según este punto de vista, es normal y favorable para las personas mayores reducir sus actividades y ocupaciones refugiándose en ellos mismos y debilitando los lazos emocionales con otras personas. Este tipo de desligamiento parece estar más relacionado con la inminencia de la muerte que con la edad (Lieberman y Coplan, 1970).

Pautas actuales   Otra investigación ha mostrado que algunas personas son más felices estando ocupadas mientras otras disfrutan de la tranquilidad de una mecedora. La manera en que una persona encara la vejez depende normalmente de su personalidad y del grado de actividad durante su vida, y se demuestra que existe la misma posibilidad de ser feliz en la vejez para las personas que les gusta estar cargadas de trabajo, de actividad voluntaria y de vida social que para las que disfrutan abandonándose a la lujuria del tiempo libre, posiblemente por primera vez en su vida (Reichard, Livson y Peterson, 1962; Neugarten, Havighurst y Tobin, 1965).

La jubilación   ¿Qué impacto supone abandonar el mundo del trabajo remunerado? Tal como se indicaba en el párrafo anterior, depende de cada persona en particular. Las siguientes declaraciones de jubilados que tomaron parte en un amplio estudio longitudinal a nivel nacional (Streib y Schneider, 1971) muestran los puntos de vista más corrientes:

> No me gusta estar jubilado. Personalmente pienso que es mejor seguir ocupado. Cuando no estás ocupado y no eres útil, te sientes como una revista vieja. El mundo continúa sin ti. A veces pienso en el suicidio. No hay nada que hacer excepto leer, es difícil mantenerse ocupado... Ayer contesté a un anuncio. La jubilación es el catre (pág. 139).

¡Estar jubilado lo significa todo para mí! ¡Soy tan feliz en todo lo que hago! No tengo ningún problema en mantenerme ocupado. Los lunes trabajo en el jardín. Los martes juego al golf. Algunas veces juego a los bolos. Los miércoles trabajo toda la mañana la tierra. Los sábados voy a pescar. Leo mucho. En invierno voy a mi club y juego a las cartas. Me han ofrecido diversos empleos, pero no quiero trabajar (pág. 142).

¿Cuáles son los motivos de estas diferencias? Principalmente el dinero y la salud. No es sorprendente que los jubilados que gozan de buena salud y no tienen preocupaciones económicas estén más satisfechos con el retiro que los que no se sienten lo suficientemente bien para emplear todo su tiempo libre o los que pierden sus ingresos económicos. Esta conclusión surge del estudio de Streib y Schneider, así como de estudios transversales sobre jubilados (Barfield y Morgan, 1974, 1978).

Streib y Schneider iniciaron su estudio cuando todos los futuros jubilados estaban aún trabajando. Los siguieron durante el trabajo, al retirarse, y cuando volvieron al trabajo después de retirarse. Empezaron con preguntas derivadas de la teoría de los roles: ¿qué sucede cuando abandonamos, rompemos o alteramos un rol básico como el del trabajador? ¿Cómo afecta esto a la salud, a la situación económica real y percibida, a la imagen que uno tiene de sí mismo y al grado de satisfacción de la vida?

Sus conclusiones fueron, en general, bastante positivas: la salud no decae tras la jubilación, ni la satisfacción con la vida. La imagen de uno mismo no cambia drásticamente, los jubilados no se sienten viejos e inútiles de repente. Aunque los ingresos disminuyan bruscamente, muchas personas jubiladas se sienten preparadas y no se preocupan por el dinero. Esta conclusión subraya la importancia de prepararse durante la vida para la jubilación.

En general, cuanto más cultos sean los trabajadores, más prestigiosos sean sus empleos o más dinero supongan, más se preferirá trabajar durante un período más largo.

Muchas investigaciones sobre los aspectos de la jubilación se han centrado en los varones, aunque con la creciente importancia del trabajo en la vida de las mujeres esto está cambiando. Streib y Schneider han descubierto que las mujeres casadas y las solteras acostumbran a retirarse antes que las viudas y las divorciadas. Esta jubilación más temprana parece contradecir la importancia que el trabajo tiene en su vida, pero también puede reflejar el hecho de que posiblemente han estado trabajando de forma más continua que las mujeres de otros grupos y que el retirarse del trabajo les puede suponer la primera oportunidad para realizar el tipo de tareas domésticas y actividades ociosas que las mujeres de otros grupos han venido realizando y de las que están cansadas.

LA CRISIS FINAL DE LA VIDA SEGUN ERIKSON: INTEGRIDAD DEL YO FRENTE A DESESPERACION   La integridad del yo es la culminación de la solución con éxito de las siete crisis anteriores en el desarrollo a lo largo de la vida. Implica amor al yo humano, que depende de la aceptación de la vida que uno ha llevado, sin remordimientos importantes por lo que podía haber hecho o por lo que debía haber hecho de forma diferente. La persona que no puede aceptar la forma básica en que ha vivido puede caer en la desesperación al saber que no hay tiempo para empezar otra vida, que no hay tiempo para hacer de nuevo las cosas bien (Erikson, 1963). Las personas que no se han evaluado continuamente y modificado sus estructuras de vida (tal como recomienda David Levinson y sus colegas) pueden llegar a ser desesperadamente temerosas de la muerte. Por el contrario, aquellos que han aceptado su vida pueden aceptar más fácilmente la inevitabilidad de su muerte como el final de una vida vivida lo mejor que sabían (véase el trato con la muerte en el apartado 13-1).

La desesperación tiene también, sin embargo, su parte saludable. Como Erikson pregunta, «¿cómo puede alguien íntegro no desesperarse por ciertas cosas de la propia vida, de la condición humana? Aunque nuestra vida sea absolutamente bella y maravillosa, el hecho de que tantas personas sean explotadas o ignoradas debe hacernos sentir cierta desesperación» (Hall, 1983, pág. 27). De nuevo lo más importante es el equilibrio.

Las personas mayores a menudo se dedican a lo que Robert Butler (1961) ha denominado la revisión de la vida, en la que se recuerda el pasado y se piensa qué hacer en el futuro. En una clásica película de Ingmar Bergman, *Fresas salvajes*, un anciano médico se da cuenta de que ha sido muy frío a lo largo de su vida y trata de ser más cálido y abierto los años que le quedan. La película muestra de forma dramática un hecho a menudo percibido en la vida real, que poseemos un control sobre nuestra personalidad y podemos cambiar en cualquier época de la vida, incluida la vejez.

Como hemos visto, todas las etapas de nuestro ciclo vital son importantes. Los vientos del desarrollo corren continuamente a través de nuestra vida al tomar distintas direcciones para descubrir quiénes somos y dar sentido a nuestras preguntas. Nunca tenemos todas las respuestas a las preguntas de la vida; todos nuestros días se hallan iluminados por su búsqueda. Esta búsqueda persistirá hasta el final de nuestra vida.

APARTADO 13-1

EL DUELO Y LA MUERTE: COMO TRATAN LA MUERTE EL MORIBUNDO Y EL SUPERVIVIENTE

Años atrás, la muerte formaba parte de la vida cotidiana de muchas personas. Era frecuente la muerte infantil y a lo largo de la vida era bastante común que las personas sufrieran terribles accesos de fatales enfermedades. Se temía a la muerte y aún se aceptaba su presencia como si rondase por los recodos de la vida. Con el progreso de la medicina, la muerte ha sido relegada del centro de la existencia diaria de muchas personas y se ha convertido en uno de los pocos tópicos de los que nos cuesta hablar. Sin embargo, en los últimos tiempos ha surgido una actitud más adecuada frente a la muerte —una actitud que trata de entenderla, de estudiar los aspectos emocionales,

prácticos y morales que conlleva e intentar que su inevitable llegada sea lo más positiva posible, tanto para el que va a morir como para el que le sobrevive—. La tanatología, el estudio de la muerte y de sus procesos, está despertando mucho interés al reconocer que tratar con la muerte puede enseñarnos mucho sobre la vida.

ACTITUDES SOBRE LA MUERTE A LO LARGO DEL PROCESO DE LA VIDA

Los niños pequeños consideran la muerte como una condición temporal y reversible, pensando a menudo que la persona fallecida

volverá. Su conocimiento de la muerte se desarrolla gradualmente hasta la temprana adolescencia en que prácticamente todos los jóvenes comprenden que la muerte llega para todos y que su llegada no debe ser considerada como un castigo sino como una parte del ciclo normal de la vida (Nagy, 1948). Este conocimiento gradual es debido en parte al desarrollo cognitivo normal, pero también a las propias experiencias individuales. Los niños enfermos crónicos o los que han perdido a uno de los padres adquieren, de forma precoz, el significado de la muerte (Bluebond-Langner, 1977).

Los adolescentes y los jóvenes raras veces piensan en ella, porque

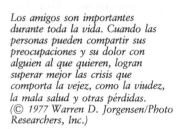

Los amigos son importantes durante toda la vida. Cuando las personas pueden compartir sus preocupaciones y su dolor con alguien al que quieren, logran superar mejor las crisis que comporta la vejez, como la viudez, la mala salud y otras pérdidas. (© 1977 Warren D. Jorgensen/Photo Researchers, Inc.)

lo normal es que no sea una amenaza inminente, ni para ellos ni para las personas que les rodean. Normalmente es en la madurez cuando la mayoría de las personas aceptan el hecho de que han de morir. Esto, a menudo, les impulsa a realizar cambios importantes en la vida. Al saber que su tiempo es limitado, toman en consideración sus profesiones, matrimonio, amistades, valores y su actividad como padres, y a menudo realizan importantes cambios. Por lo general, los ancianos aceptan la muerte más fácilmente que las personas de mediana edad.

ACEPTACION DE LA PROPIA MUERTE

Una pionera en el estudio del proceso que lleva a la muerte, Elizabeth Kübler-Ross (1969), describió un proceso de cinco etapas en la aceptación de la muerte inminente, basándose en su trabajo con cientos de pacientes en trance de morir. Esta investigación mantiene que muchas personas atraviesan las etapas de *negación* («esto no puede estar sucediéndome a *mí*!»), *ira* («¿Por qué yo?»), *negociacion*

(«Dios mío, si me dejas vivir para ver la graduación de mi hija no te pediré nunca nada más»), *depresión* («No seré capaz de hacer las cosas que había planeado») y *aceptación* («De acuerdo, mi tiempo se ha acabado»).

La doctora Kübler-Ross ha contribuido al conocimiento del moribundo y a ayudar a los enfermos terminales. Pero las etapas que propone no son invariables para todos el mundo y no deben ser consideradas como un criterio de «buena muerte». Ciertas personas, por ejemplo, se enfrentan mejor a la muerte negándola, otras encuentran alivio encolerizándose contra ella y otras pasan por alto una o más etapas en el camino de la aceptación. Tenemos que respetar los estilos individuales de morir como aceptamos los de vivir.

COMO NOS COMPORTAMOS ANTE LA MUERTE DE UNA PERSONA QUERIDA

En América los que han perdido un ser querido no tienen ritos universales de luto que les ayuden a expresar su dolor y que les permitan proveerse de la estructura

adecuada para construir una nueva vida. Se espera que sean valientes, que repriman sus lágrimas y que sigan viviendo de forma natural. Pero para ello estas personas necesitan antes expresar sus sentimientos por la pérdida.

La aflicción suele seguir una pauta bastante predecible, que consta de tres etapas (Schulz, 1978). Durante las primeras semanas tras la muerte, los supervivientes reaccionan con conmoción e incredulidad. Cuando la aceptación de la pérdida penetra en ellos, la insensibilidad inicial da paso a una gran tristeza. Algunos lloran casi constantemente; otros sufren síntomas físicos, como insomnios, dificultades respiratorias y pérdida del apetito; algunos temen un derrumbamiento emocional; algunos beben demasiado o se sedan con tranquilizantes. A partir de las tres semanas de la muerte y hasta aproximadamente un año, la viuda (u otras personas afectadas) reviven la muerte en su mente en la búsqueda obsesiva de su significado. Pueden sufrir alucinaciones en las que dicen ver la cara del fallecido y oír su voz. Al principio del segundo año tras el fallecimiento, los deudos se vuelven más activos socialmente, salen más, ven a gente y reanudan sus intereses. En este momento se sienten con mayor fortaleza al saber que han superado una prueba terrible.

Cuando las personas reaccionan a la pérdida con una sensación inicial de bienestar y después muestran cambios en la personalidad, como hostilidad o irritabilidad generalizada, cuando caen en depresiones de larga duración, o cuando desarrollan síntomas físicos importantes como asma o colitis, a menudo puede serles beneficioso algún tipo de ayuda para convivir con su dolor. Esta ayuda puede encontrarse en una organización como las asociaciones de viudos y viudas o las de amigos compasivos (para padres que han perdido a sus hijos) o bien someterse a una breve psicoterapia.

VIUDEZ

Tres de cada cuatro mujeres sufrirán uno de los mayores traumas de la vida, la muerte de su esposo, suceso que, según Holmes y Rahe (1976), encabeza la lista de los acontecimientos de mayor importancia en la vida. Aproximadamente la mitad de las mujeres pasan a ser viudas antes de los 56 años, y casi la otra mitad después, siendo la mediana edad la época en que la mayoría de las mujeres tienen que enfrentarse con la pérdida, y siendo la edad anciana la época en que estas mujeres integran en su vida diaria su «status» de viuda (Balkwell, 1981). En 1978 más de cuatro de cada diez mujeres de edades de 65 a 74 años y casi siete de cada diez mujeres de más de 75 años eran viudas, frente a

sólo uno de cada diez varones de 65 a 74 años y uno de cada cinco de más de 75 (Soldo, 1980). ¿Por qué esta disparidad? Porque las mujeres viven más años que los varones, normalmente se casan con varones de mayor edad que ellas y son menos propensas a casarse tras la muerte de sus esposos que los varones, en parte debido a que no hay muchos de su edad y a que raramente se casan con varones más jóvenes.

¿Qué efectos tiene la viudez en la vida diaria? Los varones tienen más probabilidad de morir de un ataque cardíaco. En un estudio con 4.486 viudos de más de 55 años de edad, las tasas de mortalidad durante los 6 meses siguientes a la muerte de su esposa era un 40 por 100 superior a la tasa habitual, los varones suelen morir en su mayoría de ataques cardíacos (Parkes, Benjamín y Fitzgerald, 1969). Las mujeres tienen más probabilidades de sufrir trastornos de incapacidad crónica (Verbrugge, 1979). Ambos sexos mostraron tasas más altas de enfermedades mentales que los casados de la misma edad (Balkwell, 1981).

Helena Lopata (1977, 1979), de la universidad de Loyola, ha realizado extensas investigaciones con más de 100 viudos y viudas. Uno de los problemas principales a los que se enfrentan ambos sexos es la situación económica. Si el marido producía la principal fuente de ingresos, su viuda se verá privada de ellos. Por su parte, el viudo tiene ahora que adquirir muchos de los servicios que su mujer le proveía. Incluso cuando ambos esposos trabajaban, la pérdida de un ingreso es a menudo importante. El problema principal, a pesar de todo, es el

emocional. Incluso en un mal matrimonio el superviviente siente la pérdida. Si pierde el rol de esposa, la vida social cambia de tener a parejas como amistades a relaciones con otras personas no emparejadas, y la viuda deja de tener la compañía diaria que había sido una parte básica de su vida.

Estos problemas se solucionarán de diversas maneras. Los varones normalmente se vuelven a casar y las mujeres entablan relaciones de amistad con otras viudas. Pocos eligen vivir con sus hijos casados. Las viudas jóvenes a menudo se sienten más competentes una vez realizados los ajustes básicos tras la muerte de su esposo y llevan una vida más independiente (Lopata, 1973).

Como otras crisis en la vida, la viudez afecta a las personas de diferentes maneras en función de su personalidad, la calidad de su relación matrimonial y otros elementos de su vida (como el trabajo, las amistades y los asuntos financieros). Las personas casadas pueden prepararse a sí mismas para la eventual viudez manteniendo un fuerte sentido de su propia identidad y una firme actitud de autosuficiencia. Una mujer es menos propensa a derrumbarse por la pérdida de su marido si, mientras él estaba vivo, ella había perseguido sus propios intereses y había asumido un importante papel en todos los aspectos familiares, incluyendo el financiero. El varón hará frente mejor a la viudez si está acostumbrado a manejarse en las tareas diarias del hogar, como cocinar comidas sencillas, lavar la ropa y llevar a cabo los asuntos sociales.

RESUMEN

1   La *adolescencia* se inicia con la *pubescencia*, momento en que maduran los órganos sexuales y se desarrollan los caracteres sexuales secundarios. La *pubertad* es el momento en que el individuo es sexualmente maduro y capaz de reproducirse. La menarquia, el primer período menstrual, señala la madurez sexual de las mujeres. La señal fisiológica similar para los chicos es la presencia de esperma en la orina.

2   Según Jean Piaget, los adolescentes se hallan en el período cognitivo de las *operaciones formales,* o pensamiento abstracto. Las investigaciones muestran que no todos los adolescentes (e incluso los adultos) pueden alcanzar esta etapa.

3   Kohlberg considera el *desarrollo moral* en relación con el desarrollo cognitivo. Consiste en el desarrollo de un sentido de la justicia que progresa a través de seis etapas. Gilligan afirma que las mujeres, que suelen obtener resultados inferiores a los varones en los dilemas morales de Kohlberg, consideran la moralidad no en términos de abstracción como justicia y honradez, sino en términos de responsabilidad de ocuparse y atender a los demás.

4   Erik Erikson describe la crisis de la adolescencia como *identidad frente a confusión de roles*, pues la persona trata de encontrar «quién es en realidad».

5   Muchos adolescentes mantienen buenas relaciones con sus padres y no se sienten alienados por ellos. La *rebelión adolescente* parece ser un gran mito.

6   Aunque en la actualidad muchos adolescentes trabajan, el trabajo no parece aportar grandes beneficios para su futuro desarrollo ocupacional, social o educativo.

7   Muchos adolescentes son hoy sexualmente activos, aunque no suelen ser promiscuos. Sin embargo, la mayoría no emplean métodos anticonceptivos; en 1979 se produjeron alrededor de un millón de embarazos en la adolescencia. Muchas adolescentes no casadas abortan, aunque también son muchas las que deciden continuar el embarazo.

8   Durante la edad adulta temprana (20 a 40-45 años) y la media (40-45 a 65 años aproximadamente) la salud y la energía son, por lo general, bastante buenas. En las mujeres tiene lugar la *menopausia* (o *climaterio*) normalmente entre los 48 y 52 años. La actitud de la sociedad frente al envejecimiento parece tener un efecto más profundo en la reacción frente a la menopausia que la que tienen las variaciones hormonales del cuerpo. Los varones también experimentan ciertos cambios biológicos durante la madurez, disminución de la fertilidad, de la frecuencia del orgasmo y de la potencia sexual.

9   Ciertos tipos de inteligencia continúan desarrollándose a lo largo de toda la vida. La *inteligencia fluida* inicia un suave y lento declive en la madurez; en cambio, la *inteligencia cristalizada* permanece igual o incluso aumenta.

10   Existe un potencial de crecimiento de la personalidad en la edad adulta. Según Erikson, el joven se enfrenta con la crisis de *intimidad frente a aislamiento* y el adulto maduro con la de *generatividad frente a estancamiento*. El joven debe comprometerse con otra persona o arriesgarse al aislamiento, según Erikson. El adulto maduro debe abordar el problema de establecer y guiar a la siguiente generación.

11   En la actualidad, los psicólogos estudian el impacto del trabajo en la madurez. Aunque los americanos parecen valorar los asuntos familiares por encima del trabajo, éste sigue siendo una importante área de preocupación.

12   Muchas parejas reciben el embarazo con emociones contrapuestas. Aunque las técnicas efectivas de control de la natalidad hacen de la paternidad, a diferencia de lo que ocurría en el pasado, una «opción libremente elegida», la mayoría de las parejas siguen teniendo hijos. Muchos padres lo consideran la principal fuente de satisfacción.

13   Investigaciones recientes han identificado un conjunto de «etapas» en el desarrollo adulto, aunque muchos de estos trabajos han utilizado muestras pequeñas compuestas de varones blancos de clase media. Según Levinson, el objetivo del desarrollo adulto es la creación de una *estructura de vida*. Los individuos pasan por períodos de estabilidad, tras haber construido parte de la estructura de vida y de transición cuando la vuelven a evaluar.

14   Sabemos que la edad cronológica no nos dice mucho sobre la madurez de una persona. Aunque la biología determina mucho de lo que ocurre durante la infancia, la cultura y la personalidad individual desempeñan un papel más importante en el desarrollo del adulto. Las diferencias individuales son más amplias en la edad adulta, particularmente en la vejez. La *senectud* se inicia de forma variable según las personas. Habitualmente se señala el umbral de los 65 años como el principio de la ancianidad, aunque existan amplias diferencias individuales.

15   La vejez no es sinónimo de enfermedad e incapacidad. Pero son bastante comunes los problemas sensoriales, aunque muchos pueden ser remediados. Las personas mayores pueden hacer casi todo lo que hacían cuando eran jóvenes, sólo que suelen hacerlo más despacio.

16   Se han desarrollado un conjunto de teorías para explicar el envejecimiento físico, entre otras la posibilidad de que el envejecimiento esté *programado* de alguna forma en nuestro organismo, o la que ve en ello el resultado de un continuo proceso de *deterioro* y *reparación* de nuestros cuerpos (teoría del desgaste y la destrucción).

17   La *demencia,* el deterioro físico y mental experimenta-
      do por una de cada diez personas de más de 65 años,
      no es universal. Muchos casos de demencia son
      debidos a *la enfermedad de Alzheimer,* todavía incura-
      ble. Otras causas de demencia son, por ejemplo, las
      pequeñas *embolias* (que pueden ser prevenidas contro-
      lando la tensión arterial, tratando la hipertensión), la
      *sobremedicación, las depresiones, las enfermedades
      subyacentes o las dificultades de acomodación al
      cambio social* son alteraciones que frecuentemente
      pueden ser prevenidas o tratadas.

18   El deterioro intelectual generalizado no constituye un
      aspecto inevitable de la vejez. Los ancianos realizan
      algo peor que los jóvenes adultos algunas tareas in-
      telectuales, por una serie de razones no intelectuales,
      como la incapacidad para trabajar tan rápido como
      aquéllos, problemas de visión o de audición, la
      ansiedad frente a los tests o la escasa motivación. Han
      obtenido buenos resultados algunos intentos de me-
      jorar la actividad intelectual a través del «entrena-
      miento».

19   Dos importantes teorías del envejecimiento con éxito
      son la *teoría de la actividad* y la *teoría de la desvincu-
      lación.* La primera mantiene que cuanto más activo se
      permanezca más se siente uno realizado en la vejez.
      La teoría de la desvinculación, en cambio, mantiene
      que el envejecimiento con éxito se basa en que la
      persona se distancie con facilidad de la sociedad. Las
      investigaciones indican que no existe una única pauta
      de envejecimiento con éxito. Los distintos individuos
      se adaptan de formas diferentes.

20   Los estudios sobre la *jubilación* indican que una
      buena salud e ingresos suficientes son ayudas impor-
      tantes para lograr una buena adaptación.

21   Erikson considera la crisis vital de la vejez como el
      establecimiento de la *integridad del yo,* que está en
      relación con la aceptación de la propia vida. La
      persona que no lo logra, se enfrenta a la *desespera-
      ción,* puesto que es ya demasiado tarde para empezar
      de nuevo.

22   Nuestra sociedad ha tratado durante mucho tiempo a
      la muerte como un tabú. De un tiempo a esta parte ha
      crecido el interés por la muerte. Las actitudes y la
      comprensión de la muerte cambian a lo largo del
      proceso vital. Elisabeth Kübler-Ross sugiere que el
      individuo atraviesa cinco etapas en el trato con su
      propia muerte: *negación, ira, negociación, depresión y
      aceptación.*

23   Tras la muerte de una persona amada, la reacción
      inmediata de los que la sobreviven es, a menudo, de
      confusión, incredulidad, aflicción y tristeza. Esta
      reacción inicial puede ser seguida de un intento de dar
      significado a la muerte y de la sensación de que la
      persona fallecida está todavía ahí. Al cabo de un año
      el superviviente puede ser más activo, al experimentar
      una sensación de fortaleza por haber sobrevivido. La
      viudez es experimentada por el 75 por 100 de las
      mujeres, la mitad de ellas se quedan viudas antes de
      los 56 años. La viudez afecta a las personas de forma
      diferente en función de su personalidad, las circuns-
      tancias de su vida y la calidad de su relación matrimo-
      nial.

LECTURAS RECOMENDADAS

Gilligan, C. (1982). *In a different voice.* Cambridge, Mass.:
    Harvard University Press. Discusión sobre el falso trato
    dado a las mujeres entre los principales teóricos de la
    psicología evolutiva, con especial énfasis en el concepto
    de moralidad de la mujer.

Heston, L. L., y White, J. A. (1983). *Dementia: A practical
    guide to Alzheimer's disease and related disorders.* San
    Francisco: W. H. Freeman. Libro de fácil lectura sobre
    todos los aspectos de la demencia. Los autores aportan
    información sobre las diferentes teorías actuales y las
    posibilidades de tratamiento. Abordan, además, diversos
    temas prácticos.

Kübler-Ross, E. (1969). *On death and dying.* New York:
    Macmillan. Libro conmovedor que supuso el principio
    del renovado interés por la muerte; Kübler-Ross dedujo,
    por medio de entrevistas con pacientes en trance de
morir, que existían cinco etapas en la actitud mental
    de un moribundo.

Levinson, D. J.; Darrow, C. N.; Klein, E. B.; Levinson,
    The season's of a man's life. New York: Ballantine.
    Detallado informe sobre las conclusiones del equipo de
    investigación del desarrollo del hombre desde la edad
    adulta temprana hasta la mediana edad. De fácil lectura,
    con interesantes historias de casos, los autores señalan
    un conjunto de conceptos teóricos que guían el desarro-
    llo adulto.

Papalia, D. E., y Olds, S. W. (1981). Human development
    (2d ed.). New York: McGraw-Hill. Manual universitario
    que explora el desarrollo físico, intelectual, de la perso-
    nalidad y social durante todo el proceso de la vida.
    Existe edición castellana: *El desarrollo humano.* México:
    McGraw-Hill, 1985.

PARTE
6
PERSONALIDAD
Y ANORMALIDAD

La individualidad, para lo bueno y para lo malo, y la salud mental son los temas de esta sección del libro; para muchos constituye la razón primordial de la existencia de la ciencia psicológica. Tratamos el enigma de la personalidad individual: ¿qué es lo que nos hace ser como somos?, e intentamos dar algunas respuestas posibles. En un segundo momento estudiamos las dificultades que surgen cuando la manera de ser de algunas personas condiciona su capacidad para actuar normalmente. También examinamos los intentos realizados a lo largo de los años para ayudar a los que sufren distintos tipos de trastornos psicológicos.

En el capítulo 14, «Teorías y evaluación de la personalidad», nos preguntamos por aquello que hace de cada uno de nosotros algo único y examinamos algunas de las explicaciones que han ofrecido diferentes estudiosos de la personalidad, entre ellos Sigmund Freud, que focalizó su atención en el conflicto entre los impulsos biológicos y la necesidad de dominarlos, el conductista B. F. Skinner, Albert Bandura, teórico del aprendizaje social, que subraya el papel del ambiente, y Abraham Maslow y otros humanistas que consideran el potencial que cada uno de nosotros posee para satisfacer sus necesidades. Por último, analizamos de qué manera los psicólogos miden la personalidad, por medio de entrevistas, técnicas proyectivas, como la interpretación de manchas de tinta, y tests objetivos de papel y lápiz.

En el capítulo 15, «Psicología anormal», tratamos la manera de definir los trastornos emocionales y la conducta anormal y de la dificultad para llegar a tales definiciones. Describimos e intentamos explicar las causas de una serie de trastornos emocionales, desde la depresión leve, que nos afecta a casi todos en un momento u otro de la vida, hasta la ruptura con la realidad, característica de la esquizofrenia.

En el capítulo 16, «Terapia», señalamos los métodos más ampliamente usados en el tratamiento de los trastornos psicológicos. También estudiamos algunas de las muchas diferencias que existen entre los tres enfoques terapéuticos más sobresalientes: «psicoterapia», que se asienta fuertemente sobre el valor de la conversación para ayudar al individuo a modificar sus actitudes y su conducta; el «tratamiento médico», que utiliza técnicas físico-químicas, como fármacos, electroshock y cirugía, y la «intervención social o ambiental», que se preocupa por cambiar de alguna manera el ambiente del individuo.

CAPITULO 14

TEORIAS Y EVALUACION DE LA PERSONALIDAD

CUESTIONES CLAVE

La teoría de la personalidad que ve al individuo en una lucha constante para dominar sus impulsos biológicos (teoría psicoanalítica de Freud).

Diversos teóricos de la personalidad que se apartaron de Freud porque opinaban que exageró el papel del sexo en la motivación del comportamiento (Carl Jung, Alfred Adler, Karen Horney, Erik Erikson).

Dos teorías de la personalidad que hacen hincapié en el papel del ambiente (el conductismo radical de Skinner y la teoría del aprendizaje social de Bandura).

Dos teorías de la personalidad que insisten en el potencial de cada persona para su autorrealización (la teoría de autoactualización, de Maslow, y la teoría centrada en la persona, de Rogers).

Dos teorías que consideran los atributos físicos y psicológicos de una persona para explicar la personalidad (la psicología constitucionalista de Sheldon y la psicología del individuo, de Allport).

Algunas maneras de evaluar la personalidad y consideraciones éticas relacionadas con ellas.

Supongamos que le pedimos que describa la personalidad de sus tres mejores amigos:

- Usted puede decir que Inés es divertida, que le gusta experimentar cosas nuevas, que tiene un gran sentido del humor que a usted le agrada, aunque a veces tenga que esquivar su continuo sarcasmo, que tiene un fuerte temperamento y que es extremadamente generosa.
- Juan, podría usted decir, es calmado o considerado, dado a pensar y hablar de asuntos serios, tolerante con las manías de los demás, flexible incluso cuando está bajo una gran presión, agudo en discusiones sobre libros y películas, y generalmente apegado a valores tradicionales.
- María es intensa, competitiva, rápida en el elogio, igualmente presta a criticar cuando los amigos no satisfacen sus ideas sobre cómo comportarse, a menudo honrada hasta llegar a la exageración, y delicada.

Aunque no conozcamos a ninguna de estas personas, podríamos probablemente identificar a cada una de ellas después de cinco minutos de conversación. Cuanto mejor las conociéramos, más facetas de sus personalidades se nos mostrarían. Cuanto más nos revelaran de ellas mismas, más evidente sería que cada una es un ser humano único, con una personalidad que nadie más comparte. Y esto es precisamente la definición psicológica de personalidad, el conjunto de las formas relativamente consistentes de relacionarse con la gente y las situaciones que ponen un sello de individualidad en cada uno de nosotros. En tanto que nuestras actitudes, nuestros valores, nuestras opiniones y nuestras emociones son las piedras angulares de nuestra individualidad, el modo como actuamos en estos estados mentales determina lo que otros verán como nuestra personalidad.

Nadie, por supuesto, es cien por cien coherente, siempre generoso, siempre amigable, siempre tolerante, siempre sensible, honrado siempre. Pero, como usted sabe por propia experiencia y por lo que ha podido leer, ciertas características predominan en nuestra apariencia psicológica; podemos, pues, ser descritos por los rasgos que parecen gobernar nuestra conducta la mayor parte del tiempo.

El gran enigma de la psicología, que ha creado innumerables teorías y proyectos de investigación, es saber cuál es la causa de que la gente desarrolle determinadas características. ¿Qué fue lo que hizo de Jaime alguien tan generoso que hubiera dado su última peseta a una persona extraña, mientras María encuentra doloroso gastar incluso cantidades modestas? ¿Por qué Juan acepta a la gente como es, mientras María sólo tiene sitio en su vida para aquellos que piensan y actúan como ella? ¿Por qué Inés es habladora y Juan callado? ¿Por qué una persona es muy nerviosa y otra muy calmada? ¿Una dispuesta a cuestionar la autoridad en cualquier momento, mientras otra se encuentra cómoda en estructuras ya establecidas?

Para profundizar en estas preguntas, los observadores de la naturaleza humana han desarrollado complejas teorías. Veremos las más importantes, que se agrupan en cuatro extensas categorías: las *psicoanalíticas,* las del *aprendizaje,* las *humanistas* y las de *tipos y rasgos*. La teoría del aprendizaje entiende que la personalidad está determinada por las experiencias externas, por el ambiente, mientras las otras tres escuelas de pensamiento la ven como formada en nuestro interior, surgiendo de necesidades, impulsos y características básicas e innatas.

TEORIAS SOBRE EL DESARROLLO DE LA PERSONALIDAD

A medida que vaya leyendo lo que se dice de cada teoría en este capítulo, podrá ir descubriendo cómo cada una de ellas explica las características de personalidad que describimos en los tres amigos, Inés, Juan y María. También puede examinar cada teoría constatando en qué difieren respecto a las dimensiones que resultan de contestar a las siguientes preguntas. ¿Cómo cree que las respuestas a estas preguntas afectan el grado en el cual cada teoría ha sido aceptada tanto por algunos individuos como por amplios sectores de la sociedad?

1 ¿Considera que la conducta está fuertemente motivada por factores conscientes o inconscientes?
2 ¿Cómo se originó la teoría: observando a la gente normal, observando a las personas con problemas que han buscado ayuda en la psicoterapia, o a través de la observación de animales en el laboratorio y la posterior generalización a los seres humanos?
3 ¿Con qué facilidad pueden los investigadores llevar a cabo acciones para probar la teoría? ¿Están los términos definidos de forma precisa? ¿Cuánta investigación han generado?
4 ¿Pone el énfasis en los determinantes biológicos o en los determinantes ambientales de la conducta?
5 ¿Considera a la gente como básicamente buena, básicamente mala, o que reacciona de forma neutra hacia la experiencia?
6 ¿Hace hincapié en la conducta que puede ser observada o en los rasgos internos?
7 ¿Su principal interés radica en determinar las leyes universales de la conducta o en el estudio del individuo en su singularidad?

Enfoque psicoanalítico

LA TEORIA PSICOANALITICA CLASICA DE SIGMUND FREUD (1856-1939) El teórico de la personalidad más famoso que el mundo ha conocido, Freud, revolucionó la manera de entender el desarrollo de la personalidad. Muchos de los términos que él acuñó han entrado en el vocabulario común; así, la mayoría de nosotros hemos oído palabras como *id (ello), ego (yo), super ego (super yo), personalidad oral y anal, libido, envidia del pene, complejo de Edipo, inconsciente* y muchos otros. Echaremos una mirada a lo que estos y otros términos significan en el contexto de la teoría freudiana.

Historia de la teoría freudiana La vida de Freud se extendió a lo largo de la segunda mitad del siglo XIX y gran parte de la primera mitad del XX, y legó un cambio permanente en la manera de entender algunos de los conceptos básicos de la personalidad humana. En algunos aspectos presentó una visión totalmente nueva de la mente humana, mientras que en otros fue un producto de su propia educación y de la era victoriana en la que vivió. Freud empezó su carrera en Viena, donde vivió durante casi ochenta años. Médico privado, se interesó en el tratamiento de los trastornos nerviosos. Primero probó la hipnosis, pero como obtuvo poco éxito con ella, la abandonó. Continuando en la búsqueda de un mejor camino para ayudar a sus pacientes, creyó finalmente encontrarlo en «la cura por la palabra» que había aprendido del doctor Joseph Breuer, a través de la cual los pacientes eran capaces de deshacerse de sus síntomas hablando de sus experiencias y problemas. Freud desarrolló esta técnica dentro de lo que hoy conocemos como psicoanálisis, que estudiaremos con gran detalle en el capítulo 16.

Sigmund Freud. (National Library of Medicine.)

A medida que Freud escuchaba a sus pacientes —la mayoría mujeres de mediana edad y de la clase media-alta vienesa—, que le hablaban de sus problemas y le daban cuenta de muchas de sus experiencias, empezó a ver emerger del discurso vías significativas, como la influencia para toda la vida de las experiencias de la primera infancia, la existencia e importancia de la sexualidad infantil, el significado del contenido de los sueños, cómo nuestras vidas son gobernadas por elementos fuertemente enraizados y de los cuales no somos conscientes. Basándose en estas y otras conclusiones, formuló sus teorías, ilustrando a veces sus puntos de vista con la descripción de casos clínicos.

Estructura de la personalidad El id, el ego y el super ego son las tres diferentes estructuras de la personalidad; cada una de ellas cumple una función diferente y se desarrolla en distinta época (Freud, 1932). Estos tres componentes no están, por supuesto, físicamente presentes en el cerebro, pero son fuerzas cuya existencia asume Freud basándose en sus observaciones de la conducta de los individuos y de la expresión de sus pensamientos y sentimientos.

El id (ello, en castellano) está presente ya al nacer. Está constituido por necesidades tan básicas como el hambre, la sed y la sexualidad, a las cuales Freud llamó *instintos de vida,* alimentados por una forma de energía llamada libido. El instinto de vida es denominado eros, que es también el nombre del dios griego del amor. El id contiene asimismo el *instinto de muerte* (llamado thanatos), responsable de la agresividad y la destrucción. El id demanda la gratificación inmediata. Opera mediante el principio del placer, el cual persigue la inmediata gratificación de los instintos. El bebé hambriento llora para ser alimentado; no le importa si su madre está profundamente dormida o si su padre se está ocupando de su hermana mayor; para el bebé, su necesidad es primordial y no parará en sus demandas hasta que no estén saciadas.

Para Freud estos instintos de vida y muerte son la base de *todo* comportamiento humano a lo largo de toda la vida. Cada instinto consta de una *necesidad* corporal (en el hambre, la necesidad es el déficit nutritivo) y un *deseo* psicológico (un deseo de comida). La necesidad da lugar al deseo, y el deseo dirige la conducta.

No siempre satisfacemos los instintos directamente; a veces usamos objetos substitutivos; este proceso es conocido como desplazamiento. Es lo que ocurre cuando reprime el deseo de gritar a su jefe, y entonces va a casa y grita al primer miembro de la familia que tiene la mala suerte de tropezar con usted. Cuando un desplazamiento produce un logro social valioso, se denomina sublimación. Así, un bebé hambriento succionará un chupete cuando el pecho no esté a su disposición; un niño, a quien han dicho que no se masturbe, jugará con piezas de arquitectura, y Leonardo da Vinci pintará «madonnas», cuando lo que realmente quería era sentirse cerca de su propia madre, de la cual había sido separado en su infancia.

El ego (yo, en castellano) se desarrolla poco después del nacimiento, cuando el niño se da cuenta de que no todo lo que quiera lo obtendrá automáticamente y que tendrá que buscar la manera de conseguirlo. Opera mediante el principio de la realidad, por el cual una persona idea un plan y entonces lleva a cabo algún tipo de acción para ensayar ese plan y ver si está en el camino correcto. Este proceso es conocido como la *prueba de la realidad.* Así, el bebé gobernado por su ello llora en la cuna hasta que es

Este carnicero puede estar sublimando sus inaceptables impulsos agresivos en una actividad socialmente aceptable como cortar la carne. (Ray Ellis © 1983/Photo Researchers, Inc.)

alimentado; el pequeño que gatea y está hambriento, guiado por su yo consigue llegar a la caja de galletas. El ello (irracional e inconsciente) siente y expresa irracionalmente la emoción; el yo (racional y consciente) *piensa* y actúa según el análisis de la situación. El yo trata de encontrar una manera de gratificar al ello, mientras sigue considerando la realidad.

El super ego (super yo, en castellano), la última parte que se desarrolla de la personalidad, aparece en la primera infancia. Opera mediante lo que podríamos llamar el *principio de perfección*. Representa los valores que los padres y otros componentes de la sociedad comunican al niño como ideales. El super yo procura que el niño interiorice los conceptos de bueno y malo para que pueda así controlar su propia conducta de acuerdo a su propio criterio sobre si una acción es buena o mala. El super ego está formado por el *yo ideal* (el «deber» por el cual se nos aprueba, al cual aspiramos y del cual nos sentimos orgullosos), y la *conciencia* («lo que no debemos hacer», aquello por lo que somos castigados y por lo que nos castigamos a nosotros mismos a través del sentimiento de culpa).

El super ego es el amo moral del alma, el agente que trata de prevenir que el ello actúe según sus impulsos, especialmente los sexuales y agresivos. Intenta distraer al yo de su orientación realista y conducirlo hacia una orientación moralista. El super ego está en oposición tanto del id como del ego, ya que es irracional como el id, pero controlador como el ego. Es el verdadero aguafiestas: «Al contrario que el ego, el super ego no pospone meramente la gratificación instintiva, sino que trata de bloquearla permanentemente» (Hall y Lindzey, 1978, pág. 40). Si el super ego consigue demasiado éxito en sus demandas, produce como resultado una personalidad rígida e inhibida. Si fracasa totalmente surgirá en nosotros una personalidad antisocial.

Mecanismos de defensa del ego   Idealmente, las tres caras de la psique, el id, el ego y el super ego, se hallan en estado de equilibrio unas con otras. Su interacción es dinámica y las energías que entran en juego producen un feliz balance que capacita a una persona a retener la espontaneidad del ello, la moral del super yo y la racionalidad del yo. Sin embargo, cuando estas fuerzas están desequilibradas, surge la ansiedad en el individuo. Para aliviar la presión, el yo a menudo pone en marcha una o más defensas. Todos estos mecanismos de defensa distorsionan la realidad para que el individuo pueda relacionarse con ella más fácilmente. Aun más, son inconscientes, por lo que la persona no se da cuenta de que ha tenido lugar una distorsión y está completamente convencida de que su punto de vista es el correcto. Todos caemos algunas veces en estas defensas; llegan a ser patológicas sólo cuando toman una forma grave. El desplazamiento y la sublimación, presentados en este capítulo un poco más arriba, son dos de estos mecanismos. ¿Cuáles son los otros?

- *Represión*. En una situación que produce ansiedad, una persona puede bloquear el acceso a la conciencia de ciertos impulsos o experiencias. Puede ser incapaz de recordar una experiencia penosa, ver un objeto o una persona de una determinada manera, puede no tener conocimiento de sentimientos que en otro tiempo había expresado libremente o puede estar incapacitado físicamente sin causa orgánica (como en el caso de un hombre sexualmente impotente con su mujer porque considera el impulso sexual agresivo y teme herirla).

- *Regresión.* En situaciones que producen ansiedad, se puede retornar hacia formas de conducta de un período anterior para tratar de recuperar la seguridad que recordamos. Un niño puede reaccionar al nacimiento de un hermano orinándose en la cama y chupándose el pulgar, conductas que realizaba cuando era un bebé. O después de la primera pelea matrimonial, una recién casada puede «ir a casa de mamá». Una vez que la crisis ha pasado la conducta inmadura desaparecerá probablemente, pero si esto se ha convertido ya en un patrón personal de respuesta, es posible que reaparezca ante el próximo conflicto.

- *Proyección.* Una manera de tratar pensamientos y motivos inaceptables es proyectarlos o atribuirlos a otro. Así, Pedro hablará de lo mucho que le odia su hermana cuando el que odia es él. O un hombre puede acusar a su mujer de adulterio no porque le hubiera dado alguna razón para dudar de su fidelidad, sino porque él mismo se interesa por otras mujeres.

- *Formación reactiva.* Cuando una persona siente que algunos de sus sentimientos son inaceptables (para ella misma), puede reemplazarlos por los opuestos. Una mujer que odia a su madre porque sintió que favorecía más a su hermana que a ella, proclama a grandes voces su amor, expresado con regalos extravagantes y detalles exagerados. Este tipo de mecanismo puede haber motivado la conducta de un economista de Tampa, Florida, que promulgó una protesta contra los libros de educación sexual en bibliotecas públicas, porque decía que podrían pervertir la moral de los niños. Mientras se hallaba en medio de este intento de censura, el economista fue detenido por abusos deshonestos con una niña de ocho años y un adolescente, de lo cual se declaró culpable (ASJA, 1982). Este hombre puede muy bien haber reemplazado sus inaceptables instintos sexuales hacia los niños con lo que aparecía como opuesto, el deseo de mantener la inocencia de los niños y no exponerlos a libros sobre el sexo. ¿Cómo podemos distinguir una formación reactiva de la realidad? Normalmente por la compulsividad y el extremismo que tienden a marcar la formación reactiva. Cuando «alguien protesta demasiado», nos alerta del hecho de que las cosas pueden no ser lo que parecen.

- *Racionalización.* Otra manera de resolver una situación difícil es justificar nuestra conducta pensando que la dificultad no existe. El zorro no quiere esas uvas que no alcanza porque están verdes. O quien mordiendo un limón agrio se felicita por haber escogido una fruta tan dulce. La universidad en la que no pudimos entrar a buen seguro no es tan divertida como aquella en la que ahora estamos; el trabajo que no conseguimos hubiera sido un punto muerto para nosotros; el novio que perdimos podría habernos privado de conocer a la persona, mucho más valiosa, con la que salimos ahora.

  Se racionaliza también por otra razón, para sentirnos mejor cuando hacemos alguna cosa que uno siente que no debería haber realizado. Por ejemplo, cuando el empleado de unos almacenes comete un error a su favor, ¿se guarda usted el dinero, diciendo «la tienda ya me cobra demasiado otras veces, así que esto realmente me pertenece»? Si obra así, está racionalizando.

Desarrollo psicosexual Según Freud (1905), la personalidad se desarrolla en una secuencia de cinco etapas y da comienzo en la infancia. Cuatro de estas etapas reciben su nombre por las partes del cuerpo que son fuentes primarias de gratificación en cada fase. Esas partes del cuerpo son llamadas zonas erógenas. Una persona cuyas necesidades no fueron satisfechas en alguna etapa o que estuvo mimada excesivamente en algunas de ellas puede llegar a quedar *fijada* en una etapa particular. Aunque el orden de los cambios de la energía instintiva de una zona del cuerpo a otra es siempre el mismo, el nivel de madurez de un niño determina cuándo van a tener lugar estos cambios. Freud advirtió que la maduración de la personalidad de un individuo está muy determinada por las tres primeras etapas. Un elemento fundamental de su teoría es el concepto de la *sexualidad infantil;* el instinto sexual humano no aparece de repente en la pubertad, sino que ha estado presente desde el nacimiento, aunque los sentimientos sexuales de los bebés y niños pequeños son diferentes a los de los adolescentes y adultos.

La etapa oral (del nacimiento a los 12-18 meses): la zona erógena es la *boca,* a través de la cual el bebé consigue placer con la comida, chupando y mordiendo. Succionando logra más que la simple obtención de nutrición para el cuerpo; es una fuente de placer en sí mismo. Una persona fijada en la etapa oral puede, de mayor, volverse tan crédulo que se tragará cualquier cosa, será una persona dependiente y sentirá el mismo placer en absorber conocimientos y adquirir posesiones que el que sentía de pequeño con la comida.

La etapa anal (12-18 meses a los tres años): durante el segundo año la zona erógena se traslada al *ano* a medida que el niño aprende a controlar la evacuación. Los bebés encuentran sexualmente gratificante el acto de retener o expulsar las heces. El entrenamiento en hábitos de limpieza es importante: el niño que es entrenado de una manera demasiado estricta llega a ser obsesivamente limpio, cruel y destructivo, obstinado y avaro, mientras que el que es gratificado exageradamente al producir movimientos intestinales querrá también ser productivo en otros terrenos.

La etapa fálica (de 3 a 6 años): esta etapa, que toma su nombre de la palabra *falo,* término utilizado para designar el pene, empieza cuando el niño obtiene placer en la región *genital.* Este punto es el momento en el que el niño puede descubrir la masturbación.

De acuerdo con el complejo de Edipo, que aparece durante esta etapa, el niño prodiga amor y afecto a su madre compitiendo con su padre por el amor y afecto hacia ella. Inconscientemente, el pequeño quiere ocupar el lugar del padre, pero, reconociendo el poder del padre, le teme. Como quiera que ha aprendido que las niñas pequeñas no tienen pene, concluye que alguien se lo debe haber cortado y teme que su padre, enfadado por su intento de usurpación, haga lo mismo con él. Eso se llama el *complejo de castración.* Con este temor, el niño reprime sus impulsos sexuales hacia su madre, deja de rivalizar con su padre y comienza a identificarse con él.

El complejo de Electra es la contrapartida femenina al de Edipo. La niña se enamora de su padre y es ambivalente hacia su madre. Incluso teme a su madre porque cree que le cortó el pene que, a su parecer, ella y otras niñas tenían y ahora teme que su madre le hará cosas aún peores debido a la rivalidad por el afecto hacia el padre. Al mismo tiempo, ama a su madre y no quiere perder su amor. Así, reprime sus sentimientos ambivalentes y al final se identifica con su madre.

Todo lo dicho guarda relación con la envidia del pene que la pequeña desarrolla en esta etapa, lo cual sólo puede resolverse cuando ya mayor dé a luz a un hijo, «quien trae consigo el pene deseado» (Freud, 1905; según Shaeffer, pág. 19). (Al parecer, la mujer que nunca tiene hijos o que sólo tiene hijas está condenada a sufrir envidia del pene toda su vida.) Freud creyó que las niñas pequeñas nunca resuelven completamente la envidia del pene

Según el complejo de Electra de Sigmund Freud, las niñas pequeñas se enamoran de su padre durante la etapa fálica del desarrollo psicosexual. (© Hazel Hankin/ Stock, Boston.)

(presentando generalmente a las mujeres en una actitud envidiosa y sufriendo la propia subestimación) y que, en cualquier caso, no resuelven esta etapa tan bien como los niños, manifestándose esto en un super ego menos desarrollado que el de los varones.

A los 5 o 6 años los niños resuelven estos complejos cuando se dan cuenta de que los riesgos son demasiado grandes. Se identifican con el progenitor de su propio sexo e introducen las normas de los padres para desarrollar el super ego. La identificación con el padre o la madre ayuda a aliviar la ansiedad provocada por los complejos de Edipo y Electra. Este proceso es conocido como «identificación con el agresor». Freud creyó que la identificación con el padre o la madre no es siempre total y que todo el mundo continúa poseyendo algunas características del otro sexo. Creía también que los niños desarrollan el super ego más rápidamente que las niñas. (Para una discusión sobre la identificación en términos freudianos u otros, véase capítulo 12.)

La etapa de latencia (de los 6 años a la pubertad): es un período de relativa calma sexual. Los niños y niñas tienden a evitar al sexo opuesto, pero no son totalmente asexuales, pues existe cierto interés por la masturbación y las bromas orientadas hacia el sexo.

La etapa genital (de la pubertad en adelante): tiene lugar por los cambios hormonales que acompañan a la pubertad, y marca la entrada a una sexualidad madura, en la cual la principal tarea psicosexual de la persona es entrar en relaciones heterosexuales con alguien ajeno a la familia.

Apenas hemos esbozado la compleja y rica teoría de Freud, que fue elaborada y detallada en muchos volúmenes. Discutimos otros aspectos de su trabajo teórico en otras partes de esta obra, pues se relacionan con muchos de los temas concretos del estudio de la psicología. Por ahora, sin embargo, vamos a ver hasta qué punto su teoría se ha mantenido a través de los años.

Evaluación de la teoría de Freud   Probablemente la contribución más importante que Freud hizo al estudio de la personalidad humana fue su concepto del *inconsciente,* la enorme red de pasiones e ideas almacenadas y a menudo reprimidas que dirigen nuestros pensamientos conscientes y nuestra conducta. Con anterioridad, los psicólogos estudiaban sólo la conducta y pensamientos conscientes. Freud, al comparar la mente con un iceberg en el cual sólo se ve la parte más pequeña (la consciente, como la punta del iceberg), mientras la parte mayor, el inconsciente, está escondido, debajo de la superficie, abrió el camino para una exploración profunda de la psique humana.

Otra contribución muy importante fue el énfasis que pone en la importancia de las experiencias tempranas para el desarrollo posterior. (Aunque este énfasis a veces parece exagerado.)

El elemento más polémico de todas sus ideas fue su insistencia en el instinto sexual como la fuerza motivadora primaria de la conducta, incluso desde la infancia. Algunos de sus seguidores, entre ellos Jung y Adler (mencionados más adelante en este mismo capítulo), rompieron con él en este punto. Otros críticos contemporáneos le han recriminado también el excesivo énfasis en el sexo pero, en general, es respetado por haber sacado a la luz el concepto de la sexualidad infantil.

Más recientemente la polémica ha cambiado de dirección y se ha centrado en su apreciación de que las mujeres son criaturas inferiores anatómicamente (porque al no tener pene no experimentan el conflicto de Edipo o la ansiedad de la castración), moralmente (porque al no experimentar esos dos conflictos, no desarrollan un super ego tan fuerte como los chicos), y culturalmente (porque al no tener un super ego tan fuerte no son capaces de sublimar sus deseos más básicos en trabajos productivos y creativos que harían avanzar la civilización). Una de sus primeras seguidoras, Karen Horney, rompió con Freud a causa de su visión de la mujer.

Otras voces han criticado a Freud en otros campos. Los humanistas, por ejemplo, critican su visión de los seres humanos como criaturas a merced de sus instintos básicos, que les causan problemas si no son controlados. Al basar sus teorías sobre las vidas de individuos con trastornos que habían acudido a él en busca de ayuda, parece que Freud no apreció la fuerza de la psique humana sana. Además, resulta cuestionable si es correcto teorizar apropiadamente sobre el desarrollo normal basándonos en las observaciones de personas con trastornos emocionales.

Como quiera que muchas de las teorías de Freud son vagas y difíciles de definir, resulta difícil diseñar proyectos de investigación para confirmarlas o refutarlas. Aun así, los investigadores lo han intentado una y otra vez. Se han realizado miles de intentos para probar las teorías de Freud con resultados diversos (Fisher y Grenberg, 1977). Los logros de la investigación concuerdan en la evidencia de los tipos de personalidad oral y anal, los sentimientos eróticos de los niños hacia el pregenitor del sexo opuesto y su hostilidad hacia el progenitor de su mismo sexo, y de los miedos de los varones a la castración en relación con la excitación erótica. Otra investigación, en cambio, indica que la identificación ocurre por razones que tienen mucho más que ver con características de los padres, como calor y cuidado y no con «el miedo al agresor», que las mujeres logran gratificación sexual tan fácilmente como los hombres, y que, en contra de la noción de la «envidia del pene», las mujeres aceptan por lo general mejor sus cuerpos que los hombres. Respecto al psicoanálisis como terapéutica, todavía no se ha llegado a una conclusión: sobre la base de la investigación disponible existen tantos datos de su eficacia como de su inutilidad. Sirvió, sin embargo, para popularizar la «terapia mediante la palabra», que actualmente se utiliza de diferentes formas, como veremos en el capítulo 16.

Carl Jung. *(National Library of Medicine.)*

Una reciente corriente de crítica ha dirigido su atención hacia la manera en que los propios mecanismos de defensa utilizados por Freud parecen haberse visto reflejados en la formulación de sus teorías. Por ejemplo, existe evidencia de que Freud puede haber ignorado la palpable prueba de malos tratos de los padres y la seducción sexual de los niños arguyendo que éstos son, por naturaleza, agresivos, masoquistas y sexualmente seductores de sus padres (Masson, 1986; Tribich y Klein, 1981). Una razón expuesta para explicar este ceguera selectiva es la posibilidad de que Freud pueda haber sospechado, sin quererlo reconocer, que su propio padre hubiera sido sexualmente seductor; otra razón puede ser la incapacidad del propio Freud para confesar las fantasías sexuales sobre sus propias hijas (Tribich, 1982).

En general, los seguidores de Freud difieren de él en varios aspectos. No aceptan la excesiva importancia concedida al sexo y la agresión como motivadores de la conducta humana, y han tenido más en cuenta la medida en que las interacciones sociales afectan el desarrollo. Vamos a conocer a algunos de estos neofreudianos.

PSICOLOGIA ANALITICA DE CARL JUNG (1875-1961) Considerado en un tiempo por Freud como su heredero en el trono, Jung, médico suizo, rompió con Freud por razones personales e intelectuales. Las mayores diferencias teóricas se refieren al rechazo de Jung de la sexualidad como el principal determinante de la conducta, su convicción de que la vida está dirigida en su mayor parte por las metas positivas y los objetivos que cada uno se establece y no sólo por factores intelectuales reprimidos y su énfasis en el crecimiento y el cambio a lo largo de la vida, en contraste con la creencia de Freud de que la personalidad quedaba inalterablemente establecida ya en la infancia.

El aspecto más controvertido de la teoría de Jung es su creencia mística en los orígenes raciales o históricos de la personalidad. Defendió que las raíces de la personalidad son muy anteriores al nacimiento del individuo, se remontan a lo largo de generaciones, hasta la aurora de los orígenes de la especie humana. De nuestros distantes antepasados heredamos una predisposición común que moldea la manera de contemplar y responder a la vida. Nuestra personalidad está racialmente determinada. Para conocer más acerca de la evolución de esta personalidad racial o colectiva, Jung se dedicó al estudio de la mitología, la religión y las primeras creencias y ritos, así como los sueños y las manifestaciones neuróticas y psicóticas.

Jung opinaba que la mente está constituida por el yo (la mente consciente), el inconsciente personal (material reprimido u olvidado) y el inconsciente colectivo (la parte de la mente derivada de los recuerdos ancestrales). El inconsciente colectivo está formado por arquetipos, ideas emocionalmente cargadas que unen los conceptos universales a la experiencia individual. Los arquetipos pueden ser descritos como símbolos de temas comunes que se encuentran a lo largo de generaciones y en todas las partes del mundo. Según Jung, poseemos muchos arquetipos con los que hemos nacido y que influyen en nuestra conducta. Por ejemplo, el *arquetipo de la madre* lo descubrimos cuando el bebé percibe a su madre, no sólo por el tipo de mujer que es y las experiencias que tiene de ella, sino también por el concepto preformado de madre con el que nace. Otros arquetipos son la persona (la máscara social que adoptamos), el anima (el arquetipo femenino en el hombre) y el animus (el arquetipo masculino en la mujer). También tenemos arquetipos para el nacimiento, la muerte, Dios, el niño, el viejo sabio y otros.

Este cuadro de Magritte The ready made bouquet *parece ilustrar el concepto de Jung de que cada uno de nosotros lleva en sí un arquetipo del sexo opuesto. Aquí vemos al ánima, el arquetipo femenino en el hombre.*

Mucho más aceptadas fueron las ideas de Jung sobre la persona *introvertida* (orientada hacia su mundo interior subjetivo) y *la persona extrovertida* (orientada hacia el mundo exterior objetivo). Una persona puede a menudo ser descrita en uno de estos términos hasta aproximadamente la mitad de su vida, cuando la otra mitad emerge del inconsciente personal. Jung consideró que la transición en la mitad de la vida era importante también en otros aspectos. Este es el momento de la vida, dijo Jung (1931), en que la persona quiere quitarse la máscara que ha caracterizado su manera de relacionarse con la gente hasta entonces, y quiere expresar los sentimientos y emociones que ha estado reprimiendo hasta ese momento. Esto ayuda a explicar el fenómeno bien conocido de que los varones se vuelven más cuidadosos y emocionalmente más expresivos a mediana edad, mientras las mujeres se tornan más asertivas y orientadas hacia un fin.

Como en el trabajo de Freud, el de Jung es difícil de probar por medio de la investigación y la experimentación. Aunque Jung no ha alcanzado el impacto de su «maestro», su influencia llega más allá de lo que realmente se reconoce. Fue Jung, por ejemplo, quien primero expresó el punto de vista optimista que los humanistas ampliaron más tarde y fue él quien primero enunció el concepto de la autorrealización a través de la conducta dirigida a una meta. Esta visión optimista de la persona aún subyace en las teorías humanistas. Además, la expresión artística de las teorías de Jung puede ser contemplada en muchas películas, obras de teatro y novelas contemporáneas y quizá en el movimiento general hacia el misticismo que ha caracterizado muchos aspectos de la sociedad contemporánea.

LA PSICOLOGIA DEL INDIVIDUO DE ALFRED ADLER (1870-1937)

Médico vienés, como Freud, Adler también rompió con él por sus diferencias respecto a la sexualidad y el papel del inconsciente. Adler creyó que el individuo era primariamente social, no sexual, que los motivos sociales son más poderosos que los sexuales, que el estilo de vida que una persona elige determina cómo ha de satisfacer sus necesidades sexuales y no al revés

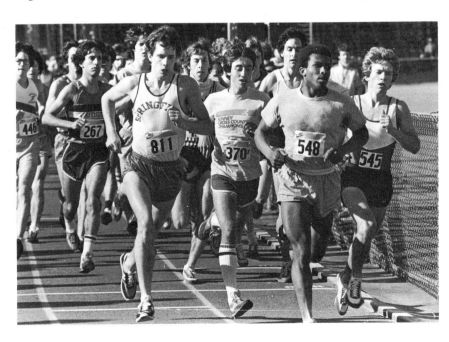

Según Alfred Adler superamos nuestros complejos de inferioridad luchando por la superación de nuestras propias deficiencias. (Alan Oransky/Stock, Boston.)

Karen Horney. (Culver Pictures, Inc.)

y qué es más importante explorar esa conducta consciente y dirigida a una meta que la motivación inconsciente. Aunque creyó que la naturaleza social del sujeto es innata, también mantuvo que los tipos de experiencias sociales que uno tiene con los demás, especialmente padres y hermanos durante la infancia, influyen en la manera de establecer sus relaciones a lo largo de la vida.

Adler acuñó el término complejo de inferioridad Creía que los individuos, algunas veces, tratan de equilibrar sus sentimientos de inferioridad, compensándolos, desarrollando lo que llamó un complejo de superioridad Es posible que su interés en el tratamiento de los sentimientos de inferioridad y la importancia de las primeras experiencias provenga de su propia infancia enfermiza.

Como fundador de la «psicología del individuo», Adler insistió en la singularidad de los individuos. Con esta creencia fue el precursor de los humanistas, ya que hizo hincapié en el concepto de estilo de vida personal, que es el modo en que una persona lucha para vencer sus sentimientos de inferioridad y desarrolla un sentido de autovaloración para llegar finalmente a lo que los humanistas llamaron la «autorrealización» o «auto-actualización».

Adler ha ejercido gran influencia por sus análisis sobre el efecto del orden de nacimiento en la personalidad, por su énfasis en la influencia de los factores sociales más que los sexuales y por su insistencia en la conducta consciente y dirigida a una meta.

Como Jung, Adler también ha considerado que la conducta se dirige hacia un propósito concreto en vez de estar motivada por factores inconscientes. Creía en la existencia de un *sí mismo creador*, un sistema personal que interpreta las propias experiencias y busca cuáles le llenarán más. En vez de subrayar los instintos básicos universales, Adler ha destacado la individualidad de la personalidad, que empuja a cada individuo en una dirección diferente para encontrar aquellas satisfacciones de la vida que le realizarán personalmente.

El impulso más importante en la vida es, según Adler, el afán de superioridad, no sobre otra gente, sino sobre el propio sentimiento de inferioridad, que proviene inicialmente en el niño de la sensación de insuficiencia por la talla pequeña y la falta de poder. El complejo de inferioridad impulsa a la persona a superar aquellos primeros sentimientos de inferioridad y a lograr lo que algunos teóricos, como Abraham Maslow, llamarían más tarde «auto-actualización».

KAREN HORNEY (1885-1952) Horney, otra discípula de Freud que estuvo fuertemente influenciada por él y del que después se distanció, era también doctora especializada en psicoanálisis. Estaba convencida de que Freud sobreestimaba la importancia de los factores biológicos en el desarrollo de la personalidad, descuidando, en cambio, los factores sociales y culturales. Un ejemplo particularmente significativo de ello fue la reacción de Horney al concepto freudiano de la envidia del pene. Horney sostenía que cuando una mujer desea ser varón no es por unos rasgos físicos que le gustaría poseer, sino por «todas las ventajas y privilegios que en nuestra cultura son considerados como masculinos, como la fuerza, el coraje, la independencia, el éxito, la libertad sexual, el derecho a elegir compañero...» (1930, pág. 108).

Horney (1945) atribuye las neurosis a la dificultad del niño para desenvolverse en un mundo potencialmente hostil, lleno de factores adversos, como la dominación, la indiferencia, la conducta irregular, la falta de respeto,

Erik H. Erikson. (Archivo UPI/Bettmann.)

John B. Watson. (Culvers Pictures, Inc.)

los continuos cambios en cariño, admiración, responsabilidad, etc. Piensa que el niño ansioso trata de desenvolverse en el mundo intentando satisfacer una o más de las diez necesidades, que caracteriza como neuróticas porque las considera soluciones irracionales. Esas necesidades van dirigidas a conseguir afecto y aprobación, a conseguir un compañero que se haga cargo de la propia vida, a conseguir poder, prestigio, logros personales, admiración personal, autosuficiencia e independencia, perfección e inexpugnabilidad, la necesidad de explotar a los demás y la de restringir la propia vida,dentro de límites estrechos. Más tarde agrupó estas necesidades en tres formas básicas de respuesta: acercamiento *hacia* la gente (dependiendo de los otros), impulso *en contra* de los otros (convertirse en un ser hostil y rebelde) y *alejamiento* de la gente (encerrarse dentro de sí mismo).

La mayor diferencia entre la persona sana y la neurótica, dijo, es que el individuo sano puede integrar estas tres actitudes, unas veces dándose a los demás, otras luchando y otras aislándose, mientras que el neurótico está dirigido inflexiblemente en una sola de estas direcciones, sea o no apropiada a las circunstancias.

TEORIA PSICOSOCIAL DE ERIK H. ERIKSON (1902-1986)   E. H. Erikson es un teórico psicoanalítico contemporáneo que nació en Dinamarca, pero ha pasado la mayor parte de su vida en los EE. UU. Erikson ha continuado la tradición de Freud de transformar las teorías originales para ponerse al día con los cambios que impone el transcurso del tiempo.

La mayor contribución de Erikson a la teoría de la personalidad consiste en subrayar el conflicto entre los instintos innatos y las demandas sociales. Sostiene que la cultura concreta en la que la persona crece determina cuáles serán los conflictos. Esta teoría, que incorpora tanto aspectos psíquicos como sociales, describe la maduración del individuo a través de ocho etapas a lo largo de toda la vida. En cada etapa el individuo se enfrenta con una crisis, la resolución de la cual puede tener un resultado positivo o negativo, dependiendo de la habilidad de la persona para producir un equilibrio sano. Por ejemplo, en el primer año de vida el niño debe desarrollar el nivel adecuado de *confianza* (para que pueda establecer relaciones íntimas) y de *desconfianza* (para protegerse en un mundo a veces hostil). Aunque los escritos principales de Erikson (1950, 1963, 1968) se refieren a la infancia y la adolescencia, continuó el pensamiento de Jung y Adler sobre el desarrollo adulto y extendió sus etapas hasta la vejez. Un estudio más detallado de la teoría de Erikson se encuentra en los capítulos dedicados al desarrollo en la quinta parte de esta obra.

Aproximación ambientalista (o del aprendizaje)

John B. Watson (1924), psicólogo americano conocido como el «padre del conductismo», manifestó su acuerdo con la teoría de la *tabula rasa*, teoría sobre la personalidad enunciada por el filósofo británico del siglo XVII John Locke. Según este punto de vista, el recién nacido es como un folio en blanco en el que la pluma del ambiente escribirá tanto la personalidad como el destino del niño. Las teorías que aceptan esta filosofía son muy distintas de los otros tres puntos de vista que presentamos en este capítulo, pues en aquéllas se pone mucho más énfasis en los diversos rasgos o tendencias innatas. La aproximación ambientalista concibe a los seres humanos como infinitamente maleables, no sólo en la infancia, sino durante toda la vida. Watson creyó, por ejemplo, que la mayor parte de las emociones son aprendidas. En el experimento del «pequeño Albert», descrito en el capítulo 5,

B. F. Skinner. (*Harvard University News Office.*)

considerado un experimento clásico, Watson mostró cómo el miedo puede ser condicionado en un bebé.

Estas teorías tienen sus raíces en el trabajo de Ivan Pavlov sobre el condicionamiento clásico y en el de Edward Thorndike sobre el condicionamiento operante (descrito en el capítulo 5), así como en los propios experimentos de Watson.

EL CONDUCTISMO RADICAL DE B. F. SKINNER (1904-PRESENTE)

De acuerdo con Skinner, cuyos experimentos sobre el aprendizaje animal y humano hemos expuesto también en el capítulo 5, aprendemos a ser como somos de la misma manera que aprendemos las demás cosas. Lo que llamamos «personalidad», con lo que ello implica de motivación inconsciente, aspectos subyacentes de tipo moral y rasgos emocionales, simplemente no existe. La conducta humana, afirma, es función de los diferentes tipos de actividad que realizamos o no, según que en el pasado hayamos sido castigados o recompensados por haberlos realizado y según las consecuencias que esperamos en el futuro. Las recompensas son mucho más poderosas que los castigos para generar una determinada conducta.

La conducta humana entonces es *aprendida* en el sentido de que sigue unas leyes básicas, o principios, de aprendizaje. Es meramente el resultado del encadenamiento de un número de secuencias de estímulo-respuesta. No importa lo irrelevante que una conducta nos pueda parecer, no se mantendrá a menos que produzca «algún tipo de beneficio» para el individuo. Un niño puede tener frecuentes rabietas, por ejemplo, porque a menudo de ello consigue buenos resultados, o el objeto que desea o la atención de sus padres. Continuará teniéndolas en tanto consiga algo de ellas.

Aunque esta teoría ha sido criticada porque presenta a las personas como seres vacíos y por simplificar demasiado los principios del aprendizaje, resulta optimista en cuanto que admite la posibilidad de que la gente pueda cambiar. Una visión quizás exagerada de tal posibilidad de cambio se presenta en la novela de Skinner, *Walden Dos*. En ella se describe una comunidad utópica que recompensa las conductas deseables, llegando a crear una sociedad perfecta. Una comuna en Virginia intentó poner en práctica estos principios, aunque con el transcurso del tiempo se fue haciendo cada vez menos hincapié en los principios conductistas (Samuel, 1981).

Sin embargo, existen muchos casos de historias de individuos que han conseguido cambiar su manera de comportarse como resultado directo de la aplicación de los principios del aprendizaje, de acuerdo a programas terapéuticos de modificación de la conducta. Hablaremos de estos programas en el capítulo 16.

TEORIA DEL APRENDIZAJE SOCIAL DE ALBERT BANDURA (1925-PRESENTE)

Los seres humanos no son palomas confinadas en una jaula cuyos dos únicos estímulos son barras de diferentes colores. Nuestra conducta infinitamente más variada se desarrolla en ambientes extremadamente complejos. ¿Cómo aprendemos a hacer algo para que luego nos recompensen o castiguen por ello? De acuerdo con Bandura y otros teóricos del aprendizaje social (cuya teoría presentamos en el capítulo 5), observamos a los demás ejecutando distintas conductas. Después los imitamos; si obtenemos recompensas por ello, seguiremos realizándolas. Cuando no conseguimos efectos positivos, abandonamos estas conductas. Este punto de vista va más allá de

Dadme una docena de niños bien formados y, con mi propia manera de educarlos, os garantizo poder tomar a uno cualquiera de ellos y hacer de él cualquier tipo de especialista que yo seleccione: médico, abogado, artista, jefe de venta, e incluso un pobre mendigo y un ladrón, sin que importen sus talentos, tendencias, habilidades, vocaciones o la raza de sus antepasados. (Watson, 1924, pág. 76.)

los principios básicos de aprendizaje, y tiene en cuenta el contexto social en el que tiene lugar el aprendizaje.

El proceso por el cual imitamos a otros, llamado «modelado», aparentemente desempeña un importante papel en la manera en que los niños aprenden a ser agresivos o altruistas. Cuando los niños observan a alguien peleando con los demás, ya sea un adulto en la vida real o un adulto en una película o un personaje de los dibujos animados, tendrán mucha más tendencia a actuar de esa manera que si no ven ningún modelo o ven un modelo actuando de manera educada, gentil y amistosa. Además, existe más posibilidad de que imiten la conducta cuando ven que la persona en cuestión es recompensada por lo que ha hecho, que cuando observan que es castigado o que su conducta no genera consecuencias (Bandura, Ross y Ross, 1961; 1963; Bandura y Walters, 1963; Bandura, 1965; 1977).

La teoría del aprendizaje social no oferta una buena imagen de la persona en su totalidad debido al excesivo énfasis en determinadas conductas específicas. No obstante, ha contribuido poderosamente a desarrollar las teorías de la personalidad, y las terapias que de ella se han derivado se han utilizado con profusión en el tratamiento de fobias y otras alteraciones relacionadas con la ansiedad. (En el capítulo 16 profundizaremos en ello.)

Enfoque humanista

La llamada «tercera fuerza» de la psicología, la psicología humanista, se parece más al psicoanálisis que al conductismo (las otras dos «fuerzas») por la importancia concedida a los motivadores internos de la conducta, pero difiere del pensamiento clásico analítico en su confianza optimista en la naturaleza positiva del hombre. Filosóficamente, los humanistas se encuentran en el mismo campo que el filósofo del siglo XVIII, Jean-Jacques Rousseau, quien creía que los individuos eran «nobles salvajes» que se desarrollan como seres humanos productivos, alegres y buenos, a menos que experiencias desfavorables interfieran en su capacidad de manifestar su naturaleza más elevada. Esta idea contrasta poderosamente con el punto de vista de los psicoanalistas, que consideran a las personas como cautivos que luchan para liberarse de las tendencias oscuras y peligrosas de los instintos, y contrasta con las páginas en blanco de los conductistas.

Los humanistas no provienen de ambientes médicos, como los primeros psicoanalistas, sino del campo de la educación y la psicología. Sus puntos de vista, conocidos como *fenomenológicos,* acentúan la importancia de la subjetividad, la experiencia singular del individuo; conceden toda la importancia a la posibilidad que tenemos de autorrealización a través de la espontaneidad, de la creatividad y del desarrollo personal.

TEORIA DE LA AUTOACTUALIZACION DE ABRAHAM H. MASLOW

(1908-1970) La mayor contribución de este psicólogo, quien llamó a la psicología humanista la «tercera fuerza», fue su preocupación por las personas sanas más que por las enfermas. Estudiando la alegría, el entusiasmo, el amor y el bienestar en lugar del conflicto, la vergüenza, la hostilidad y la tristeza. Maslow se dedicó a investigar aquellas personas creativas que se desenvolvían adecuadamente en la sociedad. De estos estudios extrajo conclusiones sobre el desarrollo de la personalidad sana.

La teoría de Maslow de la motivación humana descansa en la existencia de una *jerarquía de necesidades*. Estas necesidades son de dos tipos básicos: *necesidades D* (que corrigen *deficiencias*) y *necesidades B* (que consiguen un nivel más alto *en la existencia*). Maslow decía que los seres humanos hemos de resolver nuestras necesidades básicas de supervivencia antes de preocuparnos de las necesidades de otro nivel superior. Hasta que no hayamos resuelto nuestras necesidades básicas, no podremos luchar para satisfacer las de un orden superior, como son las gratificaciones psíquicas y espirituales.

Así, una persona que lucha por respirar o tiene hambre, tiene una motivación primordial, la supervivencia básica. Cuando ésta esté asegurada podrá cambiar su atención para pasar a preocuparse de la seguridad o de la libertad. Sintiéndose relativamente seguro, buscará entonces la intimidad en sus relaciones con la familia, los amigos y su pareja. Una vez que esté confortablemente unido por lazos afectivos con otra gente, podrá dirigir su atención a la preocupación de satisfacer su necesidad básica de auto-respeto. Hasta que un individuo no se siente sano, seguro, amado y competente, no puede buscar la auto-actualización, que consiste en la búsqueda del conocimiento, la apreciación de la belleza, la jovialidad, la autosuficiencia, la penetración en la verdad o algún otro de los quince principales valores B.

¿Qué clase de persona logra este tipo de autorrealización o autoactualización? Maslow (1950) identificó 38 personas que él creía que habían realizado plenamente su potencial. Este selecto grupo incluía celebridades históricas, como Albert Einstein, Ludwig von Beethoven, Abraham Lincoln y Eleanor Roosevelt, así como otros no tan conocidos. Después de estudiar de cerca la vida de estas personas, Maslow identificó 16 características que distinguen a estas personas de la gente común: un punto de vista realista ante la vida; la aceptación de ellos mismos, de los demás y del mundo que les rodea; espontaneidad; preocupación por resolver los problemas más que pensar en ellos; necesidad de intimidad y un cierto grado de distanciamiento; independencia y capacidad para funcionar por su cuenta; una visión no estereotipada de la gente, de las cosas y de las ideas; una historia de experiencias cumbre profundamente espirituales y que pueden ser de naturaleza mística o religiosa y que a menudo tienen lugar cuando se actualiza un valor B, como los momentos en que la persona logra el conocimiento de alguna verdad; identificación con la raza humana; relaciones profundamente amorosas e íntimas con unas pocas personas; valores democráticos; la habilidad de separar los medios de los fines; sentido del humor vivo y no cruel; creatividad; inconformismo y la habilidad demostrada para alzarse por encima del ambiente más que ajustarse a él.

Aunque la teoría de Maslow ha servido de inspiración para muchas personas y ha introducido un grato enfoque de la personalidad sana que es capaz de escalar la cima de la auto-actualización, ha sido criticada por su falta de rigor científico, especialmente por la subjetividad al definir la auto-actualización. (Lo cual no debe sorprendernos, ya que Maslow protestó contra el exceso de confianza en la ciencia y describió al científico desligado, altamente objetivo y orientado hacia la prueba, como un ejemplo de persona que se resiste a cualquier cosa parecida a una experiencia cumbre.)

TEORIA CENTRADA EN LA PERSONA, DE CARL ROGERS (1902-1987)

Carl Rogers es uno de los teóricos contemporáneos de mayor influencia por su visión de los seres humanos como poderosos arquitectos de sí mismos. A partir de sus anteriores estudios de agricultura, teología, psicología clínica y de su experiencia como terapeuta, Rogers ha desarrollado una teoría de la personalidad centrada en el concepto del *sí mismo* como núcleo de la personalidad. Todos necesitamos encontrar nuestro yo real para llegar a ser tal persona, y para aceptarnos y valorarnos por lo que somos.

Carl Rogers. (Doug Land.)

Existe una tendencia natural hacia un desarrollo más complejo y completo. El término que ha sido usado más a menudo para expresarlo es el de «tendencia a la actualización» y se halla presente en todo organismo viviente. Si estamos hablando de una lombriz o de un hermoso pájaro, de un mono o de una persona, haremos bien, creo, en reconocer que la vida es un proceso activo, no pasivo. Tanto si el estímulo sale de dentro o de fuera, tanto si el ambiente es o no favorable, se puede aceptar que la conducta de un organismo irá en la dirección del mantenimiento, mejora y reproducción. La tendencia a la actualización puede variar o torcerse, pero no puede ser destruida sin destruir también el organismo. (Rogers, 1980, pág. 118.)

Teorías de tipos y rasgos

Aunque Rogers llegó a tales convicciones a partir de su trabajo terapéutico con personas que sufrían trastornos, su visión de la fuerza de la psique humana es esencialmente optimista. Reconocía la existencia de un inconsciente, que guía la mayor parte de nuestra conducta, pero en contra de lo que piensan los psicoanalistas, Rogers concebía los procesos inconscientes como motivadores *positivos* de la conducta.

El autoconocimiento y la autoobservación vienen, dice Rogers, a través de nuestras primeras experiencias, mediante las cuales dominamos el ambiente a través de la alta consideración que otros nos muestran, con sus expresiones de afecto, admiración y aceptación, y a través de la *congruencia,* o del acuerdo entre las experiencias que tenemos a lo largo de la vida y de la forma como nos vemos a nosotros mismos. Otro aspecto de la congruencia es el acuerdo entre lo que nos gustaría ser y la impresión que tenemos de nosotros mismos. Cuanto más cerca estén estos dos conceptos, más satisfechos estaremos de nosotros mismos.

La persona congruente funciona al más alto nivel. Abierta a la experiencia, y no a la defensiva tal persona observa a la gente y a las cosas de forma precisa, se lleva bien con los demás y tiene un alto nivel de autoestima. El objetivo de una persona sana es el crecimiento en autoactualización.

Una persona con una visión *incongruente* de sí misma se vuelve tensa y ansiosa, y puede apoyarse en los mecanismos de defensa o incluso se puede retraer a una fantasía psicótica para conservar el concepto de sí misma. ¿Cuál es la causa de tal visión incongruente? A veces se produce porque una persona se halla dividida entre lo que piensa y lo que cree que los demás piensan que debería hacer o pensar. Por ejemplo, una mujer con un impulso sexual fuerte quiere considerarse a sí misma como una buena persona. Si le han enseñado que el sexo es pecado, puede reprimir su sexualidad, aun en el matrimonio, porque así no se considerará una mujer mala. El enfoque de Rogers, centrado en la persona, tiene como objetivo conseguir la congruencia a través de un método educativo, no directivo, que trataremos en el capítulo 16.

Como Maslow, Rogers ha hecho mucho por promover una visión positiva de la humanidad. Ve la cara luminosa de nuestra personalidad más que la oscura subrayada por los freudianos, nos ve más como seres autocontrolados que como sujetos manipulados por fuerzas externas, como sugieren los conductistas. La orientación hacia una terapia centrada en la persona ha sido importante y Rogers ha tratado de estimular la investigación de sus teorías. Como muchos de sus términos y conceptos son vagos y difíciles de definir operacionalmente, es difícil diseñar proyectos de investigación para estudiarlos.

La cuarta categoría que presentamos reúne algunos elementos del psicoanálisis y del humanismo en su preocupación por los aspectos *internos* de la personalidad en oposición a los factores *externos* que subrayan las teorías ambientalistas. De acuerdo con este punto de vista, la personalidad es consistente a través de las situaciones. Y ello no es debido a factores emotivos que se fundamentaron en nuestras primeras experiencias, ni es debido a los recuerdos ancestrales ni a las necesidades universales. No; este tipo de teorías concentra su atención sobre aquellos atributos que son peculiares del individuo, tanto en el aspecto físico como en el psicológico.

Esta manera de enfocar el estudio de la personalidad recibe el nombre de *teoría de los tipos* o *tipología*. Es un ejemplo de ello la de Sheldon, que explicaremos seguidamente y que distingue a las personas en diversas

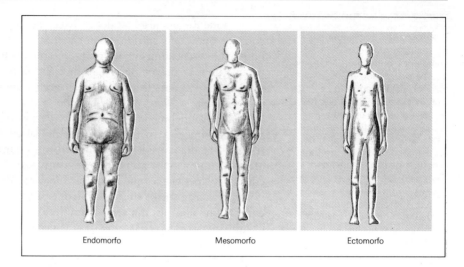

FIGURA 14-1 *Los tres somatotipos descritos por Sheldon.*

categorías o tipos y sitúa después a cada individuo en una categoría u otra. Los introvertidos y extrovertidos de Jung son tipos, igual que los endomorfos, mesomorfos o ectomorfos, de Sheldon. Las *teorías de rasgos,* en cambio, clasifican a las personas no tanto como pertenecientes a un tipo u otro, sino en función de una combinación de características que toda persona posee en mayor o menor grado.

PSICOLOGIA CONSTITUCIONALISTA DE WILLIAM H. SHELDON (1898-1977)   Hace unos 400 años Shakespeare puso en boca de Julio César estas palabras:

> Dejadme tener cerca de mí a hombres gordos,
> hombres de cabezas rapadas y que duerman toda la noche.
> Ese Casius tiene un aspecto hambriento y delgado;
> piensa demasiado: tales hombres son peligrosos. (Acto I, escena II) (1959)

Tal opinión se ajusta a una larga tradición de juzgar la personalidad de los demás basándonos en su aspecto exterior. Esta tradición consiguió respetabilidad científica en la primera mitad del siglo XX con las teorías de William H. Sheldon, médico y doctor en filosofía, quien creyó que había una fuerte relación entre la estructura corporal de la persona o somatotipo y su personalidad.

Sheldon describió tres tipos de constitución física: el *endomorfo,* de gran peso y con los huesos y músculos pobremente desarrollados; el *mesomorfo,* musculoso, fuerte y atlético, y el *ectomorfo,* delgado y frágil (véase fig. 14-1). Y después los relacionó con tres categorías de rasgos de la personalidad: *viscerotonía* (amante del bienestar, orientado a la comida, sociable y relajado); *somatotonía* (agresivo, amante de la aventura y con ganas de correr riesgos), y *cerebrotonía* (retraído, autoconsciente e introvertido). Cuando Sheldon clasificó a los varones según sus tipos corporales y las características de la personalidad, encontró altas correlaciones. Las personas extremadamente endomorfas mostraban tendencia a ser viscerotónicas, los mesomorfos tendían a ser somatotónicos y los ectomorfos eran cerebrotónicos.

Dado que Sheldon definió personalmente muchos de los rasgos físicos y de personalidad, sus resultados pueden muy bien haber estado sesgados por su propia predisposición. Cuando otros investigadores han estudiado estos descubrimientos, en general, han encontrado correlaciones más bajas entre rasgos físicos y personalidad. Parece ser que hay una cierta relación entre los rasgos físicos y el tipo de personalidad, lo que verifica las creencias populares, pero esta relación es mucho menor de lo que los datos de Sheldon muestran (Hall y Lindzey, 1978).

Además, correlación no significa causalidad. No podemos concluir que ser musculoso hace agresiva a una persona, ni que ser introvertido haga a una persona delgada. Parece obvio, por supuesto, concluir que gustar de la comida hace a una persona pesar demasiado, pero aun eso no siempre es cierto. En muchos casos sucede que la gente con rasgos particulares aprende a actuar de una cierta manera porque es eso lo que la gente espera de ellos. Algunas personas que pesan demasiado piensan que se supone que deben ser alegres, y así viven según las pretensiones de los demás.

PSICOLOGIA DE LA INDIVIDUALIDAD, DE GORDON W. ALLPORT

(1897-1967)   Interesado por la singularidad de cada individuo más que por la personalidad del «individuo medio», Allport buscó caminos para identificar los rasgos específicos que explican la conducta concreta de cada persona.

Allport mantenía que cada uno de nosotros tiene una disposición personal formada por rasgos cardinales, centrales y secundarios (1937-61). Un rasgo cardinal es tan dominante que influye virtualmente en todos los aspectos de la conducta y los atributos de una persona. Un ejemplo podría ser el papel de Jack Lemmon en la película *Tributo*. El protagonista de esta película es *siempre* gracioso. Hace bromas en cualquier situación; cuando su matrimonio se está desintegrando, cuando su hijo intenta acercarse a él, cuando se encara con su propia e inminente muerte de cáncer. Para este hombre el humor era un rasgo cardinal. Entre los personajes históricos podíamos pensar en la galantería de Casanova, y en las intrigas por alcanzar el poder del *Príncipe* de Maquiavelo. Pocas personas tienen un rasgo tan dominante como ellos que caracterice su personalidad completa.

Los rasgos centrales son el conjunto de tendencias características que usamos normalmente para describir a una persona, como las frases que empleamos al comienzo de este capítulo que describían a Inés, Juan y María. De acuerdo con Allport, necesitamos saber sólo de cinco a diez rasgos centrales para conocer bastante bien la personalidad de un individuo. Después hay rasgos secundarios que mostramos de cuando en cuando, pero que no son lo suficientemente fuertes como para ser considerados como partes características de nuestra personalidad, ya que aparecen sólo en situaciones esporádicas. Para Allport, la personalidad es la organización dinámica de los rasgos de una persona que determinan cómo se comportará. Distingue la personalidad del *carácter*, que considera un concepto ético, un juicio sobre la personalidad de una persona, y del temperamento, que reduce a los aspectos biológicos del comportamiento del sujeto y que presenta pocos cambios a lo largo del desarrollo. (Véase la discusión sobre los rasgos temperamentales aparentemente innatos en el capítulo 11.)

Allport no estaba interesado en estudiar grandes grupos de personas ni en identificar las leyes generales de la conducta (el enfoque *nomotético* o *dimensional* del estudio de la personalidad), sino más bien en determinar lo que hace a un individuo «único» (el enfoque *idiográfico o morfogénico*). Este excesivo énfasis en lo individual, hace difícil el estudio de la personalidad a través de su teoría, ya que cada investigador tendría que estudiar a cada individuo por separado.

Allport estaba más preocupado por saber cómo es la gente que por saber cómo llegaron a ser así. Estaba tan poco interesado en remontarse al pasado para buscar motivaciones inconscientes, reprimidas, como en mirar a la cultura para encontrar influencias ambientales en la personalidad. Quiso *describir* la personalidad más que *explicarla*. En este esfuerzo Allport y un colega, H. S. Odbert (1936), analizaron cerca de 18.000 términos encontrados en un diccionario para determinar cuáles representaban verdaderos rasgos de personalidad, cuáles estados temporales y cuáles eran meros juicios. Al final habían descubierto un total de 4.541 rasgos psicológicos.

La influencia de Allport motivó un redoblado interés en el estudio de los casos individuales en lugar de grandes grupos, animó igualmente los estudios sobre la relación entre la conducta de la gente y los rasgos de la personalidad subyacentes y contribuyó al desarrollo de los tests de personalidad, los cuales explicaremos más tarde en este mismo capítulo.

LA CONTROVERSIA PERSONA-SITUACION

Volvamos a nuestros amigos Inés, Juan y María, de los que conocimos, al iniciar este capítulo, algunos rasgos de su personalidad. Ahora preguntémonos si siempre será posible describirlos de esa manera o si su conducta variará según las situaciones. ¿Es Inés siempre una persona divertida o se hunde en la depresión durante largos períodos, cuando su trabajo no va bien? ¿Es Juan muy hablador y vivaz cuando está con una o dos personas mientras que se cierra en sí mismo en las grandes fiestas? ¿Es María ahorrativa cuando tiene que gastar dinero para sí misma, pero derrochadora cuando compra regalos para su familia? Es decir, ¿hasta qué punto la conducta tiene una consistencia interna y hasta qué punto responde a situaciones particulares en las cuales uno se halla inmerso?

La controversia persona-situación se sitúa en el corazón de la polémica entre los diversos puntos de vista teóricos. La mayoría de la gente tiende a pensar en la personalidad como algo que es bastante estable a través del tiempo y de las situaciones. Esta creencia del «sentido común» está de acuerdo con los psicoanalistas y teóricos de los tipos y rasgos que ven la conducta como algo consistente debido a características de la persona; en el polo opuesto se encuentran los ambientalistas, que defienden que la conducta del sujeto depende de la situación concreta en que tenga lugar. Es muy difícil juzgar el grado de consistencia, dado que normalmente no vemos a las personas en un completo abanico de situaciones. Si Inés nunca llama a sus amigos o se excusa por no verlos cuando se siente deprimida, tendrán una visión limitada de ella. Nuestro punto de vista sobre Juan variará según lo observemos en un grupo pequeño o grande.

Hace más de cincuenta años Hugh Hartshorne y Mark May se dedicaron a estudiar la honradez en los niños. Organizaron diversas situaciones en las que se daba a los niños oportunidad para mentir, engañar y robar. Contrariamente a la creencia común, encontraron que era imposible caracterizar a algunos niños como «honrados» y a otros como «no honrados». Algunos mentían, pero no sacaban provecho de su engaño; algunos engañaban, pero no robaban; algunos robaban en una situación, pero no en otra. Muchos factores parecían influir en la conducta de los niños, incluso la probabilidad de que fueran descubiertos. En cualquier caso, no había manera de predecir lo que los niños harían en ninguna de las situaciones dadas.

APARTADO 14-1
PRINCIPALES PUNTOS DE CONTROVERSIA EN LAS TEORIAS MAS IMPORTANTES DE LA PERSONALIDAD

- ¿Está el sexo detrás de todo? ¿O acaso otros impulsos, como el del poder, logro, reconocimiento y posición social, son tanto o más importantes?
- ¿Están controladas las personas por «malos instintos primitivos» que necesitan ser reprimidos? ¿O somos «buenas» criaturas sociales, «nobles salvajes», como dijera el filósofo francés

Rousseau, salvo que malas experiencias interfieran nuestra capacidad de expresar esa nobleza natural?
- ¿Pueden los hallazgos conductistas acerca de la manera como aprenden los animales aplicarse a los seres humanos para explicar nuestro desarrollo de la personalidad?
- ¿Heredamos las creencias de nuestros antepasados?

¿Nacemos con recuerdos ancestrales?
- ¿Somos consistentes en nuestros comportamientos? ¿Cambiamos según la situación en la que nos encontramos?
- ¿Podemos desarrollar una teoría del desarrollo normal de la personalidad, basándonos en el estudio de personas trastornadas?

Allport (1937) explicó estos hallazgos indicando que el concepto de un rasgo absoluto, llamado «deshonestidad», que engloba mentir, robar y timar, puede existir en la cabeza del investigador, pero no en la mente del niño. Dado que las motivaciones de la conducta humana son tan complejas, es casi imposible dilucidar que diferentes tipos de conducta conforman un constructo tan general como éste. Esto también es válido, por supuesto, para los adultos.

Un estudiante que deja copiar a otro su examen está haciendo algo diferente del que está copiando. Aunque ambos participan en el engaño. Una mujer que nunca mentiría a Hacienda, puede mentir a su marido sobre una aventura extramatrimonial. ¿Cómo podríamos dar una explicación única para el padre desesperado que roba un trozo de pan para su hijo hambriento, el cleptómano que se siente impulsado a robar cosas que ni siquiera puede usar, o el delincuente que descubre que puede amasar dinero más rápidamente robándolo que ganándolo?

En un cuestionario contestado recientemente por los lectores de la revista *Psychology Today* se descubrieron resultados similares a los que muestra la tabla 14-1. Será capaz de juzgar el significado de diferentes situaciones si se hace a sí mismo preguntas como las que aparecen en esta tabla.

Aunque en un principio el psicólogo de la universidad de Stanford, Walter Mischel (1968, 1973), tomó una posición radicalmente ambientalista, ya que opinaba que las posibilidades de recompensa o castigo en cualquier situación dada son más importantes para determinar la conducta que los rasgos internos del individuo, recientemente ha modificado esta postura (1977). Primero, ha aceptado la idea expuesta por Kenneth Bowers (1973), según la cual la gente a menudo crea las situaciones en las que se encuentra. La gente competitiva transforma situaciones cooperativas en competiciones, los niños agresivos crean el caos tan pronto se suman a un grupo, y ciertas personas suelen rodearse de determinados tipos de individuos, como la mujer que siempre conoce a hombres que la decepcionan o el jefe que siempre contrata trabajadores incompetentes. Un hombre puede justificar su velocidad, por ejemplo, diciendo que su coche corre tan suavemente a grandes velocidades que es difícil mantenerlo dentro del límite legal o que la autopista por la que

TABLA 14-1   Etica situacional

Estos datos se refieren a 23.340 lectores de *Psychology Today*, que respondieron a diversas preguntas sobre el comportamiento moral. Los encuestados eran en su mayoría mujeres (69 %), jóvenes (67 % entre los 20 y los 30 años); con estudios (sólo un 12 % no habían tenido experiencia universitaria) y no muy religiosos (sólo el 11 % se consideraban muy religiosos). (De Hassett, 1981.)

	Tanto por ciento de los que dijeron sí o probablemente	Tanto por ciento de los que dijeron no o probablemente no es ético	Tanto por ciento de los que dijeron que lograrían o serían capaces de hacerlo si tuvieran la seguridad de no ser descubiertos
¿Seguiría conduciendo después de haber abollado un coche sin comunicárselo a su propietario?	44	89	52
¿Protegería la aventura secreta de un amigo?	41	66	33
¿Engañaría a su pareja?	37	68	42
¿Se quedaría un cambio extra de 10 dólares del supermercado local?	26	85	33
¿Compraría a sabiendas un televisor en color robado?	22	87	31
¿Defendería la segregación racial en su barrio?	13	81	8
¿Conduciría en estado de embriaguez?	11	90	24
¿Aceptaría alabanzas por un trabajo que usted no ha hecho?	4	96	8

conduce está tan llena de vehículos que se mueven a gran velocidad que se sentiría ridículo yendo más despacio; este hombre *eligió* su coche y la ruta. Por lo tanto, ¿qué hace de él un conductor veloz? ¿Algún rasgo interno que le hace ser agresivo, rebelde o impaciente, o la situación de alta tensión en la cual está inmerso?

¿Están persona y situación tan interrelacionadas que el tratar de explicar la conducta mediante una de ellas es una tarea inútil? Daryl Bem y Andrea Allen (1974) lo creen así; en su opinión, la técnica de investigación más frecuentemente usada es nomotética (que estudia grandes grupos), y no puede distinguir los individuos dentro del grupo. Algunos individuos de un grupo son bastante consistentes en un rasgo determinado, mientras otros no lo son. Cuando se realiza un estudio sobre un grupo tan mezclado y heterogéneo, la media del grupo siempre lo hará aparecer como de conducta inconsistente. ¿Cómo juzgar entonces la consistencia?

Una manera de conseguirlo es preguntar a los individuos acerca de ellos mismos. Bem y Allen lo hicieron con 64 estudiantes de ambos sexos. Estos estudiantes rellenaron un cuestionario sobre la amistad y escrupulosidad, indicando lo consistentes que se consideraban ellos en estas dos características.

Los investigadores contrastaron estas respuestas con sus propias observaciones y con comentarios de los padres y amigos de los estudiantes.

¿Qué fue lo que descubrieron? Pues que las personas que se consideraban consistentemente amistosas o escrupulosas eran por lo general vistas como amistosas o escrupulosas por los demás, en diversas situaciones. Aquellos que se juzgaron a sí mismos variables en estos rasgos mostraban de hecho una correlación baja entre sus opiniones personales del cuestionario y las observaciones de los demás. A pesar de que lo que buscaban los investigadores eran las correlaciones a nivel de grupo y no la consistencia a nivel individual, el hecho de que realizaran el estudio con grupos pequeños les llevó a descubrir una mayor consistencia de conducta.

¿Qué podemos concluir entonces sobre la controversia persona-situación? Que, como en otros muchos temas psicológicos, no parece haber una explicación simple y dominante. En este caso parece imposible aislar a la persona de la situación. Parece que la conducta es producto de la interacción entre las características dominantes de la personalidad y las dimensiones particulares de una situación específica.

MEDIDA DE LA PERSONALIDAD

Mientras una candidata al doctorado estaba pensando en un tema para su tesis doctoral, algunos de sus amigos le confiaron sus relaciones sexuales extramatrimoniales. Realizó una búsqueda dirigida por computadora de toda la literatura existente en ciencias sociales, aunque encontró algunos artículos que señalaban que los que se involucran en aventuras extramatrimoniales presentaban cierto grado de neurosis e inmadurez, no fue capaz de localizar ningún estudio que hubiera utilizado medidas de personalidad estandarizadas o medidas estandarizadas de ajuste matrimonial para poder comparar a las mujeres que tenían esas aventuras con las mujeres monógamas. Y como pensó que esta información podría ser útil a los consejeros matrimoniales para ayudar a las parejas que se enfrentan con este problema, eligió este tema para su tesis y administró tests de este tipo a los dos grupos de mujeres. Los resultados fueron que no diferían las personalidades de los dos grupos de mujeres; en cambio, sí variaban en el grado de satisfacción en sus relaciones matrimoniales, es decir, en lo que se denominaba ajuste matrimonial (Oursher, 1980).

Esta es una de las razones para la construcción de tests de personalidad: conseguir información que ayude a resolver problemas prácticos. Los consejeros utilizan la información de los tests de personalidad para asesorar a las personas en la elección de carrera, en la comprensión de sus propias dificultades en sus relaciones con los demás, o en todas aquellas situaciones en las que se ha de tomar una importante decisión. El gobierno de los EE. UU. ha usado los tests de personalidad para descubrir a los varones que tenían demasiados trastornos como para poder servir en las fuerzas armadas. A veces, los directores de una compañía exigen que los aspirantes a un empleo realicen un test de personalidad para determinar si son idóneos emocional y temperamentalmente para el empleo que solicitan.

Otro objetivo importante de los tests de personalidad es la investigación básica. Midiendo diferentes aspectos de la personalidad, los investigadores buscan semejanzas y diferencias entre individuos y grupos, miden la efectividad de varios tipos de psicoterapia, indagan cambios de la personalidad que ocurren a lo largo de la vida y buscan la relación entre la personalidad y diferentes tipos de conducta.

¿Cómo decidimos si un test de personalidad determinado es una «buena» medida? Los mismos criterios básicos de fiabilidad y validez que presentamos al estudiar los tests de inteligencia en el capítulo 7 se pueden aplicar a los tests de personalidad. Un test es fiable si ofrece aproximadamente los mismos resultados cuando es administrado varias veces al mismo sujeto, y es válido si mide lo que se supone que debe medir. Tendremos siempre presentes estos criterios al referirnos a algunos de los tests más comunes para medir la personalidad.

Tipos de tests de personalidad

El tipo de test de personalidad escogido en una situación determinada refleja a menudo la propia teoría del examinador sobre la personalidad, el propósito por el cual se administra el test y la situación de medida. Consideraremos las diferencias entre los tests objetivos y los proyectivos más comunes.

TESTS OBJETIVOS   Los tests objetivos requieren respuestas cortas. Son normalmente contestados por escrito, y no en una conversación, y consisten en una serie de preguntas estandarizadas. Aunque su interpretación no requiere el mismo nivel de preparación y habilidad del examinador —ya que es menos subjetiva que la de los tests proyectivos—, no siempre resulta fácil. En términos de fiabilidad y validez estas pruebas resultan mejores que las técnicas proyectivas.

Inventario Multifásico de Personalidad de Minnesota (MMPI)   Durante los años 30 J. C. Mckinley y Starke R. Hathaway, ambos de la Escuela de Medicina de la Universidad de Minnesota, buscaron la manera de llevar algún tipo de estandarización a la diagnosis psiquiátrica. Reunieron más de 1.000 preguntas potenciales para un cuestionario, se las formularon a pacientes con trastornos mentales y a individuos aparentemente sanos. Se quedaron con 550 items que diferenciaban claramente a los enfermos de los que no lo eran. Había nacido el MMPI (de las siglas del original en inglés: Minnesota Multiphasic Personality Inventory).

Aunque el inventario se sigue utilizando para diagnosticar trastornos emocionales, hoy día se utiliza más ampliamente como una medida general de las características de la personalidad. Este test ha generado tanta investigación que, hacia 1976, se encontraban 3.500 referencias del MMPI en la literatura especializada (Anastasi). El test requiere una considerable habilidad para su interpretación, ya que los *patrones* de respuesta son más significativos que la respuesta concreta a cualquier pregunta.

Las respuestas se dividen en dos grupos: el primero formado por cuatro escalas que comprueban la validez global de las respuestas de los encuestados, y el segundo formado por diez escalas clínicas que muestran los rasgos específicos. En la tabla 14-2 se hallan ejemplos de algunas de estas medidas.

A pesar de su popularidad, el MMPI no está exento de críticas: fue validado en 1950, de manera que puede ser que no sea válido hoy en día; la muestra con la que se realizó la estandarización era demasiado pequeña y su fiabilidad, según el método test-retest, está en torno a cero (Samuel, 1981). Otro problema, mayor aún, es que el test se aplica a menudo fuera del entorno clínico para el cual fue desarrollado.

Cuestionario de 16 Factores, de Cattell (16PF)   Después de evaluar a varios centenares de adultos en relación a un gran número de rasgos de la personalidad, Raymond Cattell (1965, 1973) estableció una lista básica

TABLA 14-2   Algunas de las escalas de validez y clínicas del MMPI y las paráfrasis de algunas preguntas de cada tipo de escala. (Adaptado de Samuel, 1981, pág. 165.)

Nombre de la escala	Muestra de preguntas y ejemplo de respuestas. (Estos ITEMS no son normalmente contestados así por la gente normal.)	Características de altas calificaciones en esta escala
ESCALAS DE VALIDEZ		
Mentira	Alguna que otra vez me río de los errores de los demás. (Falso)	Negación de faltas comunes personales: defensa.
No sé responder	Muchos espacios en blanco o «no sé».	Evasión o no cooperación.
Frecuencia	Mi nariz a menudo se hincha hasta ser más grande de lo normal. (Cierto)	Excentricidad o descuido
ESCALAS CLINICAS		
Hipocondria	Siento un cosquilleo en la barriga varias veces al día o frecuentemente. (Cierto)	Demasiado centrado en la salud; exageración de dolencias reales o imaginarias.
Depresión	Durante bastantes días seguidos no he podido dejar de sentirme deprimido. (Cierto)	Sentimientos de desesperación y de inutilidad.
Histeria	Noto con frecuencia temblores en las extremidades de mi cuerpo. (Cierto)	Padecimiento de dolencias físicas bajo estrés; superentusiasmo que sugiere inmadurez.
Paranoia	No se me ocurre nadie a quien pueda llamar enemigo. (Falso)	Defensa, sospecha y celo.
Psicastenia	Siempre limpio la suela de mis zapatos dos o tres veces antes de entrar en un edificio, aunque no haya esterilla. (Cierto)	Obsesión y compulsividad; excesiva introspección que deriva en miedos y dudas.

de 16 rasgos fuente utilizando el procedimiento estadístico conocido como *análisis factorial*. El análisis factorial proporciona un método para agrupar aquellos items que están estrechamente relacionadas; cada grupo de estos items se denomina *factor*.

Cattell cree que de sus 16 factores básicos, tres son los más importantes para describir la personalidad: lo abierta o reservada que es una persona, si es estable o emotiva, y si es inteligente. Los críticos arguyen que Cattell fue arbitrario al extraer y dar nombre a los factores principales y que las escalas no predicen válidamente la conducta. Aun así, Cattell está perfeccionando constantemente la técnica, y su test está muy bien considerado en algunos sectores (Samuel, 1981).

TESTS PROYECTIVOS   Estos tests relativamente poco estructurados tratan de describir qué y cómo piensa una persona, tanto a nivel consciente como inconsciente. Presentan material ambiguo en dibujos o palabras y formulan preguntas que permiten respuestas amplias. La manera en que el encuestado interpreta el material y formula después su respuesta ofrece pistas importantes para conocer su personalidad. El material de un test proyectivo ha sido descrito como una «especie de pantalla» en la cual el encuestado «proyecta sus procesos característicos de pensamiento, sus necesidades, ansiedades y conflictos» (Anastasi, 1976, pág. 559). Estas pruebas se utilizan más frecuentemente con personas que tienen necesidades terapéuticas que en la investigación básica o en el asesoramiento no terapéutico, como el académico o el profesional. El Rorschach y el TAT son los tests proyectivos utilizados más comúnmente.

El Rorschach   ¿Qué ve en la mancha de tinta que muestra la figura 14-2? Esta mancha de tinta es análoga a las que se utilizan en la prueba ideada en 1921 por el psiquiatra suizo Hermann Rorschach. (Las manchas de tinta actualmente utilizadas en el test nunca aparecen en ninguna publicación.) Si usted se hallara realizando este test le mostrarían alguna o la totalidad de las diez láminas con manchas de tinta tipificadas y le preguntarían qué ve en cada una de ellas. El examinador elaboraría un informe de sus respuestas, incluyendo cualquier comentario que usted hiciera voluntariamente, gestos o cualquier expresión emocional que mostrase. A continuación se le preguntaría con más profundidad sobre sus respuestas con el fin de clarificarlas y elaborarlas.

Sus respuestas se analizarían y evaluarían en distintas dimensiones: *localización* (¿de qué parte de la mancha hablaba, toda la mancha o parte de

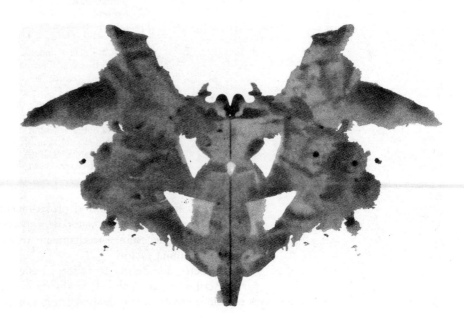

FIGURA 14-2 *Mancha de tinta análoga a una de las que se utilizan en el test de Rorschach, una prueba proyectiva de personalidad. (Hans Huber Publishers.)*

ella y qué parte); *determinantes* (¿habló del color, forma o movimiento en la mancha?); *contenido* (¿qué es lo que vio, formas animales o humanas u otro tipo de objetos?), y *vulgaridad* (¿su respuesta es similar a la de otros o es nueva?).

Existen ciertos interrogantes acerca de la fiabilidad y la validez del test de Rorschach. El número de respuestas que da un encuestado está relacionado con su edad y nivel intelectual y educativo, lo cual naturalmente no debería influir en una forma pura de medir la personalidad (Anastasi, 1976). Además, están los efectos de la experiencia: es más probable que usted vea unas botas en las manchas si hace poco ha estado escalando en la montaña o que vea aviones si vive cerca de un aeropuerto (Sundberg, 1976).

El test de Rorschach se utiliza mucho. Su aplicación más útil es probablemente para la medida directa del estilo cognitivo del individuo o las formas como organiza lo que percibe o bien como entrevista estructurada en manos de un experto (Goldfried, Stricher y Weiner, 1971).

Test de Apercepción Temática (TAT) Mire ahora el dibujo de la figura 14-3 e imagine una historia que describa lo que están pensando y haciendo las personas que aparecen en ella, qué pasó antes y qué pasará después. Si usted estuviera haciendo el TAT, ésta sería una de las láminas de una serie que le mostrarían. Sus historias serían analizadas de acuerdo con la persona con la cual se identificase, los rasgos de la personalidad y las necesidades básicas que usted aplicaría a cada una de las personas, las tensiones ambientales que viera como significativas, la estructura general de la historia y su resultado final.

El TAT ha sido modificado para su aplicación con propósitos específicos; para niños, para el asesoramiento vocacional y para el estudio de actitudes. Una lámina que presenta a cuatro adultos de diferente edad fue dibujada especialmente para un estudio que buscaba determinar la manera en que los adultos de mediana edad perciben su edad y su rol sexual en la familia (Neugarten y Gutmann, 1958). Las diferencias en la manera de interpretar los dibujos entre los sujetos de 40 a 50 años de edad y los de 55 a 70 permitió a los investigadores sacar algunas conclusiones sobre los cambios de personalidad que tienen lugar entre los 40 y los 70 años. Por ejemplo, el grupo más joven vio al hombre viejo de la lámina como una figura autoritaria, mientras el grupo de más edad veía así a la mujer vieja. Los investigadores, Bernice L. Neugarten y David L. Gutmann, también concluyeron que a medida que las mujeres se van haciendo mayores, manifiestan más abiertamente sus propios impulsos agresivos, mientras que los hombres hacen otro tanto al respecto de sus propios hábitos y deseos.

Aunque se ha conseguido una considerable estandarización de este test, con normas publicadas para los diferentes tipos de respuesta a cada lámina, la investigación ha mostrado que las respuestas se hallan influenciadas por condiciones tales como la fatiga, el hambre o los estados emocionales (Anastasi, 1976). El impacto de estas condiciones temporales interfiere, por tanto, con la interpretación de los rasgos más duraderos de la personalidad.

Para ubicar las historias en la perspectiva adecuada el examinador necesita conocer, con independencia de la situación del examen, algo acerca de la vida del encuestado. La edad, por ejemplo, podría ser significativa para evaluar el personaje con el cual una persona se identifica. Otros detalles de la historia pueden reflejar acontecimientos o circunstancias de una importancia especial para el encuestado.

Los tests de Rorschach y el TAT comparten junto con otras pruebas

FIGURA 14-3 *Lámina del Test de Apercepción Temática de Murray (TAT). (Reproducida con permiso de los editores del Test de Apercepción Temática de Henry A. Murray, Cambridge, Mass.: Harvard University Press. Copyright 1943 por el presidente y miembros del Harvard College, © 1971 por Henry A. Murray.)*

proyectivas, como los tests de completar una frase o de asociación de palabras, ciertos problemas de interpretación. Dado que las respuestas son tan abiertas, la interpretación se debe en gran parte a la valoración subjetiva del examinador. Por tanto, resulta difícil obtener buenos índices de fiabilidad entre diferentes puntuaciones y entre una sesión y otra. También es difícil evaluar la validez.

Sin embargo, estas pruebas poseen varias ventajas. Al ser amenas, a menudo constituyen un modo adecuado, para un examinador o terapeuta, de establecer una positiva relación con el cliente. Como la respuesta «correcta» es menos obvia que en las pruebas objetivas, son difíciles de falsificar. Así pues, ayudan a los terapeutas a aumentar su conocimiento del cliente.

TECNICAS DE ENTREVISTA   Hablar con alguien constituye, por supuesto, un buen método para conocerle. Cuando le preguntamos, no sólo obtenemos una simple respuesta, sino también la clarificación o ampliación de sus contestaciones. Además, podemos ver cómo se comporta la persona al hablar con nosotros. ¿Se encuentra cómoda y segura de sí misma, respondiendo de forma directa y sencilla, o evita mirarnos a los ojos, duda antes de responder y cambia sus respuestas frecuentemente? ¿Cuál es su aspecto? ¿Parece prestar una atención razonable a su aspecto, va vestido apropiadamente, va limpio?

Las entrevistas varían en ciertas cuestiones; una de ellas es el grado de estandarización. Existe la entrevista altamente *estructurada,* en la cual el entrevistador ha preparado un conjunto determinado de preguntas que formula a la persona entrevistada. La entrevista *no estructurada,* en cambio, toma forma a medida que se está realizando, y es diferente en cada caso. Con este procedimiento el entrevistador no está confinado a una serie determinada de preguntas sino que puede seguir al entrevistado por caminos que se van abriendo, puede explorar cualquier tema que aparezca, incluyendo algunos que el entrevistador nunca podría haber imaginado. De hecho, todos los terapeutas usan algún tipo de entrevista para conocer a sus clientes, como veremos al tratar de los procedimientos terapéuticos en el capítulo 16.

La ética en los tests de personalidad

«La cuarta enmienda de la Constitución de los EE. UU. fue concebida para proteger a la gente de registros y allanamientos no razonables. Hoy día, nuestro gobierno está ocupado en una forma de investigación mucho más insidiosa que ir a casa de alguien o husmear en sus papeles personales. Ahora registramos sus mentes, tratando de sacar a relucir los pensamientos más escondidos e íntimos», dijo Cornelius E. Gallagher, congresista de los EE. UU., durante el desarrollo del juicio sobre el uso de los tests de personalidad por parte de las agencias federales *(American Psychologist, 1965).* El comité encargado del juicio mantuvo que no era problema del gobierno interesarse por lo que las personas opinan sobre sus padres, por su vida sexual o por sus creencias religiosas. Preguntas acerca de todos estos temas aparecen en muchos tests de personalidad.

Cuando advertimos la cantidad de información confidencial sobre un individuo que puede conocerse a través de los tests proyectivos u objetivos, entendemos por qué resulta una cuestión delicada. ¿Deberían siquiera hacerse estas preguntas en situaciones de la vida diaria, en ambientes laborales o académicos, por ejemplo? ¿O constituyen una intromisión en la vida privada de la persona? Cuando se hacen estas preguntas, ¿quién debe formularlas? ¿Cómo deben utilizarse los resultados? Todas estas preguntas son difíciles de responder.

Un peligro en los tests de personalidad es la posibilidad de que caigan en manos inadecuadas, administrados e interpretados por personas no cualificadas y por lo tanto expongan al encuestado a un tratamiento perjudicial. Otro peligro es la posibilidad de que los *resultados* de los tests puedan ir a caer en otras manos que las previstas.

Asimismo, es preciso estar al corriente de otras cuestiones éticas. Ya que grupos raciales diferentes muestran diversos tipos de perfiles de personalidad en el MMPI; en personas de color aparecen más trastornos emocionales que en individuos de raza blanca. Necesitamos mirar muy de cerca qué miden, en realidad, las pruebas. Si estas pruebas fueron estandarizadas y válidas sólo para la población blanca, las diferencias en las puntuaciones en los encuestados de raza negra pueden tener más relación con las diferencias culturales que con las diferencias emocionales. Si es así, los encuestados de raza negra pueden ser rechazados injustamente para su

ingreso en las fuerzas armadas, en un empleo o en otras oportunidades que
dependan de los resultados de los tests.

El tema de la salud mental es, por supuesto, extremadamente complejo.
¿Cómo decidimos en qué momento una persona cruza la línea entre salud y
enfermedad? ¿Quién lo decide? ¿Cómo definimos los diferentes estados y
grados de salud o enfermedad? ¿Y cómo puede el individuo con problemas ser
ayudado de la mejor manera posible? Abordaremos estas preguntas en los dos
capítulos siguientes.

RESUMEN

1 Llamamos *personalidad* al conjunto de as formas
relativamente consistentes de relacionarse con la gente
y las situaciones y que hacen única a cada persona.

2 De acuerdo con la *teoría psicoanalítica* de *Sigmund
Freud,* el individuo se halla en constante conflicto
entre sus impulsos biológicos y la necesidad de
dominarlos. Desde el punto de vista freudiano, son
tres los componentes de la personalidad: el *id,* el *ego*
y el *super ego.* El id, que opera mediante el *principio
del placer,* busca la inmediata gratificación de sus
necesidades instintivas. El ego, que opera mediante el
principio de la realidad, trata de encontrar formas
aceptables para gratificar al id. El super ego representa
los valores morales y sociales.

3 De acuerdo con Freud, los individuos desarrollan
mecanismos de defensa para combatir la ansiedad.
Estos trabajan inconscientemente y distorsionan la
realidad. Entre ellos se encuentran el *desplazamiento,
la sublimación, la represión, la regresión, la proyección,
la formación reactiva y la racionalización.*

4 El *desarrollo psicosexual* se refiere a los progresivos
cambios en las áreas de gratificación, conocidas como
zonas erógenas. De acuerdo con Freud, hay cinco
etapas del desarrollo psicosexual. Si la gratificación en
una fase particular no es apropiada, puede producirse
una *fijación* en esta etapa. Esto quedará reflejado
en los rasgos de la personalidad de cada individuo.

5 Desde el nacimiento a los 12-18 meses, el niño se halla
en la *etapa oral,* en la cual la zona erógena es el área
de la boca. La alimentación es particularmente importante
para asegurar el éxito (o fracaso) en esta etapa.
De los 12-18 meses a los 3 años, el niño se encuentra
en la *etapa anal,* siendo el ano la zona erógena; es
importante en esta fase el entrenamiento en hábitos de
limpieza. Durante la *etapa fálica* (de 3 a 6 años),
cuando la zona erógena cambia al área fálica, el niño
tiene que resolver el complejo de Edipo y la niña el de
Electra. La identificación con el progenitor del mismo
sexo es el objetivo de esta resolución. Entre los 6 años
y la pubertad el niño está en el período de calma
llamado *de latencia.* De la pubertad en adelante, el
individuo se halla en la *etapa genital.*

6 La teoría de Freud ha generado muchas controversias.

Su contribución más importante es probablemente el
énfasis que pone en el papel del *inconsciente* en la
motivación de la conducta. La importancia que concede
de *al instinto sexual* como la primera fuerza motivadora
de la conducta a lo largo de la vida, incluso en
la infancia, es el aspecto más polémico de su teoría.

7 *Carl Jung,* que rompió con Freud por el énfasis de éste
en la sexualidad, subrayó los aspectos raciales o
históricos de la personalidad. *Alfred Adler* también se
distanció de Freud por sus diferencias respecto al
papel de la sexualidad en la motivación de la conducta.
De acuerdo con Adler, luchamos con la necesidad
de superar la inferioridad. *Karen Horney* atribuyó las
neurosis a la dificultad del niño para relacionarse con
un mundo potencialmente hostil. *Erik Erikson* se
interesó por los efectos de los factores culturales y
sociales en el desarrollo de la personalidad. Ve el
desarrollo psicosocial como un proceso que dura toda
la vida y lo divide en ocho etapas. En cada etapa el
individuo tiene que resolver una crisis particular.

8 *Son enfoques ambientalistas el conductismo radical,* de
Skinner, y la *teoría del aprendizaje,* de *Bandura.* De
acuerdo con Skinner, aprendemos a base de recompensas
y castigos. Bandura cree que aprendemos
observando *modelos.* Al obtener una recompensa por
imitar una conducta, la repetimos.

9 *Las teorías humanistas* de la personalidad subrayan lo
subjetivo, las experiencias únicas y el potencial que
cada persona tiene para autorrealizarse.

10 Según la teoría humanista de *Abraham Maslow,* los
individuos están motivados por necesidades jerárquicas.
Una vez se hallan satisfechas las necesidades
básicas de un individuo, éste puede intentar satisfacer
la necesidad de *auto-actualización.*

11 El teórico humanista *Carl Rogers* cree que cada
persona necesita saber cuál es su «yo real» para
transformarse en él y encontrar así la propia aceptación.
Para funcionar al más alto nivel necesitamos un
acuerdo (congruencia) entre lo que nos gustaría ser y
lo que somos en realidad.

12 *William H. Sheldon* creyó que existe una fuerte relación
entre la *estructura coporal* y la personalidad.
Describió tres tipos físicos: *endomorfos, mesomorfos*

y *ectomorfos*. Encontró que los hombres extremadamente endomorfos tendían a ser *viscerotónicos* (relajados, amantes de la comida y el bienestar); los mesomorfos solían ser *somatotónicos* (agresivos y amantes de aceptar riesgos), y los ectomorfos tendían a ser *cerebrotónicos* (introvertidos y moderados). Sus resultados, sin embargo, han sido cuestionados en el aspecto metodológico.

13 *Gordon Allport* pensaba que cada persona tiene una disposición formada por diversas clases de rasgos. *Un rasgo cardinal*, que aparece en pocas personas, es un rasgo dominante que afecta a cada aspecto y atributo de la conducta de una persona. Los *rasgos centrales* son el conjunto de tendencias características con las que se podría describir al individuo. Los *rasgos secundarios* son los que se expresan de cuando en cuando y en un reducido número de situaciones.

14 La *controversia persona-situación* gira alrededor de la pregunta de si la «personalidad» es consistente y estable más allá del tiempo y las situaciones o si la conducta de una persona es específica y está determinada por la situación. La conducta parece surgir de una interacción entre las características dominantes de la personalidad y la situación particular en la que se encuentra el individuo.

15 Los psicólogos han diseñado diversos métodos de evaluar la personalidad. Estos incluyen *tests objetivos* (como el MMPI y el test de Cattell) y *tests proyectivos* (como el de Rorschach y el TAT). Además se usan a menudo *entrevistas,* que pueden ser estructuradas o no estructuradas. Un gran número de *consideraciones éticas* giran en torno a los tests de personalidad, por ejemplo la utilización inapropiada de los tests y el que sus resultados caigan en manos indebidas.

LECTURAS RECOMENDADAS

Anastasi, A. (1982). *Psychological testing* (5.ª ed.). New York: Macmillan. Libro de texto de fácil lectura, que cubre los principios fundamentales de la medida psicológica. Dedica varios capítulos a los tests de personalidad e inteligencia. Traducido al castellano con el título *Los tests psicológicos*. Madrid, Aguilar.

Bandura, A. (1977). *Social learning theory*. Engelwood Cliffs, N. J.: Prentice-Hall. Breve estudio sobre los principios del aprendizaje social, escrito por el más destacado portavoz de este enfoque.

Freud, S. (1965). *The interpretation of dreams*. New York: Avon/Discus. Obra publicada por primera vez en 1900, contiene el polémico y revolucionario análisis freudiano del significado de los sueños. Traducido al castellano con el título *La interpretación de los sueños*. Madrid, Aguilar.

Hall, C. S., y Lindzey, G. (1978). *Theories of personality* (3.ª ed.). New York: Wiley. Extenso libro de texto con estudios críticos de los más destacados teóricos de la personalidad, que incluye también notas biográficas de éstos. Traducido al castellano con el título *Las grandes teorías de la personalidad*. Buenos Aires, Paidós.

Rogers, C. R. (1980). *A way of being*. Boston: Houghton Mifflin. Reciente estudio de Rogers en el que describe su enfoque centrado en la persona.

Skinner, B. F. (1972). *Beyond freedom and dignity*. New York: Batman/Vintage. Polémica planificación de un programa científico cuyo objetivo es modificar la conducta del hombre. Esta obra ha sido considerada como una de las más importantes en la psicología moderna. Traducido al castellano con el título *Más allá de la libertad y de la dignidad*. Barcelona, Fontanella.

Watson, J. B. (1970). *Behaviorism*. New York: Norton. Este trabajo sobre los principios y métodos del conductismo fue publicado por primera vez en 1925. Describe los puntos de vista de los conductistas sobre las emociones, los instintos y la personalidad. Traducido al castellano con el título *El conductismo*. Buenos Aires, Paidós.

CAPITULO 15

PSICOLOGIA ANORMAL

CUESTIONES CLAVE

Diversas interpretaciones de los trastornos mentales: como resultado de infringir la moralidad, enfermedad, aprendizaje deficiente, adaptación ineficaz o desarrollo alterado.

Gama de trastornos mentales que sufren unos 55 millones de norteamericanos (uno de cada cuatro).

La dificultad para diagnosticar los trastornos mentales y la polémica en torno al último intento en este sentido: *El Manual Diagnóstico y Estadístico de los Trastornos Mentales (DSM-III).*

Es virtualmente imposible leer un periódico en el que no aparezca algo sobre personas que están psicológicamente perturbadas. La policía disparó a un padre enloquecido en Memphis, Tennessee, después de que él mismo hubiera amenazado con disparar a cuatro empleados de un hospital en el que su hijo había muerto de leucemia. En Nueva York una anciana murió de frío al empeñarse en vivir en una chabola cuando se estaban dando temperaturas ambientales inferiores a cero grados, a pesar de los ruegos de las autoridades para que aceptara el refugio que le ofrecían. Se nos informa de asesinatos masivos, suicidios extravagantes, personas que abusan de los niños, criminales amorales, drogadictos, dictadores locos por el poder, toda una gama de personas cuya conducta trastornada perturba el bienestar público.

Por otra parte, casi todos mostramos gran interés personal en la psicología anormal, que consiste en el estudio de los trastornos emocionales y de la conducta anormal. ¿Quién de nosotros no cuenta entre los miembros de su familia, sus amigos y vecinos o entre sus colaboradores a alguien que comete excentricidades, que sufre una depresión que le impide trabajar o estudiar, cuya vida diaria queda afectada por temores irreales, que bebe con tal exceso que su vida laboral o familiar se resienten, que no puede conservar un empleo, o que muestra algún otro signo de lo que generalmente se considera conducta anormal? ¿Quién de nosotros no se ha comportado en algún momento de forma que nos parece extraña incluso a nosotros mismos?

Sin embargo, cualquier cambio de humor, cualquier acción inmoral, cada rareza de la personalidad no tienen de por sí un significado importante. ¿Qué es lo que constituye, pues, la conducta anormal? ¿Cómo la explicamos? ¿Como una trasgresión de la moralidad, un aprendizaje defectuoso, una adaptación ineficaz o un desarrollo alterado? ¿Cuál es la causa? ¿Qué puede hacerse ante ello? Trataremos de contestar las cuatro primeras preguntas en este capítulo y la quinta y última en el capítulo siguiente, donde se describen diversos tipos de terapia para los problemas psicológicos.

Aunque este capítulo aborda el estudio de los trastornos psicológicos, de hecho no existe un límite claramente establecido entre lo que es «normal» y lo que es «anormal». Por ello intentaremos ser lo más explícitos que nos sea posible en nuestras definiciones. Todos los trastornos que estudiaremos afectan a un gran número de personas, aunque representen sólo un pequeño porcentaje de la población en su conjunto. Igual que un guijarro arrojado a un estanque, los problemas de un individuo perturbado emiten ondas que afectan a familiares y amigos, a la comunidad que debe procurarle cuidados, y a todos nosotros que, como contribuyentes, somos convocados para sufragar los servicios necesarios. Debemos ser perfectamente conscientes de la verdad de la reflexión poética de John Donne, de que «ningún hombre es una isla, sino un trozo del continente, una parte del conjunto». Los trastornos mentales nos afectan a todos.

¿QUE ES LO ANORMAL?

Poco después de medianoche, un viernes 16 de junio de 1978, Sylvia Frumkin decidió tomar un baño. La señorita Frumkin, una joven gorda y desgarbada que vivía en un edificio de ladrillo amarillo de dos plantas en Queens Village, Nueva York, se trasladó lentamente desde su dormitorio en el segundo piso al cuarto de baño en la puerta contigua y llenó la bañera con agua caliente. Unos pocos días antes se había hecho cortar el pelo y se lo había moldeado en un estilo que creía que le sentaba muy bien, y además se sentía muy animada. Se lavó el pelo castaño con champú y con un elixir dental de color rojo. Algunos años antes se había teñido el pelo de rojo y le había gustado cómo le quedaba. Había dejado de llevar el pelo rojo sólo porque se había dado cuenta de que teñirlo cada seis semanas era demasiado pesado. Ahora imaginaba que el elixir dental rojo que aplicaba sería absorbido de alguna manera por el cuero cabelludo y mantendría su pelo permanentemente rojo. La señorita Frumkin se sentía tan contenta con su nuevo corte de pelo que de repente creía ser Lori Lemaris, la sirena a quien Clark Kent había encontrado en el instituto y de la que se había enamorado en los viejos comics de «Supermán». Tan contenta estaba, que hacía burbujas soplando en el agua (Sheehan, 1982, pág. 3).

Queda claro inmediatamente, tanto para un psiquiatra como para cualquier persona razonablemente consciente, que la joven a quien aquí se le ha dado el seudónimo de «Sylvia Frumkin» actúa y piensa de una manera extremadamente rara, una manera que no tendríamos dificultad alguna en calificarla de anormal.

¿Qué es lo anormal, sin embargo, en el pensamiento y en la conducta de esta mujer? Muchas personas normales y sanas de nuestra cultura son gordas y desgarbadas, muchas llevan el pelo de forma poco favorecedora o se tiñen el pelo con productos poco eficaces. Muchas sueñan despiertas, imaginando ser otras personas. Sylvia Frumkin no es como esas otras personas. A ella se le ha diagnosticado un *trastorno esquizofrénico*, que definiremos en este capítulo.

Por una parte, Sylvia Frumkin no puede distinguir la realidad de la fantasía. No se limita a imaginarse a sí misma como «Lori Lemaris, la sirena», está convencida de que *es* esta criatura de ficción. Por otra parte, de una persona de la inteligencia y de la posición social de Sylvia cabría esperar que supiera que el elixir dental no es tinte para el pelo y que no puede ser absorbido por el cuero cabelludo. No es la ignorancia o la ingenuidad lo que hace que ella piense así, sino un trastorno de la naturaleza misma de sus pensamientos.

Este es, pues, uno de los elementos de la conducta anormal, la *incapacidad para reconocer la realidad*. Las personas que «oyen» voces, que imaginan que hordas de enemigos conspiran contra ellas, que temen sufrir daño a manos de invasores extraterrestres, están todas fuera de contacto con el mundo real. Esta falta de orientación hacia la realidad tiende a hacerles actuar de maneras extrañas, maneras que pueden ser destructivas para ellas mismas o para los demás.

Otro elemento anormal en la conducta de Sylvia Frumkin es su *rareza estadística*. La mayoría de las personas no piensan ni actúan como ella. Durante el siglo XIII quienes pensaban que el mundo era plano estaban equivocados, pero esto no significaba entonces ninguna creencia anormal. Sin embargo, cualquiera que hoy día creyera eso pertenecería a una minoría distinta y mostraría, en consecuencia, un punto de vista anormal, contrario a los hechos científicos establecidos definitivamente y ampliamente difundidos en nuestra sociedad.

Por supuesto, ser diferente no siempre se considera anormal. Albert Einstein, por ejemplo, mostraba procesos mentales que eran únicos y aun así fue honrado precisamente por ésta su diferencia, no institucionalizada. Así pues, para ser considerado anormal, los pensamientos o la conducta poco corrientes de una persona deben considerarse, además, *indeseables*. En este caso pueden ser considerados anormales incluso si no son raros como en el caso de la depresión clínica, trastorno muy común.

La anormalidad tiene también otras facetas. Sylvia Frumkin no realiza ningún trabajo productivo, no tiene una relación sexual íntima, no tiene amigos, le resulta muy difícil llevarse bien con sus padres y su hermana, tiene problemas para ir de un sitio a otro y pierde sus cosas constantemente. Está *desadaptada* en todas estas áreas básicas de la vida. Es más, Sylvia Frumkin se siente infeliz la mayor parte del tiempo. Aunque las personas normales no son, como es natural, siempre felices, no están sujetas a los ataques de la depresión, ira, miedo o confusión, que son a menudo las señales de una condición de anormalidad. Como los seres humanos son tan variables, es extremadamente difícil lograr una definición que abarque toda la anormalidad. Sin embargo, los puntos precedentes cubren las desviaciones más importantes del modelo que nuestra sociedad tiene de un individuo normal, psicológicamente sano: alguien que generalmente percibe la realidad con mucha exactitud, que se comporta en cierto modo de manera similar a la mayoría de las personas en la mayoría de las situaciones, que realiza un trabajo productivo tanto en el hogar como en un empleo remunerado o voluntario, que puede desenvolverse en las tareas de la vida diaria, y cuyo humor está relacionado adecuadamente con las circunstancias de la vida.

Por supuesto, no todas las personas que se desvían de este perfil están gravemente trastornadas. Algunas pueden diferir sólo en un aspecto. Por ejemplo, un individuo puede estar la mayor parte del tiempo triste o temeroso de manera poco corriente, y a pesar de eso seguir conservando su empleo, cuidar de su familia o progresar día a día. O bien una persona puede tener un episodio transitorio de conducta extraña, y luego volver a llevar una vida muy normal. Es más, el grado en el que una persona es afectada en un momento dado puede oscilar desde un nivel muy leve en el que la persona está justamente situada en el límite entre la normalidad y la anormalidad, hasta un deterioro tal que necesite hospitalización y tratamiento intensivo.

¿HASTA QUE PUNTO ES CORRIENTE LA ANORMALIDAD?

El tipo de conducta del que hablamos en este capítulo, por desgracia, es muy común. Según una estimación en 1978 de la *President's Commission on Mental Health,* uno de cada cuatro americanos, más de 55 millones de personas, sufren algún tipo de trastorno psicológico. Unos 7 millones de individuos al año reciben tratamiento por problemas de salud mental, y se cree que unos 34 millones lo necesitan.

La investigación ha descubierto que son varios los factores sociales que contribuyen en la aparición de un trastorno, entre otros la pobreza, la discriminación social y sexual y el estrés (Ilfeld, 1978; Sroule, Langer y Michael, 1962; Srole y Fischer, 1980; Schwab, Bell, Warheit y Schwab, 1979). Por ejemplo, un estudio realizado en Chicago (Ilfeld, 1978) descubrió que las mujeres con ocupaciones de «status» de clase alta o media-alta son las únicas cuyos problemas psicológicos no son mayores que los de los varones en situaciones comparables. En otro estudio, elaborado en Florida, Schwab y sus colaboradores (1979) descubrieron que los factores sociales (altas tasas de movilidad y migración) y las influencias biológicas (historias familiares de enfermedad mental y enfermedades físicas persistentes) parecían contribuir más en los trastornos mentales de los individuos de raza negra que, por ejemplo, una infancia feliz o enfermiza; llegando a la conclusión de que esto «señala la importancia de los factores socioeconómicos en las enfermedades mentales de los negros» (pág. 210).

MEDIDA DE LA ANORMALIDAD

En los estudios a los que nos acabamos de referir, los investigadores utilizaron diversas medidas para determinar la «normalidad». Constituían una fuente de

De nuestros descubrimientos se desprende una conclusión muy práctica para disminuir la sintomatología en las mujeres: animarlas y capacitarlas para conseguir empleos, especialmente de «status» elevado. Esta conclusión sugiere que se busquen nuevas orientaciones para socializar a las niñas y mujeres hacia el mercado laboral, y también para afrontar las consecuencias del aumento de las mujeres que trabajan en la educación de los niños.

(Ilfeld, 1977, pág. 3.)

información importante las entrevistas. En ellas, observadores preparados sacaban conclusiones basadas en la conducta, y se preguntaba a los individuos acerca de los diversos síntomas que generalmente se consideran indicativos de dificultades psicológicas (tales como depresión, ciertos dolores físicos que se han relacionado con estados mentales —como las úlceras gástricas y las migrañas— y los hábitos de bebida, comida y sueño). Algunas veces durante el curso de la entrevista y otras al suministrar cuestionarios, los investigadores formulaban preguntas diseñadas para provocar ciertas actitudes (tales como «¿Está usted de acuerdo, o no, con la afirmación: "Algunas veces no puedo evitar preguntarme si hay algo que valga la pena"?»). Posteriormente, los investigadores desarrollaron índices de salud mental basándose en las respuestas de los sujetos en las diversas categorías, y en sus propias observaciones.

El diagnóstico de los trastornos emocionales es extremadamente difícil y es una fuente constante de controversia entre los profesionales de la salud mental. En un célebre trabajo titulado *Sobre estar cuerdo en lugares no cuerdos* (1973), David Rosenhan hizo que varios colegas se pusieran de acuerdo con él para simular un síntoma, con el propósito de ser admitidos en hospitales mentales. Después de declarar que habían estado oyendo voces durante las tres semanas anteriores, que decían «vacío», «agujero» y «ruido», a los ocho «simuladores» se les diagnosticó esquizofrenia y fueron admitidos en doce hospitales de cinco estados. Inmediatamente después de la admisión los seudopacientes no volvieron a referirse a las voces y actuaron con normalidad. No obstante, durante el tiempo que permanecieron hospitalizados, cualquier cosa que hicieran —incluso tomar notas— se consideró como un síntoma de la enfermedad. Mientras que ningún empleado del hospital pareció sospechar nunca que esas personas pudieran no estar trastornadas, algunos de los pacientes *auténticos* proclamaron sus sospechas de que los falsos pacientes fueran periodistas o investigadores. Tras una hospitalización de una a siete semanas todos los seudopacientes fueron dados de alta como «esquizofrénicos en remisión» (temporalmente libres de síntomas).

Rosenhan encuentra en este estudio la evidencia de que los psiquiatras no pueden reconocer la salud mental cuando la ven, puesto que gente normal fue ingresada en hospitales mentales y dados de alta no como sanos, sino como enfermos transitoriamente libres de síntomas. Spitzer (1976), sin embargo, tras criticar severamente el procedimiento de este estudio, contempla sus descubrimientos como una prueba de que el diagnóstico de la enfermedad mental es relativamente exacto, pues el personal psiquiátrico no tenía razón alguna para pensar que los seudopacientes mentían cuando describían sus síntomas, y porque permanecieron en los hospitales durante un período mucho más corto de lo que es normal. Spitzer mantiene, asimismo, que darles de alta como «en remisión» fue correcto en cuanto que constituyó una precaución justificada por la severidad de los síntomas que presentaron.

Lo que este estudio dilucida, más que otra cosa, es la gran dificultad para decidir qué es normal y qué no lo es. ¿Cuáles son aquí los principales problemas? En primer lugar, que es difícil, incluso para buenos profesionales, determinar cuándo alguien está verdaderamente perturbado y cuándo sólo está fingiendo, lo que es especialmente significativo en nuestro sistema de justicia criminal y en el servicio militar. En segundo lugar, que una vez ha sido clasificado alguien como «anormal», los demás (en este caso el personal del hospital) le consideran de esa manera sin pararse a cuestionar el diagnóstico. Y, en tercer lugar, incluso aunque estos «pacientes» fueron dados de alta más rápidamente de lo que habrían sido los auténticos esquizofrénicos y aunque se les reconoció libres de síntomas al ser dados de alta, se los seguía considerando enfermos. Una vez que habían mostrado signos de anormalidad, no se les consideró recuperados ni siquiera después de haberles visto comportarse con normalidad.

En un esfuerzo para hacer más fácil el diagnóstico de diversos trastornos mentales, la *American Psychiatric Association (APA)* elaboró, en 1952, una guía titulada *Manual diagnóstico y estadístico de los trastornos mentales (DSM)*. El DSM se ha revisado dos veces. Su tercera edición, que apareció en 1980, no es menos polémica que las dos primeras. Incluso muy cualificados profesionales de la salud mental manifiestan su desacuerdo con las definiciones de muchos trastornos.

Las intenciones de los autores del DSM parecen suficientemente claras: ayudar a los clínicos a tratar y guiar a los pacientes, confeccionar categorías de diagnóstico tan fiables como sea posible, poner en conocimiento de los clínicos varias convicciones teóricas, reflejar datos de la investigación del momento y eliminar términos que ya no son útiles.

Por supuesto, normalidad y anormalidad no son conceptos absolutos de «todo o nada». La mayoría de nosotros reconocemos que muchas personas tienen idiosincrasias que podrían considerarse anormales y aun así pueden seguir llevando una vida relativamente normal, e incluso personas que están tan perturbadas que necesitan ser ingresadas en una institución frecuentemente tienen períodos de conducta normal. Así pues, la postura del *DSM-III* de que tener un trastorno mental o *no* tenerlo no son estados completamente diferentes, sino dos extremos diferentes de un continuo, parece intachable.

¿Por qué entonces ha levantado este documento una corriente de polémica tal en círculos psicológicos y psiquiátricos? En parte, a causa de la dificultad básica del diagnóstico de los trastornos psicológicos. En el caso de una enfermedad física, a menudo podemos determinar un estado anormal tomando la temperatura, analizando la sangre, viendo un síntoma obvio como una hemorragia inusual. En el caso de un acto criminal, podemos determinar que se ha cometido un crimen por cosas tan evidentes como los objetos robados o el daño corporal infligido. Pero en relación con la anormalidad psicológica, las opiniones personales, las actitudes, las normas culturales y las normas morales intervienen para enturbiar la situación.

Por ejemplo, uno de los cambios más polémicos en el *DSM-III* (respecto al *DSM-II*, 1968) es la omisión de la homosexualidad como un trastorno mental, a no ser que el individuo no esté contento con su orientación sexual y *quiera* ser heterosexual. Algunos psiquiatras ponen reparos a esta definición, afirmando que la homosexualidad en sí es un trastorno mental, al margen de cómo se sienta el individuo. Otra importante polémica gira en torno a la eliminación del término «neurosis», al alejarse el *DSM-III* de la orientación freudiana, así como por la convicción de sus autores de que no existe una definición del término universalmente aceptada. (Puesto que esta palabra ha sido ampliamente utilizada y es muy familiar para mucha gente, emplearemos el término «neurosis» en esta obra para describir aquellas manifestaciones de la conducta anormal que son lo suficientemente graves como para interferir en la vida diaria, aunque no incapaciten totalmente al sujeto como lo hacen las psicosis. Tanto las neurosis como las psicosis serán descritas en este mismo capítulo.)

TABLA 15-1   Principales categorías de trastornos

Categoría	Ejemplos
Trastornos que normalmente se ponen de manifiesto por primera vez en la infancia o adolescencia	Retraso mental, síndrome de la Tourette, hiperactividad, anorexia nerviosa.
Trastornos mentales orgánicos	Enfermedad de Alzheimer (demencia senil).
Trastornos por abuso de sustancias	Abuso o dependencia de drogas como el alcohol, los barbitúricos, las anfetaminas, PCP, LSD.
Trastornos esquizofrénicos	Esquizofrenia desorganizada, catatónica, paranoide, indiferenciada y residual. Todas ellas implican alteraciones del pensamiento y/o alucinaciones.
Trastornos paranoides	Diferentes grados de severidad de la paranoia, que implican las ideas delirantes de que uno es perseguido.
Trastornos psicóticos no clasificados en otro lugar	Breves psicosis reactivas (síntomas psicóticos que duran de unas horas a dos semanas, como respuesta a un trauma).
Trastornos afectivos	Trastornos del estado de ánimo, como depresión y manía.
Trastornos por ansiedad	Fobias, trastornos por angustia, trastorno obsesivo-compulsivo, trastorno de estrés postraumático.
Trastornos somatoformes	Hipocondria, trastorno de conversión, trastornos de dolor psicógeno, en todos los cuales la persona muestra síntomas físicos para los que no pueden encontrarse explicaciones físicas.
Trastornos disociativos	Personalidad múltiple, amnesia, fuga, todos los cuales implican una alteración repentina, temporal de la conciencia, la identidad y la conducta motora.
Trastornos psicosexuales	Masoquismo, sadismo, orgasmo inhibido, eyaculación precoz, trastornos de identidad sexual.
Trastornos ficticios	Síntomas físicos y psicológicos que están bajo el control del individuo, según lo determine un observador externo (como la producción de graves síntomas psicológicos que hacen que el paciente parezca psicótico).
Trastornos del control de los impulsos no clasificados en otros apartados	Cleptomanía (robo compulsivo), piromanía (prender fuego), juego patológico, actividad deteriorada en respuesta a algún suceso estresante de la vida (divorcio, enfermedad, desastre natural) o a un período de desarrollo (dejar la casa paterna, ser padre), que pueden incluir un estado de ánimo deprimido, absentismo en el trabajo y ansiedad.
Factores psicológicos que afectan al estado físico	Cefaleas por tensión, asma, colitis ulcerosa, acné.
Trastornos de la personalidad	Paranoide, narcisista, antisocial, pasivo-agresivo, esquizoide.
Estados que no pueden atribuirse a trastornos mentales y que merecen atención o tratamiento	Simulación, problemas en la escuela o en el trabajo, problemas matrimoniales, problemas paterno-filiales.

Fuente: De *DSM-III*, 1980.

Otros critican el *DSM-III* por sus explicaciones médicas de la conducta anormal (véase la discusión sobre el «modelo médico» en la próxima sección). Muchos profesionales rechazan la idea de considerar *todos* los trastornos psicológicos como una forma de enfermedad mental,· y algunos incluso rechazan el propio concepto de enfermedad mental.

Sin embargo, a pesar de todas las objeciones al *DSM-III*, sigue siendo la guía más amplia que tenemos y la culminación (hasta la fecha) de los esfuerzos continuados para definir la conducta anormal de la manera más específica posible. Los trastornos mentales clasificados en ella son los que la APA define como «el síndrome o patrón psicológico o comportamental clínicamente significativo, que aparece en un individuo y que se asocia típicamente tanto a un síntoma perturbador (angustia) como al deterioro de una o más áreas importantes de funcionamiento (incapacidad)» (pág. 6). En esta definición va implícita la existencia de algún tipo de disfunción conductual, psicológica o biológica, a diferencia de una disfunción social, esto es, un conflicto entre el individuo y la sociedad (como la delincuencia juvenil). Si la perturbación de una persona sólo es social, la APA la considera una desviación social más que un trastorno mental. Para una enumeración de las principales categorías o trastornos en el *DSM-III*, véase la tabla 15-1.

El manual estructura la información según cinco *ejes* diferentes, o categorías organizativas principales: tres bloques resumen las maneras de diagnosticar un trastorno específico y los otros dos proporcionan información adicional a la que recurrir para planificar el tratamiento y predecir el resultado final de un paciente en concreto. Para una ilustración de la manera en que los terapeutas usan estos ejes como ayuda en el diagnóstico, véase el apartado 15-1. Los ejes están estructurados de la manera siguiente:

- Eje I   Síndromes clínicos (como trastornos mentales orgánicos, trastornos afectivos, trastornos esquizofrénicos, etc.). Condiciones que constituyen un foco de atención o tratamiento, pero que no son atribuibles a un trastorno mental (tales como bajo rendimiento escolar, actos antisociales aislados e inseguridad en la elección de una profesión).
- Eje II   Trastornos de personalidad, en los que rasgos de personalidad específicos interfieren en el funcionamiento social u ocupacional o causan ansiedad (tales como los dependientes, paranoicos, esquizotípicos, etc.).
- Eje III Trastornos específicos del desarrollo (tales como un retraso de lenguaje o en las habilidades aritméticas). Estados y trastornos somáticos.

APARTADO 15-1

DIAGNOSTICO DE LOS TRASTORNOS PSICOLOGICOS UTILIZANDO LOS ESQUEMAS DE EVALUACION DEL *DSM-III*

El director del servicio psicológico de una importante corporación ha enviado a un antiguo empleado, un hombre de 62 años que pretendía el retiro anticipado, al psiquiatra a causa de la depresión que ha provocado una alta tasa de absentismo. Aunque el psicólogo sabe que este trabajador solía faltar al trabajo por un problema de bebida, no cree que ahora se trate de eso, sino de otros problemas. El diagnóstico del psiquiatra, basado en los ejes del *DSM-III*, aparece así, tal como se presenta en el *DSM-III* (1980). página 30:

- Eje I: Depresión mayor, episodio único, con melancolía. Dependencia del alcohol en remisión.
- Eje II: Trastorno de personalidad dependiente (provisional, situado en la línea fronteriza de un trastorno de personalidad).
- Eje III: Cirrosis alcohólica de hígado.
- Eje IV: Tensiones psicosociales: retiro anticipado y cambio de residencia con pérdida de contacto con los amigos. Gravedad: moderada.
- Eje V: Máximo nivel de funcionamiento adaptativo el pasado año: bueno.

- Eje IV   Intensidad del estrés psicosocial (que oscila desde intensidad leve, como un cambio del horario laboral, a extrema, como una muerte en la familia).
- Eje V   Máximo nivel de adaptación en el transcurso del último año (relaciones sociales, laborales y empleo del tiempo libre).

DIFERENTES MANERAS DE CONSIDERAR EL COMPORTAMIENTO ANORMAL

Una mujer viste de una manera estrafalaria, habla de forma incomprensible, se comporta extravagantemente y atemoriza a los vecinos que reconocen su rareza. Creen que debe estar poseída por el demonio. Por eso, para librarse del demonio debe ser ejecutada. En otra época y en otro lugar se consideraría que esa mujer sufre una enfermedad misteriosa, que la mejor manera de tratarla es mediante unas sustancias químicas que actúan de una manera tan misteriosa como los orígenes de su extraña conducta. En otros círculos la gente creería que esta mujer había aprendido a comportarse excéntricamente como respuesta a su ambiente. Así pues, para ayudarla a adaptarse a la normalidad, se le deben enseñar las respuestas «correctas».

Las interpretaciones precedentes del comportamiento anormal lo contemplan respectivamente como una alteración moral, una enfermedad médica o un ejemplo de aprendizaje de conductas equivocadas.

La manera de explicar la anormalidad influye en la manera de tratarla y conlleva consecuencias importantes para el conjunto de la sociedad, así como para los individuos afectados. Por lo tanto, es importante comprender los diferentes *modelos,* o teorías, que tratan de explicar las actitudes y la conducta anormal.

Modelo moral

Durante la Edad Media era común creer que los trastornos psicológicos se derivaban de un rechazo pecaminoso de la sabiduría divina. Este punto de vista refutaba muchas de las creencias de los dos siglos anteriores, y en su tendencia a considerar la anormalidad en términos de pecado y de posesión

La opinión de que la enfermedad mental era la consecuencia del pecado y de la posesión demoníaca levantó el escenario para miles de juicios por brujería, como el juicio contra George Jacobs en Salem, Massachusetts, reflejado en esta pintura. (The Bettmann Archive, Inc.)

demoniaca, creó el escenario para quemar a miles de personas de las que se decía que eran brujas, así como para maltratar a incontables personas perturbadas en nombre de un orden moral más elevado.

Aunque esta inquisitorial manera de juzgar ha desaparecido casi por completo, sus trazos permanecen en las palabras de los propios enfermos mentales, que a menudo hablan de su estado en términos morales, adscribiendo generalmente sus problemas a una falta de fuerza de voluntad u otras insuficiencias personales.

Modelo médico

Al absolver de culpa al individuo que sufría por su estado, la explicación de la anormalidad como resultado de una enfermedad subyacente representó un gran salto hacia delante en el tratamiento de los enfermos mentales.

Los orígenes médicos de algunas conductas anormales se observan claramente en aquellas situaciones en las que una enfermedad física o un suceso, como un golpe o un accidente, afecta la personalidad y el juicio de una persona, así como su funcionamiento físico, como ocurre en la drogadicción o en la demencia senil, que suponen un deterioro orgánico del cerebro. También se asume, como veremos más tarde en este capítulo, el modelo médico cuando se diagnostica a las personas como esquizofrénicas o depresivas como resultado de descubrir niveles inusuales de determinadas sustancias químicas en el flujo sanguíneo.

Cuando hablamos de psicología anormal en términos de «psicopatología» o «enfermedad mental» en contraposición a «salud mental», pensamos en términos médicos. Aceptar esta explicación conduce a llamar «enfermas» a las personas que actúan de manera extraña, encargando su cuidado a médicos, internándolos en hospitales o tratándolos como «pacientes externos» y con una gran variedad de técnicas físicas (por ejemplo, fármacos, electroshock, curas de sueño, vitaminas, etc.). El modelo médico libera al individuo de la responsabilidad de su propia conducta, así como a las fuerzas sociales que pueden estar contribuyendo a los problemas del individuo.

Una crítica importante al *DSM-III* apunta a su dependencia del modelo médico para explicar virtualmente toda desviación. Más de la mitad de los más de 230 trastornos enumerados en el *DSM-III no* son atribuibles a causas orgánicas, los orígenes de estos problemas no están necesariamente bajo la piel de la persona, y contemplar la conducta humana sólo en términos de enfermedad, limita nuestra comprensión de la misma y restringe nuestra capacidad para ayudar al individuo (Schacht y Nathan, 1977).

Modelo psicoanalítico

Lucy R., una joven institutriz inglesa, consultó a Sigmund Freud porque había perdido su sentido del olfato y aun así le atormentaban fuertes hedores imaginarios. También había perdido el apetito, la energía y la capacidad de dormir con normalidad. Freud diagnosticó los problemas de Lucy como *histeria*, neurosis por la cual había transformado la energía psíquica en síntomas físicos como resultado de la represión de alguna idea o sentimiento. Durante el curso del tratamiento, el diagnóstico inicial de Freud pareció confirmarse al admitir Lucy que estaba enamorada de la persona que la había contratado, un viudo, pero que, turbada por tales sentimientos, trataba de apartarlos de su mente. Una vez que pudo expresar sus ansias sexuales reprimidas, consiguió ser capaz de vivir con ellas, y su sentido del olfato volvió a ser normal (Freeman y Strean, 1981).

Según Freud, cuyas teorías sobre la personalidad se analizan en el capítulo 14, el comportamiento anormal es el resultado de los conflictos entre el id (ello) y el super ego (super yo), conflictos demasiado grandes para que el ego (yo) pueda manejarlos. Estos pueden ser agravados por los serios errores cometidos por los padres al educar a los niños, que unas veces estimulan poco y otras demasiado a sus hijos durante su etapa oral, anal o fálica en la primera infancia. Como resultado de las necesidades innatas del niño y de los errores de los padres, aquél queda fijado a una etapa u otra y es incapaz de desarrollarse con normalidad.

El desarrollo del pensamiento psicoanalítico, a principios del siglo XX, representó un avance fundamental. «A diferencia tanto del modelo moral como del modelo orgánico-médico, el psicoanálisis no situaba la responsabilidad del comportamiento anormal ni en el pecado y la falta de voluntad, ni en la enfermedad, sino que achacaba la culpa más ampliamente a la familia, los amigos y la fisiología. Tal planteamiento fue de gran ayuda, porque obligó a los científicos de la conducta a ampliar sus investigaciones sobre las causas de la psicopatología» (Nathan y Harris, 1980, pág. 14).

Por otra parte, al limitar su énfasis a las experiencias de la primera infancia, los psicoanalistas descartan la posibilidad de que algún suceso traumático en la edad adulta pueda desencadenar una alteración psicopatológica. Es más, el acento puesto por el psicoanálisis en el cuidado inicial de los padres puede proporcionar un buen blanco para determinar la culpa, pero no es necesariamente beneficioso para el paciente. «La ventaja de una interpretación del comportamiento libre de culpa es que no se pierde la energía en venganzas, sino que puede usarse en hacer volver al loco a la normalidad» (Siegler y Osmond, 1974, pág. 176).

Modelo comportamental

Los psicólogos que suscriben el modelo comportamental no se basan en un conflicto inconsciente entre el id (ello) y el super yo o en la enfermedad física para explicar los trastornos. Por el contrario, ellos creen que los modos anormales de pensar y actuar se aprenden, en gran medida, a través de mecanismos de condicionamiento y modelado. Así, una niña pequeña puede haber aprendido a protegerse a sí misma de un padre que quería abusar de ella, pero cuando en la edad adulta rechace a todos los hombres, o sólo busque a aquellos que pretenden abusar de ella, su conducta ya no será *adaptativa* (que permite adaptarse a su medio), sino *inadaptativa* (interfiere en la adaptación al medio). Para corregir tal disfunción, los teóricos del aprendizaje diseñan un tratamiento que implica la enseñanza de formas de conducta nuevas y adaptativas.

Mientras que los teóricos del aprendizaje clásicos han incidido exclusivamente en la importancia de las *conductas* inadaptadas, los teóricos cognitivos han enfatizado el hecho de que los *pensamientos* inadecuados influyen en el comportamiento. Esta orientación, estimulada por la «revolución cognitiva», sugiere que la manera de pensar sobre los sucesos influye en la manera de comportarse. Un determinado número de terapias, bastante populares actualmente, tienen su base en el cambio que producen en las pautas de pensamiento.

Otros modelos

En un tema tan complejo, tan apremiante y tan importante, tanto para los individuos como para la sociedad en su conjunto, no ha de sorprender que hayan existido tantas explicaciones diferentes del trastorno psicológico. Además de los modelos que acabamos de reseñar, aparecen otros varios que también tienen sus defensores.

MODELO DE CONSECUENCIA SOCIAL Thomas Szasz (1974), un psiquiatra (por lo tanto formado médicamente), ataca con fuerza la idea de considerar como enfermedades los trastornos psicológicos. Szasz es el defensor más eminente del modelo de consecuencia social, punto de vista que sostiene que tales trastornos son problemas inherentes a la propia vida, que surgen de las dificultades de la relación social. Tales dificultades —las cuales incluyen las necesidades personales, opiniones, aspiraciones sociales y valores que entran en conflicto con las necesidades de otros individuos y de la sociedad— no tienen origen médico. Se derivan, en cambio, de conflictos éticos, definiciones legales y modelos culturales. Sus consecuencias son más sociales que médicas. Por eso, en lugar de asumir el papel de paciente, es más adecuado que una persona acepte la responsabilidad de sus propios actos, haga algo respecto a ellos y sufra las consecuencias cuando son perjudiciales para otros. Aunque las críticas de Szasz algunas veces parecen simplificar en exceso situaciones complejas y no proporcionan explicaciones para toda conducta anormal, descubren aspectos que en conjunto son ignorados o dados por supuestos con excesiva frecuencia.

MODELO FAMILIAR O DE SISTEMAS Este punto de vista considera que las dificultades psicológicas surgen del entorno familiar en su conjunto más que de un individuo. La conducta anormal que puede presentar un solo miembro de la familia no está, según esta manera de pensar, restringida a esa persona sola, sino que es un síntoma psicopatológico en el seno de la familia. Los partidarios de la terapia familiar contemplan la familia como un sistema, con sus propias pautas de conducta. Las comunicaciones entre los miembros de una familia en la que hay un individuo perturbado están constituidas, según esta teoría, para crear una persona perturbada (llamada «paciente identificado»), de forma que los otros miembros de la familia puedan seguir funcionando «normalmente». Cuando se ayuda al paciente identificado, la

La pobreza es una de las presiones más graves a las que las personas están sujetas, puede conducir, o contribuir, a la perturbación mental. La gente pobre sufre un grado desproporcionalmente alto de trastornos psicológicos. (J. P. Laffont/Sygma.)

familia entera puede verse llevada a la confusión y obligada a desarrollar nuevas pautas para relacionarse mutuamente (Bateson, Jackson, Haley y Weakland, 1956; Herr y Weakland, 1979).

MODELO SOCIOCULTURAL   Esta forma de pensar hace hincapié en el papel de la sociedad en la génesis de la conducta perturbada. Como ejemplos extremos existen personas que parecen burlar todos los sentimientos humanos: una madre que arroja brutalmente a su bebé al suelo y se ríe cuando éste se hace daño; un marido que no lleva a su esposa al hospital, sino que la deja morir y la entierra en secreto de manera que pueda ganar algo de dinero vendiendo sus medicinas; un adulto que arrebata la comida directamente de la misma boca de un viejo que se está muriendo de hambre y luego le deja morir sin remordimientos. ¿Quiénes son estos individuos cuya conducta proclama a gritos su anormalidad? Son miembros típicos de la tribu de Ik, que viven en las montañas africanas entre Uganda, el Sudán y Kenya (Turnbull, 1972). El alejamiento entre unos y otros y de casi todo lo que hemos convenido en llamar «humano» y «normal» demuestra lo que la vida en un ambiente muy duro, en el que la comida es mortíferamente escasa y en el que la supervivencia depende del egoísmo total, puede hacer en una sociedad entera.

Presiones menos duras pueden también causar víctimas. La discriminación contra las mujeres, los negros, los viejos, los homosexuales; la pobreza y sus continuas tensiones, el estrés al vivir en un ambiente urbano superpoblado y sometido a fuertes presiones: todos estos factores se señalan como causas de conducta perturbada y desorganizada. Este punto de vista cobra fuerza a partir de encuestas como las que se han citado con anterioridad en este capítulo, que muestran que las mujeres, los negros y los pobres sufren más trastornos psicológicos de los que cabría esperar.

MODELO HUMANISTA   Según la idea de Carl Rogers (1970), Abraham Maslow (1970) y Rollo May (1969), la conducta anormal resulta del fracaso para conseguir la auto-actualización . Es el resultado de un fallo en el propio desarrollo, del temor a cambiar, la culminación de las elecciones hechas de forma precaria en la vida. Al igual que los conductistas, los humanistas prestan poca atención a lo que puede haber causado la anormalidad centrándose, en cambio, en lo que puede hacerse ahora. Esta perspectiva es optimista, puesto que asume que las propias decisiones del individuo han tenido mucho que ver en la producción de sus problemas y que ahora puede tomar decisiones nuevas que cambiarán su vida y solucionarán sus problemas psicológicos.

Ninguno de los modelos descritos aquí puede servir como completa explicación para toda la anormalidad. En algunos casos un único planteamiento puede parecer que sostiene la explicación más razonable y las mejores perspectivas para el tratamiento, mientras que en otros es más adecuado un enfoque completamente diferente. De lo que hay que darse cuenta es de lo poco que en realidad sabemos sobre las causas de la conducta anormal, de lo mucho que difiere una persona perturbada de otra, no sólo en la perturbación en sí misma, sino en cualquier otro aspecto de la vida capaz de influir en la causa, el curso y el tratamiento de la perturbación, y de lo vital que es mantener una mente abierta. Aceptando esto, nos será más fácil comprender algunos de los trastornos más comunes que afectan a las personas en nuestra sociedad.

TRASTORNOS «NEUROTICOS»

Meses después del horrible accidente de automóvil que causó la muerte de sus dos amigas más íntimas, Mercedes, una joven de 17 años, sufría pesadillas relacionadas con el accidente, aunque no podía recordarlo cuando estaba despierta. No lograba concentrarse en su trabajo escolar, se sentía alejada de su familia y de sus compañeros de clase y le abrumaban sentimientos de culpabilidad porque ella había sobrevivido y sus amigas no.

Laura, una alumna de último año de universidad, se dio cuenta de que estaba perdiendo el control sobre su propia vida. Por primera vez en su vida, estaba agobiada por el trabajo escolar y los exámenes. No tenía amigos, se sentía alejada de su familia y deseaba un hijo desesperadamente, pero le daba miedo hablar con los hombres. Odiaba su propio aspecto, no creía tener gracia alguna, no poseía energía ni mostraba interés por realizar actividades divertidas, y se sentía sin valor y atemorizada. Aunque nunca se había sentido peor que ahora, no podía recordar ningún período, desde la escuela secundaria, en el que ella hubiese sido realmente feliz.

Jorge, un alumno de segundo año de universidad, tiene que despertarse dos horas antes que su compañero de habitación, aunque ambos tienen el mismo horario de clases por la mañana. Necesita despertarse pronto a causa de los complicados rituales por los que pasa cada mañana: cepillarse los dientes exactamente 150 veces, tomar un baño, cambiar las sábanas, comprobar que sus libros están en orden alfabético, etc.

Muchas personas sufren en distintos grados experiencias de este tipo u otras similares. Todo el que ha sufrido un trauma sufre efectos «posttraumáticos»; la mayor parte de nosotros hemos estado «decaídos» durante algún período de tiempo; ¿quién de nosotros no ha comprobado por segunda vez algo que estábamos seguros que habíamos acabado de hacer unos minutos antes (como parar un despertador o poner el freno de mano de un coche)? Pero cuando ideas como éstas no afectan a nuestra manera de pensar de una manera regular y durante un cierto período de tiempo, nos las tomamos como algo no preocupante.

No ocurre esto con las personas que acabamos de describir, dado que en ellas su funcionamiento se encuentra gravemente deteriorado. Padecen unas alteraciones que Sigmund Freud llamó neurosis para describir aquellos trastornos mentales que surgen de la ansiedad, y cuyos síntomas interfieren la actividad normal, pero no la bloquean completamente. Los estados que solían calificarse como «neurosis» (hasta la publicación en 1980 del *DSM-III*) incluyen fobias, obsesiones y compulsiones, algunas depresiones y amnesias. Una neurosis no representa una ruptura con la realidad, y, aunque interfiere el funcionamiento normal, no requiere hospitalización.

En la clasificación de la APA que aparece en el *DSM-III,* el término «neurosis» no se utiliza. Estas alteraciones se califican ahora como *trastornos por ansiedad, trastornos afectivos, trastornos somatoformes* y *trastornos disociativos.* Vamos a estudiar algunos de estos, y otros, trastornos «neuróticos» antes de pasar al estudio de las *psicosis,* desórdenes graves que afectan a la totalidad de la actividad del sujeto, implican una ruptura de la realidad y hacen virtualmente imposible que la persona afectada pueda seguir adelante sin un apoyo importante, como puede ser una fuerte medicación o la hospitalización.

Trastornos por ansiedad

En este grupo de trastornos la ansiedad o bien es el síntoma principal, o bien aparece cuando las personas tratan de dominar sus síntomas (al enfrentarse a aquello a lo que son fóbicos o al resistir una compulsión por ejemplo). ¿Qué entendemos por ansiedad ? Puede definirse como un estado de aprensión, de temerosa incertidumbre o de miedo producido por una amenaza anticipada. Frecuentemente va acompañada de síntomas físicos como problemas de respiración, palpitaciones, aceleración de la tasa cardíaca, sudor y temblores. Los trastornos por ansiedad —fóbicos, crisis de angustia, obsesivo-compulsivos, de ansiedad generalizada y los trastornos de estrés postraumático— son muy comunes y afectan de un 2 a un 4 por 100 de la población americana (*DSM-III*, 1980). Las crisis de angustia, los trastornos fóbicos y los trastornos obsesivo-compulsivos son más comunes entre los familiares de los individuos que los padecen que entre la población general.

TRASTORNOS FOBICOS   La agorafobia es la fobia más grave y la más común entre las personas que buscan tratamiento; se expresa generalmente como una incapacidad para salir de casa, permanecer en lugares con los que nos están familiarizados (como teatros y grandes almacenes), conducir o viajar en autobús o en tren. Este estado afecta unas cuatro veces más frecuentemente a las mujeres que a los varones y lo sufre alrededor de un 0,5 por 100 de la población (*DSM-III*, 1980).

Otras dos fobias son la fobia social, por la que el individuo se siente aterrorizado ante una situación en la que puede hallarse expuesto a observación por otros, y la fobia simple, la más común de las fobias, en la que la persona siente un miedo persistente e irracional a un aspecto, evento u objeto concreto de su ambiente. Una persona así puede tener tanto miedo a los animales que no visitará a una familia que tenga un cachorro, tanto miedo de los truenos y los relámpagos que bajará al sótano del edificio de apartamentos cada vez que haya una tormenta (incluso a media noche), tanto miedo de los lugares cerrados que no subirá en ascensor, o tanto miedo a la altura que no subirá a la clase de su hijo en el tercer piso de la escuela nocturna.

TRASTORNOS OBSESIVO-COMPULSIVOS   Jorge, un estudiante universitario, exageradamente meticuloso, está abrumado por sus obsesiones (ideas persistentes, pensamientos, imágenes o impulsos que parecen carentes de sentido incluso para él, pero que invaden su conciencia contra su voluntad) y por compulsiones (conductas repetitivas e irracionales que se siente obligado a hacer, aunque ni siquiera él mismo conoce su finalidad).

Las obsesiones más comunes se centran en torno a la violencia (miedo a matar al propio hijo), la contaminación (infectarse al estrechar la mano de alguien, o al comer con utensilios sucios) y a la duda (preguntarse una y otra vez si uno ha hecho algo grave, como herir a alguien en un accidente de coche). Las compulsiones más frecuentes llevan al individuo a contar (pasos, actos, las figuras del papel de la pared), a lavarse las manos o a tocar (todas las piezas del mobiliario de una habitación, o todas las prendas de un armario). Los adultos obsesivo-compulsivos casi siempre se dan cuenta del poco sentido que tienen estos pensamientos y actos, y tratan normalmente de resistirse a ellos. La resistencia, sin embargo, les produce tal ansiedad que les es más fácil dejarse llevar por los síntomas, aunque el hacerlo pueda distorsionar sus vidas hasta tal punto que no sean capaces de ir al colegio o de conservar un empleo (Spitzer, Skodol, Gibbin y Williams, 1983).

Lo que se ha llamado comer compulsivo, la actividad sexual, jugar o beber compulsivamente no son verdaderas compulsiones, porque las actividades en sí mismas pueden ser placenteras y la única razón por la que una persona que se siente atraída por ellas intenta resistirse es a causa de sus consecuencias. Las llamadas preocupaciones obsesivas por problemas en el trabajo, por una aventura amorosa no correspondida, o en cualquier otro terreno, no son verdaderas obsesiones, porque no importa lo mucho que la persona las esté dando vueltas. Los problemas son reales en sí mismos y, por eso, sus pensamientos tienen un significado, aunque sean exagerados.

TRASTORNOS DE ESTRES POSTRAUMATICO   El tipo de reacción que Mercedes tuvo frente al accidente de automóvil en el que se vio implicada es neurótica sólo por su excesiva importancia. Ordinariamente todo el que sufre un suceso traumático padece algún efecto posterior. Sólo cuando estos efectos son más severos y duraderos de lo normal se considera que el individuo sufre trastornos de estrés postraumático, un estado muy corriente entre veteranos de guerra y entre supervivientes de secuestros, desastres naturales y de desastres tan poco naturales como campos de concentración o bombardeos. Cuando los síntomas aparecen dentro de los seis meses a partir del trauma y no duran más de seis meses, el pronóstico es más favorable que en los casos en que los síntomas surgen después de un período latente de meses, o incluso años, y permanecen durante más tiempo.

OTROS ESTADOS DE ANSIEDAD   Las crisis de angustia están caracterizadas por ataques reiterativos de terror ante un destino sin nombre y sin forma. Algunas veces estos ataques se producen de forma impredecible, otras se desarrollan según una pauta que puede discernirse, y se producen en conexión con alguna actividad concreta (como conducir un coche o entrar en una habitación oscura). Los ataques normalmente vienen marcados por un cúmulo de síntomas físicos —vértigo, dificultad respiratoria, asfixia, dolor de pecho, sudor, desmayo, etc.—. La persona puede sentirse repentinamente invadida por el miedo a morirse, a volverse loca, o a hacer algo fuera de control. Las mujeres son más propensas que los hombres a padecer estos ataques de pánico, que normalmente duran varios minutos, pero que, ocasionalmente, pueden durar horas.

El trastorno de ansiedad generalizada es un tipo de ansiedad más difuso que dura al menos un mes, sin los síntomas específicos de cualquiera de los trastornos de ansiedad precedentes. Las personas afectadas normalmente no pueden adscribir su malestar a ninguna situación o suceso en concreto; sólo saben que se sienten ansiosas y pueden mostrar síntomas físicos tales como inestabilidad, temor, sudor, sequedad de boca, insomnio, falta de atención y un estado general de expectación aprensiva.

Trastornos somatoformes

«No lo oíste, no lo has visto.
Nunca lo oíste, ni una palabra de ello.
No dirás nada a nadie.
Nunca digas a un alma
lo que sabes que es la verdad.»

Después de que Tommy, de 10 años, ve cómo el amante de su madre mata a su padre, y aquél le advierte con las palabras precedentes, va todavía más allá de lo que su madre y padre adoptivo eventual pretendían de él: Tommy, sumisamente, se vuelve sordo, ciego y mudo. El resto de la ópera rock, *Tommy,* cantada por el grupo «The Who», cuenta los esfuerzos de la familia para recuperar los sentidos del chico. El médico que lo ve informa:

«Las pruebas que le hice no señalan defecto alguno.
Sus ojos reaccionan a la luz, los registros lo detectan.
Oye, pero no puede responder a la llamada.»

Ni la gitana (la «reina ácida») ni el curandero pueden ayudar al muchacho, que finalmente recobra sus capacidades sólo después de que su madre, en un violento arrebato, estrella un espejo delante de él (Townshend, 1969).

Tommy es un dramático ejemplo de alguien que sufre histeria de conversión, uno de los trastornos somatoformes. Estos estados, cuyo nombre deriva de la palabra griega «soma», que significa «cuerpo», se caracterizan por la manifestación de síntomas físicos para los que no puede hallarse ninguna base orgánica. Hay razones para creer que tales síntomas, que son más frecuentes en época de guerra, surgen de necesidades psicológicas.

Las víctimas de histeria de conversión pueden quedar paralíticas, perder los sentidos del olfato o del dolor, sufren convulsiones e incluso experimentan falsos embarazos. El *DSM-III* ofrece dos explicaciones para este estado. El caso de Tommy parece estar dentro de la primera categoría, en la que una persona encubre un conflicto interno o algo que necesita eliminar de su consciente mediante la pérdida de la capacidad de percibir. Una segunda razón para desarrollar una sintomatología grave podría ser el «beneficio secundario» conseguido al evitar la actividad. Así, un cantante de ópera, que en realidad tiene miedo de llevar a cabo la representación ante el público, pierde la voz y así *no puede* realizar la actuación. O una mujer, cuyo marido quiere divorciarse, sufre un parálisis para aferrarse a él y mantiene este estado mientras lo necesita.

Trastornos disociativos

Una chica tímida, de 22 años, a quien el autor de su biografía puso el seudónimo de «Sybil» (Schreiber, 1975), consultó por primera vez a un psiquiatra para aclarar por qué había períodos en su vida en los que sufría una amnesia temporal, olvidando totalmente lo que había hecho durante largos intervalos de tiempo. Poco después de que empezara la terapia, Sybil sufrió un drástico cambio de personalidad en mitad de una sesión, lo que llevó a su psiquiatra a sospechar que Sybil era un raro ejemplo del trastorno disociativo de personalidad múltiple. En este estado una persona presenta varias personalidades distintas, cada una de las cuales adquiere prominencia en un momento determinado tapando totalmente a la otra. Las personalidades generalmente son muy diferentes la una de la otra (como la personalidad múltiple más famosa de la literatura, «Dr. Jekyll y Mr. Hyde»), y el individuo puede no ser consciente de su otro ser.

Sin embargo, el caso de Sybil demostró ser mucho más complicado aún de lo que su psiquiatra sospechó al principio, pues el transcurso de la terapia sacó a relucir un total de 16 personalidades separadas que aparecían en momentos diferentes en la mente de Sybil. Estas personalidades diferían mucho unas de otras. Eran tanto personalidades correspondientes a la edad infantil como a la mediana edad; dos eran varones, y todas tenían diferentes talentos, capacidades, formas de hablar y de moverse, y diferentes imágenes de sí mismas.

La primera personalidad adicional de Sybil había nacido cuando a los 3 años de edad encontró esta ruta de escape, al menos mental, de los horrendos castigos que le infligía su cruel y perturbada madre. A partir de ese momento Sybil creó nuevas personalidades siempre que hubo de tratar con una situación insoportable en su vida. Afortunadamente, el caso de Sybil tuvo un final feliz. Después de más de 11 años de psicoanálisis pudo integrar todas sus personalidades en una (la decimoséptima), que fue, por fin, la de una mujer completa, capaz de arreglárselas sola en la vida.

La personalidad múltiple, el trastorno que sufría Sybil, es, por fortuna, muy infrecuente, como también lo son otros trastornos disociativos: la amnesia psicógena, la fuga psicógena, los trastornos de despersonalización y el trastorno disociativo atípico. En todos estos estados el individuo experimenta una alteración repentina y temporal tanto de conciencia e identidad como de conducta motora.

Una persona con amnesia localizada puede olvidar sucesos que tuvieron lugar durante un cierto período de tiempo, a menudo durante unas cuantas horas antes o después de un suceso perturbador. Es el caso de Mercedes, la chica que tuvo el accidente de automóvil, que olvidó los acontecimientos acaecidos en el momento antes de la colisión. Esta clase de amnesia normalmente empieza después de un suceso que produce un estrés extremo y concluye repentinamente sin aparecer de nuevo. La amnesia generalizada puede hacer que una persona olvide quién es, obligándola a asumir una nueva identidad, o bien puede perder su sentido de la realidad.

Causas de los trastornos neuróticos

Hay tantas explicaciones para las causas de los trastornos neuróticos como modelos hemos descrito en este capítulo. Las teorías específicas que intentan explicar el desarrollo de las neurosis han surgido tanto del psicoanálisis como de la teoría del aprendizaje y de los modelos médicos.

Los psicoanalistas consideran la neurosis como una secuencia de cuatro elementos, siguiendo estas líneas:

1 Un conflicto interno entre los impulsos del id y los temores generados por el super ego.
2 La presencia de impulsos sexuales.
3 La incapacidad del ego, a través de su influencia racional y lógica, para ayudar a la persona a superar el conflicto.
4 Las profundas galerías de la mente en las que habitan poderosos impulsos que al no ser negados buscan su expresión a través de la ansiedad y otras conductas neuróticas (Nathan y Harris, 1980).

De todos modos, no todos los psicoanalistas apoyan esta explicación de cuatro niveles. Como pusimos de manifiesto en el capítulo 14, varios de los seguidores de Freud rompieron con él a causa del papel clave que adjudicaba a los sentimientos sexuales. Alfred Adler, por ejemplo, sostenía que las neurosis surgen de sentimientos de inferioridad (1929; 1930). Tales sentimientos tienen sus raíces en la infancia, cuando el niño se encuentra mal a causa de su baja estatura y de una relativa incapacidad de arreglárselas por sí mismo.

Los teóricos del aprendizaje mantienen que las neurosis provienen del aprendizaje de conductas alteradas (como, por ejemplo, al observar un niño a su padre fóbico) o al ser reforzado por ellas (como en el caso de una niña que no quiere ir a la escuela, lo cual es recompensado por el dolor de estómago que tiene cada mañana, que le permite quedarse en casa con su madre y no ir a la escuela). Algunos teóricos del aprendizaje asumen un punto de vista muy mecanicista (Wolpe, 1969, 1978) al creer que el pensamiento no es más que un tipo de conducta gobernado por las mismes leyes fundamentales que dirigen

Después de que el héroe de la ópera-rock, Tommy, ve al amante de su madre matar a su padre, se vuelve sordo, ciego y mudo. Un especialista en salud mental probablemente le diagnosticaría histeria de conversión, uno de los trastornos somatoformes. (© Columbia Pictures/Museum of Modern Art Film Stills Archive.)

los otros tipos de conducta. Por otra parte, Bandura (1968, 1974) acentúa la importancia de la influencia esencial del pensamiento a la hora de producir modificaciones en la conducta humana.

Los médicos a menudo explican las neurosis en términos bioquímicos. Por ejemplo, investigaciones recientes han demostrado que los barbitúricos facilitan la transmisión de una sustancia inhibidora del cerebro, que inhibe la actividad cerebral (Lancet, 1981). Es posible que las drogas ansiolíticas estimulen la producción o transmisión de esta sustancia, teniendo como resultado la reducción de la activación y disminuyendo la ansiedad. Si de verdad funcionan así, cabe concluir que la ansiedad puede deberse a la presencia o ausencia de tales sustancias químicas en el cerebro.

TRASTORNOS AFECTIVOS: DEPRESION Y MANIA

Todos tenemos momentos de buen y de mal humor. Algunos sufrimos más cambios del estado de ánimo que otros; somos más propensos a oscilaciones del tono emocional que da color a nuestra vida psíquica. Los estados de ánimo que parecen relacionados con los sucesos de nuestras vidas son más fáciles de comprender —la euforia cuando nos enamoramos o la depresión cuando nos despiden del trabajo—. La mayoría de las personas también aceptan la idea de «levantarse con el pie izquierdo» o, por el contrario, «despertarse cantando», y conceden poca importancia a los cambios corrientes de su estado de ánimo. Cuando estos estados emocionales no interfieren en la manera de conducir nuestra existencia o cuando tal interferencia se limita a un breve período de tiempo, la mayoría de nosotros nos adaptamos muy bien a ellos.

Sin embargo, a veces tales estados de ánimo son mucho más acusados: tanto cuando son tan buenos que una persona parece estar volando, como cuando son tan malos que el individuo siente su vida desolada. Cuando estados de ánimo como éstos persisten hasta un grado tan severo que interfieren en el funcionamiento ordinario, se dice que la persona sufre un trastorno afectivo o trastorno de ánimo.

John Custance era una persona así. Escribió que se había enamorado «de todo el universo» (1952). En un estado de gran bienestar sus sentidos eran más agudos que nunca, permitiéndole ver, sentir y oír con altos niveles de agudeza. Experimentaba una sensación de comunión mística con Dios, con toda la humanidad, con todas las personas con quienes entraba en contacto. La actividad sexual se había convertido en una experiencia religiosa. Se sentía enormemente poderoso, como si todos sus deseos —incluso los más extravagantes— se hicieran realidad, y todas sus ambiciones —incluso las menos realistas— se realizaran.

A primera vista, esto suena como un estado en el que todos quisiéramos encontrarnos. Sin embargo, cuando John Custance experimentaba todas estas sensaciones eufóricas, se hallaba en un episodio maniaco agudo, que le conducía a una conducta salvaje e irracional. Insistía en dar grandes sumas de dinero, que mal podía permitirse, a las prostitutas que le acosaban en la calle. Armó un gran jaleo en una iglesia, cuyos representantes habían rechazado su petición de dinero para ayudar a una mujer joven en concreto. A causa de episodios como éste, fue a parar a una institución psiquiátrica.

La enfermedad de John Custance tenía un aspecto todavía más sombrío: el de la depresión. Desde las alturas de la grandiosidad que caracterizaban sus períodos maniacos, se sumergía en las profundidades de oscuros estados de ánimo en los que le invadía una irresistible sensación de miedo indefinido, una sensación de propia perversidad y poca valía, una sucesión terrorífica de alucinaciones que le llevaron a intentar quitarse la vida en tres ocasiones. Los informes sobre su enfermedad, escritos mientras sufría sus angustias, han supuesto una aportación importantísima a la literatura psiquiátrica; sufría lo que se conoce normalmente como un *trastorno maniaco-depresivo*. Clasificado por el *DSM-III* como trastorno bipolar, uno de los *trastornos afectivos mayores*. Estos toman formas diferentes. Oscilan en cuanto a gravedad desde una manía relativamente leve (la fase alegre del trastorno) o depresión (la fase triste), hasta un estado extremo tanto de manía como de depresión, o una alternancia de los dos extremos en la oscilación del ánimo. «El trastorno bipolar» es el nombre dado al estado que consiste en uno o más episodios maniacos, que generalmente se alternan con episodios depresivos. La depresión sin manía, o trastorno unipolar, puede clasificarse como trastorno afectivo menor crónico, como trastorno depresivo crónico o como trastorno depresivo mayor, que puede ser psicótico o no en función de la gravedad y otras características de su estado.

En algunos aspectos, depresión y manía no son sino dos caras de la misma enfermedad con muchas características en común. El curso de cualquiera de las manifestaciones puede ser crónico, manteniéndose durante bastantes años, con períodos de funcionamiento normal entre varios episodios, o puede también suceder que una persona experimente un único episodio. Los episodios pueden tener lugar en solitario, con un lapso de años, o pueden darse varios, uno después de otro y después no repetirse durante mucho tiempo. Cualquier tipo de episodios afectivos es, con frecuencia, el resultado de una enfermedad física crónica, de un grave estrés psicológico, el producto de la dependencia del alcohol o la consecuencia de trastornos depresivos y maniacos menos graves. Ambos tipos tienden a darse en el seno de una familia, lo que da pie a creer en la posibilidad de que influyan en ellos aspectos hereditarios. Esta posibilidad parece confirmarse a partir de investigaciones recientes que consideraremos más adelante.

En otros aspectos, depresión y manía sí difieren, de forma que tiene sentido tratarlos por separado.

Depresión

Luis, un ejecutivo de publicidad con mucho éxito, había perdido repentinamente todo interés por la vida. Parecía que ya nada le importaba, ni su trabajo, ni su familia, ni los partidos de tenis que antes le gustaban tanto. La comida ya no le sabe bien, por lo que ahora come mucho menos, habiendo perdido 12 kilos en pocas semanas. Aun cuando se acuesta, permanece despierto durante horas y luego se duerme, para despertarse de pronto al cabo de una o dos horas, y vuelve a estar despierto durante horas antes de levantarse y caminar un poco antes del alba.

La dificultad de Luis para concentrarse, su pensamiento más lento y su indecisión afectan su trabajo en la agencia de publicidad, pero incluso aunque su jefe ha mostrado auténtico interés, preguntándole qué es lo que va mal, Luis no se preocupa ni por su pobre rendimiento en el trabajo, ni por la opinión de sus colegas, ni por el peligro de perder su empleo. Obsesionado con pensamientos de suicidio, su preocupación más importante consiste en darle vueltas en su cabeza a los diversos métodos que podría emplear para terminar con su vida. Luis se halla inmerso en un *episodio depresivo mayor*.

Sin embargo, Laura, una estudiante universitaria de último año cuya situación hemos descrito antes, sufre una depresión crónica leve muy común

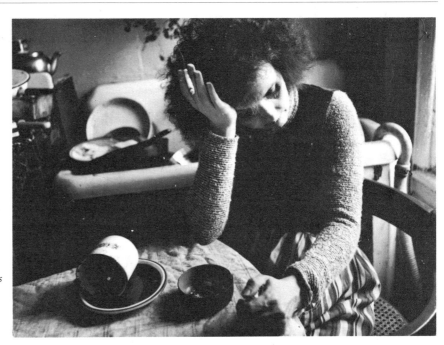

La depresión es el problema de salud mental más corriente en los EE. UU. Hoy en día existen unos 20 millones de americanos necesitados de tratamiento para este estado incapacitante. Por desgracia, sólo uno de cada cuatro buscan ayuda. (© Arthur Tress 1981/Woodfin Camp y Assoc.)

conocida como trastorno distímico, y al que frecuentemente se alude como *personalidad depresiva*.

La depresión es el problema de salud mental más corriente en los EE. UU. en la actualidad, con unos 20 millones de americanos que necesitan tratamiento para este estado incapacitante, aunque sólo el 25 por 100 de ellos buscan ayuda (U. S. Department of Health and Human Services, 1981a). El peligro más grande de la depresión es el suicidio: un 15 por 100 de las personas deprimidas se suicidan, y cuanto más viejos son, más probable es que estén dispuestos a dar este paso. Es difícil saber cuántas personas ancianas están deprimidas, pues los síntomas de depresión en los ancianos a menudo son mal diagnosticados, confundiéndolos con un síndrome orgánico cerebral. Las mujeres tienden a deprimirse dos veces más que los varones, con una tasa que va del 18 al 23 por 100 en las mujeres y del 8 al 11 por 100 en los varones que han tenido al menos un episodio depresivo grave. Un 6 por 100 de mujeres y un 3 por 100 de varones han sido hospitalizados por depresión (*DSM-III*, 1980).

Los episodios depresivos mayores pueden darse a cualquier edad, incluso en la infancia, y los síntomas de depresión son algo diferentes en personas de distintas edades. Los niños deprimidos, por ejemplo, tienen tendencia a experimentar ansiedad ante la separación y ante el hecho de estar demasiado apegados a alguien, no quieren ir a la escuela, y tienen miedo de que los padres mueran. La depresión distímica normalmente tiene lugar en los primeros años de la vida adulta, aunque puede darse en la infancia, en la adolescencia o en la edad adulta tardía, algunas veces a continuación de un episodio depresivo mayor. El comienzo de un episodio depresivo es variable, desarrollándose a veces durante un período de días o semanas, y otras como una reacción repentina a un estrés grave.

¿COMO ES LA DEPRESION? Tanto los síntomas de Laura como los de Luis son típicos de sus diferentes niveles de depresión. No sólo presentan un estado de ánimo triste y desesperado, sino también otros tipos de conducta. Las personas deprimidas experimentan con frecuencia algún tipo de cambio: dormir y comer mucho más o mucho menos de lo corriente, tener de pronto problemas de concentración, sufrir pérdidas de energía o de interés por actividades que previamente les gustaban, perder todo deseo sexual o buscarlo constantemente. De hecho, algunas veces estos síntomas están presentes *sin* la tristeza, pero, a pesar de ello, llevan a un diagnóstico de depresión. En las depresiones mayores con características psicóticas aparecen con frecuencia síntomas adicionales: ideas delirantes de persecución (en las que el paciente se siente pecador, culpable y merecedor de castigo), ideas delirantes de tipo somático (en las que la persona cree que le faltan determinadas partes de su cuerpo o que éstas no le funcionan), alucinaciones auditivas (oyen voces) y pensamiento desordenado y confuso.

Las depresiones difieren en varios aspectos. Como ya hemos hecho notar, pueden ser bipolares o unipolares, y pueden variar en gravedad desde una interferencia muy leve del estado normal hasta un estado psicótico extremo que demanda hospitalización. Pueden ser *reactivas* o *exógenas,* es decir, se dan como respuesta a algún acontecimiento en la vida de una persona que sería preocupante para casi todo el mundo —la muerte de un pariente próximo, la pérdida del empleo o el final de una relación amorosa—. Esta clase de depresión tiene un pronóstico terapéutico mucho mejor que la de *proceso* o *endógena,* que surge sin razón aparente (Nathan y Harris, 1980). No puede calificarse de «depresión», como es lógico, cualquier etapa de infelicidad. Reacciones normales a las tensiones de la vida, como las que acabamos de mencionar, suponen un período de tristeza y pena. Sólo cuando un estado de ánimo semejante persiste durante largo tiempo, interfiriendo el funcionamiento ordinario, se califica de «depresión».

CAUSAS DE LA DEPRESION   Al tratar de localizar la causa de la depresión los investigadores han considerado el cuerpo, la psique, la mente y el ambiente. ¿Qué han descubierto?

Causas genéticas y fisiológicas   Cuando el psiquiatra Larry Pardue, que había sufrido una depresión siendo estudiante universitario y médico en período de formación, empezó a darse cuenta de que un número anormalmente grande de parientes suyos estaban deprimidos, indagó en su árbol genealógico. Tras encontrar 19 parientes próximos con signos depresivos, publicó sus descubrimientos, apoyando la teoría de que la depresión o la tendencia a padecerla puede ser hereditaria (Pardue, 1975; Wingerson, 1982).

Confirman la base hereditaria de la depresión varios estudios de familias. Si gemelos idénticos, que tienen la misma herencia genética, tienen más probabilidades de ser concordantes en un rasgo (esto es, presentarlo ambos) que los gemelos fraternos que no se parecen entre sí más que dos hermanos cualesquiera, parece haber mayor probabilidad de que el rasgo sea, al menos en parte, hereditario. Esto es lo que ocurre con los trastornos afectivos. Los gemelos idénticos tienen una tasa de concordancia del 70 por 100, mientras que el riesgo desciende al 15 por 100 para los fraternos y otros hermanos, padres e hijos, y sólo llega a un 7 por 100 para los nietos, sobrinas y sobrinos (U. S. Department of Health and Human Services, 1981a). Puesto que la tasa de concordancia no es del 100 por 100, el trastorno tiene también un componente ambiental.

Un mayor apoyo a la heredabilidad de los trastornos afectivos proviene de un reciente informe según el cual se han localizado uno o más genes asociados a la depresión en un punto específico del cromosoma 6 (Weitkamp, Stancer, Persad, Flood y Guttormsen, 1981). Están localizados junto a un grupo de genes que controlan el sistema HLA, una parte del sistema inmunológico corporal. Así pues, la depresión puede estar relacionada con el sistema inmunológico de un individuo afectado.

La bioquímica es otra explicación fisiológica de la depresión y atribuye la enfermedad a un mal funcionamiento de los neurotransmisores, sustancias químicas del cerebro que tanto estimulan como inhiben a otras células. Un grupo de neurotransmisores en particular, *serotonina, dopamina y norepine-frina,* conocidos como *aminas biógenas,* se consideran implicadas en el origen tanto de la depresión como de la manía. La escasez de estas aminas enviadas a través del cerebro puede causar depresión, mientras que un exceso puede producir un estado maniaco (Wender y Klein, 1981). Las investigaciones que apoyan esta teoría concuerdan con el descubrimiento de que si se estimulan con corriente eléctrica ciertas partes del cerebro de los animales y de los seres humanos, se puede producir una sensación muy placentera, mientras que extrayendo las aminas biógenas del cerebro se logra disminuir los efectos de este tipo de estimulación.

Otros cambios fisiológicos relacionados con la depresión son un aumento de la tensión muscular y la aceleración de la tasa cardíaca y de la respiración, un desequilibrio de la carga eléctrica del sistema nervioso, fruto de un aumento en la retención de sal, y aumentos en la producción de una hormona, el cortisol (U. S. Department of Health and Human Services, 1981a). Todavía no sabemos qué es lo primero. ¿Producen depresión los cambios bioquímicos?, ¿o es el trastorno el que causa los cambios bioquímicos?

Explicaciones psicoanalíticas

Aunque no existe «una teoría psicoanalítica unificada, global y precisa de la depresión» (Isenberg y Schatzberg, 1978, pág. 149), sí se han ofrecido una serie de explicaciones.

En el enfoque *libidinal,* Freud y sus seguidores explican la depresión como resultado de la baja autoestima producida por el fracaso en las relaciones amorosas adultas, que es a la vez resultado de una fijación oral provocada por problemas en la relación madre-hijo. La teoría *ego-psicológica* de la depresión contempla la depresión como resultado de que una persona advierte que es incapaz de cumplir las aspiraciones que esperaba. Sintiéndose fracasado, se deprime. Según la teoría de las *relaciones objetales* (en la que la palabra «objeto» se usa normalmente con referencia a una persona), la depresión proviene del fracaso del individuo en reconciliar sus buenos y malos sentimientos hacia su madre. La ambivalencia resultante produce culpabilidad y tensión, y puede, más tarde, provocar depresión en el momento de perder algún objeto importante (una persona, un «status» social, la salud física o algún otro atributo). En aparente contraste con este planteamiento, que contempla la depresión como una reacción ante una pérdida, una revisión reciente de la literatura sobre la relación entre la depresión en la edad adulta y la pérdida del padre en la infancia, no demuestra suficientemente la existencia de una relación de causa efecto entre tales sucesos (Crook y Eliot, 1980).

Trastornos en el pensamiento

Tanto la *teoría cognitiva* de Aaron Beck como la *teoría de la indefensión aprendida* de Martin E. P. Seligman se apoyan en la manera como interpretamos las experiencias de la vida.

Beck descubrió que las personas deprimidas tienen un pobre concepto de sí mismas, se autocritican, se sienten desgraciadas, exageran sus problemas y cobijan ideas de suicidio. En su opinión, el depresivo sufre un trastorno básico de pensamiento: exagera los fallos, interpreta mal las afirmaciones sobre su ser para llegar a creer que es malo, ve el lado negativo de las experiencias ordinarias y ve con pesimismo el futuro. ¿Por qué la gente deprimida piensa así? Según Beck, porque sufren una disfunción cognitiva y emocional.

Las personas deprimidas, por ejemplo, tienen problemas para interpretar los refranes porque tienden a pensar de forma concreta más que abstracta. Contemplan la vida como «todo o nada», viendo las cosas o negras o blancas. Interpretan mal las afirmaciones, se centran en detalles irrelevantes, sacan conclusiones globales sobre la base de un solo incidente, y evalúan las experiencias de forma no realista tanto al hacer una montaña de un suceso sin importancia como una bagatela de una cosa importante.

Como las personas deprimidas se aferran a sus pensamientos, se perturban todavía más, desarrollando una sensación de falta de decisión y de esperanza que les hace actuar de manera que empeoran aún más su depresión. Un hombre de negocios deprimido, por ejemplo, deja de ver a sus amigos y colegas pensando «¿Para qué sirve?, estarán mejor sin mí». Al aislarse pierde la oportunidad de recibir estímulos positivos que podrían elevar su nivel de autoestima; al mantenerse apartado de sus negocios contribuye a su decadencia, y así su pensamiento trastornado se ve justificado por la experiencia, creando un círculo vicioso (Beck y Burns, 1978).

Los que se deprimen presentan también otras deficiencias cognitivas, como ha hecho notar Seligman (1975). Cuando son hospitalizados, disminuye su CI y se deteriora su capacidad de memorizar definiciones de palabras nuevas. Esto puede ser debido a la creencia de que no pueden realizar estas tareas. Dado que ellos piensan que no las pueden realizar, ni tan siquiera lo intentan, y entonces sus creencias se convierten en realidad. Lo que constituye otro círculo vicioso.

Esta falta de convicción en la propia eficiencia es el núcleo de la teoría de la indefensión aprendida, de Seligman. Esto se puede ver con claridad en las depresiones reactivas, que normalmente siguen a acontecimientos tales como la muerte de un ser querido, el rechazo del ser querido, una enfermedad o daño físico, o problemas de dinero, las malas calificaciones en los exámenes, el ser despedido del trabajo, el envejecer o el enfrentarse con cualquier problema que parezca irresoluble. Es la aparente irresolubilidad del problema, la convicción de que nada de lo que se haga podrá superar el terrible golpe que ha traído tal sufrimiento, lo conduce a la depresión. Las personas que creen que han desplegado sus mayores esfuerzos —y que éstos no han sido suficientemente eficaces— se deprimen, sintiendo que no hay nada más que hacer.

El éxito también puede causar depresión cuando las personas creen que no forjaron sus propios éxitos, sino que éstos les vinieron dados. ¿Qué es lo que hizo creer, por ejemplo, a Marilyn Monroe que no vale la pena vivir? La depresión de personas como ella podría resultar de la sensación de que se consigue la atención, el amor, la fortuna y otras recompensas no por lo que se es o lo que se hace, sino sólo por su aspecto, una condición con la cual ella «tuvo poco que ver».

Hablaremos de la terapia para la indefensión aprendida en el próximo capítulo. ¿Y la prevención? Parece consistir en aprender, desde temprana edad, a controlar los factores importantes de la propia vida (Seligman, 1975).

Manía
(trastorno bipolar)

Elena es normalmente una corredora de bienes raíces muy reservada. Pero en sus fases maniacas se muestra eufórica, comunicativa y exuberante. Cualquiera que la conozca por primera vez tiende a quedar fascinado por esta mujer llamativa, cuya vivacidad la convierte en el «alma de la fiesta». Sólo quien la conoce bien se da cuenta de lo exagerado de su estado de ánimo en estos momentos. Cuando Elena se halla en pleno episodio maniaco, quiere realizarlo todo a la vez, haciendo amplios planes para tomar parte en toda clase de actividades: sexuales, de entretenimiento, políticas o religiosas (y a veces todas juntas). Se vuelve muy sociable y no tiene reparos en tomar el teléfono para llamar a viejos amigos a media noche. Como parece que prácticamente no necesita dormir, no se le ocurre que sus amigos sí lo necesitan. Al fallar su capacidad de juicio, gasta su dinero imprudentemente, corre riesgos con el coche y en las pistas de esquí, y coquetea escandalosamente con los maridos de sus amigas, con los que acaba a menudo en la cama. Estos se sienten especialmente atraídos por esta mujer en tales momentos porque se vuelve exageradamente llamativa, se convierte en una compañera vivaz, llena de ocurrencias e historias divertidas, así como de consejos sobre una amplia gama de temas de los que no conoce nada.

Episodios maniacos como éste son comunes por igual en ambos sexos, aunque son mucho más raros que los episodios de depresión. Afectan a poco más del 1 por 100 de la población (*DSM-III*, 1980). Difieren de los episodios depresivos también en otros aspectos, sobre todo en la forma como se inician. Los episodios maniacos tienden a aparecer en una persona de repente, agravándose con rapidez, y duran desde unos pocos días a unos cuantos meses. Normalmente, se presentan antes de los 30 años de edad, y la mayoría de las personas que lo sufren experimentarán finalmente un episodio depresivo mayor.

Se han realizado menos investigaciones sobre las causas del aspecto maniaco de los trastornos afectivos que sobre el aspecto depresivo. Sin embargo, de lo investigado parece desprenderse la existencia de alguna alteración de la química cerebral. Un buen argumento en favor de este punto de vista es la efectividad del litio en su tratamiento, lo que discutiremos en el próximo capítulo.

TRASTORNOS DE LA PERSONALIDAD

En el capítulo 14 hablamos de la consistencia a través del tiempo de nuestra forma característica de ser, pensar y de relacionarnos con las personas y las experiencias de nuestra vida, lo cual conocemos como personalidad. Cuando estos rasgos no contribuyen al funcionamiento eficaz de la persona, y cuando son tan rígidos que aunque sean inadaptativos siguen gobernando la vida del individuo e interfiriendo su actividad social u ocupacional, decimos que esa persona sufre un trastorno de personalidad

Los trastornos de la personalidad abarcan una amplia gama de conductas. Están definidos de manera más vaga que otras alteraciones tratadas en este capítulo, pero aun así presentan perfiles característicos. Para un resumen de los trastornos de la personalidad descritos en el *DSM-III*, véase la tabla 15-2. Como hay tantas alteraciones de personalidad diferentes, sólo describiremos con detalle una de cada una de las tres categorías.

Aunque estos trastornos varían considerablemente, comparten ciertos rasgos. La mayoría, por ejemplo, se presentan a una edad muy temprana y van arraigando más profundamente con los años. En la mayoría de ellos el individuo afectado no ve nada malo en su modo de actuar. Cree que es el

TABLA 15-2   Trastornos de la personalidad*

Bloque 1: Conducta extraña o excéntrica	Bloque 2: Conducta emotiva, dramática o irregular	Bloque 3: Conducta ansiosa o temerosa
Paranoide: suspicacia, desconfianza, hipersensibilidad, expresión restringida de la emoción, grandiosidad.	*Antisocial:* comportamiento crónico que viola los derechos de los demás, comienza antes de los 15 años; fracaso persistente al realizar un trabajo.	*Pasivo-agresiva:* resistencia indirecta a las demandas para ejecutar trabajo, o en la vida social, a través de maniobras, tales como holgazanear, ineficacia u olvido.
Esquizoide: incapacidad para establecer relaciones sociales, frialdad, separación, falta de humor, indiferencia al halago o a la crítica, no ser capaz de demostrar las emociones adecuadas, falta de humor.	*Narcisista:* grandiosas fantasías de éxito sin límites, implora atención constante, se siente iracundo, avergonzado o arrogantemente indiferente ante la crítica o el fracaso, en espera de favores especiales, desprecio de los derechos de los demás, falta de empatía.	*Por evitación:* hipersensibilidad ante el rechazo o la desaprobación, evitando relaciones íntimas y prolongadas.
Esquizotípica: alteraciones de pensamiento, del lenguaje y de la percepción, conductas no suficientemente graves para ser diagnosticadas de esquizofrenia	*Histriónica:* conducta excesivamente dramática, exceso de reacción ante sucesos menores, rabietas, relaciones trastornadas debido a la auto-indulgencia y desconsideración, vanidad, demandas no razonables, dependencia, necesidad de seguridad, o manipulación. *Límite:* inestabilidad en varias áreas, incluyendo el estado de ánimo, la propia imagen o las relaciones sin ningún síntoma invariablemente presente; a menudo asociada con otros trastornos de personalidad.	*Dependiente:* falta de confianza en sí mismo que lleva a abandonar la responsabilidad sobre la propia vida al dejar que los otros tomen decisiones importantes sobre ella. La persona dependiente subordina sus necesidades y deseos para evitar poner en peligro las relaciones de las que depende. *Compulsivo:* perfeccionismo, insistencia en que los otros hagan las cosas a su manera, apego al trabajo, capacidad restringida de expresar cordialidad y ternura.

*Adaptado del *DSM-III*, APA, 1980.

resto del mundo el que no lleva el paso, que su propia conducta es perfectamente natural. Es fácil perpetuar esta ilusión, pues la conducta de alguien que tiene un trastorno de personalidad no interfiere en la vida diaria en el mismo grado que las manifestaciones de otras perturbaciones. Cuando lo hace, el individuo normalmente no reconoce el grado en el que él mismo está creándose sus propias dificultades.

Personalidad paranoide

Eduardo, que está afectado por este trastorno, mira a los demás a través de un velo de sospecha. En lugar de aceptar la responsabilidad de sus propios actos y sus propios errores, encuentra más fácil explicar la pérdida del empleo por el sabotaje de sus colaboradores, quienes «querían hacerme parecer malo ante mi jefe» o la pérdida de su esposa por la perfidia de su mejor amiga, que «le dijo las peores cosas sobre mí para que ella perdiera la confianza que me tenía». Es inútil demostrarle a Eduardo que sus sospechas son falsas, no tiene intención de abandonar su punto de vista.

La mayoría de las personas que padecen este trastorno tienden a guardar sus pensamientos para sí mismos, en parte porque no confían lo suficiente en otras personas como para hacerles confidencias. Por esta razón la percepción de su propio deterioro tiende a ser mínima. De hecho, algunas personas parecen elevarse a grandes alturas sobre la fuerza de su paranoia. Nuestros libros de historia parecen estar llenos de individuos que confirman la observación del *DSM-III* (pág. 308) de la APA, que «debido a la tendencia de algunas personalidades paranoides a ser moralistas, grandiosos y muy susceptibles a la crítica y al castigo, parece razonable que individuos con este trastorno estén ampliamente representados entre los líderes de religiones místicas o esotéricas y en grupos seudocientíficos y seudopolíticos».

Personalidad antisocial

Nuestras prisiones están repletas de ellos, y nuestros hospitales y depósitos de cadáveres están llenos de sus víctimas. Frustran a los jueces que ejecutan las leyes, a los asistentes sociales, a los clérigos, a sus propios padres, generalmente desde una edad muy temprana. Estas personas parecen inalcanzables por la mayoría de medios. Realizan actos que van desde la desobediencia insignificante hasta la más innombrable brutalidad, y luego parecen no sentir ningún remordimiento. Siendo niños no responden a los premios y castigos corrientes que motivan a otros chicos. Como adultos se resisten a la mayoría de las estructuras sociales.

Charles Manson, líder religioso condenado por la muerte brutal de siete californianos, entre ellos la actriz Sharon Tate, presentó ejemplos típicos de conducta antisocial desde una edad muy temprana. Mentía, robaba y repetidamente se ausentaba de la escuela. De joven se involucró en pequeños robos, por lo que pasó por una serie de dieciocho escuelas del estado, reformatorios y otras instituciones juveniles. Se especializó en robo de automóviles, explotación de jóvenes «hippis» ingenuos y asesinato. A causa de su personalidad carismática estaba entre esas personalidades antisociales que se las arreglan para atraer a muchos seguidores (algunos de éstos también aparecen en nuestros libros de historia).

El líder religioso Charles Manson es un ejemplo extremo de persona con un trastorno de personalidad antisocial; manifestó la conducta antisocial a lo largo de toda su vida, comenzando en la infancia y culminando, a la edad de 34 años, planeando la ejecución de un masivo asesinato, extraordinariamente brutal. (Wide World Photos.)

Charles Manson es un ejemplo típico de este tipo de personalidad también en otros aspectos. Hijo de una prostituta adolescente, nunca conoció a su padre y fue abandonado por su padre adoptivo cuando todavía era un bebé. A la edad de cinco años perdió a su madre, a la que encarcelaron por robo. Esta pauta —haber crecido sin padres, cambios continuos de hogar (como le ocurrió a Manson cuando le enviaron a vivir con una tía y un tío, y de nuevo cuando le enviaron de una institución juvenil a otra) y pobreza— es común en estos casos.

Cerca de un 3 por 100 de los hombres norteamericanos y menos del 1 por 100 de las mujeres norteamericanas padecen un trastorno de personalidad antisocial, condición que parece venir del entorno familiar claramente influenciado tanto por factores genéticos como ambientales.

Trastorno pasivo-agresivo de la personalidad

Las personas con este tipo de trastorno es menos probable que salgan en los periódicos o en los libros de historia, pero a todos nos resultan familiares. El compañero de habitación que continuamente se compromete a lavar los platos, hacer la cama, mantener su parte de la habitación por encima de los mínimos niveles de higiene y orden, pero que nunca llega a hacerlo. La persona que hace tan mal su trabajo de rastrillar hojas, de fregar el suelo o cualquier otra actividad, que decidimos rápidamente que será mejor que lo hagamos nosotros mismos. El colaborador que se olvida de entregar un memorándum importante, impidiendo así que progrese el proyecto favorito de un colega, y que hace quedar mal a éste en el asunto.

Son personas que pueden estar hirviendo de ira por dentro, pero que son incapaces de exteriorizarlo directamente. Por eso lo expresan de distintas maneras. La agresión expresada pasivamente tiende a hacer más daño a una relación que las expresiones de enfado dichas con vehemencia. Aun así, a menudo recurren a este tipo de velada hostilidad porque han aprendido en el pasado que la conducta asertiva probablemente será castigada.

TRASTORNOS ESQUIZOFRENICOS

Unas páginas más atrás hemos conocido a Sylvia Frumkin, cuya vida ha sido explicada sensible y exhaustivamente en un libro reciente (Sheehan, 1982). En muchos aspectos Sylvia resulta un ejemplo típico de los trastornos esquizofrénicos, la más grave e incapacitante de todas las perturbaciones psicológicas. Sus extraños y destructivos síntomas, el temprano comienzo del trastorno, la dificultad que ha tenido de recibir un tratamiento efectivo y el impacto devastador que tal estado tiene tanto en la propia vida como en la de la familia, son típicos de esta alteración. De todos modos un paciente como Sylvia no es necesariamente típico, pues no siempre están presentes en este transtorno todos los síntomas, y de hecho el síndrome esquizofrénico engloba un grupo de enfermedades diferentes.

Cuando consideramos los síntomas de Sylvia a la luz del *DSM-III*, nos sorprende cómo corresponden en gran medida a la definición de la APA. En primer lugar, la esquizofrenia se considera claramente una *psicosis*, alteración psicológica caracterizada por la pérdida de contacto con la realidad. Un psicótico sufre delirios, alucinaciones y otros trastornos de pensamiento que le sitúan tan fuera de la realidad que le es extremadamente difícil desenvolverse con normalidad. ¿Cómo muestran los esquizofrénicos esta ruptura con la realidad?

Síntomas de la esquizofrenia

Los esquizofrénicos presentan *perturbaciones en el contenido de sus pensamientos:* pueden creer que se les persigue, creer que otras personas oyen sus pensamientos, estar convencidos de que les han extraído de la cabeza sus pensamientos, o manifestar otros extraños procesos mentales. Muestran una *pérdida de la capacidad asociativa:* pasan de un tema a otro que no tiene relación con él, sin advertir la naturaleza disociada de sus pensamientos. Su *discurso es frecuentemente vago*, y cuando no encuentran la palabra adecuada a veces la inventan. Experimentan *alucinaciones* en las que oyen voces, ven apariciones o tienen sensaciones (tales como serpientes trepando dentro del cuerpo). Sus *respuestas emocionales* no son normales: *abatidas* (muestran un nivel emocional muy bajo), *planas* (prácticamente no muestran ninguna emoción) o *inadecuadas* (ríen cuando se habla de una experiencia triste o aterradora). Otras características de la esquizofrenia son el sentido trastornado del propio yo, un alejamiento del mundo real hacia un universo dominado por la fantasía, la incapacidad de dirigirse hacia un objetivo y anormalidades en la postura y en toda la conducta motora (rigidez, saltos, muecas). Aunque no todos los síntomas están presentes siempre, algunos de estos tres —delirios, alucinaciones o trastornos de pensamiento— aparecen siempre en alguna fase de la enfermedad (*DSM-III*, 1980).

Curso de la enfermedad

Los trastornos esquizofrénicos normalmente empiezan durante la adolescencia o en los comienzos de la edad adulta. También en esto Sylvia Frumkin es un ejemplo típico, ya que pasó de ser una niña brillante y de gran éxito a ser una mujer incapaz de realizar ninguna actividad ni siquiera de forma marginal.

Esta enfermedad pasa generalmente por una fase preliminar, llamada *prodrómica,* que señala un deterioro en el funcionamiento antes de que la enfermedad entre en su fase activa. Durante la fase *activa* aparecen los síntomas psicóticos. Sigue luego una fase *residual* durante la cual algunos de los síntomas psicóticos persisten mientras que otros remiten y desaparecen, al menos por el momento. Los síntomas han de permanecer al menos seis semanas para poder asegurar un diagnóstico del trastorno esquizofrénico.

El curso de la esquizofrenia puede ser agudo o crónico. La aparición *aguda,* o repentina, de los síntomas de la esquizofrenia normalmente se produce como reacción a una situación específica y es más probable que aparezcan en épocas relativamente tardías en personas que previamente mantenían una conducta adecuada. La *esquizofrenia crónica* aparece pronto, como dijimos, en la adolescencia o en la edad adulta temprana, saliendo a la superficie en individuos que de alguna manera ya eran «diferentes» en la infancia.

Cuando una persona diagnosticada como esquizofrénica no muestra ya ningún síntoma de la enfermedad, se considera que está «en remisión». Lo más corriente es que los esquizofrénicos tengan ataques cada vez más graves, y que su conducta esté cada vez más deteriorada entre episodio y episodio. Los que parecen tener mejor oportunidad para un buen pronóstico son las personas que parecían muy sanas antes de que mostraran ningún síntoma esquizofrénico, aquellas cuyas enfermedades parecen haber sido precipitadas por acontecimientos estresantes, aquellas cuyas enfermedades aparecieron repentinamente y en la mediana edad, en contraposición a los que les apareció en la adolescencia o en la edad adulta temprana, y aquellos cuyos parientes han sufrido de trastornos depresivos o maniacos. En otras palabras, los que presentan la forma aguda tienen una oportunidad mayor de recuperarse que los que padecen la forma crónica de la enfermedad.

Varones y mujeres tienen igual probabilidad de ser esquizofrénicos; por eso el sexo no se considera un factor. Sin embargo, el «status» socioeconómico sí lo es, pues es más común entre los pobres que entre las clases medias y altas: un 6 por 100 de los que viven en barrios humildes tienen la probabilidad de ser diagnosticados como esquizofrénicos al menos una vez, frente al 1 o 2 por 100 de la población general (U. S. Department of Health and Human Services, 1918b).

Causas de los trastornos esquizofrénicos: Perspectivas actuales

Aunque hay muchas teorías sobre la esquizofrenia, la mayor parte de la investigación disponible parece apuntar a la combinación de una predisposición bioquímica para la esquizofrenia, que se dispara luego por situaciones de estrés ambiental. Analicemos este punto de vista.

EXPLICACIONES FISIOLOGICAS «Monstruos de la marcha», o personas que toman sobredosis de estimulantes, a menudo desarrollan un trastorno conocido como psicosis inducida por anfetaminas. Este estado es tan parecido a la esquizofrenia paranoide que sólo puede diagnosticarse con certeza después de hacer un análisis de orina para diferenciar los dos tipos de trastornos (Wender y Klein, 1981). Este es precisamente uno de los muchos aspectos ya evidenciados por los científicos para dibujar un cuadro de la esquizofrenia como un trastorno que comporta una alteración química en el cerebro.

Los «scanners PETT» se utilizan para observar la actividad química del cerebro. En una exploración PETT se le inyecta al paciente una sustancia radiactiva y después de observar su cerebro por el «scanner» cuando pasa este material a su través. El «scanner» PETT de la primera fotografía es de un individuo normal, el de la segunda, de una persona diagnosticada de esquizofrenia. (© Dan McCoy 1983/Black Star.)

La *dopamina* puede ser el factor crítico. La dopamina es un neurotransmisor del cerebro. Las anfetaminas, tal como acabamos de señalar, pueden provocar o empeorar las psicosis esquizofrénicas al liberar la dopamina en las sinapsis cerebrales. Los fármacos neurolépticos (como la toracina y la cloropromacina), que reducen la agitación y por ello son ampliamente utilizados en el tratamiento de la esquizofrenia, funcionan bloqueando los receptores sinápticos e impidiendo la transmisión de la dopamina. Así pues, conociendo cómo actúan estos fármacos, podemos llegar a la conclusión de que un exceso de dopamina en el cerebro puede producir síntomas esquizofrénicos. Sin embargo, todavía no podemos llegar a una conclusión definitiva, porque, aunque un número impresionante de investigaciones señala a la dopamina como factor causante, los investigadores no han podido encontrar ninguna modificación consistente en los metabolitos o enzimas relacionados con el grupo de neurotransmisores que incluyen la dopamina. Es posible, pues, que la dopamina desempeñe un papel secundario, más que principal, en la etiología de la esquizofrenia (Nathan y Harris, 1980). Por otra parte, estudios recientes (Iversen, 1979) han revelado otra vinculación con la dopamina: la existencia de casi el doble del número normal de receptores de dopamina en el cerebro de los esquizofrénicos. Esto puede indicar que los esquizofrénicos tienen un efecto doble con un mismo nivel de dopamina.

La investigación ha establecido otras diferencias fisiológicas entre esquizofrénicos y personas normales. Usando el «scanner» TAC (descrito en el capítulo 2), los investigadores han descubierto que más o menos uno de cada cinco esquizofrénicos tiene amplios ventrículos (cavidades pequeñas y en forma de bolsa) dentro del cerebro (Wender y Klein, 1981). Los ventrículos amplios son un signo típico de enfermedad neurológica. Es más, aquellos cuyos «scanners» TAC muestran cambios en el cerebro, parecen estar afectados más severamente que otros con ese trastorno. No responden tan bien al tratamiento y es menos probable que se recuperen de la enfermedad. Es posible que exista una lesión permanente en el cerebro, lo que explicaría la imposibilidad de curar algunos casos de esquizofrenia. De otro lado, muchos esquizofrénicos no presentan tan grandes ventrículos y muchas personas normales los tienen tan grandes o más que los que padecen este trastorno. Queda clara, pues, la necesidad de más investigaciones en este área.

Otra técnica reciente ha descubierto diferencias fisiológicas en la actividad cerebral de las personas con esquizofrenia y los trastornos maniacodepresivos. A través del «scanner» PETT (descrio en el capítulo 2), los científicos pueden actualmente observar la actividad química del cerebro. Usando esta técnica, se han descubierto diferencias en el metabolismo de la glucosa (que proporciona más del 80 por 100 de la energía del cerebro) en los pacientes psicóticos. Los que sufren de esquizofrenia muestran un nivel de metabolismo de la glucosa más bajo en la corteza frontal, y junto a los maniacodepresivos muestran un nivel de actividad más alto en la región temporal derecha durante las fases maniacas. El «scanner» PETT puede ayudar a diagnosticar a un paciente aunque los síntomas no sean absolutamente claros, así como ofrecer una clave para descubrir el origen de estas psicosis.

Es más, hay otras diferencias físicas no explicadas, tales como el «aspecto peculiar de los capilares, descubierto en cerebros de esquizofrénicos, especialmente en casos crónicos (Nicol y Heston, 1979). El hecho de que también se encuentre la peculiaridad capilar en personas con retraso mental, en ancianos con demencia senil y en epilépticos, señala otro posible campo de estudio. Casi todas las líneas de investigación han descubierto diferencias entre personas normales y al menos algunos esquizofrénicos (Herbert, 1982). Como algunas de estas diferencias —como tasas más altas de tuberculosis— se explicaron más tarde como consecuencias de la enfermedad más que como su causa (como el descuido corporal y de aspecto, por ejemplo), debemos ser muy cautelosos al interpretar el significado de cualquier diferencia.

Una pregunta que los investigadores deben plantearse constantemente es la diferencia entre correlación y causalidad. Supongamos que se descubre una alteración enzimática o diferencias en los niveles de enzimas entre gente esquizofrénica y gente normal. ¿Es posible que la conducta esquizofrénica cambiara de alguna manera el equilibrio químico y no que hubiera sido causada por él? Aunque no parezca probable, no deja de ser posible y, por tanto, ha de tenerse en cuenta.

TRANSMISION GENETICA ¿Pueden los padres transmitir la esquizofrenia a sus hijos? ¿Hay un gen esquizofrénico que viaja a través de generaciones como un rasgo hereditario más? Existen pruebas suficientes que señalan la probabilidad de una predisposición genética para los trastornos esquizofrénicos. ¿De dónde proviene esta evidencia? Principalmente de estudios con niños adoptados, con gemelos y con familias (Smith y Forrest, 1975). Consideremos cada una de estas líneas de investigación.

Estudios de adopción ¿Qué les ocurre a los niños nacidos de mujeres esquizofrénicas y que son apartados de éstas a edad muy temprana y adoptados por familias que no tienen miembros esquizofrénicos? Niños así tienen más probabilidades de desarrollar una esquizofrenia que los niños de madres no esquizofrénicas adoptados (Heston, 1966). Otro estudio descubrió resultados similares, pero sólo en el caso de hijos de madres con esquizofrenia *crónica*, y no así cuando éstas padecían esquizofrenia *aguda*. Estos mismos investigadores localizaron un reducido número de niños de madres biológicamente normales que fueron adoptados por familias en las que el padre adoptivo se había vuelto esquizofrénico, y descubrieron que la tasa de esquizofrenia de estos adoptados no era más alta de lo que se espera en una población normal. Así pues, todos estos estudios señalan hacia un factor hereditario.

El genetista Irving I Gottesman (1979, pág. 57) ha dicho, «si usted se dedica a apostar, la existencia de un gemelo esquizofrénico es todavía el mejor predictor de futura esquizofrenia».

Estudios con gemelos Una serie de estudios han descubierto que el índice de concordancia entre gemelos monocigóticos es *mayor* que entre gemelos dicigóticos, aunque incluso entre los primeros la tasa de concordancia no es del 100 por 100. Incluso en los raros casos en los que los gemelos monocigóticos se han criado separados, existe la misma probabilidad de que sean concordantes en el trastorno esquizofrénico que los educados juntos (Gottesman y Shields, 1972).

Estudios de riesgo Otra manera de investigar la herencia de un rasgo es considerar el árbol genealógico de la familia y preguntar: «¿Cuáles son los niveles de riesgo de que los parientes de este enfermo desarrollen el trastorno en comparación con la población en conjunto?» Cuando se han realizado tales estudios de consanguinidad (relación de sangre), los investigadores han descubierto que los parientes de las personas con alteraciones esquizofrénicas tienen mayor probabilidad de desarrollar el trastorno que las personas que no tienen ese parentesco, y cuanto más cercana sea la relación sanguínea, más alto es el riesgo (Erlenmeyer-Kimling, Cornblatt y Fleiss, 1979). En la población general, por ejemplo, el riesgo de desarrollar esquizofrenia es de un 1 por 100; el riesgo para una persona con uno de los padres esquizofrénico es del 11 al 12 por 100, y para una persona con ambos padres esquizofrénicos se halla en el 40 por 100 (Erlenmeyer-Kimling, Cornblatt y Fleiss, 1979).

¿En qué medida son hereditarios los trastornos esquizofrénicos?   En ninguna de estas líneas de investigación —los estudios de adopción, los estudios de gemelos y los de consanguinidad— el índice de riesgo es del 100 por 100. No todos los hijos de padres esquizofrénicos desarrollan la esquizofrenia, ni tampoco todos los gemelos monocigóticos de personas afectadas padecen la enfermedad. Es esta correlación imperfecta lo que conduce a asumir que puede que no se manifieste nunca a no ser que suceda algo que la haga surgir.

La predisposición puede mostrarse de otras maneras. Por ejemplo, los parientes de pacientes esquizofrénicos a veces muestran excentricidades que podrían considerarse «formas mudas» de síntomas esquizofrénicos —timidez, insociabilidad, frialdad, sensibilidad, fanatismo o militancia— que a menudo llevan a que se les diagnostique como neuróticos (Wender y Klein, 1981). Es posible que un «rasgo esquizoide» pueda realmente ser deseable en algunos contextos (Claridge, 1972). Este rasgo, cuando lo lleva una persona muy inteligente que ha crecido en un ambiente seguro y gratificante, puede llevar a una creatividad inusual. Este rasgo puede conducirle a usar el lenguaje de formas poco corrientes, a inventar palabras, a unirlas en expresiones nuevas y a establecer conexiones novedosas y creativas entre las ideas. En circunstancias menos favorables el rasgo puede conducir a alguien a la locura de la esquizofrenia.

Todavía no sabemos de qué forma la tendencia heredada hacia la esquizofrenia interactúa con el ambiente para producir la enfermedad. Gottesman (1979) sugiere que la herencia explica un 80 por 100 de la esquizofrenia, pero que el 20 por 100 del factor ambiental es importante «a la hora de determinar si una persona que tiene un alto riesgo por razones genéticas se va a derrumbar» (pág. 69). Por ejemplo, una persona con una predisposición muy leve hacia la esquizofrenia puede desenvolverse normalmente hasta muy avanzada su vida, cuando experiencias graves de estrés —como, por ejemplo, la combinación de la muerte de un cónyuge y el comienzo de su sordera, ambas productoras de aislamiento social— pueden disparar una reacción esquizofrénica aguda.

Más aún, lo que una persona experimenta como acontecimientos muy estresantes, otra puede tomarlo con calma, y no reaccionar excesivamente a ellos, y, en consecuencia, no experimentar efectos perniciosos. Esto puede explicar por qué dos personas con la misma predisposición genética (como los gemelos idénticos) puede que no reaccionen de manera idéntica a lo que parecen ser los mismos factores ambientales.

TEORIAS AMBIENTALISTAS   En contraste con las explicaciones fisiológicas, genéticas y psicoanalíticas, que buscan las respuestas en el *interior* del propio individuo afectado por la esquizofrenia, un planteamiento completamente diferente radica en observar el mundo en el que vive el individuo. Theodore Lidz, por ejemplo, considera la «patología familiar», en familias

Un muchacho joven que se había recuperado muy bien de un episodio esquizofrénico agudo fue visitado por su madre en el hospital. Estaba contento de verla e impulsivamente puso su brazo alrededor de sus hombros y ella en seguida se puso rígida. El retiró el brazo y la madre preguntó: «¿Ya no me quieres?» El se sonrojó por lo que ella dijo: «Querido, no debes turbarte tan fácilmente y tener miedo de tus sentimientos.» El paciente sólo fue capaz de estar con ella unos cuantos minutos más, después de su partida atacó a un ayudante y tuvieron que ponerle en una bañera. (Bateson, Jackson, Haley y Weakland, 1956.)

que tienen un acusado nivel de desorganización y que están enfermas por conflictos entre los padres o a causa de la enfermedad mental de uno de los padres o de ambos.

El antropólogo Gregory Bateson hace hincapié en lo que él ha llamado madre «esquizofrenógena» (causante de esquizofrenia), que vuelve loco a su hijo al decirle una cosa verbalmente, pero enviándole mensajes contradictorios con el lenguaje del cuerpo, expresiones faciales o acciones. Llamó a estos mensajes mixtos de «doble lazo», porque sea cual sea la reacción del receptor, siempre será «culpado» por una madre así.

El psiquiatra británico R. D. Laing ha hecho de la esquizofrenia un asunto político al mantener el punto de vista de que la conducta esquizofrénica es la manera más cuerda de vivir en un ambiente loco (1964; 1967). «Lo que llamamos "normal" —dice Laing— es un producto de la represión, negación, separación, proyección, introyección y otras formas de acción destructiva sobre la experiencia» (1967, pág. 27). Para él, la persona esquizofrénica es la que *sabe* que tiene que explorar su yo íntimo para superar el yo que le permite vivir en un mundo imposible.

El problema con todas estas teorías es que no explican suficientemente bien por qué personas que crecen en familias caóticas y en un mundo «patas arriba» no se vuelven esquizofrénicas, sino que, al contrario, son capaces de llevar vidas satisfactorias, plenas y normales. Ni por qué algunas personas que crecen en hogares en apariencia cariñosos y ordenados desarrollan después ese trastorno. Además, volvemos al anteriormente citado problema de la diferencia entre causalidad y correlación. Es muy posible que los padres se perturben y que los hogares se desorganicen por la presencia de un miembro de la familia esquizofrénico —en otras palabras, que la causalidad va en otra dirección—. ¿Qué les ocurre, por ejemplo, a los padres al no saber nunca cuándo van a ser llamados por la policía para que recojan a un chico o a un adolescente que se está desnudando en público? ¿Cómo se sienten los padres cuando sus intentos de ser afectuosos son rechazados continuamente por un niño? ¿Cómo reaccionan cuando sus propios hijos les atacan violentamente?

¿Hasta qué punto es importante el estrés como causa? Relativamente poco, según una revisión de la literatura sobre la relación entre acontecimientos estresantes y esquizofrenia (Rabkin, 1980). Las personas que padecen este trastorno no presentan más acontecimientos de estrés en su vida —al menos de forma significativa, durante el año o los dos años anteriores a ponerse enfermos— que otros pacientes psiquiátricos, aunque parecen experimentar más estrés que la gente normal antes de la enfermedad, si bien esta evidencia tampoco es concluyente. Existe, sin embargo, una relación entre el número de acontecimientos estresantes y la probabilidad de recaída. En general, pues, tales sucesos estresantes «parecen ser la gota que colma el vaso» (pág. 421). Los acontecimientos que producen estrés no *causan* esquizofrenia, pero pueden provocar un ataque, no influyendo en su causa, pero sí en el momento en que se producen.

Es un tópico científico que cuantas más teorías se tienen sobre algo menos sabemos de ello. Esto es verdad en la esquizofrenia. Quizás uno de los problemas radica en tratar de descubrir una causa única para todo tipo de esquizofrenia. Quizás debamos buscar muchas causas diferentes. Con este punto de vista tal vez podamos encontrar respuestas parciales aquí y allá, y eventualmente podremos encajarlas todas juntas para formar un dibujo completo. Hasta conseguirlo, la investigación ha de continuar.

Obviamente, las teorías sobre las causas de los trastornos psicológicos influyen en la manera como estos trastornos se tratarán, como veremos en el próximo capítulo al exponer los diversos tipos de terapia utilizados en la actualidad.

RESUMEN

1 La *psicología anormal* consiste en el estudio de los trastornos emocionales y de la conducta anormal. Es difícil proponer una definición que abarque toda la anormalidad.

2 En nuestra sociedad se considera a una persona psicológicamente sana cuando percibe la realidad con exactitud, se comporta de manera similar a la mayoría de las personas, realiza un trabajo productivo, se desenvuelve bien en las tareas de la vida diaria y su estado de ánimo se relaciona adecuadamente con la situación. Por descontado que no todas las personas que se desvían de este perfil están seriamente trastornadas.

3 Unos 55 millones de norteamericanos sufren algún tipo de perturbación psicológica. Unos 7 millones reciben tratamiento por un trastorno psicológico, aunque se estima en 34 millones los que lo necesitan.

4 La pobreza, la discriminación racial y sexual y el estrés son factores sociales que contribuyen a las alteraciones mentales.

5 El diagnóstico de los trastornos mentales es difícil y polémico. La tercera edición del *Manual diagnóstico y estadístico de los trastornos mentales (DSM-III)* es un documento controvertido cuyo objetivo es facilitar la exactitud del diagnóstico.

6 A lo largo de la historia se han ofrecido diferentes explicaciones sobre la causa de la anormalidad y, por lo tanto, de su tratamiento. Durante la Edad Media los trastornos mentales se consideraban un resultado del pecado y de la posesión diabólica, y las víctimas eran tratadas de brujas. Esta posición se denomina *modelo moral.*

7 El *modelo médico* considera el trastorno mental como resultado de una enfermedad.

8 El *modelo psicoanalítico* sostiene que la conducta anormal es resultado de un conflicto entre el id (ello) y el super-ego (super yo).

9 El *modelo comportamental* mantiene que las formas anormales de pensar y actuar se aprenden, sobre todo a través de mecanismos de condicionamiento y modelado.

10 Según el *modelo de consecuencia social,* muchos trastornos que el modelo médico consideraría enfermedades es más adecuado considerarlos problemas de la vida que surgen de las dificultades de la relación en sociedad.

11 El *modelo humanista* contempla la conducta anormal como resultado del fracaso al conseguir la autoactualización. Ninguno de los modelos presentados aquí puede explicar todos los tipos de trastornos mentales.

12 El *DSM-III* ha eliminado el término *neurosis.* Los trastornos que solían llamarse «neurosis» se clasifican ahora como *trastornos por ansiedad,* ciertos *trastornos afectivos, trastornos somatoformes y trastornos disociativos.* Las personas que sufren estos trastornos tienen dificultades para afrontar determinados aspectos de sus vidas, pero generalmente no necesitan hospitalización.

13 La *ansiedad* es un estado de aprensión, de temerosa incertidumbre y de terror causado por alguna amenaza anticipada real o imaginada. Los trastornos por ansiedad incluyen los *trastornos fóbicos, trastornos obsesivo-compulsivos, trastornos de estrés postraumático, trastornos de angustia y trastornos de ansiedad generalizada.* Estos trastornos afectan de un 2 a un 4 por 100 de la población.

14 Una *fobia* es un miedo persistente, intenso e irreal a un objeto o una situación, tal como una serpiente o los espacios abiertos. Las *obsesiones* son ideas, pensamientos, imágenes o impulsos persistentes, no deseados y que no pueden ser eliminados de manera lógica. *Compulsiones* son vivos deseos de repetir ciertos actos no deseados. Las obsesiones y las compulsiones frecuentemente se dan juntas. El *trastorno de estrés postraumático* puede darse después de experimentar un suceso traumático, como un combate militar. Está caracterizado por volver a experimentar el suceso y responder en exceso a los estímulos que lo evocan. Las *crisis de angustia* son ataques de terror que incluyen síntomas físicos como vértigos, dificultades respiratorias y sudoración. En los *trastornos de ansiedad generalizada* las personas sufren ansiedad sin ser capaces de adscribir su incomodidad a ninguna situación o suceso.

15 Los *trastornos somatoformes* se caracterizan por la presencia de síntomas físicos a los que no se les puede encontrar base orgánica. Se cree que surgen de factores psicológicos. El *trastorno de conversión* es un ejemplo de trastorno somatoforme.

16 Los *trastornos disociativos* implican una alteración transitoria repentina, tanto de la conciencia y la identidad como de la actividad motora. Se incluyen aquí la *personalidad múltiple,* la *amnesia psicógena,* la *fuga psicógena* y el *trastorno de despersonalización.*

17 Se han ofrecido explicaciones *psicoanalíticas, del aprendizaje* y *médicas* para las neurosis. De acuerdo con el planteamiento psicoanalítico, estos estados son

el resultado de un conflicto id-super ego. Los teóricos del aprendizaje sostienen que son el resultado de un aprendizaje inadecuado. El planteamiento médico contempla explicaciones bioquímicas.

18 Los *trastornos afectivos* son trastornos del estado de ánimo. Toman una serie de formas variadas y diferentes niveles de gravedad. La *depresión* es el problema de salud mental más corriente en los EE. UU., con unos 20 millones de individuos necesitados de tratamiento. Las personas deprimidas se sienten tristes, tienen dificultades para comer, dormir y concentrarse. En la depresión con rasgos psicóticos pueden experimentar también ideas delirantes, alucinaciones y confusión del pensamiento. Las explicaciones de la depresión han contemplado causas genéticas y fisiológicas, interpretaciones psicoanalíticas y trastornos en el pensamiento. Durante un *episodio maniaco* las personas muestran una conducta extremadamente alegre. *Trastorno bipolar* es un calificativo que se da a un estado que consta de uno o más episodios maniacos que se alternan generalmente con episodios depresivos.

19 Los *trastornos de personalidad* son patrones inadaptativos de conducta que aparecen a temprana edad, se van arraigando con el tiempo y no son considerados como anormales por las personas que los muestran. Trastornos de personalidad son: la personalidad *paranoide* (caracterizada por la suspicacia), la *antisocial* (caracterizada por la presencia de *conductas* que vulneran los derechos de los demás) y la *pasivoagresiva* (caracterizada por una resistencia indirecta a responder a las demandas a través de una agresión que se manifiesta pasivamente).

20 La *esquizofrenia* es un ejemplo de *psicosis*, un trastorno psicológico caracterizado por la pérdida de contacto con la realidad. Las características primarias de la esquizofrenia incluyen perturbaciones en el ámbito del pensamiento, pérdida de la capacidad asociativa, lenguaje vago o no estructurado, alucinaciones, ideas delirantes y/o reacciones emocionales poco corrientes. Aunque no se presenta ningún síntoma en solitario, los *delirios*, las *alucinaciones* y las *perturbaciones del pensamiento* aparecen siempre en alguna fase de la enfermedad. Se han descubierto alteraciones esquizofrénicas en un 1 o un 2 por 100 de la población general.

21 Las perspectivas actuales sobre la causa de los trastornos esquizofrénicos consideran factores *fisiológicos*, *genéticos* y *ambientales*, tales como la situación de «doble-lazo» y el estrés.

LECTURAS RECOMENDADAS

American Psychiatric Association (1980). *Diagnostic and statistical manual of mental disorders* (3d ed.). Washington, D. C.: Asociación psiquiátrica americana. La edición más reciente del DSM. Documento muy polémico, contiene los criterios de diagnosis de los trastornos mentales. Está traducido al castellano con el título: *Manual diagnóstico y estadístico de los trastornos mentales*. Barcelona, Masson.

Nathan, P. E., y Harris, S. L. (1980). *Psychopathology and society* (2d ed.). New York: McGraw-Hill. Libro de texto universitario que refleja el punto de vista según el cual la psicopatología es tanto una respuesta a la sociedad como una influencia sobre ella.

Seidenberg, R., y DeCrow, K. (1983). *Women who marry houses*. New York: McGraw-Hill. Profunda discusión sobre la agorafobia, miedo a salir de casa, con énfasis en el caso femenino.

Sheehan, S. (1982). *Is there no place on earth for me?* Boston: Houghton Mifflin. Una explicación fascinante del caso histórico de Sylvia Frumkin. Esta paciente, que sufría esquizofrenia paranoide, se pasó diecisiete años de su vida entrando y saliendo de instituciones psiquiátricas.

Spitzer, R. L.; Skodol, A. E.; Gibbon, M., y Williams, J. B. W. (1983). *Psychopathology: a case book*. New York: McGraw-Hill. Una completa colección de 54 historias de casos. Cada uno de ellos incluye información sobre el diagnóstico, desarrollo del trastorno, tratamiento y pronóstico.

Wasow, M. (1982). *Coping with schizophrenia*. Palo Alto: Science and Behavioral Books. Escrito por un profesor de asistencia social a cuyo hijo de 15 años se le diagnosticó un trastorno esquizofrénico. Contiene información sobre recursos y opciones de tratamiento.

CAPITULO 16

TERAPIA

CUESTIONES CLAVE

Los tres tipos más importantes de psicoterapia: dinámica, conductista y humanista.
Tendencias actuales hacia enfoques cognitivos, interpersonales y de terapia breve.

La revolución bioquímica: algunos pros y contras sobre el tratamiento farmacológico de
los trastornos.

Investigación sobre la efectividad de la psicoterapia que concluye que es mejor ésta que
nada, aunque no existe ningún método claramente superior a los demás.

Importancia del «acuerdo» entre paciente y terapeuta.

El siguiente diálogo señaló el comienzo de un psicoanálisis que iba a cambiar la vida de la periodista Lucy Freeman, como reconoció en su libro *Fight Against Fears* («*Luchando contra los miedos*»).

«¿Qué está usted pensando?», preguntó John (el terapeuta) suavemente.

Estaba preocupada por el hecho de que mis zapatos ensuciaran el sofá. No parecen buenos modales poner los pies en los muebles, ni siquiera aunque se trate de una moda aceptada por la psiquiatría.

«Nada», musité... «No me parece correcto hablar de mí misma.»

«Todo el mundo debería estar interesado en primer lugar en sí mismo», dijo John. «Las personas que se niegan a pensar sobre sí mismas de manera realista nunca se entienden ni a sí mismos ni a los demás.»

Y añadió, reflexionando: «Quizá nunca se le permitió a usted hablar de sí misma y ahora cree que nadie se preocupa por lo que pueda decir.»

¿Nadie se preocupa? Cuántas veces pensé que a nadie le importaba. Todo el mundo excepto yo parecía tener a alguien que se preocupaba por él.

«Quizá usted no se preocupa de usted misma», dijo él.

«¿Qué diferencia hay?», repuse cortante. Nunca me había preocupado de si me gustaba a mí misma o no.

«Si usted no se gusta a sí misma difícilmente puede gustar a alguien», contestó.

Estaba demasiado sorprendida para responder. Afloraron a mis ojos las primeras lágrimas en muchos años (Freeman, 1951, págs. 35-37).

El psicoanálisis no es el único tipo de tratamiento o terapia que se ofrece para los problemas emocionales. En este capítulo consideraremos distintas clases de terapia para los problemas psicológicos, algunos de los cuales se ocupan sólo de la mente (como la terapia psicoanalítica); algunas sólo del cuerpo (a través de fármacos, cirugía y electroshocks), y otras combinan los planteamientos físicos y los psicológicos (como la administración de fármacos junto con sesiones continuadas de psicoterapia).

¿QUIEN ACUDE A LA TERAPIA?

Aproximadamente 7 millones de personas en los EE. UU., el 3 por 100 de la población, están actualmente al cuidado de instituciones psiquiátricas, en consultas privadas, clínicas ambulatorias, centros de salud comunitaria y hospitales (U. S. Department of Health and Human Services, 1981). Están hospitalizadas más personas por trastornos mentales que por cualquier otra clase de dolencia.

La mayoría de quienes reciben ayuda son *psicóticos* (quienes padecen trastornos esquizofrénicos o depresivos tienen mayores probabilidades de estar recibiendo medicación y/o ser ingresados), *neuróticos* (cuyo funcionamiento está deteriorado; lo más probable es que reciban psicoterapia), los *afectados psicológicamente* (que están abrumados temporalmente por sucesos o experiencias estresantes, como enfermedades, pérdida de empleo, nacimiento de un hijo, divorcio, muerte de alguien cercano, y cosas parecidas, normalmente responden a un tipo de terapia de «primeros auxilios»); los *incontrolables* (niños o adolescentes revoltosos, cónyuges insatisfechos, personalidades antisociales, alcohólicos, jugadores compulsivos que son llevados a la terapia por otros); los *descontentos* (que buscan más alegría, felicidad y satisfacción; grupo de clientes para los programas de «potencial humano», que no piden que se les cure un problema específico, sino que se les ofrezca metas que les estimulen en la vida y les permitan conseguir la autosatisfacción), y los *terapeutas profesionales* (que experimentan la terapia ellos mismos antes de ofrecerla a sus pacientes) (Frank, 1979).

¿QUIEN PROPORCIONA LA TERAPIA?

La mayoría de nosotros recibimos ayuda para solucionar nuestros problemas psicológicos. Por muchos caminos, hablamos a los amigos, a los parientes, a los maestros, a los médicos de cabecera. Frecuentemente nos sentimos mejor después de compartir nuestros asuntos con estas personas, y a menudo obtenemos de ellos buenos consejos. Sin embargo, no los consideramos «terapeutas». Un terapeuta es alguien formado especialmente para ofrecer un tipo definido de tratamiento. En algunas sociedades esta definición podría aplicarse a brujos y a practicantes de vudú. En nuestra sociedad un terapeuta es normalmente uno de los siguientes profesionales: el *psicólogo clínico*, que es licenciado en psicología y generalmente tiene además una formación clínica especial; el *psiquiatra*, un médico con la especialidad en psiquiatría (es el único terapeuta autorizado para recetar medicación y es el más cualificado para identificar las condiciones físicas que pueden ocasionar problemas psicológicos); el *asistente social*, que tiene el título correspondiente y ha realizado cursos en psiquiatría; el *psicoanalista* (con alguna de las titulaciones anteriormente mencionadas y especializado en psicoanálisis, una técnica basada en la teoría freudiana y a la cual él mismo ha sido sometido como parte de su propio entrenamiento); el *enfermero/a psiquiátrico*, quien tiene un título de grado medio y entrenamiento especializado en psiquiatría, o el *asesor psicológico*, quien es licenciado o doctor en psicología o educación.

DISTINTAS FORMAS DE TERAPIA

La terapia de los problemas psicológicos puede tomar muchas formas. Los problemas y las personas son complejas. Lo que ayuda a una persona no funcionará necesariamente con otra; la solución para un problema de raíz fisiológica será necesariamente diferente de la que se requiere para un problema que emerge de un ambiente familiar problemático.

Las tres formas más importantes de terapia son la *psicoterapia*, la *terapia somática* (tratamiento médico) y la *terapia ambiental* (tratamiento social). La *psicoterapia* se centra en los pensamientos, los sentimientos y la conducta. Los psicoterapeutas utilizan procedimientos que tienden a lograr que la personalidad, la conducta y/o las actitudes de una persona sean más productivas, más positivas y contribuyan a engrandecer la vida. La psicoterapia puede centrarse en ayudar al paciente a entender las razones que subyacen a sus propios problemas, o puede ignorar las razones y centrarse sólo en el cambio de la conducta no deseable. Puede explorar la historia pasada del cliente o centrarse casi por completo en el aquí y ahora. Puede hacer hincapié en palabras o acciones, pensamientos o conductas.

Las otras dos formas de tratamiento de los problemas psicológicos tienen enfoques diferentes. La aproximación *médica* para el tratamiento de los problemas emocionales se centra en el cuerpo y como herramienta utiliza los fármacos, la cirugía o los electroshocks. El tercer enfoque es el *social*, que cambia de alguna manera el ambiente de las personas, trasladándolas a una institución, a un hogar adoptivo, cambiando su situación laboral o estructurando su vida en torno a un conjunto de actividades nuevo.

PSICOTERAPIA

Las formas no médicas de tratamiento usan las palabras y las conductas como herramientas en lugar de recetas y bisturíes. Los psicoterapeutas no provocan cambios fisiológicos en los cuerpos de sus pacientes. No recetan fármacos, no practican cirugía ni intervienen de ninguna otra forma físicamente, a no ser que ofrezcan fármacos y/o cirugía como apoyo de la psicoterapia. Al concluir

APARTADO 16-1

LA AYUDA ESTA DONDE LA ENCUENTRAS

Una madre cuya hija adolescente quiere casarse está preocupada porque su hija está discutiendo constantemente con el novio. Un joven que acaba de perder su empleo está obsesionado con la idea de tomar una sobredosis de píldoras para dormir. Una alcohólica se encuentra desesperada por lo que le sucede. Un hombre cuya esposa le ha abandonado no puede dormir ni concentrarse en su trabajo.

Todos estos individuos son afortunados, porque tienen a su lado personas que les ayudan y a las que pueden ver con regularidad, a quienes pueden confiar sus problemas y recibir alguna ayuda para solucionarlos. Sus confidentes no son consejeros profesionales, sino un peluquero, un camarero, un supervisor y un abogado matrimonialista, respectivamente.

En el convencimiento de que la mayoría de las personas hablan de sus problemas con los que les rodean, y no con profesionales de la salud mental, por razones tan diversas como la falta de dinero o disponibilidad, y la creencia de que «sólo los locos acuden al psiquiatra», Cowen (1982) estudió la manera en que la gente pide y recibe ayuda de ayudantes más informales. Cuando entrevistó a representantes de las cuatro ocupaciones que acabamos de mencionar, descubrió que 4 de cada 10 clientes del abogado le cuentan sus problemas personales, un tercio de los clientes del peluquero, un 16 por 100 de los clientes del bar y el 7 por 100 de personal supervisor. Los problemas que surgían eran variados y dependían en parte de la naturaleza de la relación entre el individuo y el que le ayudaba, y en parte del contexto. Lo que

oyen más los peluqueros son problemas sobre niños, salud y matrimonio, seguidos muy de cerca por depresiones y ansiedad. Los camareros oyen historias de matrimonios, trabajo, dinero y sexo. Los abogados matrimonialistas, y esto no resulta sorprendente, se enfrentaban a problemas relacionados con cónyuges y depresión, y los supervisores oían principalmente preocupaciones relacionadas con el trabajo, incluidos los problemas con los compañeros de trabajo. Estos problemas, dice Cowen, no son muy diferentes de los que tratan los profesionales de la salud mental.

Los tipos de ayuda ofrecida variaban también. Los peluqueros y los camareros solían escuchar solidariamente, ofrecían ayuda, y trataban de ser amables. Los abogados también formulaban preguntas y señalaban las consecuencias de las ideas erróneas; los supervisores, por su parte, procuraban también que la gente encontrara alternativas. La mayoría de estos individuos disfrutaban proporcionando ayuda y creían que era una parte importante de su trabajo. Como dijo un supervisor, «los problemas personales son parte de la vida de todo el mundo en un momento u otro, y si un supervisor no trata este hecho, pagará el precio con tasas elevadas de rechazo, reparaciones y problemas de absentismo» (pág. 390).

Como reconocimiento del importante papel de estos ayudantes «informales», los profesionales de la salud mental de muchas comunidades han ofrecido cursos especiales para tales «guardabarreras», personas cuyas profesiones les colocan en lugares en los que son accesibles

a individuos con problemas. Se han impartido cursos especiales para peluqueros, abogados, sacerdotes y oficiales de policía para enseñarles habilidades que les permitan escuchar y responder adecuadamente (Cowen, 1982; Olds, 1972). Tales programas no intentan convertir a personas sin la necesaria formación en sustitutos de los psicoterapeutas, sino enseñarles a sacar de su situación especial el máximo provecho para las vidas de los demás. Aunque los primeros intentos de evaluar estos programas parecen prometedores, es demasiado pronto para poder determinar si enseñar tales técnicas logra realmente que los individuos con dificultades se sientan mejor.

Otro tipo de ayuda para personas con problemas es el que proviene de otras personas con problemas. Mucha gente cree que obtendrá más ayuda de otros que han pasado por experiencias similares o se hallan en situaciones semejantes que de cualquier profesional que no haya pasado lo que ellos. Así, ellos mismos inician grupos de auto-ayuda para compartir sentimientos, percepciones y problemas, y para conseguir empatía, comprensión y soluciones prácticas. Se estima que aproximadamente 15 millones de americanos están involucrados en 500.000 grupos de este tipo. Una organización de grupos de auto-ayuda de Nueva York, una de las 21 que existen por todo el país, cuenta con una lista de grupos de ayuda a alcohólicos, drogadictos, tartamudos, esquizofrénicos, víctimas de crímenes, padres de niños asesinados, homosexuales y de todos los que padecen problemas de salud, psicológicos y sociales (Kerr, 1982).

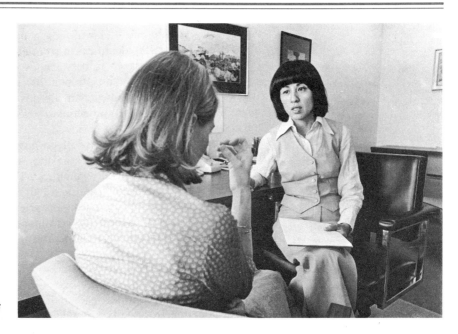

Empleando diversos procedimientos los psicoterapeutas buscan que la personalidad, la conducta y/o las actitudes de una persona sean más provechosas, más positivas, y que hagan la vida más estimulante. (© Frank Siteman 1979/The Picture Cube.)

un tratamiento psicoterapéutico con éxito el paciente debería haber aprendido algo y haber adquirido un mayor control sobre su vida.

Las tres escuelas principales de psicoterapia son la dinámica, la humanista y la terapia de conducta.

La escuela dinámica, que subraya la importancia de los pensamientos, los sentimientos y la historia pasada del cliente, así como la necesidad de descubrir nuestro propio interior para cambiar la personalidad, ha surgido de la teoría psicoanalítica de Sigmund Freud (véase capítulo 14). Aunque son hoy relativamente pocos los partidarios del análisis clásico, la filosofía freudiana sigue siendo el fundamento de la mayor parte de la psicoterapia contemporánea.

Las terapias humanistas que tienen su fundamento básico en la visión de la personalidad adoptada por Jung y Adler, y enunciada después por Maslow y Rogers (también descrita en el capítulo 14), se hallan más diversificadas. Subrayan las cualidades únicas de la visión que cada individuo tiene de su propio yo e intentan cambiar la imagen que uno tiene de sí mismo.

Las terapias de conducta se basan en las teorías del aprendizaje que surgieron del trabajo de investigadores como Pavlov, Watson, Skinner y Bandura (como se describió en el capítulo 5). Estas terapias no hurgan en los pensamientos y motivos del paciente, sino que se centran, en cambio, en las acciones específicas, observables. Se concentran en la conducta, que las dos primeras escuelas ven sólo como *síntomas* de un problema más profundo. Los terapeutas de la conducta trabajan principalmente en la modificación de la conducta, usando técnicas desarrolladas por estudios controlados de investigación.

Estas orientaciones han surgido de fuentes diferentes, desarrollando técnicas diferentes y enfatizando aspectos distintos de desarrollo. Evolucionan constantemente y dan vida a nuevos resultados y planteamientos, algunos de los cuales se describirán más adelante en este mismo capítulo. Discutiremos tendencias terapéuticas tan importantes como los planteamientos *cognitivos*, los de la terapia *breve* y la *interpersonal*.

En una reciente encuesta realizada a más de 400 psicólogos asesores y clínicos, un 11 por 100 identificaron su orientación como psicoanalítica, un 9 por 100 como centrada en la persona (es decir, humanista), un 7 por 100 como comportamental y un 10 por 100 como cognitivo-comportamental (véase tabla 16-1). Los terapeutas modernos tienden a acogerse a más de una escuela. El 41 por 100 se autodefinían «eléctricos», indicando con ello que integraban aspectos de dos o más escuelas en el curso de un tratamiento para un mismo paciente (Smith, 1982). Esto acostumbra a funcionar bien, pues, como Strupp (1973, 1975) ha señalado, todos los tipos de psicoterapia contienen ciertos ingredientes comunes. Todos incluyen una relación de ayuda similar a la relación paterno filial, así como una base energética a partir de la cual el terapeuta puede influir en el paciente, y todos dependen, para tener éxito, de la capacidad y la voluntad de éste por aprender. Vamos a fijarnos más atentamente en cada planteamiento.

Terapias dinámicas

¿Qué queremos decir cuando llamamos «dinámica» a una terapia? Uno de los significados de «dinámica» indica que «está caracterizada por —o tiende a— producir un cambio continuado» (*American Heritage Dictionary*, 1971). Toda terapia, por supuesto, tiende a producir un cambio —y se considera un grave fracaso si no lo consigue—. Los terapeutas dinámicos, sin embargo, pretenden un tipo de cambio de largo alcance. Buscan reestructurar la personalidad básica cambiando la forma en que una persona contempla la vida y reacciona ante ella. ¿Cómo producen tal cambio? Ayudando a las personas a desarrollar una adecuada visión de sí mismas o a tomar conciencia de las vastas y poderosas fuerzas psicológicas enterradas profundamente en su inconsciente.

El primer tipo de terapia que incorpora este objetivo y este enfoque es el tratamiento psicoanalítico ideado por Freud. Muchos de los terapeutas que le siguieron adoptaron la mayoría de sus ideas sobre las causas de las dificultades psicológicas que las personas afrontan, pero introduciendo una serie de cambios en el proceso. Por eso, actualmente muchas personas reciben

TABLA 16-1 Orientaciones teóricas de los entrevistados

Orientación	N	%
Psicoanalítica	45	10,84
Adleriana	12	2,89
Conductual	28	6,75
Realista	4	0,96
Cognitivo-conductual	43	10,36
Centrada en la persona	36	8,67
Gestaltista	7	1,69
Existencial	9	2,17
Racional-emotiva	7	1,69
Análisis transaccional	4	0,96
Familiar	11	2,65
Ecléctica	171	41,20
Otras	38	9,16
Total	415	99,99

Fuente: Smith, 1982.

una terapia que incorpora el pensamiento freudiano, pero con modificaciones en la teoría o en la técnica.

PSICOANALISIS   Si tuviera que iniciar un tratamiento de psicoanálisis *clásico*, comenzaría una relación médico-paciente intensa y muy duradera. Vería a su analista de tres a cinco veces por semana, 45 o 50 minutos en cada sesión, durante varios años. Puede que se tumbara en un diván mientras el analista permanecía sentado detrás de usted para que los dos se encontraran libres de distracciones que pudieran interferir el libre fluir de sus pensamientos, y con la total concentración del médico en lo que usted dijera. El analista diría muy poco, mientras que a usted, el *analizado*, se le estimularía a decir cualquier cosa que le viniera a la cabeza, sin censurar nada. Este proceso se conoce como *asociación libre*. También se le animaría a hablar de los sueños, cuyo contenido se considera muy importante para poner al descubierto pensamientos escondidos. Su analista le señalaría la naturaleza simbólica de los acontecimientos y las personas que aparecieran en sus sueños.

Al ir hablando, usted le proporcionaría al analista claves de las fuerzas inconscientes que se escondían detrás de su ansiedad. Formulando preguntas, le estimularía a pensar en esas influencias sobre su personalidad y a progresar en su conocimiento. Freud creía que muchas de las causas que subyacen en los conflictos básicos entre el ello y el super yo son de naturaleza sexual y que la sexualidad reprimida es la causa de la mayoría de los problemas emocionales.

Cuando los pacientes no hablan con libertad —tienen problemas con la asociación libre o para recordar sueños o para plantear un problema concreto—, se considera que son *resistentes a la terapia*, porque hablar de ciertos acontecimientos les causa excesiva ansiedad. (Razón por la cual los reprimen.) Es lógico suponer que todos los pacientes se resisten hasta cierto punto. Ser consciente de su resistencia ayuda a identificar elementos especialmente significativos.

Otra importante característica del análisis es la *transferencia*. Frecuentemente se reacciona hacia el terapeuta como si fuera una persona muy importante en su vida. El paciente puede enfadarse o sentirse herido por las reacciones del analista como si fuera la madre que no se ocupó de usted, su hijo, o el amante que le abandonó. Algunas veces el analista provocará al paciente para que produzca transferencia. Cuando éste reconoce sus emociones y reactiva conflictos basados en una relación anterior (normalmente paterno-filial), tiene la oportunidad de penetrar poco a poco en estos fuertes sentimientos. La *contratransferencia* se refiere a los sentimientos del terapeuta hacia el paciente, que surgen al despertar en aquél elementos de su propia historia emocional.

Pocas personas pasan hoy en día por un psicoanálisis clásico estricto. Por una parte, casi nadie puede permitírselo; al precio actual de 50 a 100 o más dólares por cada hora de análisis, el coste de varias sesiones por semana durante varios años está completamente fuera del alcance de casi todos, excepto de los muy ricos. Por otra parte, pocas personas son capaces o están dispuestas a dejar pasar tanto tiempo. Es más, no todo el mundo puede beneficiarse de este tipo de ayuda. El paciente ideal es brillante, culto y no demasiado enfermo. La persona que consigue mejores resultados en el análisis es la que los logra también en la mayoría de los programas de tratamiento, el paciente que los terapeutas llaman «YAVIS» (letra inicial de las palabras inglesas: joven, atractivo, hablador, inteligente y con éxito).

La película de 1982, Lovesick, dramatiza el concepto psicoanalítico de «contratransferencia», a través de la cual un terapeuta se involucra emocionalmente con el paciente. En esta escena vemos a Dudley Moore en el papel de un psiquiatra que se enamora de su paciente, papel representado por Elizabeth McGovern. (© 1982 The Ladd Company.)

PSICOTERAPIA INSPIRADA EN EL PSICOANALISIS   Otra razón por la que tan pocas personas reciben psicoanálisis clásico es que la mayoría de los terapeutas se han ido inclinando hacia un enfoque más directivo, menos frecuente, de menor duración y dirigido hacia un objetivo. Los dogmas básicos del análisis freudiano están todavía vivos y presentes; pero lo más frecuente es que se ofrezca en formas modificadas. Normalmente la terapia supone una o dos sesiones por semana en lugar de tres o cinco. El terapeuta y el paciente generalmente se sientan en sillas y frente a frente. Los terapeutas contemporáneos (como el que se ha citado en los párrafos iniciales de este capítulo) tienden a ser más directivos que los analistas clásicos, proponen temas pertinentes cuando creen que es adecuado sin esperar a que el paciente los saque.

Terapias humanistas

En oposición a las terapias dinámicas, que tienden a *reconstruir* personalidades, el objetivo de las terapias humanistas es *liberarlas*. Las personalidades potencialmente realizadas siguen estando ahí, enterradas bajo actitudes que las constriñen. Los terapeutas humanistas ven su papel en ayudar a las personas para que supriman las coacciones sobre su propia autorrealización o auto-actualización.

Como vimos en el capítulo 14, las explicaciones de los humanistas sobre la personalidad rebosan optimismo. Tienen un elevado concepto de las personas y de su capacidad para vivir la vida plenamente, aunque eso implique cambiar actitudes y conductas mantenidas durante mucho tiempo. El individuo que recibe la terapia no es un «paciente», un enfermo/a bajo los cuidados del médico. Es un cliente, un compañero en la terapia. De hecho, los terapeutas humanistas respetan al cliente como si fuera un «compañero especial», pues es el cliente y no el terapeuta el que es considerado principal responsable del éxito de la terapia. Es el cliente quien tiene que desear cambiar, y es él mismo quien puede alcanzar ese tipo de mejora de vida que le llevará a la autorrealización.

Al querer preservar este aroma de humanismo, profundamente individualista, este enfoque terapéutico ha originado muy diferentes tipos de terapia. Cada uno subraya metas algo diferentes y se sirve de técnicas que varían también en algún aspecto.

ENFOQUE CENTRADO EN LA PERSONA   Este enfoque, desarrollado por Carl Rogers (1951), llamado en principio *terapia centrada en el cliente*, ve en éste a un individuo en busca de su propio yo. Se basa en la convicción de que todos tenemos en nuestro interior amplios recursos para comprendernos, para cambiar nuestros conceptos sobre nosotros mismos, nuestras actitudes fundamentales y nuestra conducta, y que el papel del terapeuta es proporcionar el clima para que los individuos se sumerjan en sus propios recursos para «actualizarse», es decir, para alcanzar la complejidad y el desarrollo completo (Rogers, 1980). Se aludió a Rogers muy frecuentemente como el psicoterapeuta más influyente de la historia entre los 400 psicólogos en ejercicio que contestaron a la encuesta de Smith (1982).

En la filosofía rogeriana el cliente es una persona en busca de su propia identidad. El terapeuta no se ve a sí mismo como un experto del que el cliente pueda depender, sino como un amigo que acepta, que entiende y que será como un compañero del cliente durante la búsqueda. El terapeuta no tiene una meta preconcebida, no pretende diagnosticar los problemas del cliente y no quiere dirigirle. Al contrario, lo contempla para ver el mundo como el cliente lo ve, para comprender el mundo a través de los ojos del cliente. El progreso hacia la *auto-actualización* del cliente se consigue a través de la relación entre cliente y terapeuta.

¿Qué condiciones han de establecerse para que esta relación cree un clima de crecimiento y promoción? Los tres elementos básicos de esta terapia no se limitan a la relación entre el terapeuta y el cliente, sino que también explican los lazos paterno-filiales, profesor-estudiante y director-empleados. Estos elementos son los siguientes:

1   *Aceptación,* o consideración positiva incondicional. Si el terapeuta acepta al cliente total e incondicionalmente, tal como es en ese momento —incluso cuando está expresando sentimientos «negativos»—, éste conseguirá de tal aceptación la fuerza necesaria para cambiar y desarrollarse. Ser aceptado por otra persona ayuda al cliente a desarrollar una actitud de mayor preocupación hacia sí mismo.

2   *Comprensión empática,* una escucha activa y sensible que permite al terapeuta comprender los sentimientos de su cliente (incluso aquéllos de los que el paciente puede no ser consciente), clasificarlos y comunicarle este conocimiento. Ser escuchado de esta manera ayuda al cliente a escucharse a sí mismo con mayor exactitud. Puede entonces sentir emociones que había bloqueado.

3   *Congruencia,* o autenticidad, o realismo. Un individuo consecuente no trata de parecer una cosa distinta de lo que es. Es él mismo. No trata de levantar una fachada (que puede llamarse profesionalismo o autoritarismo), no trata de enmascarar sus emociones, permite que la otra persona vea lo que siente y piensa. Cuando los clientes se comprendan y se enorgullezcan de sí mismos, aceptarán sus experiencias como reales y serán más auténticos. Ellos acabarán percibiéndose a sí mismos de manera diferente, dando a conocer sus propios sentimientos y actitudes, y no aquellos que les han sido impuestos por otras personas.

Al final de la terapia los clientes tienen que reconocerse responsables de sus emociones, opiniones y acciones y ser capaces de experimentar su nueva forma de comportarse. ¿Cómo ayudan los terapeutas a los clientes a alcanzar este punto? Organizan los sentimientos del cliente y los temas en discusión sin hacer frecuentemente otra cosa que utilizar palabras diferentes para volver a exponer lo que los clientes acaban de decir; plantean preguntas inconcretas que impulsen al cliente a hablar sobre aquello que sea más importante para él y, en conjunto, demuestren que le aceptan a él y lo que dice.

TERAPIA GESTALTICA   El término «Gestalt» hace referencia a la estructuración de las partes en un todo dotado de un significado que las partes tomadas individualmente no tenían. La psicología de la Gestalt explica la personalidad a través de este concepto en el que el ser total es más que la suma de sus partes.

Los psicólogos de la Gestalt creen que los problemas psicológicos brotan a menudo de la incapacidad de integrar los diversos aspectos de la personalidad en un todo bien organizado. Frederick S. Perls (1944) hizo de este punto de vista un enfoque terapéutico que se centra en el entendimiento que el paciente tiene del presente, no del pasado. La terapia de la Gestalt ayuda a los pacientes a tomar conciencia de su propia personalidad, principalmente mediante apelaciones directas al yo físico y emocional más que al yo intelectual.

Este tipo de terapia incorpora un alto grado de actividad y asertividad por parte del terapeuta, que tiene una mayor participación que en la terapia centrada en la persona. El terapeuta busca activamente que el cliente se dé cuenta de las contradicciones en sus acciones, normalmente haciendo resaltar la manera en que la conducta del sujeto contradice lo que él mismo dice. El terapeuta pone el acento en la idea de que cada persona asuma la responsabilidad de sus actos, instándola a hablar en términos de «yo hice» y no de «sucedió». La representación de roles, el juego y las imágenes visuales son importantes técnicas gestaltistas, que hacen hincapié en la cohesión de los distintos fragmentos de la personalidad en un ser unificado.

Terapias de conducta

La terapia de conducta, también conocida como modificación de conducta», es notablemente diferente de las otras dos corrientes. Esta terapia no se desarrolló a partir del tratamiento de individuos con problemas, como sucedió en las terapias dinámicas y humanistas, sino, en buena parte, de la investigación en el laboratorio sobre el aprendizaje en los seres humanos y los animales. Tiene, pues, su raíz en la psicología del aprendizaje, que, como vimos en el capítulo 14, explica la personalidad humana a partir de los principios básicos del aprendizaje. Si la conducta desadaptativa ha sido aprendida, también puede «desaparecer». Así pues, podemos definir la terapia de conducta como el uso de los principios del aprendizaje establecidos experimentalmente para superar hábitos que no permiten que el individuo se adapte a su medio.

Los conductistas sostienen que los hábitos y las actitudes negativas son respuestas aprendidas, y que la mejor manera de librarse de ellas es aprender respuestas nuevas y positivas. No se involucran en los posibles conflictos inconscientes que subyacen a la conducta, sino que se ocupan tan sólo de la conducta en sí misma. Mientras que los terapeutas dinámicos creen que el eliminar cualquier conducta específica simplemente anulará un síntoma, que el individuo pronto reemplazará con otra conducta desadaptativa, los terapeutas de la conducta no están de acuerdo con ello. En su opinión, la conducta desadaptada es, en sí misma, el problema.

Como creen que la gente aprende una conducta *anormal* según los mismos principios que rigen el aprendizaje *normal,* contemplan lo anormal no como una señal de enfermedad mental, sino como el resultado de un aprendizaje inadecuado. Los terapeutas de la conducta consideran que muchos de los estados calificados como «trastornos mentales» en el DSM-III (tales como desviaciones sexuales, trastornos de conducta y neurosis) son «trastornos de conducta» o «problemas de la propia vida» (Rachman y Wilson, 1980).

Los conductistas hurgan en las experiencias pasadas de las personas sólo cuando es necesario para descubrir cómo lo que ocurrió *entonces* mantiene la conducta no deseable *ahora.* Su preocupación está en el presente. ¿Qué está haciendo la persona ahora? ¿Y qué debe hacer? No pretenden reorganizar las personalidades, sino que limitan su objetivo a la eliminación de la conducta que llevó inicialmente al paciente a la terapia.

Los terapeutas de la conducta aplican principios científicos extraídos del laboratorio y buscan la máxima precisión posible en los criterios para el uso de una técnica concreta para cada problema en la descripción de las técnicas y en la evaluación de los resultados.

Sin embargo, se han producido cambios en la aplicación estricta de algunos de estos métodos. En tanto que al principio los conductistas solían mantener una vehemente aproximación «antimentalista» que negaba que el pensamiento, los sentimientos o la interacción social tuvieran algo que ver en el control de la conducta, hoy estos mismos terapeutas reconocen que las personas *pueden* ejercitar el auto-control y la auto-dirección para modificar su conducta. Nuestras conductas no están determinadas sólo por nuestros ambientes, sino también por nuestros corazones y nuestras mentes.

Por ejemplo, si un paciente acude a la consulta con un problema de bebida, un terapeuta de la conducta contemporáneo podría decidir no dirigirse directamente a la conducta problemática, la bebida. Podría considerar más productivo modificar las condiciones que crean la necesidad o el deseo de beber en el sujeto. Si el terapeuta creyera que el beber estaba relacionado con problemas laborales, podría ayudar a su paciente a ser más asertivo con su jefe o le enseñaría técnicas que le ayudaran a estar más relajado en su presencia. O bien podría utilizar también un enfoque cognitivo para elevar el nivel de autoestima del individuo, de manera que no se sintiera tan débil y desamparado en su relación con el jefe.

Todas estas técnicas siguen siendo consideradas «conductistas», porque están basadas en principios del aprendizaje, se centran en el aquí y ahora y se orientan hacia la modificación de la conducta actual, «al centrarse más en la relación que en el beber en sí mismo, se refleja claramente una aproximación más mentalista y compleja al problema de la bebida de lo que estrictamente admitirían los principios del aprendizaje» (Morse y Watson, 1977, pág. 174).

Los terapeutas de la conducta han desarrollado una serie de técnicas diferentes. El uso de un procedimiento concreto dependerá del problema específico que haya que tratar, de la personalidad del cliente y de la orientación del terapeuta. Veamos algunos de estos métodos.

DESENSIBILIZACION SISTEMATICA ¿Le daba a usted miedo el mar cuando era niño? Si es así, su padre podría haberle llevado al borde del agua tomándole de la mano, hasta que se sintiera bien contemplando las olas. A

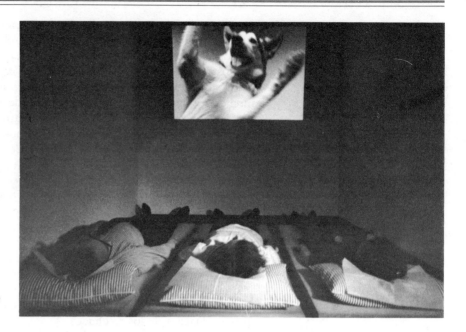

Estas personas están experimentando una terapia de desensibilización sistemática para superar su miedo fóbico a los perros. Una vez que los participantes se hallan en estado de relajación se les expone a una serie de estímulos productores de ansiedad, de intensidad creciente. Una secuencia típica podría ir desde hablar sobre perros, enseñarles después fotografías de los mismos, hasta mostrarles películas y ponerles, finalmente, en contacto directo con perros reales y vivos. (The New York Times.)

continuación, podría haberle animado a introducir un pie en el agua entre ola y ola, levantándole cuando una ola se acercara. Luego podría haber permanecido a su lado, todavía cogiéndole con fuerza, mientras una ola le mojaba los tobillos. De esta manera usted habría dominado su miedo, poco a poco, hasta ser capaz de chapotear alegremente. Si sucedió así, usted experimentó un tipo de desensibilización sistemática que, como señala Wolpe (1982), se ofrece normalmente no sólo a los niños, sino a alpinistas principiantes, trapecistas y miembros de sociedades que exigen ciertos ceremoniales.

Este popular método, basado en el condicionamiento clásico, pretende ayudar al cliente a reemplazar poco a poco respuestas no deseables por otras deseables. Funciona a base de inducir un estado relajado (no ansioso) y luego exponer al cliente a una serie de estímulos productores de ansiedad cada vez más fuertes, hasta que está preparado para afrontarlos en la vida real. El tratamiento se suele ofrecer en dos fases: *en la imaginación;* en este caso el paciente visualiza mentalmente las situaciones que producen ansiedad, y en *vivo,* realmente afronta los estímulos que producen ansiedad en la vida real. La primera situación de cada una de las fases consiste en la presentación de un estímulo que produzca una ansiedad muy débil, y el individuo no avanzará en el tratamiento, no se le presentará un estímulo más amenazador hasta que pueda responder sin ansiedad a este nivel y así sucesivamente. Este enfoque ha sido efectivo en el tratamiento de neurosis complejas y fobias.

CONTRACONDICIONAMIENTO AVERSIVO Esta ténica combina una situación desagradable con una conducta de la que el cliente quiere librarse. Se ha usado con éxito para ayudar a bebedores y fumadores con problemas, y en el tratamiento de problemas sexuales, entre otros. Una persona que ha tomado él medicamento *Antabus* (disulfiram), por ejemplo, se pondrá violentamente enferma si ingiere la más mínima cantidad de alcohol, mientras el medicamento esté en su organismo. Experiencias repetidas de beber y sentirse enfermo suelen eliminar cualquier deseo de beber. El condicionamiento aversivo es útil sólo cuando los pacientes emplean la aversión como una ayuda para modificar su conducta cuando no están en situaciones terapéuticas (Bootzin, 1975).

TERAPIA DE MODELADO La imitación no es sólo «la forma de halago más sincera», sino que es frecuentemente el modo más efectivo de aprender una nueva conducta. Aprendemos a nadar, a bailar, a jugar al tenis y a hacer todo tipo de cosas observando a otras personas y luego imitando lo que hacen. Aprendemos a ir por el mundo observando a nuestros padres. Las personas a las que copiamos, o a partir de las que nos *modelamos* a nosotros mismos, ejercen una influencia primordial sobre nosotros, dicen los teóricos del aprendizaje. Si estos modelos afrontan adecuadamente la vida, tenemos probabilidades de aprender y practicar buenos mecanismos para afrontarla; si sucede lo contrario, copiamos sus formas desadaptativas. En cualquier caso, los terapeutas de la conducta que sostienen que podemos aprender las conductas adaptadas observando e imitando a personas bien adaptadas, proporcionan conscientemente modelos de conducta deseables.

La terapia de modelado puede adquirir diversas formas. El *modelado en vivo* consiste en observar gente real, mientras que el *modelado simbólico* implica la observación de personas en una película. Cualquiera de ellas puede emparejarse con la *desensibilización*, en la que el cliente utiliza una técnica de relajación junto a la observación de modelos, y con la *participación*, en la que el cliente realmente toma parte en la actividad productora de ansiedad. Esta clase de terapia se utiliza con mayor frecuencia en la extinción de fobias, pues la gente fóbica ve a los demás carentes de ansiedad. La terapia de modelado también se emplea para ayudar a los niños agresivos a que aprendan pautas de conducta más adecuadas.

REFORZAMIENTO POSITIVO (TERAPIA OPERANTE) Las personas aprenden a comportarse de determinada forma porque han sido recompensadas por ello. Con este conocimiento en sus bolsillos los terapeutas de la conducta han tratado muchos problemas psicológicos recompensando a los clientes por modificar su conducta. El secreto del éxito de un programa de reforzamiento reside, en parte, en el valor de una recompensa específica para un individuo específico. Un programa así tiene que seguir una secuencia en la que el terapeuta identifica la conducta que hay que modificar, luego establece lo que el cliente consideraría una recompensa motivadora y posteriormente le premia cada vez que el cliente lleva a cabo la conducta prevista.

El reforzamiento positivo funciona tanto si el sujeto es consciente del mismo como si no. En un caso, una mujer hospitalizada en peligro de morir de hambre porque había dejado de comer, era reforzada por medio de la conversación con el terapeuta cada vez que levantaba el tenedor para comer, y después cuando se llevaba la comida a la boca, masticaba y tragaba (Bachrach, Erwin y Mohr, 1965). Cuando no comía el terapeuta la dejaba sola hasta la comida siguiente. Al cabo de un tiempo el aumento de peso, más que el acto de comer en sí mismo, era lo que se recompensaba. Al empezar a aumentar de peso (desde 27 kg), se amplió su recompensa a tener otro paciente acompañándola, a las horas de comer, salir a pasear por los jardines del hospital y a lavarle el cabello. Cuando fue dada de alta del hospital, los terapeutas dieron instrucciones a la familia sobre cómo recompensar su conducta, y dos años y medio después de recibir el alta seguía manteniendo un peso adecuado.

Otras tendencias importantes en psicoterapia

TERAPIAS COGNITIVAS   Las terapias cognitivas ponen el acento en la identificación de las alteraciones del pensamiento, muestran a los pacientes cómo esas perturbaciones contribuyen a su malestar y les ayudan a sustituirlas por apreciaciones e interpretaciones más correctas. Los terapeutas cognitivos no intentan interpretar factores inconscientes, utilizan algunas técnicas conductuales y también hacen hincapié en la experiencia interior.

TABLA 16-2   Características de las tres escuelas psicoterapéuticas más importantes

	Dinámica	Humanista	Conductista
Raíces de la escuela	Teoría psicoanalítica.	Humanismo.	Teoría del aprendizaje.
Desarrollo histórico	Tratamiento de individuos perturbados.	Tratamiento de individuos perturbados.	Investigación del aprendizaje en el laboratorio.
Formación académica del terapeuta	Estudios de medicina psicológica y educativa a menudo con una formación especial en psiquiatría y psicoanálisis. Los analistas han pasado ellos mismos por el análisis.	Estudios de psicología o pedagogía; normalmente con una formación especial en psicología clínica.	Estudios de psicología, con formación tanto en investigación como en clínica.
Teoría sobre las causas de la conducta anormal	Fuerzas inconscientes, especialmente impulsos sexuales.	Inhibición del desarrollo y la motivación natural; distorsión de la autopercepción.	Aprendizaje de conductas desadaptadas.
Actitud hacia el receptor de la terapia	«Paciente» (enfermo), ha de ser curado por el doctor/experto.	«Cliente», compañero en igualdad con el terapeuta.	Aprendiz que debe ser enseñado por el terapeuta.
Objetivo de la terapia	Reorganizar la personalidad total del paciente.	Ayudar al cliente a conseguir la autorrealización o auto-actualización.	Enseñar al cliente nuevos hábitos adaptativos y actitudes para reemplazar los viejos hábitos inadaptativos.
Forma que toma la terapia	El paciente puede estar tumbado en un sofá y hacer asociaciones libres. El terapeuta no provoca temas, sino que interpreta el significado de la información del paciente.	Cliente y terapeuta están uno frente al otro mientras ambos sugieren temas.	Los terapeutas diseñan un programa específico que se centra en las conductas críticas.
Período temporal importante	El pasado	El presente y el futuro.	El presente y el futuro.
Duración de la terapia	Tres o cinco sesiones semanales de 45 minutos durante varios años.	Sesiones semanales de 45 minutos durante un tiempo variable.	Variable.

La terapia racional emotiva (TRE) desarrollada por Albert Ellis (1958), opera sobre la creencia de que pensamiento y emoción están íntimamente entrelazados, y la convicción de que los problemas psicológicos están causados por un pensamiento equivocado. Este planteamiento se centra en ayudar a las personas a resolver sus problemas emocionales examinando su pensamiento, encontrando los defectos que hay en él, y haciéndolo más lógico y realista.

La TRE utiliza un planteamiento de «sopa de letras» para contemplar la personalidad. Como explicó Ellis (1974), la terapia normalmente empieza con la C, explorando la consecuencia emocional, el sentimiento de depresión, ansiedad o de inutilidad que ha llevado al individuo a solicitar la terapia. El cliente normalmente atribuye C a A, la Experiencia Activadora, como el ser rechazado. Depende del terapeuta hacerle ver que debe existir algún factor que interviene, B, el Sistema de Creencias («Belief System») del cliente que le lleva de A a C.

El terapeuta podría indicarle al cliente —vamos a llamarle «Juan»— que las personas son rechazadas muchas veces y que por eso se deprimen como él. Algunas personas se enfadan, algunas se inspiran para escribir una canción y otras simplemente levantan los hombros y buscan a otra persona. Por lo tanto, es obvio que A no *causó* C. ¿Qué lo causó, pues? Las propias creencias irracionales de Juan: la creencia de que si María le rechaza quiere decir que él no vale nada, que algo funciona mal en él, que nunca encontrará a nadie a quien querer tanto, que merece ser castigado por no haber conseguido que María lo aceptara.

El terapeuta cambia entonces hacia D, a Discutir con Juan sobre sus ideas irracionales, haciendo que se formule preguntas como éstas: «¿dónde está la seguridad de que ninguna otra mujer me aceptará?», «¿cuál es la ley por la que debes ser castigado por ser tan inepto?». Juan puede entonces replantearse su sistema de creencias para incluir pensamientos como éstos: «No es tan horrible, sino simplemente es un inconveniente y algo desagradable que María me rechazara». «Aunque mi vida es menos agradable ahora, y por lo tanto vale menos la pena, en ningún caso soy un individuo sin valor». «Con toda probabilidad, algún día encontraré una mujer agradable».

Juan puede dirigirse ahora hacia E —los Efectos de un funcionamiento nuevo y mejor—. Tales efectos incluyen la capacidad para poder detener su pensamiento irracional en la próxima ocasión en que pase por una experiencia activadora similar, tanto si se trata de que una mujer le dé calabazas, como si es despedido del trabajo o se le niega la posibilidad de adquirir un piso.

El terapeuta cognitivo no sólo reta y contradice los pensamientos, sino que trata también de demostrar, a través de la acción, lo ilógicos que son. Por ejemplo, un terapeuta le diría a una mujer que tiene miedo a hablar a los hombres que pierda esta costumbre. Sólo viendo realmente que lo que ella más temía no se cumple, podrá reconocer la falta de lógica de su manera de pensar y verá cómo ha desvirtuado su vida.

El psiquiatra Aaron T. Beck ha incorporado este activo enfoque a diversos programas de tratamiento de corta duración en los que el terapeuta ayuda al individuo a organizar tanto su pensamiento como su conducta. Trabajando con pacientes deprimidos con ideas suicidas, no internados en una clínica psiquiátrica, Beck y sus colaboradores utilizaron tanto técnicas verbales como conductuales para modificar los pensamientos de estos individuos (Beck y Burns, 1978). En un caso, le pidió a un paciente, que dedicaba todo su tiempo a estar acostado y que protestaba continuamente porque se «sentía muy mal», que paseara todo lo que pudiera. Cuando el sujeto le contestó que sólo podría hacerlo «pocos metros», el terapeuta le sugirió que intentara hacerlo y que comprobara si era capaz de pasear más de lo que había pensado; lo intentó y así fue, y después de conseguir que el paciente caminara alrededor de la sala, le ofreció un refresco como premio. Al día siguiente el terapeuta modificó el programa; para obtener la recompensa, el paciente debería ser capaz de jugar al ping-pong.

TERAPIAS BREVES   El actor, escritor y director de cine Woody Allen ha hablado con mucha frecuencia de su psicoanálisis, que ha durado unos 25 años. Utilizando un eufemismo, Allen ha dicho «no se aprende nada en un arrebato de dramatismo» (Gittelson, 1979). El análisis freudiano clásico es, en la actualidad, la terapia más larga que puede ofrecerse, con tratamientos de cinco años o más. Sorprende, por tanto, darse cuenta de que Freud empezó ofreciendo el psicoanálisis como una terapia breve, que duraba de unos pocos meses a un año. De hecho, en una sola sesión de cuatro horas curó la impotencia del compositor Gustav Mahler con su mujer.

En esta sesión Freud puso de manifiesto a Mahler la forma en que él identificaba a su esposa con su madre, diciendo: «Creo que su madre se llamaba María. ¿Cómo puede ser que usted se casara con alguien de diferente nombre, Alma, puesto que su madre representaba evidentemente un papel dominante en su vida?» Mahler, impresionado, le dijo a Freud que el nombre completo de su mujer era Alma María, pero que él siempre la había llamado «María» (Goleman, 1981, pág. 62). Así fue como el compositor llegó a la catarsis de su problema.

Un terapeuta contemporáneo ha informado sobre una alta tasa de éxitos con sesiones únicas de dos horas, durante las cuales identifica el problema primordial y ofrece al menos una sugerencia para empezar a resolverlo. Aunque él no afirma que esta clase de terapia resuelva graves problemas emocionales, la ofrece como una manera de superar «el callejón sin salida» que puede producir una «barrera» emocional (Bloom, citado en Goleman, 1981).

Sin embargo, para la gran mayoría la terapia más convencional es abierta, de forma que el paciente no tiene idea de lo que va a durar. Esto frecuentemente provoca problemas, puesto que la terapia es cara, el tiempo precioso y no hay suficientes terapeutas para ayudar a todos aquellos que necesitan ayuda. A resultas de esto, en los últimos 20 años se han desarrollado una serie de técnicas terapéuticas a tiempo limitado, sin alargarse más de las 15 o 20 sesiones, por lo general (Goleman, 1981).

¿Cómo operan las terapias dentro de unos límites tan estrictos? Principalmente centrándose en un síntoma problemático, o sólo en unos cuantos, y sin tratar de realizar un esfuerzo global para reorganizar la personalidad. Las terapias breves provienen de todas las escuelas que hemos explicado y tienen mucho en común. Tienden a apoyar y subrayar las fuerzas del paciente y a proporcionarle una atmósfera «segura» que pueda aceptar. Los terapeutas son normalmente activos, no dudan en dar un consejo práctico antes que insistir en que toda perspectiva parte del cliente. A menudo utilizan ayudas como la hipnosis, fármacos (recetados por ellos mismos si son médicos o por médicos que trabajan en estrecha relación con ellos) y diversas técnicas de condicionamiento.

Los mejores candidatos para la terapia breve son las personas inteligentes, preocupadas por un problema fácilmente identificable, que se ha presentado de manera repentina y que están muy motivadas para eliminarlo. Los peores son los impulsivos, los centrados en sí mismos, los autodestructivos, los masoquistas, los pesimistas, los rígidos y los muy dependientes (Goleman, 1981). Una vez más, los que sacan más provecho de la terapia breve son los que sacarían más provecho de cualquier otra terapia.

Enfoques familiar y de grupo

TERAPIA DE GRUPO   Como los animales más próximos a nosotros, los grandes simios, los humanos somos criaturas sociales. Vivimos en grupo, funcionamos en grupo y funcionamos mal en grupo. Un gran número de personas que van en busca de terapia lo hacen precisamente por sus dificultades para relacionarse con los demás. Así que no es sorprendente que los psicoterapeutas no tardaran mucho en decidir tratar a las personas en grupo. Aunque Sigmund Freud y su inmediato seguidor, Carl Jung, creían firmemente en la base personal de la psicopatología y no exploraron la terapia de grupo, otro de los primeros analistas, Alfred Adler, creía con la misma firmeza en el papel de los factores sociales como origen de los problemas emocionales y en el uso de situaciones sociales para curarlos. En consecuencia, aplicó sus conocimientos del grupo en los centros de orientación infantil y con los alcohólicos (Bloch, 1979).

Actualmente, todos los especialistas de las principales escuelas de psicoterapia, así como los de las ramificaciones más modernas, realizan su trabajo tanto con grupos como individualmente. Los grupos pueden estar compuestos por personas que tienen problemas similares (como drogadictos, personas que comen demasiado, que pegan a niños o con problemas sexuales), o pueden ser grupos heterogéneos con pacientes que sufren problemas diferentes.

¿Qué es lo que se obtiene de una terapia de grupo que no se pueda conseguir en un tratamiento individual? Los pacientes aprenden que no están solos y que los problemas de otras personas son tan graves como los suyos propios, o peores. Consiguen una visión retrospectiva de sí mismos a partir de los otros miembros del grupo. Comunican al grupo sus problemas al relatar a los demás lo que puede haberles llevado en un primer momento a la terapia. Aprenden unos de otros al ver cómo las otras personas manifiestan sus problemas y escuchan de ellas consejos y sugerencias. Se sienten mejor respecto a su propia valía al ver que pueden ayudar a los demás. Se sienten libres para expresar sus sentimientos en un ambiente seguro.

Actualmente los terapeutas de las principales escuelas de psicoterapia tratan frecuentemente a sus pacientes en grupos. Los grupos ofrecen una serie de ventajas en el tratamiento: posibilidad de aprender observando a otros miembros del grupo, oportunidad de aprender oyendo los problemas y las soluciones de otras personas y el alivio de saber que otras personas también tienen problemas. (© Jim Anderson 1981/Woodfin Camp y Assoc.)

¿A qué tipos de personas les va mejor la terapia de grupo? En una discusión de una terapia dinámica a largo plazo, destinada a personas que buscaban ayuda para una serie de problemas diferentes, y en el fondo un cambio básico de personalidad, Block (1979) predijo, sin que ello deba resultarnos sorprendente, que los pacientes que prosperan con otros tipos de terapia, serían los que obtendrían también mayor beneficio de ésta: aquellos que están motivados, los que son relativamente sofisticados al explorar y hablar de sus emociones y quienes están convencidos del valor de este tipo de terapia. Malos candidatos para la terapia de grupo son aquellos que pueden conseguir poco de ella (como la persona con síntomas graves de esquizofrenia, demasiado lejos del contacto con la realidad para participar de manera productiva), y aquellos que se interfieren con la capacidad de los demás para sacar provecho (como los depresivos graves, quienes frustran y desalientan a los otros miembros del grupo).

Algunos problemas que pueden ser tratados de manera efectiva en grupo son: el pobre concepto de uno mismo, la incapacidad para expresar o controlar emociones, la ansiedad, la depresión, la ineficacia en el afrontamiento del estrés y las dificultades para relacionarse o intimar con otras personas (Block, 1979). Otros que responden muy bien son los grupos altamente estructurados con alteraciones del comportamiento específicas, con conductas tales como las de beber o comer excesivamente, maltratar a los niños o juego compulsivo.

La mayoría de los grupos están formados por un número que oscila entre cinco y ocho miembros, lo que proporciona suficientes personas para que la experiencia de grupo sea eficaz y no demasiadas como para que el individuo se sienta perdido. Normalmente se reúnen una vez por semana, a una hora fija, durante una hora o una hora y media. Algunos son *cerrados*, limitando su pertenencia a aquellos que se unieron al principio, mientras que otros son *abiertos*, permitiendo que alguien abandone el grupo en cualquier momento y sea reemplazado por otras personas.

TERAPIA FAMILIAR

La terapia familiar es similar a la de grupo en cuanto que se centra en la interacción entre personas, pero difiere en varios aspectos importantes. En primer lugar, «un grupo no tiene historia, no tiene pasado ni futuro. En cambio, la familia sí los tiene» (Foley, 1979, pág. 464). En segundo lugar, el papel del terapeuta familiar es el de modelo y maestro, en comparación con el del terapeuta de grupo, que es más una persona que nos facilita la curación (Yalom, 1975). Quizás la diferencia más importante sea que la meta del terapeuta familiar es fortalecer el grupo familiar en sí mismo, a la vez que a sus miembros individuales, mientras que la meta de la terapia de grupo es que el propio grupo se autodisuelva cuando sus miembros individuales hayan resuelto sus conflictos.

La premisa básica de la terapia familiar es que el *problema presente* —que el marido beba, la depresión de la esposa, un hijo que se ha fugado— nunca es el problema básico. Antes bien, los terapeutas familiares contemplan estos problemas superficiales como indicativos de que algo funciona radicalmente mal en la familia como conjunto (Napier, 1978). Es el *sistema* familiar el que no está operando adecuadamente. Esto puede ser debido a una mala comunicación que impide a los miembros de la familia reconocer los sentimientos mutuos. Puede ser porque la familia crea en un «mito» que ha pasado de generación en generación («nuestra familia no tiene suerte» o «a nuestra familia le gusta luchar»). Puede surgir de la errónea convicción de que todos los miembros de la familia tienen que pensar igual. O puede ser debido a otras razones, como alianzas entre algunos miembros de la familia que excluyen a otros (como entre un padre y un hijo) o a inhibiciones en la expresión de sentimientos (Bentovim, 1979). Con frecuencia, un problema en el matrimonio de los padres aflora en la rebeldía del hijo; de forma que éste, subsconcientemente, razona diciendo: «Si centro su atención en mis problemas, tendrán que permanecer juntos».

En esta clase de terapia el paciente es la familia al completo. Al ayudar a los individuos a comprender cómo funciona su familia, los asesores psicológicos pueden ayudarles a ver lo que cada uno está haciendo para perpetuar las pautas perjudiciales y cómo pueden cambiar éstas. Los terapeutas familiares, que pueden proceder de cualquiera de las principales escuelas de psicoterapia, trabajan de maneras diferentes. Puede que traten a la familia completa cada vez o que alternen sesiones separadas para uno o más miembros. Pueden ver a una familia una hora por semana, o en una sesión de dos horas cada dos o cuatro semanas, o establecer algún otro horario. Pueden ser capaces de solucionar el problema con cuatro o cinco sesiones o pueden estar con una familia durante un año o más. Estas variaciones dependen de la orientación del terapeuta, las inclinaciones de la familia y de la gravedad y el tipo de problema.

Estos son, pues, los principales tipos de psicoterapia. Como indicábamos, los problemas psicológicos se tratan también de otras maneras: médica o socialmente. Una vez descritos estos dos últimos tipos de terapia, evaluaremos la eficacia comparativa de las diversas formas de tratamiento.

TERAPIAS MEDICAS

Todos estamos familiarizados con las sensaciones corporales que se relacionan con nuestros estados emocionales —las mariposas revoloteando en el estómago antes de un examen importante, o el dolor de cabeza que aparece cuando estamos preocupados—. En el capítulo 10 hemos visto cómo los efectos emocionales pueden llevar a enfermedades tan importantes como los ataques cardíacos. Cuando la mente hace enfermar al cuerpo, las enfermedades se denominan *psicosomáticas*. Aunque su causa no es *orgánica* (física), sino *funcional* (emocional), son enfermedades reales, con manifestaciones físicas reales. En casos así, los médicos suelen recomendar, junto a los cuidados médicos en el tratamiento de los síntomas físicos, la psicoterapia, dado que en su opinión éstos tienen una base emocional. Este es sólo un ejemplo de la íntima relación entre el cuerpo y la mente, vínculo que ha sido reconocido en grados diversos por los médicos y los filósofos a través de los tiempos.

Incluso antes de la historia escrita, ya se creía que en algunas ocasiones el cuerpo hace enfermar a la mente. Esta creencia ha dado lugar a una gama de terapias que pretenden curar determinadas enfermedades mentales tratando el cuerpo.

Las formas más primitivas de tales tratamientos empleaban la cirugía. Mucho más tarde se empezó a utilizar el electroshock. Otro tipo de tratamiento para los problemas emocionales —la administración de fármacos— ha llegado a ser tan normal que ha supuesto una revolución en el cuidado de los trastornos psicológicos. Veremos brevemente el tratamiento quirúrgico y el electroshock y luego, más extensamente, la utilización de fármacos en el tratamiento de los distintos tipos de enfermedades mentales.

Psicocirugía

Si se pasea por las salas de un museo de historia natural, es probable que vea una exposición de antiguos cráneos humanos con agujeros hechos con instrumentos punzantes. Los arqueólogos han concluido que esos agujeros los practicaron los expertos en salud mental de la época que practicaban «trepanaciones», un procedimiento que utiliza una sierra circular para cortar una porción de hueso del cráneo. Se supone que esto se hacía para tratar las enfermedades mentales o para mitigar un dolor que no podía eliminarse.

En el pasado más reciente, otra técnica quirúrgica, la lobotomía prefrontal, llegó a ser de uso común durante algún tiempo. Esta operación, que implica el corte de las vías nerviosas de los dos lóbulos frontales del cerebro, fue llevada a cabo en miles de ocasiones durante las décadas de 1940 y 1950 para aliviar los síntomas de personas con trastornos esquizofrénicos, obsesiones y dolores graves. Cuando fallaba todo lo demás, incluso la terapia de shock, se recomendaba la lobotomía.

Las lobotomías tenían tan sólo un éxito parcial: proporcionaban al menos un alivio transitorio de los síntomas de un 30 a un 60 por 100 de los pacientes, permitiendo que algunos abandonaran la institución y volvieran a casa. Sin embargo, esta operación irreversible tiene un aspecto mucho más oscuro. Las personalidades de los pacientes sufrían frecuentemente un cambio importante, quedando completamente apáticos; a un 5 por 100 le daban regularmente convulsiones y más de un 6 por 100 fallecían (Rosen, 1982; Barahal, 1958). A causa de estos efectos y de los enormes éxitos de la fármacoterapia en los últimos años, apenas se practican ya lobotomías.

Terapia electroconvulsiva (de shock)

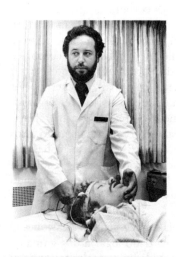

Aunque su uso suscita polémica, la terapia electroconvulsiva (shock) es eficaz para tratar muchos casos de depresión grave que no responden a los fármacos. (Parker Herring/Time Magazine.)

La terapia de shock, tal como la describe la poetisa Sylvia Plath (véase pág. 571), cuyas persistentes depresiones la llevaron al suicidio a la edad de 30 años, suena como otra reliquia aterradora e inhumana del pasado. Ha estado en uso desde los últimos años de la década de 1930 y todavía se emplea para tratar a unos 100.000 norteamericanos cada año (Sobel, 1980).

Actualmente, se da al paciente un sedante y un relajante muscular y también se le ata con correas a una cama acolchada. La persona que administra el tratamiento aplica electrodos (dispositivos que conducen la electricidad) a uno o a ambos lados de la cabeza del paciente y durante un corto espacio de tiempo pasa una corriente eléctrica a través del cerebro. El paciente generalmente queda inconsciente, se pone rígido durante unos segundos, sufre fuertes convulsiones durante un par de minutos, está inconsciente una media hora y durante horas permanece obnubilado y confuso.

Cuando despierte no recordará ni el shock ni nada de lo que haya ocurrido con anterioridad, pero probablemente recobrará la memoria en las dos semanas siguientes.

Un programa de terapia de shock, que puede consistir en una única experiencia o en experiencias repetidas un par de veces por semana durante un período de hasta varios meses, suele ser eficaz para evitar la desesperación de personas gravemente deprimidas o con tendencias suicidas, pero no se sabe con seguridad por qué funciona. Otra teoría sostiene que la depresión es causada por un desequilibrio de las sustancias químicas del cerebro y que la electroconvulsión afecta a estas sustancias. Una reciente investigación (Costain, Gelder, Cowen y Grahame-Smith, 1982) descubrió que los pacientes con depresión tratados con terapia de shock presentaban unos cambios asociados generalmente con un incremento en la transmisión de la sustancia química cerebral llamada dopamina, lo cual apoyaba esta teoría. También es posible que el shock produzca una pérdida de memoria transitoria y que de esta forma rompa los esquemas de pensamiento que trastornan al paciente.

En cualquier caso, este tipo de terapia ha cedido el paso al tratamiento farmacológico, y sólo se recurre a ella cuando aquélla no resulta eficaz, como, por ejemplo, en el caso de ancianos que no pueden tolerar los efectos secundarios de los fármacos. El tratamiento resulta muy controvertido; sus detractores le echan en cara el ser un abuso médico en el que se fuerza a personas que son incapaces psicológicamente de tomar una decisión personal y que, como resultado, sufren pérdida de memoria y daños psicológicos. En cambio sus defensores mantienen que su seguridad ha sido suficientemente demostrada mediante estudios controlados y que frecuentemente ayuda a aquellos pacientes que no admiten otro tratamiento eficaz. La terapia de shock es rara vez eficaz en pacientes esquizofrénicos.

Tratamiento farmacológico

Cuando Freud escribió acerca de un inconsciente vasto y poderoso que sostenía las raíces del desarrollo de nuestra personalidad y de los sorprendentes resultados que consiguió, conduciendo a los pacientes neuróticos hacia las profundidades de ese almacén de recuerdos reprimidos, se inició una revolución. En la actualidad, otro cambio monumental ha afectado la manera de curar y de atender a millones de personas. La terapia de Freud constituyó la revolución del inconsciente. Hoy somos testigos de la revolución de la bioquímica.

Los revolucionarios de hoy son aquellos psiquiatras y psicólogos que explican los trastornos psicológicos en términos de equilibrio de las sustancias químicas en las vías cerebrales, y que tratan dichos trastornos administrando fármacos que viajan a través de ellas. Su influencia ha llegado incluso hasta el médico de medicina general, que receta regularmente fármacos psicoactivos (que alteran la mente) a unos diecisiete millones de pacientes cada año en los EE. UU. (Sobel, 1980).

Aparte de elevar el ánimo de una persona cualquiera en momentos de enfermedad o de estrés, esta revolución ha vaciado y cerrado instituciones que solían albergar a los enfermos mentales. Ha capacitado a personas que en otro momento fueron una amenaza para sí mismas y para quienes estaban a su alrededor, para vivir con libertad en la comunidad, conservar sus empleos y relacionarse con gente normal, aunque no se hayan curado de sus enfermedades ni se hayan convertido mágicamente en normales. Ha exculpado a muchos padres explicando los trastornos de sus hijos como resultado de desequilibrios químicos innatos más que como experiencias de la vida que marcan emocionalmente.

Son tantos los desórdenes psicológicos que responden bien a los fármacos psicoactivos que muchos investigadores se han convencido de que estos trastornos tienen causas bioquímicas. En algunos casos un tratamiento con éxito por medio de fármacos ha inspirado investigaciones que han demostrado la base biológica del trastorno. En otros casos los resultados no son concluyentes.

¿Qué papel desempeñan los fármacos en el tratamiento del trastorno psicológico? ¿Qué consiguen y hasta qué punto? ¿Cuándo resultan más indicados?

QUIEN PUEDE SER AYUDADO POR LOS FARMACOS Los fármacos desarrollados hasta ahora han sido utilizados con mucha eficacia en personas que sufren alguno de los siguientes estados:

Esquizofrenia En los últimos años de la década de 1940 los médicos descubrieron que cierto antihistamínico tenía un efecto calmante en pacientes sometidos a cirugía. No mucho antes los científicos habían desarrollado una sustancia química derivada de este medicamento que administraban a pacientes esquizofrénicos muy agitados. Luego descubrieron que este nuevo compuesto, la *cloropromacina* (nombre comercial Torazine), no sólo calmaba a estos pacientes, sino que, además, eliminaba una serie de síntomas específicos de su estado. Muchos pacientes que lo tomaron dejaron de oír voces y de sufrir alucinaciones y ya no se sintieron oprimidos por delirios paranoicos. Este fármaco y las sustancias químicas relacionadas de la familia de las fenotiacinas (que también incluye la *trifluoperacina* (comercial: Peanxit; Eskazine) son conocidos como *antipsicóticos,* como neurolépticos (dado que producen efectos neurológicos secundarios) y como *tranquilizantes mayores.* No producen adicción ni sueño.

Para la gran mayoría de los pacientes esquizofrénicos estos medicamentos funcionan espectacularmente, controlando los síntomas que más les incapacitan y permitiéndoles vivir fuera de una institución en la comunidad. Sin embargo, no están curados por completo. Algunos pacientes no responden ni siquiera a altas dosis, posiblemente a causa de que las diferencias en tasas metabólicas, al parecer, impiden la absorción adecuada del fármaco por el sistema de algunas personas (Shapiro, 1981). Incluso cuando los fármacos resultan eficaces, no curan la enfermedad: cuando las personas con trastornos esquizofrénicos dejan de tomar la medicación, los antiguos síntomas reaparecen en un par de semanas. Es más, incluso cuando están bajo medicación, muchos necesitan intenso apoyo social y no pueden llevar una vida normal (Wender y Klein, 1981b). La diferencia entre el estado del que está sometido a medicación y el del que no, consiste en la mayoría de los casos en que el primero es capaz de caminar solo por la vida pública, es consciente de las personas y acontecimientos de la vida diaria, mientras que el segundo está sentado en el suelo de una habitación desnuda de un hospital, contemplando, si acaso las ve, las blancas paredes.

Los antipsicóticos se usan mucho actualmente —demasiado según los críticos, los cuales sostienen que se utilizan principalmente para hacer que los pacientes sean fáciles de manejar—. Los críticos también señalan los problemáticos efectos secundarios de los fármacos, como la visión borrosa, los temblores, el estreñimiento y la sequedad de boca. El más preocupante es la discinesia tardía, un trastorno que incluye «tics» faciales involuntarios y contorsiones corporales, y afecta a un número considerable de los que han tomado estos fármacos durante años. De un 40 a un 50 por 100 de los pacientes de hospitales mentales públicos sufren este efecto secundario (Kolata, 1979).

Cuando a los pacientes se les suprime la medicación, los efectos secundarios pueden desaparecer o no —y en cambio los síntomas perjudiciales de la esquizofrenia reaparecen—. Este dilema ha provocado mucha polémica en círculos psiquiátricos y legales, hasta el punto de que muchos pacientes hospitalizados han ido a los tribunales para exigir su derecho a rechazar los fármacos antipsicóticos, mientras que muchos psiquiatras y directores de hospital sostienen que los pacientes psicóticos son incapaces de tomar decisiones sensatas sobre su tratamiento (Appelbaum, 1982).

Depresión El descubrimiento de la cloropromacina inspiró el desarrollo de una clase importante de medicamentos usados para tratar la depresión, los tricíclicos. Habían sido sintetizados antes de final de siglo, pero no se emplearon hasta finales de la década de 1950, cuando los químicos se dieron cuenta de su parecido químico con la cloropromacina. Las primeras pruebas tuvieron éxito al comprobar que elevaban el ánimo de las personas, y se han recetado en profusión para tratar la depresión clínica y otros trastornos psicológicos. Los compuestos tricíclicos más comunes son Mutabase, Tofranil, Sinequan, Anafranil y Nobritol.

Otro tipo de antidepresivos de uso común hoy en día son los inhibidores de la monoamino-oxidasa (IMAO) (como el Nerusil, Nardelzime y Parnate), también desarrollados en la década de 1950, cuando un medicamento nuevo para la tuberculosis «hizo que algunos ancianos tuberculosos bailaran por los pasillos de sus sanatorios» (Clark, 1979, pág. 100).

Existen limitaciones en el uso de los antidepresivos. Aunque son muy efectivos para tratar ese tipo de desesperación que parece no surgir de ninguna parte, ayudando a un 70 por 100 de las personas con depresión endógena (Wender y Klein, 1981a), producen poco o ningún efecto en las personas deprimidas por un acontecimiento vital que les trastorna, como la muerte de un miembro de la familia o la pérdida del empleo. Es más, incluso cuando funcionan bien, no producen efecto hasta después de una semana o más. Si una persona está tan desesperadamente baja de moral que es un suicida potencial, es peligroso confiar sólo en los antidepresivos; puede que haya que aplicarle de inmediato terapia de shock eléctrico hasta que el fármaco tenga oportunidad de producir su efecto.

Como todos los fármacos, tienen también efectos secundarios. Los producidos por los tricíclicos son de relativamente poca importancia, como estreñimiento, sequedad de boca y mareos, pero los IMAO pueden provocar peligrosas subidas de la tensión arterial si el paciente toma ciertos alimentos, como chocolate o queso, que contienen un determinado aminoácido.

Trastorno bipolar («maniaco-depresivo») Aproximadamente al mismo tiempo que hacían su aparición los fármacos citados, a finales de la década de 1940 y principios de la de 1950, se descubrió que el carbonato de litio controlaba los extravagantes excesos de los estados maniacos. Aunque es un tratamiento más que una cura, a menudo elimina completamente los síntomas maniacos y, por lo tanto, ha sido utilizado con profusión en los diez o quince últimos años. Aunque el litio no crea hábito, sí que tiene efectos secundarios. Puede afectar al tiroides y a los riñones, y puede producir ligeros temblores en las manos y aumento de peso, así como otros efectos leves. En dosis excesivas puede ser venenoso, y puesto que hay poca diferencia de dosis entre el nivel terapéutico y el tóxico, cualquiera que tome litio debería hacerse regularmente análisis de sangre, así como exámenes regulares del tiroides y los riñones (U. S. Department of Health and Human Services, 1981).

Otro problema que tiene el litio es conseguir que los pacientes lo tomen. Como muchos maniacos no quieren dejar la euforia de sus altos estados de ánimo, algunos psiquiatras ajustan la dosis de litio para atemperar la manía sin eliminarla por completo.

Ansiedad y neurosis En 1975 el ansiolítico *Diazepan* (Valium) era el medicamento más popular en América, con cerca de 61,3 millones de recetas a lo largo de ese año (Boffey, 1981). Desde entonces, fundamentalmente como resultado de la amplia publicidad previniendo sobre su abuso y el peligro de que creara hábito, el Valium ha bajado en popularidad. En 1980 se hicieron de él unos 33,6 millones de recetas.

El Valium —como sus primos químicos Tranxilium y Librium— pertenece a la clase de fármacos denominados formalmente *benzodiacepinas,* e informalmente (y de manera errónea) se le incluye entre los «tranquilizantes menores», para diferenciarlos de las fenotiacinas o «tranquilizantes mayores». A pesar del nombre, estas dos clases de medicamentos son muy diferentes. Las dos distinciones más importantes son: las benzodiacepinas *no* mitigan los síntomas psicóticos, y *sí* tienen potencial adictivo. Sus efectos secundarios más comunes son la somnolencia y la inestabilidad a partir de grandes dosis así como la tendencia a potenciar el efecto del alcohol cuando se ingieren a la vez. Las benzodiacepinas son eficaces para tratar la *ansiedad generalizada,* que la persona siente en muchas situaciones normales en contraste con la *ansiedad específica,* que sólo se manifiesta en determinadas circunstancias, como hacer un examen o volar en avión.

Los antidepresivos y los tranquilizantes se recetan juntos en algunas ocasiones con fines específicos. Se han obtenido altos niveles de éxito al tratar a pacientes fóbicos con una combinación de tricíclicos y tranquilizantes menores (Wender y Klein, 1981b).

COMO FUNCIONAN LOS FARMACOS Como vimos en el capítulo 2, billones de células nerviosas están interconectadas en el cerebro humano. En las sinapsis las células nerviosas liberan sustancias químicas llamadas «neurotransmisores», que pasan a otras células nerviosas y activan los impulsos que determinan el pensamiento, el ánimo y el movimiento. Una vez que el neurotransmisor ha activado la célula y se ha iniciado un nuevo impulso, la sustancia se reabsorbe dentro de la célula que lo segregó. Según la teoría del desequilibrio químico, los problemas surgen cuando se libera demasiada cantidad, o demasiado poca, de un neurotransmisor concreto y cuando los receptores lo absorben demasiado deprisa o demasiado despacio. En otras palabras, un exceso o una carencia de un neurotransmisor concreto causará alteraciones de la normalidad.

El neurotransmisor *dopamina* es la sustancia química que parece estar implicada en la esquizofrenia. La dopamina activa células en zonas del cerebro que procesan pensamientos y sentimientos, y cuando hay un exceso de ella causa trastornos psicóticos del pensamiento y del estado de ánimo. Los fármacos antipsicóticos contrarrestan este efecto, bloqueando los receptores de la dopamina, de forma que las células cerebrales no puedan absorberla.

La depresión parece que está causada por una carencia de otro neurotransmisor: o bien la *norepinefrina* o bien la *serotonina.* Los antidepresivos atacan este problema de dos maneras: los tricíclicos aumenta los niveles de una u otra sustancia y los IMAO bloquean una enzima que descompone la norepinefrina, permitiendo que permanezca más tiempo en el cerebro.

El litio parece que actúa de forma similar a los fármacos antipsicóticos al reducir la sensibilidad de los receptores de la dopamina, mientras que eleva al mismo tiempo los niveles de serotonina, al igual que lo hacen los antidepresivos.

EVALUACION DE LA TERAPIA FARMACOLOGICA Los fármacos psicoactivos han hecho que millones de personas pasen de una vida desgraciada a una vida más rica dentro de la sociedad. Y, sin embargo, no son todavía una panacea para todos los problemas psicológicos de los que la

La hospitalizació· de los perturbados mentales tiene una larga historia, que se remonta a los siglos XVII y XVIII. En fechas tan recientes como la década de los 50, muchos hospitales psiquiátricos no eran más que almacenes de enfermos mentales. Con la llegada, durante los primeros años de la década de los 60, de los fámacos antipsicóticos y antidepresivos, muchos pacientes han podido abandonar las instituciones, vivir en sus propias comunidades y recibir terapia como enfermos externos. (Jerry Cooke/Photo Researchers, Inc.; M. E. Warren/Photo Researchers, Inc.)

humanidad es heredera. Como cualquier otro fármaco, no siempre funcionan. Incluso los que tienen un índice de éxito más alto para un trastorno concreto no son eficaces para todos los que lo padecen. E incluso cuando *son* capaces de eliminar los síntomas, los efectos secundarios que dejan en su estela parecen algunas veces tan malos o peores que el estado original, y por lo tanto tiene que interrumpirse su uso. (Más adelante, en este mismo capítulo, compararemos la terapia farmacológica con las otras terapias.) Para aquellas personas a las que los medicamentos no les pueden ayudar, necesitamos formas alternativas de tratamiento, junto a continuas investigaciones para descubrir nuevos métodos para su mejora.

TERAPIA AMBIENTAL

Algunas veces la mejor forma de tratamiento consiste en el cambio del ambiente de la persona. Esto puede implicar el tipo de cambio más extremo —internamiento en un hospital psiquiátrico—, pero puede consistir también en una alternativa como residir en un albergue, un hogar con un grupo reducido o una residencia. Puede implicar el enviar a la persona a un hospital de día, donde pueda estar atendida todo el día en un ambiente protegido que proporciona una oportunidad para la terapia, así como una actividad constructiva. Un cuidado alternativo semejante puede ofrecer el entrenamiento adecuado para las actividades de la vida diaria, como el cuidado personal, el uso de los transportes públicos, hacer un presupuesto, ir de compras, cocinar o hacer la colada.

El internamiento de los que están trastornados mentalmente tiene una larga historia, remontándose a los siglos XVII y XVIII. Su intención era humanitaria —proporcionar refugio o «asilo» a los enfermos mentales—. También protegía a la sociedad: al encerrar a los enfermos, los normales quedaban salvaguardados. Eventualmente, en el siglo XIX los profesionales de la salud mental empezaron a ofrecer tratamiento especializado a los internados en los sanatorios. En conjunto, sin embargo, los intentos para curar a las personas que están en una institución han sido decepcionantes. Las personas tan perturbadas que necesitaban ser hospitalizadas apenas eran capaces de beneficiarse del tratamiento, y muchas permanecían en hospitales psiquiátri-

La siguiente descripción podría haberse aplicado a cientos de hospitales psiquiátricos hace poco tiempo en la década de 1950:

Los pacientes se paseaban de un lado a otro sin finalidad, murmurando incoherentemente entre dientes. A los violentos se les envolvía en sábanas húmedas con los brazos sujetos, o llevaban «camisas de fuerza». Los cuidadores, en peligro frecuente de ser atacados, observaban a los enfermos a través de pantallas. El suelo estaba desnudo porque las alfombras se habían ensuciado rápidamente con excrementos. (Clark, 1979, pág. 98.)

cos, desde la adolescencia hasta su muerte, tan trastornados como el día en que ingresaron. Menos del 5 por 100 de aquellos que estaban en una institución más de dos años la abandonaban alguna vez (Paul, 1969).

Pero nadie sabía qué otra cosa hacer con los gravemente perturbados. Y así se fueron construyendo más hospitales y cada vez más pacientes fueron ingresados en ellos. Durante la década de los 50 más de medio millón de norteamericanos estaban bajo la custodia de los hospitales psiquiátricos, y su número aumentaba en casi 10.000 por año (Clark, 1979). Los hospitales estaban abarrotados con un número de pacientes cuatro veces superior a aquél para el que habían sido construidos, y en muchos casos eran sólo almacenes malolientes y peligrosos para personas que apenas parecían humanas.

Entonces llegaron a escena los fármacos antipsicóticos y antidepresivos, cambiando por completo el panorama. Durante los primeros años de la década de 1960 millones de pacientes, que podían recibir medicación, abandonaron los hospitales psiquiátricos y se marcharon a su casa a vivir en sus propias comunicades y a recibir tratamiento como pacientes externos.

Lo que ocurrió en Ypsilanti, Michigan, es típico. El hospital psiquiátrico regional de esa localidad fue construido en 1931, proyectado para albergar a 900 pacientes. En la década de los 50 se esforzaba en ocuparse de 3.400 individuos apiñados dentro de sus paredes. Luego, hacia 1979, el número de pacientes bajó otra vez a 980 (Clark, 1979). Esta diferencia no sólo afectó a los pacientes que dejaron el hospital, sino que tuvo un gran efecto sobre los que se quedaron, que podían ahora recibir una atención más individualizada y humana, en un ambiente más agradable.

Sin embargo, esta historia para incontables enfermos mentales no tiene todavía un final feliz; muchos de ellos viven una existencia de puerta giratoria, entrando y saliendo de las instituciones hasta que han podido emitir la queja que se ha convertido en el título de un reciente libro: *¿No hay un lugar en la tierra para mí?* (Sheehan, 1982). El destino típico del paciente psicótico al que han dejado salir de una institución es una vida al margen de la sociedad. Después de luchar para ir tirando en una familia abocada a la confusión por la presencia de la persona perturbada, o viviendo en soledad en una lúgubre habitación de alquiler, el paciente se presenta con demasiada frecuencia en la sala de urgencias del hospital para ser admitido, una vez más, en una institución psiquiátrica. Cerca de la mitad de los pacientes internos a los que se ha dado de alta vuelven a un centro psiquiátrico antes de haber transcurrido el primer año (Bassuk y Gerson, 1978).

La promesa de la «salud mental comunitaria», aireada en la década de los años 60, para proporcionar tratamiento y rehabilitación dentro de la comunidad no se ha materializado en su totalidad. Los pocos, aunque excelentes programas basados en la comunidad que existen, sólo pueden tratar a una pequeña minoría de los pacientes que los necesitan, y la mayoría de pacientes externos no recibe ningún o muy poco cuidado de seguimiento o supervisión y se les deja en un relativo abandono. La dificultad de su situación se comprueba en el hecho de que son muchos los que retornan al hospital, a pesar de las claras indicaciones de que el tratamiento del paciente externo es más eficaz y menos costoso.

En una revisión de diez estudios que comparan los cuidados institucionales y los no institucionales de pacientes con enfermedad mental grave, Kiesler (1982) llega a la conclusión de que los pacientes que reciben tratamiento fuera de una institución obtienen mejores resultados en su evolución psiquiátrica, en el rendimiento escolar y laboral, en el mantenimiento de relaciones a largo plazo y en otras medidas de independencia y adaptación. Es más, pacientes hospitalizados dados de alta tienen más probabilidades de volver a los hospitales psiquiátricos mentales que la que tienen los pacientes con cuidados alternativos de ser ingresados por primera vez. La hospitalización se convierte en «autoperpetuadora».

Aunque el número de pacientes en hospitales psiquiátricos es dos veces más bajo que hace veinte años, ingresan y reingresan más personas para estancias cortas. Los hospitales mentales de los EE. UU. reciben alrededor de 1.800.000 admisiones cada año, y un 70 por 100 de todo el presupuesto de salud mental va a parar al cuidado hospitalario (Kiesler, 1982). Una de las razones de que esto ocurra es que Medicaid (programa destinado a subvencionar estos tratamientos en los EE. UU.) se ha convertido en el mayor programa para surtir de fondos a la salud mental del país, y Medicaid paga primordialmente el cuidado institucional más que otros tipos de cuidados alternativos.

EVALUACION DE LAS DIVERSAS TERAPIAS

Hemos presentado el amplio número de terapias disponibles para tratar los trastornos psicológicos. Para poder llegar a alguna conclusión respecto a su eficacia tenemos que formularnos algunas preguntas críticas. El resto de este capítulo tratará de responder a las siguientes cuestiones:

1 ¿Es mejor una terapia que no hacer nada?
2 ¿Es una terapia determinada «la mejor»?
3 ¿Hay un tipo de terapia más adecuado para un determinado tipo de problema?
4 ¿Es mejor utilizar una combinación de terapias que una terapia sola?
5 ¿Existen denominadores comunes que están presentes en todas las terapias?

¿Es mejor una terapia que no hacer nada?

«Todos han ganado y todos deben tener premios», anunciaba el pájaro dodó al juzgar la carrera en *Alicia en el País de las Maravillas*. Luborsky, Singer y Luborsky (1975) citaban este «veredicto del pájaro dodó» al hacer hincapié en su creencia de que «todas las psicoterapias producen algunos beneficios en algunos pacientes» (pág. 995). Este veredicto se confirma por una serie de estudios que han descubierto que un alto porcentaje de gente con problemas se benefician de *alguna* clase de psicoterapia.

El consenso de los investigadores contemporáneos es muy diferente de los primeros informes sobre la eficacia de la psicoterapia, ya que ahora parecen ser en conjunto excépticos y negativos. El más influyente de entre los primeros críticos de la terapia fue Hans J. Eysenck (1952, 1965, 1969); en su opinión, dos tercios de los neuróticos mejoraban en un período de dos años tanto si recibían terapia como si no. Los efectos de la psicoterapia son pequeños o inexistentes, y «los procedimientos psicoterapéuticos corrientes no han colmado las esperanzas con las que se recibió su aparición hace cincuenta años» (1965, pág. 136). La única terapia a la que Eysenck daba crédito por sus resultados positivos era la terapia de conducta. Desde que Eysenck llegara a esta conclusión se han realizado muchos estudios comparativos bastante mejor elaborados. Luborsky y sus colaboradores (1975) señalan que el 80 por 100 de los estudios que evalúan los beneficios de la psicoterapia han descubierto resultados positivos incluso cuando los tratamientos son mínimos, mostrando diferencias significativas en unos dos tercios de las

Me opongo al avance del psicoanálisis, al avance de la terapia de la Gestalt, al avance de la terapia existencial, al avance de la terapia de conducta y al avance de cualquier escuela delimitada de pensamiento. Soy favorable al avance en el conocimiento psicológico, al avance en la comprensión de la interacción humana, partidario del alivio del sufrimiento y de la habilidad de la intervención terapéutica. (Lazarus, 1977, pág. 553.)

comparaciones realizadas entre los grupos con psicoterapia y los grupos de control de individuos no sometidos a tratamiento.

La mayoría de estos estudios contemplan tratamientos a corto plazo, que duran de 2 a 12 meses, y la mayoría confían en el juicio del terapeuta sobre la mejora del cliente. Como a los terapeutas les gusta creer que sus esfuerzos no son en balde, puede que los resultados estén sesgados, debido a la evaluación quizá demasiado positiva que puedan haber realizado los terapeutas. Sin embargo, los estudios que han empleado métodos más objetivos —tales como los índices de jueces clínicos independientes o los índices de altas y readmisiones hospitalarias— presentan resultados similares a los basados en el criterio de los terapeutas.

¿Es una determinada terapia «la mejor»?

Las polémicas contemporáneas más enconadas giran en torno a los planteamientos profármacos frente anti-fármacos y sobre la terapia dinámica frente a la de conducta. Veamos lo que hay sobre estos dos temas.

¿LOS CLIENTES DEBERIAN USAR SUS BOCAS PARA TOMAR FARMACOS O PARA HABLAR?

El problema del psiquiatra se ha comparado con el del «barman» en la polémica entre las fuerzas pro y anti-fármacos (Klerman, 1978). ¿Debería el psiquiatra hacer un «cóctel» terapéutico mezclando, digamos, terapia familiar con un tranquilizante o terapia de grupo con un neuroléptico? ¿O debería ser un «prohibicionista» y evitar cualquier tipo de fármaco? ¿O ser sólo un recetador de fármacos «para los que prefieren sus bebidas sin mezcla?»

Nos ayudará a responder a estas preguntas el revisar los argumentos de cada punto de vista. La polémica de los fármacos gira en torno a los problemas de la personalidad neurótica. El valor de los fármacos en el tratamiento de los trastornos psicóticos, tales como la esquizofrenia, la depresión grave y la manía, es algo generalmente aceptado.

Los contrarios al uso de medicamentos aducen que la farmacoterapia hace a los pacientes demasiado dependientes de sus médicos, incrementa sus creencias en tratamientos mágicos y no les estimula a luchar para ganar perspectiva respecto a sus problemas de personalidad. Los críticos sociales mantienen que prescribir fármacos a las personas perturbadas convierte sus problemas en biomédicos cuando, de hecho, han surgido de un clima discriminatorio en la sociedad. Otros críticos cuestionan su eficacia manteniendo que la mejora que se les atribuye podría ser debida a efectos placebo*.

Incluso aquellos terapeutas que creen que existe un lugar para la fármacoterapia plantean interrogantes. En primer lugar, los fármacos no siempre funcionan. Incluso los que tienen el índice más alto de éxito para un trastorno determinado no son eficaces para todos los que padecen ese trastorno. E incluso cuando *son* capaces de eliminar los síntomas, sus efectos secundarios parecen a veces tan malos o peores que el trastorno original, y por esta razón su uso debe ser interrumpido. Dada su, relativamente reciente,

---

* Un placebo es una píldora en la que se sustituye con azúcar o alguna otra sustancia inocua un ingrediente activo. Cualquier efecto que una «píldora de azúcar» pueda ejercer sobre el individuo se presupone que es psicológico. Los placebos se administran frecuentemente a los sujetos del grupo de control en los experimentos, de forma que cualquier diferencia entre el grupo experimental y el grupo de control será claramente el resultado de la diferencia en el contenido del fármaco y no se verá afectado por el hecho de que un grupo sabe que está tomando medicación que el otro grupo no la está tomando.

utilización a gran escala, todavía existe mucha controversia sobre la dosificación adecuada, y no sabemos mucho sobre sus efectos a largo plazo. Aún hemos de desarrollar los criterios para permitir que los pacientes hospitalizados vuelvan a la comunidad, de manera que no tengamos grandes cantidades de personas paseándose sin una estructura para cuidarlos, simplemente porque los fármacos les han ayudado a librarse de sus síntomas más evidentes de locura. Hemos de preguntarnos a nosotros mismos cuántas personas los están tomando para mitigar las ansiedades normales de la vida diaria, y cuándo sería mejor que se les aconsejara desarrollar reservas de energía psicológica para afrontar la adversidad. Hemos de preguntarnos si los médicos recetan píldoras porque es lo más rápido y más fácil que puede hacerse, cuando podría ser más útil otro tratamiento.

Los profesionales a favor de la farmacoterapia creen que esto es todo lo que el paciente necesita, y que poner la psicoterapia por encima de la medicación puede interferir en los efectos curativos de un régimen medicamentoso. Comparan los fármacos psicoactivos con aquellos que se usan en medicina general, como la insulina que toman los diabéticos, y añaden que no es necesario nada más. Muchos «psiquiatras biológicos» creen que la psicoterapia agravará a los pacientes y les hará sentir mayor estrés al remover dolorosos conflictos internos, anulando así los valiosos efectos de la medicación.

Algunas personas, cuyo estado parece tener una base bioquímica, responden de manera espectacular al tratamiento medicamentoso. Si no han resultado muy perjudicadas emocionalmente por las consecuencias de su estado, pueden, a menudo, salir por su propio pie de la consulta del terapeuta con la receta en la mano y sin requerir más que una revisión periódica que asegure que las cosas van bien.

Sin embargo, para la mayoría de las personas resulta más provechoso tomar los medicamentos a la par que se les administra alguna psicoterapia. No importa cuán eficaces sean los fármacos para liberarse de síntomas problemáticos, el individuo sufre y necesita desarrollar una perspectiva vital, aprender conductas más adecuadas que aquellas que ha venido ejecutando con anterioridad a la terapia. Los fármacos pueden ser un catalizador importante que capacite a la persona a participar activamente en la psicoterapia y así sacar provecho de ella, y la psicoterapia puede ser capaz de tomar un enfoque diferente, dado el control que ejercen los fármacos sobre los síntomas más problemáticos del individuo. Veremos la manera en que los fármacos y la terapia pueden combinarse cuando contestemos a la pregunta 4.

¿QUE ES MEJOR: LA TERAPIA ORIENTADA PSICOANALITICAMENTE O LA DE CONDUCTA?

Aunque ninguno de estos enfoques ha demostrado ser suficientemente válido en el tratamiento de las psicosis (tanto la esquizofrenia como la depresión grave), ambos tipos de terapia se utilizan normalmente en el tratamiento de una amplia gama de otros tipos de trastornos. En la mayoría de los estudios que las comparan en relación con la típica persona que acude a la consulta con un montón de síntomas neuróticos aparecen muy pocas diferencias.

Una explicación de esto puede encontrarse quizás en la propia manera de realizar las entrevistas terapéuticas de las diferentes escuelas. Los terapeutas de la conducta, que subrayan la importancia de la persuasión para que el paciente desarrolle nuevos comportamientos, dicen que frecuentemente trabajan con clientes «durante un año de experiencia emocional correctiva»,

En los últimos años la terapia de conducta ha adquirido «mala prensa». El psicólogo Arnold A. Lazarus protesta:

Uno acaba cansándose de explicar que los terapeutas de la conducta no niegan la conciencia, no tratan a las personas como si fueran los perros de Pavlov, no son maquiavélicos ni coercitivos. Uno se aburre de explicar que la terapia aversiva (excepto en manos de un lunático) es tan sólo una parte ínfima y relativamente insignificante de nuestro arsenal, y que no ignoramos el papel que desempeña la confianza mutua y otros factores de relación entre nuestras variables de tratamiento. (1977, pág. 553.)

lo cual puede ser «lo que los freudianos llaman transferencia» (Russell, 1981, pág. 20). Y los terapeutas eclécticos, que subrayan la importancia de ayudar al paciente para que juzgue su problema desde la perspectiva adecuada, indican la conveniencia de sugerirle que modifiquen conductas específicas. En suma, estas entrevistas confirman la conclusión de Gurman y Razin (1977) de que «las diferencias entre los terapeutas son más evidentes en su forma de pensar que en la forma como se comportan tanto ellos como sus pacientes» (Russell, 1981, pág. 17).

En alguno de estos estudios la terapia de conducta aparece como más ventajosa que el tratamiento orientado psicoanalíticamente. Esta superioridad no ha de sorprendernos, pues la terapia de conducta nació en el laboratorio y se dotó desde entonces de una clara inclinación a la evaluación científica, mientras que las terapias dinámicas, orientadas hacia la introspección, son mucho menos factibles de evaluación objetiva. Sloane y otros (1975) descubrieron que la terapia de conducta es, al menos, tan eficaz como la orientada psicoanalíticamente, y probablemente más en el tratamiento de las neurosis y los trastornos de personalidad.

También descubrieron que la terapia de orientación psicoanalítica funciona mejor con «mujeres jóvenes, locuaces, inteligentes, bien educadas, de ingresos más bien altos y que sólo están ligeramente neuróticas; mientras que las terapias de conducta son eficaces para una gama más amplia de sujetos» (Sloane, et al., 1975).

Aunque la terapia de conducta ha tenido éxito al tratar toda la amplia gama de problemas neuróticos, su superioridad se manifiesta más claramente en el tratamiento de ciertos estados específicos, en condiciones más estrechamente definidas, como veremos más abajo al contestar a la tercera cuestión.

Nuestra respuesta, pues, a la pregunta 2 es «algunas veces». En algunas ocasiones es mejor una terapia, y en muchas no existe una superioridad clara de una sobre la otra.

¿Hay un tipo de terapia más adecuado para un determinado tipo de problema?

El primer informe de la Comisión de Terapias Psiquiátricas de la Asociación Psiquiátrica Americana afirmaba que la farmacoterapia es esencial en el tratamiento de la esquizofrenia y que las terapias orientadas psicoanalíticamente «proporcionan poco provecho adicional», aunque se les concede cierto valor a los diversos tipos de terapia de conducta y a la rehabilitación social (Pines, 1982). En las depresiones mayores, sin embargo, la comisión recomienda la psicoterapia además de la medicación. Los fármacos también están indicados en el tratamiento de otras enfermedades que parecen tener una base fisiológica, tales como el síndrome de Tourette, algunos tipos de hiperactividad infantil y algunas formas de crisis de angustia.

Un informe reciente descubrió que las personas con trastornos esquizofrénicos obtienen mayor provecho de la combinación de terapia familiar y medicamentos neurolépticos que de una terapia de apoyo individual junto con los fármacos (Falloon, et al., 1982). Los terapeutas educaban a los pacientes y a sus familiares sobre la naturaleza, el curso y el tratamiento de la esquizofrenia, ayudaban a los miembros de la familia a identificar sus tensiones y les enseñaban a mejorar su capacidad para resolver problemas. Después de 9 meses sólo un paciente en el grupo de terapia familiar había recaído, en comparación con los ocho de entre los que habían sido tratados individualmente y los que habían sido tratados con terapia familiar; por término medio, pasaron menos de un día en el hospital, en comparación con los ocho días de los del otro grupo.

Otro tratamiento reconocido generalmente como una «cura» específica para un problema específico es la terapia electroconvulsiva, o de shock, prescrita sólo para personas gravemente deprimidas o suicidas potenciales, que resulta frecuentemente muy eficaz. Recomendaciones más específicas sobre el mejor tipo de tratamiento para la depresión pueden extraerse de un estudio más importante, dirigido por el Instituto Nacional de Salud Mental (NIMH), que comparó tres tratamientos diferentes. Dos tipos de psicoterapias: la cognitiva de Beck y la interpersonal desarrollada por Klerman, Weissman y otros. La tercera, un tratamiento medicamentoso en el que se utilizaba un antidepresivo tricíclico, comparándolo con un placebo (Kolata, 1981; Pines, 1982).

Otra importante categoría de terapia específica, especialmente bien adaptada a un tipo específico de problema, es el uso de la terapia de conducta para el tratamiento de fobias, obsesiones y compulsiones y ciertas disfunciones sexuales.

Sin embargo, en la mayoría de los trastornos psicológicos la relación entre el terapeuta y el cliente parece mucho más importante que la teoría concreta que el terapeuta adopte. Más consideraciones al respecto las encontrará el lector en la discusión sobre la pregunta 5.

¿Es mejor utilizar una combinación de terapias que una terapia sola?

«En la práctica, la mayoría de los psiquiatras e incluso muchos psicoterapeutas no médicos son activos barmans, y mezclan varios cócteles de fármacos y psicoterapia» (Klerman, 1978, pág. 221). La combinación de estas dos clases de terapia funciona frecuentemente como un «cohete con dos fases» en el tratamiento de la depresión (pág. 222). La primera fase, la medicación, ataca los síntomas prominentes —ansiedad, insomnio, tensión, etc.—, sacando a la persona deprimida de la «órbita sintomática». La psicoterapia, que constituye la segunda fase, ayuda al cliente a llegar a ser más competente en la vida diaria, a relacionarse socialmente y a ganar perspectiva respecto a su situación vital. Los fármacos hacen que esa persona sea más accesible a la psicoterapia, y la combinación parece que es superior a cualquier tratamiento aislado.

Luborsky y sus colaboradores (1975) encontraron también nuevos motivos para combinar los tratamientos. Cuando compararon la medicación unida a la psicoterapia para trastornos psicológicos diversos frente a sólo medicación o solamente psicoterapia, la combinación salió ganadora casi siempre. Llegaron a la conclusión de que «una combinación de tratamientos puede representar más que un efecto aditivo de los dos tratamientos: obtener más por el mismo dinero» (pág. 1.004). Parece que nos encontramos ante un efecto sinérgico: la combinación de dos tratamientos diferentes proporciona una terapia que es mucho más eficaz que si sólo se añaden los beneficios de uno al otro. La fuerza combinada de los tratamientos posee una energía propia.

¿Existen denominadores comunes que están presentes en todas las terapias?

¿Qué es lo que todas las psicoterapias tienen en común? Todas ofrecen algún tipo de explicación sistematizada para los problemas del paciente, con un conjunto de principios que éste puede utilizar para guiar su conducta futura, y todas ofrecen una relación útil con una persona profesionalmente preparada. Cuando funcionan, elevan la autoestima del paciente, su sentido de competencia personal y la confianza de que puede moverse en el mundo. «El problema principal de todos los pacientes que vienen a la psicoterapia es la desmoralización, y la eficacia de todas las escuelas psicoterapéuticas reside en su habilidad para restablecer la moral de los pacientes» (Frank, 1974, pág. 271).

Para determinar el éxito del tratamiento, es más importante el terapeuta

APARTADO 16-2

ELECCION DE UNA TERAPIA Y UN TERAPEUTA

Enfrentados con la desconcertante colección de terapias y terapeutas, ¿cómo puede elegir el mejor tipo de terapia para sus problemas y la mejor persona que la administre? No hay respuestas precisas, pero puede ser útil el siguiente diálogo.

Q: ¿Cómo sé si necesito terapia?
A: Contestemos a esa pregunta con otras preguntas. ¿Se siente usted frecuentemente infeliz? ¿Tiene problemas para hacer y conservar amistades íntimas? ¿Tiene problemas para realizar su trabajo escolar o para conservar su empleo? ¿Se introducen miedos irracionales en su camino en la vida diaria? ¿Se ha producido un gran cambio en sus hábitos —duerme demasiado o demasiado poco, come en exceso o ha perdido el apetito, ha perdido todo interés por las actividades y las personas que solían gustarle—? ¿Siente que pierde el control de su vida? Si tiene problemas como éstos, es el momento de hablarle a un terapeuta.
Q: ¿Cómo empiezo?
A: Con un examen físico completo, pues algunos problemas emocionales están relacionados con la salud física. Su médico de cabecera quizás pueda recomendarle un terapeuta. Algún conocido que haya tenido una buena experiencia terapéutica puede darle un nombre. Puede acudir a algún servicio psicológico, que tenga el ayuntamiento o cualquier otro organismo. Mire en las páginas amarillas para encontrar una agencia de servicios sociales o un centro de salud mental. O puede

ponerse en contacto con la escuela de medicina más próxima o con un hospital que tenga una clínica psiquiátrica para pacientes externos. Esas clínicas ofrecen a menudo servicios de evaluación psicológica, diagnóstico psiquiátrico, así como servicios de seguimiento por parte de psicólogos y asistentes sociales.

Si acude primero a un equipo interdisciplinar, descubrirá si sus problemas tienen una causa física, tendrá acceso a profesionales cualificados para recetar fármacos y cosechará, por tanto, los beneficios del conocido refrán que indica que ven más cuatro ojos que dos.
Q: ¿Cómo puedo determinar si un terapeuta concreto es el adecuado para mí?
A: Sólo mediante el encuentro personal. Además de comprobar la cualificación profesional básica del terapeuta, usted verá si se siente cómodo con la personalidad de éste, con sus valores y sistemas de ideas y con su orientación psicológica. ¿Parece una persona cordial, inteligente, que sería capaz y le interesaría ayudarle? ¿Le ha hablado de las técnicas que emplea? ¿Está de acuerdo con él?

Si percibe buenas vibraciones del primer terapeuta al que acude, no necesita darle más vueltas. En cambio, si se siente completamente incómodo, vale la pena concertar una o dos citas más con terapeutas distintos antes de decidirse. La actitud del terapeuta ante su interés en acudir a otro profesional puede ser el primer barómetro de su idoneidad.

Si no está usted necesitado de cuidados inmediatos, pase al menos tanto tiempo buscando un terapeuta como el que pasaría para comprar un coche nuevo. Esta decisión puede tener consecuencias para toda la vida, y vale la pena invertir tiempo y dinero para hacerlo de la manera más inteligente posible.
Q: ¿Cuánto tendré que gastar?
A: Los costes de la terapia varían mucho. Los colegios profesionales suelen tener una tarifa de honorarios mínimos, pero no están limitados los máximos. Los terapeutas con consulta privada suelen cobrar más que en el caso de que se trate de centros concertados o de grandes instituciones, y los psiquiatras suelen cobrar más que los psicólogos, que, a su vez, cobran más que los asistentes sociales. Muchos terapeutas cobran según una escala flexible, basada en lo que el paciente puede pagar, y algunos seguros de enfermedad cubren los costes.
Q: ¿Qué debería hacer si empiezo con un terapeuta y luego decido que no me está ayudando?
A: Primero, pregúntese a usted mismo si está disgustado porque la terapia saca a relucir temas difíciles y dolorosos de los que usted no quiere saber nada. Después exprese su insatisfacción a su terapeuta y trate de ello en sus sesiones. Finalmente, si está convencido de que la terapia es o ineficaz o peligrosa, busque otro terapeuta (no al que le mande su terapeuta actual!).

Algunos terapeutas son hipnotizadores eficientes; otros no; algunos acogen bien las manifestaciones emocionales, otros se escapan con timidez de ellas; algunos trabajan mejor con grupos, otros en la intimidad de la pareja; algunos disfrutan explorando las psiques, otros prefieren modificar las conductas. Idealmente, un terapeuta debería dominar tantas teorías y procedimientos como fuera posible y tratar de seleccionar el más adecuado para un paciente concreto. La mayoría de nosotros somos capaces de cierta flexibilidad, pero muy pocos podemos manejar de una manera eficaz todos los procedimientos. (Frank, 1974, págs. 273-274.)

que la clase de terapia que practica. La relación terapeuta-paciente es crucial. Tienen que llevarse bien. Aunque fuera el propio Sigmund Freud, si no le cayera bien, debería cambiar de terapeuta (Cummings, citado en Sobel, 1980, pág. 104). Los buenos profesionales reconocen la importancia de un buen ajuste entre terapeuta y paciente.

Los individuos necesitan sentirse cómodos ante la personalidad, la orientación y el enfoque general del terapeuta. Sloane y sus colaboradores (1975) descubrieron que los pacientes contentos con sus terapeutas, los que se sienten cómodos con ellos y les encuentran interesantes, realizan mayores progresos. Los pacientes con más éxito, tanto de los psicoterapeutas como de los terapeutas de conducta, declaran encontrar a sus terapeutas cordiales, originales y empáticos.

Como todo el mundo, los terapeutas siguen aprendiendo al practicar, y este aprendizaje resulta efectivo para sus pacientes. En conjunto, los especialistas experimentados de cualquier escuela consiguen mejores resultados que los noveles, probablemente porque tienen más iniciativa, son más realistas, más tranquilos, están más interesados en la historia del paciente, tienen mejor disposición para recibir la información, están más preparados para interpretar el material, son más amenos en su manera de comportarse durante las entrevistas y más eficazmente expresivos (Gurman y Razin, 1977; Russell, 1981).

Puesto que la relación terapeuta-cliente es tan importante para el éxito de la terapia, ¿cómo puede elegir al profesional idóneo aquella persona en busca de terapia? Luborsky (1979) ha propuesto que los sujetos prueben varios terapeutas y seleccionen a uno sobre la base de sus sentimientos, y que, para facilitar este proceso, los terapeutas suministren películas y cintas de vídeo de sus propias terapias. Hogan (1979) recomienda que los terapeutas sean conscientes de sus limitaciones, de sus técnicas y de su preparación y que lo compartan públicamente para conseguir que la selección del terapeuta no se realice a ciegas.

La terapia ha producido grandes diferencias en las vidas de un número incontable de personas. Les ha abierto sus ojos a las posibilidades que existen a su alrededor. Les ha capacitado para ser más cariñosos, más productivos y para estar más contentos consigo mismos. Les ha permitido vivir en compañía de los suyos, en la sociedad, más que verse forzados al aislamiento de la institucionalización. En otros casos la terapia ha supuesto una grave desilusión para aquellos que la necesitaban y participaban en ella. Cuanto más sepamos acerca de lo que puede y no puede conseguir, mejor podremos utilizar su poder.

RESUMEN

1 Un 3 por 100 de los americanos, unos 7 millones de personas, recibe *terapia* o *tratamiento* en una institución psiquiátrica, en consultorios privados, clínicas de pacientes externos, centros de salud mental y hospitales. Hay más personas hospitalizadas por trastornos mentales que por cualquier otro tipo de dolencia.

2 Están sujetos a terapia diversas categorías de pacientes: *psicóticos, neuróticos, los afectados psicológicamente, los incontrolables, los descontentos y los terapeutas profesionales.*

3 Un *terapeuta* es alguien que está especialmente formado para ofrecer un tipo definido de tratamiento. En nuestra sociedad un terapeuta es, generalmente, un *psicólogo clínico,* un *psiquiatra,* un *asistente social,* un *psicoanalista,* una *enfermera psiquiátrica* o un *consejero psicológico.*

4 Hay muchos enfoques terapéuticos diferentes: *psicoterapia, terapia médica* y *terapia social.*

5 La *psicoterapia* se refiere a formas no médicas de tratamiento. Son tres las escuelas «principales» de

psicoterapia: *dinámica, humanista* y *conductual*. Otras importantes tendencias actuales en psicoterapia son el enfoque *cognitivo*, la terapia *breve* y la *interpersonal*. Muchos psicoterapeutas trabajan cambiando elementos de dos o más enfoques, llamándose a sí mismos «eclécticos».

6 El objetivo de la *terapia dinámica* es reestructurar la personalidad cambiando la forma en que una persona contempla la vida y reacciona frente a ella. En este enfoque al paciente se le ayuda a desarrollar una adecuada visión de sí mismo y a tomar conciencia de las amplias y poderosas fuerzas psicológicas de su inconsciente. El *psicoanálisis* es el tipo de terapia dinámica, desarrollada por Freud, que emplea como técnicas la *asociación libre* y el *análisis de los sueños* para determinar los impulsos y defensas instintivas reprimidas en el inconsciente y que influyen en su conducta. Mediante el psicoanálisis, el paciente toma conciencia de la existencia de estas fuerzas.

7 Dado que el psicoanálisis clásico requiere tanto tiempo y es tan costoso, muchos terapeutas de orientación psicoanalítica han evolucionado hacia una *psicoterapia inspirada psicoanalíticamente*, que es más directiva, menos frecuente, de menor duración y orientada hacia una meta concreta.

8 El objetivo de las *psicoterapias humanistas* es liberar las personalidades, ayudar a los clientes a superarse. En el *enfoque centrado en la persona, de Carl Rogers,* el terapeuta va al cliente como un individuo en busca de sí mismo. La meta de la terapia es la *auto-actualización*. El terapeuta proporciona al paciente una *visión positiva incondicional* y una *comprensión empática*, de manera que éste llega a aceptar sus experiencias como reales y capta sus *verdaderos* sentimientos y actitudes, en lugar de aquellos que les han sido impuestos.

9 La meta de la *terapia gestaltista*, fundada por *Fritz Perls*, es hacer que el cliente tome conciencia de su propia manera de ser. En la terapia de la Gestalt el terapeuta busca activamente que el paciente sea consciente de las contradicciones de sus actos. Los terapeutas de la Gestalt usan diversas técnicas, entre ellas la *representación de roles, juegos* e *imágenes visuales*.

10 La *terapia de conducta* consiste en el uso de los principios del aprendizaje establecidos experimentalmente para superar hábitos que no son adecuados para el individuo. Al paciente se le considera como alguien que ha aprendido conductas desadaptativas, y la terapia persigue eliminar esas conductas indeseables y reemplazarlas por otras más apropiadas. Los terapeutas de la conducta utilizan una gran variedad de técnicas basadas en los principios del aprendizaje: *desensibilización sistemática, contra-condicionamiento aversivo, modelado* y *reforzamiento positivo (terapia operante)*.

11 Las *terapias cognitivas*, como la *terapia racional emotiva de Ellis* y la *terapia cognitiva de Beck,* consideran que las *alteraciones del pensamiento* están en la base de los problemas emocionales. Los terapeutas cognitivos buscan mostrar a los pacientes cómo tales pensamientos producen sus problemas y les ayudan a sustituirlos por apreciaciones e interpretaciones más correctas.

12 Las *terapias breves* son enfoques terapéuticos limitados en el tiempo, que no duran por lo general más de 15 o 20 sesiones.

13 En la actualidad, los terapeutas de las principales escuelas realizan a veces su trabajo con *grupos* en lugar de la terapia individual. En la *terapia familiar* el paciente es la familia completa. La finalidad de esta terapia es fortalecer el grupo familiar. Para ayudar a las personas a comprender cómo funciona su familia, se les muestra qué es lo que hace cada miembro de la misma para perpetuar las pautas perturbadas y cómo cambiarlas.

14 Las *terapias médicas* incluyen la *psicocirugía*, la *terapia electroconvulsiva (shock)* y el tratamiento con *fármacos*. La técnica quirúrgica de la lobotomía prefrontal fue en su momento muy común, pero hoy apenas se usa. La terapia electroconvulsiva, o aplicación de corriente eléctrica al cerebro, suele ser eficaz en las depresiones graves y con los pacientes suicidas potenciales. La farmacoterapia es ahora extremadamente normal. trastornos como la esquizofrenia, la depresión, el trastorno bipolar o los trastornos por ansiedad, suelen responder con éxito a los fármacos. La revolución bioquímica ha permitido que numerosas personas que sufren trastornos mentales vivan en la comunidad. Sin embargo, la terapia farmacológica no siempre tiene éxito y frecuentemente implica efectos secundarios no deseados.

15 La *terapia ambiental o social* incluye *la institucionalización* o asilo en un *albergue, hogar de grupo reducido* o residencias. Los individuos pueden pasar el tiempo en *hospitales de día*, que proporcionan un ambiente protector y la oportunidad de terapia y de realizar actividades constructivas.

16 Aunque en un principio algunas investigaciones cuestionaban el valor de la psicoterapia, estudios más recientes indican que la terapia *es* eficaz para muchas personas. Ningún tipo de terapia es generalmente *la más* eficaz, aunque tipos concretos de psicoterapia sí parecen especialmente adecuadas para problemas concretos. Sin embargo, en muchos casos la buena relación entre el paciente y el terapeuta parece ser más importante que la propia terapia. La terapia farmacológica es especialmente efectiva para tratar la esquizofrenia, la depresión o la manía; sin embargo, los fármacos resultan de mayor provecho cuando se emplean al mismo tiempo que la psicoterapia. La terapia electroconvulsiva es particularmente eficaz en las depresiones graves. La terapia de conducta lo es en el tratamiento de fobias, obsesiones, compulsiones y cierto tipo de disfunciones sexuales.

LECTURAS RECOMENDADAS

Goleman, D., y Speeth, K. R. (eds.). (1982). *The essential psychotherapies*. New York: New American Library. Importante colección de ensayos de destacados psicoterapeutas, incluyendo a Freud, Adler, Jung, Ellis, Beck, Wolpe y Rogers. Los editores presentan cada trabajo con una breve biografía de cada terapeuta.

Herr, J. J., Weakland, J. H. (1979). *Counseling elders and their families*. New York: Springer. Guía práctica para los problemas de la vejez. Va dirigida en principio a los profesionales de la salud, pero los demás encontrarán en ella una ayuda útil para solucionar problemas.

Napier, A., Whitaker, C. A. (1978). *The family crucible*. New York: Harper and Row. Emotiva explicación del proceso de la terapia familiar. Centrándose en la «familia Brice», los autores demuestran cómo el paciente identificado es sólo un síntoma del mal funcionamiento del sistema familiar completo.

Rogers, C. R. (1980). *A way of being*. Boston: Houghton Mifflin. Colección de ensayos del fundador de la psicoterapia centrada en la persona. Proporcionan una visión de las experiencias y actitudes personales de Rogers.

Wender, P. H., Klein, D. F. (1981). *Mind, mood, and medicine*. New York: Farrar, Straus, Giroux. Escrito para un público profano por dos psiquiatras. Guía global de los avances farmacológicos que han revolucionado el tratamiento de los trastornos mentales.

PARTE
7

PSICOLOGIA SOCIAL

Los seres humanos somos criaturas sociales. Desde el momento del nacimiento empezamos ya a ser afectados por los que nos rodean: nuestros padres, nuestra niñera, nuestros hermanos y hermanas e incluso por el llanto de otros bebés a quienes no conocemos. Estos estrechos lazos que nos unen a otros seres humanos persisten a lo largo de toda la vida y se genera entre nosotros una influencia mutua. La manera en que esta situación influye en nuestra forma de ser depende de la situación en la que nos hallemos. En los dos capítulos siguientes trataremos de estas influencias, tanto en las relaciones de grupo como en nuestras relaciones más íntimas.

En el capítulo 17, «En un mundo con otras personas: la influencia social», tendremos fundamentalmente en cuenta al grupo. Consideraremos cómo la influencia de un grupo de extraños nos puede hacer dudar incluso de nuestros propios sentidos, cómo alguien a quien consideramos una autoridad puede influir en nosotros hasta el punto de hacer que hagamos daño a una persona, la cual no nos ha hecho nada. Veremos lo fácil que resulta adquirir formas de conducta socialmente aceptadas, aunque no respondan a nuestra manera habitual de actuar. También repasaremos los aspectos beneficiosos, aquellos factores que nos animan a ayudar a los demás. Finalmente estudiaremos cómo formamos nuestras actitudes y cómo éstas pueden ser cambiadas, fenómeno particularmente relevante en la sociedad moderna, en la que nos esforzamos en superar la discriminación basada sobre los prejuicios contrarios a ciertos grupos étnicos o raciales.

En el capítulo 18. «Nuestras relaciones con las personas que nos interesan: enamorados y amigos», nos centramos en dos tipos de relaciones muy importantes y especiales. Veremos qué dice la investigación sobre la razón de que nos guste o amemos más a una persona que a otra, de factores externos, como su lugar de residencia o de características internas, como el cariño hacia alguien. Asimismo, estudiaremos científicamente una emoción tan poco científica como es el amor y veremos cómo afecta a nuestras relaciones más íntimas con los otros, tanto dentro como fuera del matrimonio.

CAPITULO 17

EN UN MUNDO CON OTRAS PERSONAS: LA INFLUENCIA SOCIAL

CUESTIONES CLAVE

Estudio sobre la experiencia de la privación de libertad, en el cual estudiantes universitarios normales y sanos fueron elegidos al azar para desempeñar el papel de preso o de carcelero, asumiendo rápidamente el comportamiento «apropiado» a tales roles.

De qué forma el «pensamiento grupal», la aceptación poco crítica de una conducta imprudente con tal de mantener la unanimidad del grupo, puede llevar al desastre.

Cómo en determinadas circunstancias mucha gente normal y honrada está dispuesta a obedecer a una autoridad que les ordena causar dolor a alguien.

En qué medida nuestra decisión de ayudar a alguien en apuros se halla influenciada por distintos factores situacionales.

Cómo se forman y cómo pueden cambiarse actitudes tales como el prejuicio.

Hoy, cuatro décadas después de la derrota de la Alemania nazi en la II Guerra Mundial, un caudal constante de obras, libros de texto, espectáculos de televisión y películas sobre esa época demuestran que la preocupación del mundo occidental hacia el descomunal enigma del holocausto continúa: ¿Cómo pudieron los ciudadanos de un país tan desarrollado cultural e intelectualmente haber llevado a cabo una cruzada de horror que tuvo como resultado la muerte de más de 12 millones de judíos, gitanos, disidentes políticos y otros «indeseables»? ¿Cómo pudieron tantas personas normales, amantes de la familia y que se comportaban amablemente con sus vecinos, haber participado en millones de muertes horribles o apartado sus ojos de ellas?

La pregunta que subyace en muchas de las recientes representaciones del holocausto, que centran su atención en los nazis más que en sus víctimas, es terrible: ¿Cómo me habría comportado yo? ¿Qué habría hecho si hubiera vivido en ese lugar en ese momento?

Esta misma cuestión ha inspirado gran cantidad de investigaciones psicológicas sobre una amplia gama de temas que caen dentro de la disciplina denominada psicología social, el estudio científico de la manera como sentimos, pensamos y somos afectados por los otros y de la manera como actuamos con relación a ellos. Gran parte de la psicología estudia al sujeto individual —qué percibe, piensa, recuerda, siente— y sólo incidentalmente relaciona estos procesos con la influencia de otras personas. La psicología social, en cambio, enfatiza el hecho de que los seres humanos son criaturas sociales desde que nacen hasta que mueren, y que es imposible comprendernos sin comprender cómo actuamos y reaccionamos frente a los demás. Ni siquiera hace falta que estén físicamente presentes: nosotros aprendemos el comportamiento social y luego hacemos que forme parte de nuestro repertorio de conductas, de manera que incluso cuando estamos solos en casa, por ejemplo, llevamos ropa encima y comemos con cuchillo y tenedor.

Probablemente a causa de las impresionantes preguntas surgidas de la tragedia del holocausto, sin precedentes y no imaginable con anterioridad, es por lo que la psicología social sólo apareció con fuerza después de la II Guerra Mundial, lo cual resulta importante hacerlo notar (Steiner, 1979).

En sus investigaciones los psicólogos sociales utilizan una amplia variedad de procedimientos y técnicas. Realizan experimentos de laboratorio y de campo, algunas veces en lugares públicos, tales como metros, ascensores o restaurantes. Algunos estudios utilizan el engaño (lo que suscita temas éticos, como hemos indicado en el capítulo 1), mientras que otros son totalmente claros. Si bien muchas investigaciones de la psicología social exploran temas tan relevantes socialmente como la ayuda, la obediencia o la conformidad, se dedica también una atención considerable a cuestiones más básicas, como la formación y los cambios de actitudes. De la mayor importancia para los psicólogos sociales es el tema de la *dinámica de grupos,* que estudia las diferencias entre las formas de comportarse de los individuos cuando se hallan solos o cuando están con otras personas.

Vamos a tomar en consideración las investigaciones, tanto las clásicas como las actuales, sobre distintos aspectos de la influencia social. Veremos la importancia de la situación social respecto a la conformidad y la obediencia, pero sin perder de vista que las características de la personalidad interactúan con las de una situación determinada o la conducta de un individuo en un momento concreto. Contemplaremos una importante forma de comportamiento social: el altruismo o la ayuda a los demás. Veremos cómo se forman

La tragedia del holocausto inspiró muchas investigaciones en el terreno de la psicología social. Estas investigaciones pretenden encontrar respuestas a muchas preguntas, intentando descubrir, por ejemplo, qué factores pudieron haber motivado que tantas personas (como los soldados nazis que se muestran reunidos en Nüremberg, que parecían ser ciudadanos amables y normales) llevaran a cabo una cruzada de horror que tuvo como consecuencia la muerte, frecuentemente cruel e inhumana, de más de 12 millones de personas, amables y normales, como estas víctimas de los campos de concentración. (The Bettmann Archive, Inc.; Culver Pictures, Inc.)

las actitudes, cómo pueden cambiarse y de qué forma se relacionan con la conducta, y analizaremos con detalle un tipo específico de actitud: el prejuicio. En este capítulo centraremos nuestra atención en la manera como actuamos en grupos, y en el capítulo siguiente, en las influencias e interdependencias de las relaciones íntimas.

LAS PERSONAS EN GRUPOS

Según los psicólogos, si usted interactúa con una o más personas, está ya en un grupo. ¿Qué implica esta relación mutua? Que los miembros del grupo son conscientes uno del otro, que se toman en cuenta mutuamente, que su relación tiene cierta continuidad y que tienen un pasado común y un futuro previsible (McGrath y Kravitz, 1982). En otras palabras, las personas que le empujan en una calle atestada de una ciudad no constituyen un grupo del cual usted sería un miembro, a no ser que sucediera algo que les obligara a detenerse y se prestaran mutuamente atención. Si, por ejemplo, usted viera de repente a un individuo a punto de saltar al vacío desde lo alto de un edificio y junto a algún otro transeúnte se detuvieran a observarle, ayudarle o a animarle a saltar, desde este momento formarían parte de un grupo. Pertenecemos a muchos grupos diferentes, desde el más básico, la familia, hasta las agrupaciones infantiles, las clases en la escuela y unas cuantas asociaciones basadas en los intereses comunes de sus miembros. Los grupos más significativos, los que están formados por los amigos y la familia, poseen una larga historia y se extiende ante ellos una esperanza de futuro. Otros —como los miembros de un seminario de psicología o los invitados a una fiesta— duran un corto período de tiempo y no tienen ningún futuro previsible. Pero siguen siendo grupos, porque sus miembros están interactuando y en algún momento son interdependientes.

Normas y roles

En la película *Best Friends*, del año 1982, Goldie Hawn y Burt Reynolds interpretaban a una pareja que se casaba después de tres años de convivencia. Cuando se reúnen con los padres respectivos, ambas madres explican por primera vez a Hawn su nueva responsabilidad a la hora de servir el café a su marido o de servirle en la mesa. «El sabe hacer todo eso por sí mismo, y de hecho lo hace», responde ella; pero en seguida le contestan: «Sí, pero *ahora* estáis casados, y esa es tarea de la esposa». Desde ese momento se presuponía

Las personas se comportan de manera diferente cuando están solas que cuando están en grupo. Cuando están solas, están más predispuestas a informar de un apagón de luz y a ayudar a un compañero de viaje a recoger el cambio que se le ha caído. También dan mejores propinas si están solas. Después de comprobar las propinas de 408 grupos de 1.159 clientes en el restaurante «Steak and Ale» en Columbus, Ohio, Freeman, Walker, Borden y Latane (1975) descubrieron que los que comían solos tenían la tendencia a dejar casi el 19 por 100 de la cuenta como propina, mientras que grupos de cinco o seis dejaban sólo el 13 por 100; probablemente porque un grupo más numeroso comparte la responsabilidad de la propina. Si usted está planeando costearse sus estudios a base de servir mesas, podría recoger la sugerencia de Latane y hacer las cuentas por separado, incluso para grupos numerosos. Estos descubrimientos indican que «esto podría impedir que la responsabilidad se difumine y generaría como consecuencia unas mayores propinas» (pág. 352) (Susie Fitzhugh/Stock, Boston).

que el personaje de Hawn debía comportarse de acuerdo con la manera en que ambas madres entendían el rol de esposa.

¿Qué es un rol? Es el conjunto de los comportamientos esperados de las personas de posiciones sociales concretas. Un rol está constituido por un grupo de normas definidas por la sociedad y que determinan la forma en que deberíamos comportarnos. Así, en los EE. UU. las normas dictaminan que los varones lleven ropa que cubra su zona pélvica; un rol determina que un ejecutivo ha de llevar traje, camisa y corbata. Las normas gobierna virtualmente todos los aspectos de nuestra conducta en sociedad, con variaciones que dependen de la sociedad concreta en la que vivamos. (Así, a veces, los varones italianos caminan cogidos del brazo, mientras que los norteamericanos normalmente no lo hacen.)

Una posición concreta adquiere el «status» del *rol social* cuando acumula un número sustancial de normas. Tenemos para los roles de padre y trabajador, así como para el de esposa. De un trabajador, por ejemplo, se espera que sea fiel, consciente, laborioso, etc. En cambio, cuando una persona viaja en avión, las escasas conductas que cabe esperar de esta situación (comprar un billete, usar el cinturón de seguridad, etc.) no justifican el correspondiente rol social de «pasajero de avión».

Las normas tienen capacidad tanto para potenciar como para restringir el comportamiento. Facilitan el funcionamiento de los grupos de personas, de manera que, una vez ha aprendido usted las normas propias de su cultura, sabe cómo comportarse en muchas situaciones diferentes. Por otro lado, pueden restringir la independencia, dado que la mayoría de la gente tiende a seguir las normas, incluso cuando éstas no constituyen el modo de actuar más efectivo o humano. En este capítulo veremos ejemplos en los que las personas obedecen órdenes, porque previamente han aprendido unas normas, y se someten a las decisiones del grupo en casos en los que podrían pensar y actuar de forma diferente si se encontraran solos. Veremos también cómo personas diferentes actúan de modo diferente en situaciones similares, mostrando la fuerza de los rasgos de la personalidad individual.

¿Qué parte de nuestro comportamiento es determinado por las normas inherentes a los distintos roles que representamos? Philip G. Zimbardo y sus colegas de la Universidad de Stanford comprobaron con un ingenioso experimento la poderosa influencia de una situación y de la definición social de los roles dentro de esta situación (Zimbardo, Haney, Banks y Jaffe, 1977). Reclutaron a 21 estudiantes universitarios emocionalmente estables, físicamente sanos, maduros y observantes de la ley, para tomar parte en un estudio sobre la vida en prisión. Designaron a 11 al azar para actuar como vigilantes durante un período de dos semanas, y asignaron a los otros 10 el papel de reclusos.

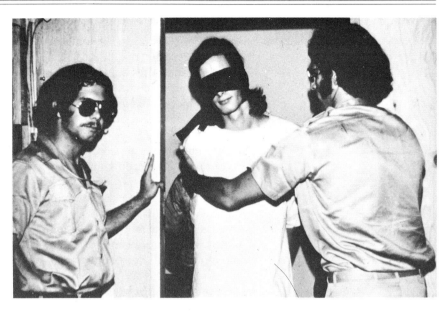

En sus experimentos sobre la «cárcel» Philip Zimbardo y sus colaboradores se sorprendieron al darse cuenta de lo rápida e intensamente que la gente acepta las normas «adecuadas» para los roles que representan. Estudiantes universitarios designados para ser reclusos, como los que se muestran con los ojos tapados en la fotografía, tendían a volverse pasivos e indefensos, mientras que los designados como carceleros tendían a volverse autoritarios y abusivos. (Cortesía de Philip G. Zimbardo, Universidad de Stanford.)

Los «reclusos» fueron atrapados en un arresto-sorpresa, esposados, se les tomaron las huellas dactilares, fueron despiojados, se les dieron uniformes con números de identificación y gorros de punto y se les puso en celdas de 2 metros por 3, sin ventanas y en el sótano de un edificio de la universidad, que en aquella época no estaba siendo utilizado. A los vigilantes se les distribuyeron uniformes de color caqui, gafas de sol reflectantes (para evitar el contacto visual con los reclusos), porras, silbatos, esposas y llaves. Las reglas que simulaban la restricción y la despersonalización de la vida de la prisión incluían que se exigiera a los reclusos obtener permiso para escribir una carta, fumar un cigarrillo o ir al baño, y en muchos momentos se imponía silencio durante el día.

Los investigadores querían descubrir cómo reaccionarían estos voluntarios normales y sanos y si sus respuestas nos darían las claves de la violencia en la vida real en prisión. Esto se cumplió de tal manera que tuvieron que liberar a 4 reclusos en los primeros 5 días y dar por finalizado el experimento por completo después de 6 días y 6 noches.

El experimento había funcionado demasiado bien. Estos dos grupos de voluntarios, que en un principio no presentaban personalidades distintas, desarrollaron rasgos relacionados con su condición de reclusos o vigilantes. Los cuatro reclusos liberados al principio sufrían depresión, ansiedad y, en uno de los casos, una erupción de tipo psicosomático en todo el cuerpo. Un recluso se declaró en huelga de hambre, otros se convirtieron en reclusos «modelo», obedeciendo todas las órdenes por arbitrarias que fueran; otros cayeron en un profundo ensimismamiento.

Todos los vigilantes se volvieron autoritarios y abusivos en diversos grados. Algunos fueron «buenos chicos», que hacían pequeños favores a los reclusos y se mostraban reacios a castigarles, y algunos eran «duros, pero justos», haciendo estrictamente su trabajo tal como lo entendían. Sin embargo, un tercio de ellos, aproximadamente, actuaron de manera hostil, arbitraria y cruel, usando su nuevo poder para degradar y humillar a los reclusos. La forma más característica de actuar de los vigilantes hacia los reclusos era darles órdenes, amenazarles e insultarles. Los reclusos se fueron tornando pasivos, actuando y hablando cada vez menos, lo cual revertía en la atención en ellos mismos, comportándose según los clásicos modelos de indefensión aprendida

Los investigadores se sorprendieron de «la relativa facilidad con la que podía también facilitarse una conducta sádica en personales normales, no sádicas, y por la cantidad de trastornos emocionales que aparecían en hombres jóvenes, seleccionados precisamente sobre la base de su estabilidad emocional» (pág. 213). El tipo de conducta anormal que se puso de evidencia durante aquellos 6 días parecía resultado directo del ambiente. En consecuencia, concluyen Zimbardo y sus colegas, «para cambiar la forma de comportarse de los sujetos debemos descubrir los soportes institucionales que sustentan la conducta indeseable existente y después proyectar programas para alterar estos ambientes» (pág. 214). No es necesario que las cárceles estén construidas con cemento y acero. Pueden existir en nuestras mentes al tener representados nuestros roles tanto de opresor como de víctima en «cárceles mentales», tales como el racismo, la discriminación sexual o la segregación de los ancianos. Este estudio nos ayuda a ver lo rápidamente que las personas aceptan las normas «apropiadas» a los roles que ocupan.

Conformidad

Antes de seguir leyendo, observe cuidadosamente los dos cuadros de la figura 17-1. Una de las líneas de la casilla inferior tiene la misma longitud que la línea de la casilla superior. ¿Cuál?

Probablemente no tendrá ninguna dificultad para elegir la adecuada, lo cual hace que los resultados de los experimentos de Salomon Asch (1955, 1956) sean aún más sorprendentes. Se les pidió a unos estudiantes universitarios que participaran en experimentos sobre percepción. Cada individuo se sentó en torno a una mesa con un grupo de 7 *cómplices,* que le eran presentados como sujetos experimentales, aunque en realidad colaboraban *con* el experimentador. A todos los «sujetos» se les mostraron tarjetas como las de la figura 17-1 y se les formuló el problema precedente. Los cómplices emitían su respuesta con anterioridad a la del «sujeto ingenuo». Todos los participantes debían dar su respuesta en voz alta ante el grupo completo.

En algunas pruebas los cómplices respondían correctamente, mientras que en otras daban una respuesta equivocada, contradiciendo claramente lo que el sujeto tenía ante sus ojos. Pues bien, aproximadamente uno de cada tres «sujetos ingenuos» *se conformaron,* es decir, siguieron a la mayoría, cambiando su opinión como respuesta a la presión que sintieron por parte de los demás componentes del grupo. En conjunto, tres de cada cuatro sujetos dieron la respuesta incorrecta, conformándose por lo menos una vez. Así pues, aunque la mayoría de los sujetos, de hecho, confiaban en su propio juicio la mayor parte del tiempo, se dio, no obstante, un buen número de respuestas equivocadas.

Se pusieron de manifiesto diferencias extremas entre individuos. Los que se mantuvieron *independientes* diferían entre sí, unos mostrando confianza en su propio juicio, algunos actuando reservadamente y otros tensos y dudosos, pero decididos a hacerlo lo mejor posible. Entre los sujetos *complacientes,* algunos no advertían cómo habían sido influidos por la mayoría y otros, aun sabiendo que no estaban en lo cierto, no querían parecer diferentes a los demás. Sin embargo, el subgrupo más grande de los complacientes acabó dudando de la evidencia de sus propios sentidos.

El cambio de diversas condiciones hizo emerger unos cuantos descubrimientos interesantes. Si una persona estaba de acuerdo con el sujeto, era

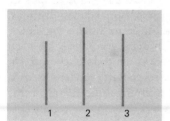

FIGURA 17-1 Dibujos correspondientes a los experimentos de Asch. *A los individuos se les mostraban tarjetas con dibujos como éstos, y se les pedía que eligieran qué línea de entre las dibujadas en la tarjeta de abajo era de la misma longitud que la de la parte superior. (De Asch, 1955.)*

Las presiones para adaptarse a las opiniones sostenidas por otros miembros del grupo suelen hacer que las personas dejen de considerar su propio juicio crítico, algunas veces hasta el punto de ignorar incluso la evidencia de sus propios sentidos. (Dibujo de Vietor; © 1978. The New Yorker Magazine, Inc.)

«Esperad un momento, muchachos; después de todo he decidido que sea por unanimidad.»

probable que éste se aferrara rápidamente a su posición, pero si esa persona variaba a la mitad del experimento hacia la posición de la mayoría, el sujeto se mostraba propenso a cambiar también. La cantidad de oposición era asimismo importante. En pruebas diferentes la cantidad de oposición unánime varió de 1 a 15 personas. Un solo disidente no tenía normalmente ninguna influencia, dos disidentes aumentaban algo la presión y tres producían el efecto total. Más de tres disidentes ya no aumentaban la tasa de error.

A pesar del sorprendente alto nivel de conformidad que llevaba a tanta gente a desconfiar de la evidencia que tenían ante sus ojos, *la mayoría* de las respuestas de los sujetos en los experimentos de Asch fueron, de hecho, correctas, incluso frente a la unanimidad en las respuestas incorrectas ofrecidas por sus compañeros.

La conformidad no siempre es mala. Si nadie adecuara su conducta a las normas del grupo, nunca sabríamos lo que podemos esperar, y estaríamos constantemente enfrentados a un montón de decisiones relacionadas con las actividades cotidianas. No podríamos contar con que los demás conductores se pararan en un semáforo en rojo, con que los otros pasajeros nos cedieran el paso para salir de un autobús atestado o con que los que van al cine respetaran su turno en la cola para comprar la entrada. La mayoría de las veces el comportamiento «conformista» es sencillamente conveniente, tanto para nosotros como para los demás. La clave está en saber cuándo es apropiado y cuándo entra en conflicto con normas y valores más importantes. Esto es a menudo difícil, incluso para personas que ocupan altos puestos.

PENSAMIENTO GRUPAL, «¿COMO HEMOS PODIDO SER TAN ESTUPIDOS?»

John F. Kennedy se hizo esta pregunta después de advertir, junto a sus consejeros íntimos, que su decisión de invadir la bahía de Cochinos en Cuba se había convertido en uno de los peores fracasos militares y políticos de los EE. UU. La respuesta propuesta por Irving L. Janis (1971) es que fue debido al pensamiento grupal, es decir, una aceptación poco crítica por parte de los miembros de un grupo íntimamente unido de una línea de conducta poco inteligente.

Admitir que «cuatro ojos ven más que dos» nos lleva a la conclusión de que muchas veces el juicio de varias personas resulta más seguro que el de una persona sola. En este sentido, algunos grupos muy unidos conceden un gran valor al hecho de mantener la unanimidad. Pero, con frecuencia, olvidan que cuando el grupo se compromete totalmente en un acuerdo global, pierde fácilmente el pensamiento crítico. Cuando domina el pensamiento de grupo, los miembros ponen por encima de todo su lealtad al grupo y, entonces, los individuos suprimen de una manera deliberada las ideas que podrían descubrir los grandes errores de los planes que propone el grupo y se sienten de tal manera implicados en el deseo de que el grupo continúe siendo un «buen grupo» que inconscientemente eliminan cualquier pensamiento discrepante que pueda «estropear la entrañable atmósfera que reina entre nosotros» (pág. 218).

El pensamiento grupal hace que la gente se vuelva excesivamente optimista, que racionalice las decisiones en lugar de reconsiderarlas seriamente, que no tenga en cuenta las consecuencias éticas o morales, que se aferre a los puntos de vista estereotipados de los oponentes que oscurecen el pensamiento realista, ejerce presión sobre cualquier individuo que presente dudas sobre la política del grupo, produce una autocensura del pensamiento crítico, hace creer erróneamente que todos los demás están en total acuerdo con su política, y por lo tanto, tratan de proteger al grupo de cualquier idea que cuestione la sabiduría de sus políticas (Janis, 1971).

El presidente Kennedy aprendió una lección muy dolorosa en la bahía de Cochinos y previno el pensamiento grupal en su actuación ante la crisis cubana de los misiles. Usó algunas de las técnicas recomendadas por Janis (1982), que incluyen:

1 Alertar a los miembros del grupo de los peligros del pensamiento grupal.
2 Dejar que el líder se mantenga imparcial.
3 Instruir a todos para que expresen sus objeciones y dudas.
4 Asignar a uno o más miembros del grupo el rol de abogado del diablo, tomando un punto de vista opuesto.
5 Ocasionalmente subdividir el grupo en subgrupos que se reúnen separadamente.
6 Prestar atención a todas las iniciativas de quien no está de acuerdo con nuestra opinión.
7 Convocar una reunión de «segunda oportunidad» para reevaluar la primera decisión.
8 Invitar a expertos externos para que acudan a poner en tela de juicio los puntos de vista del grupo.
9 Estimular a los miembros del grupo para que sondeen la opinión de asesores de confianza.
10 Tener a varios grupos independientes trabajando al mismo tiempo sobre el mismo tema.

Obediencia a la autoridad

Supongamos que usted ha respondido a un anuncio de un periódico que pedía voluntarios para tomar parte en un experimento de memoria y aprendizaje, dirigido por un profesor de una prestigiosa universidad. Usted entra en el laboratorio de psicología, donde encuentra a un investigador con bata de laboratorio y a otro voluntario, un hombre de aspecto agradable de unos 50 años. Después de ser elegido para ser el «profesor» en un experimento sobre los efectos del castigo en el aprendizaje, usted ve al otro voluntario, el «estudiante», atado con correas a una silla en la habitación de al lado y unido a un electrodo, y oye al investigador que le dice a usted que cada vez que el otro cometa un error al aprender una lista de pares de palabras recibirá una

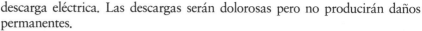

Incluso aquellos que desobedecían, frecuentemente mostraban una gran agitación, como puede verse en esta transcripción del comportamiento de un individuo rebelde:

El hombre está dando golpes, quiere escaparse (salir)... lo siento. Si el hombre quiere escaparse, yo tengo que parar en seguida... No quiero castigarle más (extremadamente excitado)... Devolveré encantado el cheque, pero no haré daño a este hombre... Lo siento, no le castigaré más si él quiere que se acabe. No hay dinero en el mundo que me haga volver a hacer daño a otros individuos.
(Milgram, 1965, pág. 67.)

descarga eléctrica. Las descargas serán dolorosas pero no producirán daños permanentes.

De vuelta al laboratorio principal le sientan a usted frente a un generador de descargas con treinta interruptores que oscilan entre 15 y 450 voltios, con etiquetas que van desde «descarga suave» a «peligro-descarga muy fuerte». El investigador le dice que pase una prueba de aprendizaje al estudiante y que le dé una descarga cada vez que cometa un error o falle una respuesta. Tiene que empezar con el nivel más bajo e ir aumentando la descarga en cada error.

¿Hasta dónde cree usted que podría llegar siguiendo estas instrucciones? ¿Pararía cuando el estudiante empezara a mostrar cierta incomodidad, algún gruñido, por ejemplo, a 75 voltios? ¿O a 120 voltios, cuando se quejara? ¿A 150, cuando pidiera que lo soltaran? ¿O hasta los 285 voltios, cuando el estudiante chillara angustiosamente? ¿Qué pasaría si, en cualquiera de esos puntos, usted se volviera hacia el investigador para pedir sus instrucciones y éste le dijera que continuara? ¿Seguiría el camino hasta el máximo de 450 voltios, incluso aunque ya no oyera ningún sonido en la habitación de al lado?

Si usted reacciona como la muestra de estudiantes universitarios, psiquiatras y adultos de clase media que fueron sometidos a este mismo dilema, sentirá una sensación de repulsa y estará seguro de que tanto usted como todas las personas normales, a excepción de una pequeña parte lunática de un 1 a un 2 por 100, rehusaría obedecer al investigador en uno de los primeros pasos del experimento (Milgram, 1974). Sin embargo, cuando este experimento se llevó en realidad a cabo (con la colaboración de un actor que fingía estar recibiendo descargas), los resultados fueron muy diferentes.

En 1963 Stanley Milgram dirigió este experimento, que no se ocupaba del aprendizaje y la memoria, sino del hecho de obedecer a una autoridad que le ordena hacer daño a otra persona. Milgram y toda la comunidad de la psicología se sobresaltaron con los resultados. De los 40 individuos, de una amplia gama de profesiones que constituyen la primera ronda, 26 —dos de cada tres— obedecieron las órdenes y siguieron dando descargas al voltaje más alto posible. Solamente 14 se rebelaron como respuesta a las protestas del «estudiante». Milgram (1974) insistió con más experimentos, introduciendo variaciones, hasta llegar casi a los 1.000 participantes adultos. Los resultados fueron básicamente los mismos: una alta proporción de individuos, muchos de los cuales desaprobaban las «técnicas de enseñanza» que se «estudiaban» en el experimento y, a pesar de que se sentían preocupados por su propio papel en el mismo, obedecían las órdenes administrando a una persona inocente lo que ellos pensaban que eran descargas dolorosas.

Los individuos se comportaban de forma diferente en condiciones diferentes. Los que estaban en la misma habitación que la víctima estaban mucho más dispuestos a desobedecer las órdenes (el 60 por 100 lo hicieron) y quienes tenían que colocar la mano de la víctima en la placa de descarga todavía se mostraban más dispuestos a resistir (el 70 por 100 desafiaron las órdenes). Por otra parte, cuanto más cerca estaba el individuo investigador, más obediente era: la obediencia era tres veces mayor cuando el investigador se hallaba en la misma habitación que cuando daba las órdenes por teléfono.

Los famosos experimentos de Stanley Milgram sobre la obediencia indicaron que muchas personas normales harían daño a una persona completamente extraña, incluso hasta ponerla en peligro de muerte, si alguien que ellos consideran una autoridad se lo ordena. Si esto es así, este descubrimiento ayuda a explicar muchas atrocidades. (1965 by Stanley Milgram. De la película Obedeciente, *distribuida por la Universidad del Estado de Pennsylvania, PCR.)*

Un asistente social de 39 años dijo, después de un año de su participación: «Lo que me horrorizó fue que yo pudiera poseer esta capacidad de obediencia y conformidad a una idea central. Lo que he obtenido como experiencia de ese experimento es que me ha quedado claro que la adhesión continuada a un valor puede llevar consigo la violación de otro valor, el de no herir a otro que está indefenso y que no ha hecho daño alguno. Espero que pueda arreglármelas mejor con cualesquiera conflictos futuros con los que pueda enfrentarme».
(Milgram, 1975, pág. 54.)

Incluso durante el imperio del terror en la Alemania nazi, algunas personas encontraron fuerzas para luchar contra la actitud oficial. También en estos experimentos algunas personas fueron capaces de resistirse a la autoridad. ¿Quiénes? Es difícil identificar las características que hacen que los individuos no cedan frente a la autoridad. La *situación*, más que cualquier característica personal claramente identificable, era lo que parecía que iba a producir más efecto en lo que se refiere a si un individuo obedecería o no.

Existía una diferencia capital entre los sujetos obedientes y rebeldes. Estos se veían a sí mismo como principales responsables del sufrimiento del sujeto, mientras que los obedientes se sentían menos responsables que el investigador. Es más, los obedientes atribuían dos veces más responsabilidad del sufrimiento al propio sujeto, ofreciendo argumentos tales como «después de todo, él se ofreció voluntario para el experimento y no era capaz de aprender» (Milgram, 1974).

La espantosa conclusión de los estudios de Milgram es la evidencia de que muchas personas normales y amables pueden estar, en algunas circunstancias, dispuestas a obedecer a una autoridad que les ordena infligir daño a otra persona. Si esto es así, se explicarían muchas atrocidades a lo largo de la historia y debería contribuir a cuestionarnos las fuerzas que en la sociedad exaltan el valor de la obediencia por encima del valor del pensamiento individual.

El trabajo de Milgram ha sido atacado desde dos premisas fundamentales. En primer lugar, sus críticos sostuvieron que el experimento era inmoral en sí mismo, puesto que engañaba a los sujetos y les inducía a descubrir una verdad molesta respecto a ellos mismos, provocándoles un estrés extremo para el que no estaban preparados y que podía causarles un daño psicológico a largo plazo (Baumrind, 1964). Milgram (1974) ha negado que sus procedimientos causaran daño y ha señalado el hecho de que más de 8 de cada 10 individuos declararon después estar contentos de haber tomado parte, 4 de cada 5 pensaban que deberían llevarse a cabo más experimentos de este tipo y 3 de cada 4 afirmaron haber aprendido algo que les parecía personalmente importante.

Los críticos se quejaban asimismo de que los descubrimientos tienen poca relevancia para el mundo real. Los individuos confiaban en que la Universidad de Yale no se haría nada que fuera cruel o inmoral; como voluntarios, pueden haber sido particularmente propensos a obedecer al investigador científico; estaban sujetos a estímulos continuos que les requerían para que siguieran a pesar de que mostraran dudas; la situación en el laboratorio era tan diferente a la del tiempo de guerra, por ejemplo, que es imposible generalizar de una situación a la otra (Orne y Holland, 1968; Baumrind, 1964). Milgram (1974) ha contestado a estos argumentos llevando a cabo un experimento similar fuera de la universidad y haciendo algunas preguntas difíciles de responder como las que aparecen al margen.

POR QUE NOS COMPORTAMOS COMO LO HACEMOS

Hemos estudiado hasta ahora en qué medida las circunstancias influyen en nuestras acciones: la manera en que se estructura una situación, qué personas intervienen y qué hacen, y nuestra aceptación de las normas culturales. Cuando estudiamos la personalidad en el capítulo 14, resaltamos que tanto la manera relativamente consistente de relacionarnos con los demás, como la propia situación concreta es lo que determina nuestra manera de comportarnos y nos caracteriza como individuos. Una pregunta vitalmente importante

¿Los descubrimientos de Milgram han sido atacados porque son difíciles de aceptar, al decirnos algo sobre nosotros que no queremos saber?

¿No se basa la crítica más en la aparición de resultados no previstos que en la metodología empleada? Los resultados confirmaban que algunos individuos se comportaban de una manera que parecía ser sorprendentemente inmoral. En cambio, si uno de los sujetos hubiera parado en los primeros niveles de descarga, o al primer signo de incomodidad del «estudiante», los resultados hubieran sido agradables y tranquilizadores, y ¿quién hubiera protestado? (Milgram, 1974, pág. 194.)

El trabajo de Milgram demuestra hasta qué extremos puede llegar la gente normal en nombre de la obediencia, y nos obliga a cuestionar nuestro propio compromiso con valores que trascienden el sometimiento a la autoridad y provoca preguntas sobre la capacidad de la sociedad para formar ciudadanos que puedan aprender a establecer la diferencia que hay entre la obediencia a causas justas e injustas.

—con la que los psicólogos están muy familiarizados— es la siguiente: ¿Por qué las personas hacen lo que hacen? ¿Cómo sacamos nuestras conclusiones?

Las conclusiones que saquemos serán importantes, no sólo porque muchas veces basamos en ellas nuestra conducta, sino porque cuando descubrimos que una situación nos afecta excesivamente, nos sentimos motivados a modificarla. Si hemos llegado a la conclusión de que tanto los carceleros como los prisioneros han acabado comportándose brutalmente por la experiencia de la cárcel, es lógico que apliquemos nuestros esfuerzos en buscar alternativas al sistema carcelario actual. Sin embargo, si llegamos a la conclusión de que muchos se vuelven brutales a causa de las influencias tempranas sobre su personalidad y que una vez formada no reaccionan a situaciones que se les presentan en la edad adulta, no estaremos motivados para mejorar las circunstancias en que se desenvuelven los adultos, a no ser que sea para protegernos a nosotros mismos.

Según la teoría de la atribución propuesta por Fritz Heider (1958), tendemos a atribuir la conducta de los demás a una de dos causas posibles —a algo *interno* (un rasgo de personalidad o los propios esfuerzos), a algo *externo* (como la situación social, las acciones de otra persona o la suerte)—. La teoría de la atribución ha constituido una importante estructura teórica para la investigación psicosociológica en los últimos años.

Gran parte de la investigación que citamos en este capítulo y en el siguiente (en el que estudiaremos con mayor detalle la teoría de la atribución), pone de manifiesto la importancia de la situación en la determinación de la conducta. Hemos visto cómo algunas personas que, al decir de la mayoría, eran totalmente agradables, amables —todo lo contrario de monstruos—, pueden ser inducidas por la exigencia de una situación a infligir dolorosas, y posiblemente peligrosas, descargas a extraños que nunca les hicieron el menor daño. Hemos visto cómo gente inteligente con una visión normal pueden, por el influjo de otros, llegar a negar la evidencia de sus propios sentidos. Veremos en seguida cómo factores tales como la prisa que una persona pueda tener, puede llegar a afectar su buena voluntad de pararse y ayudar a una persona aparentemente enferma.

Como resultado de tales experimentos, algunos psicólogos contemporáneos han adoptado un punto de vista que atribuye la conducta casi exclusivamente al impacto de la situación, oscilando el péndulo en el sentido opuesto al punto de vista clásico de que las personas actuaban de acuerdo con su temperamento básico y eran relativamente insensibles a influencias ambientales. Un análisis reciente de algunas de estas investigaciones nos recuerda que los planteamientos de tipo «o esto o aquello» casi nunca proporcionan una explicación completa. Los seres humanos somos mucho más complicados que eso.

Cuando los estudios de Milgram fueron analizados de acuerdo con las características de la situación —cuántas personas había, si el experimentador estaba dentro o fuera de la habitación, etc.— se dedujo que *tanto* los aspectos de la situación como los rasgos de la personalidad individual afectaban al comportamiento, descubrimiento que confirma hallazgos similares en una serie de estudios clásicos (Funder y Ozer, 1983).

Algunos de los individuos de Milgram se horrorizaron con las órdenes que recibían y simplemente rehusaron administrar descargas eléctricas, y algunos «buenos samaritanos» en los estudios sobre viandantes (que describimos después) no dejaron de ayudar a los otros, incluso en el caso de que eso les hiciera llegar tarde a sus propias citas. Parece que algunos aspectos de su personalidad les llevaba a trascender la situación. Así pues, todavía es difícil predecir la manera en que uno va a comportarse tanto a partir del conocimiento de su personalidad como de la situación en que se encuentra. Es importante recordar que lo que hacemos depende de la interacción entre *quiénes* somos y *dónde* estamos. Incluso sabiendo que no es posible una predicción perfecta, sigue siendo importante buscar las raíces del comportamiento, especialmente porque ciertos tipos de comportamientos —como la agresividad o el altruismo— tienen un impacto importantísimo tanto en la sociedad en su conjunto como a nivel individual.

AYUDAR A OTRAS PERSONAS

Tanto ayudar como hacer daño a otras personas forma parte de la larga historia de la humanidad. ¿Qué es lo que hace que nos comportemos de un modo o de otro? ¿Estas tendencias forman parte de nosotros o nos las han enseñado? ¿Qué es lo que las hace aflorar? En el capítulo 9, «Motivación», presentamos algunas de las causas del comportamiento agresivo. Echemos ahora una mirada a los fundamentos del altruismo, que ha sido definido como «el comportamiento que se lleva a cabo para beneficiar a otro sin esperar recompensas de fuentes externas» (Macaulay y Berkowitz, 1970, pág. 3).

Altruismo o comportamiento prosocial

Las personas se ayudan unas a otras de muchas maneras —dando dinero, sangre o tiempo—. La mayor parte de esta ayuda va dirigida a la familia y a los amigos pero alcanza también a extraños que nunca conoceremos. La mayoría de nosotros realizamos una gran variedad de acciones de ayuda que implican cierto coste, autosacrificio o riesgo por nuestra parte: participamos en marchas por los derechos civiles o en boicots, dejamos a un lado nuestros propios fines por el mayor bienestar de otros, etc. Estas redes de asistencia entrecruzan la vida de cada día, y aun así la mayor parte de la conducta de ayuda y atención que damos y recibimos pasa a menudo inadvertida. A través del tiempo, los psicólogos han intentado ahondar en las razones que subyacen al comportamiento altruista. Empezaremos estudiando un tipo de ayuda muy específico, el que se presta a un desconocido en una emergencia.

AYUDAR A UN EXTRAÑO EN APUROS La multitud que estaba en el andén del metro de Nueva York se espantó al ver a un hombre ciego de 75 años que tropezaba y caía entre los vagones del tren que estaba a punto de ponerse en marcha. Un hombre de entre la multitud —Reginald Andrews, un padre sin empleo de 29 años que regresaba a su casa después de haber rellenado otra solicitud de trabajo— saltó sobre los raíles, suplicó a gritos que el tren se parara y tiró del ciego hacia un lugar seguro en un estrecho espacio bajo el borde del andén. «No pensé en el peligro, sólo que, ¡caramba!, alguien necesitaba ayuda», dijo más tarde Andrews respecto a su hazaña en la que había arriesgado su vida para ayudar a un desconocido (McFadden, 1982).

¡Qué diferente fue la acción de Mr. Andrews comparada con la de 38 personas que participaron sin querer en una investigación para averiguar por qué algunas personas emprenden una acción para ayudar a un extraño, mientras otras no hacen nada! Esas 38 personas eran también neoyorkinos —residentes en un complejo de apartamentos, que miraban por las ventanas en plena noche, mientras un brutal atacante apuñalaba hasta matar a una joven llamada Kitty Genovese—. A pesar de sus agudos chillidos y de que era obvio que algo estaba pasando, pues el asesino volvió tres veces para atacarla, ni uno solo de esos vecinos acudió en ayuda de la joven, ni siquiera descolgando el teléfono para llamar a la policía, hasta después de muerta (Rosenthal, 1964). ¿Por qué? ¿Eran monstruos esas personas? ¿Por qué se mantuvieron indiferentes ante la difícil situación de la joven? ¿Estaban temerosos de su propia seguridad?

Las respuestas que han surgido de docenas de experimentos son complejas, pero arrojan cierta luz sobre el porqué una persona arriesga su vida, mientras que otra no dará siquiera un grano de ayuda. Virtualmente, todos estos estudios han descartado la apatía como respuesta. Cuando las personas ven que alguien tiene problemas casi nunca se mantienen indiferentes. Incluso si no toman ninguna iniciativa para ayudar, se sienten agitados y tensos, implicados en la salud o seguridad del otro y en conflicto con su propio ser. Una serie de factores nos ayudan a explicar por qué la gente tiende o no una mano para ayudar.

Reconocimiento de que existe una emergencia

Antes de tomar una iniciativa, primero tiene que darse cuenta de que algo ocurre, y luego tiene que interpretarlo como una emergencia (Latané y Darley, 1968). Cuando una situación es claramente una emergencia seria, como la caída del ciego en el metro, los intentos de rescate impulsivos, inmediatos, como el de Reginald Andrews, se dan con mucha probabilidad (Piliavin, Dovidio, Gaertner y Clark, 1981).

Si una situación es ambigua, usted mira en torno suyo a la gente que le rodea para ver cómo están interpretando la situación. Si parece que nadie hace nada, es probable que piense que estaba reaccionando en exceso y se quedará quieto. Esto salió a la luz en un estudio en el que se llenaba de humo una habitación. Cuando las personas parecían que estaban solas, los sujetos informaban de ello, pero cuando creían que estaban en compañía de otras que no hacían nada, lo ignoraban, asumiendo probablemente que si hubiera existido peligro alguien más hubiera hecho algo (Latané y Darley, 1968). (¿En qué medida esta situación es similar a las de los estudios de Asch sobre la conformidad donde las personas dudaban de su propio juicio cuando la mayoría adoptaba un punto de vista diferente?).

Número de personas en escena

No fue una interpretación errónea la responsable de la falta de acción en el caso de Kitty Genovese; sólo el número de testigos de su sufrimiento fue, irónicamente, la razón principal de que *nadie* la ayudara. Los estudios realizados han confirmado el hecho de que los individuos en solitario están más dispuestos a ayudar a alguien que tiene problemas (Latané y Nida, 1981). Cuando están presentes otros rescatadores potenciales, se alzan las barreras. La primera barrera es la influencia de otras personas en la interpretación de un hecho: si esto es una crisis, ¿por qué no hay nadie más haciendo algo al respecto?

La segunda es la habilidad del observador para diluir la responsabilidad. Es el viejo síndrome de «que lo haga otro». «¿Por qué tengo que ponerme yo en una situación precaria cuando hay aquí toda esta gente que podría ayudar?» O la suposición de que «si esto es realmente importante alguien debe haber hecho ya algo, así que yo no tengo necesidad de hacerlo». Otro impedimento importante es la cantidad de personas que tienen miedo a parecer tontos: «Supongamos que lo que parece una crisis no lo es realmente —y que todo el mundo me ha visto meter la pata—, y yo no quiero parecer tonto».

¿Quién es la víctima? Un hombre que se desmaya en un vagón de metro en marcha tiene más probabilidades de obtener ayuda si lleva un perro que si huele a alcohol y lleva una botella envuelta en una bolsa de papel marrón (Piliavin, Rodin y Piliavin, 1969). Es más fácil comprender por qué las personas prefieren ayudar a una persona incapacitada que a un borracho, que comprender los efectos de otras características de la víctima. Por ejemplo, un hombre con un perro que se desmaya en un metro tiene *menos* probabilidades de obtener ayuda si sangra por la boca (manifestando una mayor gravedad) que si no sangra (Piliavin y Piliavin, 1972), y si tiene una gran mancha de nacimiento en la cara que si no la tiene (Piliavin, Piliavin y Rodin, 1975). Estos descubrimientos parecen indicar que la falta de iniciativa es a menudo causada por el miedo o el desagrado que causa la víctima.

Presiones sobre el transeúnte Las personas que tienen prisa no se paran tan a menudo para ayudar como las que no experimentan las presiones del tiempo u otras obligaciones. Esto fue descubierto en un estudio en el que estudiantes de teología ensayaban un discurso en un edificio y luego salían a grabarlo en otro. A unos se les dijo que iban a llegar tarde a la cita para grabar, a otros que iban a llegar a la hora y a otros que iban a llegar demasiado pronto.

En el camino cada estudiante pasó junto a una persona tumbada en la puerta, con los ojos cerrados y la cabeza caída, y que tosía cuando el estudiante pasaba. Más de la mitad de los estudiantes, para los que aún era pronto para la cita, se pararon para ayudar, mientras que sólo uno de cada diez de los que creían que llegaban tarde se pararon. ¿Cuál era el tema de los discursos de los estudiantes? ¿Podía ser otro que la parábola del «buen samaritano»? (Darley y Batson, 1973).

Pronosticar quién ayudará ¿Qué sucede cuando usted ve a otra persona que tiene graves problemas? Reacciona tanto en el terreno sentimental como en el ámbito del pensamiento. Se activa, emocionalmente, una respuesta que puede haber sido instaurada en nosotros como un medio de preservar nuestra especie. Incluso bebés de pocos días lloran cuando oyen llorar a otro bebé (Simner, 1971; Sagi y Hoffman, 1976). Una respuesta de este tipo acontece en un momento tan temprano de la vida que es imposible que haya sido aprendida. Sin embargo, lo que aprendemos de verdad son los fundamentos para decidir qué hacer. En una crisis nos preguntamos qué tenemos que ganar o perder al actuar o al no actuar. ¿Va usted a sentirse demasiado culpable si no hace nada? ¿Va usted a correr riesgos absurdos si interviene?

Jane A. Piliavin y sus colegas han realizado un análisis de coste-beneficio del porqué ayudamos. El principio subyacente es que, al decidir si se ayuda, tratamos de minimizar nuestro coste y elevar al máximo nuestra recompensa. Según este principio, usted ayudará si está tan motivado emocionalmente que responde de forma impulsiva, no pensando siquiera en los costes que le producirá; si éstos son bajos (dispone de tiempo, no arriesga la vida) o si la situación supone otros beneficios para usted (encuentra que la víctima es atractiva, quiere hacer algo interesante o quiere verse a usted mismo en el rol de héroe) (Piliavin, Dovidio, Gaertner y Clark, 1981). Con frecuencia las personas se sienten incómodas cuando no ayudan a alguien necesitado, pero siguen sin hacerlo a causa de que los costes son demasiado altos para ellas.

POR QUE AYUDAMÒS A OTROS   ¿Qué es lo que hace que la gente se esfuerce en ayudar a los demás en distintas situaciones, a menudo experimentando serias molestias? Se han ofrecido varias explicaciones.

Heredamos la predisposición para ayudar

Dado que algunos niños muestran altruismo desde una edad muy temprana, mientras otros no, es posible que algunos nazcan con una naturaleza más generosa, más solidaria. Puede que el altruismo esté en los genes. Aunque el altruismo puede causar daño al individuo que lo aplica, *es* beneficioso a la larga para la especie. La existencia a gran escala de la conducta prosocial en el reino animal hace pensar en alguna explicación en términos de adaptación biológica y hereditaria o de tipo hereditario.

Los *sociobiólogos,* científicos que estudian la base biológica de la conducta social de diversos animales (entre los que se incluye la especie humana), señalan muchas actividades altruistas entre los animales. Los chimpancés adoptan crías huérfanas, pájaros pequeños como los petirrojos y los tordos silban para avisar a sus compañeros de que se acerca un halcón (en muchos casos, dirigiendo la atención de éste hacia ellos mismos) y algunas abejas mueren defendiendo sus colmenas de los intrusos (Wilson, 1978). Muchos sociobiólogos han llegado a la conclusión de que existe una cierta programación genética que nos hace actuar de modo altruista. Sin embargo, la mayoría de los psicólogos sociales se centran más en el influjo de los factores ambientales y el aprendizaje para explicar la presencia de este tipo de conducta.

Aprendemos a hacerlo

En los últimos 20 años gran cantidad de informes han indicado que la gente aprende a ser sensible y a ayudar a los demás. Los niños altruistas suelen tener padres que ayudan a otros, que esperan que sus hijos ayuden a otros y que les dan a conocer, sin ambigüedades, cómo deben comportarse (Mussen y Eisenberg-Berg, 1977). En otras palabras, entre las normas que esos niños aprenden aparecen las de ayudar a los demás.

Marion R. Yarrow (1978) y sus colaboradores han estudiado el desarrollo del altruismo en niños muy pequeños y han descubierto la existencia de diferencias individuales que se van incrementando a partir del año y medio y los 2 años de edad. Han descubierto igualmente que la cantidad de comportamiento de ayuda no cambia a partir de los 7 años. Los 2 o 3 primeros años de vida pueden ser cruciales para establecer estas pautas.

El grado que un niño alcanza en la ayuda a los demás está en relación con la capacidad que tienen sus padres de ser cálidos y sensibles y de ayudar a sus hijos, y con la intensidad con que les ayudan a comprender el mensaje de que no deben hacer daño a los demás. Las madres de los niños más altruistas no se limitan a señalar «Jaimito está llorando porque le has pegado», sino que muestran una gran convicción y emoción cuando dicen —y algunas veces gritan— a sus hijos: «*No* hagas daño a Jaimito» o «Ya está bien».

Ayudar a los demás nos hace sentirnos bien

A las personas les gusta sentirse virtuosas. Como quiera que muchos de nosotros hemos llegado a creer que el comportamiento caritativo es digno de elogio, obtenemos una recompensa intrínseca en la opinión sobre nosotros mismos cuando hemos ayudado a otra persona. La conducta de ayuda puede estar unida a dos estados emocionales: felicidad y tristeza. Cuando estamos tristes, el ayudar a otros nos hace sentirnos mejor y puede hacernos creer que somos personas

Yo mantengo, a pesar de la evidencia del momento contra esta declaración, que nacemos y crecemos con afecto los unos por los otros, y que tenemos genes para eso. Se discute la existencia de ese afecto porque el mensaje genético es como una música lejana y algunos de nosotros somos duros de oído. Las sociedades son ruidosas y sofocan nuestra propia melodía y nuestro interés por la armonía. Duros de oído, vamos a la guerra. Sordos como una tapia, fabricamos misiles termonucleares. No obstante, la música está ahí, esperando más oyentes.
(Thomas, 1982, pág. 59.)

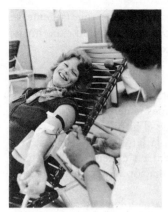

Donar sangre se ha comparado con un deporte arriesgado como el paracaidismo. Al principio, las personas involucradas en una de estas actividades están nerviosas y tienen miedo, pero cuanto más frecuentemente las practican, más positivas las encuentran, hasta que se convierten en «adictas» a la experiencia (fotografía de la Cruz Roja Americana; © José A. Fernández 1979/Woodfin Camp y Assoc.)

mejores (Baumann, Cialdini y Kenrick, 1981). Esto podría apoyar el consejo tradicional a las almas desgraciadas que les advertía que se sentirían mejor si en lugar de darles vueltas a sus propios problemas hicieran algo agradable por los demás.

También parece que somos más capaces de ayudar a los demás cuando nos sentimos felices. Esta es una conclusión a la que llegaron Baumann y colaboradores (1981) y que confirmaron Rosenhan, Salovey y Hargis (1981). En este estudio, los estudiantes que creían que iban a ser recompensados por su trabajo con unas vacaciones en Hawaii mostraban mayor predisposición a ayudar a un amigo que aquellos que imaginaban que su mejor amigo era el que iba a conseguir el viaje de vacaciones. Cuando nos sentimos afortunados, competentes y tenemos éxito, nuestros buenos sentimientos respecto a nosotros mismos suelen estimular las buenas acciones hacia los demás.

Nos hacemos «adictos» al altruismo

¿Por qué algunas personas dan sangre una y otra vez en un sistema de donación de sangre de «responsabilidad comunitaria»? En estos sistemas los donantes no son pagados, ni ellos ni sus familias reciben ningún beneficio en reciprocidad ni seguridad de que ellos la tendrán en el caso de que la necesitaran. Parece que los donantes no tienen nada que ganar al dar sangre, en tanto que sufren unos costos: dan su tiempo, se sienten débiles durante horas o días, corren riesgos de efectos más serios. Sin embargo, algunas personas se hacen donantes habituales de sangre.

Piliavin y sus colegas comparan la donación de sangre con el salto en paracaídas: al principio los participantes sienten toda clase de emociones negativas que giran alrededor del miedo y la ansiedad pero cuanto más a menudo saltan (o dan sangre), más positivos son los sentimientos que rodean esa actividad, tanto en el caso de la alegría o la sensación de competencia que siente el paracaidista, como el «cálido rubor» por haber ayudado a alguien necesitado, que experimenta el donante de sangre (Piliavin, Callero y Evans, 1982).

Estos autores explican estos cambios de sentimientos hacia actitudes más positivas mediante *la teoría de los procesos opuestos* (H. Hoffman y

Solomon, 1974; Solomon y Corbit, 1974). Al estado inicial de sentimiento negativo se le opone un marco positivo de referencia; los sentimientos que se oponen (positivos) se refuerzan por el uso y la experiencia inicialmente aversiva se «transforma eventualmente en una experiencia muy motivadora, incluso creadora de adicción» (Piliavin et al., 1982, pág. 1.204). Así, cuanto más ansiosos nos sentimos al principio, mejor nos sentimos más tarde. A los donantes de sangre los buenos sentimientos causados por hacer el bien les dominan y la tercera o cuarta donación parece ser el punto «mágico» en el que los donantes habituales «se enganchan».

Fomentar el altruismo

Para sobrevivir en un mundo peligroso poblado por animales depredadores y tribus hostiles, los hombres primitivos tuvieron que desarrollar unas pautas de comportamiento basadas en ayudar solamente a los de su propio grupo y reaccionar con sospecha y agresividad hacia otros grupos. Sin embargo, hoy en día, tal como ha señalado el psiquiatra y psicobiólogo David A. Hamburg (1983), estas actitudes ya no son adaptativas. En un mundo en el que los extraños suelen depender los unos de los otros, incluso para los fundamentos de la vida misma, necesitamos desarrollar otras formas de relación con los que nos rodean, tanto dentro como fuera de la familia.

¿Cómo podemos, pues, fomentar el altruismo? Una respuesta parece radicar en la manera en que enseñamos a los niños a resolver sus problemas sin recurrir a la violencia, en el modo en que les hacemos desistir de la agresividad desde el comienzo de la vida y les recompensamos por otras conductas, y en el conjunto de valores que enseñamos —ayudar mejor que herir, preocuparse por los otros mejor que permanecer indiferentes, cooperar mejor que competir e igualdad de sexos mejor que el dominio del varón y el machismo—. Podríamos, por ejemplo, someter a los chicos «al mismo aprendizaje que las niñas han recibido tradicionalmente en nuestra sociedad y animarlos a desarrollar cualidades socialmente positivas, como la sensibilidad, la cooperación, la cordialidad y la ternura, que son la antítesis del comportamiento agresivo» (Eron, 1980, pág. 244).

Otro planteamiento es el biológico. Al reconocer que los seres humanos inhiben su agresividad en muchas ocasiones, algunos investigadores están tratando de descubrir qué sustancias químicas cerebrales están implicadas en el proceso de tal inhibición y si pueden producirse sustancias similares para ayudar a las personas a dominar la agresión antisocial (Redmond, 1983). Otro planteamiento hace hincapié en la importancia de descubrir soluciones positivas para resolver los problemas individuales, familiares, comunitarios y de la sociedad. La búsqueda no es fácil, pero resulta esencial en esta era nuclear.

ACTITUDES

Usted tiene una actitud hacia casi todas las cosas o personas del mundo en las que haya pensado en algún momento e indudablemente habrá expresado opiniones sobre muchos temas. Su *opinión* es su actitud expresada en palabras. Su actitud es su forma de responder a alguien o a algo. Las actitudes se componen de tres elementos: *lo que piensa* (componente cognitivo), *lo que siente* (componente emocional) y *su tendencia a manifestar* los pensamientos y emociones (componente conductual). Por ejemplo, usted tiene probablemente una actitud sobre las relaciones extramatrimoniales. A nivel cognitivo, puede que piense que es perjudicial para el matrimonio; emocionalmente, puede que usted se sienta celoso ante la idea de que su esposa haya tenido relaciones sexuales con algún otro y respecto a la conducta puede que continúe siendo monógamo.

Al estudiar las actitudes, suele suceder que los tres elementos estén en contradicción unos con otros. Por ejemplo, tres distintas encuestas nacionales de opinión pública, que abarcaban desde 1970 a 1977, demostraban que en Norteamérica del 75 al 87 por 100 de los ciudadanos no aprueban que las personas casadas tengan relaciones sexuales fuera del matrimonio (National Opinion Research Center, 1977). Al mismo tiempo, otras encuestas mostraban que más o menos la mitad de los varones y de una cuarta parte a la mitad de las mujeres reconocían haber *tenido* relaciones sexuales extraconyugales (Hunt, 1974). Parece, pues, que el componente cognitivo de las actitudes de algunas personas frente a las relaciones extraconyugales difiere de su componente conductual.

Se han dedicado muchas investigaciones a estudiar las interrelaciones entre los diferentes elementos de la actitud, cómo un cambio en uno afecta a los otros y cómo formamos y modificamos nuestras opiniones y nuestros actos. Conocer los tres niveles diferentes supone encontrar formas de medir las actitudes, utilizando escalas diferentes para los pensamientos, los sentimientos y los actos. Es más, este planteamiento tiene implicaciones importantes en los esfuerzos para *modificar* las actitudes. Si intentamos cambiar sólo el elemento cognitivo tratando, por ejemplo, de convencer a alguien de las razones que hay detrás de las leyes sobre los derechos humanos, sin tener en cuenta lo fuertes que son las emociones en las relaciones interraciales, no llegaremos muy lejos.

Medida de las actitudes

Lo más frecuente es que los científicos sociales midan las actitudes de la misma forma que lo harían los investigadores de mercado o la gente corriente, haciéndoles una serie de preguntas sobre sus creencias, a través de entrevistas o cuestionarios. Veamos dos de las más populares escalas de actitudes, la Escala de Likert y el Diferencial semántico.

La Escala de Likert (Likert, 1932) contiene una lista de afirmaciones o actitudes y pide al individuo que responda en un continuo que va desde «estoy completamente de acuerdo» hasta «estoy completamente en desacuerdo». Se presenta una afirmación o series de afirmaciones, tales como «debería estar prohibido expender bebidas alcohólicas a los menores de 21 años». Se solicita entonces al individuo que indique hasta qué punto está de acuerdo o no. Likert utilizaba un rango de 5 puntos: estar completamente de acuerdo, estar de acuerdo, no estar ni de acuerdo ni en desacuerdo, estar en desacuerdo y estar completamente en desacuerdo. El sujeto indica el número o letra apropiado y a cada respuesta se le da un valor en puntos, de 1 a 5 (o tantos como incluya la escala; el rango característico suele ir de 3 a 7). La calificación de la actitud de una persona es la suma de todas sus valoraciones.

El diferencial semántico (Osgood, Suci y Tennenbaum, 1975) se centra en el significado que una palabra o concepto tiene para un individuo, pidiéndole que valore el concepto («padre», «poder nuclear», «demócrata», etc.) en términos de un conjunto de dimensiones, tales como justo-injusto (*evaluación del item que se está juzgando*), fuerte-débil (*percepción de su fuerza*) y caliente-frío (*percepción de su nivel de actividad*).

La fiabilidad de estos auto-informes plantea problemas, porque el modo en que se formula una pregunta afecta a la respuesta dada. En una encuesta reciente el 39 por 100 de los americanos dijeron que el gasto del Gobierno para la beneficiencia pública debería recortarse, mientras sólo el 7 por 100 pensaban que «la ayuda a los necesitados» debería recortarse (Marty, 1982). Por otro lado, las personas no son siempre honradas *consigo mismas* respecto a sus verdaderas actitudes cuando se les deja a solas con los investigadores. Por todo lo cual normalmente es mejor utilizar diferentes métodos para medir las actitudes.

Un método ingenioso es el del *falso polígrafo,* una máquina de aspecto imponente que los individuos creen capaz de descubrir sus actitudes reales midiendo sus respuestas fisiológicas (Jones y Sigall, 1981). Los investigadores han descubierto que cuando se utiliza este método muchos estudiantes universitarios tienen mayores cantidades de prejuicios raciales y (en el caso de los varones) son menos favorables hacia los derechos humanos de las mujeres, que cuando las mismas cuestiones se les midió con las escalas de actitudes clásicas (Sigall y Page, 1971; Faranda, Kaminsky y Giza, 1979).

¿Cómo formamos las actitudes?

¿Cómo ha desarrollado sus actitudes hacia las personas de otros grupos étnicos? ¿Hacia el valor relativo del comunismo *versus* democracia? ¿Hacia la importancia —o su carencia— de la educación liberal? Estas cosas las aprendió de alguna manera, en algún lugar. También en esto, como en cualquier otro tema psicológico, compiten diferentes teorías para explicar la formación de las actitudes.

TEORIAS DEL APRENDIZAJE   Según la teoría del aprendizaje, aprendemos actitudes del mismo modo en que aprendemos todo lo demás. Al aprender la información nueva, aprendemos los sentimientos, los pensamientos y las acciones que están en relación con ella. En la medida en que seamos recompensados (reforzados) por ellas, el aprendizaje perdurará. Los especialistas en relaciones públicas, los publicistas y el personal de ventas hacen efectivo este principio cada vez que unen la información sobre sus productos con cualquier evento que produzca una asociación agradable —una comida satisfactoria o una película que nos proporciona pensamientos felices—. Estas teorías del aprendizaje conciben a las personas como seres primariamente pasivos, cuyo aprendizaje «depende del número y de la fuerza de los elementos positivos y negativos previamente aprendidos» (Freedman et al., 1981).

TEORIAS DE LA CONSISTENCIA COGNITIVA   Supongamos que usted es un ejecutivo de una emisora de televisión, que apoya organizaciones pacifistas y cree firmemente en la necesidad de que las personas se lleven bien. Se publica un importante informe gubernamental indicando que ciertos programas realizados por su emisora amparan actitudes agresivas que podrían llevar al crimen o incluso a la guerra. Estos programas son los de índice más alto de audiencia y los más rentables para la emisora; si usted tuviera que indicar la conveniencia de suprimirlos, estando seguro de que sería despedido al día siguiente, ¿cómo resolvería este conflicto?

Según las teorías de la consistencia cognitiva, la incoherencia entre dos estados de conciencia hace que las personas se sientan incómodas. En consecuencia, cambian o bien sus pensamientos o bien sus acciones con tal de ser coherentes. En el ejemplo que se acaba de dar, se podría conseguir esto haciendo que una actitud (su deseo de conservar su buen empleo) sea coherente con la otra actitud (su creencia en que hay que favorecer la buena voluntad entre las personas). Un camino es cuestionar el informe señalando los problemas que hay en el diseño del estudio o sosteniendo que los

Consecuencias adicionales de una importante toma de decisión.

descubrimientos no justifican las conclusiones. Otro camino sería hacer cambios mínimos —y probablemente insignificantes— del programa que no pongan en peligro su trabajo. Cualquiera· de las maneras permite que usted pueda seguir pensando que es una persona responsabilizada con el bien común y al mismo tiempo conservar su empleo.

Teoría de la disonancia cognitiva: uvas verdes y limones dulces   Todos conocemos la fábula de Esopo sobre la zorra que al no poder alcanzar las uvas decidió que no las quería porque estaban verdes. También tenemos la historia de un mono al que le encantaba la fruta y que no podía conseguir más que limones, por lo que decidió que eran los limones más dulces que había probado. Según la teoría de la disonancia cognitiva, estas opiniones hubieran sido mantenidas más firmemente si tanto la zorra como el mono hubieran podido elegir libremente su alimento —si las uvas hubieran estado al alcance pero la zorra no hubiera querido hacer el esfuerzo de cogerlas, o si el mono hubiera elegido los limones en lugar de alguna otra fruta—. La tendencia natural de los seres humanos a incrementar el valor de lo que ellos han elegido, sea lo que sea, y a minimizar lo que no han elegido, está en la base de esta influyente teoría de la disonancia cogntva propuesta por Leon Festinger (1962).

Festinger sostiene que siempre que tenemos dos ideas, actitudes u opiniones que se contradicen, estamos en un estado de disonancia cognitiva o desacuerdo. Esto hace que nos sintamos incómodos psicológicamente y por eso hemos de hacer algo para disminuir esta discordancia. Esta es inevitable siempre que hemos de elegir. Como pocas alternativas son perfectas, sea lo que sea lo que elijamos, tendrá algunos aspectos negativos, y lo que no elegimos tiene algunos positivos. Si pensamos en estos aspectos, experimentaremos un desagradable nivel de disonancia.

Nos preguntaremos si hemos elegido correctamente —si alguna otra universidad nos hubiera dado una mejor educación, si algún otro coche hubiera durado más, si hubiera sido más satisfactorio vivir con otra esposa—, y trataremos de reducir la disonancia convenciéndonos a nosotros mismos de que la alternativa escogida es en realidad la más deseable y que la que no elegimos es la menos deseable (Festinger, 1957).

Otras situaciones que pueden producir disonancia cognitiva son aquellas en las que hacemos algo contrario a nuestras creencias más firmes sobre lo que es correcto y apropiado, cuando sostenemos una opinión que parece desafiar las reglas de la lógica, cuando ocurre algo que contradice nuestra experiencia pasada o cuando hacemos algo que no va con nuestra idea sobre quiénes somos y para qué estamos (Festinger, 1957).

Un experimento clásico que demostraba este efecto fue dirigido por Festinger y Carlsmith (1959). Pidieron a estudiantes universitarios que realizaran una actividad aburrida y cansada durante una hora, y después les pidieron que se la contaran al individuo siguiente haciendo que la experiencia pareciera divertida. A todos los estudiantes se les pagó por su participación, pero la mitad recibió un dólar y la otra mitad 20 dólares. Los primeros sujetos fueron entrevistados después para descubrir lo que pensaban realmente del experimento. Curiosamente, aquellos que habían recibido más dinero mostraron una mayor inclinación a decir que el trabajo era tan aburrido como lavar platos, mientras que los que sólo obtuvieron un dólar estaban más dispuestos a dar una opinión favorable de la labor realizada durante esta interminable hora.

De acuerdo con el análisis atributivo de la formación y cambio de actitudes, las personas contemplan sus comportamientos y atribuyen lo que sienten a lo que hacen. En esta escena de Un violinista en el tejado *Golde decide que debe amar a Tevye porque ha permanecido con él durante veinticinco difíciles años. (De la realización de United Artists',* Un violinista en el tejado. *Copyright 1971 Mirisch Productions, Inc. y Cartier Productions, Inc.)*

¿Por qué fue así? Porque los individuos que ganaron 20 dólares podían decirse a sí mismos fácilmente que habían mentido a los otros sujetos, dado que les habían pagado mucho dinero por hacerlo, mientras que los otros no podían dar con una buena razón para desvirtuar la situación. Para librarse de su incómodo sentimiento de disonancia se limitaron a cambiar de opinión y decidieron que su trabajo no había sido tan aburrido después de todo. Cambiaron sus actitudes para justificar su conducta.

La lección práctica que podemos sacar de esto es que si queremos cambiar la actitud y el comportamiento futuro de alguien, es mejor que demos recompensas modestas en lugar de importantes. Si, por ejemplo, usted quiere animar a alguien para que pierda peso, déle 2 dólares por cada kilo que pierda, no 50 dólares. Así estará más motivado para seguir comiendo menos y no podrá decirse a sí mismo que lo hizo sólo por dinero. Como todas las teorías sobre la influencia, ésta ha provocado muchos análisis y su correspondiente ración de acalorada controversia.

Modificaciones de la teoría de la disonancia   La teoría de la disonancia puede modificarse de varias maneras. No podemos ignorar el hecho de que todos somos muy diferentes unos de otros: usted puede ser capaz de tolerar la disonancia mejor que yo y no dejarse impresionar sin sentir que necesita reducirla, o puede enfrentarse a ella de otra manera. En lugar de degradar a las uvas, la zorra podía haber aumentado su autoestima ensalzando algún otro aspecto de la situación, quizás el valor del ejercicio que debía realizar al tratar de alcanzarlas. Es más, lo que es disonante para mí puede ser consistente para usted.

Además, algunas veces es útil que surja información disonante. Si no pudiéramos tolerar parte de ella, distorsionaríamos la realidad en muchas áreas y no admitiríamos nunca nuestros errores. Admitir los errores crea efectivamente disonancia pero es la única manera de aprovecharnos de ellos y aprender para el futuro. Si, por ejemplo, yo me digo que el coche que compré es el mejor del mercado, aun en el caso de que no esté conforme con su funcionamiento, puede que sea capaz de mantener un punto de vista conforme conmigo mismo como comprador inteligente, pero no seré capaz de cambiarlo por otro vehículo que cubra mejor mis necesidades y quedaré atrapado por un producto inferior.

Análisis atributivo de Bem   En la comedia musical *Un violinista en el tejado,* cuando el lechero Tevye le dice a su esposa Golde que su hija se ha enamorado, él le pregunta: «Golde, ¿me amas?» Después de una cierta evasiva ella canta «¿te amo? Durante veinticinco años he vivido con él, luchado con él, pasado hambre con él. Durante veinticinco años mi cama es la suya. Si eso no es amor, ¿qué es?» Tevye pregunta, «¿así que me amas?», y Golde responde, «supongo que sí» (Stein, Bock y Harnick, 1964).

Este intercambio ilustra melódicamente el análisis atributivo de Bem (1967, 1970) sobre la formación y el cambio de actitudes, también llamado teoría de la autopercepción. Bem no está de acuerdo con los principios de la teoría de disonancia cognitiva de Festinger, basados en un proceso interno que primero provoca disonancia y luego la reduce. Bem piensa que las personas forman sus actitudes de forma mucho más simple. Contemplan sus comportamientos y luego atribuyen lo que hacen al cómo se sienten. Si Golde no amaba a Tevye, ¿por qué habría estado pegada a él a través de estos años difíciles? Si usted se sorprende a sí mismo vistiéndose con un cuidado especial para lo que había pensado que iba a ser una velada aburrida, usted puede preguntarse: «Esta fiesta y estas personas deben significar para mí más de lo que yo había creído.» En otras palabras, para comprender lo que son nuestras propias actitudes nos fijamos en las mismas pautas externas a las que recurrimos cuando intentamos decidir lo que los otros piensan y sienten.

Este punto salió a la luz en un famoso experimento dirigido por Stanley Schachter y Jerome Singer (1962), en el cual a los individuos se les inyectaba un fármaco que les hacía sudar, aceleraba su ritmo cardíaco y cambiaba su ritmo respiratorio, igual que lo hacen las emociones fuertes. Sin embargo, los individuos no sabían que la inyección causara esos efectos. A algunos se les situó en una habitación con un cómplice (supuestamente otro individuo, participante) que estaba muy enfadado, y a otros con uno que se mostraba muy feliz. Después, quienes habían estado con la persona enfadada se describían a sí mismos como enfadados y quienes permanecieron con la persona feliz decían que ellos mismos se sentían felices. Estas personas estaban calificando su propio humor sobre la base tanto de *pautas internas* (lo que sus cuerpos les estaban diciendo) como *externas* (cómo actuaba la otra persona).

En otras dos condiciones, tanto individuos inyectados con un placebo que *no* causaba cambios fisiológicos, como sujetos inyectados con el fármaco y que *sabían* cuáles serían sus efectos, se describieron a sí mismos como no emocionados después de la sesión con el cómplice. El grupo placebo no tenía indicios internos, mientras que los que conocían el efecto del fármaco, al tener una explicación, no necesitaban recurrir a los indicios externos. Dado que parece que son necesarios dos componentes para que los individuos identifiquen sus emociones (la activación fisiológica y la apreciación cognitiva de esa activación), esta teoría se conoce como la *teoría de los dos factores de la emoción*. Esta investigación sugiere que cuando nuestro estado interno es ambiguo, tendemos a buscar indicios externos que nos den a conocer qué emoción estamos experimentando. Buscamos, más allá de nuestra conducta, elementos del ambiente que puedan explicar nuestro comportamiento.

Este principio tiene también muchas aplicaciones prácticas. Bem (1970) mantiene que personas acusadas de asesinato pueden llegar a creer en su propia culpabilidad después de haber sido persuadidas (aunque no forzadas) a realizar confesiones falsas. Después de todo, si un sospechoso dice algo en una situación en la que es aparentemente libre para decir lo que quiera, probablemente sea cierto lo que dice. Tiene también implicación en el valor de participar en piquetes, sentadas y otras manifestaciones de protesta. Si las actitudes siguen a la conducta, cuanto más haga una persona en favor de una situación particular, sea la conservación del ambiente, sea la fuerza de la unión, más firmemente creerá en esa causa.

Aunque esta teoría resulta intrigante, sus descubrimientos todavía no han sido replicados por otros investigadores. Otros informes indican que los individuos activados con adrenalina presentan normalmente emociones desagradables, sin que importe si el contexto social es positivo o no (Hogan y Schroeder, 1981).

¿Cómo nos convencen para cambiar nuestras actitudes?

Vaya donde vaya, siempre hay alguien que intentará convencerle de que ha de hacer o creer algo. Los anuncios de los periódicos, la radio y la televisión le incitan a comprar productos y a votar candidatos. Los líderes religiosos le exhortan a actuar de una manera conveniente a los dictados de sus congregaciones. Grupos concretos le incitan a luchar por el derecho a llevar armas o a restringir su posesión; por el derecho al aborto o por su total supresión, a apoyar la enmienda a la ley de igualdad de derechos o derrotarla. Maestros, amigos y parientes tratan de convencerle de la sabiduría y moralidad de algunas formas de actuar y de la locura y maldad de otras.

¿Qué es lo que hace que algunos de estos intentos de persuasión sean más efectivos que otros? Los factores básicos que hay que considerar son la fuente del mensaje, su naturaleza y las características de la audiencia. La discusión que sigue está basada en el preclaro análisis que hizo de estos elementos Elliot Aronson (1980).

¿DE DONDE PROCEDE EL MENSAJE?

Tenemos una gran propensión a dejarnos influir por las personas expertas en el tema sobre el que se está hablando, por aquellos que han demostrado ser dignos de confianza, los que están discutiendo un punto de vista con el que ellos personalmente no tienen nada que ganar, los que no están tratando de que nos pongamos de su parte y los que se parecen a nosotros. Por ejemplo, los estudiantes de raza negra del penúltimo año de la escuela superior estaban más dispuestos a limpiarse más a menudo los dientes, después de haber oído un mensaje sobre los cuidados dentales adecuados, cuando éste era emitido por un dentista negro que si lo era por un dentista blanco (Dembroski, Lasater y Ramírez, 1978). Sin embargo, de acuerdo con el «efecto de latencia», una fuente de gran credibilidad tiene mayor impacto inmediatamente después de transmitir el mensaje y su mayor nivel de credibilidad se disipa después de cuatro semanas. Esto se debe, probablemente, a que muchas personas olvidan a quién y en qué lugar oyeron por vez primera el mensaje (Kelman y Hovland, 1953).

En asuntos triviales las consideraciones precedentes no tienen mucha importancia, como es el caso de que nos guste una persona, nos identifiquemos con ella o la encontremos atractiva. Por ejemplo, la belleza de una mujer ejerce un gran impacto sobre la opinión de una audiencia, incluso en temas sin relación alguna con la belleza (Mills y Aronson, 1965). ¡No es de extrañar, pues, que aparezcan jóvenes atractivas contemplándonos desde tantas carteleras, anuncios de revistas y pantallas de televisión.

¿COMO SE EXPRESA EL MENSAJE?

Los mensajes pueden apelar a nuestro raciocinio o a nuestras emociones; pueden presentarse ambos aspectos de una pregunta o uno solo; pueden diferir también en otros sentidos. ¿Qué es lo que hace que un planteamiento sea mejor en algunas ocasiones, pero no en otras? A veces es la naturaleza del tema que se discute, otras es la inteligencia o autoestima de la audiencia. Algunas veces, qué mensaje oímos en primer o último lugar.

Las llamadas a nuestras emociones parecen ser más efectivas que las llamadas a nuestro sentido de la lógica. Muchas campañas persuasivas se basan en el *miedo*: ¿Qué le pasará al mundo si usted no vota a este candidato? ¿Qué le pasará si conduce después de beber? ¿Qué le ocurrirá a su familia si no contrata un seguro de vida? En general, los mensajes que inducen niveles moderados de temor tienen más probabilidad de cambiar nuestra actitud. Si un mensaje resulta demasiado atemorizador, «apagamos el interruptor» para librarnos de la incomodidad pero si no nos asusta lo suficiente, no conseguirá nuestra atención.

El temor ha inducido a muchos estudiantes a dejar de fumar, a hacerse radiografías del pecho y a vacunarse del tétanos (Leventhal, 1970). Las campañas más efectivas han combinado el mensaje que despierta el temor con instrucciones específicas sobre lo que hay que hacer; cualquiera de estos elementos en solitario es menos efectivo para modificar la conducta. Cuanto más alta es la opinión que usted tiene de sí mismo, más probabilidades tiene de responder a una campaña que despierta miedo, posiblemente porque confía en su habilidad para responder a la amenaza, o porque no teme al miedo, pero está motivado por él y probablemente porque cuanto más piensa usted en sí mismo, más ganas le entran de cuidarse.

Los mensajes de dos caras, aquellos que incluyen los dos aspectos de un argumento y refutan un punto de vista, son más efectivos con audiencias inteligentes que al menos están al tanto de los puntos de vista opuestos, y también con audiencias que están ya inclinadas en la dirección opuesta. Por eso, si alguien ya está inclinado hacia su posición, no le confunda presentándole argumentos defendidos por la otra parte, pero si a usted le parece que está en territorio hostil, haría bien presentando los argumentos con los que no está de acuerdo y demostrar por qué están equivocados (Hovland, Lumsdain y Sheffield, 1949).

¿QUIEN ESTA ESCUCHANDO EL MENSAJE? ¿Qué características de la audiencia le hacen más receptivo al mensaje? Por un lado, la poca autoestima: las personas que no tienen una opinión elevada de sí mismas son más fácilmente influenciables. Por otro, un adecuado estado de relajación y la buena alimentación. Una de las razones por las que tantos políticos confían en una reunión informal en una casa particular para presentar su programa es que las personas después de comer y beber son más receptivas (Janis, Kaye y Kirschner, 1965; Dabbs y Janis, 1965). Otra razón es, por supuesto, que la gente es más fácilmente influenciable cuando un amigo o vecino que les cae simpático y a quien respetan ofrece su casa para apoyar al candidato.

Es más, los oyentes necesitan sentir que son los que controlan sus propias opiniones. Si usted les advierte: «Voy a tratar de convencerles del valor de mi punto de vista», automáticamente suben la guardia y son menos fáciles de persuadir (Freedman y Sears, 1985). Los experimentadores que han usado frases como: «Usted no tiene más opción que ésta», tienen más probabilidades de apartar a los oyentes de su punto de vista que de persuadirlos (Worchel y Brehm, 1970). Usted puede haber descubierto con su propia experiencia que cuando los padres tratan firmemente de cambiar las actitudes de sus hijos adolescentes y mayores, los hijos suelen sentir que su libertad está amenazada y se mantienen aún más en sus trece. De esta manera, una oposición paterna muy firme puede producir el «efecto Romeo y Julieta», llevando a una persona joven a los brazos de su novio o novia, al compromiso político o al modo de vida con el que los padres están más en contra (Driscoll, Davis y Lipetz, 1972).

Para finalizar, una audiencia comprometida cambia su actitud con más facilidad. Repartir papeles en blanco y pedir a los miembros de una audiencia que escriban a sus representantes en el congreso justo allí y en ese momento es probable que provoque dos cosas: que le asegure más correspondencia que si les sugiriera que lo escribieran cuando llegaran a casa y que fortalezcan sus actitudes sobre el tema.

La importancia del compromiso personal se puso de manifiesto en un estudio en el que a 14 mujeres jóvenes que fumaban se les pidió que representaran el papel de una persona con cáncer de pulmón (Janis y Mann, 1965). Vieron radiografías, hablaron con «su médico», fingieron estar esperando ser operadas y así sucesivamente. Las doce fumadoras que constituían el grupo de control, escuchaban grabaciones de las sesiones de la representación, pero no tomaban parte en ellas. Las que escenificaron la situación generaron una actitud más intensa en contra del uso del tabaco. Quedaron más convencidas de que fumar es dañino y conduce al cáncer de pulmón, y se manifestaron más interesadas en dejar de fumar. Dieciocho meses más tarde ambos grupos fumaban menos pero las que habían realizado la representación fumaban menos que las que estaban en el grupo de control (Mann y Janis, 1968).

¿Cuál es la relación entre actitudes y comportamiento?

Un refrán popular en el mundo de los negocios pone de manifiesto la dificultad de utilizar las actitudes expresadas por la gente para predecir lo que harán. Hace algunos años un importantísimo fabricante de automóviles patrocinó una encuesta para preguntar a los clientes cómo les gustaría que fuera su coche. Por una mayoría abrumadora, los encuestados dijeron que querían un coche sencillo de línea, con un mínimo de aspecto externo, y un máximo de características de seguridad. El fabricante produjo ese coche y fue un desastre financiero, apenas lo compró nadie, así que el fabricante patrocinó otra encuesta. Esta vez los investigadores preguntaban a los clientes: «¿Qué le gusta a su vecino de un coche?», «Oh, a él», decía la gente: «A él le gustaría algo con muchos cromados, que tenga un arranque rápido, que sea capaz de alcanzar altas velocidades en autopista.» El fabricante hizo *este* coche e hizo una fortuna.

La investigación ha demostrado, por ejemplo, que la actitud general de las personas hacia la religión no nos dice si van a ir o no a la iglesia el domingo próximo. Eso depende también de si llueve, de si se despiertan con resaca, de si les gusta el párroco y de si hay alguna otra cosa que les apetezca más hacer. No obstante, sus actitudes religiosas de hecho predicen su conducta religiosa a nivel global y a largo plazo (Fishbein y Ajzen, 1974; Kahle y Berman, 1979).

Sin embargo, hay casos en los que saber lo que la gente piensa puede ayudar a predecir sus acciones dos semanas, dos meses e incluso dos años después (Kahle, 1983; Kahle y Bermann, 1979).

La predicción tiende a ser muy exacta en las condiciones siguientes:

1   *Cuando se minimizan otras influencias sobre nuestro comportamiento,* nuestra preocupación por lo que piensen los demás, por ejemplo.
2   *Cuando la actitud medida se corresponde íntimamente con la situación considerada.* Es más fácil predecir el comportamiento de un hombre hacia una compañera de trabajo en concreto, si sabemos qué siente hacia ella, que si sabemos solamente lo que siente respecto a la igualdad de derechos (Steiner, 1979).
3   *Cuando somos conscientes de nuestras actitudes al actuar,* bien porque se nos pida que las recordemos (solicitándonos que pensemos continuamente en ellas, como en un experimento de Snyder y Swann, 1976, o mirando a un espejo como en los experimentos de Diener y Wallbom, 1976, y Carver y Scheier, 1981), o bien porque la adquirimos de una forma especialmente poderosa, tal como la experiencia personal, o porque somos personas «introvertidas» que están más de acuerdo en juzgar una situación a partir de los propios principios que en ajustar éstos y nuestra conducta a la situación (M. Snyder, 1982; Snyder y Campbell, 1982).

Este punto ha quedado también suficientemente demostrado en la investigación psicológica. Una revisión de varias docenas de estudios sobre

Predecir la conducta de las personas es como predecir el golpe de un jugador de béisbol. El resultado de un golpe concreto con el bate es prácticamente imposible de predecir porque está afectado no sólo por lo que el bateador hace, sino también por lo que haga la persona que lanza la pelota, y por factores de azar que no pueden medirse. Midiendo muchas veces a los jugadores, neutralizamos, en parte, estos factores. Así, conociendo a los jugadores, podemos predecir sus niveles medios de eficacia.
(Myers, 1983, pág. 40.)

actitudes y conducta llegó a la conclusión de que lo que la gente *dice* sobre sus actitudes, sólo nos permite predecir con menos de un 10 por 100 de acierto lo que realmente *hace* (Wicker, 1969). ¿Por qué es esto así? Una de las principales razones es que frecuentemente no sabemos cuáles son nuestras actitudes respecto a un tema determinado hasta que nos vemos forzados a tomar la iniciativa. (Como decía el columnista de un periódico durante una huelga en la que éste no se imprimía: «¿Cómo puedo saber lo que pienso si no escribo nada sobre ello?»). Según la teoría de la autopercepción de Bem, a menudo no sabemos lo que pensamos hasta que nos vemos actuando. Una estudiante puede *creer* que está en contra de copiar como un principio moral fundamental, pero si se encuentra en una situación en la que cree que copiar en un examen supondrá el aprobar o suspender una asignatura crucial y cree que no la descubrirán, puede muy bien suceder que copie (Wicker, 1969).

Es más, en algunos casos parece que nuestra conducta determina nuestras actitudes. Los escolares que enseñan o hacen cumplir un código moral a otros niños acaban ellos mismos siguiéndolo mejor (Parke, 1974); personas que son inducidas a testificar algo de lo que no están realmente seguros acaban creyéndolo (Klaas, 1978); y soldados que actúan con brutalidad contra una población enemiga acaban odiándola y denigrándola.

El tema crucial en la relación entre actitudes y comportamiento es que tanto lo que *hacemos* como lo que *decimos que creemos* están sujetos a otras influencias. Tenemos ciertos arquetipos idealizados del tipo de personas que queremos ser y las actitudes que expresamos frecuentemente se adaptan a ellos, incluso cuando no actuamos de la manera en que creemos que deberíamos hacerlo. Igualmente, tenemos cierta imagen de nosotros mismos que queremos presentar a los demás y a menudo decimos lo que creemos que los otros quieren oír y acabamos creyéndolo nosotros mismos.

PREJUICIOS

Una pareja negra, de carrera ambos, acuden a ver un apartamento y simplemente les responden: «Lo sentimos, está ya alquilado», a pesar de que a una pareja de blancos, que llegó después, se le enseñó el apartamento. A una mujer que buscaba empleo de secretaria le preguntó el director de personal: «¿Sabe usted escribir a máquina?», y se le ofreció el empleo de secretaria, mientras que a un hombre con la misma formación y la misma experiencia se le envió al departamento de ventas. A un hombre de 75 años con un control perfecto sobre sus facultades no se le consulta sobre la decisión de ser o no operado; en cambio, el médico consulta la situación de este hombre con su hija de mediana edad. Existen prejuicios contra la gente de prácticamente todos los grupos raciales y étnicos (*racismo, antisemitismo*, etc.), contra *los viejos,* contra las mujeres *(sexismo),* personas con impedimentos físicos, los pobres y las personas que defienden modos de vida impopulares.

El prejuicio es una actitud negativa que se mantiene hacia las personas simplemente por su pertenencia a algún grupo, sin conocerlas personalmente. Los estereotipos son creencias excesivamente simplificadas sobre las características de los miembros de un grupo, sin concesión a las diferencias individuales. Tanto si los estereotipos son positivos como negativos, prescinden del pensamiento lógico y el juicio racional y le quitan al individuo el derecho de ser juzgado por sí mismo.

Mientras que el prejuicio es una actitud que abarca tanto pensamientos como sentimientos, la discriminación es un comportamiento dirigido hacia una persona respecto a la que se mantiene un prejuicio

¿Cómo desarrollamos prejuicios?

Las tres teorías principales para explicar el prejuicio lo presentan como un subproducto social de la competición por la escasez de recursos, como una actitud que aprendemos de la misma manera que aprendemos otras actitudes y como la manifestación de cierto tipo de personalidad.

COMPETIMOS Y LLEGAMOS A SENTIR PREJUICIOS CONTRA NUESTROS COMPETIDORES   Las personas de un grupo étnico o racial suelen llegar a sentir un violento prejuicio contra los miembros de cualquier grupo que rivaliza por los mismos empleos. Esto se ha puesto de manifiesto en el sudoeste americano, entre estadounidenses y mexicanos; en California, entre blancos y chinos, en una pequeña ciudad industrial rodeada de tierras dedicadas a la agricultura, entre los nativos americanos y los inmigrantes alemanes, y en las grandes ciudades del país, entre negros y blancos (Aronson, 1980).

SE NOS ENSEÑA CUIDADOSAMENTE   Cuando los niños oyen cómo los adultos que les rodean expresan actitudes prejuiciosas y les muestran conductas de este tipo, adquieren un prejuicio de la misma manera que adquieren cualquier otra norma social. Como vimos anteriormente, a la mayoría de las personas —incluidos los niños— les gusta adaptarse a las

APARTADO 17-1

EL EXPERIMENTO DE LA CUEVA DE LADRONES: UN ESTUDIO SOBRE LA CREACION DE PREJUICIOS

Para probar la creencia de que la habilidad de un grupo para conseguir sus fines sólo a expensas de otro es la causa fundamental de los prejuicios, Muzafer Sherif (1966) y sus colegas dirigieron el experimento ya clásico de la cueva de los ladrones. Distribuyeron a chicos de 11 y 12 años, saludables, brillantes y bien equilibrados, en dos grupos —las águilas y las serpientes de cascabel— en un campamento de verano. Primero les propusieron varios proyectos que implicaban la cooperación dentro de cada grupo, tales como la construcción de un trampolín, un puente de cuerda, o cocinar en el bosque.

Una vez que cada grupo tuvo un fuerte sentimiento de cohesión, se dio el paso siguiente del experimento, que enfrentaba a las águilas y las serpientes, unos con otros, en un partido de fútbol, tirar de la cuerda y otros juegos que proporcionaban premios al equipo ganador. Los chicos de cada equipo se volvieron hostiles hacia los del otro equipo, peleando, insultándose y quemando su bandera. Los investigadores hicieron una escala de los conflictos, estableciendo las situaciones de manera que se favoreciera a un grupo sobre el otro. El grupo menos favorecido reaccionaba, no contra los directores de campamento, sino contra los chicos del grupo preferido.

Una vez que se habían conseguido los niveles de hostilidad deseados, los investigadores suprimieron las actividades competitivas e hicieron que los chicos se unieran todo lo

que fuera posible. Pero ya había crecido entre los dos grupos un ambiente tan malo que pesaba entre ellos e incluso aumentaba cuando los chicos comían juntos o estaban sentados viendo películas.

El experimento de la cueva de ladrones tuvo un final feliz. Los investigadores tomaron a las hostiles águilas y serpientes y los pusieron en situaciones en las que tuvieran que cooperar para conseguir un fin que fuera bueno para todos los chicos. Cuando tuvieron que unirse para reparar el sistema de suministro de agua y un camión inútil del campamento, lo hicieron. En el proceso se evaporó la hostilidad entre grupos. Las águilas se hicieron amigos de las serpientes, y ambos grupos empezaron a trabajar y a jugar juntos por su cuenta.

normas sociales y ser aceptados por los demás. Si las personas más importantes en el mundo de un niño sienten prejuicios contra ciertos grupos, el niño también los sentirá. Es más, es difícil incluso para un niño cuyos padres sienten relativamente poco prejuicios, evitar la barrera de los estereotipos que les llegan 'de los libros ilustrados, los programas de televisión y los anuncios de revistas.

En las últimas décadas el prejuicio ha ido pasando de moda y cada vez hay más personas sin prejuicios. En 1942 la gente era más proclive que en 1980 a reprobar abiertamente el que blancos y negros se sentaran juntos en los autobuses, fueran juntos a la escuela o vivieran en los mismos vecindarios (Hyman y Sheatsley, 1956; National Opinion Research Center, 1980; Myers, 1983). Esto no significa que el propio prejuicio haya disminuido tan drásticamente como la conciencia pública de la gente respecto a él. Todavía existe, aunque de forma menos evidente. Un problema que lo ha puesto de manifiesto es el del transporte escolar. Dado que los blancos no se oponen a llevar en el mismo autobús a estudiantes de una «escuela blanca» u otra, pero sí que se oponen cuando se trata de transportar en el mismo autobús a escolares pertenecientes a la población blanca junto a los escolares de otros grupos minoritarios (McConahay, Hardee y Batts, 1981), parece evidente que existen prejuicios contra los grupos minoritarios.

LA PERSONALIDAD PROPENSA AL PREJUICIO   En un esfuerzo para determinar si ciertos individuos tenían una mayor tendencia a desarrollar prejuicios, unos investigadores idearon la escala F (F de fascismo) para definir lo que ellos llamaron la personalidad autoritaria(Adorno, Frenkel-Brunswick, Levinson y Sanford, 1950). La tabla 17-1 enumera algunas de las preguntas de esta escala. La personalidad autoritaria resulta tendente a pensar de forma estereotipada, es emocionalmente fría, se identifica con el poder y es intolerante con la debilidad en uno mismo y en los demás. Una persona así es rígida y convencional, cree en el valor del castigo y se somete voluntariamente a las autoridades superiores sin hacerse muchas preguntas.

Adorno y sus colegas rastrearon los rasgos de esta personalidad a través de las pautas características de la educación de los niños, y descubrieron que los padres de tales individuos tienden a castigar severamente a sus hijos, retirándoles su amor y haciendo que sus hijos se sientan inseguros. Los niños se sintieron dependientes, molestos y hostiles hacia sus padres. Como son incapaces de expresar su cólera hacia ellos de una manera directa, llevan consigo estos sentimientos negativos hasta la adolescencia, convirtiéndose en individuos coléricos, temerosos, que descargan su agresividad con grupos que consideran más débiles que ellos mismos.

Aunque estos descubrimientos nos ofertan una imagen de cómo son las personas con excesivos prejuicios, no nos proporcionan una explicación clara. Por una parte, aunque hay una correlación entre las pautas de crianza de los niños, las características de la personalidad y el pensamiento autoritario, no sabemos qué actúa como causa y qué es sólo efecto. Por otra parte, los padres que crían a sus hijos de este modo autoritario tienden a tener ellos mismos prejuicios, así pues los niños pueden desarrollar prejuicios a través de la identificación y la imitación, y no necesariamente a través del desarrollo de la personalidad.

¿Cómo podemos reducir los prejuicios?

Buscar posibles explicaciones de los prejuicios nos proporciona claves para reducirlos. Podemos fomentar la cooperación en lugar de la competición,

TABLA 17-1   La escala F

 3   América está alejándose tanto del verdadero modo de vida americano que puede que sea necesaria la fuerza para reestablecerlo.

17   La familiaridad alimenta el desprecio.

20   Uno de los principales valores de la educación progresista es que da al niño una gran libertad para expresar esos impulsos y deseos naturales que suelen ser reprobados por la sociedad de clase media convencional.

23   Es absolutamente despreciable aquel que no siente amor, gratitud y respeto imperecederos por sus padres.

30   Los informes sobre las atrocidades en Europa se han exagerado mucho con propósitos propagandísticos.

31   La homosexualidad es una forma especialmente corrupta de delincuencia y debería ser severamente castigada.

32   Es esencial para el aprendizaje o el trabajo que nuestros maestros o jefes indiquen con detalle lo que tiene que hacerse y la manera exacta de hacerlo.

35   Hay algunas actividades tan flagrantemente antiamericanas que, si los que tienen la responsabilidad no toman las medidas adecuadas, los ciudadanos responsables deberán tomarse la justicia por su mano.

39   Todas las personas deberían tener una fe profunda en alguna fuerza sobrenatural más elevada que ellas mismas a la que ofrecieran toda su devoción y cuyas decisiones no cuestionaran.

50   La obediencia y el respeto a la autoridad son las virtudes más importantes que deberían aprender los niños.

73   Actualmente, cuando tantos tipos diferentes de personas viajan tanto y se mezclan con tanta libertad, las personas tienen que tener un cuidado especial para protegerse contra el contagio y la enfermedad.

77   Ninguna persona sana, normal y docente, debería pensar en molestar a un amigo o vecino.

Fuente: Adaptado de Adorno et al., 1950.

podemos enseñar a tener una mente abierta en lugar de enseñar a ser prejuicioso. En lugar de educar a los niños a que se inclinen a descargar sus propios problemas en otros, podemos educarlos de forma que acepten la responsabilidad de sus propias vidas.

FOMENTAR LA COOPERACION   Aronson y sus colegas desarrollaron un planteamiento llamado técnica del rompecabezas. En clases en las que había niños de diferentes orígenes étnicos y raciales, los maestros asignaron a varios niños diferentes partes de un proyecto único; de esta manera los niños aprendieron que podían hacer su propia tarea mejor y más fácilmente si se consultaban, se enseñaban y se escuchaban los unos a los otros. Pronto se dieron cuenta de que estimular a los otros niños tenía consecuencias beneficiosas para ellos mismos y al final les gustaba más la escuela, se gustaban más unos a otros y más a sí mismos (Aronson, Stephan, Sikes, Blaney y Snapp, 1978; Aronson y Bridgeman, 1979; Geffner, 1978).

ENSEÑAR A TENER UNA MENTE ABIERTA   Podemos cambiar los tipos de mensajes que enviamos a través de la sociedad. Podemos examinar los medios de comunicación buscando la existencia de prejuicios contra grupos diversos y podemos enviar nuevos mensajes que muestren puntos de vista positivos. Podemos cambiar las reglas de la sociedad para apoyar los derechos humanos, como la decisión del Tribunal Supremo en 1954 que declaró ilegal la segregación en la escuela y muchas otras leyes recientes y decisiones

Estos obreros, que están haciendo girar el taladro de un equipo de gas natural, han aprendido que cuando colaboran hacen su trabajo más deprisa. En la sociedad contemporánea, en la que las personas dependen unas de otras para conseguir mayores beneficios, la colaboración es frecuentemente más adaptativa que la competición. (© John Blaustein 1983/Woodfin Camp y Assoc.)

judiciales que han apoyado los derechos de las minorías raciales, así como los de las mujeres y de los ancianos.

La importancia de las reglas se confirma por la poderosa influencia que ejerce sobre la propia conducta. Forzar la igualdad de acceso a la vivienda, por ejemplo, hace que la gente viva junta sobre la base de un «status» igual y hemos sabido durante años que los blancos que viven en bloques de viviendas con arrendatarios negros desarrollan actitudes más favorables hacia los negros que los residentes blancos de bloques de viviendas en régimen de segregación (Deutsch y Collins, 1951). Esto puede que apoye la teoría de Daryl Bem sobre el análisis atributivo: el blanco puede pensar, «si yo vivo cerca de personas negras y me llevo bien con ellos como vecinos, entonces deben gustarme».

CRIAR NIÑOS INDEPENDIENTES Y JUSTOS   Las implicaciones para la educación de los niños, surgidas de los descubrimientos de Adorno y sus colegas (1950) sobre la personalidad autoritaria indican que podemos hacer mucho para ayudar a los niños a que no tengan prejuicios, educándoles con respeto y amor por caminos que les ayudarán a pensar bien de ellos mismos.

Entre los muchos puntos sobre los que hemos hablado en este capítulo, la autoestima es, en definitiva, la clave para que la gente viva bien en grupos. Las personas que tienen un alto concepto de sí mismas son menos aptas para convertirse en conformistas o serviles, irracionalmente obedientes, ciegos, agresores crueles y discriminadores con prejuicios. Las personas que se gustan a sí mismas tienen mayor facilidad para que les gusten los demás y es menos probable que sientan la necesidad de encontrar a alguien a quien mirar por encima del hombro.

RESUMEN

1   La *psicología social* es el estudio científico de la forma en que sentimos, pensamos, somos afectados por otros y actuamos con relación a ellos. Los psicólogos sociales estudian la influencia del *grupo* sobre el comportamiento. Un grupo está compuesto por dos o más personas que en algún momento están interactuando y son interdependientes.

2   Las *normas* son definiciones de la sociedad sobre cómo «deberíamos» comportarnos. Los *roles* son el conjunto de los comportamientos esperados (o normas) de personas de una posición social concreta. Una posición concreta (como la de padre) asume el «status» de un rol social cuando acumula un número sustancial de normas. Las normas tienen la capacidad de restringir o potenciar la conducta.

3   El estudio de Zimbardo de la experiencia de la «cárcel» demostró lo rápidamente que personas supuestamente normales asumen normas «adecuadas» a los roles que representan. Esto demuestra la poderosa influencia que tiene la situación sobre la conducta.

4   Entendemos por *conformidad* el cambio de opinión y/o de comportamiento como respuesta a la presión real o imaginaria de otros. El estudio clásico de Asch sobre la conformidad demostró que los individuos suelen adaptarse a la opinión del grupo incluso aunque la opinión de éstos sea claramente equivocada. Sin embargo, puesto que en los experimentos de Asch no todas las personas se conformaban, comprobamos que tanto la situación como la persona determinan el comportamiento.

5   El *pensamiento grupal* es la aceptación poco crítica por parte de los miembros de un grupo muy cerrado, de una línea de acción poco inteligente, a fin de preservar la unanimidad del grupo.

6   Los experimentos de Milgram sobre la *obediencia a la autoridad* demuestran que, en algunas circunstancias, las personas obedecen órdenes de hacer daño a otro. Una serie de factores personales y ambientales influían en la decisión de un individuo a obedecer. Los sujetos tenían una mayor tendencia a desobedecer si se encontraban en la misma habitación que la «víctima» o realmente tenían que colocar la mano «de la víctima» en el terminal de descarga. Mostraban mayor tendencia a obedecer cuando se hallaban en la misma habitación que el experimentador. Los participantes que se sentían principales responsables del sufrimiento de la víctima eran los que estaban menos dispuestos a obedecer.

7   *Altruismo* es el comportamiento orientado a beneficiar a otro sin perspectivas de recompensa por parte de fuentes externas. Una serie de factores contribuyen a descubrir si vamos a ayudar o no a una persona en apuros. El reconocimiento de que existe una emergencia, el número de observadores presentes y otras presiones sobre el(los) transeúnte(s). Según Piliavin y sus colegas, realizamos un análisis coste-beneficio, y cuando decimos si ayudamos o no, tratamos de minimizar nuestros costes y conseguir la máxima recompensa.

8   Las interpretaciones teóricas del altruismo incluyen las posibilidades de que *heredamos* la tendencia a ayudar, *aprendemos* a ser altruistas o bien que ayudamos a los demás porque eso *nos hace sentir bien* y nos convertimos en *adictos* al altruismo.

9   Una *actitud* es una forma de respuesta, a alguien o a algo, aprendida y relativamente permanente. Las actitudes tienen tres componentes: el *cognitivo* (pensamientos), el *emocional* (sentimientos) y el *conductual* (acciones). La manera más frecuente de medir las actitudes son los *cuestionarios y entrevistas*. Como los individuos pueden distorsionar las respuestas en las entrevistas y las preguntas de los cuestionarios, los psicólogos sociales han creado otras técnicas como la del *falso polígrafo* para superar los problemas de fiabilidad.

10 Los psicólogos sociales han mostrado un gran interés en la formación y el cambio de las actitudes. Según la *teoría del aprendizaje*, aprendemos las actitudes igual que aprendemos cualquier otra cosa a través del condicionamiento. Las teorías de la *consistencia cognitiva* sostienen que la incoherencia entre nuestros pensamientos y nuestros actos nos incomoda y que debemos tratar de reducir esta incomodidad. Según la *teoría de la disonancia cognitiva, de Festinger,* cuando existe incoherencia entre nuestras actitudes y nuestra conducta estamos psicológicamente incómodos y nos sentimos motivados para reducir tal incomodidad. En ese caso nuestras actitudes cambian para ser más compatibles con nuestra conducta. Según el *análisis de atribución, de Bem,* llamado *teoría de la autopercepción*, inferimos nuestras actitudes a partir de nuestro comportamiento.

11 Una serie de factores determinan la efectividad de la *comunicación persuasiva* para cambiar actitudes. Se incluyen la fuente del mensaje, el modo de expresar el mensaje y las características de la audiencia.

12 A menudo es difícil predecir la conducta de una persona conociendo solamente sus actitudes.

13 El *prejuicio* es una actitud negativa que se tiene hacia las personas simplemente por su pertenencia a un cierto grupo, sin conocerlas individualmente. Los *estereotipos* son creencias preconcebidas y excesivamente simplificadas sobre las características de los miembros de un grupo. La *discriminación* es el comportamiento dirigido hacia una persona contra la que sentimos prejuicios.

14 Las teorías sobre el prejuicio lo explican, bien como un subproducto social producido por la competición por la escasez de recursos, bien como una actitud que aprendemos, o bien como la manifestación de un cierto tipo de personalidad (la personalidad autoritaria). Las formas de reducir los prejuicios incluyen el fomentar la cooperación, enseñar a tener una mente abierta y criar niños independientes y justos.

LECTURAS RECOMENDADAS

Aronson, E. (1984). *The social animal* (4.ª edición). New York: W. H. Freeman. Una introducción digna de elogio a muchos temas de la psicología social, que incluyen la conformidad, el prejuicio y la atracción. Escrita en un estilo agradable.

Janis, I. L. (1982). *Groupthink: Psychological studies of policy decision and fiascoes* (2.ª edición). Boston: Houghton Mifflin. El más reciente estudio de Janis sobre «pensamiento de grupo»; contiene un análisis del caso Watergate.

Milgram, S. (1974). *Obedience to authority.* New York: Harper Colophon Books. Una detallada relación de los famosos experimentos de Milgram sobre la obediencia a la autoridad. Incluye numerosas descripciones de las reacciones de los individuos en la situación experimental.

Myers, D. G. (1983). *Social psychology.* New York: Mc-Graw-Hill. Un libro de texto minucioso y excepcionalmente bien escrito. Contiene temas de todas las áreas fundamentales de la investigación en psicología social.

CAPITULO 18

NUESTRAS RELACIONES CON LAS PERSONAS QUE NOS INTERESAN: ENAMORADOS Y AMIGOS

CUESTIONES CLAVE

Importancia de la belleza en la atracción entre los individuos.

El poderoso efecto que ejerce sobre la atracción el vivir cerca y conocerse.

Nuestra tendencia a atribuir el comportamiento de otra persona más a su personalidad que a la situación (lo contrario de la manera como lo atribuimos a nuestro propio comportamiento).

Factores que influyen a la hora de sentirse atraído por una relación y mantenerla.

¿Qué nos hace elegir a una persona en lugar de otra como mejor amigo, novio o esposa? Los psicólogos sociales han estudiado el enigma de la atracción interpersonal y han encontrado algunos indicadores de los factores que nos atraen hacia otros (Copyright 1979 Maureen Fennelli/Photo Researchers, Inc.)

Las personas son básicamente animales sociales. En muchos capítulos de este libro hemos visto cómo influimos en otras personas y cómo ellas nos afectan. Nosotros somos influidos por nuestros padres, nuestros semejantes, nuestros hermanos, nuestros maestros, nuestros vecinos, nuestros compañeros de trabajo, y nosotros les influimos a ellos. También interactuamos con personas que apenas conocemos, a través de normas sociales transmitidas por el grupo, y algunas veces estas interacciones pueden tener implicaciones de vida o muerte, como el caso de los comportamientos de ayuda o de agresión entre extraños.

En este capítulo trataremos de dos tipos específicos de vínculos con otras personas, la amistad y las relaciones amorosas entre adultos. La presencia de amigos o de un «otro especial» predicen el nivel de felicidad en la vida de una persona (Lowenthal y Haven, 1968). En años recientes muchas investigaciones sociopsicológicas han reconocido la importancia de tales vínculos y han intentado desentrañar los misterios de estas relaciones, cómo empiezan, se desarrollan y continúan o se deshacen.

Hacia la mitad de la década de los años 70, cuando la Fundación Nacional de la Ciencia de EE. UU. concedió una beca de 84.000 dólares para investigar sobre el amor, el senador por Wisconsin, William Proxmire, se enfureció por malgastar el dinero de los contribuyentes. Aducía que enamorarse no es una ciencia, sino un misterio y que «200 millones de americanos quieren que algunas cosas en la vida continúen siendo un misterio» (Harris, 1978, p. viii). Proxmire prosiguió: «Así pues, Fundación Nacional de la Ciencia: ¡sálgase del jaleo del amor. Deje eso para Elizabeth Barrett Browning e Irving Berlin!» Sin embargo, los científicos no han abandonado el estudio del amor y la amistad, dejándolo sólo en manos de los poetas y los letristas de canciones. Al contrario, han patrocinado una amplia gama de estudios para explorar las razones por las que nos sentimos atraídos hacia una persona y no hacia otra, y lo que sucede durante el curso de las amistades y las relaciones amorosas.

COMO NOS SENTIMOS ATRAIDOS POR OTRAS PERSONAS: ATRACCION INTERPERSONAL

Antes de seguir, párese a pensar en sus tres amigos más íntimos. Si tiene usted una relación amorosa, piense también en esa persona. ¿Por qué ha elegido a estas personas en concreto para que ocupen esos lugares tan especiales en su vida? ¿Qué tienen ellos diferente de la otra gente que conoce? Contestémonos con una apología a Elizabeth Barrett Browing, «¿Por qué me gustas (o te amo)? Déjame contar los caminos...» ¿Puede usted enumerar las razones por las que le atrae a usted cada una de estas personas?

Puede ser que sus «razones» se centren en atributos de la otra persona (tales como «sentido del humor»). Sin embargo, los psicólogos sociales han descubierto, y subrayado, que no existen atributos que puedan predecir la atracción de modo absoluto. Es el modo de interpretar las características de la otra persona lo que determina si usted va a ser atraído o no por ella. En otras palabras, la atracción depende de la *interacción* entre sus propios rasgos y los rasgos de la otra persona y de la situación en la que se han conocido.

¿Qué queremos decir cuando hablamos de «atracción interpersonal»? En términos psicológicos, estamos hablando de la tendencia a valorar positivamente a otra persona. En otras palabras, de una *actitud*. Las valoraciones de otras personas dependen de muchos factores diferentes. Echemos una mirada a la forma en que estudiamos la atracción, cómo la medimos y cómo descubrimos los fundamentos que subyacen en ella.

Desde los años treinta se han realizado muchos estudios sobre la manera en que las personas seleccionan a sus amigos y esposos, lo que llevó en 1958 a Harry Harlow a escribir: «Lo poco que sabemos acerca del amor no trasciende la mera observación, y lo poco que se ha escrito sobre ello ha sido escrito mejor por poetas y novelistas» (pág. 673). Este estado de la cuestión ha surgido en gran parte por la creencia que hay en la mente del público —y entre los propios científicos— de que es muy poco lo que puede ser explorado científicamente sobre relaciones tancomplejas.

El estudio de la atracción

A lo largo de los años, distintos planteamientos de investigación han estudiado aspectos diferentes de este complejo fenómeno social. Durante los años 30 y 40 los psicólogos exploraban los factores que nos llevaban a elegir a nuestros amigos y a nuestras esposas, y trataban después de conectar estos factores con el éxito del matrimonio. En aquel momento los investigadores hacían hincapié en las características individuales de las personas involucradas. En los años 60 el énfasis varió hacia el estudio de los *procesos* de atracción, un interés que ha continuado hasta el momento presente.

Una serie de teorías recientes (Bachman, 1981; Altman y Taylor, 1973; Levinger, 1974) describen la progresión de las relaciones desde un nivel superficial hasta el nivel profundo de un lazo íntimo. A medida que profundizan las relaciones, los amigos se sienten más deseosos de revelar sentimientos y hechos íntimos, y se comprometen más el uno con el otro. Aunque los primeros estudios se centraron en las primeras etapas, más fáciles de estudiar, del desarrollo de la amistad, investigaciones más recientes han variado su interés hacia etapas más tardías, que incluyen tanto el mantenimiento de la relación como su ruptura.

Mientras que algunos estudios han tenido lugar en situaciones naturales como albergues (Festinger, Schachter y Bach, 1950) y residencias (Newcomb, 1961), gran parte de la investigación se ha centrado en ingeniosos estudios realizados en el laboratorio. Los sujetos —como en tanta investigación psicológica— eran principalmente estudiantes universitarios blancos, de clase media. Como los investigadores interesados en aislar un aspecto concreto de la atracción, a menudo crean situaciones que son más o menos artificiales, resulta a veces difícil generalizar los resultados para responder a situaciones de la vida real. Este es un problema que debe tenerse en consideración en toda la investigación experimental realizada en el laboratorio. Cada vez son más los científicos sociales que han fundido ambos planteamientos, usando procedimientos analíticos tomados del laboratorio, junto con procedimientos de observación aplicados en el contexto de la vida cotidiana, haciendo así que los resultados sean más válidos (Backman, 1981).

En este capítulo veremos las maneras de medir la atracción, los factores que contribuyen a ella (tales como proximidad geográfica, apariencia física y semejanza de actitudes) y las teorías que intentan explicar por qué nos sentimos atraídos hacia una persona y no hacia otra. Nos detendremos especialmente en la amistad, el amor, el matrimonio y el divorcio.

Medida de la atracción

PREGUNTAR A LAS PERSONAS COMO SE SIENTEN   Una de las formas de evaluar el grado de atracción entre las personas consiste en pedirles que piensen en personas concretas de su vida y después en las características concretas que poseen y los sentimientos concretos que les producen. Son *medidas de auto-informe*. Otra técnica implica la manipulación experimental de las características de la otra persona y/o su situación (del que percibe) antes de pedirle que exprese sus sentimientos. El investigador puede variar rasgos tales como el atractivo físico de la otra persona o cuánto se dice que esa persona le gusta a usted, y luego ver qué siente usted acerca de esa persona. O bien el investigador puede cambiar la situación, posiblemente poniéndole en una situación que produzca ansiedad, y preguntándole después su actitud hacia la persona a la que conoció en esa situación.

TABLA 18-1   Escala de juicio interpersonal. Medida de atracción

Sentimientos personales (señala uno):

_____ Pienso que esta persona probablemente podría gustarme mucho.
_____ Pienso que esta persona probablemente podría gustarme.
_____ Pienso que esta persona probablemente podría gustarme un poco.
_____ Pienso que esta persona probablemente no podría gustarme ni disgustarme particularmente.
_____ Pienso que esta persona probablemente podría desagradarme un poco.
_____ Pienso que esta persona probablemente me desagradaría.
_____ Pienso que esta persona probablemente me desagradaría mucho.

Trabajando juntos en un experimento (señala uno):

_____ Creo que me disgustaría mucho trabajar con esta persona en un experimento.
_____ Creo que me disgustaría trabajar con esta persona en un experimento.
_____ Creo que me disgustaría hasta cierto punto trabajar con esta persona en un experimento.
_____ Creo que ni me disgustaría ni me gustaría particularmente trabajar con esta persona en un experimento.
_____ Creo que me gustaría hasta cierto punto trabajar con esta persona en un experimento.
_____ Creo que me gustaría trabajar con esta persona en un experimento.
_____ Creo que me gustaf mucho trabajar con esta persona en un experimento.

Fuente: Byrne, 1971.

La medida de atracción más utilizada es la Escala de Juicio Interpersonal desarrollada por Donn Byrne (1971). En esta escala se califica a alguien sobre la base de seis dimensiones diferentes: inteligencia, conocimiento de la actualidad, moralidad, equilibrio, sus sentimientos de agrado o desagrado, y cuánto le gustaría trabajar con él o con ella. Las dos dimensiones de esta escala que se utilizan para medir la atracción —«agrado» y «querer trabajar con»— se reproducen en la tabla 18-1. En otras escalas creadas para medir la atracción romántica se pide al sujeto que indique cuánto le gustaría concertar una cita con la otra persona, cuánto le gustaría esa persona como esposa o cuán atractivo(a) le parece sexual y físicamente.

Un juego de medidas muy utilizado son las escalas de agrado y amor creadas por Zick Rubin (1970). Son parecidas a las escalas de Likert (descritas en el capítulo anterior), que enumeran una serie de afirmaciones y actitudes y piden al sujeto que responda a un continuo que va desde «estoy completamente de acuerdo» hasta «estoy completamente en desacuerdo». (Para un extracto, véase la tabla 18-2.)

Las respuestas a estas escalas indican que el agrado y el amor son emociones muy diferentes. El amor no es el agrado hasta un grado *n;* es otro sentimiento totalmente distinto. ¿Por qué esta conclusión? Porque las calificaciones de agrado y amor sólo se correlacionan moderadamente. Es decir, si a usted le gusta alguien, no existe mucho fundamento para pensar que usted también ama a esa persona. Mientras que calificaciones altas en las dimensiones de afecto y respeto de Rubin van a la par con el agrado, el amor se asocia con altos niveles de vinculación, atención e intimidad. También utilizando una medida diferente —la Escala del Amor desarrollada por Alvin Pam y sus colegas (1975), que mide cinco aspectos diferentes de la atracción (respeto, altruismo, atracción física, vinculación y compatibilidad/confianza)—, Pam, Plutchik y Conte llegan a la conclusión de que la amistad está

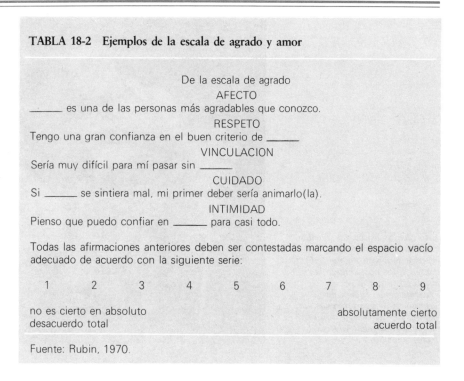

TABLA 18-2   Ejemplos de la escala de agrado y amor

De la escala de agrado
AFECTO
_____ es una de las personas más agradables que conozco.
RESPETO
Tengo una gran confianza en el buen criterio de _____
VINCULACION
Sería muy difícil para mí pasar sin _____
CUIDADO
Si _____ se sintiera mal, mi primer deber sería animarlo(la).
INTIMIDAD
Pienso que puedo confiar en _____ para casi todo.

Todas las afirmaciones anteriores deben ser contestadas marcando el espacio vacío adecuado de acuerdo con la siguiente serie:

| 1 | 2 | 3 | 4 | 5 | 6 | 7 | 8 | 9 |

no es cierto en absoluto   absolutamente cierto
desacuerdo total   acuerdo total

Fuente: Rubin, 1970.

caracterizada por la compatibilidad y el respeto, mientras que el amor reside más en el afecto y la atracción física.

FIJARSE EN LO QUE LA GENTE HACE   Otra manera de medir la atracción es observando lo que la gente realmente hace, más que lo que dicen que sienten. Según las llamadas *medidas no obstruyentes,* los psicólogos observan a las personas para ver cuánto tiempo se pasan mirándose a los ojos, cuán cerca están, si se acercan o se alejan los unos de los otros, hasta qué punto se tocan, cuán dispuestos están a hacerse favores, si las posturas de sus cuerpos están en *sincronía* (es decir, si adoptan la misma postura a la vez), si tratan de volver a verse, etc. (Rubin, 1970; Byrne y Griffit, 1973; Perper, 1980).

La investigación ha demostrado que todos estos comportamientos son barómetros de la atracción. Por ejemplo, las personas cuyas puntuaciones en la escala de amor indican que se aman mucho, se pasan más tiempo mirándose a los ojos que aquellas parejas que se aman menos, dándose una validación plausible de ambas medidas (Rubin, 1970). Pero, en general, muy pocos estudios han intentado encontrar una relación entre las escalas de auto-informe y las medidas conductuales de la atracción, y se necesita más investigación para explorar las complejidades implicadas (Triandis, 1977).

COMO TOMAMOS DECISIONES ACERCA DE OTRAS PERSONAS: PERCEPCION DE LA PERSONA Y TEORIA DE LA ATRIBUCION

Que alguien nos agrade o desagrade depende mucho de la manera en que percibimos los atributos y motivaciones de esa persona, y los psicólogos sociales han estudiado los caminos por los que llegamos a esas percepciones. Supongamos que usted está en una cola esperando el autobús y que de repente se siente empujado violentamente. Probablemente usted se girará para ver quién le empuja y tratará de encontrar alguna explicación a lo que está sucediendo.

Dado que los psicólogos intentan medir el grado en que dos personas se atraen mutuamente, se fijan en si los dos adoptan la misma postura a la vez. Frecuentemente, cuando las personas se sienten próximas, las posturas de sus cuerpos son casi imágenes en espejo (Arestis, Diakopoulos/Stock, Boston.)

Si usted ve que un hombre que lleva gafas oscuras y un perro con lunares negros ha sido el que ha tropezado, admitirá que es un ciego y probablemente le ayude a llegar a su destino. Si la persona que le empujó va vestida con harapos y apesta a alcohol, se hará a la idea de que está bebido y le ignorará o le dirá que se vaya. Si el que le empujó es un adolescente fanfarrón, que le insulta con un epíteto racista, es posible que usted le dé un golpe, llame a un agente de la autoridad, se marche, o trate de mezclarse con la multitud. En cada uno de esos casos el comportamiento inicial era el mismo, pero a causa de otras claves, usted atribuyó razones diferentes al comportamiento inicial y reaccionó de manera diferente, según fueran esas atribuciones.

Usted hizo inferencias sobre cada una de estas personas basadas en lo que hicieron, en cómo eran, y en el contexto de su comportamiento (empujar a un extraño en un lugar público). En su percepción de estas personas no reaccionó pasivamente, aunque *no hiciera* nada, sus procesos mentales estaban activos: buscó en su memoria, a partir de los antecedentes de su propia experiencia, a fin de clasificar lo que las claves de su comportamiento significaban en su cuadro de referencia, y atribuyó un significado a ese comportamiento. El ciego no podía evitarlo, el bebido no le importaba y el muchacho grosero activó sus sentimientos agresivos.

Estos ejemplos quedaban muy bien definidos, pero en la mayoría de las situaciones de la vida es más difícil decidir por qué una persona actúa de una determinada manera. Sin embargo, estamos continuamente examinando el comportamiento de los demás, tratando de comprender sus intenciones y sus estados emocionales, y tratando de decidir *por qué* hacen lo que hacen. Las atribuciones que realizamos sobre el comportamiento de los otros son importantes porque determinan cómo nos sentiremos y actuaremos en relación con esas personas.

Según la teoría de la atribución (Heider, 1958), presentada en el capítulo 17 al estudiar la teoría de la autopercepción de Bem, tendemos a explicar

Es precisamente con el sentido común con lo que está relacionada la teoría de la atribución... Sin embargo, nuestra experiencia es que la explicación cuidadosa y la sistematización de lo que a primera vista parece obvio nos lleva a los terrenos del descubrimiento y el discernimiento. Creo que los psicólogos sociales se están dando cuenta, por fin, de que su propio papel no es enturbiar el sentido común, sino analizar, refinar y ampliar basándose en él (Kelly, 1973, pág. 108).

La investigación psicológica algunas veces confirma el sentido común —todo lo que sabemos desde siempre—, pero a veces produce resultados directamente opuestos a éste. Incluso cuando lo confirma, y lo cuestiona, hace surgir temas y ofrece formas nuevas de tratar una amplia gama de temas que se ocupan de la mente humana.

el comportamiento de las personas *disposicionalmente* (a partir de alguna causa *interna*, como puede ser un rasgo básico de la personalidad) o *situacionalmente* (a través de una causa *externa*, una circunstancia particular). Así pues, esta teoría está relacionada con la forma en que hacemos nuestros juicios. Si sentimos, por ejemplo, que alguien aparece y nos empuja sin razón alguna, es muy probable que nos enfademos. Si podemos encontrar alguna razón que parezca lógica (en otras palabras, que explique por qué nosotros mismos podríamos hacer lo mismo en tal situación), entenderemos el comportamiento y no nos enfadaremos.

Cuando intentamos responder a la pregunta, «¿Por qué esa persona se comporta así?», contamos con información sobre tres atributos: *distintividad, consenso* y *consistencia* (Kelley, 1967).

Supongamos que usted oye hablar de Amalia, quien se ríe con un cómico concreto. Amalia casi nunca se ríe con los cómicos, pero siempre que oye a éste se ríe. Casi todo el mundo que oye a este cómico concreto se ríe también. Cuando se le preguntó a un grupo de estudiantes universitarios si creían que la risa de Amalia era causada por una cualidad interna (su tendencia a reírse con los cómicos), o a una circunstancia externa (el efecto de este cómico concreto), el 61 por 100 atribuyó la risa a la situación, al efecto del cómico, mientras que sólo el 12 por 100 lo atribuyó a algo referido a Amalia (McArthur, 1972). La respuesta de Amalia estaba asociada distintivamente con este estímulo (el cómico), su respuesta es similar a la de las demás personas (hay consenso), y es consistente en el tiempo. En otras palabras, fue la situación la que provocó el comportamiento de Amalia.

Por otra parte, cuando los estudiantes oyeron hablar de Pablo, que está embelesado con una pintura, que casi siempre se ha quedado embelesado con la misma pintura (aunque prácticamente nadie más de los que ven la pintura se queda embelesado), y que se embelesa con casi todas las pinturas, las respuestas de los sujetos fueron muy distintas. Sobre un 85 por 100 creía que el embelesamiento surgía del propio Pablo, mientras que prácticamente ninguno lo atribuía a la pintura. La reacción de Pablo era consistente, pero no era distintiva y no había consenso, lo que indicaba que la causa del embelesamiento era interna. El comportamiento de Pablo se puede atribuir de forma más adecuada a algo que se encuentre en él (como su personalidad entusiasta), que a algo de la situación (como el mérito de una pintura concreta).

Según el error de atribución fundamental (Ross, 1977), la mayoría de nosotros, al explicar el comportamiento, tendemos a *sobreestimar* los factores *disposicionales*, tales como los rasgos de personalidad, y a *subestimar los situacionales*, como las circunstancias concretas. Este error es de lo más común cuando intentamos explicar el comportamiento de otra persona. Cuando, por ejemplo, una profesora se enteró de que uno de sus estudiantes abandonaba el programa de doctorado, inmediatamente «echó la culpa» de esta decisión a su pereza y/o su incapacidad para cumplir con las exigencias intelectuales del programa. Después de reflexionar un poco, se dio cuenta de que los factores situacionales tenían también un papel importante en esta decisión de abandonar. Su padre, que vivía a 1.000 km de distancia, había estado muy enfermo, y el estudiante graduado quería estar cerca de él y en condiciones de ayudar a su madre a tomar decisiones sobre sus cuidados. Es más, un préstamo del gobierno con el que el estudiante había contado para pasar el semestre no había llegado.

La investigación ha confirmado este tipo de error cuando se explica el comportamiento de otra persona. En un experimento realizado con estudiantes se les presentaban unos estudios que estaban a favor de un determinado punto de vista. Cuando los sujetos supieron que a los escritores de estos informes se les había *dicho* que adoptaran este punto de vista, tuvieron en cuenta este hecho, pero siguieron inclinados a creer que los escritores realmente creían lo que decían (Jones y Harris, 1967).

¿Por qué la gente tiende a hacer presunciones respecto a la personalidad de otros sin tener en cuenta en qué medida influye la situación en su comportamiento? Una explicación parcial es que *conocemos* los factores situacionales en nuestra propia situación, pero no los conocemos para otras personas. Fácilmente podemos señalar diversas influencias sobre nuestro comportamiento, mientras que tomamos el camino más fácil respecto a otras personas y pensamos que han hecho algo solamente porque son de este tipo de personas. Volvamos a nuestro ejemplo de ser empujados por un adolescente beligerante: si hubiéramos sabido que alguien de aspecto parecido al nuestro le había empujado momentos antes y le había soltado un insulto racista al hacerlo, la acción del chico hubiera tenido más sentido, no hubiéramos presupuesto inmediatamente que al empujarnos estaba demostrando una pura agresión sin motivo.

Otra explicación es que juzgamos a las personas por lo que sucede, pues buscar causas escondidas requiere un trabajo mayor. Así, si alguien ha escrito un ensayo a favor de la legalización de la marihuana, es más fácil dar por supuesto que ésa es su verdadera opinión que tener que admitir que se le había asignado que tomara este punto de vista.

El error de atribución fundamental también sirve al propósito de proteger nuestro ego. Tendemos a atribuir nuestros *fallos* a la situación («no puedo arreglar el coche porque es un montón de chatarra»), y nuestros *éxitos* a nosotros mismos («debo ser un buen mecánico si me libro de este ruido»). Esto puede apreciarse en una investigación que muestra que el error parece no existir mientras que, sin embargo, nuestro ego realza el éxito al atribuirlo a nuestras propias características.

Cuando se preguntó a los candidatos de cada una de las treinta y tres circunscripciones políticas de Wisconsin por qué pensaban que habían ganado o perdido, el 75 por 100 de los ganadores atribuían sus victorias a sus propias características, realzando los factores bajo su control (trabajo duro, estrategia ingeniosa, servicio a los electores), mientras que los perdedores (90 por 100) culparon abrumadoramente de los resultados a factores que estaban fuera de su control (la composición del partido en el distrito, las orientaciones estatales y nacionales, la falta de dinero) (Kingdom, 1967).

Esta manera de pensar parece estar afectada por tópicos culturales, tal como han demostrado estudios sobre la timidez. En Japón, donde el 60 por 100 de las personas se consideran tímidas, se espera que los niños asuman toda la responsabilidad de sus errores y que atribuyan los éxitos a sus padres, abuelos, maestros o a Buda. En Israel, que tiene una tasa de timidez baja, se anima a los individuos a que acepten todos los beneficios reportados por sus éxitos, y a que culpen de sus fallos a factores externos tales como una enseñanza inadecuada o los prejuicios. Zimbardo y Radl (1982) sostienen que el estilo japonés desanima a los individuos a aceptar riesgos y favorece la timidez, mientras que el estilo israelí estimula a correr riesgos, pues el individuo tiene poco que perder.

El error de atribución fundamental tiene importantes consecuencias en las relaciones íntimas. Cualquier consejero matrimonial puede hacer un recuento de historias de disputas en las que los esposos explican sus propios comportamientos, haciendo referencia a toda clase de circunstancias atenuantes, mientras que acusan a sus esposas de actuar con egoísmo, desconsideración, irreflexión, hostilidad, represión y otros rasgos de personalidad desfavorables. Además, puesto que muchas de las cosas que hacemos pueden derivarse de una serie de razones diferentes, cada uno introduce su propia experiencia y modo de pensar al referirse a un incidente y atribuye sus pensamientos y sentimientos a otra persona a la que puede que nunca se le hayan pasado por la mente.

«Tal desviación siembra las semillas de los equívocos interpersonales... Es muy probable que atribuyamos a la personalidad de otro lo que deberíamos contemplar como una interacción compleja entre persona y situación» (Jones, 1977, pág. 321). No somos suficientemente comprensivos con los roles que asumen los demás y por eso, siempre que otras personas hacen algo que no nos gusta o que no podemos comprender, surge la tentación de atribuir su comportamiento a «un conjunto de características indeseables de su personalidad» (pág. 321). Una vez que les hemos asignado esta personalidad, creamos un círculo vicioso que les inducirá a actuar de la manera que esperamos.

¿QUE NOS ATRAE DE OTRAS PERSONAS?

La investigación que se ha realizado sobre la atracción se basa sobre todo en el estudio de las primeras impresiones entre estudiantes universitarios blancos de clase media en experimentos de laboratorio. Dentro de estos límites hemos descubierto una serie de principios que explican cómo elegimos nuestros amigos y nuestros amores, y estos principios son confirmados por un conjunto más pequeño de investigaciones de campo que exploran el desarrollo de las relaciones en el mundo real. El más importante de estos principios es la interacción entre las características de la otra persona y nuestra apreciación de esos rasgos.

«El que esté cerca de ti»: Proximidad

Si usted es un estudiante universitario en los Estados Unidos y yo soy un miembro de la tribu Sherpa, que vive en un remoto llano del Himalaya, lo más probable es que no nos encontremos nunca, difícilmente se iniciará una relación. Esto parece muy obvio. Tampoco es sorprendente que haya una fuerte relación entre lo cerca que vivimos de una persona y la facilidad para hacer amistad con ella. Lo que *es* sorprendente, en cambio, es lo fuerte que es esa correlación. Usted mismo puede comprobarlo haciendo el mapa de sus propias amistades. Haga un plano de sus vecinos, tanto en residencias, edificios de apartamentos o en la calle. Con toda probabilidad descubrirá que cuanto más cerca vive usted de alguien, más amistad tiene con esa persona, incluso aunque su proximidad surgiera al principio por casualidad.

El poderoso impacto de la proximidad apareció por primera vez en un estudio clásico sobre pautas de amistad entre estudiantes casados que vivían en una urbanización llamada Westgate West (Festinger, Schachter y Back, 1950). La urbanización constaba de diecisiete edificios de dos pisos, con cinco apartamentos por planta. Los residentes no pudieron elegir el apartamento en el que vivían: cuando una unidad quedaba vacante, se concedía ese apartamento a la persona siguiente de una lista de espera.

No nos sorprende que los residentes de Westgate hicieran más amistad con los de los mismos edificios que con los de otros. Lo sorprendente fue el *grado* de influencia de la arquitectura. Los dos elementos principales que influyeron en las amistades fueron el número de puertas de distancia a que

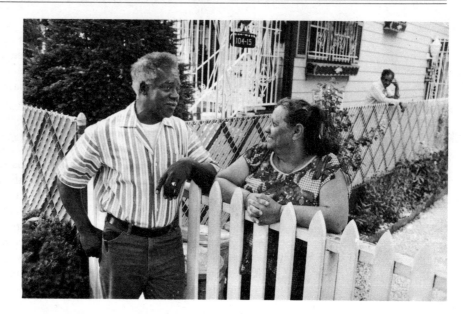

Cuanto más vemos a otras personas, más probable es que nos hagamos amigos suyos. Según algunas investigaciones, los vecinos de la puerta de al lado tienen más probabilidades de ser amigos que personas que viven muy alejadas. (Copyright Jim Anderson 1983/Woodfin Camp y Assoc.)

vivían y la orientación de la casa. Los vecinos de al lado tenían más probabilidades de ser amigos. A continuación, era más probable que fueran amigos los que dan a dos puertas de distancia que los separados por un pasillo relativamente corto. Los de una misma planta eran más amigos que los que vivían en plantas diferentes.

Los que tenían más amigos eran aquellos cuyos apartamentos estaban cerca de los buzones de correos y de las escaleras de entrada y salida (donde había mucho ir y venir); los que tenían menos amigos vivían en casas que daban fuera, a la calle. Las personas de estas casas exteriores, que les habían sido asignadas puramente por casualidad, tenían menos de la mitad de amigos que aquellas cuyas casas daban hacia el interior del patio.

Otra investigación ha demostrado que cuanto más próximos estaban sus apellidos en orden alfabético más íntima era la amistad entre un grupo de reclutas de policía, cuyos asientos y dormitorios eran adjudicados por orden alfabético. Los reclutas tendían a elegir amigos cuyos apellidos estaban, por término medio, sólo a 4,5 letras de distancia de las suyas propias en el alfabeto (Segal, 1974). Así pues, cuanto más se ven las personas unas a otras más aptos son para gustarse.

La conclusión práctica que puede extraerse de todo esto es que si usted quiere ser popular, tiene mayor oportunidad de hacer amigos si va allí donde está la gente: consiga una habitación, un apartamento o un despacho en una zona con mucho tráfico y después salga de su ubicación con frecuencia para ver a más gente.

¿Por qué hay una relación entre la proximidad geográfica y la atracción? No se trata sólo de disponibilidad y conveniencia. Después de todo, las personas que viven a dos puertas de distancia tienen prácticamente igual disponibilidad que los vecinos de la puerta de al lado. Parece que funciona algo más. Es posible que cuanto más vemos a alguien, más familiar llega a resultarnos esa persona, y nos sentimos cómodos con la gente que nos resulta familiar. La familiaridad alimenta la comodidad porque podemos predecir el comportamiento de las personas que conocemos bien: si yo sé cómo va a reaccionar usted, puedo adaptar mis propias reacciones para hacer aquello que le agrade y evitar las cosas que harán que se enfade.

También es posible que si yo sé que le podré ver mucho, estaré muy motivado para ver sus puntos buenos y hacer lo que pueda para que nuestras interacciones sigan siendo agradables. Esta conclusión es sugerida por un estudio que descubrió que la gente que esperaba pasar un rato con otra persona tenía sentimientos más positivos hacia ella que no hacia otra a la que no esperaban volver a ver (Darley y Berscheid, 1967).

Existe además el *efecto de mera-exposición* (Zajoric, 1968, 1970), que sugiere que nos gusta más algo (alguien) después de haber estado expuesto a ello (a él o a ella) repetidamente. Con frecuencia, nos parece que nos gustan ciertas composiciones musicales, pinturas y otras obras de arte simplemente porque nos resultan familiares. Después de haber oído muchos anuncios comerciales sobre un determinado producto, estamos más favorablemente dispuestos hacia él. El mismo principio puede sostenerse para las personas.

Por supuesto, la proximidad y la familiaridad no siempre hacen que alguien nos guste. Aunque la proximidad se relaciona más a menudo con la atracción que con la hostilidad, en este país la gran mayoría de asaltos violentos se producen entre parientes, vecinos y personas que se conocen mucho unas a otras (Steinmetz y Strauss, 1974). La investigación también ha demostrado que si nos desagrada alguien la primera vez que lo encontramos, posteriormente el estar cerca de esa persona sólo aumentará este desagrado (Schiffenbauer y Schiaro, 1976). Así pues, aunque la proximidad ayuda, no es la única respuesta. ¿Qué más nos atrae de otra persona?

«Tu aspecto esta noche»: Apariencia física

Los americanos nos gastamos millones de dólares cada año en ropa, maquillaje, cuidado del cabello, pérdida de peso y otros servicios y productos para mejorar nuestro aspecto. Sobre la base de la investigación, tales gastos no son en el fondo tan extravagantes. Un estudio tras otro —la mayoría de los cuales han sido hechos a partir de 1972— han demostrado que a las personas físicamente atractivas se las cuida más, están mejor consideradas y, generalmente, se las trata mejor. Esta promoción de la belleza empieza en la más tierna infancia, cuando los escolares atractivos de la guardería tienen más probabilidades de ser elegidos como amigos y menos de ser culpados de mal comportamiento por los maestros (Dion y Berscheid, 1974). Esto continúa durante los años de escuela, en que los niños de apariencia agradable son más populares (Lerner y Lerner, 1977; Kleck, Richardson y Ronald, 1974), y persiste en la adolescencia, en la que las personas con mejor apariencia son mejor tratadas, se cree que tienen mejores perspectivas para una buena vida sexual, «un buen partido», buenos empleos y felicidad completa en general (Exker y Weinstein, 1983; Walster, Aronson, Abrahams y Rottman, 1966; Snyder, Tanke y Berscheid, 1977; Dion, Berscheid y Nalster, 1972).

¿Cómo podemos siquiera estudiar los efectos del atractivo si «la belleza está en el ojo del que la contempla»? En un principio se pensaba que el atractivo físico no podía tener efecto alguno en la vida de una persona porque se creía que los individuos difieren mucho en cuanto a lo que es atractivo. Sin embargo, una serie de estudios muestran que hay un alto grado de acuerdo entre los que son invitados a observar el atractivo físico, y este descubrimiento ha puesto de manifiesto el impacto que el aspecto exterior puede tener en la vida de una persona (Berscheid, 1983).

Al estudiar el atractivo, los investigadores generalmente piden a un grupo independiente de jueces que califiquen fotografías o personas reales sobre la base de su atractivo, con la creencia de que, si están de acuerdo suficientes jueces, la persona puede considerarse atractiva. Luego continúan el experi-

La apariencia agradable de este chico probablemente ayuda a explicar la bandada de chicas que hay a su alrededor. La investigación demuestra que las personas físicamente atractivas están más consideradas, son mejor tratadas y se cree que tendrán una mayor oportunidad de ser felices. (David S. Strickler/The Picture Cube.)

mento involucrando a sujetos que no realizaron las calificaciones —y que ni siquiera sabían que se estaban estudiando los efectos del atractivo— y finalmente relacionan los resultados con la apariencia física de dichas personas.

Uno de los primeros estudios sobre la atracción se ocupaba de confirmar la probabilidad de que seamos atraídos por aquellos que están más o menos en nuestros propios niveles de atractivo social, en el que el atractivo físico es sólo una pequeña parte de la apreciación total. En 1966, Elaine Walster y sus colegas patrocinaron un baile de «parejas por computadora» para estudiantes de primer año de la universidad de Minnesota. Los investigadores obtuvieron las calificaciones de personalidad y aptitud de los 752 estudiantes de primer año que habían comprado entradas, después de haberles hecho rellenar cuestionarios sobre sí mismos y de haber sido clasificados de acuerdo a su atractivo por cuatro estudiantes de segundo año. Luego se les adjudicaron citas al azar.

Los estudiantes de primer año evaluaron sus citas en el intermedio del baile (dos horas y media aproximadamente), y de nuevo seis meses más tarde. Las conclusiones no confirmaron la hipótesis inicial de los investigadores de que personas de similar nivel de atractivo físico se buscarían. Tampoco apareció que los niveles de personalidad y de inteligencia compatibles atraen a las personas entre sí. Al contrario, el único determinante importante de su satisfacción en las citas fue lo físicamente atrativos que se encontraron unos a otros. Tanto para los varones como para las mujeres, cuanto más atractiva era su pareja, más interés tenían en citarse de nuevo, y más veces lo intentaron (Walster, Aronson, Abrahams y Rottmann, 1966). La semejanza de niveles de atractivo entre marido y mujer que se ha señalado frecuentemente (Price y Wandenberg, 1979) parece tener otras causas. Es posible que las personas se deriven hacia su propio nivel por ensayo y error. Algunos estudios indican que algunos eligen a personas de un nivel social más elevado cuando creen que pueden gustar a esas personas, pero cuando temen que haya muchas posibilidades de ser rechazados, bajan sus miras hacia sus mismos niveles o más bajos (Berscheid, 1983).

Los estudiantes de primer año de este último estudio parece que han respondido a algo respecto a sus citas que está correlacionado con la buena apariencia. Ese algo puede ser el tipo de personalidad que desarrolla una persona atractiva, como resultado de la auto-confianza generada por toda una vida de trato favorable.

Que en verdad respondemos de acuerdo con el modo en que somos tratados se ha puesto claramente de manifiesto en otro estudio en el que se enseñaron fotografías tanto de una mujer hermosa como de una mujer no atractiva a un grupo de estudiantes universitarios varones, y se les dijo que tendrían una conversación telefónica de «toma de contacto» con ella. Estos varones imaginaron que las mujeres hermosas serían simpáticas y hábiles socialmente, con gran sentido del humor, mientras que veían a las que no eran atractivas carentes de estas cualidades.

Los observadores que escucharon estas conversaciones telefónicas, que en realidad se llevaron a cabo con una persona completamente diferente a la de las fotos, descubrieron que los hombres actuaban de acuerdo con sus nociones preconcebidas: los que *pensaban* que estaban hablando con una belleza eran más simpáticos, graciosos, provocativos y más interesantes. Con vistas a la forma en que nuestro aspecto afecta a nuestra personalidad, fue significativo descubrir que las mujeres captaron estas pautas: las que pensaban ser atractivas actuaban de forma más simpática, más animada y con mayor confianza en sí mismas; las que se creían no atractivas eran más reservadas y distantes (Snyder, Tanker y Berscheid, 1977).

Estudios más recientes han encontrado una mayor complejidad en esta cuestión del aspecto, posiblemente como resultado de las ideas cambiantes al respecto de los roles sexuales. Mientras que los individuos que tienen una concepción de los roles sexuales claramente diferenciada son más animados, entusiastas e interesados con los «compañeros(as) de teléfono» que creen atractivos(as), cuanto más libres están los estudiantes universitarios de ideas estereotipadas sobre el sexo, menos probable es que respondan más positivamente al teléfono tanto a un varón como a una mujer que ellos creen atractivos (Anderson y Bem, 1981). Los varones que están libres de ideas estereotipadas sobre el sexo no hacen ninguna diferencia en absoluto entre «compañeras de teléfono» atractivas o no, y las mujeres sin ideas estereotipadas sobre el sexo mantienen actitudes *más* positivas hacia las personas supuestamente no atractivas, hablándoles de forma que les permitía a éstas mostrarse más seguras y sensibles que en el caso de las personas supuestamente atractivas.

En otro estudio, estudiantes universitarios de ambos sexos distribuidos en tradicionales, moderados o liberales, en función de sus actitudes respecto a las mujeres, fueron invitados a leer una composición bien escrita y otra mal escrita, supuestamente realizadas por una mujer atractiva o por una mujer no atractiva, a evaluar la composición y calificar a la autora en cuanto a su talento, agrado y competencia (Holahan y Stephan, 1981). A las mujeres parecía que no les importaba el aspecto de la escritora, centrándose en cambio en su competencia. Las mujeres liberales eran menos tolerantes con la incompetencia: eran más críticas con la mala redacción y admiraban y les gustaba más la buena escritora. Las mujeres tradicionales admiraban a la buena escritora, pero creían que la mala era más agradable y tenía más probabilidades de llegar a conseguir satisfacción personal.

En cambio, los varones estaban más influenciados por el aspecto. Si se suponía que la escritora de la *mala* composición era bonita, los varones se inclinaban a considerarla con mayor talento que si se suponía que sólo era corriente. En cambio, si se suponía que la escritora de la composición *buena* era bonita, los varones la juzgaban de *menos* talento. Parece como si muchos varones todavía tuviesen problemas para aceptar que una mujer puede ser hermosa y tener talento. Aun así, a los varones liberales les gustaba más la escritora competente si creían que era atractiva, mientras que a los varones tradicionales les gustaba la mujer atractiva al margen de la composición que escribiera. Podemos ver lo complejo que es el efecto del atractivo físico, y cómo los cambios sociales (en este caso las actitudes cambiantes de los roles sexuales) se reflejan en los descubrimientos de la investigación.

¿Por qué el aspecto exterior tiene tanta importancia? En primer lugar, existe el placer estético de mirar algo (alguien) que se considera bello. Después, puesto que tendemos a asumir que las personas bellas tienen características más apetecibles, podemos creer que cuando tenemos una envoltura bonita tenemos más dentro de la envoltura de lo que tendría una persona no atractiva.

Un tercer elemento es el «status» por asociación: si la mayoría de personas atribuyen rasgos positivos a personas atractivas, y si las personas atractivas son más populares, y con mayor posibilidad para elegir libremente a sus amigos y enamorados, hay que concluir que quienquiera que ellos elijan debe ser también especial. Así promocionamos nuestro propio «status» asociándonos con la «gente guapa». Y una cuarta posibilidad es que la gente guapa, por el hecho de haber sido tratada favorablemente durante toda la vida, puede ser más segura, más generosa, más competente y estar más satisfecha. Los efectos del aspecto sobre la atracción van mucho más allá de las primeras impresiones (Huston y Levinger, 1978); es probable que haya muchas razones que actúen entrelazadas para determinar la unión entre las personas.

«Ese algo»: Otras características personales

Hay, ciertamente, otras muchas características personales que nos atraen hacia los otros. Estas características no están en el vacío, sino que se filtran a través de nuestra percepción. No se trata del rasgo en sí mismo, sino de la manera en que lo percibimos. Así, podemos pensar que alguien tiene un buen sentido del humor si se ríe con nuestros chistes o si le conocemos en una situación que estimula la risa y la animación. Los factores que hemos mencionado hasta ahora, la proximidad y el atractivo físico, son especialmente importantes como factores de atracción al inicio de una relación. Contemplaremos ahora otros factores que adquieren una importancia especial cuando decidimos mantenerla o no.

CORDIALIDAD Para mucha gente la cualidad de la cordialidad incluye la consideración hacia otras personas, la afabilidad, la sociabilidad, la generosidad, el sentido del humor y el buen carácter. Estos son los rasgos específicos que un grupo de estudiantes atribuyeron a un conferenciante invitado cuando se les dijo con anterioridad que era una persona cordial (Kelley, 1950). A algunos estudiantes de la misma clase, que escucharon al mismo conferenciante, se les había dicho que era una persona «muy fría». A *todos* los estudiantes se les dijo que era trabajador, crítico, práctico y resuelto. Los estudiantes que esperaban que el conferenciante fuera frío no sólo lo evaluaron menos favorablemente después de su clase de 20 minutos, sino que participaron menos en la discusión de lo que lo hicieron aquellos que esperaban una persona «cálida».

Este clásico experimento demuestra la importancia no sólo de las características de personalidad en sí mismas, sino también de la manera en que nuestras interpretaciones y expectativas de las personalidades de otras personas influye en el grado en que nos gustan y nos sentimos cómodos con ellas, en la forma en que actuaremos ante ellos y, consecuentemente, la forma en que ellos estarán predispuestos a percibirnos al actuar ante nosotros. A menudo, establecemos una hipótesis sobre la personalidad del otro que nos satisfaga a nosotros mismos, pero esto suele producir que la gente actúe de la manera en que esperamos que lo haga.

COMPETENCIA   Mientras que las personas admiran la competencia de los demás —y ninguna evidencia demuestra que los que tienen habilidades o talento mediocres atraigan a mucha gente—, un exceso de aptitudes al parecer hace que las otras personas se sientan inseguras (Aronson, 1980). Nos gusta mucho más una persona competente si comete algún error que le haga parecer menos perfecto y más humano. Esto se conoce como el «efecto pratfall». Cuando las personas excesivamente capaces se dan de narices como resultado de sus propios errores, tendemos a verlas como más falibles, más humanas, y Kennedy creció después del error al tratar de invadir Cuba en el fracaso de Bahía de Cochinos.

Aronson, Willerman y Floyd (1966) demostraron este punto en experimentos en los que presentaban una serie de grabaciones de cuatro cintas a un grupo de sujetos. Las cintas contenían entrevistas con una persona de habilidad mediocre o con una tan competente que era casi perfecta (estudiante de honor, editor del libro del año, miembro de un equipo de atletismo e incluso un individuo que respondió correctamente al 92 por 100 de las difíciles preguntas que se le hicieron durante la entrevista). Una cinta de cada una de las personas (en realidad, el mismo actor representaba ambos papeles) no presentaba ningún incidente, mientras que las otras retrataban al entrevistado derramando torpemente el café sobre su traje nuevo. Los sujetos clasificaron a la persona de gran capacidad que cometía el error como la más atractiva de las cuatro, a continuación la misma persona cuando no se equivocaba, el mediocre el tercero, y el mediocre que había derramado el café como el menos atractivo.

La rivalidad parece jugar un papel en el «efecto pratfall», pues estudios de seguimiento han demostrado que los varones preferían al competente que se equivocaba mientras que las mujeres preferían al competente que no se equivocaba. Además, los varones con una auto-estimación alta (que parecían ver en el entrevistado competente un rival) preferían al competente torpe, mientras que varones con una auto-estimación baja (que no se sentían ligados a la persona y por lo tanto no experimentaban sentimientos competitivos) preferían al componente no torpe (Deaux, 1972; Aronson, Helmreich y LeFan, 1970).

«Pensamos igual»: Similitud

Lo emocionante de conocer a otra persona es a menudo el descubrimiento de que a ambos les encantan los mismos libros, odian al mismo político, tienen metas similares en la vida y emplean de la misma manera su tiempo libre. Muchas investigaciones valoran a la baja la importancia de la semejanza de actitudes para la unión entre las personas.

Para estudiar este efecto se utiliza con frecuencia un procedimiento llamado «el otro fantasma», diseñado por Donn Byrne (1961, 1971). Suponga que usted es el sujeto de ese experimento. Después de que hubiera contestado las preguntas de un cuestionario de opinión, se le presentarían las respuestas de otras personas a las mismas preguntas y se le preguntaría qué sentía respecto a esas personas. De hecho, no existen tales personas. Un investigador habría cumplimentado con cuidado ese segundo cuestionario para hacerlo más o menos similar a sus propias respuestas, produciendo un solapamiento que podría ir desde cero hasta el acuerdo total. Los resultados han confirmado que cuanto más cerca están las respuestas del fantasma de las suyas propias, más le gustaría a usted esa persona (Byrne y Griffitt, 1973; Byrne, Clore y Worchel, 1966; Byrne, London y Reeves, 1968).

¿Pero qué pasa en la vida real? ¿Se mantiene el mismo principio? Se ha demostrado que sí. Hay un estudio que difiere de la mayoría de los experimentos realizados, porque se provoca un contacto continuado entre los sujetos y no se les comunica si se parecen o no a él los otros sujetos (Griffitt y Veitch, 1974). Trece varones que no se conocían vivieron juntos durante diez días en un refugio atómico, después de haber expresado sus actitudes en cuarenta y cuatro puntos. Al final del primero, quinto y noveno días de confinamiento se les pidió a cada uno que enumeraran las tres personas del grupo con quienes *más* les gustaría permanecer en el refugio, y las tres con las que *menos* les gustaría quedarse. Hubo una correlación bien definida: la gente quería quedarse con los que eran más parecidos a ellos y quería librarse de los que eran menos parecidos.

Otros estudios han descubierto la existencia de gran cantidad de características comunes entre los que mantienen relaciones íntimas. Tanto las amigas como las esposas tienden a ser semejantes en cuanto a raza, edad, «status» socioeconómico, religión, educación, inteligencia, valores y actividades de tiempo libre (Murstein, 1982; Werner y Parmelee, 1979). Las semejanzas en personalidad también son una buena base para la atracción (Byrne, 1969). La teoría de la complementariedad sostiene que personalidades opuestas se atraen; así, por ejemplo, una persona tímida es atraída por una extrovertida y una charlatana por una que escucha. Esto parece sensato, pero no existe evidencia en los estudios actuales, a pesar de que algunos amigos, enamorados y esposos parecen convertirse en más complementarios al irse desarrollando la relación (Berscheid y Walster, 1978; Nias, 1979; D. Fishbein y Thelen, 1981).

Un límite al valor de atracción de la similitud nos trae a la memoria la famosa confesión del cómico Groucho Marx, «¡no pertenecería a ningún club que me tuviera como miembro!» Las personas que tienen una pobre opinión sobre sí mismas no se sienten atraídas por otras que les recuerdan a ellas mismas. Leonard (1985) tomó medida de sesenta y cuatro estudiantes universitarios de acuerdo a su nivel de auto-estima; previamente consiguió información sobre su formación, historial laboral y otros datos personales, y pidió sus opiniones sobre 14 temas controvertidos. Después solicitó la colaboración de varios cómplices, algunos de los cuales darían una información de sus actitudes y demás datos que les haría parecer similares a los sujetos, mientras otros debían parecer muy diferentes. Sólo los sujetos con una auto-estimación alta fueron atraídos por aquellos que eran parecidos a ellos, lo contrario se obtuvo con aquellos que se consideraban poca cosa a sí mismos.

¿Por qué nos gustan las personas que son como nosotros? La investigación ha proporcionado una serie de razones posibles del hecho de que nos sintamos atraídos por personas semejantes (Huston y Levinger, 1978). Estar

con alguien que demuestra actitudes y opiniones similares es estimulante porque valora nuestra propia experiencia: si el otro piensa igual que yo, debo estar en lo cierto. Como a casi todos nos gusta estar en lo cierto, esto proporciona una gran recompensa. Además, como solemos estar convencidos de que nuestras opiniones son las correctas, admiraremos el juicio y la honradez de aquellos que comparten nuestro punto de vista. A menudo presuponemos que aquellos que piensan como nosotros se inclinarán favorablemente hacia nosotros, lo que hace que nosotros nos inclinemos también favorablemente hacia ellos.

«Si tú me quieres, yo te quiero»: Reciprocidad

La investigación ha confirmado la tendencia natural que tenemos a ser atraídos por las personas que han demostrado su buen gusto y buen criterio al gustarles nosotros. Si a usted le dicen que le gusta bastante a alguien o que lo valora favorablemente, usted estará en condiciones de que le guste a su vez esa persona (Backman y Secord, 1959; Kenny y Nasby, 1980; Berscheid y Walster, 1978). Podría ser incluso que usted tuviera una línea base muy claramente definida en la que apoyar sus sentimientos: si, por ejemplo, oyera que alguien dijera siete cumplidos sobre usted y una crítica, le gustaría menos esa persona que otra que lo dijera todo positivo (Berscheid, Walster y Hatfield, 1969).

Hay algunas excepciones a estos descubrimientos. A veces nos gustan las personas que nos hacen cumplidos, pero a veces no. Las personas con gran auto-estima responden favorablemente a los cumplidos, probablemente porque creen que lo dicen de verdad, mientras que la adulación falla con las personas que tienen un pobre concepto de sí mismas. No les gusta que les hagan cumplidos, probablemente porque no creen que los que hacen cumplidos quieran decir lo que dicen y, en consecuencia, deben estar actuando con falsedad para aprovecharse de ellos (Colman, 1980). Colman recurre a la *teoría de la consistencia cognitiva* para explicar estos descubrimientos: necesitamos organizar nuestros pensamientos, sentimientos y comportamientos de una manera coherente; por eso nos sentimos más inclinados a que nos gusten los que comparten nuestras actitudes.

En el siglo segundo a.C. el filósofo Hecato escribió: «Os mostraré una poción para enamorar que no contiene drogas, ni hierbas ni conjuros de brujas; si quieres ser amado, ama» (Berscheid y Walter, 1978, pág. 40).

Tendemos a ser atraídos por personas que comparten nuestros intereses, valores y metas, así como por personas a las que les gusta realizar el mismo tipo de actividades durante el tiempo libre. (David J. Strickler/The Picture Cube.)

De 45 personas entrevistadas en un estudio, el 65 por 100 se sintió incómodo al ser halagado, aun cuando consideraran sinceros los cumplidos (Turner y Edgley, 1974). ¿Por qué? Normalmente por una de estas razones: la sensación de la obligación de devolver el cumplido; la necesidad de mantener una apariencia modesta y evitar parecer engreído por el halago; sospecha de otros motivos; miedo de que si alguien le halaga puede criticarle más tarde; el resentimiento por ser evaluado por otra persona, o la preocupación porque no será capaz de mantener aquello por lo que está siendo alabado.

Quien hace cumplidos parece establecer una diferencia en su forma de reaccionar. Cuando los que hacían cumplidos teniendo un «status» elevado (estudiantes graduados) alababan a los no graduados gustaban más que cuando hacían comentarios neutros, mientras que cuando eran de «status» más bajo (los que han abandonado la escuela secundaria) gustaban menos cuando alababan a los estudiantes universitarios, especialmente cuando les alababan por cualidades que los estudiantes no creían poseer (Colman, 1980). Colman explica estos descubrimientos mediante *la teoría de la auto-actualización* (basada en la teoría de la personalidad de Carl Rogers), que indica que el halago satisface nuestras necesidades de valorarnos favorablemente a nosotros mismos. Este estudio mostraba que aceptamos tal halago sólo cuando proviene de alguien a quien respetamos.

Virtualmente todas las teorías de la atracción tienen algún tipo de orientación de recompensa-castigo. El problema al definir la naturaleza de estos premios y castigos es que usted y yo somos premiados (y castigados) por cosas diferentes. Por ese motivo el desarrollo de cualquier relación depende de las dos personas: lo que cada una de ellas ofrece y de cómo el otro miembro toma la oferta. De este modo, los psicólogos sociales dedican un esfuerzo considerable a intentar descubrir qué es gratificante, a quién y bajo qué circunstancias.

POR QUE SOMOS ATRAIDOS Y POR QUE MANTENEMOS LA RELACION

Los psicólogos, como es lógico, no se contentan con observar el comportamiento, sino que quieren explicarlo. ¿Cómo, por ejemplo, contemplamos un gran número de posibles personas para casarnos con ellas y nos decidimos por una? (Al menos una cada vez.)

Robert F. Winch (1958) fue, entre los científicos sociales, el primero en proponer una teoría de la elección marital y trató de proporcionar una base sólida para ella. Ideó la teoría de las necesidades complementarias, que sostiene que primero tenemos en cuenta el conjunto de posibles compañeros de matrimonio basándonos en la homogamia, semejanza de atributos, etc., y luego elegimos a aquellos individuos cuyas características psicológicas cubren nuestras necesidades. Así, un varón que necesite ser protegido, será atraído por una mujer que necesite cuidar a alguien, un varón que necesite ser dominante será atraído por una mujer que necesite que le digan lo que tiene que hacer. En otras palabras, «Dios los cría y ellos se juntan» (con relación a las características sociales), y «los polos opuestos se atraen» (con relación a las personalidades). Esta teoría ha sido muy popular durante algunos años porque parece enormemente sensata. No obstante, como las pruebas no la han sostenido, ha perdido valor y nos ha forzado a buscar otras explicaciones a la elección marital.

Otros investigadores han desarrollado teorías para explicar por qué las personas se atraen unas a otras tanto a nivel de amistad como de enamoramiento. Echaremos un vistazo a algunas de las más importantes.

Somos recompensados: Teoría del reforzamiento

Según los principios de la teoría del aprendizaje, nos gusta estar con determinadas personas porque conseguimos algo de esta relación. En ese algo se puede incluir el que nos divertimos haciendo cosas con ellas, el placer que obtenemos al mirarlas, la satisfacción y auto-valoración de trabajar hacia metas comunes, la ayuda que nos dan, o el incremento en auto-estimación que produce sentir que les gustamos o que somos admirados por otros a causa de ellas. Sea lo que sea, la relación es más reforzante que aversiva.

Los principios del condicionamiento clásico pueden explicar el funcionamiento de las teorías de recompensa de la atracción: los contactos sociales nos hacen sentirnos bien (reforzamiento) o mal (castigo); sea lo que sea, lo que está asociado con sentirse bien o mal puede evocar ese sentimiento en nosotros y así nos gustan las personas asociadas con nuestras buenas sensaciones, y no nos gustan las personas asociadas con las malas (Clore y Byrne, 1974).

De hecho, algunas personas no necesitan hacer nada para ser reforzantes; basta con que estén cerca de nosotros cuando nos sentimos bien por alguna otra causa (Lott y Lott, 1974). A los niños les gustan más sus compañeros de juego cuando ganan que cuando pierden, y a los niños les gustan más sus compañeros de clase que reciben aprobación de sus maestros que aquellos a quienes sus maestros les ignoran o les critican (Lott y Lott, 1960, 1968).

A los adultos les gusta más un extraño cuando lo conocen en un ambiente cómodo que en una habitación calurosa y atestada (Griffitt, 1970; Griffitt y Weitch, 1971). «Será en el curso de una velada relajante frente al fuego, lo interesante de una discusión o la diversión de una gran fiesta, cuando le gustará la persona que siempre ha estado allí, aun cuando no haya sido directamente responsable de ninguno de esos placeres» (Lott y Lott, 1974, pág. 172). Este efecto de transferencia proporciona una base para el consejo que los consejeros matrimoniales dan normalmente a las parejas con problemas: que hagan esfuerzos especiales para planificar buenos ratos juntos, de manera que ambos puedan sumergirse en el halo de los placeres compartidos.

Calculamos el valor de nuestra recompensa: Teoría del intercambio

La teoría del intercambio, que es una variante más compleja de la teoría básica del reforzamiento, establece que tomamos en consideración las recompensas y los costes en todo lo que hacemos, aun cuando no estemos al tanto conscientemente de ello (Thibaut y Kelley, 1958; Homans, 1961). Las recompensas de una relación pueden ser del tipo que acabamos de describir, mientras que los costes pueden ser los aspectos desagradables de la relación, o simplemente el hecho de que tengamos que dejar otra cosa, como sería otra relación o la libertad e intimidad de los no comprometidos.

Automáticamente restamos los costos de las recompensas. Si la recompensa es mayor que el costo, la relación nos resulta provechosa y la iniciamos o nos mantenemos en ella. Si el costo pesa más que la recompensa, estamos en una situación precaria y la rompemos o la abandonamos. Para determinar nuestro «punto crítico» de evaluación, comparamos esta relación con sus alternativas: ¿qué tendré si no tengo esto? Un varón puede estar relacionado con una mujer que le insulta en público y le pone en evidencia. Si cree que estaría mejor sin ella —bien solo, bien con otra persona—, se librará de ella. Pero puede que decida que, aunque no le gustan las cosas tal como están, no podría atraer a nadie que le tratara mejor, y estaría demasiado solo sin ninguna mujer en su vida. Por eso se queda con ella.

El nivel de comparación en una relación consiste en el beneficio mínimo que una persona espera de ella; esto determina su satisfacción. Si consigue más que el mínimo, estará satisfecho, pero si obtiene menos, estará insatisfecho (Thibaut y Kelly, 1959). El nivel de comparación entre alternativas hace referencia al atractivo de otros posibles lazos, al no tener ninguna relación en comparación con la situación presente. El compromiso —la obligación moral de quedarse con alguien o la dependencia de otra persona— es rara vez tan grande que la persona que nunca piense «¿podría obtener más el unirme a otra persona? ¿O estaría mejor incluso si estuviera solo? ¿Los problemas de esta relación sobrepasan los beneficios que me proporciona?» De este modo, usted analiza su unión en términos de nivel de comparación. Incluso si está insatisfecho con su relación actual, si no piensa que estaría mejor con otra persona o solo, permanecerá en la relación actual. Pero no permanecerá en ella si cree que estaría mejor con otra alternativa.

Supongamos que su matrimonio no es del todo perfecto. Usted puede pensar en las alternativas. ¿Puede mantenerse económicamente? ¿Cómo se sentirá usted respecto a sí mismo si se va? ¿Cómo afectará a su esposo(a) que usted lo(a) abandone, a sus hijos, a sus parientes políticos y a amigos? Si el resultado de marcharse no parece peor que la infelicidad que está sufriendo, probablemente se marchará. Si parece peor, se quedará.

La teoría del intercambio disgusta a muchas personas, psicólogos incluidos, ya que la interpretan equivocadamente. Parece hacer del comportamiento humano un esfuerzo muy egoísta y egocéntrico (con el motivo de): «¿qué puedes hacer por mí?», escribe Murstein (1971, pág. 17), poniendo objeciones a la valoración comercial que hace la teoría de nuestras emociones. Sin embargo, la teoría *es* suficientemente flexible para explicar el comportamiento de una persona muy generosa, protectora y entregada, que considera como una recompensa la oportunidad de cuidar a alguien. En un sistema tan individualizado de intercambio, una relación que una persona podría considerar una pérdida para otra puede ser extremadamente provechosa.

Damos y recibimos: Teoría de la equidad

La mayoría de nosotros nos sentimos cómodos en aquellas relaciones en las que notamos que obtenemos lo que creemos merecer. Nos sentimos incómodos tanto si nos parece que recibimos menos de lo debido como si creemos que estamos dando de menos a otra persona, por lo que trataremos de restaurar un equilibrio justo y equitativo. Esta es la premisa básica de la teoría de la equidad ; las personas se sentirán más cómodas en aquellas relaciones en las que hay una distribución equitativa (justa) de recompensas y costos, y se esforzarán para restaurar este estado en las que perciban como desequilibradas. Esta teoría ha sido aplicada durante mucho tiempo a las relaciones de negocios y a las relaciones sociales casuales. Elaine Walster y sus colegas citan un número considerable de evidencias de su aplicación en las relaciones entre amigos, enamorados, cónyuges y padres e hijos (Walsters, Walster y Berscheid, 1978).

Podemos restaurar la equidad de dos maneras. Restauramos la *equidad real* o bien cambiando lo que damos o bien cambiando lo que obtenemos. Una esposa que cree que está siendo explotada puede dejar de cocinar, tener una aventura extraconyugal o quedarse parte de lo que gana poniéndolo en una cuenta bancaria diferente. O puede decidir restaurar la *equidad psicológica,* convenciéndose ella misma de que una relación no equitativa es, de hecho, justa. Puede minimizar sus cualidades («después de todo, no tengo tan buena apariencia, no soy tan elegante ni bien educada como él»), o exagerar los aspectos positivos («a pesar de que no se me

Según la teoría de la equidad, Lady Di y el Príncipe Carlos de Gran Bretaña parecen una pareja bien complementada. Aunque él está en la línea del trono, ella puede rastrear su linaje más lejos que él. ¿Qué otras características de ambos podrían afectar la equidad de la alianza? (Wide World Photos.)

¿Afecta la equidad a la manera de elegir a nuestros amigos o a nuestros novios? Erving Goffman (1952) presuponía que sí cuando escribió: «Una proposición de matrimonio en nuestra sociedad tiende a ser una manera en la que un varón resume sus atributos sociales y sugiere a una mujer que los de ella no son mucho mejores como para excluir una unión o una asociación en estos asuntos» (pág. 456).

aprecia, tengo la oportunidad de conocer a mucha gente interesante en el trabajo»); exagerar las virtudes de su marido («gana tanto dinero que realmente puede proporcionar a su familia una vida cómoda»), o minimizar sus defectos («él tiene que aguantar muchas cosas en su trabajo que yo no tengo que aguantar en el mío»).

En las relaciones esporádicas el concepto de equidad se da por supuesto. Hacemos un favor a un vecino y esperamos que cuando necesitemos uno a cambio, conseguiremos su ayuda. Después de ir a una fiesta, creemos que deberíamos invitar a nuestro anfitrión a nuestra casa o corresponder de alguna otra manera. Si un compañero de clase paga el café un día, pedimos nosotros la cuenta en la próxima ocasión. Es más difícil calcular la equidad en las relaciones íntimas, porque tienen múltiples facetas e implican más interacciones. Por eso, aunque no esperamos que nos reembolsen cada servicio prestado, esperamos cierta justicia en la relación, no sólo en los servicios que prestamos y recibimos, sino en el «valor» de la otra persona.

Ellen Berscheid, Elaine Walster y George Bohrnstedt (1973) analizaron 2.000 cuestionarios sobre matrimonio y noviazgo, y descubrieron que los que pensaban que su pareja era tan deseable como ellos mismos eran más felices en sus relaciones que los que creían que su pareja era o mucho más deseable o mucho menos deseable que ellos mismos. Es más, las relaciones en que las parejas se consideraban tratadas más justamente, en un seguimiento realizado tres o cuatro meses más tarde, resultaron ser más estables que aquellas en las que se consideraban demasiado bien tratadas o demasiado mal tratadas (Walster y Walster, 1978).

Burgess y Wallin (1953) realizaron un estudio en parejas estables y descubrieron que estaban muy equitativamente igualadas en atractivo, salud, neurosis, popularidad, ingresos de los padres, educación y felicidad marital. Murstein (1967) pasó el MMPI (Inventario Multifásico de Personalidad de Minnesota) a parejas estables y les hizo un seguimiento seis meses más tarde: cuanto más cerca en salud mental estaban las dos personas, más cercana era su relación.

Cuando en una relación íntima las parejas no están igualadas en un rasgo, frecuentemente lo equilibran con una falta de igualdad en dirección opuesta respecto a otra característica. Por ejemplo, en el estudio de Berscheid, Walster y Bohrnstedt (1973) que acabamos de citar, las personas que consideraban a sus parejas más atractivas que ellas mismas tendían a ser más ricas, más cariñosas y más amables y consideradas que aquellas cuyas parejas estaban en un nivel de atractivo igual o inferior.

Un estudio reciente ha examinado las apreciaciones de equidad de matrimonios en cuatro etapas del ciclo de la vida familiar: (1) cuando hay un niño menor de 6 años; (2) cuando hay niños en edad escolar; (3) cuando la esposa tiene más de 45 años y no hay niños en casa, y (4) cuando la esposa está por encima de los 60 años (Schafer y Keith, 1981). En conjunto, tanto varones como mujeres creían que la vida en común mejoraba en justicia con el tiempo, y que el mayor aumento de la equidad en los roles de cocinar, arreglar la casa y proporcionar ingresos tenía lugar entre los estadios 2 y 3, cuando los hijos dejan el hogar. Curiosamente, cuando las parejas creían que sus matrimonios no eran justos, pensaban que el desequilibrio se producía a su favor, apreciación que puede tener implicaciones para el éxito del matrimonio. Las personas que creen que están llevándose la peor parte en el matrimonio tienen mayores probabilidades de divorciarse, y por eso no fueron incluidas en las últimas muestras.

AMISTAD

Cuando pensamos en la posibilidad de ser atraídos por otra persona solemos pensar en una relación romántica. Pero también la atracción y el afecto son conceptos importantes en la amistad. Frecuentemente las amistades duran más tiempo que los matrimonios, proporcionan una buena dosis de apoyo emocional y práctico, y contribuyen a la calidad de vida de una persona en formas que no pueden medirse.

¿Qué esperamos de los amigos? En una encuesta realizada a 216 personas que se encontraban en cuatro etapas distintas de la vida —estudiantes de último curso de la escuela secundaria, recién casados, padres cuyo hijo menor estaba a punto de dejar el hogar y personas a punto de jubilarse— aparecieron cinco dimensiones importantes que son específicas de la amistad (Weiss y Lowenthal, 1975). Buscamos *semejanza* (en la personalidad, los valores o actitudes, con un cierto énfasis en actividades y experiencias compartidas), *reciprocidad* (ayuda, comprensión, aceptación con un cierto énfasis en la confianza mutua y la capacidad para compartir confidencias), *compatibilidad* (alegría por estar juntos), *estructura* (proximidad geográfica, conveniencia o larga duración del conocimiento) y *modelado de rol* (admiración y respeto por las buenas cualidades del amigo). Las mujeres hacen hincapié en el valor de la capacidad de apoyo, mientras que los varones insisten más en los intereses y las actividades compartidas.

La mayoría de nosotros tenemos diversos tipos de amigos para responder a diferentes necesidades (La Gaipa, 1977): tenemos conocidos a nivel social (con los que jugamos al tenis o preparamos un examen), buenos amigos (a los que llamamos para ir al cine), amigos íntimos (con los que contamos para que nos ayuden y apoyen en momentos de necesidad) y los mejores amigos (a quienes confiamos nuestros secretos más profundos). Las amistades suelen desarrollarse, en primer lugar, a partir de la proximidad, después a partir de características similares en cuanto a origen (como la edad, el sexo y la raza), después a partir de las relaciones de roles (colaboradores, compañeros de estudios, compañeros de juego, etc.) y finalmente a partir de la semejanza de valores y actitudes (Huston y Levinger, 1978).

Aunque conocemos algunos de los factores que contribuyen a hacer amistades, no ha habido ninguna investigación sobre la manera de conservarlas: lo que ocurre durante la relación, lo que hace que algunas amistades perduren y otras sean fugaces, lo que hace que algunas personas sean capaces de hacer amistades distintas a lo largo de su vida y de mantenerlas, mientras otras pasan casi sin amigos. Así pues, la amistad ofrece un campo fértil para los investigadores en psicología social.

AMOR

Todo el mundo es un experto en amor. Por la sabiduría popular y por la experiencia personal todos sabemos que:

- las mujeres normalmente se enamoran antes que los varones y siguen enamoradas después que los varones hayan dejado de estarlo;
- no nos enamoramos de personas que conocemos demasiado, ni nos casamos con ellas. En cambio, nos volvemos locos por fascinantes extraños que conocemos lejos de nuestra vida y trabajo normales, y
- las mujeres tienen que ser difíciles de conquistar si quieren conseguir un varón que se precie.

Estas son algunas de las «verdades» que todos «conocemos», pero la investigación psicológica realizada en los últimos veinte años ha demostrado que todas están equivocadas (Walster y Walster, 1978). Como elemento de la vida de las personas, responsable en buena medida tanto de la felicidad como de la infelicidad, el amor, por fin, ocupa una parte importante de la investigación y la teoría de los psicólogos sociales, así como de la dedicación de poetas, novelistas y letristas de canciones populares. Basándonos en entrevistas, experimentos de laboratorio y otros instrumentos de investigación, descubrimos poco a poco hechos sobre el amor que pueden tener un montón de aplicaciones prácticas.

Hemos aprendido, por ejemplo, que contrariamente a las viejas creencias míticas, los varones se enamoran más deprisa que las mujeres y se aferran con más tenacidad a una aventura que está muriendo. Nos citamos, nos enamoramos y nos casamos con el chico o chica de la puerta de al lado o del final de la calle en una proporción sorprendente, y los varones suelen sentirse más atraídos por mujeres que les son fáciles de conseguir, pero que son difíciles para otros hombres.

Clases de amor

Parece que hay dos tipos básicos de amor que comprometen nuestras emociones —el de compañeros y el apasionado—. El amor de compañeros, llamado algunas veces *amor conyugal,* es como una amistad amorosa entre un varón y una mujer que incluye afecto, unión profunda, confianza, respeto, aprecio, lealtad y conocimiento mutuo íntimo (Driscoll, Davis y Lipetz, 1972). Aun cuando puede ser suficientemente intenso como para que una persona se sacrifique en un momento de necesidad —incluso hasta el punto de dar su vida—, es una emoción sensata que sigue la «ley de la atracción» de Byrne (1971), que atribuye la atracción al reforzamiento.

El amor apasionado, en cambio, es un «estado emocional salvaje, una confusión de sentimientos: ternura y sexualidad, júbilo y dolor, ansiedad y descanso, altruismo y celos» (Walster y Walster, 1978, pág. 2). La psicóloga Dorothy Tennov (1979) ha acuñado una palabra nueva para describir el amor apasionado, "limerence", un estado que algunas personas experimentan una y otra vez, mientras otros no lo hacen. Según Walster y Walster esta clase de amor es limitado en el tiempo, dura rara vez más de un período que va de seis a treinta meses, aunque puede resurgir de vez en cuando normalmente en la forma de una relación de compañerismo.

Cuerpo y alma: correlatos fisiológicos del amor apasionado

¿Qué ocurre cuando ve a alguien a quien ama apasionadamente? Su corazón late más deprisa, respira con mayor rapidez, tiene mariposas en el estómago, su mano tiembla y sus rodillas parecen de goma. Asocia todos estos signos físicos con la visión de su amado(a) y dice: «Estoy enamorado(a).

Como muestra un estudio de Schacter (1964), los seres humanos a menudo nos fijamos en razones externas para explicar estados internos ambiguos. Walster y Walster (1978) sugieren que las personas que experimentan los síntomas del despertar fisiológico en una situación potencialmente romántica pueden atribuir ese despertar al amor. Una serie de experimentos parecen confirmarlo.

A un grupo de jóvenes que estaban atemorizados (por el miedo a recibir fuertes descargas eléctricas o por estar en un puente poco seguro), y a los cuales se les presentó después una joven atractiva, les gustó más que a los sujetos del grupo de control que no habían experimentado miedo (Brehm, Gatz, Geothals, McCrimmon y Ward, 1970; Dutton y Aronson, 1974). Al grupo de jóvenes que habían sido activados fisiológicamente por medio de una carrera o emocionalmente por la audición de una cinta de contenido

La investigación psicológica ha refutado muchos de los mitos sobre el amor comúnmente aceptados por poetas, novelistas y personas que escriben las letras de las canciones populares. (Copyright Jim Anderson 1980/Woodfin Camp y Assoc.).

negativo (ya que describía un horrible asesinato) o positivo (una historia cómica) les fueron presentadas en un vídeo una mujer atractiva y otra no atractiva (que, en realidad, era la misma persona maquillada y vestida de forma diferente). El resultado fue que a éstos les gustó más la mujer atractiva y menos la no atractiva que al grupo de control que no había sido activado (White; Fishbein y Rutstein, 1981). Parece, pues, que el amor apasionado puede despertarse con toda clase de estímulos, incluso con aquellos que normalmente podrían producir ansiedad, culpabilidad, odio, celos y confusión. Las experiencias negativas pueden provocar amor al intensificar el despertar fisiológico. Y mientras tiene lugar el despertar fisiológico y el individuo atribuye este estado agitado a la pasión experimentará amor apasionado (Walter, 1971).

El efecto de experiencias negativas al inducir la activación fisiológica puede ayudar a explicar el efecto «Romeo y Julieta». La interferencia de los padres en una relación amorosa intensifica los sentimientos del amor apasionado. Driscoll, Davis y Lipetz (1972) preguntaron a 140 parejas, entre las que había novios, personas que vivían juntas o estaban casadas, qué cantidad de desaprobación tenían sus padres respecto a sus relaciones. Descubrieron que cuanto más interferían los padres, más apasionadamente enamoradas estaban las parejas; en cambio, las parejas con padres que se interferían más, tenían también niveles más bajos de aquellos atributos que normalmente van unidos al amor conyugal, como la confianza y la aceptación sin crítica. Parece, pues, que si los enamorados no resuelven sus problemas con los padres que no aprueban la relación, la calidad en conjunto de esta relación mutua es probable que se resienta.

Cuando hablamos de amor, amistad y relaciones íntimas, estamos hablando de aquellos tipos de vínculos que frecuentemente conducen al matrimonio, con todas sus alegrías y complejidades. Los psicólogos sociales han estudiado algunos aspectos del matrimonio, entre los cuales está la elección de pareja, o las diversas maneras en que nos afecta el matrimonio. En los últimos años, con el aumento de la tasa de divorcios en los Estados Unidos, ha aumentado también la investigación sobre la disolución de las relaciones, tanto antes como después del matrimonio. Algunos datos de estudios recientes se presentan en el apartado 18-1.

Las relaciones interpersonales son el origen de nuestras mayores alegrías y de nuestras penas más profundas. Dado que la psicología es intrínsecamente el estudio del individuo, hemos visto a lo largo de este libro cómo el individuo afecta a otras personas y es afectado por ellas. Cuanto más nos preocupamos por alguien, cuanto más nos implicamos en una relación, más profundamente nos afectan nuestros lazos con otros. El interés que está surgiendo entre los investigadores por explorar las formas en que los individuos se relacionan es un buen presagio para la salud mental individual y, a la larga, de la sociedad.

APARTADO 18-1

MATRIMONIO Y DIVORCIO

COMO ELEGIMOS NUESTRA PAREJA

¿Qué razones le llevarían a elegir a una persona como marido o esposa? Las posibilidades son: que usted lo/la elige porque lo/la ama, porque él o ella lo ama a usted, porque le gusta alguien que pueda ser su mejor amigo/a o porque le gusta alguien con el que pueda tener una relación sexual satisfactoria. Actualmente, en los Estados Unidos estos atributos han reemplazado ampliamente a las cuestiones que han sido históricamente importantes para la elección de pareja —y que siguen siéndolo en otras sociedades—, tales como consideraciones financieras o de linaje por parte de los padres de la pareja nupcial, y la similitud del origen social entre novia y novio.

La similitud sigue siendo importante, aunque no tanto como lo ha sido en otros tiempos. La mayoría de nosotros seguimos eligiendo cónyuges de la misma raza y religión, y de edad, inteligencia, educación y «status» socioeconómico semejante, aunque va creciendo el número de matrimonios interraciales y de religiones diferentes. Está aumentando el número de excepciones a la ley de semejanza (Murstein, 1982).

Los investigadores contemporáneos tienden a contemplar la semejanza como una barrera que «limita la cantidad de personas elegibles como pareja y porque no favorece la posibilidad de que el individuo tienda a casarse con cualquiera que tenga una herencia socio-cultural similar» (pág. 652). La mayoría de nosotros no tenemos un gran surtido de parejas potenciales para seleccionar, estamos expuestos a los que son

similares a nosotros y elegimos entre ellos. De esta manera la semejanza funciona como una barrera puesta por el destino y las circunstancias. Una vez que alguien la atraviesa, las teorías de la atracción interpersonal nos dan una idea de nuestras elecciones finales.

COMO NOS AFECTA EL MATRIMONIO

Aunque la investigación científica, en lo que al matrimonio se refiere, ha dejado de lado el estudio de los tópicos sobre el tema, algo sabemos acerca de cómo este estado civil tan común (en el que entran nueve de cada diez americanos) nos afecta. Parece que mantiene nuestra salud: las personas casadas están más sanas física y mentalmente que los solteros, los separados, los divorciados y los viudos (Bloom, Asher y White, 1978). Por supuesto, se puede interpretar al revés: las personas más sanas tienen mayor tendencia a casarse o a continuar casados. Probablemente ambas explicaciones contribuyen a producir una correlación entre la salud y el matrimonio.

En algunos casos el matrimonio parece acelerar el desarrollo de la personalidad. De entre un grupo de chicos jóvenes que habían sido delincuentes y estaban envueltos en drogas en la escuela superior, los que se casaron jóvenes y tuvieron hijos antes de los 23 años demostraron un mejor ajuste y una autoestimación más alta que sus semejantes del mismo origen que no se habían casado (Bachman, O'Malley y Johnson, 1978). De todos modos, es posible explicar esta correlación admitiendo la posibilidad de que

los estudiantes que siguen sufriendo desajustes tienen menor tendencia a casarse. De todas formas, ésta es una línea de investigación prometedora: «El matrimonio y la paternidad pueden ofrecer una experiencia de socialización positiva para aquellos jóvenes previamente desajustados» (Doherty y Jacobson, 1982).

RUPTURA: ANTES Y DESPUES DEL MATRIMONIO

Antes

El refrán: «El mejor divorcio es el que se obtiene antes de casarse», parece ser tan relevante ahora como lo fue siempre. Aunque el final de una relación íntima siempre es dolorosa, la investigación confirma la experiencia común de que el final de una aventura antes de casarse es menos traumática que un divorcio (Rubin, Peplau y Hill, 1981; Hill, Rubin y Peplau, 1976).

En unos estudios de 103 rupturas entre estudiantes universitarios que salían juntos, y que formaba parte de un estudio más amplio sobre parejas, las relaciones que se rompían tenían una serie de factores que las caracterizaban. Los varones y mujeres jóvenes que terminaban sus relaciones eran más diferentes unos de otros en edad, aspiraciones educativas, inteligencia y atractivo físico que lo que lo eran las parejas que permanecían juntas. Es más, las parejas que se rompían estaban predispuestas a mantener una relación desigual: uno estaba mucho más enamorado que el otro. Son las escalas de Rubin (1970, 1973) de «amor» y «agrado», la escala de amor predecia mejor el que se mantuvieran unidos que el agrado mutuo. En cambio, no influía en la persistencia del matrimonio el hecho de haber tenido o no relaciones sexuales o haber vivido juntos previamente.

Hay una serie de factores externos que contribuyen a la separación, de tal manera que las rupturas alcanzaban el nivel máximo en momentos claves de inflexión en el año escolar (mayo-junio, septiembre y diciembre-enero) o coincidiendo con cambios en la planificación de la vivienda, horarios y discusión de temas con vistas a planes futuros («¿Deberíamos pasar las vacaciones juntos?» «¿Deberíamos tomar un apartamento juntos?» «¿Debería aceptar un empleo fuera la ciudad?»).

El deseo de romper casi nunca es mutuo. Normalmente lo inicia uno, y éste normalmente se sentirá más libre, más feliz y menos deprimido y solitario que el otro compañero/a, que tiene que soportar sus sentimientos de rechazo, así como el final de una relación que quería continuar (Hill et al., 1976).

En contra del mito popular, las mujeres tienen mayor propensión a terminar una relación que los varones, aun en el caso de que ellas sean el miembro de la pareja más comprometido. Es más, las mujeres soportan mejor el rechazo cuando el varón termina la relación. Puede que ellas sean más sensibles a los sentimientos de su compañero, más capaces de aceptar sus propias y profundas emociones en el caso de que no regrese su marido, y por tanto más preparadas tanto para aceptar como para precipitar la ruptura. Es más, las mujeres parecen controlar mejor sus sentimientos, posiblemente por una socialización temprana que subraya su poder en el terreno emocional (a menudo a expensas del poder en otros aspectos de la vida) (Rubin et al., 1981).

Después

En la Escala de Reajuste de Tensiones Vitales de Holmes y Rahe (1976), el divorcio ocupa el segundo lugar después de la muerte de la esposa en la magnitud del estrés. Aparte de la confusión que lo precede, lo acompaña y lo sigue, requiere un cambio de residencia al menos para un miembro de la pareja, y un cambio de la situación financiera para ambos, generalmente una serie de escaramuzas legales, y frecuentemente la necesidad de solventar los desacuerdos respecto al cuidado de los hijos. No es sorprendente que el año después del divorcio (que normalmente se da aproximadamente dos años después de la separación inicial) sea el punto más bajo, a nivel emocional, tanto para los padres divorciados como para sus hijos (Hetherington, Cox y Cox, 1977).

A pesar de la elevada tasa de divorcios actual, la decisión de separarse casi nunca se toma a la ligera, aunque divorciarse sea más frecuente que antes. Berscheid y Campbell (1981) señalan algunas de las tendencias sociales cambiantes que han reducido las barreras para el divorcio: el hecho de que las mujeres actualmente dependen económicamente menos de sus maridos, que ambos sexos se enfrentan a menos obstáculos legales, menos oposición religiosa y menos estigmas sociales, y que la sabiduría popular decreta que no es siempre lo mejor permanecer juntos «por el bien de los hijos». Pero tal como estos psicólogos sociales señalan, «los cambios en las condiciones sociales no son los que terminan las relaciones, son las personas quienes lo hacen» (pág. 210). El efecto de estas condiciones que han cambiado afecta, no obstante, al nivel de comparación para la persona que está tomando en consideración el divorcio. Las alternativas al matrimonio no son tan costosas como eran antes, y por eso el divorcio es una opción viable para más gente.

En las rupturas matrimoniales y de noviazgo es frecuentemente la mujer quien decide cortar el lazo, a menudo después de meses o años de pensar en ello (Kelly, 1982). Y, una vez más, el compañero que toma la decisión de divorciarse está en mejores condiciones emocionales que el otro compañero, en gran parte por su capacidad de control sobre su propia vida y la ausencia de tener que soportar el rechazo. Otros factores que afectan a la manera de reaccionar emocionalmente son: la presencia o ausencia de una red de amigos y familiares que le ayuden, la situación de los hijos, la presencia o ausencia de un amante que puede servir como «persona de transición» y el grado de tensión financiera. Aunque el divorcio es, a menudo, un paso positivo que tiene como resultado un funcionamiento psicológico más sano, «la minoría sustancial de varones y mujeres que estaban abrumados y desorganizados más allá de su capacidad de recuperación... nos recuerda que el divorcio no es, en absoluto, una panacea. Existe suficiente evidencia de que el divorcio tiene como resultado un claro beneficio psicológico para uno solo de los cónyuges más frecuentemente que para ambos» (Kelly, 1982, pág. 749).

RESUMEN

1. La *atracción interpersonal* es la tendencia a valorar positivamente a otra persona. Es una *actitud*. La atracción hacia otros depende de interacciones entre nuestros propios rasgos, los rasgos de la otra persona y la situación en la que ambos se conocen.

2. Los psicólogos sociales interesados en la atracción interpersonal utilizan una serie de medidas que incluyen la observación natural, las medidas de auto-informe y experimentos de laboratorio y de campo.

3. La *percepción de la persona* se refiere a la manera de formar nuestras impresiones o percepciones de los otros.

4. Las personas tratan de dar un significado al comportamiento de los otros atribuyendo diversas causas a su comportamiento. Según la *teoría de la atribución*, tendemos a explicar el comportamiento tanto *disposicionalmente* (basándonos en algún factor interno, como sería un rasgo de personalidad básico), o *situacionalmente* (como resultado de una causa externa o una circunstancia concreta). Según Kelley, al dar un significado al comportamiento de alguien, son importantes tres factores: *distintividad, consenso y consistencia* del comportamiento.

5. El *error de atribución fundamental* es la tendencia a sobreestimar los factores de disposición, como los rasgos de personalidad, y a subestimar los de situación (como una circunstancia particular), al explicar el comportamiento. Es muy probable que opere este error cuando explicamos el comportamiento de los otros. Cuando explicamos nuestro propio comportamiento, en cambio, tendemos a atribuirlo a factores de situación. Somos particularmente propensos a atribuir nuestros fallos a la situación y nuestros éxitos a nosotros mismos.

6. Los estudios han demostrado que nuestra atracción hacia otra persona está relacionada con una serie de factores, entre los que figuran:

7. La *proximidad física* entre dos personas afecta a su probabilidad de hacerse amigos. Un estudio de Festinger y sus colegas demostró que los que vivían más cerca en una urbanización para estudiantes tenían más probabilidades de llegar a hacerse amigos.

8. Desde la infancia el *atractivo físico* es un elemento importante en la forma de ver a los demás. Se cree que las personas atractivas tienen una amplia gama de rasgos apetecibles.

9. Otras características personales, tales como *cordialidad* y *competencia,* influyen también en la atracción interpersonal.

10. Las personas, especialmente las que tienen una alta auto-estima, se sienten atraídas por otras que sostienen opiniones similares. También tendemos a que nos gusten las personas que se nos parecen.

11. Existe una serie de teorías sobre las razones por las que mantenemos las relaciones. Según la *teoría del reforzamiento*, conservamos una relación si conseguimos algo de ella. La *teoría del intercambio* sostiene que en una relación tomamos en consideración las recompensas y los costos, así como nuestras alternativas al decidir si rompemos una relación o la mantenemos. La *teoría de la equidad* mantiene que estamos más cómodos en las relaciones en las que hay una distribución justa de las recompensas y los costes, y que intentamos restablecer el equilibrio en las relaciones que consideramos desequilibradas.

12. Las personas mantienen un conjunto de diferentes tipos de *amistades* que van desde el conocimiento social hasta la amistad auténtica. Al elegir amigos, buscamos la *semejanza, reciprocidad, compatibilidad, estructura y modelado del rol.*

13. Los psicólogos han identificado dos tipos básicos de amor: *de compañeros* y *apasionado.* El amor de compañeros es como una amistad amorosa entre dos personas que incluye afecto, profunda vinculación, confianza, respeto, aprecio, lealtad y conocimiento mutuo íntimo. El amor apasionado es un estado salvaje emocional que incluye ternura y sexualidad, júbilo y dolor, ansiedad y descanso, altruismo y celos.

14. Parece que hay una relación entre el matrimonio y la salud física y psicológica, así como con el desarrollo de la personalidad. Un conjunto de factores influyen en la ruptura, tanto si ocurre antes como después del matrimonio. Las tendencias cambiantes de la sociedad han disminuido buen número de barreras al divorcio.

LECTURAS RECOMENDADAS

Berscheid, E., y Walster, E. (1978). *Interpersonal attraction* (2.ª edición). Reading, Mass.: Addison-Wesley. Discusión bien escrita y erudita sobre las teorías y las medidas de la atracción interpersonal por dos investigadores de primera fila.

Kelley, H. H., et al. (1983). *Close relationships*. San Francisco: W. H. Freeman. Nueve psicólogos sociales discuten el impacto de las relaciones íntimas en el bienestar humano. Se incluye información sobre terapia.

Walster, E., y Walster, G. W. (1978). *A new look at love*. Reading, Mass: Addison-Wesley. Una deliciosa discusión sobre el amor apasionado y el compañerismo, con material sobre la dinámica de la atracción sexual, la manera de elegir pareja matrimonial y el dolor del amor apasionado. Este libro está generosamente ilustrado con divertidos chistes y acertijos para que los conteste el lector.

Walster, E.; Walster, G. W., y Berscheid, A. (1978). *Equity theory and research*. Boston: Allyn and Bacon. Presenta un análisis de la aplicación de la teoría de la equidad a las relaciones explotador/víctima, filántropo/receptor, así como a las de negocios y las relaciones íntimas.

APENDICE

ESTADISTICA

RAMAS DE LA ESTADISTICA

ESTADISTICA DESCRIPTIVA

    Tendencia central
    Variabilidad
    Distribución normal
    Distribuciones asimétricas
    Correlación

ESTADISTICA INFERENCIAL
    Métodos de muestreo
    La prueba de las hipótesis de
      investigación

RESUMEN

LECTURAS RECOMENDADAS

¿Se describiría usted a sí mismo como un individuo que está por encima de la media respecto a inteligencia? ¿Estudia más o menos que otros estudiantes? ¿Tiene más sentido del humor? ¿Está sufriendo un año excepcionalmente duro? ¿Cree que ganará más de trece millones de pesetas al año durante la próxima década?

Para contestar todas estas preguntas necesitará de la estadística, una disciplina que incluye una variedad de métodos para reunir, organizar, analizar y realizar inferencias sobre datos numéricos. La estadística es una rama de las matemáticas utilizada por psicólogos y otros científicos sociales para clasificar los hechos y llegar a conclusiones. La psicología no puede emplear las medidas tan precisas de las ciencias naturales, como la física y la química. La altura y el peso se puede medir con exactitud, pero de las medidas de la memoria, la inteligencia, el humor, la motivación y otros atributos personales sólo se puede hacer una estimación. Los psicólogos dependen en gran medida de la estadística al desarrollar pruebas de medida de estos atributos y al interpretar los resultados de sus investigaciones.

Aunque la mayoría de los cálculos matemáticos que se realizan en psicología se pueden tratar fácilmente por computadora, es importante saber cómo interpretar el resultado ofrecido por ella. Por tanto, en este apéndice pondremos más énfasis en la interpretación de la estadística que en su cálculo.

RAMAS DE LA ESTADISTICA

Hay dos ramas de la estadística: descriptiva e inferencial. La estadística descriptiva proporciona un método para resumir datos recogidos en la investigación. Por ejemplo, usted podría determinar la nota media y evaluar a los estudiantes de su clase utilizando la estadística descriptiva para resumir sus descubrimientos. La estadística inferencial utiliza los datos de una muestra para predecir y generalizar los resultados a una población más amplia. Usted necesitaría la estadística inferencial para predecir la inteligencia y evaluar el rendimiento de sus futuras clases de psicología de los futuros grupos de estudiantes que serán similares a los que tiene en este curso. Tanto la estadística descriptiva como la inferencial son necesarias en la investigación psicológica.

ESTADISTICA DESCRIPTIVA

Supongamos que un investigador realizara un estudio en una clase de psicología de veinticinco estudiantes y pidiera a cada uno de ellos que anotara el número total de horas que hubiera dedicado al estudio de la psicología durante una semana concreta. El investigador recopilaría la información y registraría los datos tal como se muestra en la tabla A-1. ¿Cómo podría organizar los datos para hacer más fácil su interpretación? Una manera de organizar los datos originales de la tabla A-1 es transformarlos en una lista o distribución de frecuencias. Una distribución de frecuencias enumera cada puntuación u observación, conocida estadísticamente por x (en nuestro ejemplo el número de horas de estudio de psicología), e indica la frecuencia

TABLA A-1   Datos brutos

Estudiante	Puntuación x horas de estudio de psicología en una semana específica
John A.	6
Mike A.	3
Jane B.	4
Kara C.	9
Joann D.	10
Henry E.	20
Marshall G.	9
Jim I.	11
Tom J.	8
Bill J.	6
Tess L.	5
Dana M.	4
Leslie N.	6
Jack O.	0
Nancy O.	7
Ann. P.	10
Sue Q.	6
Janice R.	7
Kenn S.	5
Louis S.	5
Willy T.	8
Lois T.	4
Carol V.	6
Tom W.	9
Bob Y.	7

TABLA A-2   Distribución de frecuencias

Horas de estudio de psicología x	Frecuencia
0	1
1	0
2	0
3	1
4	3
5	3
6	5
7	3
8	2
9	3
10	2
11	1
12	0
13	0
14	0
15	0
16	0
17	0
18	0
19	0
20	1

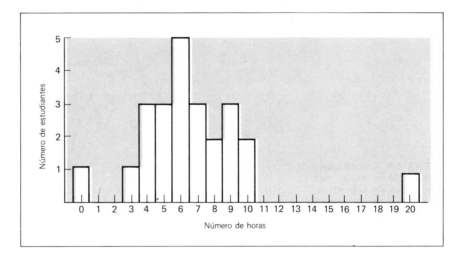

FIGURA A-1   Histograma.

con la que se ha producido cada puntuación u observación (véase tabla A-2).

Otra posibilidad es crear una representación visual de los datos, un gráfico. Un gráfico que se emplea comúnmente es el histograma o gráfico de barras. El *eje horizontal* o *abscisa* muestra la puntuación de cada persona, en nuestro ejemplo el número de horas de estudio de psicología. El *eje vertical* u *ordenada* representa la frecuencia de cada puntuación, en nuestro ejemplo el número de estudiantes que estudiaban un número determinado de horas. Una mirada a la figura A-1 nos revela un histograma que es claramente más esclarecedor que la tabla A-1.

Frecuentemente es útil comparar los gráficos de dos o más conjuntos de datos. Construir un histograma encima de otro, para esta comparación, podría confundirnos. Una manera de producir visualmente esta comparación es construir otro tipo de gráfico distinto al histograma. Uniendo los puntos medios de la parte superior de las barras del histograma, se puede construir un *polígono de frecuencias,* como se muestra en la figura A-2. Un polígono es una figura cerrada con muchos ángulos. La frecuencia en ambos extremos de la distribución es cero, cerrando la figura y formando el polígono. Los polígonos de frecuencias pueden construirse uno encima del otro para poder

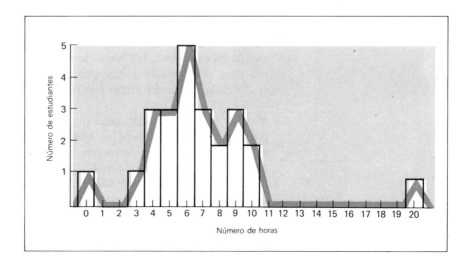

FIGURA A-2   Polígono de
frecuencias.

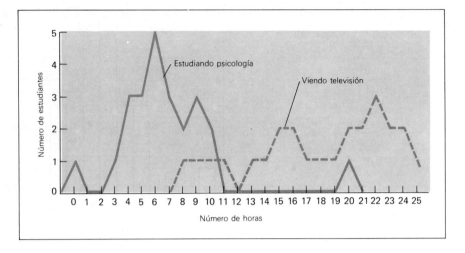

FIGURA A-3 Comparaciones de polígonos de frecuencias. *Esta comparación de polígonos de frecuencias demuestra que los estudiantes pasan más tiempo viendo la televisión que estudiando psicología.*

comparar fácilmente dos distribuciones. La figura A-3 utiliza polígonos de frecuencias para comparar la cantidad de tiempo que veinte estudiantes dedicaron a estudiar psicología con el número de horas que pasaron viendo la televisión durante la misma semana.

Tendencia central

El propósito de la estadística descriptiva es organizar, resumir y simplificar los datos. Las distribuciones de frecuencia y los gráficos proporcionan tal organización pero a veces su uso puede resultar incómodo y confuso. De ahí que nos pueda ser útil el conocer la tendencia central o la puntuación más típica y representativa de la distribución. Las tres medidas más comunes de tendencia central son la media, la mediana y la moda.

MEDIA   La media es el promedio aritmético de todos los valores, es la medida que se utiliza más frecuentemente para la tendencia central. La media, simbolizada a menudo como $\overline{X}$, se calcula sumando todos los valores de las puntuaciones (de x) y dividiendo el resultado por el número total de puntuaciones, como se muestra en la tabla A-3. La letra Σ (sigma mayúscula) es usada por los estadísticos para indicar el sumatorio o la suma de todos los valores. Usted seguramente está familiarizado con la media al calcular la nota media de las calificaciones en la asignatura. La media es una medida útil para la tendencia central, pues es una medida aritmética exacta. No obstante, la media puede verse afectada por los valores extremos. En nuestro ejemplo, si el estudiante que había estudiado psicología durante veinte horas hubiera estudiado, en cambio, 120 horas, la media hubiera aumentado de 7 a 11 horas. Así pues, el resultado de un único estudiante hubiera tenido un profundo efecto en la media del grupo completo.

MEDIANA   Exactamente igual que la franja mediana divide a una autopista por la mitad, la mediana M, en estadística, divide una distribución en dos, de forma que la mitad de los valores están por encima de la mediana y la otra mitad por debajo. La mediana o punto medio es más fácil de calcular si hay un número impar de observaciones, como, por ejemplo, en la tabla A-3. Para calcular la mediana, las observaciones o valores deben ser colocados en orden, del más alto al más bajo. Si el número total de puntuaciones es impar, habrá un solo valor central para representar la mediana. En cambio, si hay un número par de observaciones, habrá dos valores centrales y la mediana se

TABLA A-3 Cálculo de la media, la mediana y la moda

Media $(\overline{X}) = \dfrac{\text{Puntuaciones}}{n \text{ (Número total)}}$	Mediana (M) = Punto medio	Moda (M_0) = Valor más frecuente
x (puntuación)	x (en orden)	x (en orden)
0	0	0
3	3	3
4	4	4
9	4	4
10	4	4
20	5 12	5
9	5 Por encima	5
11	5	5
8	6	6
6	6	6
5	6	6 Moda
4	6	6
6	6 Mediana	6
0	7	7
7	7	7
10	7	7
6	8	8
7	8 12	8
5	9 Por debajo	9
5	9	9
8	9	9
4	10	10
6	10	10
9	11	11
7	20	20
$n=25$ $\Sigma x = 175$	$M=6$	$M_0 = 6$
$\overline{X} = \dfrac{175}{25} = 7$		

obtendrá calculando la media de estos dos valores. Por ejemplo, en la distribución:

$$1, 2, 3, 4, 5, 6$$

la mediana se obtendrá calculando la media de 3 y 4 y sería 3,5. La mediana no se ve alterada por los resultados extremos. Si una persona hubiera estudiado psicología durante 120 horas en lugar de 20 horas, la mediana no se hubiera visto afectada.

MODA   La moda (M_0) de una distribución es el valor que se da con más frecuencia. En nuestro ejemplo de la tabla A-3, seis horas fue el valor más común. Aunque es más fácil de calcular, la moda es la medida menos usada para la tendencia central. En algunas distribuciones, particularmente en los grupos pequeños, los valores se dan sólo una vez y no hay moda. De la misma manera, en los grupos más grandes hay más de una moda. La moda está más sujeta a fluctuaciones en el muestreo que la mediana y la media. Generalmente la moda es útil sólo cuando una o dos puntuaciones se dan con una exagerada frecuencia.

Variabilidad

Después de calcular una medida de tendencia central, una pregunta lógica es: ¿hasta qué punto es representativa esta puntuación? En otras palabras, ¿están los valores ampliamente dispersos o más bien se agrupan alrededor de la media y la mediana? Consideremos los siguientes conjuntos de valores de CI:

	Valores CI		
Conjunto 1	99	100	101
Conjunto 2	40	100	160

Aunque ambos conjuntos comparten la misma tendencia central, existe una evidente diferencia en la dispersión de las puntuaciones, o variabilidad

LA AMPLITUD La medida más simple de variabilidad es la amplitud o rango, la diferencia entre el valor más grande y el más pequeño. La amplitud para la distribución de la tabla A-2 sería 20-0 = 20 horas. Aunque es fácil de calcular, la amplitud, o rango, refleja sólo la diferencia entre el valor más alto y el más bajo, sin tener en cuenta ningún otro valor. Una puntuación extremadamente alta o baja podría tener un fuerte impacto sobre ella. Además, todos podrían tener la misma puntuación excepto dos personas y la amplitud reflejaría sólo los valores de esos dos extremos.

LA VARIANZA Otro método para determinar la variabilidad de las puntuaciones en una distribución es calcular la desviación de cada valor respecto a la media, como se muestra en la tabla A-4, columna 2. La desviación se calcula restando el valor de la media a cada valor. En el ejemplo de la tabla A-4 la media tiene un valor 7 y es el que se sustrae. Los valores por debajo de la media tienen desviaciones negativas, mientras que los que están por encima tienen signos positivos. El total, como se muestra en la parte inferior de la columna 2, es cero. En realidad, la suma de las desviaciones respecto a la media, en cualquier distribución, siempre es igual a cero, lo que no es muy útil en la estimación de la variabilidad.

Pero los cálculos de la desviación tienen más posibilidades. Los estadísticos han descubierto que un dato estadístico interesante y muy utilizado puede derivarse al elevar primero al cuadrado cada desviación de la media, como en la columna 3 de la tabla A-4. La media de las desviaciones al cuadrado se calcula luego sumando los valores de la columna 3 y dividiéndolos por el número total de casos, 25. Esta media de todas las desviaciones respecto a la media al cuadrado se llama varianza y se simboliza por σ^2. En nuestro ejemplo:

$$\Sigma(x-\bar{X})=326; \quad n=25; \quad \sigma^2=\frac{\Sigma(x-\bar{X})}{n}=13,04$$

DESVIACION TIPICA La medida de variabilidad preferida y más utilizada es la desviación típica. La desviación típica, simbolizada por σ es simplemente la raíz cuadrada de la varianza:

$$\text{Desviación típica}=\sqrt{\text{varianza}}$$
$$\sigma=\sqrt{\sigma^2}$$

TABLA A-4   Cálculo de la varianza y la desviación típica

Columna 1 Puntuación	Columna 2 Desviación de la media ($\overline{X}$) $(x-\overline{X})$	Columna 3 Desviación al cuadrado $(x-X)^2$
0	−7	49
3	−4	16
4	−3	9
4	−3	9
4	−3	9
5	−2	4
5	−2	4
5	−2	4
6	−1	1
6	−1	1
6	−1	1
6	−1	1
6	−1	1
7	0	0
7	0	0
7	0	0
8	1	1
8	1	1
9	2	4
9	2	4
9	2	4
10	3	9
10	3	9
11	4	16
20	13	169
$\Sigma=175$ $\overline{X}=7$	$\Sigma=0$	$\Sigma=326$

Varianza (media de las desviaciones al cuadrado):

$$\sigma^2 = \frac{\Sigma(x-\overline{X})^2}{n} = \frac{326}{25} = 13,04$$

Desviación típica:
$$\sigma = \sqrt{\sigma^2} = 13,04 = 3,6$$

En nuestro ejemplo de la tabla A-4 la desviación típica es $\sqrt{13,04} = 3,6$. Como la varianza, la desviación típica tiene en cuenta todas las puntuaciones y no solamente las dos puntuaciones extremas, como ocurre al calcular la amplitud. La principal ventaja de la desviación típica sobre la varianza es que la desviación típica se expresa en términos de la unidad original medida (en nuestro ejemplo, el número de horas), mientras que la varianza se expresa en unidades de medida al cuadrado. Valores grandes de la desviación típica indican que los resultados están muy apartados de la media. Valores pequeños de la desviación típica denotan que la mayoría de observaciones o valores están muy próximos a la media. Por ejemplo, supongamos que un investigador estudiara el nivel de satisfacción en el trabajo de individuos en los departamentos de contabilidad y de relaciones públicas de una empresa. En ambos departamentos el valor medio fue de un 70 por 100 de satisfacción. Sin embargo, la desviación típica en el departamento de contabilidad fue 1, mientras que la desviación típica en el departamento de relaciones públicas fue 10. El investigador puede extraer la conclusión de que hay una variación más considerable en la satisfacción del trabajo en el departamento de relaciones públicas que en el departamento de contabilidad. La desviación típica puede utilizarse para otras muchas interpretaciones estadísticas.

Distribución normal

Afortunadamente, los matemáticos y los estadísticos tienen una descripción más concreta de «normal» que los psicólogos. La distribución normal o curva normal fue sugerida por un matemático llamado Quetelet, quien observó que muchas medidas de las personas se agrupaban de acuerdo a un patrón ordenado. Por ejemplo, si tuviera que observar las estaturas de una multitud de mujeres en un aeropuerto, probablemente notaría que la mayoría son de una estatura media, algunas ligeramente más altas o más bajas y muy pocas mujeres son extremadamente bajas o gigantes. Si tuviera que realizar miles de observaciones y plasmar los valores exactos de las estaturas en un gráfico, su polígono de frecuencias se parecería probablemente a la suave curva que se muestra en la figura A-4.

La distribución normal es una curva simétrica con forma de campana; la mitad izquierda es el reflejo en espejo de la mitad derecha. En una distribución normal, la media, la mediana y la moda están localizadas en el mismo sitio, el centro exacto de la curva. La mayoría de los valores están agrupados alrededor de estas medidas de tendencia central. Casi todos los valores en una distribución normal se encuentran dentro de tres unidades de desviación típica a cualquiera de los dos lados de la media.

Consideremos la distribución de los resultados de tests de inteligencia. Los tests de CI se han ideado para reflejar la distribución normal de la inteligencia de la población en su conjunto. El CI medio se ha fijado en 100 y la mayoría de los tests de inteligencia tienen una desviación típica de 15 puntos. Puesto que casi todos los resultados de una distribución normal están dentro de ± 3 unidades de desviación típica, usted puede sacar la conclusión, con toda seguridad, de que la mayoría de gente tienen un CI entre 55 y 145.

El resultado de cualquier individuo en un test de CI puede traducirse en una puntuación típica o *valor z*, que establece el número de desviaciones típicas que separan la puntuación de la media. La media de la distribución

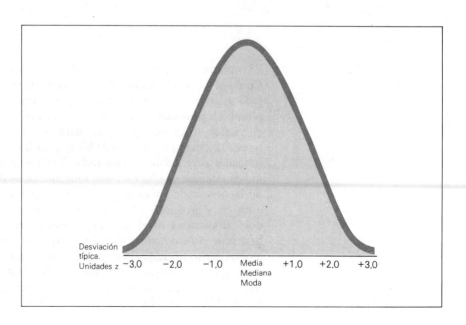

FIGURA A-4 La distribución normal.

tiene una puntuación *z* igual a cero, pues no tiene ninguna desviación o tiene desviación cero de sí misma. Los valores por encima de la media son valores *z* positivos y los que están por debajo son valores *z* negativos. Un resultado *z* de +2 en un test de inteligencia estaría 2 desviaciones típicas por encima de la media, esto es, 30 puntos sobre 100, o sea 130. De manera similar, un valor *z* de −1 en un test de CI estaría 1 desviación típica por debajo de la media o 100−15=85. La puntuación típica se calcula siempre restando la media a la puntuación de la que se trate y dividiendo por la desviación típica.

$$z = \frac{x - \overline{X}}{\sigma}$$

Si conoce la media y la desviación típica, usted puede determinar en cualquier test el valor *z* de un individuo dado. Los valores *z* permiten comparar los resultados de tests que tienen medias y desviaciones típicas diferentes. Supongamos que usted quiere comparar su resultado en un test estandarizado de rapidez perceptiva con su resultado CI de 120. Quiere comparar su situación relativa en los tests. Puesto que la media del test CI es 100 y la desviación típica es 15, usted calculará su valor *z* de la forma siguiente:

$$z = \frac{120 - 100}{15} = \frac{20}{15} = \frac{4}{3} = 1,33$$

Su valor *z* es el test CI es 1,33. Supongamos que su resultado en el test de rapidez perceptiva era 85. El valor de la media en el test era 73 y la desviación típica era 12. Su valor *z* en el test de rapidez perceptiva sería calculado así:

$$z = \frac{85 - 73}{12} = \frac{12}{12} = 1,0$$

Así pues, el resultado en el test CI era relativamente más alto que su resultado en el test de rapidez perceptiva. Los psicólogos suelen comparar los resultados de un individuo en tests diferentes. Por ejemplo, un psicólogo podría querer saber si un individuo tiene una aptitud mayor para el arte o para la música o si una persona tiene una habilidad mayor en lenguaje o en matemáticas. Comparando los valores *z* relativos, los psicólogos pueden responder a muchas preguntas sobre los resultados de los tests.

Como se muestra en la figura A-5, en una curva normal, más de dos tercios de los valores están dentro de 1 desviación típica de la media. Menos del 5 por 100 de las puntuaciones están a más de 2 desviaciones típicas de la media y un mínimo porcentaje están a una distancia mayor de 3 desviaciones típicas. Si su CI es 130, sólo ligeramente algo más del 2 por 100 de la población tiene resultados por encima del suyo.

Los profesores universitarios algunas veces transforman los resultados netos de los exámenes en valores *z* en una curva normal. El procedimiento típico se muestra en la figura A-6. Por supuesto, a menos que la clase sea extremadamente numerosa, es muy poco probable que se dé una distribución perfecta y normal. Es más, puesto que la entrada en la facultad es a menudo selectiva y los sujetos tienen más habilidades que la población en general, es todavía menos probable que se dé una distribución normal.

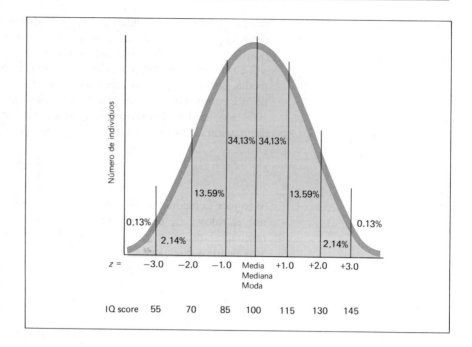

FIGURA A-5 Porcentajes en una curva normal. *En una distribución normal más de dos tercios de las personas tendrán CIs entre 85 y 115. Sólo un pequeño porcentaje tendrá CIs por debajo de 55 y por encima de 145.*

Distribuciones asimétricas

No todos los datos de grandes poblaciones se distribuyen normalmente. A menudo, la media, la mediana y la moda caen en lugares diferentes y se dice que la distribución es sesgada (no simétrica). Por ejemplo, el tiempo de reacción a menudo forma una distribución asimétrica. Cuando se dan instrucciones a una persona para que apriete un pulsador como respuesta a una luz intermitente, la mayoría responderá rápidamente; sólo unos pocos se quedarán atrás (véase la figura A-7). Puesto que las distribuciones asimétricas no poseen los mismos atributos que las distribuciones normales, realizar conjeturas sobre la distribución porcentual de las puntuaciones típicas resulta incorrecto. Así pues, es más difícil comparar puntuaciones individuales entre distribuciones asimétricas.

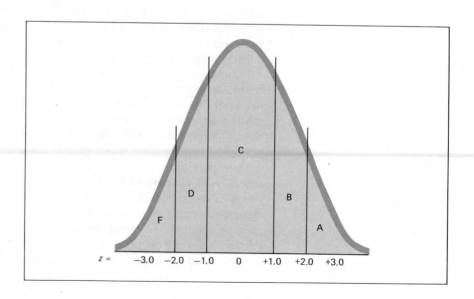

FIGURA A-6 Distribución de calificaciones en una curva normal. *Una forma de calificar de acuerdo a la curva normal.*

FIGURA A-7 Distribución asimétrica. *En una distribución normal, la media, la mediana y la moda son iguales, pero en una distribución asimétrica la media, la mediana y la moda tienen valores diferentes.*

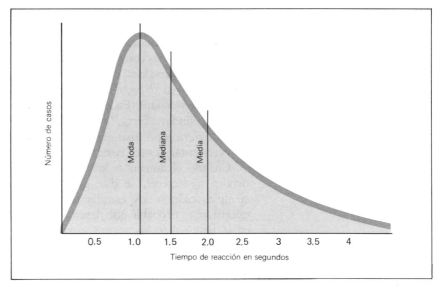

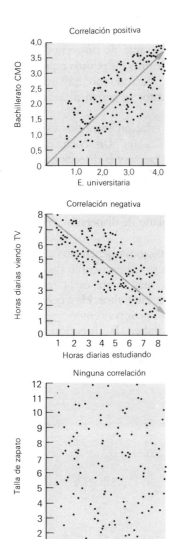

FIGURA A-9 Correlación positiva
Correlación negativa
Ninguna correlación.

Correlación

Hasta ahora nos hemos preocupado sólo de la descripción de las distribuciones con una sola variable. La correlación es el estudio de la relación entre las medidas de dos variables. El propósito de las correlaciones es determinar si dos conjuntos de medidas están mutuamente relacionados. Suponga, por ejemplo, que usted quiere determinar si existe o no una relación entre la calificación media obtenida en el bachillerato (CMO) y la obtenida en la enseñanza universitaria (CMO). Para determinar la relación entre estas dos variables puede empezar con una representación visual, un diagrama de dispersión o de puntos. La figura A-8 presenta un listado de las CMOs y un diagrama de puntos. Cada estudiante está representado por 1 punto en el

FIGURA A-8 Construcción de un diagrama de dispersión.

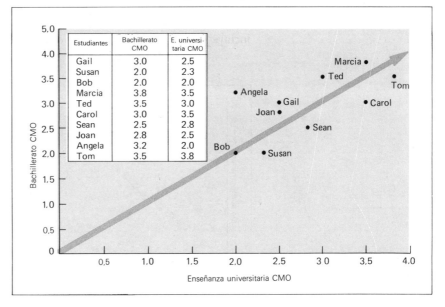

plano, con la CMO del bachillerato situada en altura a lo largo del eje vertical y la CMO en la universidad indicada por la distancia a lo largo del eje horizontal. Echando una mirada al diagrama de dispersión, se puede ver que los estudiantes con CMO alta en el bachillerato tienden a tener una CMO alta en la universidad (Ted, Tom y Marcia). De modo parecido, aquéllos con CMOs bajas en el bachillerato tienden a conseguir CMOs bajas en la universidad (Bob y Susan). En otras palabras, en la medida en que la CMO en la escuela secundaria crece, la CMO en la universidad tiende a crecer. Hay, pues, una *correlación positiva* entre las dos variables, porque cuando una variable se incrementa, la otra tiende también a incrementarse.

Cuando al aumentar los valores de una variable los valores de la otra tienden a decrecer, se dice que la correlación es *negativa* o *inversa*. Por ejemplo, cuando los estudiantes tienden a pasar más tiempo viendo la televisión, es probable que pasen menos tiempo estudiando. Como se muestra en la figura A-9, los puntos esparcidos en el diagrama de dispersión de la correlación positiva tienden a irse hacia arriba, mientras los puntos esparcidos de la correlación negativa se van hacia abajo. Cuando no hay ninguna correlación o relación entre dos variables, los puntos se sitúan al azar y sin una dirección específica.

Para determinar la fuerza o la amplitud de la relación entre dos variables se necesita calcular un coeficiente de correlación (r). Un coeficiente de correlación (r) es un valor numérico que indica la fuerza y la dirección de una relación entre dos variables. Cuando no existe relación entre dos variables, $r = 0$. Los valores de r van desde $-1,0$ (correlación negativa perfecta) hasta $+1,0$ (correlación positiva perfecta). En las correlaciones perfectas, todos los valores aparecen en perfecta línea recta sobre el plano de dispersión, como se observa en la figura A-10.

Sin embargo, la mayoría de las variables psicológicas tienen una correlación no tan perfecta. El coeficiente de correlación se expresa como decimal y cuanto mayor es el valor numérico del decimal, más fuerte es la relación. Normalmente, valores de r de $\pm 0,80$ se consideran muy altos. Hay que hacer notar que las correlaciones fuertes pueden ser tanto positivas como negativas. El signo del coeficiente de correlación sólo indica la dirección de la correlación.

El cálculo real de r es bastante complejo y, como hemos dicho, no se incluye en este apéndice. La mayoría de los programas de estadística para

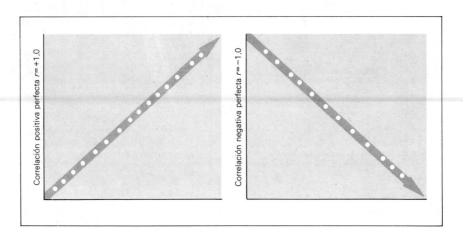

FIGURA A-10 Correlación positiva perfecta $r = +1,0$ Correlación negativa perfecta $r = -1,0$.

microcomputadoras incluyen el coeficiente de correlación momento-producto de Pearson que computa el valor de r para dos variables cualesquiera.

Los estadísticos y los psicólogos insisten en que la correlación no implica causalidad. Por ejemplo, supongamos que usted encuentra una correlación positiva perfecta entre el número de libreros en X comunidades y la cantidad de alcohol consumida. ¿Son alcohólicos los libreros? ¿Leer libros hace que la gente beba? ¿Leen más los alcohólicos que los otros? Probablemente las dos variables están afectadas por otro factor, la población de la comunidad. El propósito de la correlación es determinar la fuerza y la dirección de las relaciones más que identificar las causas.

ESTADISTICA INFERENCIAL

Ordinariamente es demasiado caro y se necesitaría tanto tiempo que es totalmente imposible medir a una población completa. La estadística inferencial permite a los investigadores predecir y generalizar a partir de datos descriptivos que han recogido y calculado sólo sobre una pequeña muestra de población. Tanto si se estandariza un test de CF, como si se afirma la popularidad de un nuevo producto o se intenta predecir que se puede replicar un experimento con los mismos resultados, los psicólogos deben tratar con muestras y confiar en la estadística inferencial.

Métodos de muestreo

Se han utilizado varios métodos para extraer una muestra de una población completa. Indudablemente usted está familiarizado con la técnica del «hombre-de-la-calle». Un informador está en una localidad específica y pide sus opiniones a una muestra de tres o cuatro transeúntes. Esta técnica de muestreo se ve frecuentemente en las noticias de la noche. Dicha técnica tiene dos defectos importantes. En primer lugar, el tamaño de la muestra es extremadamente pequeño, son muy pocas personas. En segundo lugar, la muestra está normalmente sesgada y, además, está limitada a una localidad específica, no representa muchas áreas geográficas. Por ejemplo, las actitudes hacia la forma física pueden ser muy diferentes si el entrevistado está en un salón de cocktail o en un centro de salud. La técnica del «hombre-de-la-calle» se considera fortuita y no es el muestreo un método adecuado para la investigación.

Una buena muestra debería ser representativa de una población completa. Como se mencionó en el capítulo 1, una técnica de muestreo adecuada es el muestreo aleatorio. Para que una muestra sea verdaderamente aleatoria, cada miembro de la población debe tener la misma oportunidad de ser elegido para la muestra. Si usted desea utilizar una muestra aleatoria de 200 estudiantes de una población universitaria de 2.000, es aceptable seleccionar cada décimo nombre de la lista de los estudiantes universitarios. No sería adecuado seleccionar solamente estudiantes de primer año o sólo estudiantes cuyos apellidos empezaran por A y B.

Una muestra llega a ser aún más representativa de una población completa cuando se estratifica. Una muestra aleatoria estratificada debe representar proporcionalmente las diversas características relevantes de la población. Por ejemplo, supongamos que se le pidiera que seleccionara una muestra estratificada para una encuesta de ámbito nacional sobre los hábitos de estudio de estudiantes universitarios. Si el 54 por 100 de la población de estudiantes universitarios es masculina, el 54 por 100 de su muestra debería ser masculina. Puede que también quiera tener una representación proporcional de otras variables relevantes, tales como la especialidad académica, año de estudio, edad, tamaño de la facultad, nivel de calificaciones, localización geográfica y posibilidades de empleo. Como usted puede imaginar, la elección de categorías o estratos que se quiere representar es crítica para la exactitud de una muestra aleatoria estratificada. Incluso en el muestreo estratificado más riguroso siempre hay un cierto grado de incertidumbre. Sin embargo, en tanto que el tamaño de la muestra aumenta, el nivel de incertidumbre disminuye.

La prueba de las hipótesis de investigación

Puesto que los experimentos psicológicos no pueden hacerse con la población completa, el muestreo y la estadística inferencial son necesarios para probar las hipótesis y hacer investigación. Todos los experimentos psicológicos deben empezar con una hipótesis nula, una afirmación de que una variable independiente no afectará a una variable dependiente. La hipótesis nula describe las condiciones tales como se cree que existen comúnmente. Por ejemplo, una hipótesis nula puede predecir que consumir vitaminas no afectará los resultados de un test de inteligencia o el aumento de la tasa de ventilación no afectará la tolerancia al dolor o asistir a «ballet» no afectará la habilidad para esquiar. Hasta que la evidencia experimental no pruebe lo contrario, no tenemos motivos para creer que las vitaminas, la respiración o ver «ballet» causen otros cambios específicos en la conducta.

La hipótesis nula es una afirmación que el investigador trata de rechazar y normalmente toma la forma siguiente:

Si... hay un cambio en la variable independiente, *entonces...* esto no afectará a la variable dependiente.

Supongamos, por ejemplo, que una psicóloga quisiera saber si la motivación económica afectaría a los resultados en un examen final de psicología. Ella tiene intención de ofrecer a los estudiantes 10 dólares si obtienen resultados por encima del 80 por 100. La hipótesis se expresaría así:

Si se les ofrece a los estudiantes una recompensa de 10 dólares por obtener calificaciones por encima del 80 por 100 en un examen final, *entonces* esto no afectará sus resultados en el examen final.

La psicóloga trataría de rechazar la hipótesis nula con cierto grado de certeza.

Como se mencionó en el capítulo 1, la psicóloga necesitaría distribuir a los estudiantes en dos grupos: un grupo experimental al que se le ofrece la recompensa de 10 dólares, y un grupo de control al que no se le ofrece ninguna recompensa. Los estudiantes se asignan al azar a los dos grupos, la estratificación podría potenciar la igualdad de los dos grupos.

Además de la asignación aleatoria de los sujetos, la experimentadora necesitará controlar muchas otras variables que pueden intervenir. La experimentadora debe tener la certeza de que ambos grupos usan el mismo libro de texto, escuchan las mismas conferencias, participan igualmente en las discusiones y dan las clases aproximadamente a la misma hora del día. Las condiciones en el día del examen final deben ser idénticas para ambos grupos. La única diferencia en el tratamiento de ambos grupos ha de ser la variable independiente, la oferta de una recompensa de 10 dólares.

Supongamos que tenemos los resultados del examen final. El grupo experimental tiene un resultado medio de 7,9 y el grupo de control tiene un resultado medio de 7,5. ¿Es la diferencia significativa? ¿Podría haberse producido esa diferencia por casualidad? ¿Se mantendría esta diferencia en

otro grupo de estudiantes? Para responder a estas preguntas la experimentadora debe comparar las medias y las desviaciones típicas de los dos grupos.
Las diferencias en los grupos experimental y de control se pueden ver en la
figura A-11. Claramente los resultados con menores desviaciones típicas
muestran diferencias más llamativas.

¿Cómo se puede estar seguro de que la diferencia entre los dos grupos no
se dio sólo por casualidad? ¿Se puede decir que la diferencia es realmente
significativa? Para que los resultados sean estadísticamente significativos, se
tiene que tener la certeza de que la diferencia obtenida no se debe sólo a
variaciones casuales. En los experimentos psicológicos usted puede rechazar la
hipótesis nula si sólo existe una probabilidad del 5 por 100, o menor, de que
la diferencia pudiera haberse producido por casualidad. O dicho de otra
manera, usted puede rechazar la hipótesis nula si una diferencia de este
tamaño se diera no por casualidad 95 veces de cada 100.

LA PRUEBA t Los investigadores utilizan la prueba t para determinar el
nivel de significación de las diferencias entre los grupos experimental y
de control. La prueba t es la razón entre las medias y las desviaciones típicas
de los dos grupos. Si hay una gran diferencia en las medias y la variabilidad es
pequeña, t tendrá un valor alto y significativo. Si la diferencia entre las medias
es pequeña y existe gran variabilidad, t tendrá valor más pequeño y no será
significativa.

ANALISIS DE VARIANZA   Supongamos que otro investigador dirige un
experimento más complejo sobre motivación y puntuaciones en tests
psicológicos. Este psicólogo estudia los efectos de ofrecer una recompensa de
10 dólares, una recompensa de 25 dólares o la oportunidad de ganar

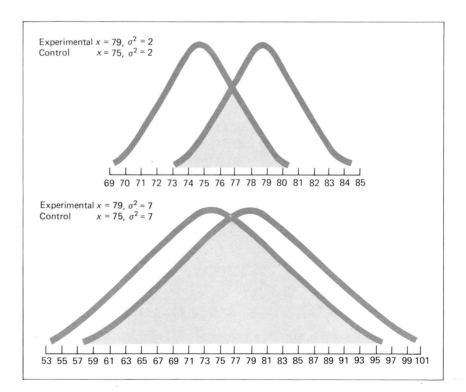

FIGURA A-11 Comparación de
los grupos experimental y de
control. *Las diferencias sólo en las
medias no son necesariamente
significativas. En ambas
ilustraciones la diferencia en la
media es la misma. Sin embargo,
la ilustración con menor
variabilidad (un valor menor de σ)
muestra un menor solapamiento.*

una computadora sobre los resultados del examen final. El experimentador necesitaría cuatro grupos: tres grupos con distinta recompensa y un grupo de control. La prueba *t* sólo sirve para comparar dos grupos. Es necesario un procedimiento más complejo, la *prueba F* o análisis de varianza. La prueba *F* toma su nombre de un estadístico inglés, R. A. Fisher, y utiliza relaciones similares a las de la prueba *t*. Como en ésta, el análisis de varianza intenta determinar si existen diferencias significativas entre los grupos. Puesto que la mayoría de los experimentos de los que se informa en las revistas especializadas emplean más de dos grupos, el análisis de varianza es el procedimiento estadístico utilizado más comúnmente por los psicólogos.

RESUMEN

1 Hay dos ramas de la estadística: la *estadística descriptiva* resume los datos, y la *estadística inferencial* hace generalizaciones y predicciones a partir de los datos obtenidos.

2 La estadística descriptiva permite que los datos obtenidos puedan resumirse en forma de tabla en una *distribución de frecuencias*, o representados en *histogramas y polígonos de frecuencias*.

3 La *tendencia central* se refiere al resultado más típico o representativo de la distribución. Las tres medidas de la tendencia central son: *media, mediana y moda*.

4 La *media* de una distribución es la media aritmética y está afectada por los valores extremos.

5 La *mediana* es el punto medio o el valor que se sitúa en el centro de la distribución.

6 La *moda* es el valor que se da con más frecuencia en una distribución.

7 La *variabilidad* se refiere a la dispersión o las fluctuaciones dentro de una distribución. La *amplitud* es la medida más simple de variabilidad y se calcula restando la puntuación más baja a la más alta. La *desviación típica* es la mejor medida de variabilidad, pues tiene en cuenta cada puntuación y puede usarse para la interpretación estadística adicional.

8 Una *distribución normal* es una curva con forma de campana y simétrica en la que la media, la mediana y la moda son iguales. Casi todos los valores caen dentro de ± 3 unidades de desviación típica en una curva normal.

9 Las unidades de desviación típica se llaman *valores z* o *puntuaciones típicas*. Los valores z se usan para comparar resultados en tests que tienen medias y desviaciones típicas diferentes.

10 En una distribución normal más de los dos tercios de las puntuaciones están dentro de una desviación típica de la media.

11 Cuando la media, la mediana y la moda caen en diferentes lugares de la distribución, la distribución se llama *asimétrica* y no normal.

12 *Correlación* es el estudio de la relación que existe entre dos variables, y puede ser representada gráficamente en un diagrama de dispersión. Un *coeficiente de correlación* es un valor decimal que indica la fuerza y la dirección de la relación. Los valores del coeficiente de correlación varían desde $+1,0$ (correlación positiva perfecta) hasta $-1,0$ (correlación negativa perfecta). Los valores próximos a cero indican que no hay relación entre las variables.

13 Aunque la correlación puede indicar la fuerza de las relaciones, no implica causalidad.

14 Las dos técnicas principales que se usan en estadística inferencial son el *muestreo* y la *prueba de hipótesis*.

15 Una buena muestra debe ser representativa de la población entera. En una muestra *aleatoria* todos los miembros de la población deberían tener la misma oportunidad de ser elegidos. En una muestra *estratificada*, las características relevantes de las poblaciones están representadas en la proporción adecuada.

16 Los experimentos psicológicos comienzan con una *hipótesis nula*, una expresión de las condiciones tal como ocurren comúnmente. El propósito del experimento es rechazar la hipótesis nula.

17 Cuando se producen diferencias entre los grupos experimentales y de control, los investigadores deben utilizar una prueba estadística para tener la certeza de que la diferencia es significativa y no se dio por casualidad. Si en el experimento hay dos grupos (un grupo experimental y un grupo de control), se utiliza una *prueba t* para evaluar la significación de la diferencia. Si están involucrados más de dos grupos en el experimento, se debe usar una *prueba F*, o *análisis de varianza*.

LECTURAS RECOMENDADAS

Huck, S. W.; Cormier, W. H., y Bounds, W. G., Jr. (1974). *Reading statistics and research*. New York: Harper and Row. Se centra en la interpretación de los estadísticos que se usan en los estudios de investigación.

Huck, S. W., y Sandler, H. M. (1979). *Rival hypotheses: Alternative interpretations of data based conclusions*. New York: Harper and Row. Presenta de manera inteligente una serie de hipótesis suficientemente bien conocidas y de interés general y sugiere conclusiones alternativas a partir de datos posibles.

Kimble, G. (1978). *How to use (and misuse) statistics*. Englewood Cliffs, N. J.: Prentice Hall. Ayuda a reconocer cómo la estadística puede usarse para distorsionar intencionadamente los datos.

Young, R. K., y Veldman, D. J. (1981). *Statistics for the behavioral sciences*. (4.ª edición). New York: Holt, Rinehart and Winston. Proporciona una cobertura más extensa de los temas de este apéndice, junto con aplicaciones específicas de la estadística inferencial en las ciencias del comportamiento.

GLOSARIO

ABC-X, modelo de estrés familiar Modelo propuesto por Hill. Mantiene que la respuesta familiar a consecuencia de un suceso estresante *X*, depende del suceso estresante *A*, de los recursos familiares para afrontarlo *B* y de la interpretación familiar del suceso *C*.

aborto espontáneo Expulsión del feto antes de estar lo bastante desarrollado para vivir fuera del seno de la madre.

acetilcolina Neurotransmisor que ha sido relacionado con la enfermedad de Alzheimer.

acomodación Proceso por el cual el cristalino cambia de forma para enfocar sobre la retina objetos próximos o lejanos.

actitud Una manera aprendida y relativamente permanente de responder a alguien o a algo. Posee componentes cognitivos, emocionales y conductuales.

activación autonómica Aumento de la actividad de una serie de respuestas fisiológicas como la tasa cardíaca y la respiración. Tal incremento es controlado por el sistema nervioso autónomo.

activación reticular ascendente, sistema de La parte de la formación reticular implicada en el despertar y los estados de alerta en el individuo.

activación-síntesis, modelo de sueño de Modelo propuesto por Hobson y McCarley. Considera los sueños como resultado de la estimulación del cerebro durante el sueño.

actividad, teoría de la Teoría que indica que el éxito en la vejez depende de que nos mantengamos tan activos como nos sea posible.

adaptación Disminución de la respuesta de los receptores sensoriales sometidos a continua estimulación hasta el punto de que el individuo deja de advertir el estímulo.

adaptación general, (SAG) síndrome de Reacción en tres fases frente al estrés, descrita por Selye; estas fases son: alarma, resistencia y agotamiento.

ADN (ácido desoxirribonucleico) Material molecular que se encuentra en los cromosomas y que lleva en su seno la información hereditaria que determina la constitución de todas las células del cuerpo.

afectivos, trastornos Trastornos mentales caracterizados por alteraciones del estado de ánimo.

afrontamiento del estrés Respuesta al estrés con la intención de resolver el problema que lo crea y sobreponerse a las respuestas emocionales y físicas relacionadas con el mismo.

agorafobia El trastorno fóbico más grave y más corriente; generalmente se manifiesta por la incapacidad para salir de casa, permanecer en lugares grandes y desconocidos, conducir o viajar en transportes públicos.

agotamiento Síndrome de debilitación emocional, despersonalización y reducción de las metas personales, experimentado a menudo por aquellos individuos que trabajan en profesiones asistenciales.

agresión Cualquier comportamiento que pretenda dañar a alguien o a algo.

agrupamiento («clustering») Técnica de organización en categorías del material informativo que debe ser recordado.

alelo Gen homólogo. Cuando los alelos son idénticos, la persona es homocigótica respecto a este rasgo; cuando son diferentes, el individuo es heterocigótico.

algoritmo Estrategia para resolver problemas por la cual se dan todas las posibles respuestas, garantizándose así que se llega a la solución correcta.

almacenaje y transferencia, modelo de memoria de Modelo de memoria de Atkinson y Shiffrin que propone la existencia de tres tipos de memoria: sensorial, a corto plazo y a largo plazo.

alternativo, estado de conciencia Cambio cualitativo del estado normal, de conciencia. También se llama «estado de conciencia alterado».

altruismo Comportamiento que se realiza para beneficiar a otros sin esperar ninguna recompensa de fuentes externas.

alucinación Sensación que parece provenir de una estimulación ambiental, pero que realmente surge en el interior del propio individuo (que puede ver visiones, oír voces imaginarias, sentir chinches imaginarias moverse por la piel, etc.); se experimenta en la psicosis o es provocada por ciertas drogas.

alucinógenos Drogas psicodélicas, tales como el LSD y el PCP, que alteran las percepciones, los pensamientos y las emociones hasta que se producen alucinaciones.

Alzheimer, enfermedad de Demencia irreversible caracterizada por la pérdida de memoria, confusión y otros deterioros intelectuales y de personalidad.

ambliopia Trastorno visual por el cual el cerebro no recibe la información visual de un ojo.

amnesia Término general para expresar diferentes trastornos de la memoria.

amnesia anterógrada Trastorno de la memoria que impide el almacenamiento de recuerdos nuevos.

amniocentesis Procedimiento médico prenatal en el que se extrae una muestra del líquido amniótico y se analiza para determinar la presencia de posibles defectos del nacimiento.

amniótico, saco Membrana llena de líquido que envuelve al feto.

anaclítica, depresión Tipo de depresión donde el individuo acentúa su necesidad de gratificación, de dependencia y de cuidados.

anal, etapa De acuerdo con la teoría de Freud, estadio de desarrollo psicosexual del niño de 12 a 36 meses de edad, durante el cual éste encuentra placer en la estimulación anal; el entrenamiento de control de esfínteres es la situación más importante de gratificación.

análisis de varianza Prueba estadística utilizada para determinar la significación de las diferencias cuando existen más de dos grupos.

analítica, introspección Técnica desarrollada por Wundt para analizar o descomponer la mente en sus elementos fundamentales.

andrógenos Hormonas sexuales masculinas.

andrógino Tipo de personalidad que integra tanto características típicamente «masculinas» como típicamente «femeninas».

anfetaminas Drogas estimulantes del sistema nervioso central.

anima Arquetipo femenino del hombre.

animus Arquetipo masculino de la mujer.

anorexia nerviosa Trastorno de la conducta alimenticia, más frecuente en mujeres jóvenes, por el cual el enfermo se priva del alimento no comiendo o purgándose.

ansiedad Estado de aprensión, inseguridad, temor o terror causado por una amenaza anticipada, real o imaginaria.

ansiedad, trastornos por Alteración mental que afecta de un 2 a un 4 por 100 de la población de los EE. UU. Se incluyen en ella trastornos fóbicos, obsesivo-compulsivos, trastornos de estrés post-traumático, desórdenes de pánico y trastornos de ansiedad generalizada.

ansiedad generalizada, trastorno de Trastorno mental caracterizado por sentimientos de ansiedad que no se pueden atribuir a ninguna situación o suceso determinado.

antisocial, trastorno Trastorno de la personalidad caracterizado por comportamientos que violan los derechos de los demás.

apasionado, amor Estado fuertemente emotivo que incluye la ternura y la sexualidad, el regocijo y el dolor, la ansiedad y el alivio, el altruismo y los celos.

apego Relación activa, cariñosa y recíproca entre dos individuos; su interacción refuerza los lazos.

apercepción temática, test de (TAT) Prueba proyectiva de la personalidad en la cual el individuo inventa una historia con las imágenes que aparecen en una serie de láminas; las historias se puntúan según los temas.

aplicado, psicólogo social Psicólogo social que se ocupa especialmente de resolver problemas prácticos en relación con la actividad de los individuos en grupo.

apnea de sueño Trastorno del sueño caracterizado por períodos de interrupción de la respiración.

aprendida, indefensión Convicción de que no se posee el control sobre la propia vida y de que las actividades propias carecen de importancia.

aprendizaje Cambio bastante permanente del comportamiento, que refleja un aumento en conocimientos, inteligencia o habilidades, conseguido a través de la experiencia y que puede incluir el estudio, la instrucción, la observación o la práctica.

aprendizaje asociativo Tipo de aprendizaje por el cual se forma una asociación entre dos eventos. Son tipos de aprendizaje asociativo el *condicionamiento clásico* y el *condicionamiento operante*.

aprendizaje por observación Aprendizaje conseguido por la observación e imitación del comportamiento de un modelo.

aprendizaje social, teoría del Teoría propuesta por Bandura que expone que los comportamientos se aprenden observando e imitando a modelos y se mantienen a través del reforzamiento.

aproximación-aproximación, conflicto de Necesidad de tener que elegir entre dos o más resultados o actividades agradables.

aproximación-evitación, conflicto de Dilema que tiene lugar cuando una persona se siente atraída por un resultado o actividad placentera que va unido a su vez con un resultado o actividad desagradable.

arquetipo De acuerdo con la teoría de Jung, los símbolos o temas comunes que han aparecido a lo largo de las generaciones y en todo el mundo.

asesoramiento genético Análisis y comunicación a una pareja sobre sus probabilidades de engendrar un hijo con un defecto de nacimiento.

asesores, psicólogos Psicólogos que administran e interpretan las pruebas psicológicas, entrevistan y observan a los pacientes, y ayudan a resolver sus problemas. Muchos de ellos trabajan en escuelas.

atracción interpersonal Tendencia a evaluar a otra persona de una manera positiva.

atribución Proceso por el cual se extraen conclusiones sobre uno mismo y sobre los demás, basándose en el comportamiento.

atribución, teoría de la Teoría que ofrece una explicación de la manera de cómo enjuiciamos las causas del comportamiento.

auditivo, meato Canal del oído.

autoactualización Autorrealización, objetivo de la psicoterapia humanista.

autopercepción, teoría de la Teoría de Bem según la cual observamos nuestro comportamiento y luego atribuimos lo que sentimos a aquello que hacemos.

autonomía frente a vergüenza y duda De acuerdo con la teoría de Erikson, la segunda crisis del desarrollo de la personalidad. Entre los 18 meses y los 3 años el niño desarrolla un sentido de independencia y autoafirmación.

autoritaria, personalidad Persona rígida, convencional, propensa a los prejuicios, que piensa de manera estereotipada, emocionalmente fría, identificada con el poder e intolerante frente a la debilidad.

autosomas Cromosomas no sexuales.

aversivo, contracondicionamiento Técnica de la terapia de conducta basada en el condicionamiento clásico y en función de la cual una situación desagradable es apareada con la conducta que el paciente desea eliminar.

axón Prolongación en forma de cola de una neurona que conduce los impulsos nerviosos a otras neuronas.

basilar, membrana Tejido del interior de la cóclea, situado en el oído interno que se mueve a la misma velocidad que las vibraciones de las ondas sonoras.

bastones Receptores de la retina sensibles al blanco y al negro, pero no al color.

bebé, biografía del Registro diario del desarrollo de un niño.

benzodiacepina Grupo de fármacos contra la ansiedad, en el que están incluidos el Valium, el Librium y el Miltown, también conocidos como «tranquilizantes menores».

betaendorfina Sustancia parecida a la morfina que es generada de manera natural por el cuerpo. Se ha relacionado, entre otras cosas, con la conservación de la energía, la atenuación del dolor y las sensaciones de euforia.

«biofeedback» Técnica que consiste en dar información a la persona acerca de sus procesos internos (como la tensión arterial y la tasa cardíaca), de manera que pueda aprender a ejercer control sobre ellos.

biopsia del vello coriónico Nueva técnica de diagnóstico prenatal que permite analizar una pequeña muestra del tejido del embrión para determinar la existencia o no de ciertos defectos.

bulimia Trastorno de la alimentación por el cual el individuo come enormes cantidades de alimento y luego se purga con laxantes o provocándose el vómito.

cámara anterior del ojo Parte del ojo situada inmediatamente detrás de la córnea y delante del cristalino, llena de un líquido llamado humor acuoso.

cariotipo Mapa cromosómico humano.

casos, estudio de Método de investigación según el cual se reúne exhaustiva información sobre un individuo o muy pocos individuos.

castigo Suceso o evento que cuando se hace aparecer justo después de una respuesta disminuye la probabilidad de ocurrencia de la misma.

cataratas Padecimiento que tiene lugar cuando el cristalino del ojo pierde su transparencia, lo que da como resultado una progresiva pérdida de la visión.

catarsis Reducción de un impulso; por ejemplo, un impulso agresivo,

como resultado de la liberación de la energía asociada a ese impulso.

Cattell, escala de inteligencia infantil de Prueba de inteligencia infantil normalizada que mide la percepción y las habilidades motoras.

cefalocaudal, principio Principio que indica que el desarrollo procede en dirección de la cabeza a los pies. Las partes superiores del cuerpo se desarrollan antes que las inferiores.

central, sistema nervioso El cerebro y la médula espinal.

central, tendencia Puntuaciones más típicas o representativas de una distribución.

centrales, rasgos De acuerdo con la teoría de Allport, tendencias características que describen a un individuo.

cerebelo Area del encéfalo conectada con la parte posterior del tronco cerebral; trabaja sobre todo en la coordinación de la actividad motora.

cerebro La parte más desarrollada del encéfalo es multifuncional y contiene el hipotálamo, los ganglios de la base, el sistema límbico y la corteza; el prosencéfalo.

cesárea, incisión Técnica quirúrgica en el parto, consistente en practicar una incisión en el abdomen de la madre a través de la cual se extrae al niño.

cigoto Organismo unicelular resultado de la unión del espermatozoide y el óvulo.

cinestésico, sentido Sentido que informa sobre la tensión de los músculos.

circadianos, ritmos Ritmos biológicos que tienen lugar cada 25 horas.

claves, olvido dependiendo de las Incapacidad para recordar una información porque faltan las claves de recuperación adecuadas.

climaterio Término médico de la menopausia y los cambios que ocurren durante esta época de la vida de la mujer.

clínico, método Método flexible de entrevista según el cual se formulan las nuevas preguntas en función de las respuestas anteriores del paciente.

cóclea Estructura en espiral llena de fluido situada en el oído interno.

codificación Proceso de clasificación de la información en la memoria.

coeficiente de correlación Valor que indica la fuerza y dirección de una relación; va desde +1,0 (correlación positiva perfecta) hasta −1,0 (correlación negativa perfecta).

cognitivo, desarrollo Proceso por el cual nuestros procesos de pensamiento cambian, influyendo en la manera como adquirimos y usamos el conocimiento.

cognitiva, consistencia Teoría según la cual la incompatibilidad entre nuestros pensamientos y nuestras acciones puede causar incomodidad, que luego intentamos reducir.

cognitiva, disonancia Teoría propuesta por Leon Festinger; mantiene que cualquier inconsistencia entre nuestras actitudes y nuestros comportamientos nos motiva a reducir esta incomodidad.

cognitiva, psicología Escuela psicológica que se ocupa de cómo la mente procesa la información.

cognitiva, terapia Técnica psicoterapéutica que ayuda a los pacientes a sobreponerse a las distorsiones del pensamiento responsables de sus problemas emocionales.

cognición Se refiere al pensamiento, la abstracción, la síntesis, la clasificación y cualquier otra operación mental que tenga que ver con la manera en que procesamos la información, realizamos planes o adquirimos conocimientos.

cognitivo-conductual, teoría Mantiene la opinión de que obtener un estado hipnótico depende más de la predisposición de la persona a seguir e imaginar los temas sugeridos por el hipnotizador que de cualquier técnica de inducción del trance.

cohorte Grupo de personas que crecieron durante un mismo período de tiempo.

compañeros, amor entre Amistad entre dos personas que incluye el cariño, el profundo afecto, la confianza, el aprecio, la lealtad y el conocimiento a fondo de uno y otro; amor conyugal.

comparación, nivel de (para diferentes alternativas) Atractivo que ejercen otros posibles lazos o la ausencia de relación, comparados con la relación actual de un individuo.

comparación de las alternativas, nivel de Mínimo beneficio que una persona requiere de una relación.

complejo de Edipo Fenómeno descrito por Freud en el cual el niño en el estadio fálico siente una atracción sexual por su madre y una rivalidad con su padre.

complejo de Electra De acuerdo con la teoría de Freud, es la contrapartida femenina del complejo de Edipo, según la cual una niña en la etapa fálica siente atracción sexual hacia su padre y rivalidad hacia su madre.

complementariedad, teoría de la Teoría de las relaciones interpersonales que mantiene que las personalidades opuestas se atraen.

componentes de la inteligencia De acuerdo con el enfoque del procesamiento de la información de Sternberg, los pasos necesarios para resolver un problema.

comportamental, modelo Explicación de los trastornos mentales según la cual las maneras anormales de pensar y actuar son aprendidas, principalmente, a través del condicionamiento y el modelado.

comportamiento, genética del Estudio de los aspectos heredados del comportamiento.

compulsivo, trastorno de la personalidad Trastorno caracterizado por el perfeccionismo, la insistencia en que los demás hagan las cosas de una manera determinada, la obsesión por el trabajo y la capacidad reducida para expresar afecto y ternura.

conceptos Categorías de objetos, sucesos o personas.

conceptos bien definidos Conceptos especificados por una serie de características claras y evidentes unidas por una regla.

conceptos mal definidos Conceptos en los cuales no son obvias las características y reglas que unen a los miembros de una categoría.

conceptual, bloqueo Muro mental que impide una correcta percepción y solución de los problemas.

conciencia Conocimiento de nosotros mismos y del mundo que nos rodea.

concordancia Parecido de una cierta característica.

concretas, período de las operaciones Tercer período del desarrollo cognitivo, de Piaget, aproximadamente de los 7 a los 11 años, durante el cual el niño desarrolla la capacidad de pensar de manera lógica, aunque no abstracta.

condicionamiento clásico Tipo de aprendizaje en el que un estímulo previamente neutro (estímulo condicionado) adquiere el poder de provocar una respuesta (respuesta condicionada) después de su emparejamiento repetido con un estímulo incondicionado que normalmente provoca una respuesta particular (respuesta incondicionada).

conducta, terapia de Enfoque terapéutico que utiliza los principios del aprendizaje establecidos experimentalmente para eliminar los hábitos no adaptativos.

conductismo Escuela psicológica que pone el énfasis en el estudio de los comportamientos observables y en el papel del ambiente como agente causal del comportamiento.

confianza frente a desconfianza De acuerdo con la teoría de Erikson, es la primera crisis del desarrollo de la personalidad. Desde el nacimiento hasta los 12-18 meses el bebé desarrolla la idea de si se puede confiar o no en el mundo y en la gente.

conformidad Cambio de opinión y/o de comportamiento como respuesta a la presión real o imaginaria de los demás.

conos Receptores de la retina responsables de la visión en color y de los pequeños detalles.

consecuencias sociales, modelo de Explicación de los trastornos mentales que sostiene que muchos de éstos deberían ser considerados problemas de la propia vida social y no enfermedades.

conservación Término empleado por Piaget para denominar la habilidad de reconocer que dos estímulos que eran iguales (en cantidad, peso, longitud, etc.) se mantienen iguales a pesar de alteraciones perceptivas, mientras no se añada ni se quite nada de los estímulos.

continuo, reforzamiento Modelo de refuerzo por el cual el organismo es reforzado cada vez que emite la respuesta deseada.

control, grupo de Sujetos que no reciben el tratamiento experimental, y que luego son comparados con el grupo experimental.

control electrónico fetal Procedimiento que utiliza una máquina para vigilar el latido del corazón del feto durante los dolores del parto y el parto en sí.

córnea Tejido protector transparente situado en la parte anterior del ojo.

correlación Medida de la relación (asociación) entre variables.

corteza cerebral Capa exterior del cerebro de color gris; implicada en las funciones del más alto nivel, como pensar, recordar y resolver problemas.

cortical, activación Aumento de la actividad de la corteza que puede ser medido mediante un electroencefalograma.

coste-beneficio, análisis del Explicación del comportamiento altruista que mantiene que ayudamos a los demás cuando la recompensa para nosotros es más grande que el coste.

creatividad Habilidad para ver las cosas de forma nueva y original y para hallar soluciones poco corrientes a los problemas.

crisis Estado de desequilibrio tan grave que el individuo o la familia ya no pueden mantener su funcionamiento normal.

cristalino Estructura elástica y redondeada del interior del ojo que enfoca la luz hasta crear una imagen clara.

cristalizada, inteligencia Capacidad para manejar información aprendida; este tipo de inteligencia es influenciada por la cultura y la educación. Compárese con la *inteligencia fluida*.

criterio de muestreo El desarrollo de una prueba debe basarse en lo que el individuo puede hacer en la «vida real».

cromatográfica, teoría Teoría según la cual se perciben distintos olores porque cada uno de ellos recorre distinta distancia dentro de la cavidad nasal, y es el lugar donde se posan en la mucosa de la nariz, lo que determina su olor.

cromosomas Pequeñas partículas en forma de bastones que portan los genes, los transmisores de la herencia. En el caso humano normal hay 46 cromosomas.

cuerpo calloso Conjunto masivo de axones que posibilita la comunicación entre los dos hemisferios cerebrales.

datos Información recogida a través de una investigación.

defensa, mecanismo de De acuerdo con la teoría de Freud, una manera inconsciente de combatir la ansiedad distorsionando la realidad. (Véase *desplazamiento, sublimación, represión, regresión, proyección, formación reactiva y racionalización*.)

demencia Deterioro mental causado por una alteración orgánica del cerebro; está presente en una de cada diez personas de más de 65 años. A veces se denomina «demencia senil» o «senilidad».

dendritas Estrechas extensiones ramificadas del cuerpo celular que reciben las señales de entrada de otras neuronas.

dependiente del estado de ánimo, memoria Tendencia a recordar algo cuando se encuentra en el mismo estado de ánimo con el que aprendió por vez primera la información.

dependiente, trastorno de la personalidad Trastorno caracterizado por una falta de autoconfianza que lleva a desentenderse de las responsabilidades de la vida propia.

depresión Trastorno psicológico caracterizado por la tristeza y las dificultades para comer, dormir y concentrarse.

descriptiva, estadística Rama de la estadística que nos proporciona una manera de resumir los datos.

desgaste y la destrucción, teoría (el envejecimiento) Teoría de que los cuerpos envejecen por su uso continuado. Compárese con la teoría del *envejecimiento programado*.

desocupación, teoría de la (en la vejez) Teoría que mantiene que el envejecer con éxito supone la aceptación del retiro normal, inevitable y

mutuo de la persona y la sociedad.

desorden de conversión Tipo de trastorno somatoforme por el cual la persona puede sufrir parálisis, perder el sentido del olfato o del dolor, sufrir ataques o experimentar falsos embarazos.

despersonalización, trastorno de Trastorno disociativo en el cual una persona pierde o cambia temporalmente el sentido de la realidad.

desplazamiento Mecanismo de defensa freudiano según el cual una persona satisface un deseo indirectamente al sustituirlo por un objeto, persona o actividad más seguro y asequible.

desviación típica Raíz cuadrada de la varianza; es la medida de variabilidad más conocida y ampliamente usada.

discinesia tardía Efecto secundario de los fármacos antipsicóticos que incluye muecas involuntarias y contorsiones corporales.

discriminación Comportamiento dirigido hacia el miembro o miembros de un grupo contra los cuales se tienen prejuicios.

disociación División de la conciencia.

disociativos, trastornos Alteraciones mentales que incluyen una alteración temporal repentina de la conciencia, la identidad o el comportamiento motor.

distímico, trastorno Depresión crónica leve.

distribución sesgada Distribución asimétrica de la puntuación en la cual la media, la mediana y la moda caen en diferente lugar.

dicigóticos, gemelos (fraternos) Gemelos concebidos por la unión entre dos óvulos diferentes y dos espermatozoides diferentes.

doble ciego, técnica de Procedimiento en el cual ni el sujeto ni el experimentador saben cuál es el grupo experimental y cuál el grupo de control.

dopamina Neurotransmisor. La esquizofrenia puede ser el resultado de un exceso de dopamina, y la enfermedad de Parkinson de tener demasiado poca.

dos mitades, fiabilidad de Grado de semejanza entre las puntuaciones

sobre la mitad de los items de una prueba comparada con la otra mitad.

Down, síndrome de Trastorno causado por un cromosoma 21 adicional, que provoca retraso mental y a menudo defectos cardíacos y otras anomalías físicas.

droga Sustancia química que produce cambios físicos, emocionales y/o de conducta en quien la consume.

DSM-III Tercera edición de *The Diagnostic and Statistical Manual of Mental Disorders*, manual de diagnósticos publicado por la American Psychiatric Association en 1980.

ecoica, memoria Memoria sensorial auditiva.

ecológica, teoría Teoría que indica que las constancias perceptivas tienen lugar a causa de la relación que mantienen los diferentes objetos en una escena determinada y que nos da información sobre su tamaño.

ecografía Método para examinar el útero con ondas sonoras de alta frecuencia; detectar el contorno del feto y determinar si el embarazo progresa con normalidad.

educativos, psicólogos Psicólogos que investigan el proceso del aprendizaje.

ego (en castellano, yo) Según la teoría de Freud, aquel aspecto de la personalidad que normalmente se conoce por sentido común; opera mediante el principio de la realidad para mediar entre el ello y el super yo.

egocentrismo Incapacidad para tener en cuenta el punto de vista de otra persona, y que es característica del pensamiento preoperacional.

eidético Persona, generalmente un niño, con capacidad para «ver» una imagen, a pesar de que ésta ya no está presente.

electroconvulsiva, terapia (ECT) Terapia de shock en la cual una corriente eléctrica pasa brevemente por el cerebro; resulta eficaz en el tratamiento de depresiones graves.

electroencefalograma (EEG) Instrumento que mide la actividad de las ondas cerebrales.

electro-oculógrafo Instrumento que mide los movimientos oculares.

electromiógrafo Instrumento que mide la actividad muscular.

embrionaria, etapa Segunda etapa de la gestación (2 a 8 semanas), caracterizado por el rápido crecimiento y desarrollo de los sistemas y órganos corporales más importantes.

emoción Término general que se refiere a la reacción subjetiva de una persona hacia el ambiente. Las emociones incluyen respuestas neurales y hormonales. Cuando son activadas elicitan una reacción adaptativa que el individuo experimenta como agradable o desagradable.

encadenamiento narrativo como sistema para ayudar a la memoria Método mnemónico consistente en inventar una historia que contenga la información que hay que recordar.

encefalina La endorfina más pequeña, un fuerte analgésico.

encuesta Método de investigación para recoger información sobre grandes grupos de personas; incluye cuestionarios y entrevistas.

endocrino, sistema Red de glándulas que secretan las hormonas a la sangre.

endorfina Sustancias químicas producidas por el cerebro y que reducen o eliminan el dolor.

engrama Huella en la memoria.

epinefrina Una de las hormonas secretadas por la médula suprarrenal que desempeña un importante papel en la activación autonómica.

equidad, teoría de Teoría que sostiene que nos resultan más satisfactorias aquellas relaciones en las que haya una distribución equilibrada de recompensas y costos, y que intentamos restablecer la equidad (el equilibrio) en las relaciones que consideramos desequilibradas.

erógenas, zonas Areas del cuerpo sensibles sexualmente.

eros Instintos de vida según la teoría de Freud.

error fundamental de atribución Tendencia a sobreestimar la importancia de los rasgos de la personalidad y subestimar las influencias situacionales al explicar el comportamiento del individuo.

escala de Likert Medida de actitudes en que se da una serie de opiniones en un continuo que va desde "completamente de acuerdo" hasta "completamente en desacuerdo".

esclerótica Parte exterior blanca del ojo que contiene receptores de presión, temperatura y dolor.

escolares, psicólogos Psicólogos que tratan directamente con los escolares y con sus padres y profesores para resolver problemas relacionados con la escuela.

espermatozoide Célula sexual masculina.

espontánea, recuperación Reaparición de una respuesta extinguida sin ningún ensayo adicional de condicionamiento.

esquizofrenia Psicosis caracterizada por al menos uno de los siguientes trastornos: delirios, alucinaciones o trastornos de pensamiento.

esquizoide, desorden de personalidad Trastorno caracterizado por la incapacidad para entablar relaciones, frialdad, aislamiento, falta de sentido del humor, indiferencia frente a las alabanzas o la crítica e incapacidad para mostrar unas emociones adecuadas.

esquizotímica, trastorno de personalidad Se caracteriza por rarezas de pensamiento, percepción, habla y comportamiento, pero no suficientemente graves como para ser diagnosticadas como esquizofrénicas.

estadística Rama de las matemáticas que utiliza diversos métodos para reunir, organizar, analizar e inferir datos numéricos.

estado de trance, teoría del Opinión de que el estado hipnótico es un estado de conciencia diferente del estado normal.

estandarización En la construcción de tests, desarrollo de los procedimientos de realización y puntuación de una prueba. Los items del test son administrados a un gran grupo de individuos representativos de la población estudiada para así determinar la distribución de la puntuación de la prueba.

estereoquímica, teoría Teoría que dice que existen siete olores básicos, que los receptores del olfato tienen formas determinadas y que las combinaciones moleculares de los diferentes tipos de olor encajan con estas formas.

estereotipos Creencias preconcebidas y demasiado simplificadas sobre las características de los miembros de un grupo.

estimulantes Drogas que estimulan el sistema nervioso central; producen un aumento de la energía, estado de alerta y una elevación del estado de ánimo.

estímulo Forma de energía que puede provocar una respuesta.

estímulo, generalización de Tendencia a responder de la misma manera a un estímulo diferente, pero parecido a otro usado en los ensayos de condicionamiento.

estímulo condicionado Término del condicionamiento clásico para denominar a un estímulo, inicialmente neutro, que después de haber sido emparejado repetidas veces con un estímulo incondicionado provoca una respuesta condicionada.

estrabismo Defecto innato de los músculos del ojo que impide que los ojos enfoquen juntos.

estrés De acuerdo con Selye, respuesta no específica del cuerpo frente a cualquier exigencia que se le realiza.

estrés, entrenamiento en inoculación del Técnica de la terapia del comportamiento diseñada para evitar el estrés.

estresor Suceso capaz de producir estrés, aunque no lo provoque necesariamente.

estribo Pequeño hueso del oído.

estrógeno Hormona femenina.

estructura del intelecto Teoría de la inteligencia propuesta por Guilford. La inteligencia es el resultado de la interacción de las *operaciones* (el modo como pensamos), los *contenidos* (lo que pensamos) y el *producto* (resultado de la aplicación de ciertas operaciones a ciertos contenidos o el pensar de una determinada manera sobre un tema concreto).

estructuralismo Escuela psicológica, desarrollada por Wundt y Titchener, que pone énfasis en el estudio de los elementos de la mente.

etólogo Científico que estudia el comportamiento en su ambiente natural.

evitación-evitación, conflicto de Necesidad de elegir entre dos o más resultados o actividades desagradables.

evolutiva, psicología Rama de la psicología que se ocupa de la manera como cambian las características físicas, cognitivas y psicosociales a lo largo de la vida.

evolutivos, psicólogos Psicólogos que describen, explican, predicen y modifican los cambios en el comportamiento a lo largo de la vida.

experimentador, sesgo del Influencia sobre los resultados experimentales causada por las expectativas del experimentador.

experimental, grupo Individuos que reciben el tratamiento experimental.

experimentales, psicólogos Psicólogos que estudian los procesos psicológicos básicos en animales y seres humanos.

experimento Proceso estrictamente controlado y replicable (posible de repetir) en el cual el investigador evalúa el efecto de la manipulación de variables; proporciona información de causa-efecto.

extinción Debilitamiento o desaparición de una respuesta aprendida (condicionada).

extraños, ansiedad hacia los Cautela normal, aunque no universal, frente a los extraños que suele aparecer entre los 8 y los 12 meses de edad.

fálica, etapa De acuerdo con la teoría de Freud, es el período del desarrollo psicosexual en el cual el niño en edad preescolar recibe gratificación en el área genital.

familiar, estrés Concepto que indica que el estrés sufrido por un miembro de una familia afecta también a otros miembros de ella.

familia, semejanza de Grado de características comunes que comparten los miembros de una categoría.

familiar, terapia Técnica de terapia de grupo que pretende corregir comportamientos desadaptados al cambiar los papeles familiares y los patrones de comunicación.

fenotiacinas Tipo de fármacos antipsicóticos, también conocidos como «tranquilizantes mayores».

fenotipo Características visibles observables de una persona. Puede diferir del genotipo por la presencia de los genes recesivos.

fetal, etapa Etapa final (tercera) de la gestación (8 semanas antes del parto) caracterizada por el rápido crecimiento del organismo.

fetal, síndrome alcohólico Defecto de nacimiento, que implica retraso mental, motor y de crecimiento, causado por abusar del alcohol la madre durante el embarazo.

fetoscopia Técnica de diagnóstico prenatal que permite un examen visual directo del feto mientras todavía se encuentra en el útero.

fiabilidad Consistencia de una prueba en la medida del comportamiento de un individuo o grupo.

fiabilidad de formas paralelas Grado de semejanza en las puntuaciones entre las formas alternas o paralelas de un test.

fijación funcional Confianza excesiva en formas tradicionales de resolver problemas que impide soluciones nuevas.

físico, desarrollo Cambios corporales, tales como altura, peso, desarrollo cerebral y habilidades motoras.

fisiológicos, psicólogos Psicólogos que estudian la relación entre los procesos fisiológicos y la conducta.

fobia simple Tipo más corriente de fobia por la cual una persona tiene un miedo persistente e irracional hacia un aspecto determinado del ambiente, como, por ejemplo, las serpientes o la altura.

fobia social Terror que siente un individuo a permanecer en una situación donde los demás puedan observarle o juzgarle.

fóbicos, trastornos Trastorno mental caracterizado por un miedo persistente, intenso e irreal hacia un objeto o situación.

fonema Unidad mínima de sonido del lenguaje hablado.

formales, período de las operaciones De acuerdo con Piaget, período final del desarrollo del conocimiento caracterizado por la capacidad para pensar de modo abstracto.

fotones Unidades más pequeñas de luz que se pueden medir.

fóvea Región de la retina especializada para la visión de los detalles.

fraccionamiento («chunking») Técnica para aumentar la capacidad de la memoria a corto plazo, que consiste en agrupar los elementos en la mente.

frecuencias, distribución de Lista de observaciones y la frecuencia con que ocurren.

frecuencia, teoría de la Teoría de que la tasa con la cual se estimula la membrana basilar determina lo que se oye.

frustración Estado psicológico que a menudo tiene lugar cuando un comportamiento que iba dirigido hacia un objetivo ha sido bloqueado o contrariado.

funcionalismo Escuela psicológica, representada por James y Dewey, que se ocupa más de lo que hace la mente que de sus elementos o estructuras.

G, factor Inteligencia general que influye en la ejecución general. Compárese con el factor s.

ganglio basal Conjunto de células del cerebro que controla los movimientos corporales.

ganglionares, células Células de los ojos que llevan la información visual al cerebro.

gen Segmento muy pequeño contenido en un cromosoma y que transmite las características hereditarias.

generatividad frente a estancamiento De acuerdo con la teoría de Erikson, séptima crisis del desarrollo de la personalidad. A la mitad de la vida el adulto maduro expresa preocupación por guiar la próxima generación o siente un estancamiento (empobrecimiento).

genética Estudio de la herencia.

genital, etapa Término freudiano para definir la etapa psicosexual de la sexualidad adulta madura, que empieza durante la adolescencia.

genotipo Composición genética real de una persona; puede ser diferente del fenotipo, observable por la posesión de genes recesivos.

germinal, etapa Primera etapa de la gestación (desde la fertilización hasta las 2 semanas) caracterizada por la división rápida de las células y el aumento en complejidad del organismo.

Gesell, esquemas de desarrollo de Prueba de inteligencia para niños desde las cuatro semanas hasta los seis años, que evalúa el desarrollo motor, adaptativo, del lenguaje y el comportamiento social.

Gestalt, psicología de la Escuela psicológica que pone énfasis en las configuraciones que forman los elementos en la mente antes que en los elementos individuales. Estos elementos forman una unidad que es algo más que la suma de sus partes.

gestáltica, psicoterapia Enfoque psicoterapéutico humanista que tiene como objetivo integrar los diferentes aspectos de la personalidad para crear un todo bien organizado.

glaucoma Enfermedad ocular causada por un aumento de la presión dentro del ojo.

gliales, células Células que sostienen y protegen a las neuronas.

gráfico de dispersión Representación visual de la relación entre dos variables.

gramática Reglas del sonido, el significado y la sintaxis del lenguaje.

grupal, pensamiento Aceptación poco crítica por parte de los miembros de un grupo cerrado de un comportamiento insensato para conservar la unanimidad.

grupo, terapia de Enfoque terapéutico que trata a los pacientes en grupo en vez de tratarlos individualmente.

habituación Tipo simple de aprendizaje en el cual un organismo deja de responder a algo a lo que se ha acostumbrado.

hemisferios Las mitades, derecha e izquierda, del cerebro.

herencia autosómica dominante Modelo de herencia según el cual un gen específico es dominante; si este gen se hereda, se manifiesta en el individuo.

herencia autosómica recesiva Modelo de herencia según el cual un rasgo solamente aparece si un individuo hereda los dos genes de este rasgo.

heurística Estrategia para resolver problemas, que consiste en una re-

gla fácil que llevará a una solución rápida o a ninguna solución.

hipnosis Estado de sugestión o elevada susceptibilidad hacia influencias externas.

hipoleucemia Condición asociada con niveles bajos de azúcar en la sangre.

hipotálamo Area pequeña, pero importante, del cerebro situada justo encima del tronco cerebral. Ha sido implicada en el conjunto del comportamiento motivado, incluyendo el hambre y la alimentación, la sed y la bebida y el sexo. También se ha relacionado con una gran variedad de comportamientos emocionales. Regula la actividad endocrina y mantiene el equilibrio corporal.

hipótesis Predicción sobre el resultado de una investigación.

histograma Gráfico de barras.

histriónico, trastorno de la personalidad Trastorno caracterizado por un comportamiento muy dramático.

homeostasis Equilibrio dc las funciones vitales mantenido por ajustes coordinados del sistema nervioso autónomo.

homogamia Semejanza de atributos.

hormonas Secreciones internas de las glándulas endocrinas distribuidas por la circulación sanguínea. Estas hormonas son integradores químicos importantes que afectan nuestra manera de comportarnos, de pensar y de sentir.

humanista, modelo Explicación de los trastornos mentales que mantiene que aquéllos son el resultado de un fracaso en el logro de la autorrealización.

humanista, psicología Considerada la «tercera fuerza» de la psicología, pone énfasis en el comportamiento humano sano.

humanista, psicoterapia Enfoque terapéutico, cuyo objetivo es ayudar a los pacientes a desarrollarse eliminando las coacciones contra su autoperfeccionamiento.

humanista, teoría Enfoque de la personalidad ejemplificado por las teorías de Rogers y Maslow; según éstas, la meta de toda persona es conseguir su autorrealización.

humor acuoso Fluido acuoso que llena la cámara anterior del ojo y cuya función es «alimentar» la córnea.

icónica, memoria Memoria sensorial visual.

id (ello, en castellano) De acuerdo con la teoría de Freud, aspecto de la personalidad presente al nacer; opera a través del principio del placer y está caracterizado por el deseo de gratificación inmediata.

identidad frente a confusión de roles De acuerdo con la teoría de Erikson, quinta crisis del desarrollo de la personalidad, en la cual un adolescente debe determinar su propio sentido del yo (identidad).

identificación Proceso de adopción de las creencias, actitudes, valores y comportamientos característicos de otra persona o grupo.

ilusiones Percepciones falsas.

incondicionada, respuesta Término del condicionamiento clásico para designar a la respuesta automática frente a un estímulo incondicionado.

incondicionado, estímulo Término del condicionamiento clásico para designar al estímulo que automáticamente provoca una respuesta sin que el organismo tenga que aprenderla.

inconsciente personal De acuerdo con la teoría de Jung, es la parte de la mente que contiene material reprimido u olvidado.

inconsciente colectivo De acuerdo con la teoría de Jung, aquel aspecto de la mente que contiene recuerdos ancestrales.

industriales y de las organizaciones, psicólogos Psicólogos que se ocupan de la gente, su profesión y sus lugares de trabajo.

inferencia inconsciente, teoría de la Teoría de que las constancias perceptivas tienen lugar por lo que se sabe a través de la experiencia.

inferencia estadística Rama de la estadística que usa los datos de una muestra para generalizar y predecir los resultados en una población grande.

inferioridad, complejo de De acuerdo con Adler, base para que una persona intente lograr algo, se perfeccione y se sobreponga a un sentimiento de insuficiencia.

ingeniería humana (ergonomía) Rama de la Psicología que se ocupa de diseñar, evaluar y adaptar máquinas que puedan satisfacer las necesidades humanas.

inseminación artificial por donante (IAD) Colocación del esperma de un donante anónimo en el útero de la mujer para posibilitar la concepción.

insomnio Dificultad para dormirse o/y para permanecer dormido.

instinto Comportamiento innato, específico de una especie y relativamente complejo, determinado biológicamente y por lo general importante para la supervivencia de la especie.

insulina Sustancia química secretada por el páncreas, importante para digerir sustancias como la glucosa de la sangre y los hidratos de carbono.

integridad del yo frente a desesperación De acuerdo con la teoría de Erikson, la crisis octava y final del desarrollo de la personalidad, característica de la edad avanzada. Un sentido de aceptación de la propia vida que permite aceptar la muerte; su alternativa en el desarrollo es la desesperación, caracterizada por el fracaso al aceptar la propia vida.

intelectual, cociente (CI) Puntuación matemática que se obtiene al dividir la edad mental (EM) de un individuo por su edad cronológica (EC) y luego multiplicar por 100. CI = EM/EC × 100.

inteligencia Interacción constantemente activa entre la habilidad heredada y la experiencia del entorno, que da como resultado que el individuo sea capaz de adquirir, recordar y usar conocimientos, de entender conceptos concretos y (con el tiempo) abstractos, de establecer relaciones entre objetos, sucesos e ideas, y aplicar y utilizar todo lo anterior con el propósito de resolver los problemas de cada día.

inteligencia fluida Habilidad para resolver problemas nuevos; este tipo de inteligencia está influenciado por el desarrollo neurológico. Compárese con la *inteligencia cristalizada*.

intercambio, teoría del Teoría para la que consideramos las recompensas y los costes de una relación, y sus alternativas, al determinar si entran en una relación o no.

interestímulos, intervalo Término del condicionamiento clásico, usado para designar el intervalo de tiempo entre la presentación del estímulo neutro y el estímulo incondicionado.

interneuronas Neuronas intermediarias que transmiten mensajes de un tipo de neuronas a otro.

interoceptivo, sentido Sentido que transmite información sobre los órganos internos.

intervalo fijo, programa de Patrón de reforzamiento en el cual el organismo recibe una recompensa regularmente de acuerdo con un período de tiempo fijo.

intervalo variable, programa de Patrón de reforzamiento en el cual varía el período de tiempo que debe pasar antes de que una respuesta sea reforzada; el reforzamiento puede ocurrir una vez pasado 1 minuto; la siguiente ocasión después de 2 minutos y la tercera ocasión, hasta que no hayan transcurrido 3 minutos de la anterior.

intimidad frente a aislamiento De acuerdo con la teoría de Erikson, sexta crisis del desarrollo de la personalidad, que tiene lugar durante los primeros años de la edad adulta. Los adultos jóvenes quieren intimar con los demás; si no lo logran pueden sufrir una sensación de aislamiento y ensimismamiento.

investigación Recopilación sistemática y objetiva de datos.

investigación aplicada Investigación cuya finalidad es resolver problemas prácticos.

investigación básica Investigación cuya finalidad es avanzar en el conocimiento humano; investigación «pura».

«in vitro», fertilización Fertilización de un óvulo fuera del cuerpo de la mujer.

iris Conjunto de músculos pigmentados que rodean la pupila; parte coloreada del ojo.

Korsakoff, síndrome de Trastorno neuropsiquiátrico causado por el consumo abusivo y prolongado de alcohol.

laboriosidad frente a inferioridad De acuerdo con la teoría de Erikson, la cuarta crisis del desarrollo de la personalidad, tiene lugar durante los años intermedios de la infancia. Los niños tiene que adquirir las habilidades necesarias para lograr el éxito en su entorno.

lanugo Vello prenatal.

largo plazo, memoria a Tipo de memoria que parece tener una capacidad ilimitada y que es capaz de almacenar permanentemente la información.

latencia, etapa de De acuerdo con la teoría de Freud, período de relativa calma sexual durante los años medios de la infancia, que tiene lugar después de resolver el complejo de Edipo/Electra.

latente, aprendizaje Aprendizaje que tiene lugar, pero que no se manifiesta hasta que el organismo está motivado para hacerlo.

latente, contenido (del sueño) Término freudiano para designar el significado simbólico o escondido de un sueño.

lateral, hipotálamo Area del hipotálamo ligada a la regulación de la conducta alimenticia. La estimulación eléctrica de esta área hace que los animales comiencen a comer, mientras que su destrucción hace que el animal deje de comer.

Leboyer, método de Técnica de parto diseñada para minimizar el trauma del nacimiento.

lenguaje Medio de comunicación, por lo general a través de sonidos articulados, que expresa significados específicos y está organizado según unas reglas.

lenguaje, mecanismo para la adquisición del (MAL) Capacidad innata para analizar el lenguaje y extraer sus reglas.

libido Energía sexual en la teoría freudiana.

límbico, sistema Parte del cerebro que interviene en las respuestas emocionales y está implicada en los procesos de memoria. Incluye el área septal, el hipocampo, la amígdala y partes del tálamo.

lingüística Estudio del lenguaje.

lingüística, hipótesis de la relatividad Punto de vista de Whorf en el sentido de que el lenguaje afecta la percepción y el pensamiento; hipótesis whorfiana.

litio, carbonato de Fármaco usado para tratar los trastornos bipolares.

longitud media de la articulación (LMA) Longitud media de una expresión en morfemas.

longitudinal, método Técnica para reunir datos que evalúa el mismo individuo o grupo más de una vez, dando información sobre los cambios de desarrollo según la edad. Compárese con el *método de sección transversal*.

lugar, teoría del Teoría de que la capacidad de oír un sonido determinado depende del lugar específico en el que se estimula a la membrana basilar.

maduración Despliegue de pautas de comportamiento determinadas biológicamente.

malleus Hueso minúsculo del oído conocido como martillo.

maniaco, episodio Manifestación en los trastornos bipolares caracterizada por una alegría extrema, comportamiento irracional y pensamiento irreal.

manifiesto, contenido (del sueño) Parte de un sueño que recordamos, en contraste con el contenido latente.

mantra Palabra o pensamiento específico usado por la persona que practica la meditación trascendental.

masculino, climaterio Cambios hormonales físicos y psicológicos en los varones de media edad.

media A menudo llamada «promedio», es el resultado aritmético de sumar todas las puntuaciones en una distribución y luego dividir esta suma por el número de puntuaciones. Es la medida de tendencia central usada más frecuentemente; compárese con las otras dos medidas de tendencia central, la *mediana* y la *moda*.

mediana Punto medio de una distribución de puntuaciones, con el mismo número de ellas por encima y por debajo.

médico, modelo Explicación de los trastornos mentales que sostiene que son el resultado de una enfermedad.

meditación Estado alternativo de conciencia inducido por un alto grado de focalización de la atención

meditación trascendental (MT) La técnica de meditación mejor conocida en Occidente, desarrollada por Maharishi Mahesh Yogi.

memoria a corto plazo Memoria de trabajo con una capacidad limitada. Los elementos permanecen en la memoria a corto plazo durante aproximadamente 20 segundos a no ser que se mantengan por su continua repetición.

menarquia Momento de la primera menstruación.

menopausia Cese de la menstruación; normalmente entre los 48 y los 52 años de edad.

mental, retraso Funcionamiento intelectual general por debajo del promedio; deficiencia en el nivel del comportamiento adaptativo apropiado para la edad en cuestión y aparición de tales retrasos antes de los 18 años.

mera exposición, efecto de la Tendencia a que le guste a uno algo o alguien por el simple hecho de su repetida exposición a él.

metacomponentes de la inteligencia De acuerdo con el enfoque del procesamiento de la información de Sternberg, son los pasos que deciden cómo resolver un problema.

método de los lugares Regla mnemotécnica según la cual los elementos para recordar se imaginan colocados a lo largo de una ruta conocida.

mielina Tejido graso que cubre algunos axones, permitiendo que los impulsos nerviosos se transmitan más velozmente.

mielinización Proceso de formación de la mielina sobre los axones.

Minnesota, Inventario Multifásico de Personalidad (MMPI) Prueba objetiva de personalidad.

miopía Pérdida de la visión lejana.

mnemonista Persona con una memoria excepcional.

mnemotécnica, regla Recursos para ayudar a la memoria.

moda Puntuación que tiene lugar más frecuentemente en una distribución.

modelado, terapia de Técnica de terapia del comportamiento por la cual el individuo aprende comportamientos nuevos observando e imitando modelos.

modelo de los niveles de procesamiento de la memoria Modelo de la memoria, de Craick y Lockhart, que mantiene que la capacidad de recuerdo depende de lo profundamente que procesamos la información.

moldeamiento Reforzamiento de respuestas progresivamente más cercanas al comportamiento deseado hasta llegar a él.

monoamino-oxidasa (MAO), inhibidor de la Tipo de fármaco antidepresivo.

monocigóticos, gemelos (idénticos) Gemelos que resultan de la división de un cigoto después de la concepción.

monosináptico, reflejo El tipo más simple de reflejo; tiene lugar como resultado de una relación directa entre una neurona sensorial y una neurona motora sin la intervención de ninguna interneurona.

moral, modelo Explicación de la enfermedad mental común durante la Edad Media, que sostiene que la enfermedad mental es el resultado del pecado y la posesión diabólica.

morfema Elemento significativo más pequeño del habla.

motivación Término general que se refiere al estudio de la activación, dirección y persistencia del comportamiento. Los investigadores contemporáneos tienden a focalizar su atención sobre aquello que energetiza o activa el comportamiento.

motores, nervios Nervios que transmiten la información desde el cerebro a los músculos y glándulas del cuerpo.

muestra Subgrupo de una población de investigación.

muestra estratificada Muestra que presenta las diversas características en la misma proporción con que se dan en la población.

muestreo aleatorio Muestreo en el cual cualquier miembro de la población tiene las mismas posibilidades de ser elegido.

múltiple, conflicto de aproximación-evitación Conflicto en el que existen varias opciones con aspectos positivos y negativos.

múltiple, personalidad Trastorno disociativo en el cual un individuo posee más de una personalidad determinada, cada una de ellas preferente en un momento determinado.

multifactorial, herencia Modelos de herencia según los cuales un rasgo es portado por una combinación de genes o a través de la interacción de los genes con los factores ambientales.

narcisista, trastorno de la personalidad Trastorno caracterizado por fantasías de grandeza y éxito ilimitado, ansias de atención constante, con un sentimiento de rabia, vergüenza o indiferencia altiva frente a la crítica o al fracaso, expectativas de favores especiales, desconsideración de los derechos de los demás, falta de empatía.

narcolepsia Trastorno caracterizado por una necesidad incontrolable de dormir.

narcótico Droga depresora del sistema nervioso central usada para aliviar el dolor e inducir al sueño.

natura-crianza, controversia Controversia sobre la influencia relativa de nuestros rasgos heredados (natura) y nuestra experiencia (crianza) en el desarrollo.

natural, observación Método de investigación en el que los individuos se estudian en el ambiente natural, sin intervención experimental.

negativo, refuerzo Estímulo desagradable que, cuando es retirado de una situación, aumenta la probabilidad de una respuesta.

neodisociativa, teoría Teoría que indica que la persona hipnotizada está funcionando a más de un nivel de conciencia.

neonatal, etapa Primeras dos semanas de la vida de un bebé que ha tenido un período de gestación normal.

neuronas Células nerviosas.

neurosis Trastornos mentales que resultan de la ansiedad cuyos síntomas interfieren el comportamiento normal, aunque sin bloquearlo totalmente. El término se ha utilizado desde que lo acuñara Freud, pero se ha dejado de lado desde la publicación del *DSM-III*.

neurotransmisor Sustancia química que se ocupa de la transmisión de los mensajes entre las neuronas.

neutro, estímulo Estímulo que no provoca una respuesta refleja de forma automática.

nivel básico, categorías de Clasificación de los objetos usados cotidianamente.

nocturna, ceguera Disminución de la capacidad para ver en condiciones de luz tenue.

norepinefrina Sustancia química relacionada con la transmisión de impulsos nerviosos a través de sinapsis neurales que parecen afectar el estado de ánimo. Cuando los niveles de norepinefrina en sangre son elevados, el individuo se siente bien; cuando los niveles son bajos, experimenta mayor tendencia a la tristeza o a la depresión.

normal, distribución Distribución de las puntuaciones en el modelo ordenado de una curva simétrica en forma de campana en la cual la media, la mediana y la moda son iguales.

normalización del test En la construcción de tests, determinación de la distribución de las puntuaciones. Estandarización de la ejecución.

normas Definiciones de la sociedad de cómo «debemos» comportarnos.

nula, hipótesis Declaración de que una variable independiente *no* afectará a la variable dependiente.

obediencia Sumisión a las exigencias de una figura autoritaria.

objeto, permanencia del Conciencia de que un objeto o persona continúa existiendo, aunque ya no se le puede ver. De acuerdo con Piaget, es la adquisición cognitiva más importante de la infancia.

obsesivo-compulsivo, trastorno Desorden caracterizado por obsesiones

(ideas, pensamientos o impulsos persistentes e indeseados) y/o compulsiones (tendencia a repetir ciertos actos no deseados).

olfatoria, mucosa Membrana mucosa que contiene los receptores olfatorios.

operante Respuesta que opera sobre el ambiente para provocar un efecto.

operante, condicionamiento Tipo de aprendizaje en el cual las consecuencias de un comportamiento (por ejemplo, si se refuerza o se castiga) determina si el comportamiento se repetirá o no.

operante, terapia Técnica terapéutica del comportamiento en la cual el terapeuta utiliza un sistema de recompensas para modificar el comportamiento del paciente.

óptico, disco Parte del ojo sin fotorreceptores; cuando una imagen se proyecta sobre este disco, cae sobre un punto ciego.

oral, etapa De acuerdo con la teoría de Freud, la etapa psicosexual de la infancia (desde el nacimiento hasta los 12-18 meses), caracterizada por la gratificación en la región oral; el momento de la alimentación es la situación más importante en que ocurre.

orgánico, retraso Normalmente, retraso mental grave con una causa física.

óvulo Huevo; célula sexual femenina.

pabellón auditivo externo Oreja.

palabra percha («peg-word»), método de la Método mnemotécnico en el cual los elementos que hay que recordar son asociados con (colgados en) ciertas indicaciones o claves.

pánico, trastorno de Trastorno caracterizado por ataques de terror que incluyen síntomas físicos, tales como mareos, dificultades al respirar y transpiración.

papila Botones gustativos de la lengua.

paranoico, trastorno Trastorno de la personalidad caracterizado por la desconfianza y la suspicacia.

parasimpático, sistema nervioso División del sistema nervioso autónomo, que permite que el cuerpo se recupere mediante el aumento de su depósito de energía almacenada. Compárese con el *sistema simpático.*

parcial, reforzamiento Modelo de refuerzo en el que la respuesta deseada sólo es recompensada en algunas ocasiones.

parto dirigido Técnica para el parto que enseña a una mujer embarazada a sustituir las viejas reacciones de miedo y dolor durante las contracciones del útero por otras nuevas de relajamiento.

parto natural Compromiso por parte de los padres según el cual la mujer aprende la fisiología de la reproducción y las técnicas de respiración, relajamiento y bienestar físico para poder realizar el parto de manera más confortable y de esta forma reducir o eliminar la necesidad de medicación. Este método hace el parto más seguro para el bebé y permite al padre participar en la experiencia, ya que normalmente está presente y a menudo ayuda en el parto.

pasivo-agresivo, trastorno Trastorno de la personalidad caracterizado por la resistencia indirecta para cumplir las demandas que se expresan a través de una agresividad pasiva.

pene, envidia del Concepto freudiano según el cual la mujer envidia el pene del varón y desearía tener uno ella misma.

pensamiento Uso de símbolos en lugar de objetos, sucesos e ideas que permite la manipulación de conceptos e imágenes.

pequeño en relación con la edad, bebé Bebé anormalmente pequeño de acuerdo con su período de gestación.

percepción Forma como el cerebro organiza e interpreta la información sensorial.

percepción de la persona Manera como formamos impresiones o percepciones de los demás.

perceptiva, constancia Conciencia de que los objetos y los sucesos del ambiente permanecen iguales, aunque parezcan diferentes por cambios en las condiciones ambientales.

periférico, sistema nervioso Red de nervios sensoriales y motores que controlan los músculos y las glándulas.

persona Arquetipo de Jung de la máscara que cada uno adopta.

persona-situación, controversia Conflicto sobre si la «personalidad» es constante a lo largo del tiempo y las situaciones o si el comportamiento cambia para cumplir con las exigencias de diferentes situaciones.

personalidad El conjunto de las formas relativamente constantes de relacionarnos con los individuos y las situaciones que hace única a cada persona.

personalidad, trastornos de la Trastornos mentales caracterizados por patrones de comportamiento desadaptados que aparecen a temprana edad, que se hacen más persistentes con el paso del tiempo y no son considerados anormales por la persona que los sufre.

personalidad evasiva, trastorno de la Trastorno caracterizado por la hipersensibilidad para rechazar o desaprobar a alguien o a algo, lo cual impide las relaciones íntimas, que la persona echa de menos.

personalidad límite, trastorno de la Alteración caracterizada por la inestabilidad en diversas áreas, incluyendo el estado de ánimo, la imagen corporal y las relaciones con los demás.

persuasiva, comunicación Comunicación que tiene la intención de cambiar actitudes.

pesadillas Sueños terroríficos que tienen lugar más a menudo durante la infancia.

pituitaria, glándula Glándula endocrina llamada «glándula maestra» del cuerpo que controla la actividad de todas las otras glándulas.

placebo Sustancia inocua o píldora de azúcar que a menudo se da al grupo de control en un experimento.

placenta Organo unido al útero que aporta comida y oxígeno al feto y evacúa los desperdicios corporales.

placer, principio del En la teoría freudiana, principio por el que opera el ello, que intenta gratificar las necesidades inmediatamente.

población Todos los miembros del grupo sometido a estudio.

polisináptico, reflejo Reflejo que implica muchas sinapsis y una cantidad desconocida de interneuronas.

posición serial, curva de la Curva del recuerdo que muestra la tendencia a recordar los items que se situaba al inicio y al final de una serie.

positivo, refuerzo Estímulo agradable que cuando se presenta en una situación aumenta la probabilidad de respuesta.

postraumático, trastornos de estrés Trastorno mental caracterizado por la reexperimentación de un suceso traumático.

post-test, prueba Prueba realizada después del tratamiento experimental. Las diferencias de ejecución entre el grupo experimental y el de control indican la eficacia del tratamiento experimental.

potencial de acción «Descarga» de una neurona o emisión de un impulso nervioso a lo largo del axón, de un extremo a otro de la neurona.

predictiva, validez Medida de la relación entre la ejecución de la prueba y algún futuro criterio.

predisposición perceptiva Tendencia a percibir lo que uno espera.

prefrontal, lobotomía Tipo de psicocirugía muy extendida en los años 40 y 50, diseñado para tratar problemas psicológicos; actualmente no se utiliza casi nunca.

prejuicio Actitud negativa hacia otras personas solamente porque pertenecen a un grupo determinado.

prematuro, bebé Bebé nacido antes de la trigésimo séptima semana de gestación.

premenstrual, síndrome (SPM) Estado físico y psicológico experimentado antes y durante la primera fase del período menstrual, caracterizado por sensaciones de molestias físicas y tensión psicológica.

prenatal, psicología Rama de la psicología que estudia los efectos del ambiente prenatal sobre el niño que todavía no ha nacido.

preoperatorio, período Segundo de los períodos del desarrollo cognitivo; según Piaget, tiene lugar entre los dos y los siete años. Los niños desarrollan un sistema de símbolos, pero su capacidad de pensar de manera lógica está limitada por su egocentrismo.

presbiacusia Pérdida de audición para los sonidos de alta frecuencia.

presbiopía Pérdida de la visión cercana.

pre-test Prueba realizada antes de aplicar el tratamiento experimental; generalmente se aplica tanto al grupo experimental como al grupo de control.

primacía, efecto de Tendencia a recordar los primeros items de una lista previamente aprendida.

primarias, habilidades mentales Teoría de Thurstone sobre la inteligencia; identifica siete factores relativamente distintos.

primario, reforzador Objetos o sucesos que son biológicamente importantes, como la comida o el sexo, y cuya aparición aumenta la probabilidad de una respuesta.

proactiva, interferencia Situación en la cual la información que se había aprendido con anterioridad inhibe la capacidad de recordar nueva información.

procesos oponentes, teoría de los (de la visión del color) Teoría de la visión del color que propone que los procesos oponentes ocurren en tres sistemas: azul-amarillo, rojo-verde y acromático; explica el fenómeno de la imagen residual o posimagen.

progesterona Hormona sexual femenina.

programa de reforzamiento Patrón que sigue la administración de los refuerzos.

programado, teoría (del envejecimiento) Teoría de que los cuerpos envejecen porque existe un patrón de envejecimiento incorporado en cada organismo. Compárese con la *teoría del usar-y-tirar*.

propioceptivo Sentido que proporciona información sobre los movimientos de las parte del cuerpo y su posición en el espacio.

proyección Mecanismo de defensa freudiano caracterizado por el hecho de atribuir a otra persona los pensamientos propios y las motivaciones inaceptables.

proyecciones centrales de la retina Areas cerebrales que reciben la información visual de las células ganglionares de los ojos.

proyectivos, tests Pruebas de personalidad que usan material relativamente ambiguo, en las que las respuestas proporcionan pistas sobre la personalidad del individuo.

proximodistal, principio Principio que sostiene que el desarrollo tiene lugar desde lo cercano hacia lo lejano. Las partes del cuerpo cercanas al centro se desarrollan antes que las extremidades.

prueba de sangre maternal Técnica de diagnóstico prenatal para determinar el nivel del alfafetoproteína en la sangre, que está relacionado con defectos en el tubo neural.

psicoactivas, drogas Drogas que alteran los procesos de la percepción, el humor y el pensamiento.

psicoanálisis Enfoque terapéutico originalmente desarrollado por Freud con el objetivo de eliminar la ansiedad, proporcionando al paciente el conocimiento de los conflictos inconscientes que afectan su comportamiento y sus emociones.

psicoanalítica, teoría Teoría de la personalidad de Freud, que considera al individuo en conflicto constante entre sus tendencias biológicas y la necesidad de dominarlas.

psicoanalítico, modelo Explicación de los trastornos mentales que sostiene que éstos son el resultado de un conflicto entre el ello, el yo y el super yo.

psicocirugía Cirugía cerebral practicada para tratar trastornos psicológicos.

psicofísica Estudio de la relación entre los aspectos físicos de los estímulos y la percepción psicológica de los mismos.

psicogénica, amnesia Trastorno disociativo en el cual una persona olvida los sucesos que ocurrieron durante cierto período de tiempo. Generalmente ocurre después de un suceso traumático y puede desaparecer de repente.

psicogénica, fuga Trastorno disociativo en el cual una persona puede olvidarse de su identidad y asumir una nueva.

psicología Estudio científico de los procesos mentales y del comportamiento.

psicología anormal Estudio científico de las causas de los trastornos emocionales y conductuales.

psicólogos clínicos Psicólogos que diagnostican y tratan trastornos emocionales y de conducta.

psicólogos de la personalidad Psicólogos que miden y describen las diferencias de la personalidad.

psicométricos, psicólogos Psicólogos que desarrollan tests psicológicos y métodos para evaluarlos.

psicosexual, desarrollo Aspecto fundamental de la teoría freudiana que mantiene que la personalidad humana se desarrolla a través de una serie de etapas en las que la vía de obtener la gratificación (placer) cambia de una zona corporal a otra (oral, anal, genital) y es acompañada por cambios en el agente de la gratificación (alimentación, evacuación, actividad sexual).

psicosocial, desarrollo Cambios en el desarrollo emocional, social y de la personalidad.

psicosocial, retraso Retraso por lo general menos grave que el retraso orgánico y que probablemente encierra una interacción entre factores genéticos y ambientales.

psicosocial, teoría del desarrollo Teoría del desarrollo de la personalidad a lo largo de toda la vida, descrita por Erikson; pone énfasis en las influencias culturales y sociales sobre el yo.

psicoterapia Tratamiento que se realiza a una persona con un problema psicológico por alguien especialmente entrenado en diversos procedimientos que van desde la conversación a la prescripción de ciertos tipos de drogas psicoactivas.

psicoterapia centrada en la persona Enfoque psicoterapéutico humanista (también llamado «terapia centrada en el cliente») desarrollado por Carl Rogers, que tiene por objeto crear un clima que permita al paciente utilizar sus propios recursos para realizarse.

psicoterapia dinámica, escuela de Enfoque terapéutico que pone énfasis en la necesidad del conocimiento de los pensamientos, sentimientos y vida pasada de una persona trastornada para poder producir un cambio de personalidad.

pubertad   Punto psicológico en el cual un individuo es sexualmente maduro y capaz de reproducirse.

pubescencia   Período de tiempo justo antes de la pubertad, caracterizado por un crecimiento fisiológico rápido, la maduración de las funciones reproductoras y el desarrollo de las características sexuales primarias y secundarias.

«punta de la lengua», fenómeno de: «lo tengo en la...»   Problema de recuperación en el que un individuo no recuerda un elemento, aunque sí algún conocimiento de él.

pupila   Pequeña abertura en el centro del iris que permite a la luz entrar en el ojo.

racional-emotiva, terapia (RET)   Tipo de terapia cognitiva que pone énfasis en los procesos de pensamiento irracional, como la raíz de los problemas emocionales.

rango   Medida más simple de la variabilidad; la diferencia entre las puntuaciones más grandes y más pequeñas en una muestra.

rasgo cardinal   De acuerdo con Allport, un rasgo tan dominante que tiñe prácticamente todos los aspectos del comportamiento y los atributos de una persona.

razón fija, programa de   Patrón de reforzamiento según el cual el organismo recibe una recompensa después de haber ejecutado un número determinado de respuestas.

razón variable, programa de   Patrón de reforzamiento en el cual el organismo es reforzado después de dar un número variable de respuestas; reforzamiento puede ocurrir tras la primera respuesta; a continuación, puede no ocurrir hasta la décima, y posteriormente aplicarse después de cinco respuestas.

reactiva, formación   Mecanismo de defensa freudiano caracterizado por la sustitución de un sentimiento que produce ansiedad por el sentimiento opuesto.

realidad, principio de la   Para Freud, principio por el que opera el yo, que intenta encontrar maneras aceptables de gratificación del ello.

reaprendizaje   Medida de la retención del material previamente aprendido en la cual el grado de retención se juzga por el tiempo ahorrado al aprender la información por segunda vez, comparado con el tiempo que se precisó para la primera.

recencia, efecto de   Tendencia a recordar los últimos items aprendidos de una lista, previamente aprendida.

receptivo, campo   Areas específicas de la retina a las que responden determinadas células receptoras.

reconocimiento   Medida de la retención de material previamente aprendido, en la cual el grado de retención se juzga por el tiempo ahorrado al aprender la información por segunda vez, comparado con el transcurrido en la primera ocasión.

recuerdo   Medida de la retención de información previamente aprendida, en la que se pide al individuo que reproduzca el material de su memoria. Compárese con el *reconocimiento*.

recuerdo libre   Recuperación de información aprendida previamente en cualquier orden.

recuperación   Proceso de evocar la información almacenada en la memoria.

reflejo   Reacción innata, involuntaria, no aprendida, frente a un estímulo.

reforzamiento   Suceso (o consecuencia) que sigue a un comportamiento y que aumenta la probabilidad de que éste vuelva a ocurrir.

regresión   Mecanismo de defensa freudiano caracterizado por el retorno a comportamientos de edades anteriores.

REM, sueño   Sueño con movimientos rápidos de los ojos; asociado con los sueños; también llamado sueño «activo» o «paradójico».

repaso   Repetición deliberada de una información para guardarla en la memoria.

replicar   Repetir un experimento utilizando exactamente los mismos métodos y procedimientos que en el original.

reposo, potencial de   Energía poten-

cial almacenada dentro de una neurona.

representación de papeles, teoría de la   Opinión de que la hipnosis no es un estado de conciencia especial, sino una condición en la cual la persona hipnotizada actúa como cree que se espera de ella.

represión   Mecanismo freudiano caracterizado por el bloqueo inconsciente de aquellos deseos y experiencias que producen ansiedad.

respuesta condicionada   Término utilizado en el condicionamiento clásico para denominar una respuesta que ha sido elicitada por un estímulo condicionado emparejado repetidas veces con un estímulo incondicionado.

reticular, formación   Parte del tronco cerebral relacionada con el despertar y el dormir.

reticular, sistema de activación   Sistema de vías y conexiones nerviosas situado en el tronco cerebral.

retina   Parte más importante del ojo; este tejido cubre la parte posterior del ojo y contiene los bastones y conos sensibles a la luz.

retroactiva, interferencia   Situación en la cual la información aprendida con posterioridad inhibe la capacidad de recordar la aprendida antes.

retrógrada, amnesia   Trastorno de la memoria en el cual no se puede recuperar la información aprendida antes de que la amnesia tuviera lugar.

revisión de la vida   Tal como propone Butler, autoexamen de la vida al acercarse el individuo a la muerte.

roles   Conjunto de expectativas (o normas) de comportamiento que se tiene de la gente de una posición social determinada.

Rorscharch   Test proyectivo de personalidad en el que se pide a un individuo que diga lo que ve en una serie de láminas con manchas de tinta, lo que luego se puntúa en diversas dimensiones.

S, factor   Inteligencia específica que influye en la ejecución de diferentes pruebas. Compárese con el *factor g*.

secular, tendencia   Tendencia a la adquisición en edad más temprana que en generaciones anteriores, de la altura adulta y la madurez sexual.

secundarios, rasgos De acuerdo con Allport, son rasgos que aparecen ocasionalmente, pero que no son lo bastante fuertes como para ser considerados como característicos de la personalidad de un individuo.

secundarios, reforzadores Estímulos que son reforzantes en virtud de su anterior asociación con reforzadores primarios.

sedantes Fármacos depresores del sistema nervioso central que calman e inducen al sueño.

semántica Estudio del significado de una lengua.

semántico, diferencial Medida de actitudes según la cual un concepto se mide en una serie de dimensiones.

senectud Período de la vida que nos introduce en la vejez y se acompaña de disminuciones en el funcionamiento; empieza a diferente edad según la persona.

sensación Sentimiento que se produce en respuesta a una información transmitida por los sentidos.

sensorial, memoria Tipo de memoria que registra la información recibida a través de los sentidos. La información desaparece muy rápidamente si no se traslada a la memoria a corto plazo.

sensoriales, nervios Nervios que transmiten la información desde el cuerpo al cerebro.

sensoriomotor, período Primero de los períodos del desarrollo cognitivo de Piaget; caracteriza los primeros dos años de la vida, cuando los bebés aprenden por primera vez a conocer el mundo a través de sus sentidos y actividades motoras.

sensorioneural, pérdida del oído Pérdida de audición causada por lesiones de las células ciliares de la cóclea o lesiones del nervio auditivo.

sentido Vía fisiológica específica de respuesta para un tipo determinado de energía.

serial, recuerdo Reproducción de material previamente aprendido en el orden en el cual se aprendió.

sexo, herencia ligada al Modelo de herencia por el cual los rasgos son portados por el cromosoma X. Se transmiten por la hembra y generalmente se manifiestan en el macho.

sexuales, cromosomas Pareja de cromosomas que determina el sexo (XX en la hembra normal; XY en el macho normal).

sexuales, estereotipos Creencias sobre las características que varones o mujeres deben tener.

simpático, sistema División del sistema nervioso autónomo que moviliza los recursos corporales de manera que pueda emplear energía. Compárese con el *sistema parasimpático*.

simple ciego, técnica de Técnica en la que el experimentador que realiza el registro post-test no conoce qué individuos están en el grupo experimental y cuáles en el de control.

sinapsis Espacio entre el axón de una neurona y las dendritas o cuerpo celular de otra en el que las neuronas se comunican.

sinápticas, vesículas Organos especializados en la terminal del axón de la neurona emisora que liberan el neurotransmisor dentro de la sinapsis.

sintaxis Conjunto de reglas de la estructura de una lengua.

sistema nervioso autónomo Parte del sistema nervioso periférico que controla las funciones involuntarias. Consta de dos divisiones: parasimpática y simpática.

sistemática, desensibilización Técnica de terapia del comportamiento basada en el condicionamiento clásico, que gradualmente expone a los pacientes a una jerarquía de estímulos que causan ansiedad y les enseña a relajarse a cada nivel hasta superar el miedo al objeto o situación.

social, psicología El estudio científico de cómo sentimos, pensamos, la manera como los demás influyen en nosotros y cómo nos comportamos frente a ellos.

sociales, psicólogos Psicólogos que estudian las diversas maneras en que influimos unos en otros.

somático, sistema nervioso Parte del sistema nervioso periférico que controla los reflejos y acciones voluntarios.

somatoforme, trastorno Trastorno mental caracterizado por síntomas físicos, pero sin que se pueda encontrar una base física del trastorno.

somatotipos Tipos corporales.

sordera conductiva Pérdida auditiva causada por la rotura del tímpano o por un defecto de los huesos del oído medio que bloquea la llegada de las ondas sonoras a la cóclea.

Stanford-Binet, escala de inteligencia de Test de inteligencia individual con un fuerte énfasis en los aspectos verbales usada sobre todo con niños.

sublimación Mecanismo de defensa freudiano caracterizado por el desplazamiento de los sentimientos incómodos (como la ansiedad sexual) hacia actividades aceptables (como el trabajo escolar).

sueño NO-REM Sueño en el que no se produce un movimiento rápido de los ojos. La persona que duerme pasa a través de cuatro niveles de sueño NO-REM, cada uno con patrones EEG determinados. El sueño NO-REM no está asociado con los sueños por regla general.

super ego (en castellano, super yo) De acuerdo con la teoría de Freud, es el aspecto de la personalidad que representa los valores que los padres y otros agentes de la sociedad comunican al niño. Resulta de la resolución de los complejos de Edipo y Electra.

supersticioso, comportamiento Mantenimiento de una forma de respuesta que fue reforzada o castigada casualmente.

tálamo Parte del cerebro que actúa como centro de relevo a la corteza, recibiendo la información sensorial y enviándola a las áreas sensoriales de la corteza; también manda información motora a la corteza.

tanatología Estudio de la muerte y la agonía.

thanatos Instituto de muerte, en la teoría de Freud.

temperamento Estilo característico de cada individuo para relacionarse con la gente o afrontar las situaciones.

teoría Explicación sobre la causa de un comportamiento; las teorías organizan datos y suministran direcciones a la investigación.

terapeuta   Individuo especialmente entrenado para ofrecer un tratamiento determinado a los problemas psicológicos. Puede ser un psicólogo clínico, psiquiatra, psicoanalista, asistente social, enfermera psiquiátrica o psicólogo asesor.

terapia breve   Psicoterapia con un límite de tiempo, generalmente no más de quince a veinte sesiones, que tienden a focalizarse sobre uno o dos síntomas problemáticos.

teratogénico   Capaz de causar defectos de nacimiento.

terminal, caída   Disminución en la ejecución intelectual justo antes de morir.

terrores nocturnos   Trastorno del sueño, normalmente durante la infancia, que consiste en ataques de pánico que ocurren generalmente una hora después de haberse dormido el niño.

testosterona   Hormona masculina producida por los testículos.

test-retest, fiabilidad de   Grado de semejanza en la puntuación cuando una prueba se le realiza a la misma persona o grupo más de una vez.

t, prueba   Prueba estadística utilizada para determinar la significatividad de las diferencias entre dos grupos.

tímpano, membrana del   Tejido que se mueve hacia delante o hacia atrás conforme entran las ondas sonoras en el oído.

tinnitus   Tintineo continuo o zumbido de los oídos.

típica, puntuación   Número de desviaciones típicas que separan una puntuación de la media; puntuaciones z.

tipicidad   Grado en el cual un elemento particular es un buen ejemplo de un concepto.

tipo A, patrón de comportamiento   Patrón de comportamiento agresivo o impaciente asociado con enfermedades coronarias; compárese con el patrón tipo B, más adaptativo.

transversal, método   Técnica de recogida de datos que evalúa a personas de diferente edad en una sola ocasión para comparar una o más características; nos da información sobre las diferentes edades durante el desarrollo. Compárese con el *método longitudinal*.

traqueotomía   Apertura quirúrgica de la tráquea realizada para tratar algunos casos de apnea de sueño.

trastorno bipolar   Trastorno mental caracterizado por uno o más episodios maniacos, que generalmente se alternan con episodios depresivos.

trastorno de conversión   Tipo de trastorno somatoforme por el cual la persona puede sufrir parálisis, perder el sentido del olfato o del dolor, sufrir ataques o experimentar falsos embarazos.

trauma del parto   Lesión cerebral relacionada con el parto y causada por falta de oxígeno, daño mecánico o enfermedad innata.

tricíclicos   La clase más importante de fármacos usada para tratar las depresiones.

tricromática, teoría de la visión del color (teoría de Young-Helmholtz)   Sostiene que el sistema visual contiene tres mecanismos de color y que la combinación de las respuestas de éstos produce todos los matices del color.

trimestre   Período de tres meses, normalmente utilizado para describir estados del embarazo.

tronco cerebral   Parte del cerebro que contiene al bulbo raquídeo, el puente y el mesencéfalo. El tronco cerebral es el responsable de muchas funciones básicas.

umbilical, cordón   Cordón que une al feto con la placenta.

umbral absoluto   La intensidad más pequeña de un estímulo que puede ser percibida.

umbral diferencial   Diferencia mínima perceptible en intensidad entre dos estímulos.

unipolar, trastorno   Depresión sin episodios maniacos.

validez   Hasta qué punto un test mide lo que se supone que ha de medir.

validez concurrente   Medida de la relación entre la ejecución de una prueba y algún criterio actual.

validez de contenido   Grado en que un test contiene una muestra representativa del material en cuestión.

validez de criterio   Medida de la relación entre la ejecución de un test y el criterio determinado.

variabilidad   Amplitud de puntuaciones en una distribución.

variable dependiente   Factor que puede (o no) cambiar como resultado de la manipulación de la variable independiente.

variable independiente   Factor manipulado por el experimentador.

varianza   Medida de variabilidad que se determina calculando la desviación de cada puntuación a partir de la media; el promedio del cuadrado de las desviaciones a partir de la puntuación media.

ventromedial, hipotálamo   Area del hipotálamo que se relaciona con la regulación de la alimentación. La estimulación eléctrica de esta área puede provocar que un animal experimental deje de comer, mientras que su destrucción llevará a comer demasiado y a la obesidad.

vestibular, laberinto   Disposición compleja de los canales en el oído interno que ayuda a mantener el equilibrio.

vida, estructura de   De acuerdo con Levinson, modelo básico de la vida de una persona; se compone tanto de los aspectos internos como externos.

violencia   Acción destructiva contra las personas o propiedades.

visual, captura   Fenómeno por el cual la información visual ejerce mayor influencia que la información de los demás sentidos.

vítreo, humor   Fluido del interior del ojo.

vívidos, recuerdos   Recuerdos vivos de lo que uno estaba haciendo cuando tuvo conocimiento de un suceso importante.

Von Restorff, efecto   Tendencia a recordar los elementos poco comunes sin importar su posición en la lista.

Weber, ley de   Ley psicológica que afirma que cuanto mayor es el estímulo, mayor ha de ser el cambio para que pueda ser percibido.

Wechsler, escalas de   Tests de inteligencia que incluyen la escala de inteligencia para adultos, de Wechsler (WAIS); la escala de inteligencia para niños, de Wechsler (WISCHR), y la escala de inteligencia para niños en edad preescolar y de primer ciclo, de Wechsler (WPPSI). Estas pruebas individuales contienen escalas verbales y manipulativas que se puntúan por separado.

yunque Hueso pequeño del oído.

zona de unión Moléculas nerviosas especializadas, situadas en las neuronas receptoras, que ligan con las sustancias químicas transmisoras (neurotransmisoras).

BIBLIOGRAFIA

Abel, E. L. (1981). Behavioral teratology of alcohol. *Psychological Bulletin, 90*(3), 564-581.

Abroms, K. I. & Bennett, J. W. (1981). Parental contributions to trisomy 21: Review of recent cytological and statistical findings. En P. Mittler (Ed.), *Frontiers of knowledge in mental retardation,* vol. 2: *Biomedical aspects,* 149-157.

—— & ——. (1979). Paternal contributions to Down's syndrome dispel maternal myths, ERIC.

Adams, J. L. (1980). *Conceptual blockbusting: A guide to better ideas* (2d ed.). New York: Norton.

Adelson, J. (1979). Adolescence and the generation gap. *Psychology Today, 12*(9), 33-37.

Ader, R., & Cohen, N. (1982). Behaviorally conditioned immunosuppression and murine systemic lupus erythematosus. *Science, 215,* 1534-1536.

Adler, A. (1928). *Understanding human nature.* London: Allen and Unwin.

——. (1936). On the interpretation of dreams. *International Journal of Individual Psychology, 1,* 3-16.

Adorno, T.; Frenkel-Brunswik, E.; Levinson, D.; & Sanford, R. N. (1950). *The authoritarian personality.* New York: Harper.

Ainsworth, M. D. S. (1969). Object relations, dependency, and attachment: A theoretical review of the infant-mother relationship. *Child Development, 40,* 969-1025.

——. (1979). Infant-mother attachment. *American Psychologist, 34*(10), 932-937.

——; Blehar, M. C.; Waters, E.; & Wall, S. (1978). *Patterns of a psychological study of the stranger situation.* Hillsdale, N. J.: Erlbaum.

ASJA Newsletter. (1982). Banning sequel. American Society of Journalists and Authors, January, p. 10.

Allport, G. W. (1937). *Psicología de la personalidad.* Buenos Aires, Paidós, 1970.

—— (1961). *La personalidad, su configuración y desarrollo.* Barcelona, Herder, 8.ª ed., 1986.

—— & Odbert, H. S. (1936). Traitnames: A psycho-lexical study. *Psychological Monographs, 47,* Whole No. 211.

—— & Postman, L. J. (1958). The basic psychology of rumor. En E. E. Maccoby, T. M. Newcomb, & E. L. Hartley (Eds.). *Readings in social psychology (3.ª ed.).* New York: Holt, Rinehart, y Winston.

Altman, I., & Taylor, D. (1973). *Social penetration: The development of interpersonal relations.* New York: Holt, Rinehart, y Winston.

American Bar Association Journal. (1978). Hypnotized man remembers too much, **64,** 187.

American heritage dictionary of the English language (1971). W. Morris (Ed.). Boston: Houghton Mifflin.

American Psychological Association (1982). *Ethical principles in the conduct of research with human participants.* Washington, D. C.: American Psychological Association.

Amoore, J. E. (1970). *Molecular basis of odor.* Springfield, Ill.: Charles C. Thomas.

——; Johnston, J. W.; Rubin, M. (1964). The stereochemical theory of odor. *Scientific American, 210*(2), 42-49.

Anastasi, A. (1976). *Psychological testing* (4.ª ed.). New York: Macmillan.

—— & Schaefer, C. E. (1971). Note on concepts of creativity and intelligence. *Journal of Creative Behavior, 3,* 113-116.

Anders, T.; Caraskadon, M.; & Dement, W. (1980). Sleep and sleepiness in children and adolescents. En I. Litt (Ed.), *Adolescent medicine. Pediatric Clinics of North America, 27*(1), 29-44.

Anderson, J. R. (1980). *Cognitive psychology and its implications.* San Francisco: W. H. Freeman.

Appel, L.; Cooper, R.; McCarrell, B.; Sims-Knight, J.; Yussen, S.; & Flavell, J. (1972). The development of the distinction between perceiving

and memorizing. *Child Development, 43,* 1365-1381.

Applebaum, P. S. (1982). Can mental patients say no to drugs? *The New York Times Magazine,* March 21, págs. 46, 51-57.

Arend, R.; Gove, F.; & Sroufe, L. A. (1979). Continuity of individual adaptation from infancy to kindergarten: A predictive study of ego-resiliency and curiosity in preschoolers. *Child Development, 50,* 950-959.

Ariès, P. (1962). *Centuries of childbood.* New York: Random House.

Aronson, E. (1980). *The social animal* (3.ª ed.). San Francisco: W. H. Freeman.

—— & Bridgeman, D. (1979). Jigsaw groups and the desegregated classroom: In pursuit of common goals. *Personality and Social Psychology Bulletin, 5,* 438-446.

——; Helmreich, R.; & LeFran, J. (1970). To err is humanizing-sometimes: Effects of self-esteem, competence, and a pratfall on interpersonal attraction. *Journal of Personality and Social Psychology, 16,* 259-264.

——; Stephan, C.; Sikes, J.; Blaney, N.; & Snapp, M. (1978). *The jigsaw classroom.* Beverly Hills, Calif.: Sage.

——; Willerman, B.; & Floyd, J. (1966). The effect of a pratfall on increasing interpersonal attractiveness. *Psychonomic Science, 4,* 227-228.

Asch, S. E. (1955). Opinions and social pressure. *Scientific American, 193*(5), 31-35.

—— (1956). Studies of independence and conformity: A minority of one against a unanimous majority. *Psychological Monographs, 9,* Whole No. 416.

Aserinsky, E., & Kleitman, N. (1953). Regularly occurring periods of eye motility and concomitant phenomena during sleep. *Science, 118,* 273.

Ash, P.; Vennart, J.; & Carter, C.

(1977). The incidence of hereditary disease in man. *Lancet* (April), 849-851.

Atkinson, J. W. (1957). Motivational determinant of risk-taking behavior. *Psychological Review*, **64**, 359-372.

Atkinson, R. C., & Shiffrin, R. M. (1968). Human memory: A proposed system and its control processes. En K. W. Spence y J. T. Spence (Eds.), *The psychology of learning and motivation: Advances in research and theory*, vol. 2. New York: Academic Press.

—— & —— (1971). The control of short-term memory. *Scientific American*, **225**, 82-90.

Bachman, J. G.; O'Malley, P. M.; & Johnston, J. (1978). *Youth in transition*, vol. 6. Ann Arbor, Mich.: Institute for Social Research.

Bachrach, A. J.; Erwin, W. J.; & Mohn, J. P. (1965). The control of eating behavior in an anorexic by operant conditioning techniques. En L. Ullman y L. Krasner (Eds.), *Case studies in behavior modification*. New York: Holt, Rinehart and Winston.

Backman, C. W. (1981). Attraction in interpersonal relationships. En M. Rosenberg y R. H. Turner (Eds.), *Social psychology*. New York: Basic Books.

—— & Secord, P. F. (1959). The effect of perceived on interpersonal attraction. *Human Relations*, **12**, 379-384.

Baker, L., & Barcai, A. (1968). Personal interview with S. W. Olds, Philadelphia, Pa., December.

Balkwell, C. (1981). Transition to widowhood: A review of the literature. *Family Relations*, **30**, 117-127.

Ballinger, C. B. (1981). The menopause and its syndromes. En J. G. Howells (Ed.), *Modern perspectives in the psychiatry of middle age*. New York: Brunner/Mazel, pp. 279-303.

Baltes, P. B.; Reese, H. W.; & Lipsitt, L. P. (1980). Life-span developmental psychology. En M. R. Rosenzweig y L. W. Porter (Eds.), *Annual review of psychology*, vol. 31. Palo Alto, Calif.: Annual Reviews.

Bandura, A. (1964). The stormy decade: Fact or fiction? *Psychology in the Schools*, **1**, 224-231.

—— (1965). Vicarious processes: A case of no-trial learning. In L. Berkowitz (Ed.), *Advances in experimental social psychology*, vol. 2. New York: Academic Press.

—— (1968). A social learning interpretation of psychological dysfunctions. En P. London y D. Rosenhan (Eds.), *Foundations of abnormal psychology*. New York: Holt.

—— (1974). Behavior theory and the models of man. *American Psychologist*, **19**, 859-869.

—— (1970). Modelling therapy. En W. Sahakian (Ed.), *Psychopathology today: Experimentation, theory, and research*. Itasca, Ill: Peacock, págs. 547-557.

—— (1971). *Social learning theory*. Englewood Cliffs, N. J.: Prentice-Hall.

—— & Huston, A. (1961). Identification as a process of incidental learning. *Journal of Abnormal and Social Psychology*, **63**(12), 311-318.

——; Ross, D.; & Ross, S. (1963). Imitation of film-mediated aggressive models. *Journal of Abnormal and Social Psychology*, **66**(1), 3-11.

——; Ross, D.; and Ross, S. (1961). Transmission of aggression through imitation of aggressive models. *Journal of Abnormal and Social Psychology*, **63**, 575-582.

—— & Walters, R. H. (1963). *Social learning and personality development*. New York: Holt.

Banks, M. S.; Aslin, R. N.; & Letson, R. D. (1975). Sensitive period for the development of human binocular vision. *Science*, **190**, 675-677.

Banta, D., & Thacker, S. (1979). Electronic fetal monitoring: Is it a benefit? *Birth and the Family Journal*, **6**(4), 237-249.

Barahal, H. S. (1958). 1,000 prefrontal lobotomies—A five to ten-year follow-up study. *Psychiatric Quarterly*, **32**, 653-658.

Barber, T. X. (1970). *LSD, marihuana, yoga, and hypnosis*. Chicago: Aldine.

—— & Wilson, S. C. (1977). Hypnosis, suggestions, and altered states of consciousness: Experimental evaluation of the new cognitive behavioral theory and the traditional trance-state theory of hypnosis. En W. E. Edmonston, Jr. (Ed.), *Conceptual and investigative approaches to hypnosis and hypnotic phenomena*. New York: New York Academy of Sciences.

Bard, P. (1938). Studies in the cortical representation of somatic sensibility. *Harvey Lectures*, **33**, 143-169.

Barfield, R. E., & Morgan, J. N. (1974). *Early retirement: The decision and the experience and a second look*. Ann Arbor: Institute for Social Research.

—— & (1978). Trends in satisfaction with retirement. *The Gerontologist*, **18**(1), 19-23.

Barlow, H. B., & Mollon, J. D. (1982). *The senses*. Cambridge, England: Cambridge University Press.

Barnes, A.; Colton, T.; Gunderson, J.; Noller, K.; Tilley, B.; Strama, T.; Townsend, D.; Hatab, P.; & O'Brien, P. (1980). Fertility and outcome of pregnancy in women exposed in utero to diethylstilbestrol. *New England Journal of Medicine*, **302**(11), 609-613.

Baron, R. A. (1977). *Human aggression*. New York: Plenum.

Barron, J. (1981). Ex-controllers facing hardships. *The New York Times*, December 5, pág. 27.

Bartoshuk, L. M. (1974). Taste illusions: Some demonstrations. *Annals of the New York Academy of Sciences*, **237**, 279-285.

Baruch, G.; Barnett, R.; y Rivers, C. (1983). *Lifeprints*. New York: McGraw-Hill.

Bassuk, E. L., & Gerson, S. (1978). Deinstitutionalization and mental health services. *Scientific American*, **238**(2), 46-53.

Bateson, G.; Jackson, D. D.; Haley, J.; & Weakland, J. (1956). Doublebind hypothesis of schizophrenia. *Behavioral Science*, **1**, 251-264.

Baumann, D. J.; Cialdini, R. B.; & Kenrick, D. T. (1981). Altruism as hedonism: Helping and self-gratification as equivalent responses. *Journal of Personality and Social Psychology*, **40**(6), 1039-1046.

Baumrind, D. (1964). Some thoughts on ethics of research: After reading Milgram's «Behavioral study of obedience». *American Psychologist,* **19,** 421-423.

—— (1967). Child care practices anteceding three patterns of preschool behavior. *Genetic Psychology Monograph,* **75,** 43-88.

—— (1970). Socialization and instrumental competence in young children. *Young Children,* **26**(2).

—— & Black, A. (1967). Socialization practices associated with dimensions of competence in pre-school boys and girls. *Child Development,* **38,** 291-327.

Bayer, A. E. (1967). Birth order and attainment of the doctorate: A test of an economic hypothesis. *American Journal of Sociology,* **72,** 540-550.

Beard, R. J. (1975). The menopause. *British Journal of Hospital Medicine,* **12,** 631-637.

Beck, A. T., & Burns, D. (1978). Cognitive therapy of depressed suicidal outpatients. En J. O. Cole, A. F. Schatzberg, y S. H. Frazier (Eds.), *Depression: biology, pschodynamics, and treatment.* New York: Plenum.

Behavioral Medicine (1981). Special reports; Stress in the air—air traffic controllers: Casualities of stress? *Behavioral Medicine,* **8**(9), 30-35.

Behrman, R. E., & Vaughan, V. C. (1983). *Textbook of pediactrics* (4th ed.). Philadelphia: Saunders.

Bell, A. P., & Weinberg, M. S. (1978). *Homosexualities: A study of diversity among men and women.* New York: Simon y Schuster.

——; ——; & Hammersmith, S. K. (1981). *Sexual preference: Its development in men and women.* Bloomington: Indiana University Press.

Belmont, L., & Morolla, A. F. (1973). Birth order, family size, and intelligence. *Science,* **182,** 1096-1101.

Bem, D. J. (1967). Self-perception: An alternative interpretation of cognitive dissonance phenomena. *Psychological Review,* **74**(3), 183-200.

—— (1970). *Beliefs, attitudes and human affairs.* Belmont, Calif.: Brooks/Cole.

—— & Allen, A. (1974). On predicting some of the people some of the time: The search for cross-situational consistencies in behavior. *Psychological Review,* **81**(6), 506-520.

Bem, S. L. (1974). The measurement of psychological androgyny. *Journal of Consulting and Clinical Psychology,* **42**(2), 155-162.

—— (1976). Probing the promise of androgyny. En A. G. Kaplan y J. P. Bean (Eds.), *Beyond sexrole stereotypes: Readings toward a psychology of androgyny.* Boston: Little, Brown.

Bemis, K. M. (1978). Current approaches to the etiology and treatment of anorexia nervosa. *Psychological Bulletin,* **85,** 593-617.

Benderly, B. L. (1981). Flashbulb memory. *Psychology Today,* **15**(6), 71-74.

Bennett, F. C.; Robinson, N. M.; y Sells, C. J. (1983). Growth and development of infants weighing less than 800 grams at birth. *Pediatrics,* **71**(3), 319-323.

Bennett, W., & Gurin, J. (1982). *The dieter's dilemma: Eating less and weighing more.* New York: Basic Books.

Benson, H. (1975). *The relaxation response.* New York: Morrow.

Bentovim, A. (1979). Family therapy when the child is the referred patient. En S. Bloch (Ed.), *An introduc. tion to the psychotherapies.* Oxford, England: Oxford University Press.

Berger, R. M. (1982). *Gay and gray: The older homosexual male.* Urbana: University of Illinois Press.

Berlyne, D. E. (1971). *Aesthetics and psychobiology.* New York: Appleton-Century-Crofts.

Bernstein, A. C., & Cowen, P. (1977). Children's concepts of how people get babies. En E. M. Hetherington y R. D. Parke (Eds.), *Contemporary readings in child psychology.* New York: McGraw-Hill.

Berscheid, E. S. (1983). Personal communication to the authors, March 25.

—— & Campbell, B. (1981). The changing longevity of heterosexual close relationships. En M. J. Lerner, y S. C. Lerner (Eds.), *The justice motive in social behavior.* New York: Plenum.

—— & Walster, E. (1978). *Interpersonal attraction* (2.ª ed.). Reading, Mass.: Addison-Wesley.

——; ——; & Bohrnstedt, G. (1973). The happy American body, a survey report. *Psychology Today,* **7**(6), 119-131.

Bibring, E. (1954). Psychoanalysis and the dynamic psychotherapies. *Journal of the American Psychoanalytic Association,* **2,** 745-770.

Bing, E. (1963). Effects of childrearing practices on development of different cognitive abilities. *Child Development,* **34,** 631-648.

Birns, B. (1976). The emergence and socialization of sex differences in the earliest years. *Merrill-Palmer Quarterly,* **22,** 229-254.

Blake, J. (1981). The only child in America: Prejudice vs. performance. *Population and Development Review,* **1,** 43-54.

Blakemore, C. (1977). *Mechanics of the mind.* Cambridge, England: Cambridge University Press.

Bloch, S. (1979). Group psychotherapy. En S. (1979). Group psychotherapy. *the psychotherapies.* Oxford, England: Oxford University Press.

Block, J. H. (1978). Another look at sex differentiation in the socialization behaviors of mothers and fathers. En F. Wenmark y J. Sherman (Eds.), *Psychology of women: future direction of research.* New York: Psychological Dimensions.

—— (1981). Some enduring and consequential structures of personality. En A. I. Rabin y otros (Eds.), *Further explorations of personality.* New York: Wiley.

Blodgett, H. C. (1929). The effect of the introduction of reward upon the maze performance of rats. *University of California Publication of Psychology,* **4**(8), 120.

Bloom, A. (1981). *The linguistic shaping of thounght: A study in the impact on thinking in China and the West.* Hillsdale, N. J.: Erlbaum.

Bloom, B. L.; Asher, S. J.; & White, S.

W. (1978). Marital disruption as a stressor: A review and analysis. *Psychological Bulletin*, **85**, 867-894.

Bluebond-Langner, M. (1977). Meanings of death to children. En H. Feifel (Ed.), *New meanings of death*. New York: McGraw-Hill.

Blum, J. E.; Fosshage, J. I.; & Jarvik, L. F. (1972). Intellectual changes and sex differences in octogenarians. A twenty-year longitudinal study of aging. *Developmental Psychology*, **7**, 178-187.

——; Jarvik, L. F.; & Clark, E. T. (1970). Rate of change on selective tests of intelligence. A twenty-year longitudinal study of aging. *Journal of Gerontology*, **25**, 171-176.

Blumstein, P., & Schwartz, P. (1983). *American couples: Money, work, sex*. New York: Morrow.

Boffey, P. M. (1981). Worldwide use of Valium draws new scrutiny. *The New York Times*, October 13, págs. C1-2.

—— (1981). Panel clears 2 accused of scientific fraud in alcoholism study. *The New York Times*,.November 5, p. A12.

Boice, R. (1982). Increasing the writing productivity of 'blocked' academicians. *Behavioral Research and Therapy*, **20**, 197-207.

Bolles, R. C., & Fanselow, M. S. (1982). Endorphins and behavior. En M. R. Rosenzweig y L. W. Porter (Eds.), *Annual review of psychology*. Palo Alto, Calif.: Annual Reviews.

Bolton, R. (1973). Aggression and hypoglycemia among the Qolla: A study in psychobiological anthropology. *Ethnology*, **12**, 227-257.

Bootzin, M. (1975). *Behavior modification and therapy, an introduction*. Cambridge, Mass.: Winthrop.

Boss, P. G. (1985). Family stress: Perception and context. En M. Sussman y S. Steinmetz (Eds.), *Handbook of marriage and the family*. New York: Plenum.

——; McCubbin, H. J.; & Lester, G. (1979). The corporate executive wife's coping patterns in response to routine husband-father absence. *Family Process*, **18**, 79-86.

Boston Children's Medical Center

(1972). *Pregnancy, birth and the newborn baby*. Boston: Delacorte.

Bottoms, S. F.; Kuhnert, B. R.; Kuhnert, P. M.; & Reese, A. L. (1982). Maternal passive smoking and fetal serum thiocyanate levels. *American Journal of Obstetrics and Gynecology*, **144**, 787-791.

Botwinick, J.; West, R.; & Storandt, M. (1978). Predicting death from behavioral test performance. *Journal of Gerontology*, **33**(5), 755-762.

Bouchard, T. J. (1981). The study of mental ability using twin and adoption designs. *Twin research 3: Intelligence, personality and development*. New York: Liss, págs. 21-23.

——; Heston, L.; Eckert, E.; Keyes, M.; & Resnick, S. (1981). The Minnesota study of twins reared apart: Project description and sample results in the developmental domain. En *Twin research 3: Intelligence, personality and development*. New York: Liss.

Bouchard, T. J., & McGue, M. (1981). Familial studies of intelligence: A review. *Science*, **212**(29), 1055-1058.

Bourne, L. E. (1967). Learning and utilization of conceptual rules. En B. Kleinmuntz (Ed.) *Memory and the structure of concepts*. New York.

—— (1970). Knowing and using concepts. *Psychological Review*, **77**, 546-556.

——; Dominowski, R. L.; & Loftus, E. F. (1979). *Cognitive processes*. Englewood Cliffs, N. J.: Prentice-Hall.

Bousfield, W. A. (1953). The occurrence of clustering in the recall of randomly arranged associates. *Journal of General Psychology*, **49**, 229-240.

Bower, G. H. (1973). How to... uh... remember. *Psychology Today* (October), 63-70.

—— (1981). Mood and memory. *American Psychologist*, **36**(2), 129-148.

Bowers, K. (1973). Situationism in psychology: An analysis and a critique. *Psychological Review*, **80**(5), 307-336.

Brackbill, Y., & Broman, S. (1979). Obstetrical medication and develop-

ment in the first year of life. Manuscrito no publicado.

Brady, J. V. (1967). Emotion and sensitivity of psychoendocrine systems. En D. C. Glass (Ed.), *Neurophysiology and emotion*. New York: Rockefeller University Press.

—— (1975). Towards a behavioral biology of emotion. En L. Levi (Ed.), *Emotions: Their parameters and measurement*. New York: Raven Press.

Bredehoft, D. (1981). Marital satisfaction: A comparison of childed, empty-nest, and childfree couples. Artículo presentado en el encuentro anual del National Council on Family Relations, Milwaukee, Wisconsin, October.

Bregman, E. O. (1934). An attempt to modify the emotional attitudes of infants by the conditioned response technique. *Journal of Genetic Psychology*, **45**, 169-198.

Brehm, J. W.; Gatz, M.; Goethals, G.; McGrimmon, J.; & Ward, L. (1970). Psychological arousal and interpersonal attraction.

Breland, K., & Breland, M. (1951). A field of applied animal psychology. *American Psychologist*, **6**, 202-204.

—— & —— (1961). The misbehavior of organism. *American Psychologist*, **16**, 681-684.

Brent, R. (1981). Ultrasonography in fetal diagnosis. *Pediatric Annals*, **10**(2), 49-60.

Brewster, A. B. (1982). Chronically ill hospitalized children's concepts of their illness. *Pediatrics*, **69**, 355-362.

Bridges, K. M. B. (1932). Emotional development in early infancy. *Child Development*, **3**, 324-341.

Briley, M. (1980). Burnout stress and the human energy crisis. *Dynamic Years* (July-August), 36-39.

Brim, O. G. & Kagan, J. (Eds.) (1980). *Constancy and change in human development*. Cambridge, Mass.: Harvard University Press.

Brittain, C. (1963). Adolescent choices and parent-peer crosspressure. *American Sociological Review*, **28**, 385-391.

Brodbeck, A. J., & Irwin, O. C. (1946). The speech behavior of infants without families. *Child Development*, **17**, 145-156.

Brody, E. B., & Brody, N. (1976). *Intelligence*. New York: Academic Press.

Brody, J. E. (1982). Noise poses a growing threat, affecting hearing and behavior. *The New York Times*, November 16, págs. C1, C5.

—— (1983). How drugs can cause decreased sexuality. *The New York Times*, September 28, págs. C1, C10.

Bromley, D. B. (1974). *The psychology of human aging* (2d ed.). Middlesex, England: Penguin.

Brooks, J., & Weintraub, M. (1976). A history of infant intelligence testing. En M. Lewis (Ed.), *Origins of intelligence*. New York: Plenum.

Brouilette, R. T.; Fernbach, S. K.; & Hunt, C. E. (1982). Obstructive sleep apnea in infants and children. *Journal of Pediatrics*, **100**(1), 31-40.

Brown, P., & Elliot, R. (1965). Control of aggression in a nursery school class. *Journal of Experimental Child Psychology*, **2**, 103-107.

Brown, R. (1973a). Development of the first language in the human species. *American Psychologist*, **28**(2), 97-106.

—— (1973b). *A first language: The early stages*. Cambridge, Mass.: Harvard University Press.

—— & Kulik, J. (1977). Flashbulb memories. *Cognition*, **5**, 73-99.

—— & Lenneberg, E. H. (1954). A study in language and cognition. *Journal of Abnormal Social Psychology*, **49**, 454-462.

—— & McNeill, D. (1966). The «tip of the tongue» phenomenon. *Journal of Verbal Learning and Verbal Behavior*, **5**, 325-337.

Bruner, J. S.; Goodnow, J. J.; Austin, G. A. (1956). *A study of thinking*. New York: Wiley.

Bukowski, C. (1972). *Mockingbird wish me luck*. Los Angeles: Black Sparrow Press.

Burgess, E. W., & Wallin, P. (1953). *Engagement and marriage*. Philadelphia: Lippincott.

Burke, B. S.; Beal, V. A.; Kirkwood, S. B.; Stuart, H. (1943). Nutrition studies during pregnancy. *American Journal of Obstetrics and Gynecology*, **46**, 38-52.

Burstein, B.; Bank, L.; & Jarvik, L. F. (1980). Sex differences in cognitive functioning: Evidence, determinants, and implications. *Human Development*, **23**, 289-313.

Bush, T. L.; Cowan, L. D.; Barrett-Connor, E.; Criqui, M. H.; Karon, J. M.; Wallace, R. B.; Tyroler, H. A., & Rifkind, B. M. (1983). «Estrogen use and allcause mortality: Preliminary results from the Lipid Research Clinics program follow-up study», *Journal of the American Medical Association*, vol. 249, número 7, págs. 903-906.

Bustillo, M.; Buster, J. E.; Cohen, S. W.; Hamilton, F.; Thorneycroft, I. H.; Simon, J. A.; Rodi, I. A.; Boyers, S.; Marshall, J. R.; Louw, J. A.; Seed, R.; & Seed, R. (1984). Delivery of a healthy infant following nonsurgical ovum transfer. *Journal of the American Medical Association*, **215**(7), 889.

Butler, R. (1961). Re-awakening interests: Nursing homes. *Journal of American Nursing Home Association*, **10**, 8-19.

—— (1975). *Why survive? Being old in America*. New York: Harper and Row.

Butterfield, E., & Siperstein, G. (1972). Influence of contingent auditory stimulation upon nonnutritional suckle. En J. Bosma (Ed.), *Oral sensation and perception: The mouth of the infant*. Springfield, Ill.: Charles C. Thomas.

Butters, N., & Cermak, L. S. (1980). *Alcoholic Korsakoff's syndrome*. New York: Academic Press.

Byrne, D. (1961). Interpersonal attraction and attitude similarity. *Journal of Abnormal and Social Psychology*, **62**, 713-715.

—— (1969). Attitudes and attraction. En L. Berkowitz (Ed.), *Advances in experimental social psychology*. New York: Academic Press, pág. 35-85.

—— (1971). *The attraction paradigm*. New York: Academic Press.

——; Clore, G. L.; & Worchel, P. (1966). The effect of economic similarity-dissimilarity on interpersonal attraction. *Journal of Personality and Social Psychology*, **4**, 220-224.

—— & Griffitt, W. (1973). Interpersonal attraction. En P. Mussen y M. R. Rosenzweig (Eds.), *Annual Review of Psychology*, vol. 24. Palo Alto, Calif.: Annual Reviews.

——; London, O.; & Reeves, K. (1968). The effects of physical attractiveness, sex, and attitude similarity on interpersonal attraction. *Journal of Personality*, **36**, 259-271.

Cain, W. S. (1981). Educating your nose. *Psychology Today* (July), 49-56.

Cannon, W. B. (1927). The James-Lange theory of emotions: A critical examination y an alternative theory. *American Journal of Psychology*, **39**, 106-124.

Cannon, W. B., & Washburn, A. L. (1912). An explanation of hunger. *American Journal of Physiology*, **29**, 441-454.

Carew, T. J.; Hawkins, R. D.; & Kandel, E. R. (1983). Differential classical conditioning of a defensive withdrawal in *Aplysia californica* Science (January 28), **219**, 397-400.

Carrera, M. A. (1983). Some reflections on adolescent sexuality. *SIECUS Report*. Publicado por Sex Information and Education Council of the U. S. New York, **11**(4), 1-2.

Carrol, M. (1982). Scores low, city ends civil service tests. *The New York Times*, December 8, págs. B1, B21.

Carstairs, G. M., & Kapur, R. L. (1976). *The great universe of Kota*. Berkeley, Ca.: University of California Press.

Cartwright, R. D. (1977). *A primer on sleep and dreaming*. Reading, Mass.: Addison-Wesley.

Carver, C. S., & Scheier, M. F. (1978). Self-focusing effects of dispositional self-consciousness, mirrorpresence, and audience presence. *Journal of Personality and Social Psychology*, **36**, 324-332.

Castillo, M., & Butterworth, G. (1981). Neonatal localization of a sound in visual space. *Perception*, **10**, 331-338.

Cattell, P. (1960). *The measurement of intelligence of infants and young children*. New York: Psychological Corp.

Cattell, R. B. (1965). *El análisis científico de la personalidad*. Barcelona, Fontanella, 1972.

Cazden, C. B. (1971). Suggestions from studies of early language acquisition. En R. H. Anderson y H. G. Shane (Eds.), *As the twig is bent: Readings in early childhood education*. Boston: Houghton Mifflin.

Chase, M. H. (1981). The dreamer's paralysis. *Psychology Today*, 15(11), 108.

Check, W. (1979). Antenatal diagnosis: What is «standard»? *Journal of the American Medical Association*, 241(16), 1666ff.

Cherniak, N. S. (1981). Respiratory disrythmias during sleep. *New England Journal of Medicine*, 306(6), 325-330.

Chesterfield, Lord (1968). *Letters to his son*. En. B. Evans (Ed.), *Dictionary of quotations*. New York: Delacorte.

Chilman, C. S. (1982). Adolescent childbearing in the United States: Apparent causes and consequences. En T. M. Field, A. Huston, H. C. Quay, L. Troll, y G. E. Finley (Eds.), *Review of human development*. New York: Wiley.

Chomsky, C. (1969). *The acquisition of syntax in children from five to ten*. Cambridge, Mass.: MIT Press.

Chomsky, N. (1965). *Aspects of the theory of syntax*. Cambridge, Mass.: MIT Press.

—— (1968). *Language and mind*. New York: Harcourt, Brace, & World.

Cicirelli, V. G. (1980). Personal communication to S. W. Olds, November 14.

—— (1982). Sibling influence throughout the lifespan. En M. E. Lamb y B. Sutton-Smith (Eds.), *Sibling relationships: Their nature and significance across the lifespan*. Hillsdale, N. J.: Erlbaum.

Claridge, G. (1972). The schizophrenias as nervous types. *British Journal of Psychiatry*, 121, 1-17.

Clark, M. (1979). Drugs and psychiatry: A new era. *Newsweek* (November 12), 98-104.

—— con Shapiro, D. (1980). Scanning the human mind. *Newsweek* (September 29), 63.

—— con Witherspoon, D. (1983). Reagan's hearing problem. *Newsweek* (September 19), 91.

Claudy, J. G.; Farrell, W. S.; & Dayton, C. W. (1979). *The consequences of being an only child: An analysis of project talent data*. Final Report (núm. NO1-HD-82854). Center for Population Research, National Institutes of Health, December.

Clayton, V., & Overton, W. (1973). The role of formal operational thought in the aging process. Artículo presentado en el encuentro anual del Gerontological Society, Miami.

Clinical Pediatrics (1979). NIH consensus development conference. *Clinical Pediatrics*, 18(9), 535-538.

Clore, G. L., & Byrne, D. (1974). A reinforcement-affect model of attraction. En T. L. Huston (Ed.), *Foundations of interpersonal attraction*. New York: Academic Press, págs. 143-170.

Coe, W. C., & Ryken, K. (1979). Hypnosis and risks to human subjects. *American Psychologist*, 34(3), 673-681.

—— & Sarbin, T. R. (1977). Hypnosis from the standpoint of a contextualist. En W. E. Edmonston, Jr. (Ed.), *Conceptual and investigative approaches to hypnosis and hypnotic phenomena*. New York: New York Academy of Sciences.

Cohen, D.; Schaie, K. W.; & Gribbin, K. (1977). The organization of spatial abilities-in older men and women. *Journal of Gerontology*, 32, 578-585.

Cohen, S. (1980). Aftereffects of stress on human performance and social behavior: A review of research and theory. *Psychological Bulletin*, 88(1), 82-108.

Cohn, V. (1975). New method of delivering babies cuts down «torture of the innocent». *Capital Times*, November 5.

Colao, F., & Hosansky, T. (1982). *The key to having fun is being safe*. New York: The Safety and Fitness Exchange.

Cole, S. (1980). Send our children to work? *Psychology Today*, 14(2), 44ff.

Colegrove, F. W. (1899). The day they heard about Lincoln. From F. W. Colegrove. Individual memories. *American Journal of Psychology*, 1899, 10, 228-255. [Reprinted in A. Neisser (Ed.), *Memory observed*. San Francisco: W. H. Freeman. 1982.]

Coleman, J. (1980). Friendship and the peer group in adolescence. En J. Adelson (Ed.), *Handbook of adolescent development*. New York: Wiley.

Colen, B. D. (1982). Should the police use hypnosis? *This World, San Francisco Chronicle Magazine* (March 7), p. 22.

Colman, A. (1980). Flattery won't get you everywhere. *Psychology Today*, 13(12), 80-82.

Condon, W., & Sander, L. (1974). Synchrony demonstrated between movements of the neonate and adult speech. *Child Development*, 45, 456-462.

Condry, J. C. (1977). Enemies of exploration. Self-initiated versus other-initiated learning. *Journal of Personality and Social Psychology*, 35, 459-477.

Conger, J. J. (1956). Reinforcement theory and the dynamics of alcoholism. *Quarterly Journal of Studies on Alcohol*, 17, 296-305.

Conklin, E. S. (1933). *Principles of adolescent psychology*. New York: Holt.

Coons, S., & Guilleminault, C. (1982). Development of sleepwake patterns and non-rapid eye movement sleep stages during the first six months of life in normal infants. *Pediatrics*, 69(6), 793-798.

Cooper, C. L. (1981). *The stress check*. Englewood Cliffs, N. J.: Prentice-Hall.

Corby, J. C.; Roth, W. T.; Zarcone, V. P.; & Kopell, B. S. (1978). Psychophysiological correlates of the practice of tantric yoga meditation. *Archives of General Psychiatry*, 35, 571-577.

Cornsweet, T. N. (1970). *Visual perception*. New York: Academic Press.

Costa, P. T. & McCrae, R. R. (1980). Still stable after all these years: Personality as a key to some issues in adulthood and old age. En P. B. Baltes y O. G. Brim (Eds.), *Life-span development and behavior,* vol. 3. New York: Academic Press.

Costain, D. W.; Cowen, P. J.; Gelder, M. G.; & Grahame-Smith, D. G. (1982). Electroconvulsive therapy and the brain: Evidence for increased dopamine-mediated responses. *Lancet* (August 21), 400-404.

Cowen, E. L. (1982). Help is where you find it: Four informal helping groups. *American Psychologist,* **37**(4), 385-395.

Coyle, J. T.; Price, D. L.; y De-Long, M. R. (1983). Alzheimer's disease: A disorder of cortical cholinergic innervation. *Science, 219,* 1184-1190.

Craik, F. I. M., & Lockhart, R. S. (1972). Levels of processing: A framework for memory research. *Journal of Verbal Learning and Verbal Behavior, 11,* 671-684.

—— & Tulving, E. (1975). Depth of processing and the retention of words in episodic memory. *Journal of Experimental Psychology* (General), **104,** 268-294.

Crandall, B. (1981). Alpha-fetoprotein: The diagnosis of neural-tube defects. *Pediatric Annals, 10*(2), 38-48.

Cratty, B. (1979). *Perceptual and motor development in infants and children.* Englewood Cliffs, N. J.: Prentice-Hall.

Crawford, H. (1982). Cognitive processing during hypnosis: Much unfinished business. *Research Communications in Psychology, Psychiatry and Behavior 7*(2), 169-178.

Crick, F., & Mitchison, G. (1983). The function of dream sleep. *Nature,* **304,** 111-114.

—— (1982). Do dendritic spines twitch? *Trends in Neuroscience* (February), 44-46.

Crook, T., & Eliot, E. (1980). Parental death during childhood and adult depression: A critical review of the literature. *Psychological Bulletin,* **87**(2), 252-259.

Cross, D. T.; Barclay, A.; & Burger, G. K. (1978). Differential effects of ethnic membership, sex, and occupation on the California Personality Inventory. *Journal of Personality Assessment,* **42,** 597-603.

Crovitz, E. (1966). Reversing a Learning deficit in the aged. *Journal of Gerontology, 21,* 236-238.

Curtis, S. (1977). *Genre.* New York: Academic.

Custance, J. (1952). *Wisdom, madness, & folly.* New York: Farrar, Straus, y Cudahy.

Cytrynbaum, S.; Blum, L.; Patrick, R.; Stein, J.; Wadner, D.; & Wilk, C. (1980). Midlife development: A personality and social systems perspective. En L. Poon (Ed.), *Aging in the 1980's: Psychological issues.* Washington, D. C.: American Psychological Association.

Dabbs, J. M., & Janis, I. L. (1965). Why does eating while reading facilitate opinion change? An experimental inquiry. *Journal of Experimental Social Psychology, 1,* 133-144.

Dalton, K. (1977). *The premenstrual syndrome and progesterone therapy.* London: Heinman.

Darley, J., & Bateson, C. D. (1973). From Jerusalem to Jericho: A study of situational and dispositional variables in helping behavior. *Journal of Personality and Social Psychology,* **27,** 100-108.

—— & Berscheid, E. (1967). Increased liking as a result of the anticipation of personal contact. *Human Relations,* **20,** 29-40.

Darwin, C. (1982). *The origin of species by means of natural selection.* 1859. London: Reedición de la 6.ª edición con correcciones y añadiduras. New York: Appleton.

Deaux, K. (1972). To err is humanizing: But sex makes a difference. *Representative Research in Social Psychology, 3,* 20-28.

DeCasper, A., & Fifer, W. (1980). Newborns prefer their mothers' voices. *Science,* **208,** 1174-1176.

Deci, E. L. (1975). *Intrinsic motivation.* New York: Plenum.

De Fries, J. C. & Plomin, R. (1978). Behavioral genetics. En M. R. Rosenzweig y L. W. Porter (Eds.), *Annual Review of Psychology,* vol. 29. Palo Alto, Calif.: Annual Reviews.

Dembroski, T. M.; Lasater, T. M.; & Ramírez, A. (1978). Communicator similarity, fear arousing communications, and compliance with health care recommendations. *Journal of Applied Social Psychology, 8,* 254-269.

—— & MacDougall, J. M. (1978). Stress effects on affiliation preferences among subjects possessing the type A coronary-prone pattern. *Journal of Personality and Social Psychology,* **36,** 23-33.

Dement, W. (1960). The effect of dream deprivation. *Science,* 1705-1707.

—— & Baird, W. P. (1977). *Narcolepsy: Care and treatment.* Stanford, Calif.: American Narcolepsy Association.

Dennis, W. (1960): Causes of retardation among institutional children: Iran. *Journal of Genetic Psychology,* **96,** 47-59.

Deutsch, M., & Collins, M. E. (1951). *Interracial housing: A psychological evaluation of a social experiment.* Minneapolis: University of Minnesota Press.

deVilliers, D. A., & deVilliers, J. (1979). *Early language.* Cambridge, Mass.: Harvard University Press.

Diagnostic and statistical manual of mental disorders (DESM I) (1952). Washington, D. C.: American Psychiatric Association.

Diagnostic and statistical manual of mental disorders (DSM II) (1968). Washington, D. C.: American Psychiatric Association.

Manual diagnóstico y estadístico de los transtornos mentales. Barcelona, Masson, 1983.

Dickey, W. (1981). I have had my vision. *The Key Reporter,* **67**(1), 1-4.

Dickson, W. P. (1979). Referential communication performance from age 4 to 8: Effects of referent type, context, and target position. *Developmental Psychology, 15*(4), 470-471.

Diener, E., & Wallbom, M. (1980). Effects of self-awareness on antinormative behavior. *Journal of Research in Personality, 39,* 449-459.

Dion, K. K., & Berscheid, E. (1974). Physical attractiveness and peer perception among children. *Sociometry*, **37,** 1-12.

——; ——; & Walster, E. (1972). What is beautiful is good. *Journal of Personality and Social Psychology*, **24,** 285-290.

Dittmann-Kohli, F., & Baltes, P. B. (In press). Toward a neofunctionalist conception of adult intellectual development: Wisdom as a prototypical case of intellectual growth. En C. Alexander y E. Langer (Eds.), *Beyond formal operations: Alternative endpoints to human development.*

Dodd, D. M.; Kinsman, R.; Klipp, R.; & Bourne, L. E., Jr. (1971). Effects of logic pretraining on conceptual rule learning. *Journal of Experimental Psychology*, **88,** 119-122.

Doering, C. H.; Kraemer, H. C.; Brodie, H. K. H.; & Hamburg, D. A. (1975). A cycle of plasma testosterone in the human male. *Journal of Clinical Endocrinology and Metabolism*, **40,** 492-500.

Doherty, W. J., & Jacobson, N. S. (1982). Marriage and the family. En B. B. Wolman (Ed.), *Handbook of developmental psychology.* Englewood Cliffs, N. J.: Prentice-Hall.

Dominick, J. R., & Greenberg, B. S. (1971). Attitudes towards violence: The interaction of television exposure, family attitudes, and social class. En G. A. Comstock y E. A. Rubinstein (Eds.), *Television and social behavior,* vol. 3: *Television and adolescent aggressiveness.* Washington, D. C.: Government Printing Office.

Donnerstein, E. (1980). Aggressive pornography and violence towards women. *Journal of Personality and Social Psychology*, **39,** 269-277.

—— & Malamuth, N. Pornography: Its consequences on the observer. En. L. B. Schlesinger & E. Revitch (Eds.), *Sexual dynamics of antisocial behavior* (1983), Charles C. Thomas.

Doob, A. N., & Climie, R. J. (1972). Delay of measurement and the effect of film violence. *Journal of Experimental Social Psychology*, **8,** 136-142.

Drachman, D. A., & Arbit, J. (1966). Memory and the hippocampal complex. *Archives of Neurology*, **15,** 52-61.

Dreyer, P. H. (1982). Sexuality during adolescence. En B. B. Wolman (Ed.), *Handbook of developmental psychology.* Englewood Cliffs, N. J.: Prentice-Hall.

Driscoll, R.; Davis, K. E.; & Lipetz, M. E. (1972). Parental interference and romantic love: The Romeo and Juliet effect. *Journal of Personality and Social Psychology*, **24**(1), 1-10.

Duncan, C. P. (1949). The retroactive effect of electroshock on learning. *Journal of Comparative and Physiological Psychology*, **42,** 32-44.

Dunker, K. (1945). On problemsolving. *Psychological Monographs*, **58**(5), Whole No. 270.

Dusek, D., & Girdano, D. A. (1980). *Drugs: A factual account.* Reading, Mass.: Addison-Wesley.

Dutton, D. G., & Aron, A. P. (1974). Some evidence for heightened sexual attraction under conditions of high anxiety. *Journal of Personality and Social Psychology*, **30,** 510-517.

Dyer, E. (1963). Parenthood as crisis: A re-study, *Marriage and Family Living*, **25,** 196-201.

Ebbinghaus, H. (1913). *Memory: A contribution to experimental psychology* (1885). H. A. Roger and C. E. Bussenius (Trans.). New York: Teachers College.

Ecker, N., & Weinstein, S. (1983). The relationship between attributions of sexual competency, physical appearance and narcissism. Artículo expuesto en la conferencia de Eastern Region, Society for Scientific Study of Sex, April 16, Philadelphia.

Eckerman, C. O., & Stein, M. R. (1982). The toddler's emerging interactive skills. In K. H. Rubin and H. S. Ross (Eds.), *Peer relationships and social skills in childhood.* New York: Springer-Verlag.

Eckert, E. D.; Heston, L. L., & Bouchard, T. J. (1981). MZ twins reared apart: Preliminary findings of psychiatric disturbances and traits. En *Twin research 3: Intelligence personality and development.* New York: Liss.

Ehrhardt, A. A., & Money, J. (1967). Progestin induced hermaphroditism: I. Q. and psychosocial identity. *Journal of Sexual Research*, **3,** 83-100.

Eimas, P.; Siqueland, E.; Juscrzyk, P.; & Vigorito, J. (1971). Speech perception in infants. *Science*, **171,** 303-306.

Eisenson, J.; Auer, J. J.; & Irwin, J. V. (1963). *The psychology of communication.* New York: Appleton-Century-Crofts.

Ekman, P.; Levenson, R. W.; & Friesen, W. V. (1983). Autonomic nervous system activity distinguishes among emotions. *Science,* **221,** 1208-1210.

Elliott, J. M. (1964). Measuring creative abilities in public relations and advertising work. En C. W. Taylor (Ed.), *Widening horizons in creativity.* New York: Wiley.

Ellis, A. (1958). Rational psychotherapy. *Journal of General Psychology*, **59,** 53-49.

—— (1974). *Humanistic psychotherapy.* New York: McGraw-Hill.

Emmerick, H. (1978). The influence of parents and peers on choices made by adolescents. *Journal of Youth and Adolescence*, **7**(2), 175-180.

Endler, N., & Edwards, J. (1982). Stress and personality. En L. Goldberger y S. Breznitz (Eds.), *Handbook of stress: Theoretical and clinical issues.* New York: Free Press.

Ericson, A.; Kallen, B.; & Westerholm, P. (1979). Cigarette smoking as an etiological factor in cleft lip and palate. *American Journal of Obstetrics and Gynecology*, **153,** 348-351.

Erikson, E. (1950, 1963). *Infancia y sociedad.* Buenos Aires, Hormé, 1976.

—— (1965). Youth: Fidelity and diversity. En E. Erikson (Ed.), *The challenge of youth.* New York: Anchor.

—— (1968). *Identidad, juventud y crisis.* Buenos Aires, Paidós, 1977.

Erlenmeyer-Kimling, L.; Cornblatt, B.; & Fleiss, J. (1979). High-risk research in schizophrenia. *Psychiatric Annals*, **9**(1), 79-102.

Eron, L. D. (1980). Prescription for

reduction of aggression. *American Psychologist,* **35**(3), 244-252.

——; Huesmann, L. R.; Lefkowitz, M. M.; & Walder, L. Q. (1972). Does television violence cause aggression? *American Psychologist,* **27**, 253-263.

Estes, E. H. (1969). Health experience in the elderly. En E. Busse y E. Pfeiffer (Eds.), *Behavior and adaptation in later life.* Boston: Little, Brown.

Esquirol, J. E. D. (1838). *Des maladies mentales consideres sous les rapports medical hygienique et medico-legal* (2 volúmenes). Paris: Bailliere.

Evans, F. J., & Orne, M. T. (1971). The disappearing hypnotist: The use of simulation subjects to evaluate how subjects perceive experimental procedures. *International Journal of Clinical and Experimental Hypnosis,* **19**, 277-296.

Eysenck, H. J. (1952). The effects of psychotherapy. *Journal of Consulting Psychiatry,* **16**, 319-324.

—— (1965). The effects of Psychotherapy. *International Journal of Psychiatry,* **1**, 97-142.

—— (1967). *The biological basis of personality:* Springfield, Ill.: Charles C. Thomas. Traducción en castellano: *Fundamentos biológicos de la personalidad.* Barcelona, Fontanella, 1978.

—— (1969). *The effects of psychotherapy.* New York: Science House.

—— & Kamin, L. (1981). *The intelligence controversy.* New York: Wiley.

—— & Prell, D. B. (1951). The inheritance of neuroticism: An experimental study. *Journal of Mental Science,* **97**, 441-446.

Fagan, J. F. (1982). Infant memory. In T. M. Field, A. Huston, H. C. Quay, L. Troll, and G. Finley (Eds.), *Review of human development.* New York: Wiley.

—— & McGrath, S. K. (1981). Infant recognition memory and later intelligence. *Intelligence,* **5**, 121-130.

Falbo, T. (1977). The only child: A

review. *Journal of Individual Psychology,* **33**(1), 47-61.

—— (1978). Reasons for having an only child. *Journal of population,* **1**, 181-184.

—— (1982). Only children in America. En M. E. Lamb y B. Sutton-Smith (Eds.), *Sibling relationships: Their nature and significance across the lifespan.* Hillsdale, N. J.: Erlbaum.

Falloon, I. R.; Boyd, J. R.; McGill, C. W.; Razini, J.; Moss, H. B.; & Gilderman, A. M. (1982). Family management in the prevention of exacerbations of schizophrenia. *New England Journal of Medicine.* **306**(24), 1437-1440.

Family Service Association (1981). Family stress tops list of problems. *Highlights,* **7**(6), 1, 7-8.

Fantz, R. L. (1956). A method for studying early visual development. *Perceptual and Motor Skills,* **6**, 13-15.

——. (1963). Pattern vision in newborn infants. *Science,* **140**, 296-297.

—— (1964). Visual experience in infants: Decreased anttention to familiar patterns relative to novel ones. *Science,* **146**, 668-670.

—— (1965). Visual perception from birth as shown by pattern selectivity. En H. E. Whipple (Ed.), *New issues in infant development, Annals of the New York Academy of Science,* **118**, 793-814.

—— Fagan, J.; & Miranda, S. B. (1975). Early visual selectivity. En L. Cohen y P. Salapatek (Eds.), *Infant perception: From sensation to cognition: basic visual processes,* vol. 1. New York: Academic.

—— & Nevis, S. (1967). Pattern preferences and perceptual-cognitive development in early infancy. *Merrill-Palmer Quarterly,* **13**, 77-108.

Faranda, J. A.; Kaminski, J. A.; & Gixa, B. K. (1979). An assessment of attitudes toward women with the bogus pipeline. Artículo presentado en la convención anual del American Psychological Association, New York, N. Y.

Farber, S. (1981). Telltale behavior of twins, *Psychology Today,* **15**(1), 60ff.

Federal Bureau of Investigation (1982). *Uniform crime reports for the United States.* Washington, D. C.: U. S. Department of Justice.

Fehr, L. A. (1976). J. Piaget and S. Claus: Psychological bedfellows. *Psychological Reports,* **39**, 740-742.

Fenton, G. W. (1975). Clinical disorders of sleep. *British Journal of Hospital Medicine* (August), 120-144.

Feron, J. (1982). Hypnosis is on trial at Stouffer hearing. *The New York Times,* February 5, págs. B1-2.

Festinger, L. (1975). *A theory of cognitive dissonance.* Stanford, Calif.: Stanford University Press.

—— (1962). Cognitive dissonance. *Scientific American* (January), 93-102.

—— & Carlsmith, J. M. (1959). Cognitive consequences of forced compliance. *Journal of Abnormal and Social Psychology,* **58**, 203-210.

—— Schachter, S.; & Back, K. (1950). *Social pressures in informal groups: A study of human factors in housing.* New York: Harper and Brothers.

Fishbein, D., & Thelen, M. H. (1981). Psychological factors in mate selection and marital satisfaction: A review. *Catalog of Selected Documents in Psychology,* **11**, 84.

Fishbein, M., & Ajzen, I. (1974). Attitudes toward objects as predictive of single and multiple behavioral criteria. *Psychological Review,* **81**, 59-74.

Fisher, S., & Greenberg, R. P. (1977). *Scientific creditability of Freud's theories and therapy.* New York: Basic Books.

Fiske, E. B. (1981). Youth outwits merit exam, raising, 240,000 scores. *The New York Times,* March 17, págs. A1, C4.

Flavell, J.; Beach, D.; & Chomsky, J. (1966). Spontaneous verbal rehearsal in a memory task as a function of age. *Child Development,* **37**, 238-200.

Fleming, A. (1980). New frontiers in conception. *The New York Times Magazine,* July 20, pág. 144.

Foley, V. D. (1979). Family therapy. En R. J. Corsini y contributers, *Current psychotherapies* (2.ª ed.) Itasca, Ill.: Peacock, págs. 460-499.

Forman, G., & Siegel, I. (1979). *Cognitive development: A life-span view*. Belmont, Calif.: Wadsworth.

Foulkes, W. D. (1964). Theories of dream and recent studies of sleep formation consciousness, *Psychological Bulletin*, **62**, 236-247.

Fouts, R. S. (1974). Language: Origin, definitions, and chimpanzees. *Journal of Human Evolution*, **3**, 475-482.

Frank, J. (1974). Psychotherapy: The restoration of morale. *American Journal of Psychiatry*, **131**(31), 271-274.

—— (1979). What is psychotherapy? In S. Bloch (Ed.), *An introduction to the psychotherapies*. New York: Oxford University Press.

Franken, R. E. (1982). *Human motivation*. Monterey, Calif.: Brooks/Cole.

Frankenhauser, M. (1980). Psychoneuroendocrine approaches to the study of stressful personenvironment interaction. En H. Selye (Ed.), *Selye's Guide to Stress Research*, vol. 1, New York: Van Nostrand Reinhold.

Freedman, D. (1983). *Margaret Mead and Samoa*. Cambridge, Mass.: Harvard University Press.

Freedman, J. L., & Sears, D. O. (1965). Warning distraction, and resistance to influence. *Journal of Personality and Social Psychology*, **1**, 262-266.

——; Sears, D. O.; & Carlsmith, J. M. (1981). *Social Psychology* (4th ed.). Englewood Cliffs, N. J.: Prentice-Hall.

Freeman, L. (1951). *Fight against fear*. New York: Crown.

—— & Strean, H. S. (1981). *Freud and women*. New York: Ungar.

Freeman, S.; Walker, M. R.; Borden, R.; Latane, B. (1975). Diffusion of responsibility and restaurant tipping: Cheaper by the bunch. *Personality and Social Psychology Bulletin*, **1**, 584-587.

Freud, S. (1949). Three essays on the theory of sexuality (1905). En *Standard Edition*, vol. 7. London: Hogarth. Traducción en castellano: En *Tres ensayos de vida sexual*. Obras completas, vol. 7. Buenos Aires, Amorrortu, 1978.

—— (1950). *El yo y el ello*. Obras completas, vol. 10. Buenos Aires, Amorrortu, 1979.

—— (1955). *La interpretación de los sueños*. Obras completas, vols. 4 y 5, Buenos Aires, Amorrortu, 1979.

Friedman, M., & Rosenman, R. H. (1974). *Type A behavior and your heart*. New York: Knopf.

Friedman, M. I. & Stricker, E. M. (1976). The physiological psychology of hunger: A physiological perspective. *Psychological Review*, **83**, 409-431.

Friedman, T. L. (1981). University head killed in Beirut; gunmen escape. *The New York Times*, January 19, p. A1, A8.

Fromkin, V.; Krashen, S.; Curtiss, S.; Rigler, D.; & Rigler, M. (1974). The development of language in Genie: Acquisition beyond the «critical period». *Brain and Language*, **1**, 81-107.

Frueh, T., & McGhee, P. (1975). Traditional sex role development and amount of time spent watching television. *Developmental Psychology*, **11**(1), 109.

Fuchs, F. (1980). Genetic amniocentesis. *Scientific American*, **242**(6), 47-53.

Funder, D. C., & Ozer, D. J. (1983). Behavior as a function of the situation. *Journal of Personality and Social Psychology*, **44**(1), 107-112.

Gaito, J. A. (1974). A biochemical approach to learning and memory: Fourteen years later. En G. Newton y A. H. Riesen (Eds.), *Advances in psychobiology*, vol. 2. New York: Wiley.

Gallagher, C. E. (1965). Opening Remarks. Testimony before House Special Subcommittee on Invasion of Privacy of the Committee on Government Operations. *The American Psychologist*, **20**, 955-988.

Galton, F. (1979). *Hereditary genius: An inquiry into laws and consequences* (1869). New York: St. Martin's Press.

—— (1883). *Inquiries into human faculty and development*. London: Macmillan.

Garai, J. E., & Scheinfeld, A. (1968). Sex differences in mental and behavioral traits. *Genetic Psychology Monographs*, **77**, 169-299.

Garcia, J. (1981). The logic and limits of mental aptitude testing. *American Psychologist*, **36**(10), 1172-1180.

—— & Koelling, R. A. (1966). Relation of cue to consequence in avoidance learning. *Psychometric Science*, **4**, 123-214.

Geboy, M. J. (1981). Who is listening to the «experts»? The use of child care materials by parents. *Family Relations*, **30**, 205-210.

Geen, R. G., & Quanty, M. B. (1977). The catharsis of aggression; An evaluation of a hypothesis. En L. Berkowitz (Ed.), *Advances in experimental social psychology*, vol. 10. New York: Academic Press.

Geldard, F. A. (1972). *The human senses*. New York: Wiley.

Geschwind, N. (1972). Language and the brain. *Scientific American*, **226**, 186.

Gesell, A. (1929). Maturation and infant behavior patterns. *Psychological Review*, **36**, 307-319.

—— & Armatruda, C. (1941). *Developmental diagnosis*. New York: Paul B. Hoeber.

Getzels, J. W., & Jackson, P. W. (1963). The highly intelligent and the highly creative adolescent: A summary of some research findings. En C. W. Taylor y F. Barron (Eds.), *Scientific creativity: Its recognition and development*. New York: Wiley.

Gewirtz, H. B., & Gewirtz, J. L. (1968). Caretaking settings, background events, and behavior differences in four Israeli childrearing environments: Some preliminary trends. En B. M. Foss (Ed.), *Determinants of infant behavior*, vol. 4. London: Methuen.

Gibson, J. J. (1950). *The perception of the visual world*. Boston: Houghton Mifflin.

Gil, D. G. (1971). Violence against children. *Journal of Marriage and the family*, **33**(4), 637-48.

Gilligan, C. (1977). In a different voice: Women's conception of self and of morality: *Harvard Educational Review*, **47**(4), 481-517.

—— (1982). *In a different voice*.

Cambridge, Mass.: Harvard University Press.

Ginzburg, E., et al. (1951). *Occupational choice: An approach to a general theory.* New York: Columbia University Press.

Gittleson, N. (1979). Maturing of Woody Allen. *The New York Times Magazine,* April 22, pág. 104.

Glanzer, M., & Cunitz, A. R. (1966). Two storage mechanisms in free recall. *Journal of Verbal Learning and Verbal Behavior,* **5,** 351-360.

Glass, A. L.; Holyoak, K. J.; & Santa, J. L. (1979). *Cognition.* San Francisco: W. H. Freeman.

Glass, D. (1977). *Behavior patterns, stress, and coronary disease.* Hillsdale, N. J.: Erlbaum.

—— & Carver, C. S. (1980). Environmental stress and the Type A response. En A. Baum y J. E. Singer (Eds.), *Advances in environmental psychology,* vol. 2: *Applications of personal control.* Hillsdale, N. J.: Erlbaum.

——; Neulinger, J.; & Brim, O. (1974). Birth order, verbal intelligence and educational aspirations. *Child Development,* **45**(3), 807-811.

—— & Singer, J. E. (1972). *Urban stress: Experiments on noise and social stressors.* New York: Academic Press.

Goertzel, V., & Goertzel, M. G. (1962). *Cradles of eminence.* Boston: Little, Brown.

Goffman, E. (1952). On cooling the mark out: Some aspects of adaptation to failure. *Psychiatry,* **15,** 451-463.

Golden, N. L., Sokol, R. J.; Kuhnert, B. R.; & Bottoms, S. (1982). Maternal alcohol use and infant development. *Pediatrics,* **70,** 931-934.

Goldfried, M. R.; Stricker, G.; & Weiner, I. R. (1971). *Rorschach handbook of clinical and research applications.* Englewood Cliffs, N. J.: Prentice-Hall.

Goldman, R.; Jaffa, M.; Schachter, S. (1968). Yom Kippur, Air France, dormitory food and eating behavior of obese and normal persons. *Journal of Personality and Social Psychology,* **10,** 117-123.

Goldstein, E. B. (1980). *Sensation and perception.* Belmont, Calif.: Wadsworth.

Goleman, D. (1980). 1528 little geniuses and how they grew. *Psychology Today,* **13**(9), 28-53.

—— (1981). Deadlines for change. *Psychology Today,* **15**(8), 60-69.

—— (1982). Staying up. *Psychology Today,* **16**(3), 24-35.

—— (1984). The aging mind proves capable of lifelong growth. *The New York Times,* February 21, págs. C1, C5.

Goodenough, D. (1967). Some recent studies of dream recall. En H. Witkin y H. Lewis (Eds.), *Experimental studies of dreaming.* New York: Random House.

Goodner, C. J., & Russell, J. A. (1965). Pancreas. En T. C. Ruch y H. D. Patton (Eds.), *Physiology and biophysics.* Philadelphia: Saunders.

Gordon, E., & Terrell, M. (1981). The changed social context of testing. *American Psychologist,* **36**(10), 1167-1171.

Gottesman, I. I. (1962). *Differential inheritance of the psychoneuroses. Eugenics Quarterly,* **9,** 223-227.

—— (1963). Heritability of personality. A demonstration. *Psychology Monographs.* **77**(9), Whole No. 572.

—— (1979). Schizophrenia and genetics: Toward understanding uncertainty. *Psychiatric Annals,* **9**(1), 54-78.

—— & Shields, J. (1966). Schizophrenia in twins: 16 years consecutive admission to a psychiatric clinic. *British Journal of Psychiatry,* 72, **112,** 809-818.

Gould, R. (1972). The phases of adult life: A study in developmental psychology. *American Journal of Psychiatry,* **129**(5), 521-531.

—— (1978). *Transformations.* New York: Simon y Schuster.

Gould, S. J. (1981). *The mismeasure of man.* New York: Norton.

Great, H. T.; Wicks, J. W.; & Neal, A. G. (1980). *Differential consequences of having been an only child versus a sibling child.* Final Report (núm. NIH-NO1-HD 92806), Center for Population Research.

Greenberg, M., & Morris, N. (1974). Engrossment: The newborn's impact upon the father. *American Journal of Orthopsychiatry,* **44**(4), 520-531.

Greenberg, S. B., & Peck, L. (1974). Personal communication.

Greenberger. E.; Steinberg, L.: Vaux, A.; & McAuliffe, S. (1980). Adolescents who work: Effects of part-time employment on family and peer relations. *Journal of Youth and Adolescence,* **9**(3), 189-202.

—— & —— (1985). *Work in teenage America.* Cambridge, Mass.: Harvard University Press.

Griffitt, W. B. (1970). Environmental effects on interpersonal affective behavior: Ambient effective temperature and attraction. *Journal of Personality and Social Psychology,* **15,** 240-244.

—— & Veitch, R. (1971). Hot and crowded: Influence of population density and temperature on interpersonal affective behavior. *Journal of Personality and Social Psychology,* **17,** 92-98.

Grinspoon, L., & Bakalar, J. B. (1979). *Psychedelic drugs reconsidered.* New York: Basic Books.

Grotevant, H., & Durrett, M. (1980). Occupational knowledge and career development in adolescence. *Journal of Vocational Behavior,* **17,** 171-172.

Group for the Advancement of Psychiatry (1973). *The joys and sorrows of parenthood.* New York: Scribner's.

Guilford, J. P. (1959). Three faces of intellect. *American Psychologist,* **14,** 469-479.

—— (1966). Intelligence; 1965 model. *American Psychologist,* **21,** 20-26.

—— (1967). *The nature of human intelligence.* New York: McGraw-Hill.

—— (1982). Cognitive psychology's ambiguities: Some suggested remedies. *Psychological Review,* **89**(1), 48-59.

Guilleminault, E.; Eldridge, F.; & Simmons, B. (1976). Sleep apnea in eight children. *Pediatrics,* **58,** 23-30.

Gummerman, K., & Gray, C. R. (1971). Recall of visually presented material: An unwonted case and a bibliography for eidetic imagery.

Psychonomic Monograph Supplements, **4**(10).

Gurman, A. S., & Razin, M. (1977). *Effective psychotherapy: A handbook of research.* New York: Pergamon.

Gullota, T., & Donohue, K. (1981). Corporate families: Implications for preventive intervention. *Social Casework,* **62**, 109-114.

Guttmacher Institute (1981). *Teenage pregnancy: The problem that hasn't gone away.* New York: Alan Guttmacher Institute.

Gwirtsman, H. E., & Gerner, R. H. (1981). Neurochemical abnormalities in anorexia nervosa: Similarities to affective disorders. *Biological Psychiatry,* **16**, 991-995.

Gynther, M. D. (1972). White norms and black MMPIs: A prescription for discrimination? *Psychological Bulletin,* **5**, 386-403.

Haan, N., & Day, D. (1974). A longitudinal study of change and sameness in personality development: Adolescence to later adulthood. *International Journal of Aging and Human Development,* **5**(1), 11-39.

Haber, R. N. (1980). Eidetic images are not just imaginary. *Psychology Today,* **14**(6), 72-82.

Hall, C. S. (1966). *The meaning of dreams.* New York: McGraw-Hill.

—— & Lindzey, G. (1978). *Theories of personality* (3.ª ed.). New York: Wiley.

Hall, E. (1983). A conversation with Erik Erikson. *Psychology Today,* **17**(6), 22-30.

Hall, G. S. (1916). *Adolescence.* New York: Appleton.

Hall, J. A. (1978). Gender effects in decoding nonverbal cues. *Psychological Bulletin,* **85**, 845-857.

Hamburg, D. (1983). The evolutionary background of human behavior. Lecture given at the American Museum of Natural History, New York City, January 19.

Hamilton, S., & Crouter, A. (1980). Work and growth: A review of research on the impact of work experience on adolescent development. *Journal of Youth and Adolescence,* **9**(4), 323-338.

Hainmond, C. B., Jelovsek, F. R., Lee, K. L., Creasman, W. T., & Parker, R. T. (1979). «Effects of long-term estrogen replacement therapy. II: Neoplasia», *American Journal of Obstetrics and Gynecology,* vol. 133, págs. 537-547.

Harlow, H. (1958). The nature of love. *American Psychologist,* **13**, 673-685.

—— & Harlow, M. K. (1962). The effect of rearing conditions on behavior. *Bulletin of the Menninger Clinic,* **26**, 213-224.

—— & Zimmerman, R. R. (1959). Affectional responses in the infant monkey. *Science,* **130**, 421-432.

Harmon, R.; Suwalsky, J.; & Klein, R. (1979). Infant's preferential response for mother versus unfamiliar adult. *Journal of the Academy of Child Psychiatry,* **18**(3), 437-449.

Harrell, R. F.; Woodyard, E.; & Gates, A. (1955). *The effect of mother's diets on the intelligence of the offspring.* New York: Bureau of Publications, Teacher's College.

Harris, B. (1979). Whatever happened to little Albert? *American Psychologist,* **34**(2), 151-160.

Harris, J. E. (1978). External memory aids. En M. M. Gruneberg, P. E. Morris, y R. N. Sykes (Eds.), *Practical aspects of memory.* London: Academic Press. [Reimpreso en U. Neisser (Ed.), *Memory observed.* San Francisco: W. H. Freeman, 1982.]

Harris, T. G. (1978). «Introduction» to Walster, E., & Walster, G. W., *A new look at love.* Reading, Mass.: Addison-Wesley, págs. x-xi.

Harrison, M. R.; Golbus, M. S.; Filly R. A.; Nakayama, D. K.; & Delorimier, A. A. (1982). Fetal surgical treatment. *Pediatric Annals,* **11**(11), 896-903.

Hartmann, E. (1981). The strangest sleep disorder. *Psychology Today,* **15**(4), 14-18.

——; Baekeland, F.; & Zwilling, G. R. (1972). Psychological differences between long and short sleepers. *Archives of General Psychiatry,* **26**, 463-468.

—— & Brewer, V. (1976). When is more or less sleep required? A study of variable sleepers. *Comprehensive Psychiatry,* **17**(2), 275-284.

Hartshorne, H., & May, M. A. (1929). *Studies in the nature of character,* vol. 2: *Studies in service and self-control.* New York: Macmillan.

Hashim, S. A., & Van Itallie, T. B. (1965). Studies in normal and obese subjects with a monitored food dispensory device. *Annals of the New York Academy of Science* (vol. 131), 654-661.

Hassett, J., & the editors of *Psychology Today* (1981). Is it right? An inquiry into everyday ethics. *Psychology Today,* **15**(6), 49-53.

Hawke, S., & Knox, D. (1978). The one-child family: A new lifestyle. *The Family Coordinator,* **27**(3), 215-219.

Hay, D. F.; Pedersen, J.; & Nash, A. (1982). Dyadic interaction in the first year of life. En K. H. Rubin y H. S. Ross (Eds.), *Peer relations and social skills in childhood.* New York: Springer-Verlag.

Hayden, A., & Haring, N. (1976). Early intervention for high risk infants and young children. Programs for Down's syndrome children. En T. D. Tjossem (Ed.), *Intervention strategies for high risk infants and young children.* Baltimore: University Park Press.

Hayes, C. (1951). *The ape in our house.* New York: Harper & Row.

Hayes, J. R. (1978). *Cognitive psychology: Thinking and creating.* Homewood, Ill.: Dorsey.

Hayflick, L. (1974). The strategy of senescence. *The Gerontologist,* **14**(1), 37-45.

Haynes, H.; White, B.; & Held, R. (1965). Visual accommodation in human infants. *Science,* **148**, 528-530.

Hearnshaw, L. S. (1979). *Cyril Burt: Psychologist.* Ithaca, N. Y.: Cornell University Press.

Hearst, E. (1979). One hundred years: Themes and perspectives. En E. Hearst (Ed.), *The first century of experimental psychology.* Hillsdale, N. J.: Erlbaum.

Hebb, D. O. (1955). Drive and the C. N. S. (central nervous system). *Psychological Review,* **62**, 243-254.

—— (1978). On watching myself get old. *Psychology Today,* **12**(6), 15-23.

Heider, F. (1958). *The psychology of interpersonal relations*. New York: Wiley.

Heider, E. R., & Olivier, D. C. (1972). The structure of the color space in naming and memory in two languages. *Cognitive Psychology, 3*, 337-354.

Helmholtz, V. (1911). *Physiological optics*, vol. 2 (3.ª ed.). Rochester: Optical Society of America.

Helmreich, R. (1968). Birth order effects. *Naval Research Reviews, 21.*

Henig, R. M. (1979). Ageism's angry critic. *Human Behavior, 8*(1), 43-46.

Henker, F. O. (1981). Male climacteric. In J. G. Howells (Ed.), *Modern perspectives in the psychiatry of middle age*. New York: Brunner/Mazel.

Herbert, W. (1982). Schizophrenia: From adolescent insanity to dopamine disease. *Science News, 121*(11), 173-175.

Herbst, A. L.; Ulfelder, H.; & Poskanzer, D. (1971). Adenocarcinoma of the vagina. *New England Journal of Medicine, 284*(16), 878-881.

Hering, E. (1920). *Grundzuge der Lehr vs. Lichtsinn*. Berlin: Springer-Verlag.

Herr, J., & Weakland, J. (1979). Communication within family systems: Growing older within and with the double-bind. En P. K. Regan (Ed.), *Aging parents*. Los Angeles: University of Southern California Press.

Heston, L. L. (1966). Psychiatric disorders in foster-home-reared children of schizophrenic mothers. *British Journal of Psychiatry, 112*, 819-825.

Hetherington, E. M. (1965). A developmental study of the effects of sex of the dominant parent on sex role preference, identification and imitation in children. *Journal of Personality and Social Psychology, 2*, 188-194.

Hetherington, M.; Cox, M.; & Cox, R. (1975). Beyond father absence: Conceptualizing of effects of divorce. Artículo expuesto en el encuentro bienial de la Society for Research in Child Development, Denver.

Hier, D. B., & Crowley, W. F. (1982). Spatial ability in androgen-deficient men. *New England Journal of Medicine, 20*, 1202-1205.

Hilgard, E. R. (1977). The problem of divided consciousness: A neodissociation interpretation. En W. E. Edmonston, Jr. (Ed.), *Conceptual and investigative approaches to hypnosis and hypnotic phenomena*. New York: New York Academy of Sciences.

—— (1977). Hypnotic phenomena: The struggle for scientific acceptability. En I. Janis (Ed.), *Current trends in psychology*. Los Altos: William Kaufmann.

Hilgard, J. R. (1979). *Personality and hypnosis* (2.ª ed.). Chicago: University of Chicago Press.

Hill, C. T.; Rubin, Z.; & Peplau, L. A. (1976). Breakups before marriage: The end of 103 affairs. *Journal of Social Issues, 32*(1), 147-168.

Hill, R. (1949). *Families under stress*. New York: Harper and Row.

Hingson, R.; Albert, J. J.; Day, N.; Dooling, E.; Kayne, H.; Morelock, S.; Oppenheimer, E.; & Zuckerman, B. (1982). Effects of maternal drinking and marijuana use on fetal growth and development. *Pediatrics, 70*(4), 539-546.

Hines, M. (1982). Prenatal gonadal hormones and sex differences in human behavior. *Psychological Bulletin, 92*(1), 56-80.

Hobbs, D., & Cole, S. (1976). Transition to parenthood: A decade replication. *Journal of Marriage and the Family, 38*(4), 723-731.

—— & Wimbish, J. (1977). Transition to parenthood by black couples. *Journal of Marriage and the Family, 39*(4), 677-689.

Hobson, J. A., & McCarley, R. W. (1977). The brain as a dream state generator: An activation-synthesis hypothesis of the dream process. *The American Journal of Psychiatry, 134*(12), 1335-1348.

Hochberg, J. E. (1964). *Perception*. Englewood Cliffs, N. J.: Prentice-Hall.

Hoffman, H. J., & Solomon, R. L. (1974). An opponent-process theory of motivation III: Some affective dynamics in imprinting. *Learning and Motivation, 5*, 149-164.

Hoffman, M. (1977). Sex differences in emphathy and related behaviors. *Psychological Bulletin, 84*, 712-722.

Hogan, R., & Schroeder, D. (1981). Seven biases in psychology. *Psychology Today, 15*(7), 8-14.

Holahan, C. K., & Stephan, C. W. (1981). When beauty isn't talent: The influence of physical attractiveness, attitudes toward women, and competence on impression formation. *Sex Roles, 7*(8), 867-876.

Holmes, L. (1978). How fathers can cause the Down's syndrome. *Human Nature, 1*, 70-72.

Holmes, T. H., & Rahe, R. H. (1976). The social readjustment rating scale. *Journal of Psychosomatic Medicine, 11*, 213.

Holroyd, K. A., & Lazarus, R. S. (1982). Stress, coping, and somatic adaptation. En L. Goldberger y S. Breznitz (Eds.), *Handbook of stress*. New York: Free Press.

Homans, G. C. (1961). *Social behavior: Its elementary forms*. New York: Harcourt.

Horel, J. A. (1978). The neuroanatomy of amnesia: A critique of the hippocampal memory hypothesis. *Brain, 101*, 403-445.

Horn, J. L. (1968). Organization of abilities and the development of intelligence. *Psychological Review, 75*, 242-259.

——. (1967). Intelligence — Why it grows, why it declines. *Transaction, 5*(1), 23-31.

Horn, J. M.; Loehlin, J. C.; & Willerman, L. (1979). Intellectual resemblance among adoptive and biological relatives: The Texas Adoption Project. *Behavior Genetics, 9*, 177-207.

Horner, M. S. (1969). Woman's will to fail. *Psychology Today, 11*, 36-38, 62.

Horney, K. (1939). *New ways in psychoanalysis*. New York: Norton.

—— (1945). *Our inner conflicts*. New York: Norton.

Hoyer, W. F.; Hoyer, W. J.; Treat, N. J., & Baltes, P. B. (1978-1979). Training response speed in young and elderly women. *International Journal of Aging and Human Development, 9*, 247-253.

Hovland, C. I.; Lumsdaine, A. A.; & Sheffield, F. D. (1949). *Experiments on mass communication. Studies in social psychology in World War II*, vol. 3. Princeton, N. J.: Princeton University Press.

Hoyenga, K. B., & Hoyenga, K. T. (1979). *The question of sex differences*. Boston: Little, Brown.

Huesmann, L. R.; Eron, L. D.; Klein, R.; Brice, P.; & Fischer (In press). Mitigating the imitation of aggresive behaviors by changing children's attitudes about media violence. *Journal of Personality and Social Psychology*.

Hull, C. (1952). *A behavior system*. New Haven, Conn.: Yale University Press.

Hull, C. L. (1943). *Principles of Behavior*. N. Y.: Appleton-Century-Crofts.

Hulse, S. H.; Egeth, H.; & Deese, J. (1980). *The psychology of learning*. New York: McGraw-Hill.

Hunt, D. (1970). *Parents and children in history: The psychology of family life in early modern France*. New York: Basic Books.

Hunt, E., & Love, T. (1982). The second mnemonist. A paper presented to the American Psychological Association in Honolulu, September, 1972. En U. Neisser (Ed.), *Memory observed*. San Francisco: W. H. Freeman.

Hunt, M. M. (1974). *Sexual behavior in the 1970's*. New York: Dell.

—— (1982). *The universe within: A new science explores the human mind*. New York: Simon y Schuster.

Hurvich, L. M. (1981). *Color vision*. Sunderland, Mass.: Sinauer Associates.

Huston, T. L., & Levinger, G. (1978). Interpersonal attraction and relationships. En P. Mussen y M. Rosenzweig (Eds.), *Annual review of psychology*. Palo Alto, Calif.: Annual Reviews.

Hyden, H., & Lange, P. W. (1970). Brain cell protein synthesis specifically related to learning. *Proceedings of the National Academy of Sciences*, **65**, 898-904.

Hyman, H. H., & Sheatsley, P. B. (1956). Attitudes toward desegregation. *Scientific American*, **195** (6), 35-39.

Ilfield, F. W. (1977). Sex differences in psychiatric symptomology. Paper presented at the annual meeting of the American Psychological Association, San Francisco, August.

—— (1978). Psychologic status of community residents along major demographic dimensions. *Archives of General Psychiatry*, **35**, 716-724.

Inouye, E. (1965). Similar and dissimilar manifestations of obsessive-compulsive neuroses in monozygotic twins. *American Journal of Psychology*, **121**, 1171-1175.

Isenberg, P., & Schatzberg, A. F. (1978). Psychoanalytic contribution to a theory of depression. En J. O. Cole, A. F. Schatzberg, y S. H. Frazier (Eds.), *Depression: biology, psychodynamics, and treatment*. New York: Plenum.

Iverson, L. L. (1979). The chemistry of the brain. *Scientific American*, **242**(3), 134-147.

Izard, C. E. (1971). *The face of emotions*. New York: Appleton-Century-Crofts.

—— (1977). *Human emotions*. New York: Plenum.

——; Huebner, R. R.; Resser, D.; McGinnes, G. C.; & Dougherty, L. M. (1980). The young infant's ability to produce discrete emotional expressions. *Developmental Psychology*, **16**(2), 132-140.

Jacobsen, H. (1977). Current concepts in nutrition: Diet in pregnancy. *New England Journal of Medicine*, **297**(19), 1051-1053.

James, W. (1884). What is an emotion? *Mind*, **9**, 188-205.

—— (1890). *The principles of psychology*. New York: Holt.

Janis, I. L. (1971). Groupthink. *Psychology Today*, **5**, 43ff.

—— (1982). Counteracting the adverse effects of concurrence-seeking in policy planning groups: Theory and research perspectives. En I. H. Brandstatter, J. H. Davis, y G. Stoc-ker-Kreichgauer (Eds.), *Group decision making*. New York: Academic Press.

——; Kaye, D.; & Kirschner, P. (1965). Facilitating effects of eating while reading on responsiveness to persuasive communication. *Journal of Personality and Social Psychology*, **1**, 181-186.

—— & Mann, L. (1965). Effectiveness of emotional role-playing in modifying smoking habits and attitudes. *Journal of Experimental Research in Personality*, **1**, 84-90.

Jarvik, L.; Kallman, F.; & Klaber, N. (1957). Changing intellectual functions in senescent twins. *Acta Genetica Statistica Medica*, **7**, 421-430.

Jensen, A. R. (1969). How much can we boost IQ and scholastic achievement? *Harvard Educational Review*, **39**, 1-123.

Johnson, J. (1983). Personal communication to authors.

Johnson, R. N. (1972). *Aggression in man and animals*. Philadelphia: Saunders.

Jones, E. (1977). How do people perceive the causes of behavior? En I. Janis (Ed.), *Current Trends in Psychology*. Los Altos, Calif.: William Kaufmann.

—— & Harris, V. A. (1967). The attribution of attitudes. *Journal of Experimental Social Psychology*, **3**, 2-24.

—— & Sigall, H. (1971). The bogus pipeline: A new paradigm for measuring affect and attitude. *Psychological Bulletin*, **76**, 349-364.

Jones, H. E. (1930). The retention of conditioned emotional reactions in infancy. *Journal of Genetic Psychology*, **37**, 485-497.

Jones, K. L.; Smith, D. W.; Ulleland, C.; & Streissguth, A. P. (1973). Patterns of malformation in offspring of chronic alcoholic mothers. *Lancet*, **1**(7815), 1267-1271.

Jones, M. C. (1924). A laboratory study of fear: The case of Peter. *Pedagogical Seminary*, **31**, 308-315.

—— (1957). The late careers of boys who were early or late maturing. *Child Development*, **28**, 113-128.

—— & Mussen, P. H. (1958). Self-conceptions, motivations, and interpersonal attitudes of early and late maturing girls. *Child Development*, **29**, 491-501.

Jost, H., & Sontag, L. (1944). The genetic factor in autonomic nervous system function. *Psychosomatic Medicine*, **6**, 308-310.

Jung, C. G. (1933). *Modern man in search of a soul*. New York: Harcourt, Brace, and World.

—— (1953). The stages of life. In H. Read, M. Fordham, and G. Adler (Eds.), *Collected works*, vol. 2. Princeton: Princeton University Press. (Originalmente publicada en 1931.)

Kacerguis, M., & Adams, G. (1980). Erikson stage resolution: The relationship between identity and intimacy. *Journal of Youth and Adolescence*, **9**(2), 117-126.

Kagan, J. (1958). The concept of identification. *Psychological Review*, **65**(5), 296-305.

—— (1971). *Personality development*. New York: Harcourt Brace Jovanovich.

—— (1982). Canalization of early psychological development. *Pediatrics*, **70**(3), 474-483.

—— (1982). The ideas of spatial ability. *New England Journal of Medicine*, **306**(20), 1225-1226.

Kahle, L. R. (1983). *Attitudes, attributes, and adaptation*. London: Pergamon.

—— & Berman, J. (1979). Attitudes cause behaviors: A crosslagged panel analysis. *Journal of Personality and Social Psychology*, **37**, 315-321.

Kamin, L. J. (1974). *The science and politics of IQ*. Potomac, Md.: Erlbaum.

Kamiya, J. (1969). Operant control of the EEG alpha rhythm and some of its reported effects on consciousness. En C. Tart (Ed.), *Altered states of consciousness*. New York: Wiley.

Kandel, E. R. (1976). *The cellular basis of behavior*. San Francisco: W. H. Freeman.

Kanellakos, D. P. (1978). Transcendental consciousness: Expanded awareness as a means of preventing and eliminating the effects of stress. En

C. D. Spielberger y I. G. Sarason (Eds.), *Stress and anxiety*, vol. 5. New York: Wiley.

Kaplan, H. S. (1979). *Disorders of sexual desire*. New York: Simon y Schuster.

Kaufman, L., & Rock, I. (1962). The moon illusion I, *Science*, **136**, 953-961.

Keesey, R. E., & Powley, T. L. (1975). Hypothalamic regulation of body weight. *American Scientist*, **63**, 558-565.

Kelley, H. H. (1950). The warmcold variable in first impressions of persons. *Journal of Personality*, **18**, 431-439.

—— (1973). The process of causal attribution. *American Psychologist*, **28**, 107-128.

Kellogg, W. N. & Kellogg, L. A. (1933). *The ape and the child*. New York: McGraw-Hill.

Kelly, J. B. (1982). Divorce: The adult perspective. En B. Wolman (Ed.), *Handbook of developmental psychology*. Englewood Cliffs, N. J.: Prentice-Hall.

Kelman, H. C., & Hovland, C. (1953). «Reinstatement» of the communicator in delayed measurement of opinion change. *Journal of Abnormal and Social Psychology*, **48**, 326-335.

Kenny, D. A., & Nasby, W. (1980). Splitting the reciprocity correlation. *Journal of Personality and Social Psychology*, **38**, 249-256.

Kermis, M.; Monge, R.; & Dusek, J. (1975). *Human sexuality in the hierarchy of adolescent interests*. Paper presented at the annual meeting of the Society for Research in Child Development, Denver.

Kerr, P. (1982). They help people looking for self-help. *The New York Times*, July 10, pág. 46.

Kety, S. S.; Rosenthal, D.; Wender, P. H.; & Schulsinger, F. (1968). The types and prevalence of mental illness in the biological and adoptive families of adopted schizophrenics. En D. Rosenthal, y S. S. Kety (Eds.), *Transmission of schizophrenia*. London: Pergamon.

Kidwell, J. S. (1981). Number of siblings, sibling spacing, sex, and birth

order: Their effects on perceived parent-adolescent relationships. *Journal of Marriage and the Family* (May), 315-332.

—— (1982). The neglected birth order: Middleborns. *Journal of Marriage and the Family*, **44** (1), 225-235.

Kiesler, C. A. (1982). Mental hospitals and alternative care: Noninstitutionalization as potential public policy for mental patients. *American Psychologist*, **37**(4), 349-360.

Kihlstrom, J. F., & Evans, F. J. (1979). *Functional disorders of memory*. Hillsdale, N. J.: Erlbaum.

—— & Harakiewicz, J. M. (1982). The earliest recollection: A new survey. *Journal of Personality*, **50**(2), 134-148.

Kimmel, D. C. (1974). *Adulthood and aging*. New York: Wiley.

Kingdom, J. W. (1967). Politicians' belief about voters. *The American Science Review*, **61**, 137-145.

Kinsey, A. C.; Pomeroy, W.; & Martin, C. E. (1948). *Sexual behavior in the human male*. Philadelphia: Saunders.

——; ——; ——; & Gebhard, P. H. (1953). *Sexual behavior in the human female*. Philadelphia: Saunders.

Klaas, E. T. (1978). Psychological effects of immoral actions: The experimental evidence. *Psychological Bulletin*, **85**, 756-771.

Klatzky, R. L. (1980). *Human memory* (2.ª ed.). San Francisco: W. H. Freeman.

Klaus, M. H., & Kennell, J. H. (1976). *Maternal-infant bonding*. St. Louis: Mosby.

—— & —— (1982). *Parent-infant bonding*. St. Louis: Mosby.

Kleck, R. E.; Richardson, S. A.; & Ronald, L. (1974). Physical appearance cues and interpersonal attraction in children. *Child Development*, **45**, 359-372.

Klein, R. F.; Bogdonoff, M. D.; Estes, E. H., Jr.; & Shaw, D. M. (1960). Analysis of the factors affecting the resting FAA level in normal man. *Circulation*, **20**, 772.

Kleinginna, P. R., Jr., & Kleinginna, A. M. (1981). A categorized list of emotion definitions, with suggestions for a consensual definition. *Motivation and Emotion*, **5**, 345-379.

Kleitman, N. (1960). Patterns of dreaming. *Scientific American*, **203**, 81-88.

Klerman, G. (1978). Combining drugs and psychotherapy in the treatment of depression. En J. O. Cole, A. F. Schatzberg, y S. H. Frazier (Eds.), *Depression: biology, psychodynamics, and treatment*. New York: Plenum.

Kobasa, S. C. (1982). The hardy personality: Toward a social psychology of stress and health. En J. Suls y G. Sanders (Eds.), *Social psychology of health and illness*. Hillsdale, N. J.: Erlbaum.

—— (1982). Committment and coping in stress resistance among lawyers. *Journal of Personality and Social Psychology*, **42**(4), 707-717.

Kohlberg, L. (1964). The development of moral character and moral ideology. En M. Hoffman y L. Hoffman (Eds.), *Review of child development research*, vol. 1. New York: Russell Sage Foundation.

—— (1966). A cognitive-developmental analysis of children's sex-role concepts and attitudes. In E. E. Maccoby (Ed.), *The development of sex differences,* Stanford, Calif.: Stanford University Press.

—— (1968). The child as a moral philosopher. *Psychology Today*, **2**(4), 25-30.

—— & Gilligan, C. (1971). The adolescent as a philosopher: The discovery of the self in a postconventional world. *Daedalus* (fall), 1057-1086.

Kohler, W. (1927). *The mentality of apes*. New York: Harcourt, Brace and World.

Kolata, G. (1980). Prenatal diagnosis of neural tube defects. *Science*, **209**(12), 1216-1218.

—— (1981). Clues to the cause of senile dementia. *Science*, **211**(6), 1032-1033.

—— (1981). Clinical trial of psychotherapies is under way. *Science*, **212**, 432-433.

—— (1983). First trimester pregnancy diagnosis. *Science* (September 9), **22**, 1031-1032.

Kolb, B., & Whishaw, I. (1980). *Fundamentals of Neuropsychology*. San Francisco: W. H. Freeman.

Koulack, D. (1970). Repression and forgetting of dreams. En M. Bertini (Ed.), *Psicofisiologia del sonno e del sogno: Proceedings of an International Symposium*, Rome, 1967. Milan: Editrice vita e pensier.

—— & Goodenough, D. (1976). Dream recall and dream recall failure: An arousal-retrieval model. *Psychological Bulletin*, **83**, 975-984.

Kreugar, D. W. (In press). *Success phobia in women*. New York: Free Press.

Krueger, J. M.; Pappenheimer, J. R.; & Karnovsky, M. L. (1982). The composition of sleep-promoting factor isolated from humans. *The Journal of Biological Chemistry*, **257**(4), 1664-1669.

Kreutler, P. A. (1980). *Nutrition in perspective*. Englewood Cliffs, N. J.: Prentice-Hall.

Kreutzer, M., & Charlesworth, W. R. (1973). Infant recognition of emotions. Artículo expuesto en el encuentro bienial de la Society for Research in Child Development, Philadelphia.

Kreuz, L. E., & Rose, R. M. (1972). Assessment of aggressive behavior and plasma testosterone in a young criminal population. *Psychosomatic Medicina*, **34**, 312-332.

Kübler-Ross, E. (1969). *On death and dying*. New York: Macmillan.

Labbe, R.; Firl, A.; Mufson, E. J.; & Stein, D. G. (1983). Fetal brain transplants: Reduction of cognitive deficits in rats with frontal cortex lesions. *Science*, **219**, 470-472.

La Gaipa, J. J. (1977). Testing a multidimensional approach to friendship. En S. W. Duck (Ed.), *Theory and practice in interpersonal attraction*. London: Academic, págs. 249-270.

Laing, R. D. (1964). Is schizophrenia a disease? *International Journal of Social Psychiatry*, **10**, 184-193.

—— (1967). *The politics of experience*. New York: Ballantine.

Lamb, M. (1979). Paternal influences and the father's role: A personal perspective. *American Psychologist*, **34**(10), 938-943.

—— (1982). The bonding phenomenon: Misinterpretations and their implications. *The Journal of Pediatrics*, **101**(4), 555-557.

—— (1982). Early contact and maternal-infant bonding: One decade later. *Pediatrics*, **70**(5), 763-768.

Lancet (1982). Long-term outlook for children with sex chromosome abnormalities. *The Lancet* (July 3), 27.

Landesman-Dwyer, S., & Emanuel, I. (1979). Smoking during pregnancy. *Teratology*, **19**, 119-126.

Lange, C. (1922). *The emotions*. Baltimore: Williams and Wilkins. (Originalmente publicado en 1885.)

Langer, E., & Rodin, J. (1976). The effects of choice and enhanced personal responsibility in an institutional setting. *Journal of Personality and Social Psychology*, **34**(2), 191-198.

Lashley, K. (1950). In search of the engram. *Symposia of the Society of Experimental Biology*, **4**, 454-482.

Lassen, N. A.; Ingevar, D. H., & Skinhoj, E. (1978). Brain function and blood flow. *Scientific American*, **239**, 62-71.

Latané, B., & Darley, J. M. (1968). Group inhibition of bystander intervention in emergencies. *Journal of Personality and Social Psychology*, **10**(3), 215-221.

—— & Nida, S. (1981). Ten years of research on group size and helping. *Psychological Bulletin*, **89**(2), 308-324.

Lazarus, A. (1977). Has behavior therapy outlived its usefulness? *American Psychologist*, **32**(7), 550-554.

Lazarus, R. S. (1980). The stress and coping paradigm. En L. Bond y J. Rosen (Eds.), *Competence and coping during adulthood*. Hanover, N. H.: University Press of New England, págs. 28-74.

—— & Launier, R. (1978). Stress-related transactions between person and environment. En L. A. Pervin y M. Lewis (Eds.), *Perspectives in interaction psychology*. New York: Plenum.

—— (1981). Little hassles can be hazardous to health. *Psychology Today, 15*(7), 58-62.

Leahey, T. H. (1980). *A history of psychology.* Englewood Cliffs, N. J.: Prentice-Hall.

Leboyer, F. (1975). *Birth without violence.* New York: Random House.

Lefcourt, H.; Miller, R.; Ware, E.; & Sherk, D. (1981). Locus of control as a modifier of the relationship between stressors and moods. *Journal of Personality and Social Psychology, 41*(2), 357-369.

Leib, S.; Benfield, G.; & Guidubaldi, J. (1980). Effects of early intervention and stimulation on the preterm infant. *Pediatrics, 66,* 83-90.

LeMasters, E. E. (1957). Parenthood as crisis. *Marriage and Family Living, 19,* 352-355.

Lemon, B.; Bengston, V.; & Peterson, J. (1972). An exploration of the activity theory of aging: Activity types and life satisfaction among inmovers to a retirement community. *Journal of Gerontology, 27*(4), 511-523.

Lenneberg, E. (1969). On explaining language. *Science, 164*(3880), 635-643.

Leon, G. R.; Butcher, J. N.; Kleinman, M.; Goldberg, A.; & Almagor, M. (1981). Survivors of the holocaust and their children: Current status and adjustment. *Journal of Personality and Social Psychology, 41*(3), 503-516.

Leonard, R. L. (1975). Self-concept and attraction for similar and dissimilar others. *Journal of Personality and Social Psychology, 31,* 926-929.

Lerner, R., & Lerner, J. (1977). Effects of age, sex and physical attractiveness on child-peer relations, academic performance, and elementary shool adjustment. *Developmental Psychology, 13*(6), 585-590.

Lester, B. (1975). Cardiac habituation of the orienting response to an auditory signal in infants of varying nutritional status. *Developmental Psychology, 11*(4), 432-442.

Lester, R., & Van Thiel, D. H. (1977). Gonadal function in chronic alcoholic men. *Advances in Experimental Medicine and Biology, 85A,* 339-414.

Leventhal, H. (1970). Findings and theory in the study of fear communications. En L. Berkowitz y E. Walster (Eds.), *Advances in experimental social psychology.* New York: Academic Press.

Levine, M. W., & Shefner, J. (1981). Fundamentals of sensation and perception Reading, Mass.: Addison Wesley.

Levinger, G. (1974). A three-level approach to attraction: Toward an understanding of pair relatedness. En T. L. Huston (Ed.), *Foundation of interpersonal attraction.* New York: Academic Press.

Levinson, D., with C. Darrow, E. Klein, M. Levinson, & B. McKee. (1978). *The season of a man's life.* New York: Knopf.

Levy, J.; Trevarthen, C.; & Sperry, R. (1972). Perception of bilateral chimeric figures following hemispheric disconnection. *Brain, 95,* 61-78.

Lewin, K. (1938). *The conceptual representation and the measurement of psychological forces.* Durham, N. C.: Duke University Press.

—— (1948). *Resolving social conflicts.* New York: Harper.

Lewis, C., & Lewis, M. (1977). The potential impact of sexual equality on health. *New England Journal of Medicine, 297*(11), 863-869.

Lewis, E. J. (1972). Psychological determinants of family size: A study of white middle class couples ages 35-45 with zero, one or three children. Proceedings of the 80th Annual Convention of American Psychological Association, págs. 665-666.

Lickona, T. (Ed.) (1976). *Moral development and behavior.* New York: Holt, Rinehart and Winston.

Lidz, T., & Fleck, S. (1960). Schizophrenia, human integration, and the role of the family. En D. D. Jackson (Ed.), *The etiology of schizophrenia.* New York: Basic Books.

Lieberman, M., & Coplan, A. (1970). Distance from death as a variable in the study of aging. *Developmental Psychology, 2*(1), 71-84.

Likert, R. (1932). A technique for the measurement of attitudes. *Archives of Psychology, 40.*

Limber, J. (1977). Language in child and chimp? *American Psychologist, 32,* 280-295.

Linn, S.; Schoenbaum, S. C.; Monson, R. R.; Rosner, B.; Stubblefield, P. G.; & Ryan, K. J. (1982). No association between coffee consumption and adverse outcomes of pregnancy. *New England Journal of Medicine, 306*(3), 141-145.

Lipsitt, L. (1980). Conditioning the rage to live. *Psychology Today, 13*(9), 124.

—— (1982). Infant learning. En T. M. Field, A. Huston, H. C. Quay, L. Troll, y G. Finley (Eds.), *Review of human development.* New York: Wiley.

—— & Kaye, H. (1964). Conditioned sucking in the human newborn. *Psychonomic Science, 1,* 20-30.

Livson, F. (1975). Sex differences in personality development in the middle adult years: A longitudinal study. Paper presented at the annual meeting of the Gerontological Society, Louisville, Kentucky.

Lloyd-Still, J.; Hurwitz, I.; Wolff, P. H.; & Schwachman, H. (1974). Intellectual development after severe malnutrition in infancy. *Pediatrics, 54,* 306.

Locke, J. (1959). *An essay concerning human understanding,* vol. 1. New York: Dover (Originalmente publicado en 1690).

Loehlin, J. C. (1979). Combining data from different groups in human behavior genetics. En Royce, J. R. (Ed.), *Theoretical advances in behavior genetics.* Leiden: Sijthoff & Hoordhoff.

Loftus, E. F. (1979). *Eyewitness testimony.* Cambridge, Mass.: Harvard University Press.

—— (1980). *Memory.* Reading, Mass.: Addison-Wesley.

—— & Loftus, G. R. (1980): On the permanence of stored information in the human brain. *American Psychologist, 35*(5), 409-420.

——; Miller, D. G.; & Burns, H. J. (1978). Semantic integration of verbal information into a visual memory. *Journal of Experimental Psychology, 4,* 19-31.

—— & Palmer, J. C. (1982). Reconstruction of automobile destruction: An example of interaction between language and memory. *Journal of Verbal Learning and Verbal Behavior* (1974), **13**, 585-589. [Reimpreso en U. Neisser (Ed.), *Memory observed*. San Francisco: W. H. Freeman.]

Looft, W. R. (1971). Toward a history of life-span developmental psychology. Manuscrito no publicado, University of Wisconsin, Madison.

Loomis, A. L.; Harvey, E. N.; & Hobart, G. A. (1937). Cerebral states during sleep as studied by human potentials. *Journal of Experimental Psychology*, **21**, 127-144

Lopata, H. (1973). Living through widowhood. *Psychology Today,* **7**(2), 87-98

—— (1977). Widows and widowers. *The Humanist* (September/October), 25-28.

—— (1979). *Women as Widows*. New York: Elsevier.

Lott, A. J., & Lott, B. E. (1974). The role of reward in the formation of positive interpersonal attitudes. En T. L. Huston (Ed.), *Foundations of interpersonal attraction*. New York: Academic.

Lowenthal, M., & Haven, C. (1968). Interaction and adaptation: Intimacy as a critical variable. En B. Neugarten (Ed.), *Middle age and aging*. Chicago: University of Chicago Press.

Luborsky, L. (1979). *Predicting outcomes of psychotherapy*. New York: BMA Audio Cassettes (tape).

——; Singer, B.; Luborsky, L. (1975). Comparative studies of psychotherapies. *Archives of General Psychiatry*, **32**, 995-1008.

Ludwig, A. M. (1969). Altered states of consciousness. *Archives of General Psychiatry* (1966), **15**, 225-234. [En C. Tart (Ed.), *Altered states of consciousness*. New York: Wiley.]

Luria, A. R. (1968). *The mind of a mnemonist*. Traducido del ruso por Lynn Solotaroff. New York. Basic Books.

Lutjen, P.; Trounson, A.; Leeton, J.; Findlay, J.; Wood, C.; & Renou, P. (1984). The establishment and maintenance of pregnancy using in vitro fertilization and embryo donation in a partient with primary ovarian failure. *Nature, 307,* 174-175.

Lynn, D. (1974). *The father: His role in child development*. Monterey, Calif.: Brooks/Cole.

Lynn, R. (1966). *Attention, arousal and the orientation reaction*. Oxford, England: Pergamon.

—— (1982). IQ in Japan and the United States shows a growing disparity. *Nature,* **297**, 222-223.

Maccoby, E. E., & Jacklin, C. N. (1974). *The psychology of sex differences*. Stanford, Calif.: Stanford University Press.

Macfarlane, A. (1978). What a baby knows. *Human Nature*, **1**(2), 74-81.

Mackintosh, N. J. (1975). Blocking of conditioned suppression: Role of the first compound trial. *Journal of Experimental Psychology: Animal Behavior Proceses,* **1** (4), 335-345.

MacLeod-Morgan, C (1982). EEG lateralization in hypnosis: A preliminary report, *Australian Journal of Clinical and Experimental Hypnosis,* **10**, 99-102.

Malamuth, N. M., & Donnerstein, E. (1982). The effects of aggressive-pornographic mass media stimuli. *Advances in Experimental Social Psychology,* **15**, 103-135.

Mamay, P. D., & Simpson, P. L. (1981). Three female roles in television commercials. *Sex Roles,* **7**(12), 1223-1232.

Mann, L., & Janis, I. L. (1968). A follow-up study on the long-term effects of emotional role-playing. *Journal of Personality and Social Psychology,* **8**, 339-342.

Marcia, J. (1967). Ego identity status: Relationship to change in self-esteem, "general maladjustment", and authoritarianism. *Journal of Personality*, **35**(1), 119-133.

Margules, D. L. (1979). Betaendorphin and endoloxone: Hormones of the autonomic nervous system for the conservation and the expenditure of bodily resources and energy in the anticipation of famine or feast. *Neuroscience and Biochemical Reviews*, **3**, 155-162.

Margules, M. R.; Moisset, B.; Lewis, M. J.; Shibuya, H.; & Pert, C. (1978). Beta-endorphin is associated with overeating in genetically obese mice (ob/ob) and rats (fa/fa). *Science,* **202**, 988-991.

Marquis, D. P. (1931). Can conditioned responses be established in the newborn infant? *Journal of Genetic Psychology,* **39**(4), 479-492.

Martin, J. (1982). *Miss Manner's guide to excruciatingly correct behavior*. New York: Atheneum.

Marty, M. E. (1982). Watch your language. *Context* (April 15).

Maslach, C., & Jackson, S. E. (In press). Burnout in health professions. A social psychological analysis. En G. Sanders y J. Suls (Eds.), *Social psychology of health and illness*. Hillsdale, N. J.: Erlbaum.

Maslow, A. H. (1970). *Motivation and personality*. New York: Harper and Row. Traducción en castellano: *Motivación y personalidad*, 2.ª ed. Barcelona, 1975.

—— (1973). Self-actualizing people: A study of psychological health. En R. J. Lowry (Ed.), *Dominance, self-esteem, self-actualization; Germinal papers of A. H. Maslow*. Belmont, Calif.: Wadsworth. (Originalmente publicado en 1950.

Mason, J. (1968). Organization of psychoendocrine mechanisms. *Psychosomatic Medicine,* **30**, 565-608.

Masson, J. M. (1983). *The Assault on Truth: Freud's Suppression of the Seduction Theory*. New York: Farrar, Straus & Giroux.

Masters, W. H., & Johnson, V. E. (1966). *Human sexual response*. Boston: Little, Brown.

Matas, L.; Arend, R. A.; & Sroufe, L. A. (1978). Continuity of adaptation in the second year: The relationship between quality of attachment and later competence. *Child Development,* **49**, 547-556.

Matthews, K., & Siegel, J. (1983). Type A behaviors by children, social comparison, and standards for self-evaluation. *Developmental Psychology,* **19**, 135-140.

May, R. (1969). *Love and will*. New York: Norton.

Mayer, R. E. (1983). *Thinking, problem-solving, and cognition*. San Francisco: W. H. Freeman.

McArthur, L. A. (1972). The how and what of why: Some determinants and consequences of causal attribution. *Journal of Personality and Social Psychology*, **22**, 171-193.

McCaskill, C. L., & Wellman, B. A. (1938). A study of common motor achievements at the preschool ages. *Child Development*, **9**, 141-150.

McClelland, D. C. (1965). Achievement and entrepreneurship: A longitudinal study. *Journal of Personality and Social Psychology*, **1**, 389-392.

—— (1973). Testing for competence rather than for "intelligence". *American Psychologist*, **28**(1), 1-14.

——; Atkinson, J. W.; Clark, R. A.; & Lowell, E. L. (1953). *The achievement motive*. New York: Appleton-Century-Crofts.

—— & Winter, D. G. (1969). *Motivating economic achievement*. New York: Free Press.

McConahay, J. B.; Hardee, B. B.; & Batts, V. (1981). Has racism declined in America? It depends upon who is asking and what is asked. *Journal of Conflict Resolution*, **25**(4), 563-579.

McConnell, J. V. (1962). Memory transfer through cannibalism in planarians. *Journal of Neuropsychiatry*, **3**, monograph supp. 1.

McFadden, R. D. (1982). Passenger saves blind man's life on IND tracks. *The New York Times*, December 22, pág. B1.

McGrath, J. E., & Kravitz, D. A. (1982). Group research. En M. R. Rosenzweig y L. W. Porter (Eds.), *Annual review of psychology*. Palo Alto, Calif.: Annual Reviews.

McKinnon, D. W. (1968). Selecting students with creative potential. En P. Heist (Ed.), *The creative college student: An unmet challenge*. San Francisco: Jossey-Bass.

McLearn, G. E. (1969). Biological bases of social behavior with particular reference to violent behavior. En D. J. Mulvihill, M. M. Tumin, y L. A. Curtis (Eds.), *Crimes of Viol-*

ence, vol. 13. Staff report submitted to the National Commission on the Causes and Prevention of Violence. Washington, D. C.: Government Printing Office.

Mead, M. (1961). *Coming of age in Samoa*. New York: Morrow. (Originalmente publicado en 1928.)

—— (1935). *Sex and temperament in three primitive societies*. New York: Morrow.

—— & Newton, N. (1967). Fatherhood. En S. A. Richardson y A. F. Guttmacher (Eds.), *Childbearing-Its social and psychological aspects*. Baltimore: Williams and Wilkins, págs. 189-192.

Meichenbaum, D. A. (1974). Selfinstructional strategy training: A cognitive prosthesis for the aged. *Human Development*, **17**, 273-280.

—— (1975). Self-instructional approach to stress management: A proposal for stress innoculation training. En C. D. Spielberger I. G. Sarason (Eds.), *Stress and anxiety*, vol. 1. Washington, D. C.: Hemisphere.

—— & Butler, L. (1978). Toward a conceptual model for the treatment of test anxiety: Implications for research and treatment. En I. G. Sarason (Ed.), *Test anxiety: Theory, research, and applications*. Hillsdale, N. J.: Erlbaum.

—— & Novaco, R. (1978). Stress inoculation: A preventive approach. En C. D. Spielberger y I. G. Sarason (Eds.), *Stress and anxiety*, vol. 5. New York: Wiley.

Metzger, B. E.; Ravnikar, V.; Vileisis, R. A.; & Freinkel, N. (1982). "Acceletated starvation" and the skipped breakfast in late normal pregnancy. *Lancet* (March 13), 588-592.

Milgram, S. (1963). Behavioral study of obedience. *Journal of Abnormal Psychology*, **67**, 371-378.

—— (1965). Some conditions of obedience and disobedience to authority. *Human Relations*, **18**, 67-76.

—— (1974). *Obedience to authority*. New York: Harper.

Miller, B. C., & Sollie, D. L. (1980). Normal stress during the transition to parenthood. *Family Relations*, **29**, 459-465.

Miller, E.; Cradock-Watson, J. E.; & Pollock, T. M. (1982). Consequences of confirmed maternal rubella at successive stages of pregnancy. *Lancet* (October 9), págs. 781-784.

Miller, G. A. (1956). The magical number seven, plus or minus two: Some limits on our capacity to process information. *Psychological Review*, **63**, 81-97.

Miller, N. E. (1969). Learning of visceral and glandular responses. *Science*, **163**, 434-445.

Mills, J., & Aronson, E. (1965). Opinion change as a function of communicator's attractiveness and desire to influence, *Journal of Personality and Social Psychology*, **1**, 173-177.

Mills, J. L.; Harlap, S.; & Harley, E. E. (1981). Should coitus in late pregnancy be discouraged? *Lancet*, **2**, 136.

Milner, B. (1966). Amnesia following operation on the temporal lobes. En C. Witty y O. Zangwill (Eds.), *Amnesia*. London: Butterworth.

—— (1970). Memory and the medial temporal regions of the brain. En K. H. Pribram y D. E. Broadbent (Eds.). *Biology of memory*. New York: Academic Press.

—— (1974). Hemispheric specialization: Scope and limits. The Neurosciences Third Study Program. Cambridge, Mass.: MIT Press.

Mischel, W. (1977). On the future of personality measurement. *American Psychologist*, **32**, 246-254.

—— (1968). *Personality and assessment*. New York: Wiley.

—— (1973). Toward a cognitive social learning reconceptualization of personality. *Psychological Review*, **80**, 252-283.

Mishkin, M.; Spiegler, B. O.; Saunders, R. C.; & Malamut, B. L. (1982). An animal model of global amnesia. En S. Corkin et al. (Eds), *Alzheimer's disease: A report of progress*. New York: Raven Press.

Mitchell, D. E.; Freeman, R. D.; Millodot, M.; & Haegerstrom, C. (1973). Meridional amblyopia: Evidence for modification of the human visual system. *Vision Research*, **13**, 535-558.

Molfese, D.; Molfese, V.; & Carrell, P. (1982). Early language development. En B. Wolman (Ed.), *Handbook of developmental psychology*. Englewood Cliffs, N. J.: Prentice-Hall.

Money, J., & Erhardt, A. A. (1972). *Man and woman, boy and girl*. Baltimore, Md.: Johns Hopkins University Press.

Monroe, L. (1967). Psychological and physiological differences between good and sleepers. *Journal of Abnormal Psychology*, **72**, 255-264.

Moore, T., & Ucko, C. (1957). Night waking in early infancy: Part I. **33**, 333-342.

Moore-Ede, M. C. (1982). Sleeping as the world turns. *Natural History* (October), **91**(10), 28-36.

Morgan, A. H. (1973). The heritability of hypnotic susceptibility in twins. *Journal of Abnormal and Social Psychology*, **82**, 55-61.

Morris, D. (1977). *Manwatching: A field guide to human behavior*. New York: Harry N. Abrams.

Morris, C. D.; Bransford, J. D.; & Franks, J. J. (1977). Levels of processing versus transfer appropriate processing. *Journal of Verbal Learning and Verbal Behavior*, **16**, 519-533.

Morse, S. J. (1977). An introduction to dynamic psychotherapy. En S. J. Morse y R. J. Watson (Eds.), *Psychotherapies: A comparative casebook*. New York: Holt, Rinehart y Winston.

—— & Watson, R. J. (Eds.) (1977). *Psychotherapies: A comparative casebook*. New York: Holt, Rinehart y Winston.

Moskowitz, B. A. (1978). The acquisition of language. *Scientific American*, **239**(5), 92-108.

Moss, H. A. (1967). Sex, age, and state as determinants of motherinfant interaction. *Merrill-Palmer Quarterly*, **13**, 19-36.

Mowrer, O. H. (1960). *Learning theory and the symbolic processes*. New York: Wiley.

Moyer, K. E. (1976). *The psychobiology of aggression*. New York: Harper y Row.

Murphy, D. P. (1929). The outcome of 625 pregnancies in women subjected to pelvic radium roentgen irradiation. *American Journal of Obstetrics and Gynecology*, **18**, 179-187.

Murray, H. A. (1938). *Explorations in personality*. New York: Oxford University Press.

Murstein, B. I. (1971). Critique of models of dyadic attraction. En B. I. Murstein (Ed.), *Theories of attraction and relationships*. New York: Springer.

—— (1982). Marital choice. En B. B. Wolman (Ed.), *Handbook of developmental psychology*. Englewood Cliffs, N. J.: Prentice-Hall.

Mussen, P. H., & Eisenberg-Berg, N. (1977). *Roots of caring, sharing, and helping: The development of prosocial behavior in children*. San Francisco: W. H. Freeman.

—— & Jones, M. C. (1957). Self-conceptions, motivation, and interpersonal attitudes of late and early maturing boys. *Child Development*, **28**, 243-256.

—— & Rutherford, E. (1963). Parent-child relations and parental personality in relation to young children's sex role preferences. *Child Development*, **34**, 589-607.

Muuss, R. E. (1970). Adolescent development and the secular trend. *Adolescence*, **5**, 267-284.

Myers, D. G. (1983). *Social psychology*. New York: McGraw-Hill.

Myers, N., & Perlmutter, M. (1978). Memory in the years from 2 to 5. En P. Ornstein (Ed.), *Memory development in children*. Hillsdale, N. J.: Erlbaum.

Naeye, R. (1979). Weight gain and the outcome of pregnancy. *American Journal of Obstetrics and Gynecology*, **135**(1), 3-9.

—— (1983). New data on the effects of coitus in pregnancy. Paper presented at seminar, Technological Approaches to Obstetrics: Benefits, Risks, Alternatives III, March 18, Moscone Convention Center, San Francisco.

Nagy, M. (1948). The child's theories concerning death. *Journal of Genetic Psychology*, **73**, 3-27.

Nagelman, D. B.; Hale, S. L.; & Ware, S. L. (1983). Prevalence of eating disorders in college women. Paper presented at the American Psychological Association, Anaheim.

Napier, A. (1978). *The family crucible*. New York: Harper and Row.

Nathan, P. E., & Harris, S. L. (1980), *Psychopathology and society* (2.ª ed.). New York: McGraw-Hill.

National Academy of Sciences (1982). *Ability tests: Consequences and controversies*. Washington, D. C.: National Academy Press.

National Institute on Aging Task Force (1980). Senility reconsidered: Treatment possibilities for mental impairment in the elderly. *Journal of the American Medical Association*, **244**(3), 259-263.

National Institutes of Health (1981). *Cesarean childbirth. Consensus Development Conference Summary*, vol. 3, no. 6. Bethesda, Md.: U. S. Government Printing Office, 1981-0-341-132/3553.

National Opinion Research Center (1977). *General social surveys code book for 1972-1977*. Chicago: University of Chicago Press.

—— (1980). *General social surveys, 1972-1980*. Storrs, Ct. Roper Public Opinion Research Center, University of Connecticut.

Neisser, U. (1982). Memory: What are the important questions? En U. Neisser (Ed.), *Memory observed*. San Francisco: W. H. Freeman.

Nelson, B. (1982). Why are earliest memories so fragmentary and elusive? *The New York Times*, December 7, pp. C1, C7.

Nelson, H.; Erkin, M.; Saigal, S.; Bennett, K.; Milner, R.; & Sackett, D. (1980). A randomized clinical trial of the Leboyer approach to childbirth. *New England Journal of Medicine*, **302**(12), 655-660.

Nelson, K. (1973). Structure and strategy in learning to talk. *Monographs of the Society for Research in Child Development*, **38**(Nos. 1-2).

—— (1979). The role of language in infant development. En M. Bornstein y W. Kessen (Eds.), *Psychological development from infancy*. Hillsdale, N. J.: Erlbaum.

—— (1981). Individual differences in language development: Implications for development and language. *Developmental Psychology*, **17**(2), 170-187.

Nelson, T. O. (1977). Repetition and depth of processing. *Journal of Verbal Learning and Verbal Behavior*, **16**, 151-172.

Neugarten, B., & Gutmann, D. L. (1958). Age-sex roles and personality in middle age: A thematic apperception study. *Psychological Monograph*, **72**(17). Whole No. 470.

Neugarten, B. (1968). Adult personality: Toward a psychology of the life cycle. En B. Neugarten (Ed.), *Middle age and aging*. Chicago: University of Chicago Press.

—— (1975). The rise of the young-old. *The New York Times*, January 18.

—— & Hagestad, G. (1976). Age and the life course. En H. Binstock y E. Shanas (Eds.), *Handbook of aging and the social sciences*. New York: Van Nostrand Reinhold.

——; Havighurst, R.; & Tobin, S. (1965). Personality and patterns of aging. En B. Neugarten (Ed.), *Middle age and aging*. Chicago: University of Chicago Press.

——; Moore, J. W.; & Lowe, J. C. (1965). Age norms, age constraints, and adult socialization. *American Journal of Sociology*, **70**, 710-717.

New York Times, The (1982). Sports people. August 11, p. B8.

—— (1983). Visual cues compensate for blindness in one eye, September 13, p. C2.

Newcomb, T. M. (1961). *The acquaintance process*. New York: Holt, Rinehart, y Winston.

Newman, H.; Freeman, F.; & Holzinger, K. (1937). *Twins: A study of heredity and environment*. Chicago: University of Chicago Press.

Newton, I. (1952). *Opticks*, 1730. Basada en la cuarta edición. Londres, 1730. New York: Dover Publications.

Nias, D. K. (1979). Marital choice: Matching or complementation? En M. Cook y G. Wilson (Eds.), *Love and attraction*. Oxford: Pergamon.

Nichol, S., & Heston, L. (1979). The future of genetic research in schizophrenia. *Psychiatric Annals*, **9**(1), 32-53.

Nickerson, R. S., & Adams, M. J. (1979). Long-term memory for a common object. *Cognitive Psychology*, **11**, 287-307.

Nisbett, R. E. (1968). Taste, deprivation and weight determinants of eating behavior. *Journal of Personality and Social Psychology*, **10**, 107-116.

Novaco, R. W. (1977). A stress inoculation approach to anger management in the training of law enforcement efficers. *American Journal of Community Psychology*, **5**, 327-346.

O'Brien, C. P.; Stunkard, A. J.; & Ternes, J. W. (1982). Absence of naloxone sensivity in obese humans. *Psychosomatic Medicine*, **44**, 215-218.

O'Connor, D. (1982). Comunicación personal a S. Olds, mayo 13, durante un encuentro en la clínica de terapia sexual. Department of Psychiatry, Roosevelt Hospital, New York City.

O'Connor, R. D. (1972). Relative efficacy of modeling, shaping, and the combined procedures for notification of social withdrawal. *Journal of Abnormal Psychology*, **79**(3), 327-334.

Oelsner, L. (1979). More couples adopting victims of genetic defects. *The New York Times*, March 8, pp. A1, B14.

Oetzel, R. (1966). Classified summary in sex differences. In Maccoby, E. E. (Ed.), *The development of sex differences*. Stanford, Calif.: Stanford University Press.

Offer, D. (1969). *The psychological world of the teenager: A study of normal adolescent boys*. New York: Basic Books.

—— & Offer, J. (1974). Normal adolescent males: The high school and college years. *Journal of the American College Health Association*, **22**, 209-215.

Olds, S. W. (1976). Shampoo, set and sympathy. *McCall's* (Oct.).

—— & Eiger, M. S. (1973). *The complete book of breastfeeding*. New York: Bantam.

Olton, D. S. (1979). Mazes, maps and memory. *American Psychologist*, **34**, 583-596.

Orlofsky, J.; Marcia, J.; & Lesser, I. (1973). Ego identity status and the intimacy vs. isolation crisis of young adulthood. *Journal of Personality and Social Psychology*, **27**(2), 211-219.

Orne, M. T. (1977). The construct of hypnosis: Implications of the definition for research and practice. En W. E. Edmonston, Jr. (Ed.), *Conceptual and investigative approaches to hypnosis and hypnotic phenomena*. New York: New York Academy of Sciences.

—— & Holland, C. C. (1968). On the ecological validity of laboratory deceptions. *International Journal of Psychiatry*, **6**(4), 282-293.

Orr, W. C.; Martin, R. J.; & Patterson, C. D. (1979). When to suspect sleep apnea—the Pickwickian syndrome. *Resident and Staff Physician* (May), 101-104.

Osgood, C. E.; Suci, G. J.; & Tennenbaum, P. H. (1957). *The measurement of meaning*. Urbana: University of Illinois Press.

Oskamp, S., & Mindick, B. (1981). Personality and attitudinal barriers to contraception. En D. Byrne and W. A. Fisher (Eds.), *Adolescents, sex, and contraception*. New York: McGraw-Hill.

——; ——; Berger, D.; & Motta, E. A. (1978). Longitudinal study of success versus failure in contraceptive planning. *Journal of Population*, **1**, 69-83.

Ostrove, N., (1978). Expectations for success on effort-determined tasks as a function of incentive and performance feedback. *Journal of Personality and Social Psychology*, **36**, 909-916.

Oswald, P. F., & Petzman, P. (1974). The cry of the human infant. *Scientific American*, **230**(3), 84-90.

Oursler, J. D. (1980). The role of extramarital involvement in personal adjustment, marital adjustment and counseling of middle class women. Tesis doctoral no publicada

St. John's University, New York, N. Y.

Pagano, R. R.; Rose, R. M.; Stivers, R. M.; & Warrenburg, S. (1976). Sleep during transcendental meditation. *Science*, **191**, 308-309.

Paivio, A. (1975). Perceptual comparisons through the mind's eye. *Memory and Cognition*, **3**(6), 635-647.

Pam, A.; Plutchik, R.; & Conte, H. R. (1975). Love: A psychometric approach. *Psychological Reports*, **37**, 83-88.

Papalia, D. E. (1972). The status of several conservation abilities across the life-span. *Human Development*, **15**, 229-243.

—— & Bielby, D. D. (1974). Cognitive functioning middle and old age adults: A review of research based on Piaget's theory. *Human Development*, **17**, 424-443.

Papalia, D., & Olds, S. W. (1983). *A Child's World: Infancy through Adolescence*. (3rd ed.). New York: McGraw-Hill.

Papalia, D., & Olds, S. W. (1983). *Psicología del desarrollo "de la infancia a la adolescencia"*. McGraw-Hill Book Company, 3.ª ed., 1985.

—— & —— (1981). *Human Development* (2d ed.). New York: McGraw-Hill. Traducción en castellano: *El desarrollo humano*. McGraw-Hill Book Company, 1984.

—— & Tennent, S. S. (1975). Vocational aspirations in preschoolers: A manifestation of early sexrole stereotyping. *Sex Roles*, **1**(2), 197-199.

Pape, K.; Buncic, R.; Ashby, S.; & Fitzhardinge, P. (1978). The status at 2 years of low-birth-weight infants born in 1974 with birthweights of less than 2,001 gm. *Journal of Pediatrics*, **92**(2), 253-260.

Parke, R. D. (1974). Rules, roles, and resistance to deviation: Recent advances in punishment, discipline, and self-control. En A. Pick (Ed.), *Symposia of child psychology*, vol. 8. Minneapolis: University of Minnesota Press.

—— (1977). Some effects of punishment on children's behavior—revisited. En E. M. Hetherington y R. D. Parke (Eds.), *Contemporary readings in child psychology*. New York: McGraw-Hill.

—— (1978). Babies have fathers, too. Paper presented at seminar, Advances in Child Development Research, sponsored by American Psychological Association and Society for Research in Child Development, New York Academy of Sciences, New York City, October 31.

Parkes, C. M.; Benjamin, B.; & Fitzgerald, R. (1969). Broken heart: A statistical study of increased mortality among widowers. *British Medical Journal*, **4**, 740-743.

Parkes, J. D. (1977). The sleepy patient. *Lancet* (May 7), 990-993.

Parmalee, A. H.; Wenner, W. H.; & Schulz, H. R. (1964). Infant sleep patterns: From birth to 16 weeks of age. *Journal of Pediatrics*, **65**, 576.

Paul, G. L. (1969). Chronic mental patients: Current status—future directions. *Psychological Bulletin*, **71**, 81-94.

Pavlov, I. P. (1927). *Conditioned Reflexes*. London: Oxford University Press. Traducción en castellano: *Reflejos condicionados e inhibiciones*. Barcelona, Península, 1975.

Peel, E. A. (1967). *The psychological basis of education* (2d ed.). Edinburgh and London: Oliver and Boyd.

Pendery, M. L.; Maltzman, I. M.; & West, L. J. (1982). Controlled drinking by alcoholics? New findings and a reevaluation of a major affirmative study. *Science*, **217**, 169-175.

Penfield, W. (1969). Consciousness, memory, and man's conditioned reflexes. En K. H. Pribram (Ed.), *On the biology of learning*. New York: Harcourt Brace Jovanovich.

Perkins, D. V. (1982). The assessment of stress using life event scales. En L. Godberger and S. Breznitz (Eds.), *Handbook of stress*. New York: Free Press.

Perkins, R. P. (1979). Sexual behavior and response in relation to complications of pregnancy. *American*

Journal of Obstetrics and Gynecology, **134**, 498-505.

Perper, T. (1980). Flirtation behavior in public settings. Paper presented at the Society for Scientific Study of Sex, Eastern Regional Conference, Philadelphia, April 25-27.

Persky, H.; Lief, H. I.; Strauss, D.; Miller, W. R.; & O'Brien, C. P. (1978). Plasma testosterone level and sexual behavior of couples. *Archives of Sexual Behavior*, **7**(3), 157-173.

Peterson, I. (1983). Legal snarl developing around case of a baby born to surrogate mother. *The New York Times*, February 7, p. A10.

Peterson, L. R., & Peterson, M. J. (1959). Short-term retention of individual verbal items. *Journal of Experimental Psychology*, **58**, 193-198.

Petri, E. (1934). Untersuchungen zur erbedingtheit der menarche. *Z. Morph Anth.*, **33**, 43-48.

Piaget, J. (1932). *The moral judgment of the child*. New York: Harcourt Brace. Traducción en castellano: *El criterio moral en el niño*. Barcelona, Fontanella, 1971.

—— (1951). *Plays, dreams, and initiation in childhood*. New York: Norton.

—— (1952). *The origins of intelligence in children*. New York: International Universities Press. Traducción en castellano: *El nacimiento de la inteligencia en el niño*. Madrid, Aguilar, 1969.

—— (1972). Intellectual evolution from adolescence to adult-hood. *Human Development*, **15**, 1-12.

Pihl, R. O.; Zeichner, A.; Niaura, R.; Hagy, F.; & Zacchia, C. (1981). Attribution and alcoholmediated aggression. *Journal of Abnormal Psychology*, **90**, 468-475.

Piliavin, J. A.; Callero, P. L.; & Evans, D. E. (1982). Addiction to altruism? Opponent-process theory and habitual blood donation. *Journal of Personality and Social Psychology*, **43**(6), 1200-1213.

——; Dovidio, J. F.; Gaertner, S. L.; & Clark, R. D. (1981). *Emergency intervention*. New York: Academic Press.

—— & Piliavin, I. M. (1972). Effects of blood on reactions to a victim. *Journal of Personality and Social Psychology*, **23**(3), 353-361.

Piliavin, I. M.; Piliavin, J. A.; & Rodin, J. (1975). Costs, diffusions, and the stigmatized victim. *Journal of Personality and Social Psychology*, **32**(3), 429-438.

——; Rodin, J.; & Piliavin, J. A. (1969). Good samaritanism: An underground phenomenon? *Journal of Personality and Social Psychology*, **13**, 289-299.

Pines, M. (1982). Movement grows to create guidelines for mental therapy. *The New York Times*, May 4, p. C1.

—— (1981). The civilizing of Genie. *Psychology Today*, **15**(9), 28-34.

Pirenne, M. H. (1967). *Vision and the eye*. London: Science Paperbacks. (Originalmente publicado por Tinling, London, 1948.)

Plath, S. (1972). *The bell jar*. New York: Bantam.

Premack, A. J., & Premack, D. (1972). Teaching language to an ape. *Scientific American*, **277**, 92-99.

Prentice, A. M.; Whitehead, R. G.; Watkinson, M.; Lamb, W. H.; & Cole, T. J. (1983). Prenatal dietary supplementation of African women and birthweight. *Lancet* (March 5), 489-492.

Press, A. (1982). Judge to jury: Overruled. *Newsweek* (April 26), p. 59.

Price, R. A., & Vandenberg, S. G. (1979). Matching for physical attractiveness in married couples. *Personality and Social Psychology Bulletin*, **5**, 398-399.

Pugh, W. E., & Fernández, F. L. (1953). Coitus in late pregnancy. *Obstetrics and Gynecology*, **2**, 636-642,

Purtilo, D., & Sullivan, J. (1979). Immunological bases for superior survival in females. *American Journal of Diseases of Children*, **133**, 1251-1253.

Rabkin, J. G., & Struening, E. L. (1976). Life events, stress, and illness. *Science*, **194**, 1013-1020.

—— (1980). Stressful life events and schizophrenia: A review of the research literature. *Psychological Bulletin*, **87**(2), 408-425.

Rachman, S. J., & Wilson, G. T. (1980). *The effects of psychological therapy* (2d ed.). Oxford, England: Pergamon.

Rayburn, W. F., & Wilson, E. A. (1980). Coital activity and premature delivery. *American Journal of Obstetrics and Gynecology*, **137**, 972-974.

Read, M. S.; Habicht, J. P.; Lechtig, A.; & Klein, R. E. (1973). Maternal malnutrition, birth weight, and child development. Paper presented before the International Symposium on Nutrition, Growth and Development. May 21-25, Valencia, Spain.

Redmond, D. E. (1983). Brain chemistry and human aggression, presentation in seminar, Recent Studies concerning Dominance, Aggression, and Violence, sponsored by the Harry Frank Guggenheim Foundation, Rockefeller University, New York City, January 18.

Reichard, S.; Livson, F.; & Peterson, P. (1962). *Aging and personality: A study of 87 older men*. New York: Wiley.

Reid, J. R.; Patterson, G. R.; & Loeber, R. (1982). The abused child: Victim, instigator, or innocent bystander? En D. J. Berstein (Ed.), *Response structure and organization*. Lincoln: University of Nebraska Press.

Reiff, R., & Scheerer, M. (1959). *Memory and hypnotic age regression: Developmental aspects of cognitive function explored through hypnosis*. New York: International Universities Press.

Relman, A. S. (1982). Marijuana and health. *New England Journal of Medicine*, **306**(10), 603-604.

Renfrew, B. (1984). Test-tube births prompt questions. *The Capital Times*, Monday, Jannuary 23, p. 7.

Rescorla, R. A., & Wagner, A. R. (1972). A theory of Pavlovian conditioning: Variations in the effectiveness of reinforcement and nonreinforcement. En A. Black y W. F. Prokasy, Jr. (Eds.), *Classical conditioning II*. New York: Appleton-Century-Crofts.

Rice, M. (1982). Child language: What children know and how. En T. M. Field, A. Huston, H. Quay, L. Troll, y G. Finley (Eds.), *Review of human development*. New York: Wiley.

Richter, C. P. (1957). On the phenomenon of sudden dealth in animals and man. *Psychosomatic Medicine*, **19**, 191-198.

Riegel, K. F., & Riegel, R. M. (1972). Development, drop, and death. *Developmental Psychology*, **6**(2), 306-319.

Rierdan, J., & Koff, E. (1980). Representation of the female body by early and late adolescent girls. *Journal of Youth and Adolescence*, **9**(4), 339-346.

Rips, L. P.; Shoben, E. J.; & Smith, E. E. (1973). Semantic distance and the verification of semantic relations. *Journal of Verbal Learning and Verbal Behavior*, **12**, 1-20.

Robb, D. M. (1951). *The Harper history of painting*. New York: Harpers.

Robbins, L. C. (1963). The accuracy of parental recall of aspects of child development and of childrearing practices. *Journal of Abnormal and Social Psychology*, **66**, 261-270.

Roberts, C. L., & Lewis, R. A. (1981). The empty nest syndrome. En J. G. Howells (Ed.), *Modern perspectives in the psychiatry of middle age*. New York: Brunner/Mazel.

Robson, K. M.; Brant, H. A.; & Kumar, R. (1981). Maternal sexuality during first pregnancy and after childbirth. *British Journal of Obstetrics & Gynecology* (September), **88**(9), 882-889.

Robson, K. S., & Moss, H. A. (1970). Patterns and determinants of maternal attachment. *Journal of Pediatrics*, **77**(6), 976-985.

Rock, I., & Kaufman, L., (1962). The moon illusion II, *Science*, **136**, 1023-1031.

Rodin, J. (1981). Current status of the internal-external hypothesis for obesity. *American Psychologist*, **36**, 361-372.

—— (1983). Obesity: An update. Invited address, American Psychological Association, Anaheim, Ca.

——— & Langer, E. (1977). Longterm effects of a control-relevant intervention with the institutionalized aged. *Journal of Personality and Social Psychology, 35*, 897-902.

———; Solomon, S. K.; & Metcalf, J. (1977). Role of control in mediating perceptions of density. *Journal of Personality and Social Psychology, 91*, 586-597.

Roffwarg, H. P.; Herman, J. H.; Bowe-Anders, C.; & Tauber, E. S. (1976). The effects of sustained alterations of waking visual input on dream content. En A. M. Arkin, J. S. Antrobus, y S. J. Ellman (Eds.), *The mind in sleep: Psychology and psychophysiology.* Hillsdale, N. J.: Erlbaum.

Rogers, C. R. (1951). *Client-centered therapy.* Boston: Houghton Mifflin. Traducción en castellano: *Terapia centrada en el cliente.* Buenos Aires, Paidós, 1966.

——— (1961). *El proceso de convertirse en persona.* Buenos Aires, Paidós, 1979.

——— (1970). *Carl Rogers on encounter groups.* New York: Harper and Row.

——— (1970). *Grupos de encuentro.* Buenos Aires, Amorrortu, 1977.

——— (1980). *A way of being.* Boston: Houghton Mifflin.

Rohlen, T. P., quoted in Silk, L. (1982). Economic scene: A lesson from Japan, *The New York Times,* November 17, p. D2.

Rosch, E. H. (1975). Cognitive representations of semantic categories. *Journal of Experimental Psychology: General, 104*, 192-233.

——— & Mervis, C. B. (1975). Family resemblances: Studies in the internal structure of categories. *Cognitive Psychology, 7*, 573-605.

———; ———; Gray, W. D.; Johnson, D. M.; & Boyes-Braem, P. (1976). Basic objects in natural categories. *Cognitive Psychology, 8*, 382-439.

Rosen, H. (1982). Lobotomy. En *Encyclopedia Americana,* vol. 17. Danbury, Conn.: Grolier, p. 635.

Rosenhan, D. L. (1973). On being sane in insane places. *Science, 179*, 250-258.

———; Salovey, P., & Hargis, K. (1981). The joys of helping. Focus of attention mediates the impact of positive affect on altruism. *Journal of Personality and Social Psychology, 40*(5), 899-905.

Rosenman, R. H., & Chesney, M. A. (1982). Stress, type A behavior, and coronary disease. En L. Goldberger y S. Breznitz (Eds.), *Handbook of stress.* New York: Free Press.

Rosenthal, A. M. (1964). *Thirtyeight Witnesses.* New York: McGraw-Hill.

Rosenzweig, M. R., & Leiman, A. L. (1982). *Physiological psychology.* New York: D. C. Heath.

Rosett, H. L., & Weiner, L. (1982). Prevention of fetal alcohol effects. *Pediatrics, 69*(6), 813-816.

Ross, L. (1977). The intuitive psychologist and his shortcomings: Distortions in the attribution process. En L. Berkowitz (Ed.), *Advances in experimental social psychology.* New York: Academic Press.

Ross, H. G., & Milgram, J. I. (1982). Important variables in adult sibling relationships: A qualitative study, in M. E. Lamb and B. Sutton-Smith (Eds.), *Sibling relationships: Their nature and significance across the lifespan.* Hillsdale, N. J.: Erlbaum.

Rubenstein, C. (1982). Psychology's fruit flies. *Pshychology Today, 16*(7), 83-84.

——— (1983). Medical mnemonics. *Psychology Today, 17*(1), 70.

Rubin, A. (1977). Birth injuries. *Hospital Medicine* (September), 114-130.

Rubin, L. B. (1979). *Women of a certain age: The midlife search for self.* New York: Harper and Row.

Rubin, Z. (1970). Measurement of romantic love. *Journal of Personality and Social Psychology, 16*(2), 265-273.

——— (1981). Does personality really change after 20? *Psychology Today, 15*(5), 18-27.

———; Peplau, L. A., & Hill, C. T. (1981). Loving and leaving: Sex differences in romantic attachments. *Sex Roles, 7*(8), 821-835.

Rugh, R., & Shettles, L. B. (1971). *From conception to birth: The drama of life's beginning.* New York: Harper and Row.

Rumbaugh, D. M., & Gill, T. V. (1973). Reading and sentence completion by a chimpanzee. *Science, 182*, 731-733.

Runck, B. (1980). *Biofeedback-Issues in treatment assessment.* Rockville, MD: National Institutes of Mental Health.

Russell, C. (1974). Transitions to parenthood: Problems and gratifications. *Journal of Marriage and the Family, 36*(2), 294-302.

Russell, R. (1981). *Report on effective psychotherapy: Legislative testimony.* Presented at a public hearing on The Regulation of Mental Health Practitioners, conducted at the City University of New York, March 5, by Assemblyman Mark Alan Siegel of the New York State Assembly Committee on Higher Education.

Sabourin, M. (1982). Hypnosis and brain function: EEG correlates of state-trait differences. *Research Communications in Psychology, Psychiatry and Behavior, 7*(2), 149-168.

Sagi, A., & Hoffman, M. (1976). Empathetic distress in newborns. *Developmental Psychology, 12*(2), 175-176.

Sahakian, W. S. (1976). *Learning systems, models, and theories.* Chicago: Rand McNally College Publishing.

Salaman, E. (1970). *A collection of moments.* London: Longman.

Sameroff, A. (1971). Can conditioned responses be established in the newborn infant? *Developmental Psychology, 5*, 1-12.

Samuel, W. (1981). *Personality: Searching for the sources of human behavior.* New York: McGraw-Hill.

San Francisco Chronicle, This World Magazine (1982). The latest in home dryers, March 7, p. 5

Scarr, S., & Weinberg, R. (1976). IQ performance of black children adopted by white families. *American Psychologist, 31*(10), 726-739.

Scarr-Salapatek, S., & Williams, M. (1973). The effect of early stimulation on low-birthweight infants. *Child Development, 44*, 94-101.

Schacter, S. (1959). *The psychology of affiliation*. Stanford, Calif.: Stanford University Press.

—— (1971). *Emotion, obesity, and crime*. New York: Academic Press.

—— (1964). The interaction of cognitive and physiological determinants of emotional state. En L. Berkowitz (Ed.), *Advances in experimental social psychology*, vol. 1. New York: Academic Press.

—— (1982). Don't sell habit breakers short. *Psychology Today*, **16**(8), 27-34.

—— & Gross, L. P. (1968). Manipulated time and eating behavior. *Journal of Personality and Social Psychology*, **10**, 98-106.

—— & Singer, J. (1962). Cognitive, social, and physiological determinants of emotional state. *Psychological Review*, **69**, 379-399.

Schaeffer. D. L. (1971). *Sex differences in personality*. Belmont, Calif.: Brooks/Cole.

Schafer, R. B., & Keith, P. M. (1981). Equity in marital roles across the family life cycle. *Journal of Marriage and the Family*, **43**(2), 359-367.

Schaie, K. W. & Gribbin, K. (1975). Adult development and aging. En M. Rosenzweig y L. Porter (Eds.), *Annual review of psychology*, vol. 26. Palo Alto, Calif.: Annual Reveiws.

Schiffenbauer, A., & Schiavo, R. S. (1976). Physical distance and attraction: An intensification effect. *Journal of Experimental Psychology*, **12**, 274-282.

Schildkraut, J. J., & Kety, S. S. (1967). Biogenic amines and emotion. *Science*, **156**, 21-30.

Schmeck, H. M., Jr. (1976). Trend in growth of children lags. *The New York Times*, June 10, p. 13.

Schreiber, F. R. (1975). *Sybil*. Chicago: Regenery.

Schultz, D. P. (1969). The human subject in psychological research. *Psychological Bulletin*, **72**, 214-228.

—— (1981). *A history of modern psychology*. New York: Academic Press.

Schulz, R. (1978). *The psychology of death, dying, and bereavement*. Reading, Mass.: Addis...n-Wesley.

Schwab, J. J.; Bell, R. A.; Warheit, G. J.; & Schwab, M. E. (1979). *Social order and mental health. The Florida Health Survey*. New York: Brunner/Mazel.

Scully, C. (1973). Down's syndrome. *British Journal of Hospital Medicine* (July), 89-98.

Sears, P. (1977). Life satisfaction of Terman's gifted women: 1927-72: Comparison with the gifted and with normative samples. Paper presented at 5th Annual Conference School of Education, University of Wisconsin, Madison.

—— & Barbee, A. (1978). Career and life satisfaction among Terman's gifted women. En *The gifted and the creative: A fifty-year perspective*. Baltimore: Johns Hopkins University Press.

Sears, R. R. (1977). Sources of life satisfaction of the Terman gifted men. *American Psychologist*, **32**, 119-128.

——; Maccoby, E. E.; & Levin, H. (1957). *Patterns of child rearing*. New York: Harper and Row.

Segal, J., & Yahraes, H. (1978). *A child's journey*. New York: McGraw-Hill.

Segal, M. W. (1974). Alphabet and attraction: An unobtrusive measure of the effect of propinquity in a field setting. *Journal of Personality and Social Psychology*, **30**(5), 654-657.

Segerberg, O. (1982). *Living to be 100*. New York: Scribner's.

Seligman, M. (1975). *Helplessness: On depression, development and death*. San Francisco: W. H. Freeman.

Selltiz, C.; Jahoda, M.; Deutsch, M.; & Cook, S. W. (1959). *Research methods in social relations*. New York: Holt, Rinehart and Winston.

Selman, R. L., & Selman, A. P. (1979). Children's ideas about friendship: A new theory. *Psychology Today*, **13**(4), 71-80, 114.

Selye, H. (1939). A syndrome produced by diverse innocuous agents. *Nature*, **138**, 32.

—— (1956). *The stress of life*. New York: McGraw-Hill.

—— (1974). *Stress without distress*. Philadelphia: Lippincott.

—— (1980). The stress concept today.

En I. L. Kutash, L. B. Schlesinger, and Associates (Eds.), *Handbook on stress and anxiety*. San Francisco: Jossey-Bass, pp. 127-143.

—— (1982). History and present status of the stress concept. En L. Goldberger y S. Breznitz (Eds.), *Handbook of Stress*. New York: The Free Press.

Sequin, E. (1907). Idiocy: Its treatment by the physiological method. New York: Bureau of Publications, Teachers College, Columbia University. (Reeditado de la edición original, 1866.)

Shainess, N. (1961). A re-evaluation of some aspects of femininity through a study of menstruation: A preliminary report. *Comprehensive Psychiatry*, **2**, 20-26.

Shapiro, C. M.; Bortz, R.; Mitchell, D.; Bartel, P.; & Jooste, P. (1981). Slow-wave sleep: A recovery period after exercise. *Science*, **214**, 1253-1254.

Shapiro, S. (1981). *Contemporary theories of schizophrenia*. New York: McGraw-Hill.

Shatz, M., & Gelman, R. (1973). The development of communication skills: Modifications in the speech of young children as a function of listener. *Monographs of the Society for Research in Child Development*, 38, Whole No. 5.

Shaw, M. E. & Costanzo, P. R. (1982). *Theories of social psychology*. New York: McGraw-Hill.

Shaywitz, S.; Cohen, D.; & Shaywitz, B. (1980). Behavior and learning difficulties in children of normal intelligence born to alcoholic mothers. *Journal of Pediatrics*, **96**(6), 978-982.

Sheehan, S. (1982). *Is there no place on earth for me?* Boston: Houghton Mifflin.

Sheehy, G. (1976). *Passages*. New York: Dutton.

—— (1981). *Pathfinders*. New York: Morrow.

Sheldon, W. H. (1942). *The varieties of temperament: A psychology of constitutional differences*. New York: Harper. Traducción en castellano: *Las variedades del temperamento; psicología de las diferencias constitucionales*. Buenos Aires, Paidós, 1960.

Sheperd-Look, D. L. (1982). Sex differentiation and the development of sex roles. En B. B. Wolman (Ed.), *Handbook of developmental Psychology*. Englewood Cliffs, N. J.: Prentice-Hall.

Sherif, M. (1966). *In common predicament: Social psychology of intergroup conflict and cooperation*. Boston: Houghton Mifflin.

Sherman, M. (1927). The differentiation of emotional responses in infants. I. Judgments of emotional responses from motion picture views and from actual observations. *Journal of Comparative Psychology, 7*, 265-284.

Sherrod, D. R. (1974). Crowding, perceived control, and behavioral aftereffects. *Journal of Applied Social Psychology, 4*, 171-186.

Shields, J. (1962). *Monozygotic twins brought up apart and brought up together*. London: Oxford University Press.

Shiffrin, R. M., & Atkinson, R. C. (1969). Storage and retrieval processes in long-term memory. *Psychological Review, 76*, 179-193.

Shipman, V. (1971). Disadvantaged children and their first school experiences. Educational testing service, Head Start longitudinal study, Report PR-72-18, Princeton, N. J.

Shorter, M. A., & McDarby, D. (1979). *Chemical servival: A primer for western man* (2d ed.). Phoenix, Ariz.: Do It Now Foundation.

Shotland, R. L., & Straw, M. K. (1976). Bystander response to an assault: When a man attacks a woman. *Journal of Personality and Social Psychology, 34*, 990-999.

Siegler, M., & Osmond, H. (1974). *Models of madness, models of medicine*. New York: Harper and Row.

Sigall, H., & Page, R. (1971). Current stereotypes: A little fading, a little faking. *Journal of Personality and Social Psychology, 18*, 247-255.

Simner, M. L. (1971). Newborn's response to the cry of another infant. *Developmental Psychology, 5*(1), 136-150.

Skeels, H. (1966). Adult status of children with contrasting early life experiences: A follow-up study. *Mo-* nographs of the Society for Research in Child Development, 31*(3), Whole No. 105.

—— & Dye, H. B. (1939). A study of the effects of differential stimulation on mentally retarded children. *Program of the American Association of Mental Deficiency, 44*, 114-136.

Skinner, B. F. (1938). *The Behavior of Organisms*. New York: Appleton-Century-Crofts. Traducción en castellano: *La conducta de los organismos*. Barcelona, Fontanella, 1975.

—— (1951). How to teach animals. *Scientific American, 185*, 26-29.

—— (1953). *Science and human behavior*. New York: Macmillan. Traducción en castellano: *Ciencia y conducta humana*. Barcelona, Fontanella, 1970.

—— (1957). *Verbal behavior*. Englewood Cliffs, N. J.: Prentice-Hall.

—— (1982). Intellectual selfmanagement in old age. Paper presented at the annual meeting of the American Psychological Association, Washington, D. C., August 23.

Skodak, M., & Skeels, H. (1949). A follow-up study of one hundred adopted children. *Journal of Genetyc Psychology, 75*, 85-125.

Slag, M. F.; Morley, J. E.; Elson, M. K.; Trence, D. L.; Nelson, C. J.; Nelson, A. E.; Kinlaw, W. B.; Bayer, H. S.; Nuttall, F. Q.; & Shafer, R. B. (1983). Impotence in medical clinic outpatients. *Journal of the American Medical Association* (April 1), 249*(13), 1736-1740.

Slater, E., with Shields, J. (1953). Psychotic and neurotic illnesses in twins. *Medical Research Council Special Report*. Series No. 278. London: HMSO.

Sloane, R. B.; Staples, F. R.; Cristol, A. H.; Yorkston, N. J.; & Whipple, K. (1975). *Psychotherapy*. Cambridge, Mass.: Harvard University Press.

Slobin, D. I. (1971). Universals of grammatical development in children. En W. Levelt & G. B. Flores d'Arcais (Eds.), *Advances in psycholinguistic research*. Amsterdam: New Holland.

Smith, C., & Forrest, A. D. (1975). The genetics of schizophrenia. En A. D. Forrest y J. Affieck (Eds.), *New* perspectives in schizophrenia*. Edinburgh: Churchill Livingston.

Smith, D. (1982). Trends in counseling and psychotherapy. *American Psychologist, 37*(3), 802-809.

—— & Wilson, A. (1973). *The child with Down's syndrome* (mongolism). Philadelphia: Saunders.

Snow, C. E. (1972). Mothers' speech to children learning language. *Child Development, 43*, 549-565.

—— (1977). Mothers' speech research: From input to interaction. En C. D. Snow & C. A. Ferguson (Eds.), *Talking to children: Language input and acquisition*. Cambridge: Cambridge University Press.

—— (1961). Either-or. *Progressive* (February), p. 24.

——; Arlman-Rupp, A.; Hassing, Y.; Jobse, J.; Joosten, J.; & Verster, J. (1976). Mothers' speech in three social classes. *Journal of Psycholinguistic Research, 5*, 1-20.

Snyder, M. (1982). When believing means doing: Creating links between attitudes and behavior. En M. Zanna, E. Higgins, y C. Herman (Eds.), *Consistency in social behavior: The Ontario Symposium*, vol. 2. Hillsdale, N. J.; Erlbaum.

——; Campbell, B.; & Preston, E. (1982). Testing hypotheses about human nature: Assessing the accuracy of social stereotypes. *Social Cognition*.

—— & Swann, W. (1976). When actions reflect attitudes: the politics of impression management. *Journal of Personality and Social Psychology, 34*, 1034-1042.

——; Tanke, E. D.; & Berscheid, E. (1977). Social perception and interpersonal behavior: On the self-fulfilling nature of social stereotypes. *Journal of Personality and Social Psychology, 35*, 691-712.

Snyder, S. H. & Reivich, M. (1966). Regional location of lysergic acid diethylamide in monkey brain. *Nature, 209*, 1093.

Sobel, D. (1980). Freud's fragmented legacy. *The New York Times Magazine*, October 26, pp. 28ff.

Sobell, M., & Sobell, L. (1975). The need for realism, relevance, and operational assumptions in the study of substance dependence. En H. D. Cappell and A. E. Le-Blanc (Eds.), *Biological and behavioral approaches to drug dependence*. Toronto: Alcoholism and Drug Addiction Research Foundation of Canada.

——; ——; & Ward, E. (1980). *Evaluating alcohol and drug abuse treatment effectiveness*. New York: Pergamon.

Sokolov, E. N. (1977). Brain functions: Neuronal mechanisms of learning and memory. *Annual Review of Psychology,* **20**, 85-112.

Soldo, B. J. (1980). *America's Elderly in the 1980's. Population Reference Bureau,* **35**(4).

Solomon, R. L., & Corbit, J. D. (1974). An opponent-process theory of motivation I. Temporal dynamics of affect. *Psychological Review,* **81**, 119-145.

Sontag, S. (1975). The double standard of aging. In *No Langer Young: The Older Woman in America*. Ann Arbor: University of Michigan/Wayne State University, Institute of Gerontology. (Reeditado de *Saturday Review,* 1972.)

Sorensen, R. (1973). *The Sorensen report adolescent sexuality in contemporary America*. New York: World.

Sostek, A. J., & Wyatt, R. J. (1981). The chemistry crankiness. *Psychology Today,* **15**(10), 120.

Soule, B. (1974). Pregnant couples. Paper presented in a symposium on "Parents and infants: An interactive network". At the annual meeting of the American Psychological Association, New Orleans, August 29.

Spearman, C. (1904). General intelligence objectively determined and measured. *American Journal of Psychology,* **15**, 201-293.

Spelt, D. (1948). The conditioning of the human fetus in vitro. *Journal of Experimental Psychology,* 338-346.

Sperling, G. (1960). The information available in brief visual presentations. *Psychological Monographs,* **74**, 1-29.

Sperry, R. (1982). Some effects of disconnecting the cerebral hemispheres. *Science,* **217**, 1223-1226.

Spezzano, C. (1981). Prenatal psychology: Pregnant with questions. *Psychology Today,* **15**(5), 49-58.

Spielberger, C. (1979). *Understanding stress and anxiety*. New York: Harper and Row.

Spitzer, R. L. (1976). More on pseudo science in science and the case for psychiatric diagnosis: A critique of D. L. Rosenhan's "On being sane in insane places" and "The contextual nature of psychiatric diagnosis". *Archives of General Psychiatry,* **33**, 459-470.

Squire, L. R., & Slater, P. C. (1978). Anterograde and retrograde memory impairment in chronic amnesia. *Neuropsychologia,* **16**, 313-322.

——; ——; & Chance, P. M. (1975), Retrograde amnesia: Temporal gradient in very long-term memory following electroconvulsive therapy. *Science,* **187**, 77-79.

Squire, S. (1983). *The slender balance*. New York: Putnam.

Srole, L., & Fischer, A. (1980). The Midtown Manhattan Longitudinal Study vs. "The Mental Paradise Lost" doctrine. *Archives of General Psychiatry,* **37**, 209-221.

——; Langner, T. S., & Michael, S. T. (1962). *Mental health in the metropolis,* edición revisada y aumentada. New York: New York University Press.

Sroufe, L. A., & Wunsch, J. (1972). The development of laughter in the first year of life. *Child Development,* **43**, 1326-1344.

Stapp, J., & Fulcher, R. (1983). The employment of APA members: 1982. *American Psychologist,* **38**(12), 1298-1320.

Starr, B. D., & Weiner, M. B. (1981). *The Starr-Weiner report on sex & sexuality in the mature years*. New York: Stein & Day.

Steinberg, L. D. (1982). Jumping off the work experience bandwagon. *Journal of Youth and Adolescence,* **11**(3), 183-206.

Steiner, I. D. (1979). Social psychology. In E. Hearst (Ed.), *The first century of experimental psychology*. Hillsdale, N. J.: Erlbaum.

Stenchever, M. A.; Williamson, R. A.;

Leonard, J.; Karp, L. E.; Ley, B.; Shy, K.; & Smith, D. (1981). Possible relationship between in utero diethylstilbestrol exposure and male fertility. *American Journal of Obstetrics and Gynecology,* **140**(2), 186-193.

Stephan, W. G.; Rosenfield, D.; & Stephan, C. (1976). Egotism in males and females. *Journal of Personality and Social Psychology,* **34**, 1161-1167.

Stern, R. M., & Ray, W. J. (1977). *Biofeedback: Potential and limits*. Lincoln: University of Nebraska Press.

Sternberg, R. J. (1979). Stalking the IQ quark. *Psychology Today,* **13**(4), 27-41.

—— (1982). Who's intelligent? *Psychology Today,* **16**(4), 30-40.

——; Conway, B. E.; Ketron, J. L.; & Bernstein, M. (1981). Peoples' conceptions of intelligence. *Journal of Personality and Social Psychology,* **41**(1), 37-55.

—— & Davidson, J. (1982). The mind of the puzzler. *Psychology Today,* **16**(6), 37-44.

Sternberg, S. (1966). High-speed scanning in human memory. *Science,* **153**, 652-654.

—— (1967). Two operations in character-recognition: Some evidence from reaction-time measurements. *Perception and Phychophysics,* **2**, 45-53.

—— (1969). The discovery of processing stages. *Acta Psychologica,* **30**, 276-315.

Sternglanz, S., & Serbin, L. (1974). Sex role steryotiping in children's television programs. *Developmental Psychology,* **10**, 710-715.

Stewart, A., & Reynolds, E. (1974). Improved prognosis for infants of very low-birthweight. *Pediatrics,* **54**(6), 724-735.

Strasser, S., with Shapiro, D., (1984). A town on the edge of fear, *Newsweek* (January 23), **103**, (4), 27.

Streib, G. F., & Schneider, C. J. (1971). *Retirement in American society: Impact and process*. Ithaca: Cornell University Press.

Stroop, J. R. (1935). Studies of interference in serial verbal reactions,

Journal of Experimental Psychology, **18,** 643-662.

Strupp, H. (1973). On the basic ingredients of psychotherapy. *Journal of Consulting and Clinical Psychology,* **41,** 1-8.

—— (1975). Psychoanalysis, "focal" psychotherapy, and the nature of the therapeutic inference. *Archives of General Psychiatry,* **32,** 127-135.

Stump, A. (1975). "That's him— the guy who hit me!" TV Guide (October 4—10), 32-35.

Suedfeld, P. (1975). The benefits of boredom: Sensory deprivation reconsidered. *American Scientist,* **63,** 60-69.

Sugarman, A., & Quinlan, D. (In press.) Anorexia nervosa as a defense against anaclitic depression. *International Journal of Eating Disorders.*

Sulik, K.; Johnson, M. C.; & Webb, M. (1981). Fetal alcohol syndrome: embryogenesis in a mouse model. *Science,* **214**(2), 936-938.

Sundberg, N. D. (1977). *Assessment of persons.* Englewood Cliffs, N. J.: Prentice-Hall.

Suomi, S., & Harlow, H. (1972). Social rehabilitation of isolatereared monkeys. *Developmental Psychology,* **6**(3), 487-496.

—— & ——. (1978). Early experience and social development in Rhesus monkeys. En M. Lamb (Ed.), *Social and personality development.* New York: Holt, Rinehart, and Winston.

Sutton-Smith, B. (1982). Birth order and sibling status effects. En M. E. Lamb y B. Sutton-Smith (Eds.), *Sibling relationships: Their nature and significance across the life-span.* Hillsdale, N. J.: Erlbaum.

Szasz, T. (1974). *The myth of mental illness* (rev.). New York: Perennial Library, Harper and Row.

Talland, G. A. (1969). *The pathology of memory.* New York: Academic Press.

Tanner, J. M. (1968). Growing up. *Scientific American,* **218,** 21-27.

Tart, C. (Ed.) (1969). *Altered states of consciousness.* New York: Wiley.

—— (1975). Putting the pieces together: A conceptual framework for understanding discrete states of consciousness. En N. E. Zinberg (Ed.), *Alternative states of consciousness.* New York: Free Press.

Taub, H.; Goldstein, K.; & Caputo, D. (1977). Indices of neonatal prematurity as discriminators of development in middle childhood. *Child Development,* **48**(3), 797-805.

Taylor, C. W.; Smith, W. R.; & Ghiselin, B. (1963). The creative and other contributions of one sample of research scientists. En C. W. Taylor & F. Barron (Eds.), *Scientific creativity: Its recognition and development.* New York: Wiley.

Templeton, R. D., & Quigley, J. P. (1930). The action of insulin on the motility of the gastrointestinal tract. *American Journal of Physiology,* **91,** 467-474.

Tennov, D. (1979). *Love and limerence: The experience of being in love.* New York: Stein & Day.

Terman, L. M. (1921). In Symposium: Intelligence and its measurement. *Journal of Educational Psychology,* **12,** 127-133.

—— & Merrill, M. A. (1937). *Measuring intelligence: A guide to the administration of the new revised Stanford-Binet tests of intelligence.* Boston: Houghton Mifflin.

—— & Oden, M. H. (1959). *Genetic studies of genius, V. The gifted group at mid-life.* Stanford, Calif.: Stanford University Press.

Terrace, H. S. (1979). How Nim Chimsky changed my mind. *Psychology Today,* **13**(6), 65-76.

——; Petitto, L. A.; Sanders, R. J.; & Bever, T. G. (1979). *Science,* **206**(4421), 891-206.

Teuber, H.-L.; Milner, B.; & Vaughan, H. G., Jr. (1968). Persistent anterograde amnesia after stab wound of the basal brain. *Neuropsychologia,* **6,** 267-282.

Thibaut, J. W., & Kelley, H. H. (1959). *The social psychology of groups.* New York: Wiley.

Thomas, A.; Chess, C.; & Birch, H. G. (1968). *Temperament and behavior disorders in children.* New York: Brunner/Mazel.

—— & ——. (1977). *Temperament and development.* New York: Brunner/Mazel.

Thomas, L. (1982). On altruism. *Discover,* **3**(3), 58-60

Thompson, J. K.; Jarvie, G. J.; Lahey, B. B.; & Cureton, K. J. (1982). Exercise and Obesity: Etiology, Physiology, and Intervention. *Psychological Bulletin,* **91,** 55-79.

Thompson, R. A., & Lamb, M. E. (1983). Secutiry attachment and stranger sociability in infants. *Developmental Psychology,* **19**(2), 184-191.

Thompson, R. (1967). *Foundations of physiological psychology.* New York: Harper and Row.

Thorndike, E. L. (1911). *Animal intelligence.* New York: Macmillan.

Thurstone, L. L. (1938). *Primary mental abilities.* Chicago: University of Chicago Press.

Tolman, E. C (1932). *Purposive behavior in animal and men.* New York: Century.

—— (1948). Cognitive maps in rats and mens. *Psychological Review,* **55,** 189-208. (Reeditado en Gazzaniga, M. S., & Lovejoy, E. P. *Good reading in psychology.* Englewood Cliffs, N. J.: Prentice-Hall, 1971, pp. 224-243.)

Toman, W., & Toman, E. (1970). Sibling positions of a sample of distinguished persons. *Perceptual and Motor Skills,* **32,** 825-826.

Tomlinson, Keasey, C. (1972). Formal operations in femals from eleven to fifty-six years of age. *Developmental Psychology,* **6**(2), 364.

Triandis, H. C. (1977). *Interpersonal behavior.* Monterey, Calif.: Brooks/Cole.

Tribich, D. (1982). Comunicación personal a S. W. Olds, New York, N. Y., January 14.

—— & Klein, M. (1981). On Freud's blindness. *Colloquium,* **4,** 52-59.

Troll, L. (1975). *Early and middle adulthood.* Belmont, Calif.: Wadsworth.

Tryon, R. C. (1940). Genetic differences in maze learning in rats. *Yearbook of the National Society for Studies in Education,* **39,** 111-119.

Tulving, E. (1962). Subjective organization in free recall of "unrelated" words. *Psychological Review*, **69**, 344-354.

—— (1977). Cue-dependent forgetting. *American Scientist* (January-February 1974). (Reeditado en I. Janis (Ed.), *Current trends in psychology*. Los Altos, Calif.: William Kaufmann.)

Turnbull, C. (1972). *The mountain people*. New York: Simon and Schuster.

U. S. Department of Health and Human Services (1980). Public Health Service, Alcohol, Drug Abuse, and Mental Health Administration. *Let's talk about drug abuse*. Rockville, Md.: National Institute on Drug Abuse.

—— (1980). *Project sleep: The national program on insomnia and sleep disorders*. Public Health Services, Rockville, Md.

—— (1980). *Smoking tobacco, and health*. DHHS Publication No. (PHS) 80-50150.

—— (1981a). *Pre-term babies*. Washington, D. C.: Government Printing Office.

—— (1981b). *ADAMHA data book*. DHHS Pub. No. (ADM) 81-662. Revised printing.

—— (1981c). *Information on lithium*. DHHS Pub. No. (ADM) 81-1078.

U. S. Department of Commerce & U. S. Department of Housing and Urban Development (1981). *Part D, housing characteristics of recent movers for the United States and regions: 1978*. Series H-150-78D. Washington, D. C.: Government Printing Office.

U. S. Department of Health, Education, and Welfare (1971). *The institutional guide to DHEW policy on protection of human subjects*. Washington, D. C., DHEW.

—— (1976). *Health, United States, 1975*. DHEW Pub. No. (HRA), 76-1232. Rockville, Md.: National Center for Health Statistics.

U. S. Public Health Service (1982). *The health consequences of smoking: cancer*. Rockville, Md.

University of Texas Health Science Center at Dallas (1980). Twins are

double puzzles. *News* (July 8, 1980).

Upjohn Company (1983). The menopausal woman: An enlightened view. *Writer's Guide to Menopause*. Kalamazoo, Mich.: Upjohn Company.

Vaillant, G., & McArthur, C. (1972). Natural history of male psychologic health. I. The adult life cycle from 18-50. *Seminars in Psychiatry*, **4**(4), 415-427.

Valentine, C. W. (1930). The innate bases of fear. *Journal of Genetic Psychology*, **37**, 485-497.

Vandell, D.; Wilson, K.; & Buchanan, N. (1980). Peer interaction in the first year of life: An examination of its structure, content, and sensitivity to toys. *Child Development*, **51**, 481-488.

Vandenberg, S. G. (1967). Hereditary factors in normal personality traits (as measured by inventories) (1965). En J. Wortes (Ed.), *Recent advances in biological psychiatry*, vol. 9. New York: Plenum, pp. 65-104.

Van Harreveld, A., & Fifkova, C. (1975). Swelling of dendritic spines in the fascia dentata after stimulation of the perforant fibers as a mechanism of post-tetanic potentiation. *Experimental Neurology*, **49**, 736-749.

Vaughan, V.; McKay, R.; & Behrman, R. (1979). *Nelson: Textbook of Pediatrics*. Philadelphia: Saunders.

Vener, A., & Stewart, C. (1974). Adolescent sexual behavior in middle America revisited: 1970-1973. *Journal of Marriage and the Family* (November). **36**(4), 728-735.

Verbrugge, L. (1979). Marital status and health. *Journal of Marriage and the Family*, **41**, 267-285.

Veroff, J.; Douvan, E.; & Kulka, R. (1981). *The inner American*. New York: Basic Books.

Victor, M.; Adams, R. D.; & Collins, G. H. (1971). *The Wernicke-Korsakoff syndrome*. Philadelphia: Davis.

Valins, S. (1966). Cognitive effects of false heart-rate feedback. *Journal of Personality and Social Psychology*, **4**, 400-408.

Wadden, T. A., & Anderton, C. H. (1982). The clinical use of hypnosis. *Psychological Bulletin*, **91**(2), 215-243.

Waid, W. M., & Orne, M. T. (1982). The physiological detection of deception. *American Scientist* (July-August), **70**, 402-409.

Wain, H. J. (1980). Pain control through use of hypnosis. *American Journal of Clinical Hypnosis*, **23**(1), 41-46.

Wagner, A. R., & Rescorla, R. A. (1972). Inhibition in Pavlovian conditioning: Application of a theory. En R. A. Boakes y M. S. Halliday (Eds.), *Inhibition and learning*. London: Academic Press.

Walk, R. D., & Gibson, E. (1961). A comparative and analytical study of visual depth perception. *Psychology Monographs*, **75** (15), 170.

Wallace, R. K., & Benson, H. (1972). The physiology of meditation. *Scientific American*, **226**, 85-90.

Walsh, B. J.; Katz, J. L.; Levin, J.; Kream, J.; Fukushima, D. K.; Hellman, L. D.; Weiner, H.; & Zumoff, B. (1978). Adrenal activity in anorexia nervosa. *Psychosomatic Medicine*, **40**, 499.

Walster, E. (1971). Passionate love. En B. Murstein (Ed.), *Theories of attraction and love*. New York: Springer.

——; Aronson, V.; Abrahams, D.; & Rottmann, L. (1966). Importance of physical attractiveness in dating behavior. *Journal of Personality and Social Phychology*, **4**(5), 508-516.

——; Walster, C. W.; & Berscheid, E. (1978). *Equity theory and research*. Boston: Allyn and Bacon.

Wandersman, L. P. (1980). The adjustment of fathers to their first baby: The role of parenting groups and marital relationship. *Birth and the Family Journal*, **7**(3), 155-161.

Warrington, E. K., & Weiskrantz, L. (1970). Amnesic syndrome: Consolidation or retrieval? *Nature*, **228**, 628-630.

Waters, E.; Wippman, J.; & Sroufe, L. A. (1979). Attachment, positive affect, and competence in the peer group: Two studies in construct validation. *Child Development*, **50**(3), 821-829.

Watson, J. B. (1919). *Psychology from the Standpoint of a Behaviorist*. Philadelphia: Lippincott.

—— (1924). *Behaviorism*. New York: People's Institute.

—— & Rayner, R. (1920). Conditioned emotional reactions. *Journal of Experimental Psychology*, **3**(1), 1-14.

Watson, J. S. (1967). Memory and "contingency analysis" in infant learning. *Merrill-Palmer Quarterly of Behavior and Development*, **13**, 55-76.

Watson, J. S., & Ramey, C. T. (1972). Reactions to responsecontingent stimulation in early infancy, *Merrill-Palmer Quarterly of Behavior and Development*, **18** (3), 219-227.

Webb, W. B. (1971). Sleep behavior as a biorhythm. En P. Coloquohon (Ed.), *Biological rhythms and human performance*. London: Academic Press, pp. 149-177.

—— (1975). *Sleep: The gentle tyrant*. Englewood Cliffs, N. J.: Prentice-Hall.

Webb, W. (1979). Are short and long sleepers different? *Psychological Reports*, **44**, 259-264.

—— & Bonnet, M. H. (1979). Sleep and dreams. En M. E. Meyer (Ed.), *Foundations of contemporay psychology*. New York: Oxford University Press.

—— & Cartwright, R. D. (1978). Sleep and dreams. En M. Rosenzweig y L. Porter (Eds.), *Annual review of psychology*, vol. 29, pp. 223-252.

—— & Friel, J. (1971). Sleep stage and personality characteristics of "natural" long and short sleepers. *Science*, **171**, 587-588.

Webster, B. (1982). A pair of skilled hands to guide an artificial heart: Robert Koffler Jarvik. *The New York Times*, December 3, p. A24.

Wechsler, D. (1939). *The Measurement of Adult Intelligence*. Baltimore: Williams and Wilkins.

—— (1944). The measurement of adult intelligence (3.ª ed.). Baltimore: Williams and Wilkins.

—— (1955). *Wechsler adult intelligence scale manual*. New York: Psychological Corp.

—— (1958). *The measurement and appraisal of adult intelligence*. Baltimore: Williams and Wilkins.

—— (1974). *Manual: Wechsler intelligence scale for children* (rev.). New York: Psychological Corp.

Weitkamp, L. R.; Stancer, H. C.; Persad, E.; Flood, C.; & Guttormsen, S. (1981). Depressive disorders and HLA: A gene on chromosone 6 that can affect behavior. *New England Journal of Medicine*, **305**, 1301-1306.

Weitzman, L. J.; Eifler, D.; Hodaka, E.; & Ross, C. (1972). Sex role socialization in picture books for pre-school children. *American Journal of Sociology*, **77**, 1125-1150.

Wender, P. H., & Klein, D. F. (1981). The promise of biological psychiatry. *Psychology Today*, **15**(2), 25-41.

Werner, C., & Parmelee, P. (1979). Similarity of activity preferences among friends: Those who play together stay together. *Social Psychology Quarterly*, **42**, 62-66.

Werner, E.; Bierman, L.; French, F.; Simonian, K.; Connor, A.; Smith, R.; & Campbell, M. (1968). Reproductive and environmental casualties. A report on the 10-year follow-up of the children of the Kauai pregnancy study. *Pediatrics*, **42**(1), 112-127.

Whisnant, L., & Zegons, L. (1975). A study of attitudes toward menarche in white middle class American adolescent girls. *American Journal of Psychiatry*, **132**(8), 809-814.

White, B. L. (1971). *Fundamental early environmental influences on the development of competence*. Paper presented at Third Western Symposium on Learning: Cognitive Learning. Western Washington State College, Bellingham, Washington, October 21-22.

White, G. L.; Fishbein, S.; & Rustein, J. (1981). Passionate love and the misattribution of arousal. *Journal of Personality and Social Psychology*, **41**(1), 56-62.

Whitehurst, G. J. (1982). Language development. En B. Wolman (Ed.), *Handbook of developmental psychology*. Englewood Cliffs, N. J.: Prentice-Hall.

Whorf, B. L. (1956). *Language, thought, and reality*. Cambridge: MIT Press.

Wickelgren, W. (1977). *Learning and memory*. Englewood Cliffs, N. J.: Prentice-Hall.

Wicker, A. W. (1969). Attitude versus actions: The relationship of verbal and overt behavioral responses to attitude objects. *Journal of Social Issues*, **25**, 41-78.

Will, J. A.; Self, P. A.; & Datan, N. (1976). Maternal behavior and perceived sex of infant. *American Journal of Orthopsychiatry*, **46**(1), 135-139.

Williams, D. R., & Williams, H. (1969). Auto-maintenance in the pigeon: Sustained pecking despite contingent nonreinforcement. *Journal of the Experimental Analysis of Behavior*, **12**, 511-520.

Williams, H. L.; Holloway, F. A.; & Griffiths, W. J. (1973). Physiological psychology: sleep. En M. Rosenzweig y L. Porter (Eds.), *Annual review of psychology*, vol. 24. Palo Alto, Calif.: Annual Reviews.

Wilson, E. O. (1978). *On human nature*. Cambridge, Mass.: Harvard University Press.

—— (1980). The ethical implication of human sociobiology. *Hastings Center Report* (December), 27-29.

Winch, R. F. (1958). *Mate selection*. New York: Harper and Row.

Wineburg, E. N. (1981). Should you incorporate biofeedback into your practice? *Behavioral Medicine* (August), **8**(8), 30-34.

Wingerson, L. (1982). Training the mind to heal. *Discover*, **3**(5), 80-85.

Winick, M. (1981). Food and the fetus. *Natural History* (January), **90**(1), 16-81.

——; Brasel, J., & Rosso, P. (1969). Head circumference and cellular growth of the brain in normal and marasmic children. *Journal of Pediatrics*, **74**, 774-778.

Winterbottom, M. R. (1958). The relation of need for achievement to learning experiences in independence mastery. En J. W. Atkinson (Ed.), *Motives in fantasy, action and society*. Princeton, N. J.: D. Van Nostrand, pp. 453-478.

Wittgenstein, J. (1953). *Philosophical investigations*. New York: Macmillan.

Wolff, P. H. (1969). The natural history of crying and other vocalizations in early infancy. En B. Foss (Ed.), *Determinants of infant behavior, IV*. London: Methuen.

Wolpe, J. (1978). Cognition and causation in human behavior and its therapy. *American Psychologist, 33*(5), 437-446.

—— (1982a). Behavior therapy versus psychoanalysis. *American Psychologist, 36*(2), 159-164.

—— (1982b). *The practice of behavior therapy* (3.ª ed.). New York: Pergamon.

Woodworth, R. S., & Schlosberg, H. (1954). *Experimental psychology*. New York: Holt.

Worchel, S., & Brehm, J. (1970). Effect of threats to attitudinal freedom as a function of agreement with the communicator: *Journal of Personality and Social Psychology, 14*, 18-22.

Wyshak, G., & Frisch, R. (1982). Evidence for a secular trend in age of menarche. *New England Journal of Medicine, 306*(17), 1033-1035.

Yalom, I. (1975). *The Theory and Practice of Group Pshychotherapy* (2d ed.). New York: Basic Books.

Yarmey, A. D. (1973). I recognize your face but I can't remember your name: Further evidence on the tip-of-the-tongue phenomenon. *Memory and Cognition, 1*(3), 287-290.

Yarrow, L. J.; Rubenstein, J. L.; & Pedersen, F. A. (1971). Dimensions of early stimulation: Differential effects of infant development. Paper presented at the biennial meeting of the Society for Research in Child Development.

Yarrow, M. R. (1978). *Altruism in children*. Paper presented at program, Advances in Child Development Research, New York Academy of Sciences, October 31.

Young, T. On the theory of light and colours. *Phil. Trans. R. Soc. Lond., 92*, 12-48.

Zajonc, R. B. (1968). Attitudinal effects of mere exposure. *Journal of Personality and Social Psychology, 9*, Monograph Supplement No. 2, Part 2.

—— (1970). Brainwash: Familiarity breeds comfort. *Psychology Today* (February), 32-35, 60-62.

—— (1976). Family configuration and intelligence. *Science, 197*(4236), 227-236.

—— & Bargh, J. (1980). Birth order, family size and decline in SAT scores. *American Psychologist, 35*, 662-668.

Zaslow, F. (1984). Comunicación personal a las autoras.

Zeigler, H. P. (1973). Trigeminal deafferentation and feeding in the pigeon: Sensorimotor and motivational effects. *Science, 182*, 1155-1158.

—— (1975). The sensual feel of food. *Psychology Today* (August), 62-66.

—— & Karten, H. J. (1974). Central trigeminal structures and the lateral hypothalamic syndrome in the rat. *Science, 186*, 636-638.

Zelazo, P., & Kearsley, R. (1981). *Cognitive assessment and intervention in developmentally delayed infants*. Final report to the Bureau of Education for the Handicapped, Grant No. G007603979, February.

Zelman, A.; Kabot, L.; Jacobsen, R.; & McConnell, J. V. (1963). Transfer of training through injection of "conditioned" RNA into untrained worms. *Worm Runners Digest, 5*, 14-21.

Zelnik, M.; Kantner, J. F.; & Ford, K. (1981). *Sex and pregnancy in adolescence*. Beverly Hills, Calif.: Sage.

Zigler, E., & Seitz, V. (1982). Social policy and intelligence. En R. J. Sternberg (Ed.), *Handbook of human intelligence*. Cambridge: Cambridge University Press.

Zillmann, D., & Byant, J. (1982). Pornography, sexual callousness, and the trivialization of rape. *Journal of Communications, 32*, 10-21.

Zimbardo, P.; Anderson, S.; & Kabat, L. (1981). Induced hearing deficit generates experimental paranoia. *Science, 212*(26), 1529-1531.

——; Haney, C.; Banks, W. C.; & Jaffe, D. (1977). The psychology of imprisonment: Privation, power and pathology. En J. C. Brigham and L. S. Wrightsman (Eds.), *Contemporary Issues in Social Psychology*. Belmont, Calif.: Wadsworth.

—— & Radl, S. L. (1982). *The shy child*. New York: Doubleday/Dolphin.

Zimberg, S. (1982). Psychotherapy in the treatment of alcoholism. In E. M. Pattison and E. Kaufman (Eds.), *Encyclopedia handbook of alcoholism*. New York: Gardner Press.

Zimmerman, D. R. (1973). *RH. The intimate history of a disease and its conquest*. New York: Macmillan.

Zimmerman, W. (1970). Sleep mentation and auditory awakening thresholds. *Psychophysiology, 6*, 540-549.

Zuckerman, M. (1979). *Sensation seeking: Beyond the optimal level of arousal*. Hillsdale, N. J.: Erlbaum.

——; Buchsbaum, M. S.; & Murphy, D. L. (1980). Sensationsseeking and its biological correlates. *Psychological Bulletin, 88*, 187-214.

RECONOCIMIENTOS

TEXTOS, MARGINALES Y APARTADOS

Capítulo 1

Hardy, T. L., *A History of Psychology: Main Currents in Psychological Thought* © 1980 por Prentice-Hall, Inc. Utilizado con autorización.

Ruebhausen, O. M., & Brim O. J., Jr. Privacy and Behavioral Research. *American Pshychologist*, 1966, **21**, 423-444.

Capítulo 2

Hunt. M., *The Universe Within*. Copyright © 1982 por Morton Hunt. Reproducido con autorización de Simon & Schuster, Inc.

Geschwind, N. *Language and the brain*. Copyright © 1967 por Scientific American, Inc.

Capítulo 4

Ludwig, A. M., Altered states of Consciousness. *Archives of General Psychiatry*, 1966, **15**, 225-334. Copyright 1966, American Medical Association.

Moore-Ede, MC. C. Sleeping as de world turns. Con autorización de *Natural History*, **91** (10). Copyright the American Museum of Natural History, 1982.

Grinspoon, L., & Bakalar, J. B. *Psychodelic Drugs Reconsidered*. © 1979 por Lester Grinspoon and James B. Bakalar. Basic Books, Inc., Publishers.

Webb, W. B., *The Genetic Tyrant* © 1975 por Wilse B. Webb. Utilizado con autorización.

Capítulo 5

Colao, F., & Hosanky, T. *The Key to Having Fung is Being Safe*. Safety and Fitness Exchange, New York, 1982. Utilizado con permiso. (Apartado 5-4.)

Watson, J. B., *Behaviorism*. © 1928, 1954, W. W. Norton.

Bandura, A. *Social Learning Theory*, 12, 129. © 1977. Reproducido con autorización de Prentice-Hall, Inc., Englewood Cliffs, N. J.

Capítulo 6

Craik, F. I. M., & Tulving, E. Depth of processing and the retention of words in episodic memory. *Journal of Experimental Psychology (General)*, 1975, **104**, 268-294. Copyright 1975 por the American Psychological Association. Adaptado con autorización de los autores.

Glass, A. L.; Holyoak, K., J.; & Santa, J. L. *Cognition*. © 1979. W. H. Freeman,

American Bar Association Journal, 1978, **64**, 187. Usado con autorización.

Piaget, J. *Plays, Dreams and Initiation in Childhood*. © 1951 W. W. Norton.

James, W. *The Principles of Psychology*. © 1980 Holt, Rinehart & Winston.

Colegrove, F. W., The day they heard about Lincoln. In individual memories. *American Journal of Psychology*, 1899, **10**, 255-288.

Martin, J. *Miss Manners' Guide to Excruciatingly Correct Behavior*. Text copyright © 1979, 1980, 1981, 1982 por United Feature Syndicate, Inc. Reproducido con autorización de Atheneum Publishers.

Lashley, K. In search of the engram. *Symposia of the Society of Experimental Biology*, 1950, **4**, 452-482.

Capítulo 7

Adaptado de American Psychiatric Association. *Diagnostic and Statistical Manual of Mental Disorders*, 3.ª ed. © 1980, American Psychiatric Association, y Grossman, H. J. *Classification in Mental Retardation*. © 1983 American Association on Mental Deficiency. (Apartado 7-2.)

Piaget, J., *The Origens of Intelligence in Children*. © 1952 International University Press. American Psychiatric Association. *Diagnostic and Statistical Manual of Mental Disorders*, 3.ª ed. © 1980 American Psychiatric Association.

Capítulo 8

Brown, R. Development of the first lenguage in the human species. *American Psychologist*, 1973, **28**(2), 97-106.

Moskowitz, B. A. The acquisition of lenguage. *Scientific American*, 1978, **239**(5), 92-108.

Cazden, C. B. Suggestions from studies of early language acquisition. *Childhood Education*, 1969, **46**(3), 127-131. Reproducido con autorización de los autores y de la Association for Childhood Education International, Wheaton, MD. Copyright © 1969 por the Association.

Whithurst, Grover, J. Language development. En: B. Wolman (ed.), *Handbook of Developmental Psychology*, 368-369. © 1982. Reproducido con autorización de Prentice-Hall, Inc., Englewood Cliffs, N. J.

Brown, R. W., & Lenneberg, E. H. A study in language and cognition. *Journal of Abnormal Social Psychology*, 1954, **49**, 454-462.

Limber, J. Language in child and chimp? *American Psychologist*, 1977, 280-295.

Capítulo 9

Horner, M. S. A woman's will to fail. *Psychology Today*, 1969, **62**, 36-38. Utilizado con autorización. (Apartado 9-2.)

Suedfeld, P. The benefits of boredom: Sensory deprivation reconsidered. *American Scientist*, 1975, **63**, 60-69.

James, W. *The Principles of Psychology*. © 1980. Holt, Rinehart, Winston.

James, W. What is an emotion? *Mind*, 1884, **9**, 188-205.

Capítulo 10

Meichenbaum, D. En C. D. Spielberger & I. C. Sarason (Eds.) *Stress and Anxiety*, vol. 1, 250-251. © 1983 Hemisphere Publishing Corporation. (Apartado 10-1.)

Meichenbaum, D. y Novaco, R. Ibid., vol. 5, 324-325. © Hemisphere Publishing Corporation. (Apartado 10-2.)

Sheehy, G. *Pathfinders*, © 1981 William Morrow & Co.

Bukofsky, C. Shoelace. *Mockingbird Wish Me Luck*. © 1972 Black Sparrow Press.

Lazarus, R. W. The stress and coping paradigm. En L. Bond & J. Rosen (Eds.). *Competence and Coping During Adulthood*. © 1980 University Press of New England.

Capítulo 11

Fleming, Anne Taylor. New frontiers in conception, *New York Times Magazine*, 7/20/80, 20. Copyright © 1980 por Anne Taylor Fleming. (Apartado 11-1.)

Farber, S. Telltale behavior of twins. *Psychology Today*, 1981, **15**(1), 80. Utilizado con autorización de the American Psychological Association.

Capítulo 12

Piaget, J. *The origins of Intelligence in Children*. © 1952 International Universities Press.

McPhee, J. Department of Amplification. *The New Yorker*, 4/18/83. Utilizado con autorización.

Capítulo 13

Peel, E. A. *The Psychological Bases of Education*, 2.ª ed. © 1967 Oliver & Boyd

Ltd. Utilizado con autorización del autor.

Hall, E. A. A conversation with Erik Erikson, *Physhology Today*, 1983, **17** (6), 27. Utilizado con autorización.

Baruch, G.; Barnet, R.; Rivers, C. *Lifeprints*. © 1983 McGraw-Hill Book Company.

Capítulo 14

Rogers, C. *A Way of Being*. © 1980 Houghton Mifflin Company.

Watson, J. B., *Behaviorism*. © 1928, 1954, W. W. Norton.

Capítulo 15

Sheehan, S. *Is There No Place on Earth for Me?* Copyright © 1982 por Susan Sheehan. Reproducido con autorización de Houghton Mifflin Company.

American Psychiatric Association. *Diagnostic and Statistical Manual of Mental Disorders*, 3.ª ed. © 1980 American Psychiatric Association.

Nathan, P. E. & Harris, S. L. *Psychopathology and Society*, 2.ª ed. © 1980. McGraw-Hill Book Company.

Townshend, P. You Didn't Hear It and Go to the Mirror Boy. *Tommy*. Copyright 1969 Fabulous Music Ltd. Todos los derechos en EE.UU., sus territorios y posesiones, Canadá, Méjico y las Filipinas, son controlados por Towser Tunes, Inc. Reservados todos los derechos. Asegurado el Copyright internacional. Reproducido con permiso de Peter Townshend, Fabulous Music Ltd. y Towser Tunes, Inc.

Illfeld, F. W. Sex diferences in psychiatric symptomology. Paper Given at Annual Meeting, American Psychiatric Association, 1977. Utilizado con autorización.

Castairs, G. M. & Kapur, R. L., *The Great Universe of Kota*. © 1976 University of California Press.

Gottesman, I. R. Schizophrenia and genetics: Toward understanding uncertainly. *Psychiatric Annals*, 1979, **9**(1), 54-78.

Bateson, G.; Jackson, D. D.; Haley, J.; & Weakland, J. Double-bind hypotesis of schizophrenia. *Behavioral Science*, 1956, **1**, 251-254. Utilizado con autorización.

Capítulo 16

Freeman, L. *Fight Against Fears*. © 1951 Crown Publishers. Utilizado con autorización del autor.

The American Heritage Dictionary of the English Language. © 1982 Houghton Mifflin Company. Reproducido con autorización.

Morse, S. J., & Watson, R. J. (Eds.).

Psychotherapies: A Creative Casebook. © 1977 Holt, Rinehart & Winston.

Plath, S. *The Bell Jar*. Copyright © 1971 por Harper & Row, Publisters Inc. © 1972 Faber & Faber Ltd. Reproducido con permiso.

Clark, M. Drugs and psychiatry: A new era. Copyright © 1979 por Newsweek, Inc. Reservados todos los derechos. Reproducido con permiso.

Lazarus, A. Has behavior therapy outlived its usefulness? *American Psychologist*, 1977, **32**(7), 550-554.

Frank, J. D. The restoration of morale. *The American Journal of Psychiatry*, 1974, **131**(3), 271-274. Copyright 1974, the American Psychiatric Association.

Capítulo 17

Harnick, S., & Bock, J. Do you love me? *Fiddler on the Roof*. © 1964—Alley Music Corp. and Trio Music Co., Inc. Todos los derechos administrados por Hudson Bay Music Corp. and Trio Music Co., Inc. Utilizado con autorización. Reservados todos los derechos.

Milgram, S. Some conditions of obedience and disobedience to authority. *Human Relations*, 1965, **18**, 67-76. Utilizado con permiso del autor.

Milgram, S. *Obedience to Authority: An Overview*. Copyright © 1974 por Stanley Milgram. Reproducido con autorización de Harper & Row, Publishers, Inc.

Thomas, L. *On altruism*. © 1983 Discover Magazine, Time Inc.

Myers, D. G. *Social Psychology*. © 1983 McGraw-Hill Book Company.

Capítulo 18

Kelly, J. B. Divorce: The adult perspective. En Wolman, B. B. (ed.). *Handbook of Developmental Psychology*. 749 © 1982. Reproducido con permiso de Prentice-Hall, Inc., Englewood Cliffs, N. J. (Apartado 18-1.)

Kelley, H. H. The process of causal attribution. *American Psychologist*, 1973, **28**, 107-128.

Berscheid, E. S., & Walster, E. *Interpersonal Attraction*, 2.ª ed. © 1978 Addison-Wesley, Reading, Mass.

Goffman, E. On cooling the mark out: Some aspects of adaptation to failure. *Psychiatry*, 1952, **15**, 451-463.

TABLAS E ILUSTRACIONES

Capítulo 1

Figs. 1-1 *(a)*, 1-1 *(b)*: Stapp, J., & Fulcher, R. The employment of APA members:

1982. *American Psychologist*, 1983, **38**(12), 1298-1320. © 1983 por la American Psychological Association. Reproducida con autorización del autor y del editor.

Capítulo 2

Tabla 2-1: Crick, F. H. C. Thinking about the brain, Copyright © 1979 por Scientific American, Inc. Todos los derechos reservados. Adaptada con autorización.

Fig. 2-12: Hunt, M. *The Universe Within*. Copyright © 1982 por Morton Hunt. Reproducida con la autorización de Simon & Schuster, Inc.

Fig. 2-14: Rosenzweig, M. R., & Leiman, A. L. *Physiological Psychology*. Copyright © 1982 por D. C. Heath and Company. Reproducida con permiso del editor.

Fig. 2-21: Jaynes, J. *The Origin of Consciousness in the Breakdown* of the Bicameral Mind. Copyright © 1976 por Julian Jaynes. Adaptada con la autorización de Houghton Mifflin Company.

Capítulo 3

Figs. 2-22 y 2-23: Rosensweig, M. R. & Leiman, A. L. *Physiological Psychology*. Copyright © 1982 por D. C. Heath and Company. Reproducida con la autorización del editor.

Fig. 2-21: Jaynes, J. *The Origin of Consciousness in the Breakdown* of the Bicameral Mind. Copyright © 1976 por Julian Jaynes. Adaptada con la autorización de Houghton Miffin Company.

Tabla 3-2: Hurvitch, L. M. *Color vision* © 1981 Sinauer Associates.

Fig. 3-5 *(b)*; Mitchell, D. E.; Freeman, R. D.; Millodot, M.; & Haegerstrom, G. Meridional amblyopia: Evidence for modification of the human visual system. *Vision Research*, 1973, **13**(3), 535-558. Copyright Pergamon Press Ltd. Reproducida con autorización.

Fig. 3-6: Hubel D. H. *The visual cortex of the brain*. Copyright © 1963 por Scientific American, Inc. Todos los derechos reservados.

Fig. 3-8 *(a)*: Levine, M. W., & Shefner, J. M. *Fundamentals of Sensation and Perception*. © 1981 Addison-Wesley, Reading, Mass. Reproducida con autorización.

Fig. 3-9: Cornswet, T. N. *Visual Perception*. © 1970 Academic Press.

Fig. 3-14: Reproducido con autorización de the Dovrine Pseudo-Isochaomatic Plates. Copyright © 1944, 1953 por the Psychological Corporation. Todos los derechos reservados.

Fig. 3-16, 3-18: Levine, M. W., & Shefner,

J. M. *Fundamentals of Sensation and Perception.* © 1981 Addison-Wesley, Reading, Mass. Reproducida con autorización.

Fig. 3-19: Weinstein. En D. A. Kenshalo (ed.), *The Skin Senses.* Con permiso de Charles C. Thomas, editor, Sprinfield, III.

Fig. 3-21: Murray, R. G. & Murray, A. The Anatomy and ultrastucture of taste endings. En G. E. W. Wostenholme & Knight (Eds.), *Taste and Smell in Vertebrates.* Ciba Found. Symp. 1970. Publicado por Churchill Livingstone Inc. Utilizada con autorización de la Ciba Foundation.

Fig. 3-22: Amoore, J. E.; Johnston, J. W. Jr.; & Rubin, M. The stereochemical theory of odor. Copyright © 1964 por Scientific American, Inc. Reservados todos los derechos.

Fig. 3-23: Geldard, F. A. *The Human Senses,* 2.ª ed. © 1972 John Wiley & Sons.

Fig. 3-24: Julesz, B. *Foundations of Cylopean Percepcion.* © 1971 Bell Telephone Laboratories, Inc. Utilizado con autorización del autor.

Fig. 3-32 *(b):* Gregory, R. L. *Eve and Brain,* 2.ª ed. © 1973 McGraw-Hill Book Company.

Fig. 3-34: Gibson, J. J. *The Percepcion of the Visual World.* Copyright © 1950, reservado en 1977 por Houghton Mifflin Company. Utilizado con autorización.

Fig. 3-42: Deregowski, J. B. *Pictorial percepcion and culture.* Copyright © 1972 por Scientific American, inc.

Capítulo 4
Fig. 4-1: Con autorización del Dr. Wilse B. Webb.

Capítulo 5
Fig. 5-3: Hulse, S. H.; Egeth, H.; & Deese, J. *Psychology of Learning,* 5.ª ed. © 1980 McGraw-Hill Book Company. Adaptado con permiso.

Fig. 5-4: Skinner, B. F. *Teaching machines.* Copyright © 1961 por Scientific American, Inc. Reservados todos los derechos.

Capítulo 6
Tabla 6-2: Hulse, S. H.; Egeth, H.; & Deese, J. *The Psychology of Learning,* 5.ª ed. © 1980 McGraw-Hill Book Company.

Fig. 6-1: Atkinson, R. C. & Shiffrin, R. M. Human Memory: A proposed system and its control processes. En K. W. Spence & J. T. Spence (Eds.), *The Psychology of Learning and Motivation: Advances in*

Research and Theory, vol. 2. © 1968 Academic Press, Inc.

Figs. 6-2, 6-3: Sperling, G. The information available in brief visual presentations. *Psychological Monographs,* 1960, **74** Whole No. 498). Copyright 1960 por the American Psychological Association, Adaptado con permiso del editor y el autor.

Fig. 6-7: Loftus, E. *Memory.* © 1980 Addison-Wesley, Reading, Mass. Reproducido con autorización.

Figs. 6-9, 6-10, 6-11: Nickerson, R. S., & Adams, M. J. Long term memory for a common object. *Cognitive Psychology,* 1979, **11,** 287-307. © 1979. Academic Press, Inc.

Fig. 6-12: Kandell, E. R. Small systems of neurons. Copyright © 1979 por Scientific American, Inc. Reservados todos los derechos.

Capítulo 7
Fig. 7-1: Guilford, J. P. Way Beyond the I. Q. © 1977 Creative Education Foundation and Bearly Limited, Buffalo, N. Y. Utilizado con autorización.

Fig. 7-3: Anastasi, A. *Psychological Testing,* 5.ª ed. Copyright © 1982 por Anne Anastasi. Reproducido con autorización de Macmillan Publishing Company.

Fig. 7-4: Reproducida con permiso de The Gessell Developmental Schedules. Copyright © 1949 por Arnold Gesell And Associates. Reservados todos los derechos.

Fig. 7-6: *Preliminary Scholastic Aptitude Test.* Reproducida con permiso de Educational Testing Service, copyright propio.

Capítulo 8
Tabla 8-3: Lenneberg, E. On explaining Language. *Science,* 1969, **164,** 636. Utilizada con permiso.

Fig. 8-2: Bruner, J. S., Goodnow, J. J.; & Austin G. A. *A Study of Thinking.* © 1956 Jerome S. Bruner. Adaptado con permiso.

Fig. 8-5; Bourne, L. E., Domincsky, R. L. & Loftus, E. F. *Cognitive Processes.* © 1979 Lyle E. Bourne, adaptada con permiso.

Fig. 8-6: © 1982 Nina Wallace.

Figs. 8-8, 8-9: Adams, J. L. *Conceptual Blockbusting. A Guide to Better Ideas,* 2.ª ed. Copyright © 1974, 1976, 1979 por James L. Adams. Utilizada con autorización de W. W. Norton Company, Inc.

Capítulo 9
Tabla 9-1: Zuckerman, M. The Search for high sensation. *Psychology Today,* 1978,

11(9), 38-46. Copyright © 1978 American Psychological Association.

Fig. 9-3: Schachter, S. *Emotion, Obesity and Crime.* © 1971 Academic Press, Inc.

Fig. 9-4: Berlyne, D. E. Novelty, complexity and hedonic value. *Percepcion and Psychophysics,* 1970, 284. © 1970 Psychonomic Sciety.

Fig. 9-9: En Waid, W. M. Orne M. T. The physiological detection of decepcion. *American Scientist,* **70,** 404. Adaptada con autorización.

Capítulo 10
Tabla 10-1: Holmes, T. H., & Rahe, R. H. The social Readjustement scale. *Journal of Psychosomatic Research.* **11:** 213-218, 1967. Copyright 1967. Pergamon Press, Ltd. Adaptada con permiso.

Tabla 10-2: Papalia D. E. & Olds, S. W. *A Child's Word,* 3.ª ed., © 1982 McGraw-Hill, Book Company.

Fig. 10-1: Seyle, H. *The Stress of Life.* © 1956 McGraw-Hill Book Company.

Fig. 10-2: Endler, N. S., & Edwards, J. Stress and Personality. En L. Goldberger S. Breznitz (Eds.), *Handbook of Stress.* Copyrigt © 1982 por The Free Press, a Division of Macmillan Pusblishing Co., Inc. Utilizada con autorización de Macmillan, Inc.

Capítulo 11
Figs. 11-1, 11-2 *(a),* 11-2 *(b),* 11-3: Papalia, D. E., & Olds, S. W. *A Child's Word,* 3.ª ed. © 1982 McGraw-Hill Book Company.

Figs. 11-4: *New York Times.* 4/13/82. Copyright 1982 by The New York Times Company. Utilizados con autorización.

Fig. 11-5: Fuchs, F. Genetic amniocentesis. Copiright © 1980 por Scientific American, Inc. Reservados todos los derechos.

Fig. 11-6: © 1978 Everett Davidson.

Capítulo 12
Fig. 12-1: Pikler, E. Learning of motor skills on the basis of selfinduced movements. En J. Hellmuth (Ed.). *Excepcional Infant,* vol. 2. © Brunner-Mazel, Inc., 1971. Adaptada con autorización.

Capítulo 13
Tabla 13-2: Kohlberg, L. Moral stages and moralizacion. En Lickona, T. (ed.). *Moral Development and Behavior,* Copyright © 1976 por Rinehart Winston. Adaptada con permiso de Holt, Rinehart Winston, CBS College Publishing.

Tabla 13-3: Gilligan, C. *In a Diferent Voice.* © 1982 Harvard University Press.

INDICE DE NOMBRES

INDICE ANALITICO